圖一：里耶古城遺址全景

圖二：里耶古城遺址發掘現場

圖三：一號井發掘現場

圖四：井中堆積

圖五：一號井主要發掘成員（左彭運鋭、右龍京沙）

一號井發掘工作人員合影名單

左起

前排

    彭順發　蔡其斌　吳世文　張德厚　彭雲富　彭順金　向安寧　吳正樹

中間

    張宏發　楊才勇　劉志剛　田雲國　龍京沙　莫林恒　肖　政　儲　成　黃成進

後排

    彭　斌　張祖江　彭運鋭　胡榮春　張德輝　徐正軍　陳三鷹　佚　名　徐佳林

圖六：一號井發掘工友合影

圖七：里耶秦簡保護、修復負責人：方北松

圖八：里耶秦簡保護、修復（左起蔡敏、方北松、張春龍）

圖九：出土濕簡實物（左）、 脱水脱色效果（右）

圖十：里耶秦簡博物館藏秦簡拍照、掃描現場
（劉自穩、孫思賢、謝振華、賈連翔）

圖十一：里耶古鎮

圖十二：酉水晨曦

圖十三：里耶秦簡博物館

圖十四：里耶古城遺址保護全景

8-7

8-44

8-257

8-274

8-317

8-55

8-380

8-450

8-606

8-511

8-422

8-474

8-564

8-761

8-762

8-765

8-764

8-763

8-766

8-801

8-817

8-820

8-822

8-838

8-824

8-839

8-845

8-888

8-892

8-893

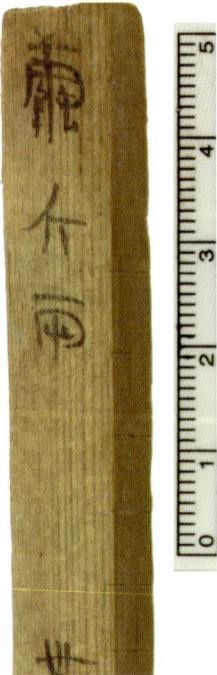

8-895

8-903

8-910

8-921

8-924

8-925

8-926

8-935

8-955

8-963

8-1066   8-1083   8-1088

8-1093   8-1102   8-1097

8-1160

8-1188

8-1216

8-1168

8-1189

8-1139

8-1222

8-1234

8-1257

8-1241

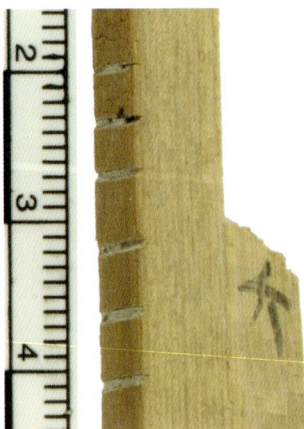

8-1242

8-1243

8-1266

8-1335

8-1309

8-1269

8-1324

8-1263

8-1339

8-1341

8-1347

8-1353

8-1517

8-1518

8-1545

8-1552

8-1558

8-1557

8-1553

8-1548

8-1559

8-1565

8-1562

8-1381

8-1585

8-1588

8-1592

8-1600

8-1606

8-1663

8-1691

8-1697

8-1772

8-1757   8-1760

8-1747   8-1733   8-1740

8-1766

8-1791

8-1795

8-1802

8-1810

8-1801

8-1809

8-1965

8-1912

8-1997

8-1823

8-2195

8-2210

8-2243

8-2253　　　　　8-2256　　　　　8-2257　　　　　8-2258

《里耶秦简9-2289的反印文及相關問題》文中所附疊壓關係圖

16-6背

16-6正水平翻轉

16-5正

16-5背水平翻轉

9-2289背

9-2289正

里耶秦簡研究論文選集

里耶秦簡博物館
中國社會科學院簡帛研究中心
湖南省文物考古研究所
出土文獻與中國古代文明研究協同創新中心中國人民大學中心
編

張忠煒 主編

LIYE
QINJIAN
YANJIU
LUNWEN
XUANJI

中西書局

圖書在版編目(CIP)數據

里耶秦簡研究論文選集 / 里耶秦簡博物館等編；張
忠煒主編. —上海：中西書局，2021
　　ISBN 978-7-5475-1692-8

　　Ⅰ.①里… 　Ⅱ.①里… ②張… 　Ⅲ.①簡(考古)-中
國-秦代-文集 　Ⅳ.①K877.54-53

中國版本圖書館 CIP 數據核字(2021)第 063600 號

LIYE QINJIAN YANJIU LUNWEN XUANJI
里耶秦簡研究論文選集

里耶秦簡博物館、中國社會科學院簡帛研究中心、湖南省文物考古研究所、
出土文獻與中國古代文明研究協同創新中國人民大學中心　編
張忠煒　主編

責任編輯　龍騰遠
裝幀設計　梁業禮
責任印製　朱人傑

出版發行　上海世紀出版集團
　　　　　　中西書局(www.zxpress.com.cn)
地　　址　上海市陝西北路 457 號(郵政編碼：200040)
印　　刷　上海中華印刷有限公司
開　　本　787×1092 毫米　1/16
印　　張　46
字　　數　790 000
版　　次　2021 年 8 月第 1 版　2021 年 8 月第 1 次印刷
書　　號　ISBN 978-7-5475-1692-8/K・362
定　　價　278.00 元

本書如有質量問題,請與承印廠聯繫。電話：021-69213456

編者的話

這是一部晚産的論文選集，而今終於出版在即，略述編輯緣起如下。

2015年6月，出土文獻與中國古代文明研究協同創新中心中國人民大學中心與里耶秦簡博物館商定合作事宜，約定一年後舉行學術會議，同時出版館藏里耶秦簡資料。一切按部就班進行。會議即將舉行之際，一場突如其來的洪水，打亂所有的計劃安排。會議取消，籌備歸於徒勞。2017年9月，學術會議在里耶舉行，因爲種種原因，出版會議論文集已無必要，故本人建議出版研究論文選集，篩選出較具代表性的研究論文若干篇，呈現近二十年來里耶秦簡研究面貌之一斑。

此議有幸得到王子今教授、孫家洲教授與彭成剛館長的認可。爲編輯選集，忠燁盡心盡力地做了。斷續三年，自謂心中無愧。當然，在編輯的曲折過程中，遇到令人心煩的時候，我也曾經在孫老師面前吐露一點苦水。孫老師則温語寬慰：“抓了你來做這件事情，真是耗費了你的許多時間和精力。也是無奈，我不抓你還能去抓別人嗎？這就算是導師欺負學生了。”師生間一番笑談後，也就一切照舊了。這也可以表述爲“擔待意識”吧？

從數量龐大的論文中篩選篇目，絕非易事。考慮再三，確立選篇原則：論文應呈現出老、中、青三代學人的成就，凸顯作爲中堅力量的中、青年學者；每位作者（第一作者）僅選録一篇文字，相同主題的論文儘量避免重複，文字考釋、簡牘綴合等論文暫不選録；個別論文的論證或觀點儘管有遺憾乃至錯誤，但若研究的思路或論證仍有啓示或借鑒意義，則取大遺小。對此，想來讀者定能理解。

選文主題可粗分爲五組：第一組是基礎研究，既有對秦政制度框架的重建及政務運作的分析，也有從簡牘形制、保存、再利用、埋藏等角度進行的細緻考察；第二組是文書學研究，關注上下行文書、封檢、追書、文書傳遞、行廟文書等論題，而籾山明先生一文所具有的方法論意義尤值得留意；第三組屬於地方行政，早期郡縣制的基本情況成爲研究的重心，在深化或彌補文獻記載不足之同時，亦動態呈現出與成熟期郡縣制不同的另一面；第四組屬於社會經濟，關注户籍、户賦、貲錢與贖錢、消費、財政等問題，或由此拓展審視問題的視野，重新思考秦短命而亡的原因；第五組涵蓋面較廣，或關係交通、出行，或論及廟制、時制,或關注特定身份群體,或再審視"書同文字";等等。

以上五組論文,或可呈現里耶秦簡學術價值之一斑,但也可以說不過是冰山一角:既有研究多以《里耶秦簡(壹)》爲基礎,較少利用《里耶秦簡(貳)》;而《里耶秦簡(叁)》審稿完畢、待出,其餘兩卷的釋文審定明後年會陸續進行;待資料全部出齊之後,全方位研究將成爲可能,對其價值之評判亦會更爲審當。從秦人占領到統一的迅速瓦解,遷陵縣是這段歷史的親歷者,里耶秦簡無疑是歷史的保存者。"秦政法"由此個案而清晰呈現,可放言之也。

選集若能獲得讀者的肯定,完全取決於論文本身的價值,與編者關係不大;至於其中存在的各種問題,編者負有不可推卸的責任。實際上,在編輯選集時,有不少論文因各種原因而不得不割愛,角谷常子先生的《論里耶秦簡的單獨簡》一文即如此:單獨簡是里耶簡中最具特色的資料之一,若收錄此篇,第一組主題會更爲完善。今後若可能出續編,也許遺憾會少一些。

編輯選集時,會議主辦方、協辦方,作者、譯者、校者,以及出版方、責任編輯等,均惠我良多,恕不一一具名道謝!彩色插圖資料,由湖南省文物考古研究所、荆州文物保護中心、里耶秦簡博物館提供,其中第八層刻齒簡的圖版由大川俊隆先生提供,孫思賢學棣對刻齒簡圖版又進行了編輯。

2002 年 6 月 3 日上午 9 時許,在酉水河邊篩洗一號井出土木質遺物時,工友尚巍、鄒波平發現了一枚奇怪的木片,這就是編號爲"5-7"的里耶第一簡,自此揭開里耶簡發掘的序幕。"若不能識得自身偉大中的渺小,便不可照見他人渺小中的偉大",岡倉天心寫道。初讀印象頗深,今稱引如上,並就此擱筆。

張忠煒

2020 年 11 月 16 日寫畢

12 月 31 日修訂

2021 年 3 月 18 日校訂

目　録

里耶秦簡第八層出土簡牘的基礎研究 ………………………… ［日］高村武幸　1

里耶秦簡刻齒簡研究

　　——兼論嶽麓秦簡《數》中的未解讀簡 …… 張春龍 ［日］大川俊隆 ［日］籾山明　69

湖南龍山里耶 J1(8)157 和 J1(9)1—12 號秦牘的文書構成、

　　筆迹和原檔存放形式 ………………………………………… 邢義田　92

里耶秦簡 9-2289 的反印文及相關問題 …………………………… 張忠煒　113

試談里耶秦簡所見文書簡牘的再利用情況 ………………………… ［德］陶　安　135

里耶古城 J1 埋藏過程試探 ………………………………………… 劉　瑞　165

《里耶秦簡（壹）》所見“往來書”的文書學考察 ……………… 張　馳　183

秦代封檢題署新探

　　——以里耶秦簡爲中心 …………………………………… 單印飛　196

里耶秦簡中的追書現象

　　——從睡虎地秦簡一則行書律説起 ……………………… 劉自穩　209

秦代遷陵縣行政信息傳遞效率初探 ……………………………… 唐俊峰　230

里耶秦簡“令史行廟”文書再探 …………………………………… 魯家亮　267

論里耶秦簡中的幾份通緝文書 …………………………………… 石　洋　276

簡牘文書學與法制史

　　——以里耶秦簡爲例 ……………………………………… ［日］籾山明　294

里耶簡牘所見秦即墨考 …………………………………………… 鄭　威　323

里耶簡牘所見秦遷陵縣鄉里考 ………………………… 晏昌貴 郭　濤　328

三府分立

　　——從新出秦簡論秦代郡制 ……………………………… 游逸飛　349

秦簡“有秩”新證 ……………………………………… 鄒水傑 380

秦代的令史與曹 …………………………………[日]土口史記 399

里耶秦簡所見秦代縣官、曹組織的職能分野與行政互動
　　——以計、課爲中心 ……………………… 黎明釗　唐俊峰 429

關於里耶秦簡公文書中的“某主”
　　——以嶽麓秦簡《興律》的規定爲綫索 …………[日]青木俊介 457

里耶秦户籍簡三題 …………………………………… 韓樹峰 476

里耶秦簡所見“户賦”及相關問題瑣議 ……………… 鄒文玲 491

秦簡所見貲錢與贖錢
　　——以里耶秦簡“陽陵卒”文書爲中心 …………… 馬　怡 505

里耶秦簡“付計”文書義解 …………………………… 王　偉 525

里耶秦簡“捕羽”的消費主題 ………………………… 王子今 541

簡牘所見秦代縣級財政管理問題探討 ……………… 沈　剛 551

從征服走向占領統治：里耶秦簡所見糧食支給與駐屯軍 ………[日]宫宅潔 570

里耶秦簡道路里程簡所見“燕齊道路” ……………… 林獻忠 597

里耶秦簡的交通資料與縣社會 ……………………[日]藤田勝久 605

秦代縣下的“廟”
　　——對里耶秦簡與嶽麓書院藏秦簡“秦律令”中所見諸廟的考察
　　…………………………………………………[日]目黑杏子 625

秦“課”芻議 …………………………………………… 徐世虹 644

秦及漢初的司寇與徒隸 ……………………………… 孫聞博 661

里耶秦簡牘所見的時刻記録與記時法 ……………… 陳侃理 685

論秦始皇“書同文字”政策的内涵及影響
　　——兼論判斷出土秦文獻文本年代的重要標尺 ……… 田　煒 695

里耶秦簡第八層出土簡牘的基礎研究

［日］高村武幸

明治大學文學部

序　言

2002 年 5 月至 6 月期間,湖南省龍山縣里耶古城古井(一號井,J1)中出土了大量的戰國末期至秦統一時期的秦代簡牘。其中的極少數照片與釋文在《文物》2003 年第 1 期公開發表後,由於它們是秦代縣級行政機構書寫與使用的史料,內容珍貴且豐富,立刻獲得了關注。[1]此後,圍繞它的相關研究成果相繼發表,同時,它作爲重要史料也多次被引用。2006 年,《里耶發掘報告》一書得以刊行,以下情況公之於世:一號井內部的層位分十八層,秦末被廢棄時(根據出土的植物遺存,推定被廢棄的時間爲夏秋之間的 2—3 個月期間)堆積的是第五至十六層,其中第六層下部、八層上部、九層下部、十層下部、十二層、十五層、十六層下部簡牘衆多。2012 年 1 月,一號井出土里耶秦簡之中,2500 餘枚出土於第五、六、八層的簡牘的照片、釋文被公布,相關研究開始步入正軌。[2]

---

[1]　湖南省文物考古研究所、湘西土家族苗族自治州文物處、龍山縣文物管理處《湖南龍山里耶戰國——秦代古城一號井發掘簡報》,《文物》2003 年第 1 期;李學勤《初讀里耶秦簡》,《文物》2003 年第 1 期;饒宗頤《由明代"二酉山房"談秦人藏書處與里耶秦簡》,《中國歷史文物》2003 年第 1 期;湖南省文物考古研究所、湘西土家族苗族自治州文物處《湘西里耶秦代簡牘選釋》,《中國歷史文物》2003 年第 1 期;以上成果爲後續很多研究提供了方便。日本方面的成果如下:里耶秦簡講讀會《里耶秦簡訳注》,《中國出土資料研究》第 8 號,2004 年;藤田勝久《中國古代國家と社會システム——長江流域出土資料の研究》,第四—七章,汲古書院,2009 年(初刊於 2005、2006、2007、2008 年);角谷常子《文書行政の厳格さについて》,平成二一——二五年度科學研究費補助金［基盤研究(A)］研究成果報告《東アジアの簡牘と社會——東アジア簡牘學の檢討》,2012 年;等等。此外,2005 年里耶古城附近的護城河(濠)發現的 51 枚簡牘也被當作里耶秦簡處理。

[2]　發掘報告指湖南省文物考古研究所編著《里耶發掘報告》(嶽麓書社,2006 年)。簡牘的照片、釋文公布於《里耶秦簡(壹)》(文物出版社,2012 年)。本文所利用的里耶秦簡照片、釋文基本上根據該書。關於里耶秦簡的綴合及釋文訂正、語釋,適當參考了陳偉主編《里耶秦簡牘校釋(第一卷)》(武漢大學出版社,2012 年)。

　　里耶秦簡中有很多公文書、簿籍,在史料性質上,與居延漢簡極其相似。因此,可以推測其研究也會走向與居延漢簡研究相近的方向。但是,兩者又有所不同。居延漢簡的情況是前期一直圍繞部分內容豐富的簡牘以及可以復原的冊書展開個案研究,剩餘的大多數簡牘的研究,在永田英正氏進行相關研究之後才得以全面展開。[①]雖然里耶秦簡木牘較多,很多木牘僅一枚上的內容就能與居延漢簡的冊書相匹敵,但是,也未必不會發生類似居延漢簡研究初期出現的狀況。毋寧說,正因爲內容豐富,簡牘的個案研究成爲主流的可能性反而更大。

　　衆所周知,永田氏的研究方法是以公文格式與出土地點爲基本標準,以居延漢簡中樣式多樣、數量也比較多的簿籍類爲中心,進行分類整理與彙總,並對它們進行考察,最終解明了漢代官僚機構的運行情況。將簡牘史料作爲一個整體進行研究的方法,對於研究居延漢簡那種官府遺迹出土簡牘是非常有效的。在里耶秦簡研究中,對每個簡牘進行分別研究的同時,也可以采用上述研究方法。但是,在里耶秦簡的研究上還需要另外下一些功夫。其理由有以下兩個:

　　第一,一般認爲里耶秦簡爲縣級行政機構廢棄的簡牘。在居延漢簡研究中,主要研究對象爲西漢後半期到東漢初期的 A8 甲渠候官遺迹,其在官府等級上與縣同級。永田氏也已經考察清楚了候官的業務處理方法,兩者在根本上沒有顯著的差別。[②]另外,一般認爲廢棄了里耶秦簡的主體爲秦代遷陵縣。根據里耶秦簡的記載,該縣有户口的人口遠遠少於二百户。里耶秦簡可見有:

　　　　卅四年八月癸卯朔癸卯,户曹令史轃疏書廿八年以

　　　　盡卅三年見户數牘北、移獄具集上,如請史書。／轃手。　(J1⑧487＋2004 正)

　　　　廿八年見百九十一户。　　　卅二年見户百六十一户。

　　　　廿九年見户百六十六户。　　　卅三年見户百六十三户。

　　　　卅年見百五十五户。

　　　　卅一年見百五十九户。　　　　　(J1⑧487＋2004 背,形狀○二甲／功能○一甲)

①　永田英正《居延漢簡の集成　一》《居延漢簡の集成　二》,氏著《居延漢簡の研究》,第Ⅰ部第一、二章,同朋舍,1989年(初刊於 1974、1979 年)。按,本文引用的居延簡,參見勞榦《居延漢簡圖版之部》("中研院"歷史語言研究所專刊之二十一,1957 年),謝桂華、李均明、朱國炤《居延漢簡釋文合校》(文物出版社,1987 年),不另出注。

②　永田英正《居延漢簡にみる候官についての一試論》《再び漢代辺郡の候官について》,氏著《居延漢簡の研究》,第Ⅱ部第六、七章,同朋舍,1989 年(初刊於 1973、1987 年)。

儘管是這樣一個小縣,但從里耶秦簡中的記載來看,跟基本上處理監視邊境任務及維護用於監視的兵站與設備事務的候官相比,其事務非常多樣。與此成正比,行政機構也較候官複雜。因此,即使是做集成這些簡牘的工作,也要注意反映出其事務與機構的複雜性。

第二,與居延漢簡相比,里耶秦簡在功能和內容分類方面屬於"文書類"簡牘的內容非常豐富,因此,必須對"文書類"簡牘進行分類與集成。若是研究行政機構簡單、事務相對比較單純的候官,只要搞清楚上行、平行、下行的區別就足够了。但是,若是研究縣則需要摸索出能够釐清各種各樣的事務以及這些事務與負責官吏、部門之間的關係的方法。

爲此,本文將首先對2500餘枚里耶秦簡中第八層出土的300枚封緘簡牘(封檢)進行探討。一般認爲里耶秦簡爲遷陵縣總部遷陵縣廷所廢棄的簡牘群。封緘簡牘在傳送文書等時會寫明收信人,其中很多寫的是遷陵縣廷。與居延漢簡不同的是,封緘簡牘不僅僅記錄了收件人爲遷陵縣廷,甚至還寫明了縣廷內的具體負責部門。

通過封緘簡牘上記載的收信人信息,我們可以知道,在文書傳送方的認知範圍內遷陵縣廷都有哪些部門。因爲收件人信息是縣廷外部人員所寫,因此,或許可以根據它們客觀地復原出縣廷各個行政部門的情況。當然,封緘簡牘上所寫的負責部門應該是與文書、簿籍等封緘內容物有關係的部門。從縣廷外送來的廣義的文書(封緘內容物)上所記載的發信人的官職、職務及其正文內容,是考察它們經由哪枚封緘簡牘傳送到了具體哪個部門的重要手段。這提示我們可以對封緘簡牘進行捆綁、組合研究。例如,可以將傳送給遷陵縣廷財政部門的封緘簡牘與財政部門參與的文書、簿籍,編成"財政部門"組,將兩者組合在一起展開考察。這意味着,迄今爲止只有在極少數情況下才能够合體、不得不分別展開研究的廣義上的文書(封緘內容物)簡牘與封緘簡牘,終於可以在同一平臺上進行探討了。若在上述基礎上進一步推進研究,不僅按照簡牘的功能進行分類與彙總,如分成公文書、簿籍、封緘簡牘、價格標籤等,而且加入按照行政機構、組織部門分類與集成的方法,這樣能够更加清楚地了解行政機構內部的文書與簿籍的動向以及縣廷是如何利用它們執政的。如果再進一步對封緘簡牘的形狀進行考察,想必會產生更多的研究成果。

本文將首先對封緘簡牘進行研究,對與之有關的文書進行整理,以期爲下一階段的研究、尤其爲彙總出符合遷陵縣內部行政機構實際情況的簡牘史料奠定基礎。完成集成工作後,吸取居延漢簡研究的寶貴教訓,嘗試摸索出一種一開始便能將儘可能多的里耶秦簡列入考察範圍的總括性研究方法。

　　關於簡牘的形狀與功能、記載内容等的分類方法，本文采用已發表的拙文中的標準進行。①關於簡牘的功能，即使是同一枚簡牘也會不斷變化（例：簿籍→文書→廢棄物），本文指製作者本來期待它所發揮的功能。本文中的"里耶秦簡"，在無特殊説明的情況下，均指第八層出土簡牘，簡號用的是原釋文編號。

一、封緘簡牘的形狀

　　里耶秦簡的總數是 2552 枚（能綴合的殘片也算作一枚）。據筆者判斷，其中可以認定爲封緘簡牘者，計有 318 枚（正背面都有記載時，合算作一枚）。從記載内容來看，②它們大多數附在傳送給里耶秦簡出土地即當時的洞庭郡遷陵縣總部遷陵縣廷及其各個部門與在職官吏等的文書之上。關於它們的具體情況，請參見本文末所附"一覽表（一）"。

　　首先，概觀封緘簡牘的形狀。其顯著特點是，敦煌、居延漢簡中常見的書寫面與封泥匣在同一枚簡牘上的形狀、即拙文分類四一型等，封緘簡牘中一例也没有。形狀爲拙文分類中的一一型、二五型的封緘簡牘中，從文字書寫方向看，下部爲尖狀者占全體的45％，在能够判明形狀的 160 例中占 90％。據此可知，它們很可能是在寫明收信人等必要的信息之後被插入捆綁封緘内容物的繩子或者其他地方。③此外，還有爲〇一、〇二型等、形狀極爲簡單的封緘簡牘，它們應該或是被插入繩子中，或是被放在封緘内容物的外側，與封緘内容物捆綁在一起。每種形狀的數量，如表 1 所示。

　　關於封泥匣，形狀爲拙文分類四五型甲的有 1 例（J1⑧2550，第五層中有 2 例，即 J1⑤34、35）。如果將填封泥的一面看作正面，那麼所有封緘簡牘的文字均位於背面一側。另外，關於里耶秦簡封泥匣的數量，④張春龍氏指出在總量 197 枚中有 55 枚爲"有文字

---

① 高村武幸《中國古代簡牘分類試論》，《木簡研究》第 34 號，2012 年。
② 本文參考青木俊介《里耶秦簡に見える縣の部局組織について》（《中國出土資料研究》第 9 號，2005 年）、《秦から漢初における都官と縣官——睡虎地秦簡〈法律答問〉九五簡の解釈を通じて》（《中國出土資料研究》第 15 號，2011年）中的觀點，將縣廷定義爲"縣級機構之中，縣令、丞與令史等官員所在的總部"。
③ 在 J1⑧1767 簡的表面，有四處繩迹，它們應該是捆綁封緘留下的。20 世紀 30 年代出土於居延漢簡中的下面這個事例記録的應該是同樣的使用方法。簡文如下：

　　蓬火治所　脀寇燧繩十丈札五十檄二
　　　以亭次傳行毋留　　　　　　　　　　　　　　　　　　（273.1，A10，形狀二五／功能四二）
④ 湖南省文物考古研究所（張春龍執筆）《里耶一號井的封檢和束》，《湖南考古輯刊》第八集，嶽麓書社，2009 年。

表1　第八層里耶秦簡封緘簡牘形狀

形狀	數量	在全體中所占比例	形狀判明簡牘所占比例	
○一	6	1.88％	3.75％	
○二	8	2.15％	5.00％	備注1
○三	1	0.31％	0.62％	％:精確到小數點後兩位
一一	136	42.76％	85.00％	
二五	8	2.51％	5.00％	備注2
四五甲	1	0.31％	0.62％	"殘"類中能够推測出屬於一一型的有28例
形狀判明部分	160		100％	
殘	158	49.68％		
總計	318	100％		

封檢"。此外,正如藤田勝久指出的那樣,"有文字封泥匣"上記載的内容大多與"以郵傳送"有關。[①]這些封泥匣背面的文字内容與被封緘的文書等密切相關,且遞傳時看不到收信人等信息。如果是這樣的話,那麽封泥匣上的文字便不是用於遞傳的,要麽是爲了備忘或者防止記有收信人信息的封緘簡牘破損、丢失於裝封前寫上的,要麽是啓封後出於某種需要而寫上的。

結合這些方面來看,正如籾山明所指出的,秦代書寫收信人的簡牘與以細繩封緘、裝有封泥的封泥匣是獨立存在的,封緘時會同時采用這兩種方式。[②]

其次,關於封緘簡牘的長度,若僅在此以照片的形式呈現原簡的尺寸的話,價值不大,故下面對形狀完整的簡牘的長度進行了歸納、總結。筆者做成了柱型圖表(表2),其中濃灰色代表數量較多的一一型、淺灰色代表其他型。據表可知,封緘簡牘的長度一般爲131—160 mm。此外,長於221 mm的也相對較多。這兩個長度區間較多的原因如下:若封緘長度爲230—240 mm的簡牘,則選擇長度爲131—160 mm的簡牘,在上面寫上收信人,再將其插入繩子中,這種組合方式可以保證運輸過程中不因人員接觸等導致記有收信人的封緘簡牘脱落。221 mm以上的、記有收信人的封緘簡牘,可能是用來遞傳更長的簡

---

① 藤田勝久《里耶秦簡にみえる秦代郡縣の文書伝達》,《愛媛大學法文學部論集 人文學科編》第34號,2013年。

② 籾山明《山は隔て、川は結ぶ——〈里耶發掘報告〉を読む》,《東方》第315號,2007年。通過考察里耶秦簡得到的上述事實,令人不得不思考下面這樣一種可能性:居延漢簡中有一種寫明了收信人、且明顯是被用於傳送的簡牘。這些簡牘中没有封泥匣的一群簡,或許也同里耶秦簡一樣,封泥匣被裝到了别處。衆所周知,居延漢簡出土時,不少無文字封泥匣被一起發掘了出來。參見 Bo. Sommarström 1958. *Archaeological Researches in the Edsen-gol Region inner mongolia*, Part Ⅰ・Ⅱ, Stockholm: Statens Etnografiska Museum.

牘的。第八層出土的里耶秦簡中有非常長的簡牘。①捆綁長簡牘時,如果不用繩子將上下兩處都繫上,便不牢固。同時,記有收信人的封緘簡牘如果不足夠長,文字便不易識別。如此,封緘簡牘的長度必須長到能夠插入上下兩處繩子,才能保證比較牢固。

表2　封緘簡牘長度

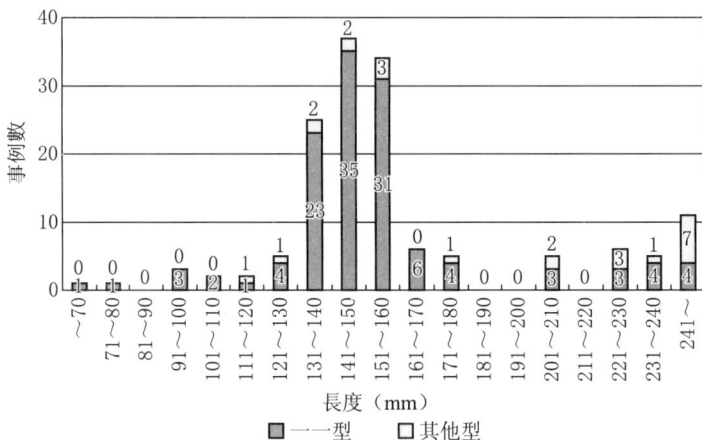

在這些寫有收信人的封緘簡牘中,J1⑧181、203、526、1464、1485、1529、1628、2033② 背面上的部分文字與正面上所寫的收信人無關。可見,有些封緘簡牘是對文書重複再利用製作而成的。

以上,對一號井第八層出土里耶秦簡的封緘簡牘,從形狀方面進行了概括性的討論。下面將適當利用該結果,對封緘簡牘中的記載內容進行彙總、探討。

二、封緘簡牘的集成與分類

按照記載內容特別是收信人分類的話,封緘簡牘可分爲以下三類:

Ⅰ. 由縣外傳送給遷陵縣者。

Ⅱ. 從遷陵縣內的官府傳送給遷陵縣廷者。

Ⅲ. 與遷陵縣廷或者遷陵縣没有直接關係者。

其中,Ⅲ相當於所謂的"異處簡"。③關於這樣的簡牘爲何會混入遷陵縣廷的廢棄簡牘之

---

① 在前揭《里耶秦簡(壹)》的"前言"中,有如下的說明:券書(校券)類長 370 mm,簿籍類長 460 mm。

② 關於簡牘的再利用,在拙文《簡牘の再利用——居延漢簡を中心に》(籾山明、佐藤信編《文獻と遺物の境界——中國出土簡牘史料の生態的研究》,六一書房,2011 年)中,以居延漢簡的事例爲中心作了考察。

③ "異處簡",參見額濟納漢簡講讀會《エチナ漢簡選釋》,《中國出土資料研究》第 10 號,2006 年。

中,目前還没有可供斷言的資料。不過,基本上可以推測,縣内的諸官府、鄰近縣、遷陵縣所隸屬的洞庭郡這三者中的"異處簡",主要是在傳送或者轉送的過程中混入的。此外,還有部分私信封緘簡牘。

本節擬以前述Ⅰ—Ⅲ爲大分類,在其基礎上再進一步分類。對於部分文字缺損但能從殘存文字判斷出大致情况的簡牘,形狀標記爲"殘",也算作正規事例。此外,因爲本文僅以里耶一號井第八層簡牘爲考察對象,所以本節中的簡號省略了里耶一號井第八層的標記[J1⑧]。

Ⅰ. 由縣外傳送給遷陵縣者

下面將對附在遷陵縣外機構傳送給遷陵縣文書上的封緘簡牘進行集成。另外,所有封緘簡牘中没有一例能明確判斷出來自鄰近縣,發信人皆爲洞庭郡。

A. 洞庭郡→遷陵縣

① "遷陵洞庭""遷陵洞庭郡""遷陵・洞庭""遷陵・洞庭郡"…188、189、230、372＋1337、469、507、513、515、524、553、695B、828、848、947、976、1116、1244、1253、1573、1594、1637、1684、1826、1884、1948、2033A【形狀一一,26 例】,97、99、181、185、187、203A、305、333、364、443、556、893、983、1127＋2397、1149、1382、1497A、1513、1653、1666、1682、1838、1935、2318【殘,24 例】。

以上集成了記載内容最爲簡單的簡牘。里耶秦簡爲與遷陵縣廷密切相關的廢棄簡牘,且里耶遺迹是遷陵縣廷的所在地,所以,顯然"遷陵洞庭"表示遷陵爲收信人,洞庭爲發信人。"遷陵洞庭""遷陵洞庭郡""遷陵・洞庭""遷陵・洞庭郡",雖然有的在遷陵與洞庭之間加入了黑點,也有"洞庭"與"洞庭郡"之不同,但記載内容没有太大的差别,故此處歸爲一類。

② "遷陵以郵行洞庭"…1553【形狀〇一,1 例】,32、1840【形狀〇二／二行,2 例】,12、1464、1685【形狀一一,3 例】,311、432、504＋563、555、1837【形狀一一／二行,5 例】,115＋338、371＋622、413【殘,3 例】,134、320＋388、362＋390【殘／二行,3 例】。

以上爲明確寫着"以郵行"、指定以郵傳送的事例。

③ "遷陵以郵利足行洞庭急"…90、527B【殘,2 例】。

與②一樣,指定以郵傳送。不同之處在於有"利足"[①]"急"字樣。

[①] 關於"利足",前揭陳偉主編《里耶秦簡牘校釋(第一卷)》(第 60 頁)在對 J1⑧90 的校釋中,推測是指郵人中行走尤快者。

④ "遷陵故令人行洞庭急"…182【形狀——／二行，1 例】，249＋2065【以上形狀殘／二行，1 例】。

與③一樣，指定了傳送方式，且有"急"字。不同之處在於，不是"以郵"，而是"故令人"。可以訓讀爲"ことさらに人をして行らしむ"之類。

B. 洞庭郡→遷陵縣廷的負責部門收

這些文書與 A 一樣，也是洞庭郡傳送給遷陵縣的，不過，指定了具體的啓封部門與官員，寫着"某々發""發某前"。[①] "主倉""主簿"等，如後所述，大概指縣廷内管理倉、簿的負責部門。

① "遷陵主倉發洞庭"…922【形狀——，1 例】。

② "遷陵金布發洞☐"…304【殘，1 例】。

③ "遷陵主薄（簿）發洞庭"…303【形狀——，1 例】。

④ "遷陵發丞前洞庭"…264【殘／二行，1 例】。

⑤ "遷陵以郵行覆曹發·洞庭"…2550(封泥匣厚 40 mm)【形狀四五甲／二行，1 例】。

C. 縣外不明發信者→遷陵縣廷、遷陵縣廷的負責部門收

① "遷陵"…1330【形狀○一，1 例】，1197、1625、1744、1782【形狀——，4 例】，1371、2201【殘，2 例】。

② "遷陵主倉發"…579【形狀——，1 例】。

這些事例僅提到"遷陵"或者"遷陵主某發"，沒有記載發信人。如果發信人爲遷陵縣内歸縣廷管轄的諸官府的話，如後所述，大多數會寫上"廷"字，因此，應該將只寫了縣名的封緘簡牘視爲是縣外所寄。

Ⅱ. 遷陵縣内的官府傳送給遷陵縣廷者

接着，將對附在遷陵縣内的官府傳送給遷陵縣廷的文書上、記有收信人的封緘簡牘

---

① 關於指定開封者，參見籾山明《湖南龍山里耶秦簡概述》，氏著《中國古代訴訟制度の研究》，附錄第一章，京都大學學術出版會，2006 年(初刊於 2003 年)；高村武幸《"發く"と"發る"——簡牘の文書送付に關わる語句の理解と關連して》，《古代文化》第 60 卷第 4 號，2009 年。也有研究不認爲里耶秦簡所見的"某々發"是指定開封者文書的語句、"署某々發"是回信之際委託負責部門指定開封者的語句：藤田勝久《里耶秦簡の文書形態と情報處理》(氏著《中國古代國家と社會システム——長江流域出土資料の研究》，汲古書院，2009 年［初刊於 2006 年］)認爲表示的是發信者一方負責部門之責任；富谷至《行政文書の書式·常套句》(氏著《文書行政の漢帝國木簡·竹簡の時代》，第Ⅱ編第三章，名古屋大學出版會，2010 年)認爲不過是一種慣用表達方式。

進行分類、集成。遷陵縣有(1)縣衙、(2)以官嗇夫等爲長官的諸官府、(3)以鄉嗇夫爲長官的都鄉、啓陵鄉、貳春鄉等機構，它們與縣令、丞所在的縣總部即縣廷互有文書往來。下文將尉、諸官、鄉總稱爲"縣内諸官府"。此外，縣内諸官府稱縣廷爲"廷"，這是慣稱。下面的例子是庫傳送給遷陵縣廷的文書。

> 卅一年六月壬午朔庚戌，庫武敢言之。廷書曰：令史操律令詣廷雔。
>
> 署書到，吏起時。有追。•今以庚戌遣佐處雔。
>
> 敢言之。　　　　　　　　　　(J1⑧173 正，形狀○二甲／功能○一甲)

據上可知，記有收信人的封緘簡牘中，不記縣名而寫"廷""廷某々"的是縣内官府傳送給縣廷或者縣廷内負責部門的。

A. "廷"收

① "廷"…1100【形狀○一，1 例】，17、1127【形狀○二，2 例】，30、774、832、840、905、928、990、1026、1106、1283、1331、1384、1503、1571、1582、1658、1698、1746、1767、1778、1780、1803【形狀一一，22 例】，862、1368、1543、1789【形狀二五，4 例】，812、1085、1096、1158、1326、1348、1367、1402、1479A（B 面"都鄉"）1485、1596、1906、1963【殘，12 例】。

② "廷以郵行户曹"…1318【殘／二行，1 例】。

B. "廷某々"收

下面集成傳送給"廷某々"即縣廷内具體負責部門的封緘簡牘。稱呼縣廷内具體負責部門時，里耶秦簡中有"主某"與"某曹"兩種方式。可是，例如，"主户"與"户曹"不可能同時存在於同一縣廷，因此，可視兩者爲同一部門。

① 令　(1) "主令發"…601【以上形狀殘，1 例】。
　　　(2) "廷令曹發"…778【形狀○二，1 例】，1859【殘，1 例】。

② 吏　(1) "廷主吏發"…52、347、709 背（正面"尉"）、1305、1651、1750【形狀一一，6 例】，1701、1869、1881【殘，3 例】。
　　　(2) "廷主吏"…1758【形狀一一，1 例】，1606、1696【殘，2 例】。
　　　(3) "廷吏曹發"…2507【殘，1 例】。
　　　(4) "廷吏曹"…829、1700【形狀一一，2 例】，1126【形狀二五，1 例】，241、554、699 正（背面"尉"）【殘，3 例】。

(5)"廷吏曹當上尉府"…98【殘,1 例】。

③ 戶　(1)"廷戶發"…952【形狀○二,1 例】,878【形狀○三／二行,1 例】,283、
　　　　1292、1834【形狀一一,3 例】,65 背(正面"酉陽　洞庭")【形狀一一／
　　　　二行,1 例】,1【殘,1 例】。

　　　(2)"廷主戶發"…1395【形狀○一,1 例】,156、1249【形狀○二／二行,2
　　　　例】,1650、1955【形狀一一,2 例】,2547【形狀一一／二行,1 例】,1607A
　　　　【殘,1 例】。

　　　(3)"廷主戶"…266、1142、1752【殘,3 例】。

　　　(4)"廷戶曹發"…263【殘,1 例】。

　　　(5)"廷戶曹"…1489 正【形狀一一,1 例】,1072【殘,1 例】。

④ 倉　(1)"廷主倉"…1498 正【殘,1 例】。

　　　(2)"廷主倉發"…1294、1366【形狀一一,2 例】,1628 正【形狀一一／二行,
　　　　1 例】。

　　　(3)"廷倉曹"…1288【形狀一一,1 例】。

⑤ 金布　(1)"廷金布發"…506、1313【形狀一一,2 例】,935、1166、1297【殘,3
　　　　例】,799【形狀殘／二行,1 例】。

　　　　(2)"廷金布發　獵"…969【殘,1 例】。

⑥ 主薄(簿)　(1)"廷主薄"…1110【殘,1 例】。

⑦ 主課　(1)"廷主課發"…2198【形狀一一,1 例】。

⑧ 主計　(1)"廷主計"…1773【形狀一一,1 例】。

⑨ 獄　(1)"廷獄東發"…1741【形狀一一,1 例】。

　　　(2)"獄東曹"…996【形狀一一,1 例】。

　　　(3)"獄南曹"…1760【形狀二五,1 例】。

　　　(4)"獄東發　故令□"…2272【殘,1 例】。

Ⅲ. 非遷陵縣廷收者

A. 遷陵縣諸官府

① 尉　(1)"尉"…813、1489 背、1591、1835【形狀一一,4 例】,346、979、1630、
　　　　1785、1904【殘,5 例】。

(2) “尉以郵行”…1951【殘，1 例】。

(3) “尉　少內　上”…281【形狀〇二，1 例】。

② 鄉

②—(a) 都鄉　“都鄉”…842、1359【形狀一一，2 例】，6、1479 背【殘，2 例】。

②—(b) 啓陵鄉　“啓陵鄉”…250、0691【形狀一一，2 例】。

②—(c) 貳春鄉　(1) “貳春”…1725【殘，1 例】。

　　　　　　　　(2) “貳春鄉”…1737【形狀二五，1 例】，578【殘，1 例】。

　　　　　　　　(3) “貳春鄉以郵行”…1177【形狀一一／二行，1 例】。

　　　　　　　　(4) “貳春鄉主鬢發”…1548【形狀一一，1 例】。

③ 諸官

③—(a) 少內　“少內”…33、240、279、953【形狀一一，4 例】，312、527 正、1634、
　　　　　　2208【殘，4 例】。

③—(b) 倉　“倉”…794、971、1315、1362【形狀一一，4 例】，335、516、1181、
　　　　　1202、1498 正、2486【殘，6 例】。

③—(c) 庫　“庫”…509、1036【形狀一一，2 例】，1035【殘，1 例】。

③—(d) 司空　“司空”…2197【形狀一一，1 例】，1854【殘，1 例】。

③—(e) 田　“田”…308【殘，1 例】。

③—(f) 傳　“傳”…54、1038【形狀一一，2 例】，958、1649【殘，2 例】。

B. 沅陵獄史、獄佐

① “沅陵獄史”…“▢▢沅陵獄史治所”186、“傳舍沅陵獄史治所”940、“傳舍沅陵獄
史治▢”1058【殘，3 例】。

② “沅陵獄佐”…“覆獄沅陵獄佐已治所遷陵傳洞庭”255、“覆獄沅陵獄佐已治在所
洞庭”265、“覆獄沅陵獄佐已治所發”1729【形狀一一／二行，3 例】、“覆獄沅陵獄佐已治
在所洞庭”492【殘，1 例】、“覆獄沅陵獄▢▢治所發”1897【殘／二行，1 例】。

C. 遷陵縣以外的地名

① 郡名…“洞庭”1597【殘】，“洞庭泰守府”1404【殘】。

② 縣名…“孱陵”467(武陵郡)、“枳”910(巴郡)、“閬中”931(巴郡)、“高密”1079(膠
東郡)、“鐔成”1373(象郡)【形狀一一】，“南昌”1164(廬江郡)、“郫”1309(蜀郡)、“旬陽”
1851(漢中郡)【殘】。

③ 守府收…"守府"908【形狀一一】,"守府户曹發"978【殘】。

④ 完全與遷陵縣無關者…"武關　内史"206 正(背面"進書李季□足自發")【形狀一一】,"彭陽　内史"105【形狀〇一】,"南郡泰守(正)洞庭守府(背)"772【形狀一一】,"酉陽　洞庭"65 正(背面"廷户發")【形狀一一】,"臨沅主司空發洞庭"695 正(背面"遷陵·洞庭")【形狀一一／二行】,"酉陽金布發"1130【形狀一一】,"酉陽覆獄治所"1295【形狀一一】。

D. 個人

① 有"私進"字樣的事例:"私進遷陵主吏季自發"272【形狀一一／二行】,"私進令史忘季自發"1065【形狀一一】,"私進獄史王柏"1232【形狀一一】,"私進令史芒季自發"1817【形狀二五】。

② 有"進書"字樣的事例:"進書李季□足自發"206 正(背面"武關　内史")【形狀一一／二行】,"進書令史毛季從者"1529 正(背面"見徵十五人")【形狀一一】,"敬進書丞公從史"2196【形狀一一／二行】。

③ 其他:"令佐部發"1317【形狀一一】,"詣毛季"1694【形狀一一】。

三、基於封緘簡牘集成結果的研究

本節將闡述從封緘簡牘的集成與分類結果中得出的相關結論。

(一) 洞庭郡傳送給遷陵縣的封緘簡牘(Ⅰ—A、Ⅰ—B)

看一眼洞庭郡傳送給遷陵縣的封緘簡牘便可發現,文書對傳送方式有明確的要求。沒有指定傳送方式的共計 54 例(A①、B①—④)、指定了的有 22 例,兩者在數量上相差 2.5 倍。本文認爲傳送方式無指定＝普通郵件,有指定＝特殊郵件。

另外,這些封緘簡牘上的内容很多與秦律、漢律中的内容相吻合。[①]

　　　　行命書及書署急者,輒行之。不急者,日齎(畢),勿敢留。留者以律論之。

[①] 本文對張家山漢簡《二年律令》的解釋,參考了富谷至編《江陵張家山二四七號墓出土漢律令の研究》(朋友書店,2006 年)、專修大學《二年律令》研究會《張家山漢簡〈二年律令〉訳注(六)——田律·□市律·行書律》(《專修史學》第 40 號,2006 年)。按,本文引用的張家山漢墓竹簡,參見張家山二四七號漢墓竹簡整理小組編《張家山漢墓竹簡〔二四七號墓〕》(文物出版社,2001 年),不另出注。

行書　　（睡虎地秦簡《秦律十八種·行書律》183,形狀〇一/功能二二）①

令郵人行制書、急書,復,勿令爲它事。

（張家山漢簡《二年律令·行書律》265、266 簡的一部分,形狀〇一/功能二二）

書不急,擅以郵行,罰金二兩。

（張家山漢簡《二年律令·行書律》272 簡的一部分,形狀〇一/功能二二）

書不當以郵行者,爲送告縣道,以次傳行之。

（張家山漢簡《二年律令·行書律》274 簡的一部分,形狀〇一/功能二二）

吏卒斬首,以尺籍書下縣移郡,令人故行。不行,奪勞二歲。

（《史記·馮唐列傳》注如淳引《漢軍法》）

從上述規定可知:(1)"郵"用於傳送命書(＝制書)、②緊急文書,(2)不適合以"郵"傳送的文書按照先後順序傳送,(3)有"令人故行"這種特殊的傳送方式。此外,A③、A④有"急"字樣,它們應該是比以郵傳送的文書更加緊急的一類。如果這樣的話,律文中所謂的"急書""書署急者"應該與 A③相對應。律文所謂"書不急",不是指沒有明確寫上"急書"字樣的文書,而是指所有不能以郵傳送的文書。可見,文書可分爲以下三個層次:

不能以郵傳送的文書("書不急")——能以郵傳送的文書——能以郵傳送的特殊級別的文書("急書""書署急者")

A③應該算是可以郵傳送的特殊級別的文書。但是,這個假定需要在餘下的里耶秦簡公布之後進一步探討。

另外,(3)與 A④有關聯。③看過(1)(2)以後大家應該就能明白指定了傳送方式的事例比沒有指定的要少的原因了。

通過上述對里耶秦簡封緘簡牘的考察,釐清了以"郵"傳送的文書與沒有指定傳送方式的文書之間的關係。鷹取祐司氏分析過漢代史料中的文書傳送方式,指出其基本方式爲"以郵行"與"亭行""縣次"。兩者有異曲同工之妙。④

---

① 睡虎地秦墓竹簡整理小組編《睡虎地秦墓竹簡》,文物出版社,1990 年。

② 里耶秦簡 J1⑧461 記錄了統一時用語等的變更情況,據其記載,改"命"爲"制"。因《史記·秦始皇本紀》亦云改"命爲制",故可以認爲"命書"與"制書"是一樣的。

③ 關於《史記·馮唐列傳》注中如淳所引《漢軍法》與里耶秦簡的關係,前揭拙文《"發く"と"發る"——簡牘の文書送付に關わる語句の理解と關連して》中已提到了。

④ 鷹取祐司《秦漢時代の文書伝送方式——以郵行·以縣次行·以亭行》,《立命館文學》第 619 號,2010 年。

可見,里耶秦簡封緘簡牘上的記載内容與文書傳遞規定之間存在密切的關係。①

(二) 縣外不明發信人傳送給遷陵縣、遷陵縣各負責部門的封緘簡牘(Ⅰ—C, Ⅲ—C)

Ⅰ—C 爲只可能是來自縣外的封緘簡牘。它們來自哪裏呢? 首先,不可能是洞庭郡,因爲來自那裏的文書會明確寫明地址,故可排除在外。值得注意的是,里耶秦簡中存在這樣一種文書,自左公田經由旬陽縣最終送至遷陵縣(J1⑧63),即來自他縣的平行文書。奇怪的是,封緘簡牘中却没有明確寫着發信人爲他縣的事例。據此可以猜想,這些封緘簡牘很可能是附在他縣交付給遷陵縣的平行文書上而來。

理由之一,從封緘簡牘上的文字記載來看,Ⅲ—C 中的有些簡牘是遷陵傳送給他縣的。當然也可以勉强認爲它們是整理與他縣有關的文書或簿籍時附上去的、諸如附札之類的物件。但是,如果是用於保管文書等的附札的話,應該像里耶秦簡中的幾個事例那樣,在上面記載一些更詳細的信息。例如:

> 廿八年十月
>
> 司空曹
>
> 徒薄(簿)已　　盡。　　　　　　　　　(J1⑧1428,形狀一一／功能三一)

而且,Ⅲ—C 中能够判明形狀的均爲里耶秦簡一一型,而此型以封緘簡牘居多,由此點來看,應該將它們視爲封緘簡牘。其次,這些由遷陵傳送給他縣的封緘簡牘上寫明了收信人,但没有寫明發信人爲"遷陵",這種現象與Ⅰ—C 相通。再次,第八層混入了數例傳送給遷陵縣近鄰酉陽縣的封緘簡牘。如"酉陽　洞庭"(65A,形狀一一)所示,洞庭郡發信時會寫明自己的身份。但是,Ⅲ—C④"酉陽金布發"類似於Ⅰ—C②"遷陵主倉發",没有寫發信人的名字。如此看來,縣與縣之間的平行文書中記有收信人的封緘簡牘極有可能一般不寫發信縣名。此外,據筆者所知,第八層出土簡文書中能在一定程度上確定發信人的約 90 多例,但是,給遷陵縣傳送平行文書的縣,除了 J1⑧63 中的旬陽縣之外,還有 J1⑧60＋656＋665＋748 中的棘道縣,例子並不是很多,正好與僅寫有"遷

① 前揭富谷至《行政文書の書式・常套句》一文以居延漢簡之封緘簡牘類爲中心進行了探討,其得出的結論爲"吏馬馳行""以急爲故"等語句是所謂"務必送達"之意的慣用語。但是,在里耶秦簡階段,能否僅將"以郵利足行某々急""故令人行某々急"等作爲慣用句存疑。居延漢簡中的其他類似語句,原本也真的是慣用句嗎? 如果是慣用句,那麼就有必要再研討一下自里耶秦簡時期以來其變化的過程。

陵"字樣的封緘簡牘在數量上也不是很多這個事實相呼應。

　　若不結合其他層位出土簡牘中的封緘簡牘的情況進行討論,上述結論仍然只能算是假説。但是,基本上可以認爲秦代縣與縣之間的平行文書在封緘簡牘上不記載發信縣的名稱是普遍情況。此外,隸屬於不同郡的縣與縣之間似乎也會直接授受文書,其數量也不是很多。

(三) 傳送給遷陵縣廷、縣廷内各負責部門的封緘簡牘(Ⅱ—A、B)

　　從上述封緘簡牘的集成結果可以獲取與縣廷組織機構有關的各種信息。下表 3 中,根據封緘簡牘中的文字記載,統計了各個部門的數量,並將它們分成了"某曹"與非"某曹"兩類。備注欄中是除封緘簡牘之外的其他簡牘之中載有"某曹"的事例。[①]

　　首先,可以看出各個部門之間的封緘簡牘數量差別很大。依次如下:吏收與户收,各 20 件;金布收,7 件;倉收,5 件;獄收,4 件。主簿、主課與主計分別 1 件。此外,其他簡牘中有多個傳送給縣廷司空曹、尉曹的事例,但是,封緘簡牘中没有相關事例。

表 3　記有收信人的封緘簡牘與縣廷内負責部門

負責人	封緘簡牘			備注
	數量	非"某曹"	"某曹"	
令	3	廷主令	廷令曹	—
吏	20	廷主吏	廷吏曹	—
户	20	廷主户、廷户	廷户曹	—
倉	5	廷主倉	廷倉曹	—
金布	7	廷金布	—	—
簿	1	廷主簿	—	—
課	1	廷主課	—	—
計	1	廷主計	—	—
獄	4	廷獄東	獄東曹、獄南曹	—
司空	0	—	—	司空曹(269、375、480、1428)
尉	0	—	—	尉曹(253、453、1225、1616)
覆	1	—	覆曹(2550)	
※覆曹 2550 簡"遷陵以郵行覆曹發・洞庭",爲來自縣外的封緘簡牘。				

[①]　有關里耶秦簡縣機構組織的研究,有王彥輝《〈里耶秦簡(壹)〉所見秦代縣鄉機構設置問題蠡測》(《古代文明》2012 年第 4 期)一文,雖然亦言及"某曹"等,但是或將金布理解爲少内的一個機構,把少内解釋爲某曹;或認爲里耶秦簡中的田官、畜官並不歸屬縣,而是隸屬於都官。與本文中的理解有不少較大分歧之處。

關於數量上的差異問題,既然傳送給各個部門的封緘簡牘附於傳送給相應部門的文書之上,那麽,兩者的數量應該成正比。在這種情況下,事例數量越多的部門意味着它從縣內各個官府收到的文書也越多,可以説是事務繁忙。據此我們能够判斷出,吏=人事管理,户=掌握民衆情況,倉、金布=財政運營,獄=審判、司法等爲遷陵縣的基本業務。雖然這一點不言自明,但封緘簡牘中的記載契合了這個常識。有趣的是,事例多的部門不僅被稱爲"主某",還被稱爲"某曹"。其中,"金布"是個例外,没有被稱爲"某曹",可能是因爲名字本身已包含兩個字,不方便那麽稱呼。此外,第八層簡中不見稱呼事例較少的簿、課、計三個部門爲"某曹"的情況。實際上,在里耶秦簡中,簿、課、計爲檔案名。下面將分别舉例。

> 廿九年八月乙酉,庫守悍作徒簿:受司空城旦四人、丈城旦一人、舂五人、受倉
> 隸臣一人。·凡十一人。(第一欄)
>
> 城旦二人繕甲□□。　　　　　　　　丈城旦一人約車:缶。　　卅年上之□
> 城旦一人治輪□□。　　　　　　　　隸臣一人門:負劇。
> 城旦人約車:登。　　　　　　　　　舂三人級:烤、□、娃。
>
> 　　　　　　　　　　(J1⑧686＋973 正,形狀○二甲/功能○一甲)
>
> 八月乙酉,庫守悍敢言之。疏書作徒簿牒北上,敢言之。/逐手。
>
> 乙酉旦,隸臣負解行廷。　　　(J1⑧686＋973 背,形狀○二甲/功能○一甲)
>
> 廿九年九月壬辰朔辛亥,貳舂鄉守根敢言之。牒書水
>
> 火敗亡課一牒上。敢言之。　　　(J1⑧654 正,形狀○二甲/功能○一甲)
>
> 九月辛亥旦,史邛以來。/感半。　邛手。
>
> 　　　　　　　　　　(J1⑧645 背,形狀○二甲/功能○一甲)
>
> 倉曹計録:　　　　　器計,　　　　馬計,
>
> 禾稼計,　　　　錢計,　　　　羊計,
>
> 貸計,　　　　徒計,　　　　田官計,
>
> 畜計,　　　　畜官牛計,　　　凡十計。
>
> 　　　　　　　　　　史尚主。
>
> 　　　　　　　　　　(J1⑧481,形狀○三甲/功能一四)

這些檔案或是縣諸官府送到縣廷各個部門的,或是縣廷各個部門自己製作的。"課"類

檔案名一般寫作"某課志",有如下事例:"田官課志"(J1⑧479),"倉課志"(J1⑧495),"尉課志"(J1⑧482),"鄉課志"(J1⑧483),"司空課志"(J1⑧486),"畜官課志"(J1⑧490)。"計"類檔案名一般寫作"某計録",其事例如下:"司空曹計録"(J1⑧480),"倉曹計録"(J1⑧481),"户曹計録"(J1⑧488),"金布計録"(J1⑧493)。

目前里耶秦簡只公開了部分簡文,因此還不能斷定主簿、主課、主計不被稱爲簿曹、課曹、計曹。不過,我們可以想象,傳送封緘簡牘時,在本來表示檔案種類的簿、課、計之前加上"主"字,應該是"傳送給某種檔案負責人"的意思。從這點來看,"主某"爲"傳送給某負責人"之意,與縣廷内是否實際存在作爲行政機構的負責部門無關。再者,文書中可散見指定啓封人的情況,一般會寫"署主符"(J1⑧462)、"主食發"(J1⑧830 + 1010)、"署主錢"(J1⑧965)。這種情況更加證實了上述推測。

前人關於秦、漢縣級機構的研究成果頗豐,而就縣廷之機構組織而言,仲山茂氏提出過重要論點。[①]仲山氏以睡虎地秦簡與工官製造的器物銘文爲主要史料,着眼於分析秦縣中獨立性比較强的"官"與西漢後期以降逐漸普通化、獨立性較低、作爲縣級機構一部分的"曹"在性質上的不同之處,提出諸曹的前身爲直屬於令、丞的令史。此外,青木俊介氏在仲山氏的考察基礎上,分析了已被公開的里耶秦簡,釐清了縣廷的機構組織與縣廷之外隸屬於縣的各個官府的情況。[②]

"某曹"似乎設有專門負責各項事務的令史。比如,里耶秦簡中載有"某曹令史"。此外,前面提到的J1⑧487 + 2004 中可見"户曹令史"。從下面的引文"伐閲"可知,"令史扣"可以擔任"司空曹"一職。

　　資中令史陽里鈕伐閲:

　　十一年九月隃爲史。　　□計。　　　户計。

① 仲山茂《秦漢時代の官と曹——縣の部局組織》,《東洋學報》第82卷第4號,2001年。仲山、青木兩氏曾對獨立於縣廷之外的"官"與"曹"在性質上的不同進行過討論。土口史記《戰國·秦代の縣——縣廷と"官"の關係をめぐる一考察》(《史林》第95卷第1號,2012年)一文認爲縣廷有人事權等,因此縣廷對"官"具有絶對優越性。私以爲,"官"與"曹"的作用本就不同,它們之間的關係可以采用涉及軍事、經營等的組織論概説中極其通俗的説法,就像line(該場合是"官")與and staffs(該場合爲"曹")之間的關係。各曹負責者在各自曹之工作崗位領域中是長官、次官的參謀、輔佐官(staffs),各官(line)是負責在各個領域具體執行的實施部門,各曹接收各官的報告或向各官發布命令之際,有協助長官們理解與批准的功能,没有獨自發出指示與命令的權力。各官在其所負責的行政事務實施上,在必要的範圍内擁有向其指揮下的官吏下達指示與命令的權力。將來有必要在承認兩者之間的差異的基礎上,再以具體事例爲基礎,討論"曹"與"官"的關係與功能及其變化等問題。

② 青木俊介《里耶秦簡に見える縣の部局組織について》,《中國出土資料研究》第9號,2005年;《秦から漢初における都官と縣官——睡虎地秦簡〈法律答問〉九五簡の解釈を通じて》,《中國出土資料研究》第15號,2011年。

　　爲鄉史九歲一日。　　　　　年卅六。

　　爲田部史四歲三月十一日。　　　　　可直司空曹。

　　爲令史二月。　　　　　（J1⑧269，形狀○三甲／功能一四）

從上述事例可知，"某曹"是縣廷內部的一個行政組織，並且，縣廷內部均承認其行政職能。設有"某曹"的縣廷部門，收到的封緘簡牘的數量都很多，可見它是一個長年業務繁忙的機構，並且它們的業務不是由臨時閑散人員擔任，而是安排得力的專職官員以高效處理相關業務。也就是説，與收信人是否被行政組織化了無關，封緘簡牘在表示"某負責人"時便使用"主某"、對於在一定程度上被行政化了的機構使用"某曹"一詞。當然，若是向設有"某曹"的縣廷傳送文書，即使封緘簡牘上寫的是"主某"，文書或許也能被傳送到相應的"某曹"。上述里耶秦簡的事例整體上與仲山、青木氏的觀點相契合。

　　另外，Ⅲ—C③有一例爲"守府戶曹發"。此處的"守府"指郡守府（泰守府，漢代的郡太守府）。可見，郡守府似乎也設有戶曹。從下面的事例可知，

　　尉 府爵曹卒史文、守府戍卒士五狗以盛都結。
　　式☒　　　　　　　　（J1⑧247，形狀○二乙／功能○一）

尉府（郡尉府，漢代的郡都尉府）也設有"爵曹"，它在性質上很可能就是上面提到的"某曹"，且其負責人爲"卒史"。

　　不難想象，"某曹"便是西漢後半期以降的典籍和石刻史料等文獻中出現得越來越多的"郡縣諸曹掾史"一職的原型。紙屋正和氏曾指出，秦、西漢前半期的縣廷組織機構中，有很多專門負責處理實務的、相當於列曹性質的部門。[①]爲了解明這一點，本文將在第四節根據第八層出土簡文書和簿籍中的記載內容，以部門爲單位進行分類，並進行綜合探討。日後其他層出土的封緘簡牘、文書、簿籍等可能還會被公布，若再追加上對這些層的考察結果，或許能與西漢後半期銜接上，追蹤其歷史變遷。

（四）沅陵獄史、獄佐收（Ⅲ—B）

　　這一類是洞庭郡傳送給身在遷陵覆獄的沅陵獄佐的封緘簡牘。雖然寫信人和目的均不詳，但可以肯定收信人爲赴遷陵縣的沅陵縣獄史。也就是説，它們屬於當地與暫時

---

① 紙屋正和《両漢時代における郡府・縣廷の屬吏組織と郡・縣關係》，氏著《漢時代における郡縣制の展開》，第四篇第十一章，朋友書店，2009 年（初刊於 1990 年）。

停留於此的他縣屬吏之間的文書往來，非常有意思。

顧名思義，"沅陵獄佐"應該是來自沅陵縣的官吏。據《二年律令》記載：

> 气（乞）鞫者各辭在所縣道，縣道官令、長、丞謹聽，書其气（乞）鞫，上獄屬所二
> 千石官，二千石官令都吏覆之。都吏所覆治，廷及郡各移旁近郡，御史、丞相所覆治
> 移廷。　　　　　　（《二年律令》116 的一部分—117 簡，形狀〇一／功能二二）

如劃綫部分所示，"二千石官令都吏覆之"，行使覆獄權的官員爲都吏。都吏一般爲郡守
府官吏，但在上述里耶秦簡事例中，被任命爲覆獄吏的却是縣級屬吏。不過，傳送給沅
陵獄吏的文書，不是來自沅陵，而是由洞庭郡直接送達，從這點來看，沅陵獄吏應該是暫
時歸洞庭郡指揮，受到的是準都吏待遇。

（五）書信（Ⅲ—D）

這是一類寫了書信收信人的封緘簡牘。很多書信的人名前寫有官職名，且很多是
傳送給遷陵縣廷在職令史的。令史的名字有"毛季""芒季""忘季"。毛、芒、忘爲通假
字，所以他們應該是同一人。此外，1529 正面"進書令史毛季從者"之"從者"、2196"敬進
書丞公從史"之"從史"，均爲我們常說的"敬語"。①與漢代附在書信上的封緘簡牘以及書
信、名謁上的收信人表記方式相比，秦代在用詞等方面存在一些差異。比如，西漢中期
左右的天長漢簡是這麽寫的：

　　　伏地再拜　　　　□□孟
　　　☑進書　　　　　謝漢
　　　馬足下　　　　　進
　　　　　　　　　　　東陽
　　　　　　　　　　　謝孟　（天長漢簡 M19：40-14，形狀〇三甲／功能〇三甲 B)②

西漢後期的居延漢簡中爲：

　　　廣意伏地再拜　　　廣意丈人即

---

① 關於書信，參見鵜飼昌男《漢簡に見られる書信樣式簡の檢討》，大庭脩編《漢簡研究國際シンポジウム'92 報告書
　　漢簡研究の現狀と展望》，關西大學東西學術研究所，1993 年；馬怡《讀東牌樓漢簡〈侈與督郵書〉——漢代書信格式
　　與形制的研究》，《簡帛研究 二〇〇五》，廣西師範大學出版社，2008 年。
② 天長市文物管理處、天長市博物館《安徽天長西漢墓發掘報告》，《文物》2006 年第 11 期。

進書　　　　　　　　孝君衣不行

覆長實足下

　　　　　（20 世紀 30 年代居延漢簡 408.2B，P9，形狀〇二甲／功能〇三甲 B）

"進書"一詞爲秦、漢共同用語。漢代事例中的"伏地再拜"等語句，"足下""馬足下"等敬稱，均不見於里耶秦簡。

　　此外，一般認爲下面爲居延漢簡中附在寫給官吏的書信上的簡牘：

李鳳書再拜奏　　　　☑

甲渠蘇掾門下

　　　　　（20 世紀 30 年代居延漢簡 61.16.A8，形狀〇二甲殘／功能四一乙）

與上述用例對比可知，從整體上看，里耶秦簡的文字表述相對簡潔。

　　以上通過討論封緘簡牘的相關問題，闡明了很多事實，雖然很多結論有待今後更多的里耶秦簡公布以後進一步驗證，但對有一定依據的問題提出了假説。有關封緘簡牘，已有展開討論的先例，比如，大庭脩氏對居延漢簡進行過相關考察。①其研究論文，除了討論封緘簡牘本身之外，還釐清了持有者、私印使用等問題，爲封緘簡牘相關研究奠定了基礎。但是，很多問題沒有展開進一步的考察，比如，與持有者問題相關的傳送問題、根據縣廷各組織機構收到的封緘簡牘的多寡分析縣行政業務的繁簡等。如本文開頭所述，這是因爲居延漢簡基本上是部門構成非常簡單的候官留下來的史料。雖然同是考察公文書、簿籍與封緘簡牘，透過大庭脩氏與本文考察的問題點之差異，可以看出居延漢簡與以管理民衆爲主要業務的縣級里耶秦簡在史料性質上的差別，不論兩者的差異多麼小。

　　那麼，將上述對封緘簡牘的集成成果、得出的結論與公文書相結合，會産生什麼樣的效果呢？毋庸置疑，要想對封緘簡牘展開全面研究，需要展開更進一步的研究。本文下面的工作就是在嘗試將研究繼續向前推進一步。

四、公文書類的基礎性集成

在集成里耶秦簡中的公文書時，本文排除了僅能從識別到的用語上推斷其性質爲公

---

①　大庭脩《「檢」の再檢討》，氏著《漢簡研究》，第二篇第五章，同朋舍，1992 年（初出 1991 年）。

文書的殘片簡牘,只選取了能讀取到發信人、收信人以及一定程度的文字內容的公文書。

衆所周知,里耶秦簡中的公文書,經由數個機關經手時,一份文書上會出現數份文書內容,這樣的情況並不少見。這種現象在居延漢簡中的册書、特別是詔書册的研究中已經被注意到。①下面將列舉里耶秦簡中的例子。

> 卅二年正月戊寅朔甲午,啓陵鄉夫敢言之。成里典、啓陵
> 郵人缺。除士五成里保、成,成爲典,保爲郵人,謁令
> 尉以從事。敢言之。　　　　　　　(J1⑧157 正,形狀〇三甲/功能〇一丙)
> 正月戊寅朔丁酉,遷陵丞昌卻之啓陵:廿七户已有一典,今有除成爲典,何律令
> 應。尉已除成,保爲啓陵郵人,其以律令。/氣手。/正月戊戌日中,守府快行。
> 正月丁酉旦食時,隸妾冉以來。/欣發。　　　壬手。
> 　　　　　　　　　　　　　　(J1⑧157 背,形狀〇三甲/功能〇一丙)

該文書由啓陵鄉→遷陵縣的上行文書(陰影部分)與遷陵縣→啓陵鄉的下行文書(原則上,遷陵縣不會留有由其傳送出的文書原本,故爲副本)兩部分構成,屬於復合文書。大概回覆上行文書的部分才是本體。因此,其本質上是一份下行文書。

然而,這兩部分分別保留了文書完整、獨立的樣式,記載了與文書的傳遞人、啓封人、書寫人等有關的信息,僅將其視爲"一份下行文書",可能會抹殺上行文書這份珍貴的事例。因此,雖然這種復合文書本來應該算作一份,但是,像上面例子那樣,另一半文書對於分析事例也具有價值,故本文將它們也單獨算作一例。按照這種方式計算,收集到的文書總計157例。當然,它們中的多半發信人和收信人都是遷陵縣廷。不過,像上面的例子那樣,一份文書在傳遞的過程中會產生被分開的情況。如果只看被分開的另一半文書的話,會發現裏面包含了一定數量的與遷陵縣無關的文書。

關於"公文書",拙稿曾下定義,曰:②

> "以官方權威或官方權力爲保證,傳達政令政策的官方物件。"即通過一定的形式傳達意旨的手段。

本文中的"公文書"指符合上述定義的檔案。按照這個定義,簿籍類似乎也符合定義。因此,本文將那些能判讀出來上面寫了送達語句等內容的簿籍也計算在內。筆者將里耶秦簡

---

① 大庭脩《居延出土の詔書册》,氏著《秦漢法制史の研究》,第三篇第二章,創文社,1982 年(初出 1961)。
② 高村武幸《中國古代簡牘分類試論》,《木簡研究》第 34 號,2012 年。

中的公文書整理、彙總成了一覽表,詳見"一覽表(二)"。下面就其中的幾個問題點展開討論。

(一) 文書的傳遞承擔者

筆者將與封緘簡牘有密切關係的"文書的傳遞承擔者"從一覽表中抽取出來,進行了集成。【 】内爲發信人→收信人。像前面提到的 J1⑧157 啓陵鄉傳送的上行文書,雖然沒有寫明收信人,但顯然對方是遷陵縣。遇到上述情況,本文將他們在【 】内分別記爲了發信人和收信人。

Ⅰ. 由官吏承擔(32 例)

A. 佐(合計 23 例)

60＋656＋665＋748(2)【棘道縣→遷陵縣】,61＋293＋2012(2)【洞庭郡→遷陵縣】,75＋166＋485(1)【少内→遷陵縣】,75＋166＋485(2)【遷陵縣→郪縣】,142【都鄉→遷陵縣?】,152【少内→遷陵縣】,164＋1475【少内→遷陵縣】,170【都鄉→遷陵縣】,173【庫→遷陵縣】,175【? →遷陵縣】,196＋1521【都鄉→遷陵縣】,199【畜官→遷陵縣】,681【? →遷陵縣】,890＋1583【少内→遷陵縣】,1069＋1434＋1520【庫→遷陵縣】,1443＋1455【都鄉→遷陵縣】,1490＋1518【倉→遷陵縣】,1510(1)【庫→遷陵縣】,1514【庫→遷陵縣】,1559【假倉→遷陵縣】,1566【田官→遷陵縣】,2011【都鄉→遷陵縣】,2034【少内→遷陵縣】。

B. 令佐(合計 2 例)

197(2)【遷陵縣→洞庭郡】,1449＋1484【遷陵縣→洞庭郡】。

C. 史(包括小史、尉史,合計 5 例)

136＋144【倉→遷陵縣】,143(1)【畜官→遷陵縣】,645【貳春鄉→遷陵縣】,672【田官→遷陵縣】,717【發弩(尉)→遷陵縣】。

D. 鄉守(合計 2 例)

660【都鄉→遷陵縣】,1554【都鄉→遷陵縣】。

Ⅱ. 由官吏以外的人承擔(45 例)

A. 郵人(合計 9 例)

62【遷陵縣→洞庭郡】,66＋208【門淺縣→臨沅縣】,154【遷陵縣→洞庭郡】,664＋1053＋2167【遷陵縣→洞庭郡】,704＋706【遷陵縣→洞庭郡】,767【啓陵鄉→遷陵縣】,

769【啓陵鄉→遷陵縣】,1523(2)【洞庭郡→遷陵縣】,2159【洞庭郡→?】。

B. 走(合計 7 例)

63(3)【遷陵縣→司空】,67＋652【尉→遷陵縣】,133(1)【酉陽具獄獄史→遷陵縣】,135(1)【司空→遷陵縣】,135(2)【遷陵縣→司空】,657【遷陵縣→尉】,1452【倉→遷陵縣】。

C. 守府(合計 11 例)

60＋656＋665＋748(3)【遷陵縣→少内】,71【遷陵縣→尉】,140(3)【遷陵縣→尉】,141＋668【發弩(尉)→遷陵縣】,155【遷陵縣→少内】,157(2)【遷陵縣→啓陵鄉】,158【遷陵縣→酉陽縣】,198＋213＋2013(2)【發弩(尉)→遷陵縣】,768【遷陵縣→洞庭郡】,1477【尉→遷陵縣】,1525(2)【遷陵縣→倉】,1560【遷陵縣→倉】。

D. 隸臣妾(合計 11 例)

69【遷陵縣→尉】,78【洞庭假卒史→遷陵縣】,157(1)【啓陵鄉→遷陵縣】,647【酉陽→遷陵縣】,651【啓陵鄉→遷陵縣】,666＋2006【司空→遷陵縣】,686＋973【庫→遷陵縣】,736【倉→遷陵縣】,1515【貳春鄉→司空】,1524【司空→遷陵縣】,1538【遷陵縣→?】,2441【啓陵鄉→遷陵縣】。

E. 居貲(合計 1 例)

197(1)【遷陵縣→洞庭郡】。

F. 乘城卒(合計 1 例)

1516【遷陵縣→洞庭郡】。

G. 民(合計 5 例)

63(2)【旬陽縣→遷陵縣】,75＋166＋485(3)【遷陵縣→郪】,657(2)【洞庭郡→各縣】,673＋2002(1)【貳春鄉→遷陵縣】,1563(1)【尉→遷陵縣】。

簡單地看一下傳遞承擔者。官吏有鄉守、佐、令佐、史。①鄉守事例中,660:發信名義人"鄉守"親自傳送了鄉發給縣的上行文書,770:鄉守收到縣傳喚令以後,親自將傳喚狀送上。令佐,這個官職自里耶秦簡公布以後才首次爲世人知曉,是從尉史等職轉任過來的。

---

① 但是,佐與史未必全部都是專職官吏,有些是非常勤,屬於踐更(交替任職)之吏。對此,廣瀨薰雄《張家山漢簡〈史律〉研究》(氏著《秦漢律令研究》,第三部第七章,汲古書院,2010 年［初出 2005 年］)曾指出佐與史具有勞役性質。對於秦代的踐更之吏,宮宅潔《漢代官僚組織の最下層——"官"と"民"のはざま》(《東方學報(京都)》第 87 册,2012 年)指出,只在值班之時才發酬勞,需要注意的是,它與民之間的界綫較爲曖昧。

令佐華自言故爲尉史。

（J1⑧1008＋1461＋1532之一部分，形狀○三甲／功能○一丙）

筆者曾利用先前公布的里耶秦簡分析過“郵人”，指出其性質爲隸屬於“郵”的、“半官半民”的郵遞承擔者。①

廿八年六月己巳朔甲午，倉武敢言之。令史敝、彼死共走興。今彼死次不當得走，令史畸當得未有走。今令畸襲彼死處。與敝共走。倉已定籍。敢言之。

（J1⑧1490＋1518正，形狀○三甲／功能○一甲）

如引文所示，“走”是被分配給令史等官員的助手。守府也一樣，以前曾指出過，②它是與僕、養等類似的官府助手。據畑野吉則氏考察，“隸臣妾”歸走、守府分配。③里耶秦簡文書中的“隸臣某行”“隸妾某以來”等記載，可以進一步支持上述觀點。此外，傳遞承擔者還有士兵與民等。

在77例傳遞承擔者中，官吏有32例（約41.5％）、非官吏有45例（約58.5％），可見，很多傳遞工作是由官吏承擔的。“遞傳”説來簡單，其實包含了很多内容，既有縣廷與縣内諸鄉、其管理下的諸官之間的文書往來，甚至還有遷陵縣→他縣、遷陵縣→洞庭郡之間的往來。表4爲負責傳遞遷陵縣文書的“傳遞承擔者”一覽表。

表 4　負責遷陵縣廷與其他官府之間文書往來傳遞承擔者

官府	傳遞承擔者	細目	發信	收信	備注
郡縣間 13 例	官吏 4	佐 1	—	1	
		令佐 2	2	—	
		官不明吏 1	—	1	
	非官吏 9	郵人 5	4	1	
		乘城卒 1	1	—	"行旁"
		民 1	—	1	
		居貲 1	1	—	
		守府 1	1	—	

① 高村武幸《漢代の材官・騎士の身份と官吏任用資格》，拙著《漢代の地方官吏と地域社會》，第一部第二章，汲古書院，2008 年（初出 2004 年）。
② 高村武幸《秦・漢初の鄉——湖南里耶秦簡から》，拙著《漢代の地方官吏と地域社會》，第三部第二章。
③ 畑野吉則《里耶秦簡の郵書記録と文書伝達》，《資料學の方法を探る》第 12 號，2013 年。

續表

官府	傳遞承擔者	細目	發信	收信	備注
縣間 6 例	官吏 2	佐 2	1	1	發信"行旁"
	非官吏 4	民 2	1	1	
		守府 1	1	—	
		隸臣妾 1	—	1	
縣内 52 例	官吏 25	鄉守 2	—	2	
		佐 18	—	18	
		史(包括小史)4	—	4	
		尉史 1	—	1	
	非官吏 27	郵人 2	—	2	
		民 2	—	2	
		守府 10	7	3	
		走 6	3	3	
		隸臣妾 8	1	7	

備注:"表 4"中不包含以下六例:66 + 208【門淺縣→臨沅縣】,78【洞庭假卒史→遷陵縣】,133(1)【酉陽具獄獄史→遷陵縣】,681【? →遷陵縣】,1515【貳春鄉→司空】,2159【洞庭郡→?】。

從表 4 可知,經由官吏傳遞的 31 例文書中,有 25 例(約 80%)爲縣内傳遞。洞庭郡與遷陵縣之間的文書傳遞承擔者主要爲以"郵人"爲首的非官吏人員。縣與縣之間的文書傳遞事例很少,承擔者也多是非官吏人員。從上述事實可以看到這樣的差別,即與縣外之間文書傳遞主要由非官吏人員承擔,而縣内則多半由官吏承擔。

在官吏傳遞的縣内文書中,遷陵縣廷均非發信人,皆爲收信人。那麼,縣廷究竟與哪些縣内機構傳遞了文書?表 5 中整理了相關情況,同時也彙總了縣外事例。

表 5　遷陵縣文書往來一覽表(陰影部分表示文書傳遞承擔者爲官吏)

縣之内外	對方官府	傳遞承擔者	發信	收信	簡號[J1⑧省略,(1)—(3)爲復合文書的編號]、備注
縣内 92 例	尉 13	尉史 1	0	1	(發)無/(收)717(3)
		民 1	0	1	(發)無/(收)1563(1)
		守府 5	2	3	(發)71,140(3)/(收)141 + 668,198 + 213 + 2013(2),1477
		走 2	1	1	(發)657(1)/(收)67 + 652
		隸臣妾 1	1	0	(發)69/(收)無
		不明 3	1	2	(發)661(2)/(收)85(1) + 671 + 721 + 2163
		合計 13	5	8	

縣之內外	對方官府	傳遞承擔者	發信	收信	簡號[J1⑧省略，(1)—(3)爲復合文書的編號]、備注
縣內92例	都鄉8	鄉守2	0	2	(發)無/(收)660，1554
		佐5	0	5	(發)無/(收)142，170，196，1443 + 1455，2011
		不明1	1	0	(發)198 + 213 + 2013(1)/(收)無
		合計8	1	7	備注：198 + 213 + 2031(1)爲鄉官收(都鄉、啓陵鄉、貳春鄉均算入)
	啓陵鄉12	郵人2	0	2	(發)無/(收)767，769
		守府1	1	0	(發)157(2)/(收)無
		隸臣妾3	0	3	(發)無/(收)157(1)，651，2441
		不明6	2	4	(發)770，198 + 213 + 2031(1)/(收)1525(1)，1562(1)，1562(2)，1797
		合計12	3	9	備注：198 + 213 + 2031(1)爲鄉官收(都鄉、啓陵鄉、貳春鄉均算入)
	貳春鄉10	史1	0	1	(發)無/(收)645
		戍卒	0	1	(收)1459
		民1	0	1	(發)無/(收)673 + 2002(1)
		不明7	1	6	(發)198 + 213 + 2031(1)/(收)661(1)，731，962 + 1087，1527，1539，1565
		合計9	1	8	備注：198 + 213 + 2031(1)爲鄉官收(都鄉、啓陵鄉、貳春鄉均算入)
	少內9	佐5	0	5	(發)無/(收)152，164 + 1475，75 + 166 + 485(1)，890 + 1583，2034
		守府2	2	0	(發)60 + 656 + 665 + 748(3)，155/(收)無
		不明2	2	0	(發)378 + 514，1008 + 1461 + 1532/(收)無
		合計	4	5	
	司空13	走3	2	1	(發)63(3)，135(2)/(收)135(1)
		隸臣妾2	0	2	(發)無/(收)666 + 2006，1524
		不明8	2	6	(發)133(2)，904 + 1343(2)/(收)47，73，648，697，1510(2)，2008
		合計	4	9	備注：904 + 1343爲"倉與司空收"(亦算入"倉")
	倉12	佐2	0	2	(發)無/(收)1490 + 1518，1559
		史1	0	1	(發)無/(收)136 + 144
		守府2	2	0	(發)1525(2)，1560/(收)無
		走1	0	1	(發)無/(收)1452

縣之內外	對方官府	傳遞承擔者	發信	收信	簡號[J1⑧省略,(1)—(3)爲復合文書的編號]、備注
縣內92例	倉12	隸臣妾1	0	1	(發)無/(收)736
		不明5	3	2	(發)130 + 190 + 1343(2),1563/(收)369 + 726,663
		合計	5	7	備注:904 + 1343 爲"倉與司空收"(亦算入"司空")
	庫5	佐4	0	4	(發)無/(收)173,1069 + 1434 + 1520,1510(1),1514
		隸臣妾1	0	1	(發)無/(收)686 + 973
		不明0	0	0	(發)無/(收)無
		合計	0	5	
	田5	佐1	0	1	(發)無/(收)1516
		史1	0	1	(發)無/(收)672
		不明3	0	3	(發)無/(收)179,274,2038
		合計	0	5	
	畜3	佐1	0	1	(發)無/(收)199
		史1	0	1	(發)無/(收)143(1)
		不明1	1	0	(發)137/(收)無
		合計	1	2	
	廐2	不明2	0	2	(發)無/(收)163,677
		合計2	0	2	
縣外30例	洞庭郡22	令佐2	2	0	(發)197(2),1449 + 1484/(收)無
		佐1	0	1	(發)無/(收)61 + 293 + 2012(3)
		不明之史1	1	0	(發)1511/(收)無
		郵人5	4	1	(發)62,154,664 + 1053 + 2167,704 + 706(2)/(收)1523(2)
		乘城卒1	1	0	(發)1516/(收)無
		民1	0	1	(發)無/(收)657(2)
		居貲1	1	0	(發)197(1)/(收)無
		守府1	1	0	(發)768/(收)無
		不明9	5	4	(發)183,653(2),704 + 706(1),705/(收)159(1),755—759(1),755—759(2),1523(1)
		合計22	15	7	備注:1516 記有"旁行"字樣
	其他縣8	佐2	1	1	(發)75 + 166 + 485(2)/(收)60 + 656 + 665 + 748(2)
		民2	1	1	(發)75 + 166 + 485(3)/(收)63(2)

縣之內外	對方官府	傳遞承擔者	發信	收信	簡號[J1⑧省略,(1)—(3)為復合文書的編號]、備注
縣外 30 例	其他縣 8	守府 1	1	0	(發)158/(收)無
		隸臣妾 1	0	1	(發)無/(收)647
		不明 2	0	2	(發)無/(收)140(2),1219
		合計 8	3	5	備注:75+166+485(2)記有"旁行"字樣

從表 5 可知,縣尉(13 例)、鄉(三個鄉合計 30 例)、諸官(49 例)與縣廷之間的文書往來比較多。同時,也可清楚地看到,將這些官府的文書傳遞至縣廷的工作由官吏負責,將縣廷的文書向外傳遞的工作由非官吏負責。

本文推測,向縣廷傳遞文書的官員大多數為向縣廷發送文書的官府官員。比如,前揭 J1⑧173,傳遞承擔者為庫佐,簡牘背面在庫佐這個地方明確寫着"處手"即文書製作人。據此可知,其作為管理庫的官吏,先是製作了文書,並將文書親自送到了縣廷。類似例子見表 6。

表 6 文書傳遞、製作者("手")同一人

簡號	發信官府	傳遞、"手"者	簡號	發信官府	傳遞、"手"者
8-75+166+485(1)	少內	佐氣	8-890+1583	少內	佐欣
8-152	少內	佐處	8-1069+1434+1520	庫	佐橫
8-164+1475	少內	佐欣	8-1443+1455	都鄉	佐初
8-173	庫	佐處	8-1490+1518	倉	佐尚
8-645	貳春鄉	史卭	8-1559	假倉	佐居

產生上述現象的原因有兩個。第一,各官府沒有足够的文書傳遞人員,因此官員不得不親自上陣;第二,並非人員問題,而是因為由文書製作者本人或者了解文書內容與背景的人傳遞的話,若是縣廷對其中的內容有疑問,他們可以當場作答。就里耶秦簡而言,後者的可能性似乎更大。

廿九年九月壬辰朔辛亥,遷陵丞昌敢言之。令令史感上

水火敗亡者課一牒,有不定者,謁令感定。敢言之。

已。　　　　　　　　　　　　　　(J1⑧1511 正,形狀○二甲/功能○一甲)

九月辛亥水下九刻,感行。　　感手。

　　　　　　　　　　　　　　(J1⑧1511 背,形狀○二甲/功能○一甲)

該事例中，"令史感"被要求持"水火敗亡課"送至郡府。簡牘中附加道"有不定者謁令感定"，即如有不明之處請詢問感。雖然很少有文書像上述事例一樣記載得如此清楚，但據此可以推測，縣内諸官府令本府官員傳遞文書背後含有這種意圖。又如前揭J1⑧1069+1434+1520等所示，各官府配有諸如"隸臣妾"之類的助手，因此，因人員不足而令官吏負責傳遞一事的可能性不大。

此外，縣廷向各個官府傳遞文書時，多由以守府、走爲首的縣廷助手、非官吏承擔。這是因爲此類文書的内容爲諸如政令等的下行文書，很少需要當場回答對方的疑問。而且，以令史爲中心的縣廷官員公務繁忙，沒有時間。①

(二) 傳遞給縣外的文書

接下來看一下主要由非官吏承擔的、傳遞給縣外的文書情況。從遷陵縣發往縣外的文書中，郡縣之間的由郵人承擔，縣與縣之間的由民、隸臣妾承擔。那麼，他們傳遞文書的最遠範圍到哪兒呢?

首先看一下郵人之外的情況。前文提到過，"書不當以郵行者，爲送告縣道，以次傳行之"（張家山漢簡《二年律令·行書律》274簡的一部分），即不"以郵行"時，縣、道按順次傳遞。以最單純的形式來思考的話，文書傳遞的最遠範圍到鄰近縣。事實上，如表4所示，簡牘中也確實有明確記載"行旁"的事例，這表示文書傳遞給了鄰近縣。不過，大多數事例沒有專門寫上"行旁"二字，它們的路徑應該是經由縣内各個官府，最終送至鄰近縣。

> 廿九年十二月丙寅朔己卯，司空色敢言之。廷令隸臣□行
> 書十六封，曰傳言。今已傳者，敢言之。
>
> （J1⑧1524 正，形狀○二甲 / 功能○一甲）
>
> 己卯水下六刻，隸妾畜以來。/綽半。　　邨手。
>
> （J1⑧1524 背，形狀○二甲 / 功能○一甲）

該事例中，不以文書傳遞爲主要事務的司空，就十六封文書傳遞問題向縣廷彙報。由此可知，該事例中的文書在傳遞過程中經過司空之手。

與下行文書的傳遞路徑不同，目前還不能確定文書傳遞到縣外時的路綫。不過，由

---

① 如前揭J1⑧1511那樣，也有令史前往上級官府的例子。縣廷這麼做應該是爲了體現對待諸官一視同仁。

郡下達到遷陵縣、再下達至縣内各官府的下行文書,雖説下達對象不會導致傳送文書的機關各異,傳遞路綫也會有所變化,但是,路綫在一定程度上是固定的。下文所見里耶秦簡的劃綫部分就屬於此種情況。

六月乙未,洞庭守禮謂縣嗇夫聽書從事□

□軍吏在縣界中者各告之。新武陵別四道,以次傳。別書寫上洞庭

尉。皆勿留。　　　　　　（J1⑧657 正面的一部分,形狀○三甲/功能○一丙）

三月庚戌,遷陵守丞敦狐敢告尉告貳春鄉司空倉主聽書從事。尉別書都鄉司空司空傳倉都鄉別啓陵貳春皆勿留脱。它如律令。

　　　　　　　　　（J1⑯6 背面的一部分,形狀○三甲/功能○一丙）

“新武陵別四道以次傳”意思爲:新武陵分成四條路綫順次傳送。“尉別書都鄉司空司空傳倉都鄉別啓陵貳春皆勿留脱”意思爲:尉將文書發送給都鄉、司空,司空發送給倉,都鄉發送給啓陵、貳春鄉,務必不要有遺漏。從簡牘中有這樣的事例存在來看,下面的推測並不唐突,即向縣外傳遞文書時,也存在一定的固定路綫。

（三）利用郵進行傳遞

那麼,如果是由郵人來承擔的話,會怎麼傳送呢？在郡與縣之間傳遞的事例中,郵人從縣廷出發傳送文書的情況有四例,其中的兩例（62、704＋706〔2〕）是由“都郵人”即位於都鄉的部門“郵”的郵人負責的。從這些例子來看,利用郵進行傳遞時,基本上郵人是從縣廷出發開始傳遞的。只是,這麼一來就會得出這樣一種結論,即“都郵”的郵人需要時常處於一種在縣廷待命、隨時等候指示的狀態,問題在於,縣廷和郵根本就是不同的機構,這就顯得不太合理了。

這裏很值得關注的是,在里耶秦簡中有一組簡牘,它們和居延漢簡中被稱爲“郵書刺”“過書刺”的記録很相似。這裏舉一個例子來説明:

獄東曹書一封,丞印,詣泰守府。廿八年九月己亥水下四刻,隸臣申以來。

　　　　　　　　　（J1⑧1155,形狀○一/功能一二）

其格式基本上是由“文書類別＋數量＋封印名＋收信人＋年月日時刻＋傳送人身份＋名字”組成。在前述畑野的論文中,其曾列舉出了這種簡。根據其成果,本文將明確了傳送人的事例做成表格,如下列的表 7 所示,從中可以看出一些意味深長的地方。

表 7 "郵書刺"形狀簡牘内容

簡號	文書名、數	封印名	收信人	年月日	傳遞者
273＋520	獄東曹書 1	—	洞庭泰守府	28 年 2 月甲午日入時	牢人伂以來
373	—	—	辰陽、胸忍	28 年 9 月辛丑	走起以來
453	尉曹書 3	令 印	銷、丹陽、□陵	28 年 9 月庚子水下二刻	走禄以來
475＋610	書 1	遷陵丞印	啓陵	35 年 6 月甲子	隸妾孫行
728＋1474	獄南曹書 2	遷陵印	洞庭泰守府、洞庭尉府	9 月乙亥餔時	牢人誤以來
959＋1291	獄東曹書 1	令 印	洞庭守府	9 月戊戌水下二刻	走伂以來
1009	—	—	□陽	7 月癸酉	走申以來
1119	書 3	令 印	(洞庭)守府 2、成紀	9 月庚寅水下七刻	走伂以來
1155	獄東曹書 1	丞 印	泰守府	28 年 9 月己亥水下四刻	隸臣申以來
1225	尉曹書 2	遷陵印	洞庭泰守府、洞庭尉府	9 月辛丑水下二刻	走□以來
1467	獄東書 1	丞 印	競陵	35 年□	□人餰以來
1533	户曹書 4	遷陵印	咸陽、高陵、陰密、競陵	27 年 5 月戊辰水下五刻	走茶以來
1829	—	—	洞庭泰守府	2 月乙未水下八刻	走伂以來
1886	獄南曹書 3	丞 印	酉陽 2、零陽	30 年 9 月丙子旦食時	隸臣羅以來

首先,從表中所列文書的類別來看,雖然有些文書只寫了個"書"字,但大部分文書内容都與縣廷的曹有關,據此可以推測,它們或許是由曹負責起草、實施的。但是,這些公文書的封印無一例外都是縣令或是丞的印。其中有名爲"遷陵印"的,可以推測是縣令印,這表明令、丞印就是遷陵縣令、縣丞的印。這説明令史這些縣廷的書記官們擁有的獨自發行公文書的許可權相當有限,名義上是以長官、次官之名發行的。其次,傳送人是走、牢人、[1]隸臣等,並非郵人。最後,發往縣外的文書中全都寫着"以來",可見,列表中的公文書都是由製作了這些簡牘的官府親自攜帶的。

　　根據以上的特徵可知,製作這些簡牘的官府位於遷陵縣内。同時,從蓋上了遷陵縣令、縣丞封印的公文書寫着"以來"來看,顯然它並非遷陵縣廷。[2]這麽一來,就是在縣廷

---

① "牢人"在前揭陳偉主編《里耶秦簡牘校釋(第一卷)》(第 127 頁)中提到了,其可能是指在牢獄中從事雜役工作的人。表 7 中提到了"走伂""牢人伂",很可能指的是同一個人。但之前也提到過,"走"爲隸臣等所服勞役。另外,據斷簡 J1⑧1855 記載"□□□付牢人大隸臣□",牢人就是隸臣。前揭畑野吉則《里耶秦簡の郵書記録と文書伝達》的論文中,把牢人和在睡虎地秦簡《封診式》中出現的幾例"牢隸臣"看作同一種人。但 J1⑧1401 記載"卅四年七月甲子朔戌士五城□",更戍的士兵成爲了牢人。因此,很有可能是指隸臣或更戍所服勞役名。隸臣承擔牢人勞役時,被稱爲"牢隸臣"。

② 另外,前揭畑野吉則《里耶秦簡の郵書記録と文書伝達》中提到,由於這些郵書刺樣簡牘是在縣遺址中出土的,所以可以看作是在"縣内"被製作的。畑野氏所説的"縣内",到底是指物理性的場所,還是指縣廷機構,不得而知,暫且將之理解爲兩者都包含。簡牘的出土地點(部門)與製作地點(部門)並非總是一致,在縣廷外製作的東西被傳送至縣内的可能性也有。本文中將之理解爲是在非縣廷的别的部門製作、之後爲了報告而被傳送到縣廷的。

之外從事傳遞的官府或是其他機構了。比如説,要麽是以傳送作爲主業務的"郵"這些機構,要麽就是像前述的 J1⑧1524 中的司空那樣、將傳送作爲次要業務開展的官府製作的。此外,清單中的簡牘記載的應該是發往縣外的公文書的發件記録,而負責統計這些記録的應該爲遷陵縣廷附近主營文書傳遞業務的機構。判斷依據如下。首先,從同一年同一月中多封發往縣外的公文書被攜帶至該機構,可知其在日常中就承擔着向縣外傳遞公文的工作。其次,公文書不是由郵人帶至該機構的。再次,即使文書被以縣令、縣丞的封印封住了,該機構依然能判斷出來具體的縣廷内發信部門。從上述三點來看,統計發往縣外的文書的發件記録這項工作應該是由遷陵縣廷附近主營文書傳遞業務的機構完成的,此處,該機構爲"都郵"。總而言之,縣廷製作的、發往縣外的、以"郵"傳遞的公文書,一般是縣廷叫來郵人,或是郵人正好在縣廷時,由郵人直接從縣廷出發進行傳遞。值得注意的是,有時縣廷與郵之間的文書是由"走"等承擔傳遞的。也就是説,若郵人的出發點不在縣廷,並不意味着這些文書沒有采用"郵"的方式。①

此外,還有一個例子,該文書是發往遷陵縣内啓陵鄉的(J1⑧475 + 610)。據記載它是由隸妾孫負責傳遞的。J1⑧1538 中也有遷陵守丞發出的文書由隸妾孫傳送的記録。可見,隸妾孫應該是在縣廷裏隨時待命,負責文書傳遞。其中,J1⑧475 + 610 的情況是隸妾孫先順路去文書傳送機構留下發件記録,然後直接帶往啓陵鄉。②

(四) 與寫有收信人的封緘簡牘組合

接下來,筆者試圖考察它們與先前列舉並加以分析的寫有收信人的封緘簡牘的關係。在考察公文書本體和封緘簡牘之間的關係時,對附帶在相應公文上的每枚封緘簡

---

① 基於上述事實,筆者對富谷論文《行政文書の書式·常套句》中的説法存疑。富谷的論據是:雖説是"吏馬馳行",但實際上吏並没有騎馬將文書運送給收件方甲渠候官。但是,比如説,如果是吏騎馬在郵或者是類似的傳送機構之間傳遞,從候官騎馬而來的戍卒等人領取發送給候官的公文書之後,將其帶回候官。這樣的話,"吏馬馳行"與戍卒徒步將文書帶給候官之間並不矛盾。封緘簡牘中記載的最終傳送承擔者的傳送方法在整個傳遞的過程中都是采用唯一的傳遞方法,這一論斷目前還缺乏證據。

② 前揭鷹取祐司《秦漢時代の文書伝送方式——以郵行·以縣次行·以亭行》一文指出縣以下的傳送没有嚴格的規定,而是讓合適的人員承擔。如果説製作里耶秦簡記録的機構是"郵"的話,那麽隸妾孫帶來了本該是用郵來運送的公文書,但是郵人全都出門了,於是他親自傳送,這種可能性也是存在的。或許郵也是如此,有時也會安排合適的人選來傳送。或者是,這些文書没有使用郵,而是本該由孫送到啓陵鄉的,但爲了製作郵書記録便順路去了一趟,這也不無可能。等發現更多例子後再行探討。

牘一一進行辨別,然後將兩者組合起來探討是最爲理想的,但這在現實中是不可能的。[①]
所以這裏退而求其次,比如説,先把傳送給縣廷甲曹的、寫有收信人的封緘簡牘群和縣
廷的甲曹作爲收信人的公文書群視爲關聯性極大的史料群來進行探討。但是,在已公
開的里耶秦簡的公文書中似乎並没有在縣内諸官府傳送給縣廷的上行文書當中明確寫
有負責接收檔案的部門署名的例子。在縣傳送給郡的上行文書中,當希望能收到郡的
回覆時,有時會指定具體的負責部門,在文書上寫明指定啓封人。但是,這些指定啓封
人的文字一般會記在寫有收件人的封緘簡牘中。因此,從縣廷外發送來的文書究竟是
由縣廷的哪個部門來負責進行處理的,從文書本身是無法直接看出來的。

　　但一些史料表明,在縣廷的負責部門當中,特定的曹與縣内諸官府的特定官員之間
存在一定的關聯。前述寫有"某計録"的簿籍類文書群中,有"司空曹計録"(J1⑧480)、
"倉曹計録"(J1⑧481)、"户曹計録"(J1⑧488)、"金布計録"(J1⑧493)等情況。"某"的部
分既是縣廷諸曹的名稱,也暗示了它和同一名稱的縣内諸官府之間存在密切的關聯。
還有,在寫有"某某計"的簿籍類文書中,也存在着縣内諸官府相互關聯的内容。以下舉
例説明。

　　　① 司空曹計録:　　　　贖計,　　　　凡五計。

　　　船計,　　　　　　　貲責計,　　　史尚主。

　　　器計,　　　　　　　徒計,　　　　　(J1⑧480,形狀〇二甲/功能一四)

→牽扯到的縣内諸官府:司空(據J1⑥4記載,縣内諸官府中還有船官,因此船官也包括
在内)。

　　　② 倉曹計録:　　　　器計,　　　　馬計,

　　　禾稼計,　　　　　　錢計,　　　　羊計,

　　　貸計,　　　　　　　徒計,　　　　田官計,

　　　畜計,　　　　　　　畜官牛計,　　凡十計。

　　　史尚主。　　　　　　　　　　　　(J1⑧481,形狀〇三甲/功能一四)

→牽扯到的縣内諸官府:倉、畜、田。

---

① 里耶秦簡的私信中,正如前揭陳偉主編《里耶秦簡牘校釋(第一卷)》一書所指出的那樣,存在文書本文(J1⑧659+
2088)和寫有收件人的封緘簡牘(J1⑧1817)可以編排在一起的情況。這是因爲封緘簡牘上寫有個人的姓名等,有着
私人信件的特徵。

③　户曹計録：　　　　　　　田堤封計，

　　鄉户計　　　　　　鬂計

　　繇計　　　　　　鞫計，

　　器計　　　　　　•凡七計。

　　租質計　　　　　　　　　　　（J1⑧488，形狀○三甲／功能一四）

→牽扯到的縣内諸官府：鄉。

④　金布計録　　　工用計　　　金錢計

　　庫兵計　　　工用器計　　　凡六計

　　車計　　　　少内器計　　　　（J1⑧493，形狀○三甲／功能一四）

→牽扯到的縣内諸官府：庫、少内、厩（推測依據：行車管理）。

　　里耶秦簡中的“某計録”雖然只有如上四例，但它們涵蓋了縣内諸官府中的絶大部分機構。①這個例子説明，通過“計”簿籍類文書可以看出特定的縣廷某曹與特定的縣内某官府之間的關聯性。由於下面一封文書完全與上述事例符合，因此，可以肯定該文書是傳送給户曹的。

　　　卅五年九月丁亥朔乙卯，貳春鄉守辨，敢言

　　之。上“不更以下縣計”二牒。敢言之。（J1⑧1539，形狀○二甲／功能○一甲）

　　當然，我們不能根據上述事例便斷言“司空的文書全部傳送給了司空曹”。一般認爲上述事例中的“計”的意思類似於“總計、合計”，從“曹”被選爲了這些“計”簿籍類文書的傳送目的地來看，可以推測出那裏應該還彙集了一定數量的其他文書。先前已被公開的里耶秦簡之中，相互有所關聯的以下兩枚簡牘就是這一推斷的有力佐證。

　　　四月丙午朔癸丑，遷陵守丞色下少内。謹案，致之。書到言，署金布發。它如

---

①　此外，各“某計録”中存在重名項目。例如，司空、倉、户的各計録中的“器計”重複，司空與倉的各計録中的“徒計”重複。這種重複乍看是由於同一縣内諸官府與數個縣廷諸曹有關係造成的，實際上並非如此。比如，“器”，若各縣内諸官府均向管轄部門“曹”報告、彙總“器”的情況，那麼，必然會造成重複。再比如“徒”，如鷹取祐司《里耶秦簡に見える秦人の存在形態》（《資料學の方法を探る》第 12 號，2013 年）一文所指出的那樣，從“受司空城旦四人丈城旦一人舂五人受倉隸臣一人”（J1⑧973 正的一部分，形狀／功能一四復合簿籍）、“受司空城旦九人鬼薪一人舂三人受倉隸臣”（J1⑧1434 正的一部分，形狀／功能一四復合簿籍）等記述可知，司空會管理刑徒中的城旦舂、鬼薪白粲，倉會管理隸臣妾。如此，倉、司空下面會分別設置“徒”這個項目，兩者之間重複也是理所當然。

律令。／欣手。／四月癸丑水十一刻刻下三，守府快行少内。

（J1⑧155 正，形狀〇二甲／功能〇一丙）

卅二年四月丙午朔甲寅，少内守是，敢言之。廷下御史書"舉事可爲恒程者洞庭上帑直"，書到言。今，書已到。敢言之。（J1⑧152 正，形狀〇二甲／功能〇一甲）

四月甲寅日中，佐處以來。／欣發。　　　處手。

（J1⑧152 背，形狀〇二甲／功能〇一甲）

除此之外，它們與 J1⑧158、159 也有關聯。155 中直接指定了"金布啓封"，152 則是在寫有收件人的封緘簡牘上寫了"廷金布"等内容。可見，就算只是單純的文書送達報告，有時也由相應的縣内諸官府少内"金布"來處理。這個例子屬於向收信人提出了指示的情況，明確要求對方回信時要在簡牘上寫明啓封部門（即負責部門）。通過上面的事例，我們可以知道，就算没有收到相關指示，回信人有時或許也會寫明啓封部門，又或者根本不寫啓封部門，無論如何，文書最終都會被交到負責部門手中。

至此，對如下文書中的内容就能有某種程度的理解了。

卅五年八月丁巳朔己未，啓陵鄉守狐，敢言之。廷下令書曰：取鮫魚與山今盧（鱸）魚獻之。問津吏、徒莫智。·問智此魚者具署

物色，以書言。·問之啓陵鄉吏、黔首、官徒莫智。敢言之。·户。

（J1⑧769 正，形狀〇三／功能〇一甲）

曹

八月□□□郵人□以來。／□發。　□手。

（J1⑧769 背，形狀〇三／功能〇一甲）

此爲回覆有關鮫、山今盧（鱸）魚等問題諮詢的文書，末尾署有"·户曹"。從内容上看，認不認識魚等問題，應該不是户曹的主要業務，其與户曹之間的關係不明。但是，當時很多從鄉里來的文書其實都發到了户曹。所以，即使不知道文書在最後署上"·户曹"的用意，我們從這些文字記載中至少能够判斷出這份文書是打算傳送給户曹的。

可以想象，很多情況下，前面所集成的傳送給縣廷内各負責部門的封緘簡牘也被附帶在了上述文書上被一起傳送。這樣一來，我們可以認定，縣廷内各負責部門收到的封緘簡牘的數量和與該負責部門存在很大關聯的縣内諸官府發送的文書數量之間存在着某種程度的相關關係。就算没有相關關係，它們作爲了解簡牘的出土狀況、遷陵縣廷内

的文書處理方法等問題的手段，也很有研究的必要。故將表3中所集成的傳送給各負責部門的封緘簡牘、表5中所集成的文書當中縣內諸官府傳送給遷陵縣的文書數量兩者進行對比，結果如表8所示。

表8　封緘簡牘、文書數量對比表

封緘簡牘		公文書	
收信縣廷負責部門名	數量	發信縣內諸官府名	數量
令（廷主令、廷令曹）	3	—	0
吏（廷主吏、廷吏曹）	20	—	0
戶（廷主戶、廷戶、廷戶曹）	20	鄉	24
倉（廷主倉、廷倉曹）	5	倉、田、畜	14
金布（廷金布）	7	少內、庫、厩	12
獄（獄東曹、獄南曹）	4	—	0
司空（司空曹）	0	司空	9
尉（尉曹）	0	尉	8

由於樣本總數並不是很多，所以只能反映某種大體的傾向。儘管傳送給倉、金布的封緘簡牘的數量和文書相比略少，但大體上來說，各負責部門收到的封緘簡牘當中的戶、倉、金布的數量和與之有密切關聯的鄉（與負責部門中的戶有關）、倉、田、畜（與倉有關）、少內、庫、厩（與金布有關）發送文書的數量可以說是大體一致的。

另外，下列部門的封緘簡牘數量與文書數量之間毫無關係：傳送給縣廷官吏擔當的封緘簡牘、傳送給司空擔當的封緘簡牘、還有傳送給尉擔當的封緘簡牘。

首先，關於官吏擔當（廷主吏、廷吏曹），儘管縣內諸官府與之在業務上沒有特別密切的關聯，但它們收到的據推測發信人爲縣內諸官府的封緘簡牘的數量却很多。產生這種現象的原因是，雖然它確實與特定的縣內諸官府之間沒有什麼關聯，但由於它的業務主要與官吏任免等人事相關，因而，它實際上可以說與所有的縣內諸官府都有關聯。前述的四種"某曹計録"中，文書中均沒有包含官吏人數等人事方面的統計信息，可見，人事被當作另外一個層面的問題處理了。這麼説來，下面所列舉的文書的收件人或許就是廷吏曹、廷主吏。

廿六年八月庚戌朔壬戌，厩守慶敢言之。令曰：

司空佐貳今爲厩佐言視事日。　●今以戊申

視事。敢言之。　　　　　　　　　　（J1⑧163 正，形狀○三甲/功能○一甲）

此外，雖然廷吏曹不是正式的官吏，但涉及貳春鄉南里的里典任用的上行文書斷簡 J1⑧661，還有涉及郵人任用的前述的 J1⑧157 等，這些應該也可以認定是傳送給廷吏曹的。因此，雖然很多文書與縣内諸官府之間没有特别聯繫，但它們實際上被傳送給了廷吏擔當，這是封緘簡牘大量存在的原因。

獄東、獄南曹的情況與吏曹相似。例如：

啓陵津船人高里士五啓封當踐十二月更，廿九日☒

正月壬申，啓陵鄉守繞劾。

卅三年正月壬申朔朔日，啓陵鄉守繞敢言之。上劾一牒☒

　　　　　　　　　　　　　　　　　　（J1⑧651 正，形狀○二/功能○一甲）

正月庚辰旦，隸妾谷以來。/履發。☒　　　（J1⑧651 背，形狀○二/功能○一甲）

可以推斷，這些所謂的"劾"是傳送給獄曹的，儘管他們並不掌管該項業務。

另外，關於"令曹"，儘管下面的結論很難得到證明，這裏仍需點明，即如果是想先給令、丞看的文書的話，就不會只寫個"廷"字，恐怕還是寫爲"廷令曹"更合適。

其次是尉。尉發出的文書有 8 例，然而，縣尉曹收到的封檢爲 0 例。與縣廷負責部門中的户、倉、金布收到的封緘簡牘數量和相關的縣内諸官府發出的文書數量存在一定的關係相比，此處呈現出了不同的特徵。本文一直將里耶秦簡中的"尉曹"解釋爲縣廷的負責部門。這是因爲在前述表 7 中的郵書刺樣簡牘中所見的尉曹書是用"令印"或是"遷陵印"來密封的，而户曹、獄東曹、獄南曹的書也是用"令印""遷陵印""丞印"來密封的，且後三曹不可能位於其他地方，只可能位於縣廷内。

尉曹書三封，令印。　　　廿八年九月庚子水下二刻，走禄以來。

其一詣銷，

一丹陽，

一□陵。　　　　　　　　　　　　（J1⑧453，形狀○三甲/功能一二）

尉曹書二封，遷陵印，一封詣洞庭泰守府，一封詣洞庭尉府。

九月辛丑水下二刻，走□以來。　　　（J1⑧1225，形狀○二甲/功能一二）

這些尉曹書，除了有以縣廷尉曹的命令等名義發出的之外，也包括接受縣尉委託進行轉送、聯絡等的文書。

> ☐朔甲午，尉守俯敢言之。遷陵丞昌曰：屯戍士五桑唐趙歸
>
> ☐日已，以酒十一月戊寅遣之署。遷陵曰：趙不到，具爲報。•問：審以卅
>
> ☐……署，不智趙不到故，謁告遷陵以從事。敢言之。/六月甲午，
>
> 臨沮丞禿敢告遷陵丞主、令史，可以律令從事。敢告主。/胥手。
>
> 九月庚戌朔丁卯，遷陵丞昌告尉主，以律令從事。/氣手。/九月戊辰旦，守府
>
> 快行。　　　　　　　　　　　　（J1⑧140 正，形狀〇三甲/功能〇一丙）

這些應該是臨沮縣尉守委托臨沮縣廷聯繫遷陵（第三行"謁告遷陵以從事"）、然後臨沮縣丞轉送給遷陵的文書。另外，部分公開的第九層出土的簡牘中也有例證。

> 遷陵廷尉
>
> 曹，卅一年
>
> 期會，以
>
> 事笥。　　　　　　　　　　　　（J1⑨2318，形狀一一/功能三一）

這裏明確寫着"遷陵廷尉曹"。該文書應該是附在裝遷陵縣廷尉曹文書的笥之上的"楬"之類的。可見，縣廷中存在名爲"尉曹"的負責部門。那麼，我們應該留意這樣一個現象：第八層不存在指定尉曹的封緘簡牘。

或者也許可以這麼牽强附會地理解：與縣令、縣丞不同，尉設有獨立的官衙。①從這一點來説，作爲官吏，它的性質可以説比較接近於縣令。所以，傳送給它的文書不寫"尉曹"，而是只在封緘簡牘上寫單一的"廷"字，以體現其地位獨立於"令"、或是與"令"相當。但是，上述不合理的推斷不能用於解釋尉擔當和與之性質相同的司空擔當。關於司空曹也是如此，正如前述的 J1⑧269 中所示，既然委任了令史，就肯定位於縣廷裏。

這麼一來，對於不存在傳送給司空曹的封緘簡牘的原因，或許可以作出如下推測：

① 尉、司空各有官府，官府或與縣廷並設、或與縣廷距離很近，故不需要封緘簡牘。

② 傳送給縣廷司空負責部門的文書會被送到司空、尉以外的負責部門。

③ 發往縣廷的尉、司空擔當的封緘簡牘不在第八層，而是位於其他層。

---

① 雖是漢代的事例，但關於縣尉與縣廷分別獨立設有官衙這一點，嚴耕望在《中國地方行政制度史》（"中研院"歷史語言研究所專刊之四十五 A，1961 年）第五章"縣廷組織"已指出。

首先，關於①，如前述的 J1⑧1524，司空發出的文書在發出當天就被送達縣廷的情況是存在的，但由於上面寫了啓封者，所以很難想象不需要封緘簡牘。關於②，確實如表 8 所示，諸官府的少内和縣廷的金布關係密切，也存在相關事例，但即使如此，諸官府和縣廷共用同一名稱，却把所有的文書都送到有着別的名稱的負責部門去，這一點很難解釋得通。這樣一來，唯一可能的就是③了。簡牘被廢棄到一號井時，縣廷中的簡牘的保存狀況會對廢棄的情形産生影響，有可能産生傳送給尉、司空負責部門的文書集中到了其他層等現象。不管怎麽説，我們需要留意：在傳送給縣廷的尉、司空負責部門的文書中，寫有收件人的封緘簡牘與其他部門相比呈現出了不同的特徵。關於這一點，等剩餘的里耶秦簡公布以後，需要重新進行探討。

（五）遷陵縣上行文書動向概略

根據上述研究結果，筆者以圖片形式展示了遷陵縣内上行文書的動向概略，詳見圖 1。因爲本文没能論述遷陵縣廷内文書的動向與處理的詳細情況，因此，圖 1 不包含這方面的内容。

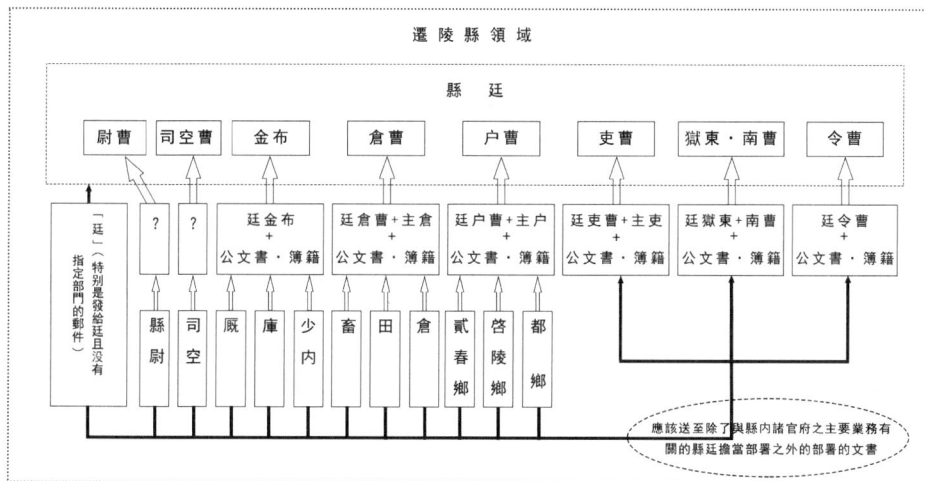

圖 1　第八層出土簡所見遷陵縣内文書動向概略（以上行文書爲中心）

　＊據 J1⑧480 記載，見於 J1⑥4 中的船官與司空曹之間的關係也較深。

以縣尉、都鄉爲首的三鄉、少内、倉之類的七官（如果包括 J1⑥4 的船官的話則爲八官，也有再增加的可能性）等，這些遷陵縣廷指揮下的縣内諸官府，在向上級機關縣廷報告時，通常都是將文書傳送給與各自事務最有關聯的縣廷負責部門，而且一般認爲所傳送的是以各種"計"爲首的相關事務文書。若是倉的話,則會傳送給縣廷的"倉曹"或者"主倉"(在圖中用白箭頭表示)。另外,縣内諸官府在處理人事等非重要事務時,不是將文書傳送給縣廷内與其在事務上有密切關係的負責部門,而是寄送給"主吏"與"獄東曹"等。這種情況也不少見(在圖中用黑色箭頭表示)。這些文書,如果從功能上講,既有簿籍又有公文書,是以向上級機關縣廷提交爲前提而製作成的,在添附記有收信人的封緘簡牘的這個階段就已全部成爲了廣義上的"文書"。

因此,從縣内諸官府一方來看,與縣廷文書的交流往來,以如下兩點爲主:

一、與該諸官府主要事務有密切關係的負責部門之間的往來。

二、與該諸官府主要事務没有關係的負責部門之間的往來。

關於第二點,像人事、告發等,不管是何種諸官府,此類案件發生的話,就不得不跟吏曹、獄東、南曹等與案件有關的部門打交道。如果從縣廷負責部門角度來看,關於特定案件的處理,就由以下兩類部門來進行:接收來自所有縣内諸官府文書的部門,和在某種程度上縣内諸官府已經規定好的部門。

那麽,没有在圖 1 中顯示的下行文書是怎樣的情況呢? 關於這個問題,只查看遺留在里耶秦簡中的副本記載的話,只能得出如下結論:這些文書是由縣令、丞發往縣内諸官府的。若硬要用圖來表示的話,箭頭的指向應該是直接從縣廷到縣内諸官府,與縣廷負責部門無關。雖然説是發往縣外,然而如"表 7"所看到的那樣,從"某曹書"被封上令印、丞印這一點看,就可以認爲下行文書實際上是由縣廷内各負責部門作成,並且以令、丞的名義發往縣外的。[①]因此,在縣廷内,大概就會有這樣一個過程:各負責部門向縣丞彙總了文書之後,再由縣廷把文書傳送給縣内諸官府。這樣的話,例如像發送給倉的下行文書等,就可以説很有可能是由縣廷内的倉曹所起草的。如圖 2 所示,由各負責部門所起草的原案,被匯合到令、丞處(黑色箭頭),之後再從縣廷傳送給縣内諸官府(白色箭頭)。

---

① 居延漢簡方面,前揭永田《居延漢簡の研究》,對被分類爲"Ⅵ其他 文書發送記録"的簡牘進行了相關研究,指出書記官所製作的文書是在提交給長官們後封印的。參見仲山茂《漢代における長吏と屬吏のあいだ——文書制度の觀點から》(《日本秦漢史學會會報》第 3 號,2002 年)、米田健志《漢代印章考》(富谷至編《辺境出土木簡の研究》,朋友書店,2003 年)等。如果從這樣的觀點來看,那麽,我們可以認爲里耶秦簡其實也采取了同樣的處理方式。並且,擁有多個部門的遷陵縣廷與居延的甲渠候官不同,其采用的形式是:各個負責部門的書記官製作、提交與各個部門有關的文書,然後令、丞再封印。如 J1⑧1511,據該文書記載,書記官被派遣到了檔案提交地點,且文書上寫到如果有不明白的地方請詢問書記官。據此可以猜想,文書本身是負責部門的書記官製作的,令、丞大略確認過文書内容後再行封印(因此,有時令、丞等並不了解文書内的詳細内容)。

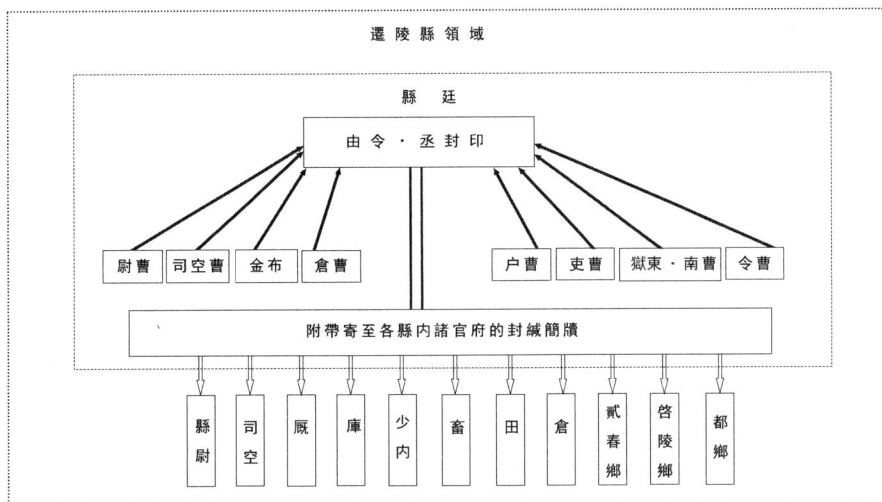

圖2　第八層出土簡所見遷陵縣内文書動向概略(以下行文書爲中心)

綜上所述,圖1、2所示内容,大體上能够體現上下行文書的動向概略。但關於司空、尉,却有這樣的問題,即第八層以及第五、六層中的一些記有收信人的封緘簡牘中没有出現明確的事例。在圖1中,這部分就只好用"?"來表示了。

另外,觀察圖1,從縣内諸官府角度來看,與其主要事務相關聯的縣廷負責部門被限定成了一個。但是,在上述J1⑧488"户曹計録"之中能看到"田堤封計"。如果將"田堤封計"看作諸官府田的事務的話,就不得不把從田到倉曹的箭頭再加一個到户曹。①實際上,不僅此處,隨着今後個别具體研究的繼續開展,本圖還會有更多的增補、改訂。

結　論

本文的研究目的是爲了構築簡牘史料集成的基礎。這個簡牘史料描述了遷陵縣内部行政機構的實際狀况。圖1總結了本文的研究結果,其所示文書的動向概略,如果在今後的研究中仍然被證明大體是正確的,那麽,本文中的集成與研究方法便值得借鑒。本文結尾想對研究里耶秦簡時可以采用的集成與研究方法進行總結。

---

①　例如,在張家山漢簡《二年律令》中,有關田簿籍類的規定見於"律"之中的"户律"。據其記載,有時田嗇夫也參與其中(322簡)。現在,關於各官的業務内容,以里耶秦簡、睡虎地秦簡秦律等爲首,已經有很多研究成果,應該以現有研究中的相關史料爲基礎,進行復原工作。例如,松崎つね子《〈睡虎地秦簡〉に見る秦の馬牛管理——〈龍崗秦簡〉·馬王堆一號漢墓〈副葬品目録〉もあわせて》(《明治大學人文科學研究所紀要》第47號,2000年)對其中的畜官進行了研究。

　　既然里耶秦簡公文書(廣義的文書,也包括簿籍等)大半聚集在縣廷,那麼,在進行集成的時候,可以將縣廷內的負責部門作爲基準之一,相信大家應該也都認可這一點。但是,如果文書與部門之間的關係不甚明了的話,就很難確定基準。尤其是如何集成來自多個縣內諸官府的上行文書就會成爲難題。解決這個問題,可供參考的研究先例爲甲渠候官。但是,甲渠候官是一個不需要按照事務劃分負責部門的組織。因此,如果像甲渠候官研究那樣僅以文書作爲對象來研究的話,很可能會勾勒出所有的上行文書全都是被傳送給縣廷(雖然這一圖式在宏觀上是正確的)這樣一種非常單一的圖式。

　　因此,本文首先對封緘簡牘進行了集成,通過確認來自縣廷指揮下的縣內諸官府由怎樣的記有收信人的封緘簡牘向縣廷送達文書等情況,得出的結論是,文書上的記載不僅有寫明收信人爲縣廷的,而且也有很多寫明直接傳送給縣廷負責部門。在此基礎上,將筆者認爲可能與縣內諸官府與縣廷各負責部門有密切關係的材料進行了編組探討,通過不斷假想每份文書可能與哪個負責部門之間關係密切,摸索出了進行集成的方法。

　　結論是,里耶秦簡第八層出土簡牘可以按照"表9"那樣進行集成。當然,"表9"展示的終究只是目前這個階段的集成方向,隨着今後研究的深入,需要不斷訂正,力爭使集成工作更加詳細、符合當時的實際情況。不過,目前暫且這樣集成。

　　確立了這樣的基準以後,比如在討論縣廷負責部門的活動時,就可以避免看見"倉曹"就想當然地認爲其僅與諸官府的倉有關係,導致無視其與田官、畜官之間的關聯,不對相關簡牘進行集成便盲目探討。而且,可以更加有機地把握縣廷內負責部門與縣廷諸官府之間的關係,進而展開討論。

表9　集成概略

縣廷負責部門	完成集成的簡牘
廷户曹、廷主户	與三個鄉有關係的上下行文書,傳送給簿籍,户曹、主户的封緘簡牘
廷倉曹、廷主倉	與倉、田、畜官有關係的上下行文書,傳送給簿籍,倉曹、主倉的封緘簡牘
廷金布	與少內、庫、厩官有關係的上下行文書、簿籍,傳送給金布的封緘簡牘
尉　曹	與縣尉有關係的上下行文書、簿籍
司空曹	與司空官有關係的上下行文書、簿籍
廷令曹、廷主令	全縣與令、丞有直接關係的上下行文書,傳送給令曹、主令的封緘簡牘
廷吏曹、廷主吏	全縣有關人事的縣內上下行文書、簿籍,傳送給吏曹、主吏的封緘簡牘
廷獄束、獄南曹	全縣有關審判的縣內上下行文書、簿籍,傳送給獄束、獄南曹的封緘簡牘

同時,縣廷外如洞庭郡→遷陵縣間的文書,如"表7"所示,遷陵縣傳送給洞庭郡的文書似乎實際上是由縣廷的某曹負責實施的。另外,關於洞庭郡發送給遷陵縣的文書,從本文第二節Ⅰ—B所集成的記有收信人的封緘簡牘來看,有時也會指定具體的負責部門。例如,遷陵縣就官吏人員不足問題向洞庭郡發送了報告書 J1⑧197,簡牘上寫着要求,要求對方回信時"署主吏發"。

從上述現象可以推測,即使沒有特別指明,文書最終仍會被傳送給負責部門。因此,"表9"中的標準也適用於縣廷外發來的文書。

因爲論述過程需要集成一定數量的簡牘,所以本文引用了大量的簡牘、做了很多表,導致文章過於冗長。與之相應,謬誤也恐會增多。另外,因爲該資料爲備受矚目的新史料,很多研究成果可能會同時且不斷地被發表在學術雜志上,爲此,有些成果筆者可能未注意到,或許其中還有一些重要成果。敬請方家批評指正,以期來日修正。

李力譯(中南財經政法大學法學院)、趙季玉校訂(北方工業大學文法學院)

附記:本文爲平成二三年度三菱財團人文科學研究助成《周緣領域からみた秦漢帝國の總合的研究》(代表:高村武幸)的階段性成果。另外,其中的部分成果出自東京外國語大學亞非語言文化研究所共同利用、共同研究課題《中國古代簡牘の横斷領域的研究》(代表:陶安)。

原題爲《里耶秦簡第八層出土簡牘の基礎的研究》,載於《三重大史學》第 14 號,2014 年,第 29—85 頁;爲統一體例起見,將尾注改爲脚注,文末所附"本文所使用的出土史料文本",移置於該資料首次出現的地方,删除引文資料的日語語譯,引文據通行本添加標點。

附　録

一覽表（一）

釋文	號碼	形狀	長度	幅	發信	受信	備考
廷戶發	J1⑧1	11 殘	186×	29		廷戶	
☑☑倉曹發	J1⑧3	11 殘	237	11		倉曹	
都鄉	J1⑧6	殘	92×	16		都鄉	
遷陵以郵行・洞庭	J1⑧12	11	155	18	洞庭	遷陵	
☑廷	J1⑧17	02	135	20		廷	
廷	J1⑧30	11	160	12		廷	
遷陵以郵行洞庭	J1⑧32	02	230	17	洞庭	遷陵	
少内	J1⑧33	11	169	15		少内	
廷主吏發	J1⑧52	11	147	15		廷主吏	
傳	J1⑧54	11	136	16		傳	
酉陽　・洞庭	J1⑧65A	11	137	26	洞庭	酉陽	
廷 ▪戶發	J1⑧65B	11	137	26		廷戶	
☑☑洞庭	J1⑧89	殘	77×	16	洞庭		
☑遷陵以郵利足行洞庭急	J1⑧90	殘	無	16	洞庭	遷陵	
☑陵・洞庭☑	J1⑧97	殘	62×	18	洞庭	遷陵	
廷吏曹當上尉府	J1⑧98	殘	147×	26		廷吏曹	
遷陵洞☑	J1⑧99	殘	85×	23	洞庭	遷陵	
彭陽　内史	J1⑧105	01	202	18	内史	彭陽	
遷陵以郵行洞庭☑	J1⑧115＋338	殘	61＋66×	16	洞庭	遷陵	
☑庭	J1⑧116	殘	68×	16			
☑☑利足行☑	J1⑧117	殘	50×	16			
遷陵以郵 ☑行洞庭	J1⑧134	殘	68×	37	洞庭	遷陵	
☑鄉	J1⑧147	11	99	19		鄉	
廷主 戶發	J1⑧156	02	252	27		廷主戶	

續表

釋文	號碼	形狀	長度	幅	發信	受信	備考
遷陵洞☐	J1⑧181A	殘	88×	24	洞庭	遷陵	文書再利用
遷陵故令人 行洞庭急	J1⑧182	11	165	26	洞庭	遷陵	
遷陵洞☐	J1⑧185	殘	78×	19			
☐☐沅陵獄史治所	J1⑧186	11殘	118×	18		沅陵獄 史治所	
☐☐陵洞庭	J1⑧187	11殘	119×	27	洞庭	遷陵	
遷陵洞庭	J1⑧188	11	145	20	洞庭	遷陵	
遷陵洞庭	J1⑧189	11	230	14	洞庭	遷陵	
遷陵☐	J1⑧202A	殘	98×	13		遷陵	裏面習字
遷陵洞庭☐	J1⑧203A	殘	101×	23	洞庭	遷陵	文書再利用
武關　内史	J1⑧206A	11	145	19	内史	武關	
進書李季☐足 自發	J1⑧206B	11	145	19		私信	再利用
遷陵洞庭	J1⑧230	11	159	11	洞庭	遷陵	
少内	J1⑧240	11	138	18		少内	
廷吏曹　☐	J1⑧241	殘	116×	13		廷吏曹	
遷陵故令人 ☐行洞庭　　☐	J1⑧249+2065	殘	65+10×	23	洞庭	遷陵	
啓陵鄉	J1⑧250	11	157	19		啓陵鄉	
覆獄沅陵獄佐 已治所遷陵傳洞庭	J1⑧255	11	130	22	洞庭	沅陵獄佐	
廷户曹發	J1⑧263	11殘	114×	17		廷户曹	
遷陵發丞 前洞庭	J1⑧264	11殘	100×	20	洞庭	遷陵丞	
覆獄沅陵獄佐已治 在所洞庭	J1⑧265	11	147	18	洞庭	沅陵獄佐	
廷主户	J1⑧266	殘	137×	14		廷主户	
私進遷陵主吏 季自發	J1⑧272	11	146	17		私信	
少内	J1⑧279	11	144	16		少内	

續表

釋文	號碼	形狀	長度	幅	發信	受信	備考
尉　少内　上	J1⑧281	01	230	13	少内	尉	
廷户發	J1⑧283	11	134	14		廷户	羽子板型
遷陵以郵行□□ ……　　　□	J1⑧289	殘	79	20×		遷陵	
遷陵主薄發洞庭	J1⑧303	11	132	19	洞庭	遷陵主薄	
遷陵金布發洞□	J1⑧304	殘	102×	19	洞庭	遷陵金布	
遷陵洞庭	J1⑧305	殘	145×	21	洞庭	遷陵	
田□	J1⑧308	殘	86×	18		田	
遷陵以郵 □□洞庭	J1⑧311	11	141	23	洞庭	遷陵	
□少内	J1⑧312	11 殘	122×	11		少内	
遷陵□	J1⑧319	殘	62×	22		遷陵	
遷陵以郵 行・洞庭	J1⑧320＋388	殘	61＋39×	25	洞庭	遷陵	
遷陵以 ▪洞庭	J1⑧321	殘	54×	24	洞庭	遷陵	
廷金□	J1⑧332	殘	53×	13		廷金布	
遷陵洞庭□	J1⑧333	殘	102×	12	洞庭	遷陵	
倉　　□	J1⑧335	殘	114×	15		倉曹	
尉□	J1⑧346	殘	129×	11		尉	
廷主吏發	J1⑧347	11	128	12		廷主吏	
遷陵 洞庭□	J1⑧360	殘	52×	22	洞庭	遷陵	
遷陵以郵行 洞庭　　　□	J1⑧362＋390	殘	41＋44×	22	洞庭	遷陵	
□陵・洞庭□	J1⑧364	殘	42×	21	洞庭	遷陵	
□傳舍發	J1⑧365	11 殘	70×	17		傳舍	
▪廷□	J1⑧370	殘	44×	33		廷□	
□遷陵郵行洞庭	J1⑧371＋622	殘	103×	10	洞庭		

續表

釋文	號碼	形狀	長度	幅	發信	受信	備考
遷陵洞庭	J1⑧372 + 1337	11	67 + 97×	13	洞庭	遷陵	
遷陵☒	J1⑧377	殘	71×	14		遷陵	
遷陵以郵行洞庭☒	J1⑧413	殘	140×	16	洞庭	遷陵	
遷陵☒	J1⑧417	殘	73×	13		遷陵	
遷陵以郵行 洞庭	J1⑧432	11	146	20	洞庭	遷陵	
遷陵　洞庭☒	J1⑧443	殘	102×	15	洞庭	遷陵	
☒洞庭	J1⑧449	11 殘	103×	15	洞庭		
廷	J1⑧451	殘	115×	12		廷	
屖陵	J1⑧467	11	109	12		屖陵	
遷陵・洞庭郡	J1⑧469	11	136	16	洞庭	遷陵	
覆獄沅陵獄佐已治在所洞 庭☒	J1⑧492	殘	219×	20	洞庭	沅陵獄佐	
遷陵以郵 行・洞庭	J1⑧504 + 563	11	58 + 86×	18	洞庭	遷陵	
廷金布發	J1⑧506	11	159	18		廷金布	
遷陵洞庭	J1⑧507	11	230	15	洞庭	遷陵	
庫	J1⑧509	11	154	21		庫	
遷陵洞庭	J1⑧513	11	164	19	洞庭	遷陵	
遷陵洞庭	J1⑧515	11	160	20	洞庭	遷陵	
倉	J1⑧516	殘	139×	19		倉	
遷陵洞庭	J1⑧524	11	171	19	洞庭	遷陵	
☒廷主吏　發勿留	J1⑧526A	11 殘	142×	13		廷主吏	文書再利用
少内	J1⑧527A	殘	137×	13		少内	再利用
遷陵以郵利足行洞☒	J1⑧527B	殘	137×	13	洞庭	遷陵	
廷金布☒	J1⑧545	殘	125×	31		廷金布	
遷陵　洞庭	J1⑧553	11	262	21	洞庭	遷陵	
廷吏曹☒	J1⑧554	殘	95×	18		廷吏曹	
遷陵以郵 行洞庭	J1⑧555	11	147	21	洞庭	遷陵 遷陵	
遷陵　洞庭	J1⑧556	殘	150×	13	洞庭	遷陵	

釋文	號碼	形狀	長度	幅	發信	受信	備考
貳春鄉☐	J1⑧578	殘	114×	12		貳春鄉	
遷陵主倉發	J1⑧579	11	145	14		遷陵主倉	
遷陵 ▪行　☐	J1⑧589	殘	41×	40		遷陵	
遷陵☐	J1⑧592	殘	43×	25		遷陵	
主令發	J1⑧601	11殘	139×	14		主令	
☐□故令人行	J1⑧631	11殘	77×	10			
臨沅主司 空發洞庭	J1⑧695A	11	147	21	洞庭	臨沅主司空	
遷陵▪洞庭	J1⑧695B	11	147	21	洞庭	遷陵	再利用
廷吏曹☐	J1⑧699A	殘	134×	19		廷吏曹	再利用
尉☐	J1⑧699B	殘	134×	19		尉	
尉	J1⑧709A	11	142	12		尉	
廷主吏發	J1⑧709B	11	142	12		廷主吏	再利用
□陵□☐	J1⑧719A	殘	55×	18			
☐□□□行洞☐	J1⑧719B	殘	55×	18	洞庭	遷陵	
南郡泰守	J1⑧772A	11	132	20	南	洞庭	
洞庭守府	J1⑧772B	11	132	20			
廷	J1⑧774	11	231	11		廷	
廷令 曹發	J1⑧778	02	254	25		廷令曹	
倉	J1⑧794	11	156	21		倉	
廷 金布發☐	J1⑧799	殘	81×	24		廷金布	
廷	J1⑧812	殘	104×	12		廷	
尉	J1⑧813	11	165	13		尉	
☐庭	J1⑧825	11	89×	13	洞庭		
遷陵洞庭	J1⑧828	11	151	19	洞庭	遷陵	
廷吏曹	J1⑧829	11	166	14		廷吏曹	

釋文	號碼	形狀	長度	幅	發信	受信	備考
廷	J1⑧832	11	171	13		廷	
廷	J1⑧840	11	276	19		廷	
都鄉	J1⑧842	11	145	15		都鄉	
遷陵洞	J1⑧848	11	160	13	洞庭	遷陵	
廷	J1⑧862	25	118	13		廷	
廷戶 發	J1⑧878	03	238	33		廷戶	
遷陵洞☐	J1⑧897	殘	103×	14	洞庭	遷陵	
充·洞☐	J1⑧903	殘	66×	13	洞庭	充	
廷	J1⑧905	11	137	14		廷	
守府	J1⑧908	11	104	8		守府	
枳	J1⑧910	11	97	12		枳	
遷陵主倉發洞庭	J1⑧922	11	144	14	洞庭	遷陵主倉	
廷	J1⑧928	11	97	12		廷	
閬中	J1⑧931	11	122	12		閬中	
廷金布發☐	J1⑧935	殘	124×	11		廷金布	
傳舍沅陵獄史治所☐	J1⑧940	02殘	120	17		沅陵獄佐	
遷陵洞庭	J1⑧947	11	152	11	洞庭	遷陵	
☐內	J1⑧948	11殘	138×	10		少內	
廷戶發	J1⑧952	02	249	26		廷戶	
少內	J1⑧953	11	157	10		少內	
第　　第	J1⑧957	11	153	12			
傳☐	J1⑧958	殘	109×	12		傳	
廷金布發　獵☐	J1⑧969	殘	204×	8×		廷金布	下,右邊缺
倉	J1⑧971	11	153	14		倉	
遷陵·洞庭	J1⑧976	11	151	14	洞庭	遷陵	
守府戶曹發	J1⑧978	11殘	212×	17		守府戶曹	
尉☐	J1⑧979	11殘	48×	14		尉	
遷陵洞☐	J1⑧983	殘	53×	12		遷陵	

釋文	號碼	形狀	長度	幅	發信	受信	備考
廷	J1⑧990	11	227	10		廷	
獄東曹	J1⑧996	11	79	10		獄東曹	
☒倉	J1⑧1012	殘	170×	14		倉	
廷	J1⑧1026	11	226	11		廷	
庫　☒	J1⑧1035	殘	83×	14		庫	
庫	J1⑧1036	11	157	11		庫	
傳	J1⑧1038	11	136	12		傳	
遷陵以郵行☒	J1⑧1056	殘	106×	17		遷陵	
傳舍沅陵獄史治☒	J1⑧1058	殘	97×	16		沅陵獄史	
私進令史忘季自發	J1⑧1065	11	137	16		令史忘	
廷戶曹	J1⑧1072	殘	193×	14		廷戶曹	
高密	J1⑧1079	11	111	12		高密	
廷	J1⑧1085	殘	180×	10		廷	
廷	J1⑧1096	殘	110×	14		廷	
廷	J1⑧1100	01	152	12		廷	
廷	J1⑧1106	11	221	16		廷	
廷主薄☒	J1⑧1110	殘	142×	12		廷主薄	
遷陵洞庭	J1⑧1116	11	144	18	洞庭	遷陵	
啓陵鄉☒	J1⑧1121	殘	67×	19		啓陵鄉	
廷吏曹	J1⑧1126	25	154	13		廷吏曹	
遷陵洞庭	J1⑧1127＋2397	殘	110＋25×	15	洞庭	遷陵	
西陽金布發	J1⑧1130	11	139	14		西陽金布	
▪廷主戶☒	J1⑧1142	殘	96×	22		廷主戶	
貳春鄉 ▪以郵行	J1⑧1147	11	150	19		貳春鄉	
遷陵洞庭郡	J1⑧1149	殘	119×	14	洞庭	遷陵	
廷　☒	J1⑧1158	殘	91×	15		廷	
南昌	J1⑧1164	殘	97×	7		南昌	
廷金布發	J1⑧1166	殘	140×	12		廷金布	

釋文	號碼	形狀	長度	幅	發信	受信	備考
少内☐	J1⑧1178	殘	43×	14		少内	
倉	J1⑧1181	殘	101×	14		倉	
廷金布☐	J1⑧1183	殘	60×	11		廷金布	
遷陵	J1⑧1197	11	155	14		遷陵	
倉	J1⑧1202	殘	68×	12		倉	
尉	J1⑧1208	殘	92×	11		尉	
廷	J1⑧1227	02	227	27		廷	
廷主倉發	J1⑧1228	殘	204×	17		廷主倉	
私進獄史王柏	J1⑧1232	11	204	17		私信	
遷陵洞庭	J1⑧1244	11	153	13	洞庭	遷陵	
廷主 户發	J1⑧1249	02	253	33		廷主户	
遷陵洞庭	J1⑧1253	11	142	15	洞庭	遷陵	
廷	J1⑧1283	11	149	10		廷	
廷倉曹	J1⑧1288	11	141	16		廷倉曹	
廷户發	J1⑧1292	11	136	16		廷户	
廷主倉發	J1⑧1294	11	150	12		廷主倉	
酉陽覆獄治所	J1⑧1295	11	145	15		酉陽覆獄	
廷金布發	J1⑧1297	殘	112×	9		廷金布	
廷主吏發	J1⑧1305	11	133	13		廷主吏	
郵	J1⑧1309	殘	67×	7		郵	
廷金布發	J1⑧1313	11	138	13		廷金布	
倉	J1⑧1315	11	130	15		倉	
令佐却發	J1⑧1317	11	158	15		令佐部	
廷以郵 行户曹	J1⑧1318	殘	215×	29	户曹	廷	
廷	J1⑧1326	殘	104×	13		廷	
遷陵	J1⑧1330	01	133	14		遷陵	
廷	J1⑧1331	11	132	11		廷	

續表

釋文	號碼	形狀	長度	幅	發信	受信	備考
廷	J1⑧1348	殘	83×	11		廷	
都鄉	J1⑧1359	11	153	17		都鄉	
倉	J1⑧1362	11	207	11		倉	
廷主倉發	J1⑧1366	11	133	11		主倉	
廷	J1⑧1367	殘	85×	11		廷	
廷	J1⑧1368	25	143	12		廷	
遷陵	J1⑧1371	殘	163×	15		遷陵	
鐔成	J1⑧1373	11	63	10		鐔成	
遷陵　洞庭	J1⑧1382	殘	126×	15	洞庭	遷陵	
廷	J1⑧1384	11	152	12		廷	
廷主戶發	J1⑧1395	01	155	7		廷主戶	
廷	J1⑧1402	殘	87×	16		廷	
洞庭泰守府	J1⑧1404	殘	105×	16		洞庭泰守府	
遷陵以郵行洞庭	J1⑧1464A	11	177	18	洞庭	遷陵	文書再利用
廷	J1⑧1479A	殘	152×	16	都鄉	廷	再利用
都鄉	J1⑧1479B	殘	152×	16			
廷	J1⑧1485A	殘	195×	13		廷	文書再利用
廷戶曹	J1⑧1489A	11	133	20	尉	廷戶曹	再利用
尉	J1⑧1489B	11	133	20			
□遷陵洞庭	J1⑧1497A	11 殘	152×	16	洞庭	遷陵	
□尉　中狗	J1⑧1497B	11 殘	152×	16			
廷主倉	J1⑧1498A	殘	155×	13		廷主倉	
倉	J1⑧1498B	殘	155×	13		倉	
廷	J1⑧1503	11	143	11		廷	
遷陵洞□	J1⑧1513	殘	81×	14			
進書令史毛季從者	J1⑧1529A	11	132	11		私信	文書再利用
廷	J1⑧1543	25	279	12		廷	
貳春鄉主秦發	J1⑧1548	11	142	15		貳春鄉主秦	
遷陵以郵行洞庭	J1⑧1553	01	321	15	洞庭	遷陵	

釋文	號碼	形狀	長度	幅	發信	受信	備考
廷	J1⑧1571	11	238	12		廷	
遷陵　洞庭	J1⑧1573	11	238	23	洞庭	遷陵	
廷	J1⑧1582	11	225	14		廷	
尉	J1⑧1591	11	144	16		尉	
遷陵洞庭	J1⑧1594	11	156	14	洞庭	遷陵	
廷	J1⑧1596	殘	107×	26		廷	
洞庭	J1⑧1597	11 殘	150×	14×	洞庭		右邊缺
□廷	J1⑧1598	11 殘	75×	11			
廷主吏□	J1⑧1606	殘	70×	10		廷主吏	
廷主戶發	J1⑧1607A	殘	190×	14		廷主吏	文書再利用
遷陵	J1⑧1625	11	139	16		遷陵	
廷主 ▪倉發	J1⑧1628A	11	140	29		廷主倉	文書再利用
尉□	J1⑧1630	殘	81×	27		尉	
少內	J1⑧1634	殘	110×	13		少內	
遷陵洞庭	J1⑧1637	11	159	16	洞庭	遷陵	
□發丞前	J1⑧1638	11 殘	97×	13		丞	
傳	J1⑧1649	殘	107×	19		傳	
廷主戶發	J1⑧1650	11	160	14		廷主戶	
廷主吏發	J1⑧1651	11	145	16		廷主吏	
遷陵洞庭	J1⑧1653	殘	120×	20	洞庭	遷陵	
廷	J1⑧1658	11	221	13		廷	
▪尉□	J1⑧1661	殘	71×	32		尉	
□陵洞庭□	J1⑧1666	殘	71×	20	洞庭	遷陵	
□郵 □庭	J1⑧1672	殘	72×	42			
□庭	J1⑧1676	11 殘	89×	24			
遷陵洞庭	J1⑧1682	殘	138×	13	洞庭	遷陵	

續表

釋文	號碼	形狀	長度	幅	發信	受信	備考
遷陵洞庭	J1⑧1684	11	243	16	洞庭	遷陵	
遷陵以郵行洞庭	J1⑧1685	11	228	16	洞庭	遷陵	
啓陵鄉	J1⑧1691	11	132	20		啓陵鄉	
詣毛季	J1⑧1694	11	138	11		私信	
廷主吏	J1⑧1696	殘	160×	15		廷主吏	
廷	J1⑧1698	11	154	15		廷	
廷吏曹	J1⑧1700	11	149	17		廷吏曹	
廷主吏發	J1⑧1701	殘	79×	17		廷主吏	
□□以郵 ☑行洞庭	J1⑧1714	殘	68×	25	洞庭		
貳春	J1⑧1725	殘	77×	9		貳春	
覆獄沅陵獄佐已 治所發	J1⑧1729	11	154	18		覆獄沅 陵獄佐	
貳春鄉	J1⑧1737	25	177	11		貳春鄉	
廷獄東發	J1⑧1741	11	145	15		廷獄東	
遷陵	J1⑧1744	11	152	12		遷陵	
廷	J1⑧1746	11	159	12		廷	
廷主吏發	J1⑧1750	11	160	13		廷主吏	
廷主戶	J1⑧1752	殘	153×	10		廷主戶	
廷主吏	J1⑧1758	11	151	13		廷主吏	
獄南曹	J1⑧1760	25	210	9		獄南曹	
廷	J1⑧1767	11	154	13		廷	細繩痕迹 4 條
廷主計	J1⑧1773	11	141	12		廷主計	
廷	J1⑧1778	11	150	13		廷	
廷	J1⑧1780	11	154	12		廷	
遷陵	J1⑧1782	11	148	13		遷陵	
尉	J1⑧1785	殘	75×	11		尉	
廷	J1⑧1789	25	129	11		廷	

續表

釋文	號碼	形狀	長度	幅	發信	受信	備考
廷	J1⑧1803	11	235	14		廷	
私進令史芒季自發	J1⑧1817	25	150	12		私信	
遷陵・洞庭	J1⑧1826	11	144	15	洞庭	遷陵	
廷戶發	J1⑧1834	11	244	17		廷戶	
▪尉	J1⑧1835	11	145	29		尉	
遷陵以郵 行洞庭	J1⑧1837	11	147	24	洞庭	遷陵	
遷陵洞庭☐	J1⑧1838	殘	95×	23	洞庭	遷陵	
遷陵以郵行 洞庭	J1⑧1840	02	256	23	洞庭	遷陵	
陵以 ☐☐庭	J1⑧1843	11殘	106×	22	洞庭	遷陵	
旬陽	J1⑧1851	11殘	110×	10		旬陽	
司空	J1⑧1854	殘				司空	
廷令曹發	J1⑧1859	殘	104×	25		廷令曹	
☐洞庭	J1⑧1862	11殘	109×	25	洞庭		
☐☐行洞庭	J1⑧1867	11殘	85×	20	洞庭		
廷主吏發	J1⑧1869	11殘	137×	19		廷主吏	
廷主吏發	J1⑧1881	殘	189×	16		廷主吏	
遷陵　洞庭	J1⑧1884	11	163	18	洞庭	遷陵	
覆獄沅陵獄 ☐治所發　☐	J1⑧1897	殘	92×	17		覆獄沅 陵獄☐	
尉	J1⑧1904	殘	108×	10		尉	
廷	J1⑧1906	殘	121×	12		廷	
☐・洞庭	J1⑧1916	殘	73×	19	洞庭		
☐史治所	J1⑧1921	11殘	107×	19			
遷陵洞庭	J1⑧1935	殘	83×	22	洞庭	遷陵	
遷陵　洞庭	J1⑧1948	11	211	15	洞庭	遷陵	
尉以郵行	J1⑧1951	殘	108×	11		尉	
廷主戶發	J1⑧1955	11	139	17		廷主戶	

續表

釋文	號碼	形狀	長度	幅	發信	受信	備考
廷	J1⑧1963	殘	167×	10		廷	
遷陵洞庭	J1⑧2033A	11	175	21		遷陵	文書再利用
内官以郵行	J1⑧2033B	11	175	21			
☐　洞庭	J1⑧2039A	殘	93×	16	洞庭		
傳舍沅 ☐已治所	J1⑧2039B	殘	93×	16			
☐主户發	J1⑧2041	11 殘	139	19		主户	
敬進　書丞公　從史	J1⑧2196	11	143	16		丞	
司空	J1⑧2197	11	151	133		司空	
廷主課發	J1⑧2198	11	150	13		廷主課	
遷陵	J1⑧2201	殘	99×	11		遷陵	
少内	J1⑧2208	殘	94×	14		少内	
遷陵 ▪行洞☐	J1⑧2261	殘	43×	22	洞庭	遷陵	
☐獄東發　故令☐	J1⑧2272	殘	74×	12		獄東	
☐遷陵	J1⑧2295	11 殘	64×	14		遷陵	
遷陵　洞☐	J1⑧2318	殘	83×	11	洞庭	遷陵	
倉	J1⑧2486	殘	66×	14		倉	
廷吏曹　發	J1⑧2507	殘	61×	10		廷吏曹	
廷主 ▪户發	J1⑧2547	11	150	29		廷主户	
遷陵以郵行 覆曹發·洞庭	J1⑧2550	45 甲	73	22	洞庭	遷陵覆曹	封泥匣長 40 mm
遷陵以 ☐☐☐	J1⑧2552	殘	72×	33		遷陵	

※"長度"欄中帶"×"標記的,表示測的不是完整簡牘而是其殘存部分的長度。

一覽表（二）里耶秦簡文書

	簡號	發信日	發信者	收入人地址	手者	傳達日期時間	傳達者	發者	發/半	上平下	備考	內容
1	8-47		司空色	（遷陵縣）						上		
2	8-60＋656＋665＋748(1)	12月戊寅	都府守胥	（樊道）						上		催責(責)
3	8-60＋656＋665＋748(2)	12月己卯	樊道郡	遷陵丞	冰	六月乙亥水十一刻刻下二	佐同以來	元	半?	平		(1)傳達
4	8-60＋656＋665＋748(3)	6月庚辰	遷陵丞昌	少內		六月庚辰水十一刻刻下六	守府快行少內			下		(1)(2)傳達
5	8-61＋293＋2012(1)	☑未朔己未	巴假守丞	洞庭守	不疑					平		與兵士有關?
6	8-61＋293＋2012(2)	6月丙午	洞庭守禮	遷陵畜夫	和		佐惜以來	欣	發	下	署中發曹	(1)傳達
7	8-62	32年3月丁丑朔日	遷陵丞昌	（洞庭郡）	尚	三月丁丑水十一刻刻下二	都郵人□行			上		當令者報告
8	8-63(1)	26年3月壬午朔癸卯	左公田丁	（旬陽縣）	兵					上		催責(責)
9	8-63(2)	26年3月辛亥	旬陽丞滶	遷陵丞	兼	十月辛卯日	句忍豪士五狀以來	慶	半	平		(1)傳達
10	8-63(3)	27年10月庚子	遷陵守丞敬	司空	應	即	走申行			下		(1)(2)傳達
11	8-66＋208	8月乙巳朔己未	門淺□丞	臨沅丞	定	二月丁卯水十一刻下九	都郵士五繻以來	謝	發	平	背面"十四"	傳達
12	8-67＋652	26年12月癸丑朔辛巳	尉守蜀	（遷陵縣）	憙?	辛巳	走利以來	□	半	上		當令者報告
13	8-69		（遷陵）丞繹	尉		☑日人	隸妾規行			下		與勞役有關

續表

	簡號	發信日	發信者	收信人地址	手者	傳達日期時間	傳達者	發者	發/半	上平下	備考	內容
14	8-71	31年2月癸未朔丙戌	遷陵丞昌	(郡縣?)		二月丙戌水十一刻刻下八	守府快行尉曹			上		吏任用
15	8-73	34年後9月壬辰朔壬寅	司空	(遷陵縣)						上		聯絡委托
16	8-75+166+485(1)	7月辛亥	少內守公	(遷陵縣)	氣	□□□水下八刻	佐氣以來	敢	□	上		聯絡委托
17	8-75+166+485(2)	7月壬子	遷陵守丞之	郵丞	尚	□水□	佐氣行旁			平		(1)傳達
18	8-75+166+485(3)	28年12月癸未	遷陵守丞膻	郵丞	把	十二月甲申水下七刻	高里士五□行	把	半?	平		追
19	8-78(1)	29年11月辛酉	洞庭假卒史悍	(遷陵縣)		□□酉水下盡	隸臣=以□			下?	•封遷陵丞有	
20	8-78(2)	29年11月壬戌	遷陵□	(遷陵縣)								
21	8-85(1)	□□癸□朔丁巳	尉守□	(遷陵縣)	尚		走賢以來			上		當令者報告
22	8-85(2)		遷陵守丞都							平?		
23	8-130+190+193	31年後9月庚辰朔甲□	(遷陵縣)	(倉)		後九月甲申日食時				下		退回
24	8-133(1)	27年8月甲戌朔壬辰	酉陽具獄獄史啓	(遷陵縣)		八月癸巳水下四刻	走賢以來	行	半	上	•封遷陵丞	與獄有關
25	8-133(2)	8月癸巳	遷陵守丞睯	司空			起行司空□			下		(1)傳達
26	8-135(1)	26年8月庚戌朔丙子	司空守樛	(遷陵縣)		□月戊寅	走巳已以來	應	半	上		聯絡委托

續表

	簡號	發信日	發信者	收信人地址	手者	傳達日期時間	傳達者	發者	發/半	上平下	備考	內容
27	8-135(2)	9月庚辰	遷陵守丞敦狐	司空	應	即	走□行司空			下		退回
28	8-136+144	□□月己亥朔辛丑	倉守敬	(遷陵縣)	尚	□□□刻刻下六	小史夷吾告以來	朝	半	上		報告、聯絡委托
29	8-137	□□朔戊午	遷陵丞遷	畜官僕足	就					下		督促
30	8-140(1)	□□朔甲午	尉守備	(臨沮縣)	啎					上		聯絡委托
31	8-140(2)	6月甲午	臨沮丞禿	遷陵丞	胥					平		(1)傳達
32	8-140(3)	9月庚戌朔丁卯	遷陵丞昌	尉	氣	9月戊辰旦	守府快行			下		(1)(2)傳達
33	8-141+668	30年11月庚申朔丙子	啟陵守涓	(遷陵縣)	莘	11月丙子日食	守府定以來	連	半?	上		書到報告
34	8-142	2月辛未	都鄉守舍	(遷陵縣)	痤	2月辛末旦	佐初□			上	簿籍	發貨單
35	8-143(1)	34年9月癸亥朔乙酉	畜□□	(遷陵縣)	圂	11月辛卯旦	史穫以來			上		報告、聯絡委托
36	8-143(2)	35年11月辛卯朔朔日	遷陵□	(洞庭郡)	履	11月壬□	郵人得行			上		當令者報告
37	8-145		□□圂	(遷陵縣)	痤					上	簿籍	發貨單
38	8-152		少内守是	(遷陵縣)	處	4月甲寅日中	佐應以來	欣	發	上		書到報告
39	8-154		遷陵守丞都	(洞庭郡)	圂	2月壬寅水十一刻刻下二				上		書到報告
40	8-155	(32年)4月丙午朔甲寅	遷陵守丞色	少内	欣	4月癸丑水十一刻刻下五	守府快行少内			下	署金布發	書到報告要求

續表

	簡號	發信日	發信者	收信人地址	手者	傳達日期時間	傳達者	發者	發/半	上/平/下	備考	內容
41	8-157(1)	32年正月戊寅朔甲午	遷陵鄉夫	(遷陵縣)	王	正月丁酉旦食時	隸妾冉以來	欣	發	上		郵人任用
42	8-157(2)	正月戊寅朔丁酉	遷陵丞昌	啟陵鄉	氣	正月戊戌日中	守府快行			下		退回
43	8-158	32年4月丙午朔甲寅	遷陵守丞色	酉陽丞	欣	4月丙辰日	守府快行旁			平		書到報告
44	8-159(1)	32年2月丁未朔□亥	御史丞去疾		□					下		制書
45	8-159(2)	3月丁丑朔壬辰	洞庭	(遷陵縣、其他)		4月□丑水十一刻刻下五				下	金布令?署令發	制書
46	8-163	26年8月庚戌朔壬戌	厩守慶	(遷陵縣)	貳					上		視事報告
47	8-164+1475	(29年)後9月辛酉朔丁亥	少內武	(遷陵縣)	欣	9月丁亥水十三刻刻下三	佐欣行廷			上		上計用資料、聯絡委托
48	8-170	28年5月己亥朔甲寅	都鄉守敬	(遷陵縣)	處	5月甲寅日	佐宣行廷			上		捕殺虎功績報告
49	8-173	31年6月壬午朔庚戌	庫武	(遷陵縣)		7月壬子日中	佐庭以來	端	發	上		對派遣命令的答覆
50	8-175			(遷陵縣)	午		佐午行			上		當令者報告
51	8-179	3月丙寅	田龜	(遷陵縣)						上	簿籍	發貨單
52	8-183	34年10月無須朔辛丑	遷陵守丞說	(洞庭郡)	壬					上		報告

續表

	簡號	發信日	發信者	收信人地址	手者	傳達日期時間	傳達者	發者	發/半	上平下	備考	內容
53	8-196＋1521	31年5月壬子朔丁巳	都鄉□□	(遷陵縣)		5月丁巳旦	佐初以來	欣	發	上		刑徒人員報告
54	8-197(1)	34年正月丁卯朔辛未	遷陵守丞巸	(洞庭郡)		正月辛未旦	居貲枳壽陵左行			上	署主吏發	人員不足聯絡
55	8-197(2)	34年2月丙申朔庚戌	遷陵守丞巸	(洞庭郡)		□日	今佐信行			上		追
56	8-198＋213＋2013(1)		遷陵丞昌	鄉官	義					下	□獄東	文書傳達指示
57	8-198＋213＋2013(2)		(發弩)	(遷陵縣)	苹	旦	守府昌行廷			上		
58	8-199	30年12月乙卯	畜官守丙	(遷陵縣)		十二月乙卯水十一刻刻下一	佐貳以來			上	簿籍	發貨單
59	8-201(1)	11月辛亥	尣戌	酉陽丞						平		
60	8-201(2)	11月丙亥	酉陽守丞扶	尉						下		
61	8-201(3)	11月庚戌	尉佗	(酉陽縣)						上		
62	8-228(1)		內史守襄	洞庭						下		
63	8-228(2)	10月丁巳	南郡守恒	洞庭						平		
64	8-274	33年6月庚子朔壬子	田守武	(遷陵縣)						上		
65	8-369＋726		倉歜	(遷陵縣)						上		當令者報告
66	8-378＋514	35年8月丁巳朔甲申	遷陵丞遷	少內						下		辭之下行
67	8-433	35年3月庚寅朔□(甲辰?)	令佐華	(洞庭縣)						上		劾

續表

	簡號	發信日	發信者	收信人地址	手者	傳達日期時間	傳達者	發者	發/半	上平下	備考	內容
68	8-462(1)		（秦山木功右□丞）							平	署中符令若右丞	符之受領報告請求
69	8-462(2)	35年3月庚子	秦山木功右□丞					□	發	平		追
70	8-478	32年正月戊黃朔丙戌	少內守是	司空色	痤					平	簿籍	發貨單
71	8-528		御史大夫觬	將軍	□					下		詔書下行？
72	8-602+1717+1892+1922	□年9月□□朔□□	遷陵丞							平		發貨單
73	8-645	29年9月壬辰朔辛亥	貳春鄉守根	（遷陵縣）	邛	9月辛亥旦	吏邛以來	感	半	上		發貨單
74	8-647		酉陽守丞又	遷陵丞	彼死	□刻	隸妾少以來	朝	半	平		詢問回答
75	8-648	31年7月辛亥朔甲子	司空守□	（遷陵縣）	章					上		發貨單、晚送報告
76	8-651	33年正月申黃朔朔日	啓陵鄉守鋧	（遷陵縣）		正月庚辰旦	隸妾茖以來	履	發	上		劾
77	8-653(1)	元年8月庚午朔朔日	遷陵守丞固	（洞庭郡）	贛					上		發貨單
78	8-653(2)	元年9月己亥朔己酉	遷陵□	（洞庭郡）	贛					上		
79	8-657(1)	□辛朔辛丑	琅邪假守□	內史、屬邦、郡守	騎		土伍台渠道平邑豌以來	朝		平		與兵士有關？
80	8-657(2)	6月乙未	洞庭守禮	縣嗇夫	葆	□月庚午水下五刻			半	下		(1)傳達

續表

	簡號	發信日	發信者	收信人地址	手者	傳達日期時間	傳達者	發者	發/半	上平下	備考	內容
81	8-657(3)	8月甲戌	遷陵守丞膻之	尉官	□	丙子旦食	走印行			下		(1)(2)傳達
82	8-660	35年8月丁巳朔丙戌	都鄉守□	(遷陵縣)		3月丁亥日垂人	鄉守蜀以來			上		報告
83	8-661(1)	□朔己未	貳春鄉茲	(遷陵縣)						上		里典任用
84	8-661(2)		(遷陵)	尉?								(1)傳達
85	8-663	5月甲寅	倉是	(遷陵縣)						上	簿籍	發貨單
86	8-664+1053+2167	32年9月甲戌朔朔日	遷陵守丞都	(洞庭郡)		9月甲戌旦食時	郵人辰行			上		當者報告
87	8-666+2006	30年5月戊午朔辛巳	司空守敞	(遷陵縣)		辛巳旦食時	隸臣敨行			上		與傳有關
88	8-671+721+2163	□丁亥朔戊子	尉守建	(遷陵縣)						上		劾
89	8-672	卅年己丑朔壬寅	田官守敬	(遷陵縣)		壬寅日	史逯以來	尚	半	上		聯絡委托
90	8-673+2002(1)	35年7月戊子朔壬辰	貳春□	(遷陵縣)		7月乙未日夫	東成□上造□以來			上		與勞役有關
91	8-673+2002(2)	7月戊子朔丙申	遷陵守□		?					下		(1)傳達
92	8-677	□8年3月庚子朔丙寅	厩守信成	(遷陵縣)	法					上		聯絡委托
93	8-681			(遷陵縣)		□刻下一				上		發貨單

續表

	簡號	發信日	發信者	收信人地址	手者	傳達日期時間	傳達者	發者	發/半	上平下	備考	内容
94	8-686+973	29年8月乙酉	庫守犀	(遷陵縣)	逐	乙酉日				上	簿籍	發貨單
95	8-697	33年3月(辛□朔乙亥)	司空□	(遷陵縣)		乙亥日				上	簿籍	發貨單
96	8-704+706(1)		遷陵守丞齮	(洞庭郡)						上	簿籍	與人口有關文書之追
97	8-704+706(2)		(遷陵)守丞齮	(洞庭郡)		□時				上		與人口有關文書之追
98	8-705	□月戊黄朔朔日	遷□	(洞庭郡)						上		當令者報告
99	8-717	26年5月戊戌	發弩守安	(遷陵縣)						上		户計發貨單
100	8-731	□八月□□	(貳春鄉)	(遷陵縣)						上	以郵行	户計發貨單
101	8-736	31年4月癸未朔甲午	倉是	(遷陵縣)		□午日	隸妾□			上	簿籍	發貨單
102	8-742	28年5月己亥朔己未				□水下二刻	走□			上		
103	8-746(1)	6月己酉	枳鄉守糾	(洞庭郡)						上	主户發	犯罪者之事質確認
104	8-746(2)	6月己酉	枳鄉守糾	(洞庭郡)						上		
105	8-746(3)	□5年12月辛酉朔庚午	枳鄉守定	(洞庭郡)					發	上		
106	8-746(4)	□朔壬申	□□									
107	8-755—759(1)	34年6月甲午朔乙卯	洞庭守禮	遷陵丞	歇					下		官吏處罰指示

續表

	簡號	發信日	發信者	收信人地址	手者	傳達日期時間	傳達者	發者	發/半	上平下	備考	內容
108	8-755—759(2)	7月甲子朔癸酉	洞庭假守繹	遷陵	歇					下		追
109	8-767	28年7月戊戌朔辛酉	啓陵鄉越	(遷陵縣)	貝	7月甲寅水下五刻	郵人歇以來	敬	半	上		當令者報告
110	8-768	33年6月庚子朔丁未	遷陵守丞有	(洞庭郡)	履	6月乙巳旦	守府即行			上		發貨單
111	8-769	35年8月丁巳朔己未	啓陵鄉守孤	(遷陵縣)	孤	8月□□	郵人□以來	□	發	上	·戶曹	報告
112	8-770	35年5月己丑朔庚子	遷陵守丞律	啓陵鄉嗇夫	敬	5月庚子	□守佸□			下		傳票
113	8-890+1583	30年9月丙辰朔庚申	少內守增	(遷陵縣)	欣	9月庚申日中時	佐欣行			上	出券	遝書
114	8-904+1343(1)			(遷陵縣)						上		(1)傳達
115	8-904+1343(2)	5月丙子朔甲午	遷陵守丞色	倉,司空	圂					下		發貨單
116	8-962+1087	35年7月戊午朔癸未	貳春鄉茲	(遷陵縣)						上	簿籍	發貨單
117	8-1008+1461+1532	35年6月戊午朔戊寅	遷陵守丞衡	少內	華					下		自言附帶支付命令
118	8-1069+1434+1520	32年5月丙子朔庚子	庫武	(遷陵縣)	橫	5月庚子日中時	佐橫以來	圂	發	上		發貨單
119	8-1219	7月辛巳	上蚩守丞敬	遷陵丞		3月壬辰日中时	守□			平		
120	8-1439	□未朔丙戌	遷陵守丞有									
121	8-1443+1455	32年6月乙巳朔壬申	都鄉守武	(遷陵縣)	初	6月壬申	佐初以來	欣	發	上		爰書

續表

	簡號	發信日	發信者	收信人地址	手者	傳達日期時間	傳達者	發者	發/半	上平下	備考	內容
122	8-1449+1484	34年後9月王戌(辰)朔辛酉	遷陵守丞兹	(洞庭郡)	平	10月己卯旦	令佐平行			上		報告
123	8-1452	26年12月癸丑朔己卯	倉守敬	(遷陵縣)	□	□申水十一刻下三	令走屈行	操	半?	上		發貨單
124	8-1459	35年3月庚寅朔丁酉	貳春□	(遷陵縣)		4月王戌日人	戍□					聯絡委托
125	8-1463(1)	28年9月庚子	令史華			9月庚子水下□	□					要書
126	8-1463(2)	9月甲辰	遷陵守丞胡		朝					上		
127	8-1477	33年3月辛未朔丙戌	尉廣	(遷陵縣)		3月丙戌旦	守府交以來	履	發	上		與移居有關
128	8-1490+1518	28年6月己巳朔甲午	倉武	(遷陵縣)	尚	6月乙未水下六刻	佐尚以來	朝	半	上		徒隸人事
129	8-1510(1)	27年3月丙午朔己酉	庫後	(遷陵縣)		3月己酉水下下九	佐=以來	釦	半	上		聯絡委托
130	8-1510(2)	3月辛亥	遷陵守丞敦狐	司空			昭行			上		(1)傳達
131	8-1511	29年9月王辰朔辛亥	遷陵丞昌	(洞庭郡)	感	9月辛亥水下九刻	感行			上		發貨單
132	8-1514	29年4月甲子朔辛巳	庫守悍	(遷陵縣)		4月王午水下二刻	佐圈以來	槐	半	上	署第上	當令者報告
133	8-1515	30年10月癸卯朔乙未	貳春鄉守錯	司空	邛	10月辛丑旦	隸臣良未以來	死	半	平		勞役報告
134	8-1516	26年12月癸丑朔庚申	遷陵守祿	(洞庭郡)	王	丙寅水下三刻	啓陵乘城卒柳歸□里士伍順行勞			上	•以荊山道丞印行	報告

續表

	簡號	發信日	發信者	收信人地址	手者	傳達日期時間	傳達者	發者	發/半	上平下	備考	內容
135	8-1523(1)	(34年)7月甲子朔庚寅	洞庭守繹	遷陵縣	敏						•以沅陽印行事	追
136	8-1523(2)	8月癸巳朔癸卯	洞庭假守繹	遷陵縣	卯	9月乙丑日	郵人曼以來	壽	發	下	•以沅陽印行事	追
137	8-1524	29年12月丙寅朔己卯	司空色	(遷陵縣)	郃	己卯水下六刻	隸妾畜以來	鮮	半	上		報告
138	8-1525(1)	34年7月甲子朔癸酉	啓陵鄉守恚	(遷陵縣)	悟	7月乙亥日	□□以來	王	發	上		發貨單
139	8-1525(2)	7月甲子朔乙亥	啓陵鄉守丞巸	倉	王	7月乙亥日	守府印行			下		(1)傳達
140	8-1527	34年8月癸巳朔丙申	貳春鄉守平	(遷陵縣)	平					上		報告
141	8-1538	2月丙申朔乙丑	遷陵守丞巸	□		□丑日人	隸妾孫行					
142	8-1539	35年9月丁亥朔乙亥	貳春鄉守辨	(遷陵縣)	居					上		發貨單
143	8-1554	35年7月戊子朔己酉	都鄉守沈	(遷陵縣)	言	7月乙酉日人	沈以來			上		妥書
144	8-1559	31年5月壬子朔辛巳	將捕妥假倉慈	(遷陵縣)		5月辛巳日	佐居以來	氣	發	上		發貨單
145	8-1560	31年後9月庚辰朔辛巳	遷陵丞昌	倉嗇夫		後9月辛巳日	守府訣行			下		徒隸人事
146	8-1562(1)	28年7月戊戌朔乙巳	啓陵鄉趄	(遷陵縣)	貝					上		告發
147	8-1562(2)	7月乙卯	啓陵鄉建	(遷陵縣)	貝	7月己未水下八刻	□□以來	敬	半	上		告發

續表

	簡號	發信日	發信者	收信人地址	手者	傳達日期時間	傳達者	發者	發/半	上平下	備考	內容
148	8-1563(1)	28年7月戊戌朔癸卯	尉守纘	(遷陵縣)	齝	癸卯	句忍宦利鋸以來	敱	半	上		聯絡委托
149	8-1563(2)	7月癸卯	遷陵守丞膻之	倉	逐	即	徐□人□		半	上		(1)傳達
150	8-1565	35年8月丁巳朔	貳春鄉茲	(遷陵縣)	如意							發貨單
151	8-1566	30年6月丁亥朔甲辰	田官守敬	(遷陵縣)	逐	戊申水下五刻	佐正以來	尚	半	上	簿籍	發貨單
152	8-1797	□巳	啓鄉守柎	(遷陵縣)				履	發	上	簿籍	
153	8-2008	後9月丙寅	司空□	(遷陵縣)						上		發貨單
154	8-2011	31年5月壬子朔壬午	都鄉守是	(遷陵縣)		5月壬戌旦	佐初以來	氣	發	上	簿籍	發貨單
155	8-2034	31年後9月庚辰朔壬寅	少內守歐	(遷陵縣)		後9月壬寅旦	佐□以來	尚	發	上	簿籍	發貨單
156	8-2138	□朔壬子	田守武	(遷陵縣)								
157	8-2159	□	洞庭守禮	□		□下九□	郵人□			上	以郵行	
158	8-2441	33年10月甲辰朔庚申	啓陵□	(遷陵縣?)		10月…	隸妾□以來					
(1)	5-1(3)	7月庚子朔癸亥	遷陵守丞固	倉嗇夫	嘉					下		
(2)	6-4	□年4月□□朔己卯	遷陵守丞敦狐	船官						下		
(3)	6-21	□月乙亥朔壬□				□日	令佐悟行					

里耶秦簡刻齒簡研究

——兼論嶽麓秦簡《數》中的未解讀簡

張春龍 湖南省文物考古研究所

〔日〕大川俊隆 大阪產業大學教養部

〔日〕籾山明 東洋文庫

張春龍在整理里耶秦簡時，注意到一些簡的側面有不同的刻齒。他觀察了刻齒的形狀，並在注釋中對刻齒作了記録，並指出其與簡牘文字中的數位的對應關係。[1]自從日本學者籾山明解讀了漢簡刻齒的意義之後，[2]簡牘的刻齒即備受關注，但遺憾的是過去的簡牘圖版中，都没有表現簡牘側面的圖影，不能明確辨别刻齒形狀。以往在簡牘釋文及注釋裏也找不到有關刻齒形狀的記載。張春龍對里耶秦簡刻齒與所表示的數位關係的記録，具有重要意義。

爲了弄清里耶秦簡刻齒的實際情形，日本"中國古算書研究會"（以下簡稱"古算研究會"）的成員大川俊隆、籾山明，中國文化遺産研究院胡平生與湖南省文物考古研究所張春龍於 2012 年 10 月 8—12 日對湖南省文物考古研究所收藏的里耶古井第八層出土的帶有刻齒的 110 餘枚秦簡進行了調查研究。本文就是這次對里耶秦簡刻齒簡狀況的考察報告與研究成果。

一、里耶秦簡校券（刻齒簡）形態調查

《里耶秦簡（壹）》"前言""簡牘自題名稱"，將文書按形式分爲六類，第五類爲"符券

① 湖南省文物考古研究所編著《里耶秦簡（壹）》，文物出版社，2012 年。
② 籾山明著，胡平生譯《刻齒簡牘初探——漢簡形態論》，《簡帛研究譯叢》第二輯，湖南人民出版社，1998 年。

類"。第八層帶有刻齒的 115 枚簡，①屬"符券類"中的"券(校券)"，自名爲出入券、出券、入券、辨券、參辨券、中辨券、右券、別券、責券、器券、椑券等，在這些簡的側面帶有刻齒，刻有與簡文中記録的糧食或錢財數量相對應的數字。

里耶秦簡中記録錢、糧食、物品進出的簡，自稱爲"校券"，如 8-134"今寫校券一牒上"、8-678"寫校券一牒"、8-1824"校券相應"等。"校券"前或加"錢""責"等字。"錢校券"如 9-1、9-2、9-3、9-4 等"今爲錢校券一上謁言洞庭尉令"；"責校券"如 8-63"今上責校券二謁告遷陵令官計者"等。現將調查所見校券情形介紹如下。

(一) 簡牘的形狀

校券爲細長條形，長 36.5—37.2 釐米、寬 0.8—2.1 釐米，其標準長度應爲 37 釐米，相當於秦制 1 尺 6 寸。其中也有個別例外，如簡 8-1562，長 38.5 釐米、寬 2.6 釐米，因所書内容頗多，故增大了書寫面積(這枚簡嚴格地説不能稱爲"校券")。

書寫面可分爲屋脊形與平面兩種，本次調查的刻齒簡中共有屋脊形簡 18 枚。"屋脊形"是指形如屋頂，簡文寫在中央夾着棱綫的向兩邊傾斜的兩個側面上。這種形狀的簡還見於敦煌懸泉漢簡和長沙走馬樓西漢簡。唯作爲校券，目前僅見於里耶秦簡。依現有的資料不能看出兩種不同形狀的簡在使用上的區別。下列兩簡，都是記録粟米支出的校券，前者爲"屋脊形"簡，而後者則爲普通形狀的簡。

粟米一石二斗半斗　卅一年三月丙寅倉武佐敬稟人援出稟大隸妾宄令史尚監

(8-761)

粟米三石七斗少半斗　卅二年八月乙巳朔壬戌貳春鄉守福佐敢稟人枳出以稟隸臣周十月六月廿六日食　令史兼視平　敢手

(8-2257)

可見據不同的内容來使用不同形狀的簡並無必要。如果存在某種區別使用不同形狀的簡的原則，可能與簡牘的製作者、製作地以及製作時間有關。

在能夠直接觀察到的刻齒簡中，刻齒在右側的有 24 枚，在左側的有 90 枚。在漢簡中，以書寫簡文的一面爲基準，如刻齒在右側爲左券，如刻齒在左側爲右券，但左右券功

---

① 《里耶秦簡(壹)》的釋文中，有標注"刻齒"的簡共計 115 枚，之後根據張春龍的發現，又確認了一枚刻齒簡。這一枚就是附表 1 中出土登記號爲 8-1189(整理號 8-1188)的簡。

用的區分並不十分嚴格。在傳世文獻中,既有"常執左券,以責於秦韓"(《史記·田敬仲完世家》)的記載,也有"事成,操右券以責"(《史記·平原君虞卿列傳》)的記述,可以看到債權人所持有的券恰好相反。里耶秦簡刻齒亦如此,没有發現必須區分左右券的理由。例如上述的兩枚簡,所記都是從"出稟"一方的角度出發的,8-761 爲刻齒在左側的右券,8-2257 則是刻齒在右側的左券。

(二) 刻齒形態

校券分爲有刻齒與無刻齒兩種。校券上詳細地記録了錢、糧食、物品入庫、出庫的數量、年月日、交付人及收受人的名字。而與簡文相對應的,在簡的左右側刻有與簡文中的數量相合的刻齒,這就是刻齒簡。無刻齒的校券主要爲記録祭祀先農後出售祭品的簡。没有刻上刻齒的原因,可能是由於錢財或物品的數量非常少。

觀察這些刻齒簡,可以了解到在里耶秦簡中,不同的刻齒形態表示不同的數字:

"⌐⌐⌐"代表"萬";

"⟍⟋⟍"代表"千";

"⌐⌐⌐"代表"百";

"⌐⟍⌐"代表"十";

"⌐⌐"代表"一";

"⌐⌐"表示"一石";

"⌐⌐"表示"一斗";

"/"表示"不足一升或一斗的半升、半斗、少半升、少半斗";

"//"表示"多半升或多半斗"(簡文中稱"泰半")。

刻齒中表示"萬""千""百"的形態明確清晰,容易識別。而表示"十"的刻齒形狀略顯複雜。一般來説,一道刻痕從簡側面的上部垂直刻入,另外一道刻痕則由下至上傾斜刻入。使用刻刀的角度應該没有規定。

"石""斗""升"這些不同單位的數值在同一簡中出現時,通過加大"石"和"斗","斗"和"升"刻齒之間的間隔並以刻齒的深淺來區别。具體地説,表示"石"的刻齒既深且較寬,表示"斗"和"升"的刻齒則都刻得既細且淺。表示"斗"和"升"的刻齒刻到簡上時,下刀的角度也是不同的。如簡 8-926 正面記"粟米一石六斗二升半升",表示"六斗"的六條細綫刻齒爲水準刻入,而表示"二升"的兩條細綫刻齒則是從右上向下刻入。同時,表示

"半升"的一條細綫的刻齒也是從右上向下方刻入的。

另外,簡 8-1347"稻一石一斗八升",在表示"斗"和"升"的細刻齒中,前者是刀與簡呈直角刻入,而後者則是由下向上斜着刻入。總之,有三種代表"一"的刻齒形式在區別使用,"石""斤"是以粗的水平綫(附表 1 中記録用[壹])表示,"斗""兩"是以細的水平綫(附表 1 中記録用[一])表示,"升"是以細的斜綫(附表 1 中記録用[1])表示。總體而言,嚴格地區別任何細節是秦代制度共通的特點。

下面是兩例特殊的刻齒。簡 8-1557,左右兩側均有刻齒。簡的左側刻有[十]的刻齒一條和[壹]的刻齒七條,而且右側也刻有[壹]的刻齒九條。①

錢十七　卅四年八月癸巳朔丙申倉□佐却出買白翰羽九□長□□□□出□十

七分□□陽里小女子胡傷令佐敬監□□□□皉手　　　　　　　　　　(8-1557)

該簡有幾處文字不清難以完全讀通,但主要内容是記述了支付"錢十七"從陽里的小女子胡傷處購買"白翰羽九"的事實。也就是説,此簡左側的刻齒應表示支出的金額"錢十七",右側的刻齒表示購物的數量"白翰羽九"。在此次調研中左右兩側都有刻齒的簡僅此一例,但這一現象應該在今後的刻齒簡牘的研究中引起注意。

上文提過的簡 8-1562 爲"爰書",上下端均無缺損,正面有三行,背面有兩行簡文。

卅五年七月戊子朔己酉都鄉守沈爰書高里士五廣自言謁以大奴良∟完∟小奴嚋∟

饒大婢闌∟願∟多∟□∟禾稼衣器錢六萬盡以豫子大女子陽里胡凡十一物同券齒

　　　　　　　　　　　　　　　　　　　　　　典弘占　　　　(8-1562 正)

七月戊子朔己酉都鄉守沈敢言之上敢言之/□手

七月己酉日入沈以來/□□

　　　　　　　　　　　　　　　　　　　　　　沈手　(8-1562 背)

如附表 1 所記,此簡的左側上部有一個較大的表示[十]的刻齒,下部刻有表示[萬]的刻齒六個。通常的原則是單位大的刻齒在上方,而單位小的刻齒在下方,因此這枚簡應該是特例。解讀其意義的關鍵是"凡十一物同券齒"這句話。"凡十一物"的具體内容應該是 1—2 行中列舉的十一個項目,即大奴良、完,小奴嚋、饒,大婢闌、願、多、□,還有禾稼,衣器,錢六萬。其中排列在前面的"十物"用一個代表[十]的刻齒表示,最後的"一

---

① 右側的刻齒雖然没有照片公布,但在《里耶秦簡(壹)》的圖版中可以看到。

物"也就是"錢六萬"用代表[萬]的刻齒六個表示。因此,刻齒上的排列順序爲表示[十]的刻齒在上,表示[萬]的刻齒在下。像這樣,將多個不同的項目用一組刻齒來表示的形式,一定要以"同券齒"(與券齒相同)①的形式加以表現。單獨地爲錢另建一組刻齒,是錢後記有"六萬"這樣明確的數字的緣故。券書的刻齒在當時被稱爲"齒",也可以通過此簡得以證明。

(三)誤刻簡及破損再利用

刻齒簡中也有少數刻齒表示的數值與簡文所記的數字不符的例子,其中特別值得注意的是簡 8-1263。

錢二千七百卅年八月己亥朔丙寅僞☒　　　　　　　(8-1263)

此簡的右側可以清楚地看到兩個表示[千]的刻齒,七個表示[百]的刻齒,三個表示[十]的刻齒。簡文所記金額是"二千七百",因此末尾表示"三十"的刻齒顯然是多餘的。我們推想,這一定是誤將簡文中"二千七百"下緊接着記年代的"卅年"中的"卅"當作了金額。一般認爲刻齒簡牘是在記録文字之後再刻入刻齒,但這一發現也可以成爲刻齒簡是按照一定的順序製作的佐證。

簡 8-766"粟米一石二斗少半斗",但對應的表示[半]的刻齒却刻了兩個。不過根據對簡 8-1558 的觀察,[半]的刻齒兩個是表示"泰(大)半斗"的意思。簡 8-1341 沒有與簡文"粟米八斗少半斗"中的"少半斗"相對應的刻齒。簡 8-2257 雖記有"粟米三石七斗少半斗",但表示"石"的刻齒[壹]却只有一個。這些應當都是單純的誤刻。而簡 8-1997"笥二合",可是側面表示[一]的刻齒却有六個。這到底是單純的誤刻還是另有其原因,由於該簡爲僅存三個字的斷簡,因此無法判斷。據張家山漢簡《二年律令》,篡改券書牟取利益是犯罪。

☒諸詐增減券書,及爲書故詐弗副,其以避負償,若受賞賜財物,皆坐臧爲盜。

(14)

簡 8-766 等出現的誤刻,或許不是故意的,但是這些簡是在未察覺的情況下就那樣使用了,還是在察覺後被廢棄了,已無法判斷了。

---

① 里耶秦簡 8-893 的正面簡文説"少受牢人文所受少内器券一枚二百六十六同齒受☒","同齒"之意大概也是用"二百六十六"的刻齒來表示幾種不同項目的合計。

圖 1　簡 8-963

此次調研的第八層出土的校券,保存完整的有 15 件,其餘均爲斷簡。從斷裂處的狀態看,顯然不是自然腐蝕或風化所致,而是人爲地施加了外力的結果。如簡 8-7、8-926、8-1241、8-1600、8-1795 等,這種特徵尤爲明顯。簡牘堆積在井中環境安定,因此不可能在廢棄之後再損壞。多數校券應該是在被確定作廢後才有意進行損毀的。不僅是刻齒簡如此,其他内容的簡牘也都是這樣。然而,折斷簡牘的這種行爲,是爲了使其喪失書寫和記録的功能而采取的措施,抑或是在已決定作廢後的什麽階段采取的行爲,僅憑現有的材料還很難判斷。

有部分校券在使用後,或還會被再次利用,這一想法的根據之一就是簡 8-963(圖 1)。

　　粟米二升　　卅三年四月辛☐　　　　　　　　　　　　　　　(8-963)

左側刻有表示[一]的刻齒兩個,"辛"字以下的部分被削成 V 形。這種形狀的簡牘在里耶秦簡的檢中還能找到很多,8-963 簡也可能是在將刻齒簡作爲檢,進行再利用的加工過程中遺留下來的。簡 8-1786 可以作爲這一推測的旁證(圖 2)。根據簡上所書的"廷",無疑這是發往縣廷的檢,不僅是因爲其下端爲 V 形尖形,而且在左側還可以確認到四道較淺的刻齒。刻齒的刻痕非常淺,這可能是在加以再利用做成檢的時候,要將原刻齒部分削除的結果。除了這枚簡之外,如果能對簡牘的側面仔細加以觀察的話,也許還能夠發現刻齒簡被再利用的例子。

(四) 與漢簡刻齒的區别

如果將里耶秦簡上的刻齒與漢簡的刻齒相比較,可以注意到有幾點明顯的不同。上文提到過表示"萬"以上的刻齒,這是目前所知的秦簡所獨有的特徵。還有一點應當强調的是,秦簡中没有表示"五"的刻齒。在漢簡的刻齒中,如表示數字"五",既可以用五道代表"一"的刻齒,也可以在簡分割之前的側面刻入"×"形的刻畫,然後一分爲二(因此,分割後兩枚簡的側面都可以看到"＜"形的刻綫)。另外,表示數字"五十",既有刻入五個表示"十"的刻齒的形式,也有不少用一個"∠"

圖 2　簡 8-1786

形的刻齒來表示的形式。漢代刻齒甚至還有根據"∑"形刻齒的大小來區分"五千"和"千"的方法。①

　　相比之下，在里耶秦簡中，"五百"就是五個表示［百］的刻齒，"五千"就是五個表示［千］的刻齒，都是單純地排列對應數值的刻齒。［百］、［千］、［萬］等刻齒皆有一定的寬度，所以在記録如"六千八百"這樣數字的刻齒簡上，側面的一半以上全都布滿刻齒。觀察一下諸如簡 8-1545、8-1592、8-1809 等，側面一整排的刻齒，呈現出鋸齒的形狀。尤其值得注意的是簡 8-1335，該簡的文面中雖有"粟米千五百九十四石四斗"的記述，但是側面的刻齒却只有一道代表［千］的刻齒和六道代表［百］的刻齒，即刻齒僅表示爲"千六百"。這恐怕不是誤刻，而是如果要將"千五百九十四石四斗"相應的刻齒全部刻入的話，那麼簡的長度就不够了，結果就進位取整了。因爲如實刻入的情况下，需要排列二十三個刻齒。

二、里耶秦簡刻齒簡的製作與功能

（一）刻齒簡的製作

　　在里耶秦簡同時出土的没有文字的校券中，有一枚正反面的切割基本完成，但下端 2 釐米左右還没有完全切割開的簡。由此可以了解校券的製作過程。首先，將木材加工爲具有一定厚度的契券，通常厚度約爲 1.1—1.2 釐米，與簡寬基本一致。製作者將其正反兩面切割開，但下端不切割到底。在記録完成並刻上刻齒後，再切開下端剩下的部分。這樣可以保證刻齒的同一性和工作的效率。由此也可以推測出其他簡文中提到過的"三辨券"的製作方式。首先將木材加工成可以切割成三片的、具有足够厚度的木片，然後將其正面、中間、反面切割爲三片，但下端不切割到底，正面和背面的記録完成後加入刻齒，再將剩餘部分切割到底。中間的一片一面削平，謄寫好簡文即可完成。這大概就是"三辨券"的製作方法。

　　在傳世文獻中找不到"校券"一詞。《漢書·食貨志》"京師之錢纍百巨萬，貫朽而不可校"中"校"的意思爲"檢校"。"校券"的意思，可能也是爲了提供檢校的契券。

---

① 籾山明著，胡平生譯《刻齒簡牘初探——漢簡形態論》，《簡帛研究譯叢》第二輯。新出漢簡刻齒資料，參見張俊民《懸泉置出土刻齒簡牘概説》，《簡帛》第七輯，上海古籍出版社，2012 年。

除里耶秦簡之外，秦朝以前以及秦朝的其他遺址中，尚未有同類券書出土。居延漢簡中有稱爲"校簿"者，與"校券"相似。①

（二）刻齒簡的功能

附表 1"簡文記録"一欄中明確表示，刻齒簡是在授受金錢、物品時製作而成的。里耶秦簡目前可以確認的授受物品有：粟米 50 件、錢 10 件、稻 9 件、繭 4 件、笥 3 件、絲 2 件、牝豚、麥鞠（麴）、錦繒、幏布、莞席、筥各 1 件，記録的年代從秦始皇二十七年到三十五年。現以其中有關粟米的簡爲例，對刻齒簡的功能試作初步的分析研究。

首先以有代表性的簡 8-2246 爲例。在此簡的左側可以看到有表示"四石"的刻齒。

> 　　逕䆗粟米四石。　　卅一年七月辛亥朔朔日、田官守敬、佐壬、稟人娙出稟罰戍公卒襄城武、宜都胅、長利士五甗。令史逐視平。壬手。　　　　　　　　　（8-2246）

簡文内容由以下項目構成：①䆗（倉）的名稱；②支付的數額；③日期；④支付的責任人；⑤輔佐者；⑥稟人（糧倉管理員）；⑦項目（出稟）；⑧領受對象；⑨監督人；⑩記録人。

前文引過的簡 8-761 中，也是由同樣的項目構成的："粟米一石二斗半斗。卅一年三月丙寅，倉武、佐敬、稟人援，出稟大隸妾寏。令史尚監。"與簡 8-2246 相比，雖然缺少①和⑩兩項，但中心内容没有很大的差異。作爲令史尚的職務内容記載的是"監"，與簡 8-2246 的"視平"同義，應該是指對授受粟米的監視。附表 2 是將由以上記載項目構成的有關粟米的刻齒簡，按年月日的順序排列而成。通過整理總結這樣的表格，可以了解刻齒簡的製作、被使用的場合以及與各級相關機關的關係。以下列舉出值得注意的幾點：

（1）可以確認的支給糧食發放對象的身份大多數爲"隸臣妾"及"舂"，另有"罰戍"及"屯戍"等從事强制勞動的人。刻齒簡就是向這些人"出稟""出食"，也就是供給糧食時製作而成的。

（2）同一簡上所記的"手"者的名字與"佐""史"的名字一定是一致的。負責粟米出庫的是稟人，授受現場如有監視人在場，那麽"佐"及"史"擔任的是校券簡的書寫與製作，舍此無他。而且，"佐"與"史"不會同時出現在同一枚簡上。

（3）官職爲"倉"及"倉守"的發放糧食的負責人與作爲其輔佐的"佐"與"史"，相當於睡虎地秦簡《秦律十八種·效律》"倉嗇夫及佐、史"（簡 172）中出現的倉嗇夫和倉佐、倉

---

① 居延漢簡有"·移校簿十牒言府會☐"。（E.P.T52：174）

史。除此之外的其他輔佐,可以推定的有"鄉守"與"佐"組合的鄉佐,"司空守"與"佐"組合的司空佐,但没有發現在"鄉"與"司空"設"史"的任何佐證。

(4) 只有"佐壬"與其他的"佐"不同,他與"田官守敬"和"貳春鄉守氏夫"兩個不同機關的糧食發放者組合。正如簡 8-579 記載的那樣"貳春鄉佐壬,今田官佐",壬既是"貳春鄉佐"同時又兼任"田官佐"。通過這一事實可推知,"田官"與貳春鄉在地理位置上或較近。

(5) 作爲監視人的"令史",可以發現其跨越參與並無直屬關係的幾個機關的事務的例子。如"令史扁"分别與"倉(守)紀""田官守敬""貳春鄉守氏夫"這三者的組合,"令史犴"分别與"倉紀""倉守武""司空守增"這三者的組合,都是這樣的例子。這一事實,也許暗示了"令史"是統一管轄這些糧食發放者所屬機關的上級,即縣的屬吏的可能性。

(6) 關於廥名和稟人的例子較少,看不出其明確的關係。只是發現同一稟人與"丙倉""徑廥"都有關係,説明這一職務並非管理某一個特定的倉,而有可能是糧食的出納。其中(2)的原則也適用於關於稻穀授受的刻齒簡(附表 3)。里耶秦簡中頻繁出現的"人名＋手"的表現方式,應當就是記載該文書的書寫者。

里耶一號井所出被推定爲秦遷陵縣廷的廢棄文書,爲何包含有鄉的糧食發放記録,刻齒簡究竟是在怎樣的場所製作的? 下面展示的簡 8-1533 爲我們提供了寶貴的綫索。原文是由三種不同的筆迹記載而成,在此用有無底綫及單雙底綫來區别表示。

卅四年七月甲子癸酉,啓陵鄉守意敢言之,廷下倉守慶書言,令佐贛載粟啓陵鄉。今已載粟六十二石,爲付券一上。謁令倉守。敢言之。·七月甲子朔乙亥,遷陵守丞昵告倉主。下券,以律令從事。/壬手。/七月乙亥旦,守府印行。

(8-1533 正)

七月乙亥旦、□□以來。/壬發。　　恬手。　　　　　　　(8-1533 背)

A 爲"無底綫部分",爲啓陵鄉向遷陵縣廷發送的上行文書。C 爲"雙底綫部分",爲縣廷的收信記録。B 爲"單底綫部分",爲收到 A 後遷陵守丞向倉主下達的文書内容和發送記録。①粟米六十二石從啓陵鄉運送到縣倉,同時也製作了"付券"從鄉送縣,再從縣送往倉。所謂"付券",是在啓陵鄉守、倉佐之間授受粟米時製作的券,估計應該有表示"六十

———————

① 所以這枚簡不是寫給倉吏文書的原件,而是縣保管的副本或底本。

二石"的刻齒的簡牘。這裏令人注目的是,由倉佐到調運粟米現場的啓陵鄉直接運輸到倉,"付券"則首先送交縣廷,再轉送到倉。這説明相應的制度規定粟米的運輸和調動,都是由縣掌握與統管的。附表 2 可以看到,粟米的"出稟""出食"也同樣是在縣廷的統管下進行的。在授受的現場有縣的令史到場監督,是無疑的。倘若如此則在粟米授受現場製成的校券,也與 8-1533 中所説的"付券"一樣,被送往縣廷。通過付授的責任人送來的校券,縣廷就掌握了物流及下級機關工作的情形。因此,校券應是最終由縣廷保存的檔案,與其他存放在縣廷的文書一起被廢棄也不是不可想象的。

三、嶽麓書院秦簡《數》及其未解讀簡

(一)關於嶽麓書院秦簡《數》

《嶽麓書院藏秦簡(貳)》[①]中公布了嶽麓秦簡《數》,其中的一些簡文令學者一籌莫展。

> 券朱(銖)升乚。券兩斗乚。券斤石乚。券鈞般乚。券十朱(銖)者☐ (0836)
>
> ☐百也。券千萬者、百中千。券萬゠(萬萬)者、重百中。 (0988)
>
> ☐籥反十乚、券叔(菽)荅麥十斗者反十。 (0975)

由於上述三簡都提到"券",大川俊隆懷疑,它們可能與券書刻齒有關。《里耶秦簡(壹)》出版後,大川認爲,也許通過調研里耶秦簡的刻齒形態或可找到解讀前述嶽麓秦簡《數》中未解讀簡的綫索。因爲,里耶簡與嶽麓書院簡都爲秦簡,很可能其刻齒形狀存在共同的規則。籾山明對這一推測表示贊同,其理由有兩點:(1)根據漢簡刻齒的形狀,無法解釋嶽麓秦簡《數》中未解讀簡的意思。籾山研究的刻齒是西北邊陲出土漢簡,這些漢簡和秦簡的時代相距約 200 年,萬、千、百、十、五、一等數字所對應的刻齒形狀可能不同。秦簡的刻齒形狀所代表的數字,必須從秦簡本身考察歸納得出。(2)漢簡中,雖然僅爲少數,亦有刻齒中記有文字,或刻入記號的例子。倘以此類例子來看,上述嶽麓秦簡《數》的簡文所説"百中千",也許就是"在百中加刻千的刻齒";"重百中",也許就是"在百

---

① 朱漢民、陳松長主編《嶽麓書院藏秦簡(貳)》,上海辭書出版社,2011 年。此書彙總了嶽麓書院所藏秦簡中關於《數》書的照片、釋文和注釋。又,此書中對上列三簡加注了整理後的編號爲一一七、一一八、一一九。

中重叠加刻百的刻齒"。然而，籾山感到困惑的是，"百乘千"不應該是"千萬"，而且也無法判斷如何在"百"的刻齒中刻出"千"。

(二)《數》中的未解讀簡

嶽麓秦簡未解讀的簡文的意義，利用我們調查所了解的里耶秦簡刻齒加以解讀的話，即可找到正確理解的緣索。

　　　　☑百也。券千萬者、百中千。券萬=（萬萬）者、重百中。　　　　　　(0988)

這裏，涉及的數字是千萬、萬萬。"券"指木簡的刻齒。我們觀察到的里耶簡中表示"萬"的刻齒爲"⌐‾‾‾‾⌐"。即是在表示"百"的刻齒"⌐_____⌐"中，加刻了表示"一"的刻齒形狀"‾‾‾‾‾‾†‾‾"，可參見 8-817、8-1517、8-1562、8-1809、8-1823 等。那麽，表示"萬"以上的數值，可能是對表示"百"的刻齒"⌐_____⌐"中再追加各種契刻，其形態也可作如下推斷：

① 已知上述表示"萬"的刻齒，那麽如果是表示"十萬"的刻齒，就應該在代表"百"的刻齒"⌐_____⌐"中加刻表示"十"的刻齒"‾‾‾‾＼__⌐"。即，其刻齒形態應當是"⌐‾‾＼__⌐"。

② 表示"百萬"的刻齒，在表示"百"的刻齒"⌐_____⌐"中再加刻"百"的形狀"⌐__⌐__⌐"。即，其刻齒的形態應當是"⌐‾__‾⌐"。

③ 表示"千萬"的刻齒，可以在表示"百"的刻齒"⌐_____⌐"中再加刻表示千的"‾＼／‾‾"形。即，其形態應當是"⌐‾＼／__⌐"。這正是 0988 簡所説"券千萬者，百中千"（表示千萬的券齒，在百中刻千）的意思。

④ 表示"萬萬"（即一億）的刻齒，應當是在表示"百"的刻齒"⌐_____⌐"中，重複刻入表示"百"的刻齒"⌐_____⌐"。其形態應是"⌐‾⌐‾⌐‾⌐"或者"⌐__⌐__⌐"，雖然現在還無法判明究竟是哪一種，但從形態容易加刻的角度來考慮，或許應當爲前一種。這就是 0988 簡中"券萬=（萬萬）者，重百中"（表示萬萬的券齒，在百中重複刻百）一文的意思。

由於對嶽麓秦簡這一疑難簡的解讀，依據的是里耶秦簡，因此是可以信賴的。這一發現對於簡牘學以及數學史研究有着重要的意義。

關於嶽麓秦簡《數》中未解讀三簡中的其他二簡，我們從湖北睡虎地 77 號漢墓出土的《算術》書中發現了類似的簡。①

　　　　a. 券十朱（銖）亦反十

　　　　b. 券朱（銖）升之

睡虎地漢簡據考爲西漢文帝時遺物，距秦亡不過數十年。因此，或許也可以認爲 a、b 與嶽麓 0836 簡、0975 簡的刻齒形狀有相同的規定。

　　0836 簡後半句"券十朱（銖）者……"及 0975 簡中的"……籥反十乚、券叔（菽）荅麥十斗者反十"與 a 的"券十朱（銖）亦反十"或爲同類。0836 簡後半句的文字，據 a 觀之，似可補爲"券十朱（銖）者【反十】"。其意爲，券齒刻 10 銖時，要把通常表示"十"的刻齒"——————「—"反過來刻成"—「——————"的形態。

　　以此類推，0975 簡的開頭"……籥反十"中也可以補入"券"字，成爲"【券】籥，反十"。意思是，券齒刻 10 籥（勺）的數目時，要把通常表示"十"的刻齒"——————「—"反過來刻成"—「——————"的形態。0975 簡中的"券叔（菽）荅麥十斗者反十"也是這樣的意思。在券齒刻菽、荅、麥等穀物 10 斗的數目時，要把通常表示"十"的刻齒"——————「—"反過來刻成"—「——————"的形態。這些全都是與"十"相關的刻齒，其形態是將"——————「—"反轉過來刻成"—「——————"的形態。

　　最後，0838 簡中的"券朱（銖）升。券兩斗。券斤石。券鈞般"與 b 的"券朱（銖）升之"的意思，以現有的刻齒簡資料尚無法解釋。但如果一定要加以推測的話，也許可以這樣解釋。銖、兩、斤、鈞是重量單位，升、斗、石是容量單位。"般"也很可能是容量單位。②經過這樣的歸納，那麼"券銖升，券兩斗，券斤石，券鈞般"的意思或可理解爲，在券書中銖和升、兩和斗、斤和石、鈞和般，采用了相同的刻齒形態。

　　在《里耶秦簡（壹）》的刻齒簡中，作爲重量單位的有"兩"和"斤"。記"兩"的有"繭六兩"，8-450 簡和 8-895 簡，刻齒的形態都是刻了表示［一］的細綫六根。記"斤"的有"絲三斤"，8-1097 簡，刻齒形態是刻了表示［壹］的粗綫三根。在 8-921 簡上可以同時看到"兩"和"斤"，正面的簡文內容是"絲十八斤四兩"，其刻齒形態是表示［十］的刻齒一個，

---

① 湖北省文物考古研究所《湖北雲夢睡虎地 M77 發掘簡報》，《江漢考古》2008 年第 4 期。《簡報》圖版中的十簡，一簡被分爲四段或三段刊出。本文中的 a、b 是其中二簡的第三段。二簡全文爲：a.一乘萬，萬也；千乘萬，千萬也。券十朱亦反十。b.十乘十，百也；萬乘萬，萬萬也。券朱升之。

② 《漢書·律曆志》中有"量者，龠、合、升、斗、斛也"，容積單位中沒有"般"。《嶽麓書院藏秦簡（壹）》（朱漢民、陳松長主編，上海辭書出版社，2010 年）寫作"肇"。"肇""般"可通。

下邊是表示［壹］的刻齒粗綫八條,表示"八";表示［一］的刻齒細綫四條,表示"四"。雖然"兩"和"斤"在《里耶秦簡(壹)》中出現的次數較少,可是通過這幾枚簡可以斷定,"一兩"的刻齒形態爲［一］形的細綫一條,"一斤"的刻齒形態爲［壹］形的粗綫一條。並且,這個"兩"的刻齒形態同容積單位"斗"的刻齒形態(以［一］形的細綫表示)一致,"斤"的刻齒形態和容積單位"石"的刻齒形態(以粗綫的［壹］表現)一致(出現"斗"和"石"的簡牘參照"附表 1")。目前,在《里耶秦簡(壹)》的刻齒簡中,由於"銖"和"鈞"尚未出現,以上內容尚須等待新資料的公布才能予以正確的解讀,這裏僅僅是我們的推測,還請方家批評。

現階段,《里耶秦簡(壹)》中只見到以"萬"爲單位的數值和刻齒,還無法確認"十萬"以上的數值的出現。然而,在 8-1791 簡上發現了很有可能是表示"十萬"的刻齒。其中,有在表示"百"的"⌐_____Γ"刻齒裏,由上而下加刻三個表示"十"的"⌐⁓Γ"刻齒(在其下方,還連續刻有兩個表示"千"的刻齒)。但是,在此簡的正面,僅殘存了"貲一盾""二甲""一甲"等貲罰數額的記録,簡的正面與刻齒相對應的數值部分已經不復存在了。因此,這三個刻齒如果是在表示"百"的刻齒"⌐_____Γ"中,加刻了表示"十"的"⌐⁓Γ"刻齒,那麼表示的就是"十萬"。可是,這三個刻齒是各自都代表"十萬",還是在表示"百"的"⌐_____Γ"刻齒形態中,加刻的是表示"一"的"⌐T⁓Γ"形態,各自代表"一萬",現在還無法確定。

附記:我們謹向在湖南省文物考古研究所進行調研時,全力協助我們的該所工作人員段國慶、張婷婷、劉瀾等以及拍攝的楊酊女士表示感謝。還要感謝在刻齒照片加工製作中給予大力支持的以西山尚毅先生爲首的友野印刷的日本工作人員。

劉彤譯(浙江工商大學)、胡平生校訂(中國文化遺産研究院)、
趙季玉覆校(北方工業大學文法學院)

本文日文稿刊載於《大阪産業大學論集:人文·社會科學編》第 18 號,2013 年,第 1—46 頁;中譯節略本刊於《文物》2015 年第 3 期,第 53—69、96 頁。中譯本大體源自日文稿,但文章順序完全打亂,重新進行了排列組合;收入本文集時,除尾注改爲脚注外,又約請趙季玉女士逐字逐句覆校,以保證譯文質量。

附表 1　里耶一號井第 8 層出土刻齒簡牘一覽

簡號	出土登記號	簡牘形狀				位置	刻齒	簡文記載	綴合簡
		長	寬	殘缺	書寫面		組成		
7	8-7	170	18	下殘斷	平坦	左	[一]×5	稻五斗	
44	8-44	73	15	下殘斷	屋脊形	左	[一]×4		
56	8-55	138	17	下殘斷	平坦	左	[壹]×2	粟米二石	
96	8-93	170	14	下殘斷	平坦	右	[一]×6	繭六兩	
211	8-210	272	16	下殘斷	平坦	裝入袋中，無法確認。		稻五斗	
217	8-217	370	14	完整	平坦	裝入袋中，無法確認。		稻四斗半升少半升	
258	8-257	143	12	上殘斷	平坦	左	[一]×4	麥鞫三	
275	8-274	134	16	下殘斷	平坦	左	[壹]×1・[一]×9・[半]×1	稻一石九斗少半斗	
316	8-317	95	15	上下殘斷	平坦	右	[百]×5・[十]×2		
379	8-380	138	16	上下殘斷	平坦	左	[壹]×2		
426	8-422	118	17	下殘斷	平坦	左	[壹]×1・以下模糊	粟米一石九斗五升六分升五	212・1632
447	8-450	160	12	下殘斷	平坦	右	[一]×6	繭六兩	
474	8-474	208	13	下殘斷	平坦	左	[壹]×1・[一]×8・[一]×7・[半]×1	粟米一石八斗七升半升	2075
511	8-511	33	14	下殘斷	平坦	左	[壹]×3	粟米四石	
561	8-564	200	18	下殘斷	屋脊形	左	[?]×1(*1)	牝豚一	
606	8-606	96	14	上下殘斷	平坦	左	[一]×2・[半]×1	☆斗	
760	8-761	367	13	完整	平坦	左	[壹]×1・[一]×2・[半]×1	粟米一石二斗半斗	

續表

簡號	出土登記號	簡牘形狀				刻齒		簡文記載	綴合簡
		長	寬	殘缺	書寫面	位置	組成		
761	8-762	367	14	完整	屋脊形	左	〔壹〕×1・〔一〕×9・〔半〕×1	粟米一石九斗少半斗	
762	8-763				借出所外，無法觀察。			粟米一石二斗二斗半斗	
763	8-764				借出所外，無法觀察。			粟米一石二斗二斗半斗	
764	8-765	378	14	完整	平坦	左	〔壹〕×1・〔一〕×9・〔半〕×1	粟米一石九斗少半斗	
766	8-766	367	15	完整	平坦	左	〔壹〕×1・〔一〕×2・〔半〕×2	粟米一石二斗少半斗	
800	8-801	192	14	下殘斷	平坦	左	〔壹〕×1・〔一〕×2・〔半〕×1	粟米一石二斗半斗	
816	8-820	138	16	下殘斷	平坦	左	〔壹〕×2	粟米二石	
818	8-817	82	9	下殘斷	平坦	右	〔萬〕×1	錢四萬九千四百六十九	
821	8-822	138	16	下殘斷	平坦	左	〔壹〕×4・〔一〕×5	粟米四石五斗	
824	8-824	165	17	上下殘斷	平坦	左	〔十〕×5・〔壹〕×7・〔半〕×1	今半升	1974
836	8-838	95	14	下殘斷	平坦	左	〔十〕×2・〔一〕×7	粟廿九石	1779
838	8-839	130	18	下殘斷	平坦	左	〔千〕×2・〔百〕×6	錢二千六百八十八	
845	8-845	143	15	下殘斷	平坦	左	〔一〕×6		
888	8-888	101	16	上下殘斷	屋脊形	右	〔十〕×1・〔壹〕×2		936・2202
889	8-895	134	16	下殘斷	平坦	右	〔一〕×6	繭六兩	
891	8-892	50	13	上下殘斷	平坦	左	〔一〕×8	今寸	
893	8-893	182	9	上下殘斷、左側欠缺	平坦	右	〔一〕×9		933・2204
900	8-903	198	17	下殘斷	平坦	右	〔一〕×9	管九合	
909	8-910	159	11	上下殘斷、左側欠缺	平坦	右	〔壹〕×4・〔一〕×9・〔半〕×1	粟米四石九斗少半斗	

續表

簡號	出土登記號	長	寬	殘缺	書寫面	位置	組成	簡文記載	綴合簡
914	8-921	108	10	下殘斷	平坦	左	〔十〕×1・〔壹〕×8・〔一〕×4	絲十八斤四兩	1113
923	8-924	128	21	下殘斷	平坦	左	〔一〕×6		907・1422
924	8-925	107	19	下殘斷	平坦	右	〔一〕×5	粟米五斗	
925	8-926	147	12	下殘斷	平坦	左	〔十〕×1・〔一〕×6・〔一〕×2・〔半〕×2	一石六斗三升半升	2195
934	8-935	135	13	上下殘斷	平坦	左	〔一〕×2	☆斗	
955	8-955	64	15	下殘斷	平坦	左	〔一〕×1	粟米一斗	
956	8-963	128	16	下端削尖	平坦	左	〔一〕×2	粟米二斗	
993	8-994	160	16	下殘斷	平坦	左	〔一〕×1		
998	8-999	195	12	下殘斷	平坦	左	〔一〕×4・〔一〕×7	喙布四丈七尺	
1059	8-1066	105	16	上下殘斷	屋脊形	右	〔半〕×1		
1081	8-1083	148	18	下殘斷	平坦	左	〔壹〕×2	粟米二石	
1088	8-1088	56	11	下殘斷	屋脊形	左	〔一〕×4・〔一〕×2	粟米四斗六升秦☆	
1091	8-1093	186	17	下殘斷	平坦	左	〔壹〕×1	絲三斤	1002(*2)
1097	8-1097	180	11	下殘斷	平坦	左	〔一〕×3		
1102	8-1102	152	16	上下殘斷	平坦	左	〔一〕×3		781
1135	8-1139	112	8	上下殘斷	屋脊形	左	〔百〕×3		
1159	8-1160	91	7	下殘斷	屋脊形	左	〔壹〕×2	粟米二石	
1167	8-1168	100	14	下殘斷	平坦	左	〔十〕×1・〔壹〕×3・〔一〕×7	粟米十三石八斗	1392
1189	8-1188	84	14	下殘斷	屋脊形	左	〔壹〕×2	粟米二石	

續表

簡號	出土登記號	簡牘形狀					刻齒		簡文記載	綴合簡
		長	寬	殘缺	書寫面	位置	組成			
1205	8-1216	77	8	下殘斷，右側欠缺	平坦	左	〔十〕×3・〔壹〕×3		粟米卅八石九斗四升秦☆	
1220	8-1222	200	14	下殘斷	平坦	右	〔壹〕×3		竹筒三合	
1233	8-1234	68	17	上下殘斷	平坦	左	〔壹〕×4			1512
1239	8-1241	235	19	下殘斷	平坦	左	〔壹〕×3・〔一〕×7・〔半〕×1		三石七斗少半斗	1334
1240	8-1242	212	18	上下殘斷	平坦	左	〔壹〕×6		☆六	
1241	8-1243	230	16	完整	平坦	左	〔壹〕×1		粟米一石四斗半斗	
1257	8-1257	153	18	下殘斷	平坦	左	〔壹〕×1・〔一〕×2・〔半〕×1		粟米一石二斗半斗	
1263	8-1263	160	15	下殘斷	屋脊形	右	〔千〕×2・〔百〕×7・〔十〕×3		錢二千七百	
1268	8-1269	180	17	下殘斷	屋脊形	左	〔一〕×3		粟米三斗	
1289	8-1286	124	20	下殘斷	平坦	左	〔壹〕×5			
1307	8-1309	122	11	下殘斷	平坦	右	〔千〕×3・〔百〕×3・〔十〕×9・〔一〕×2		□三千三百九十五	
1321	8-1324	38	12	下殘斷	平坦	左	〔壹〕×2		粟米三☆	
1332	8-1335	141	10	下殘斷	平坦	右	〔千〕×1・〔百〕×6		粟米千五百九十四石四斗	
1335	8-1341	200	18	下殘斷	平坦	左	〔一〕×8		粟米八斗少半斗	
1336	8-1339	183	21	下殘斷	平坦	左	〔壹〕×7・〔一〕×5		稻七石五斗	
1345	8-1347	70	15	下殘斷	平坦	左	〔壹〕×1・〔一〕×1・〔一〕×8		稻一石一斗八升	2245
1352	8-1353	200	13	上下殘斷	平坦	右	〔百〕×4・〔十〕×8・〔一〕×2			
1506	8-1517	85	8	上下殘斷	平坦	左	〔萬〕×4			
1512	8-1518	58	17	上下殘斷	平坦	左	〔十〕×6			1233
1537	8-1545	185	13	下殘斷	平坦	左	〔千〕×5・〔百〕×6			

續表

簡號	出土登記號	長	寬	殘缺	書寫面	位置	組成	簡文記載	綴合簡
1540	8-1548	365	18	完整	平坦	左	〔一〕×5	粟米五斗	
1544	8-1552	368	17	上端有缺口	平坦	左	〔十〕×1・〔壹〕×2・〔一〕×2・〔半〕×1	粟米十二石二斗少半斗	
1545	8-1553	366	14	完整	平坦	左	〔壹〕×2		
1549	8-1557	382	16	完整	平坦	左	〔十〕×1・〔壹〕×7(*3)	□十七	
1550	8-1558	365	15	完整	平坦	左	〔壹〕×3・〔半〕×2	稻三石黍半斗	
1551	8-1559	346	17	完整	平坦	左	〔一〕×2	粟米二斗	
1554	8-1562	385	26	完整	平坦	左	〔十〕×1・〔萬〕×6	錢六萬・凡十一物	
1557	8-1565	369	18	完整	平坦	左	〔壹〕×1・〔一〕×2・以下模糊	粟米一石三斗六分升四	
1572	8-1581	215	12	下殘斷	平坦	左	〔百〕×3・〔十〕×5	錢三百五十	811
1576	8-1585	222	17	下殘斷	平坦	左	〔一〕×8	粟米八升	
1579	8-1588	245	17	下殘斷	屋脊形	左	〔壹〕×1		1055(*4)
1583	8-1592	219	22	下殘斷	屋脊形	左	〔千〕×6・〔百〕×8・〔十〕×2	錢六千八百二十	890
1590	8-1600	149	13	下殘斷	平坦	左	〔壹〕×1・〔一〕×2・〔半〕×1	粟米一石二斗半斗	
1595	8-1606	142	13	下殘斷	平坦	左	〔壹〕×1・〔一〕×5	粟米一石五斗	
1660	8-1663	60	12	下殘斷	屋脊形	左	〔壹〕×2	粟米二石	1827
1686	8-1691	106	12	下殘斷	平坦	左	〔十〕×1	莞席十	
1690	8-1697	123	17	下殘斷	平坦	左	〔壹〕×1	粟米一石	
1724	8-1733	64	9	下殘斷	平坦	右	〔百〕×2		
1738	8-1740	155	8	下殘斷	平坦	左	〔百〕×4・〔十〕×4		
1739	8-1747	136	14	下殘斷	平坦	左	〔壹〕×2	粟米二石	

續表

簡號	出土登記號	簡牘形狀					刻齒	簡文記載	綴合簡
		長	寬	殘缺	書寫面	位置	組成		
1748	8-1757	122	12	下殘斷	平坦	左	〔壹〕×1・〔一〕×9・〔半〕×1	粟米一石九斗少半斗	
1751	8-1760	107	13	下殘斷	平坦	左	〔壹〕×1・〔一〕×5・〔一〕×7	錦繒一丈五尺八寸	2207
1762	8-1770	98	14	下殘斷	屋脊形	左	〔壹〕×1・〔一〕×2・〔一〕×3	粟米十二石三斗	
1778	8-1786	152	13	下端削尖	平坦	左	〔十〕×4(*5)		
1783	8-1791	92	15	下殘斷	屋脊形	右	〔萬〕×3・〔千〕×2(*6)		1852
1787	8-1795	112	15	下殘斷	平坦	左	〔壹〕×1・〔一〕×8・〔半〕×2	粟米一石八斗泰半	1574
1793	8-1801	178	13	上下殘斷	屋脊形	左	〔一〕×8・〔半〕×1	众少半斗	
1794	8-1802	148	11	下殘斷	平坦	左	〔壹〕×1・〔一〕×2・〔半〕×1	稻一石二斗半斗	
1801	8-1809	162	12	下殘斷	屋脊形	左	〔萬〕×1・〔千〕×8・〔百〕×1	錢萬八千三百六十四	
1802	8-1810	80	9	上下殘斷	平坦	左	〔十〕×6		
1814	8-1823	160	12	下殘斷	平坦	右	〔萬〕×4・〔千〕×7	錢四萬九千四百六十九	
1905	8-1912	127	12	下殘斷	平坦	左	〔壹〕×1・〔一〕×9・〔一〕×6・〔半〕×2	稻一石九斗六升少半半升	
1957	8-1965	105	7	下殘斷,右側欠缺	平坦	左	〔壹〕×3・〔一〕×7	粟米三石七斗	
1986	8-1997	10	6	下殘斷,左側欠缺	平坦	右	〔一〕×6	筥二合	
2187	8-2195	92	12	上下殘斷	平坦	右	〔百〕×6・〔十〕×6		
2202	8-2210	113	16	下殘斷	平坦	右	〔千〕×2・〔百〕×1・〔十〕×4	錢二千一百五十二	
2235	8-2243	141	17	下殘斷(*7)	平坦	左	〔壹〕×2		
2244	8-2253	366	9	右側欠缺	不明	左	〔百〕×1・〔十〕×5・〔一〕×9	無字簡(*8)	

續表

簡號	出土登記號	簡牘形狀			書寫面	位置	刻齒	簡文記載	綴合簡
		長	寬	殘缺			組成		
2246	8-2256	372	11	完整	平坦	左	〔壹〕×4	粟米四石	
2247	8-2257	370	14	完整	平坦	右	〔壹〕×1、〔一〕×7、〔半〕×1	粟米三石七斗少半斗	
2249	8-2258	370	18	完整	平坦	左	〔壹〕×1、〔一〕×2、〔半〕×1	粟米一石二斗半斗	

【凡例】

"簡牘形狀" 長＝最長部分（單位 mm）。 寬＝最寬部分（單位 mm）。

"刻齒組成" 〔一〕＝纖細的一綫刻痕。 〔壹〕＝稍粗的一綫刻痕，一般表示"石"時使用。 〔十〕＝三角形的缺口，大小偏差較大。 〔百〕＝較淺的矩形凹槽。 〔千〕＝W字形的刻紋，大小偏差較大。 〔萬〕＝表示"百"的凹槽底部加刻一道綫痕。 〔半〕＝纖細的斜綫刻痕。

"簡文記載" ☆＝簡殘斷。 □＝文字不能辨識。

【注】

（＊1）刻齒在左上裂處處，形狀如〔百〕。 （＊2）1002(8-1003)簡云一胸于隸臣徐所取錢一。 （＊3）右側也有九個表示"一"的刻齒。 （＊4）1055 (8-1054)簡云"☆所取錢一"。 （＊5）刻齒較淺，或許被削去。 （＊6）三個凹槽底部的刻齒軟深，或許表示"十萬"。 （＊7）下端有烤焦痕迹。 （＊8）正面上部微有文字痕迹。

附表 2　授受粟米簡之刻齒簡牘一覽表

出土登記號	形態	位置	廥名	支出額	年	月日	支給責任者	補佐	稟人	費目	支給對象	監視者	手者	綴合簡
8-1559	平	左		2斗	27	12月丁酉	倉武	佐辰	陵	出稟	小隸臣益	令史戎夫		
8-1697	平	左	丙廥	1石	29	3月丁酉	倉趣	史感		出稟				
8-1257	平	左	涇廥	1石2斗半斗	31	□月乙酉								
8-55	平	左	涇廥	2石	31	10月乙酉	倉守妃	佐富	援	出稟	屯公			
8-1553	平	左	丙廥	2石	31	10月乙酉	倉守妃	佐富	援	出稟	屯戍士五敝臣	令史扁	富	
8-1747	平	左	涇廥	2石	31	10月乙酉	倉守妃	佐富		出稟				
8-822	平	左	丙廥	4石5斗	31	10月甲寅	倉富	佐富						
8-766	平	左	涇廥	1石2斗少半斗	31	11月丙辰	倉守妃	史感	援	出稟	大隸妾始	令史偏	感	

續表

出土登記號	形態	位置	廩名	支出額	年	月日	支給責任者	補佐	稟人	費目	支給對象	監視者	手者	綴合簡
8-1600	平	左	丙廩	1石2斗半斗	31	12月								
8-1083	平	左	昰廩	2石	31	12月甲申	倉妃	史立				令史扁		
8-1241	平			3石7斗少半升	31	12月甲申	倉妃	史感	窯	出稟	冗作大女讖	令史扞	感	8-1337
8-763	平		巠廩	1石2斗半斗	31	12月戊戌	倉妃	史感	援	出稟	大隸妾援	令史扞		
8-474	平	左	巠廩	1石8斗7升半升	31	1月己□	司空守增	佐得				令史扞		8-2085
8-926	平	左		1石6斗2升半升	31	1月壬午	啓陵鄉守尚	佐賢	小	出稟	大隸妾□	令史氣		8-2202
8-1243	平	左		1石4斗半斗	31	1月壬午	啓陵鄉守尚	佐賢		出稟		令史氣		
8-765	平	左	巠廩	1石9斗九斗少半斗	31	1月丙辰	田官守敬	佐王	頭	出稟貸貸	士五兔將	令史扁	得	8-214·8-1643
8-422	平	左	巠廩	1石9斗5升6分升5	31	1月	司空守增	佐得		食	舂小城旦渭	令史□		
8-801	平	左	巠廩	1石2斗半斗	31	2月辛卯	倉守武	史感	堂			令史扞		
8-820	平	左		2石	31	3月癸丑	貳春鄉守氏夫							
8-761	平	左		1石2斗半斗	31	3月丙寅	倉武	佐敬	援	出稟	大隸臣 〃	令史尚		
8-764	平			1石2斗半斗	31	3月癸丑	倉守武	史感	援	出稟	大隸妾并	令史扞	感	
8-1585	平	左		8升	31	3月癸酉	貳春鄉守氏夫	佐王		出食	舂史匃	令史扁		
8-1341	平	左		8斗少半斗	31	4月辛卯	貳春鄉兌氏夫	佐吾		出食	舂·白棃□	令史逐		
8-1565	平	左		1石2斗6分升4	31	4月戊子	貳春鄉守氏夫	佐吾	藍	稟	隸臣廉	令史逐		
8-1548	平	左		5斗	31	4月癸酉	倉是	史感	堂	出稟	隸妾嬰兒褕	令史尚	感	
8-1795	平	左	巠廩	1石8斗泰半	31	5月癸酉	田官守敬	佐王	〃	出稟	屯戍黑·增	令史逐	王	8-1583
8-2256	平	左	巠廩	4石	31	7月辛亥	田官守敬	佐王	〃	出稟	罰戍武·肽·瓶	令史逐	王	
8-1606	平	左		1石5斗	31		貳春鄉守福		秋					
8-2257	平	右		3石7斗少半斗	32	8月壬戌	貳春鄉守氏夫	佐敢		稟	隸臣周	令史兼	敢	

續表

出土登記號	形態	位置	層名	支出額	年	月日	支給責任者	補佐	稟人	費目	支給對象	監視者	手者	綴合簡
8-1088	屋脊	左		4斗6升泰半	32									
8-762	屋脊	左		1石9斗少半斗	33	10月壬戌	發弩譯·尉史過			出貸	罰戍士五祿	令史兼	過	
8-963	平	左		2斗	33	4月								
8-1663	屋脊	左		2石	33	9月				出貸				8-1834
8-955	平	左		1斗	34									
8-2258	平	左	徑層	1石2斗半斗	35	2月己丑	倉守武	史感		出稟	隸妾援	令史扞	感	
8-1168	平	左		13石8斗	35	4月								8-1395
8-910	平	右		4石9斗少半	35	5月乙巳								
8-1757	平	左		1石9斗少半斗	35	7月								
8-1269	屋脊	左		3斗	35	7月乙巳	倉守言		堂					
8-1552	平	左		12石2斗少半斗	35	8月辛酉	倉守擇			付	司空守俱			
8-1160	屋脊	左		2石	35	9月								
8-838	平	左		29石	35									
8-925	平	右		5斗	35									
8-1772	屋脊	左		12石3斗	35									
8-511	平	左		4石										
8-1188	屋脊	左		2石										
8-1216	平	左		38石9斗4升泰半										8-1787
8-1324	平	左		2半										
8-1335	平	右		1594石4斗										
8-1965	平	左		3石7斗										

＊在"形態"一欄中帶有底色者表示該簡是完整的簡。

附表 3　授受稻米刻齒簡簡牘一覽表

出土登記號	形態	位置	層	支出額	年	月日	支給責任者	補佐	稟人	費目	支給對象	監視者	手者	綴合簡
8-1347	平	左	—	1石1斗8升	31	5月乙卯	倉是	史感	援	出稟	遷陵丞昌	令史尚	感	8-2254
8-1802	平	左	—	1石2斗半斗	31	7月乙丑	倉是	史感						
8-1558	平	左	—	3石泰半斗	31	7月己卯	啓陵鄉守帶	佐取	□	出稟	佐蒲·就	令史氣	取	
8-1339	平	左	—	7石5斗	31	7月壬子	倉是	史厷				令史尚		
8-274	平	左	—	1石9斗少半斗	31	8月辛巳	倉□							
8-217	平		—	4斗半升少半半升	31	8月壬寅	倉是	史感	堂	出稟	隸臣嬰兒槐隼	令史犀	感	
8-210	平	左	—	5斗	31	9月庚申	倉是	史感	堂	出稟	隸臣公	令史尚		
8-7	平	左	—	5斗	31	9月辛亥						令史尚		
8-1912	平	左	—	1石9斗6升少半半升	31	後9月								

★"形態"欄內深色底色者表示該簡完好無缺。

湖南龍山里耶 J1(8)157 和 J1(9)1—12 號秦牘的文書構成、筆迹和原檔存放形式

邢義田

"中研院"歷史語言研究所

湖南龍山里耶秦簡到目前爲止雖然只刊布了三十餘件，其内容之精彩令人驚嘆。尤其是這次刊布資料，《文物》除了刊出簡報，更刊布了簡牘正背面清晰的彩色圖版，使讀者有了進一步討論的依據。《中國歷史文物》除釋文，也刊有黑白圖版；國家文物局編印的《2002 中國重要考古發現》刊出十四枚里耶簡牘的圖影，印製更是纖毫畢露，對研究幫助極大。①以下即利用這些圖版，對部分文書的抄寫構成及原來可能的存放方式作些初步討論。

一、J1(8)157 牘的文書構成

J1(8)157 正：(1) 卅二年正月戊寅朔甲午(17 日)，啓陵鄉夫敢言之：成里典、啓陵郵人缺，除士五成里匄=成=爲典，匄爲郵人。謁令、尉以從事，敢言之。

J1(8)157 背：(2) 正月戊寅朔丁酉(20 日)，遷陵丞昌郤(却)之啓陵：廿七户已有一典。今有(又)除成爲典，何律令？應(疑衍，詳下)尉已除成、匄爲啓陵郵人，其以律令。/氣手

(3)/正月戊戌(21 日)日中，守府快行。

---

① 《湖南龍山里耶戰國—秦代古城一號井發掘簡報》(以下簡稱"《簡報》")，《文物》2003 年第 1 期，第 4—35 頁；《湘西里耶秦代簡牘選釋》(以下簡稱"《選釋》")，《中國歷史文物》2003 年第 1 期，第 8—25 頁；國家文物局主編《2002 中國重要考古發現》(以下簡稱"《考古發現》")，文物出版社，2003 年，第 62—69 頁。《里耶發掘報告》已於 2006 年由嶽麓書社出版，但圖録清晰度不及《2002 中國重要考古發現》。

    (4) 正月丁酉(20 日)旦食時,隸妾冉以來/欣發　　壬手

    公文内容主要有兩部分,分寫在牘的兩面:一面是啓陵鄉嗇夫報告任命士伍成里之匄、成二人分别擔任啓陵鄉成里的里典及啓陵鄉之郵人,請縣令、尉批示;另一面則是縣丞的批示及對批示送回的處理。但是這份文書到底是如何構成,還需要進一步探討。胡平生先生曾指出"從時間上看,'正月丁酉旦食時,隸妾冉以來/欣發'應該緊接着正面書寫的。也就是説,這類木牘文書讀完正面文字以後,轉到背面,要從最左側一行讀起,這是收到正面報告的記録"。因此,他將以上釋文(4)的部分,移到以上釋文(2)之前。接着他分析這個文書包括以下五個部分。爲便於下文的討論,此處不計冗長地先引録胡先生的原文:

    (1) 秦始皇卅二年正月十七日由啓陵鄉嗇夫上報遷陵縣丞説,成里里典和啓陵郵人缺,提拔成爲成里里典,士伍匄爲郵人,請縣令、縣尉核准。

    (2) 正月二十日旦食時,隸妾冉將上述内容的信帶交到縣府。這份文書經"欣"手打開。

    (3) 正月二十日當天,遷陵縣丞昌發文提出質問説,〔成里〕一共二十七户,已經有一個里典,爲什麽又設一個里典,有什麽律令爲依據?

    (4) 接下來,對啓陵鄉嗇夫應的批復説:縣尉已批准提拔成、匄爲啓陵郵人。文書由"氣"經手。

    (5) 正月二十一日日中,遷陵縣守府以快件發出。由"壬"經手。[①]

胡先生和我的理解有相同的部分,也有不同之處。一個關鍵是胡先生分析時似乎較少考慮這幾部分筆迹的不同。這件木牘兩面,應有三個人的不同筆迹。依據筆迹,似可將文件分成本節開始所録正背面釋文(1)、(2)、(3)、(4)四個部分:

    正面(1)的部分是文書主體,字體較大,字距也較疏,抄寫者是背面左下角筆迹相同的壬。壬的筆迹和背面(2)、(3)部分的筆迹差異甚大,應非同一人所書。因此所謂"正月二十一日日中,遷陵縣守府以快件發出"應該不是"由'壬'經手"。

    背面(2)"正月……其以律令"的部分是批件,字較小,字距較緊密。第(3)部分即處理記録,和批件部分字體書法相同,(2)和(3)應該都是由叫氣的人所抄。[②]

---

① 胡平生、李天虹《長江流域出土簡牘與研究》,湖北教育出版社,2004 年,第 312 頁。
② 《選釋》第 11 頁認爲"手"指抄手。李學勤先生認爲"手"爲簽署之意,又説是抄録副本的人,見其《初讀里耶秦簡》,《文物》2003 年第 1 期,第 75—76 頁。抄録副本爲書吏之事,簽署文件責在單位主管(參《後漢書·黨錮傳》太尉陳蕃不肯平署事),是否可視爲一事,待考。相關討論見後文。

第(4)部分是最後一行"正月……欣發",字又稍大,但字體特徵和牘正面及第(3)部分又不相同。頗疑負責發封的欣同時記下了於何日發封。"正月……欣發"這些字應是欣的手筆。欣是遷陵縣府的人,二十日由他發封,發封的記錄寫在背面左側第一行。我同意胡先生所說的閱讀順序。但對文件内容的理解有些不同:

始皇卅二年一月十七日啓陵鄉嗇夫(原牘中"鄉夫"即鄉嗇夫之省,或漏"嗇"字)的報告,由遷陵縣的書手壬所抄錄。報告在二十日旦食時,由隸妾冉送到了遷陵縣。同一天(20日)由職稱不明的縣吏欣發封,[①]作了發封記錄,並由遷陵丞作成批示,由氣抄寫,並記錄了公文是於二十一日日中,由守府名叫快的人送啓陵鄉。全份木牘文書是遷陵縣抄存的底本。[②]

第一,胡先生將"遷陵丞昌卻之啓陵"的"卻"讀爲詰,作詰問解。于振波先生將此一句解讀爲"遷陵名叫昌卻的縣丞來到啓陵"。[③]私意以爲遷陵縣丞名叫昌,卻即卻,屬下讀,讀爲"遷陵丞昌,卻之啓陵"。"卻之",即拒退、退回,爲古語常詞,如"卻之不恭"(《孟子·萬章下》)。武帝時,萬石君張叔爲御史大夫,"上具獄事,有可卻,卻之;不可者,不得已,爲涕泣面對而封之"。(《史記·萬石張叔列傳》,第2773頁)又如東漢末黨錮之禍,"及遭黨事,當考實(李)膺等。案經三府,太尉陳蕃卻之曰:'今所考案,皆海内人譽……'不肯平署……"(《後漢書·黨錮傳》,第2195頁)這兩處的"卻之",與牘上所見"卻之"同義。[④]J1(8)134牘正面也有"卻之"一詞,從上下文看,釋爲卻之,也是合適的。《選釋》將"卻"釋爲却(卻),應可接受。[⑤]

第二,按秦、漢文字的"阝""卩"偏旁有别,但也不是絶對不混。[⑥]馬王堆"卻"字寫作"却"或"卻"(《馬王堆簡帛文字編》,第375—376頁),馬王堆《十問》"可以卻(却)老復

---

① 在這一批文書中,出現"欣發"[J1(8)152、J1(8)157]和"欣手"[J1(8)156、J1(8)158]多次。因爲出現欣的牘都在32年4月,欣爲同一人的可能性較大。欣應是書手,也擔任文書收發,唯職稱不明。

② 關於此牘性質可參于振波《里耶秦簡中的"除郵人"簡》,《湖南大學學報(社會科學版)》2003年第3期,第8—12頁;胡平生《讀里耶秦簡札記》(以下簡稱"札記"),簡帛研究網,2003年10月23日;胡平生、李天虹《長江流域出土簡牘與研究》,第311—313頁。

③ 于振波《里耶秦簡中的"除郵人"簡》,《湖南大學學報(社會科學版)》2003年第3期,第9頁。

④ 漢代文書遭上級退回,或稱"見卻",參《漢書·兒寬傳》"會廷尉時有疑奏,已再見卻也,掾史莫知所爲……"。

⑤ 里耶秦簡講讀會《里耶秦簡譯注》,《中國出土資料研究》第8號,2004年,第106頁也釋爲"卻之",可參。

⑥ 例如睡虎地《封診式》簡53、78"卻"字,《效律》簡28"鄉"字,信陽楚簡"鄉"字之右旁都作單耳;馬王堆簡帛"却"字有四例,右旁作單耳者三例,雙耳者一例。參張守中撰集《睡虎地秦簡文字編》,文物出版社,1994年,第100頁;陳振裕、劉信芳《睡虎地秦簡文字編》,湖北人民出版社,1993年,第183頁;陳建貢、徐敏《簡牘帛書字典》,上海書畫出版社,1991年,第836頁;陳松長編著《馬王堆簡帛文字編》,文物出版社,2001年,第270頁。

壯”(011)之“郄”，與里耶簡牘之“郄”疑爲同一字。“郄”字也出現在睡虎地日書乙種《嫁子》部分：“正西郄逐”（簡 197）、“正北郄”（簡 198）、“正東郄逐”（簡 199）。這裏的“郄逐”，《睡虎地秦墓竹簡》注釋謂：“郄即郤字，讀爲隙。隙逐，因有怨隙而被驅逐。”（第 249頁）私意以爲讀爲“卻”也無不可，卻逐於日書《嫁子》條上下文意正可通；讀爲詰逐，反不好解。①里耶簡牘兩“郄”字右旁俱作“阝”，釋爲“郤”，就字形言正確，但會產生理解上的困難；釋爲“卻”，於文意較爲通順。2006 年隨州孔家坡漢墓日書簡刊布。簡 97 篇題“徙時”條下一連四簡有内容和睡虎地日書乙種《嫁子》完全相同的“正西卻逐”“正北卻逐”“正東卻逐”和“正南逐卻”。簡 99“正東卻逐”四字字迹最爲清晰完整。其卻字原簡正作“卻”。《隨州孔家坡漢墓簡牘》注釋謂：“卻，即‘却’，意與‘逐’相當。《漢書・爰盎傳》注：‘卻謂退而卑之也。’”②

　　另一個證據是居延新簡中的建武三年候粟君責寇恩簡册。其中辛未爰書的簡EPF22∶30 有這樣一段“廷卻書曰：恩辭不與候書相應，疑非實，今候奏記府，願詣鄉，爰書是正”云云。此處“卻”字十分清晰，左旁作“去”，右旁作雙耳“阝”。從上下文看，只宜解作“卻退之”之卻，也就是説縣廷懷疑都鄉嗇夫第一次上報寇恩的口供“非實”，將所報文書打了回票，要求再次問明案情。這裏的“卻”，不宜讀作“詰”。③

　　其次，胡先生引證 J1(16)9 牘“廿六年五月辛巳朔庚子，啓陵鄉應(應)敢言之”，認爲啓陵鄉嗇夫名叫應，並將 J1(8)157 牘背面(2)的後半點讀爲：“應(應)：尉已除成、匄爲啓陵郵人，其以律令。/氣手。/正月戊戌日中，守府快行。壬手。”《簡報》和《選釋》皆未釋此“應”字。胡先生自己則指出兩牘上的“應”字寫法有不同。按圖版，J1(6)9 牘的應字下半不明，胡先生見過原牘，認爲此應字下半之心作十。我向張春龍先生求證，張先生 2005 年 8 月 11 日的回信中説：“‘應’字下非從‘十’，而是‘心’，書寫潦草，中間兩筆畫重疊所致。”里耶簡牘猶待刊布。如果能另有資料證明從始皇廿六到卅二年，六年之

---

① 　文成之後，承顔世鉉兄指教，知洪誠《訓詁學》第五章第四節曾專論阝和卩，其書指出“退卻之卻，俗作却，又變爲郄”（江蘇古籍出版社，2000 年，第 205 頁）。可參，謹謝。
② 　湖北省文物考古研究所、隨州市考古隊編《隨州孔家坡漢墓簡牘》，文物出版社，2006 年，第 139 頁。
③ 　關於這一句的解釋可參裘錫圭《新發現的居延漢簡的幾個問題》一文（《古文字論集》，中華書局，1992 年）。裘先生曾專門討論“廷卻書”，並指出：“‘廷卻書’的‘卻’，各家都釋作‘郵’。居延簡‘郵’字左旁多作‘丢’，但從來不寫作‘去’，而‘卻’字的右旁則常常寫作‘阝’。武威《儀禮》簡‘卻’字也作‘卻’。所以這個字不能釋作‘郵’，而應該釋作‘卻’。……‘卻’有退回、拒絕等意思。縣廷的第二次文書否定了都鄉的第一次報告，所以稱爲卻書。”（第 613 頁）張建國先生意見相同，參《粟君債寇恩簡册新探》，《考古與文物》2000 年第 1 期，第 52 頁。

中啓陵鄉的嗇夫都是應，則這個説法就更堅强了。

即使這樣理解，胡先生也發現鄉嗇夫向縣令尉要求核准，縣丞竟嚴厲詰問，縣尉又否決縣丞意見，是否會有"貓膩"的疑問。[1]照這樣的釋讀和句讀，一個更大的問題或許是在語法上。胡先生的句讀是："遷陵丞昌郤(詰)之啓陵，廿七户已有一典，今有(又)除成爲典，何律令？應：尉已除成、匄爲啓陵郵人，其以律令。/氣手"。胡先生的語譯是："遷陵縣丞昌發文提出質問説，[成里]一共二十七户，已經有一個里典，爲什麽又設一個里典，有什麽律令爲依據？接下來，對啓陵鄉嗇夫應的批覆説：縣尉已批准提拔成、匄爲啓陵郵人。文書由'氣'經手。"依秦漢一般語法，"應"字不應出現在縣丞詰問和批覆詞之間。照胡先生的句讀，應字之後"尉已除……爲啓陵郵人"云云，只宜理解爲應所説的話，而不太可能是縣府對應的批覆。將人名"應"夾在詰問與批覆之詞之間，既無文例，也不合語法。

日本籾山明教授領導的里耶秦簡講讀會將"何律令應"連讀，將"應"字當動詞"相應"解，語譯爲"どういった律令に應じた措置か"。[2]德國紀安諾教授引睡虎地《法律答問》"當貲一盾。貲一盾應律"，證明"應律"爲"律に適應する"或"which statute or ordinance does this correspond to"之意，也將"何律令應"讀成和籾山明相同的讀法。[3]如以秦漢語法言，果如此，也應作"應(去聲)何律令？"而非"何律令應？"其實睡虎地"貲一盾應律"這一句的語法，動詞"貲""應"都在名詞"盾""律"之前，正好證明將"何律令應"的"應"字當動詞，出現在名詞之後，語法不通。

因而，這裏不排除有抄寫上的錯誤，否則在語法上不易講通。"何律令"後的"應"字可能是衍字；删去這個應字，就可完全通讀。删去應字後，可以這樣理解這份文件：秦代的郵人和里典或里正，是由鄉嗇夫報請上級，經縣府同意而後任命。啓陵鄉照規定，上報人選，請求縣令和縣尉批准。但遷陵縣丞在批文中認爲廿七户的成里已有一

---

① 胡平生、李天虹《長江流域出土簡牘與研究》，第 313 頁。我原不懂"貓膩"二字何義，偶讀張抗抗小説《作女》，才知指"小陰謀"，見《作女》，九歌出版社，2003 年，第 356 頁。2005 年 4 月 18 日得胡平生先生來信指出"貓膩"爲北京方言，《現代漢語詞典》謂："指隱秘的或曖昧的事；花招。"胡先生又指出現在多用於"暗中有鬼""搞鬼""搗鬼"等意義。多謝指教。

② 里耶秦簡講讀會《里耶秦簡譯注》，第 106 頁。

③ エノ・ギーレ(Enno Giele)，《「郵」制攷—秦漢時代を中心に》，《東洋史研究》第 63 卷第 2 號，2004 年，第 24—25 頁注 81，第 36 頁。Enno Giele, "Signatures of 'Scribes'in Early Imperial China," *Asiatische Studien*，LIX.1(2005)，p.364.

位里典,又任命成爲里典,於法無據,退回(却之),並説縣尉已任命成和匀二人爲啓陵郵人,即遵此令。如此,縣丞是轉達縣尉的命令或批示,二人站在同一方,並没有"貓膩"不"貓膩"的問題。

里耶簡牘出土上萬,發表的只有幾十枚。稍稍比較這幾十枚,即發現抄寫上的錯誤不少,脱、衍之例皆有。①這裏衍一個"應"字,並不特別奇怪。可是不免還是要問:啓陵鄉向遷陵縣令和縣尉徵求同意除任郵人和里典,但代表縣府回覆的却是縣丞。令、丞、尉的職掌和關係如何? 這件公文顯示的關係是常例還是特例? 值得進一步留意和思索。

第三,"守府快行"之"快行",《選釋》釋爲"發送緊急文書"(第 13 頁),胡平生和于振波都認爲是"守府以快件發出"或"要求有較快的速度"。②我認爲"快"爲守府之名,從上讀;"守府快行"猶如郵人某行。③《選釋》簡 J1(16)1"☒洞庭泰守府/☒時守府快以來"(第 20 頁),這一簡未見發表圖版,《簡報》也未收。據張春龍先生所示照片,原簡字迹十分清楚,釋文正確無誤。果如此,"快"字依常例只可能是人名,不是快行。④因爲如果快是人名,人名前通常爲職稱,太守府不能説是職稱。快比較像是洞庭郡太守府的守府。按,《國語·周語中》襄王拒晉文公請隧曰"今天降禍災於周室,余一人僅小守府"云云,又《周語下》劉文公與萇弘欲城周,衛彪傒曰:"幽王亂之,十有四世而矣,守府之謂多,胡可興也。"以上守府,韋昭注"府,先王之府藏""得守府藏"。《新序·雜事五》:"里鳬須,晉公子重耳之守府者也。"此守府應是一種吏職。睡虎地秦律簡《法律答問》:"何謂府中? 唯縣少内爲府中,其他不爲。"整理小組注釋:"縣少内,縣中收儲錢財的機構。"《秦律十八種·傳食律》簡 182"上造以下到官佐、史毋(無)爵者及卜、史、司御、寺、府,糲米一斗……",整理者注釋:"府,掌管府藏的人,見《周禮·天官》。"疑里耶簡之"守府"即守縣少内之府庫者。漢居延新簡曾多次出現"? ☐具言如莫府守府"(《居延新簡》EPF22:321)、"大將軍莫府守府書曰具言吏當食奉者……"(EPF22:425)。以上守

---

① 脱衍之例可參馬怡《里耶秦簡選校》,《中國社會科學院歷史研究所學刊》第四集,商務印書館,2007 年,第 133—186 頁校注中所列。衍字之例見第 182 頁校注 5。

② 胡平生《札記》,簡帛研究網,2003 年 10 月 23 日;胡平生、李天虹《長江流域出土簡牘與研究》,第 312 頁;于振波《里耶秦簡中的"除郵人"簡》,《湖南大學學報(社會科學版)》2003 年第 3 期,第 11 頁。

③ 里耶秦簡講讀會《里耶秦簡譯注》,第 102 頁注 2 也以爲快爲人名。

④ "守府"粗看似有可能是泰(太)守府的省稱,如張家山漢簡《奏讞書》"御史書以廿七年二月壬辰到南郡守府"(簡 125,第 223 頁)之守府即太守府之省。但 J1(16)1"……時守府快以來"的術語形式,證明快只能是守府的名,不能不否定省稱的可能性。

府爲大將軍幕府之守府。疑秦郡之守府也是守府庫一類的吏。爲何由守府傳送公文？則待研究。

二、J1(9)1—12 原檔存放之叠壓關係

J1(9)1—12 這十二件始皇卅三至卅五年紀年正背有字的木牘，給了我們絕好的機會去了解秦代公文書的抄寫製作過程和存放形式。有些根本的問題如這些文件到底如何形成？由誰抄寫？是正本、副本或是底本？同一性質的文書是否有固定的格式？如果有固定的格式，是否依格式先製作好若干，需要時再填寫時日、人名等？文件末出現的"某手"，是單位主管的簽署，還是抄手的署名？

這十二件內容相同的文件明確無誤地證明秦的行政文書有固定的格式。這些木牘本身長寬基本相同。一面書寫五至六行，只有一件寫四行。一行約寫 30 至 34 字，也有 27 字一件，最少 25 字的也有一件。經過比對，除了因抄寫失誤造成文字上偶爾的差異，格式可謂十分一致。以下從叠壓關係試着恢復檔案原來的存放形式。

J1(9)6 背

第二行"以律令從事"書寫時遺漏"從事"二字，又補寫於"令"字右旁。這一面還可注意的是在左側邊緣上方有字體相反的模糊字痕，經比對正是 J1(9)7 正面第一行開始的"卅三"二字，其下隱隱約約仍有同一行下端"四月"等字的殘痕，相對位置完全吻合。J1(9)6 背面第三行第一字爲"洞"，其殘痕則也沾印在 J1(9)7 正面相對的位置。由此可以證明 6、7 兩牘原是叠放在一起的。

J1(9)8 正

第四行第二字沾印有 J1(9)7 背面第三行上端"卅五年""年"字的竪筆殘痕；7、8 兩牘相叠，因而 J1(9)7 背面第二行也沾印了 J1(9)8 正面第四行下端"主責發"的"發"字。

J1(9)8 背

上端有大約兩行較淡的字迹，字已模糊，但字體相反，無疑是兩牘叠壓，墨未乾而沾印上去的。如果反着看，即能看出最少有這些字"以受陽陵司空不名計問""能入額有流辭弗服勿聽"。如果比對這兩行字的內容、字迹、行氣和間隔，正好和 J1(9)9 牘的正面相合（參圖 1）。由此可以證明這兩牘必是叠壓存放。發掘簡報並沒有報導簡出土時的叠壓情況。不過整理者所作的編號相連，可以印證二者出土時原是上下相叠。

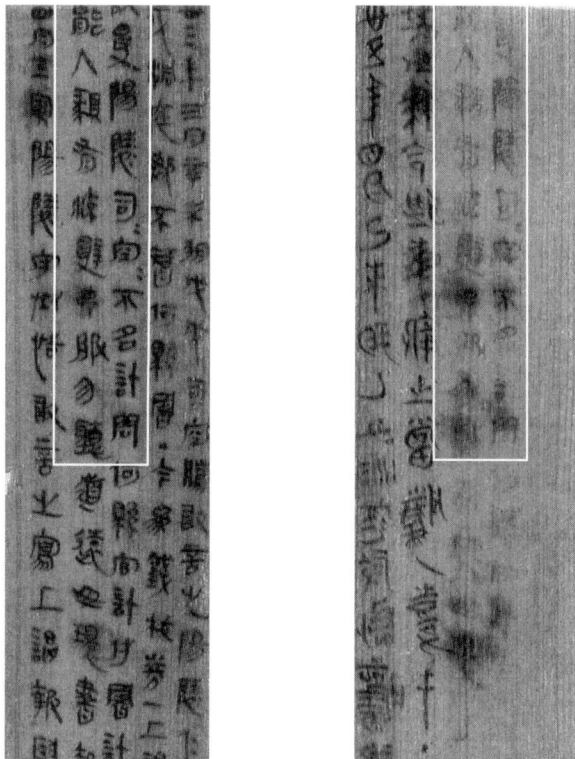

J1(9)9 正面　　　　　　　J1(9)8 背面反體

圖 1

這樣的沾印墨痕很可能是入井泡水後所造成的。這和馬王堆帛畫（例如星占圖）上因折叠浸水後造成的筆畫印痕是相同的道理。印痕雖爲入井後形成，但仍然可以作爲認識當時公文存放方式的一個綫索。因爲它們儘管被廢棄，十分零散，但當初最少應有一部分是成綑被投入井中的，[①]保留着原來的存放次序，由此可以推想原來文書存放的情况。

　　以上叠壓在一起的兩牘，在上者爲卅三年四月，在下者爲卅三年三月，這是不是暗示了原來文件按年月日期存放，越晚的越在上層這樣一個排放的原則？這個推測可由另外五件有叠壓墨痕的牘去印證或推翻。

　　J1(9)6 背面沾印有 J1(9)5 正面起首“卅三”二字（如果看《考古發現》圖版，還可多

---

① 李學勤先生指出“J1(9)1—12 是成組互相聯繫的木牘，有可能原來是捆束在一起的”。（《初讀里耶秦簡》，《文物》2003 年第 1 期，第 80 頁）劉瑞也認爲這些牘是被集中管理，後又被集中傾倒進了井內，參《里耶秦代木牘零拾》，《中國文物報》2003 年 5 月 30 日。不過據張春龍先生 2005 年 8 月 11 日來信表示：“可以肯定地説，里耶簡的埋藏極爲零亂和分散，叠放的僅第九層一至十二號簡和第十六層五、六、七號簡，粘連在一起的僅第八層一五四至一五九號簡。”

看出同一行下"月辛"二字），第二行起首"鹽戍"二字部分筆畫，第三行起首"縣責"的
"責"字的上半部，第四行"其家"的"家"字的上半，可證 6 號牘原疊在 5 號牘之上。

又 J1(9)5 背面十分明確沾印有 J1(9)4 正面最少三行的文字。如第一行開始的"卅
三"，第二行開始的"衰成"，行末的"署所"，第三行開始的"縣責以"，第四行開始的"家﹦
貧"（《考古發現》圖版較清晰，參圖 2），因此可以確定這兩牘原來疊壓在一起：5 號放在 4
號之上。

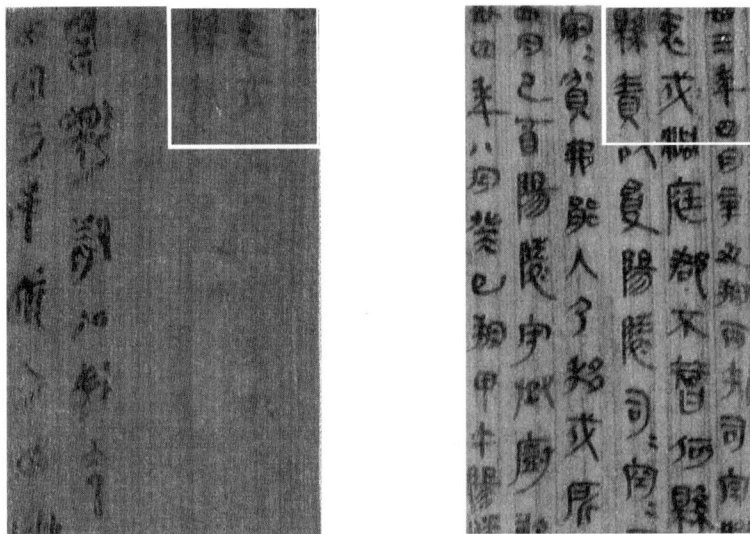

J1(9)5 背面反體　　　　　　　　　　　J1(9)4 正面

圖 2

4 號又壓在 3 號之上，因 4 號背面尚有 3 號正面第一行開始的"卅三"和第二行開始
的"七百"等字可以辨識出來。3 號牘上沒有比較明顯的沾印墨痕，因此不能肯定原來和
2 號牘的疊壓關係。

但 2 號又壓在 1 號之上，因 2 號背面尚有 1 號正面第二行開始的"千六"二字、第三
行開始的"毋死"、第四行開始的"已訾"等字可辨識出來。

以上 3 號牘的疊壓關係雖不能肯定，但如果整理者是按出土原狀態作的編號，可以
假設是照順序疊壓的。如此以上六牘的日期分別是：

卅三年四月辛丑朔戊申（8 日）　　J1(9)6 正

丙午（6 日）　　J1(9)5 正

丙午（6 日）　　J1(9)4 正

三月辛亥朔戊戌(28 日)　　J1(9)3 正

戊戌(28 日)　　J1(9)2 正

四月辛丑朔丙午(6 日)　　J1(9)1 正

也是日期晚的在上,但 1 號牘除外,爲何如此? 是原來存檔即小有失誤? 或因擲入井中時發生擾動? 可惜這十二件牘除了以上六件,原來的排放關係因無足够的沾印痕迹可以比對,還無法進一步完全復原出來,因此也還不能有最後的答案。

目前我的假設是:這些簡的排放不是依公文原發出的年月日順序,而是依底本拿出來作後續處理和記録後的時間排列。這十二件文書的後續處理都在始皇卅五年四月乙丑,因而依這個日期而被排放在一起。排放時又大致(目前所見有一件例外)依據原公文發出的年月先後。

據 J1(9)2、3、9、11 牘,卅三年四月二日(壬寅)時陽陵守丞是一個名叫恬的人;據 J1(9)1、4、5、7、8、10、12 牘,同年四月八日(戊申)、九日(己酉)守丞是一位名叫厨的人;十日(庚戌)則是另一人名叫暱。前後八天,代理丞職者即有不同的三人。資料太有限,尚無法看出代行職務的規律,也不知這三人從怎樣的原職位代行丞事。但畢竟多少透露出當時代行職務制度的一點消息。

三、筆迹與文書構成

里耶文書之末往往出現"某手"字樣。李學勤先生考證説:"按'手'訓爲'親','某手'即某人簽署。"(《初讀》,第 75 頁)他又舉例説:"現在看到的 J1(8)158 自係留存的副本,下署'欣手',欣應是抄録副本的人。"(同上,第 76 頁)湖南省文物考古研究所等發表《里耶秦代簡牘選釋》,於釋文注解中説:"抄手名。抄手名後綴以'手'字於簡文中爲定例,也見於湖北江陵張家山漢墓竹簡。"(《選釋》,第 11 頁)"某手"的意思目前有(1)某人簽署和(2)某人爲抄手兩種解釋。

從行政程序看,某人簽署和某人抄寫意義並不一樣。簽署意味署名負責文件的行政程序或文件的内容;抄手抄寫則只是抄録謄寫,除了抄謄上的錯漏,並不一定意味着要負擔程序和内容上的責任。

"某手"的身份是抄手? 文件經手人或負文件責任的簽署人? 或者兼具數重身份,既抄寫、經手,又簽署負責? 這些文件有不少是同一時間,同一内容,大致同一批人署名

的文件。如果進一步分析這批材料,仔細比對抄寫形式和筆迹,可以得到一些有用的綫索。以下先將這批資料有署名的列表如下:

表 1 里耶秦簡所見署名人名表

序號	年	月	日	署名	簡號
1	26	3	甲午		J1(8)133 正
	27	8	甲戌朔壬辰		
		8	癸巳	行手	J1(8)133 背
2	26	8	庚戌朔丙子	慶手	J1(8)134 正
		10	戊寅□己巳	慶手、□手(在左下角,《選釋》《簡報》漏)	J1(8)134 背
3	32	4	丙午朔甲寅		J1(8)152 正
		4	甲寅日中	處手	J1(8)152 背
4	33	2	壬寅朔朔日		J1(8)154 正
		2	壬寅水十一刻	圂手	J1(8)154 背
5	〔32〕	4	丙午朔癸丑	欣手	J1(8)156
6	32	1	戊寅朔甲午		J1(8)157 正
		1	戊寅朔丁酉	氣手	J1(8)157 背
		1	戊戌日中		
		1	丁酉旦食時	壬手	
7	32	4	丙午朔甲寅		J1(8)158 正
		4	丙辰旦	欣手	J1(8)158 背
8	33	4	辛丑朔丙午		J1(9)1 正
		4	己酉	儋手	
	34	6	甲午朔戊午	堪手	J1(9)1 背
	35	4	己未朔乙丑	嘉手	
				敬手	
9	33	3	辛未朔戊戌		J1(9)2 正
		4	壬寅	堪手	
	34	8	癸巳朔朔日	堪手	
	35	4	己未朔乙丑	嘉手	J1(9)2 背
				敬手	
10	33	3	辛未朔戊戌		J1(9)3 正
		4	壬寅		
				堪手	J1(9)3 背
	34	7	甲子朔辛卯	堪手	
	35	4	己未朔乙丑	嘉手	
				敬手	

序號	年	月	日	署名	簡號
11	33	4	辛丑朔丙午		J1(9)4 正
		4	己酉	儋手	
	34	8	癸巳朔甲午	堪手	
	35	4	己未朔乙丑	嘉手	J1(9)4 背
				敬手	
12	33	4	辛丑朔丙午		J1(9)5 正
		4	己酉	儋手	
	34	8	癸巳朔朔日	堪手	
	〔35〕	4	己未朔乙丑	嘉手	J1(9)5 背
				敬手	
13	33	4	辛丑朔戊申		J1(9)6 正
		4	庚戌	儋手	
	34	8	癸巳朔朔日	堪手	
	35	4	己未朔乙丑	嘉手	J1(9)6 背
14	33	4	辛丑朔戊申		J1(9)7 正
		4	己酉		
	34	8	癸巳朔朔日	堪手	
	35	4	己未朔乙丑	嘉手	J1(9)7 背
				敬手	
15	33	4	辛丑朔丙午		J1(9)8 正
		4	戊申	儋手	
	34	8	癸巳朔朔日	堪手	
	35	4	己未朔乙丑	嘉手	J1(9)8 背
16	33	3	辛未朔戊戌		J1(9)9 正
		4	壬寅	堪手	
	34	8	癸巳朔朔日	堪手	J1(9)9 背
	35	4	己未朔乙丑	嘉手	
				敬手	
17	33	4	辛丑朔丙午		J1(9)10 正
		4	乙酉	儋手	
	34	6	甲午朔壬戌	糾手	J1(9)10 背
	35	4	己未朔乙丑	嘉手	

序號	年	月	日	署名	簡號
				敬手	
18	33	3	辛未朔丁酉		J1(9)11 正
		4	壬寅		
	34	8	癸巳朔朔日		
	35	4	己未朔乙丑	嘉手	J1(9)11 背
				敬手	
19	33	〔4〕	辛丑朔丙午		J1(9)12 正
		4	乙〔己〕酉		
				儋手	J1(9)12 背
	34	7	甲子朔辛卯	堪手	
	35	4	己未朔乙丑	嘉手	
				敬手	
20	30	9	丙辰朔己巳		J1(9)981 正
		9	庚午旦	壬手	J1(9)981 背
21	28	8	戊辰朔丁丑		J1(9)984 正
				朝手	J1(9)984 背
		8	壬辰水下八刻	□手	
				木□手	
22	27	2	丙子朔庚寅		J1(16)5 正
		2	丙辰	釦手	J1(16)5 背
		3	癸丑水下盡□	邪手	
		7	癸卯水十一刻刻下九	羽手	
				如手	
23	27	2	丙子朔庚寅		J1(16)6 正
		3	庚戌	釦手	J1(16)6 背
		3	戊午	釦手	
		□	戊申夕	慶手	
				如手	
24	26	5	辛巳朔庚子		J1(16)9 正
				建手	J1(16)9 背
				犇手	

由於這些木牘抄寫的時間在三四年之内，如果抄寫的人是同一人，可以合理假設其筆迹特徵應不會有太大出入。將同一人署名的部分集中起來比較，如果筆迹一致，就有理由推定這些部分由同一人所寫；如果不同，例如同一人署名，筆迹却不同，或不同的人署名，筆迹却一致，就可以判定署名和抄寫是兩回事。

其次該注意的是這些木牘文件兩面有字，其上有一至四位不同或相同的"某手"署名。理論上，除非刻意模仿，人人筆迹特徵不同。通過比對筆迹，即可了解這一至四位署名者，是否就是抄寫的人，或者雖都名爲"手"，但其中有人抄寫，有人因經手文件、監督程序而署名，或者四人都只是文件行政程序中的經手人，抄寫者另有其人但並不列名於文件之上。

此外，還要考慮文書底本依性質基本上或可粗分成兩類：一類是抄謄其他單位的來文而形成，一類是抄存本單位送出的公文。處理來文，不但抄錄内容，或許還要記錄因來文而作的後續處理。如果是送出公文的抄存件，因相關的處理尚未發生，抄存件上也就不會有後續處理的記錄。

需要注意的另一點是：正式發送的公文和存檔底本的製作程序是否相同？例如，正式公文和存檔底本是否同時製作，亦即發文單位是否一式同時抄兩份，一份供發送，一份供存底？收文單位除收到的原件，是否要另行抄錄存檔？如果是這樣，又承認目前在里耶發現的 J1(9)1—12 牘基本上是遷陵縣府所抄存的來文，則可以理解爲什麼底本上會有不同人的筆迹（詳下）。如果二者製作有異，例如，正式公文的字體和格式可能較爲嚴格講究，各層單位長官或負責人必須親自簽署、在封泥上用印，或由他人代封代用印，然後發出；發文或收文抄本僅爲了存檔，字體和格式或許可以較草率，各層的簽署也可以由製作抄本的人代簽，則正式公文和存檔本在外觀上就會有所出入。[1]

基於以上的考慮，我嘗試從筆迹去了解這批文書的性質和形成過程。由於已發表的圖版並没有將同一牘的正背面排放在一起，閱讀和比對都有不便。我用彩色複印機稍稍放大複製已發表的圖版，重新排列，將每一枚牘的正背面復原，再進行比對觀察。讀者如能先作同樣的復原，將會比較容易觀察和了解我以下所説的意見。

---

[1] 關於單位長官是否親自簽署問題，可參大庭脩《漢簡研究》，同朋舍，1992 年，第 247—252 頁；邢義田《漢代書佐、文書用語"它如某某"及"候粟君所責寇恩事"簡册檔案的構成》，《"中研院"歷史語言研究所集刊》第 70 本第 3 分，1999 年，第 562—565 頁。Enno Giele, "Signatures of 'Scribes' in Early Imperial China," pp.353—387.

　　前文已經提到這些牘兩面書寫,通常正面是文件主要的内容,背面是後續處理和發送的記録。但也有正面未寫完,接續寫到背面[如J1(9)11、J1(9)12];也有正面仍有空間,處理或發送的記録就接着寫在正面,再接續到背面[如J1(9)4、J1(9)5]。換言之,簡牘抄寫的格式基本相同,却不是完全死板。以J1(9)1—12這十二件牘來看,基本形式上,一面即有書寫四到六行的不同;牘面較窄的2、3、12三件,分別有四到五行,其餘較寬的九件分別有五到六行。

　　以下依據前述的假設,比對這十二件的筆迹。比對的方法有二:一是將有某人署名的牘集中,觀察是否出自同一人之手,以判定署名和抄寫者的關係;二是依年代,比對牘上34、35和36年的各部分,從筆迹異同判定不同年份的部分是否由不同的人先後所抄,或由同一人一氣抄成。

　　如果先將署有"儋手"二字的牘集中起來比對,即可發現J1(9)4、5、6、8、9五件的正面筆迹完全相同,應是同一人所寫。J1(9)2、11兩牘的正面雖漏了"儋手"二字,但筆迹和上述五件相同,也應出於同一人之手。有趣的是伴隨"儋手"出現的另一個簽署是"堪手"。仔細比較儋手和堪手的部分,筆迹無別。更有趣的是儋手、堪手通常一起出現,J1(9)2、9兩牘却署爲堪手、堪手。更值得注意的是J1(9)1、10兩牘。這兩牘正面筆迹相同,也都署"儋手"二字,但這兩牘的筆迹却和以上由儋署名的都明顯不同(用筆、行款和單字的寫法都不同。例如洞庭的洞字,1、10兩牘都寫成三點水,其餘各牘都寫成類篆字的水部)。由儋署名,筆迹却異,由此,我們似乎可以假定:儋不是抄寫這幾枚木牘正面的人。

　　這一組文件中,除了11號漏了署名,10號署"糾手"外,卅四年的部分無一例外都署爲堪手。署有堪手的部分和前述署有儋手的部分在筆迹上幾乎完全一致。因此只能認定這兩個人署名的部分只可能出於某一人之手。前面既然排除了由儋抄寫的可能,剩下的可能只有兩個:一是由堪所書,一是由堪、儋以外的第三者所書。

　　署名堪手的1號牘卅四年的部分,"堪手"二字字迹較不清楚,但和10號牘同一部分比較,不但内容完全相同(同爲卅四年六月,日期一爲甲午,一爲戊午,這是唯一的不同),筆迹也幾可確定是出於同一人,簽署却作"糾手"。1號牘如果和其他署名堪手的牘比較,筆迹則有不同。例如其他牘上陽陵的"陽"字左阜偏旁一律寫成直竪,1、10號陽字的左阜偏旁在收筆時向左側微微挑起。又如"謁"字,1、10號謁字右下"勹"的部分,尾筆向左拉長;其他牘的謁字都没有寫成這樣的。因此,可以推定1號牘的"堪"應也只是署名,而非這一部分的抄寫人。

這十二件牘背面卅五年的部分,署有"嘉手"二字。這一部分的筆迹除了稍工整或稍草率之別,基本上應可看作是同一人的手筆。而這一部分的筆迹和牘正背面署儋手、堪手或其他人的部分明顯不同。因此抄這一部分的應該就是嘉。

有趣的是在背面左側下角同一個位置上另有"敬手"二字。除了 6、8 兩牘可能因漫漶過甚,現在以肉眼看不見這二字以外,所有的"敬手"二字都由一人所書,而其筆迹又明顯和署有嘉手的卅五年的部分不同。須注意的是 3 號牘。3 號牘背面抄寫時字體較大,所書内容占滿牘面,最後的"敬手"二字和前一行字擠在一起,敬字右邊最後一筆甚至和嘉手的手字有些交叠。這意味着"敬手"二字和背面的文字應非同時所書。那麽誰先呢? 無疑是敬。

通過比對這十二件和其他已公布簡牘的筆迹,可以發現一個共同的規律,即牘背面左下角最後的某手筆迹,和簡正背面抄寫卅三、卅四年部分的筆迹一致。以前述内容相同的十二件牘來説,牘背面左下角的"敬"即是抄寫文書主體的人。①除了筆迹相同(參圖 3),另一個證據是 33、34 年部分的文字墨色,或濃或淡或褪色,和最後的敬手二字,無一例外地吻合,但和其他部分却不一定一致。這説明一個事實:敬抄完文件後,隨即在木牘背面左下角簽署自己的名。

在牘背左下角署名似是這類底本製作的一個通例。因爲同樣的情形也見於 J1(8)152、J1(8)154、J1(8)157、J1(8)158、J1(9)981、J1(9)984、J1(16)5、J1(16)6。此外,J1(8)134 背面左下角有模糊不清的"□手"二字,但《簡報》和《選釋》的釋文都遺漏了。以上這些牘各自正面的筆迹和背面左下角署名者的筆迹都基本一致,是不是通例,待里耶資料進一步發表,應該就會更清楚。在 J1(9)6、J1(9)8 兩牘背面不見敬的署名,可能是墨褪色所造成的。目前刊布的圖版上尚可見兩牘左下角有若干墨痕。②

---

① 劉瑞引《獨斷》爲據,已指出"文件書者的姓名書寫於左下角是當時行文格式的固定要求",見《里耶秦代木牘零拾》,《中國文物報》2003 年 5 月 30 日。但他説這些牘是"當時政府部門爲某種目的派出專門抄手(如'敬手'中的'敬')特意將那些相關内容的不同件公文整理抄寫在同一木牘上,是文件輯匯本"。愚意有不同,詳見下文。

② 令我較爲不安的是在敬手簽署的牘中,J1(9)1 和 J1(9)10 兩件正面的筆迹彼此十分相似,應出於同一人之手,可是和其他各牘正面的筆迹有較明顯的差異。例如洞庭的洞字,這兩牘都寫成三點水,其餘各牘都寫成類篆字的水部。爲何都是敬的手筆,却有這樣的差異? 這是因爲由他人代寫,仍由敬署名,或有其他原因,不能確定。不過大體上説,在更多材料刊布前,我仍暫時假設它們出自敬之手。

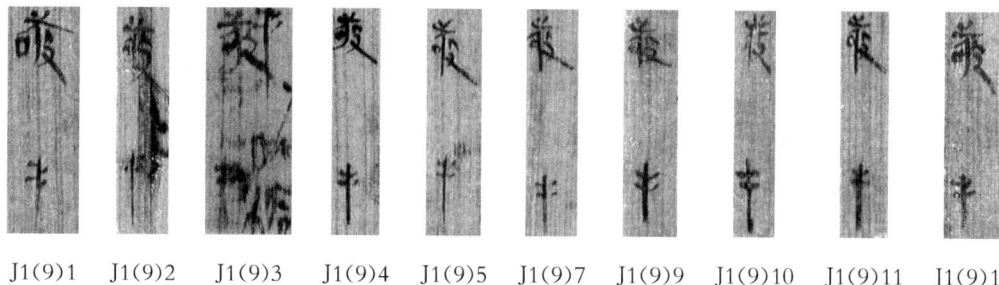

| J1(9)1 | J1(9)2 | J1(9)3 | J1(9)4 | J1(9)5 | J1(9)7 | J1(9)9 | J1(9)10 | J1(9)11 | J1(9)12 |

圖3　"敬手"各牘筆迹比較表

由於文件中的事關係到卅三、卅四和卅五前後三年,卅三和卅四年的部分是由敬一次抄成,由於卅三年不可能抄卅四年發生的事,而卅四年却可以抄卅三年的事,因此可以推知這些文件的主體應是製作於卅四年。敬抄完文件後,即在牘背左下角署名。由於敬所抄的是文件的存檔底本,而這些文件是由陽陵縣送到遷陵縣來的。公文上原來署有陽陵縣經手或抄寫者的名字儋、糾和堪。敬在抄寫來文存檔時,將原來公文上署名的儋、堪等,一併抄録。其中有一件[J1(9)9]可能是因爲抄錯,或剛好都由堪經手,才出現"堪手、堪手"重複的現象。這是存底文件抄録和形成的第一步。

卅五年的部分則是底本上的後續補録。陽陵縣爲了追討積欠而追討的對象——陽陵卒是部署在遷陵縣,於是陽陵縣經上級洞庭郡以公文通知遷陵縣,要求遷陵縣依律令追討積欠,傳送(或遞解)陽陵卒並回報處理情況。[①]遷陵縣爲了記録卅五年洞庭郡這項

----

① 原牘"報之當騰。"讀爲"報之,當騰,騰",此爲一解,參胡平生《札記》,簡帛研究網,2003 年 10 月 23 日;胡平生、李天虹《長江流域出土簡牘與研究》,第 316 頁。"當騰"亦見於睡虎地秦簡《封診式》有鞫"遣識者以律封守。當騰,騰。皆爲報,敢告主";覆:"遣識者當騰,騰。皆爲報,敢告主。"日本籾山明教授來信(2005 年 8 月 14 日)指出原牘騰及以下的重文號應是"騰馬"之合文,並引《三國志·滿寵傳》"刺史王凌騰[孫]布書"爲據,認爲"騰馬"作急送解。籾山明的見解又見里耶秦簡講讀會《里耶秦簡譯注》,第 108 頁注 3。盧弼《三國志集解》曰:"騰,傳也,上也。"(藝文印書館本,第 626 頁)按《説文》"騰","傳也……一曰騰犗馬也",又睡虎地《秦律雜抄》簡 9、10 有"驀。"爲"驀馬"之合文。籾山明之説不爲無理。張家龍等也曾提出"當騰。"的第一個騰作"謄"解,第二個騰爲本字,作傳送解,即應抄謄傳送之意。參湖南省文物考古研究所、湘西土家族自治州文物處《選釋》,《中國歷史文物》2003 年第 1 期,第 16 頁注 20。唯胡平生不同意此説(《長江流域出土簡牘與研究》,第 316 頁)。衡量現有諸説,仍以胡平生説較可取。

　　秦漢傳送文書,依緊急程度,有不同的傳送方式。秦律《行書律》説"行命書及書署急者,輒行之",張家山漢簡《行書律》:"書不急,擅以郵行,罰金二兩。"如果將里耶簡的"當騰。"理解爲"當以騰(傳)馬急送",必須證明其事十分緊急。《三國志·滿寵傳》"刺史王凌騰[孫]布書",事關孫布求降,須遣兵迎之,稱得上緊急。但前引睡虎地兩例分見封診式《有鞫》和《覆》兩條,在秦代屬例行公事,里耶文牘則是爲了追討債務,這樣的事是否達到可以傳馬急送的標準,須要再考。因此騰馬急送之説,仍不無疑問。

　　"當騰。"或可別作一解,即據《説文》"騰,傳也"讀作"當傳,傳[之]"。當傳,即當用傳,傳送。《史記·扁鵲倉公列傳》淳于意"以刑罪當傳,西之長安",《後漢書·順帝紀》永建元年春正月甲寅詔:"坐法當徙,勿徙;亡徒當傳,勿傳。"如果不是勿傳,就是"當傳,傳之"了。公文用語往往世代沿襲。天一閣藏的宋代《天聖令》抄有唐厩牧令一條:"若領蕃客及獻物入朝,如客及物,得給傳馬者,所領送品官,亦給傳馬。……若應替還無馬,騰過百里以外者,(轉下頁)

新的指示,縣廷的抄手嘉將存檔的底本找出,補抄了卅五年的一段,注明洞庭郡的公文是以洞庭司馬的印封緘的,並署上嘉自己的名。經過這一次補抄,形成了現在所看見的文書模樣。積欠後來是否償還,負債之卒是否被遞解,則不見更進一步的記録。

以上所説和其他學者在認識上的一個根本差異在於其他學者基本上認爲出土的木牘是陽陵縣送交遷陵縣的公文,本文認爲這些木牘不是公文原件而是遷陵縣根據陽陵縣來文所作的存檔抄件。如果是原件,第一,將很難解釋卅三年三、四月發生的事,爲何到卅四年八月經一年多才處理? 第二,如果承認正式的公文書必須由長官或經手者親自簽署,不同簽名的人的筆迹應有不同,爲何這些牘有一個以上的經手人,署名的部分和公文本身的筆迹却都相同? 這只有一個可能,即它們是抄件而非原件。

不過,這些文書牘恐怕不像劉瑞先生所説,是政府部門爲了某種目的派出專門抄手(如"敬")特意抄成的輯彙本。它們就是遷陵縣抄録用以存檔的底本。卅四年製作的底本可以拿出來繼續記録卅五年後續處理的新內容,因此出現了不同時間和不同人的不同筆迹。我贊同出土牘的里耶古城就是秦的遷陵縣城。[①]這裏出土的文書檔案屬於縣廷所有是最合理的解釋。如此,抄寫存檔底本的敬和作後續記録的嘉,都只能是遷陵縣廷的書手。從公文流程看,儋、糾和堪則應屬於陽陵縣。[②]

根據以上的筆迹分析,對 J1(9)1—12 十二件牘也許還可以得到以下幾點初步的結論:

第一,J1(9)1—12 這十二牘的正背面不是由同一人所寫。

第二,卅三年和卅四年由儋和堪署名的部分,筆迹相同,而署名"儋手"的部分曾出現不同的筆迹,因此可以推定儋不是抄寫這部分的人,但無法因此完全斷言這部分就一定是另一人堪所書。因爲我們不能完全排除由第三者所書的可能。

第三,卅五年這一部分的筆迹和署名"嘉手"的相同,而和儋、堪以及最後署有敬手

(接上頁)人糧、粟草官給。"(35 條)這裏所謂"騰過百里以外者"的騰解作傳或傳送,似正合適。封診式的"有鞫"條可以理解作有鞫者,其財産由識知者查封看守,其須接受審訊的人則當傳送官府接受審訊;"覆"條某縣某里士伍逃亡,除了調查清楚,還要派識知者將逃亡者傳送官府。里耶文牘是爲追討欠債,既要追錢,也要傳送在遷陵服役的陽陵卒到案。拙文刊出後,王焕林先生有所商権,認爲"騰"通"朕",訓爲"封",請參王焕林《里耶秦簡校詁》,中國文聯出版社,2007 年,第 123—132 頁。

① 也有學者認爲里耶古城可能是洞庭郡治,參范毓周《關於湖南龍山里耶出土秦代簡牘郵書檢的幾個問題》,簡帛研究網,2002 年 8 月 15 日。此説不確,可參前引胡平生《札記》。

② 劉瑞《里耶秦代木牘零拾》認爲儋、堪、糾屬陽陵,敬屬酉陽,嘉屬洞庭郡,參《中國文物報》2003 年 5 月 30 日第五版。里耶秦簡講讀會認爲敬、儋、堪屬陽陵縣,嘉屬洞庭郡,參里耶秦簡講讀會《里耶秦簡譯注》,第 124 頁。這是因爲他們沒有注意筆迹,對文書性質、文書構成和行文程序認識不同所致。

二字的部分不同,因此可以確定這一部分應是嘉的手筆。

第四,由於牘背左下角敬手二字之書法風格和抄寫卅三、卅四年文書内容的部分一致,墨色也一致,徵之其他類似牘之署名同在背面的左下角,應可推定敬即牘文卅三和卅四年部分的抄寫者。但 1、10 號牘正面筆迹和其他各牘有異,應如何解釋,還不能確定。

第五,本文提出公文書存檔底本可以用來補録和文書内容相關的後續處理,完全是根據里耶這十二牘的觀察。其是否成立,一方面有待更多里耶簡的公布,一方面也需要更廣泛考察秦漢時代其他的出土公文書。①因爲理論上這樣的檔案利用方式,應不會只存在於秦代的遷陵縣,而是秦漢時代公文處理的一個普遍原則。

第六,《簡報》雖然没有提到原牘出土時的排放順序,但從因叠壓造成的字迹沾印墨痕和整理者的編號,可以確認 J1(9)1—12 這十二件牘應是因爲遷陵縣廷將卅四年存檔底本取出,補録卅五年後續處理而被排放在一起。排放者很可能就是進行補録的嘉。排放的順序大致上是年月晚的在上,早的在下,但也有例外。例外的出現,可能是因爲原來存放偶有失誤,也可能因入井或出土時擾動所造成。這個問題的澄清,須待更多資料的公布。②

餘論:荆州高臺 18 號墓告地書的格式

基於以上的認識,我們或許也就可以理解荆州高臺 18 號墓出土的"告地書"的格式了。告地書牘編號 35-乙的正、背面釋文如下:③

> 七年十月丙子朔[庚子]中鄉起敢言之新安大
> 女燕自言與大奴甲乙[大]婢妨徙安都謁告安都
> 受[名]數書到爲報敢言之
> 十月庚子江陵龍氏丞敬移安都丞/亭手　　　　　　　　　　(35-乙正)
> 産手　　　　　　　　　　　　　　　　　　　　　　　　　(35-乙背)

七年十月庚子是漢文帝七年(前 173 年)十月二十五日。時間上在里耶秦簡之後數十

---

① Enno Giele 已作初步嘗試,參前引所著英文論文。

② 現在湖南省文物考古研究所編著《里耶發掘報告》(嶽麓書社,2006 年)已經出版,對 J1 井的發掘經過、層位和内容有較詳細的記述,可以參看(第 38—50 頁)。

③ 湖北省荆州博物館編著《荆州高臺秦漢墓》,科學出版社,2000 年,第 222—223 頁。

年,但文書格式和里耶秦簡所見十分相似。①黃盛璋先生正確釋出"亭手"和"産手"的"手"字,但疑惑"此處不知是否表兩吏經手或亭驛經手人傳遞,留待後考"。②《荆州高臺秦漢墓》的編者也認爲"亭手"和"産手"難以理解:

> 按文例似應爲承辦者的簽署或者簽發文書機關的署名,但"亭手"難以理解。是否可以這樣解釋:大女燕死葬江陵,只不過希望靈魂能徙往安都,所作公文書函亦僅示意而矣,所以爲其書寫此文書者未必是江陵丞龍氏,極有可能是中鄉下設之亭的長官代爲書寫的。如此則"亭手"就應該是亭長(或亭父)的簽署,即此文書乃某亭長(或亭父)的手書。此牘背面的"産手",雖十分費解,但也極有可能與"亭手"之意相同。(第 224—225 頁)

這件告地書姑不論是否涉及靈魂返故里,③其文書形式可以説完全仿照秦至漢初遷移名數的公文作成的。從里耶秦簡公文可以證明,亭手的"亭"是人名,並非亭驛、亭長或亭父之意。"産手"的産也是人名。亭、産都是公文的抄手,或同時也是經辦人。由於這是一份陪葬的文件,不是真正地方行政單位間的移文,正背面筆迹一致,成於一人之手。按照真正的公文格式,自"七年十月"至"書到,爲報,敢言之",是中鄉嗇夫或有秩向江陵縣呈送的公文内容。公文中説明新安大女燕及奴婢請求徙往安都,擬請縣丞按程序移會安都縣,接受燕的户籍遷入(受名數)。這份公文是由一位名叫産的人所抄並經手,依例署名於牘背左下角。"十月庚子江陵龍氏丞敬移安都丞/亭手"則是記録江陵縣龍氏丞敬在接到中鄉的報告後所作的處理,也就是隨即移文安都丞。安都有丞,可知安都應也是個縣。亭是江陵縣廷的抄手,他記録了江陵縣丞對中鄉呈文所作的處理。庚子日由中鄉送出的公文,當天即由縣廷作了處理,十分快速。這是因爲模擬性的陪葬文書不會像真正的公文需要處理的時間。④另一件形制較小的木牘(編號 35-甲)上有"安都"二

---

① 現在又有新近刊布的湖北隨州孔家坡秦代類似形式的告地策可以參證,參湖北省文物考古研究所、隨州市考古隊編《隨州孔家坡漢墓簡牘》,第 197 頁。
② 黃盛璋《江陵高臺漢墓新出"告地策"、遣策與相關制度發覆》,《江漢考古》1994 年第 2 期,第 42 頁。
③ 劉昭瑞先生認爲這個文件中的安都是虛擬的理想國,漢代以來,江南地區可能存在着一個安都神的信仰圈,請參氏著《考古發現與早期道教研究》,文物出版社,2007 年,第 336—341 頁。
④ 李學勤先生認爲"和里耶格式對比,可知這是一件實用的文書的副本。"又説:"估計燕在動身往安都前死去,本來給她作爲憑證的這份文書副本便用以隨葬了。"參《初讀里耶秦簡》,《文物》2003 年第 1 期,第 79—80 頁。但從抄寫形式、同一天之内即移文以及"江陵龍氏丞敬"這樣不完全合乎行政文書習慣的用語看(詳見第 107 頁注 2),這件木牘似乎不是真實文件的副本,而比較像是真實文件的模擬。這和李先生大文注中所引龍崗 6 號墓隨葬木牘記辟死免爲庶人並非原件是同樣的情形。

字,字形較大;其下有並排雙行"江陵丞印"較小的四字,應是這件告地書的封檢,表示由江陵丞所封,發交安都縣。木牘35-丙"新安户人大女燕關内侯寡大奴甲大奴乙大婢妨"云云則是大女燕的"名數",應是隨江陵丞的公文一併發送給安都縣的。江陵張家山漢簡《二年律令·户律》謂:"有移徙者,輒移户及年籍爵細徙所,并封。"(簡328)江陵告地書所見與此正相符合。至於以絲綫捆扎在一起的遣策牘,是告地書特有的部分,非關一般的公文格式。①

後記:寫完初稿後,曾呈請好友指教。葉山(Robin Yates)、劉增貴、顏世鉉、紀安諾(Enno Giele)、陳松長、張春龍、胡平生和籾山明先生都提供了珍貴的資料或意見,特此申謝。唯一切錯誤概由作者自行負責。

2003 年 11 月 20 日—2005 年 9 月 16 日

再記:關於長官親署文件一事,近日想法已不同於過去,正撰寫他文中,本文就不改了。

2010 年 6 月 15 日

原刊於《簡帛》第一輯,上海古籍出版社,2006 年,第 275—296 頁。

---

① 另一個和官文書習慣不一的地方是"江陵龍氏丞敬"的寫法。秦漢官方文書一般在職稱後接着寫名而不書姓,照常規應作"江陵丞敬"。告地書的"中鄉起"指中鄉嗇夫或有秩起,即是如此。但爲何特別署明"龍氏"?"龍氏"二字爲何又寫在"丞"字之前? 猶待解索。胡平生説"此牘當爲江陵中鄉龍氏名起的丞爲死者燕寫給安都丞的文書",如此他應是將"敬"字與"移"字連讀爲"敬移",當動詞。(《長江流域出土簡牘與研究》,第 371 頁)。這樣連名帶姓和"敬移"的措詞,不見於秦漢一般官文書。一般官文書但曰"移""謹寫移"或"謹移"。又"江陵中鄉龍氏名起的丞"一語似意味鄉一級的政府有丞,可商。私意以爲中鄉指中鄉嗇夫或有秩,名起,和江陵丞,姓龍名敬,是不同的兩個人。又胡平生前引書第 380—381 頁提到隨州孔家坡 8 號漢初墓出土告地書全文,其形式和用語和高臺者十分類似,唯不連名帶姓,也不用"敬移",可證。汪桂海以爲龍氏爲南郡之縣名,恐非。按江陵爲南郡首縣,爲郡治所在。江陵之下的龍氏不可能是縣。參汪桂海《秦漢簡牘探研》,文津出版社,2009 年,第 277 頁。

里耶秦簡 9-2289 的反印文及相關問題[*]

張忠煒

中國人民大學歷史系

出土文獻與中國古代文明研究協同創新中心

里耶秦簡的發掘者及整理者張春龍提到:井下發掘時,成組出現的簡牘有三例,依次是 8-154 至 8-159、9-1 至 9-12、16-5 至 16-7,前者是粘連在一起(其中一枚尚有編繩或綁繩遺迹),後兩組則是叠放的(2016 年 3 月 3 日張春龍電子郵件)。[①]基於反印文,學界重新梳理 9-1 至 9-12 的叠壓關係(詳下);對於後一組資料,原木以爲要等到第五輯出版後,才能着手。没有想到的是,新近出版的《里耶秦簡(貳)》中收録有出土登記號爲 9-2289 的木牘一方,[②]這方木牘的背面存在反印文,正可與 16-5、16-6 相參看。故而,本文擬從簡帛所見反印文現象入手,先對反印文問題進行簡單梳理;然後賡續此前遺留的問題,討論 16-5 至 16-7 的叠放次序,由此蠡測牘類文書的保存與收納問題。

一、出土簡帛所見的反印文現象

反印文現象,縑帛上似最早見於楚繒書,[③]簡牘上似最早見於武威漢簡,而馬王堆帛

---

* 本文是國家社科基金重大項目"秦統一及其歷史意義再研究"(14ZDB028)的階段性成果。

① 邢義田《湖南龍山里耶 J1(8)157 和 J1(9)1—12 號秦牘的文書構成、筆迹和原檔存放形式》,載氏著《治國安邦:法制、行政與軍事》,中華書局,2011 年,第 481 頁注釋 20。按,本文所引的簡號均爲出土登記號,不采用圖版出版編號。9-2289的圖版編號爲 2283。

② 湖南省文物考古研究所編著《里耶秦簡(貳)》,文物出版社,2017 年,圖版第 242 頁,釋文第 85 頁。

③ [補注]梅原末治《近時出現の文字資料》,載下中邦彦編《書道全集》第一卷,平凡社,1954 年,第 36 頁;李零《子彈庫帛書》,文物出版社,2017 年,下編第 77、137—139 頁,上編第 16 頁。按,蔡季襄晚年仍否定梅原氏反印文之説,但在"弗利爾本"照片上,反印文仍清晰可見,林巳奈夫摹本亦如此。如李零所言,蔡氏失察。

書中尤多見,故備受關注。

　　就帛書而言,不論是早先的馬王堆帛書整理小組,還是以裘錫圭先生爲首的新整理團隊,均充分留意並利用這一現象進行整理。用整理團隊的話説,"經折疊後的帛書,其文字面有朝下與朝上兩種情況。文字面朝下的位於上層的帛,如其帛第一次折疊爲左右方向,其字反印到下層的帛的朝上一面,所印字迹稱爲'反印文',反印文與一般文字相比呈水平鏡像";不僅如此,還有"倒印文""滲印文"。前者是説,"如其帛第一次折疊爲上下方向,其字倒印到下層的帛的朝上一面,所印字迹稱爲'倒印文',倒印文與一般文字相比一般呈垂直鏡像";後者是説,"也有部分反印文、倒印文是經'滲透'過一層帛片再反印、倒印而成的。文字面朝下的位於上層的帛,其字滲印到下層的帛的朝下一層,或是文字面朝上的位於上層的帛,其字滲印到下層的帛的朝上一面,所印字迹稱爲'滲印文',滲印文是正的。這些類型的印文有時也出現在帛書正文有文字的帛片上"。[1]滲印文容易理解,不贅;所謂的反印文或倒印文,簡言之,是因爲某些原因而導致墨迹沾染,與一般文字相比呈現水平或垂直鏡像(圖 1)。[2]若以"簡牘"二字爲例,反印文、倒印文、滲印文,則如表 1 所示。

表 1　"簡牘"二字的反印文、倒印文、滲印文示意表

原　文	反印文	倒印文	滲印文
簡牘	簡牘	牘簡	簡牘

　　就簡牘而言,情況簡單些:目前所見都是反印文,不見倒印文或滲印文。帛書可以收卷,也可以進行折疊,故上下折疊時會產生倒印文的現象;對收卷的簡册而言,不可能上下折疊,故倒印文可以忽略。至於滲印文,可直接排除:因爲竹木的材質屬性,

---

[1]　湖南省博物館、復旦大學出土文獻與古文字研究中心編纂,裘錫圭主編《長沙馬王堆漢墓簡帛集成》,中華書局,2014年,"凡例"第 1 頁。

[2]　山東省博物館、中國文化遺産研究院編《書於竹帛:中國簡帛文化》,上海書畫出版社,2017 年,第 131 頁。按,從反印文看,"元與子方書"是先中間縱向對折再對折,然後是橫向折疊三次;之所以折疊成小方塊,整理者引用籾山明之語,是爲了封緘、郵遞。又,李零指出,帛書的折疊"總是正面對正面,背面對背面,彼此是呈鏡面反射的關係";"元與子方書"似可證實其説。參見李零《簡帛古書與學術源流》,生活·讀書·新知三聯書店,2004 年,第 161 頁;胡平生、張德芳《敦煌懸泉漢簡釋粹》,上海古籍出版社,2001 年,第 188 頁。

不可能存在文字滲印。

圖 1　懸泉帛書原件與所見的反印墨迹

在武威漢簡甲本《燕禮》篇中，末簡末尾的正面有"毋自"二字的反書墨迹（圖 2），陳夢家以爲是"前一簡墨瀋未乾時被染印上的"。①在睡虎地秦簡《封診書》中，整理小組注意到簡 65 背面有"□□各一其"一行文字，並説"上下文俱不可見"，還特意留存簡背文字的圖版（圖 3）。②對此，《秦簡牘合集》出版時，徑視爲"反印文"，並指出是簡 58 正面的文字，即"群襦各一其襦"。③整理小組最初釋出"各一其"三字，是因爲這三個字的反印文，與原來字形幾乎没有差别；相比之下，"群""襦"兩字的反印文墨迹不全，故未釋出。略晚於睡虎地秦簡出土的阜陽雙古堆漢簡《周易》中，在簡 355 正面"難出病者不死卜"句後，整理者的注釋是，"背後反印文：'貞大往小來卜'"。此反印文恐對應簡 41 正面

① 甘肅省博物館、中國科學院考古研究所編著《武威漢簡》，文物出版社，1964 年，第 67 頁；陳夢家《由實物所見漢代簡册制度》，載氏著《漢簡綴述》，中華書局，1980 年，第 305 頁。
② 睡虎地秦墓竹簡整理小組編《睡虎地秦墓竹簡》，文物出版社，1990 年，第 164、77 頁。
③ 武漢大學簡帛研究中心、湖北省博物館、湖北省文物考古研究所編，陳偉主編《秦簡牘合集·壹》，武漢大學出版社，2014 年，第 311 頁。

圖2　武威漢簡所見反印文"毋自"(局部)　　　圖3　睡虎地秦簡《封診式》所見反印文(局部)

"貞大往小來〔卜〕"句。①與上述偶然所見情形相比,雙古堆《萬物》殘簡中,反印文現象可以説比比皆是。比如,簡35正面"牛膽晳目可以登高也·理石朱(茱)臾(萸)可以損勞也"一句,其反印文竟然一字不缺地見於簡36背面。②遺憾的是,所附照片及摹本中,均無反印文圖版。能否對應起來,目前無從驗證。類似反印文的事例,還可以舉出一些,不贅。

　　爲什麼會形成反印文呢?墨迹濕重而進行收卷時,出現《燕禮》反印文的現象,並不是不可能的。馬王堆帛書出土後,一般認爲,反印文是在特定環境下形成而非一開始就存在着。針對走馬樓吳簡所見的反印文,安部聰一郎給出的解釋是,反印文可能是竹簡製成後不久、在編綴前轉印上的。他的理由有二:一則編繩的存在使簡與簡直接接觸的可能性很低;二則若是丟棄到古井而發生轉印,轉印文應該是繚亂的而不應當是上下、中央剛好對齊。③再三思索,筆者以爲他的兩個理由均無法成立:日積月纍,簡册的編繩是

①　中國簡牘集成編輯委員會編《中國簡牘集成》第19册《安徽省江蘇省卷(下)》,敦煌文藝出版社,2005年,第1776、1741頁。
②　阜陽漢簡整理組《阜陽漢簡〈萬物〉》,《文物》1988年第4期,第38頁。
③　安部聰一郎《試論走馬樓吳簡所見名籍之體式》,載長沙簡牘博物館、北京吳簡研討班主編《吳簡研究》第二輯,崇文書局,2006年,第14—24頁。

可以朽斷的,簡與簡的直接接觸勢所必然;從發掘者觀察到的現象看,"簡牘的擺放有一定的順序,層層相叠,似有意爲之",①故走馬樓吴簡並非是隨意棄置的資料。② 如此一來,在相對潮濕的地下環境中,受物理壓力的影響,擺放有序的簡册叠壓在一起,自然會形成反印文現象(但並不是每個字均有反印文,反印文的出現有極大的偶然性)。③所以,若把《燕禮》所見反印文視爲例外的話,就南方地區在墓葬或井窖出土簡牘所見的反印文而言(包含本文所説的兩組叠壓木牘),應該不是在竹簡製成後、編綴前就形成的。④

　　爲什麽要關注反印文呢? 從某種情況而言,反印文現象最主要的價值在於,爲考察簡册的收卷乃至復原提供了一個新的觀察視角。簡册收卷時,可以以首簡爲軸,也可以以末簡爲軸,有字的一面朝内(正背均書寫者少見)。當以末簡或首簡爲軸,有字的一面朝内向前或向後收卷時,可以形成兩種反印文現象:其一,A 簡的正面文字反印於 B 簡背面,一如睡虎地秦簡或雙古堆漢簡的事例,形成反印文的單枚簡處於簡册的中間位置。此時,反印墨迹相對清晰,干擾相對較少,釋讀容易。當然,若正背面均書寫的話,如里耶簡中的叠放資料,也存在着互印的可能。其二,A 簡的正面文字反印於 B 簡正面,或 B 簡的正面文字反印於 A 簡正面,一如《燕禮》簡或走馬樓吴簡(圖 4),形成反印文的單枚簡札處於簡册的末端或起始處——通常只有在收卷簡册的末端或起始處,書寫文字面才可以對叠在一起。此時,反印文或與原有墨迹叠加,

圖 4 《長沙走馬樓三國吴簡(陸)》所見反印文(局部)

① 長沙市文物考古研究所、中國文物研究所、北京大學歷史學系編著《長沙走馬樓三國吴簡·嘉禾吏民田家莂》,文物出版社,1999 年,第 7 頁。
② [補注]參見拙篇《淺論井窖出土簡牘的性質》,待刊。
③ 邢義田《湖南龍山里耶 J1(8)157 和 J1(9)1—12 號秦牘的文書構成、筆迹和原檔存放形式》,載氏著《治國安邦:法制、行政與軍事》,第 481 頁;張忠煒《里耶秦簡博物館藏秦簡概説》,載里耶秦簡博物館、出土文獻與中國古代文明研究協同創新中心中國人民大學中心編著《里耶秦簡博物館藏秦簡》,中西書局,2016 年,第 15 頁。
④ [補注]姚磊一方面認可反印文是"入井後"形成,另一方面又據個例(9-6)進行推測,"是否書寫寫成不久,就因叠壓從而形成了反印文呢?"按,姚磊忽略了安部聰一郎的提法,忽略了筆者、籾山明對 9-1 至 9-12 叠壓關係的討論,自然也忽略了筆者對安部氏的反駁。這些均且不論,僅就 9-6 而言,他認爲此牘正面"也存在反印文,並不清晰無法識別",恐不確。從目前所見圖版看,這一觀察不能成立,暈染或沾染的墨迹,並不等同於反印文;9-6 背面所謂的"刮削痕迹"云云,似爲臆測。他還揣測"同性質的簡牘可能不止 12 枚,也即這類有可能並不只(按:可能爲"止"之誤寫)12 枚",證據是"九層第 11、12 號木牘目前還無法歸入叠放次序"。實際上,參照拙文所附叠壓關係圖版,可知他的這一觀察也不確;《里耶秦簡(貳)》今已出版,第九層的資料全部公布,並未找到與此相類的資料(其他層位是否存在,目前尚不可知;此處筆者相信發掘者的意見),故其揣測亦難免淪爲臆説。參見《里耶秦簡第 9 層 1-12 號木牘的反印文及其叠壓關係》,載中國文字編輯委員會編《中國文字》新四十三期,藝文印書館,2017 年,第 145—165 頁。

干擾較爲嚴重,釋讀困難。不過,這也爲判明收卷方式及單枚簡札的大致位置提供了一個意想不到的旁證。

在《長沙走馬樓三國吳簡·竹簡(陸)》中,出版編號爲 3332 簡的正面,原來書寫的文字是"其二千……民入";整理小組以注的形式寫道,"簡面上段有反印墨迹,見'右民還嘉禾□年……'等字迹"。編號爲 3322 簡的正面釋文是"右民還嘉禾二年所貸褚米合二千一百八十斛"。①此簡是具有小節性質的尾題簡(末簡),以此簡爲軸向前收卷時,會在倒數第二簡的正面留下如此反印文字。也就是説,在原有的編聯簡册中,3322 簡是末簡、3332 是倒數第二簡,這就邁出了嘉禾二年"民還所貸褚米"簡册復原的第一步。

反印文見於帛書或簡册,及其所具有的獨特價值,略如上述。問題是,反印文現象還見於單獨簡,該如何看待呢?

角谷常子以爲,所謂"單獨簡"或牘通常是指一枚内容完整且基本不需要編綴成册的書寫載體,這也是里耶秦簡最爲突出的特徵之一。②在《湘西里耶秦代簡牘選釋》一文中,張春龍、龍京沙就已指出,9-4 牘背的個別文字,是 9-5 牘的反印文字。③邢義田始全面考察 9-1 至 9-12 牘的叠壓關係,將之分爲兩組,筆路藍縷之功莫大;④只是在處理叠壓關係時,如黎明釗等人所言,"出現了一些問題,致使整個論證有欠完整",故他們將木牘的叠壓關係分爲三組。⑤

2015 年歲末,筆者有幸參加里耶秦簡博物館藏秦簡的整理工作,重新拍攝高清彩色圖版及紅外綫掃描圖版,才關注 9-1 至 9-12 牘的叠壓問題。那時,白天多處理釋文的校訂工作,幾乎無時無刻不盯着電腦。晚上,或用濃筆在桌面上描摹反印墨迹,然後用紙巾覆蓋並用力按壓,揭起後從背面觀察反印文的正字;或是直接在紙巾上描摹反印墨

① 長沙簡牘博物館、中國文化遺産研究院、北京大學歷史學系編著《長沙走馬樓三國吳簡·竹簡(陸)》,文物出版社,2017 年,圖版第 406、405 頁。
② 角谷常子《論里耶秦簡的單獨簡》,《簡帛》第八輯,上海古籍出版社,2013 年,第 161—178 頁。
③ 湖南省文物考古研究所、湘西土家族苗族自治州文物處(張春龍、龍京沙執筆)《湘西里耶秦代簡牘選釋》,《中國歷史文物》2003 年第 1 期,第 17 頁。
④ 邢義田《湖南龍山里耶 J1(8)157 和 J1(9)1—12 號秦牘的文書構成、筆迹和原檔存放形式》,載氏著《治國安邦:法制、行政與軍事》,第 480—484 頁。按,邢氏認爲叠壓關係可分爲兩組:1. 9-6 背/9-7 正—9-7 背/9-8 正—9-8 背/9-9 正;2. 9-6 背/9-5 正—9-5 背/9-4 正—9-4 背/9-3 正—9-3 背/9-2 正—9-2 背/9-1 正。
⑤ 黎明釗、馬增榮《試論里耶秦牘與秦代文書學的幾個問題》,《簡帛》第五輯,上海古籍出版社,2010 年,第 74—75 頁。按,黎、馬認爲叠壓關係可分爲三組:1. 正 2 背←正 1 背;2. 正 6 背←正 5 背←正 4 背←正 3 背;3. 正 7 背←→正 8 背←正 9 背。

迹,從紙巾背面觀察反印文的正字,從而確定 9-1 至 9-12 彼此間的叠壓關係。①後請學棣劉自穩、孫思賢兩位在電腦上進行操作,製作圖版,再現二千多年前它們在井下的叠壓狀態,從而印證籾山明此前提出的看法。②

二、9-2289 號牘及所見的反印文

在處理另一組木牘的反印文時,筆者指出,16-5 背面"可見反印文字兩處,可能並不對應 16-6 背面的'貳春皆勿'、'尉别',因爲個别文字的位置不能整齊對應起來。待木牘 16-7 的圖版公布後,可再來審視此處遺留的問題"。③2018 年 5 月上旬,《里耶秦簡(貳)》始上市,閑翻之際發現了 2289 號牘(出土登記號),驚喜異常。5 月 21 日,筆者與自穩到湖南省文物考古研究所調閲實物,確認其即最初所説的 16-7 號牘(按,便於行文起見,仍沿用出土登記號 9-2289,下同),張春龍先生也向我們詳細地解釋了誤置於第 9 層的原因:在校訂清樣時,他也發現此牘當爲 16-7,應從現有的圖版中剔除——若剔除,全書有不少圖版需重排,若天窗留白又有礙觀瞻,出版社將錯就錯,以至於留下遺憾。

9-2289 號牘的下部略殘(每列約缺一二字),形制、内容與 16-5、16-6 大致同,長約22.4 釐米、寬 4.4 釐米、厚約 0.3 釐米。殘損處所缺文字,依據殘筆、辭例,基本上可以補齊。"【　】"内的文字以及"書"等,爲整理者或里耶秦簡牘校釋小組所加;"(　)"内的文字,是異體字、假借字的正字和本字;"☒",是折斷符號。"重曰"的"曰"字,"如手"的

---

① 張忠煒《里耶秦簡博物館藏秦簡概説》,載里耶秦簡博物館、出土文獻與中國古代文明研究協同創新中心中國人民大學中心編著《里耶秦簡博物館藏秦簡》,第 12—15 頁。按,本文確定的叠壓關係是 9-12 正/9-12 背—9-11 背/9-11 正—9-10 背/9-10 正—9-9 背/9-9 正—9-8 背/9-8 正—9-7 背/9-7 正—9-1 背/9-1 正—9-2 背/9-2 正—9-3 背/9-3 正—9-4 背/9-4 正-9-5 背/9-5 正—9-6 背/9-6 正。又,關於 9-2 正與 9-3 背的反印文,籾山氏認爲"不是很清晰",故對彼此叠壓關係略存疑;但從拙文所附圖版看,9-2 正與 9-3 背的叠壓關係無疑。

② 籾山明《簡牘文書學與法制史——以里耶秦簡爲例》,載柳立言主編《史料與法史學》,"中研院"歷史語言研究所,2016 年,第 47 頁。按,《史料與法史學》在 2016 年 8 月出版,略晚於《里耶秦簡博物館藏秦簡》(2016 年),但籾山文 2014 年 3 月就在學術會議上宣讀。

③ 張忠煒《里耶秦簡博物館藏秦簡概説》,載里耶秦簡博物館、出土文獻與中國古代文明研究協同創新中心中國人民大學中心編著《里耶秦簡博物館藏秦簡》,第 15 頁。按,陶安以爲 16-5 背面的"貳春皆勿"反印文,或許來自簡 16-6 背面,不確;張馳也反駁之。參見陶安《試談里耶秦簡所見文書簡牘的再利用情況》,"出土文獻與學術新知"學術研討會暨出土文獻青年學者論壇論文,2015 年,第 138 頁注釋 1;張馳《〈里耶秦簡(壹)〉文書學研究》,武漢大學碩士學位論文,2016 年,第 223 頁。

"如"字,"敢告"的"敢"字,"爽半"的"半"字,係校釋小組改正之字,可從。①就釋文而言,還可以補正一處:"隸臣尚行尉及旁"一句,原釋文及校釋作"隸臣尚行尉及□□□"。實則最後兩個未釋讀文字,即是 16-5 背面反印在此牘的"刻隸"二字,屬干擾墨迹,可以不釋;"旁"字,整理者及校釋者均未釋,自穩據字形及"行旁"或"移旁"的辭例釋出(2018 年 5 月 23 日口頭,2018 年 9 月 9 日郵件)。②句讀部分,校釋小組有幾處與學界的主流看法有別,不從。③今依據校訂後的釋文和句讀(圖 5),將此牘的文字大意撮要叙述如下:

　　秦始皇 27 年(公元前 220)2 月 15 日,洞庭郡守禮郡向屬縣及卒史嘉、假卒史穀、署尉發文。根據法令規定,物資傳送運輸時,一定要先徵發諸如城旦舂、隸臣妾等刑徒,遇到緊急事務時才可徵發一般百姓。現在,洞庭郡要向内史等地輸送軍備物資,首先要徵發的是隸臣妾、城旦舂等刑徒及在縣中服役的人。農忙時節,儘量不徵發百姓。卒史嘉等人要審慎核驗各縣記載的徒隸簿籍,若發現本該徵發徒隸而徵發百姓的,本可以少徵發而故意多徵發百姓的,要向縣官府進行劾奏,縣官府要以律令論罪。按罪論處者,縣官需將名單及判決結果奏報洞庭郡守,(移動官吏)嘉、穀、尉停駐地所在的縣直接奏報給嘉、穀、尉(不用奏報給郡守府),並命人日夜

---

① 里耶秦簡牘校釋小組(何有祖執筆)《〈里耶秦簡(貳)〉校讀一》,簡帛網,2018 年 5 月 17 日;陳偉主編、魯家亮、何有祖、凡國棟撰著《里耶秦簡牘校釋(第二卷)》,武漢大學出版社,2018 年,第 447—452 頁。按,本節所説句讀、釋文,均針對網絡版而言;《里耶秦簡牘校釋(第二卷)》出版雖標爲 2018 年 12 月,上市却是在 2019 年 4、5 月間。較之網絡版,紙質版有改動。

② 按,從字形看,9-2289 所見略有變形,可能是與其疊壓的 16-6 編繩朽爛所致,也可能是 16-6 中對應位置的"四"字有部分墨迹反印所致;從内容看,文書傳遞記録中有"行旁"或"移旁"的記載,通常情況下是與文書的傳遞方式密切相關。"行尉及旁"一句,是説遷陵縣的批覆要傳送卸官,同時還向酉陽回覆。

③ 聊舉三例,以爲説明。其一,"【輸甲】兵當傳者多"一句,校釋者將"【輸甲】兵"從上讀,作"今洞庭兵輸内史,及巴、南郡、蒼梧【輸甲】兵,當傳者多",與學界主流認知有别(恕不一一列舉,下同)。三牘均係洞庭郡所下文書,命令的對象也是洞庭郡屬縣,不應涉及巴、南郡、蒼梧輸甲兵事。校釋者依據陳偉的意見,亦即,巴郡、南郡、蒼梧傳送軍備物資需經洞庭之境,故可能需要相關各縣徵發人手擔任此役。問題是,文書中並未言明三郡如洞庭郡一樣,需要輸甲兵於内史,故三郡輸送時需經洞庭之境且各縣需徵發人手云云,似缺乏例證;而且,南郡大體居於洞庭郡之北,是否需要迂回到洞庭而再傳輸,亦無明確證據。此處仍依據學界的主流意見斷句,意謂洞庭要向内史及三郡輸送軍備物資。陳偉意見,參見《秦蒼梧、洞庭二郡芻論》,《歷史研究》2003 年第 5 期,第 168—169 頁。其二,"縣亟以律令具論∠"一句,校釋者將之從下連讀,作"縣亟以律令具論當作者"。按"論"字下原有"∠"符號,原釋文保留,校釋者删除,不妥。此牘帶有"∠"符號標識的有三處,均具有提示句讀的功能。换言之,"具論∠"處應斷讀而不應從下連讀,這也是學界的主流看法。其三,"敢告尉,告鄉、司空、倉主聽書從事"一句,校釋小組讀爲"敢告尉;告鄉、司空、倉主聽書從事"。按,此句涉及問題有二:一則,告尉、告鄉的關係。按校釋者的理解,是遷陵守丞敦狐向遷陵縣尉發文,並使之傳達文書於鄉、司空及倉,屬於上下級間的文書傳遞。不少論者均如此認爲。不過,鷹取祐司基於對文書術語的考察,認爲是並行下達的文書,從。二則,"鄉、司空"起初被連讀爲"鄉司空","里耶秦簡講讀會"以爲不確,斷讀,認爲"司空"所指爲"縣司空",從。參見鷹取祐司《秦漢官文書的基礎的研究》,汲古書院,2015 年,第 255—260 頁;里耶秦簡講讀會《里耶秦簡譯注》,《中國出土資料研究》第 8 號,2004 年,第 130 頁。

兼程傳送文書，其餘按規定行事。<u>2 月 18 日，洞庭郡守禮又下令：2 月 15 日所下發的公文，要以新武陵爲基點，分四條綫路傳送文書（別書）。收到別書後，需告知對方已收訖；若不告知，對方發追書進行確認，這些公文均以郵（幹綫道路）、亭（非幹綫道路）行的方式傳送。</u>（遷陵縣）收到新武陵發出的別書。書寫者如。　　　　　　（9-2289 正）

　　3 月 16 日，遷陵縣守丞歐告訴縣尉、諸鄉、司空、倉的負責人：按規定行事。縣尉以別書形式向都鄉、司空傳達文書：司空向倉傳達文書，都鄉以別書形式向啓陵鄉、貳春鄉傳達文書，不得延誤、脫漏，其餘按規定行事。（遷陵縣）回覆酉陽（新武陵）別書收訖。/書寫者釦。3 月 17 日，隸臣尚向縣尉及相關部門傳遞文書。

　　3 月 12 日，水下七刻（遷陵縣收文時間），隸臣移傳來文書。/開封文書者爽。書寫者如。　　　　　　（9-2289 背）

（廿七年二月丙子朔庚寅，洞庭守禮謂縣嗇夫、卒史嘉，叚（假）卒史穀、屬尉。【今洞庭兵輸內史及巴】南郡、蒼梧，【行】傳送委輸，必先【行】
甲】兵當傳者多，節（即）傳之。必先悉行乘城卒、隸臣妾、居貲贖責（債）、司寇、【隱
官、踐更縣者☑。田時殹（也），不欲興黔首。嘉、穀、尉各謹案所部縣卒、徒隸、居貲贖責（債）、
司寇、踐更縣者簿，有可令傳甲兵，興黔首可省少弗省少而多【興者、
輒刻移縣，縣弗令傳之而興黔首，興黔首在所縣上書嘉、穀、尉【尉】
令人日夜端行，它如律令。/壬辰，洞庭守禮重曰：新武陵別四道，以道次傳別書】【書

城旦春，隸臣妾、居貲贖賣（債），急事不可留乃興縣（徭）☑卒史穀，屬尉。【輸
9-2289 正

到，輒相報。不報，追之，皆以郵、門亭行。
三月辛酉，遷陵守丞歐敢告尉、告鄉、司空、倉主：新武陵言書到。/如手。尉別書都鄉、司【空，司空】
傳倉；都鄉別書啓陵、貳春，皆勿留脫，它如律令。即報酉陽書到。/釦手。壬戌☒
三月丁巳，水下七刻，隸臣移以來。/爽半。
如手。
9-2289 背

圖 5　里耶秦簡 9-2289 圖版及釋文

按，這是一個典型的文書範本：文書的主體部分，詳細記載發文事由，時在 2 月 15 日（原始內容）、2 月 18 日（新增內容，增加下劃綫的部分）；下行文的書寫者是如、傳遞者是隸臣移，遷陵縣的收文時間是在 3 月 12 日；遷陵縣收到新武陵的別書後，進行批示並向相關部門傳達，要求它們按規定行事，並規定文書的傳遞方式，然後回覆酉陽別書收訖，時在 3 月 16 日、書寫者是釦；3 月 17 日，由隸臣尚向縣尉及相關部門傳遞文書。①當然，根據其他文書所見，基層部門收到文書後，需對相關內容進行回覆，遷陵縣需據此回覆上級。文書的運作流程即政務的處理流程，是權力的表現，當然也是保障並實現中央集權的關鍵。

　　大致疏通文意後，結合 9-2289 號牘，可以清晰地看到：16-5 背面所見的反印文，除"貳春皆勿""尉別"外，還有"書""留"等字的反印墨迹；16-5 背面的文字"刻隸""它如律"及"傳"字的部分偏旁，也在 9-2289 背面留下反印墨迹。不僅如此，16-5 正面在 16-6 正面所留下的反印墨迹，亦可以找出。如此一來，16-5、16-6 及 9-2289 木牘的叠壓關係就可以確定了（參見彩色插圖），②9-2289 正／9-2289 背—16-5 背／16-5 正—16-6 正／16-6 背。

　　根據三方木牘的叠壓關係，以及所見文書的收發時間，列表如下：

表 2　9-2289、16-5、16-6 三方木牘叠壓、收發時間表

	洞庭成文時間	遷陵收文時間	遷陵批示	遷陵下發	備註
9-2289	（二月）壬辰（2 月 18 日）	三月丁巳（3 月 12 日）／爽半／如手	三月辛酉（3 月 16 日）／釦手	三月壬戌（3 月 17 日）	壬辰日，洞庭郡再次發文，內容與 16-5、16-6 同，強調新武陵別四道傳
16-5	二月庚寅（2 月 15 日）	二月癸卯（2 月 28 日）／弱半／如手	三月丙辰（3 月 11 日）／釦手	三月丙辰（3 月 11 日）	二月癸卯，令史收文時間；三月癸丑，遷陵收文時間
		三月癸丑（3 月 8 日）／邪手			
16-6	二月庚寅（2 月 15 日）	三月戊申（3 月 3 日）慶半／如手	三月庚戌（3 月 5 日）／釦手	三月庚戌（3 月 5 日）	三月戊午（3 月 13 日），遷陵回覆公文作成／釦手；己未（3 月 14 日），發出

按，三方木牘所見發文、收文、批示、下發及回覆的成文時間（亦即文書製作的時間），是

① 按，此文書中的公元紀年、紀日，參見徐錫祺《西周（共和）至西漢曆譜》，北京科學技術出版社，1997 年。
② 按，若是單向叠壓，用藍色表示；若是互相叠壓，則用紅、藍兩色表示。

否等同於文書的實際收發時間，難以斷定，此處權且將書寫記錄視同爲實際收發時間。根據唐俊峰的研究，多數情況下書寫日期與發送日期是在同一天或隔天，① 故三方木牘的實際收發文時間即便略有錯後，大概也不會太晚於書寫日期。

　　遷陵縣爲何會相繼收到實質内容並無差别的三份文書呢？ 這主要是因爲文書的傳遞方式有别。9-2289 是洞庭郡守再次下令而經由新武陵以别書形式收到的文書（"新武陵别四道，以道次傳别 書 "）。如鷹取祐司所言，所謂"别書"，是"這種附加命令以傳閲夾方式傳遞於特定路綫"的文書。② 新武陵地望無考（曾經是洞庭郡的治所），或如鄭威所説，若確實是在西漢義陵縣故城一帶，其中一條路綫當是順沅水而下，經沅水而至酉水流域，即沅陵、酉陽、遷陵一帶。③ 另外兩份文書，如籾山明所論，16-5 是經由所謂的"移動之吏"之手而收到的文書，16-6 則是由洞庭郡直接下發給遷陵縣的文書。④ 所謂"移動之吏"，如籾山氏所言，爲了有效控制日漸擴張的疆域，派遣諸如卒史的官吏到屬縣執行諸如監察、佐理政務等事務；"卒史嘉、叚（假）卒史穀、署尉"等即爲"移動之吏"。16-5 所見"前書已下，重，聽書從事"一句，需與 16-6 相參照：16-6 所見遷陵縣收文是在三月戊申（3 月 3 日），不久就批示並向下傳達；遷陵縣收到文書 16-5 時，是在三月癸丑（3 月 8 日），按規定仍要向下傳達，即"寫重"或"重下"——再次下發，而不是説這件牘的内容與上件文書重複。⑤

三、從叠壓關係蠡測文書的保存與收納

　　基於對叠壓關係的考察，不得不思考另一個問題：本組木牘的起始所在，亦即 9-2289 號是這組木牘的第一枚，還是第三枚（如此，16-6 號則成爲第一枚）。在筆者看

---

① 唐俊峰《秦代遷陵縣行政信息傳遞效率初探》，《簡帛》第十六輯，上海古籍出版社，2018 年，第 191—230 頁。

② 鷹取祐司《秦漢官文書の基礎的研究》，第 95—98 頁。

③ 鄭威《出土文獻所見秦洞庭郡新識》，《考古》2016 年第 11 期，第 87 頁。

④ 按，16-5 所見"二月癸卯"收文記錄，應不是遷陵縣的收文記錄，陳劍、楊振紅、籾山明等學者將之理解爲經由卒史嘉、叚（假）卒史穀、屬尉之手（或其中之一）而發往遷陵的文書，他們被籾山明稱爲"移動之吏"，移動的目的在於監察、佐理地方政務；又，楊、單也提出郡卒史治所説，若考慮到移動之吏的説法，籾山的臨時治所説更恰當些。參見陳劍《讀秦漢簡札記三篇》，復旦大學出土文獻與古文字研究中心網，2011 年 6 月 4 日（注釋 43）；楊振紅、單印飛《里耶秦簡 J1（16）5、J1（16）6 的釋讀與文書的製作、傳遞》，《浙江學刊》2014 年第 3 期，第 22 頁；籾山明《秦漢出土文字史料の研究—形態·制度·社會—》，第 150—153 頁。

⑤ 單育辰《里耶秦公文流轉研究》，《簡帛》第九輯，上海古籍出版社，2014 年，第 209 頁。

來,後一種可能性更大一些——也就是説,本組下行文書的保存,是以發文—收文時間爲據,發文早者收文亦早,居下;發文晚者收文亦晚,在上;發文時間相同者,是以縣府收文時間爲準,按時間先後順序進行放置。

邢義田在研究 9-1 至 9-12 的疊壓關係時,提出過如下論斷:

> 這些簡的排放不是依公文原發出的年月日順序,而是依底本拿出來作後續處理和記錄的時間排列。這十二件文書的後續處理都在始皇三十五年四月乙丑,因而依這個日期而被排放在一起。排放時又大致(目前所見有一件例外)依據原公文發出的年月先後。
>
> 排放的順序大致是年月晚的在上,早的在下,但也有例外。例外的出現,可能是因爲原來存放偶有失誤,也可能因入井或出土時擾動所造成。①

按,9-1 至 9-12 號牘是追債文書,後續處理時間是在同一天,故邢氏有如此觀察。根據筆者及籾山氏的研究可知,邢氏對疊壓關係的論述未必準確。從 9-2289 號牘與 16-5、16-6 兩牘的觀察看,後續處理並不在同一天,也依然被排放在一起了。所以,這兩組木牘被集中放置在一起,與其説取決於後續處理時間,倒不如説是內容的"同質性"。雖如此,依據公文發出的年月先後進行排放,或者説年月晚的在上、早的在下,作爲原則可能是對的。

作爲對此原則的旁證,簿籍簡册或爰書簡册,或可參看。譬如,保存完好的"永元兵物簿",含 77 枚簡,是由五份不同的簿籍册書按時間爲序編綴而成(詳下)。又如,東漢初的"候粟君責寇恩事"簡册,編繩雖然已不存,但復原的文書排序,仍是以文書製作先後爲依據的。②秦漢時代是否具有類似後世的規定,即如《慶元條法事類·文書門》所載,"以所受月日次第"爲歸檔原則,③目前仍無法斷言——儘管從上述個別事例看,這一現象可能已經存在了。與這種理想狀況相參照的,是現實中文書的無序保管。張家山漢簡《奏讞書》記載,主管官吏"棄籍去亡",導致名籍"毋章,朵不可智(知)",亦即

---

① 邢義田《湖南龍山里耶 J1(8)157 和 J1(9)1—12 號秦牘的文書構成、筆迹和原檔存放形式》,載氏著《治國安邦:法制、行政與軍事》,第 484、496 頁。
② 邢義田《漢代書佐、文書用語"它如某某"及"建武三年十二月候粟君所責寇恩事"簡册檔案的構成》,載氏著《治國安邦:法制、行政與軍事》,第 520 頁。按,學界對尾題簡的排序雖有爭議,但對其餘簡的分組排序並無異議。
③ 謝深甫等纂修《慶元條法事類》卷第十七《文書門二》,收錄於楊一凡、田濤主編,戴建國點校《中國珍稀法律典籍續編》,黑龍江人民出版社,2002 年,第 358 頁。

雜亂無章。①"棄籍去亡"的名籍,極可能沒有編綴,以至於順序錯亂。當然,還見到與此原則相反的編綴。依據懸泉"調史監遮要置書"簡册,侯旭東指出文書簡册編聯在一起,"估計是按發文的時間,而不是發文的機構……或許當時將文書存檔時按照月份先後,自左向右編聯,每月内,則是按照收到文書日期的先後,自右向左編聯"。②故而,此處所歸納的文書收納原則,不得不說還有待更多例證。

　　簡册如此,但對竹木牘而言,情況有所不同。到目前爲止,對竹木牘是否需要編聯的問題,學界並没有給予太多的關注。可以確定的是,諸如這兩組叠壓形制的寬簡,若以兩行書寫的形制存在時,可以編綴成册(圖6):③長沙五一廣場所出的東漢簡牘中,在兩行書寫的寬簡上,預留或殘留的編繩痕迹仍清晰可見(圖7)。④對於形制較爲特别的嘉禾吏民田家莂大木簡而言,應該也是存在編聯的。⑤問題是,里耶簡的特徵之一是多用板狀的單獨簡;用上引角谷氏的話説,單獨簡多數情況下是不需要編綴的。實際上,從五一廣場所出的單獨簡看,編繩痕迹也是看不到的(圖8)。⑥

---

① 張家山漢墓竹簡整理小組《張家山漢墓竹簡〔二四七號墓〕:釋文修訂本》,文物出版社,2006年,第104頁;陶安、陳劍《〈奏讞書〉校讀札記》,《出土文獻與古文字研究》第四輯,上海古籍出版社,2011年,第393—397頁;籾山明《簡牘文書學與法制史——以里耶秦簡爲例》,載柳立言主編《史料與法史學》,第54頁。按,釋文據陶安、陳劍意見改定。

② 〔補注〕按,就侯氏討論的懸泉"調史監遮要置書"簡册而言,確實呈現出這種趨勢;作者認爲,"這種先後次序,與今人的推想不同,却與當時簿籍類簡册的排列次序一致",依據的是《西北所出漢代簿籍册書簡的排列與復原——從東漢永元兵物簿説起》一文的結論。若從册書結構看,即細目或簿籍在前、公文在後,文書簡册與簿籍簡册的排列序次是一致的;不過,就"調史監遮要置書"簡册與"永元兵物簿"簡册所見時序次看,兩者是相反的——"永元兵物簿"簡册的排列順序(由右向左)是永元五年六月月言簿、永元五年七月月言簿、永元六年七月月言簿、永元七年正月盡三月四時簿、永元七年四月盡六月四時簿;也就是説,時間早者排列在前,時間晚者排列在後,與作者推論的文書簡册排序(自左向右編聯,每月内,則是按照收到文書日期的先後,自右向左編聯)有别。此外,就存檔保管周期而言,不同的資料處理周期亦不盡同:從里耶秦簡看,或以日,或以月,或以季,或以年,不一而論。故而,筆者此説疑未安;如侯氏所言,"還需要更多的資料"。參見侯旭東《西北出土漢代文書簡册的排列與復原》,《簡帛》第十八輯,上海古籍出版社,2019年,第109—132頁;侯旭東《西北所出漢代簿籍册書簡的排列與復原——從東漢永元兵物簿説起》,《史學集刊》2014年第1期,第58—73頁。

③ 按,里耶秦簡中的8-756、8-757、8-758、8-759、8-1572、8-760、8-1531一組,整理者提出初步的編綴意見,後經陳垠昶、宫宅潔等學者的完善,實現簡册的復原;雖如此,似乎仍看不到編繩的痕迹。參見湖南省文物考古研究所編著《里耶秦簡(壹)》,文物出版社,2012年,釋文第49頁;陳垠昶《里耶秦簡8-1523編連和5-1句讀問題》,簡帛網,2013年1月8日;宫宅潔《關於里耶秦簡⑧755-759簡與⑧1564簡的編聯》,簡帛網,2018年3月4日。

④ 長沙市文物考古研究所、清華大學出土文獻研究與保護中心、中國文化遺産研究院、湖南大學嶽麓書院編《長沙五一廣場東漢簡牘(壹)》,中西書局,2018年,第49頁。按,出土登記號爲2010CWJ1②124:A。

⑤ 〔補注〕凌文超《嘉禾吏民田家莂研究述評》,載復旦大學歷史學系、《中國中古史研究》編委會編《中國中古史研究(第七卷)》,中西書局,2019年,第102—105頁。

⑥ 長沙市文物考古研究所、清華大學出土文獻研究與保護中心、中國文化遺産研究院、湖南大學嶽麓書院編《長沙五一廣場東漢簡牘(壹)》,第72頁。按,出土登記號爲2010CWJ1③169:A。

| 8-1531背 | 8-1531正 | 8-760正 | 8-1572正 | 8-759正 | 8-758正 | 8-757正 | 8-756正 |

圖6　里耶秦簡所見"追書"簡册復原

那麽,單獨簡或牘是如何進行保存或收納的呢?①

零散出土的個別竹木牘資料,屢見不鮮,只是作爲標本的參照意義有限。比如,霍賀墓所出7方木牘,"出在一起",相叠放置,但僅有1方木牘有文字。②相比之下,尹灣漢

---

① [補注]高村武幸賡續角谷氏對"牘"(單獨簡)的討論,對"牘"使用的場合也有較爲細緻的分析(公文類、簿籍類、書信類、書籍類),但並未涉及牘(尤其是公文牘)的保存問題,參見《秦漢簡牘史料研究》,汲古書院,2015年,第257—286頁。

② 南京博物院、連雲港市博物館《海州西漢霍賀墓清理簡報》,《考古》1974年第3期,第184、181頁。按,有文字的木牘是"遣册"或"衣物疏"類的資料。

圖7　五一廣場東漢　　圖8　五一廣場東漢　　　圖9　安徽天長19號漢墓平面示意圖
　　簡中的"兩行"　　　　簡中的"單獨簡"

墓、天長漢墓、荆州松柏漢墓、荆州高臺漢墓等所出均有一定規模。從尹灣6號漢墓的平面示意圖看，木牘出土於墓主人足部，分兩組且以叠壓形式放置，計23方。①從天長19號漢墓的平面示意圖看，木牘出土於頭厢，叠放，且位置一絲不亂，計34方（圖9）。②松柏1號漢墓出土木牘的情況有別於以上諸例，"根據出土位置推測，木牘原先應分類捆綁，無字木牘似作爲上下封頁使用"，計63方，其中6方爲無字木牘。③高臺46號漢墓

---

① 連雲港市博物館、東海縣博物館、中國社會科學院簡帛研究中心、中國文物研究所編《尹灣漢墓簡牘》，中華書局，1997年，第172頁。按，分别放置的木牘數量不詳。從已公布的信息看，13方木牘屬於衣物疏（3方）和名謁類（10方），另外10方屬於簿籍類（8方）、術數類（2方）、曆譜類（1方）；此外，2號墓出土遣册一方。

② 天長市文物管理所、天長市博物館（楊以平執筆）《安徽天長西漢墓發掘簡報》，《文物》2006年第11期，第5頁。按，墓葬平面圖中標注爲40的，就是叠放的木牘；爲醒目起見，本文附圖添加方框。

③ 荆州博物館（楊開勇、朱江松執筆）《湖北荆州紀南松柏漢墓發掘簡報》，《文物》2008年第4期，第29頁。按，發掘者認爲"無字木牘似作爲上下封頁使用"。或即古人所説的"柙"或"檢柙"（今多寫作"柙"），用於保護版牘的夾板，但"柙可云檢，而檢不必盡爲柙"。參見王國維著，胡平生、馬月華校注《簡牘檢署考校注》，上海古籍出版社，2004年，第85—88頁。

殘存木牘 9 方，"出土時叠放在一起"。①與叠放或綁置有别，還有其他放置方式。海昏侯墓的奏牘存放於竹笥，且奏牘外"可能有絲織物包裹"。②青島土山屯 147 號漢墓，在墓主左腿部出土竹笥 1 件（圖 10），裝有木牘 10 方，其中 2 方爲無字木牘，叠放，"部分木牘上包裹有一層絲織品"。③無獨有偶，新近發掘的江都國漢墓中，亦出土木牘 13 方，叠放，"從出土時的狀態來看，可能是用布帛包裹"，因爲布帛的痕迹依然可見。④諸如布帛或絲織品類的包裝物，大概可能就是所謂的書囊，⑤或者是尹灣漢墓所見"板旁橐"；用范常喜的話説，是收納或盛放牘板的囊袋。⑥東晉時期的部分牘版文字，仍延續"裹以皂囊，白繩

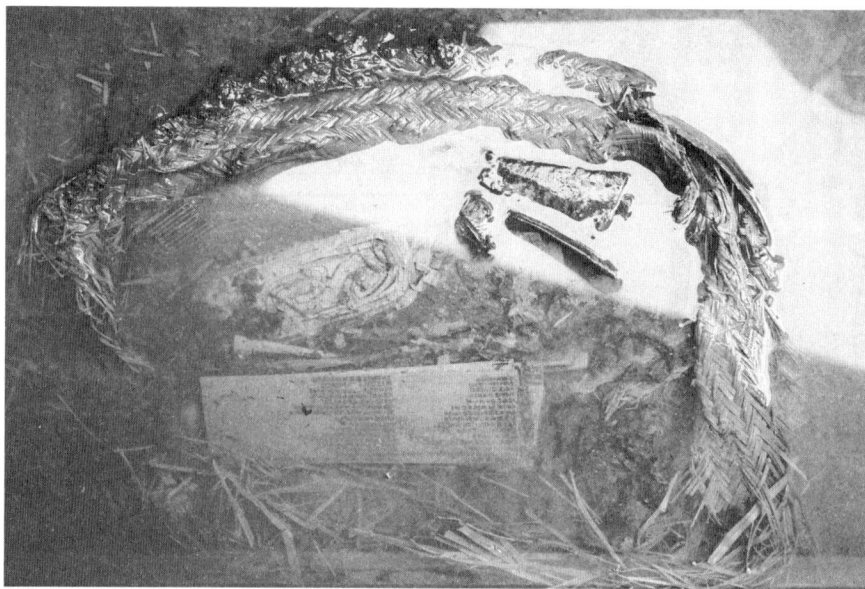

圖 10　青島土山屯 147 號漢墓所出竹笥

① ［補注］荆州博物館（李亮執筆）《湖北荆州高臺墓地 M46 發掘簡報》，《江漢考古》2014 年第 5 期，第 32 頁。按，這批資料保存較差，缺字亦多，主要内容多與錢數有關，是當時鄉、里的收費賬簿。
② ［補注］王意樂、徐長青《海昏侯劉賀墓出土的奏牘》，《南方文物》2017 年第 1 期，第 91 頁。
③ 彭峪、衛松濤《青島土山屯墓群 147 號墓木牘》，復旦大學出土文獻與古文字研究網，2017 年 12 月 27 日；青島市文物保護考古研究所、黄島區博物館（彭峪、綦高華等執筆）《山東青島土山屯墓群四號風土與墓葬的發掘》，《考古學報》2019 年第 3 期，第 426 頁。按，據發報告可知，竹笥内有木牘 10 方，另有衣物疏 1 方脱漏於笥外，總計爲 11 方。
④ ［補注］按，2019 年 2 月 26 日，發掘者閆璘先生告知。公布的 3 方牘版均爲文書，是同一件事的相關記載，但彼此之間的關係、釋文及木牘年代問題，均有待重新審視。對這三方牘版的初步研究及圖版，參見閆璘、張朝陽《揚州新出漢廣陵王拏狗木牘釋考》，載出土文獻與中國古代文明研究協同創新中心中國人民大學分中心編《出土文獻的世界：第六届出土文獻青年學者論壇論文集》，中西書局，2018 年，第 119—128 頁；又，新近有論者指出當爲江都國資料，可從，參見汪華龍《新出揚州蜀秀河 M1 木牘的年代與形制：兼談海昏侯奏牘的相關問題》，待刊。
⑤ ［補注］馬怡《皂囊與漢簡所見皂緯書》，《文史》2004 年第 4 期。
⑥ 馬怡《一個漢代郡吏和他的書囊——讀尹灣漢墓簡牘〈君兄繒方緹中物疏〉》，簡帛網，2015 年 12 月 1 日；范常喜《尹灣六號漢墓遣册木牘考釋二則》，《簡帛》第七輯，上海古籍出版社，2012 年，第 172—175 頁。

纏之，如封章"的傳統。①一般來說，古墓墓室進水是很常見的現象，木質文物存在錯位漂移的可能；但上述幾批資料多以疊放的狀態呈現，則起初它們可能就是被有序放置的，故囊袋或綁繩朽爛後仍保持着有序狀態。

　　墓葬所出多是簿籍類的牘類文書，作爲隨葬品（喪葬文書），與以行政文書爲主的單獨簡應有别，但疊放與本文討論的兩組木牘無别。從兔子山遺址 3 號井（J3）出土的 1、2 號簡牘看，前者長 49.3 釐米、寬 6.55 釐米，後者長 23.8 釐米、寬 2.8 釐米，形制雖差别較大，大體均可視爲牘；兩者出土時緊貼在一起，亦可視爲疊放的例證。②所以，疊放可能是牘類（或單獨簡）文書的保存通例。兩行可與簡或札編聯成册，不贅（圖 11）；③當單獨簡與簡册一併使用而處於傳送或保存狀態時，是以何種形式存在（編連或捆縛），仍有待進一步探討。④從荆州謝家橋 1 號墓所出簡册（208 枚，遣策）與竹牘（3 方，告地策），即便是編綴在一起的，大概只能説明單獨簡有可能與簡册編聯，⑤一如本文開始提到的 8-154 至 8-159 這組資料，但這恐怕不是唯一的傳送或保存方式；從新近發現的荆州胡家草場西漢簡看，由單枚簡編綴的經方簡册，雖與木牘放置在一起，但並未編聯在一起（圖 12）。⑥

　　欲保持牘材的疊放狀態，囊袋固然是選擇之一，但捆綁似乎更爲普遍。江陵高臺 18 號漢墓出土木牘 4 方，"基本疊置，略有錯位"，其中兩方的"背面可見絲綢捆縛痕迹"（圖 13）。⑦李學勤據此説道，9-1 至 9-12 一組，"有可能原來是捆束在一起的"。⑧根據里耶一號井出

① 杜佑著，王文錦等點校《通典》卷第五八《禮十八》，中華書局，1988 年，第 1651 頁。按，這是針對"六禮辭"而論的。
② 張春龍《益陽兔子山遺址三號井"爱書"簡牘一組》，載何弩主編《李下蹊華：慶祝李伯謙先生八十華誕論文集》，科學出版社，2017 年，第 865 頁。
③ 山東省博物館、中國文化遺産研究院編《書於竹帛：中國簡帛文化》，第 227 頁。
④ ［補注］按，初步探討參見劉自穩《里耶秦簡所見秦的文書行政研究》，中國人民大學博士學位論文，2019 年，第 90—116 頁。
⑤ 荆州博物館（王明欽、楊開勇執筆）《湖北荆州謝家橋一號漢墓發掘簡報》，《文物》2009 年第 4 期，第 41 頁；籾山明《簡牘文書學與法制史——以里耶秦簡爲例》，載柳立言主編《史料與法史學》，第 44—46 頁。按，這批資料出土時"包捆在灰褐色蒲草内"；簡、牘卷合後在兩端各綁 2 道蒲草，外包蒲草後，在中部綁 4 道蒲草，在兩邊各綁 1 道蒲草，蒲草在端頭扭合。
⑥ ［補注］按，醫方簡約 450 枚，分兩卷，各卷均有目録，三道編繩；木牘 4 方，從目前公布的圖版看，編繩痕迹清晰可見，二道，不與醫方簡編聯在一起。4 方木牘編聯書寫，從墨迹見於繩看，屬於先編後寫，捆縛不應如此。發掘簡報及簡牘概述，參見荆州博物館（李志芳、蔣魯敬執筆）《湖北荆州市胡家草場墓地 M12 發掘簡報》、《湖北荆州市胡家草場西漢墓 M12 出土簡牘概述》，《考古》2020 年第 2 期，第 3—33 頁；蔣魯敬、李志芳《荆州胡家草場西漢墓 M12 出土的簡牘》，《出土文獻研究》第十八輯，中西書局，2019 年，第 168—182 頁。
⑦ 湖北省荆州地區博物館（張萬高執筆）《江陵高臺 18 號墓發掘簡報》，《文物》1993 年第 8 期，第 19 頁；湖北省荆州博物館編著《荆州高臺秦漢墓：宜黃公路荆州段田野考古報告之一》，科學出版社，2000 年，第 222—223 頁。
⑧ 李學勤《初讀里耶秦簡》，《文物》2003 年第 1 期，第 80 頁。

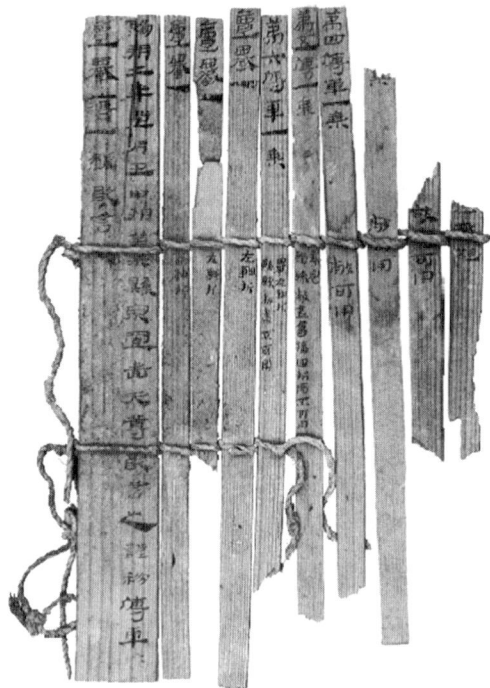

圖 11 懸泉簡所見"陽朔二年傳車䡊輿簿"　　　圖 12 荆州胡家草場 12 號漢墓所出醫方木牘

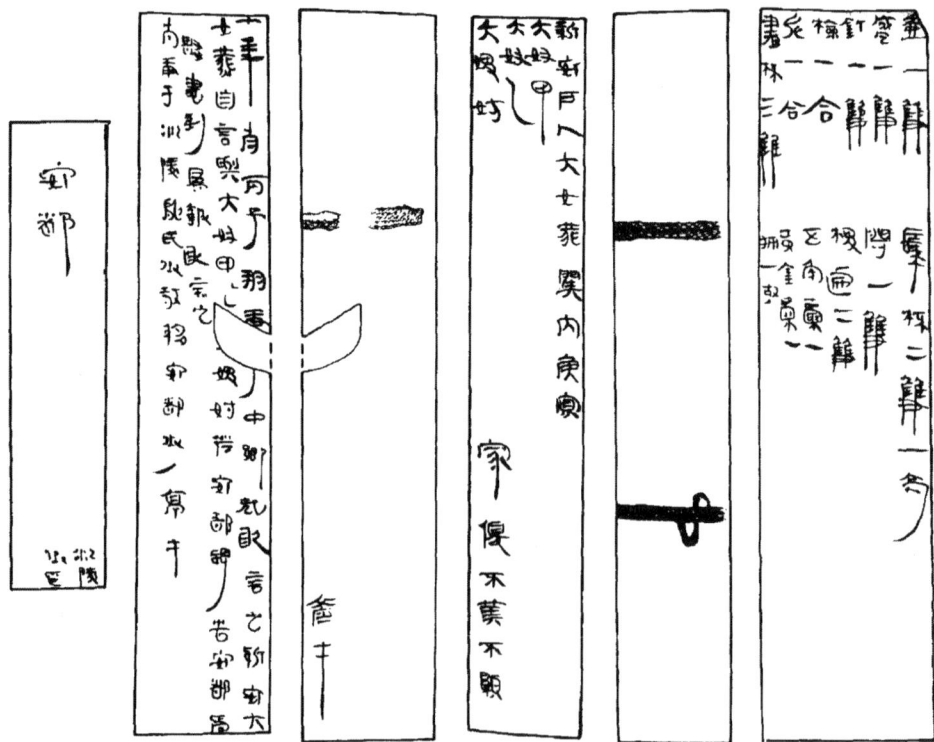

圖 13 荆州高臺 18 號漢墓所出木牘

土的"束"（正面削成梯級狀，背面平整，側剖面恰如一段鋸條，圖14），張春龍認爲，"束與它所揭示的公文衣籍等捆綁緊密牢靠"，並從"束"字"縛也"之義引申説道，"應是集中捆縛，集中之意"。①後來論者多重複捆束或捆縛之説，②具有突破意義的是籾山明之論：其一，"束"並非是某類木製品的"自名"，而是"簡牘'束'"——聚集成條狀的東西的"束"，功能是"概括正文内容的'標題'"；其二，以此爲基礎，結合 8-154 至 8-159、9-1 至 9-12指出，不用編綴的方法捆扎的簡牘即爲"束"；其三，不用編綴而捆扎的簡牘（束），極可能是被放入"笥"之類的文書收納箱中，諸如"卅四年遷陵課笥"等就是文書收納箱的標籤，"須報""已事""已具"等則揭示文書的處理狀態。③

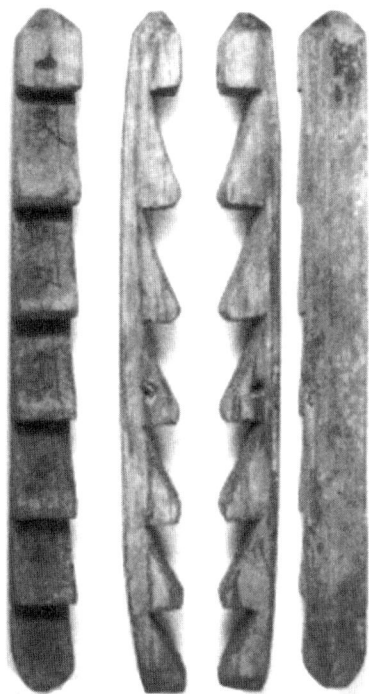

圖 14　里耶秦簡中的"束"

籾山氏所言第一點、第三點論證綿密、翔實；不過，他所説的第二點，還有補充的必要：9-2289 組可能也是捆綁放置的。16-5 的正、背面下端，繩迹清晰可見；上端部分，印迹也可以找見；9-2289 背面與 16-6 號牘面，是否有叠壓時產生的印迹，難以斷言。令人不解的是，

①　湖南省文物考古研究所（張春龍執筆）《里耶一號井的封檢和束》，《湖南考古輯刊》第八集，嶽麓書社，2009 年，第 68 頁。
②　陳偉主編，何有祖、魯家亮、凡國棟撰著《里耶秦簡牘校釋（第一卷）》，武漢大學出版社，2012 年，"前言"第 10 頁；張馳《〈里耶秦簡（壹）〉文書學研究》，第 222 頁。
③　籾山明《簡牘文書學與法制史——以里耶秦簡爲例》，載柳立言主編《史料與法史學》，第 38—58 頁。

16-5 所見的綁繩遺存及高臺漢簡的捆縛痕迹，究竟是如何形成的，目前還不能給出圓滿解答。就 16-5 號木牘而言，既有的綁繩未被清除乾净，或者是部分綁繩朽爛無存，可能是導致這一現象的原因。9-1 至 9-12 一組，不見捆綁的痕迹。它們可能是整體捆扎文書的一部分，留存捆綁痕迹的可能是在最外層，如 8-159 所見，但這組文書之間並不存在捆扎關係。也許，有的單獨簡，原先就可能存在綁繩或編繩（一次捆扎），經過一定周期後，還是會被叠壓、捆扎在一起的（二次捆扎），一如個別編繩保存完好的編聯簡册所見（圖 15）。[①]從 9-2289 組的反印文看，它們並非上下對齊而是略有錯位，似乎可以説明：遷陵縣陸續收到的這三份文書，也許是文書屬性無别，經過一定周期後而被有意地叠放、保存在一起。9-1 至 9-12 一組，也可如此理解。可以采用兩道綁繩進行捆扎，但從"束"的形制推測，大概也會用多道綁繩捆扎。

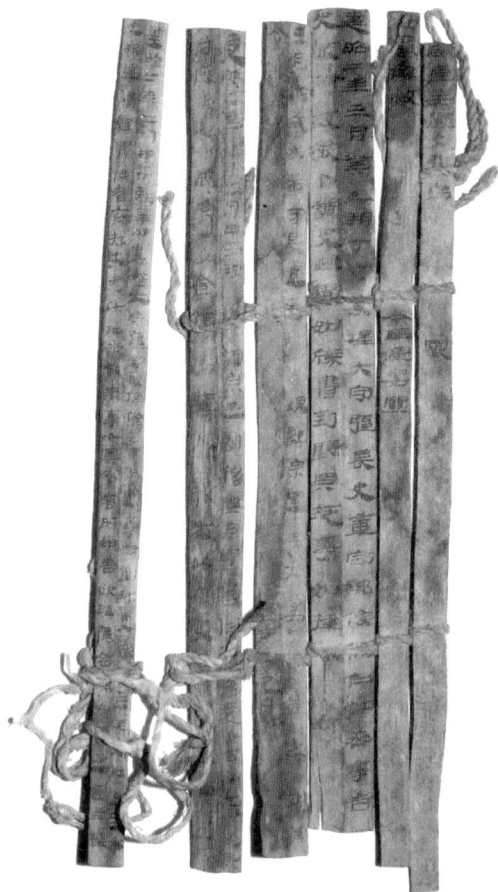

圖 15　懸泉簡所見"調史監遮要置書"

　　何時進行再次收納，目前未見明確記載；從一些標題簡中，或許會窺見些端倪。

　　9-331 是具有標題性質的木簡，"卅二年遷陵尉曹受它貸責束"，[②]正可揭示"束"——是性質相同（或相近）且一般要經由一定周期而被集中放置、捆扎的特别簡牘。從"史象已訊獄束十六，已具"（8-1564）的記載看，如籾山氏所言，是説記録一次訊問使用的簡牘枚數。[③]從"■ 卅年獄南曹斷獄☐"（8-1878）來看，[④]顯

---

①　[補注]山東省博物館、中國文化遺産研究院編《書於竹帛：中國簡帛文化》，第 224 頁。按，本組簡册的第 1 枚簡（右起），在兩道編繩之外，上端尚殘存一繩結，似可視爲簡册進行二次編綴的證據；本組簡册的第 5、6 兩枚（兩行書寫），所載内容與第 1—4 枚構成的簡册有别，而第 5、6 枚記載的内容亦迥然有别。極可能是出於保存管理的考慮，單個簡册經過一定周期需編綴在一起，也就有了"二次編綴"；對牘類或"單獨簡"文書而言，大概也會有類似的保存措施，亦即本文所説的"二次捆扎"。對漢簡簡册進行二次編聯的討論，除前引《西北出土漢代文書簡册的排列與復原》文外，亦可參見馬智全《從簡册編繩看漢簡册數編聯制度》，載首都師範大學歷史學院等主辦"第三届簡帛學的立論與實踐學術研討會"會議論文，2018 年 9 月 21—22 日，第 55—57 頁。
②　湖南省文物考古研究所編著《里耶秦簡（貳）》，圖版第 49 頁，釋文第 16 頁。
③　籾山明《簡牘文書學與法制史——以里耶秦簡爲例》，載柳立言主編《史料與法史學》，第 61 頁。
④　湖南省文物考古研究所編著《里耶秦簡（壹）》，圖版第 233 頁，釋文第 87 頁。

示出治獄文書按年進行再收納的傾向。有些"束"是按月進行收納的，如"▋卅年六月司空曹已事束"(9-1455)；①有些是按年進行收納的，如"卅年徒簿束"(16-38)。②對個別部門而言，或許是逐日收納。收納時，原文書既有的標題簡(如 8-153"御史問直絡裙程書")，也有保留下來的可能。③王金玉指出，宋代是以"千字文"爲據，依據文書形成的時間先後編排序次(以歲月爲次，或以月日比次之)，且一文一號。④前文提及的兔子山 3 號井的 2 號牘上，"元始二年計後獄夷(第)一"一句，未嘗不可視爲文檔編號，也許秦時即如此。收納這些文檔的筐笥，⑤有時會在笥牌上標注序次，或采用干支(圖 16)，如"倉曹廿九年當計出入券笥甲"(8-1206)；⑥或采用數字。保管文書檔案的地方，如睡虎地秦簡所見"書府"，⑦很早就已經存在了；大概也一如漢代的官文書那樣，秦時的文書檔案，超過一定時限也要定期銷毀。

圖 16　里耶秦簡所見笥牌

① 湖南省文物考古研究所編著《里耶秦簡(貳)》，圖版第 164 頁，釋文第 55 頁。
② 湖南省文物考古研究所(張春龍執筆)《里耶一號井的封檢和束》，《湖南考古輯刊》第八集，第 68 頁。
③ 湖南省文物考古研究所編著《里耶秦簡(壹)》，圖版第 36 頁、釋文第 19 頁。
④ 王金玉《宋代"千文架閣法"辨析》，《歷史研究》1994 年第 6 期，第 166—170 頁。
⑤ 江西省文物考古研究院、北京大學出土文獻研究所、荊州文物保護中心(朱鳳瀚等執筆)《江西南昌西漢海昏侯劉賀墓出土簡牘》，《文物》2018 年第 11 期，第 87 頁。按，從海昏侯墓奏牘的保存狀態看，"公文奏牘被單獨放在一個漆笥內"。
⑥ 湖南省文物考古研究所編著《里耶秦簡(壹)》，圖版第 153 頁，釋文第 63 頁。
⑦ 睡虎地秦墓竹簡整理小組編《睡虎地秦墓竹簡》，第 64 頁。按，"毋敢以火入臧(藏)府、書府中。吏已收臧(藏)，官嗇夫及吏夜更行官。毋火，乃閉門户。令令史循其廷府。節(即)新爲吏舍，毋依臧(藏)府、書府。　內史雜。"(簡198)又參見藤田勝久《里耶秦簡與秦帝國的情報傳達》，載中國社會科學院考古研究所等編《里耶古城・秦簡與秦文化研究——中國里耶古城・秦簡與秦文化國際學術研討會論文集》，科學出版社，2009 年，第 164—166 頁；汪桂海《漢代官文書制度》，廣西教育出版社，1999 年，第 216—232 頁。按，藤田認爲縣府有保存文書的"資料庫"，即汪桂海所論的漢代"檔案庫"。

被投入井中的這兩組疊壓木牘,或許還保留着原先的收納狀態,使蠡測單獨簡的保存問題成爲可能。故而,以反印文爲據,探討木牘的疊壓關係及保存問題,嘗試説明秦時下行文書可能存在"以所受月日次第"的保管原則(平行或上行文書的保管問題,有待進一步研究);繼而就牘類文書的保存問題,梳理考古資料所見,提出疊放、二次捆扎的論斷。限於資料,個別論斷並没有直接的例證,這是無可奈何的事,期待新發現來檢驗相關論説。

　　附記:2018 年 6 月 19 日動筆寫作此文,初稿完成於 2018 年 8 月中旬(初稿完稿之時,馬增榮在簡帛網上發表《里耶秦簡 9-2283、[16-5]和[16-6]三牘的反印文和疊壓關係》一文。關注話題相同,觀點及圖版不盡同,感興趣者不妨互參;本文一仍其舊,不因此而改動)。經過半年多的沉澱,全面審視舊文,在 2019 年 3 月 20 日完成修訂。修訂稿删除關於 9-2289 釋文考訂的部分,增加"出土簡牘所見的反印文現象"小節,其餘部分略有修訂而觀點未曾改變。稍後以"兩千年前遷陵縣收到的三份文書"爲題,發表於《文匯學人》第 390 期(2019 年 5 月 17 日)。今以《文匯學人》稿爲據,恢復舊稿中的原有注釋;並以脚注形式,擇要保留對釋文的考訂部分。撰寫及修訂本文時,李曉菊、馬怡、鄔文玲、王静、任思藴、張春龍、張德芳、賈漢清、李全德、閆璘、凌文超、石洋、劉自穩、田歌、楊霜等師友提供種種幫助,衷心表示感謝! 三年前,在自穩、思賢的協助下,完成 9-1 至 9-12 的疊壓關係圖,可謂教學相長;三年後,自穩畢業、思賢南下,於此一併祝福美好。文中一切問題,筆者文責自負。2019 年 9 月 6 日。

試談里耶秦簡所見文書簡牘的再利用情況[*]

［德］陶　安

明治大學法學系

序

在選擇書寫材料方面,秦系行政文書呈現出很顯著的特徵:與古書類文獻多用竹帛書寫不同,秦漢文書①原則上寫在木製簡牘上。②在里耶秦簡出土之前,理論上還存在另一種可能性,即現存文書簡的材料選擇多受出土地點的影響。具體而言,因爲出土大量行政文書的甘肅等西北地區不産竹子,所以甲渠候等邊防軍事行政部門只好使用了當地所産木材。2002 年里耶秦簡出土之後這種設想被徹底推翻,無論湖南全省還是龍山縣里耶鎮,都不缺乏竹子,但是秦代在此地開廷的遷陵縣照用木製簡牘。這就證明了行政文書使用木簡或木牘本來與竹子的植被範圍無關。③

---

* 小文爲日本學術振興會科學研究費(基盤研究 B)"最新史料に見る秦・漢法制の變革と帝制中國の成立"(16H03487,代表:陶安)以及亞非語言文化研究所共同研究課題"簡牘學から日本東洋學の復活の道を探る——中國古代簡牘の横斷領域の研究(3)"(2017—2019 年度,代表:陶安)的階段性研究成果。

① 小文所謂"文書"除公文書等狹義的文書之外還包含簿籍等行政記録和書信等,即屬廣義的文書概念。應該注意的是,睡虎地秦簡所見《秦律十八種》《法律答問》,張家山漢簡《二年律令》《奏讞書》,嶽麓秦簡《爲獄等狀四種》等法律文獻並不包含在廣義文書之内,而屬於古書。這些法律文獻在書寫材料的選擇上也與戰國竹書等古文獻呈現相似的傾向,多用竹簡,與以木製爲主的行政文書形成顯著的對照。

② 若再追溯行政文書起源的話,至少楚國似乎曾經使用竹簡作爲行政文書的書寫材料。楚懷王發給鄂君啓的所謂"鄂君啓銅節"模仿竹簡,包山楚簡的文書也寫在竹製簡牘上,或可窺知其一斑。同時,長沙五一廣場東漢簡牘以及走馬樓吳簡也包含相當數量的竹製公文簡和簿籍簡,似乎是地域性因素和時代因素縱横交錯所致,但並不影響秦系行政文書使用木簡的基本原則。另外應該注意的是,秦漢墳墓中也出土"告地書"等與行政文書有淵源關係的竹製簡牘,如謝家橋 1 號漢墓出土竹牘等,可知墳墓出土的簡牘未必能與遺構簡同日而言。

③ 至於秦漢時期河西有無竹林植被的問題,參看王子今《秦漢時期生態環境研究》(北京大學出版社,2007 年)第五章"秦漢時期的植被"附論"簡牘資料與漢代河西地方竹類生存可能性的探討"(第 242—250 頁)。

其實，文書使用木材的理由不難推知。木料易於加工，既能造出五花八門的形狀，又能改削改造，同一塊木材可以反反復復使用於種種用途。就形狀而言，古書類竹簡幾乎全都呈細長條狀，在高村武幸所建"簡牘形狀分類表"①中均歸入所謂"〇型"。雖然長短略有出入，但基本形狀千篇一律，無明顯特點可言。對其形制方面的進一步研究也只能關注古書類簡的編册、卷册情況，單簡的形狀不足以深談。文書類簡牘則截然不同。按照高村武幸的分析成果，文書簡可以先分爲五大類，即側面未加工的薄片簡牘（〇型）、左右側面對稱加工的簡牘（一型）、左右側面非對稱加工的簡牘（二型）、無封泥匣的多面體簡牘（三型）、帶有封泥匣的簡牘（四型）。②每大類内又細分二至十七小類，共分三十六項不同形狀類型。其中多數形狀難以用竹子造出。雖然目前還無法全面掌握各類形狀的使用情況，但形狀的多樣性本身已足以説明其爲文書使用木製簡牘的主要理由之一。

小文所關注的文書簡的再利用情況也與木材易於加工的特徵密切關聯。秦漢文職官員被稱爲"刀筆吏"，現今很多人似乎認爲他們隨身帶着刀和筆是爲了隨時刮削錯字加以訂正。這種小規模的刮削，在古書類的竹簡也並不罕見，已有不少學術論文指出種種實例。但是里耶秦簡中所見到的改削改造在性質上與修改錯字不同。遷陵縣廷等文職官員進行了大規模改削，把整片簡牘的簡文全都刮削掉，再在其上反反復復寫立毫不相關的簿籍和文書。③其中也會隨使用目的的變化而對簡牘形狀進行加工，把某類型的簡改造爲另一類型。以下小文分改削和改造兩節分别介紹里耶秦簡的相關痕迹。第三節利用有關改削和改造的一些見解對所謂"異處簡"的問題進行探討。最後小結從再利用情況的角度對里耶秦簡的性質談一些不成熟的看法。

第一節　改　削

改削最明顯的痕迹是削衣，居延等西北漢簡中也不乏其例。《里耶發掘報告》和《里

---

① 參看高村武幸《中國古代簡牘分類試論》，《木簡研究》第 34 號，2012 年。分類表的修訂本見於耤山明、佐籐信編《文獻と遺物の境界Ⅱ——中國出土簡牘史料の生態の研究》（東京外國語大學亞非語言文化研究所，2014 年，第 219—228 頁）和高村武幸《秦漢簡牘史料研究》（汲古書院，2015 年，第 319—335 頁）。
② 另外，還分出（五）殘損簡牘、（六）再利用簡牘、（七）竹木器物類，與前五類性質不同。
③ 高村武幸《簡牘の再利用——居延漢簡を中心に》（耤山明·佐籐信編《文獻と遺物の境界——中國出土簡牘史料の生態的研究》，東京外國語大學アジア·アフリカ言語文化研究所，2011 年）已據居延等西北漢簡細論簡牘的再利用情況，將其分爲①重新用爲簡牘、②改造爲木器、③改造爲厠籌的三種情況，但西北簡中②、③兩種再利用情況的證據較多，而①的直接證據尚未發現。小文據里耶秦簡舉出①的相關綫索，彌補西北簡的缺陷。

耶秦簡(壹)》中雖然没有詳細的相關描述,①但從很多圖版上似乎也能辨别不少實例。比如説《里耶發掘報告》彩版四十右上的一枚殘簡(J1⑯52,參看圖 1)應係削衣。其周邊呈半透明狀,能看出木材非常薄,與普通木簡截然不同。遍查《里耶秦簡(壹)》圖版,可以發現在第五、六和第八層的共 2345 枚簡牘中②最少有 165 枚(參看附表 1)應爲削衣。按百分比,達到 7.0%。③其中特别引起我們注意的是一些大片的削衣,甚至有一些削衣還可以相互綴合,如 8-2149 + 2121④ 或 8-0274 + 2138。⑤ 這種大面積的刮削與出土文獻所見的錯字訂正性質不同。它意味着文書簡的整個簡面被刮削,整版簡牘刷新,供重新書寫、製作文書等。換言之,行政文書中簡牘形成一種循環利用,或可稱之爲再利用的模式。

J1⑯52
圖 1　削衣

　　改削的痕迹不限於削衣,還有其他能證明頻繁改削活動的形狀特點。比如説,有一些厚薄懸殊的簡,即上下一端或者左右一側的邊緣薄如刨花一般,另一端或一側却與普通簡牘同樣厚。在《里耶秦簡(壹)》圖版中最少有 28 例(參看附表 2),又占總數的 1.2%。筆者認爲這些半削簡是因改削失敗而被廢棄的一種次品。在此僅提一個較爲典型的和兩個較有特點的例子。簡 8-2155 右側和下端很薄,邊緣呈半透明狀,與削衣相似,但從上端能看出,此簡左側仍維持最少 1 到

---

① 湖南省文物考古研究所編著《里耶秦簡發掘報告》(嶽麓書社,2007 年)云"書寫過程中糾錯而切削下的削衣得到了很好的保留",湖南省文物考古研究所編著《里耶秦簡(壹)》(文物出版社,2012 年)"前言"云"出土時大多殘斷,數量衆多的削衣之外,是占總數一半以上的無字簡",但至於哪一些簡係削衣,並無具體描述或注釋。

② 《里耶秦簡(壹)》第五、六、八層分别收 35、40、2554 枚簡片,簡片總數爲 2629 枚。因爲 8-0100 由三塊簡片構成,但僅編一個簡號,用後綴"－1""－2""－3"加以區别,所以第八層簡號比簡片少二號。據筆者對此三層簡牘的初步統計,目前專家正確綴合的簡有 236 枚,由 521 枚簡片構成(其中包含第十七層的簡片 1 枚)。一組綴合簡算一枚簡,目前第五、六、八層簡總數爲 2345 枚。

③ 僅靠圖版難以確知哪些簡係削衣,正文所舉數字只不過是一個較爲保守的估算,實際上削衣所占的比重或許更高。有時可以尋找一些間接的旁證,比如據文書格式可知,簡 8-1797、8-2149 + 2121 背面左側應有收發記録,實際無字,可視爲此簡係削衣之旁證。不過,有一些簡情況正好相反,雖然據文書格式可知其背面左上方應有文字記載(即收發記録),但從簡正面圖版能看出其絶非削衣,如 8-0163、8-0290 + 0183 + 0530、8-0648、8-0653、8-1527、8-1539、8-1565 等。其中,8-1539、8-1565 背面上端和左上方有刮削痕迹,8-0653 背面左上方有隱約的殘泐墨迹。據此可推測,這些簡原在背面左上方記載收發日時等内容,後來被刮削,但背面下方經手人記載和正面文書正文未削盡之前整個簡却被廢棄。這也可以視爲後述"刮削未盡而廢"情況中的一種。另外,收發記録之有無會受到一些非規律性因素的影響,因而文書格式也並不能成爲一個絶對的標準。

④ 本簡綴合據何有祖《里耶秦簡牘綴合(七)》,簡帛網,2012 年 5 月 1 日。

⑤ 上述削衣統計的 165 枚中這些綴合的削衣簡也僅算一組簡片爲一枚簡。

2 釐米的厚度，也有可能與此簡使用時的厚度無異（參看圖 2 右 1）。形成左右厚度差距較大的原因應是刮削時失手。簡的右側呈現出弧綫狀，也是刮削時常見的現象。有時是由材料不完全平坦所引起的，有時是用手不穩的緣故。

6-17　　8-0649 背　　8-0649 正　　8-2155

圖 2　刮削失敗

　　簡 8-0649 正背面均有字，從背面不難看出簡背右半部分被刮削，形成一個傾斜面。傾斜面的邊緣薄至從正背面都能看到另一面部分字的透影。正面左下缺口上方有背面的"母"字，左側中央是背面"子"字的末端筆畫，背面下端偏右有正面"各""署"兩字的較完整透影（參看圖 2 右 2、3）。正面簡文是公文書，背面字跡是刮削後才寫的習字。也就是說，刮削失敗之後仍不舍得廢掉這塊木片，重新用於習字。簡 8-17 左側有一條山脊似的棱綫。筆者估計這條棱綫本來是這枚簡的左側邊棱，因爲刮削失敗，背面形成一個傾斜度較高的斜面，整塊簡向右側傾斜，使左側棱綫隆起來。這塊殘片的斷面大概呈現垂直三角形的模樣，無論怎麼擺放或拿起，都無法再供書寫使用。這種次品似乎也只能廢棄（參看圖 2 右 4）。

　　還有另一種與改削工作相關的殘簡。這些殘片的上端或下端被折斷,剩餘殘片的部分簡面一同被剝下,露出一面粗糙、未被整形的表層。值得注意的是完整的簡面與被剝離的簡面之間的界綫非常整齊,應是用刀等鋭利工具人爲劃出來的(參看圖3右1、2、3)。這説明這些殘片並不是受到外界壓力等影響自然折斷的,而是由文書工作者劃出一條橫綫或斜綫,順着這條綫進行加工形成的。同時,有一些削衣或削片上下邊很整齊,如簡8-2156(參看圖3左1),甚至有能沿着劃綫綴合復原的殘片,如8-2151＋2169①(參看圖3左2)。據此可以推測,這種加工方式或許是另一種改削方法。上述削衣以及後述改削殘留等現象所表明的改削方式似乎比較隨意,只要像刨白菜一樣,用刀等工具斜着從簡面上刮過去,就可以剝下薄薄的一層簡皮以及其上的墨迹。尤其是削衣上所見的二次刮削痕迹能證明這種較爲隨意的改削方式的存在。所謂二次刮削指削衣上面的刮削痕迹。實際上二次刮削痕迹是改削工作第一輪刮削所造成的,因爲刮削未盡,又重新刮削一次,所以才産生這些附帶刮削痕迹的削衣(參看圖4)。上述劃綫所表明的加工方式似乎正規一些。文書工作者先用刀劃出一條橫斷綫,沿着綫掀起部分簡面,然後順着木材纖維一拉,便揭下一整片的簡面。再把簡面修整一下,新桃即可換舊符了!

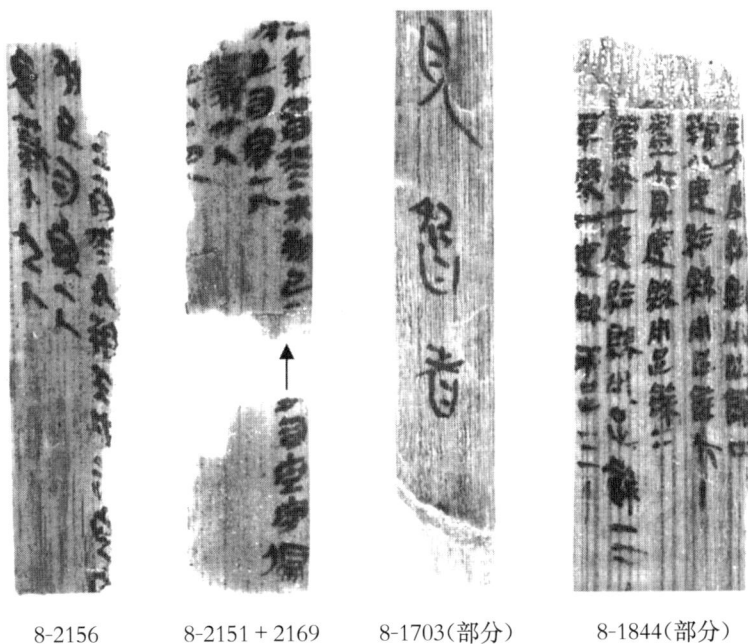

| 8-2156 | 8-2151＋2169 | 8-1703(部分) | 8-1844(部分) |

圖3　簡面剝離

---

① 本簡綴合據何有祖《里耶秦簡牘綴合(六)》,簡帛網,2012年6月4日。

8-2107　　　　　8-2097　　　　　8-2091

圖 4　二次刮削

　　現在能看到的部分簡面被剝下的上述殘片大概也是因改削失敗而廢棄的次品。如果橫斷綫劃得太深，被剝下的簡層則變厚，剩下的木材反而變薄了。如果這種誤差超過一定限度，木材的韌性不够，在用力揭開簡面的刹那，簡主體部分就會被折斷。與二次刮削等改削方法不同，這種剝刮簡面方式失敗之後不能反復施行，只能廢棄相關木材。部分簡面被剝離、界綫整齊的簡共有 43 枚（參看附表 3），占第五、六、八層總量的 1.8%。

　　上述削衣、厚薄懸殊的殘簡、簡面剝離的殘簡都是改削工作的副産品，從中可推測出改削之頻繁。同時，還有很多簡的簡面上能更直接地看到刮削痕迹，大致可以將其分爲三種情況。第一種情況是似乎要刮削整個簡面所有字迹，但刮削未盡，因某種原因將該簡廢棄。據筆者初步統計，這種情況至少有 59 次（參看附表 4），占總數 2.5%。其中有一些殘片，似在刮削過程中折斷，已無法使用，因而被廢棄（參看圖 5 左 1—5）；有一些完整的大塊木牘，大多墨迹已被刮削，好像只要再削掉幾個字就能重新使用，也因某種未知原因被廢掉（參看圖 5 右 1）。

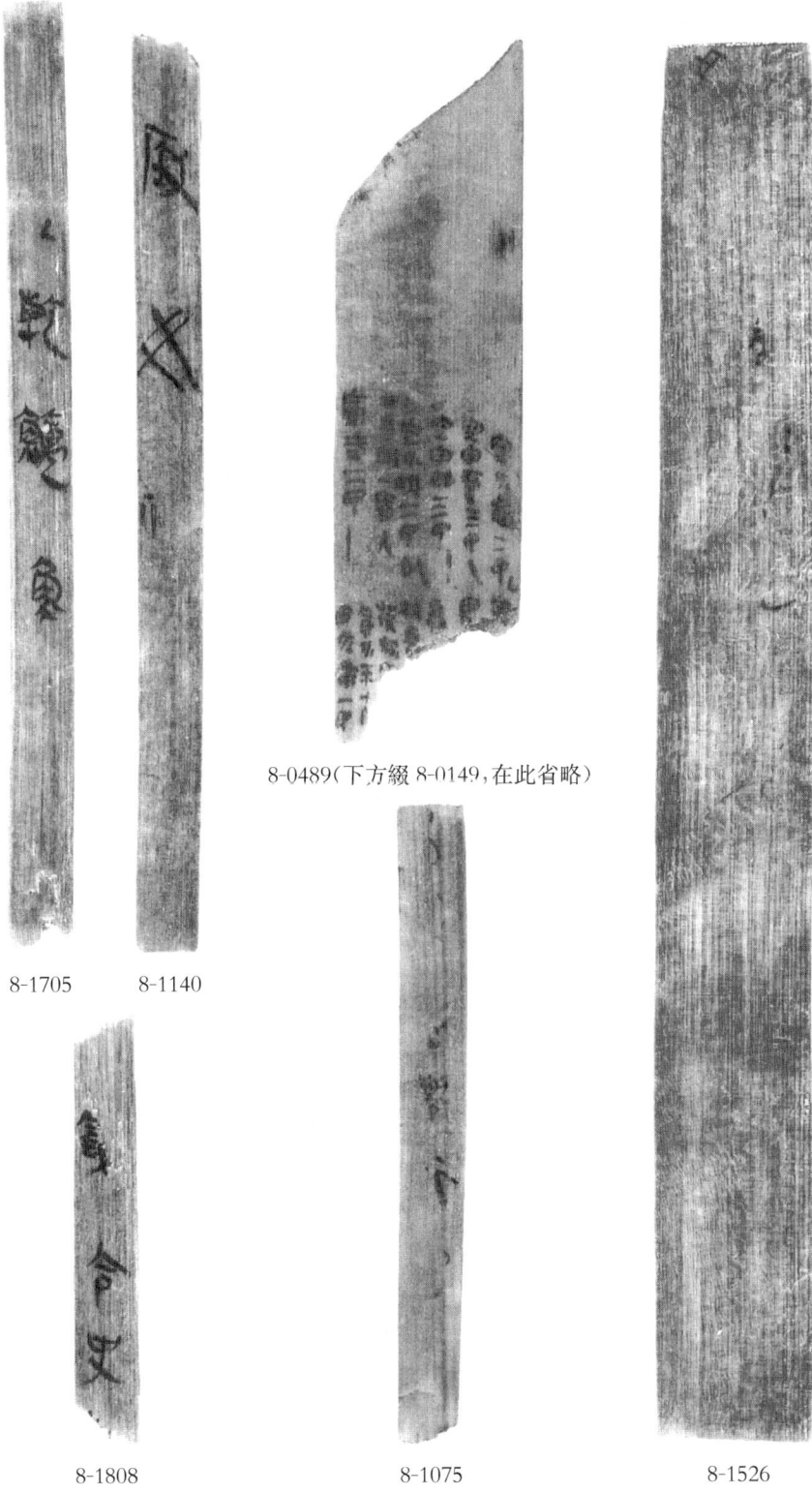

8-0489（下方綴 8-0149，在此省略）

8-1705　　8-1140

8-1808　　　　　8-1075　　　　　8-1526

圖 5　刮削未盡

刮削痕迹的第二種情況是在普通文書簡的簡文中或簡背上出現一些與該文書不相關的字迹。其原因應是刮削時未刮盡原來墨迹，但照舊寫立新的文書所致。此情況下，刮削前的舊文書的部分字迹就會殘留在新的文書簡文中或簡背上。殘留字迹有時只不過是殘泐筆畫或一個單字，如簡 8-2255"轚"字右下的一長撇、簡 8-0768 和 8-1560 背面收發記録"即"和"後"字右方的殘泐筆畫，有時是幾個完整的字，如簡 8-1242 背面"敢言司空"四字或簡 8-1624 背面"卅八　卅五年"五字，甚至會有完整句子存留下來，如封檢簡 8-0773 背面所見來自作徒簿的兩行字詞（參看圖 6），但無論如何這些刮削殘留都能證明該片簡牘曾經記載完全不同的一份文書，經過一番改削後才供目前這份文書使用。①這些簡牘至少記載過兩種不同的文書。相關簡數不少於 46 枚（參看附表 5），占總數的 2.0%。

刮削痕迹的第三種情況與古書類簡牘所常見的刮削訂正相似。在一些反復使用的標簽等性質的簡中，能看到年月等局部字詞被刮削並重寫，剩餘簡文似乎沿用不變。這種刮削重寫現象與現代的填寫表格方式很類似。事先把表格等打印具備，需要時只把相關空白填寫妥當，其他部分則反復使用，避免每次重寫相同内容。不同的是，現代的表格可以無限增印，古代文職官員則每次通過刮削工作恢復所需要的空白處。刮削比現代的增印要費事，但還是大大提高了效率。可以將這種刮削方法暫時稱爲"表格式刮削"。很值得注意的一例是簡 8-1428。這枚簡書寫情況較爲複雜，需要加以説明。原釋文將此枚簡釋讀如下：

廿八年十月

司空曹

徒簿 盡　已

圖像見圖 7。請讀者關注"年"字下方的刮削痕迹和"月"字旁邊的刮削殘留。"年"字橫筆下方有一條白綫，應是一條刮削的痕迹。"年"字中間竪筆的下段被刮削，下方橫筆畫

---

① 有時反印文與夾雜在新簡文中的刮削殘留痕迹相似，易於混淆。比如簡 J1⑨0001-0012 正背面上有與簡文不相關的墨迹，早有學者指出其爲反印文，參看邢義田《湖南龍山里耶 J1(8)157 和 J1(9)1—12 號秦牘的文書構成、筆迹和原檔存放形式》，《治國安邦：法制、行政與軍事》，中華書局，2011 年。籾山明還指出，這些簡原來被摞起來保管，形成里耶秦簡 J1⑪14、J1⑯38 等所謂"束"，這是與卷册不同的一種編聯簡牘的方式。參看籾山明《編むことと束ねること—遷陵縣における文書保管と行政實務（2）》（"中國古代簡牘の橫斷領域の研究"網，2014 年 1 月 13 日）。簡 J1⑯0005 背面有"貳春皆勿"的反印文，或許來自簡 J1⑯0006 背面，可以推測這些簡起初也被編爲一束。

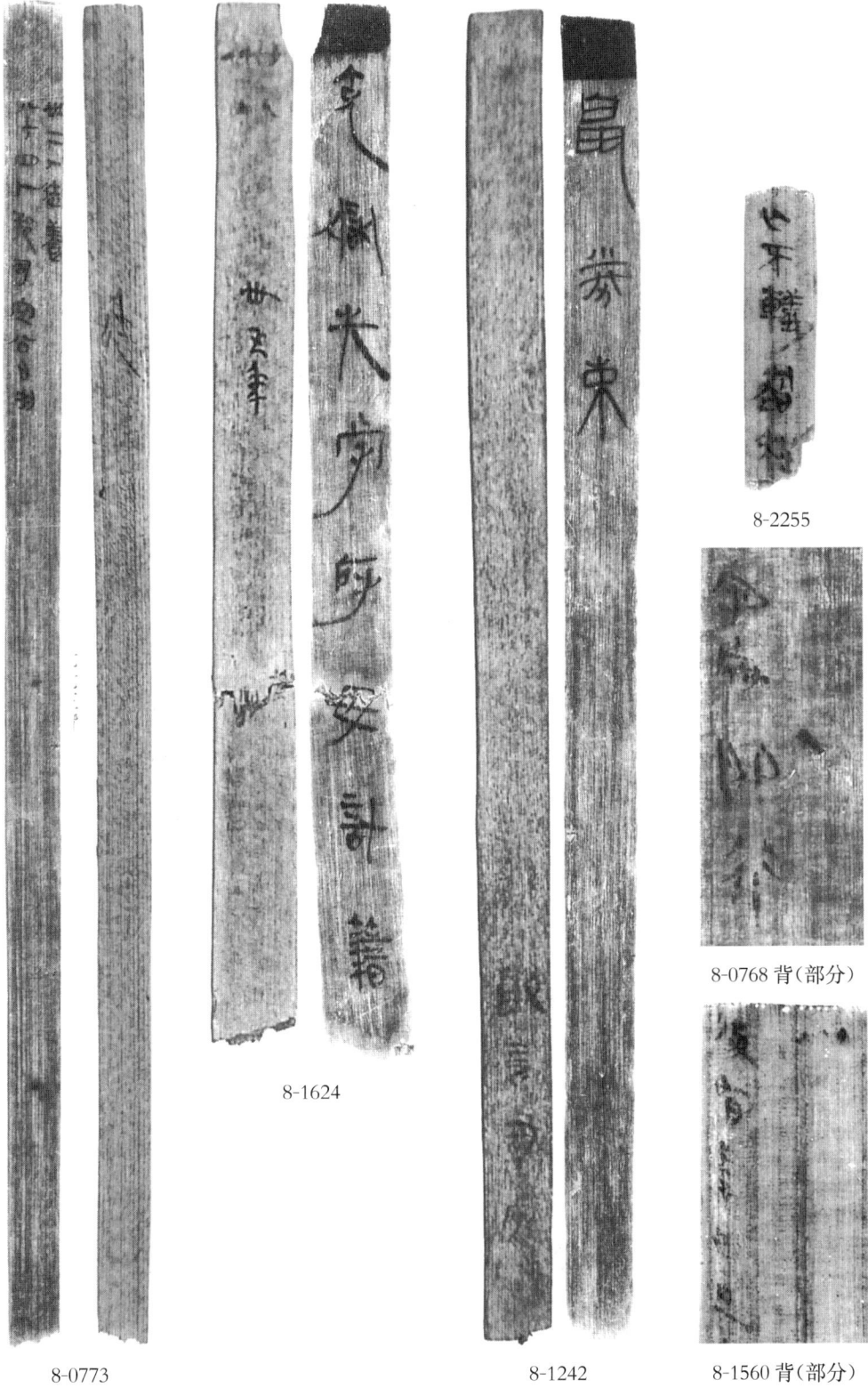

8-2255

8-0768 背（部分）

8-1624

8-0773

8-1242

8-1560 背（部分）

圖 6　刮削殘留

8-1428

8-1868＋1777　　　　　　　　8-0016

圖 7　表格式刮削

的右方末端也被刮過，墨迹淡薄。"月"字左側有一個不相關的豎向墨迹，應是刮削殘留。據此可知，記載"十月"的簡面被刮削過，"十月"二字是刮削後寫的。同時，"廿八年"三字墨迹的濃淡與左旁"司空"明顯不同。仔細觀察簡面，"年"字左下方，也就是在上述刮削痕迹的左旁，另有一個細小的墨迹，與"年"字橫筆不相連。"廿八"中間還有一些刀痕。據此可知，"廿八年"三字所占的簡面也曾經被刮削，"廿八年"屬後寫。"已"和"盡"也應據筆迹和文意與"司空曹徒簿"分開來理解。"已"字是文書和簿籍管理中常見詞，表示"完成"或"已處理"的意思。這個字是完成相關行政處理之後填寫的。"盡"字下方的橫向筆畫似乎除皿形外還多出至少三筆，最下方還有一些模糊不清的墨迹。筆者懷疑這些墨迹並不屬於"盡"字，"盡"字下方另有"二月"（或"三月"）字樣。這三個字應該是針對開頭年月記載的補充，表示本標簽所綁上的一束或一笥作徒簿涉及十月至三月的時間範圍。"某月盡某月"這種表述在里耶秦簡常見，在此不再贅述。①"已"和"盡三月"所占的簡面刀痕很多，這兩種信息也似被反反復復刮削和重寫。

與簡 8-1428 相似的表格式刮削還可以舉簡 8-0016 和 8-1868＋1777。簡 8-1868＋1777 釋文爲：

　　　卅（三十）年十月盡九月，群往來書已（已）事倉曹丑笥。②

"已事倉曹"的筆迹與前後文明顯不同，應分別理解。值得注意的是"十月盡九月"的數字"十"和"九"周圍和筆畫中間能看到一些不相關的墨迹，應係刮削殘留。據此可知，至少"十"和"九"兩個數字曾經刮削重寫。簡 8-0016 釋文如下：

　　　廿（二十）九年盡歲田官徒薄（簿）。廷。

簡文中能分出三種不同的筆迹，應是不同時間所填寫的。具體而言，"廿九年"與"徒薄（簿）"筆畫粗細、筆勢都很接近，似出於一手，③"盡歲田官"則截然不同，"廷"字又是另一種筆迹。最引人注目的是，從文意來看，"盡歲田官"應該前後與"廿九年"和"徒薄（簿）"連讀爲"廿（二十）九年盡歲田官徒薄（簿）"。何故"盡歲田官"與"徒薄（簿）"筆迹不同？這與筆者初次發現表格式刮削時的預期完全相反，需要重新以上述簡 8-1428 爲例考慮這個問題。起初筆者認爲，既然年月附近存在刮削痕迹和刮削殘留等現象，仿佛最符合常理的應

① 陳偉主編，何有祖、魯家亮、凡國棟撰著《里耶秦簡牘校釋（第一卷）》（武漢大學出版社，2012 年）將"盡"與"已"連讀爲"已盡"，恐與文書簡常見的"已"字動詞用法不合。
② "丑"，原釋文、校釋作"□"，據伊强《〈里耶秦簡（壹）〉文字釋讀（七則）》（《簡帛》第 9 輯，上海古籍出版社，2014 年）補釋。
③ 另外還應該説明，"廿九年"的"年"字多出一條墨綫，好像是一種刮削殘留，"年"字是在此殘留墨迹上面寫的。

是,"司空曹徒簿"是本標籤反復使用的最基本内容。本標籤大概綁在一束或一笥作徒簿
上,表示其收録某月司空曹的作徒簿。每年每月都要製作和保管司空曹的作徒簿,作徒簿
的具體内容因時而變,但是標籤的記載内容幾乎不變。只要更改年和月就可以沿用舊的標
籤。"廿八年"和"十月"前後的刮痕和殘留墨迹不就證明這些字是臨時刮削填寫的嗎?

　　實際情況並不如此簡單。再次仔細查看上述三種標籤的筆迹或書寫層次關係,可
以發現其中有兩個耐人玩味的共同點。第一,"曹"字的墨迹濃淡和筆迹都與"某簿"或
"某笥"不同。按常識最容易連讀的地方,即"某曹某簿/笥",其實不可以連讀。第二,紀
年和紀月中至少一項與"某簿"或"某笥"部分筆迹相同。也就是説,按常識最容易分開
的地方,反而是連寫的。①據簡 8-0016 的上述書寫情況,可以推測同一張標籤未必僅用
於同一曹的簿籍。簡 8-0016 在被廢棄前所扮演的最後一個角色是爲二十九年"盡歲田
官"的作徒簿作標題,這一點從現存簡文可知,但此前一次未必使用於二十八年"盡歲田
官"的作徒簿,而很可能用於二十九年"某月倉曹"等作徒簿。同一個道理,簡8-1428和
8-1868＋1777 雖然在紀年和紀月部分發現了改削痕迹,但這未必意味着這兩張標籤最
後一次改削就是針對紀年或紀月進行的。簡 8-1868＋1777 左下角非常薄,可知其經歷
了不止一兩次的改削。在多次改削的過程中每次到底刮削了哪些字,這與當時遷陵縣
廷的文職工作流程有關。目前相關研究還不全面,尚無法爲每枚標籤準確復原刮削和
書寫順序,但仍可指出:這些簡被刮削過部分簡文,以便將剩餘簡文反復使用於同類的
行政處理。②

第二節　改　造

　　起初筆者試圖將所有已發表的里耶秦簡按照高村武幸"簡牘形狀分類表"進行分
類。但在分類過程中,發現很多簡的簡文與形狀分類不合,甚至有一些簡文被人爲裁
斷,呈現出一種削足適履的模樣。因爲折斷面都整整齊齊,所以能判定相關的形狀變化
出於人爲改造,與小文所關心的再利用密切關聯。小節限於筆者所注意到的小範圍内

---

① 簡 8-1428 和 8-1868＋1777 的紀年與紀月部分筆勢似乎不完全相同,但紀月部分與後續"司空……徒薄(簿)"和"群
　往來書□笥"一模一樣。
② 筆者懷疑上端半圓形被塗黑的標籤簡(後述"一一乙型")大多數都經歷過多次"表格式刮削",但具體經過難以復原,
　除正文所提及的 8-1428 等簡之外,只有簡 8-0419＋0612 呈現出明顯的刮削痕迹,因爲墨迹殘泐不全,附表將其歸入
　"刮削未盡而廢"。同時,僅從墨迹殘留的角度分析,正文所討論的 8-1428 等簡的"表格式刮削"與第二種刮削情況無
　異,因而一併將其歸入附表 5(刮削殘留)。

對改造痕迹進行初步分類,並介紹概況。

先分析從墨迹能看出的人爲裁斷情況。墨迹呈現出被人爲裁斷痕迹的簡總量達到60 枚,即第五、六、八層總數的 2.6%。其中,裁斷面比較單純的例子可以分三種情況。第一,高村武幸"簡牘形狀分類表"所謂"側面未加工的薄片簡牘"("○型")共占 36 例。多數是較窄的長方條形的,即高村分類"○一型",有 28 枚簡;稍微寬一些的"○二型"有8 例。第二種情況屬於高村分類所謂"左右側面對稱加工的簡牘"("一型")第一小類("一一型")。第二種簡的下端加工爲三角形(以下稱"一一甲型"①)。此類簡有 7 枚簡的墨迹呈現出被人爲裁斷的痕迹。第三種情況是指下端(或上端)斜形的簡,即第二大類"左右側面非對稱加工的簡牘"中的第五小類("二五型")。墨迹呈現人爲裁斷痕迹的簡中,"二五型"占 17 例。圖 8 列出上述三種裁斷情況較爲典型的實例各一例。

| 8-1695 | 8-0359＋0343(部分) | 8-0191 |
| 二五型 | 一一甲型(三角形) | ○一型 |

圖 8　三種裁斷情況

① 高村武幸的分類表把上下端加工爲半圓形、三角形、梯形的三種簡都歸併爲一一型。這似乎是因爲分類表第一大類"左右側面對稱加工的簡牘"側重於左右對稱刻齒形狀的分類。具體而言,第一大類共分五小類,除上下端半圓形、三角形、梯形的一一型之外,按照左右對稱刻齒的情況另分四小類。這種分類方式或適合於居延等西北出土漢簡,與里耶秦簡的實際情況不合。在已公開的里耶秦簡中左右對稱的刻齒較少,反而上端的半圓形、三角形以及塗黑等情況似乎扮演更重要的角色,並且各形狀的功能又不相同。因此,分類表應該進行一些調整,在小類中對相關形狀特點加以區別。小文暫以後綴"甲""乙"區分三角形和半圓形兩種形狀。

至於裁斷的用意何在，對於前兩種情況不難推測。"○一型"的裁斷簡中，簡 8-0685 長 231 mm，寬 11 mm。①從被左右裁斷的墨迹②可知，此枚簡原來更寬，超過 30 mm，與簡 8-0135 等簡相同。里耶秦簡中書寫公文書的簡多數長約 230 mm，即秦尺一尺。超過 30 mm 也是公文書較爲標準的寬度，容納數行字，係高村分類"○三型"簡。寬 11 mm 的簡多供書寫一行字，爲高村分類"○一型"簡。"○三型"的簡用完時，可以將其裁爲三枚"○一型"簡重新利用。或許使用中折損了一角或一棱，可以把受損一方去掉，剩下的木材切成一枚或兩枚"○一型"簡重新使用。或者由於其他種種原因直接把完整的"○三型"簡切成三枚"○一型"簡。各種可能性都存在。簡 8-0685 也是這種改造簡，從"○三型"改造爲"○一型"。只要把簡文刮掉，就可以在其上重新寫立其他的公文書。換言之，墨迹被裁斷的簡 8-0685 正位於從如簡 8-0135 的"○三型"簡改造爲如簡 8-0988 的"○一型簡"的過程中（參看圖 9）。

那麼，爲什麼不刮削而將其廢棄呢？《校釋》已指出簡 8-0685 左側可與下段殘缺的 8-0462 綴合。總結相關情況，可以推測這枚簡原被剖爲三枚"○一型"簡，在刮削過程中前後損壞了左右兩枚，因而發現剩餘厚度不够等情況，就把未刮削過的中間一枚也一併廢棄。在所有"○一型"的裁斷簡中已沒有其他長度達到一尺的完整簡，長度都在 64—188 mm 之間，半數簡不到 100 mm。"○二型"中還有 39 mm 的小殘片。也就是説，這些裁斷簡多數是不耐用的碎片。這一點也能從側面支持上述刮削或改造失敗的推測。

第二種裁斷情況的目的也較清楚。下端呈三角形的"一一甲型"簡大多數都用爲封檢簡。上面填寫信件的收信人或單位、傳遞方式以及寄信人或單位。在里耶秦簡第五、六、八層中共有 138 枚"一一甲型"簡（包括殘簡），其中有 125 枚簡能確定爲封檢簡，占其90.6％。③可見封檢簡是"一一甲型"簡的基本用途。而墨迹被裁斷的"一一甲型"簡則不同。比如 8-0956 記載券書的部分字詞，8-0359 + 0343（見圖 8 右 2）④

---

① 小文所有尺寸均由筆者據《里耶秦簡（壹）》圖版測量，準確度未必很高，請讀者留意。
② 準確地説，正面左邊和背面左邊有被裁斷的墨迹痕迹，背面左邊即是正面右邊。
③ 剩餘 13 枚中，除這一小節所討論的帶有墨迹被裁斷痕迹的 5 枚簡之外，還有 2 枚爲習字簡，2 枚爲標題簡，1 枚簡文無法釋讀，1 枚簡文被刮削未盡，2 枚文書簡。標題簡一般僅將簡上端塗黑，不另進行三角形等加工。這種標題簡共有 15 例，即超過上述三角形標題簡的七倍，可看出下端三角形的標題簡屬例外。文書簡後文再加以説明。
④ 本簡綴合據何有祖《里耶秦簡牘綴合（六）》，簡帛網，2012 年 6 月 4 日。

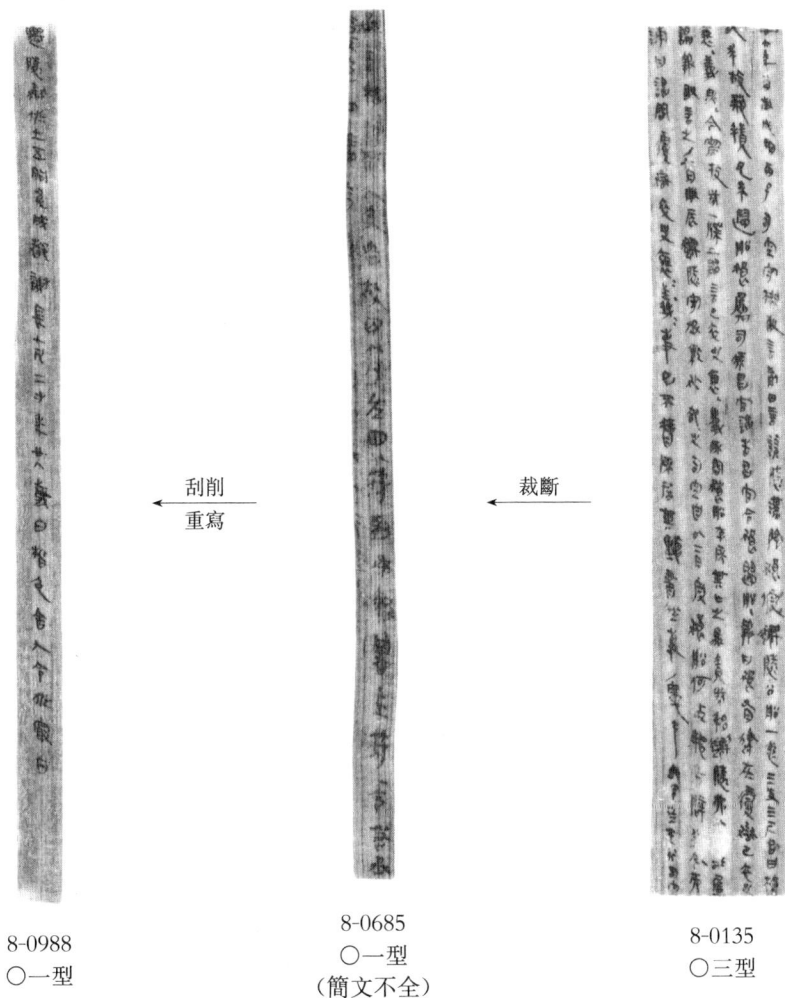

刮削
重寫

裁斷

8-0988
〇一型

8-0685
〇一型
（簡文不全）

8-0135
〇三型

圖9　〇三型簡改造爲〇一型簡

的簡文爲公文書。此二枚簡的簡文被裁斷，可知其原來的形狀並非三角形。J1⑧J0956的寬度爲 16 mm，與標準的券書大致相同。①簡的左右兩側也看不出任何裁斷痕迹，可以推測只有其下端被裁斷並加工爲三角形。J1⑧0359＋0343 剩餘寬度爲 21 mm，除下端外，兩側的墨迹也被裁斷。據此可推測其原爲更寬的“〇三型”公文書簡，左右兩側和下端被裁斷，並且下端被加工爲三角形。這兩枚簡只要再進行刮削，就可以重新用於封檢簡。不過，不知爲何，這兩枚改造簡實際上在刮削前就被廢棄了。

有關“〇三型”等簡被改造爲“〇一型”以及“一一甲型”的上述假設，還有其他證據

① 據《里耶秦簡（壹）》“前言”，券書“寬 1.2 至 2.0 釐米”；後述大川、籾山等論文爲 8—20 mm，可參看 151 頁注①，論文日文版第 20 頁，中文版第 53 頁。

可以支持。首先,削衣中有一些一邊或兩邊整齊,墨迹似乎被人爲裁斷的簡片,形狀大致與上述兩種情況相應,即"○一型""○二型"和三角形的"一一甲型"(參看圖 10 右 1、2、3)。若在改造之後進行刮削的話,無疑會産生這種墨迹被人爲裁斷的削衣。其次,有一枚形狀很特殊的簡(8-1942,圖 10 左 1),它的上端與上述"一一甲型"簡正好相反,呈現出往内凹進去的三角形。據形狀推測,它似乎是在製造"一一甲型"簡的過程中剩餘而被廢棄的殘片。再次,有一些"一一甲型"的封檢簡在側面帶有刻齒殘留,如簡 8-1778、8-0030等以及上所提及的簡 8-0956(參看附表 7)。大川俊隆、籾山明等已指出簡 8-0956

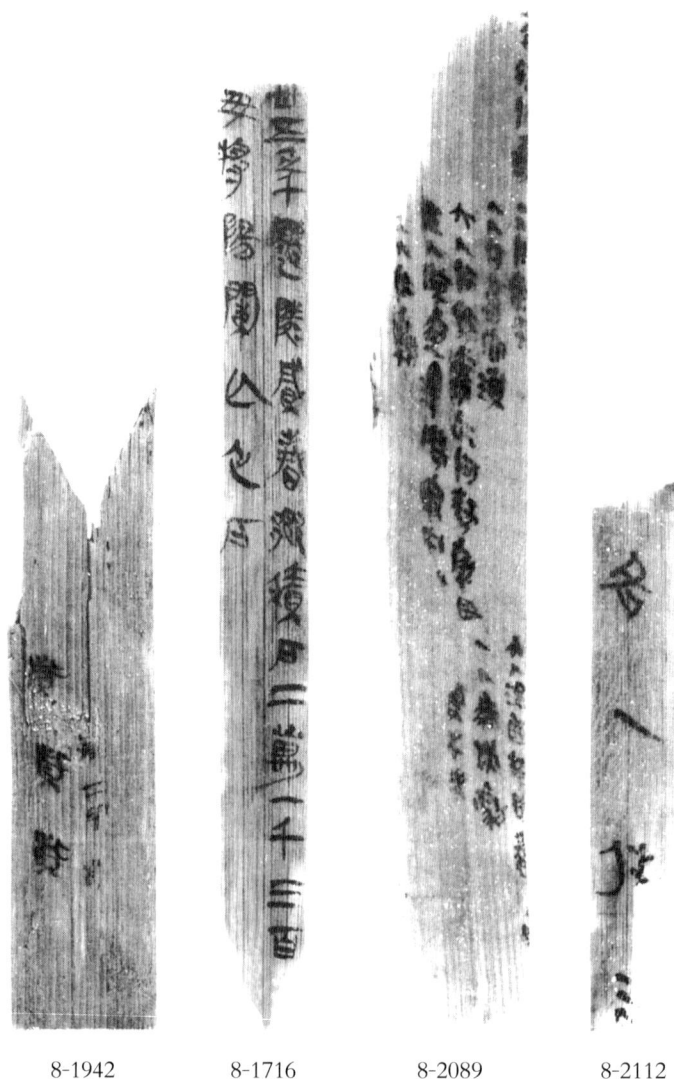

| 8-1942 | 8-1716 | 8-2089 | 8-2112 |

圖 10　削衣和剩餘殘片所見改造證據

和 8-1778 是由券書改造爲封檢簡的。①改造的過程中當然需要進行裁斷和刮削兩個工作程序，刻齒本來也應一併進行刮削，不知因何故殘留下來，保留了我們能看出改造的痕迹。與刻齒殘留類似的情況還見於上述的墨迹殘留。比如，從正面看，簡 8-0526 是一枚完整的封檢簡。正面簡文爲"廷，主吏發。勿留"，即標準的封檢簡簡文，形狀也完整無損。然而背面有公文書的部分簡文，其左側的墨迹被裁斷了。這種不相關簡文的殘留也能證明此枚簡由"〇二型"或"〇三型"的文書簡被改造爲"——甲型"的封檢簡。②

簡 8-1942 凹進去的三角形對第三種裁斷情況也頗有啓發。"二五型"的簡在西北漢簡已是一個謎，難以看出這一形狀特有的功能。在里耶秦簡中，"二五型"簡一共見 33 例（參看附表 6），17 例帶有墨迹被人爲裁斷的痕迹。剩餘 16 例的長度多在 43—124 mm 之間，③實際上也只不過是一些殘片。仔細觀察簡 8-1942，在簡的中間有一條裂縫，從三角形的頂點走向簡中央。如果順着這條裂縫折爲兩半的話，這一枚簡就變成兩枚"二五型"簡。簡 8-1942 長 96 mm，也正好與多數"二五型"簡相近。據此推測，里耶秦簡所見"二五型"簡大多數應是改造"——甲型"簡的過程中剩餘而被廢棄的殘片，與簡 8-1942 無異。

以上依據墨迹的裁斷痕迹介紹了三種裁斷情況，可以斷定其與改造和再利用有關。下一步可以沿着這一條思路尋找一些墨迹未被裁斷的改造情況。可以說，墨迹的裁斷痕迹是一個幫助發現改造情況的標志，但並非所有改造工作都附帶的必然條件。有時候簡的裁斷工作可以在行間空白處進行，這樣墨迹上就不會留下任何痕迹。上述"二五型"殘簡是從形狀特點得到啓示，較爲完整的簡則需要探尋其他的綫索。目前筆者所注意到的是簡文和簡形的對應關係。

簡文與簡形本來具有一定的對應關係，某一類文書經常使用某一類形狀的簡。比如上述的"——甲型"簡一般用於封檢簡，不用於文書或簿籍簡。簡 8-0027 是一個完整的"——甲型"的簡，簡文爲"　　　石。　　卅年九月乙丑朔　　"。"石"字前邊有大約

---

① 參看大川俊隆、籾山明、張春龍《里耶秦簡中の刻齒簡と『數』中の未解讀簡》，《大阪産業大學論集：人文·社會科學編》第 18 號，2013 年，第 33 頁。又見張春龍、大川俊隆、籾山明《里耶秦簡刻齒簡研究——兼論嶽麓秦簡〈數〉中的未解讀簡》，《文物》2015 年第 3 期，第 56 頁。小文簡號用《里耶秦簡（壹）》所標整理號，大川俊隆等用出土登記號，簡 8-0956 和 8-1778 的出土登記號分別爲 J1⑧963 和 J1⑧1786。

② 相同情況還見於 8-1464、8-1529 等。

③ 只有 8-1460、8-1467、8-1760 三枚簡超過 124 mm。另外，帶有墨迹被裁斷痕迹的"二五型"簡中也只有 8-1597、8-1847、8-1340 三枚簡超過 130 mm。

能容納三個字的空白,"石"與"卅"之間又留出一個字左右的空白,"朔"字下方大致是兩到三字的空白。從簡文格式判斷,這枚簡原來應是一份券書。券書常用較爲固定的文書格式,即"物品＋數量＋量詞{空白}年月日＋職官人名＋出納等行爲＋出納目的＋令史某視平/監＋某手"。簡文完整的實例見於簡8-2246:

> 徑㿻粟=(粟米)四石。　卅(三十)一年七月辛亥朔=(朔朔)日,田官守敬、佐壬、稟人娗出,稟罰戍公卒襄城武宜都肤、長利士五(伍)甗①。（第一行)
>
> 令史逐視平。　壬手。（第二行)

據此可知,簡8-0027量詞"石"前原應有物品和數量的記載,"乙丑朔"後有干支以及官職、人名等記載。這些記載已被裁斷或刮削,剩餘簡文係刮削殘留。

簡8-0550也是一枚完整的"一一甲型"簡,釋文如下:

> 䠶,皙色,長二尺五寸,年五月。典私占。
>
> 浮,皙色,長六尺六寸,年卅(三十)歲。典私占。

類似的有關申報身份信息的記載見於簡8-0988:

> 遷陵獄佐士五(伍)胸忍成都謝。長七尺二寸,年廿(二十)八歲,白皙色。舍人令佐寂(最)②占。

簡8-0988長234 mm,寬12 mm,也就是文書簡較爲常見的"○一型"。8-0550原來也應如此。

簡文不合其形的簡,除上述"一一甲型"之外還有一些"○一型"和"○二型"的簡。比如簡8-0780簡文如下:

> 三人負土:軫、乾人、央㲋。　　一人徒
>
> 二人取城楄柱爲甄廡:賀、何。

---

① 《校釋》提出兩種句讀,即"稟罰戍公卒襄城武宜都肤、長利士五(伍)甗"(正文)和"稟罰戍公卒襄城武、宜都肤、長利士五(伍)甗"(注1)。"襄城"和"長利"爲漢代縣名,見於《漢書·地理志》,分別屬於潁川郡和漢中郡。據《校釋》的說明,在本簡中,"長利"或爲里名。《校釋》兩種句讀的分歧在於對"武宜都"三字的理解。漢代有縣名"宜都",屬於上郡。前一種句讀將接在縣名"襄城"下的"武宜都"理解爲里名,後一種句讀將"武"視爲人名,"宜都"爲縣名,如同《漢書》所見。筆者按,據《秦律十八種》簡049記載以及里耶秦簡所見多數稟食實例可知,成年男人每日稟糧食"大半斗",大月三十日即稟"二石"。本券書發行年月爲三十一年七月,正巧係大月;"肤"字下方又有一個鈎形符號,表示此處應斷開。結合這些信息,本券書受稟對象應爲成年男人兩人。

② "寂",即"最"字異構,原釋文、校釋作"取",據施謝捷《里耶秦簡釋文稿》改正。

　　　　三人病：骨、聊、成。

這無疑是一份作徒簿，但是作徒簿開頭第一行先寫出一種標題。比如 8-0962 + 8-1087
第一行云：

　　　　卅（三十）五年七月戊子朔癸巳，貳春鄉茲徒薄（簿）。

8-0780 下端被燒焦，或係所謂厠籌。在轉用爲厠籌之前曾經被裁斷過。①從較寬的"○
三型"改造爲"○二型"，却未經刮削重寫，而扮演了它最後一個角色。再舉一個公文書
的例子。簡 8-1343 + 0904 從外表看，似乎是一枚完整的"○二型"的簡，但釋文與上述作
徒簿一樣，缺少開頭第一行：

　　　　城旦瑣以三月乙酉有逯。今隸妾益行書守府，因止令益治邸代（?）
　　　　處。謁令倉、司空薄（簿）瑣以三月乙酉，不治邸。敢言之。/五月丙子
　　　　朔甲午②，遷陵守丞色告倉、司空主：以律令從事，傳書。/圂手。

從第二行"敢言之"的結尾詞可知，此簡開頭處原有"某年某月某日，某敢言之"一類的開
頭詞。同時，此簡背面左側（即與正面第一行對應處）應在上方記有收發記錄，下方經手
人名，但實際上此簡無背面圖版，説明背面無字。從簡文可推知裁斷事實的實例除上述
4 例之外目前僅發現 11 例，一共 15 例（0.6％，參看附表 8）。因爲這種裁斷的事實並不
十分明顯，容易被忽略，所以今後還會陸陸續續發現類似實例。

　　　最後還應該提及一些似乎不成形的簡和一些人爲造成的缺口。前者有 69 例
（2.9％），後者 14 例（0.6％）。前者多呈現出有與"二五型"類似的傾斜裁斷面，一枚簡
上能見到幾種互相或不相關的裁斷面。有的已無法復原裁斷和改造的經過或目標，
有的雖然還能看出相關蛛絲馬迹，但涉及細節繁瑣，不逐一加以説明。無論如何，這
些帶着種種裁斷面的簡片都應是改造時所剩下的殘片。圖 11 右側列出 2 例，供參
考。至於人爲造出來的缺口，筆者已完全看不出原因，僅在圖 11 左側列出 2 例，請方
家指教。

---

①　據石原遼平《里耶秦簡貳春鄉作徒簿綴合乄毛》（"中國古代簡牘の橫斷領域の研究"網，2016 年 10 月 6 日），簡 8-
0780 可以與簡 8-1327 + 0787 和簡 8-1161 綴合。該綴合正確的話，本簡原寬大約 37 mm。簡 8-1327 + 0787 的綴合，
據何有祖《里耶秦簡牘綴合（二）》（簡帛網，2012 年 5 月 4 日）。
②　秦王政元年五月和秦始皇三十二年五月均爲丙子朔，本簡五月應指三十二年五月。第一行"止"字，原釋文、校釋作
"之"，據何有祖《讀里耶秦簡札記（七）》（簡帛網，2015 年 10 月 27 日）改釋。

| 8-1428 | 6-40 正 | 8-247 | 8-0203 |

圖 11　殘餘殘片和人爲缺口

第三節　"異處簡"

　　前兩節主要從簡牘的形狀特點探索了文職官員對簡進行刮削和改造的一些情況。本節則利用相關見解試探一下所謂"異處簡"的問題。所謂"異處簡"與簡的出土地點有關。既然里耶秦簡出土地被比定爲遷陵縣，出土的簡就應與遷陵縣的文書工作産生某種關係。也可以説，簡文與出土地點之間應該存在合理的對應關係。如果簡文與遷陵縣無關,反而與遷陵縣以外的郡縣有關的話,實際的出土地點則與據簡文所預期的出處不同,可以將其稱爲"異處簡",即不同處所之簡。

"異處簡"曾經在日本學界受到關注。宮宅潔①據敦煌漢簡券書有關領受糧食的記載指出,相關券書中有一些出土地點與據券書記載所預期的烽燧不同。宮宅潔則推測,這些異處簡因爲核查等需要被編册並移送。同時,他還舉出一個從不同烽燧出土的簡片能綴合的例子,即馬圈灣出土的簡 D619 和鹽池灣出土的簡 D1262。據此,宮宅潔主張,簡牘在失去其本來的行政功能之後仍會當作"木材"使用和移動。總之,無論當作文書還是木材,宮宅潔從移動的角度解釋了異處簡的出現。籾山明②也指出過額濟納漢簡含有多數異處簡,並贊同簡牘會當作"木材"被移動的看法。青木俊介③進一步主張候官是簡牘當作木材分發給烽燧的一個樞紐。他從居延地區 A8(甲渠候官)遺址出土的簿籍簡在候官內部的分布情況對當時的辦公流程進行分析,得出候官辦公區域(F16、F17、T40、T43、T44 等)內年年産出數以萬計的廢棄簡的結論。據候官和各烽燧的出土量,他又推測,這些候官的大量的廢棄簡,除在候官內被消費外,也向自己無法生産足夠數量的烽燧分發,供各烽燧再利用。④

筆者也承認簡牘有種種移動的可能性,但從里耶秦簡的再利用情況判斷,似乎還存在另一種可能性。因爲文書的收信人或單位是封檢最基本的記載內容,只要核對此項內容就可以判斷封檢是否屬於異處簡,所以小文從最容易發現異處簡的封檢着手試探里耶秦簡所見異處簡。先説明第五、六、八層中出現封檢簡的基本情況。一共有 421 枚封檢簡。有的簡在正背雙面記載不同封檢的簡文,所以更準確的説法應該是一共有 439 張封檢簡面。一枚簡僅記載一張封檢簡面的有 379 枚,一枚簡正背面各記載一張封檢簡面的有 18 枚(即 36 張封檢簡面),一枚簡一面記載封檢而另一面記載不相關內容的

① 參看宮宅潔《邊境出土簡研究の前提——敦煌の穀物關係簡より》,《中國出土資料研究》第 6 號,2002 年。
② 參看エチナ(額濟納)漢簡講讀會《エチナ漢簡選釋》(《中國出土資料研究》第 10 號,2006 年)中的《解題にかえて》(由籾山明執筆)。
③ 青木俊介《候官における簿籍の保存と廢棄——A8 遺址文書庫·事務區劃出土簡牘の狀況を手がかりに》,籾山明、佐籐信編《文獻と遺物の境界——中國出土簡牘史料の生態的研究》,東京外國語大學亞非語言文化研究所,2011 年。
④ 另外,高村武幸在討論睡虎地 77 號漢墓出土公文書時也涉及"異處簡"。目前公開發表的睡虎地 77 號漢墓出土簡牘中含有與南郡臨沮縣漕運業務相關的公文書,但是出土地點並不是漢代南郡臨沮縣而是江夏郡安陸縣(今湖北省雲夢縣)。據高村武幸的説明,這也可以理解爲一種異處簡。參看高村武幸《睡虎地 77 號漢墓簡牘文書·簿籍類釋文案》,《三重大史學》第 13 號,2013 年。

有 24 枚(即 24 張封檢簡面)。①

表 1

收信人	封檢數量	
	簡面	百分比
遷陵縣廷	270	61.5
"遷陵"	144	32.8
"廷"	126	28.7
遷陵縣尉	20	4.6
遷陵縣官	37	8.4
倉	15	3.4
少内	12	2.7
庫	4	0.9
司空	3	0.7
田官	3	0.7
鄉	16	3.6
都鄉	5	1.1
貳春鄉	7	1.6
啓陵鄉	3	0.7
未詳	1	0.2
它縣	9	2.1
洞庭等郡	6	1.4
内官	1	0.2
某治所	18	4.1
個人	18	4.1
傳	6	1.4
未詳	38	8.7

　　查看里耶秦簡封檢的收信人,除無法確定地點的個人收信人、出差官員("某治所")和"傳"之外,可以將其分爲遷陵縣廷、遷陵縣尉、遷陵縣官(倉、田官、司空等)、遷陵縣下屬鄉、遷陵以外的縣、洞庭等郡。其中遷陵縣廷爲最多,共有 270 張簡面,占總數的 61.5％。又可以細分爲從縣外來的封檢 144 張和從縣内來的 126 張,②前者以"遷陵"開頭,後者

① 青木俊介對"平板"的封檢作過統計,算出 388 枚。數據的差異來自兩種原因:第一,除"平板"封檢之外還有高村分類"四五型"等立體簡,青木俊介没提出具體數字;第二,對殘簡的理解容易造成分歧。參看青木俊介《封檢の形態發展——"平板檢"の使用方法の考察から》,籾山明、佐籐信編《文獻と遺物の境界 II——中國出土簡牘史料の生態的研究》,東京外國語大學亞非語言文化研究所,2014 年。

② 其中含有 6-29,簡文爲"金布 發 ",筆者懷疑其上端被裁斷,在"金"字前原有"廷"字。

寫"廷"或"廷某曹/主某發"等。第二位是遷陵縣官，一共 37 張，分別爲倉 15 張、少内 12 張、庫 4 張、司空和田官各 3 張。如果分別算各縣官封檢數量的話，縣尉比縣官冠首的倉還多，有 20 張封檢簡面。鄉（都鄉、貳春鄉、啓陵鄉）一共有 16 張。遷陵縣以外的縣和洞庭等郡分別爲 9 張①和 6 張封檢簡面。另外還有以某"治所"即出差者爲收信人的封檢一共 18 張、個人 18 張和内官 1 張。剩下 38 張簡面因殘缺等原因無法確定收信人。

　　那麽，其中哪些封檢可以視爲異處簡？如果里耶 1 號井原專供縣廷使用的話，除遷陵縣廷之外所有封檢都能算成異處簡。因爲縣下屬機構的縣官、縣尉和都鄉或許離縣廷較近，所以理論上無法全面排除其共用 1 號井，將不用的封檢簡廢棄到其中的可能性。但是，貳春鄉、啓陵鄉與縣廷之間應該有一定距離，更何況遷陵以外的縣、郡無法與遷陵縣廷旁邊的水井產生關係。這些封檢簡無疑均爲異處簡，本應出土在與收信機關相關的其他設施，而不應自遷陵縣廷附近出土。這些封檢何故出土於里耶 1 號井？

　　從再利用的角度分析，會有兩種情況，一種較爲單純，另一種較爲複雜。單純的情況與習字相似，將使用過的封檢簡翻過來，繼續在背面書寫。比如 8-0699 正背面的簡文如下：

　　　　廷，吏曹。（正）
　　　　尉。（背）

這枚簡應先由縣廷當作封檢傳遞給尉，尉啓封之後在背面重新寫收信機關"廷"等，與尉所發行的文書或某種物品一併寄回縣廷。這也説明尉與縣廷的吏曹有密切的業務來往。尉與户曹的關係也密切，8-1489 就是尉與户曹之間往返再利用的封檢簡。還可以提 8-1498，説明倉與縣廷"主倉"部門的業務來往。這種封檢簡的再利用實際上與宮宅潔等的"移動説"很相近。相關簡以縣廷文書封檢或物品封檢的身份從縣廷移動到縣官，在縣官又重新被利用爲寄往縣廷的封檢，不知在被廢棄前走過多少來回。

　　但是，雙面有封檢簡面的簡却不能全都如此簡單解釋其往來移動的軌跡。簡 8-0695簡文如下：

　　　　臨沅，主司
　　　　空發。洞庭。（正）

① 僅記載遷陵以外縣名的封檢共有十五張，但諸如 8-0467"屠陵"、8-0910"枳"等簡的上端疑被裁斷，屠陵縣等未必是收信機關，也很可能是發信機關。因此，這類封檢均歸入未詳一類。

遷陵。•洞庭。（背）

這枚簡最後以"背"面作正面，由洞庭郡寄到了遷陵。之前它以"正"面爲正面，由洞庭郡寄往臨沅縣。那麼它是如何從臨沅縣移動到洞庭郡呢？① 筆者認爲一種比較合理的解釋是，此枚簡抵達臨沅之後曾被當作封檢寄到洞庭太守府。那時，"背"面當作正面，以"洞庭郡"爲收信機關。洞庭郡的屬吏啓封之後刮削此一面，即以洞庭太守府爲收信機關的一面，並重新在其上填寫"遷陵。•洞庭"。這又當作封檢的正面寄往遷陵縣。

筆者初次意識到封檢被刮削的可能性是在考察里耶秦簡中刮削痕迹的時候。在整理至少一個簡邊極薄的殘片時，就發現了以"遷陵""廷"等爲收信機關的封檢殘片（參看圖 12）。筆者推測這些殘簡是刮削封檢簡時所產生的次品。簡 8-2287 等"一一甲

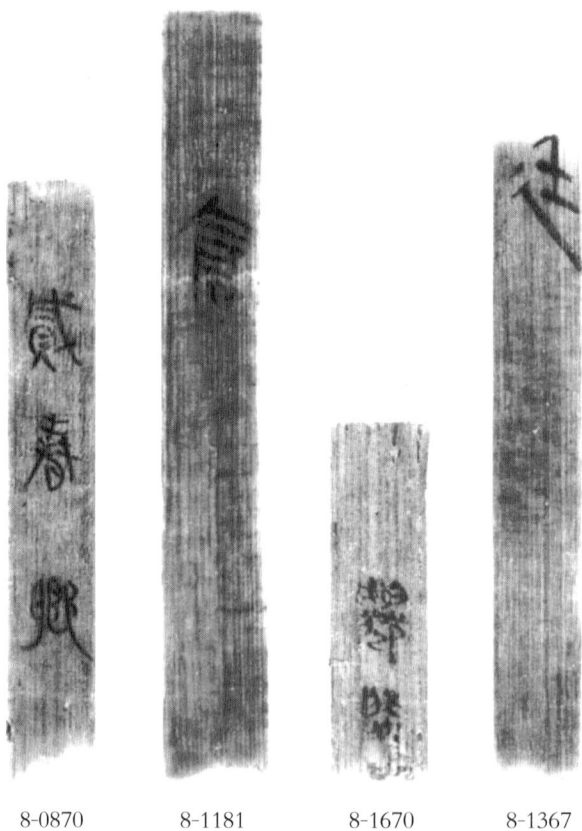

| 8-0870 | 8-1181 | 8-1670 | 8-1367 |

圖 12　封檢刮削殘片

---

① 應該附帶説明，《校釋》（簡 8-0649 注 3）曾經主張洞庭郡治在新武陵縣，後來青木俊介正確指出新武陵縣應爲洞庭郡尉所在地，郡治在沅陵縣。換言之，臨沅縣與洞庭太守府並不在同一縣。參看青木俊介《洞庭郡治小考》（"中國古代簡牘の橫斷領域的研究"網，2014 年 11 月 17 日）。

型"的削衣進一步證明了封檢簡曾被刮削這一事實。同時,以"倉""少内""庫""司空""田官"等縣官和貳春、啓陵等鄉爲收信機關的封檢簡中,背面無字的單面封檢占多數。這些機關中或許有一些與縣廷距離很近,可以想象有某種木材移動的可能性,也不能完全排除其中一兩個機關與縣廷鄰接共用 1 號井的可能性,但這些機關絶不可能全都集中在縣廷周圍。而且殘簡的比率較高,何故又將斷過的殘簡從縣官或鄉特意運到縣廷?這些疑問恐怕難以都僅從"移動"的角度解釋清楚。更自然的解釋是,這些簡背面原有"廷""廷某曹"等字樣,再利用時一度被刮削,但因刮削失敗、折斷等原因未經再次利用就被廢棄了。

反過來説,刮削重寫成功的封檢被寄出之後,在出土於遷陵縣廷附近的里耶秦簡中就不留下任何痕迹。只有其他行政機關與遷陵縣同樣刮削重寫的封檢有可能被寄到遷陵。上述簡 8-0695 就應是在刮削之後"移動"到遷陵的。

小　結

對於里耶秦簡被棄置於水井的理由,發掘簡報中有如下説明:

> 在發掘和整理工作中,我們曾試圖找出簡牘的埋藏規律。就 J1 而言,其簡牘的埋藏應是秦末動亂之時,政務不修,以致隨意棄置於水井之中。

這種看法大概基於較爲完整的簡牘,將其當作一套秦時縣級政府的檔案看待。正規的檔案不可能隨意棄置,因而用"政務不修""動亂"等詞描寫其特殊背景。但據小文所分析的刮削、改造痕迹來看,里耶秦簡恐怕並不是一套較正規的檔案。其中含有大量的辦公垃圾,有的是改削、改造時剩下的殘片,有的是因改削、改造失敗而廢棄的廢物。僅在小文初步調查的範圍内,相關簡數已達到 493 枚,超過第五、六、八層簡總量的 20%(參看附表 11)。這種辦公垃圾會在日常的文書行政運作中不斷地發生,也應不斷地被廢棄。

秦人當垃圾扔掉,未必對現代研究工作者無用。實際上,儘管目前才公開發表了一部分簡,在文書制度、户籍制度、歷史地理等方面已有很多新的研究和新的發現。里耶秦簡以及研究工作者的貢獻絶不可低估。但有時也需要換個視角,不僅關注一部分完整簡的記載内容,而更進一步考慮其被廢棄的理由及其與周圍殘片的有機關聯。爲以此,我們似乎應該更關注那些不引人注目的零零碎碎的殘片,開發一些更適合整理和研究它們的新方法。

　　這種新方法需要從簡牘的形制方面入手。形制又與簡牘的物質文化密切關聯。筆者對此並不十分了解。小文包含一些相關的推測,與筆者這方面的專門知識相比或許過於大膽。尤其是有關剥刮整個簡面的推測始終讓筆者感到忐忑不安。本來應該逐一調查原物,最好再用一些實驗考古的方法,如製造、刮削、改造和折斷木簡複製品,基於實際觀察經驗判斷造成加工痕迹的原因。但是,實驗考古遠遠超過筆者的研究範圍,目前也沒有調查原簡的機會,只能提出一些基於圖像觀察的不成熟意見。抛磚引玉,若能引起方家的關注和討論,小文的目的就算達到了!

2015 年 7 月 20 日初稿

2017 年 2 月 27 日定稿

附表 1(削衣,"＊"表示二次刮削)

5-16	8-0718	8-1797	8-2087	8-2120	8-2153	8-2364
5-17	8-0852	8-1800	8-2089	8-2122	8-2154	8-2367
5-19*	8-0963	8-1822	8-2090	8-2125	8-2156	8-2372
5-20	8-0964	8-1864	8-2091*	8-2126	8-2171	8-2376
5-21*	8-1021	8-1889	8-2092	8-2127	8-2172	8-2402
5-26	8-1162	8-1919	8-2094	8-2128	8-2175	8-2405
5-29	8-1181	8-1923	8-2095*	8-2129	8-2176	8-2407
5-31*	8-1209*	8-2044	8-2096	8-2130	8-2177	8-2411
6-16	8-1284	8-2045	8-2097*	8-2132	8-2178	8-2412
6-20	8-1348	8-2050	8-2099	8-2133	8-2182	8-2416
6-22 + 31	8-1351	8-2052	8-2100	8-2134	8-2184	8-2422
6-24*	8-1361*	8-2054	8-2101	8-2135	8-2242	8-2423
6-26	8-1367	8-2056	8-2102	8-2137	8-2278	8-2426
6-33	8-1391	8-2060	8-2103	8-2139	8-2279	8-2434
8-0103	8-1420 + 1173	8-2061	8-2105	8-2140*	8-2287	8-2449
8-0104	8-1423	8-2063	8-2106	8-2141	8-2291	8-2450
8-0205	8-1503	8-2066	8-2107*	8-2143	8-2328	8-2452
8-0239	8-1509	8-2068	8-2108	8-2144 + 2146	8-2329	8-2456

續表

8-0244	8-1535	8-2069	8-2111 + 2136	8-2145	8-2336	8-2457
8-0274 + 2138	8-1615*	8-2071	8-2112	8-2148	8-2340	8-2460
8-0316	8-1671	8-2080	8-2113	8-2149 + 2121	8-2349	8-2461
8-0395	8-1704	8-2082	8-2114	8-2150	8-2355	8-2511
8-0460	8-1711	8-2084	8-2115	8-2152	8-2359	8-2524
8-0649	8-1716	8-2086	8-2117			

附表 2(厚薄懸殊)

6-17	8-0778	8-1626	8-1762	8-1977	8-2098	8-2345
8-0003	8-1386	8-1730	8-1769	8-2043	8-2104	8-2453
8-0260	8-1388	8-1734	8-1823	8-2057	8-2131	8-2458
8-0326	8-1410	8-1755	8-1947	8-2085	8-2155	8-2476

附表 3(簡面剝離,界綫整齊)

5-18	8-0170	8-0715	8-1469	8-1756	8-1967	8-2166
6-08	8-0207	8-0728 + 1474	8-1486 + 1487	8-1773	8-1988 + 1918	8-2215
6-14	8-0220	8-0946 + 1895	8-1602	8-1818	8-2016	8-2221
8-0022	8-0271 + 0029	8-0965	8-1617 + 0869	8-1824	8-2025	8-2229
8-0028	8-0651	8-1059	8-1664	8-1844	8-2026	8-2303
8-0087	8-0699	8-1238	8-1703	8-1943	8-2151 + 2169	8-2518
8-0109 + 0386						

附表 4(刮削未盡而廢)

5-13 + 15	8-0162	8-0489 + 0149	8-0690	8-0977 + 1821	8-1541	8-2005
5-23	8-0178	8-0510	8-0789	8-1075	8-1578	8-2007
5-30	8-0242	8-0544	8-0796	8-1140	8-1603	8-2028
6-12	8-0245	8-0549	8-0833	8-1196	8-1705	8-2032
8-0035	8-0247	8-0603	8-0846	8-1268	8-1760	8-2046
8-0046	8-0288	8-0609	8-0902	8-1273	8-1808	8-2076
8-0047	8-0375	8-0662	8-0915	8-1358	8-1891	8-2445
8-0072	8-0389 + 0404	8-0675 + 2020	8-0917	8-1526	8-1939	8-2478
8-0076	8-0424	8-0687				

附表 5(刮削殘留)

8-0016	8-0475 + 0610	8-0767	8-1242	8-1485	8-1607	8-1868 + 1777
8-0017	8-0526	8-0768	8-1302	8-1515	8-1624	8-1881
8-0066 + 0208	8-0635	8-0773	8-1428	8-1518 + 1490	8-1628	8-2017
8-0181 + 1676	8-0644	8-0949	8-1451	8-1529	8-1683	8-2032
8-0203	8-0652 + 0067	8-0990	8-1464	8-1541	8-1785	8-2033
8-0263	8-0662	8-1085	8-1465	8-1560	8-1854	8-2255
8-0461	8-0699	8-1142	8-1468			

附表 6(人爲裁斷墨迹)

○一型						
8-0129 + 0082	8-0682	8-0830 + 1010	8-1219	8-1683	8-1848	8-2079
8-0191	8-0685 + 0462	8-0960	8-1476	8-1707	8-1957	8-2221
8-0192	8-0731	8-1174	8-1675	8-1713	8-2024	8-2224 + 1784
8-0677	8-0738	8-1210	8-1681	8-1717 + 0602 + 1922 + 1892	8-2029	8-2229
○二型						
8-0070 + 1913	8-0073	8-0087	8-0196 + 1521	8-0962 + 1087	8-2001	8-2303
8-0071						
——甲型						
5-03	8-0099	8-0359 + 0343	8-0475 + 0610	8-0956	8-1403	8-2027
二五型						
6-19	8-1340	8-1695	8-1970	8-2040	8-2231	8-2468
8-0357	8-1477 + 1141	8-1812	8-2030	8-2158	8-2444	8-2549
8-0408	8-1561	8-1847				
(二五型無人爲裁斷墨迹者)						
8-0001	8-0107	8-0739	8-1460	8-1643	8-1999	8-2466
8-0018	8-0200 + 0296	8-1307	8-1467	8-1760	8-2424	8-2494
8-0080	8-0517 + 0619					

附表 7(刻齒殘留)

8-0030	8-0258	8-0956	8-1778	8-2536

附表 8(簡形與簡文不相合)

8-0027	8-0550	8-0975	8-1073	8-1442	8-1857	8-1986
8-0066 + 0208	8-0780	8-0994	8-1343 + 0904	8-1492	8-1961	8-2008
8-0068						

附表 9(改造餘茬)

5-04	6-30	8-0076	8-0201	8-0590	8-1613 + 1708	8-2051
5-05	8-0006	8-0078	8-0203	8-0700	8-1644	8-2112
5-06	8-0007	8-0117 + 0089	8-0209	8-0706 + 0704	8-1654	8-2171
5-08	8-0014	8-0142	8-0223	8-0726	8-1667	8-2205
5-09	8-0021	8-0143	8-0228	8-0864	8-1737	8-2248
5-25	8-0024	8-0148	8-0241	8-1212	8-1891	8-2475
5-27	8-0038	8-0150	8-0247	8-1281	8-1939	8-2477
5-28	8-0047	8-0165	8-0369 + 0726	8-1344	8-1942	8-2504
5-30	8-0058	8-0178	8-0422 + 0050	8-1485	8-1952	8-2542
6-15	8-0069	8-0190 + 0130 + 0193	8-0571	8-1586	8-2017	

附表 10(人爲缺口)

6-40	8-0087	8-0166 + 0075	8-0396	8-0646	8-1510	8-2046
8-0035	8-0114	8-0197	80411	8-1438	8-1579 + 1055	8-2059

附表 11(辦公垃圾總數)

	簡數①	百分比
削衣	165	7.0
厚薄懸殊殘簡	28	1.2
簡面剝離	43	1.8
刮削未盡而廢	59	2.5
刮削殘留	46(42)	2.0(1.8)
人爲裁斷	76(69)	3.2(2.9)

① 括號數字爲減除重複簡號的各項總數。

續表

	簡數①	百分比
刻齒殘留	5	0.2
簡形與簡文不相合	15(14)	0.6(0.6)
改造餘茬	69(57)	2.9(2.4)
人爲缺口	14(11)	0.6(0.5)
總計	520(493)	22.2(21.0)

① 括號數字爲減除重複簡號的各項總數。

里耶古城 J1 埋藏過程試探

劉　瑞

中國社會科學院考古研究所

2002 年 5、6 月間，考古工作者在湖南湘西土家族苗族自治州龍山縣里耶鎮清理了一口埋藏有 37000 餘枚簡牘的水井（編號 J1），由於井内出土簡牘的數量遠超此前各地發現秦代簡牘的總和，故舉世轟動。五年後，與其相關的考古資料結集爲《里耶發掘報告》正式出版，[①]成爲我們深入了解有關遺迹現象的第一手資料。

2003 年初，我曾據考古工作者在當年《文物》和《中國歷史文物》第一期發表的 J1 和木牘的内容，在《中國文物報》上以《里耶古城 J1 和秦代木牘零拾》爲題對該井的出土木牘進行了簡略討論，[②]引起了有關學者的注意。需解釋的是，如當時發表題目所示，是時完成的文章包含有對 J1 和木牘兩部分的認識，但因篇幅關係，當時僅發表了原稿中對木牘部分的認識，而對 J1 開展的討論，則未及時刊布，造成該文内容與題目並不一致的現象。之後由於我一直忙於對南越國宫署遺址的發掘和資料整理，對 J1 的討論一直再没有時間修改，故而擱置一邊。現在，隨着《里耶發掘報告》（以下簡稱“《報告》”）的精裝出版，我們不僅通過《報告》了解到了該井完整的考古資料，而且還知道了該井發掘人員的第一綫認識，這樣對 J1 開展進一步分析的條件就已完全具備。所以我借中國里耶古城・秦簡與秦文化國際學術研討會召開之機，將舊文取出，據《報告》公布的完整考古資料略作修改和補充，提交會議。

在前述小文中，我根據已刊布 J1 内出土秦牘的文字書法，提出“里耶出土秦代木牘

---

① 湖南省文物考古研究所編著《里耶發掘報告》，嶽麓書社，2006 年。本文所引 J1 的考古數據均采自該《報告》，不再出注。

② 劉瑞《里耶古城 J1 和秦代木牘零拾》，《中國文物報》2003 年 5 月 30 日。

中很多都應屬於抄本。它們是當時政府部門爲某種目的派出專門抄手(如"敬手"中的"敬")特意將那些相關内容的不同件公文整理抄寫在同一木牘上,是檔輯匯本",認爲"集中整理後的這些抄本被集中管理,後又被集中傾倒進了井内。這是秦代檔案管理制度的又一個發現"。因此,爲了進一步探究這些秦牘在當時是如何管理、如何廢棄等問題,我就想進一步地探究它們原始的埋藏環境——J1,希望通過對 J1 埋藏過程的分析,間接地復原出這些簡牘的管理和廢棄過程,爲今後(在它們完全發表後)進一步研究秦代文書和檔案管理等問題提供前期的考古學探索。於是,懷着這樣的目的,我對《報告》的有關描述進行了閱讀,思考它們究竟是在持續多長的時間内被廢棄並抛入井内,又是在何時被抛入井内的。在閱讀之後,我認爲,據《報告》所提供的資料,《報告》提出 J1 内的堆積是形成於夏秋草本植物生長旺盛的二至三個月内的認識①可能並不成立,J1 内出土的這些秦代簡牘也並非是在秦末被集中抛棄於井内,其廢棄時間應在漢代,J1 的埋藏過程可能較《報告》的有關認識要複雜一些。是否成立,請方家教正。

一、J1 的深度

爲了後文討論井内堆積形成過程的方便,我們首先需確定 J1 深度。

《報告》提出,J1"深 14.3 米"(第 44 頁)。②但綜合《報告》所提供的考古資料後,我認爲 J1 的深度當不止於此:

首先,從《報告》描述看,"現在的井口距地表 3 米,原開口位置還應高 0.5—0.6 米",因此這裏關於 J1"14.3 米"爲殘深,而原始的井深則應描述爲"殘深 14.3 米"。

其次,從《報告》圖二十五、二十六的比例尺看,J1 第 3 層上部距發掘前地表深度與《報告》"現在的井口距地表 3 米"的描述基本相符,顯示《報告》所認爲的井口是從第 3 層堆積層開始的,即《報告》認爲的井口是指現殘存的木質井壁的上部。而從報告中關於第 3 層堆積的介紹僅有厚度,而未像其他層堆積一樣介紹其距井口深度的描述手法分析,從《報告》對井内其他各堆積層厚度和距離井口高度的描述方式看,《報告》對井口的認識亦應是從現存第 3 層堆積上部算起。因此確切地講,《報告》提出 J1"14.3 米"的

---

① 《報告》中使用的詞彙是"廢棄"而非"填埋"。但從其"第 16 至第 5 層爲秦末廢棄堆積"和"J1 廢棄延續時間,推測不會太長,應在兩個月左右,最多不會超過三個月"看,其所講的"廢棄"即爲"填埋"。

② 此外在《報告》中第 233 頁還提到"井深 14.27 米"。

深度就應是 J1 的第 3 層平面周圍殘存木質井壁向下的深度，並不包括《報告》中確認屬井內堆積的第 1、2 層的厚度。

再次，從 J1 結構看，其先挖井坑，然後在井坑內砌築木質井壁，再在井壁和井坑間填埋青膏泥。因此從該井的結構分析，其實際具有井坑口部、井壁現殘存口部、青膏泥口部等三個不同的井口上部。

一般來説，在水井得到完整保存的情況下，上述三個井口的高度應該一致，處於一個平面，因此没有必要對其加以進一步區分。不過當一口水井修建完成後，人們往往會在井的上部再砌築或安裝一個石質、陶質或其他質地的高出水井周圍地面的"井口"，有時還會修建井臺，以保證井外的水不會流入井内，保障井内水體的衛生。在這種情況下，井口就不再是前述的三個井口，而應是這個新增"井口"的上部。即，如井上部增加的"井口"和井臺均保存完好，則井深應從該"井口"上沿向下直至井底。而如果"井口"和井臺均遭後期的破壞而不存，那實際上我們清理出來的就已經是位於原來"井口"之下的井坑口、井壁口和青膏泥口了。如三者位於同一平面，則井深就是從這個平面至井底的深度。但如 J1 所示，通常我們所發掘出的水井，往往井坑口、井壁口、青膏泥口並不在一個平面，那麽這時的井口就應以三口中最高的一個進行計算，以最接近於該井原始井口的高度來計算井深。即在三者不等高的情況下，應以三者中保存最高的部分作爲井口殘高測量，而不是較之爲低的其他殘口。

據《報告》介紹，"J1 的開口層位亦應在 10 層下，而直接開鑿於生土層上"，而從《報告》圖二十五、二十六看，J1 井壁殘口低於水井井坑殘口，因此 J1 井口就應以井坑殘口周圍的生土最高點測量，而不是以低於井坑殘口的木質井壁殘口計算。不然其就與"井口"概念中"口"的含義不符。在《報告》圖二十五、二十六中，J1 井坑殘口北側、東側的井坑壁的生土上部高於井壁殘口的上部約 1.41 米，據圖所附的比例尺進行測量，J1 深度至少在 16.12 米左右。而必須指出的是，該數字也是殘深，並非井的原始深度（《報告》指出，"J1 開口第 10 層下，現在的井口距地表 3 米。原開口位置還應高 0.5—0.6 米，由於坍塌而造成現在的情形"。而從《報告》圖二十五、二十六看，其認爲的"原開口位置還應高 0.5—0.6 米"的高度應是復原了兩層缺失井壁木板後的高度，尚不及井坑周圍生土上部的高度，因此其也並非"原開口位置"）。

最後，如前所述，據《報告》對各層堆積距井口深度的描述，《報告》計算井内各層堆積距井口深度的起止點，應均是以各層堆積的上部平面開始向上至第 3 層的平面最高點,不包括該層厚度。而從《報告》圖二十五、二十六及文字描述看,該井井壁木板的下部直接叠壓在第 18 層細沙石層上,因此《報告》描述第 18 層"厚 0.08—0.1 米,距井口 14.3 米"的"14.3 米"的深度就應是 J1 現殘存木質井壁的高度,並不包含第 18 層本身的厚度。故,準確地講,"14.3 米"應是井內現從第 3 層平面至第 18 層平面的殘存井壁的殘高,而並非 J1 之深。

從 J1 的構造看,第 18 層位於井壁之下,其應是建設水井井壁前的底部處理。因此,在這種情況下,在對該井深度描述時就需分別介紹。即,從現存井坑殘口開始,其至第 18 層底部的深度應是井坑殘深,而從現井坑殘口開始至第 18 層頂部(不含第 18 層在內)的深度應爲井內深度,二者雖然可能僅相差微小的第 18 層"厚 0.08—0.1 米"的厚度,但其性質却並不相同,需進行完整介紹。

因此,綜上分析,《報告》提出 J1 爲"14.3 米"的深度並非 J1 之深,其應是 J1 現存木質井壁殘高;J1 的井坑殘深應從井坑殘口周圍最高的生土點開始計算,向下至井底第 18 層下部,據《報告》圖二十五、二十六測量,其深當在 16.12 米左右;再將第 18 層井底鋪墊排除後,J1 殘深應在 16.02—16.04 米左右。即,對 J1 深度的描述可能應分爲以下三步:井坑殘深 16.12 米左右,井內殘深 16.02—16.04 米左右,木質井壁殘高 14.3 米。

二、J1 的第 1、2 層堆積

而爲後文討論井內堆積形成過程的方便,我們需了解 J1 第 1、2 層堆積和有關問題。《報告》指出:

第①、②層已擾亂,不采用。……

5 月 20 日,在石頭層下面的淤積物中發現一層樹葉,同時還出土一截直徑約 40 釐米的木段。5 月 26 日,在距地表 2.9 米處,發現下坍的 12 塊殘木段(由此推斷,原來的井圈要比現在保存的井圈高出 0.5—0.6 米左右)。5 月 28 日,木井圈出露,於是正式命名爲一號井(J1)。同時將石頭層以下至現存井圈之間的堆積物定爲 J1①②層,這部分出土物有點混淆,已不采用。

從《報告》描述看,J1 第 1、2 層堆積位於石頭層至木質井圈之間,可能是在操作中出現了混淆,因此《報告》對其不加采用。我認爲:

　　首先,從考古學描述習慣看,"擾亂"一詞至少應包括兩種情況:一、指在清理過程中,在操作或考古認識中出現難免的紕漏(這是由考古學本身特點所決定的考古學學科的特點之一),將本屬不同堆積層次的出土遺物混雜在一起;二、指歷史上既已出現的晚期人類活動對早期人類活動形成堆積的破壞。

　　一般來講,如是第一種情況,考古學上一般也至少存在着兩種處理的方式:如"擾亂"的僅是堆積層中的出土器物,而對堆積層次本身的認識並無錯誤,則應將已混雜在一起的兩層中的出土器物合併歸入到上面的堆積層中進行介紹,而對沒有混雜的堆積層次本身,則還是應進行完整的考古學描述;而如果不僅出土的器物出現混雜,而且堆積層次也沒有在工地發掘中劃開,那麼應在作出適當説明後將其合併爲一層處理,將其統一爲一層堆積來對堆積層和出土物進行介紹;而如屬第二種情況,是屬歷史上既已形成的"擾亂",那這種"擾亂"就需作介紹,因在一個堆積複雜的遺址中,幾乎絶大多數的早期考古現象都會被晚期考古現象所"擾亂",這種"擾亂"本身就是考古學研究的對象,不能因其"擾亂"而不加報導。

　　因此從《報告》的文字描述看,雖然其未介紹這兩層堆積被"擾動"的具體原因,但從其尚能將堆積分爲兩層進行編號的描述看,這兩層堆積的區別在考古清理過程中應尚且清晰,因此很可能受"擾亂"的就是地層中的出土遺物。那麼在這種情況下,爲了保持資料完整,就應介紹這兩層堆積的厚度、距井口深度、土質、土色等考古學內容。即,既然能劃出 1、2 兩層,那就説明其受"擾亂"的程度並不嚴重,就需要對 J1 第 1、2 層的厚度、土質、土色等內容進行描述。

　　其次,據《報告》:

　　　　直接叠壓 J1 井口的是由⑧層下陷形成的凹坑,⑧層下爲石頭層,在 J1 井口上方,沒有直接與遺址中重要地層⑨、⑩層發生關係。

據前文認識,《報告》所指的"井口"是殘存木質井壁的上部,那麼其對 J1 井口的描述就與《報告》圖二十五、二十六中顯示內容存在矛盾。從《報告》圖二十五的繪製內容看,在該圖中的發掘區統一地層編號的第 8 層到木質"井口"間的地層,編號爲"廢棄堆積 1""廢棄堆積 2""廢棄堆積 3"共三層;在圖二十六中,在發掘區統一地層編號的第 8 層下直至木質"井口"之間的地層,是發掘區統一地層編號的第 9 層、"廢棄堆積 2"、叠壓在 K9 上的未編號地層(從圖二十五看,其也應爲"廢棄堆積 3")和叠壓在 L12 上的未編號地層。

據《報告》：

L12、K9 上部礫石堆積層被⑩層叠壓。

根據地層關係，L12、K9 被叠壓在⑩層下，而 L12、K9 作爲 J1 使用時期的附屬設施，由此可認定 J1 的開口層位亦應在⑩層下，而直接開鑿於生土層上。

那麼《報告》圖二十六中叠壓在 K9 和 L12 上的未編號地層即應爲發掘區統一編號的第 10 層。而在將圖二十五、二十六聯合進行分析後，我們即可發現，發掘區統一編號的第 10 層就至少應相當於在圖二十五中"廢棄堆積 1""廢棄堆積 2""廢棄堆積 3"等三層堆積中的"廢棄堆積 3"。而從《報告》所附圖看，無論在《報告》圖二十五的"廢棄堆積 3"，還是圖二十六中叠壓在 K9 和 L12 上的未編號地層，均連續分布，直接叠壓在 J1 木質井壁之上，故據此可知，直接叠壓 J1 木質井壁的地層就應是發掘區統一編號的第 10 層，而並非如前引《報告》所言，J1"沒有直接與遺址中重要地層 9、10 層發生關係"。

但從《報告》圖二十六看，在 J1 殘存木質井壁之内的井内堆積編號爲 3a 層，而位於其上的，位於井坑内用青膏泥填土形成的井内空間（在木質井壁缺失後露出了填埋在井坑和木質井壁之間的青膏泥）中却並沒有《報告》未介紹的"已擾亂"的 J1 第 1、2 層堆積。而從考古發掘地層標號的習慣看，J1 的第 1、2 層只能是叠壓於現殘存木質井壁圍成空間内所包含的第 3 層堆積之上。因此，其就必然與《報告》圖二十五的"廢棄堆積 3"、圖二十六中叠壓在 K9 和 L12 上的未編號地層發生衝突。即《報告》圖二十五的"廢棄堆積 3"和圖二十六中叠壓在 K9 和 L12 上的未編號地層究竟是發掘區統一編號第 10 層還是 J1 的第 1、2 層？ 如據前引《報告》文字描述，則叠壓在木質井壁上的填土就應是 J1 的第 1、2 層；而據《報告》圖二十五、二十六和其他文字描述，則其應是《報告》認爲不叠壓而實際叠壓"井口"的發掘區第 10 層。

再次，據《報告》，在發掘過程中，在發掘區第 8 層之上清理過編號爲 H1 的遺迹：

在 T9 中央部位的③B層下，距地表 1.1 米處發現一個大坑，該坑呈橢圓形，南北長 4 米，東西長 5.5 米，坑底南北長 3.5 米，東西長 4.1 米，坑壁光滑（初編號爲 H1，J1 發現後，分析認定此 H1 爲 J1 廢棄後，井壁下塌，地層下陷而形成的自然窪地，又將 H1 編號取消，將其出土物歸入地層中）。

該坑的上層爲青灰色淤泥層，厚約 0.3—0.4 米，土質較軟，包含物爲板瓦、筒瓦、陶片，應爲⑧層以上的地層，土質土色已與周圍地層有所不同，而坑的下層爲很薄的黃褐色土層,厚約 0.1—0.15 米,土質較硬。這層土在遺址中爲典型的第⑧層土。在⑧層下,坑底分布着大小不勻的石頭層,厚約 0.1—0.2 米,其用途可能是 J1 廢棄後,針對這處下淤的地方進行填實、整平的地面。

據《報告》描述,曾經編號清理的 H1 的下層堆積即應爲發掘區統一編號的第 8 層,而位於其坑底的石頭層則應屬統一編號的第 8 層之下的其他地層。從《報告》文字描述看,J1 上部確實存在石頭層,"直接疊壓 J1 井口的是由⑧層下陷形成的凹坑,⑧層下爲石頭層",而"L12、K9 上部礫石堆積層被⑩層疊壓,與 J1 上方凹坑底部覆蓋的那層礫石堆積屬於同一層位"。但從《報告》所附圖看,該描述却無法成立。如在《報告》圖二十五中,第 8 層下的礫石層分別被劃入"廢棄堆積 1"和"廢棄堆積 3"中;而在《報告》圖二十六中,石頭層又被分別劃入"廢棄堆積 2"和疊壓在 K9 上的未編號地層中。因此位於 J1 上部的石頭層就並非"屬於同一層位"。如是,則這層石頭就可能並非是"J1 廢棄後,針對這處下淤的地方進行填實、整平的地面"時的鋪墊,其應該存在其他更多的可能。即,J1 廢棄後在其上部相應位置到底如何處理,應該還有其他的可能性。

三、J1 内堆積的再整理

據考古學操作慣例,地層是據堆積的土質、土色和包含物的差異來進行劃分的,層和亞層(或大層和小層)均是據其所具有的三方面差異進行區別。J1 内的堆積層次也應具有這些地層學特點。在閱讀《報告》後,我認爲:

首先,《報告》指出 J1 的井内堆積"分爲十八層(含二十九小層)",而從《報告》描述看,其除對井内的第 4 層堆積進行了土質、土色描述外,並未對其所區分出小層的大層,如第 3、5、6、7、8、9、10、16 等層進行必要的地層學介紹,而僅介紹其厚度和距井口深度等對地層而言屬外在的資料。這樣,我們就無法據《報告》了解發掘者究竟是據何種地層學差異來對其進行區別。即據《報告》我們無法了解這些能分出小層的大層在土質、土色和包含物上存在何種差異。

在閱讀《報告》後,我認爲,從《報告》對井内堆積的第 3、4、5、6、7、8、9、10、16 等所含各小層的土質、土色、包含物的描述看,從報告對這些層次的描述與報告對其他未分小層的如第 11、12、13、14、15、17 等層文字描述的類似性看,《報告》中各小層的地層學差異應很明顯,它們完全可獨立成層。即,據《報告》現有描述,這些被分屬不同大層的小層可能並不需要歸屬到《報告》未揭示具有何種地層學差異性特點的大層之內，各小層應可獨立成層。

其次，《報告》指出，J1的井内堆積"分爲十八層（含二十九小層）"，而在閱讀《報告》後，我將井内堆積整理如下，認爲《報告》的上述認識不確。

表1　J1井内堆積整理表

流水層號	《報告》編號	地層特點
1	3A	多草本植物、樹葉，夾少量陶片。
2	3B	青灰色淤泥夾大量瓦礫。
3	4A	少量淤泥，夾少量植物杆莖。
4	4B	草本植物、樹葉等夾大量瓦礫、陶片。
5	5A	黑色土，竹木屑夾大量草本植物杆莖、樹葉。
6	5B	淤泥含水多，有少量竹木屑和幾枚殘斷楚簡。
7	6A	多腐朽植物和生活垃圾。
8	6B	淤泥較多，較多散亂簡和生活垃圾。
9	7A	淤泥板結，少量竹木屑、陶片、瓦礫和簡牘。
10	7B	多竹木屑，伴出簡牘。
11	7C	出瓦礫、陶片。
12	8A	淤泥含水多，多竹木屑和簡牘。
13	8B	淤泥夾少量瓦礫，無簡牘。
14	8C	淤泥夾少量竹木屑、陶片和簡牘。
15	9A	竹木屑。
16	9B	瓦礫，少量淤泥和竹木屑。
17	9C	竹木屑夾較多簡牘。
18	10A	淤泥板結，少量竹木屑和簡牘。
19	10B	淤泥色黑，局部有竹木屑和少量簡牘。
20	10C	少淤泥，多竹木屑和簡牘。
21	11	青灰色淤泥板結，少量殘簡。
22	12	淤泥泛黑，多竹木屑，較多簡牘及生活遺物、兵器。
23	13	青灰色淤泥，多瓦礫，少量竹木屑，層面有較多簡牘。
24	14	淤泥含水多，層面上一層竹木屑，少簡牘。
25	15	淤泥含水多，有一層薄竹木屑，東北角簡牘相對集中，伴出瓦礫和少量生產工具。
26	16A	木屑，較多簡牘。
27	16B	淤泥，出殘漆木器，簡牘少。
28	17	稠黏青灰色淤泥，局部泛黑，層面平整，有少量木屑和簡牘。近底部多生產和生活遺物。
29	18	純净細砂石，下爲與酉水河床基本持平的原生頁岩層。

從表 1 看,在缺少《報告》未描述的第 1、2 層的情況下,從第 3 至第 18 層的 16 個大層的井内堆積已包含 29 個小層。因此,如存在 J1 的第 1、2 層,那麼井内堆積就應是"井内堆積可分爲十八層(含三十一個小層)"。即井内的小層應是 29 層 + 2 層 = 31 層,而並非 29 層;而如果 J1 的第 1、2 層不存在,那麼就應爲"井内堆積可分爲十六層(含二十九小層)"。即大層爲 16 層,而非 18 層。

再次,如前文所述,J1 的木質井壁直接叠壓在第 18 層堆積之上,因此第 18 層就應是井坑内的底部處理,其與"井内堆積"(井壁空間中的堆積)存在概念性的差異,該層應從"井内堆積"中劃分出來。即如存在 J1 的第 1、2 層,則應描述爲"井内堆積可分爲十八層(含三十個小層)";如 J1 的第 1、2 層不存在,則描述爲"井内堆積可分爲十六層(含二十八小層)"。而無論如何,都不存在"井内堆積可分爲十八層(含二十九小層)"的情況。

最後,《報告》結語指出:

> 一號井井内堆積由淤泥和生活遺棄物組成,分成 17 個自然層,其中 1—4 層爲西漢時期的堆積,5—16 層爲秦末廢棄堆積,17 層爲戰國至秦代的使用堆積。(第 234 頁)

表明未將井内第 18 層堆積計算在内。但如是,從數量看,其堆積層次的描述就應是"17 大層"而非"17 個自然層"。因爲"自然層"是在非人爲作用下所形成的堆積,填埋形成的堆積層不應屬"自然層"。而據上表,在 J1 中由上而下的 3b、4a、5b、6b、7a、8a、8b、8c、9b、10a、10b、10c、11、12、13、14、15、16b、17 等共 19 層堆積爲自然淤積沉澱形成的淤泥,大體可稱"自然層",而其他 3a、4b、5a、6a、7b、7c、9a、9c、16a、18 層等共 10 層堆積則明顯是在人爲拋棄廢棄物於井内形成的堆積,因此並非"自然層"(《報告》未介紹井内堆積第 1、2 層的情況,故我們無法確定其是在自然還是人爲作用下形成)。

四、J1 堆積的時代

《報告》提出 J1"開鑿和使用以及廢棄可以分爲四個階段":

(1) 第⑱層是建造井時鋪墊的砂石,屬戰國末年;

(2) 第⑰層多淤泥和汲水罐碎片,層面平整,應是使用時形成,屬戰國末年和秦代;

（3）第⑯層至第⑤層爲秦末廢棄堆積；

（4）第④層以上的井坑，可能沿用過一段時間，直到第三期建築物廢棄後才全部被填塞、淹没。（第44—46頁）

《報告》還指出：

里耶城址一號井始建於戰國至秦，廢棄於秦末，井口離地表3米，井深14.27米，直到砂土滲水層，其次在井底有一層汲水罐的殘片，看來最初是作爲飲用水井使用的，部分廢棄後，漢代曾作過窖穴使用。（第233頁）

而在結語中，《報告》提出：

1—4層爲西漢時期的堆積，5—16層爲秦末廢棄堆積，17層爲戰國至秦代的使用堆積。（第234頁）

綜合《報告》描述，其認識如下：1.J1始建於戰國至秦，爲水井；2.J1在秦末被一次性的廢棄回填到第5層；3.J1上部1—4層填土所在的空間在漢代曾作窖穴使用，在漢代被填埋。

閱讀《報告》後，我認爲：

首先，我同意《報告》提出第18層爲"建造井時鋪墊"的性質認識，但對其"屬戰國末年"的時代判定則心存疑慮。這是因爲，如J1第18層堆積爲"戰國末期"，那因J1木質井壁直接疊壓在第18層上，故J1的時代就當與第18層相同，即J1也應爲"戰國末期"。但從《報告》對井內第18層包含物的描述看，第18層內的包含物爲"最大顆粒不超過3釐米"的"純净的細砂石"，"無包含物"，因此從報告中"無包含物"的描述看，我們實際就難以據包含物來確定該層的形成時間（《報告》在確定該層"無包含物"的情況下，未提出判定該層所含細砂石爲"戰國末期"的考古學證據）。即從出土物看，我們難以據《報告》未提出時代特點的"細砂石"來確定該層的時間，因此也就無法進而據之確定水井修建時代爲"始建於戰國至秦"。

從《報告》圖二十五、二十六和《報告》有關文字描述看，J1井坑打破生土，未打破其他文化層，因此在考古學上就難以據地層疊壓打破等關係來確定J1上限；此外，據《報告》，疊壓在J1口部周圍附屬遺迹上的地層爲時代屬西漢的發掘區的第10層，因此我們就僅能據J1的地層開口關係確定J1下限爲西漢。故確定J1爲"廢棄於秦末"的秦井缺少直接的考古學證據,該認識尚可存疑。即據目前《報告》提供的考古學資料,我們無論從出土物還是從地層叠壓關係,均難認定 J1"始建於戰國至秦,廢棄於秦末"。

雖然《報告》指出,"器物類型學不可能細化爲年代學,更具體的年代判定,光依靠陶器是不夠的,在這一點上,秦簡的出土給我們提供了難得的絶對年代標尺",但《報告》並没有公布其通過秦簡確定"絶對年代"工作的任何可進行重複性研究的步驟和資料,因此我們難據《報告》描述來判定第 18 層爲戰國末期的考古學理由。即我們不知是不是《報告》根據具有"絶對年代標尺"的秦代木牘等文字資料作出了上述的判斷(從《報告》公布的考古資料看,其報導重點是城址和周圍墓葬,並非井内出土的秦楚簡牘。希望將來出版的專題秦代木牘報告中能對此問題進行論證)。

其次,我同意《報告》對第 17 層爲"使用時形成"的性質認識,但對其"屬戰國末年和秦代"的時代判定則同樣心存疑慮。據《報告》,第 17 層"近底部多生産和生活遺物,如箭鏃、鐵臿、錢幣、繩索等"。在考古學上,該層出土的遺物應是判定該層時代的決定性依據。經統計,《報告》以兩種形式公布了第 17 層中的出土遺物:[1]

1. 明確介紹時代的遺物:

第一期遺物:無;

第二期遺物:編號 J1(17):2 的 A 型高領罐(第 127 頁);[2]

第三期遺物:編號 J1(17):1 的 A 型筒瓦(第 139 頁);[3]

2. 未明確指出時代的遺物:

編號 J1(17):36 的銅矛(第 162 頁);

---

[1]　《報告》未提供 J1 的出土器物登記表,因此在 J1 中除上述遺物外的其他器物情況不詳。

[2]　需要説明的是,在《報告》介紹同型高領罐時,還報導了兩件編號爲 J1(5)—(17):1、J1(5)—(17):2 的高領罐殘片(第 128 頁),我無法從其編號確定它們具體的含義和出土地層。此外,據《報告》第 111 頁介紹,J1(17)層納入了第二期遺物中瓦片的統計,《報告》表二十四即爲"里耶城址 J1(17)瓦片統計表",顯示出在 J1(17)中出土了大量屬第二期的瓦片,至於這些瓦片是否編號則並不清楚。

[3]　我對該瓦在此層出現很疑惑,我曾懷疑其是不是編號或校對的錯誤,但考察後發現這應是自己多慮。因爲首先,其不會是 J1(1):71(即,"17"中的"7"字誤入地層號中),因爲《報告》指出第 1 層"已擾亂,不采用";其次,其不會是 J1(7):1(即,"17"中的"1"字爲衍文),因爲據《報告》表三十四,第 7 層出土的瓦片屬第二期,而此瓦片爲第三期;第三,其不會是 J1(4):1(即,"17"爲"4"的誤寫),因爲《報告》同頁正文和圖 105 中均有 J1(4):1;第四,其也不會是 J1(17):或 J1(17):1,因爲里耶古城僅發掘了 7 座井,並不存在編號爲 J(17)或 J1(17)的水井,所以也就不會有出土物進入《報告》進行報導。所以在作出上述推敲後,我想還是應尊重《報告》描述,即我們現在只能認爲該瓦出土在 J1 内的第 17 層中。

　　2007 年 10 月在里耶開會期間,我將這個情況作了介紹,柴焕波、龍京沙先生表示可能是器物編號有誤,該層内不會有第三期的遺物,答允回頭查驗原物。由於目前尚無消息,因此依然以《報告》爲準。

編號 J1(17)：24 的 Ab 型箭鏃(第 164 頁)；

編號 J1(17)：22、23、4、12 的 Ba 型銅鏃(同前)；

編號 J1(17)：6、32、5 的 Bb 型銅鏃(第 166、167 頁)；

編號 J1(17)：13、30 的天平盤(第 167 頁)；

編號 J1(17)：26 的鐵刮刀(第 170 頁)；

編號 J1(17)：21 的 A 型鐵斧(第 172 頁)；

編號 J1(17)：7、20 的 B 型鐵斧(同前)；

編號 J1(17)：8 的鐵鈎(第 176 頁)；

編號 J1(17)：17 的鐵條(同前)；

未介紹編號的"數枚出土於 J1(17)中"的"半兩"錢幣(第 169 頁)；

編號 J1(17)：14 的木牘(第 198 頁)；

編號 J1(17)：27 的 A 型陶網墜(第 217 頁)；

編號 J1(17)：10、14 的陶紡輪(第 219 頁)；

編號 J1(17)：37 的玉玦(第 222 頁)。

據《報告》結語,其"通過地層關係與出土物的互相對比","結合當時大的歷史背景"和具有"難得的絕對年代標尺"的"秦簡"得到了"里耶城址遺存明確的絕對年代",其認爲,第一期遺物爲"戰國中期到戰國末期",第二期爲"秦代",第三期爲"西漢"。因此從第 17 層中出土有第三期 A 型板瓦的情況看,據考古學以地層或遺迹包含物中時代最晚器物確定其時代的原理,J1 內第 17 層堆積的時代就應爲第三期——"西漢"。即據 J1 內第 17 層堆積中出土西漢時期瓦片的情況判定,J1 內第 17 層堆積的時代爲西漢。

由於 J1 內的第 17 層(如《報告》所言,其屬水井在使用過程中形成的堆積)位於井壁內空間的底部,被除第 18 層外的其他井內堆積層所疊壓,因此,既然第 17 層的時代爲西漢,那麼疊壓在其上的第 3—16 層的其他堆積層的時代就肯定不會比其更早,它們只能晚於第 17 層堆積的形成時間。而從 J1 被時代爲西漢的發掘區統一編號的第 10 層疊壓的地層學資料看,J1 內除第 18 層外的其他堆積層的形成時間應均爲西漢,而並非"廢棄於秦末",因此《報告》認爲"第 16 層至第 5 層爲秦末廢棄堆積"的認識應不成立。至於第 4 層向上是否"作爲窖穴使用",因《報告》未提供有關證據,故難以進一步對其加以討論。

如《報告》對"J1(17)：1"瓦片的時代認識無誤,則除因《報告》未提供判定第 18 層爲"戰國末期"的論證依據而使得我們難以對其進行分析外,J1 內其他堆積層的形成時間均應爲西漢。而假如《報告》對"J1(17)：1"瓦片的時代認識有誤,則由於在第 17 層中還出土了屬第二期的高領罐和其他大量屬於秦的第二期瓦片,據考古學判定遺迹地層時代的前述原理,第 17 層的時代則應爲秦,而不會是"屬戰國末年和秦代"(我們難以據該層內含屬第一期的早期遺物,就將它們混合起來認爲該層屬"戰國末年和秦代"。這就像在第 5 層中出土了楚簡,但我們不能將該層時代認爲是"秦和楚"爲一樣的道理)。

綜上可知,據《報告》所公布資料,我們尚難以判定 J1"始建於戰國至秦,廢棄於秦末",其作爲漢代水井的可能性亦不能排除。而從第 17 層中出土瓦片的時代看,J1 內除不含包含物而難以斷代的第 18 層外,其他 17 層堆積都應形成於西漢,不存在 J1"廢棄於秦末"然後即被回填的可能。

五、J1 內三次淤泥板結分析

據《報告》,在 J1 內的堆積中存在着 7A、10A、11 層共三次明顯的"淤泥板結"。我認爲這應是一個非常值得我們注意的問題。我認爲,要形成淤泥板結,就必然需要一個較長時間的乾燥天氣,而由於三次淤泥板結均位於井內,因此其形成必然與井內井水水位的高度變化有着直接關係。當井內水位下降到足夠低的程度後,井底原來沉積的淤泥暴露出來,在氣溫持續乾燥情況下出現淤泥的乾燥板結。因此如對 J1 內存在的三次淤泥板結進行分析,那麼我們就可以通過淤泥板結所需要的水位很低的水文環境、長時間持續高溫乾燥的氣候條件來逆向了解 J1 填埋過程究竟持續了多久時間。即如果我們能從 J1 內存在的 3 次淤泥板結情況出發開展分析,那麼我們就不僅可大體了解到 J1 在廢棄回填過程中當地水文和氣溫變化的情況,而且還能進一步地確定井內堆積的形成過程,爲我們將來深入研究井內出土秦代木牘等文字資料提供科學而直接的考古學證據。

1. J1 內水源的確定

由於三次淤泥板結均形成於井內,因此要確定形成淤泥板結的水文條件,就必須首先確定 J1 內井水的來源。

如前文所揭,J1 是先挖井坑,再在井坑內砌築木質井壁,在井壁、井坑間填埋青膏泥,在井口上修建井臺、井亭。因此從井壁、井坑間青膏泥具有極低透水性的特點看,由於青膏泥的存在，J1 井坑所在原生土（石）層中的淺層地下水就基本上被青膏泥所完全隔斷，不能再滲透入井壁之中，涓涓匯聚而成井水。那麼在這種情況下，J1 內井水的來源就只能是沒有青膏泥封閉的井口或井底。而從 J1 井口周圍建設井亭等設施看，由於井亭的建設和存在，第一，從天而降的雨水不會從井口落入井內；第二，在 J1 作爲水井使用時期需保持井水潔凈，因此井水也不應從井口進入。所以 J1 內的井水不會來自於井口。那麼在這種情況下，J1 內的井水就只能來自於井底。即井底滲透出的地下水應是 J1 內井水的惟一來源（埋藏在 J1 底部的第 18 層細砂石，其可能起的作用就是對地下來水的過濾）。因此我們可以確定，J1 井底（邊長 2 米左右）來水的多寡將直接關係到 J1 內井水水位的變化，其是造成井內淤泥板結的關鍵性水文條件。

據《報告》，J1 所在的里耶鎮"處在酉水中游的一個河谷盆地中"，因此酉水自然會對盆地中的地下水形成豐富的補給。而在一般情況下，河水對地下水補給程度的高低，明顯與補給區距河流的遠近有着直接關係。距離河流越近，河水對地下水的補給程度越高；反之則對地下水的補給程度越低。因此，從里耶古城緊鄰酉水，坐落在酉水旁 I 級臺地上的位置看，里耶古城地下水的補給應依賴於酉水。也就是說，位於里耶城址內的 J1 的地下水來源應主要依靠酉水的補給。如是，則 J1 內水位的高低、井內乾濕程度的變化就應與在其不遠處流淌的酉水的水位高低有着非常密切的關係。酉水水位高了，則其對地下水的補給充足，則井內的井水充盈；反之，則井內水位必然下降。而必須指出的是，里耶古城所位於的河谷盆地的地下水，除必然受到酉水河補給外，還肯定會受到周圍山地地下水的補給。此外，從里耶古城位於盆地中心偏北、處於盆地內酉水河下游的位置分析，里耶城址內的地下水，肯定還會在一定程度上受到來自上游酉水河滲透補給地下水的補給。即，從 J1 所在地點的位置考察，J1 內井水的來源，主要依靠的是酉水河直接補給形成的地下水，同時還受到來自其他方面地下水的補給，而酉水河水位的高低應是影響井內水位變化的關鍵性因素。

2. J1 的水位變化

在確定 J1 內井水來自井底並與酉水河水位高低有直接關係後，爲後文討論井內淤泥板結的形成，我們需首先了解 J1 內的水位：

首先，《報告》揭示，"發掘前地面高程爲海拔 255 米"（第 11 頁），從《報告》圖四"里耶城址發掘前地形圖"所標注等高綫看，河岸標高 236.4 米，二者高差 18.6 米。而據《報告》圖十九"里耶城址地層剖面位置圖"顯示的基點位置和 J1 所在地點看，J1 距測點不

遠，且緊鄰 F-E 剖綫，位於靠近 E 端的北部。據《報告》圖十八(1)"里耶城址地層剖面圖
(A-F)"，發掘前地表基本持平，故雖《報告》未介紹 J1 所在地點發掘前的海拔高度，但從
上述情況分析，J1 所在地點發掘前的海拔高度應與 255 米相差不大。據《報告》圖二十
三(1)"里耶城址 J1 井臺遺迹平面圖"、(2)"里耶城址 J1 井臺遺迹剖面圖"、第 38 頁文字
描述，J1 口部周邊生土距發掘前的地表至少應深 1.1 米等分析，J1 井口的海拔當在
253.9 米以下。而據前文計算，J1 井坑如深約 16.12 米，則 J1 内第 18 層細砂石層下部的
井坑底部的海拔應在 237.78 米左右，殘存木質井壁上部的海拔在 252.49 米左右。

其次，據《報告》，井内堆積的 3b 層爲淤泥層，因要形成淤泥，則當時 J1 内的水位就
應至少超過該層表面。3b 層上距現存木質井壁上部 1.93 米左右(據《報告》，3a 層頂部
距木質井壁上部 1.6 米。從《報告》圖二十六顯示的 3a 層厚度和比例尺推算，3a 層厚約
33 釐米，故 3b 層頂部當距現存木質井壁上部 1.93 米左右)，以木質井壁殘深 14.3 米推
算，要形成 3b 層的淤泥，則當時 J1 内最高水位應有 12.3 米(海拔 250.56 米)。

再次，J1 内最下面的一層淤泥板結爲第 11 層，其頂部距離現存木質井壁上部 9.6
米，而要形成該層的淤泥板結，則其井内的水位應較該層爲低。即如要形成第 11 層的
淤泥板結，則井内水位至少要低於第 11 層底部或第 12 層頂部(這樣該層淤泥就不會被
泡在水中而無法板結)。因此從第 12 層頂部據現存木質井壁上部 10.25 米計算，在形成
第 11 層淤泥板結前，J1 内的水深至少不會超過 4.05 米(海拔 242.24 米)。

從次，J1 内最上層淤泥板結爲 7a 層，與第 11 層的形成同理，在形成該層淤泥板結
前，J1 内井水的水位應較該層底部爲低。從《報告》圖二十六顯示的 7a 層厚度和比例尺
推算，7a 層厚約 1.5 米，7a 層上距現存木質井壁上部 5.83 米，則 7a 層底部當距現存木質
井壁上部 7.33 米。故以木質井壁殘深 14.3 米推算，在形成 7a 層淤泥板結前，J1 内的水
深不會超過 6.97 米(海拔 245.16 米)。

最後，據《報告》提供的酉水河常年水位 237.11 米計算，《報告》圖四中標注的 236.4
米等高綫應接近河底。而據前文計算的 J1 井坑底部海拔計算，其高於現酉水河底約
1.38 米，高於現酉水河常年水位約 0.67 米，似酉水河不會形成對 J1 内井水的補給。但
據《報告》，"酉水河屬山溪性質，易漲易落，灘險流急，兩岸多深溝峽谷"，而如前引，酉水
河有記録以來的最大水量是其平均流量的 16.46 倍，那麽在這種"易漲易落，灘險流急"
的激流衝擊下，酉水河的河床肯定會在巨大水流的沖刷下不斷下切(《報告》描述"河流
兩岸發育Ⅰ—Ⅳ級基座階地"的"階地"，就是在河流不斷下切河床後所發育而成)。故

今天酉水河河底 236.4 米的海拔高度,肯定不是兩千多年前酉水河河底的海拔,兩千多年來酉水河的河底不可能毫無變化。我們不能以今天酉水河河底的海拔高度來否定兩千多年前 J1 內井水的來源。恰恰相反,我們正好可以通過 J1 的有關資料,來確定兩千多年前酉水河河底的海拔高度。即從 J1 井底海拔 237.78 米推斷,在開挖建設 J1 的時代,酉水河的河底海拔應至少在此之上。即兩千多年前酉水河的河底海拔當高於237.78米,高於今天河底約 1.38 米。亦即兩千多年來該段酉水河的河床被水流沖刷至少下切了 1.38 米。

3. J1 內淤泥板結的形成

在對 J1 的水源和水位作了推測後,我們就可以來分析 J1 內淤泥板結的形成:

首先,據《報告》,里耶盆地:

> 氣候屬河壩溫熱區,氣候溫和,雨水較多,雲霧多,濕度大,年平均氣溫 17.1 攝氏度,年平均降水量 1303.3 毫米。

即該地氣候的特點主要是:溫和濕潤、降水較多、濕度大。這種溫和濕潤降水較多的環境並不利於淤泥板結的形成。因此,從 J1 堆積中的三次淤泥板結看,在 J1 填埋過程中,應出現了三次明顯的乾濕度變化。而在形成淤泥板結前,不僅井內的地下水水位急劇下降,而且井外還持續高溫乾燥,因此原來沉積在井底的淤泥出現板結(雖然在低溫乾燥的環境下淤泥也可以形成板結,但就水井而言,在外界低溫乾燥的環境下,水井內的溫、濕度往往會較外界為高,所以井內的淤泥反而不易板結)。從 J1 的水源主要來自於酉水看,井內淤泥板結的出現表明,當時不僅出現長時間的高溫乾燥天氣,而且酉水河水位持續下降,並最終引起地下水的水位降低,造成井內井水供給的不足,於是井內井水減少,這樣在高溫而無水的情況下,原沉積在井內的淤泥開始板結。也就是說,要形成 J1 內三層淤泥板結,則需有三次長時間的高溫、低水位的氣候和水文條件。

其次,一般來說,由於水井內部空間狹小,深度很大,因此井內外空氣流通的速度較慢,井內外的溫、濕度存在明顯差異。通常當井外高溫乾燥時,井內往往陰冷濕潤;井內溫、濕度的變化遠遠滯後於井外的溫、濕度的改變。井外一時的溫、濕度變化不會馬上引起井內溫、濕度的改變,而只有當井外溫、濕度發生變化並保持較長時間後,才會通過井內、外的空氣流動,造成井內溫、濕度一定程度的改變,進而緩慢影響井內的堆積。就J1 而言,由於在 J1 井口建設了井亭,因此 J1 內的空間不會受到陽光直曬,而其深度更達 16.12 米以上,因此井内温、濕度的變化必然會更加滯後於井外温、濕度的改變。外界温、濕度的變化不會很快傳遞到井内,並很快在井内堆積上顯示出來。

再次,《報告》提出:

> J1 廢棄延續時間,推測不會太長,應在兩個月左右,最多不會超過三個月。而且是在夏秋草本植物生長旺盛時節。(第 44 頁)

也就是説,J1 内的堆積在不超過三個月的夏秋季節内形成。亦即在這三個月中,當地曾經接連出現過三次明顯的水文和氣候變化。

我認爲,雖然《報告》提出的這種可能性不能排除,但從里耶古城所在盆地温和濕潤的氣候特點看,在該地 3 個月内要接連出現三次這種極端的温、濕度變化的可能性應該很小。而同樣從當地温和濕潤的氣候特點和邏輯順序分析,J1 内 3 層淤泥板結所揭示的這三次水文和氣候的極端變化,完全可以在 2、3 年或更長的時期内形成。

如果可以推測的話,我覺得 J1 内這三層淤泥板結顯示出的氣候和水文變化,可能會與當地以年爲周期的氣候變化有關(年度可以連接,也完全可以不銜接,即在多年後才出現一次極端天氣)。即可能是以年爲周期的氣候變化造成了河床内水量和水位的年度減少和變化(一般情況下,河床中水量減少的時候氣候也較爲乾燥,這時通過酉水河補給的地下水所供給的 J1 内的水位必然下降,於是井内淤積物在長時間乾燥的氣候中板結)。

即我們不能排除《報告》提出 J1 是在不超過 3 個月的時間内完成填埋的可能,但 J1 也完全可能在 2、3 年甚至更多年的時期内完成填埋。亦即雖然一年内可以出現 3 次氣候、水文的極端變化,但多年中出現這種水文、氣候變化的可能性同樣存在。J1 的廢棄填埋完全可以是一個跨年度甚至是跨越多年而不僅在一年内的較長時間填埋的結果。

最後,《報告》指出,在井内的多層堆積中發現了大量的蕨類植物和樹葉,其大部分保存情況良好,可見杆莖和葉脉紋理,故提出井的廢棄時間在夏秋草本植物生長旺盛時節。我認爲根據這些植物的枝葉我們也許並不能將 J1 的廢棄時間界定在兩三個月之内。這是因爲:(1)里耶所在地的緯度不高,植物在這裏一年内的生長期很長,因此要確定其最終廢棄時間的長短,我們就首先需要確定 J1 内這些出土的植物中各種植物的種屬和比例、各層植物種屬差異,不同種屬植物的年度生長情況如何;(2)我們需先確定這些植物杆莖、樹葉的生長時期是春、夏還是秋,或者它們在一年内持續生長的時間,何時有新葉生長,何時落葉,然後我們才能確定這些植物枝葉堆積形成時間的大體範圍。即只有在完成各堆積層内出土植物的種屬鑒定、分析、統計後,我們才能對它們埋棄時間的長短進行分析,而就目前公布的資料看,《報告》並未提供如是的依據。

綜合上文分析,我認爲,據現有資料,無論從 J1 中存在的三層淤泥板結,還是從植物生長情況的複雜性等方面來看,雖然我們不能排除《報告》提出 J1 在不超過 3 個月内完成填埋的可能,但 J1 跨年度甚至是跨越多年完成填埋的可能性同樣不能排除,或許這種可能性更大。而就 J1 内出土的 37000 枚秦楚簡牘講,應埋棄於西漢時期的多次填埋過程之中,非如《報告》認爲其在秦末被廢棄填埋。希望在 J1 内所有簡牘完整公布後,我們可以據此對秦、漢檔案資料的管理和廢棄等問題展開新的探索。

原文刊載於中國社會科學院考古研究所等編《里耶古城·秦簡與秦文化研究——中國里耶古城·秦簡與秦文化國際學術研討會論文集》,科學出版社,2009 年,第 84—97 頁。

《里耶秦簡(壹)》所見"往來書"的文書學考察

張　馳

清華大學出土文獻研究與保護中心

出土文獻與中國古代文明研究協同創新中心

　　2003 年《文物》刊登了《湖南龍山里耶戰國——秦代古城一號井發掘簡報》,公布了若干里耶秦簡文書的照片和釋文,引起了學界的熱烈討論。①2012 年《里耶秦簡(壹)》出版,公布了第五、六、八層兩千餘枚簡牘的原大照片,爲學界提供了良好的研究條件。本文即以《里耶秦簡(壹)》公布的材料爲主,在學界已有的研究基礎上,對《里耶秦簡(壹)》中常見的"往來書"的格式、筆迹和運作等問題進行總結與進一步探討。②

一、"往來書"的文書格式

　　文書格式指文書的外在形式,包括結構格式、版面格式等。本文所討論的"文書格式"主要指文書的結構格式,即文書的各組成部分的位置特徵。關於"往來書"格式的問題,學界已多有討論。③爲方便後文的展開,我們在本節作一個總結。下面我們先列舉出

---

① 參看湖南省文物考古研究所、湘西土家族苗族自治州文物處、龍山縣文物管理所《湖南龍山里耶戰國—秦代古城一號井發掘簡報》,《文物》2003 年第 1 期,第 4—35 頁。

② "往來書"出現於簡 8-1777＋8-1868。本文中"往來書"概念外延的劃定依據的是《里耶秦簡(壹)》"前言"中對文書的分類方法。它不包括券、簿、課、録、志等廣義上的文書,也不包括狹義文書中的司法文書、私文書等,僅僅是各官府機構間往來的公文。參看湖南省文物考古研究所編著《里耶秦簡(壹)》"前言",文物出版社,2010 年,第 2—3 頁。

③ 參看汪桂海、黎明釗、馬增榮先生的相關著作。汪桂海《從湘西里耶秦簡看秦官文書制度》,《簡帛研究 二〇〇四》,廣西師範大學出版社,2006 年,第 141—143 頁;又收入《里耶古城·秦簡與秦文化研究——中國里耶古城·秦簡與秦文化國際學術研討會論文集》,科學出版社,2009 年。黎明釗、馬增榮《試論里耶秦牘與秦代文書學的幾個問題》,中國簡帛學國際論壇 2009 會議論文,武漢,2009 年 6—7 月;後收入《簡帛》第五輯,上海古籍出版社,2010 年,第 55—65 頁。本文若不加以特殊説明,釋文皆引自陳偉主編,何有祖、魯家亮、凡國棟撰著《里耶秦簡牘校釋(第一卷)》,武漢大學出版社,2012 年。

若干"往來書":

1. 卅一年六月壬午朔庚戌,庫武敢言之:廷書曰令史操律令詣廷讎,Ⅰ署書到、吏起時。有追。 • 今以庚戌遣佐處讎。Ⅱ敢言之。Ⅲ　　　　　　　　(8-173 正)

七月壬子日中,佐處以來。/端發。　　　處手。　　　　(8-173 背)

2. 卅二年三月丁丑朔朔日,遷陵丞昌敢言之:令日上Ⅰ葆繕牛車薄(簿),恒會四月朔日泰(太)守府。 • 問之遷陵毋Ⅱ當令者,敢言之。Ⅲ　　　　　(8-62 正)

三月丁丑水十一刻刻下二,都郵人□行。　　　尚手。　　(8-62 背)

3. 廿六年十二月癸丑朔庚申,遷陵守祿敢言之:沮守瘳言:課廿四年畜Ⅰ息子得錢殿。沮守周主。爲新地吏,令縣論言史(事)。 • 問之,周不在Ⅱ遷陵。敢言之。Ⅲ

• 以荆山道丞印行。Ⅳ　　　　　　　　　　　　　(8-1516 正)

丙寅水下三刻,啓陵乘城卒秭歸□里士五(伍)順行旁。　　壬手。 (8-1516 背)

4. 卅四年七月甲子朔癸酉,啓陵鄉守意敢言之:廷下倉守慶書Ⅰ言令佐贛載粟啓陵鄉。今已載粟六十二石,爲付券一上。Ⅱ謁令倉守。敢言之。 • 七月甲子朔乙亥,遷陵守丞巸告倉Ⅲ主:下券,以律令從事。/壬手。/七月乙亥旦,守府印行。Ⅳ

(8-1525 正)

七月乙亥旦,□□以來。/壬發。　　　恬手。　　　　(8-1525 背)

5. 卅二年正月戊寅朔甲午,啓陵鄉夫敢言之:成里典、啓陵Ⅰ郵人缺。除士五(伍)成里匄、成,成爲典,匄爲郵人,謁令Ⅱ尉以從事。敢言之。Ⅲ　　　　(8-157 正)

正月戊寅朔丁酉,遷陵丞昌却之啓陵:廿七户已有一典,今有(又)除成爲典,何律令Ⅰ應(應)? 尉已除成、匄爲啓陵郵人,其以律令。/氣手。/正月戊戌日中,守府快行。Ⅱ正月丁酉旦食時,隸妾冉以來。/欣發。壬手。Ⅲ　　(8-157 背)

6. 六月壬午朔戊戌,洞庭叚(假)守齮下□:聽書從事。臨沅Ⅰ下索(索)。門淺、零陽、上衍,各以道次傳。別書臨Ⅱ沅下洞庭都水,蓬下鐵官,Ⅲ皆以郵行。書到相報,不報,追。臨沅、門淺、零陽Ⅳ、【上衍】□言書到,署兵曹發。/如手。道一書。 • 以洞庭候印□Ⅴ　　　　　　(9-712 + 9-758)①

---

① 釋文引自里耶秦簡牘校釋小組《新見里耶秦簡牘資料選校(二)》,簡帛網,2014 年 9 月 3 日;後載於《簡帛》第十輯,上海古籍出版社,2015 年,第 196 頁。"充報酉陽"的"充"爲鷹取祐司改釋,參看鷹取祐司《秦漢官文書の基礎的研究》,汲古書院,2015 年,第 268 頁注 31。

　　“往來書”在格式上可以分爲兩類。第一類格式的文書起於簡牘正面右邊第一行，依次書寫“日期”“發文者”“起語”“正文”“訖語”等結構，“某手”結構則位於文書背面左下（如例 1、2）；①如果需書寫“道一書”等對傳遞方式的說明和用印說明，這兩個結構則接於“訖語”（或“正文”）結構後，傳遞方式說明先於用印說明（見例 3）；②文書的送文記錄與收文記錄寫於文書背面左邊第一行（如例 1、2）。

　　第二類格式的文書或起於新簡，或另起一行，或以“/”“・”等符號與前文書區隔，依次書寫各結構，“某手”結構則以“/”區隔，接續於“訖語”（或“正文”）之後（見例 4、例 5 加粗部分、例 6）；傳遞方式說明和用印說明則寫於“某手”之後（見例 6）；文書的送文記錄則以“/”區隔，接續書寫於前結構之後（見例 4、例 5 加下劃綫部分）。

　　我們可以看到，第一類格式的文書往往是獨立的，而第二類格式的文書則必須依附於第一類格式的文書。陳偉先生在分析包山楚簡文書時曾使用了“原生文書”與“次生文書”兩個概念。“原生文書”指最初提出問題，引起其他文件生成的文書層次；“次生文書”指由原生文書引起，解決問題的文書層次。③我們這裏借用這組概念，根據里耶秦簡所見文書的實際對它們加以改造：第一類格式的文書層次可以稱爲“原生文書”，指在結構上獨立，提出問題或解決由其他文書所提問題的文書層次；第二類格式的文書層次可以稱爲“次生文書”，指在結構上附着於原生文書，解決原生文書所提問題的文書層次。因此，本文使用的“原生”與“次生”概念偏重於結構的生成次序。

　　這兩類文書格式的主要區別在於“某手”和“送文記錄”的位置，而藉助“某手”和“送文記錄”的位置我們可以判定一些文書和殘片的性質。

　　例如，簡 8-152、8-153、8-155、8-158、8-159 是關於“御史問直絡帬程書”的一組文書：

　　　　7. 四月丙午朔癸丑，遷陵守丞色下：少內謹案致之。書到言，署金布發，它如 I

---

① 下行文書没有“訖語”，因此後文加括號注出的“正文”指的是下行文書的結構。
② 第一種格式的文書並未見到完整的有“道一書”等寫有傳遞方式說明的文書。但是 8-657 第四行頂端有“□一書。・以蒼梧尉印行事”的内容。第一字字形爲▨，與同簡“郡”字▨對比可知，此字當是“郡”字。第三行下端殘缺，據文書結構可以判斷這裏應該至少要填補“告之”二字。從殘缺的長度來判斷，這裏應只能填補“告之”二字，所以文書内容可能是“敢告之。郡一書。・以蒼梧尉印行事”。如此，第一種格式的“某一書”的用語或許應直接書寫於“訖語”之後。
③ 陳偉《包山楚司法簡 131—139 號考析》，《江漢考古》1994 年第 4 期，第 71 頁；《包山竹簡所見楚國的文書制度》，《中華文史論叢》1995 年第 4 期，第 62 頁。

律令。/欣手。/四月癸丑水十一刻刻下五,守府快行少內。Ⅱ　　　　　(8-155)

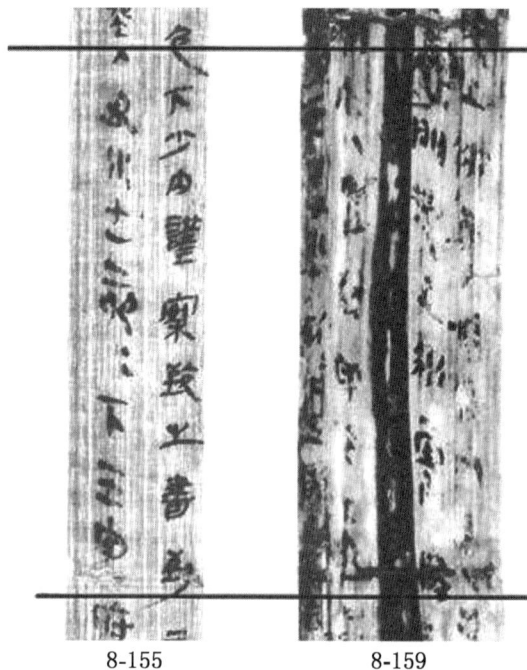

8-155　　　　8-159

圖1

這份文書開頭日期的結構與原生文書的日期結構"年月朔日"有別,並且"某手""送文記録"皆書寫於文書正文之後,由此我們可以判斷,這份文書應是寫於一支新簡之上的次生文書。根據其内容可知,這份文書當附於 8-159 後。[①]

此外,通過圖片對比我們可以看到,8-155 文書正面"癸""寅"兩字有字迹缺失,缺失部分恰好與 8-159 編繩位置相同,可見兩簡或可編聯(見圖1)。[②]但是由於 8-155 背面照片未公布,我們還無法確定其正面的編繩痕迹是其本身編繩的殘留還是由於保存時覆壓於 8-159 後而在清理揭剥時留下的痕迹。

二、"往來書"的筆迹規律

關於里耶秦簡的筆迹問題,邢義田、林進忠等先生對第九層的"貲贖文書"筆迹進行了細緻的比對分析,指出同署"某手"文書之間的文書筆迹並不一致的現象。[③]單育辰先生則綜合研究了《里耶秦簡(壹)》中的文書,對筆迹的若干規律進行了總結。[④]學者們集中關注的是筆迹與"某手"的關係,本節我們將探討不同的文書層次和結構間筆迹對比

[①] 在《里耶秦簡(壹)》出版以前,黎明釗、馬增榮先生已根據這支簡格式、筆迹的特殊性懷疑這是"編聯成册的其中一枚",見黎明釗、馬增榮《試論里耶秦牘與秦代文書學的幾個問題》,《簡帛》第五輯,第 67—68 頁。

[②] 本文圖版若不加以特殊説明,皆引自《里耶秦簡(壹)》。

[③] 邢義田《湖南龍山里耶 J1(8)157 和 J1(9)1—12 號秦牘的文書構成、筆迹和原檔存放形式》,簡帛網,2005 年 11 月 14 日;後載於《簡帛》第一輯,上海古籍出版社,2006 年,第 275—296 頁;又收入氏著《治國安邦:法制、行政與軍事》,中華書局,2011 年,第 484—498 頁。林進忠《里耶秦簡"貲贖文書"的書手探析》,《湖南大學學報(社會科學版)》2010 年第 4 期,第 31—35 頁。

[④] 單育辰《談談里耶秦公文書的流轉》,簡帛網,2012 年 5 月 25 日;後以《里耶秦公文流轉研究》爲題收入《簡帛》第九輯,上海古籍出版社,2014 年,第 199—209 頁。

所呈現出的規律現象，以作爲分析文書運作的基礎。

我們發現就絕大部分"往來書"而言，其筆迹呈現出兩個明顯的規律。第一個規律是上游機構文書筆迹與本機構文書筆迹的二分規律，其具體内容是：上游機構文書内部各層次間筆迹一致；上游機構文書的筆迹與本機構文書的筆迹存在差異。①第二個規律是上游機構文書筆迹與送收記録筆迹的二分規律。如以下各例：

　　8. 卅四年七月甲子朔癸酉，啓陵鄉守意敢言之：廷下倉守慶書Ⅰ言令佐贛載粟啓陵鄉。今已載粟六十二石，爲付券一上。Ⅱ謁令倉守。敢言之。·七月甲子朔乙亥，遷陵守丞巸告倉Ⅲ主：下券，以律令從事。/壬手。/七月乙亥旦，守府印行。Ⅳ

　　　　　　　　　　　　　　　　　　　　　　　　　　　　　　　　（8-1525）

例 8 是一份由啓陵鄉流轉到遷陵縣廷的文書。根據這份文書的送收記録可以判斷，這份文書的上游機構文書爲啓陵鄉所作，本機構文書爲遷陵縣廷所作。②

我們可以清晰地看到上游機構文書與本機構文書、送收記録的筆迹在墨色、傾斜度、筆畫粗細上的顯著差異（見圖 2）。其中上游機構文書和本機構文書可資比較的字形較多（見表 1），我們可以從中清楚地看到兩者架構上的區別。

表 1　8-1525 筆迹對比表

	月	朔	陵	守	下	券
遷陵縣廷文書						
啓陵鄉文書						

　　9. 廿六年三月壬午朔癸卯，左公田丁敢言之：佐州里煩故爲公田吏，徙屬。事荅不備，分Ⅰ負各十五石少半斗，直錢三百一十四。煩冗佐署遷陵。今上責校券二，謁告遷陵Ⅱ令官計者定，以錢三百一十四受旬陽左公田錢計，問可（何）計付，署

----

① "上游機構"爲文書傳遞至本機構前各機構的總稱。"上游機構文書"指上游機構所作的文書層次，類似於文書學概念中的"來文"。"本機構文書"指本機構所作的文書層次，是對來文的處理意見。

② 趙炳清先生曾指出收文記録與送文記録只出現於存檔文書。見趙炳清《秦代地方行政文書運作形態之考察——以里耶秦簡爲中心》，《史學月刊》2015 年第 4 期，第 8 頁。文書的存檔機構往往就是文書的處理機構，也就是本文中的"本機構"，由此我們可以推出判斷處理、存檔文書機構的方法：存有送文記録的文書，文書的處理、存檔機構是文書中最後出現的發出文書的機構；僅存有收文記録的文書，處理、存檔文書的機構是文書中最後出現的接收文書的機構。

計年爲報。敢言之。Ⅲ三月辛亥,旬陽丞涝敢告遷陵丞主:寫移,移券,可爲報。敢
告主。/兼手。Ⅳ

廿七年十月庚子,遷陵守丞敬告司空主,以律令從事言。/鹰手。即走申行司
空。Ⅴ   (8-63 正)

十月辛卯旦,胸忍索秦士五(伍)狀以來。/慶半。   兵手。   (8-63 背)

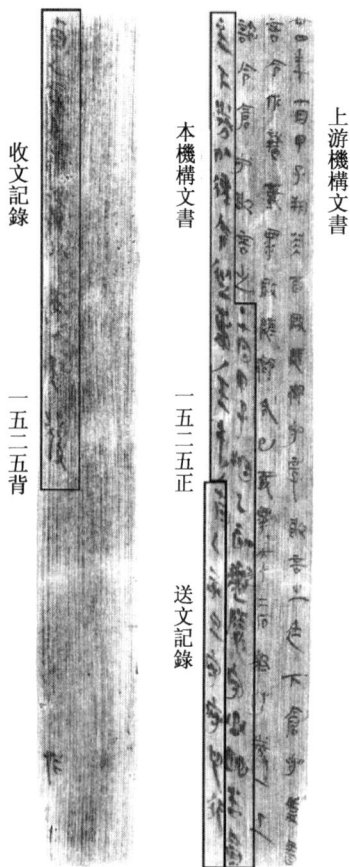

圖 2　8-1525

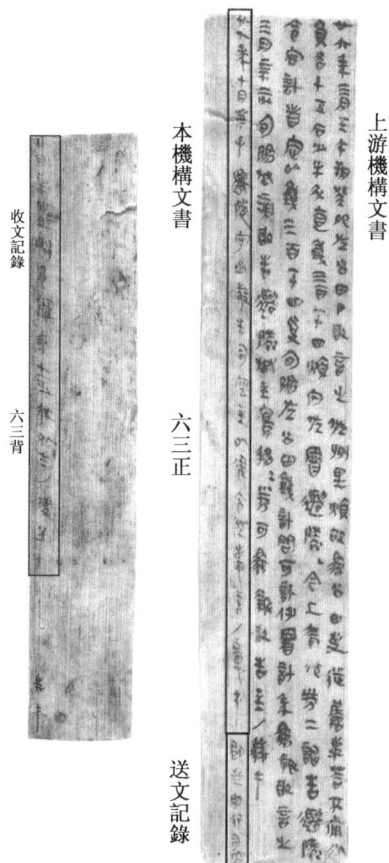

圖 3　8-63

例 9 是一份經過旬陽左公田、旬陽縣廷,最終流轉至遷陵縣廷的文書,由於有送文記錄
存在,我們可以判定處理這份文書的機構爲遷陵縣廷。所以,這份文書的上游機構文書
爲旬陽左公田、旬陽縣廷所作,本機構文書爲遷陵縣廷所作。

　　從圖版中我們可以看到,上游機構文書與本機構文書在墨色、筆畫粗細等方面都有
明顯的差別(見圖 3)。而通過筆迹對比可見(見表 2),旬陽左公田與旬陽縣廷文書筆迹
一致,它們在架構上與遷陵縣廷文書存在明顯的差異。

表2 8-63筆迹對比表

	月	遷	陵
旬陽左公田文書			
旬陽縣廷文書			
遷陵縣廷文書			

上舉兩條筆迹規律是"往來書"中普遍存在的現象,例證很多,由於篇幅所限,這裏不再舉例。①至於本機構文書與送收記録的筆迹對比,我們發現它們或相同,或相異,並不存在明顯的規律。②

三、"往來書"的文書運作

在第二節中,我們總結了"往來書"的筆迹規律,本節中我們將要據此分析"往來書"的運作過程。

基於筆迹分析,角谷常子、游逸飛、趙炳清三位先生曾先後給出了關於文書運作的三種解釋。角谷常子先生的觀點如下:

> 接收的文書正本之後再寫上已發送的文書的抄本,這種處理方法和居延漢簡一樣。③

---

① 角谷常子、游逸飛先生已發現了上游機構文書與本機構文書筆迹呈現二分的現象。角谷常子先生認爲遷陵縣廷直接在正本上批覆,需要進一步轉發的則發送抄本。她又認爲,"一般來説,如果某份文書被發現於其收件的地點且有與正文不一樣筆迹的收件記録的話,則可以判斷該文書是在該出土地點收件的原本",如此,她實際已經區分了本機構文書與上游機構文書的筆迹。游逸飛先生則直接以 8-157 爲例,分析了筆迹的差異。見角谷常子《論里耶秦簡的單獨簡》,《簡帛》第八輯,上海古籍出版社,2013 年,第 165—168 頁;游逸飛《再論里耶秦簡 8-157 的文書構成與存放形式》,《簡帛研究 二〇一二》,廣西師範大學出版社,2013 年,第 64—69 頁。
② 本機構文書與收文記録筆迹相同的有簡 8-133,與送文記録筆迹相同的有例 9。而 8-157 的本機構文書與送收記録的筆迹皆有差别,這一點游逸飛先生已經指出,參看游逸飛《再論里耶秦簡 8-157 的文書構成與存放形式》,《簡帛研究 二〇一二》,第 64—69 頁。
③ 角谷常子《論里耶秦簡的單獨簡》,《簡帛》第八輯,第 168 頁。

　　角谷常子先生的這一分析解釋了上游機構文書與本機構文書的差別,但是將本機構文書全部歸納爲抄本,則尚可商榷。

　　游逸飛先生以 8-157 爲例,分析了文書的構成與存放形式,實際是分析了文書的處理過程:

　　　　至此我們比較完整地恢復了里耶秦牘 8-157 的文書構成與存放形式。它"曾經"是鄉上呈的正本,由壬書寫;送到遷陵縣後,由欣拆封並記錄於背面左側;再由第二位書手抄錄遷陵縣丞對啓陵鄉的回覆,最後由欣寫下正本的發出記錄,始成爲遷陵縣的完整副本。①

游逸飛先生的分析有力解釋了上游機構文書與本機構文書、收文記錄筆迹的差別。但由於當時《里耶秦簡(壹)》還未出版,他也認同劉瑞、黎明釗、馬增榮等先生的觀點,將次生文書視爲以原生文書格式寫成並發送的處理意見被改變格式後附於原文書的抄本。②

　　趙炳清先生也給出了自己的分析,如下:

　　　　1. 撰寫公文由專門的書佐承擔,並且要在背面左下角以"某手"的形式簽署,此人即爲始發公文的責任者。在中間每一步處理環節書寫完畢都要緊接着處理意見簽寫其責任者的名,同樣是以"某手"形式。公文在抄寫副本時也要將這些署名照錄。

　　　　2. 收到文書後由責任者發閱,根據公文内容判斷是否需要回覆或轉發。如果不需要,就直接在原簡背面最左邊寫下收文記錄,某時某刻由誰送來,緊接着在下面署名"某手"或"某發",然後交給上級或存檔。如果需要回覆或轉發,就要另製作一份抄件,將來文内容抄於其上,並且將原文件的書佐署名照錄於抄件的同一位置,然後在背面左起第一行寫下記錄,這些工作完成之後再把來文的原件交給上級處理或存檔。

　　　　3. 發送公文要記錄發送信息,收到公文要記錄簽收信息。這種記錄只寫在己方作爲存檔的文本上,不會出現在發出的公文上面。也就是説,只要看見公文上出現這種記錄,我們就可以視其爲存檔文書,不再進入流通環節了。因爲收發記錄不屬於公文正文的必備要素,它是爲本部門檔案管理工作服務的,所以没有必要記録

---

① 　游逸飛《再論里耶秦簡 8-157 的文書構成與存放形式》,《簡帛研究 二〇一二》,第 69 頁。
② 　游逸飛《再論里耶秦簡 8-157 的文書構成與存放形式》,《簡帛研究 二〇一二》,第 67 頁。

在讓對方看到的公文發送件上面。收發記錄也可以作爲判斷公文屬性的一個標志。①

趙炳清先生所分析的文書撰作與處理程序有力解釋了上游機構文書與本機構文書、送收記錄筆迹間的差異,尤其指出文書的送收記錄僅見於存檔文書,這應當是正確的。

結合以上三位學者的討論,我們認爲"往來書"的撰作與處理程序應當如下:

① 甲機構按照原生文書的格式製作一式兩份的文書,其中一份作爲發送本發送給下游的乙機構,另一份作爲保存本按照原生文書的格式書寫送文記錄於背面左起第一行。

② 乙機構在接受到甲機構傳來的文書後,先由文書封檢指定的職務者開啓文書,由開啓者親書或由他人代書收文記錄於文書背面左起第一行。

③ 若文書無需回覆或轉發,則直接存檔。

④ 若需要回覆或轉發,那麼文書有兩種格式可供乙機構選擇。第一種是按照次生文書的格式緊接於收到的文書之後書寫本機構文書的内容,署上經手人的名字,作爲文書的保存本;此外還需要另外製作一份内容、格式相同的文書,文書上僅有文書的主體部分("日期""發文者""起語""正文""迄語""某手"等結構),無"收文記錄",作爲發送本發送給其他機構;文書發送後,則在保存本上按照次生文書的格式書寫送文記錄。

⑤ 第二種格式是按照原生文書的格式製作文書,方法如①。這種格式寫成的文書需要乙機構在文書中轉引甲機構文書的内容。

⑥ 其他機構在收到乙機構傳來的文書後,開啓文書方式如②,處理方式如③或④或⑤。

這樣的文書撰作與處理程序保證了:

① 文書在某機構的送收記錄只出現於該機構的存檔文書上。

② 收文記錄直接書寫於傳來本文書的背面,使得收文記錄筆迹必然不同於來文的筆迹,這就是上游機構文書與收文記錄筆迹二分的原因。

③ 本機構文書和送文記錄按次生文書格式書寫傳來本文書之後,那麼它們的筆迹必然不同,這就是本機構文書、送記錄與上游機構文書筆迹二分的原因。

---

① 趙炳清《秦代地方行政文書運作形態之考察——以里耶秦簡爲中心》,《史學月刊》2015 年第 4 期,第 13 頁。

④ 按次生文書格式製作一份與保存本主體部分内容、格式相同的文書,再傳遞給其他機構,那麽這份文書必然内部各層次間筆迹一致,這就是上游機構文書内部各層筆迹相同且没有送收記録的原因。

這樣的文書撰作與處理程序區別於上述三位學者觀點的内容如下:

① 保存本文書未必就是抄本。

首先,次生文書不是以原生文書格式寫成並發送的處理意見被修改格式後附於原文書的抄本。根據簡 8-63 可知,這份經過了旬陽左公田、旬陽縣廷的文書最終抵達遷陵縣廷時,它肯定是以"原生＋次生"的格式書寫的。

那麽,保存本文書上的本機構文書到底是抄本還是撰作本呢? 游逸飛先生引用的匿名審稿人的意見值得我們重視:

> 應該是遷陵縣長官在啓陵鄉所呈文書上進行批覆處理的底本及送文記録,並非專門抄録的副本。回覆文書的正本當是照此底本作成,而非相反。在來函原件上進行批覆處理,當是沿用至今的一種習慣做法。當然,批覆意見可以是長官手書,亦可由長官口授、書手録寫。該木牘當屬於後者。①

就目前的材料而言我們還無法找到判定保存本文書的本機構文書到底是抄本還是撰作本的依據,但就實際操作而言,匿名專家的意見更值得我們考慮。

② 收文記録未必是"某發/半"中的"某"親書。②

③ 需要回覆或轉發的文書根據文書的運行方向決定回覆、轉發文書的格式。

若是向上級機構回覆或轉呈的文書,則多數按照原生文書格式書寫,作爲結構獨立的文書上呈。這時文書中會使用套嵌結構,在正文中引用來文,如以下各例:

10. 卅二年四月丙午朔甲寅,少内守是敢言之:廷下御史書舉事可爲恒程者、洞庭上帬(裙)直,書到言。今書已到,敢言之。　　　　　　　(8-152 正)

四月甲寅日中,佐處以來。/欣發。　　處手。　　　　　　　(8-152 背)

11. 卅二年三月丁丑朔朔日,遷陵丞昌敢言之:令曰上Ⅰ葆繕牛車薄(簿),恒會四月朔日泰(太)守府。・問之遷陵毋Ⅱ當令者,敢言之。Ⅲ　　　　(8-62 正)

---

① 游逸飛《再論里耶秦簡 8-157 的文書構成與存放形式》,《簡帛研究 二〇一二》,第 69 頁。

② 署名相同的"某發/半"也有筆迹相異的情況,如簡 8-647 和簡 8-657"朝半";也有署名異筆迹同的情況,如簡 8-152 和簡 8-173 的"欣發"和"端發"。

三月丁丑水十一刻刻下二,都郵人□行。   尚手。   (8-62背)

12. 卅三年二月壬寅朔朔日,遷陵守丞都敢言之:令曰恒以Ⅰ朔日上所買徒隸數。•問之,毋當令者,敢言之。Ⅱ   (8-154正)

二月壬寅水十一刻刻下二,郵人得行。   圂手。   (8-154背)

13. 廿六年十二月癸丑朔庚申,遷陵守祿敢言之:沮守瘳言:課廿四年畜Ⅰ息子得錢殿。沮守周主。爲新地吏,令縣論言史(事)。•問之,周不在Ⅱ遷陵。敢言之。Ⅲ

•以荊山道丞印行。Ⅳ   (8-1516正)

丙寅水下三刻,啓陵乘城卒秭歸□里士五(伍)順行旁。   壬手。

(8-1516背)

除此之外,也有少量上行文書采用"原生＋次生"文書格式抄寫後發出,這類文書中會注明"寫上"。它們多是需要完全謄錄原文書內容的文書,其中以求報文書居多,如下例:

14. 廿八年七月戊戌朔乙巳,啓陵鄉趙敢言之:令令啓陵捕獻鳥,得明渠Ⅰ雌一。以鳥及書屬尉史文,令輸。文不肎(肯)受,即發鳥送書,削去Ⅱ其名,以予小史適。適弗敢受。即畀適。已有(又)道船中出操枏〈棹〉以走趙,臾訽Ⅲ畀趙。謁上獄治,當論論。敢言之。令史上見其畀趙。Ⅳ   (8-1562正)

<u>七月乙卯,啓陵鄉趙敢言之:恐前書不到,寫上。敢言之。/貝手。</u> Ⅰ

七月己未水下八刻,□□以來。/敬半。   貝手。Ⅱ   (8-1562背)

需要回覆或轉發的下行文書,則采用"原生＋次生"文書格式抄寫後發出。如前舉例9,是洞庭郡向下轄各縣發送的轉發文書,其所轉原生文書現在無法探知具體內容,但是我們可以看到洞庭郡所作的轉發文書是以次生文書格式寫成的。

至於平行文書,則兩種格式的文書各占相當比例,以"原生＋次生"格式抄寫後發出的文書,文書中會注明"寫移",有時也不會標明,如以下各例:

15. 廿六年十二月癸丑朔辛巳,尉守蜀敢告之:大(太)守令曰:秦人□□□Ⅰ

侯中秦吏自捕取,歲上物數會九月望(望)大(太)守府,毋有亦言。Ⅱ問之尉,毋當令者。敢告之。Ⅲ   (8-67＋8-652正)

辛巳,走利以來。/□半。憙☒   (8-67＋8-652背)

16. □朔甲午,尉守偹敢言之:遷陵丞昌曰:屯戌士五(伍)桑唐趙歸Ⅰ

□日已,以廼十一月戊寅遣之署。遷陵曰:趙不到,具爲報·問:審以卅Ⅱ

□【署】,不智(知)趙不到故,謁告遷陵以從事。敢言之。/六月甲午,Ⅲ臨沮丞

禿敢告遷陵丞主、令史,可以律令從事。敢告主。/胥手。Ⅳ

九月庚戌朔丁卯,遷陵丞昌告尉主,以律令從事。/氣手。/九月戊辰旦,守府

快行。Ⅴ

(8-140)

17. 廿六年三月壬午朔癸卯,左公田丁敢言之:佐州里煩故爲公田吏,徙屬。事

苔不備,分Ⅰ負各十五石少半斗,直錢三百一十四。煩冗佐署遷陵。今上責校券

二,謁告遷陵Ⅱ令官計者定,以錢三百一十四受旬陽左公田錢計,問可(何)計付,署

計年爲報。敢言之。Ⅲ

<u>三月辛亥,旬陽丞滂敢告遷陵丞主:寫移,移券,可爲報。敢告主。/兼手。</u>Ⅳ

廿七年十月庚子,遷陵守丞敬告司空主,以律令從事言。/應手。即走申行司

空。Ⅴ

(8-63 正)

十月辛卯旦,胸忍索秦士五(伍)狀以來。/慶半。　　兵手。

(8-63 背)

綜上,"往來書"在製作、傳遞、處理、存檔過程中經歷了從擁有效力的文書正本轉向存檔的文書副本的過程。就大部分文書而言,無論采用何種格式回覆、轉發,發出的都是新生成的文書寫本或抄本。至於回覆或轉發時采用的文書格式,則因文書目的機構的不同而有所差異。

結　論

本文所得主要結論如下:

"往來書"的格式可以分爲原生文書格式和次生文書格式。次生文書是依附於原生文書的文書層次。根據"某手"和"送文記録"的位置,我們可以判斷文書層次的格式與性質。

"往來書"中不同的文書層次和結構間筆迹對比呈現出兩個明顯的規律。第一個規律是上游機構文書筆迹與本機構文書筆迹的二分規律,其具體内容是:上游機構文書内部各層次間筆迹一致;上游機構文書的筆迹與本機構文書的筆迹存在差異。第二個規律是上游機構文書筆迹與送收記録筆迹的二分規律。

根據筆迹規律我們可以推出"往來書"文書運作的基本流程。文書撰作者會根據文書接收機構的層級選擇不同的文書格式。

以上是本文根據《里耶秦簡(壹)》所見"往來書"而總結的格式、筆迹和運作的一般規律,符合這些規律的文書占"往來書"中的絕大多數。但是這些常例之外,又往往有特例,例如學界討論最多的《里耶秦簡(壹)》出版前公布的第九層"貲贖文書"和簡 16-5 等。這些文書今天看來其實與常例相違:第九層的"貲贖文書"沒有收文記録,且上游機構文書内部筆迹不同,即陽陵縣文書與洞庭郡文書筆迹存在差異;簡 16-5 有兩條收文記録。此外,《里耶秦簡(壹)》中與常例不同的還有簡 5-1(上游機構文書與本機構文書筆迹一致,且無送文記録)、簡 8-135(文書各層次筆迹一致)等。這些非常例的文書有些可能是文書傳遞、處理過程中未按規制運作而出現的錯誤,但也有一些可以引導我們作深一步的思考。例如第九層的"貲贖文書",它們很可能是陽陵縣的文書原件附上了洞庭郡的處理意見後的文書,也就是説洞庭郡把應當作爲保存本的文書傳遞到了遷陵。結合簡 5-1,這種不符合常例的現象是否和"當騰騰"有關也值得我們再作進一步的考慮。總之,未來隨着材料進一步地公布,這些鮮見的特例也許會變得多見,這些文書將爲我們進一步探討秦文書制度,深化對秦文書工作的認識提供新的依據。

原刊於《出土文獻》第十輯,中西書局,2017 年,第 164—179 頁。

秦代封檢題署新探

——以里耶秦簡爲中心

單印飛

西北大學歷史學院

2002 年湖南省龍山縣里耶一號古井中出土了一批秦代的封檢實物,這爲秦代封檢制度研究提供了新材料。封檢題署(即封檢上的文字説明)涉及書寫格式、封檢性質、封緘方式、文書傳遞等方面,所以它一直是大家關注的焦點。

里耶秦簡中最典型的封檢題署就是"遷陵以郵行洞庭"(例 1、2)。對此主要有兩種意見:一是認爲遷陵是發出地,洞庭是目的地;二是認爲遷陵是目的地,洞庭是發出地。里耶秦簡整理者持第一種意見,並指出在遷陵縣治所出土的"軹以郵行河内",當是軹縣發往河内郡的物品由於某種原因轉到了遷陵。①日安(晏昌貴)先生最早提出異議,根據漢代封檢中"以郵行"前面的地名均爲接收地點而非始發地點,認爲遷陵爲接收文書的地點,洞庭郡爲文書的始發地點,同時,他還提出可以將遷陵理解爲洞庭郡的屬縣。②此後,陳偉、游逸飛兩先生根據新公布的材料對第二種觀點進行了補充性論證。陳先生依據其他封檢題署中有"丞自發"("遷陵以郵行丞自發洞庭")、"發令、丞前"("遷陵以郵行發令丞前洞庭")等字樣,認爲令、丞均爲縣級官職,這顯示出文書的開啓地點應該是在縣而不是在郡,而且里耶封檢的前一個地名以"遷陵"爲多,所以將其理解爲文書的目的地也較合理。③游先生則是注意到有些郵書簡中有墨點,如"遷陵·洞庭""遷陵以郵行·

---

① 湖南省文物考古研究所編著《里耶發掘報告》,嶽麓書社,2006 年,第 180 頁;湖南省文物考古研究所《里耶一號井的封檢和束》,《湖南考古輯刊》第八集,嶽麓書社,2009 年,第 70 頁。

② 日安《里耶識小》,簡帛研究網,2003 年 11 月 2 日。晏先生後來又指出此類封檢中,前者多爲後者之屬縣,參見晏昌貴《里耶秦簡牘所見郡縣名録》,《歷史地理》第三十輯,上海人民出版社,2014 年,第 141 頁。

③ 陳偉《關於秦文書制度的幾個問題》,載渡邊義浩編《中國新出資料學の展開》,汲古書院,2013 年,第 47—49 頁。

洞庭",認爲"遷陵洞庭"不應連讀,須斷開理解爲"遷陵"與"洞庭",所以將之連讀並理解爲"由郵人傳遞至洞庭郡"不妥;其次,他指出"遷陵以郵行"中只有一個地名,發出地和目的地中必有一處被省略了,與發出地相比,目的地更爲重要,由此認爲這裏的遷陵應是目的地;再次,"遷陵主簿發洞庭""遷陵主倉發洞庭"中的主簿、主倉等應與遷陵連讀,是遷陵的縣史,拆封文書的"發"字是主簿、主倉的動作,與洞庭無涉。[①]這些論據都有力地支持了第二種觀點,此觀點也在逐漸地被大多數學者所認同。

"目的地"的問題已經基本上解決了,但是"以郵行"後面的地名就一定是"發出地"嗎? 若前一地名是目的地,後一地名是發出地,那麼"軹以郵行河內"(14-169)、[②]"廣武以郵行泰原"(16-182)、[③]"武關 內史"(8-206)、[④]"彭陽 内史"(8-105)中,這些河內郡送往軹縣、泰原郡送往廣武縣、内史送往武關、彭陽的封檢爲何會在千里之外的洞庭郡遷陵縣被發現呢? 同樣,"酉陽以郵行洞庭"(5-34)、"充·洞(庭)"(8-903)、"臨沅主司空發洞庭"(8-695)中,這些洞庭郡發往酉陽、充、臨沅的封檢爲何也會在遷陵縣被發現呢? 本文擬在前人研究的基礎之上,對封檢題署中所謂的"發出地"提出自己的看法,當否之處敬請批評指正。

目前公布的里耶秦簡材料中有數百枚封檢,大致可分爲帶封泥匣的"有匣檢"和無封泥匣的"平板檢"兩大類。[⑤]從題署書寫格式上來看,兩者大致相同,只是"平板檢"的格式更加靈活多變。例如(1)、(2)分別是"有匣檢"和"平板檢"的題署,兩者內容與格式完全相同。西北漢簡中亦有此類情況,如例(3)、(4)即是典型的例子。至於"平板檢"是"有匣檢"削去封泥槽後的狀態,還是作爲"封函"使用,尚無定論。[⑥]不過,兩類封檢格式

① 游逸飛《里耶秦簡所見的洞庭郡:戰國秦漢郡縣制個案研究之一》,《中國文化研究所學報》第61期,2015年,第36—37頁。

② 湖南省文物考古研究所編著《里耶發掘報告》,第180頁。同一枚簡再次出現時不再另行標注。

③ 湖南省文物考古研究所《里耶一號井的封檢和束》,《湖南考古輯刊》第八集,第68頁。

④ 陳偉主編《里耶秦簡牘校釋(第一卷)》,武漢大學出版社,2012年。第5、6、8層的簡文均出自於本書,不再另行注釋。

⑤ 青木俊介《封檢的形態發展——"平板檢"的使用方法的考察から》,載籾山明、佐藤信編《文獻と遺物の境界Ⅱ——中國出土簡牘史料の生態的研究》,東京外國語大學亞非語言文化研究所,2014年,第229—246頁。

⑥ 李均明先生認爲"平板檢"的存在有兩種可能:一是帶封泥槽的封檢在接收後不便保存,所以封泥槽被削平或截斷了;二是函封與封檢爲兩體,函封就是題署格式,內容與封檢相同但未見封泥槽的木板,參見李均明《封檢題署考略》,《文物》1990年第10期。居延簡中確實存在部分封泥槽的上下壁有切削的痕跡,但是大庭脩先生指出,從檢的長度來看,並非所有的無封泥匣檢都是後來削去的,參見大庭脩《漢簡研究》,廣西師範大學出版社,2001年,第200頁。青木俊介先生對居延簡中近一百枚的"平板檢"和"有匣檢"進行了測量,發現"有匣檢"的平均長度是137毫米,"平板檢"的平均長度是158 mm。"平板檢"的平均長度甚至比"有匣檢"還長,所以並不能將所有的"平板檢"都認爲是"有匣檢"截掉封泥匣的結果,參見青木俊介《封檢の形態發展——"平板檢"の使用方法の考察から》,籾山明、佐藤信編《文獻と遺物の境界Ⅱ——中國出土簡牘史料の生態的研究》,第231頁。

一致,甚至内容相同,所以在討論封檢題署問題時,將"平板檢"與"有匣檢"視爲相同的材料也未嘗不可。

　　(1) 遷陵以郵行洞庭　　　　　　　　　　　　　　　　　　　　　　　　　　　(7-1)①

　　(2) 遷陵以郵行洞庭　　　　　　　　　　　　　　　　　　　　　　　　　　　(6-2)②

　　　　　　　王彭印

　　(3) 甲渠官　　　　　　　　　　　　　　　　　　　　　　　　　　　　　　(133.4A)③

　　　　　　四月乙丑卒同以來

　　　　　　　王彭印

　　(4) 甲渠官　　　　　　　　　　　　　　　　　　　　　　　　　　　　　　　(133.5)④

　　　　　　四月乙丑卒同以來

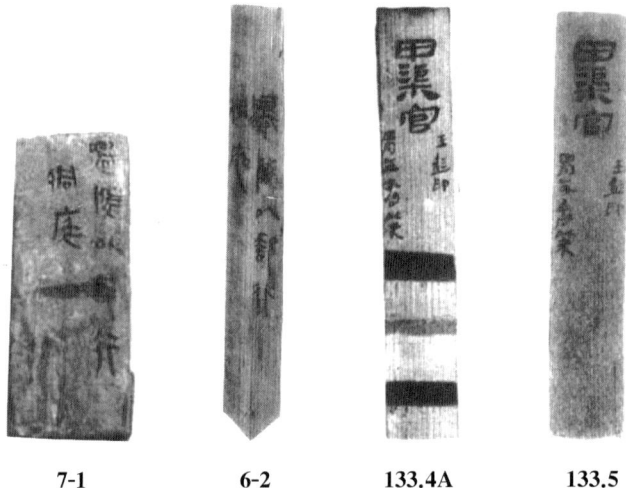

| 7-1 | 6-2 | 133.4A | 133.5 |

　　首先來看一下里耶所見秦代封檢題署的内容。陳偉先生曾將封檢題署内容整理爲以下六部分:(a)目的地,(b)發送方式,(c)開啓者,(d)發出地,(e)文書緊急程度描述,(f)物品及其數量的記述。⑤從目前所公布的資料來看,這一分類還是比較全面的,本文將在此分類基礎上進行探討。其中,(f)"物品及其數量的記述"主要用於實物封檢題署

① 湖南省文物考古研究所編著《里耶發掘報告》,第 211 頁。
② 湖南省文物考古研究所編著《里耶發掘報告》,第 181 頁。
③ 謝桂華、李均明、朱國炤《居延漢簡釋文合校》,文物出版社,1987 年,第 221 頁。
④ 謝桂華、李均明、朱國炤《居延漢簡釋文合校》,第 221 頁。
⑤ 陳偉《關於秦文書制度的幾個問題》,載渡邊義浩編《中國新出資料學の展開》,第 49 頁。目的地,陳先生原文爲"發往地"。

中,尚無爭議,暫且不論;筆者認爲(d)是"發出地"的觀點值得商榷,姑且用"×地"表示。封檢題署中(a)、(b)、(c)、(d)、(e)五部分會以不同的組合形式出現,現將文書封檢實例歸類如下。①

第 1 類,僅有(a)。

　　① 洞庭(8-1597)、遷陵(8-1197)、旬陽(8-1851)、鐔成(8-1373)、高密(8-1079)、枳(8-910)、閬中(8-931)、都鄉(8-842)、啓陵鄉(8-250)、貳春鄉(8-1737)。

　　② 廷(8-30)、尉(8-813)、倉(8-794)、庫(8-509)、司空(8-2197)、少内(8-33)。

第 2 類,(a) + (b)組合。

　　遷陵以郵行(16-183)、②貳春鄉以郵行(8-1147)、尉以郵行(8-1951)。

第 3 類,(a) + (c)組合。

　　① 廷吏曹【發】(8-2507)、廷户曹發(8-263)、廷獄東發(8-1741)、廷金布發(8-506)、廷令曹發(8-778)。

　　② 廷主倉發(8-1294)、廷主吏發(8-52)、廷主户發(8-1650)、廷主課發(8-2198)、遷陵主倉發(8-579)、貳春鄉主鬂發(8-1548)。

第 4 類,(a) + (d)組合。

　　① 遷陵洞庭(8-188)、遷陵洞庭郡(8-1149)、酉陽洞庭(9-983)。③

　　② 遷陵·洞庭(8-976)、遷陵·洞庭郡(8-469)、充·洞(庭)(8-903)。

　　③ 彭陽　内史(8-105)。

第 5 類,(a) + (b) + (c)組合。

　　廷以郵行令曹發(10-92)。④

①　高村武幸、姚磊等先生也曾作過類似的歸類,可參考。高村武幸《里耶秦簡第八層出土簡牘の基礎的研究》,《三重大史學》第 14 卷,2014 年;姚磊《〈里耶秦簡(壹)〉所見"檢"初探》,簡帛網,2015 年 12 月 28 日。
②　湖南省文物考古研究所《里耶一號井的封檢和束》,《湖南考古輯刊》第八集,第 68 頁。
③　湖南省文物考古研究所編著《里耶發掘報告》,第 191 頁。
④　湖南省文物考古研究所《里耶一號井的封檢和束》,《湖南考古輯刊》第八集,第 67 頁。

第 6 類,(a) + (b) + (d)組合。

　　① 遷陵以郵行洞庭(6-2)、遷陵以郵行洞庭郡(15-176)、①西陽以郵行洞庭
(5-34)、軹以郵行河内(14-169)、廣武以郵行泰原(16-182)。

　　② 遷陵以郵行‧洞庭(8-12)。

第 7 類,(a) + (c) + (b)組合。

　　洞庭泰守府尉曹發以郵行(10-89)。②

第 8 類,(a) + (c) + (d)組合。

　　遷陵主薄(簿)發洞庭(8-303)、遷陵主倉發洞庭(8-922)、遷陵主讚發洞庭
(12-851)、③遷陵金布發洞庭(6-18)、遷陵發丞前洞庭(8-264)。

第 9 類,(a) + (d) + (b)組合。

　　遷陵洞庭以郵行(5-35)。

第 10 類,(a) + (b) + (c) + (d)組合。

　　① 遷陵以郵行吏發洞庭(16-185)、④遷陵以郵行丞自發洞庭(9-45)、⑤遷陵以
郵行發令丞前洞庭(12-117)。⑥

　　② 遷陵以郵行覆曹發‧洞庭(8-2550)。

第 11 類,(a) + (b) + (d) + (c)組合。

　　遷陵以郵行洞庭主倉發(11-111)。⑦

第 12 類,(a) + (b) + (d) + (e)組合。

　　遷陵以郵行洞庭急(11-108)、⑧遷陵以郵利足行洞庭急(8-90)、遷陵故令人行

① 湖南省文物考古研究所《里耶一號井的封檢和束》,《湖南考古輯刊》第八集,第 68 頁。
② 湖南省文物考古研究所《里耶一號井的封檢和束》,《湖南考古輯刊》第八集,第 67 頁。
③ 宋少華等編著《湖南出土簡牘選編(一)》,嶽麓書社,2013 年,第 216 頁。
④ 湖南省文物考古研究所《里耶一號井的封檢和束》,《湖南考古輯刊》第八集,第 68 頁。
⑤ 湖南省文物考古研究所《里耶一號井的封檢和束》,《湖南考古輯刊》第八集,第 67 頁。
⑥ 湖南省文物考古研究所《里耶一號井的封檢和束》,《湖南考古輯刊》第八集,第 68 頁。
⑦ 湖南省文物考古研究所《里耶一號井的封檢和束》,《湖南考古輯刊》第八集,第 67 頁。
⑧ 湖南省文物考古研究所《里耶一號井的封檢和束》,《湖南考古輯刊》第八集,第 67 頁。

洞庭急(8-182)。①

第 13 類,(a) + (c) + (b) + (d)組合。

遷陵丞自發以郵行洞庭(9-46)。②

通過分類比較可以看出一些有效的信息。第一,(a)、(b)、(c)、(d)、(e)五部分各自代表一定的含義,彼此之間相對獨立。通過第 3、5 類中"廷令曹發""廷以郵行令曹發"或第 4、6 類中"遷陵·洞庭""遷陵以郵行·洞庭"的比較,知道(b)可以被省去;通過第 4、8 類中"遷陵洞庭""遷陵主簿發洞庭"或第 6、10 類中"遷陵以郵行·洞庭""遷陵以郵行覆曹發·洞庭"的比較,知道(c)可以被省去;通過第 2、6 類中"遷陵以郵行""遷陵以郵行洞庭郡"或第 3、8 類中"遷陵主倉發""遷陵主倉發洞庭"的比較,知道(d)可以被省去;通過第 6、12 類中"遷陵以郵行洞庭""遷陵以郵行洞庭急"的比較,知道(e)可以被省去。③也就是説,在這 13 種類型中,(b)、(c)、(d)、(e)均可以根據不同的情況被省去,但是(a)絶不會被省,始終被寫在封檢題署的最上端。封檢的功能之一就是指明去向,正如游逸飛先生所言,與發出地相比,目的地更爲重要。所以,從省略、簡化的角度也可以補充説明將(a)視爲"目的地"較爲合理。第二,通過對比可以看到,(a)、(c)的位置相對比較固定,(a)位於封檢題署最前端,(e)位於最後端,而(b)、(c)、(d)則比較靈活,位置不定,會穿插在(a)、(e)之間的任何位置。第三,封檢題署中還有一些未列進去但與第 3 類相似的例子,如"廷倉曹"(8-1288)、"廷吏曹"(8-829)、"廷户曹"(8-1072)、"獄南曹"(8-1760)、"獄東曹"(8-996)以及"廷主倉"(8-1498)、"廷主吏"(8-1696)、"廷主户"(8-266)、"廷主計"(8-1773)等,通過比較不難看出這些"廷……曹""廷主……"其實就是第 3 類"廷……曹發""廷主……發"的省略格式。

在此基礎上來分析一下"廷以郵行户曹"(8-1318)。這是一枚内容完整的封檢。如

① 這是一枚完整的封檢,陳偉等先生認爲"故"是人名,參見陳偉主編《里耶秦簡牘校釋(第一卷)》,第 106 頁。筆者認爲此説不妥,"故令人行"應該連讀,是一種文書傳遞方式。里耶秦簡中有一枚封檢"御史覆獄治充故令人行"(8-631 + 8-632),將兩簡對讀,就會發現"故令人行"不僅連讀,而且是封檢題署中的常用術語。居延簡中常見"甲渠候官故行"(E.P.T20:1)"莫府吏馬馳行以急爲故"(《甲乙編》259.5),李均明先生認爲:急,緊急;故,事;以急爲故,作爲緊急事情辦理,參見李均明《封檢題署考略》,《文物》1990 年第 10 期。大庭脩先生認爲,"故"可通"固","故行"義爲務必無差錯送達,此外"故行"又有急行之義,參見大庭脩《漢簡研究》,第 191—192 頁。"故行"或爲"令人故行"的發展或省稱。
② 宋少華等編著《湖南出土簡牘選編(一)》,第 205 頁。
③ 這裏所説的省略並非任意取舍、存留,而是根據每枚封檢的情況決定是否書寫相關部分。例如,是否書寫(e),則是根據文書内容的緊急程度決定的。

果這裏的户曹是洞庭郡或外縣的户曹,那麽目的地就應該使用"遷陵"這種字樣,而不會使用"廷"。既然使用"廷"字,説明這是縣内使用的封檢,這裏的户曹就應該是縣的户曹。如果按照"A以郵行B"中A是目的地,B是發出地的觀點,這枚檢的含義就應該是"縣户曹以郵行至縣廷",但是一般認爲縣諸曹設於縣廷之内,而且里耶的諸多封檢上都寫着"廷户曹發",那麽該如何理解這裏的矛盾呢? 通過上文分析可知,(b)"以郵行"的位置並不固定,可以寫在(a)"目的地"和(e)"文書緊急程度"之間的任何位置。所以,這裏的"廷以郵行户曹"還可以寫爲"廷户曹以郵行"。前文又提到,封檢題署中"廷……曹"往往是"廷……曹發"的省稱,所以,"廷户曹以郵行"應是"廷户曹發以郵行"的省稱。也就是説,"廷以郵行户曹"其實就是"廷以郵行户曹發"的省稱,與"廷户曹發以郵行"同義。里耶秦簡中有兩枚與之相似的封檢,"廷以郵行令曹發"(10-92)和"遷陵以郵行覆曹發·洞庭"(8-2550),這不僅可以驗證前面的推論,而且後一例子中的"·洞庭"更加明確地顯示"户曹(發)"是(c)"開啓者"而不是(d)"×地"。

接着再來看(d)"×地"的性質。當一枚封檢中出現兩個地名時,很容易將一個視爲目的地,將另一個視爲發出地。從晏昌貴先生開始,學者們一直把里耶封檢題署"遷陵以郵行洞庭"中的"洞庭"當作文書的發出地。晏先生根據以下三枚簡中"以郵行"前的地名爲"目的地",提出"遷陵以郵行洞庭"中遷陵是接收文書的地點,這是很有卓見的,但同時又提出文書的始發地點應爲洞庭,[①]不知是何依據。在漢代封檢題署中確實有發件方的記録,如例(6)中的"居延丞印"表明發件方是居延丞,例(7)中的"張掖都尉章"表明發件方是張掖都尉,但是"居延丞印""張掖都尉章"這些小字都是收件方在收到封檢之後將印泥上的文字補寫上去的,並非與"甲溝候官以郵行""肩水候以郵行"同時書寫的。正如李均明先生所言,"當收件人署上寄件者、收件時間及送件人等文字後,封檢的性質已經起了根本的變化,這時它已不指示郵遞方向及方式,而只是起了收文記録供存檔備查的作用"。[②]通過字迹比對可以看出"遷陵以郵行洞庭""軹以郵行河内"中的"洞庭""河内"與"遷陵以郵行""軹以郵行"均是由發件方同時書寫上去的,而非二次書寫。也就是説,秦封檢中的"洞庭"與漢封檢中的發件方"居延丞""張掖都尉"並不是一回事,不能將其同等看待,所以在"遷陵以郵行洞庭"中將"洞庭"視爲發出地是没有根據的。

---

① 日安《里耶識小》,簡帛研究網,2003年11月2日。
② 李均明《封檢題署考略》,《文物》1990年第10期。

（5）居延甲渠候官以郵行　　　　　　　　　　　　　　　　　　（E.P.T53：86）①

　　　　居延丞印

（6）甲溝候官以郵行

　　　　十二月辛□門卒同以來　　　　　　　　　　　　（E.P.T14：1）②

　　　　張掖都尉章

（7）肩水候以郵行

　　　　九月庚午府卒孫意以來　　　　　　　　　　　　　　　（74.4）③

　　如果抛開(d)"×地"爲"發出地"的觀點，(d)還可能代表什麽意思呢？在目前所見的秦代文書封檢題署中存在這樣一種有趣的現象，即如果(d)出現的話，它均是作爲(a)"目的地"的上級隸屬機構，尚無反例。晏昌貴先生已指出此現象，"前者多爲後者之屬縣"。④其實，從"武關　内史"(例14)的例子來看，更確切地説應該是後者多爲前者的上級隸屬機構。

（8）遷陵以郵行洞庭　　　　　　　　　　　　　　　　　　　（8-32）

（9）酉陽以郵行洞庭　　　　　　　　　　　　　　　　　　　（5-34）

（10）臨沅主司空發洞庭　　　　　　　　　　　　　　　　　（8-695）

（11）充·洞（庭）　　　　　　　　　　　　　　　　　　　（8-903）

（12）軹以郵行河内　　　　　　　　　　　　　　　　　　（14-169）

（13）廣武以郵行泰原　　　　　　　　　　　　　　　　　（16-182）

（14）武關　　内史　　　　　　　　　　　　　　　　　　（8-206）

（15）彭陽　　内史　　　　　　　　　　　　　　　　　　（8-105）

例(8)—(11)中的遷陵、酉陽、臨沅、充隸屬於洞庭郡，例(12)中的軹隸屬於河内郡，例(13)中的廣武隸屬於泰原郡，均無爭議。關於例(14)、(15)中的武關和彭陽是否隸屬於内史，需要略作説明。

　　武關，雖然不是内史的屬縣，但是它位於内史範圍内，在一定程度上受内史管轄。

①　甘肅省文物考古研究所等編《居延新簡——甲渠候官與第四燧》，文物出版社，1990年，第286頁。

②　甘肅省文物考古研究所等編《居延新簡——甲渠候官與第四燧》，第62頁。

③　謝桂華、李均明、朱國炤《居延漢簡釋文合校》，第130頁。

④　晏昌貴《里耶秦簡牘所見郡縣名録》，《歷史地理》第三十輯，第141頁。

《史記·秦始皇本紀》"上自南郡由武關歸",《集解》注引應劭曰:"武關,秦南關,通南陽。"文穎曰:"武關在析西百七十里弘農界。"《正義》注引《括地志》云:"故武關在商州商洛縣東九十里,春秋時少習也。杜預云少習,商縣武關也。"①弘農、商縣,在秦代均屬於内史轄區。譚其驤先生有言,"關中之地爲秦王業所基,斷不能割以隸外郡"。②作爲關中門户之一的武關,自然也不會讓與外郡管轄。《二年律令·津關令》:"相國下〈上〉内史書言,函谷關上女子扁傳,從子雖不封二千石官,内史奏,詔曰:入,令吏以縣次送至徙所縣。"③當函谷關的官吏有事務需要上報時,先上報至内史,内史無法處理時再上報給相國,由此可見,漢初的内史與函谷關是一種上下級關係,而且内史對函谷關具有一定的管轄權。筆者認爲秦代武關與内史的關係或與之相似。也就是説秦及漢初的内史可能是武關的上級機構。

彭陽,《漢書·地理志》和《續漢書·郡國志》記載彭陽隸屬於安定郡,而安定郡設置於武帝元鼎三年。④張家山漢簡《二年律令》中出現"彭陽"一詞,説明漢初已設彭陽縣。⑤中國書法藝術博物館收藏有一品"彭陽丞印"封泥,傅嘉儀先生首次提出彭陽應爲秦縣,⑥例(15)這枚封檢證實了彭陽在秦代已設縣。那麽在安定郡設置之前的秦及漢初,彭陽又歸屬於何地呢? 張家山漢簡整理小組認爲,"彭陽,秦屬北地郡,高帝二年屬漢,武帝元鼎三年分屬安定郡",⑦但是没有給出"秦屬北地郡"的依據。晏昌貴先生開始也認爲彭陽隸屬於北地郡,⑧後來又指出秦及漢初的彭陽隸屬於内史。⑨在此,對彭陽隸屬於内史的觀點略作補充論證。《史記·匈奴列傳》:

> 漢孝文皇帝十四年,匈奴單于十四萬騎入朝邢、蕭關,殺北地都尉印,虜人民畜産甚多,遂至彭陽。使奇兵入燒回中宫,候騎至雍甘泉。於是文帝以中尉周舍、郎中令張武爲將軍,發車千乘,騎十萬,軍長安旁以備胡寇。而拜昌侯盧卿爲上郡將軍,甯侯

① 《史記》卷六,中華書局,1959年,第248—249頁。
② 譚其驤《長水集》,人民出版社,1987年,第13頁。
③ 彭浩、陳偉、工藤元男主編《二年律令與奏讞書:張家山二四七號漢墓出土法律文獻釋讀》,上海古籍出版社,2007年,第314頁。
④ 《漢書·地理志》第八下,中華書局,1962年,第1615頁;《後漢書·郡國五》,中華書局,1965年,第3519頁。
⑤ 彭浩、陳偉、工藤元男主編《二年律令與奏讞書:張家山二四七號漢墓出土法律文獻釋讀》,第264頁。
⑥ 傅嘉儀編著《秦封泥彙考》,上海書店出版社,2007年,第235頁。
⑦ 彭浩、陳偉、工藤元男主編《二年律令與奏讞書:張家山二四七號漢墓出土法律文獻釋讀》,第264頁。
⑧ 晏昌貴《〈二年律令·秩律〉與漢初政區地理》,《歷史地理》第二十一輯,上海人民出版社,2006年,第48頁。
⑨ 晏昌貴《里耶秦簡牘所見郡縣名録》,《歷史地理》第三十輯,第140頁。

魏遫爲北地將軍,隆慮侯周竈爲隴西將軍,東陽侯張相如爲大將軍,成侯董赤爲前
將軍,大發車騎往擊胡。單于留塞内月餘乃去,漢逐出塞即還,不能有所殺。①

這是發生在漢文帝十四年的一次匈奴入侵事件。匈奴單于率軍攻入朝邢、蕭關,殺死北
地都尉後到達彭陽。派兵火燒回中宫,巡邏的騎兵抵達雍的甘泉。於是漢文帝調將發
兵以回擊,單于在塞内停留一個多月乃回,漢將匈奴驅逐出塞即收兵。這裏的幾處地名
與彭陽的地望有關。首先,匈奴自西北攻入蕭關之後才到達彭陽,而蕭關往往被認爲是
關中的北界,這説明當時彭陽應該是在蕭關之南的關中之地,關中又由内史進行管轄,
所以秦及漢初時期的彭陽可能隸屬於内史。《史記·項羽本紀》:"人或説項王曰:'關中
阻山河四塞,地肥饒,可都以霸。'"《集解》注引徐廣曰:"東函谷,南武關,西散關,北蕭
關。"②《史記·漢興以來將相名臣年表》"入都關中",《索隱》注曰:"咸陽也。東函谷,南
嶢、武,西散關,北蕭關。在四關之中,故曰關中。"③這兩則材料都指出蕭關是當時關中
的北界關口。四關之内的關中由内史進行管轄,《三輔黄圖·三輔沿革》載,"秦并天下,
置内史以領關中"。④當然,這都是魏晉以後的注家所言,是否可信呢? 其中,函谷關、武
關、嶢關的地望比較明確,譚其驤先生已將其繪於秦内史的範圍内。⑤至於散關,《史記正
義》注引《括地志》云:"散關在岐州陳倉縣東南五十二里。"⑥《後漢書·順陽懷侯嘉傳》:
"復與延岑連戰,岑引北入散關,至陳倉,嘉追擊破之。"李賢注:"散關,故城在今陳倉縣
南十里,有散谷水,因取名焉。"⑦散關位於今寶鷄市西南,譚其驤先生在東漢右扶風的邊
界綫上標注有散關,而在秦内史地圖上未明確標注,兩圖對比來看,似乎也承認秦代的
散關在内史範圍内,只是未明確説明。⑧蕭關的具體地望目前尚不能確定,不過既然函谷
關、武關、嶢關,甚至散關可能都在秦内史的範圍内,那麽注家將蕭關視爲秦内史的北界
也不難相信。匈奴越蕭關而南侵彭陽,所以彭陽在秦及漢初可能爲關中之地,屬内史轄
地。其次,《二年律令·秩律》中出現大量的縣名,晏昌貴先生指出這些縣名可以分爲若
干組,同組多同郡,且《秩律》千石、八百石的縣均由内史縣開始。⑨《二年律令·秩律》:

① 《史記》卷一一〇,第 2901 頁。
② 《史記》卷七,第 315 頁。
③ 《史記》卷二二,第 1120 頁。
④ 《三輔黄圖》卷一,《四庫全書》第 468 册,上海古籍出版社,1987 年,第 3 頁。
⑤ 譚其驤主編《中國歷史地圖集》,中國地圖出版社,1982 年,第二册第 5—6 頁。
⑥ 《史記》卷二三,第 2141 頁。
⑦ 《後漢書》卷一四,第 568 頁。
⑧ 譚其驤主編《中國歷史地圖集》,第二册第 5—6、42—43 頁。
⑨ 晏昌貴《〈二年律令·秩律〉與漢初政區地理》,《歷史地理》第二十一輯,第 41—51 頁。

“櫟陽、長安、頻陽、臨晉、成都……秩各千石，丞四百石。”①其中，櫟陽、長安、頻陽、臨晉均隸屬於内史，蜀郡的成都緊隨其後。《二年律令・秩律》：“胡、夏陽、彭陽、朐忍……秩各八百石，有丞、尉者半之，司空、田、鄉部二百石。”②這裏的胡、夏陽亦隸屬於内史，朐忍隸屬於巴郡。彭陽緊隨胡、夏陽這些内史縣之後，將其視爲内史屬縣似乎更妥。

再回到封檢題署問題上來。如上所述，目前的材料顯示出(d)“×地”均爲(a)“目的地”的上級機構。那麼爲何要將目的地的上級機構寫在目的地之後呢？湖南長沙五一廣場出土的兩枚東漢封檢爲此提供了重要的綫索。

(16) ☑封安陸長印詣如署

　　　　臨湘屬長沙郡以郵行　　　　　　　　　　　　　　　　(CWJ1①：78)③

　　　　永初五年七月廿三日己巳起。

(17) 長沙太守丞印

　　　　臨湘以郵行　　　　　　　　　　　　　　　　　　　　(CWJ1③：208)④

　　　　元興元年九月七日晝漏盡起。

通過圖版可以看到例(16)右上角殘缺約兩個字，但是不影響文意的理解。根據“詣如署”“起”等字眼可以知道“……封安陸長印詣如署”“永初五年七月廿三日己巳起”等小字是由發件人所寫，當然，“臨湘屬長沙郡以郵行”也是發件人所寫。安陸縣在東漢時期隸屬於江夏郡，例(16)是江夏郡安陸縣的縣長用“以郵行”的方式向長沙郡臨湘縣發送文書的封檢題署。這裏不僅出現了“目的地”“傳遞方式”，還出現了目的地的上級機構，而且“屬長沙郡”四個字明確地顯示出“長沙郡”作爲“臨湘”的上級隸屬機構而存在，而並非是文書的發出地。筆者認爲這與“遷陵洞庭以郵行”是相似的案例。例(17)是長沙郡太守丞向下轄的臨湘縣發送文書的封檢，由於這是郡内流通，無需綴寫“屬長沙郡”，上文的“遷陵以郵行”也是相似的案例。

雖然秦與東漢在時間上相隔久遠，但是從秦、西漢、東漢的封檢題署對比來看，其發展是一脉相承的。上文所列秦代第 1 類封檢題署在漢代被沿用的例子有例(3)、例(4)（小字是拆封後書寫上去的，拆封前僅有“甲渠官”三字）；第 2 類在漢代被沿用的例子有

---

① 彭浩、陳偉、工藤元男主編《二年律令與奏讞書：張家山二四七號漢墓出土法律文獻釋讀》，第 260 頁。

② 彭浩、陳偉、工藤元男主編《二年律令與奏讞書：張家山二四七號漢墓出土法律文獻釋讀》，第 264 頁。

③ 長沙市文物考古研究所等編《長沙五一廣場東漢簡牘選釋》，中西書局，2015 年，第 74 頁。

④ 長沙市文物考古研究所等編《長沙五一廣場東漢簡牘選釋》，第 115 頁。

例(5)、例(17);第 3 類在漢代被沿用的例子有"甲渠候尉發"、①"甲渠發候尉前";②第 12 類中如果(d)省略的話,與漢代的"莫府吏馬馳行以急爲故"、③"甲渠官亭次急行"④是相同的格式;等等。秦漢時期封檢題署中"目的地""發送方式""開啓者""歸屬地""文書緊急程度描述"等五項基本元素並没有發生大的變化,只是秦代的題署格式更加靈活多變,漢代題署中的"歸屬地"出現稀少,其他各因素若有出現的話其間的相對位置逐漸固定。

由此再來反觀例(8)—(15),軹、廣武、武關、彭陽、遷陵、酉陽、充等是封檢的目的地,没有問題,如果其後的河内、泰原、内史、洞庭等"×地"只表示目的地的上級隸屬機構而非發出地的話,上文所述出現在異地的矛盾自然迎刃而解。那麽,遷陵縣會向洞庭郡的其他縣或者其他郡的下轄縣發送文書嗎?

(18) ☑獄南曹書二封,遷陵印:一洞庭泰守府,一洞庭尉府。·九月☑

(8-728 + 8-1474)

☑己亥餔時,牢人誤以來。☑　　　　　　　　(8-728 + 8-1474 背)

(19) 書一封·遷陵丞印,詣啓陵(鄉)⑤。Ⅰ

卅五年六月甲子,隸妾孫行。Ⅱ　　　　　　　(8-475 + 8-610)

(20) 獄南曹書三封,丞印,二詣酉陽、一零陽。/卅年九月丙子旦食時,隸臣羅以來。

(8-1886)

(21) 户曹書四封,遷陵印,一咸陽、一高陵、一陰密、一競陵。Ⅰ廿七年五月戊辰水下五刻,走荼以來。Ⅱ　　　　　　　　　　　　　　　(8-1533)

(22) 尉曹書三封,令印。AⅠ其一詣銷,AⅡ一丹陽,AⅢ一□陵。AⅣ廿八年九月庚子水下二刻,走祿以來。B　　　　　　　　　　　　(8-453)

(23) 卅五年二月庚申朔戊寅,倉□擇敢言之:隸□頜爲獄行辟Ⅰ書彭陽,食盡二月,謁告過所縣鄉以次牘(續)食。節(即)不Ⅱ能投宿齎。遷陵田能自食。未入關縣鄉,當成齎,Ⅲ以律令成齎。來復傳。敢言之。Ⅳ

(8-169 + 8-233 + 8-407 + 8-416 + 8-1185)

擇手。　　　　　　　　(8-169 + 8-233 + 8-407 + 8-416 + 8-1185 背)

---

① 甘肅省文物考古研究所等編《居延新簡——甲渠候官與第四燧》,第 304 頁。
② "甲渠發候尉前"旁尚有小字"居令延印"。簡牘整理小組編《居延漢簡(壹)》,"中研院"歷史語言研究所,2014 年,第 175 頁。
③ 謝桂華、李均明、朱國炤《居延漢簡釋文合校》,第 429 頁。
④ "甲渠官亭次急行"旁有小字"張掖甲渠塞尉""十月癸巳隧長尚以來"。甘肅省文物考古研究所等編《居延新簡——甲渠候官與第四燧》,第 139 頁。
⑤ 筆者推測"啓陵□"可能是遷陵縣下的"啓陵鄉"。

例(18)顯示遷陵縣獄南曹分別向洞庭泰守府、洞庭尉府發送了一份文書;例(19)顯示遷陵縣向啓陵鄉發送了一份文書;例(20)顯示出遷陵縣獄南曹向洞庭郡的酉陽和零陽發送了文書;例(21)、(22)顯示出遷陵縣的户曹、尉曹曾向内史的咸陽、高陵,北地郡的陰密,南郡的競陵、銷、丹陽發送過文書;例(23)顯示遷陵縣曾派遣人到彭陽去"行辟書"。也就是説,遷陵縣不僅會向上級洞庭泰守府、洞庭尉府發送文書,會向下級啓陵鄉發送文書,而且還會經常向郡内諸縣、郡外諸縣發送文書。在遷陵縣的治所發現諸多目的地爲外縣、外郡轄縣的封檢也就不足爲奇了。同樣,這些郡、縣、鄉肯定也會因各種各樣的事務經常向遷陵縣發送文書,那麽封檢中出現大量"遷陵""遷陵以郵行""遷陵以郵行洞庭"等題署也就可以理解了。

此外,封檢題署第1類中旬陽(8-1851)、鐔成(8-1373)、高密(8-1079)、枳(8-910)、閬中(8-931)等,這些向外郡縣發送的封檢上沒有書寫歸屬地,應該與當時封檢題署格式不嚴格有關。正如發往遷陵的封檢,既可以寫爲"遷陵""遷陵以郵行",又可以寫爲"遷陵·洞庭""遷陵以郵行·洞庭"。

秦代文書封檢題署的内容主要包括目的地、傳遞方式、開啓者、上級隸屬機構、緊急程度等五項。通過實例對比可以看到,除了第一項外,其他四項均可以根據不同的情況被省略,由此可進一步證明第一項應該是封檢的"目的地"。第一、五項的位置相對比較固定,而第二、三、四項則比較靈活,位置不定,會穿插在第一、五項之間的任何位置。由此可以知道"廷以郵行户曹"並非是"户曹以郵行至縣廷",而是"廷以郵行户曹發"的省稱,與"廷户曹發以郵行"同義。

以往學者多認爲封檢題署中的第四項爲"發出地",此説不僅沒有成立的依據,而且會使諸多現象難以理解。目前所公布的封檢題署顯示,當第一項和第四項出現時,第四項均爲第一項的"上級隸屬機構"。五一廣場出土的一枚東漢封檢明確顯示,第四項是第一項的"上級隸屬機構"而非"發出地"。秦漢時期的封檢雖然在細節上有所變化,但是其發展是一脉相承的。里耶秦簡中大量的資料顯示遷陵縣經常與洞庭郡的其他縣或其他郡的下轄縣有文書往來。由此本文提出將秦代文書封檢題署第四項理解爲目的地的"上級隸屬機構"比理解爲"發出地"更爲妥當,諸多現象也可得到合理的解釋。當然,此説只是基於現有的材料提出的一種解釋觀點,能否成立尚需更多資料的進一步驗證。

原刊於《出土文獻研究》第十六輯,中西書局,2017年,第175—190頁。

里耶秦簡中的追書現象

——從睡虎地秦簡一則行書律説起

劉自穩

中國政法大學法律古籍整理研究所

出土文獻與中國古代文明研究協同創新中心

　　古史編纂中常見"史家追書"現象，或補録時日、地理、職官，或追述名諱、褒貶、功績，"追書"之"書"當作書寫理解。而秦漢文書傳遞中存在的"追書"現象，則指追發文書，"書"當爲"文書"之意。近百年來漢簡官文書研究成果淵藪，學者們對漢簡官文書中習見的"以道次傳，別書相報，不報，重追之"辭例所反映的"追書"現象已有詳盡考察。①2002 年，在今湖南省湘西龍山縣里耶鎮出土了三萬多枚簡牘，其内容是秦洞庭郡遷陵縣的政務文書遺存，這批簡牘"不僅僅是二千二百餘年前具體而微的遷陵地志，更能動態地揭示出以文書行政爲裏而以郡縣制爲表的秦政之運作"。②在已公布的里耶秦簡中有數枚簡牘爲秦"追書"的實例，且又有數枚簡牘文字與"追書"現象有關。根據里耶秦簡所見"追書"材料可以考察秦簡官文書中"追書"的適用場合及功能，還原"追書"文書格式。此外，睡虎地秦簡和嶽麓書院藏秦簡所見的律令材料是秦統一前後不同時期的法制史料，兩者皆有《行書律》且皆有關於"追書"問題的具體規定，結合法令規定考察實際政務文書運行既是當前秦漢出土文獻研究之便利亦是方法論之必須。然而，睡虎地秦簡一則關涉"追書"現象的行書律，諸家解讀聚訟不已，本文的討論擬從對該律文的學術

---

① 趙寵亮《西北漢簡所見邊塞戍所的請銷假制度》，《文博》2010 年第 1 期；劉剣《漢簡所見官文書研究》，吉林大學博士學位論文，2015 年，第 455—463 頁；鷹取祐司《秦漢官文書の基礎的研究》，汲古書院，2015 年，第 252—255 頁；成文生《簡牘所見兩漢詔書形制及運行制度芻議》，西北師範大學碩士學位論文，2008 年，第 29、30 頁。

② 張忠煒《里耶秦簡博物館藏秦簡概説》，載里耶秦簡博物館、出土文獻與中國古代文明研究協同創新中心中國人民大學中心編著《里耶秦簡博物館藏秦簡》，中西書局，2016 年，第 1 頁。

史梳理展開,最後落實到對里耶秦簡所見秦基層文書運作中"追書"現象的考察。

一、睡虎地秦簡一則行書律解析

睡虎地秦墓竹簡《秦律十八種·行書律》簡 184、185 載如下律文:

1. 行傳書、受書,必書其起及到日月夙莫(暮),以輒相報殹(也)。書有亡者,亟告官。隸臣妾老弱及不可誠仁者勿184令。書廷辟有曰報,宜到不來者,追之。行書185①

秦簡公布以來,不少學者對此條律文作過研究,但是對簡文中"書廷辟有曰報,宜到不來者,追之"的含義一直存在較大争議。以下首先羅列較有代表性的諸家之説,再通過比對前人觀點嘗試對文意加以説明。

關於"書廷辟有曰報",在《睡虎地秦墓竹簡》1977 年的版本中,睡虎地秦墓竹簡整理小組指出"此句疑指在徵召文書上寫明必須回報"。但在 1990 年的版本中,整理小組則認爲"廷辟,疑指郡縣衙署關於徵召的文書。報,此處疑讀爲赴,速至",與 1977 年的版本相比,"廷辟"的解釋没有變化,而"報"則從"回報"改爲"速至"。"宜到不來者,追之"則指行書之人該到而未到,加以追查。因爲是整理者的解説,1990 年版本的觀點被較多學者所接受及引用。②

高敏將"書廷"當作收發文書的專門部門,而又將"辟有曰報"連讀,爲"開關有日報專欄"之意。"宜到不來者,追之"解爲凡有文書當到而未到者,立即派人追查。③

孫曉春、陳維禮則認爲此處存在形近誤字現象,廷爲"廴"之誤,廴與往同,書往就是發出的文書。辟,明也,是標明、署名的意思。發出的文書標明需要回文的,如回文應到而未到,加以追查。④

何四維認爲 184 和 185 兩簡中間有缺簡,如果"勿令"連讀,則"隸臣妾老弱及不可誠仁者"只是被禁止,但缺少被禁止的行爲。而將"令書"連讀則表示"書面命令",又"廷

① 睡虎地秦墓竹簡整理小組編《睡虎地秦墓竹簡》,文物出版社,1990 年,第 61 頁。
② 參看徐富昌《睡虎地秦簡研究》,文史哲出版社,1993 年,第 90 頁;蒲堅編《中國古代法制叢鈔(第一卷)》,光明日報出版社,2001 年,第 215 頁;陳蔚松《漢代考選制度》,湖北辭書出版社,2002 年,第 62 頁。
③ 高敏《從雲夢秦簡看秦的若干制度》,《雲夢秦簡初探(增訂本)》,河南人民出版社,1979 年,第 236 頁。高敏在後來的論著中又同意整理小組 1977 年的理解,見高敏《秦漢史探討》,中州古籍出版社,1998 年,第 219 頁。
④ 孫曉春、陳維禮《〈睡虎地秦墓竹簡〉譯注商兑》,《史學集刊》1985 年第 2 期。

辟"爲郡縣衙署的徵召,兩者是並列關係。同時,整理小組將"報"理解爲"速至"則與本簡前面"以輒相報"的字義大相徑庭,此處依然是回覆之義。後半句理解同於整理小組。①

陶安在斷句上認同何四維缺簡説,但不認爲"辟"有徵召之意,而根據張家山漢簡《二年律令·行書律》簡276"諸獄辟書五百里以上,及郡縣官相付受財物當校計者書,皆以郵行",②認爲"辟"是斷獄文書。③曹旅寧《張家山漢簡研究》、④夏利亞《秦簡文字集釋》、⑤中國政法大學中國法制史基礎史料研讀會集釋⑥以及連劭名《〈二年律令〉所見漢初的行書制度》⑦等持相似看法。同時,前三者都將"報"理解爲回覆,"宜到不來者,追之"理解爲該送到的没有送到,應加追查。提煉諸家之説,較爲集中的爭議有以下幾點。

第一,關於"書廷辟有曰報"中"報"的理解。《嶽麓書院藏秦簡(肆)》公布了一份與此簡內容相似的律文,兩者可互參閱讀:

　　2. 嶽麓秦簡₁₂₇₁□律曰:傳書受及行之,必書其起及到日月夙莫(暮),以相報,報宜到不來者,追之。書有亡者,亟告其縣₁₂₄₃官。不從令者,丞、令、令史主者貲各一甲。⑧

陳松長《嶽麓書院藏秦簡中的行書律令初論》一文在引用該簡時,"宜到不來者"前無"報"字,⑨後《嶽麓書院藏秦簡(肆)》公布圖版顯示"報"字下有重文符號,可見此"報"字不可省。"報宜到不來者"的表達直接説明了"報"指的是應當回覆給發文機構的文書,而非"速赴"和"日報專欄"等意,同時也説明"宜到不來者"並非指行書之人。實際上,關於秦漢往來文書需要受書回覆的制度,王國維指出"言到日者,猶《史記·三王世家》及漢碑詔書後所謂書到言也。漢時行下公文必令報受書之日,或云書到言,或云言到日,

① A.F.P.Hulsewé,"Remnants of Ch'in Law,"Leiden E.J.Brill,1985,p.86,note2,6.
② 張家山二四七號漢墓竹簡整理小組編《張家山漢墓竹簡〔二四七號墓〕(釋文修訂本)》,文物出版社,2006年,第47頁。
③ 陶安あんど《秦漢刑罰體系の研究》,東京外國語大學アジア・アメリカ言語文化研究所,創文社,2009年,第463頁注釋94。
④ 曹旅寧《張家山漢律研究》,中華書局,2005年,第156頁。
⑤ 夏利亞《秦簡文字集釋》,華東師範大學博士學位論文,2011年,第218頁。
⑥ 中國政法大學中國法制史基礎史料研讀會《睡虎地秦簡法律文書集釋(五):〈秦律十八種〉〈效〉——〈屬邦〉〉、〈效〉》,《中國古代法律文獻研究》第十輯,社會科學文獻出版社,2016年,第59、60頁。
⑦ 連劭名《〈二年律令〉所見漢初的行書制度》,《文物春秋》2010年第3期。
⑧ 陳松長主編《嶽麓書院藏秦簡(肆)》,上海辭書出版社,2015年,第142頁。
⑨ 陳松長《嶽麓書院藏秦簡中的行書律令初論》,《中國史研究》2009年第3期。

其義一也"。①只是據目前豐富的秦漢官文書材料可知"報"未必只是見於下行文書,也未必只是回覆受書之日,也可能是針對受書所提質詢作出具體回覆。

第二,兩簡之間是否有缺簡,進而導致"勿令"可否連讀。按照整理小組的理解,將"書廷辟"理解爲衙署的徵召文書,正常表述應該是偏正結構的"廷辟書"。缺簡説很好地解決了這一語法上的矛盾,將"令"字屬下讀使得"令書"和"廷辟"成爲兩類並列的文書。同時,"勿令"後缺少謂語的語法問題因缺文同樣得以解決。然而,在沒有相似文例的支撐下,爲了適應文意推測編簡的不完整性存在一定風險,同時,缺簡説本身也存在值得推敲之處。首先,"勿令"連用的現象無論在傳世文獻還是出土文獻中都十分常見。如《漢書·食貨志》"上收銅勿令布,則民不鑄錢,黥罪不積",②又如《嶽麓書院藏秦簡(肆)》簡 1198、0398 載"令到縣,縣各盡以見(現)錢,不禁者,勿令巨晕"。③筆者雖未查閱到"勿令"後省略賓語的文例,但是"勿 + ○"後省略賓語的情況習見,如睡虎地秦簡《秦律十八種·倉律》簡 49"隸臣妾其從事公,隸臣月禾二石,隸妾一石半;其不從事,勿稟"。④而此處"勿令"後沒有賓語當是《秦律十八種》摘抄現象的反映。睡虎地秦簡整理小組在對《秦律十八種》的説明中指出其摘録的性質,抄寫人只是摘録十八種秦律的一部分。⑤周海鋒比較《秦律十八種》與《嶽麓書院藏秦簡(肆)》相似律條,指出《秦律十八種》一條律文可能是抄寫多條律文集合而成,抄手也會根據自身理解將某些其認爲沒有必要摘録的文字加以省略,從而導致有些律條因失去上下文的語境變得令人費解。⑥就本簡所談到的行書問題,《嶽麓書院藏秦簡(肆)》所載與此相關還有以下律條:⑦

3. 嶽麓秦簡₁₃₈₄·行書律曰:有令女子、小童行制書者,貲二甲。能捕犯令者,爲除半歲繇(徭),其不當繇(徭)者,得以除它₁₃₈₈人繇(徭)。

4. 嶽麓秦簡₁₃₇₇·行書律曰:毋敢令年未盈十四歲者行縣官恒書,不從令者,貲一甲。

5. 嶽麓秦簡₁₃₇₄繇(徭)律曰:毋敢傳(使)段(假)典居旬于官府;毋令士五爲吏

---

① 王國維《觀堂集林》,河北教育出版社,2003 年,第 418 頁。
② 《漢書·食貨志》,中華書局,1961 年,第 1156 頁。
③ 陳松長主編《嶽麓書院藏秦簡(肆)》,第 197 頁。
④ 睡虎地秦墓竹簡整理小組編《睡虎地秦墓竹簡》,第 32 頁。
⑤ 睡虎地秦墓竹簡整理小組編《睡虎地秦墓竹簡》,第 19 頁。
⑥ 周海鋒《秦律令研究——以〈嶽麓書院藏秦簡(肆)〉爲重點》,湖南大學博士學位論文,2016 年,第 139—146 頁。
⑦ 陳松長主編《嶽麓書院藏秦簡(肆)》,第 132、133、119 頁。

養、養馬；毋令典老行書；令居貲責（債）、司寇、隸臣妾₁₄₀₆行書。

陳松長已指出《秦律十八種》"隸臣妾老弱及不可誠仁者勿令"一句置於簡文中在語意上十分突兀，故而有關行書人員身份的規定，嶽麓秦簡另外在材料 3、4 中分別摘抄。①材料 5 爲徭律，規定了不同身份人員是否可以行書，所以在完整的行書律中，"隸臣妾老弱及不可誠仁者勿令"前可能書寫了哪些人員可以被安排行書，而此處就可以承接前文將"行書"省略，只不過被摘抄到《秦律十八種》後失去上下文的聯繫，才導致語意不全。更爲重要的是，無論是否缺簡，"書廷辟有曰報"所言會出現"報"字的文書只能指向"廷辟"一種或"令書"及"廷辟"兩種。然而，現實政務運作過程中文書類型十分複雜，不同機構間需要彼此回覆的文書當不僅僅只有諸家之説所限定的一兩類文書。以里耶秦簡所見秦遷陵縣的文書檔案爲例，如簡 8-63 中的"問可（何）計付署、計年，爲報"②中寫明需"報"，但是該文書是不同縣之間的債務清算文書，又如簡 8-197 中的"謁報，署主吏發"，③根據簡文殘存內容推測可能是有關吏員轉任的文書。總之，"書廷辟有曰報"的規定應該具有一般性，所指應是所有類型文書，而非某一兩類文書。

第三，"廷辟"的具體所指。前文已經説明該條律文在不缺簡的情況下，"隸臣妾老弱及不可誠仁者勿令"的表述有其合理性，所以無論是從語法上"廷辟"與"書"的關係看，還是從語意上律文所規定的範圍講，其單指某一兩類文書都值得懷疑。但是，這裏依然強調説明前人推導"廷辟"爲徵召文書或獄訟文書的過程也值得商榷。整理小組認爲"廷辟"爲有關機構發出的徵召文書，只是根據字面意思的推測，並無相關文例支持。而陶安等學者認爲"廷辟"是獄訟文書，是根據前引張家山漢簡一條行書律中提到的"諸獄辟書"。又張家山漢簡《二年律令・具律》有如下律文：

> 6. 鞫獄故縱、不直，及診、報、辟故弗窮審者，死罪，斬左止爲城旦，它各以其罪論之。④

可見，"辟"與"診""報"性質相同，都是治獄當中的一環。整理小組注釋"辟"爲審理，徐世虹根據睡虎地秦簡律文認爲"辟"指驗問審理，⑤總之在"辟"的過程中形成的"審理調

① 陳松長《嶽麓書院藏秦簡中的行書律令初論》，《中國史研究》2009 年第 3 期。
② 陳偉主編《里耶秦簡牘校釋（第一卷）》，武漢大學出版社，2012 年，第 48 頁。
③ 陳偉主編《里耶秦簡牘校釋（第一卷）》，第 109 頁。
④ 張家山二四七號漢墓整理小組編《張家山漢墓竹簡［二四七號墓］（釋文修訂本）》，第 28 頁。
⑤ 徐世虹《張家山二年律令簡中的損害賠償之規定》，《華學》第六輯，紫禁城出版社，2003 年，第 146 頁。

查犯罪的文書"①當不誤。但是,"辟書"表示此種含義時,或單書"辟"字,或言"辟書",或言"獄辟書"。里耶秦簡 8-169 + 8-233 + 8-407 + 8-416 + 8-1185 云"隸□□爲獄行辟書彭陽",也是表述爲獄傳送辟書。廷一般指廷尉和縣廷,睡虎地秦簡《法律答問》簡 95 載"'辭者辭廷。'今郡守爲廷不爲? 爲毆(也)",②可見郡守也可稱廷,廷所指的概念範圍儼然要比獄大,而且又未見其他文例中"廷辟"意爲獄訟文書,可見將"廷辟"等同於"獄辟書"十分牽强。

第四,關於"追之"的理解。諸家之說,無論是將"宜到不來者"的對象視爲文書還是行書之人,大都將"追之"理解爲"追查"。"追查"的具體含義和程序並不明確,似乎是因文書未能及時送達而需追究相關人員的責任,此"追查"有懲戒層面的含義。漢簡中常見"以道次傳,別書相報,不報,重追之"的固定結構,學者一般將"重追之"理解爲"嚴肅追查",③與諸家之說此處對睡虎地秦簡的理解是一致的。因而,學者們對里耶秦簡中涉及"追"現象的理解大抵與此類似,如里耶秦簡 8-60 + 8-656 + 8-665 + 8-748 中的"有追",整理小組理解爲"追究",④特別是簡 9-1 至 9-12 的十二件債務清算文書中出現的"謁追"一詞,學者或理解爲"請求追問",⑤或理解爲既要追討錢財還要追究欠債人。⑥劉劍結合秦漢出土簡牘中的追書現象,指出所謂"追"是發文機構對所發出文書沒有收到"報"的反應,即再次發送文書追索回覆,並不涉及其他。⑦而據材料 2 中嶽麓秦簡的內容,其律文末尾爲"不從令者,丞、令、令史主者貲各一甲",其意在對相關官吏如果不按照前面的文書傳送要求處理就要根據職務受到相應的懲罰。所以,其前的"追之"也不可能是追查相關人員責任,否則又與後文的具體懲罰規定重複。總之,此處的"追之"理解爲追發文書索求答覆當不誤,而"追書"這一文書現象在里耶秦簡中的具體情況擬在後文詳論。

---

① 彭浩《讀張家山漢簡〈行書律〉》,《文物》2002 年第 9 期。
② 睡虎地秦墓竹簡整理小組編《睡虎地秦墓竹簡》,第 115、116 頁。
③ 中國簡牘集成編委會編《中國簡牘集成》第七冊,敦煌文藝出版社,2001 年,第 75 頁。
④ 陳偉主編《里耶秦簡牘校釋(第一卷)》,第 44—46 頁。
⑤ 王煥林《里耶秦簡校詁》,中國文聯出版社,2007 年,第 63 頁。
⑥ 邢義田《湖南龍山里耶 J1(8)157 和 J1(9)1—12 號秦牘的文書構成、筆迹和原檔存放形式》,載氏著《治國安邦:法制、行政與軍事》,中華書局,2011 年,第 494 頁。
⑦ 劉劍《漢簡所見官文書研究》,吉林大學博士學位論文,2015 年,第 455—463 頁。馬怡在對相關里耶秦簡的校釋中,持相似觀點,參見馬怡《里耶秦簡選校》,《中國社會科學院歷史研究所學刊》第四集,商務印書館,2007 年,第 133—186 頁。鷹取祐司有類似論述,參見氏著《秦漢官文書の基礎的研究》,第 252—255 頁。

　　以上,通過比較諸家之説,指出缺簡説將"廷辟"視爲獄訟文書一類的具體文書以及將"追之"理解爲"追查"皆不確。同時,筆者認爲兩簡之間並無缺簡,且"書廷辟有曰報"當爲一般性規定,具體理解還需回到字義的解讀上,甚少提及的孫曉春、陳維禮二人觀點值得重視。二人認爲"廷"爲"廷"之誤,實則應爲"迋"之誤,此點《秦簡牘合集》已經指出。①"迋"作"往"以及"辟"有明之意,在文獻中常見,此處不再贅述。"書廷辟有曰報"解讀爲發出的文書明確寫有"報"的,較之於上述諸説,於語意最爲貼切。雖然出土文獻中目前未見直接文例佐證"廷"與"迋"的文字訛誤關係,但是綜合各家觀點,當暫從此説。綜上,該簡文後半句的語意爲:發出去的文書明確寫有報,報該及時回覆的却没有回覆,再發文書追索回覆。

二、里耶秦簡中的"追書"現象

　　上文通過比較諸家關於睡虎地秦簡一則行書律的解讀,認同將"追之"理解爲"重新發送文書追索回覆"的觀點。里耶秦簡的主體部分是秦遷陵縣縣廷與所轄區域及其他地區間的往來政務文書遺存,其中有數枚簡牘的内容正是"追書"現象在現實文書運作中的反映,通過對這些追書簡的考察,除能認識"追書"的政務運用及文書體例,還能有助於考察秦時基層文書處理能力等問題。

(一) 追書出現的場合及功能

　　目前已公布的里耶秦簡牘材料中存在不少"追書"現象的文書,這裏根據文書内容和性質作如下分類:

　　1. 遷陵縣廷發到其他機構"追書"而留存於縣廷的抄本,分別是簡 8-75 + 8-166 + 8-485、8-197、8-653 + 8-1370、8-704 + 8-706、9-224 + 9-711、9-705 + 9-1111 + 9-1426、9-2314;

　　2. 其他機構發到遷陵縣廷的"追書"正本,分別是簡 8-462 + 8-685、8-755 + 8-756 + 8-757 + 8-758 + 8-759 + 8-1523 + 8-1564、②8-1562、8-1459 + 8-1293 + 8-146、9-21、

---

① 陳偉主編《秦簡牘合集釋文修訂本(壹)》,武漢大學出版社,2016 年,第 134 頁。
② 該組編聯,參見陳垠昶《里耶秦簡 8-1523 和 5-1 句讀問題》,簡帛網,2013 年 1 月 8 日;宫宅潔《關於里耶秦簡⑧755—759 簡與⑧1564 簡的編聯》,《簡帛》第十八輯,上海古籍出版社,2019 年,第 29—36 頁。

9-306、9-2287、12-1784；

3. 其他機構間的"追書"被轉抄發送到遷陵縣的文書正本，主要是指簡 9-1 到 9-12 共計 12 枚陽陵債務清算文書及簡 9-1871 + 9-2469 + 9-2471 + 9-1883 + 9-1893；

4. 遷陵縣廷發給其他機構"追書"正本，目前僅見簡 9-1089 一枚；

5. 文書本身並非"追書"而是在內容中提到"追書"，如簡 8-60 + 8-656 + 8-665 + 8-748 和 8-173。

分析上述統計的"追書"材料，可以考察"追書"發生的具體文書行政場合。如前文考察行書律所言，文書中明確要求需"報"者，未及時收到回覆時需再發文書予以追索回覆。這其中既有收文單位對已經收到文書進行確認的回覆，也有對文書內容要求的材料呈報或政務處理的回覆。前者如文書中常見的"書到相報""符到爲報""書到言"等表述，里耶秦簡中此種回覆文書十分常見。後者如簡 8-197 中遷陵縣發到洞庭郡的追書，"謁報"（意即請求回覆）文書中提到的需要補充吏員事宜；又如簡 8-1562 是啓陵鄉請求縣廷獄治尉史"文"的公文，內容中沒有明確提到要求回覆，但據其內容可知是需要縣廷作出行政反應。除了常見的追索回覆，"追書"似還有另外一種功能，如簡 8-60 + 8-656 + 8-665 + 8-748：

7. 十二月戊寅，都府守腎敢言之：遷陵丞膻曰：少内巸言冗佐公士欒道西里亭貲三甲，爲錢四千卅二。自言家能入。爲校□□□謁告欒道受責。(A)有追，追日計廿八年(B)□責亭妻腎亡。腎亡曰：貧，弗能入。(C)謁令亭居署所。上真書謁環。□□欒道弗受計。亭讄當論，論。敢言之。(D)☐

(8-60 + 8-656 + 8-665 + 8-748 正)

十二月己卯，欒道鄒敢告遷陵丞主，寫☐事，敢告主。/冰手。/六月庚辰，遷陵丞昌告少内主，以律令□☐手。/六月庚辰水十一刻刻下六，守府快行少内。☐

六月乙亥水十一刻刻下二，佐同以來。/元手。☐

(8-60 + 8-656 + 8-665 + 8-748 背)①

該簡經綴合後上端完整，故而在正面首行"十二月戊寅"前當並無缺文。然而，作爲單枚

---

① 陳偉主編《里耶秦簡牘校釋（第一卷）》，第 43 頁。

簡牘，首句“十二月戊寅”並沒有標明具體年份，與里耶秦簡一般公文書寫格式不符，可見此簡牘或當與其他簡牘存在編聯關係，而此簡前或還有其他内容。①

梳理殘存簡文所反映的文書傳遞過程，都府守胥發送給燕道卻，依次經燕道卻和遷陵丞昌，最後被傳送至遷陵少内。都府守胥發文中“有追，追曰計廿八年□責亭妻胥亡。胥亡曰：貧，弗能入”，整理者斷句有誤，應當斷爲“有追，追曰計廿八年。□責亭妻胥亡，胥亡曰：貧，弗能入”。都府守胥發文可以分成如上文標注的 A、B、C、D 四個部分。A 部分概括遷陵發來的第一份文書内容，燕道西里在遷陵任職的亭欠四千卅二錢，亭言其家可以支付，遷陵請求燕道辦理接受這筆債務的手續。B 部分是對遷陵縣發來的第二份文書追書的概括，追書中要求將亭的債務算到秦始皇二十八年的計中。②相似的表述還見於簡 9-21“有追，曰已出計計卅一年”。③C 部分中都府追索亭妻胥亡，但其表示無力償還。針對上述三部分情況，在 D 部分中，都府守胥提出讓亭通過居貲還債，從而返還遷陵前期寄來的債務校券並指出需治亭欺瞞之罪。B 中的“有追”實則是遷陵縣在第一份債務清算文書後補發的追書，但是這份追書可能除了請求儘快回覆，還補充説明第一份文書相關信息。該簡中的“追書”現象説明“追書”不僅適用於追索回覆的場合，在實際政務運作過程中，文書遺漏或者文書發出後出現新的情況等需要予以補充説明時，同樣適用於“追書”。

（二）追書的文書格式解析

上文統計發生“追書”現象的四類文書中，第二類是其他機構發送給遷陵的“追書”正本，相較於第一類的留存副本更加正式，相較於第四類又非經過抄寫，故而較適宜用來考察作爲“追索回覆”語境下“追書”的一般書寫體例。第二類中所收集的七份追書中，按照文書傳送的上行、下行和平行關係選取三份，並將文書構成進行分割製成下表：

① 大庭脩指出在漢代的公文書中，其開始部分一定寫有紀年，從月日開始寫的則不是獨立的文書。參見大庭脩著，徐世虹等譯《秦漢法制史研究》，中西書局，2017 年，第 470 頁。而就目前所見的里耶秦簡來看，秦簡官文書同樣符合這一規律。

② 關於債務文書中“計某年”的含義，本文同意王偉的意見，即計之年度。參見王偉《里耶秦簡“付計”文書義解》，《魯東大學學報（哲學社會科學版）》2015 年第 5 期。相似觀點參見黃浩波《里耶秦簡所見“計”文書及相關問題研究》，《簡帛研究 二〇一六（春夏卷）》，廣西師範大學出版社，2016 年。

③ 湖南省文物考古研究所編著《里耶秦簡（貳）》，文物出版社，2017 年，圖版第 15 頁，釋文第 6 頁。

表 1　里耶秦簡中"追書"簡的文書構成

文書構成		下行(12-1784) 洞庭郡—遷陵縣	平行(9-2287) 酉陽縣—遷陵縣	上行(8-1562) 啓陵鄉—遷陵縣
"追書"	原文	卅三年正月壬申朔戊戌…… 縣一書,·以臨沅印行事。	廿六年五月辛巳朔壬辰…… 爲報勿留。敢告主。	廿八年七月戊戌朔乙巳…… 令史上見其罾趙。
	追文	二月壬寅朔甲子,洞庭叚守 齰追,縣亟上勿留。/肥 手。·以上衍印行事。	五月戊戌,酉陽守丞宜敢告 遷陵丞主:未報,追。令史可 爲報,勿留。敢告主/挩手	七月乙卯,啓陵鄉趙敢言之: 恐前書不到,寫上。敢言 之。/貝手
遷陵批覆及 發文信息			六月癸丑,遷陵守丞敦狐以 此報酉陽曰:已以五月壬寅、 戊申報,曰:它等未般去亡其 等皆獄遷陵盜戒傳謁遷陵	
收文記録		三月丙戌日中,郵人纏以 來。/□發。	癸丑水下三刻,平里士五顏 以來/逐手	七月己未水下八刻,□□以 來。/敬半。貝手

表格中的"原文"即發文機構第一次發送的文書内容,在本次發文中被原文謄抄,而"追文"部分即該次發文添加强調收文機構回覆的内容,兩者共同構成發文機構發來的"追書"原件。圖版顯示,"追文"大多另起一行書寫,也有如 9-2287 中緊隨"原文"之後。簡 8-755 + 8-756 + 8-757 + 8-758 + 8-759 + 8-1523 + 8-1564 是洞庭郡發往遷陵的追書,在此前已經"追"過兩次,每次的"追文"都被依次寫在原文之後,可見重複追書需要將各次的"追文"内容依次謄抄。簡 8-755 + 8-756 + 8-757 + 8-758 + 8-759 + 8-1523 + 8-1564 是由七枚兩行簡構成的册書,第一次追文記録緊隨原文,在 8-758 還有書寫空間的情況下,第二次追文又另簡書寫,第三次追文及收文信息緊隨其後。可見,追文在"追書"中一般位於原文之後,但在此前提下的位置也有其不固定性。

　　追書在無需補充新情況而僅爲索求回覆時,"追文"内容較爲簡單,只是使用"追"和"重"表示重發文書,其中尤以"追"出現頻次較高。另外,比較"追文"内容,不同機構間表達亦略有差别。上行文書中的追文多有委婉表達,如簡 8-704 + 8-706 中的"復寫前日"及 8-1562 中的"恐前書不到"。平行和下行追書的表達一般較爲直接,直言"某機構追",另外在下行文書簡 8-755 + 8-756 + 8-757 + 8-758 + 8-759 + 8-1523 + 8-1564 中隨着追書次數的增加,語氣從但書"追"乃至"日夜上勿留"愈加嚴厲迫切。

　　以上總結爲一般"追書"的文書格式,但目前所見一份較爲特殊的"追書"需要單獨予以辨析:

　　　8. 廿八年十二月癸未,遷陵守丞膻之以此追如少内書。/犯手。☐

甲申水下七刻，高里士五（伍）□行。☑A

七月辛亥，少内守公敢言之：計不得敢（？）膻隤有令，今遷陵已定，以付郪少内金錢計，計廿☑□年。謁告郪司佐：□雖有物故，後計上校以應（應）遷陵，毋令校繆，繆任不在遷陵，丞印一□☑　　　　　　　　　　　（8-75 + 8-166 + 8-485 正）

弗用，不來報，敢言之。/氣手。/□水下八刻，佐氣以來。/敞□☑B

七月壬子，遷陵守丞膻之敢告郪丞以寫□，敢告之。/尚手。/□水☑

□佐氣行旁。☑C

□□水下□刻□□以來。/犯手。☑D　　　　　　　　　（8-75 + 8-166 + 8-485 背）①

該簡整體字迹墨色輕淡，對釋讀造成較大困難。也有學者對現有簡文釋讀提出商榷意見，將"計不得敢（？）膻隤有令"改釋爲"計不得報，重追，有令"。②另外，筆者比較里耶秦簡中常見的"某半"與 D 部分現釋爲"手"的字形，認爲此處的"犯手"當釋爲"犯半"。③《里耶秦簡牘校釋（第一卷）》中將"追如少内書"的"如"解釋爲"往"，④然而結合簡文内容此解釋或可商榷。首先，從語意上"以此追如少内書"理解晦澀，"以此"的指代並不明確，並沒有體現出要追索的内容；"追如少内"若爲"追往少内"，則"書"字又覺多餘。其次，從 B 部分少内呈文中的"重追""不來報"等顯示似乎是少内對其他機構不及時回覆進行追索。而且，從本簡收發文記録所反映的行書流程來看，A 部分和 B 部分存有遷陵縣廷作爲發文機關留存副本時書寫的發文記録，C 部分存有的收文記録也應是遷陵縣廷作爲收文機構所寫，但 D 部分的收文記録所對應的文書内容並不明確。所以，"如"的解釋有必要辨析。

　　本簡此處的"如"的用法應爲"依照"，簡牘中常見的"它如律令""它如官書""它如前書"以及傳世文獻的"如故事""如舊制"等皆爲此用法。⑤此處的"如少内書"意爲"依照少内文書所言執行"，而且所"如"者並非該簡的 B 部分，而是少内在"廿八年十

① 陳偉主編《里耶秦簡牘校釋（第一卷）》，第 55、56 頁。
② 鄔文玲《里耶秦簡釋文補遺三則》，載王健主編《秦漢歷史文化的前沿視野：第二屆中國秦漢史高層論壇文集》，知識產權出版社，2015 年，第 174、175 頁。
③ 圖版顯示該字形爲陳劍《讀秦漢簡札記三篇》一文中統計的"半"字字形，同時"犯手"前爲收文信息，在里耶秦簡中收文信息後一般書寫啓封文書者的信息，或爲"某半"，或爲"某發"。參見陳劍《讀秦漢簡札記三篇》，《出土文獻與古文字研究》第四輯，上海古籍出版社，2011 年，第 370—376 頁。
④ 陳偉主編《里耶秦簡牘校釋（第一卷）》，第 56 頁。唐俊峰持相同意見，參見《秦代遷陵縣行政信息傳遞效率初探》，《簡帛》第十六輯，上海古籍出版社，2018 年，第 191—230 頁。
⑤ 邢義田《從"如故事"和"便宜行事"看漢代行政中的經常和權變》，載氏著《治國安邦：法制、行政與軍事》，第 380—449 頁。

二月癸未"前發給縣廷的一份文書,本簡當與它簡存在組合關係。根據學者對 B 部分少內文書的改釋提到的"重追",可見少內在此前已經發給縣廷追書,"七月辛亥"至少是縣廷的第二次追書。現將整個文書過程梳理如下:首先,針對郡縣没有及時回覆遷陵發送的債務清算文書,少內給遷陵縣廷發送了第一份追書,可能由於少內發來文書正本簡牘空間有限等原因,遷陵縣新用一枚木牘書寫了 D 部分的收文記録和 A 部分的批覆意見;此文書發出後,郡縣一直没有回覆,廿八年七月辛亥少內又書寫了第二份追書,內容被抄寫到本簡中,即 B 部分;在次日,遷陵縣廷又書寫了批覆意見及發文記録。由於簡文字迹墨色輕淡已難根據書手字迹進行比較分析,只能據語意及各部分收發文信息作出以上行書流程的推測。相對於郡縣作爲被追索回覆的對象,本簡是遷陵縣作爲發文機構留存的副本,所以被發出的正本的書寫格式與本簡自然不同。可以根據前述追書一般格式推測,省去所有的收發文記録,該文書可能將少內的呈文作爲追書附件直接轉抄進去。這份文書之所以特殊,在於其不是遷陵縣發送出去的正本,而只是作爲副本留存於遷陵縣廷,所以在文書格式上有諸多不嚴謹之處。

《里耶秦簡(貳)》出版以後,類似簡 8-75 + 8-166 + 8-485 這類性質的追書材料又增加了簡 9-2314:

> 9. 卅三年五月庚午己巳,司空守宷敢言之:未報,謁追。敢言之。/敬」手/六月庚子朔壬子,遷陵守丞有敢告閬中丞主:移,」爲報,署主倉發。敢告主。/橫手/六月甲寅日入守府色行 A1 　　　　　　　　　　　　　　　　　　　　(正)
>
> 卅四年十二月丁酉朔壬寅,司空守沈敢言之:與此二追,未報,謁追,敢言之。/沈手」/正月丁卯朔壬辰,遷陵守丞毆敢告閬中丞主:追,報署主倉發,敢告主。」/壬手/正月甲午日入守府色行 B1
>
> 六月丙午日入佐敬以來/橫發 A2/十二月乙巳日入佐沈以來/壬發 B2　(背)①

在本簡中,司空兩次追書活動所産生的文書記録被彙總到一枚簡上,A1 包括司空的第一次追文、縣廷批覆、縣廷轉發記録,A2 是司空第一次追文時縣廷的收文記録,B1、

---

① 湖南省文物考古研究所編著《里耶秦簡(貳)》,圖版第 251 頁,釋文第 89 頁。本簡中 A1 部分"五月庚午己巳"恐有誤,由里耶秦簡其他紀年簡可以確定卅三年五月確爲庚午朔,但己巳爲庚午前一天。根據對應的 A2 部分收文記録中的"六月丙午",司空文書一般在當天或隔天送達,而六月丙午前一天爲乙巳日。所以,筆者懷疑吏員在謄抄 A1 部分司空文書時將"六月庚子朔乙巳"錯録爲"五月庚午己巳"。

B2 同理。因而，司空在第一次追書前已經向縣廷發送過文書，其內容及縣廷的處理信息都書寫於他簡。簡 9-2314 和簡 8-75 + 8-166 + 8-485 的相同之處在於都使用一枚新的簡牘謄寫縣下機構新的追文及所產生的文書運作信息，而簡 8-75 + 8-166 + 8-485 相較於簡 9-2314 少了第一次追文的原文。正是因爲兩者都是留存於縣廷的副本，所以才將多次文書內容及運作信息彙總到一起，格式與實際發出的正本存在差異。

至此，再將前文所論"追書"補充信息功能中所提到的簡 8-60 + 8-656 + 8-665 + 8-748 與簡 8-75 + 8-166 + 8-485 比較，前者簡文中提到的"有追，追曰計廿八年"正與簡 8-75 + 8-166 + 8-485 中 B 部分提到的"計廿☒☐年"性質一致，簡 8-60 + 8-656 + 8-665 + 8-748 提到的"有追"即第二次追書內容形式可能就如簡 8-75 + 8-166 + 8-485 中少內的追文。兩簡都在追書中補充"計某年"當與秦當時債務清算制度有關，"計某年"意爲某年之計，在簡 8-75 + 8-166 + 8-485 中即遷陵縣少內要求郪縣將這筆債務統計到廿八年中去，遷陵縣如此要求的原因，可能是最初的文書是上一年度發出而要求統計到廿七年，由於一直沒有回覆導致債務需推遲統計到廿八年，從而需要在追書中不僅繼續要求給予回覆而且更新説明了統計年份信息。綜前所論，"追書"的"追索回覆"功能和"補充信息"功能實現了統一，當其體現在文書格式上時，一般情況下直接謄抄原文書後依次書寫"某年某月某日，某機構追"，當需要補充內容時，則在新的追文中詳細書寫補充內容。

綜上，可以總結里耶秦簡中用以確定"追書"的標準：1.一則"追書"由多次公文組成，第幾次追索就有幾部分公文，追文依次隨原始文書後書寫；2."追"或"重"字是確定"追書"的核心構件，而上行追書往往可能置換成較謙卑言辭。

（三）追書的發送時間分析

最後，擬討論發文機關基於哪些因素確定追書發送時間。如前所論，追書通常情況下是因爲未能及時收到回覆而發出的公文，也就意味着發文機構對基於收發文機構間距離、律令要求下的行書人速度等要素，對文書所需要的行書時間存有心理預期，當時間超過這一心理預期時而依然未收到回覆後，需要發送追書追索回覆。以上對追書格式的考察，如表 1 所示，第一次發文及以後各次追文中都標注有發文機關文書書寫時間,從而可以計算出兩者的時間差。如果追書發送時間的確是基於兩個機構間所需的行書時間,則首次發文與第一次追書的時間間隔當大於兩個機構間單程行書時間的二倍。下列兩表中表2是根據追書統計的間隔天數統計表,表3是根據里耶秦簡中相關機構發給遷陵縣的文書統計的行書時間。

表 2　追書間隔天數統計表

序號	簡號	發出單位	接收單位	發書時間	初	相隔天數	備注
1	8-75 + 8-166 + 8-485	遷陵縣	郵縣	廿八年十二月癸未	12	209	定計簿
				七月壬子	15		
2	8-197	遷陵縣	洞庭郡	卅四年正月辛未	5	29	請求給吏
				二月庚戌	15		
3	8-653 + 9-1370	遷陵縣	洞庭郡	元年八月庚午	1	40	上真見兵
				九月己酉	11		
4	8-755 + ……1564	洞庭郡	遷陵縣	卅四年六月乙卯	22		司空厭等當坐
				七月甲子朔癸酉	10	18	
				七月庚寅	27	17	
				八月癸卯	13	12	
5	12-1784	洞庭郡	遷陵縣	卅三年正月戊戌	25	28	上所糴粟數
				二月甲子	23		
6	8-1562	啓陵鄉	遷陵縣	廿八年七月乙巳	8	9	謁上獄治
				七月乙卯	18		
7	9-30	啓陵鄉	遷陵縣	卅一年後九月乙巳	26	6	謁令假養走
				十月辛亥	3		
8	9-2314	遷陵司空	遷陵縣	卅三年六月乙巳	6	228	無
				卅四年正月壬辰	26		
9	9-1871 + 9-2469 + 9-2471 + 9-1883 + 9-1893	義陵少内	義陵	卅三年三月癸未	13	20	傳信符
				三月□□			
				三月□□			
				四月壬寅	2		
				四月己酉	9	7	

序號	簡號	發出單位	接收單位	發書時間	初	相隔天數	備注
10	9-2287	酉陽縣	遷陵縣	廿六年五月壬辰	12	6	確定男子它個人信息
				五月戊戌	18		
11	9-3	陽陵縣	洞庭郡	卅三年四月壬寅	2	469	債務清算
				卅四年七月辛卯	28		
12	9-2	陽陵縣	洞庭郡	卅三年四月壬寅	2	471	債務清算
				卅四年八月癸巳	1		
13	9-9	陽陵縣	洞庭郡	卅三年四月壬寅	2	471	債務清算
				卅四年八月癸巳	1		
14	9-11	陽陵縣	洞庭郡	卅三年四月壬寅	2	471	債務清算
				卅四年八月癸巳	1		
15	9-8	陽陵縣	洞庭郡	卅三年四月戊申	8	465	債務清算
				卅四年八月癸巳	1		
16	9 1	陽陵縣	洞庭郡	卅三年四月己酉	9	429	債務清算
				卅四年六月戊午	5		
17	9-4	陽陵縣	洞庭郡	卅三年四月己酉	9	465	債務清算
				卅四年八月甲午	2		
18	9-5	陽陵縣	洞庭郡	卅三年四月己酉	9	464	債務清算
				卅四年八月癸巳	1		
19	9-7	陽陵縣	洞庭郡	卅三年四月己酉	9	464	債務清算
				卅四年八月癸巳	1		
20	9-10	陽陵縣	洞庭郡	卅三年四月己酉	9	433	債務清算
				卅三年六月壬戌	9		
21	9-12	陽陵縣	洞庭郡	卅三年四月己酉	9	462	債務清算
				卅三年六月辛卯	8		
22	9-6	陽陵縣	洞庭郡	卅三年四月癸卯	10	463	債務清算
				卅四年八月癸巳	1		

表 3　里耶秦簡所見洞庭郡、酉陽縣及啓陵鄉與遷陵縣廷行書天數①

啓陵鄉		洞庭郡		酉陽縣	
行書天數	簡號	行書天數	簡號	行書天數	簡號
2	8-1525	18	16-6	15	9-984
3	8-157	21	9-713	14	9-1867
4	16-9	22	12-1784	15	9-2290
4	8-1562	22	8-755 等		
5	8-767	22	8-158、8-159		
8	8-651	23	16-5		
		29	9-2283		
		33	9-23		
		35	8-657		
		84	9-1861		

將表 2 中的追書時間間隔與表 3 中行書時間比較，啓陵鄉的文書最快兩天即可送到縣廷，正常大概需要三天左右，往返需要六天左右，在 8-1562 中啓陵鄉發出追書的間隔時間是 9 天，簡 9-30 間隔 6 天，都可以看作是沒有及時收到回覆而正常追問的反映。但是，根據表 3 考察表 2 中洞庭郡和酉陽縣追書時間間隔，其狀況則十分令人費解。洞庭郡行書傳遞單程最少需要 18 天，大部分在 22 天左右，所以往返可能在 40 天左右。然而，追書中間隔最長也僅僅 29 天，最短者爲 8-755 + 8-756 + 8-757 + 8-758 + 8-759 + 8-1523 + 8-1564 的第一次追書僅僅間隔 18 天。表 3 反映酉陽縣到遷陵縣單程行書大概在 15 天左右，往返在 30 天左右，而在 9-2287 中，酉陽縣在第一份文書發送出去僅僅 6 天後就發送了追書，酉陽縣似乎認爲遷陵縣的回覆應該在六天以內就被送達，所以才會發送追書。以上材料似乎反映發送原文書到追書的時間間隔往往短於收發文機構間的

---

① 本簡統計行書天數所能利用的材料只能是其他機構發送到遷陵縣廷的公文，這些公文一般保存有發文機構的公文書寫日期和遷陵縣作爲收文機構書寫的收文記録，這兩個時間間隔並非都是用來行書，因爲文書被製作完成後並非立即發送。但是根據唐俊峰統計的遷陵縣内部行政效率來看，遷陵縣發往其他機構的公文書寫日期和發送日期大多在同一天或者隔天，而且遷陵縣廷附近諸如司空、倉等單位發送至縣廷的公文書寫日期與接受日期大多也在同一天或者隔天，可見文書被寫就之後一般情況下立即或者隔天即發送出去。雖然存在少量特殊情況，發送日期延後或書寫日期較長等，如簡 8-1449 + 8-1484、8-1510 等，而且唐俊峰統計的遷陵縣外部的傳遞效率由於材料限制不如遷陵縣内高效，但總體規律大致可以成立。所以本文此處的行書時間以遷陵縣廷收到文書的書寫日期和收文日期時間差作爲行書時間，雖可能存在書寫與發送間隔一天的時間誤差，但大致能反映行書時間狀況。參見唐俊峰《秦代遷陵縣行政信息傳遞效率初探》，《簡帛》第十六輯，第 159—192 頁。

一般往返行書時間,意即在一般情況下的行書時間内,第一份文書的回覆還未到即發送了追書,似乎説明發文機關發送追書並未考慮兩地之間的行書時間抑或對行書時間没有較爲明確的把握,那麽"追書"行爲可能存在較大的隨意性,下面對看似不合理的行書情況分别予以説明。

首先分析簡 9-2287 中酉陽縣和遷陵縣的追書問題,兹將釋文逐録於下:

10. 廿六年五月辛巳朔壬辰,酉陽齮敢告遷陵主:或詣男子它,辤曰:士五,居新武陵軒上。往歲八月毃(擊)反寇遷陵,屬邦候顯、候丞不智名。與反寇戰,丞死,它獄遷陵,論耐它爲侯,遣它歸。復令令史畸追環它,更論,它毃(繫)獄府,去亡。令史可以書到時,定名吏里亡年日月、它坐論報赦(赦)辠云何,或覆問毋有。遣識者,當騰,騰,爲報勿留。敢告主。/五月戊戌,酉陽守丞宜敢告遷陵丞主:未報,追。令史可爲報,勿留。(9-2287 正)敢告主/肮手

六月癸丑,遷陵守丞敦狐以此報酉陽曰:已以五月壬寅、戊申報,曰:它等未毃(繫)去亡,其等皆獄遷陵,盜戒傳謁遷陵。/遬手/即令走起以送移旁有前在其前獄。

癸丑水下三刻,平里士五顔以來/逐半　肮手　　　　　　　　　(9-2287 背)①

文書大意是酉陽縣審訊了一名由他人送至官府的亡人,亡人名爲"它",是從遷陵縣獄中逃亡,"它"在獄辤中講述了自己因何獲罪及逃亡。酉陽縣令將此事轉告至遷陵縣並要求遷陵縣儘快處理此事,遷陵縣在收到文書後確認了"它"的逃亡事實並請酉陽縣將"它"拷以刑具送至遷陵。在這份文書中,酉陽縣令在秦始皇二十六年五月壬辰日(5 月 12 日)書寫了公文並可能在這一天發出,五月戊戌日(5 月 18 日)又書寫並發送了追書。追書在六月癸丑(6 月 3 日)這一天被送達遷陵縣廷,整個追書的傳送時間爲 15 天,距離第一份文書發出已經過了 21 天。這份文書是遷陵縣對追書回覆而留存的副本,在遷陵縣的回覆中提到,遷陵已經在五月壬寅日(5 月 23 日)和戊申日(5 月 29 日)兩次回覆酉陽縣,也就意味着第一份文書(5 月 12 日)在發出後的第十一天被送至遷陵。酉陽縣的兩次追書時間間隔爲六天,即酉陽縣認爲行書之人可以在六天内於兩縣間往返一次。而遷陵縣的兩次回覆的間隔時間也爲六天,實際上根據此次遷陵縣的回覆可知遷陵縣是需要酉陽縣對自己的回覆再作回覆,所以遷陵縣的第二次回覆(5 月 29 日)實際就是對自己第一次回覆的追書,説明遷陵縣也認爲兩縣之間可以在六天内完成一個來回。

---

① 湖南省文物考古研究所編著《里耶秦簡(貳)》,圖版第 243 頁,釋文第 85、86 頁。

雖然不能看到此前的文書内容，但根據整個文書所反映的文書過程可作以上推測。

　　里耶故城遺址爲秦遷陵縣治所所在，酉陽縣治所據學者考證在今湖南省永順縣東南、酉水北岸的猛洞河口附近。①里耶秦簡郵程簡 16-52 記載"臨沅到遷陵九百一十里"，②學者們已經指出此里程簡爲水路里程簡，水路交通在這一地區占據重要作用。③秦洞庭郡治所長時間位於臨沅，里耶秦簡 8-159"御史問直絡帬程書"揭示了以臨沅爲起點的四道傳書綫路，其中一道爲"臨沅—零陽—充—酉陽—遷陵"。④在此傳書綫路中，依據當今水系狀況，酉陽至遷陵一段的距離占全長的四分之一左右，即大概二百三十里。關於秦漢郵書及行船速度皆有相關制度規定。《二年律令·行書律》規定"郵人行書，一日一夜行二百里"，⑤北京大學藏秦水陸里程簡册的開頭記録了官方頒布的據江河水量及其季節變化而制定的船隻每日最低運行里程限制，其中最慢一級中一個白晝也可行船五十里，日夜兼行能到近百里。⑥總之，遷陵與酉陽之間通過水路船行六天之内往返一次是可以實現的，酉陽縣的第二次追書以及遷陵縣第二次回覆間隔六天有其合理性。這份文書之所以在處理上如此急迫當與文書内容所涉及的事項有關。這是一份有關逃亡人員的獄訟文書，文書需要迅速處理也可以理解。同樣道理，簡 8-755 + 8-756 + 8-757 + 8-758 + 8-759 + 8-1523 + 8-1564 追書最短間隔 18 天和 8-197 追書間隔 29 天也是緊急事項的情況。簡 8-755 + 8-756 + 8-757 + 8-758 + 8-759 + 8-1523 + 8-1564 是對司空厭"不令田"罪行的定罪文書；⑦簡 8-197 是遷陵縣向洞庭郡表達補充吏員訴求，而且發文中提到相關職位"至今未得其代"以至於"居吏少，不足以給事"，⑧可見事項之緊迫希望洞庭郡儘快回覆。所以，與常規行書時間相比，這些看上去追書時間不合理的文書多是因爲其涉及

---

① 徐少華、李海勇《從出土文獻析楚秦洞庭、黔中、蒼梧諸郡縣的建置與地望》，《考古》2005 年第 11 期。相似觀點參見鍾煒《里耶秦簡所見縣邑考》，《河南科技大學學報（社會科學版）》2007 年第 2 期。

② 里耶秦簡博物館、出土文獻與中國古代文明研究協同創新中心中國人民大學中心編著《里耶秦簡博物館藏秦簡》，第 208 頁。

③ 王子今《秦漢時期湘江洞庭水路郵驛的初步考察——以里耶秦簡和張家山漢簡爲視窗》，《湖南社會科學》2004 年第 5 期；張春龍、龍京沙《里耶秦簡三枚地名里程木牘略析》，《簡帛》第一輯，上海古籍出版社，2006 年，第 265—274 頁。

④ 相關研究參見于洪濤《里耶簡"御史問直絡帬程書"傳遞復原——兼論秦漢《行書律》的實際應用》，《出土文獻與法律史研究》第二輯，上海人民出版社，2013 年，第 43—60 頁；晏昌貴《里耶秦牘 9-712 + 9-758 補釋》，簡帛網，2013 年 12 月 24 日；鄭威《出土文獻所見秦洞庭郡新識》，《考古》2016 年第 11 期，後收入氏著《出土文獻與楚秦漢歷史地理研究》，科學出版社，2017 年；郭濤《文書行政與秦代洞庭郡的縣際網絡》，《社會科學》2017 年第 10 期。對行書綫路的解讀涉及對屬縣地望的認識，因而各家觀點不盡相同，本文暫從晏昌貴與郭濤二位的認識。

⑤ 張家山二四七號漢墓整理小組編《張家山漢墓竹簡［二四七號墓］（釋文修訂本）》，第 170 頁。

⑥ 辛德勇《北京大學藏秦水陸里程簡册的性質和擬名問題》，《簡帛》第八輯，上海古籍出版社，2013 年。

⑦ 于洪濤《里耶簡"司空厭弗令田當坐"文書研究》，《古代文明》2016 年第 1 期。

⑧ 陳偉主編《里耶秦簡牘校釋（第一卷）》，第 108、109 頁。

事務較爲特殊和緊迫,需要迅速處理,在"特事特辦"情況下追書的發出也更爲提前,與追書時間機制並無不符。

　　然而,仍然存在一些追書時間間隔明顯過短的現象難以給出合理解釋。如簡9-1871＋9-2469＋9-2471＋9-1883＋9-1893中義陵少内在不足三十天的時間内給義陵縣廷發了四次追書,而文書内容需要縣廷轉發至遷陵縣處理。該簡中義陵縣廷製作文書時間是四月庚戌,遷陵縣廷五月己丑日收到文書,文書運作間隔40天。因此,義陵少内不足三十天就向縣廷發了四次追書的行爲就難以理解,尚不清楚是否存在義陵縣廷收到少内追書並向遷陵轉發後也需要通報少内的機制。

　　另外,除了一些追書間隔時間短的特殊現象,表2所反映的"追書"現象中,9-1到9-12這批債務清算文書的"追書"間隔長達一年多,相較他者也尤爲特殊。這十二枚簡存在叠壓關係,邢義田曾根據反印文指出其因最後處理時間在同一天而被排放在一起,又大致依據原公文發出的年月先後排放。①《里耶秦簡博物館藏秦簡》整理者在對這批文書進行重新整理時,指出十二枚文書簡的叠壓關係並非現在編號從9-1到9-12,而是9-12……9-7→9-1……9-6,而且新的叠壓關係依然看不出簡牘擺放與公文中時間存在何種關係。②另外,根據表2可知,第一次發文時間早的公文並不意味着追文時間早,同一天發出的文書可能又在不同的時間進行追索。另外,簡8-75＋8-166＋8-485是發生在遷陵與郪縣之間的債務清算文書,同樣出現追書時間跨度較長的現象。9-1到9-12提到的陽陵前身可能爲楚國占領的"鄭陽陵",在今許昌市西北;③郪縣《漢書·地理志》屬廣漢郡,治所在今四川三臺縣南,秦時屬於蜀郡。關於爲何追文間隔時間如此之長,有學者認爲可能這一時期戰争對罪吏的需求導致這一地區吏員缺少,從而導致文書行政受阻,但是依然難以解釋陽陵縣的追書爲何沒有規律以及間隔時間如此之長。④原因可

---

① 邢義田《湖南龍山里耶J1(8)157和J1(9)1—12號秦牘的文書構成、筆迹和原檔存放形式》,載氏著《治國安邦:法制、行政與軍事》,第484頁。
② 張忠煒《里耶秦簡博物館藏秦簡概説》,載里耶秦簡博物館、出土文獻與中國古代文明研究協同創新中心中國人民大學中心編著《里耶秦簡博物館藏秦簡》,第12—15頁。
③ 關於里耶秦簡所見陽陵地望的考證存有異議,晏昌貴、鍾煒的論斷較爲可信。相關研究參看湖南省文物考古研究所、湘西土家族苗族自治州文物處《湘西里耶秦代簡牘選釋》,《中國歷史文物》2003年第1期;晏昌貴、鍾煒《里耶秦簡所見的陽陵與遷陵》,《中國歷史地理論叢》2006年第4期;王偉《里耶秦簡貰贖文書所見陽陵地望考》,《考古與文物》2007年第4期。
④ 唐俊峰《秦代遷陵縣行政信息傳遞效率初探》,《簡帛》第十六輯,第159—192頁;楊先雲《秦代行政文書制度管窺》,載出土文獻與中國古代文明研究協同創新中心中國人民大學分中心編《出土文獻的世界:第六屆出土文獻青年學者論壇論文集》,中西書局,2018年,第102—110頁。特别是里耶秦簡中所見的行書群體主要由專設的郵人以及徒隸等組成,吏員的多少可能會影響文書的處理效率,但對文書傳送速度没有直接的影響。

能首先在於遷陵縣與陽陵縣以及郪縣的距離太遠且又屬於不同郡，所以文書往來本就需要較長的周期，正如簡 9-3 中提到的“還書道遠”。①另外，更爲重要的是與文書處理的事項有密切關係，簡 9-1 到 9-12 和簡 8-75 + 8-166 + 8-485 都是兩縣之間因債務轉移而產生的文書。里耶秦簡中有不少關於兩縣之間處理債務轉移的文書，其顯示債務移出和接收方都需要製作對應的付受年計。簡 9-1 到 9-12 和簡 8-75 + 8-166 + 8-485 都是隔年才製作並發出追書，恐怕與要重新確定計的年份有關。

綜上分析，里耶秦簡中確實存在一些追書現象，秦簡律令也有相關規定。這些文書未能及時回覆而加以追索的現象是否就意味着秦遷陵縣文書處理效率低下，恐怕還需考慮追書現象在整個遷陵文書中的比重以及哪些因素會導致不及時回覆。目前所見的追書數量在已知里耶秦簡公文書中比重很小，而且追書在秦對遷陵統治的全部十幾年中有多大比重更不得而知。文書未能及時回覆可能是收文機構没有及時處理，但也有可能是傳送過程中受到外界因素的影響延誤傳送乃至遺失文書。追書現象未見得能直接説明文書處理效率，但還是可以探討哪些因素會影響文書處理。一些學者提到的秦遷陵縣的吏員不足或刑徒不足的情況當然是一方面，另外行書距離、文書性質等因素也會影響追書現象的出現。

餘　論

至此，本文完成對里耶秦簡中“追書”現象的探討，此處爲便於總結全文觀點，擬再將睡虎地秦簡一則行書律抄録如下：

> 行傳書、受書，必書其起及到日月夙莫（暮），以輒相報殹（也）。書有亡者，亟告官。隸臣妾老弱及不可誠仁者勿184令。書廷辟有曰報，宜到不來者，追之。　　行書185

根據里耶秦簡公文書的一般格式可知，發文機關會在留存的副本上寫上發文時間，收文機構會在收到的文書正本上寫上收文時間，即第一部分討論的睡虎地秦簡行書律前半部分提到的“行傳書、受書，必書其起及到日月夙莫（暮）”。保存收發文時間記録能有助於收發文機關之間實現“以輒相報殹（也）”，收文機構根據收文時間提醒及時回覆有回覆要求的文書，而發文機構根據發文時間判斷是否需要追索回覆。發文機構再次發文追索回覆，就是律文中的“書廷辟有曰報，宜到不來者，追之”要求。律令記載和文

① 里耶秦簡博物館、出土文獻與中國古代文明研究協同創新中心中國人民大學中心編著《里耶秦簡博物館藏秦簡》，第177頁。

書運行所反映的制度層面問題可以相互參證,睡虎地秦簡行書律中"追之"的制度規定就指向里耶秦簡中常見的"追書"現象。

本文主體考察了里耶秦簡所見的"追書"現象。就"追書"的適用場合,除了基礎的追索回覆還可以用來補充前書不備信息,有時兩種場合還會統一,現實政務工作情況複雜,文書使用在基本功能外也有其靈活性。"追書"作爲一種書式有其固定的組成部分,處於傳送中的"追書"正本,其第一部分爲首次發出文書的抄録,緊隨其後爲各次追書公文。若一份追書中有三份追文,原始公文及前兩次追文實際上相當於本次追文的附件。"追書"之所以能在第一部分抄録原文書,正是由於發出的文書都有副本留存。秦簡追書每次發文都有明確的時間信息,可以計算追書的時間間隔,將這一時間差與兩地常規行書時間差比較也會有一些難以解釋的現象。一是遷陵縣與旁縣或郡守府間的追書間隔遠小於常規行書間隔,看似不合理的追書時間安排在考慮行書距離和行書速度等要素後,這些內容所涉事項較爲特殊的文書往往屬於特事特辦,有其合理性。二是遷陵縣與郡外機構間的追書間隔時間超長,當是由於行書距離較長以及文書處理內容性質所致,同時也説明郡內的文書處理效率要遠高於郡外。

富谷至在其論著《文書行政的漢帝國》"緒言"中有如下論斷:

> 徹底化的文書行政成就了中國歷史上持續時間最長、强盛至極的古代中央集權國家——漢帝國,而使文書行政的貫徹執行稱爲可能,正是簡牘這種書寫材料。[1]

所謂"文書行政"是指利用文書進行行政管理。官僚制的完備以及文字的統一是這一行政制度推行的前提,至少在秦特別是秦始皇時期已經得到實施。[2]秦漢以降,文書書寫的載體雖然由簡牘向紙張逐漸轉變,但依賴文書溝通政務的體制却一直延續下來。再回到本文討論的"追書"概念——再發一份文書追索回覆,在文書行政視野下,無論以何種載體書寫的文書都有可能因爲複雜的原因延遲送達或延遲回覆,而"追書"也就成了文書行政之常態。

原刊於《出土文獻研究》第十六輯,中西書局,2017年,第147—164頁。此次收入本論文集部分內容有所修訂。

---

[1] 富谷至著、劉恒武、孔李波譯《文書行政的漢帝國》,江蘇人民出版社,2013年,第341—354頁。
[2] 永田英正著、王勇華譯《文書行政》,收入佐竹靖彦主編《殷周秦漢史學的基本問題》,中華書局,2008年,第224—243頁。

秦代遷陵縣行政信息傳遞效率初探[①]

唐俊峰

海德堡大學漢學系

緒　言

　　秦代地方行政的實態因傳統史料的缺乏,素來晦暗不明,因此當里耶秦簡出土並陸續公布後,學界立刻反應熱烈,特別在《里耶秦簡(壹)》出版後,學者得窺大量前所未見的一手材料,一時湧現了大批針對秦代縣行政的研究。然而,目前里耶秦簡的大部分研究似乎都存在一個共同前提:里耶古城遺址一號井出土的秦代文書反映了秦代縣行政的常態。換言之,秦遷陵縣的行政一如我們印象中的秦政府行政般,大致高效而運作順暢。誠然,作爲秦代縣政府的檔案,里耶秦簡必定展現了秦代遷陵縣行政的實態,但另一方面,秦遷陵縣是秦王政二十五年新設的縣,且本爲故楚舊地,屬秦帝國統治者眼中的"新地"。從地理形勢來看,遷陵縣地處深山,人煙稀少,甚至時至今日,對外交通仍甚不便,以上客觀形勢,無疑會影響縣政府日常行政的運作和執行。因此,里耶秦簡所呈現的秦代縣行政,應該與秦核心地區(如内史)有着相當不同的面貌,研究時若不把這種歷史背景納入考慮,斷難全面理解里耶秦簡的内容。

　　爬梳已刊布的里耶秦簡中有關秦遷陵縣内外信息傳遞的資料,[②]絶大多數皆可粗略

---

①　本文寫作得到格爾達・漢高基金會(Gerda Henkel Stiftung)提供的博士獎學金資助。

②　按本文所謂的"信息",對應英語即 information。在現代公共行政學理裏,信息指傳遞和管理,是機構内部各部門行政溝通(administrative communication)的重要部分。如 Doris A. Graber 指出:"組織成員之間之所以進行溝通,是因爲他們必須傳遞和接收各種信息以協調其活動並完成工作。被傳遞的信息將會以某種既定的方式來改變接收者的認知、態度或者是公開的行爲。……正因爲如此,溝通初定義爲'一個過程,在這一過程中,信息的傳播者與接收者之間的關係是可預測的'。溝通可以通過各種形式進行,比如文字、手勢和符號等,溝通中的雙方既可以(轉下頁)

分爲兩類：一、遷陵縣廷與内部官曹的文書溝通。二、遷陵縣與上級洞庭郡，以及洞庭以外郡縣的文書聯繫。這兩類資料學界皆已有不少關注。①然而，透過比較兩者去討論秦遷陵縣的信息傳遞效率，相對比較罕見。②本文的寫作，正希望補充這方面研究的不足。

一、行政信息傳遞效率的定義與研究方法

正式評估信息傳遞的效率前，似乎還需解答幾個問題：什麼是效率？爲什麼選擇信息傳遞來研究政府行政效率？如何界定信息傳遞是否有效率？關於第一個問題，效率（efficiency）最簡單的定義就是輸入（input）和産出（output）之間的比例。如在同等的輸入（原材料、時間等）下，甲工廠製造的産品較乙工廠多，那我們就可説甲的效率比乙高。如果將此概念套用到行政中的信息傳遞效率，即用同樣的傳送方式和時間，如甲機構能夠傳遞的距離較乙機構更遠，那麼甲傳遞信息的效率便較乙高。誠然，現代公共行政理論中，研究效率的方法極其多樣，絶不止信息傳遞；甚至公共行政有不少層面均不能以數據量化，效率不過爲其中一環而已。因此信息傳遞效率絶不能全面反映秦代政府的行政效率，但在資料嚴重缺失的情況下，它卻能爲我們提供一個相對直觀且可供量度的數據，多少能避免主觀印象帶來的障礙。

（接上頁）是個人，也可以是團隊。"見氏著《溝通的力量：公共組織信息管理》，張熹珂譯，復旦大學出版社，2007 年，第 3 頁。秦漢行政中的信息傳遞已有數本專著面世，如汪桂海曾詳細討論秦漢官文書的種類、格式、運行及傳遞方式，參氏著《漢代官文書制度》，廣西教育出版社，1999 年。紀安諾亦曾就皇帝與中央官員的溝通體系（如制、詔、策、戒、奏、章、表的定義，文書的運行方式等）作詳細論述，見 Enno Giele, "*Imperial Decision-making and Communication in Early China: a Study of Cai Yong's Duduan,*" Wiesbaden: Harrassowitz, 2006。

① 針對遷陵縣文書傳遞的綜合分析，可參陳偉《里耶秦簡中公文傳遞記録的初步分析》，簡帛網，2008 年 5 月 20 日。遷陵縣廷與内部官、曹的文書溝通的研究，可參高村武幸《里耶秦簡第八層出土簡牘の基礎的研究》，《三重大史學》第 14 卷，2014 年，第 29—85 頁；土口史記《里耶秦簡にみる秦代縣下の官制構造》《東洋史研究》第 73 卷第 4 號，2015 年，第 507—544 頁；郭洪伯《稗官與諸曹——秦漢基層機構的部門設置》，《簡帛研究 二○一三》，廣西師範大學出版社，2014 年，第 101—127 頁；黎明釗、唐俊峰《里耶秦簡所見秦代縣官、曹組織的職能分野與行政互動——以計、課爲中心》，《簡帛》第十三輯，上海古籍出版社，2016 年，第 131—158 頁。類近研究並可參孫聞博《秦縣的列曹與諸官（增訂稿）》，收入里耶秦簡博物館、出土文獻與中國古代文明研究協同創新中心中國人民大學中心編著《里耶秦簡博物館藏秦簡》，中西書局，2016 年，第 244—261 頁；游逸飛《里耶秦簡所見的洞庭郡：戰國秦漢郡縣制個案研究之一》，《中國文化研究所學報》第 61 期，2015 年，第 43 頁。遷陵縣與洞庭郡之間的文書聯繫，可參鷹取祐司《秦漢官文書の基礎的研究》，汲古書院，2015 年，第 244—263 頁；藤田勝久《中國古代國家と情報伝達》，汲古書院，2016 年，第 82—101 頁；楊振紅、單印飛《里耶秦簡 J1(16)5、J1(16)6 的釋讀與文書的製作、傳遞》，《浙江學刊》2014 年第 3 期，第 16—24 頁。

② 類近的視角可參沈剛《秦代縣級檔案文書的處理周期——以遷陵縣爲中心》，《出土文獻研究》第十五輯，中西書局，2016 年，第 127—144 頁。

　　信息傳遞是否有效率或許可分爲兩個層面。首先考察政府所制定，用以監管文書於官署停留、傳送時間的規條，如嶽麓書院藏秦簡其中一條《卒令》載："·令曰：郵人行書，留半日，貲一盾；一日，貲一甲；二日，貲二甲；三日，贖耐；過三日以上，耐。·卒令丙五十₁₈₀₅。"①此條令文記錄了郵人傳書停留時間的標準，規定停留半日即需受罰，超過三日已需受耐刑。此乃就郵人行書而言，與一般文書不同。《嶽麓書院藏秦簡（肆）》中一條《行書律》便記："·行書律曰：傳行書，署急輒行，不輒行，貲二甲。不急者，日齎（畢）。留三日，貲一盾；四日【以】上，貲一甲。₁₉₂/₁₂₅₀"②此律文規定署明爲"急"的緊急文書，如官吏不立即傳送，需處以貲二甲的罰款。至於非緊急（"不急"）的普通文書，理論上需在一天内完成傳遞，但實際直至文書停留的第三日，官吏才需接受貲一盾的刑罰，如以半日爲一層級計，即中間有 2.5 日的寬限期。綜合前引《卒令》和《行書律》的規定，官文書留日的刑罰略如表 1：

表 1　官文書留日刑罰比較表

文書留日	郵人行書	一般行書	
		急	不急
0.5	貲一盾	貲二甲	無罪
1—1.5	貲一甲		
2—2.5	貲二甲		
3	贖耐		貲一盾
3.5	耐		
4			貲一甲

　　表 1 顯示，秦代對郵人行書停留時間的要求，遠較一般文書嚴格。非郵人傳送的文書，即便是緊急文書，如不及時傳遞，行書者也不過論以貲二甲之刑，相比郵人行書停留超過三天便需受耐刑輕了不少。所謂"郵人"應即供職於官方郵驛的專業郵吏，僅負責用"以郵行"方式傳遞的文書，可謂當時的快遞，不同於一般"以次行"的方式，因此郵人行書有着較嚴格的標準，亦在情理之中。

　　至於文書的傳送速度，政府亦有相應規定。漢初《二年律令·行書律》載：

　　　　郵人行書，一日一夜行二百里。行不中程半日，笞五十；過半日至盈一日，笞

①　參陳松長主編《嶽麓書院藏秦簡（伍）》，上海辭書出版社，2017 年。
②　見陳松長主編《嶽麓書院藏秦簡（肆）》，上海辭書出版社，2015 年。

百；過一日，罰金二兩。郵吏居界過書273，弗過而留之，半日以上，罰金一兩274。①

此條文規定郵人行書，理論上一日一夜（應指一整天十六小時）需行走二百里，平均一小時走 12.5 里。與《卒令》相似，《行書律》亦訂明郵人行書不中程時的懲罰，一旦超過半日，便需接受懲罰；而郵吏傳書至自己轄區的邊界時，②如不及時將文書傳予下個轄區的郵置，一旦超過半日，亦需受罰。

從西北漢簡所見，西漢政府對於行政文書傳遞的延誤，已發展出一套專門術語。如居延漢簡 55.11 + 224.3 + 137.6 載："十一月郵書留遲、不中程，各如牒。晏等知郵書數留遲，爲府[職]不身拘校而委。"③按所謂"留遲"係針對文書停留官署過久而言，"不中程"則有關行書速度不能達標。西北漢簡出現的不少"郵書課"，應即與此有關，其中較典型的有以下兩條：

　元康元年十一月甲午日餔半時，臨泉亭長彭倩受廣至石靡亭長塞，到。乙未日入時，西門亭長步安付其延。道延袤百廿四里廿步，行十二時。中程。

（懸泉漢簡 IIT0213③：26）④

[正]月戊午食時，當曲卒湯受居延收降卒褒；下餔，

☑詣張掖大守府　臨木卒護付誠勢北隧卒則。當曲去誠勢北

□□八十里，[定]行□時。中程

（居延漢簡 56.37）

據此二簡，"郵書課"大致包含以下幾項資料：1.郵書之目的地；2.郵書收、付的機構、時間；3.傳遞距離和時間；4.行書時間達標與否。至於文書"中程"與否的標準，就視乎郵吏能否以標準速度完成該段路。以上引 IIT0213③：26"郵書課"爲例，其記郵吏走了十二個小時，按西北漢簡提到西漢中期行書的標準速度爲一天一夜 160 里，⑤折合一小時應

① 本文所徵引之《二年律令》内容、釋文均據彭浩、陳偉、工藤元男主編《二年律令與奏讞書：張家山二四七號漢墓出土法律文獻釋讀》，上海古籍出版社，2007 年。

② 關於律文中的"界"，李安敦、葉山繼承了富谷至等的意見，理解爲"the bounded jurisdiction of the courier-station official"，可從。參 Anthony J. Barbieri-Low and Robin D.S. Yates, *Law, State, and Society in Early Imperial China: a study with critical edition and translation of the legal texts from Zhangjiashan tomb no. 247*, vol.2, Leiden; Boston: Brill, 2015:741.

③ 本文徵引之居延漢簡釋文，編號 3.1—100.40，參簡牘整理小組編《居延漢簡（壹）》，"中研院"歷史語言研究所，2014年。編號 101.1—210.33，參《居延漢簡（貳）》，"中研院"歷史語言研究所，2015 年。

④ 轉引自張俊民《敦煌懸泉漢簡所見的"亭"》，《南都學壇》2010 年第 1 期，第 18 頁。

⑤ 按 160 里似較漢初之 200 里低。但正如紀安諾指出，這種數值差異很可能只是由於一里長度的差異造成的，實際行走的距離並無不同，參氏著《"郵"制攷——秦漢時代を中心に》，富谷至譯，《東洋史研究》第 63 卷第 2 號，第 218—221 頁。

走 10 里,十二個小時即 120 里,此處郵吏走了“百廿四里廿步”,稍超標完成,故曰“中程”。雖然以上皆西漢的材料,但里耶秦簡 8-944＋8-1646 似也與“郵書課”相關:

　　　▨▨署▨▨▨

　　　書廿八年四月庚辰到,壬午起,留二日,讞求。①

此簡提到一封文書於秦始皇廿八年四月庚辰(十一)到,壬午(十三)傳往下站,中途停留兩日,此書似乎是郵人所傳,或署明爲“急”的緊急文書,故停留兩天已超過規定的時間,需調查原因。由此可知,早在秦代,政府已對行政中的信息傳遞有着詳細規管。

　　當然,郵人行書的速度,與郵的設置數量直接相關。相比内郡等發達地區,邊區的郵往往較少,《二年律令·行書律》載:“十里置一郵。南郡江水以南,至索(索)南界,廿里一郵。”可見南郡長江以南至索縣南界的區域,二十里方置一郵,郵置數量應較正常少一倍。雖然律令没有明言,但正如學者指出,這可能代表邊區文書規定的行書速度,會因地理環境有所調整。②換言之,處理遷陵之類新地邊縣時更應小心,不可單純因郵吏傳遞文書的時間比律令規定的一天一夜二百里慢,就斷言行政效率低。事實上,即使律令規定邊區的傳書速度跟内郡相同,若將此標準套用至所有的郵書傳遞,似乎也有點欠缺彈性:一來這些規條在當時未必得到貫徹執行,二來在縣廷内部流通文書所需的傳遞時間,絕對比送往縣外部的文書來得短,但這只説明兩者傳遞過程絕對時間的差距,不能因此斷言前者的效率就高於後者。

　　那究竟該如何界定行書效率的高低呢? 正如上文提到,“效率”很多時候是一個相對概念,官府制定的規條(如前舉的律、程等)雖能作爲參考,但仍似不能以之爲絶對標準。既然如此,或許我們可以透過比較遷陵與其他縣的文書傳遞時間,藉此折射出兩者行政中,信息傳遞效率的高低。爲免偏頗,似乎還需訂立以下兩個標準:一、用以比較的行政單位必須和遷陵地域相同或鄰近。二、用以比較的信息傳遞途徑也必須相同,譬如不可以以縣對郡上行文書比較縣内部官曹的往來文書,因爲前者的傳遞時間必較後者長。由此,我們或可對秦遷陵縣内外信息傳遞的效率,得出一個較合理的評估。

---

① 本文徵引之里耶秦簡簡文,如無特別注明,皆參照湖南省文物考古研究所編《里耶秦簡(壹)(貳)》,文物出版社 2012、2017 年。陳偉主編,何有祖、魯家亮、凡國棟著《里耶秦簡牘校釋(第一卷)(第二卷)》,武漢大學出版社,2012、2018 年。
② 楊先雲《秦代行政文書制度管窺》,出土文獻與中國古代文明研究協同創新中心中國人民大學分中心編《出土文獻的世界:第六屆出土文獻青年學者論壇論文集》,中西書局,2018 年,第 106 頁。

二、遷陵縣内部行政信息傳遞的效率

里耶秦簡所包含遷陵縣政府的檔案,有不少記載了文書發送、接收時間,使研究其信息傳遞變得可能。本節將嘗試透過比對遷陵縣與其他縣内部信息傳遞的絶對時間,討論遷陵縣内部行政信息傳遞的效率。

1. 遷陵縣内部行政信息傳遞的絶對時間

里耶秦簡所記録的遷陵内部行政信息傳遞粗略可分作兩類。第一類是遷陵縣廷(主要是縣丞)傳送予洞庭郡、縣尉以及縣廷屬下稗官(本文暫統稱之爲"廷外機構")的文書。第二類是遷陵縣所屬的官曹組織傳予縣廷的文書。正如本文第一節提到,秦漢律令對官文書傳遞時的停留日數、傳送速度皆有着細緻規定,因此上述第一類文書恰好可作爲研究遷陵縣官文書停留日數的佳例,第二類亦可用以研究遷陵内部的文書傳遞速度。

具體而言,已公布材料中,第一類文書資料齊全、可用作分析者約 27 例,其中又可再細分爲兩種:一、文書係遷陵以外的機關傳送到縣廷,縣廷只是轉發予屬下機關。二、文書係遷陵縣草擬並傳了廷外機構。由於兩種文書的性質不同,本文訂算它們處理日數的標準亦略有不同:後者的算法較簡單,直接計算文書的寫作、發送日期之間的時差即可。惟前者則必須考慮到文書自廷外機構傳送至縣廷的日期,如里耶簡 8-657 背即顯示了此點:

> 八月甲戌,遷陵守丞膻之敢告尉官主:以律令從事,傳别書貳春,下卒長、奢官
> ノ□[1]手ノ丙子旦食,走印行☑
> ☑囚月庚午水下五刻,士五宕渠道平邑疵以來。ノ朝半　　洞☑　　　　　　（8-657 背）

據簡背的收文記録,該文書在八月庚午(初三)已由"士五宕渠道平邑疵"送抵遷陵縣廷,但縣守丞膻之在四日後(甲戌)方將文書抄寫,又等了兩天(丙子旦)才將之送交縣尉。顯而易見,在此情況下,如果仍單純地以文書的抄寫日期計算文書的處理日期,必然會低估其處理周期。爲免誤導,筆者選擇了文書自廷外機構送到縣廷的日期,作爲計算這種文書停留日數的開端,因此 8-657 遷陵縣廷處理該文書的日數爲六日。根據以上的

---

① 按何有祖疑此字作"畸",參《讀里耶秦簡札記(二)》,簡帛網,2015 年 6 月 23 日。

標準,遷陵縣內部行政信息傳遞的絕對時間略如表 2:

表 2　遷陵縣廷傳予廷外機關文書的停留時間

傳往機構	年份	停留日數	備注	簡號
洞庭郡	秦始皇廿六年	6	回覆沮縣詢問	8-1516
	秦始皇廿八年	4	不明,或爲轉發令史華爰書	8-1463
	秦始皇廿九年	0	上水火敗亡課	8-1511
	秦始皇卅一年	0	補佐日備者	8-71
	秦始皇卅二年	0	上葆繕牛車簿	8-62
	秦始皇卅二年	0	上所買徒隸數	8-664 + 8-1053 + 8-2167
	秦始皇卅三年	0	上所買徒隸數	8-154
	秦始皇卅四年	0	報告居吏不足事	8-197
	秦始皇卅四年	18	報告遷陵道里	8-1449 + 8-1484
縣尉	秦始皇廿七年	3	聽書從事	16-5
	秦始皇廿七年	2	聽書從事	16-6
	秦始皇廿七年	5	聽書從事	9-2283①
	秦始皇廿八年	6	以律令從事	8-657
	秦始皇卅年	1	不明,似與鄉戶口有關	8-2160 + 8-1925 + 8-1663
少内	秦始皇卅二年	0	案致絡幕值	8-155
司空	秦始皇廿七年	0	聽書從事	8-133
	秦始皇廿七年	2	以律令從事	8-1510
	秦始皇廿七年	0	以律令從事	12-849
倉	秦始皇廿六年	5	上出中辨券廿九	8-1452
	秦始皇廿九年	0	以律令從事	8-1563
	秦始皇卅一年	0	令史言視事假養事	8-1560
	秦始皇卅一年	0	徒隸爲吏僕養事	8-130 + 8-190 + 8-193
	秦始皇卅四年	0	以律令從事	8-1525
	秦二世元年	0	以律令從事	5-1
田	秦始皇廿八年	3	聽書從事	9-2346

---

① 〔作者補記〕這枚木牘出土號爲9-2289,内容與16-5和16-6雷同。原文發表時,此木牘尚未正式公布,筆者在2015年9月訪問湖南省文物考古研究所時,有幸得窺木牘原件,並作釋文。惟鑒於發表時木牘仍未正式公布,原文亦未引用其具體内容,僅根據内文計算了相關數據,特此説明。

續表

傳往機構	年份	停留日數	備注	簡號
啓陵鄉	秦始皇卅二年	1	遷陵丞昌駁回啓陵鄉除里典請求,並通報縣尉已除成、句爲啓陵郵人	8-157
	秦始皇卅五年	0	鄉守恬有論事,以旦食遣自致	8-770
都鄉	秦始皇廿八年	2	以律令從事	9-986
貳春鄉?	秦始皇卅五年	1	不明,可能是回覆貳春鄉毋徒捕羽的問題	8-673 + 8-2002

綜合而言,表2列舉的29則個案,共涉及九個機構,年代爲秦始皇廿六年至秦二世元年,大致涵蓋秦帝國在該地的統治年份。統計後可知,遷陵縣傳書廷外機構的平均停留日數爲2.03,標準差(standard deviation)爲3.6,[①]其中超過55%(16例)的個案更即日得到處理。以獨立個案計,遷陵縣廷耗時最久的個案爲8-1449 + 8-1484,共花18日。按此簡應爲遷陵守丞回覆洞庭郡的文書,内容是向郡報告"遷陵道里毋蠻(變)更者",可能因有關遷陵縣轄區内道路里程有變更,調查需時,最終花費較長的時間。若以單個機構計,耗時最久的機構爲縣尉,平均花費3.4天。考慮到表1中縣廷傳予縣尉的文書多屬轉發上級的文書,參照其他例子,其處理時間理應較短,爲何這裏的處理周期竟較長,原因待考。

至於遷陵縣所屬官曹組織傳予縣廷的文書,數據較完整者共44例。惟正式展開討論前有兩點值得説明:一、秦漢官吏出行執行任務自然水、陸並行,但官文書的傳遞應主要走陸路。如《嶽麓書院藏秦簡(肆)》第三組的一條秦令曰"諸書當傳者勿漕∟,斷皋輸鄢(遷)蜀巴者∟,令獨水道漕傳$_{317/0589}$",規定文書不能以漕運方式傳送;只有犯下需遷往蜀巴地區罪行的犯人,才可使用水道傳送。其中南方地區雖水道縱橫,但嶽麓秦簡其中一條令文也提到:"・丞相上廬江假守書言:廬江莊道時敗絶不補,即莊道敗絶不逋(補)而行水道,水道異遠莊道者……$_{0556}$"[②]個中原因,借游逸飛之言,可能因"廬江郡陸路與水路交通相互補充,某些水道'異遠',不一定比陸路方便"。[③]因此雖然里耶秦簡有不少

---

① 所謂"標準差",是用以測量一組數值的離散程度,該組數據標準差大,代表大部分數值與其平均值差異較大,相反即代表這些數值較接近平均值,穩定性較高,也比較可靠。在本文的語境中,即代表該組文書處理、傳遞日數統計數值的差異程度。又本文的統計數值,皆取小數點後兩位,不贅。
② 陳松長《嶽麓書院藏秦簡中的郡名考略》,《湖南大學學報(社會科學版)》2009年第2期,第8頁。
③ 游逸飛《戰國至漢初的郡制變革》,臺灣大學博士學位論文,2014年,第132頁注696。

涉及船隻的記録,水路運輸相當頻繁,而且考慮到當地的自然環境,說官文書傳送完全不使用水路,也不太合理,但傳書似仍以陸路爲主,水路可能只是輔助。二、對於這類文書傳遞日數的計算,主要以該文書的寫作、送抵縣廷日期之間的時差爲標準。雖然此處因史料局限,無法將上文提到的停留時間納入計算,但考慮到表 3 除諸鄉傳來的文書,其餘神官製作的文書由寫作到傳送大多不超過一天,可見正常情況下,官文書不會在官署滯留,因此文書寫作和發出日期應相差不大。然而,8-1562 的情況較特殊:

廿八年七月戊戌朔乙巳,啓陵鄉趙敢言之:⋯⋯敢言之。令史上見其晉趙。

(8-1562 正)

七月乙卯,啓陵鄉趙敢言之:恐前書不到,寫上。敢言之。/貝手

七月己未水下八刻,□□以來/敬半　貝手

(8-1562 背)

從上可知,8-1562 中啓陵鄉嗇夫趙於七月八日(乙巳)第一次上書縣廷,報告尉史文奧詢晉自己的事件,但趙因久未收到縣廷的回覆,便於十日後(乙卯)再次上書,並於四日後(乙未)送抵縣廷。在此情況下,如果以文書最初日期爲起點計算文書的傳遞日數,便會對數字有所誇大,因爲此文書實際只用了四天便完成傳送。有鑒於此,表 3 所載 8-1562 的傳遞日數將以"14(10 + 4)"表述,計算時只計算實際的傳遞日數,即四天。下文將使用同樣方式處理涉及文書延誤的個案,不贅。

表 3　遷陵縣下屬組織傳予縣廷文書的傳遞日數

機構	年份	傳遞日數	備注	簡號
縣尉	秦始皇廿六年	0	報告毋當令者	8-67 + 8-652
	秦始皇廿八年	0	謁令倉賞食	8-1563
縣尉?	秦始皇卅三年	0	謁徙遷陵陽里	8-1141 + 8-1477
少内	秦始皇廿八年	207	催促縣廷向郵縣詢問金錢計資料	8-75 + 8-166①
	秦始皇廿九年	0	上校券	8-164 + 8-1475
	秦始皇卅年	0	上出券	8-890 + 8-1583
	秦始皇卅一年	0	上作徒簿	8-2034
	秦始皇卅二年	1	回覆御史問直絡幂程書	8-155

---

① 《校釋》認爲 8-75 + 8-166 與 8-485 綴合,陶安反對此方案,認爲 8-485 屬郵遞記録,"遷"下雖可補【陵】,但不可綴合,今從其說。參《里耶秦簡綴合商榷》,《出土文獻研究》第十六輯,中西書局,2017 年,第 110—113 頁。

續表

機構	年份	傳遞日數	備註	簡號
司空	秦始皇廿九年	0	回報已令隸臣傳書	8-1524
	秦始皇卅年	0	上作徒簿	9-1078
	秦始皇卅一年	0	上作徒簿	11-249
	秦始皇卅二年	0	上作徒簿	9-2289 背
田	秦始皇卅二年	0	上作徒簿	10-412
	秦二世元年	0	上墾田課	9-1865
酉陽具獄獄史啓	秦始皇廿七年	1	獄事	8-133
倉	秦始皇廿八年	1	令史敞、彼死共走事	8-1490 + 8-1518
庫	秦始皇廿七年	0	謁令司空遣吏、船徒取	8-1510
	秦始皇廿九年	1	牒書當令者三牒	8-1514
	秦始皇廿九年	0	上作徒簿	8-686 + 8-973
	秦始皇卅一年	1	報居吏少事卅九日後再報	8-173
	秦始皇卅二年	0	上作徒簿	8-1069 背 + 8-1434 背 + 8-1520 背
畜官	秦始皇卅年	0	上作徒簿	8-199 + 8-688
將捕爰段倉守茲	秦始皇卅一年	0	上五月作徒薄及冣	8-1559
發弩	秦始皇卅年	0	回報已收御史書	8-141 + 8-668
都鄉	秦始皇廿八年	0	上得虎當復者牒	8-170
	秦始皇卅一年	0	上作徒簿	8-196 + 8-1521
	秦始皇卅一年	0	上作徒簿	8-2011
	秦始皇卅二年	0	上高里士五武爰書	8-1443 + 8-1455
	秦始皇卅五年	0	上高里士五廣爰書	8-1554
	秦始皇卅五年	0	詣少内受購	8-660
啓陵鄉	秦始皇廿六年	4	劾等徙都鄉年籍事	16-9
	秦始皇廿八年	5	報告毋當令者	8-767
	秦始皇廿八年	14(10＋4)	尉史文夬詗署趙。謁上獄治	8-1562
	秦始皇廿八年	5	報告遷陵乘馬死事	9-2346
	秦始皇卅二年	3	除成里典、啓陵郵人	8-157
	秦始皇卅三年	8	上劾一牒	8-651
	秦始皇卅四年	2	上付券一	8-1525

機構	年份	傳遞日數	備注	簡號
貳春鄉	秦始皇廿七年	5	謁令官假船	12-849
	秦始皇廿九年	0	牒書水火敗亡課一牒	8-645
	秦始皇卅年	6	告司空定薄	8-1515
	秦始皇卅三年	14	報告毋當令者	9-2284
	秦始皇卅五年	25	佐詘自言	8-1459 + 8-1293 + 8-1466
	秦始皇卅五年	6	上南里寡婦憨爰書	9-15
	秦始皇卅五年	4	毋徒捕羽	8-673 + 8-2002
唐亭	秦始皇廿六年	5	謁遣卒索盜	9-1112

綜合表 3,遷陵縣下屬的諸組織傳予縣廷文書平均的日數爲 7.11,標準差爲 30.86,浮動甚大。惟有兩組取樣應予以排除,其一爲 8-75 + 8-166,共花 207 日方回覆。這類牽涉縣與縣之間金錢往來的文書,費時遠較一般文書久,[1]似不反映一般情況。其二爲 8-645,其載貳春鄉守於"廿九年九月壬辰朔辛亥"製作文書,並即日送抵縣廷。然而,據其他貳春鄉文書的記錄,作爲離鄉的貳春鄉,其文書往往需五到六天方能送達遷陵縣廷。更重要的是,8-645 背面的收文記錄,筆跡與正面以及左下角"邛手"非常接近,此現象也違背了一般情況下,收文記錄筆跡與正面文書不同的規律,因此簡上的收文時間應有問題。[2]若排除此二組有問題的取樣,則平均處理日數降爲 2.52,標準差爲 4.9,應較符合當時現實。

正如沈剛提到,和縣廷距離較遠的廷外機構如離鄉,其文書傳遞的時間必較倉、庫、都鄉等距縣廷較近的機構長,[3]爲免混淆,似乎還應獨立統計這兩類機構的傳遞時間。如是,則除 8-75 + 8-166 外的 29 個取樣,平均處理日數爲 0.17,標準差爲 0.38,其中 24 通文書更即日便送到縣廷。而離鄉如貳春、啓陵平均需 7.067 日,標準差爲 6.05,其中 8-1562 文書似有延誤,若單論傳遞時間應爲四天。以此數計,則平均日數爲 6.4,標準差

---

① 按木牘内文提到"遷陵已定以付郵少内金錢計",用語接近里耶秦簡所見的追債文書(詳參下文),未知是否有關債務追索。然而,牘文僅言"金錢計",沒有任何跟債務相關的内容,考慮到縣與縣之間的金錢往來不止債務追索,此處沒有將之定性爲債務文書,但 8-75 + 8-166 是否與此相關,仍值得注意。

② 此點沈剛已指出,參《秦代縣級檔案文書的處理周期——以遷陵縣爲中心》,《出土文獻研究》第十五輯,第 143 頁注 21。郵人僞造記錄以逃避懲罰,亦見於張家山漢簡《奏讞書》案例十二,其載"·河東守瀟(讞):郵人官大夫内留書八日,詐(詐)更其徼(檄)書辟留,疑罪"。河東守之所以將此案上讞,可能因爲郵人内留書八日,按律應論以貲二甲(急書)或一甲(非急書),但同時他又犯下"詐更其檄書辟留"之罪,因此河東守才上讞意圖弄清該論以哪條罪。

③ 沈剛《秦代縣級檔案文書的處理周期——以遷陵縣爲中心》,《出土文獻研究》第十五輯,第 131 頁。

爲 5.79,傳遞時間較前一類機構長 37 倍。

2. 遷陵縣内部行政信息傳遞效率評估

上節統計了遷陵縣内部行政信息傳遞的時間,其中遷陵縣廷對廷外機構文書的平均處理日數爲 2.03。按照非緊急的一般行書需在三日内傳往下一站的規定,假設表 2 大部分的文書皆非緊急,2.03 的處理日數大致符合律令的規定。若仔細分析表 2 的 29 則個案,其中 8 則停留時間超過三天,占總數四分之一强,惟因大多數材料尚未公布,此數字自然不反映全貌。因此,本節將試圖結合其他縣的例子,討論遷陵縣内部行政信息傳遞的效率。

雖然其他地區尚未發現如里耶秦簡般數量巨大的秦代行政文書,但所幸當時他縣傳往遷陵的官文書中,除記録傳書縣廷的發文日期外,有時還會包括傳書縣所屬官對該縣的發文日期,如簡 5-1 載:

> 元年七月庚子朔丁未,倉守陽敢言之:獄佐辨、平,士吏賀具獄縣官,食盡甲寅。
> 謁告過所縣、鄉,以次續食。雨留不能投宿,齎。來,復傳,零陽田能食。當騰。期
> 卅日。敢言之。ノ七月戊申,零陽龏移過所縣、鄉。ノ齮手

顯而易見,上舉牘文同時包含零陽縣倉守於丁未日(初 8)對縣廷的呈請,以及翌日零陽縣廷對具獄官吏所過諸縣的傳書,由此即可知零陽縣倉傳往縣廷的文書,最多花了一天便得到處理。雖然透過這種方式,我們只能得知外縣下屬組織傳予縣廷文書最大的可能處理日數(因縣廷收到來自下屬的傳書後,未必即日處理),但在資料缺乏的情況下,此仍爲研究外縣内部的信息傳遞提供了寶貴的間接材料。

表 4　遷陵以外縣下屬組織傳予縣廷文書停留日數

年份	停留日數	傳書機構	接受機構	文書性質	簡號
秦始皇廿六年	≤19	新武陵上軚鄉	新武陵丞	上軚鄉爰書	15-259
秦始皇廿六年	≤8	旬陽縣左公田	旬陽縣丞	追債文書	8-63
秦始皇廿八年①	≤1	㢑道都府	㢑道長	追債文書	8-60 + 8-656 + 8-665 + 8-748
秦始皇卅三年	≤5	陽陵司空	陽陵縣丞	追債文書	9-11

---

① 按許名瑲據干支將此牘年代繫於始皇卅五年,見《〈里耶秦簡(壹)〉曆日校注補正》,簡帛網,2013 年 9 月 7 日。惟此牘内文提到"追曰:計廿八年"。且檢曆譜,始皇廿八年十二月、六月亦出現此牘所載的干支,故其年代當以二十八年爲是。

續表

年份	停留日數	傳書機構	接受機構	文書性質	簡號
秦始皇卅三年	≤4	陽陵司空	陽陵縣丞	追債文書	9-2
秦始皇卅三年	≤4	陽陵司空	陽陵縣丞	追債文書	9-3
秦始皇卅三年	≤4	陽陵司空	陽陵縣丞	追債文書	9-9
秦始皇卅三年	≤3	陽陵司空	陽陵縣丞	追債文書	9-1
秦始皇卅三年	≤3	陽陵司空	陽陵縣丞	追債文書	9-4
秦始皇卅三年	≤3	陽陵司空	陽陵縣丞	追債文書	9-5
秦始皇卅三年	≤2	陽陵司空	陽陵縣丞	追債文書	9-8
秦始皇卅三年	≤3	陽陵司空	陽陵縣丞	追債文書	9-10
秦始皇卅三年	≤3	陽陵司空	陽陵縣丞	追債文書	9-12
秦始皇卅三年	≤2	陽陵司空	陽陵縣丞	追債文書	9-6
秦始皇卅三年	≤1	陽陵司空	陽陵縣丞	追債文書	9-7
秦二世元年	≤1	零陽倉	零陽縣	過所傳食文書	5-1

表4臚列的16則資料,大部分皆擷取自外縣對遷陵追債文書,其中絕大部分縣更不屬於洞庭郡,如9-1至9-12的陽陵縣文書,學者認爲此"陽陵"可能隸屬潁川郡。[1]潁川之外,尚有漢中郡(旬陽)和地處巴蜀,但其時所屬未明的僰道,僅新武陵和零陽兩縣屬洞庭郡。統計表4,外縣下屬組織傳予該縣縣廷文書,平均最大處理日數爲4.13,標準差爲4.2。

上節提到,遷陵縣下屬組織傳予縣廷文書的平均處理日數爲2.03,比較兩者,遷陵縣內部信息傳遞的效率似較外縣爲高,其中15-259尤其值得注意:

> 廿六年端月己丑,上鞋鄉爰書☐
>
> 人黑色,長可〔六月〕六尺九寸☐☑
>
> 端月甲午[2],上☐[3]鄉奚敢言之☑
>
> 二月癸丑,新武陵丞赶敢告☐☑

---

[1] 晏昌貴、鍾煒《里耶秦簡所見的陽陵與遷陵》,《中國歷史地理論叢》2006年第4期,第88頁;游逸飛《里耶秦簡所見的洞庭郡:戰國秦漢郡縣制個案研究之一》,《中國文化研究所學報》第61期,2015年,第54頁。

[2] 原釋"戌",檢曆譜,始皇廿六年端月無甲戌日。復檢圖版,此字中間破開,作"🔲",應是"午"字,"甲午"合該月初12。

[3] 此字原釋"鞋",《新見里耶秦簡牘資料選校(三)》改無釋,疑是"津",《里耶秦簡博物館藏秦簡》一書從。按里耶秦簡所見爰書,皆以"某年月日+某官+爰書"爲題,之後加上該官長官的呈文,如8-1443+8-1455爲"都鄉守武爰書",由都鄉守武呈上,9-2346爲"啓陵鄉趙爰書",同由啓陵鄉趙呈上,9-2344爲"田守武爰書",也由田守武呈上。因此,按照慣例,上鞋鄉的爰書最有可能由該鄉嗇夫呈上,"奚"應即其名。惟檢圖版,此字作"🔲",確不類"鞋",頗疑書手將此字左右部件對調,右部實從"車",左邊三點並非部首,乃"主"之省筆。

此簡爲上軑鄉爰書的殘段,可能跟通緝在逃犯人有關,晏昌貴指出始皇廿六年時"上軑"爲新武陵屬下的鄉,之後升格成縣,應可從。①又簡 9-2287 亦記男子它"居新武陵軑上","軑上"可能即"上軑",或可作爲晏説旁證。文書内容記述上軑鄉於端月己丑(初七)製作這份爰書,然後在甲午(十二)移交新武陵,至翌月癸丑(初二)由新武陵丞赿轉發。此文書顯示上軑鄉由製作爰書到傳送,共歷 5 日,又過了 19 天新武陵丞才轉發,由製作到轉發耗時 24 天。雖然現在無從得知上軑鄉和遷陵縣之間的距離,也不清楚新武陵收到爰書後是否馬上轉發,但比較起來,遷陵縣内部的行政效率較新武陵高出不少。

當然,表 4 列出的處理日數僅爲最大的可能值,實際日數可能較短。其次,前文既述,此表的取樣絶大部分爲追債文書,事關對方應付的金錢數額,因此也不能排除縣廷需核實數字而導致較長的處理時間。事實上,15-259 的紀年爲始皇廿六年端月,當時洞庭郡地區的戰事才結束不久,東方諸國可能還没完全被秦所滅,局勢未定,故 15-259 所示未必代表新武陵縣的正常情況。考慮到這些因素,似乎不能斷言遷陵縣内部行政信息傳遞效率必較外縣高,但本節的論證最低限度説明一點:秦代遷陵縣内部的信息傳遞效率不較外縣爲低。

三、遷陵縣外部行政信息傳遞的效率

上文中,筆者嘗試通過量化遷陵和外縣之間内部信息傳遞的絶對時間,比較出遷陵縣内部行政信息傳遞的效率。本節將把眼光轉向考察遷陵縣與郡、縣等外部機構之間信息傳遞的效率。現在公布的里耶秦簡大約有三種文書可作爲考察此問題的材料:1.洞庭郡傳予遷陵縣文書;2.外縣傳予遷陵的文書;3.外縣傳予遷陵的追債文書。值得注意的是,第 2 種和第 3 種文書性質實相同,但正如前文提到,追債文書耗時遠較其他文書長,如跟其他文書混合討論,恐怕不能反映一般情況下的信息傳遞時間。然而,追債文書過長的處理時間,本身就是一個極值得注意的現象,將之完全排除亦非上策。有鑒於此,筆者擬將本節分爲兩部分:前半部分將沿用上節的方法,量化研究前兩種文書的傳遞時間,藉此研究外部信息傳遞的效率;之後則將對縣與縣的追債文書進行個案研究。

1. 洞庭郡傳予遷陵縣文書傳遞的絶對時間

里耶秦簡裏洞庭郡傳予遷陵縣的文書,資料完整可供研究者凡八例,數量顯然較遷

---

① 參晏昌貴《里耶秦簡牘所見郡縣名録》,《歷史地理》第三十輯,上海人民出版社,2014 年,第 147 頁。

陵縣内部文書少。一如外縣下屬組織傳予該縣縣廷的文書,這八例洞庭郡文書絶大部分(除 9-2283)只記録了文書的寫作日期,没有發文時間,因此我們同樣只能得出文書傳遞最大的可能日數。

表 5　洞庭郡傳予遷陵縣文書的傳遞日數

年份	傳遞日數	文書内容	備注	簡號
秦始皇廿七年	≤23①	興黔首事		16-5
秦始皇廿七年	≤18	興黔首事		16-6
秦始皇廿七年	= 29	興黔首事	郵、門亭行	9-2283
秦始皇廿八年	≤36	轉發琅邪郡守文書		8-657
秦始皇卅一年	≤22	不明,可能與兵器有關	都郵人行	9-713
秦始皇卅二年	≤21	轉發御史問直絡幇程書		8-158
秦始皇卅三年	≤48(26 + 22)	上所糴粟數	追 * 1;郵人行	12-1784
秦始皇卅四年	≤70(18 + 17 + 13 + 22)	回覆司空厭失費令田的論罪	追 * 3;郵人行	8-755 至 759,8-1564、8-1523②

---

① 楊振紅、單印飛贊同陳劍的推測,認爲 J1(16)6 是直接發往遷陵縣的文書,J1(16)5 是經卒史嘉、假卒史穀、屬尉(或其中之一)發往遷陵縣的文書,主要論據是 16-5 背"求盗簪裹(褭)陽成辰以來。/羽半"的收文記録。他們跟從了胡平生的釋讀,認爲傳送日期是"二月癸卯水十一刻刻下九",因此得出二月癸卯(2 月 28 日),"郡卒史、屬治所中名叫'羽'的吏收到郡太守府爵簪裹(褭)陽成里求盗'辰'送來的文書,做好收文記録與署名(並立即下發縣)",至三月癸丑(3 月 8 日)水下盡,"遷陵縣屬吏'邪'收到由郡卒史治所人員'陽陵士□句'送來的文書,做好收文記録並署名"的順序(見《里耶秦簡 J1(16)5、J1(16)6 的釋讀與文書的製作、傳遞》,《浙江學刊》2014 年第 3 期,第 22—23 頁)。此外,張忠煒曾引述張春龍之電郵,其中提到木牘 16-5 至 16-7 皆叠放在一起(參《里耶秦簡博物館藏秦簡概説》,收入里耶秦簡博物館、出土文獻與中國古代文明研究協同創新中心中國人民大學中心編著《里耶秦簡博物館藏秦簡》,中西書局,2016 年,第 15 頁),其中 16-7 即里耶簡 9-2283。有關 16-7 和 9-2283 的關係,參馬增榮《里耶秦簡 9-2283、[16-5]和[16-6]三牘的反印文和叠壓關係》,簡帛網,2018 年 8 月 22 日。
據木牘文字,16-5、16-6 和 9-2283 的寄信方雖然都是洞庭郡,正文内容也大致相同,但 16-5、16-6 的傳送方式與 9-2283 有異,前兩者没有注明傳送方式,應以一般方式傳送,9-2283 則用"以道次傳、别書"和"以郵、門亭行"並用的方式傳送,符合秦代恒署書的特徵。按馬怡原將正文末句斷讀爲"嘉、穀、尉在所縣上書嘉、穀、尉,令人日夜端行。它如律令",並指出"本文書的命令對象主要是洞庭郡所轄縣的'縣嗇夫',亦包括駐在'所部縣'的'嘉、穀、尉'等官員,故上書者當主要是各縣的'縣嗇夫',而不僅是'嘉、穀、尉'",但後來刪去了此段注釋,並把此句斷讀爲較通行的"嘉、穀、尉在所縣上書。嘉、穀、尉令人日夜端行。它如律令"。(分參《里耶秦簡選校(連載一)》,簡帛網,2005 年 11 月 14 日;《里耶秦簡選校》,《中國社會科學院歷史研究所學刊》第四集,商務印書館,2007 年,第 143、147 頁)
筆者認爲馬先生最初的讀法值得重視。"嘉、穀、尉在所縣上書嘉、穀、尉"的安排,可能由於卒史嘉、假卒史穀、屬尉三人皆屬洞庭郡守派出的都吏,在各自的轄區(所部縣)循行,没有固定治所。也就是説,只有三人暫時停駐的縣,才知道他們的臨時治所所在,導致郡守如想傳書給他們,也必須仰賴三人所在之縣代爲轉發。因此,陳劍、楊振紅、單印飛所言 16-5 是經卒史嘉、假卒史穀、屬尉發往遷陵縣,似没有考慮上述文書傳遞的現實局限,暫不取。事實上,16-5 背面的"二月癸卯水十一刻刻下九,求盗簪裹(褭)陽成辰以來"可能只是文書送到前一站時的收文記録,它的目的地一開始就是遷陵縣。
② 陳垠昶指出"8-1523 和 8-755—8-759 實屬同一件文書,且 8-1523 接在 8-759 之後,是該件文書的最後一支簡,應當編連",此處從其説。參《里耶秦簡 8-1523 編連和 5-1 句讀問題》,簡帛網,2013 年 1 月 8 日。宮宅潔又指出 8-1564 應插入 8-758 和 8-759 之間,説亦可從。參《關於里耶秦簡⑧755—759 簡與⑧1564 簡的編聯》,簡帛網,2018 年 3 月 4 日。

表 5 八例平均處理日數爲 33.38,標準差爲 17.76。值得注意的是,最後兩例處理日期特別長,是因爲文書第一次未能順利送達遷陵,故洞庭郡乃將文書重新抄寫,再行發送,以此催促遷陵縣儘早回覆。對於這類傳送過程有所延誤的文書,詳細討論可參下文,此不贅。若單純計算 12-1784、8-755—759、8-1564、8-1523 等文書成功傳遞的耗時,兩者皆不超過 22 日。如此,文書的平均處理日數則爲 24.13,標準差爲 5.69。無論如何,此表顯示洞庭郡傳至遷陵縣的文書,最快也要將近二十天才送達。

2. 外縣傳予遷陵文書傳遞的絕對時間

若排除縣與縣之間的追債文書,已公布的里耶秦簡中僅有六份外縣傳予遷陵的文書記載較完整,可供研究。

表 6　外縣傳予遷陵縣文書傳遞日數

年份	傳遞日數	傳書縣	文書內容	備注	簡號
秦始皇廿六年	21(6＋15)	酉陽	確定男子它個人資料	追＊1	9-2287
秦始皇廿八年	15	酉陽	不明,但應與士伍順小妾律事有關		9-986
秦始皇卅一年	14	酉陽	移書		9-1863
秦始皇卅一年	94	臨沮	回覆遷陵屯戍士伍桑唐趙不到署事		8-140
秦始皇卅二年	68	門淺	不明	送往臨沅之文書;都郵士五纑以來	8-66＋8-208
秦二世元年	15	零陽	過所傳食文書		5-1

表 6 列舉五份文書的平均處理日數爲 37.83,標準差爲 34.52,取樣甚少,數值之間差距也甚大。然而,外縣的傳書時間和該地跟遷陵縣之間的距離息息相關,討論時似需將空間納入考量。按《漢書·地理志》記臨沮縣屬南郡,其地距遷陵較遠,傳送日期較長亦符合常理。惟門淺於此出現却頗爲奇怪:晏昌貴據 9-713,認爲自洞庭郡發出的文書,往往分四道傳送至屬縣,而臨沅、門淺、零陽和上衍正是四條綫路的始發縣,其中遷陵縣正處於零陽一綫的末端,門淺則屬東綫。[1]也就是説,門淺和遷陵位於不同的郵書路綫。更重要的是,8-66＋8-208 明記此封由門淺發出的文書,目的地是臨沅,可能是當時洞庭郡治所所在,因此這封文書正常情況下不可能被送到遷陵。筆者認爲,8-66＋8-208 可能是

---

① 晏昌貴認爲"索"爲北路,"零陽—遷陵"應是南道,而"剩下的門淺和上衍只能往臨沅的東、西兩個方向探尋,當然稍偏南或偏北都是有可能的"。參《里耶秦牘 9-712＋9-758 補釋》,簡帛網,2013 年 12 月 24 日。

一封行書者誤傳至遷陵的文書,不能反映遷陵與外縣文書往來的常態。

從收文記錄顯示,零陽(5-1)傳至遷陵的文書需 15 天,和酉陽(9-2287、9-986、9-1863)傳來的文書時間相近,此情況頗令人迷惑,因爲從地理位置來看,遷陵縣身處的郵路,傳送路綫依次應爲"零陽—充—酉陽—遷陵",①加上四封文書均不是由郵人送來,9-2287 和 5-1 的行書者身份更皆是士伍,因此零陽傳至遷陵的文書,傳遞時間爲何會與酉陽接近,實令人費解,筆者暫時也没有很好的解釋,但觀 5-1 屬續食木牘,可能此類文書並非用以縣次傳的方式傳送,並非經酉陽傳來遷陵,速度因而較快。②

3. 遷陵縣外部行政信息傳遞效率評估

上節統計了遷陵縣與郡、縣之間的信息傳遞時間,本節將嘗試利用所得資料,分析遷陵縣外部行政信息的傳遞效率。首先,我們不妨先將上節得到的日數,比較秦漢律中的行書規定。前引《二年律令·行書律》記:"郵人行書,一日一夜行二百里。"按表 5 所載洞庭郡傳往遷陵縣的八例文書,有四例是使用"以郵行"或"郵人某以來",他們的傳書時間又是否符合《行書律》的規定呢?

欲解答此問題,必先了解洞庭郡治和遷陵縣之間的郵書距離,里耶簡 16-52 所載的道里記錄或對此有所裨益,其載"臨沅到遷陵九百一十里"。按臨沅縣於秦始皇三十一年至三十三年間,集中發出洞庭郡的文書,於這段時間很可能曾作爲洞庭郡治所。③16-52 記臨沅與遷陵之間的郵路爲 910 里,如以一天二百里的標準,臨沅發出的文書應可於 5 天內到達遷陵,即使按上郡等三十里置一郵地區的標準,理論上也能在 14 日內送到,但表 5 中兩封自沅陽發出的文書(9-713 和 12-1784),傳遞時間卻達 22 日,平均每天行走 41.36 里,僅二百里標準的約五分之一,三十里標準的六成三。其中 12-1784 嚴格來講更因延誤而前後共花 48 日才送抵遷陵。事實上,表 5 顯示洞庭郡的文書,最快也要十八日才傳至遷陵縣,若以《二年律令·行書律》爲標準,遷陵縣外部行政信息傳遞可謂效率甚低。

---

① 鷹取祐司《秦漢官文書の基礎的研究》,第 256—257 頁;晏昌貴《里耶秦牘 9-712 + 9-758 補釋》,簡帛網,2013 年 12 月 24 日。

② 又承鄭威提示:"從地圖上看,零陽距離臨沅不遠。若洞庭郡治所(? 郡都縣)在臨沅的話,傳書至遷陵的時間最快的只需 18 天。從臨沅至遷陵,若走零陽—充—酉陽一綫,頗爲迂曲,若溯沅水經酉陽至遷陵,則較便捷。無論是哪條路綫,18 天(或平均 20 餘天)的時長比西陽至遷陵的 15 天並未多出太久,而距離上不止遠 3 倍以上。這樣看來,零陽至遷陵爲 15 日似乎並無奇怪之處。而零陽至遷陵時間僅此一例,或許只能反映較快的到達情形。另外,從牘文內容看,有'期卅日'、'盡己巳旦'等時間限制,或許與文書較快到達遷陵也有關係。"

③ 參游逸飛《里耶秦簡所見的洞庭郡:戰國秦漢郡縣制個案研究之一》,《中國文化研究所學報》第 61 期,2015 年,第 33 頁。

　　然而,正如本文第一節提到,"效率"是一個相對概念,《行書律》之類的律文雖能作爲其中一個衡量標準,但似不能以之爲絕對標準。那麼遷陵的外部行政信息傳遞,較之其他地區又如何呢? 可惜的是,現在公布的秦簡中未見可與里耶秦簡作比較的資料。囿於資料的局限,我們唯有從其他性質的記録中,嘗試鈎沉出郡縣之間信息傳遞的吉光片羽。首先映入眼簾的,便是嶽麓秦簡的奏讞書,其中記載了兩則州陵縣上讞南郡的案例。按兩則案例皆發生於秦王政二十五年,年代基本與里耶秦簡重合,而且南郡與洞庭郡相鄰,亦大致符合本文第一節提出的"用以比較的行政單位必須和遷陵地域相同或鄰近"的原則。又案卷記載了州陵縣上讞南郡,以及南郡的回覆,也符合"用以比較的信息傳遞途徑,也必須相同"的條件。雖然奏讞文書顯非完美的材料,却似乎是現存唯一的材料。

　　第一則州陵縣上讞案件,整理者題爲"癸、瑣相移謀購案"。對於本案的時序和内容,整理者已有詳盡的表格介紹,此處不欲贅述。簡單來説,此案乃秦王政州陵守綰、丞越的奏讞記録,以及南郡對州陵奏讞的回覆。據案卷叙述,廿五年五月十九日(甲辰),州陵守綰、丞越、史獲已論處圖謀欺詐政府購賞的癸、瑣等人,但他們的判決却遭到監御史康舉劾爲不當,認爲癸、瑣等没有收到購賞錢,不當如此論罪,需重新論罪,並論處誤判的官員。綰等因而在六月二十八日(癸未)把案件上讞至南郡,並於同年七月十日(乙未)收到南郡假守賈的回覆。此案例中,由州陵守綰、丞越、史獲完成論罪,直到南郡監御史復檢後駁回他們的判決,其間兩個機構之間必然有着文書往來,但即使包括監御史復查案件,以及州陵收到監御史回信後的吏議,整個過程也必定在 39 天内完成。更值得注意的是,州陵縣把疑案上讞南郡後,南郡僅花 12 日便回信,此處已包括南郡審核案例的時間,可想而知若單以信息傳遞時間而言,必在 12 日之内完成。

　　雖然我們暫無法得知州陵縣文書傳至南郡郡府確切需要多少時間,但嶽麓秦簡中包括一份秦始皇《廿七年質日》,其擁有者應在江陵縣任職,甚至可能是江陵縣丞。[1]《廿七年質日》記載使用者於五月庚戌(初六)"到州陵",癸丑(初九)起歸,並於丁巳(初十三)"宿縣内"。關於"縣内"所指,[2]論者或言沙羨,[3]或疑竟陵。[4]按前者完全基於使用者

---

①　相關討論可參史達《嶽麓秦簡〈廿七年質日〉所附官吏履歷與三卷〈質日〉擁有者的身份》,《湖南大學學報(社會科學版)》2016 年第 4 期,第 16 頁。

②　嶽麓書院藏秦簡《廿七年質日》《卅五年質日》俱參朱漢民、陳松長主編《嶽麓書院藏秦簡(壹)》,上海辭書出版社,2010 年。

③　郭濤《嶽麓書院藏秦"質日"簡交通地理考》,《歷史地理》第三十輯,第 242 頁。

④　王偉《嶽麓秦簡研讀札記(七則)》,簡帛網,2017 年 12 月 31 日。

會循水路回江陵的假設，但正如張家山漢簡《奏讞書》案例十八記南郡負責該案的官吏"行道六十日，乘恒馬，及船行五千一百卅六里"，可知當時官吏出行往往水陸並行。觀地圖，若經水路自州陵回江陵，需北繞漢水，顯較陸路迂迴，不能排除使用者離開州陵後，直接經陸路向西，再於漢沔經水路回江陵。至於竟陵說可能確較沙羨大，但此處記錄僅記"縣内"，沒有像其他記錄般指明縣名，是這批質日僅見之例，筆者懷疑很可能指該官吏任職的江陵縣，因此才徑言"縣内"，不需刻意注記。如是，則當時經陸路從州陵至江陵約需五日。

事實上，北京大學藏有一批秦代水陸里程簡册，主要以江陵縣爲中心，記載南郡境内水陸道路的里程，雖然已公布的部分並未出現有關州陵和江陵縣之間的里程，但當中不少内容頗可與秦代《質日》所載的地點對讀，通過相除兩地之間的里程和《質日》使用者穿梭各地的時間，便可計算出他們平均每天的移動距離。按周家臺秦簡秦始皇《卅四年質日》載使用者二月丙申宿竟陵，丁酉宿井韓鄉，戊戌宿江陵。[①] 此三地皆出現於北大藏秦代水陸里程簡册中：

> 江陵東到井韓百六里。　　　　　　　　　　　　　　　　　　（04-064）
>
> 井韓鄉到竟陵九十八里。　　　　　　　　　　　　　　　　　（04-065）[②]

正如辛德勇指出，"江陵—井韓鄉—竟陵"當時屬"江陵向東一條東西向幹道"的其中一段。[③] 據里程簡，該路綫首尾兩端的總里程爲 204 里，於兩天内完成，一天約移動 102 里。又前引嶽麓秦簡秦始皇《廿七年質日》，使用者於五月丁巳宿縣内後，戊午波留、己未宿□□、庚申宿楊口。如"縣内"指江陵縣，使用者原似應於翌日起行，但因發大水滯留，[④] 後再次起程，並於庚申到達楊口。按北大秦代水陸里程簡册 04-058 記"凡江陵到楊口百九十四里"，[⑤] 故由江陵至楊口約需兩日，折合一日行走約 97 里。又嶽麓秦簡《卅五年質日》載使用者四月己未宿當陽、庚申宿銷、辛酉宿箬鄉。無獨有偶，北大藏秦代水陸里程

---

① 釋文見陳偉主編《秦簡牘合集（叁）》，武漢大學出版社，2014 年，第 8 頁。

② 轉引自辛德勇《北京大學藏秦水陸里程簡册初步研究》，《出土文獻》第四輯，中西書局，2013 年，第 230 頁。

③ 辛德勇《北京大學藏秦水陸里程簡册初步研究》，《出土文獻》第四輯，第 230 頁。

④ 按郭濤指出"波留"並非地名，或意指"陂留"，"表因故阻礙而滯留縣内之義，或與河堤修築事宜有關"。參《嶽麓秦簡〈二十七年質日〉"波留"或非地名》，簡帛網，2011 年 12 月 30 日。他之後又將此術語與里耶簡中的"水大留"聯繫。參《〈里耶秦簡博物館藏第九層簡牘釋文校釋〉初讀》，簡帛網，2013 年 12 月 28 日。按郭先生認爲"波留"同"水大留"，甚是，但正如王偉指出，"波"可作本訓，不需通假。"波留"可能"指因河流漲水而滯留"。見王偉《嶽麓秦簡研讀札記（七則）》，簡帛網，2017 年 12 月 31 日。

⑤ 轉引自辛德勇《北京大學藏秦水陸里程簡册初步研究》，《出土文獻》第四輯，第 213 頁。

簡册亦載有此三地之里程：

> 銷到當陽鄉九十三里，到江陵界卅六里。 (04-060)
>
> 當陽鄉到江陵百廿三里。 (04-072)
>
> 銷北到巋鄉五十六里、到鄂界十七里。 (04-085)
>
> 巋鄉到箸鄉卅里。 (04-089)①

據此可知，"當陽鄉—銷—巋鄉—箸鄉"亦屬一固定交通路綫，路程共 189 里，行書者於兩天内到達，平均一天行走 94.5 里。最後，前面提到的張家山漢簡《奏讞書》第十八則秦代案例，開首也記録了南郡治獄的官吏們"行道六十日，乘恒馬，及船行五千一百卅六里，衞（率）之，日行八十五里，畸（奇）卅六里不衞（率）"，可知他們水陸並行，平均每天行走 85.77 里。綜上，官吏行道的速度平均爲 94.82 里／日，雖然我們暫不清楚州陵和南郡郡治的里程，但檢 Google Map，州陵縣故址與江陵縣相距 166 公里，折合漢里約 399 里，將之除以官吏行道的平均速度，全程約於 4.21 日完成，大致符合《廿七年質日》所記載的五日行程。

當然，上文對官吏移動速度的估算，大致根據他們因公出差所留下的記録。正如張家山漢簡《奏讞書》第十八則案例所示，這些官吏沿途往往能使用官方的乘馬、船隻代步，不一定等同以步行爲主的郵吏的移動速度，但西北漢簡的記録顯示，居延、敦煌地區的郵人確實能達到當時一日行走 160 里（等同漢初的 200 里）、一小時行走 10 里的標準，甚至有時還能更快。②相對而言，居延地區官吏每日移動的速度約 30 公里，③這起碼説明在西北地區，郵人行書的速度最低限度不比官吏移動慢。如此類推，州陵縣把奏書傳予南郡的時間，亦當在五日内。

第二宗州陵縣上讞案件，整理者題爲"尸等捕盜疑購案"。案情講述州陵縣因未能決定給予捕得群盜尸等的走馬達賞金的數量，因而於廿五年五月十六日（壬寅）將情況上讞，而南郡決定後，又於廿五年六月二十四日（己卯）製作予州陵的回覆，由州陵上讞到南郡回信，共歷 38 日，時間較"癸、瑣相移謀購案"長。惟正如前文提到，此時間包括南郡調查、商議的時間，考慮到"癸、瑣相移謀購案"中，南郡假守回信明確提到該案"有律，不當讞"，可能因第一宗案件案情較明確，有現行律文可依，因此郡守能迅速地回覆

---

① 轉引自辛德勇《北京大學藏秦水陸里程簡册初步研究》，《出土文獻》第四輯，第 225—226 頁。
② 如居延漢簡 157.14 記"九月庚午下餔七分，臨木卒副受卅井卒弘。鷄後鳴，當曲卒昌付收降卒福。界中九十五里，定行八時三分，疾程一時二分"。所謂"疾程"即較標準時間更早到達。參紀安諾《"郵"制攷——秦漢時代を中心に》，第 220 頁。
③ 高村武幸《漢代の地方官吏と地域社會》，汲古書院，2008 年，第 164 頁。

州陵,但"尸等捕盜疑購案"却涉及犯人尸等的身份屬外邦人還是歸義的複雜問題,郡府討論時間因而延長許多。事實上,兩宗上讞時間僅相差一個月左右,在時間和地域都没有大變的情況下,單純就傳遞時間而言應不至於有重大差距,因此筆者認爲,從信息傳遞的角度而言,"癸、瑣相移謀購案"所記録的時間應較接近實際情況。

從上文的論證可知州陵縣與南郡之間信息傳遞時間不會超過 12 天,甚至很可能在五日内完成。而考察秦代南郡地區官吏《質日》所載的行程,以及里程簡所記各地的距離,當時官吏行道的速度,平均約 94.82 里/日;洞庭郡傳至遷陵縣的文書,平均的傳遞速度僅爲 41.36 里/日,前者超過後者約 2.29 倍。由此,我們或可得出以下結論:遷陵縣的外部行政信息傳遞效率比州陵縣低兩倍以上。

4. 遷陵縣與外縣之間追債文書的個案研究

分析遷陵縣外部信息傳遞後,筆者發現不論從《二年律令·行書律》所記載的規定,還是比較與遷陵地域較近的州陵縣的文書傳遞,皆顯示遷陵縣外部信息傳遞效率不高。正如本章開首提到,外縣傳予遷陵的文書中,尚有追債文書,其耗時遠較其他文書長。爲全面剖析遷陵與外縣的文書傳遞,兹將針對此類追債文書作一個案研究。里耶秦簡中的追債文書約可細分成兩類:第一類包含 9-1 至 9-12 的一組簡,外縣的追債請求經郡尉轉發至遷陵縣。第二類則是外縣直接聯繫遷陵縣,要求遷陵支付派駐當地的官吏、戍卒的債務。

以下先討論第一類文書。外縣之所以需經郡尉轉發追債請求,應由於他們不知道戍卒的現在派駐的縣。按秦代遷陵縣存在大量外地戍卒,甚至到達"目前可考的洞庭郡戍卒均爲外郡人,無一爲洞庭郡本地人"的地步。[1]他們大部分均屬更戍、屯戍,但也有少部分爲罰戍,或被判居贖刑的原官吏。顯而易見,這種現象必然伴隨着遷陵縣與外郡之縣頻繁的信息往來。以下數條里耶秦簡的内容頗值得注意:

敢言之。問容道臨沅歸,審。容及其贖前書　　　　　　　　(8-547+8-1068)[2]

☐寫胸忍,診容,及☐　　　　　　　　　　　　　　　　　(8-1732)

胸忍令入贖,遣戍。及問容此前☐　　　　　　　　　　　　(8-1958)

正如《里耶秦簡牘校釋》指出,8-547+8-1068、8-1732、8-1958 内容相關。[3]從簡文推斷,

①　游逸飛《戰國至漢初的郡制變革》,臺灣大學博士學位論文,2014 年,第 147 頁。
②　8-547+8-1068 的綴合參何有祖《里耶秦簡牘綴合(三)》,簡帛網,2012 年 5 月 17 日。
③　陳偉主編,何有祖、魯家亮、凡國棟著《里耶秦簡牘校釋(第一卷)》,第 178 頁。

這三枚簡似乎是遷陵縣對一個名叫"容"的戍卒的審問書。雖然簡冊殘缺，但似乎"容"乃胊忍縣署任到遷陵的居贖戍卒，後經臨沅逃回胊忍，故遷陵便需追查他的所在。此處最與本文題旨相關的，莫如8-1958，其明確記載胊忍縣令容入贖，並派遣他爲戍卒。是可知署任戍卒的第一步，首先需經該戍卒原居縣的派遣。然而，原居縣似乎無法控制這些犯人具體的署任地點。上文提到的《嶽麓秦簡(叁)》"癸、瑣相移謀購案"有以下內容：

> 五月甲辰，州陵守縉、丞越、史獲論：令癸、瑣等各贖黥。癸、行戍衡山郡各三歲，以當灋(法)；先備贖，不論沛等。①

案例提到州陵縣長官判決意圖欺騙官府購賞的癸、瑣等贖黥，並令他們罰戍衡山郡三年，②此判刑正合同批簡中"南郡、上黨□邦道當戍東故徼者，署衡山郡"的令文。③由此可知，當時縣只能根據律令把犯人派遣至某些特定的郡爲戍卒。換句話說，犯人原居縣無法得知他們最終被署任的地點，這可能就是追債文書裏，追債的縣往往不清楚欠債戍卒所署，需請求郡尉協助的原因。游逸飛指出"秦朝罰戍戍卒籍貫與駐防地點固有一套完整的制度運作，但該制度並非一成不變。到了秦始皇三十一年後，嶽麓秦簡所見罰戍地的規定已過時，當時應有新的秦令規定籍貫潁川、南郡、漢中、上郡的罰戍者至洞庭郡戍邊"。④甚是。現有資料顯示，戍卒到達該郡後，便會由郡尉負責署任至屬縣。⑤此過程亦見於里耶簡8-1563記錄的信息傳遞程序：

> 廿八年七月戊戌朔癸卯，尉守竊敢之：洞庭尉遣巫居貸公卒
> 安成徐署遷陵。今徐以壬寅事，謁令倉貣食。移尉以展約日。敢言之。
> 七月癸卯，遷陵守丞膻之告倉主：以律令從事。/逐手。即徐□入□（8-1563 正）
> 癸卯，胊忍宜利錡以來。/敞半　齮手　　　　　　　　（8-1563 背）

此牘應爲副本，正面第三行"七月癸卯遷陵守丞膻之……逐手"部分，筆迹明顯與前二行

① 朱漢民、陳松長主編《嶽麓書院藏秦簡(叁)》，上海辭書出版社，2013年，第99頁。
② 按《嶽麓(叁)》的原整理者認爲"贖罪的執行方法因罪行輕重、個人身份或財力因素而變，未必僅以財物抵消罪過。在此，癸、行'戍衡山郡各三歲'，即以兵役抵消罪過"(朱漢民、陳松長主編《嶽麓書院藏秦簡(叁)》，第108頁注25)。換言之，整理者似爲認戍衡山郡爲替代贖黥的方式(類近居贖)。然而陳偉把後文"盜未有取吏貲灋戍律令"斷讀爲"盜未有取，吏貲灋(廢)戍律令"，認爲"盜未有取""吏貲廢戍"乃兩條律令。州陵"根據'盜未有取'律令判處'癸、瑣等各贖黥'；根據'吏貲廢戍'律令判處'癸、行戍衡山郡各三歲'，並且要求'先備贖'，即在出戍之前提交贖金"。也就是說，贖黥、戍衡山郡實爲兩項不同的刑罰，其說似較合理。
③ 轉引自陳松長《嶽麓書院藏秦簡中的郡名考略》，《湖南大學學報(社會科學版)》2009年第2期，第7頁。
④ 游逸飛《戰國至漢初的郡制變革》，臺灣大學博士學位論文，2014年，第148頁。
⑤ 游逸飛《戰國至漢初的郡制變革》，臺灣大學博士學位論文，2014年，第91頁。

不同,應爲二次書寫的結果。牘文的"尉守"應即遷陵縣尉,其於七月癸卯(初六)移書遷陵丞,報告洞庭郡尉署任至遷陵縣的巫縣居貸公卒徐已於壬寅(初五)視事,請求縣丞令倉對徐"貸食"。同日遷陵守丞即移書倉的主管,令其"以律令從事",向徐出貸。①結合上文的考證,或可復原整個信息傳遞過程如表7:

表7　8-1563 所示外郡戍卒署任之信息傳遞程序表

程序	日期	信息内容
1	廿八年七月壬寅(5 日)前	巫縣派遣居貸公卒徐至洞庭郡尉
2		洞庭郡尉署任徐至遷陵縣尉
3	廿八年七月壬寅(5 日)	巫縣居貸公卒徐視事
4	廿八年七月癸卯(6 日)	遷陵縣尉移書縣丞,報告徐已視事;並請求縣丞指令倉向徐出貸糧食
5	廿八年七月癸卯(6 日)	遷陵守丞移書倉主

8-1563 爲了解秦代戍卒署任過程中的信息傳遞程序裨益甚巨:首先,它告訴我們當時郡尉擁有署任戍卒至屬縣的決定權,如遷陵縣位於洞庭郡,便需接受洞庭郡尉派遣的外地戍卒。其次,郡尉決定署任至屬縣的戍卒人選後,似乎會繞過該縣縣令、長,直接發書至縣尉。這可能與縣尉負責管理縣之軍務有關。綜合本節所考,秦代署任戍卒約有四重信息傳遞程序,分別是外郡縣令、長—本郡尉—縣尉—縣丞。

因爲原居縣不知戍卒的現居縣,雙方的信息傳遞依靠現居郡的郡尉轉達,如里耶簡9-1 至 9-12 的"陽陵卒"文書,便表明遷陵縣和潁川郡陽陵縣就戍卒欠債的文書往來,由洞庭郡尉轉發。關於這組文書的構成,②以及其文意的闡釋,③學界已有豐碩的成果。然而,對於某些句子的句讀、闡釋仍存在討論空間。囿於篇幅,此處不欲臚列全數木牘

---

① 里耶秦簡顯示"居貸"戍卒(或其他因罪戍邊的戍卒如罰戍[8-761]、更戍[8-850]、讁[適]戍[8-1029]、吏以卒戍[8-1094])的日用糧食並不是像正常戍卒般無償地"出稟",而是以"出貸"的形式加諸居貸戍卒的身上。因此所謂"貸食"應當就是命令倉對"徐"出貸糧食。

② 學界已有不少論著嘗試通過復原這組簡相互的叠壓關係,研究秦代官文書儲藏制度,如邢義田《湖南龍山里耶 J1(8)157 和 J1(9)1—12 號秦牘的文書構成、筆迹和原檔存放形式》,《簡帛》第一輯,上海古籍出版社,2006 年,第 275—296 頁,後收入氏著《治國安邦:法制、行政與軍事》,中華書局,2011 年,第 473—498 頁;黎明釗、馬增榮《試論里耶秦牘與秦代文書學的幾個問題》,《簡帛》第五輯,上海古籍出版社,2010 年,第 55—76 頁;張忠煒《里耶秦簡博物館藏秦牘概說》,里耶秦簡博物館、出土文獻與中國古代文明研究協同創新中心中國人民大學中心編著《里耶秦簡博物館藏秦簡》,第 12—15 頁;籾山明《簡牘文書學與法制史——以里耶秦簡爲例》,載柳立言編《史料與法史學》,"中研院"歷史語言研究所,2016 年,第 47 頁;姚磊《里耶秦簡第 9 層 1—12 號木牘的反印文及其叠壓關係》,《中國文字》新 43 期,2017 年,第 145—165 頁。

③ 參張春龍、龍京沙《里耶秦簡⑨1-⑨12 綜論》,《湖南省博物館館刊》第二輯,嶽麓書社,2005 年,第 312—319 頁。馬怡《里耶秦簡中幾組涉及校券的官文書》,《簡帛》第三輯,上海古籍出版社,2008 年,第 195—202 頁;《秦簡所見貲錢與贖錢——以里耶秦簡"陽陵卒"文書爲中心》,《簡帛》第八輯,上海古籍出版社,2013 年,第 195—213 頁。藤田勝久《里耶秦簡的文書形態與信息傳遞》,《簡帛研究 二〇〇六》,廣西師範大學出版社,2008 年,第 39—48 頁。張金光《秦貲、贖之罰的清償與結算問題——里耶秦簡 JI(9)1—12 簡小記》,《西安財經學院學報》2007 年第 4 期,第 93—96 頁。

的釋文，僅列最能説明問題的兩枚木牘：

卅三年四月辛丑朔丙午，司空騰敢言之：陽陵宜居士五（伍）毋死有貲餘錢八千六十四。毋死戍洞庭郡，不智（知）何縣署。•今爲錢校券一，上。謁言洞庭尉，令毋死署所縣責以受陽陵司空“司空不名計”。問何縣官計、年，爲報。已訾其家，家貧，弗能入，乃移戍所。報署主責發。敢言之。

四月己酉，陽陵守丞厨敢言之：寫上。謁報。報署金布發。敢言之。/儋手

(9-1A)

卅四年六月甲午朔戊午，陽陵守慶敢言之：未報，謁追。敢言之。/堪手

卅五年四月己未朔乙丑，洞庭叚（假）尉觿謂遷陵丞：陽陵卒署遷陵，以律令從事，報之。當騰（謄），騰（謄）。/嘉手•以洞庭司馬印行事

敬手

(9-1B)

卅三年三月辛未朔戊戌，司空騰敢言之：陽陵下里士五（伍）不識有貲餘錢千七百廿八。不識戍洞庭郡，不智（知）何縣署。今爲錢校券一，上。謁言洞庭尉，令署所縣責以受陽陵司空“司空不名計”。問何縣官計、付署、計年、名，爲報。已訾責其家，家貧，弗能入。有物故，弗服。毋聽流辭，以環書道遠。報署主責發。敢言之。/四月壬寅，陽陵守丞恬敢言之：寫上。謁報。署金

(9-3A)

布發。敢言之。/堪手

卅四年七月甲子朔辛卯，陽陵遫敢言之：未得報，謁追。敢言之。/堪手

卅五年四月己未朔乙丑，洞庭叚（假）尉觿謂遷陵丞：陽陵卒署遷陵，以律令從事，報之。/嘉手。以洞

庭司馬印行事。

敬手(9-3B)

按“問何縣官計付署計年爲報”一句極難讀，各家斷讀各異，且已有不少文章專門解釋其句讀和相關術語。[①]上文的句讀大致沿用了黃浩波的解讀。黃先生認爲“付署”乃相對“受署”而言，“署”指縣廷下屬的官署，如司空、倉之類。“計年”則指“計”的年度。因

[①] 參李學勤《初讀里耶秦簡》，《文物》2003 年第 1 期，第 78—79 頁。對於此句，張春龍、龍京沙斷讀爲“問何縣官？計年爲報”（見《里耶秦簡⑨1—⑨12 綜論》，《湖南省博物館館刊》第二輯，第 312 頁）。《里耶秦簡牘校釋》把 8-63 同樣的句式斷作“問可計付，署計年爲報”。馬怡原將 J1(9)3 斷爲“問何縣官計，付署，計年爲報”（《里耶秦簡選校》，《中國社會科學院歷史研究所學刊》第四集，第 162 頁），但後來的文章改從李學勤的斷句（見《里耶秦簡中幾組涉及校券的官文書》，《簡帛》第三輯，第 195 頁）。王偉則認爲應斷爲“問可（何）縣官、計付署、計年、名”，見《里耶秦簡“付計”文書義解》，簡帛網，2016 年 5 月 13 日。

"計"文書需寫明該事項是"付"或"受",以及付、受的具體部門,以便年終編製計時,能弄清該筆錢的來源,所以陽陵縣才要求洞庭郡說明是哪個縣的官計、應付賬的是哪個部門、該筆"計"應計入哪個年度,"計"的名字又是什麼。①理清文意,便能復原"陽陵卒"文書內在的信息傳遞過程如表8:

表8　9-1 所記信息傳遞過程表

發書日期	初	耗時	發書機關	接收機關	信息内容
卅三年四月丙午	6 日		陽陵司空	陽陵縣丞	陽陵司空向縣丞提出對戍卒士五毋死追債,要求縣把文書與錢校券移交洞庭郡尉,藉此轉交至毋死署縣。
卅三年四月己酉	9 日	3 日	陽陵守丞	洞庭郡尉	陽陵守丞把文書移交洞庭郡尉。
卅四年六月戊午	25 日	429 日	陽陵守丞	洞庭郡尉	陽陵守丞移書洞庭郡尉,指尚未收到戍所的報告,請求追索回覆。
卅五年四月乙丑	7 日	307 日	洞庭郡尉	遷陵縣	洞庭假尉移書遷陵縣,告之陽陵縣的要求。

正如表8所示,因傳遞過程的失誤,陽陵守丞對洞庭郡尉第一次傳書似遭寄失,音信全無,所以事隔429天後,他又將司空文書再次轉發予洞庭郡尉,終於成功傳達,之後郡尉便移書遷陵縣,通報陽陵縣的要求。從陽陵守丞第一次發書算起,直到洞庭郡尉移書遷陵,前後共歷 736 天。值得注意的是,表格所列的四個程序僅屬追債過程的前半段,後半段自爲遷陵縣對陽陵的應書。換句話說,完整的債務往來,時間必定超過 736 日之數。

然而,外郡吏欠債的信息傳達程序,似與戍卒有所不同。雖然涉及程序相近,但原居縣和現居縣可不經郡尉,直接聯繫。按秦漢時官吏的徙遷,必會通報該吏的原處地其調往何地。里耶秦簡 8-269"資中令史陽里釦伐閱",應即令史釦任資中令史時的伐閱;而 8-1555 亦云冗佐上造臨漢都里援"爲無陽衆陽鄉佐三月十二日"。這兩份記錄均顯示官吏現任官署知悉其前任官署,爲前、後任官署直接的文書聯繫創造了條件。

里耶秦簡保存不少官吏前、現任官署之間有關欠債的往來文書。這些文書大致可分爲兩類:第一類是債權方寄予債務方,要求它"受計",即接受這筆債務的追債文書。第二類是債務方回覆債權方,通知債權方自己是否願意交付相關的數額。

關於第一類文書,可參里耶簡 8-63:

　　廿六年三月壬午朔癸卯,左公田姓敢言之:佐州里煩故爲公田吏,徙屬,事苔不

---

① 參黃浩波《里耶秦簡牘所見"計"文書及相關問題研究》,《簡帛研究 二〇一六(春夏卷)》,廣西師範大學出版社,2016年,第116—118頁。

備,分負各十五石少半斗,直錢三百一十四。煩冗佐,署遷陵。今上責校券二,謁告遷陵,令官計者定以錢三百一十四受旬陽左公田錢計。問可(何)計、付署、計年,爲報。敢言之。

　　三月辛亥,旬陽丞湀敢告遷陵丞主:寫移。移券,可爲報。敢告主ノ兼手

　　廿七年十月庚子,遷陵守丞敬告司空主:以律令從事,言。ノ應手　即走

申行司空　　　　　　　　　　　　　　　　　　　　　　　　　(8-63 正)

十月辛卯旦,胸忍索秦士五狀以來ノ慶半　兵手　　　　　　(8-63 背)

8-63乃來自漢中郡旬陽縣的追債文書。按"謁告遷陵令官計者定以錢三百一十四受旬陽左公田錢計問可計付署計年爲報"句,格式與前文提到的"陽陵卒"文書幾近完全相同,意指請求遷陵命令負責官計者,確定承擔來自旬陽左公田314錢的錢計。如果遷陵縣願意接受旬陽左公田的錢計,即代表它願意交付所欠債錢予旬陽縣。[1]

　　又"廿七年十月庚子"一句筆迹與木牘的其他文字顯然有別,屬二次書寫,應爲最後加上。牘文顯示,旬陽縣左公田首先提出追債。他向縣丞報告曾擔任旬陽公田佐的煩,原已升級爲屬,但治理小豆(荅)不足數,需負擔合共314錢荅的債務。左公田因而向旬陽縣丞移交有關其債務的校券,並請求縣丞將文書移交煩現時任職的遷陵縣。8大後,旬陽丞即將左公田的文書移交遷陵縣丞,至翌年年初,文書方送抵遷陵,遷陵守丞乃令負責管理債務的司空以律令從事,[2]回報煩的處理方式。如用干支日期爲序,8-63所體現的信息傳遞程序可重排如表9:

表9　8-63所示信息傳遞程序表

發書日期	初	耗時	發書機關	接收機關	文書內容
廿六年三月癸卯	22日		旬陽縣左公田	旬陽縣丞	旬陽縣左公田移書旬陽縣丞,報告故公田吏冗佐煩尚欠314錢罰款,並呈上兩份校券,請求遷陵縣接受左公田314錢的錢計,並回報錢計的年份。

---

① 〔作者補記〕這類兩縣之間債務的付、受更可能純以債權轉移的形式運作。也就是説,付縣只是把追債的權利交予受縣,受縣之後可自行向權務人追債,雙方可不涉實際的金錢往來。關於此點詳參 Maxim Korolkov, "Empire-Building and Market-Making at the Qin Frontier: Imperial Expansion and Economic Change," 221—207 BCE, PhD diss., Columbia University, 2020, pp.376—380.

② 據8-480"司空曹計録",秦代遷陵司空負責船、器、贖、貰賣、徒計五項統計。佐煩原已升級爲屬,雖因犯錯被貶爲冗佐,但始終未失去吏的身份,不是刑徒,因此並不適用於贖計、徒計。唯一適用於煩情況的計,應爲貰責計。

續表

發書日期	初	耗時	發書機關	接收機關	文書内容
廿六年三月辛亥	30 日	8 日	旬陽丞	遷陵丞	旬陽丞把左公田的文書、校券移交遷陵丞。
廿七年十月辛卯	14 日	220 日	朐忍索秦士五狀以來		旬陽丞文書送抵遷陵縣
廿七年十月庚子	23 日	9 日	遷陵守丞	遷陵司空主	遷陵守丞令縣司空主管以律令從事，處理旬陽的請求。

表 9 可見秦代官吏的債務處理大致有三個步驟：一、原債權方縣的機關（如左公田）向該縣縣丞提出追債要求，並呈交相關檔案；二、原債權方縣丞移交債權轉移文書至欠債人所在的縣；三、欠債人所在縣收到文書，責成有關部門處理。值得注意的是，債權方縣提出"受計"的對象是債務者所在官署的縣，而不是債務者本人。換言之，秦代地方政府追討欠債，是以縣而非個人爲單位，欠債人所在縣如確定能收到債務者交納的欠款後，便會回覆原債權方縣自己願意"受計"，即接受其債權轉移的要求，這個過程産生的文書便是上文提到的第二類文書。

相反，假如被要求接受債權的縣自覺無法收到欠款，便會出現拒絕"受計"的情況，里耶簡 8-60 + 8-656 + 8-665 + 8-748 便是如此：

> 十二月戊寅，都府守脊敢言之：遷陵丞膻曰："少内暱言：'冗佐公士僰道西里亭貲三甲，爲錢四千卅二。自言家能入，爲校□□□。謁告僰道受責。'"有追，追曰："計廿八年。"□責亭妻脊亡。脊亡曰：貧弗能入。謁令亭居署所上真書。謁環□□，僰道弗受計。亭讄，當論，論。敢言之□   (8-60 + 8-656 + 8-665 + 8-748 正)
>
> 十二月己卯，僰道齮敢告遷陵丞主：寫□事，敢告主。ノ冰手ノ六月庚辰，遷陵丞昌告少内主：以律令□□手ノ六月庚辰水十一刻刻下六，守府快行少内□
>
> 六月乙亥水十一刻刻下二，佐同以來。ノ元手□

(8-60 + 8-656 + 8-665 + 8-748 背)

此牘爲僰道長官回覆遷陵縣的文書。"爲校"後三未釋字，《校釋》認爲似作"券一上"。牘文包括三份文書：第一份文書爲僰道都府守向僰道長官遞交的報告，共包含三大部分：一爲遷陵丞之前發送的追債文書，提及一名署任遷陵的僰道籍冗佐亭，因犯罪被判處貲三甲的刑罰，折合爲 4032 錢。亭無力償還，自稱家中有錢可還，遷陵丞便移書僰道，請求它接受亭欠款的債權（受計）。第二部分是遷陵縣發出的追書，用以補充原文書没有提到的、這筆計應被納入的會計年度（廿八年）。①據此可知於都府守報告前，遷陵縣無疑曾向莡道移交一份正式的追債要求（即上文提到的第一類文書）。最後是都府守對此筆債務的調查，提到冗佐亭的妻子胥亡原來無力還債，請求亭居署（即遷陵縣）上交文書正本，並表示莡道"弗受計"，拒絕接受遷陵的債權轉移請求。第二份文書爲莡道長官移交都府守文書予遷陵丞的發文記錄。第三份文書爲遷陵丞通知少内，命其根據律令處理莡道的要求。三份文書所呈現的信息傳遞程序如表 10：

表 10　8-60＋8-656＋8-665＋8-748 所示信息傳遞程序表

發書日期	初	耗時	發書機關	接收機關	文書内容
？	？	？	遷陵縣	莡道	遷陵縣向莡道移交債權轉移要求。
廿八年十二月戊寅	7 日		莡道都府守	莡道長	莡道都府守向莡道長官遞交的報告，拒絕遷陵縣的請求
廿八年十二月己卯	8 日	1 日	莡道長	遷陵丞	莡道長官把都府守文書移交遷陵丞
廿八年六月乙亥	7 日	176 日	佐同送莡道書至遷陵縣		
廿九年六月庚辰	8 日	1 日	遷陵丞昌	遷陵少内	遷陵守丞令縣少内主管以律令從事，處理莡道的請求。

雖然 8-60＋8-656＋8-665＋8-748 記載的是莡道拒絕受計的情況，但考慮到它也是債務方縣對債權方縣的回覆，本質上亦屬上文提到的第二類文書。因此可以想象如果一切順利，莡道願意"受計"，②過程中涉及的信息傳遞應當不會跟表 10 的記載有太大區別。如此，或可略爲歸納追債過程的信息傳送如表 11：

表 11　追債程序信息傳送表

程序	内容
1	債權方縣的機關向縣丞提出追債文書
2	債權方縣向債務人所在縣移交程序 1 中的文書，要求債務人所在縣受計
3	債務人所在縣責成相關機構處理
4	債務人所在縣相關機構根據追債結果製作報告，決定受計付款與否，並將決定移交縣丞
5	債務人所在縣把報告移交債權方縣
6	1. 如債務人所在縣願意受計，債權方縣向債務方縣提交校券，核實交付數值，結束追債程序； 2. 如債務人所在縣拒絕受計，債權方縣需根據對方要求呈交相關文書，重新展開追債程序

① 上文對於 8-60＋8-656＋8-665＋8-748 文書的構成和其中"追"的用途，參考了劉自穩的分析，參《里耶秦簡中的追書現象——從睡虎地秦簡一則行書律說起》，《出土文獻研究》第十六輯，第 153 頁。

② 筆者懷疑，如債務人所在縣願意受計，回覆的文書套語應會跟 8-75＋8-166 中的"遷陵定以付郡少内金錢計"相近，作"現債權縣定以付原債權縣某計"。

本節探討了里耶秦簡所見的追債文書。連同十二枚"陽陵卒"文書在内,他們的平均處理日數爲604.5,標準差爲239.57;若排除包含延誤日數的陽陵卒文書,平均處理日數則爲203,標準差爲18.31。值得注意的是,這些追債文書往往僅屬完整債務往來程序的一半,因此實際耗時很可能爲上舉數值的兩倍。可見縣與縣之間的債務往來大多曠日持久,即便過程順利,前後也最少耗費一年。如果發生傳遞不順,或出現債務方縣不受計的情形,拖延超過兩年以上也不足爲怪(如9-1至9-12的"陽陵卒"文書就前後拖延超過兩個會計年度)。雖然現在除遷陵縣的例子,暫時不能找到其他縣與縣之間的追債文書,無法與之進行比較,但考慮到債務往來其中一個主要目的在於確定製作當年的"計"文書時,付、受雙方的資料能夠統一,不致相互矛盾,故正常而言,表11列舉的六項程序,必須趕及在歲末製作"計"文書前完成,如果信息的傳遞拖延太久,便不免阻礙整個會計程序。是以里耶秦簡中的追債文書,傳遞過程動輒耗時一年以上,恐怕怎麼也談不上有效率。

四、信息傳遞的延誤

上節提到,"陽陵卒"文書在傳遞過程中出現了延誤。除"陽陵卒"文書外,類似情況在里耶秦簡中尚有不少。這種信息傳遞的延誤不一定代表文書被寄失(雖然此爲其中一種可能),但肯定代表行政上的不正常拖延,導致信息不能被及時反饋。本節將嘗試探究這些文書。表12列舉了延誤次數、總傳遞日數和延誤日數三個數值。顧名思義,所謂"總傳遞日數"指的是文書始發、到達遷陵縣前後耗費的日數。至於"延誤次數",乃指文書被"追"的次數。所謂"追"應有督促、催促之意,[①]一旦先前發出的文書良久沒有回音,發出機構便需另外發出一封文書追問,較典型的例子可參里耶簡8-755至8-759、8-1523:

> 卅四年六月甲午朔乙卯,洞庭守禮謂遷陵丞:……　　　　　　　　　　(8-755)
>
> 七月甲子朔癸酉,洞庭叚守繹追遷陵。/歇手。•以沅陽印行事　　(8-759)
>
> 七月甲子朔庚寅,洞庭守繹追遷陵:亟言。/歇手•以沅陽印行事/八月癸巳朔癸卯,洞庭叚　　　　　　　　　　　　　　　　　　　　　　　　(8-1523 正)

---

① 鷹取祐司《秦漢官文書の基礎的研究》,第251—252頁。

守繹追遷陵,亟日夜上,勿留。/卯手・以沅陽印行事/九月乙丑旦,郵人曼以來。/壽發　　　　　　　　　　　　　　　　　　　　　　　　(8-1523 背)

簡文顯示,洞庭守禮原於卅四年六月二十二日(乙卯)傳書遷陵丞,但未獲回覆,便在十八日後(七月十日癸酉)將文書重發一次,催促遷陵處理,豈料仍未有回音,於是在十七日後(七月二十七日庚寅)第二次催促,並強調遷陵"亟言",儘早回覆,但仍未收到遷陵的回信。可能因前三次發出的文書皆石沉大海,洞庭郡府時隔僅十三天(八月十一日癸卯)便發出第三次催促,語氣更加強烈,要求遷陵"亟日夜上,勿留"。以上情況,延誤次數便爲三,而每封文書相隔時間,便屬延誤日數。

表 12　遷陵縣文書延誤表

簡號	發書時間	初	發書機構	目的地	延誤次數	總傳遞日數	延誤日數
9-2287	廿六年五月辛巳朔壬辰	12	酉陽縣	遷陵縣	1	21	6
	廿六年五月戊戌	18					
8-1562	廿八年七月戊戌朔乙巳	8	遷陵啓陵鄉	遷陵縣廷	1	14	10
	廿八年七月乙卯	18	遷陵啓陵鄉	遷陵縣廷			
12-1784	卅三年正月壬申朔戊戌	27	洞庭郡	遷陵縣	1	48	26
	卅三年二月壬寅朔甲子	23					
9-3	卅三年四月壬寅	2	陽陵守丞	洞庭郡尉	1	743	469
	卅四年七月甲子朔辛卯	28					
9-11	卅三年四月壬寅	2	陽陵守丞	洞庭郡尉	1	743	471
	卅四年八月癸巳朔朔日	1					
9-2	卅三年四月壬寅	2	陽陵守丞	洞庭郡尉	1	743	471
	卅四年八月癸巳朔朔日	1					
9-9	卅三年四月壬寅	2	陽陵守丞	洞庭郡尉	1	743	471
	卅四年八月癸巳朔朔日	1					
9-8	卅三年四月戊申	8	陽陵守丞	洞庭郡尉	1	737	465
	卅四年八月癸巳朔朔日	1					
9-1	卅三年四月己酉	9	陽陵守丞	洞庭郡尉	1	736	429
	卅四年六月戊午	25					
9-4	卅三年四月己酉	9	陽陵守丞	洞庭郡尉	1	736	465
	卅四年八月癸巳朔甲午	2					

簡號	發書時間	初	發書機構	目的地	延誤次數	總傳遞日數	延誤日數
9-5	卅三年四月己酉	9	陽陵守丞	洞庭郡尉	1	736	464
	卅四年八月癸巳朔朔日	1					
9-7	卅三年四月己酉	9	陽陵守丞	洞庭郡尉	1	736	464
	卅四年八月癸巳朔朔日	1					
9-10	卅三年四月己酉	9	陽陵守丞	洞庭郡尉	1	736	433
	卅四年六月甲午朔壬戌	29					
9-12	卅三年四月己酉	9	陽陵守丞	洞庭郡尉	1	736	462
	卅四年七月甲子朔辛卯	28					
9-6	卅三年四月庚戌	10	陽陵守丞	洞庭郡尉	1	735	463
	卅四年八月癸巳朔朔日	1					
8-197	卅四年正月丁卯朔辛未	5	遷陵縣	洞庭郡	≥1	—	39
	卅四年二月丙申朔庚戌	15					
8-1523	卅四年六月甲午朔乙卯	22	洞庭郡	遷陵縣	3	70	—
	卅四年七月甲子朔癸酉	10					18
	卅四年七月甲子朔庚寅	27					17
	卅四年八月癸巳朔癸卯	11					13
8-1459 + 8-1293 + 8-1466	卅五年三月庚寅朔丁酉	8	遷陵貳春鄉	遷陵縣廷	1?	25	?
8-704 + 8-706	不明,但應該是始皇卅年、卅四年,二世三年其中一年	?	洞庭郡	遷陵守丞	≥3	?	—
							?
							3?①
							5?
							?

---

① 按牘文提到"守府丙申、己亥、甲辰追",後又言"守丞齮敢言之:令二月□亥追",假設丙申、己亥、甲辰皆爲二月干支日,檢曆譜,秦王政廿五年至二世三年,二月中同時包含丙申、己亥、甲辰三個干支日者,僅得秦始皇卅年、卅四年和二世三年,因此筆者懷疑 8-704 + 8-706 的年代也屬於這三年之一。雖然確切年份不明,但簡文提到"守府丙申、己亥、甲辰追",後來遷陵縣守丞齮又於"二月□亥追",前後至少發出四次追書,其中第一和第二、第二和第三次追書分別相隔僅 3 天和 5 天(參楊先雲《秦代行政文書制度管窺》,出土文獻與中國古代文明研究協同創新中心中國人民大學分中心編《出土文獻的世界:第六屆出土文獻青年學者論壇論文集》,第 103 頁)。惟考慮到其他洞庭郡對遷陵縣追書的例子,間隔最少也在 13 日,8-704 + 8-706 卻在 8 天內連發兩封追書,似不太合理。鑒於此簡內容殘缺,不明處甚多,本節的數據統計也沒有將之納入其中。

表 12 列舉了里耶秦簡中信息延誤的文書凡十九例，大多屬郡縣之間（洞庭—遷陵、洞庭—陽陵）的信息傳遞。除 9-2287 爲秦始皇二十六年、8-704＋8-706 年代不明外，其餘均爲始皇三十三年後，特別是三十三、三十四這兩年。除之前提到"陽陵卒"文書的例子外，始皇三十五年年初，貳春鄉與遷陵之間的信息傳遞似也受到一定阻延：

　　　卅五年三月庚寅朔丁酉，貳春鄉兹敢言之：佐詘自言：士五，居泥陽

　　益固里，故廢戍，署女陰。令□□□

　　四歲。謁告泥陽令，【詘】□□

　　前書畏其不□　　　　　　　　　　　　　　（8-1459＋8-1293＋8-1466 正）

　　四月壬戌日入，戍卒寄以來。睪發。　詘手。（8-1459＋8-1293＋8-1466 背）①

　　　卅五年三月庚寅朔丙辰，貳春鄉兹爰書：南里寡婦愁自言：謁狠（墾）草田，故来（桑）地百廿步，在故步北，恒以爲来（桑）田。

　　三月丙辰，貳春鄉兹敢言之：上。敢言之。/詘手　　　　　　（9-15 正）

　　四月壬戌日入，戍卒寄以來。/睪發　詘手　　　　　　　　　（9-15 背）

8-1459＋8-1293＋8-1466 由貳春鄉嗇夫兹於三月初八（丁酉）製作，四月三日（壬戌）送達縣廷，從寫作到送達，共歷 25 日。按文書"前書畏其不"的内容，和 8-1562"恐前書不到"十分相似，似表示該文書曾發送不止一次，丁酉日可能只屬文書的原始寫作日期，非第二次發送的日期，文書實際的傳遞時間應較 25 天短。更值得我們注意的是，雖然 9-15 在三月二十七日（丙辰）製作，時間與 8-1459＋8-1293＋8-1466 相差十九天，但最終竟同於四月三日（壬戌）日入時，由戍卒寄送到遷陵縣廷。當然，因爲内容殘缺，無法得知 8-1459＋8-1293＋8-1466 第二次的傳送日期，是否和 9-15 相同，②但考慮到貳春鄉文書傳送到縣廷正常只需 5—6 天，而從 8-1562 啓陵鄉只隔十天便再次傳書的例子來看，貳春鄉應不致等待 19 天才再次傳書縣廷。如果上述推論尚算合理，似乎表示三十五年三月初時，貳春鄉—遷陵縣廷之間的信息傳遞，遭到不明因素的影響，月底才恢復正常。

　　行政中信息傳遞延誤的原因衆多，但從"陽陵卒"文書的例子來看，似乎顯示信息延

①　此牘綴合據姚磊《里耶秦簡牘綴合札記（一則）》，簡帛網，2015 年 5 月 29 日。釋文據陳偉《"廢戍"與"女陰"》，簡帛網，2015 年 5 月 30 日；何有祖《讀里耶秦簡札記（四）》，簡帛網，2015 年 7 月 8 日。

②　如楊先雲即以兩封文書皆在四月壬戌日入由戍卒寄來，推斷 8-1459＋8-1293＋8-1466 第二次傳書時間應接近 9-15（出土號 9-14）記載的"卅五年三月庚寅朔丙辰"，參氏著《秦代行政文書制度管窺》，出土文獻與中國古代文明研究協同創新中心中國人民大學分中心編《出土文獻的世界：第六屆出土文獻青年學者論壇論文集》，第 108—109 頁。

誤集中在三十三年後,實非偶然。按"陽陵卒"文書的始發時間,最早爲卅三年四月二日(壬寅),最晚爲同月初十(己酉),相距不過 8 天,時間相當集中。如果說單一文書的延誤還可能有隨機性,"陽陵卒"這十二份時間接近的文書竟全數延誤,則難以用巧合來形容。更奇怪的是,這十二份文書的傳書對象洞庭郡尉,竟然在同一天(卅五年四月乙丑)將這組文書轉發給遷陵縣。正如上文提到,秦律對文書在官署的停留時間有嚴格規定,像遷陵縣廷傳予外部的文書,平均在 2.03 日便能得到處理。考慮到陽陵縣向洞庭郡尉發出追書的日期,最早在卅四年六月戊午(9-1),最晚在卅四年八月甲午(9-4),相距達一個多月,如果說洞庭郡尉統一在卅五年四月乙丑轉發這組文書是有意爲之,那應存在以下兩種可能:一、洞庭郡尉收集了陽陵縣依次傳來的十二封文書,並將它們集中在同一天轉發給遷陵;二、陽陵縣把自己製作的十二封内容相近但日期相差一個多月的追書集中傳送,因此這組文書在同一天送抵洞庭尉府,郡尉乃一次性轉發給遷陵縣。

正如楊先雲指出,這十二份文書中,製作日期相近的追書很可能在同一時間由同一個行書者傳送,[1]但這不代表時間相差一個多月的文書也有着同樣的處理方式。相反,上面提到的兩種可能,皆違反法律對官文書停留時間的規定,況且不論是陽陵縣還是洞庭尉府(特別是後者),製作/收到文書的當下,都不會知道之後還要處理多少封文書。也就是說,洞庭郡尉在同一天將十二封文書一次性發出的舉動,不太可能是刻意爲之,應代表當時陽陵—洞庭郡之間的文書傳送出現嚴重紕漏,這十二封文書因而被積壓在途中,導致信息傳遞不能正常進行,最終在短時間内(甚至同時)到達尉府。

事實上,前賢分析這十二枚木牘彼此的叠壓關係後,大多贊同它並不直接對應文書的發出日期。換言之,文書的存檔次序似没有規律。就此現象,他們認爲文書原本是遷陵縣卅四年製作的存檔,在卅五年收到郡尉文書後再提出存檔,加上背面的文字,排列順序大致是晚的在上,早的在下,例外可能因原來存放偶有失誤,或因入井或出土時的擾動;[2]或覺得它們可能只是因爲在同一天處理才放在一起,經手人没有意識按照文書

---

[1] 楊先雲《秦代行政文書制度管窺》,出土文獻與中國古代文明研究協同創新中心中國人民大學分中心編《出土文獻的世界:第六屆出土文獻青年學者論壇論文集》,第 110 頁。

[2] 邢義田《湖南龍山里耶 J1(8)157 和 J1(9)1—12 號秦牘的文書構成、筆迹和原檔存放形式》,《治國安邦:法制、行政與軍事》,第 496 頁。張忠煒雖嘗試補充邢先生的猜測,認爲以謁追時間先後爲序,時間早者在上,時間晚者在下;謁追時間相同者,則以發文時間爲準,早者在上,晚者在下,但也承認"統觀之似乎仍是無序的",參《里耶秦簡博物館藏秦簡概説》,里耶秦簡博物館、出土文獻與中國古代文明研究協同創新中心中國人民大學中心編《里耶秦簡博物館藏秦簡》,第 14—15 頁。

中任何的年月日順序排列。①如結合上文提到的信息傳遞問題，或許能解釋這組簡看似無序的收藏方式：正因爲這組文書傳送過程中遭到積壓，它們最終傳到洞庭郡尉府時，可能不是根據發文時間依次到達，洞庭郡尉之後也没有刻意根據發文日期調整順序，只是加上轉發文後傳送至遷陵縣，這就造成叠壓關係和文書發出日期的脱鈎。

　　無論如何，從洞庭—遷陵之間的文書傳送在三十三、三十四兩年也出現同樣情況來看，似乎上述信息傳遞的延誤並非孤立現象。里耶簡 8-197 特別值得我們注意：

> 卅四年正月丁卯朔辛未，遷陵守丞郪敢言之：遷陵黔首☒
>
> 佐，均史、佐日有（又）泰抵已備，歸。居吏被徭使，及☒
>
> 前後書，至今未得其代，居吏少，不足以給事☒
>
> 吏。謁報。署主吏發。敢言之☒
>
> 二月丙申朔庚戌，遷陵守丞郪敢言之：寫上。☒
>
> 旦，令佐信行　　　　　　　　　　　　　　　　　　　（8-197 正）
>
> 報別臧☒
>
> 正月辛未旦，居赀杚壽陵左行☒　　　　　　　　　　　（8-197 背）

8-197 雖然下半缺失，但大致講述之後在遷陵任職的均史、佐，已完成他們的服務日數並歸家，仍然在遷陵工作的官吏需承受繁重的徭使，雖然遷陵之前曾"前後書"向洞庭郡通報此事，但至今未能填充離開官吏的空缺（即所謂"未得其代"），導致"居吏少，不足以給事"的局面。從"前後書"來看，似乎遷陵在此之前曾不止一次傳書洞庭報告，要求儘早補滿缺員，但郡府皆未回信。總而言之，此牘揭示了遷陵縣内部存在嚴重的員吏不足現象，個中原因，筆者懷疑可能與秦始皇三十三、三十四年對南方的攻略相關。《史記·秦始皇本紀》載：

> 三十三年，發諸嘗逋亡人、贅婿、賈人略取陸梁地，爲桂林、象郡、南海，以適遣戍。西北斥逐匈奴。自榆中並河以東，屬之陰山，以爲三〔四〕②十四縣，城河上爲塞。又使蒙恬渡河取高闕、陶〔陰〕③山、北假中，築亭障以逐戎人，徙謫實之，初

---

① 參黎明釗、馬增榮《試論里耶秦牘與秦代文書學的幾個問題》，《簡帛》第五輯，第 75 頁。

② 《史記·秦始皇本紀》，中華書局，2014 年，第 373 頁，校勘記 29。

③ 《史記·秦始皇本紀》，第 373—374 頁，校勘記 30。

縣。……三十四年,適治獄吏不直者,築長城及南越地。①

對於此段耳熟能詳的記載,學界已有充分的討論。"以適遣戍"之"適",應通"謫",指有罪被罰的人,"以適遣戍"即派遣這些身負罪名的犯人前往戍守;又後文提到始皇令蒙恬渡河取高闕後,也是"徙謫實之",至三十四年,又謫治獄不直的吏築長城及至南越地戍守。如《秦始皇本紀》的記録可信,無論是戍守新奪取的南越地,又或充實取自匈奴的河南地,秦政府皆依賴這些謫戍。換言之,這些犯人在當時屬於重要的勞動力。

然而,這又與本節所論地方行政的延誤有何關係呢? 首先我們不妨先看看以下幾條嶽麓秦簡:

●定陰忠言:律曰:"顯大夫有皋當廢以上勿擅斷,必請之。"今南郡司馬慶故爲冤句令,詐(詐)課,當053/1036廢官,令以故秩爲新地吏四歲(歲)而勿廢,請論慶。制書曰:諸當廢而爲新地吏勿廢者,即非廢。054/1010已後此等勿言。　　　・廿六055/1011

以上及唯(雖)不盈三,一歲病不視事盈三月以上者,皆免。病有瘳,令爲新地吏及戍如吏有適過,廢,免爲新地吏276/1865及戍者。　　　・遷吏令甲277/1791②

諸吏爲詐(詐)以免去吏者,卒史、丞、尉以上上御史,屬、尉佐及乘車以下上丞相,丞相、御史先予新地遠蠻害郡……　　　(248/1866＋J71-3)③

上引三條令文皆有關使用免吏任新地吏的標準。第一組是定陰郡守忠的上書,提到南郡司馬慶以前擔任冤句縣令(據文意應爲定陰郡屬縣)時,因在考課作僞,理當廢官,現令他"以故秩新地吏四歲而勿廢",因秦律存在"顯大夫有皋當廢以上勿擅斷,必請之"的條文,因此請求始皇帝裁定南郡司馬慶處罰方式,結果始皇帝下制書,指出那些本當廢官但因擔任新地吏得以保留故秩、不用廢官的官吏,就不是廢官,並明言之後此類事宜不用再上請。第二組也記載如官吏一年内因病不能工作超過三個月,需免職,待病好後,使之爲新地吏和戍卒,一如那些因犯下謫罪而原本需廢官,但以擔任新地吏和戍卒替代懲罰的吏;1866則規定因過失被免官的犯人,需依照其原秩級高低分別上報丞相、御史,由他們將這些被免官吏優先調派至新地。

上述三條令文顯示,因罪被謫的官吏是新地吏的重要來源,也就是説,於遷陵縣之

①　《史記・秦始皇本紀》,第 323 頁。
②　以上兩條秦令皆見《嶽麓書院藏秦簡(伍)》。
③　陳松長主編《嶽麓書院藏秦簡(陸)》,上海辭書出版社,2020 年,第 178 頁。

類新地供職的官吏,起碼和被派遣築長城或戍守百越地的人,部分來源相同。這類官吏用前往新地擔任官吏和戍守若干歲(從現有條文來看,年限從二到四年不等)代替廢官的懲罰,年限屆滿後即可回歸故地,應即前引里耶簡 8-197 提到的"均史、佐日有(又)泰抵已備,歸"所指。①結合前後文意,8-197 所云"至今未得其代",很可能就是指被調均至新地的吏已完成他們應當服務的日數,並已回歸故地,但新一批替代者却遲遲未來,缺員未能得到補充。此不啻表明遷陵縣之類新地,實依賴這些因罪被謫的新地吏執行日常事務。然而,犯罪官吏的數量不會突然增加,可以想象,一旦秦政府需徵發大量此類謫罪犯人前往某些地區,必然會抽空其他地方的人手,8-197 描述遷陵縣吏員短缺、久未得代的現象,是否就是秦始皇三十三、三十四兩年間,大量調配謫罪犯人前往新占領地,結果連帶造成遷陵縣吏員供應不足所致?② 對於此問題,囿於史料限制,暫無法得到確切的答案,但兩者之間的聯繫值得注意。

結　語

綜上所論,本文首先計量分析里耶秦簡所見遷陵縣内、外部的行政信息傳遞時間,並嘗試將之與相近地區郡縣的信息傳遞時間作比較,藉此分析遷陵縣内、外部的行政信息傳遞效率。筆者之後又以遷陵縣與外縣之間追債文書作爲個案,研究這類縣際債務往來涉及的信息溝通程序,以及現在公布文書中信息傳遞延誤的現象,以圖更全面地剖析遷陵縣的行政效率。其結論可大致概括如下:無論是秦漢律令的規定,還是與其他行政單位比較,均顯示遷陵縣與上級洞庭郡、他縣的信息傳遞效率遠較縣内部低。由此引申,似不宜預設統一後的秦帝國内部郡縣之間的信息傳遞,必如我們想象中高效。相反,研究時必須考慮到地域之間(特別是遷陵縣之類邊區)的特殊性。事實上,筆者相信,只有將里耶秦簡置於當時秦帝國的大背景下,才能更好地理解這

① 按《嶽麓書院藏秦簡(伍)》第三組 267/1149 + C4-3-7 令文載"均□教徵獄史、内〈冗〉佐居新地者",陳偉認爲未釋字應即"吏",並指出嶽麓伍多處說到以違法犯罪的官吏"均"至他地,"均吏"應指這類人。參《〈嶽麓書院藏秦簡(伍)〉校讀(續二)》,簡帛網,2018 年 3 月 11 日。陳先生所言信而可從,據此,里耶 8-197 中的"均史、佐",應也是指這些被"均"至新地的史和佐。所謂"均"可能近於後來"調均"之義,約指"平均、公平地調遣"。

② 按劉自穩認爲債務清算程序跨度一般都較長,其次債務追討增加了被移之縣的工作量,所以在基層行政中,不能排除被移之縣是否會爲逃避工作量而故意扣押文書不予回覆,未必與吏員缺少有關。參劉自穩《里耶秦簡中的追書現象——從睡虎地秦簡一則行書律說起》,《出土文獻研究》第十六輯,第 160—161 頁。然而,前文既述,文書延誤集中出現在秦始皇三十三、三十四年,且不限於追債文書,似難以單純用官吏逃避工作量來解釋。

批珍貴材料的内容。

附記：本文“遷陵縣與外縣之間追債文書的個案研究”一節的内容，部分擷取自舊稿《里耶秦簡所見秦代跨縣行政初探》，並曾於 2014 年 8 月 16 日在中國秦漢史研究會第十四屆年會暨國際學術研討會上宣讀，本文論點與舊稿有異者，俱以本文爲準，特此説明。全文初稿寫就，又在 2016 年 12 月 12 日發表於香港中文大學歷史系中國歷史研究中心、武漢大學簡帛研究中心和韓國國立慶北大學史學科 BK 事業團共同主辦的“中國簡帛學國際論壇 2016”。文章寫作、修訂過程中，承史達（Thies Staack）、邢義田、馬碩（Maxim Korolkov）、馬增榮、游逸飛、葉山（Robin Yates）、鄭威、魯家亮諸先生指點，在此一併致謝！惟文中所有錯誤皆由筆者自負。

2016 年 11 月 17 日初稿；

2017 年 1 月 25 日一訂；

10 月 22 日二訂；

2018 年 1 月 5 日三訂；

3 月 28 日四訂

原刊於《簡帛》第十六輯，上海古籍出版社，2018 年，第 191—230 頁。收入本論文集時大致維持原樣，只是增訂了部分注釋和修改了一些明顯錯誤，並據《里耶秦簡（貳）》，把原文所引里耶秦簡第九層簡牘的出土號改作編號，以便讀者查閱。2020 年 11 月 6 日記。

里耶秦簡"令史行廟"文書再探

魯家亮

武漢大學簡帛研究中心

　　《里耶秦簡（壹）》中有一件與"令史行廟"有關的文書，由 8-138、8-174、8-522 和 8-523四片簡牘拼綴而成。①拼綴後的簡牘，大體完整，簡文内容基本可以通讀，《里耶秦簡牘校釋（第一卷）》對其進行了注釋，②爲我們進一步研究打下了較好的基礎。但是，由於四片簡牘綴合處，破損情況較嚴重（尤以 8-138 與 8-525 兩片之間爲甚），給我們進一步理解、利用這份文書帶來了不小的困難。本文擬對該文書的一些問題重新進行分析，進一步挖掘這份文書的價值。不當之處，請各位同好批評指正。

　　爲討論方便，我們先將該文書的釋文引述如下：

　　　　廿六年六月壬子，遷陵□【丞】敦狐爲令史更行廟詔③：令史行☒ Ⅰ
　　　　失期。行廟者必謹視中□各自署廟所質日。行先道旁曹始，以坐次相屬。Ⅱ

　　　　　　　　　　　　　　　　（8-138＋8-174＋8-522＋8-523 正）

　　　　十一月己未(12)④，令史慶行廟。AⅠ
　　　　十一月己巳(22)，令史廱行廟。AⅡ
　　　　十二月戊辰(2 或 4?)⑤，令史陽行廟。AⅢ

---

① 湖南省文物考古研究所編著《里耶秦簡（壹）》，文物出版社，2010 年，第 111 頁。
② 陳偉主編，何有祖、魯家亮、凡國棟撰著《里耶秦簡牘校釋（第一卷）》，武漢大學出版社，2012 年，第 78—80 頁。下文所引里耶秦簡釋文，如無特別説明，均出自該書，不再一一注明。
③ 《里耶秦簡牘校釋（第一卷）》釋文在"丞"與其上一字（"守"字之殘）之間用頓號點斷，高一致先生指出："【丞】前頓號當爲衍文，可删。"詳見高一致《〈里耶秦簡（壹）〉校釋四則》，《簡帛》第八輯，上海古籍出版社，2013 年，第 241 頁。
④ 括號内所注數字，爲干支日對應的日期。如"十一月己未(12)"，表示"十一月己未"是"11 月 12 日"。
⑤ 據嶽麓秦簡《廿七年質日》所記，"戊辰"不容於廿七年十二月朔日干支，疑爲"戊寅"或"庚辰"之誤，則對應的日期爲"12 月 2 日"或"12 月 4 日"。

十二月己丑(13)，令史夫行廟。AIV

□□□□□①，令史韋行。BI

端月丁未(1)，令史廡行廟。BII

□□□□②，令史慶行廟。BIII

【端】月癸酉(27)③，令史犯行廟。BIV

二月壬午(7)，令史行行廟。CI

二月壬辰(17)，令史莫邪行廟。CII

二月壬寅(27)，令史釦行廟。CIII

四月丙申(22)，史戎夫行廟。CIV

五月丙午(2)，史釦行廟。DI

五月丙辰(12)，令史上行廟。DII

五月乙丑(21)，令史□□□DIII

六月癸巳(20)，令史除行廟。④DIV   (8-138＋8-174＋8-522＋8-523 背)

簡文正面的主要内容是遷陵守丞敦狐發布的令史行廟昭告，背面則記録了每位令史行廟開始的日期及其姓名。背面所記日期，只有月、日，没有年份。高一致先生指出：“簡文廿六年，應指秦始皇二十六年。‘更行廟詔’爲遷陵守丞向下屬通告政務安排的文書，所記録諸月令史行廟應是二十六年後之事。限於政務通告的時效性，這一時間或在二十七年。”⑤我們認爲高先生的看法是正確的，這不僅可以通過嶽麓書院藏秦簡《廿七年質日》的記載得到印證，也可以從目前已經公布的里耶秦簡的相關資料中，進一步反證。由於這份文書時間明確標記爲“廿六年六月壬子”，所以背面所記令史行廟的月、日，也有可能指二十六年所發生的。在已經公布的里耶秦簡資料中，關於二十六年各月的朔日干支，我們明確知道的有如下幾個月份：

---

① 此處簡文殘斷，《里耶秦簡牘校釋(第一卷)》認爲“令史”之上有四字。但據嶽麓書院藏秦簡《廿七年質日》所記，位於其下一行的“端月丁未”爲當月首日，則本行令史“韋”的行廟日期，當介於“十二月己丑”與“端月丁未”之間，只能是十二月中的某一天。綜合以上分析，“令史”之上當有五字，疑可補作“【十二月】□□”。

② 據上下文，可補作“【端月】□□”。

③ “端”字由高一致先生補釋，見《〈里耶秦簡(壹)〉校釋四則》，《簡帛》第八輯，第242頁。

④ 本行文字在原簡和原釋文中均位於第一、二欄之間，《里耶秦簡牘校釋(第一卷)》據文意移至第五欄最後一行。我們贊同，但需要注意的是，該行文字在原簡中是分兩行書寫的。

⑤ 高一致《〈里耶秦簡(壹)〉校釋四則》，《簡帛》第八輯，第241—242頁。

廿六年十二月癸丑朔　　　　　　　　　　（8-67 + 8-652、8-1516）

廿六年三月壬午朔　　　　　　　　　　　　　　　　　　（8-63）

廿六年五月辛巳朔　　　　　　　　　　　　　　　　　　（16-9）①

廿六年八月庚戌朔　　　　　　　　　　　　　（8-135、8-163）

但與本牘可以對應的，則只有"二十六年十二月"和"二十六年五月"這兩個月份。假如簡背所記令史行廟發生時間的年份爲二十六年，則令史"陽"的行廟日期爲 12 月 26 或 28 日，②但同月行廟的令史"夫"，其行廟日期"十二月己丑"則與 8-67 + 8-652、8-1516 等簡所見"廿六年十二月癸丑朔"有衝突。與之相似，16-9 所記"廿六年五月辛巳朔"與本牘五月行廟的三位令史的行廟日期也有衝突。可見，從里耶秦簡內部記載的朔日干支來看，牘背所記令史行廟的日期均應發生在秦始皇二十七年，而不可能發生在秦始皇二十六年。

下面想討論一下令史行廟日期之間的間隔問題，爲方便考察，我們製表如下：

表 1　令史行廟日期表

令史姓名	行廟月日	當月朔日	對應日期
慶	十一月己未	戊申③	11 月 12 日
應	十一月己巳	戊申	11 月 22 日
陽	十二月戊辰④	丁丑	12 月 2 日或 12 月 4 日
夫	十二月己丑	丁丑	12 月 13 日
韋	十二月	丁丑	不詳
應	端月丁未	丁未	1 月 1 日
慶	端月	丁未	不詳

---

① 相關資料見張春龍、龍京沙《湘西里耶秦代簡牘選釋》，《中國歷史文物》2003 年第 1 期；湖南省文物考古研究所編著《里耶發掘報告》，嶽麓書社，2006 年，第 194 頁。

② 前文已經指出，"十二月戊辰"可能是"十二月戊寅"或"十二月庚辰"之誤。

③ 本欄所列朔日干支主要來源於嶽麓書院藏秦簡《廿七年質日》中的記載，關於該篇的整理與研究主要可以參看朱漢民、陳松長主編《嶽麓書院藏秦簡（壹）》，上海辭書出版社，2010 年；陳偉《嶽麓秦簡曆表的兩處訂正》，簡帛網，2011 年 4 月 17 日；孫沛陽《簡冊背劃綫初探》，《出土文獻與古文字研究》第四輯，上海古籍出版社，2011 年；陳偉《嶽麓書院秦簡"質日"初步研究》，簡帛網，2012 年 11 月 17 日；李忠林《嶽麓書院藏秦簡〈質日〉曆朔檢討——兼論竹簡日志類記事簿冊與曆譜之區別》，《歷史研究》2012 年第 1 期；曲安京、肖燦《嶽麓書院藏秦簡〈質日〉曆譜考訂》，復旦大學出土文獻與古文字研究中心網，2012 年 2 月 25 日。

④ 據嶽麓秦簡《廿七年質日》所記，"戊辰"不容於二十七年十二月朔日干支，疑爲"戊寅"或"庚辰"之誤，則對應的日期爲"12 月 2 日"或"12 月 4 日"。

續表

令史姓名	行廟月日	當月朔日	對應日期
犯	端月癸酉	丁未	1 月 27 日
行	二月壬午	丙子①	2 月 7 日
莫邪	二月壬辰	丙子	2 月 17 日
釦	二月壬寅	丙子	2 月 27 日
戎夫②	四月丙申	乙亥	4 月 22 日
釦	五月丙午	乙巳	5 月 2 日
上	五月丙辰	乙巳	5 月 12 日
不詳	五月乙丑	乙巳	5 月 21 日
除	六月癸巳	甲戌	6 月 20 日

如表 1 所示，令史"慶""廬"先後兩次被安排行廟，一次發生在秦始皇二十七年的 11 月，另一次發生在該年的 1 月。在 11 月的那次行廟中，兩者行廟日期之間的間隔爲 10 天。而在 1 月的行廟之中，兩者的行廟次序發生了顛倒，由於令史"慶"此次行廟日期無法確定，我們尚難判斷兩者行廟日期之間的間隔是否也爲 10 天。

但令史"廬"在 11 月 22 日行廟之後，緊接其後的令史"陽"的行廟日期可能是 12 月 2 日或 12 月 4 日，其與令史"廬"行廟日期的間隔爲 9 或 11 天。③而在"陽"之後的令史"夫"，則與"陽"相差 11 或 9 天。再其後的令史"韋""廬""慶"三位，也由於其行廟日期無法全部確定，其間的間隔，我們無從得知。

下面再來看"犯""行""莫邪""釦"等令史行廟日期的間隔，"犯"與"行"之間間隔 9 天，而"行"與"莫邪"、"莫邪"與"釦"之間間隔則均爲 10 天。"釦"與令史"戎夫"之間間隔 54 天。"戎夫"與"釦"、"釦"與"上"之間間隔 10 天，"上"與姓名不詳令史之間間隔 9 天，姓名不詳令史與令史"除"之間間隔 28 天。綜上，各令史行廟間隔情況，如表 2 所示：

---

① 廿七年二月朔日干支，又見於里耶秦簡 16-5 號簡，相關資料見張春龍、龍京沙《湘西里耶秦代簡牘選釋》，《中國歷史文物》2003 年第 1 期；湖南省文物考古研究所編著《里耶發掘報告》，第 192 頁。

② 在文書中，戎夫的身份是"史"，但是結合文書的上下文，以及 8-1551 中的有關記載，簡文此處或許脫抄一"令"字。再退一步來講，據 8-269 所見，"史"似乎還可看作"令史""鄉史""田部史"等統稱。所以，此處的"史"很可能就是指"令史"。類似的情況，我們在令史"釦"的身上也能看到，只是我們不能完全排除兩次出現的"釦"不是同一個人的可能性。

③ 前文已經指出，"十二月戊辰"或是"十二月戊寅"或"十二月庚辰"之誤。其實也有可能是"十二月己卯"之誤，即 12 月 3 日，則令史陽與前後兩位令史的行廟日期也均是相隔 10 天。

表 2

令史姓名	慶	廎	陽	夫	韋	廎	慶	犯	行	莫邪	釦	戎夫	釦	上	不詳	除
行廟時限	10	9或11	11或9					9	10	10	54	10	10	9	28	

由表 2,我們似乎可以推測:秦當時規定令史行廟的時間可能在 10 天左右。當然,在表中我們也可以看到令史"釦"和另外一位姓名不詳的令史分別行廟 54 天和 28 天,尤其是令史"釦"在行廟 54 天後,間隔 10 天,再次行廟 10 天,其行廟的時間纍積長達兩個月之多,與其他令史相比,似乎顯得有些與衆不同。類似的情況,我們也可以在那位不知名的令史身上看到。當然,我們也可以把這些特例理解爲由於某種特殊原因而造成的,並非一種常見現象。換一個角度講,有沒有另外一種可能,即本牘所記載的並非包括全部令史行廟的記録。這個問題恐怕只能期待資料的進一步公布,才有可能解答。

關於"令史行廟"文書,另外一個有趣的問題是這些令史行廟的次序是否有規律可循。換言之,這些令史行廟日期、次序的排定是否依據了一定的原則。從遷陵守丞敦狐所下達的詔告來看,對於令史行廟是有一定要求的。但是由於簡文的殘損,我們無法通讀有關內容。不過,從現有的記載來看,至少要遵循"先道旁曹始,以坐次相屬"這一原則。道,可以理解爲由、從等義。關於"旁曹",《里耶秦簡牘校釋(第一卷)》指出"似指位置鄰近的令史",這個解釋比較模糊。旁,有鄰近的含義,里耶秦簡有"行旁"①"旁郡縣"等。②此外,張家山漢簡《二年律令》中有"旁郡""旁縣道""旁近郡"的記載。③曹,指古代分科辦事的官署或部門。④因此,旁曹應指相鄰的官署或部門。令史作爲縣令治下掌管文書的屬吏,也可能存在對應不同部門的情況,這樣設置顯然對行政效率有較大影響,其好處是不言而喻的。如以上推測不誤,那麼"令史行廟"文書中所見的這些令史,在當時也可能存在分別對應不同部門(曹)的情況,因此遷陵守丞敦狐才昭告"先道旁曹始,以坐次相屬"。進一步而言,這些令史可能不僅有對應的曹署,還可能有

① 8-75 + 8-166 + 8-485 云"□佐氣行旁",8-158 云"守府快行旁",8-1516 云"啓陵乘城卒秭歸□里士五(伍)順行旁"。馬怡先生認爲這裏的"旁"指旁縣,詳見馬怡《里耶秦簡選校》,《中國社會科學院歷史研究所學刊》第四集,商務印書館,2007 年,第 161 頁。

② 8-224 + 8-412 + 8-1415 云"其旁郡縣與樅(接)界者毋下二縣"。

③ 見於《二年律令》117、218 等簡,參張家山二四七號漢墓竹簡整理小組《張家山漢墓竹簡〔二四七號墓〕》,文物出版社,2001 年。

④ 參見《里耶秦簡牘校釋(第一卷)》5—6 號簡注釋 9。

一定的先後次序。①

　　在"令史行廟"文書中，有三位令史先後兩次進行行廟，分別是"慶""廈"和"釦"。其中比較有意思的是"慶""廈"二位，兩者兩次出現，都是前後相次，只是第一次與第二次出現的次序不同。這似乎顯示，兩位令史的曹署、坐次似乎非常緊密。在已經公布的里耶秦簡中還有兩位同時出現在一份文書上的情況，如 8-63 所示：

　　　　廿六年三月壬午朔癸卯，左公田丁敢言之：佐州里煩故爲公田吏，徒屬。事苔不備，分Ⅰ負各十五石少半斗，直錢三百一十四。煩冗佐署遷陵。今上責校券二，謁告遷陵Ⅱ令官計者定，以錢三百一十四受旬陽左公田錢計，問可（何）計付，署計年爲報。敢言之。Ⅲ

　　　　三月辛亥，旬陽丞滂敢告遷陵丞主：寫移，移券，可爲報。敢告主。/兼手。Ⅳ
　　　　廿七年十月庚子，遷陵守丞敬告司空主，以律令從事言。/廈手。即走申行司空。Ⅴ
　　　　　　　　　　　　　　　　　　　　　　　　　　　　　　　　　（8-63 正）
　　　　十月辛卯旦，胸忍索秦士五（伍）狀以來。/慶半。　　兵手。　　　（8-63 背）

從 8-63 的記載來看，由旬陽丞滂發往遷陵的文書，於秦始皇二十七年十月辛卯旦抵達，由令史"慶"半，②同月庚子，遷陵守丞敬將相關文書轉告司空主，要求其以律令從事，而恰好又是由令史"廈"手。③似乎令史"慶""廈"兩人的職掌十分接近，其處理的事務可能均與司空有關。在另外一份文書中，我們也發現"廈"可以與司空聯繫起來，這份文書是：

　　　　廿六年八月庚戌朔丙子，司空守樛敢言：前日言競陵漢陰狼假遷陵公船一，袤

---

① 目前可以直接證明令史排序存在先後的資料比較有限，里耶秦簡 8-1490＋8-1518 是一份涉及多個令史共用"走"的文書，其中令史"彼死"被發現等次不足以配備"走"，供其使用；而另外一位令史"畸"達到了相關等次要求，但又未配備"走"。最後，通過倉守"武"上報文書，重新定籍，解決上述問題。其文云："廿八年六月己巳朔甲午，倉武敢言之：令史敝、彼死共走興。今彼死次不當得走，令史畸當得未有走。今令畸襲彼死處，與敝共走。倉已定籍。敢言之。"通過文書的記載，我們發現雖同爲令史，但"敝""彼死""畸"三人的等次並不相同，這種不同必然會導致某種先後排序的出現，或可從側面説明令史內部有可能存在次序先後的情況。

② 半，原釋文多作"手"，陳劍先生指出應改釋作"半"，並認爲"半"應該是一個表示打開文書、跟"發"義近之詞。詳見陳劍《讀秦漢簡札記三篇》，復旦大學出土文獻與古文字研究中心網，2011 年 6 月 4 日；又《出土文獻與古文字研究》第四輯，上海古籍出版社，2011 年，第 370—376 頁。

③ "手"字含義，學界尚有爭議，可參看《里耶秦簡牘校釋（第一卷）》5-1 號簡注釋 12；邢義田《"手、半"、"曰觸曰荆"與"遷陵公"——里耶秦簡初讀之一》，簡帛網，2012 年 5 月 7 日；邢義田《漢至三國公文書中的簽署》，《文史》2012 年第 3 輯。

三丈三尺,名曰□,Ⅰ以求故荆積瓦。未歸船。狼屬司馬昌官。謁告昌官,令狼歸船。報曰:狼有逮在覆獄己卒史Ⅱ衰、義所。今寫校券一牒上,謁言己卒史衰、義所,問狼船存所。其亡之,爲責券移遷陵,弗□□屬。Ⅲ謁報。敢言之。/【九】月庚辰,遷陵守丞敦狐却之:司空自以二月段(假)狼船,何故弗蚤辟□,今而Ⅳ誧(甫)日謁問覆獄卒史衰、義。衰、義事已,不智(知)所居,其聽書從事。/廥手。即令走□行司空。Ⅴ　　　　　　　　　　　　　　　　　　　　　　(8-135 正)

　　□月戊寅走己巳以來。/廥半。　　□手。　　　　　　(8-135 背)

這份文書所涉及的時間爲二十六年八月和九月,與8-63所見文書的時間十分接近。因此,兩份文書中出現的"廥"極有可能爲同一個人。①從文書的内容看,也涉及司空。恐怕這不能單純看作一種巧合,我們懷疑"廥"所負責的文書事務極有可能與司空有關。基於以上分析,我們將"令史行廟"文書中所見令史,在其他里耶秦簡資料中出現的情況製成表3:

表3

令史姓名	辭例	簡號	日期	相關曹屬
慶	慶半	8-63	廿七年十月	司空
廥	令史廥離律令沅陵	6-4		
	廥手	8-63	廿七年十月	司空
	廥手、廥半	8-135	廿六年八月	司空
陽				
夫				
韋				
犯				
行	行手	8-22		
	行半	8-133	廿七年八月	司空
	令史行監	8-2210		
莫邪				
釦	資中令史陽里釦伐閲	8-269		司空
	釦半	8-1510	廿七年三月	司空
戎夫	令史戎夫監	8-1551	廿七年十二月	倉

---

① 但從 8-63、8-135 兩份文書中"廥"字的字形和書體來看,兩者明顯有別,當不是同一人書寫。

續表

令史姓名	辭例	簡號	日期	相關曹屬
上	一人與令史上上計□□	8-1472		金布
	令史上見其罸趙	8-1562	廿八年七月	金布(?)
不詳				
除	☑□□令史除、佐朝雜隄(題)遷陵丞歐前	8-210		

由於資料缺失,並非所有令史都可以找到相應的材料,但是從現有統計來看,除之前提及的令史"慶""廡"之外,"行""釦"兩位令史的職掌可能也與司空有關。尤其是令史"釦",與之相關的 8-269 所記載的內容是"釦"的閥閱記錄,即關於其履歷的記載,其內容如下:

資中令史陽里釦伐閱:AⅠ

十一年九月喻爲史。AⅡ

爲鄉史九歲一日。AⅢ

爲田部史四歲三月十一日。AⅣ

爲令史二月。AⅤ

□計。BⅠ

年卅六。BⅡ

戶計。CⅠ

可直司空曹。DⅠ

(8-269)

在這份閥閱記錄中,令史"釦"在秦王政十一年 9 月被進升爲史,此後任職鄉史 9 年又 1 天,田部史 4 年 3 個月又 11 天,令史 2 個月,由此推斷"釦"大概在秦王政二十四年 12 月出任令史之職,並被認定爲"可直司空曹",這證明了令史在當時確有具體負責的曹署。[①]此外,睡虎地秦簡《編年紀》也有關於"喜"喻爲史,又出任御史、令史的記載,[②]與 8-269 所見閥閱記錄可以相互參看,但十分可惜的是没有"喜"在任職令史期間具體所負責事務的信息。

---

① 在漢代簡牘資料中,我們也可以找到令史有專門曹署的證據,如湖南益陽兔子山遺址 J3⑤:1 和 J3⑤:2 兩件木牘記載了西漢平帝元始二年,益陽守令史張勛監守自盜的司法案件,其中 J3⑤:1 云"鞫:勛,不更,坐爲守令史,署金曹",說明了直至西漢對於令史的曹署也是有明確規定的。參看《二十年風雲激蕩　兩千年沉寂後顯真容——益陽兔子山遺址簡牘再現益陽古代歷史》,《中國文物報》2013 年 12 月 6 日。

② 據《編年紀》記載,喜在秦始皇三年八月被喻爲史,時年 19 歲。秦始皇四年十一月,則被除爲安陸御史,之後又在秦始皇六年四月和七年正月,分別出任安陸令史和鄢令史。詳見睡虎地秦墓竹簡整理小組編《睡虎地秦墓竹簡》,文物出版社,1990 年,第 6 頁。

除"慶""廡""行""釦"的職掌與司空有關外,令史"戎夫"可能與倉有關,令史"上"則可能與金布有關。可惜的是,目前的資料尚無法對行廟文書中所出現的全部令史的職掌進行推斷。僅就目前有限的資料來看,令史雖均負責文書工作,但每位令史所負責的工作内容似有一定範圍,或與某些曹署有關聯。在"令史行廟"文書中,依據曹署的不同給令史排定了行廟的日期,具有一定的規律性,即簡文所云"先道旁曹始,以坐次相屬"。先依據不同曹的先後來劃分,同曹之内則可能還要依據坐次來確定先後。

綜上,我們對"令史行廟"文書所揭示的令史行廟日期之間的間隔以及令史行廟次序排定的規律這兩個問題進行了分析。但是由於材料有限,論文所涉及的這兩個問題均需要進一步論證、補充。是否如文中推測的那樣,還有待進一步的證實。行文至此,深感里耶秦簡所蘊含的各種信息,還有待於我們進一步挖掘,目前這方面的工作還遠遠不夠。

附記:此次收錄文集僅作了少量技術性的修訂。需要特別指出的是,2015 年出版的《嶽麓書院藏秦簡(肆)》中有一組與行廟有關的令文(簡 321-326),①其中提及"令史旬壹行",可印證本文對行廟間隔 10 天的推測。後范雲飛先生撰文對秦漢時代行廟問題有進一步的討論,並指出本文將行廟的時間理解爲連續 10 天不準確,②可從。周海鋒先生也利用這組令文,並結合"令史行廟"文書對行廟周期的問題進行過分析,③可參看。

原刊於《簡帛研究 二〇一四》,廣西師範大學出版社,2014 年,第 43—51 頁。

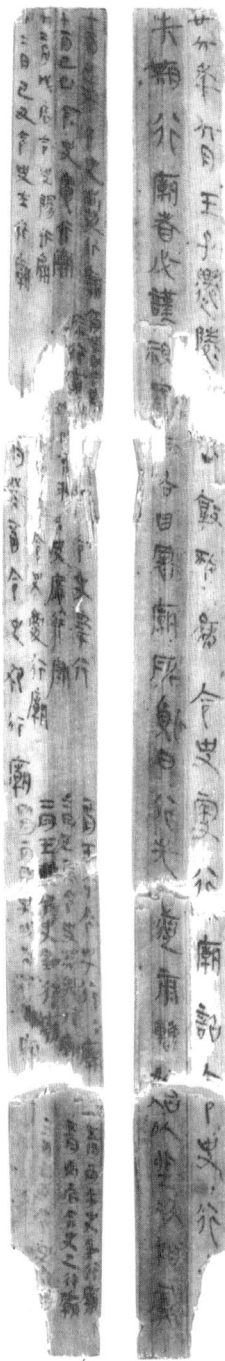

8-138＋8-174＋8-522＋8-523

① 陳松長主編《嶽麓書院藏秦簡(肆)》,上海辭書出版社,2015 年,第 201—203 頁。
② 范雲飛《從新出秦簡看秦漢的地方廟制——關於"行廟"的再思考》,簡帛網,2016 年 5 月 3 日;《嶽麓秦簡"内史郡二千石官共令第己"釋證》,《簡帛》第十九輯,上海古籍出版社,2019 年,第 135—145 頁。
③ 周海鋒《新出秦簡禮俗考》,《中國文化研究》2016 年第 2 期,第 104—106 頁。

論里耶秦簡中的幾份通緝文書

石　洋

中國社會科學院古代史研究所

一、問題的提出

里耶秦簡中,有幾支以推測口吻記述人物身份信息的簡,人物出身地往往是遠離洞庭郡的外郡。今羅列諸簡於下:[①]

簡 1. 故邯鄲韓審里大男子吴騷,爲人黄皙色,隋(橢)面,長七尺三寸☒ I

　　　年至今可六十三、四歲,行到端,毋它疵瑕,不智(知)衣服、死産、在所☒ II

　　　　　　　　　　　　　　　　　　　　　　　　　　　　　　　　　(8-894)

簡 2. ☒☒言爲人白皙色,隋,惡髮須,長可七尺三寸,年可六十四。 I

　　　☒燕,今不智(知)死産、存所,毋内孫。 II

　　　　　　　　　　　　　　　　　　　　　　　　　　　　　　　　　(8-534)

簡 3. 簪子大男☒,爲人圓面,惡髮,可七尺八寸,年可☒……☒☒不智(知) I

　　　【死】産。 II　　　　　　　　　　　　　　(8-1863＋8-1866＋9-1733)[②]

簡 4. 丹子大女子巍(魏)嬰娙,一名曰姘,爲人大女子☒ I

　　　年可七十歲,故居巍(魏)箕李☒☒☒☒,今不☒ II　　(8-2098＋8-2150)[③]

---

① 本文所引里耶 1 號古井第 5、6、8 層秦簡的釋文及編號,除特别説明外,皆據陳偉主編《里耶秦簡牘校釋(第一卷)》(後文簡稱"《校釋》"),武漢大學出版社,2012 年。圖版見湖南省文物考古研究所編著《里耶秦簡(壹)》(以下簡稱"《里耶(壹)》"),文物出版社,2012 年。

② 此簡綴合據里耶秦簡牘校釋小組《里耶秦簡(貳)》綴合補(二),簡帛網,2018 年 5 月 15 日。"惡髮",原斷作"惡,髮",今據翁明鵬説改,見《讀秦簡牘札記(六則)》,第八屆出土文獻研究與比較文字學全國博士生學術論壇論文,2018 年 11 月 2 日—5 日。翁文蒙謝坤先生示知,謹謝。

③ 兩簡綴合及補釋理由,見何有祖《讀里耶秦簡札記(四)》,簡帛網,2015 年 7 月 8 日。

簡 5. ☐年可卅歲，故居巍（魏）箕攻Ⅰ

　　　☐①Ⅱ　　　　　　　　　　　　　　　　　　　　　　　　　　（8-2133）

簡 6. ☐李廣☐客，皙色，長可七尺，年卅歲，衣☐☐　　　　　　（12-140）②

簡 7. ☐丹子大女子巍（魏）並，並爲人中大女子，青黑☐☐　　　　（8-1070）③

簡 8. 廿六年端月己丑，上軑鄉爰書☐Ⅰ

　　　人黑色，長可六月六尺九寸☐☐Ⅱ

　　　端月甲戌，上軑鄉杲（昊）敢言之☐Ⅲ

　　　二月癸丑，新武陵丞赽敢告☐☐Ⅳ　　　　　　　　　　　　（15-259）④

　　早前，有學者認爲這些人是外郡來到遷陵的黔首。⑤但何有祖受謝坤拼綴的“繚可逃亡”文書（8-439 + 8-519 + 8-537 + 8-1899）的啓發，指出這些簡應是逮捕逃亡者的“通緝文書”，並據新公布嶽麓秦簡中的一條治“從人”律，指出上揭諸簡文在當時叫作“讂”，⑥使認知推進了一大步。之後，《嶽麓書院藏秦簡（伍）》《里耶秦簡（貳）》相繼刊布，周海鋒、謝坤利用新材料，補充了關於“讂”的認識。⑦不過，三位學者皆未討論上揭幾份“讂”所通緝的對象。⑧這些人身坐何法，以至於通緝文書要送到僻遠的遷陵？若更深追問，里耶簡所見通緝對象，有無罪名上的偏重？申言之，官府對哪種逃亡者最爲留心，要製作“讂”書，進而傳布他縣道？本文即從這二個問題出發，藉助新公開的材料，試作探索。

二、通緝對象試探（上）

　　若從形制看，上舉諸簡明顯可以分成兩組，第一組是簡1—7，幅寬較窄，以兩行或單

---

① 《校釋》中未標示該簡存在第二行，今據《里耶（壹）》圖版第 256 頁補入。

② 圖版見鄭曙斌等編著《湖南出土簡牘選編》（以下簡稱《選編》），嶽麓書社，2013 年，第 120 頁。釋文據里耶秦簡牘校釋小組《新見里耶秦簡牘資料選校（三）》，簡帛網，2015 年 8 月 7 日。

③ 該簡斷句有改動。

④ 釋文大體據游逸飛、陳弘音《里耶秦簡博物館藏第十至十六層簡牘校釋》，周東平、朱騰主編《法律史譯評》第 4 卷，中西書局，2017 年，第 21 頁。唯原釋文第三行脫“之”字，今據《選編》第 133 頁圖版補入。此簡釋讀爭議較多，詳後文。

⑤ 較新近的研究，如游逸飛《里耶秦簡所見的洞庭郡：戰國秦漢郡縣制個案研究之一》，《中國文化研究所學報》第 61 期，2015 年，第 63 頁表九；于洪濤《里耶秦簡文書分類整理與研究》，吉林大學博士學位論文，2017 年，第 382 頁。

⑥ 何有祖《里耶秦簡所見通緝類文書新探》，簡帛網，2017 年 1 月 30 日。

⑦ 周海鋒《〈里耶秦簡（貳）〉初讀（一）》，簡帛網，2018 年 5 月 15 日；謝坤《〈里耶秦簡（貳）〉札記（一）》，簡帛網，2018 年 5 月 17 日。

⑧ 補充説明，翁明鵬曾對簡 1、2 作了推測，認爲通緝對象是爲逃避徭役的行道而亡者，見《讀秦簡牘札記（六則）》，第八屆出土文獻研究與比較文字學全國博士生學術論壇論文，2018 年 11 月 2 日—5 日。今按，翁文對關鍵史料“行到端”“燕”的解讀論證薄弱，結論似難成立。

行書寫。第二組是簡 8，係稍寬的木牘，分四行書寫。在内容上，簡 1—7 僅見人物的年、長、物、色等信息，而簡 8 則是一份通報文書。所以，我們不妨循着這些綫索，也將其分成兩組討論。

本節先談第一組較窄的簡。如仔細區分的話，簡 1—5 是兩行書寫，簡 6、7 更窄，單行書寫。觀察文字，簡 4 的"丹子大女子巍嬰娵"與簡 5 中的某人皆舊籍"巍（魏）箕"，在漢屬琅琊郡，今山東臨沂東南。簡 7 的"☑丹子大女子"，亦見於簡 4，"丹"爲人名，故巍並、巍嬰娵當有親緣關係。這些現象暗示，前五枚兩行簡的用途或較接近；它們與簡 6、7 之間，也有一定的關聯性。若依照形制及書寫格式，里耶簡中還能找到幾條相似的殘簡：

簡 9. ☑☑少髮【須】☑ Ⅰ

☑☑① Ⅱ　　　　　　　　　　　　　　　　　　　　　　　　　　　（8-1003）

簡 10. ☑☑爲人皙☑　　　　　　　　　　　　　　　　　　　　　　　（8-2402）

簡 11. ☑☑色，長可七尺四寸，【年】☑　　　　　　　　　　　　　　（8-1853）

簡 12. ☑爲人蒼色美髮，長可七尺八寸，年☑ Ⅰ

☑履一兩☑ Ⅱ　　　　　　　　　　　　　　　　　　　　　（9-259）②

簡 13. ☑可卅九歲，衣褚布 Ⅰ

☑③ Ⅱ　　　　　　　　　　　　　　　　　　　　　　　　　　（9-272）

簡 14. □廣隸小上造臣，黑色，長可六尺，年十五☑　　　　　　（9-337）④

簡 15. ☑□□□年可八歲，族□☑ Ⅰ

☑□□□衛前☑ Ⅱ　　　　　　　　　　　　　　　　　　（9-1029）

簡 9、10 在何有祖文中已經提及，簡 12—15 是新公布的。其中，簡 9、12、13、15 都是兩行書寫，簡 10、11、14 爲單行。簡 14 中"廣隸小上造臣"，格式類似簡 3 的"簪子大男□"、簡 4 的"丹子大女子"，説明該簡應附在其主人"廣"的簡之後；簡 15 的圖版文字較模糊，如釋文可信，這支"八歲"小兒的簡，也應附在其"族"人之册。

---

① 《校釋》中未標示該簡存在第二行文字，今據《里耶（壹）》圖版第 136 頁補入。

② 里耶 1 號古井第九層秦簡編號及釋文，據湖南省文物考古研究所編著《里耶秦簡（貳）》（以下簡稱"《里耶（貳）》"），文物出版社，2017 年。標點爲筆者所加，文字如有改訂，另作説明。

③ 《里耶（貳）》釋文未標示第二行，今據圖版第 44 頁補。

④ 該簡彩色圖版見《選編》第 103 頁，"廣"字不甚清晰。下劃綫爲筆者所加，下同。

　　在諸簡中，僅寫出在逃者的身份信息，而皆未提及所坐罪名和潛逃時間，令人懷疑它們原是某批文書的一部分。居延漢簡 20.12A 載"官移大守府所移河南都尉書曰：詔所名捕及鑄僞錢盜賊亡未得者牛延壽、高建等廿四牒，書到，廋"，[①]該簡係總括性的説明，此外，還附帶廿四牒"亡未得者"的具體信息。里耶秦簡中也多見文書分牒的情況，如8-183＋8-290＋8-530 的"卅四年十月戊戌朔辛丑，遷陵守【丞】説敢言之：上卅三年黔首息耗八牒。敢言之"，又 9-2483"□□卅七牒，其六牒□"等。[②]由是觀之，上揭諸簡除簡 8 外，皆近乎 20.12A"廿四牒"的性質，唯總括性的説明尚未見到。

　　值得留意，諸簡所見人物的信息，有三點特徵：其一，許多人物年齡偏大或偏小。如簡 1、2、4 所記潛逃者的年齒皆超過六十歲；又，簡 7 中的巍並與簡 4 的巍嬰妮同爲"丹子大女子"，巍嬰妮年約七旬，常理下，巍並也應是高齡人了。又如簡 14 和 15，人物分別在十五歲和八歲左右。其二，所記"故居"之地去遷陵較遠。如簡 1 中吳騷故居邯鄲韓審里，簡 4 中巍嬰妮故居巍箕李里，簡 5 的某人故居巍箕攻里；又，簡 7 中巍並爲"丹子"，其故居或與同爲"丹子"的巍嬰妮接近。邯鄲即今河北邯鄲，巍箕在山東臨沂附近，與地處湘西的遷陵直綫距離約 1000 公里。游逸飛曾統計里耶秦簡所見外郡戍卒、官吏、黔首及刑徒的出身地，[③]綜合觀察，屬籍今邯鄲和臨沂的甚爲罕見，且從相距里程看，這兩個地區也顯得很突出。其三，一些簡文暗示，還有其他家族成員登記在册。如簡 3"簪子大男□"、簡 4、7 中"丹子大女子"、簡 14 中"廣隸小上造"，都暗示"簪""丹""廣"在各自文書的稍前部分已經出現；簡 15 中人物尚未成年，也應有其他親屬依憑。又，簡 6 中的"李廣□客"，闕字筆迹較其他字爲淡，甚模糊。[④]游逸飛、陳弘音讀作"李廣□，客"，認爲"李廣□應是外地來的旅人"。[⑤]但參考簡 14 之"廣隸小上造"，或許應連讀成"李廣□客"，即該人物是"李廣"或"李廣□"的賓客。如這樣解釋合理，其依附的主人也當涉案。

---

①　簡牘整理小組編《居延漢簡（壹）》，"中研院"歷史語言研究所，2014 年，第 70 頁。

②　此處釋文有改訂。按《里耶（貳）》圖版第 273 頁，"卅七牒"與"其六牒"之間空了較大間距，且"其六牒"各字間亦空了一字的間距，"牒"後似還有文字，因殘斷而不明，故補入"□"。

③　游逸飛《里耶秦簡所見的洞庭郡：戰國秦漢郡縣制個案研究之一》，《中國文化研究所學報》第 61 期，2015 年，第 52—55 頁表七、第 58—59 頁表八、第 63 頁表九。

④　蒙郭永秉先生提示，闕字部分有可能做過刮削或特殊處理。謹謝。

⑤　其所依據爲睡虎地秦簡《法律答問》簡 200"可（何）謂'旅人'？　・寄及客，是謂'旅人'"。見游逸飛、陳弘音《里耶秦簡博物館藏第十至十六層簡牘校釋》，周東平、朱騰主編《法律史譯評》第 4 卷，第 9 頁。本文所引睡虎地秦簡編號及釋文，皆據陳偉主編《秦簡牘合集・釋文注釋修訂本（壹）》，武漢大學出版社，2016 年。

　　上述特徵,有助於推察通緝對象的性質。各簡所見高齡人物,皆超過了秦漢朝廷的
課役年限,屬於免老人群,所見年少者,通常也只負擔較輕的課役,故諸人逃亡當與規避
賦役無關。①又,簡 1 所示,被通緝的吳騷"行到端",即行爲端正,結合其年齡來看,似乎
也非刑事案犯。我們還注意到,簡 1 中有"年至今""不智(知)衣服、死産、在所"的記述,
簡 2、3、4 雖有殘損,其中也出現了類似"今不智(知)死産、存所"等文字,説明這些通緝
文書頒發到遷陵時,他們在逃已久。類似的例子,也見於肩水金關漢簡的"甘露二年御
史書",係求捕逃亡者麗戎的"逐驗文書"。②麗戎原爲蓋主的大婢,昭帝元鳳元年(前 80
年)"主死絶户",她趁機逃亡到民間匿藏。近三十年後,麗戎的胞兄故廣陵王胥御者惠犯
下"大逆無道"之罪,麗戎也因"大逆同産"的身份而受到追捕。③今節録册書73EJT1∶1
於下:

　　　　麗戎脱籍,疑變更名字,遠走絶迹,更爲人妻,介罪民間,若死,毋(無)從知。麗
　　戎亡時年可廿三四歲,至今年可六十所。爲人中壯、黄色、小頭、黑髮、隋(橢)面、拘
　　(佝)頤,常戚(蹙)頟(額)如頻(顰)狀,身小長,詐厲少言。④

麗戎逃亡時年"廿三四歲",下發"逐驗文書"通緝是在近三十年後,當時已經"若死無從
知"。比照該文書,前揭里耶秦簡中年邁的吳騷、魏嬰婗、魏並等人,應也早就逃亡,通緝
文書是此後多年才寫下的。若判斷不誤,官府重新調查、通緝潛逃已久之人,本身就昭
示着其罪名必不尋常。另外,上文已指出,在逃者故居地離遷陵甚遠,簡中還説"今不智
死産、存所",藉此推知,通緝不會是出逃地郡縣得知行蹤後定向發到遷陵的,應自更高
層的官府逐級頒下。綜合各方面迹象,諸簡中信息較完整的人物,很接近於麗戎那樣的
政治犯。

　　這樣的話,本文開篇時提及的"從人",就再次引人注目。《嶽麓(伍)》載:

---

① 戰國時期,因徭役繁重而逃亡的民衆數量較多,如《韓非子·詭使》云"士卒之逃事伏匿,附託有威之門以避徭賦,而
　上不得者萬數",王先慎撰,鍾哲點校《韓非子集解》卷一七,中華書局,2007 年,第 412 頁。"伏匿",原作"狀匿",據王
　先謙校改。
② "甘露二年御史書"與前揭簡在行文上的相似性,蒙角谷常子先生提示,謹謝。
③ 釋義據裘錫圭《關於新出甘露二年御史書》,原刊 1981 年,修訂後收入《裘錫圭學術文集·簡牘帛書卷》,復旦大學出
　版社,2012 年,第 48 頁。
④ 編號據甘肅簡牘保護研究中心、甘肅省文物考古研究所、甘肅省博物館、中國文化遺産研究院古文獻研究室、中國社
　會科學院簡帛研究中心編《肩水金關漢簡(壹)》,中西書局,2011 年;釋文從趙寵亮《〈甘露二年丞相御史書册〉考釋補
　議》,收入張德芳主編《甘肅省第二屆簡牘學國際學術研討會論文集》,上海古籍出版社,2012 年,第 267 頁。

・諸治從人者,具書未得者名、族、年、長、物色、疵瑕,移讂縣道,縣道官謹以讂窮求,得輒以智巧諎(潛)訊其所智(知)從人、從人屬、舍人,未得而不在讂中者,以益讂求,皆捕論之⌐。　　　　　　　　　　　　　　　　　　　　　　　(19—20)①

"從人"是一種級別較高的政治犯,其出身六國,追隨舊主抗秦,是秦廷重點捉拿的對象。②令文要求,"治從人"的官吏須完整寫下在逃"從人"的姓名、族氏、身高、形貌及特徵,並"移讂縣道"。"讂"原義爲"求",這裏指記録體貌特徵的通緝文書。里耶秦簡12-851云"遷陵主讂發,洞庭",即洞庭郡所寄文書指定由遷陵縣"主讂"拆封,何有祖認爲"主讂"即"讂曹",是縣中專管"讂"書製作、發布和據"讂"書追捕、訊問等事宜的機構。③大體可信。④《里耶(貳)》也出現了據"讂書"搜捕"從人"的實例:

簡16. 廿八年九月戊戌朔癸亥,貳春鄉守晢敢言之:<u>廷下平</u> Ⅰ

　　　<u>春君居叚舍人南昌平智大夫加讂書曰</u>:各謙求其界中。 Ⅱ

　　　<u>得、弗得,亟言,薄留日</u>⌐。今謙求弗得,爲薄,留一牒下。⑤敢言　　Ⅲ

　　　之。 Ⅳ　　　　　　　　　　　　　　　　　　　　　　　　　(9-2315 正)

遷陵縣廷將"讂書"轉達給貳春鄉,命其在界内搜查"平春君居叚舍人南昌平智大夫加",此人身份顯然屬於"從人",鄉官搜求無果,呈書回報。特别應注意,秦統一六國在廿六年(前221年),而通緝文書下發到貳春鄉,則在兩年以後的廿八年(前219年)。這個時間差,主要不是從中央到遷陵的文書傳送所造成的。據《史記・張耳陳餘列傳》:

　　秦之滅大梁也,張耳家外黄。……<u>秦滅魏數歲,已聞此兩人魏之名士也,購求有得張耳千金,陳餘五百金</u>。張耳、陳餘乃變名姓,俱之陳,爲里監門以自食。……秦詔書購求兩人,兩人亦反用門者以令里中。⑥

① 編號及釋文據陳松長主編《嶽麓書院藏秦簡(伍)》,上海辭書出版社,2017年,第45頁;斷句參考陳偉《〈嶽麓書院藏秦簡〔伍〕〉校讀》,簡帛網,2018年3月9日。

② 詳見李洪財《秦簡牘"從人"考》,《文物》2016年第12期,第67頁;吴雪飛《〈嶽麓簡五〉所見"從人"考》,簡帛網,2018年4月13日。

③ 何有祖《里耶秦簡所見通緝類文書新探》,簡帛網,2017年1月30日。又,謝坤據新刊《里耶(貳)》的史料,佐證了何有祖的判斷,見《〈里耶秦簡(貳)〉札記(一)》,簡帛網,2018年5月17日。

④ 需要説明,何文所謂"據'讂'書追捕、訊問等事宜的機構",還有商榷餘地。土口史記指出,秦代縣級官府的"主某"或"某曹",並非固定機構。出現相關業務時,縣廷指派令史臨時署理,以"主某"身份開封文書,或以"某曹"形式分類標記,事罷解任,無常設吏員。見《秦代の令史と曹》,《東方學報(京都)》第90册,2015年,第6—28頁。

⑤ "下",里耶秦簡牘釋文小組懷疑是"上"字的誤寫,見《〈里耶秦簡(貳)〉校讀(一)》,簡帛網,2018年5月17日。

⑥ 《史記》,中華書局,1963年,第2572頁。

張耳少年曾追隨魏信陵君爲客，後因財富而"致千里客"，"宦魏爲外黄令"；陳餘父事張耳，"兩人相與爲刎頸交"，①皆應屬於"從人"。②文中説，"秦滅魏數歲"後，意識到兩人是"魏之名士"，才發文緝捕。可見簡 16 中對"從人"的調查通緝，也是秦廷統治基本穩定後方着手展開的。這個現象，恰與上文所論吳騷等"年至今""不智（知）衣服、死産、在所"等相呼應。

關於"從人"，還有一支殘簡應予注目：

簡 17. ☐☐曹　　A

　　　　主令☐　　BⅠ

　　　　主<u>三族從人</u>【譴】☐　　BⅡ

　　　　主盜賊發譴☐　　BⅢ　　　　　　　　　　　　　　　　　　　　（9-1701）③

簡文殘斷過多，無法詳解，但應與縣廷内"譴"的事務有關。"三族從人"，也見於《嶽麓（伍）》："☐從人家吏、舍人可（何）以論三族從人者？　·議：令縣治三族從人者，必。"(77)④周海鋒認爲，"三族"爲"夷三族"之省，⑤恐不確。今按，在嶽麓秦簡中"治三族從人者"爲一專有名詞，且問"何以論三族從人者"，説明"三族"不應是一種處罰方式。又，《嶽麓（伍）》還有：

　　·叚（假）正夫言：得近〈從〉人故趙將軍樂突弟﹂、舍人卲等廿四人，<u>皆當完爲城旦，輸巴縣鹽</u>。請：論輪〈輸〉卲等【廿四人，<u>故</u>】代﹅、齊從人之妻子、同産、舍人及其子已傅嫁者，比故魏、荆從人。　·御史言：巴縣鹽多人，請令夫輪〈輸〉卲【等廿四人，故】代﹅、齊從人之妻子、同産、舍人及其子已傅嫁不當收者，比故魏、荆從人之【妻】子﹅、同産﹅、舍人及子已傅嫁者﹂，已論輪〈輸〉其完城旦舂洞庭，洞庭守處難亡所苦作，謹將司，令終身毋得免赦，皆盜戒（械）膠致桎傳之。<u>其爲士五（伍）、庶人者</u>，處蒼梧，蒼梧守均處少人所，疑亡者，戒（械）膠致桎傳之，<u>其夫妻子欲與，皆許之﹂</u>。有等比。　　　　　　　　　　　　　　（13—18）

────────

① 《史記》，第 2571 頁。

② 李洪財也有類似觀點，見《秦簡牘"從人"考》，《文物》2016 年第 12 期，第 70 頁。

③ 釋文大體據里耶秦簡牘校釋小組《〈里耶秦簡（貳）〉校讀（一）》，簡帛網，2018 年 5 月 17 日。唯該簡 A 欄第一行原釋文作"☐☐"，今察《里耶（貳）》圖版第 185 頁，字迹確甚模糊，而何有祖釋作"☐☐曹"，見《里耶秦簡綴合一則》，簡帛網，2018 年 6 月 13 日。姑從之。

④ "三族"前之一字原不可識，整理小組懷疑爲"論"字，見陳松長主編《嶽麓書院藏秦簡（伍）》，第 77 頁注 83，今據補。

⑤ 周海鋒《〈里耶秦簡（貳）〉初讀（一）》，簡帛網，2018 年 5 月 15 日。

可見從人之弟、舍人一般被判“完城旦”，服徒刑。里耶秦簡貳 9-22 貳春鄉的上報文書説
“從人城旦皆非智（知）篢田殹，當可作治縣官府”，即嶽麓秦簡“論輸其完城旦舂洞庭”的
實例。並無證據暗示“從人”的“三族”都被誅殺。然則“三族從人”應如何理解呢？前揭
嶽麓秦簡説“諸治從人者，具書未得者名、族、年、長、物色、疵瑕”(19)，“族”是與年長物
色等並列的身份標記。里耶秦簡中也見到幾支記寫着“族”的簡，除前揭簡 15 外，還有：

簡 18. 冗佐上造臨漢都里曰援，庫佐冗佐。　　ＡⅠ

　　　爲無陽衆陽鄉佐三月十二日，ＡⅡ

　　　凡爲官佐三月十二日。ＡⅢ

　　　年卅七歲。ＢⅠ

　　　族王氏。ＢⅡ

　　　爲縣買工用，端月行。ＣⅠ　　　　　　　　　　　　　　　　(8-1555 正)

簡 19. ☐五寸，年廿九歲，族 蘇 ☐☐Ⅰ

　　　☐☐☐☐☐☐☐Ⅱ　　　　　　　　　　　　　　　　　　　(9-311)

簡 20. 更戍卒士五城父成里産，長七尺四寸，黑色，年卅一歲，族☐Ⅰ

　　　卅 四 年六月甲午朔甲辰，尉探遷陵守丞銜前，令☐Ⅱ　　　　(9-757)①

簡 21. ☐☐，年卅一年歲，族黄【氏】☐Ⅰ

　　　☐丞☐前，令史壽☐☐Ⅱ　　　　　　　　　　　　　　　　(9-1257)②

“族”皆指“氏”，與嶽麓秦簡中相同。此外，上揭《嶽麓(伍)》可見，“其所智從人、從人屬、
舍人，未得而不在護中者，以益譔求，皆捕論之”(20)，“故代、齊從人之妻子、同産、舍人
及其子已傅嫁不當收者，比故魏、荆從人之【妻】子、同産、舍人及子已傅嫁者”(14)，表明
“從人、從人屬、舍人”都是朝廷要控制的範圍。“三族從人”與“從人之妻子、同産、舍人”
“其子已傅嫁不當收者”之間，是否有包含或部分重叠的關係，③似乎還有待更謹慎的考
證。不過可以肯定，秦廷在緝捕“從人”時，很重視透過“族”或家庭來達到目標，該做法，

---

① 釋文及斷句從里耶秦簡牘校釋小組《〈里耶秦簡（貳）〉校讀（二）》，簡帛網，2018 年 5 月 23 日。
② 釋文據里耶秦簡牘校釋小組《〈里耶秦簡（貳）〉校讀（一）》，簡帛網，2018 年 5 月 17 日。斷句有改動。
③ 需要説明，從出自秦墨之手的《墨子·號令》等文獻看，戰爭狀態常被連帶處罰的三族是“父母、妻子、同産”，詳小
　倉芳彦《圍繞族刑的幾個問題》，原載氏著《中國古代政治思想研究：「左傳」研究ノート》，青木書店，1970 年，此據
　徐世虹中譯本，收入楊一凡、寺田浩明主編《日本學者中國法制史論著選·先秦秦漢卷》，中華書局，2016 年，第
　316—320 頁。

和遷徙六國末胄時以族爲單位是相通的。

分析至此,自然會聯想到前述通緝類諸簡的第三點特徵,即以家族爲紐帶涉案。簡3中"簪子大男□"、簡4和簡7中"丹子大女子"、簡14中"廣隸小上造"、簡15中尚未成年的那個小兒,甚至簡6中的"李廣□客"等,都支持"從人"族屬的推測。

綜合以上考察,前揭雙行及單行簡1—7、9—15所見人物的特徵,基本都指向了"從人"及其族屬。因殘斷較多,目前還無法排除其中容或包含着與"從人"無關的情況,但至少能判斷,身份信息相對完整的幾支簡,很可能就是通緝"從人"家庭成員、族屬的"牒"。

三、通緝對象試探(下)

在本節中,擬討論上節未涉及的簡8。爲分析方便,今將此簡再録如下:

簡8. 廿六年端月己丑,上𣬙鄉爰書□　Ⅰ

　　人黑色,<u>長可六月</u>六尺九寸□□　Ⅱ

　　<u>端月甲戌</u>,上𣬙鄉㮰(奚)敢言之□　Ⅲ

　　二月癸丑,新武陵丞赻敢告□□　Ⅳ

　　　　　　　　　　　　　　　　　　　　　　　　　　　　　　(15-259)

殘簡係洞庭郡新武陵縣發至遷陵縣的。其中抄録了一份新武陵縣上𣬙鄉的爰書,以推測語氣記寫了某人的"年長物色",内容應是鄉官向縣廷報告某人潛逃,縣廷直接將鄉爰書抄録,轉給同郡的遷陵縣。關於該簡簡文,有三點現象惹人注意:一、時間發生於遷陵置縣不久。據里耶簡8-757,遷陵於秦王政廿五年(前222年)設縣。在此時,秦將王翦剛剛平定楚國江南地,洞庭郡或也設於這一年。[1]又,宮宅潔指出,廿五年二月,洞庭郡上衍縣已有吏視事。[2]簡8中製作鄉爰書的"廿六年端月",上去洞庭郡、縣之設,至多一年餘。二、多處釋文有争議。如第二行中"長可六月",不辭,一些學者釋作"年可六月",認爲"年可六月,六尺九寸"一句有脱文或錯字。[3]又,第三行中"上𣬙"之"𣬙"漫漶不清,似

---

[1] 《校釋》,第5頁。

[2] 宮宅潔《秦代遷陵縣志初稿——里耶秦簡所見秦的占領支配與駐屯軍》,原刊《東洋史研究》第75卷第1號,2016年6月;此據劉欣寧中譯本,周東平、朱騰主編《法律史譯評》第5卷,中西書局,2017年,第19—20頁。

[3] "長"作"年"者,見里耶秦簡博物館、出土文獻與中國古代文明研究協同創新中心中國人民大學中心編著《里耶秦簡博物館藏秦簡》,中西書局,2016年,第67頁;何有祖《里耶秦簡15-259號簡補釋》,簡帛網,2016年8月20日。對脱文或誤字的推測,見何有祖《里耶秦簡15-259號簡補釋》,簡帛網,2016年8月20日。補充説明,早年一些釋文將"年可六月"釋作"長面,大目",如《選編》,第133頁。以及里耶秦簡牘校釋小組《新見里耶秦簡牘資料選校(三)》,簡帛網,2015年8月7日。但按諸圖版,"可六月"字形清楚,故本文不討論"長面,大目"的釋法。

"車""主"兩部分左右互倒,或釋作"津",①但與署爲"上輂鄉"的爰書相矛盾。不論哪種釋讀,都顯示簡文本身應有一些錯誤。此外,如游逸飛、陳弘音所指出,第三行"端月甲戌"與今人推定的曆譜不合,該月無"甲戌"日,似爲"甲午"之誤,即正月十二日。②總之,簡8的抄寫很不嚴謹。三、簡文涉及的日期,前後跨度近一個月。鄉爰書報告的日期爲"廿六年端月己丑",係正月七日;鄉嗇夫奊將鄉爰書呈交新武陵縣廷在"端月甲午",即正月十二日;新武陵丞將抄録上輂鄉爰書的文書寄往外縣的時間爲"二月癸丑",係二月一日。③另據鄭威推斷,秦始皇廿八年(前219年)以前,新武陵爲洞庭郡治所,在今湖南溆浦縣馬田坪鄉梁家坡村西北,由里耶秦簡可知,該地發出的文書,按正常傳輸速度(非加急),約30天才能到遷陵縣治(今龍山縣里耶鎮)。④即便是加急傳送,⑤從爰書寫成至遷陵縣拆封,也要一個多月了。

　　不必説,簡8中由"上輂鄉爰書"報告某人潛逃,通緝對象自然是從該鄉界内逃脱的。但殘存文字並未透露被通緝者所坐罪名的痕迹。只能藉助其他材料推測。比較上節所論簡1、4、5、7、16中人物出身地遠離遷陵,簡8的被通緝者是從洞庭郡内的新武陵縣逃脱,似乎不像"從人"或其家屬。就秦及漢初的《亡律》《捕律》看,朝廷將逃亡者劃分了幾個大類,見表1:

表1　秦、漢初《亡律》《捕律》對逃亡者的大類劃分⑥

出處	律文
嶽麓肆《亡律》簡60—61	盜賊縤(遂)者,及諸亡坐所去亡與盜同灅者當黥城旦舂以上,及命者,亡城旦舂、鬼薪白粲舍人室、人舍、官舍,主舍者不智(知)其亡,贖耐。
嶽麓肆《亡律》簡75	取罪人、群亡人以爲庸,智(知)其請(情),爲匿之。
嶽麓肆《亡律》簡76	廿年後九月戊戌以來,取罪人、群亡人以爲庸,雖前死及去而後遝者,論之如律。

────────

① 見里耶秦簡牘校釋小組《新見里耶秦簡牘資料選校(三)》,簡帛網,2015年8月7日。

② 游逸飛、陳弘音《里耶秦簡博物館藏第十至十六層簡牘校釋》,周東平、朱騰主編《法律史譯評》第4卷,第21頁。

③ 三處日期的推斷,皆據游逸飛、陳弘音《里耶秦簡博物館藏第十至十六層簡牘校釋》,周東平、朱騰主編《法律史譯評》第4卷,第21頁。

④ 鄭威《出土文獻與楚秦漢歷史地理研究》,科學出版社,2017年,第102—104頁。

⑤ 據9-1724"▨□所薄留日,急。今謹",一些通緝文書可能是加急的。

⑥ 表中"嶽麓肆"代表陳松長主編《嶽麓書院藏秦簡(肆)》,上海辭書出版社,2015年,其釋文據"秦代出土文字史料の研究"班《嶽麓書院所藏秦簡〈秦律令(壹)〉訳注稿　その(一)》,《東方學報(京都)》第92册,2018年,第198、207頁;"二年"代表《二年律令》,本文所引《二年律令》及《奏讞書》,編號及釋文皆據彭浩、陳偉、工藤元男主編《二年律令與奏讞書:張家山二四七號漢墓出土法律文獻釋讀》,上海古籍出版社,2007年。

出處	律文
《二年·捕律》簡152	捕盜賊、罪人,及以告劾逮捕人,所捕挌(格)鬬而殺傷之,及窮之而自殺也,殺傷者除,其當購賞者,半購賞之。
《二年·捕律》簡154—155	吏主若備盜賊、亡人而捕罪人,及索捕罪人,若有告劾非亡也,或捕之而非群盜也,皆勿購賞。
《二年·亡律》簡170	諸舍亡人及罪人亡者,不智(知)其亡,盈五日以上,所舍罪當黥□贖耐。

依罪行程度,由重及輕依次爲"盜賊""罪人"和"亡人"。嚴格地説,這三類人都已坐罪,之所以要刻意區分開,容或出於治安的具體需要。如表中《二年律令·捕律》簡154説"吏主若備盜賊、亡人而捕罪人",顯示一些逮捕行動是有針對性的,官府應付"盜賊""罪人"和"亡人"時,會有輕重緩急之别。這種逮捕時的區分方法,雖未必與通緝時的區分完全一致,但仍不失爲觀察的綫索。那麼簡8的通緝對象,究竟屬於哪一種呢?

先看盜賊的可能性。從秦及漢初律可知,朝廷對盜賊的發生十分警惕,要求捕吏迅速應對。如《二年律令·捕律》"盜賊發,士吏、求盜部者,及令、丞、尉弗覺智(知),士吏、求盜皆以卒戍邊二歲,令、丞、尉罰金各四兩"(144),"群盜、盜賊發,告吏,吏匿弗言其縣廷,言之而留盈一日,以其故不得,皆以鞫獄故縱論之"(146)等。從漢初律觀察,《捕律》的内容主要是圍繞捕盜賊而展開的,秦代應也相同。[1]若盜賊逃脱,官吏需要把握其信息,如《嶽麓書院藏秦簡(肆)·亡律》之一簡"作其數,及命者,遂(遂)盜賊,亡司寇、隸臣妾,奴婢闌亡者,吏弗能審而數,其縣道嗇夫"(94)云云,[2]即是對官吏未能盡職的處罰規定。而且,據上揭簡17,縣廷裏有所謂"主盜賊發護",排在"主三族從人【護】"之下,負責發生盜賊後的通緝事務。可以肯定,遷陵縣確會處理有關盜賊通緝的文書,或者由本縣製作發出,或者從郡廷及他縣接收。所以,如將簡8中的通緝對象視爲盜賊之類,與制度皆不扞格。

上文提到,簡8顯示了幾點信息:一、"上軒鄉爰書"寫於秦廷甫設遷陵縣不久;二、

---

[1] 睡虎地秦簡《秦律雜抄》簡38有"捕盜律",舊説多認爲即漢代的"捕律"。中國政法大學中國法制史基礎史料研讀會則認爲,"捕盜律"之稱,或如《嶽麓書院藏秦簡(叁)》》"尸等捕盜疑購案"中"以捕群盜律購尸"之"捕群盜律",爲抄寫者針對特定律文的簡稱。見《睡虎地秦簡法律文書集釋(六):〈秦律雜抄〉》,《中國古代法律文獻研究》第十一輯,社會科學文獻出版社,2017年,第57—58頁。無論如何理解,今見秦簡中的"捕律",皆與捕盜相關。

[2] 斷讀及釋義據"秦代出土文字史料の研究"研究班《嶽麓書院所藏秦簡〈秦律令(壹)〉訳注稿　その(一)》,《東方學報(京都)》第92册,2018年,第219—221頁。又,陳松長主編《嶽麓書院藏秦簡(肆)》將簡94接在簡93後,相續連讀,而"秦代出土文字史料の研究"班認爲,簡94與簡93文意不屬,之間應有缺簡,見第221頁,今從之。

文字信息多有舛誤；三、從"鄉爰書"寫作到新武陵縣發出文書，間隔近一個月。若沿循第一、二條的綫索，可以注意到，秦王政廿五、廿六年間，遷陵地區局勢還不穩定。如簡9-2287載，一名屬籍新武陵縣靬上里的男子它，曾在廿五年八月參與平定遷陵縣的反寇。這場叛亂，顯然已經牽動到新武陵縣内的民衆。又，簡9-1112載，廿六年二月，遷陵縣唐亭附近還出現了三十人左右的盜賊，亭校長因手下力量不足以應付，請求縣廷支援。[①]以此爲基礎觀察，還有一個有趣的事例，見於簡14-18和15-172。廿六年七月，遷陵縣令通告本縣學佴（學室負責人）説，其屬下的學童拾"有鞠"（身涉罪案），派獄史前去逮捕。學佴當天即回覆説："今問之毋學童拾。"（15-172）[②]遷陵似是案發及審理之地，[③]直至要拘押案犯的階段，也没能清晰把握他的所屬。綜合上述例子看，簡8所記之"廿六年端月"，正值當地草創的多事之秋，人口流動頻繁，文書錯漏或與此有關。若以第三條爲綫索，則會聯想到兩則縣廷逮捕盜賊的案例。一是張家山漢簡《奏讞書》案例二十二。秦王政六年（前241年）六月癸卯（27日），咸陽縣有一女子被人搶劫刺傷，縣廷即令四位獄史求捕。廣泛排查可疑人群後仍無綫索，縣廷遂替換另一位獄史搜求，再經多日的窮究盤問、跟蹤調查，才最終緝拿凶手。從案發到八月壬辰（17日）咸陽丞上書表彰獄史破案之功，[④]歷時約五十天。二是《嶽麓（叁）》"觺盜殺安、宜等案"。秦王政廿年（前227年）十一月，櫟陽縣發生殺人案，縣廷令兩位獄史追查凶手，"即各日夜别簿譖（潛）訊都官旁縣、縣中城旦及牒書其亡者□"（153），後又增加一位獄史搜捕，"將司寇晦别居千（阡）佰（陌）、鶩（徹）道，徼（邀）迣苛視不〔犰〕（狀）者"（155）、"日夜謙（廉）求櫟陽及它縣，五日聞□"（156），同樣持續了一段時間。[⑤]反觀簡8，有三個時間節點，即鄉爰書報告的"廿六年端月己丑（7日）"，鄉嗇夫寄信給新武陵縣的"端月甲午（12日）"，以及新武陵把文書寄往外縣的"二月癸丑（1日）"。其兩兩的間隔，容或就是鄉亭内、縣内搜捕的時

① 水間大輔《里耶秦簡9-1112與秦國盜賊追捕制度》，王沛主編《出土文獻與法律史研究》第四輯，上海人民出版社，2015年，第28—44頁。
② 兩簡釋文皆見張春龍《里耶秦簡中遷陵縣學官和相關記録》，《出土文獻》第一輯，中西書局，2010年，第232頁。關於"有鞠"的現代語譯，曾蒙徐世虹先生指教，謹謝。
③ 從睡虎地秦簡《封診式》的《封守》《有鞠》《告臣》可見，文書中的"有鞠"皆是某人在文書製作之縣"有鞠"，若文書中提到某人在其他縣"有鞠"，則應如張家山漢簡《奏讞書》案例十八簡137所謂的"好時辟盩有鞠"（好時縣召喚盩有罪案），標出那一個縣的縣名。另，如宮宅潔所指出，秦漢審案以案情發現地爲原則，見《秦漢時期的審判制度——張家山漢簡《奏讞書》所見》，原刊《史林》第81卷第2號，1998年，此據徐世虹中譯本，收入楊一凡、寺田浩明主編《日本學者中國法制史論著選·先秦秦漢卷》，第277頁。因此，簡14-18和15-172中，遷陵縣應是本案發現之地。
④ 日曆的推算，參考池田雄一編《漢代を遡る奏讞—中國古代の裁判記録—》，汲古書院，2015年，第139、152頁。
⑤ 簡編號及釋文據陳松長主編《嶽麓書院藏秦簡：壹—叁（釋文修訂本）》，上海辭書出版社，2018年，第157—158頁。

間。總之，如把簡 8 的通緝對象視爲盜賊，其中呈現的一些現象，大抵也能講得通。

　　接下來看罪人、亡人的可能性。罪人，即被官府認定罪名之人，畏罪潛逃。從表 1 可知，其中剥離了盜賊、群盜等情況，但罪名仍然很寬泛，在這裏主要談重罪。據張家山漢簡《二年律令·具律》，司法中對重罪犯、輕罪犯逃亡的認定手續作了區分：

　　　　有罪當完城旦舂、鬼新（薪）白粲以上而亡，以其罪命之；耐隸臣妾罪以下，論令出會之。其以亡爲罪，當完城旦舂、鬼新（薪）白粲以上不得者，亦以其罪論命之。

　　　　　　　　　　　　　　　　　　　　　　　　　　　　　　　　（122—124）

律文將罪名分爲“當完城旦舂、鬼薪白粲以上”和“耐隸臣妾罪以下”兩等，前一等罪重，不論畏罪潛逃或單純“以亡爲罪”者，都直接“命”（認定罪名）；①後一等罪輕，令其“出會”（設定期限傳喚）。在秦及漢初，城旦舂、鬼薪白粲罪以上的刑徒，要戴着枷，穿着刺眼的赤衣，拘於監管場所不輪班地勞作；若是男性，其妻、子和財産都被没收。這與隸臣妾罪以下的待遇有很大差別。②懸泉所出漢宣帝時簡中，有一則通緝“髠鉗亡者”的文書：

　　　　元康四年五月丁亥朔丁未，長安令安國、守獄丞左、屬禹敢言之：謹移髠鉗亡者田勢等三人年、長、物、色，去時所衣服。謁移左馮翊、右扶風、大常、弘農、河南、河內、河東、潁川、南陽、天水、隴西、安定、北地、金城、西河、張掖、酒泉、敦煌、武都、漢中、廣漢、蜀郡……　　　　　　　　　　　　　　　　　（Ⅱ0111④∶3）③

髠鉗，即髠鉗城旦的簡稱，由秦及漢初的髠城旦演變而來，是文帝改革後徒刑中最重的一等。漢代地方官府對這類人逃亡，會頒發文書全國通緝。在秦時期，重罪犯潛逃容或也要被跨郡、縣通緝，只是尚未見到明證，更不清楚具體涉及哪些罪名。④至於《具律》中較輕的一等“耐隸臣妾罪以下”，則要同亡人一並觀察。

　　亡人，也是一個較模糊的概念，其内涵有時與罪人重叠。⑤大體言之，係脱離王朝控

①　關於秦及漢初律中“命”的意義，詳保科季子《亡命小考——兼論秦漢的確定罪名手續“命”》，《簡帛》第三輯，上海古籍出版社，2008 年，第 349—352 頁。
②　詳宮宅潔著，楊振紅等譯《中國古代刑制史研究》，廣西師範大學出版社，2014 年，第 99—101、114—125、128—129 頁。
③　胡平生、張德芳編撰《敦煌懸泉漢簡釋粹》，上海古籍出版社，2001 年，第 21 頁。
④　據睡虎地秦簡《法律答問》簡 136“夫、妻、子五人共盜，皆當刑城旦，今中〈甲〉盡捕告之”、簡 137“夫、妻、子十人共盜，當刑城旦，亡，今甲捕得其八人”，即對家族共盜者會科以“刑城旦舂”。“刑”指殘傷肉體的刑罰，如刖、劓、黥等，不包括髠、耐，見韓樹峰《漢魏法律與社會——以簡牘、文書爲中心的考察》，社會科學文獻出版社，2011 年，第 5—7 頁。結合前述里耶秦簡的“主盜賊發覺”（9-1701），或許家族共盜中的情節嚴重者會被跨縣通緝。
⑤　如睡虎地秦簡《法律答問》簡 130 云“‘捕亡，亡人操錢，捕得取錢’。所捕耐辠（罪）以上得取”，顯示“亡人”概念中也包含“耐罪以上”者。

制之人,除逃亡本身、或因逃亡行爲而連帶造成的身份性罪責(如刑徒、居貲者逃亡等)外,未被認定其他罪行。今見《嶽麓(肆)·亡律》和漢初《二年律令·亡律》中,亡的行爲主體有刑徒、奴婢、黔首、收人、官吏五類,①姑且將這些人逃亡視爲"亡人"。據福島大我整理,《二年律令·亡律》所見漢初對各類逃亡者的科罪,除去城旦舂亡、隸臣妾及收人去繫六歲亡、當爲屯已受致書去亡、行成盜去署及亡過三月、當奔命而逋不行、亡之諸侯(相當於秦代邦亡)等少數情況外,大部分則論爲"耐隸臣妾罪以下"。②在《嶽麓(肆)·亡律》中,還要去掉城旦舂司寇、白粲亡而不得者,以及不會司寇之耐者。簡言之,大多數場合下,秦及漢初律對亡人所科罪責屬於"耐隸臣妾罪以下"。觀察亡人,也能約略窺知輕罪犯的潛逃了。

秦制,各機構(或組織)一旦發現轄下某人逃亡,相關負責人須立即向上級彙報,以爰書形式上呈縣廷。今藉謝坤綴合的"繚可逃亡"文書窺其程式:③

簡22. 廿五年九月己丑,將奔命校長周爰書:敦長買、什長嘉皆告曰:徒士五(伍)右里繚可,行到零陽廡谿橋亡,不智(知)外内,恐爲盜賊,敢告。Ⅰ

繚可年可廿五歲,長可六尺八寸,赤色,多髮,未産須,衣絡袍一∟、絡單胡衣一∟,操具弩二∟、絲弦四∟、矢二百∟、鉅劍一∟、米一石五斗。Ⅱ

(8-439＋8-519＋8-537＋8-1899)

簡中之"奔命"義爲"聞命奔走",是秦廷徵調黔首應付戰事的臨時性手段。④繚可應係徵來赴急的黔首,被編在什長嘉、敦長買和將奔命校長周的配下,隨隊行軍途中逃亡。事件發覺後,經什長、敦長聯名報告,由校長寫成爰書,記寫身份信息、攜帶物資及逃亡地點等,上呈給縣廷,以備追捕。若是編民從邑里中逃亡,或徒隸從監管場所中逃亡,程序也類似,相關消息會逐級上達至縣。⑤縣廷獲知逃亡信息後,一面會派人逮捕,另一面要在

---

① 嶽麓秦簡《亡律》中可見刑徒、奴婢、黔首三類,詳周海鋒《嶽麓書院藏秦簡〈亡律〉研究》,《簡帛研究 二〇一六(春夏卷)》,廣西師範大學出版社,2016年,第164—171頁。又,嶽麓秦簡《亡律》云"主匿亡收、隸臣妾,耐爲隸臣妾"(3),"不會收及隸臣妾之耐,皆以亡論之"(41),《二年律令·亡律》"隸臣妾、收人亡,盈卒歲,殹(繫)城旦舂六歲"(165),故亡的行爲主體中應補入"收人"。又,《二年律令·亡律》云"吏民亡,盈卒歲,耐"(157),則還包括官吏。
② 福島大我《秦漢時代における皇帝と社會》,專修大學出版局,2016年,第22、30—32、34—35頁。
③ 綴合理由及內容的判斷,詳謝坤《里耶秦簡所見逃亡現象——從"繚可逃亡"文書的復原說起》,《古代文明》2017年第1期,第48—49、51頁。簡文勾識符號據《里耶(壹)》圖版第65、76頁補入。
④ 見陳松長《嶽麓秦簡〈奔警律〉及相關問題淺論》,《湖南大學學報(社會科學版)》2017年第5期,第6—8頁。此外,陳偉也曾指出,"奔警"者平日的身份是民衆,在軍情緊迫時才奔馳赴命,與常規性兵役的"屯卒"不同。見《張家山秦讞書案例十八釋讀一則》,簡帛網,2013年10月5日。
⑤ 詳參拙撰《秦簡所見"亡人"的緝捕》,第一屆出土文獻與古代文明青年學者研討會論文,清華大學,2018年8月。

境内通緝。如何有祖指出，里耶簡 8-389＋8-404 有可能與上揭簡 17 綴合成一支簡：①

簡 23. ☑□曹 A

主令。BⅠ

主三族從人【讞】。BⅡ

主盜賊發讞。BⅢ

主貳春、都鄉、啓陵、田、□□CⅠ

吏卒、黔首及奴婢讞。CⅡ　　　　　　　　　　（9-1701＋8-389＋8-404）

倘所説不誤，C 欄第一、第二行記"主遷陵縣轄諸鄉名、田官……吏卒、黔首及奴婢讞"，應即負責縣境内逃亡"吏卒、黔首及奴婢"的通緝。②

　　至於通緝是否跨縣，則要區別觀察。如上揭簡 22 那種卒徒道亡的情況，因是在零陽縣境出逃，且罪責較重，或許會兼跨本籍和出逃地進行通緝。③不過，該事件是由將奔命校長直接上報給本籍的遷陵，與前揭簡 8 所反映的現象頗有齟齬。在此情況外，便未見官府跨縣通緝亡人的迹象。而且，從下面兩點考慮，制度性移文通緝的可能性很小。其一，據《嶽麓（肆）·亡律》，當時有所謂"亡不仁（認）邑里、官者"，指逃亡者被捕後，官府不能辨認其籍貫或所屬機構。因之，司法部門需要花費很大的成本去調查其真實身份。今援引條目於下：

　　亡不仁（認）邑里、官，毋以智（知）何人殹（也），中縣道官詣咸陽，郡【縣】道詣其郡都縣，皆毄（繫）城旦舂。槫作倉苦（窖），令舂勿出，將司之如城旦舂。其小年未盈十四歲者槫作，事之如隸臣妾然。令人智（知）其所，爲人識，而以律論之。其奴婢之毋罪者殹（也），黥其觀〈顏〉頯，畀其主。咸陽及郡都縣恒以計時上不仁（認）邑里及官者數獄屬所執濾。縣道官別之，且令都吏時覆治之，以論失者。覆治之而即言請（情）者，以自出律論之。　　　　　　　　（24—28）④

───────────

① 綴合理由，詳何有祖《里耶秦簡綴合一則》，簡帛網，2018 年 6 月 13 日。

② 需要説明，何有祖還認爲，前揭簡 22"繚可逃亡"文書具有通緝令的性質，見《里耶秦簡所見通緝類文書新探》，簡帛網，2017 第 1 月 30 日。但從簡文看，該文書應是報亡文書，而非縣廷下發給境内諸鄉，或轉發給其他郡縣的通緝文書。

③ 繚可的逃亡地點是"零陽麃谿橋"，在遷陵縣境外；且係"奔命徒"行軍途中逃亡，據《二年律令·興律》"當奔命而逋不行，完爲城旦"（399），故其論罪必屬於"當完城旦舂、鬼薪白粲以上"，情節較嚴重。因此，對他的搜捕和通緝，可能會延伸至零陽縣。

④ 律文釋義，大體據歐揚《嶽麓秦簡〈亡律〉"亡不仁邑里、官者"條探析》，《簡帛研究 二〇一六（春夏卷）》，第 172—183 頁。斷句及個别字義，參考了"秦代出土文字史料の研究"班《嶽麓書院所藏秦簡〈秦律令（壹）〉訳注稿　その（一）》，第 164—171 頁。

律文大意説：如捕捉到無法辨認籍貫或所屬官署的亡人，中縣道（關中之縣道）應將其押送至咸陽，諸郡縣道要將其押送到郡治所在縣，使之"繫城旦舂"，從事集體勞作，監管之如城旦。如果該亡人年齡未滿十四歲，則如隸臣妾一樣監管、使役。拘繫期間，令人辨識他們的居所，若爲人認出，即按律治罪；其中僅因逃亡而坐罪的私奴婢，則黥其面、歸其主。咸陽及郡治之縣在每年上計時，要將"亡不認邑里、官者"的數目及案卷呈交上級執法（二千石官）。由執法責令"都吏"辦治，不時審訊當事亡人，並派吏去其户籍屬縣查證身份。在都吏覆治階段，若能交代實情，就以自首論處。從中可見，逃亡者在外縣被捕後，若自己隱瞞實情，當地官府、甚至郡級司法機構，都很難核實其真正的身份。還要藉助無限期拘押勞作、自首減罪等手段恩威並施，促迫當事人招供。把這些規定與簡 22 中詳細的逃亡記録對比思考，很容易推想，如若出逃地縣廷會將詳記亡人身份、逃脱信息的爰書製成通緝文書，且轉發到其他郡縣，應不至於産生連郡級執法都很難查清身份的"亡不認邑里、官者"。這一推測，還能與嶽麓秦簡叁的秦王政廿年（前 227 年）"魋盗殺安、宜等案"相呼應。本案中，凶手魋是居秦的魏國燕城（今河南延津東北）人，因搶劫殺人而被櫟陽（今陝西西安東北）獄史捉獲。訊問時，魋謊稱自己因投降秦國而淪爲太官隸臣，被安排作寺從長官的侍從，之後逃亡，並否認其涉案。[1]結合上引嶽麓秦簡《亡律》來看，魋之所以謊稱亡人，應是因爲這樣做會使官府無從查證其身份，進而定爲"亡不認邑里、官"者，免受殺人罪的嚴懲。該現象也暗示，官府一般不對亡人跨縣通緝。其二，如所周知，秦代逃亡現象頻發，特別是亡人，傳世及出土文獻中皆有諸多實例，而秦簡通緝文書裏則無明確痕迹可尋，反差鮮明，似也能作爲一條默證。

綜合推斷，簡 8 的通緝對象，最有可能是盗賊，也不排除其爲重罪逃犯的可能性，但不大會是輕罪犯或普通亡人。

結　語

本文的結論，大致可以歸納如下。已刊里耶秦簡中，可判定爲通緝文書的簡有兩種形制。一種較窄，雙行或單行書寫，如簡 1—7、9—15，占絶大多數。從其中信息較完整的來看，通緝對象應是"從人"或其家庭成員、族屬，文書跨郡縣頒發。另一種稍寬，多行

---

① 見陳松長主編《嶽麓書院藏秦簡：壹一叁（釋文修訂本）》，第 158 頁。"燕城"之釋讀及地望，據陳劍《關於〈嶽麓簡（叁）〉的"燕城"》，復旦大學出土文獻與古文字研究中心網，2013 年 9 月 25 日。

書寫,如簡8,爲例甚少。該文書係同郡跨縣通緝,其搜求對象,最有可能是盜賊,也不排除是重罪逃犯。在探討簡8時,也附帶考察了官府通緝在逃罪人和亡人的情況。就目前看,若秦時確存在針對罪人的跨郡、縣通緝,其罪名應屬"完城旦舂、鬼薪白粲以上"的範疇;而對於大多數輕罪犯及亡人,除卒徒在其他縣界道亡外,應止於縣內通緝,不會跨縣移文。

必須説明,因樣本數量的制約,以及簡文殘斷,這些觀點多建立在層層推導的基礎上,需要斟酌之處必多,也有待新出史料的檢驗。假如方向上還略有可取的話,則呈現了一個易爲忽視的問題:在秦王朝司法運作中,跨縣通緝的使用頗有偏重——最究心的是舊六國追隨者,其次才是危害治安的罪犯,相形之下,對輕罪犯及單純逃離統治秩序的亡人,顯得注力無多。秦廷之所以格外介意"從人"及其族屬,確有現實的緊迫。如荆軻、高漸離、張良等人前赴後繼地刺秦,顛覆威脅不斷。但從另一方面説,也造成了打擊擴大化。李洪財曾注意到里耶秦簡中兩支有關釋免"從人"的簡:[1]

簡24. 制 詔 御史:聞代人多坐從以毄,其御史往行,□其名□所坐以毄☒ I

縣官□秦軍初□粲到使者至,其當於秦下令毄者,衛(率)書其所坐☒ II

令且解盜戒(械)。卅五年七月戊戌,御史大夫縮下將軍下令叚(假)御史謷往行☒ III

☒下書都吏治從人者,□大□□□下校尉主軍□都吏治 從【人者】☒ IV

☒書從事各二牒,故何邦人爵死越令從及有以當制秦☒ V

(8-532 + 8-674 + 8-528 正)

☒書亟言求 代 盜 下 書都吏治從人者所毋當令者☒ I

☒□留日騎行書留。/□手。☒ II　　　　　(8-532 + 8-674 + 8-528 背)

簡25. 從人論報,I

擇免歸,致 II

書具此 III

中。IV　　　　　　　　　　　　　　　　　　　(8-777)

---

[1] 李洪財《秦簡牘"從人"考》,《文物》2016年第12期,第67—69頁。簡24釋文及斷句,大體據李洪財文。唯參諸《里耶(壹)》圖版第95頁,簡第一行"盜"下似有一字,筆迹甚淡,字形類"下",故補入;又,簡背第二行之"留日",李文及《校釋》皆作"留曰",今參《里耶(壹)》圖版第79頁改,"薄留日"一語,里耶秦簡習見。

簡 24 中説朝廷"聞代人多坐從以穀",派"御史往行"核查,還提到"且解盜戒"(暫且解開刑具)。大概在始皇卅五年(前 212 年)時,已經意識到對代地"從人"的打擊過於寬泛了。簡 25 簡首塗黑,上下各穿有兩孔,是繫在笥上的簽牌,文意爲"此笥中備齊了'從人'判罪後被釋免歸鄉者的致書"。[①]也表明一些遭逮捕的"從人"原本就無礙統治。可以設想,秦廷對"從人"近乎過敏的反應,會把一些人徹底推向敵對。如張耳、陳餘這樣,因曾是追隨信陵君的"魏之名士",統一後被秦廷千金購求,只能潛匿在里監門之列,反秦星火一旦燎原,便鵲起逐鹿。至於那些僅因"從人"族屬身份而淪爲罪隸、抑或東躲西藏的人,更積蓄着刻骨的憤恨。此外,當秦廷着意網羅"從人"之際,一輩輩輕罪犯、亡人——如劉邦、黥布、張蒼、侯生、盧生、叔孫通等,悄然擺脱了帝國的規制,成功另覓生涯。不妨説,通緝制度是觀察秦政的一扇窗,在此可以窺見司法權威的不均衡分配,以及施力重點下、受力邊緣上各色人的選擇與活動。

二〇一八年十二月十二日寫畢
二〇一八年十二月三十日修訂
二〇一九年一月十日再訂

附記:小文原刊《簡帛研究 二〇一九(春夏卷)》(廣西師範大學出版社,2019 年)。撰寫過程中,先後得到角谷常子、徐世虹、郭永秉三位先生的賜教,寫畢後,又蒙角谷常子、謝坤兩先生撥冗審閲,提出了寶貴的修訂意見。謹此奉上誠摯謝意! 唯文中疏誤之處,皆由筆者自負。

---

① 釋義大體據籾山明的意見,見《簡牘文書學與法制史——以里耶秦簡爲例》,廣瀬薫雄、劉欣寧譯,收入柳立言主編《史料與法史學》,"中研院"歷史語言研究所,2016 年,第 58 頁。需要指出,籾山明撰文時,嶽麓書院藏"從人"諸簡尚未刊布,故文中將"從人"誤解爲"因別人犯罪從坐(連坐)"之人,今徑訂正。

簡牘文書學與法制史
——以里耶秦簡爲例

［日］籾山明

東洋文庫

前　言

　　本文的目的是用古文書學的方法對里耶秦簡進行分析,通過分析闡明遷陵縣廷行政工作的真實情況。衆所周知,在近代以前的中國,審判也屬於行政的範圍。[①]因此,闡明行政工作的真實情況,同時也正是復原訴訟制度的某個部分。

　　本文所謂"古文書學"是以文書及記録(以下簡稱"文件")本身爲分析對象,闡明文件製作、傳達的過程,其政治、社會、思想方面的功能,以及其保管、留傳、廢棄情形等的學問。[②]在處理出土簡牘史料這種考古遺物之時,出土情況的分析也成爲很重要的問題。出土簡牘史料的古文書學研究指從簡牘這種遺物本身(文字信息也是其重要屬性之一)讀出過去的制度、習慣的研究方向。

　　就日本古文書學而言,以中世史(12—16世紀)研究爲中心,有非常豐富的研究成果。筆者是門外漢,無法在此扼要地介紹其趨勢。但有一點需要指出的是,大約在20世紀90年代後半研究潮流發生了很大的變化。[③]如果用一句話説明其變化方向,或許可

---

① 滋賀秀三以"裁判的行政性"或"作爲行政之一環的司法"説明帝政時代中國訴訟制度的特徵。但這是用來説明包括判決、準則等在内的裁判的根本性質,不是單純地説裁判由行政機構負責。參看滋賀秀三《清朝時代の刑事裁判——その行政的性格。若干の沿革的考察を含めて——》,《清代中國の法と裁判》,創文社,1984年。

② 這個定義是在河音能平見解的基礎上加以若干修訂而成的。參見氏著《歷史科學運動と史料學の課題》,《河音能平著作集》第5卷,文理閣,2011年。附帶説,"古文書學"是日本學界特有的説法,西歐各語言中没有與此完全相對應的詞。參看大黑俊二《古文書學から史料論へ》,齋藤晃編《テクストと人文學》,人文書院,2009年,第37頁。

③ 關於這個變化,筆者在《日本における居延漢簡研究の回顧と展望——古文書學的研究を中心に——》中用了若干篇幅加以介紹。收於籾山明、佐藤信編《文獻と遺物の境界Ⅱ:中國出土簡牘史料の生態的研究一》,東京外國語大學アジア．アフリカ言語文化研究所,2014年。此文也討論了漢簡的古文書學研究今後的發展方向。

以説是從書式和樣式的分類到政治、社會功能的研究。書式和樣式是文件本身所具有的,不會變化,而功能會隨着政治、社會環境及它和其他文件的關係發生變化。因此,從研究功能的角度來説,文件可以理解爲時間、空間中移動的,具有多次性功能的東西。若從"人"的角度來説,這可以説是"使用文書處理的工作内容的多樣性"。①本文也參考這種日本古文書學的研究動向,試圖從出土簡牘的寫作、傳達、保管等動態角度去闡明這些官員在訴訟司法程序中的"工作"。

不得不承認,把里耶秦簡作爲這種古文書學研究的對象進行分析,爲時尚早。據説里耶一號井出土的簡牘總共有 38000 餘枚,但到 2014 年初爲止,内容和圖版都公開的只有以第八層出土簡牘爲主的 2600 餘枚而已。古文書學的基本方法是按照一定的標準全面地集成相關史料,從中歸納出結論。因此史料的有限可以説是致命的問題。雖然如此,綜觀目前已發表的第八層出土簡牘,可以知道包含着相當多的種類。那麽,暫時把目前公開的簡牘看作里耶秦簡整體的縮影,或許是可以的。筆者當然充分明白,其結論將會根據今後公開的史料加以修正,甚至本文將會完全失去意義。

本文中"書式"指的是"簡牘上所記文字信息的特定形式","形狀"指文字信息的載體(vehicle)的形體即"簡牘的形態"。此外還使用"書寫形式"一詞,這個概念指"文字信息在簡牘中的布置方法",其中包括正、背面的用法,文字布局、追記、筆迹的不同等。至於釋文中使用的符號,"□"表示無法判讀的文字,"/"表示原簡在此處改行,雙引號(" ")中的文字是筆迹不同的字,"☑"表示簡的缺損,"◎"表示簡的凹部(不一定是封泥匣)。因爲筆迹是否相同有時候難以判定,所以雙引號(" ")的使用不一定很嚴格。

那麽我們從三件很小的遺物開始討論吧。

一、"束"與標題簡的關係

《湖南考古輯刊》第八集所載的報告論文《里耶一號井的封檢和束》介紹報告者稱爲"束"的三件木製遺物。②如圖 1—3 所示,正面削成梯級狀,背面平整,側剖面恰如一段鋸條。有一件中間側向橫穿一孔,另一件中間的棱部刻出較淺的凹槽。文字書寫於各個梯級的小坡面上,有一件頂端有墨點,另一件塗黑。其釋文如下(在此對報告所載釋文有所修訂):

① 杉本一樹《古代文書と古文書學》,《日本古代文書の研究》,吉川弘文館,2001 年,第 22 頁。
② 湖南省文物考古研究所《里耶一號井的封檢和束》,《湖南考古輯刊》第八集,嶽麓書社,2009 年。

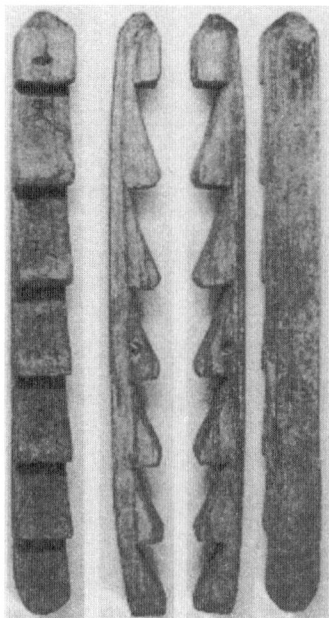

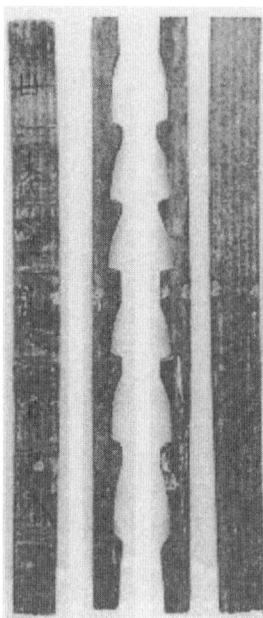

圖1　木 11-14　　　　　　　圖2　木 16-38　　　　　　　　圖3　檢 8-22
　　　　　　　　　　　　　　　　　　　　　　　　　　　　　　　（里耶秦簡 8-2551）

1. ●吏曹攻令□者束　　　　　　　　　　　　　　　　　　　　　（木 11-14）

2. ■卅年徒衣籍束　　　　　　　　　　　　　　　　　　　　　　（木 16-38）

3. 爵它☒　　　　　　　　　　　　　　　　　　　　　　　　　　（檢 8-22）

此三件與簡牘類同樣出土於一號井，但編號的前面有"木"或"檢"。這是因爲當初看不到其上的文字，故整理者把它歸入木製文物或封檢登記。《里耶秦簡（壹）》《文物出版社，2012 年）收録例 3，其整理號是第 8 層 2551。例 1、2 既然也是有字遺物，應該會作爲簡牘被收入《里耶秦簡》續編。至於其尺寸，木 11-14 的長度爲 228 mm，寬度爲 22 mm，最厚處的厚度爲 20 mm；木 16-38 的長度爲 230 mm，寬度爲 18 mm，最厚處的厚度爲10 mm。①

　　報告者之所以把這三件木製品（以下暫時稱爲"梯子形木器"）稱爲"束"，是因爲他們認爲例 1、2 的最後一字"束"是"自名"。的確"束"有"縛"的意思（《説文解字》束部），梯子形木器的形狀似是爲了"與它所揭示的公文衣籍等捆綁極緊密牢靠"。②然而即使如此，把木器上的"束"理解爲木器本身的名稱恐怕還是有問題的。因爲，如下引里耶秦簡

① 這是筆者 2012 年 10 月 12 日在湖南省文物考古研究所測量的結果。

② 湖南省文物考古研究所《里耶一號井的封檢和束》，《湖南考古輯刊》第八集，第 68 頁。

所示,標籤類所記的内容一般都是其對象物的信息:

　　　卅四年/遷陵課/笥　　　　　　　　　　　　　　　　　　(8-906)

　　　遷陵廷尉/曹卅一年/期會已事/笥　　　　　　　　　　　　(9-2318)

最後一字"笥"是對象物的名稱,而不是標籤本身的"自名"。例1、2所記的"束"字表示的也有可能是與此木器捆綁在一起的對象物。

　　里耶一號井第八層出土的簡牘中有幾個以"束"結束的例子:

4. ☐"弗須"☐　　　　　　　　　　　　　　　　　　　(8-204 + 8-1842 正)

　　☐請須報束　　　　　　　　　　　　　　　　　　　(8-204 + 8-1842 背)

5. ■卅五年五月已事束☐　　　　　　　　　　　　　　　(8-306 + 8-282)

6. ■鼠券束　　　　　　　　　　　　　　　　　　　　　(8-1242 正)

　　"敢言司空"　　　　　　　　　　　　　　　　　　　(8-1242 背)

7. ■卒束　　☐　　　　　　　　　　　　　　　　　　　(8-1728)

例4的"背"才是正面,"正"面的文字當是習書。[1]例5簡在"束"字下折斷,不能排除其下原本還有字的可能性。[2]例6簡下端稍微缺損,但幾乎完整。從背面的文字來看,此簡也許是再利用已使用完畢的公文簡。例7簡在中間折斷,但"束"字下可能與例6正面同樣是空白。這些簡的書寫面都平整,形狀很標準,按照高村武幸的分類,是〇一或〇二甲形式的簡。[3]這類形式的簡上也書寫"束",證實我們的理解,此字應該不是梯子形木器的名稱。參考下引的例子,"束"當是簡牘"束"(指聚集成條狀的東西的"束")的意思:

8. ■史象已訊獄束十六已具☐　　　　　　　　　　　　(8-1556 正)

"具"是"具備"的意思,"十六"可能指其枚數。[4]若果真如此,這枚簡的記載可以解釋爲"史象訊問的獄書的束十六枚,已具備"。[5]例1、2,例4—7所見的"束"也是作爲文件的簡牘的"束",如此解釋應該大致不誤。

---

① 簡的綴合從魯家亮的意見,參看陳偉主編《里耶秦簡牘校釋(第一卷)》,武漢大學出版社,2012年。

② 簡的綴合從何有祖《里耶秦簡牘綴合(六)》,簡帛網,2012年6月4日。

③ 高村武幸《中國古代簡牘分類試論》,《木簡研究》第34號,2012年。以下把該論文所示形式分類稱爲"高村分類"。

④ 關於"具"字的含義,在第四節討論。

⑤ 這枚簡背面倒寫一個難以釋讀的字。承陳昭容教授指教,此字可釋爲"羍",應讀爲"害"。參看裘錫圭《釋"虫"》,《裘錫圭學術文集•甲骨文卷》,復旦大學出版社,2012年。

　　綜觀有"束"字的例4—8的幾枚簡,可以發現除了上端缺損的例4,其他簡的簡頭都塗黑(以下這個特徵稱爲"簡頭塗黑")。雖然有塗抹和圈點的差異,但這個特徵讓我們聯想到居延漢簡的標題類簡。標題類簡是有時編綴在册書的開頭或末尾,有時編綴在中間,總括正文內容的簡。搜集第八層出土簡牘中的類似例子觀察,可以知道里耶秦簡中的簡頭塗黑簡確實有標題的功能:

9. ■卅二年司空徒☑　　　　　　　　　　　　　　　　　　　　　(8-9)

10. ■凡八石□　☑　　　　　　　　　　　　　　　　　　　　　　(8-35)

11. ■言事守府及移書它縣須報　　　　　　　　　　　　　　　　　(8-122)

12. ■御史問直絡裙程書　　　　　　　　　　　　　　　　　　　　(8-153)

13. ■尉曹卅四年正月已事　☑　　　　　　　　　　　　　　　　　(8-253)

14. ■卅二☑　　　　　　　　　　　　　　　　　　　　　　　　　(8-318)

15. ■罰戍士五資中宕登爽署遷陵書　☑　　　　　　　　　　　　　(8-429)

16. ■三月壹上發黔首有治爲不當計者守府/上薄式　　　　　　　　(8-434)

17. ■器贏及不備☑　　　　　　　　　　　　　　　　　　　　　　(8-584)

18. ■凡出錢千三百一十☑　　　　　　　　　　　　　　　　　　　(8-597)

19. ■粟＝八百五十二石八斗　其九十石八斗少半□　　　　　　　　(8-929)

20. ■付郪少内金錢計錢萬六千七百九十七　"之一"　　　　　　　(8-1023)

21. ■吏凡百四人缺卅五人●今見五十人　　　　　　　　　　　　　(8-1137)

22. ■衡山守章言衡山發弩丞印亡謁更爲刻印　●命　　　　　　　　(8-1234)

23. ■内史軍事盡□☑　　　　　　　　　　　　　　　　　　　　　(8-1270)

24. ■作務入錢　☑　　　　　　　　　　　　　　　　　　　　　　(8-1272)

25. ■卅二年十二月恒　☑　　　　　　　　　　　　　　　　　　　(8-1592)

26. ■充獄失乚守府毋計籍☑　　　　　　　　　　　　　　　　　　(8-1624 正)

　　卅五年　　　　　　　　　　　　　　　　　　　　　　　　　　(8-1624 背)

27. ■吏卒有繫☑　　　　　　　　　　　　　　　　　　　　　　　(8-1846)

28. ■廿九年司空計☑　　　　　　　　　　　　　　　　　　　　　(8-1902)

29. ■吏貸當展約　　　　　　　　　　　　　　　　　(8-2037＋8-498 正)

　　"十五分日二四斗者六錢/二斗九十分日五十一"　　(8-2037＋8-498 背・倒書)

例 20 末尾筆迹不同的部分疑是確認内容時記下的。例 26 正面"守"字上有表示此處斷句的符號"レ"。例 29 背面應該是再利用的痕迹。以上所引簡的記載都可以理解爲標題或類似於標題的内容。①例如例 11、16、22 的記載可以解釋如下：

11. 向郡守府上報的呈文及發給他縣的移書，等待回信。

16. 三個月一次向郡守府上報的、關於徵發黔首時不需要統計人員的處理情況的簿籍的書式。

22. 衡山太守章云：衡山發弩丞的印丢失了，請重新刻印。　命。

關於例 16 的"不當計"，將在三節討論。例 22 圈點下的"命"是秦王的命令，即統一六國後的制詔，這枚簡當是關於官印丢失的命書的標題。因爲衡山郡守的上奏被收入王命中，摘録其發言作爲標題。

本節開頭所引梯子形木器的例 1 和例 2，暫且不談其獨特的形狀，也可以看作這類標題簡的一種。例 1 由於其中有一字無法辨識，難以理解其文意。但例 2 可以解釋爲"三十年的徒衣籍的'束'"。里耶秦簡 6-7 有"爲徒隸買衣"一句，《里耶秦簡牘校釋》對此加注，引用了《秦律十八種·司空律》137—139 簡及《金布律》94—95 簡所見的"稟衣"（供給衣服）和"居"（以勞役抵償衣價）的規定。②"徒衣籍"無疑指與這個制度有關的簿籍。

包括例 1、2 在内的里耶秦簡標題類，根據書式和記載内容，可以分爲（A）記録具體數量的簡和（B）記録文件的種類、性質的簡：

A 類：例 10、18、19、20、21

B 類：例 1、2、5、6、7、8、9、11、12、13、14、15、16、17、22、23、24、25、26、27、28、29

爲慎重起見，在此不討論簡頭不塗黑的例 3 和缺損簡頭的例4。③其中 A 類所見的數字應該是某種人或物品的總數，屬於這一類的幾例應該與居延漢簡的類似例子同樣是表示總計或小計的簡，"編綴在簿籍等簡册的最後，或編綴在簡册中間需要表示一個段落的地方"。④至

---

① 　例 29 簡的綴合從何有祖《里耶秦簡牘綴合（七）》，簡帛網，2012 年 6 月 25 日。

② 　陳偉主編《里耶秦簡牘校釋（第一卷）》，第 20—21 頁。

③ 　如果例 3 也是標題類，當然有必要設想簡頭不塗黑的標題簡的存在。但此時使用〇一、〇二甲型簡的標題和正文怎麼區别，難以確定明確的標準。可能會出現不少這種難以判斷的例子。

④ 　永田英正《居延漢簡の研究》，同朋舍，1989 年，第 71 頁；張學鋒譯《居延漢簡研究》，廣西師範大學出版社，2007 年，上册第 58 頁。例 20 雖然難以判斷，但没有記録文件的種類、性質，因此可以歸於 A 類。

於B類,如上引例11、16、22所示,可以理解爲概括正文内容的"標題"。這種"標題"一般是爲整理或保管、檢索之便加上的。因此B類的標題簡應該反映着遷陵縣官員的日常工作。基於這個思路,以下以"標題"簡牘爲綫索,進一步分析官員在行政工作中的具體程序。但在此之前需要説明本節開頭所引梯子形木器的標題功能和形狀的關係。要説明這一點,有必要全面地檢討一下B類標題簡是如何附在對象物上的。

二、編綴與捆扎

里耶秦簡的標題簡是如何附在對象物上的呢?衆所周知,居延漢簡的標題簡作爲册書的第一枚被編綴在正文開頭,如"廣地南部官釜磑月言及四時簿"册書(128.1)、"勞邊使者過界中費"册書(EJT21:2—10)。里耶一號井出土的簡牘中看不到像居延漢簡的這些例子那樣直接表明標題簡的位置的。但根據一些相關史料,可以推測當時有兩種方式。

圖4　8-159(左)、8-153(右1)　　　圖5　謝家橋1號漢墓出土簡牘

首先要看的是編號8-159的形狀特殊的木牘(圖4左)。此木牘表面不太平滑,上面的字無法完全辨認,是一件釋文有問題的資料。[1] 但從其開頭一句"制書曰:舉事可爲恒程者上丞相,上洞庭絡裙程書",及下文所見索、門淺、上衍、零陵等地名來看,此木牘寫的無疑是制書和這件文書在洞庭郡内的遞送路徑。需要注意的是,從圖版能够清楚地看出,木牘的正面、側面、背面上留有上下兩道編繩。這意味着此木牘本來與別的簡牘編綴在一起。可以考慮被編綴在一起的簡牘有8-153、8-158、8-155、8-152四枚:

---

① 承游逸飛先生的指教,此牘各行之間可辨棱綫,懷疑是"觚"。

■御史問直絡裙程書　　　　　　　　　　　　　　　　　　　(8-153)

卅二年四月丙午朔甲寅,遷陵守丞色敢告酉陽

丞主:令史下絡裙直書已到,敢告主。　　　　　　　　　　(8-158 正)

四月丙辰旦,守府快行旁。欣手。　　　　　　　　　　　(8-158 背)

四月丙午朔癸丑,遷陵守丞色下少內:謹案致之,書到言。署金布發,它如律

令。/欣手。/四月癸丑水十一刻刻下五,守府快行少內。　　　(8-155)

卅二年四月丙午朔甲寅,少內守是敢言之:廷下御史書舉事可爲恒程者,洞庭

上裙直,書到言。今書已到,敢言之。　　　　　　　　　　(8-152 正)

四月甲寅日中,佐處以來。/欣發。處手。　　　　　　　　(8-152 背)

8-158 是遷陵縣給酉陽縣的回信,說收到了“絡裙直書”;8-155 是遷陵守丞給少內下的指
示;8-152 是少內的回信,說收到了指示;8-153 是上一節引用的簡頭塗黑簡即例12。[1]這
四枚簡都看不出編繩的痕迹,但至少其中 8-153 作爲標題與 8-159 編綴在一起的可能性
很大(圖4右)。里耶秦簡中處處可見當時有可能構成册書的木牘,因此當時編綴像 8-159
那樣形狀的簡牘或許並不是那麼奇怪的事。[2]如果這個推論大致不誤,里耶秦簡的標題作
爲册書的一枚被編綴,其位置可能在册書的開頭或最後,和居延漢簡相同。

　　與此相關的饒有趣味的例子是湖北省荆州市謝家橋 1 號漢墓出土的隨葬簡牘。[3]該墓
槨內東室共出土 211 枚簡牘,其中 3 枚是報告者稱爲“竹牘”的大寬簡,208 枚是普通的細
簡。根據發掘簡報,隨葬時竹牘和竹簡卷合後於兩端各綁一道蒲草,外包蒲草後,在中間、
兩邊三處捆扎。此隨葬簡牘的特徵在於兩道編繩黏附於竹牘和竹簡這一點(圖5)。雖然
所有簡牘的圖版尚未公開,但此 211 枚簡牘當時很可能一起編綴,構成一件或幾件册書。
發掘簡報說此簡牘在出土時被卷合,這個信息也證實了我們的推測。若果真如此,

　　■郎中五大夫昌母家屬當復毋有所與

此簡頭塗黑的竹牘當是全篇的標題,當時被放在册書的開頭或最後。[4]謝家橋 1 號漢墓出土

---

① 關於這一組木牘,參看于洪濤《試析里耶簡“御史問直絡裙程書”》,簡帛網,2012 年 5 月 30 日。
② 其中最可靠的例子是 8-755、8-756、8-757、8-758、8-759 木牘。《里耶秦簡(壹)》釋文早已指出這五枚可以“編聯”。
③ 荆州博物館《湖北荆州謝家橋一號漢墓發掘簡報》,《文物》2009 年第 4 期;楊開勇《謝家橋 1 號漢墓》,荆州博物館編
　　著《荆州重要考古發現》,文物出版社,2009 年。
④ 關於這枚簡,劉國勝說“其作用並不僅是徙移人員名籍的登報,同時更是徙移人員免除徭賦負擔的證件”(《謝家橋一
　　號漢墓〈告地書〉牘的初步考察》,簡帛網,2009 年 4 月 11 日)。但這枚簡中完全沒有與“登報”“證件”相關的字句,這
　　枚簡恐怕沒有證明作用。

簡牘的編綴方式可以說是足以讓人窺見里耶秦簡的標題、正文關係的某一面的資料。

附帶一提，另外兩枚謝家橋出土竹牘中，發掘簡報稱爲"第 1 號竹牘"的一枚是把竹子的表面刮削平滑做成的，有四個書寫面，其形制屬於高村分類的〇三乙型。從"昌家復，毋有所與，有詔（昌的家屬復除，免除徭賦，此事有詔）"一句來看，這枚竹牘應該是隨葬簡牘的核心文書。開頭所記紀年"五年十一月癸卯朔庚午"被認爲是呂后五年（前 184 年）。另外一枚竹牘具有以"地下丞"爲收件人的遞送文書（呈送狀）的書式，以"臧手"的形式表示寫手，其反映的文書制度與里耶秦簡一脉相承。①

然而上一節集成的里耶秦簡標題類簡中也有一些例子不似原本被編綴在册書開頭。筆者感到最有問題的是以"束"結束的一類。如上所述，"束"指聚集成條狀的東西。如果"束"指的是編綴的册書，似應該用"册"或"卷"字表示。梯子形木器的形狀顯然也不適合編綴。

解決這個疑問的關鍵是里耶一號井第九層出土的編號 9-1—9-12 的木牘。此 12 枚是各自獨立的文書，但其内容都是陽陵縣委托洞庭郡收回剩餘的貲錢，洞庭郡在卅五年四月乙丑（前 212 年 4 月 7 日）同時向遷陵縣發出這些文書。②此 12 枚都把字寫在正背兩面，雖然簡的寬度稍有出入，但其規格沒有太大的區別。對我們的討論而言，重要的是木牘的書寫面上多半有其他木牘上文字的印痕的現象。邢義田指出這個現象是入井泡水後所造成的，這意味着這些木牘是以成捆的狀態被廢棄的。③在邢義田觀察的基礎上，更詳細地調查圖版，可以知道此 12 枚木牘是以如下順序疊放在一起：

12	11	10	9	8	7	1	2	3	4	5	6
正 背	= 背 正	背 正	背 正	背 正	= 背 正	= 背 正	背 正 ?	背 正	= 背 正	= 背 正	= 背 正

用等號連接表示可以明確看出兩者的反印關係。9-2 正面和 9-3 背面的反印關係不是很清晰，但有被印的字痕。9-12 正面不太平滑，這表明這一面沒有與其他木牘相叠，而是露出在外。把這些木牘捆扎在一起應該不是爲了廢棄，因此木牘的相叠情況應該反

---

① 第 1 號竹牘中也有關於死者所攜帶人員和物品的"牒百九十七枚"的記載。據此可以説，由正文 197 枚和小計 11 枚構成的 208 枚竹簡是附於告地策的目録。

② 關於此 12 枚木牘的解釋，參看里耶秦簡講讀會《里耶秦簡譯注》，《中國出土資料研究》第 8 號，2004 年。此外可以參考的最新研究，有馬怡《秦簡所見貲錢與贖罪錢——以里耶秦簡"陽陵卒"文書爲中心》，《簡帛》第八輯，上海古籍出版社，2013 年。

③ 邢義田《湖南龍山里耶 J1(8)157 和 J1(9)1—12 號秦牘的文書構成、筆迹和原檔存放形式》，《治國安邦：法制、行政與軍事》，中華書局，2011 年。

映着廢棄以前的,可能是官衙的文書保管的狀態。李學勤早已指出,把木牘相叠後捆扎的方式也見於湖北省荆州高臺 18 號漢墓的隨葬簡牘。①筆者認爲這種不用編綴的方法捆扎的簡牘就是"束"。要保管有一定數量的正背雙面都有字的木牘,編綴成册書顯然不如相叠後捆扎的方法方便。②睡虎地秦簡《秦律十八種·司空律》中有如下規定,印證當時確有捆扎文件的保管方法:

> 令縣及都官取柳及木柔可用書者,方之以書;無方者乃用版。其縣山之多荓者,以荓纏書;無者以蒲、藺以枲之。各以其穫時多積之。司空(131—132)

正如整理小組指出,"以枲縶之"的"以"字意爲"與";縶,緘,與上文"纏書"同義。在這種情况,標題簡當然放在最上面。以上引的 12 枚木牘爲例,標題簡應該放在 9-6 正面或 9-12 正面的上面。

　　如果以上推論不誤,可以設想里耶秦簡標題簡的另一種用法:拴縛在對象物上。這種用法應該說類似於附在簿籍上的檢。居延漢簡中有幾個實例,例如下引簡是高村分類四六型的木簡,出土於 A33 肩水候官遺址(圖 6):

　　●肩水候官地節◎四年計餘兵穀◎財物簿"毋餘船毋餘茭"
　　　　　　　　　　　　　　　　　　　　　　　　　　(14.1)

　　末尾的"毋餘船毋餘茭"六字被寫在剩餘的空白處,而且擠得很緊,應該是追記。根據這種追記的存在和出土地點判斷,這件檢應該在封緘對象物的同時,也起"標題"的作用,以便保管。上下兩處的凹槽是挂繩用的,似乎"兵穀財物簿"簡册卷成册後,再直接與此簡捆縛在一起。

　　里耶秦簡的標題簡可以分爲兩類:一類是編綴在册書的開頭或最後;另一類是拴縛在簿籍或文書上,其作用和檢一致。③不難想

圖 6　居延漢簡 14.1

---

① 李學勤《初讀里耶秦簡》,《文物》2003 年第 1 期,第 79—80 頁。高臺 18 號漢墓的隨葬簡牘也與謝家橋 1 號漢墓簡牘同樣是告地策,有"七年十月丙子朔庚子"即文帝前元七年(前 173 年)十月二十五日的紀年。以"某手"表示寫手這一點也相同。參湖北省荆州博物館編著《荆州高臺秦漢墓》,科學出版社,2000 年。

② 如果把好幾枚正面背面都有字的木牘編綴成册書,正面的字和背面的字不好連讀。可以確定當時被編綴成册書的 8-755—8-759 五枚木牘,除了寫手的署名二字,都只寫在一面。這個書寫形式很有啓發性。但上文已經以 8-159 爲例指出,並不完全没有編綴雙面都有字的簡牘。反過來説,把只有一面有字的簡牘編成"束"也並不奇怪。

③ 爲明確起見附帶説明,後一類標題不一定只拴縛在"束"上。拴縛的對象物可以是不成"束"的一枚木牘,也可以是被卷合的册書。

象,上一節開頭討論的梯子形木器應該屬於後一類。觀察完整的例 1、2 兩件,可以發現上端和下端的形狀不同。筆者認爲,木 11—14(例 1)在使用時從圖的上端插入對象物和捆扎着對象物的繩子的中間,木 16—38(例 2)則從下端插入。正面的梯級可能是防止脫落用的"倒鉤"。中間側向橫穿的孔(例 1)和中間的棱部刻出的凹槽(例 2)作用可能相同。筆者懷疑,爲了防止文書被抽掉,會用繩子再固定,這些孔或凹槽是這個時候用的,此外筆者目前想不出更好的解釋。

　　本節對標題簡進行了不少推論。在此要重新確認的是,附上標題的行爲是官員工作的一部分。標題簡的内容,因爲其性質,不會超出備忘録的範圍太大。要探討遷陵縣廷官員的工作,僅憑第八層出土的標題簡,其數量遠遠不够。但我們認爲,如果把它們和其他簡牘相對照,窺見遷陵縣廷内工作的某一面不是不可能。下一節檢視附在笥(箱子)上的標籤,進一步探討官員的工作場景。

三、標籤與收納

　　我們再回頭看第一節列舉的標題簡。本文所謂的 B 類簡是記録文件的種類和性質的簡。綜觀 B 類簡全體,就會産生一個單純的疑問。那就是,所記録的信息看起來很不完整。例如例 11,如上所述,可以譯爲"向郡守府上報的呈文及發給他縣的移書,等待回信",但僅憑這個記載似乎無法確知正文的内容,至少應該寫明這是哪年哪月的"等待回信"的文書。例 1、例 24 等也有同樣的問題。例 25 簡則云"卅二年十二月恒",有紀年,却没有交代這件文書與哪一個機構或部門有關。此信息似乎還是不完全。①但即使標題簡的記載這麽"不完全",仍然可以知道正文的内容。因爲標題簡是和其他種類的簡牘結合使用。所謂其他種類的簡牘是與標題簡同樣以表示内容爲第一功能的楬即標籤。

　　里耶一號井第八層出土 20 件以上的標籤。雖然其大小有出入,但其形狀都一致,

---

① "恒"當指睡虎地秦簡《封診式》之《遷子》(46—49 簡)所見"恒書"。在這個文書中,叫"丙"的人被"遷"到蜀郡的"邊縣",從咸陽縣和"傳及恒書一封"一起被押送。其中"恒書"似乎在到達蜀郡治成都後上交太守。"恒書"的名稱亦見於嶽麓書院藏秦簡律令:

　　　● 行書律曰:毋敢令年未盈十四歲者行縣官恒書,不從令者,貲一甲。(1377)
　　　● 恒署書皆以郵行。　　● 卒令丙二(1173)

高敏認爲《遷子》所見恒書是"講述犯人情况及處理辦法"的文書(《從〈睡虎地秦簡〉看秦的若干制度》,《睡虎地秦簡初探》,萬卷樓圖書有限公司,2000 年,第 185 頁),陳松長在此説的基礎上認爲行書律之所以禁止未盈十四歲者傳遞恒書是因爲恒書是"縣官所要傳遞的重要文書之一"(《嶽麓書院藏秦簡中的行書律令初論》,《中國史研究》2009 年第 3 期)。

把簡頭削成半圓形,簡頭塗黑,在靠上的位置——有時在正中間或靠下的位置——穿着並列的兩個孔。在此列舉目前公開的標籤,其中也包括圖版未公開的第九層出土的例子。爲了避免與標題簡混淆,省略了簡頭塗黑的符號:

第八層出土

  a. 廿九年盡/歲田官徒簿/"廷一"   (8-16)

  b. 群志/式具此/中"已"   (8-94)

  c. 卅三年/十一月盡/正月吏户/已事   (8-214)

  d. 卅一年司空十二月以/來居貲贖責薄/盡三月城旦舂/"廷一" (8-284)

  e. 畜官/田官作徒薄笥/"及貳春"/廿八年"一"   (8-285)

  f. 雁及雞/遣市事/一薄   (8-419＋8-612)＊右端缺損

  g. 司空/倉曹期   (8-496)＊左半缺損

  h. 卅七年廷/倉曹當計/出券户(?)一   (8-500)＊一部分不可釋

  i. 卅□年三月□薄/曹卒□盡□來/□□□□□□/□□□已

                (8-502)＊一部分不可釋

  j. 卅二年□/薄(?)□   (8-531)＊下半、左半缺損

  k. 卅年四月盡九月/倉曹當計禾/稼出入券/已計"及縣/相付受"/廷　第甲

                (8-776)

  l. 從人論報/擇免歸致/書具此/中　[圖案]   (8-777)

  m. 卅四年/遷陵課/笥   (8-906)

  n. 卅三年當計/券出入笥/具此中   (8-1200)＊背面有習書

  o. 倉曹/廿九年/當計出入/券笥/甲　[圖案]   (8-1201)

  p. 廿八年十月/司空曹/徒薄/"以盡三[月]"   (8-1428)

  q. 笥甲   (8-1536)＊右半缺損

  r. 廿九年索/令及□□□/□具此[圖案?]   (8-1775)

  s. 廷金布/日治笥   (8-1776)＊左半缺損

  t. 卅年十月盡/九月群往來/書已事倉曹/□笥   (8-1777＋8-1868)

  u. 空曹□/□□□   (8-1860)＊下部、右半缺損

  v. 卅年獄南/曹斷獄   (8-1874)＊左半缺損

  w. 索   (8-1931)＊左右缺損

第九層出土

α. 卅四年十月以盡四月吏曹已事笥　　　　　　　　　　　　　　(9-982)

β. 遷陵廷尉/曹卅一年/期會已事/笥　　　　　　　　　　　　　　(9-2318)

γ. 都鄉/月鄰/笥　　　　　　　　　　　　　　　　　　　　　　(9-2319)

δ. 元年少/内金錢/日治笥　　　　　　　　　　　　　　　　　　　(9-26)

ε. 卅二年十月/以來廷倉/司空曹已/計　　　　　　　　　　　　　(9-1130)

ζ. 卅三年十月/以盡五月吏/曹已事/笥　　　　　　　　　　　　　(9-1131)

α、β、γ引自《里耶發掘報告》，其編號是出土登記號。α由於没有圖版，不知道改行的位置。δ、ε、ζ根據游逸飛、陳弘音的釋文和《湖南出土簡牘選編》的圖版。①

　　其中有很多例子是"某笥"，表示這些標籤被附在箱子上。若果真如此，記載内容的核心應該是關於箱子的内容物的信息。以完整的標籤ο爲例，開頭的"倉曹"是部門名稱，"廿九年"是紀年，"當計出入券"是内容物的名稱，"甲"疑是其箱子的編號（圖7）。"當計"的意思下述。這個標籤顯然被附在收藏"倉曹參與的二十九年出入券"的箱子上。②我們按照這個例子整理了所有標籤的記載内容，見表1。一眼就能看出，内容物都是簿籍或文書類，幾乎都記録紀年和機構、部門的名稱。也就是説，簿籍、文書的册書或束若置入附上這種標籤的箱子中，因爲標籤上明確記録紀年和機構、部門的名稱，標題簡上只要寫最基本的信息就足够。如果説標題簡是"小標題"，標籤或許可以説是"大標題"。同時使用這兩種"標題"，足以讓人知道文書或記録的内容。

圖7　里耶秦簡 8-1201

① 游逸飛、陳弘音《里耶秦簡博物館藏第九層簡牘釋文校釋》，簡帛網，2013 年 12 月 22 日；鄭曙斌等編著《湖南出土簡牘選編》，嶽麓書社，2013 年。

② 文句最後的圖案意思未明，只能等類例增多後再推論。

表1 第8、9層出土標籤一覽

No.	層位	編號	紀年	期間	組織・部局	内容物	處理	容器	其他	狀態
a	8	16	廿九年	盡歲	田官	徒簿	"廷一"			
b	8	94				群志式	具此中"已"			
c	8	214	卅三年	十一月盡正月	吏・户		已事			
d	8	284	卅一年	十二月以來;盡三	司空	居貨贖責簿;城旦舂	"廷一"			
e	8	285	廿八年		畜官・田官 及貳春	作徒簿	"一"			
f	8	419＋612				匯(?)及雞道市束一簿				右端缺損
g	8	496			司空・倉曹	期				左端缺損
h	8	500	卅七年		倉曹	當計出券户	"一"			一部分不可釋
i	8	502	卅□年	三月	曹	□簿	已			一部分不可釋
j	8	531	卅二年			簿(?)				下半・左半缺損
k	8	776	卅年	四月盡九月	倉曹	當計禾稼出入券 "及縣相付受"	已計;廷	第甲		
l	8	777	卅四年		遷陵	從人論報免歸致書	具此中		(圖案)	
m	8	906	卅三年			課		筒		
n	8	1200	廿九年		倉曹	當計券出人	具此中	筒		背面有習書
o	8	1201				當計出入券		筒甲	(圖案)	
p	8	1428	廿八年	十月;"已盡三月"	司空曹	徒簿				

續表

No.	層位	編號	紀年	期間	組織・部局	內容物	處理	容器	圖案	狀態
q	8	1536						笥甲		右半缺損
r	8	1775	廿九年		索令		具此		(圖案?)	
s	8	1776			廷金布	日治		笥		左半缺損
t	8	1777＋1868	卅年	十月盡九月	倉曹	群任來書	已事	□笥		
u	8	1860			(司)空曹					下端、右半缺損
v	8	1874	卅年		獄南曹	斷獄				左半缺損
w	8	1931			枲(縣?)					左、右端缺損
α	9	982	卅四年	十月以盡四月	吏曹		已事	笥		
β	9	2318	卅一年		遷陵廷尉曹	期會	已事	笥		
γ	9	2319			都鄉	月籍		笥		
δ	9	26	元年		少內	金錢日治		笥		
ε	9	1130	卅二年	十月以來	廷倉・司空曹		已計			
ζ	9	1131	卅三年	十月以盡五月	吏曹		已事	笥		

這種文書箱可以說是行政業務辦理場所的必配物品。雖然是漢代的史料,《漢書·賈誼傳》所載賈誼的上疏中有"俗吏之所務,在於刀筆筐篋,而不知大體"一句,這說明"筐篋"即文書箱和刀筆同樣是官員的必配物品。[1]再看戰國時代的例子,《史記·樗里子甘茂列傳》記載一個故事,樂羊花費了三年時間攻占了中山,其後魏文侯給他看"謗書一篋"。想象這個故事的情形,可能是文書箱中裝滿訴說樂羊無能的誹謗信。居延漢簡521.34云"葦笥一合",里耶秦簡 8-1220 云"竹笥三合",名爲笥、筐篋的箱子是用蘆葦、竹子等編成的,量詞用"合"是因爲有蓋子。如徐世虹所指出,馬王堆一號漢墓出土的並用楬和檢的竹笥給我們提供里耶秦簡文書箱的直觀形象。[2]里耶秦簡中有一種刻齒簡,上面記載笥的繳納。[3]從 8-1188 簡"竹少笥一合。參絇枲繊一囗"來看,有時候笥和封繊用的繩子會一起繳納。

張家山漢簡《二年律令·戶律》中有如下規定:

> 民宅圖、戶籍、年紬籍、田比地籍、田合籍、田租籍,謹副上縣廷,皆以篋若匣匱盛,繊閉,以令若丞、官嗇夫印封,獨別爲府,封府戶。節(即)有當治爲者,令史、吏主者完封,奏令若丞印,嗇夫發,即褖治爲。臧(藏)囗已,輒復繊閉封臧(藏),不從律者罰金各四兩。……　　　　　　　　　　　　　　(簡 331—333)

引文的上半部分,筆者根據陳劍的意見對原釋文有所修改。[4]關於各種"籍"的形態仍有不清楚的地方,但至少可以知道這一條律文規定把呈上給縣廷的副本置入"篋若匣匱"中,用繩子捆扎。然後用"令若丞、官嗇夫印"封繊,在"府"中保管。"獨別爲府"的意思可能是除了縣令、丞的辦公室之外,還要爲了收藏文書,單獨另建府庫。這是睡虎地秦簡《秦律十八種·內史雜律》"毋敢以火入臧(藏)府、書府中"(197 簡)的"書府"。[5]

張家山漢簡《奏讞書》案例十八(124—161 簡)中記載有文書箱中收藏"籍"副本的

---

① 顏師古注云:"刀所以削書札,筐篋所以盛書。"
② 徐世虹《秦"課"芻議》,《簡帛》第八輯,第 258 頁。
③ 關於里耶秦簡的刻齒簡牘,參看大川俊隆、籾山明、張春龍《里耶秦簡中的刻齒簡と〈數〉中的未解讀簡》,《大阪産業大學論集:人文·社會科學編》第 18 號,2013 年。但我們在該文中說"笥"和"笞"的"内容物不明"是錯誤的。不交代"內容物"而只寫"笥""笞"是繳納箱子本身的證據。
④ 陳劍《讀秦漢簡札記三篇》,《出土文獻與古文字研究》第四輯,上海古籍出版社,2011 年。
⑤ 關於書府的專論,有井上亘《漢代の書府——中國古代における情報管理技術》,《東洋學報》第 87 卷第 1 號,2005年。筆者不同意井上的一些創見,但由於篇幅的關係,在此不討論這個問題。

事。蒼梧郡攸縣爲了鎮壓利鄉的"反",三次徵發"新黔首"組織討伐軍,但前兩次戰敗,"新黔首"帶着兵器躲在山中,主管此事的令史也抛棄名籍逃亡("棄籍去亡")。攸縣應該把逃走的"新黔首"抓來審判,但因爲被徵發的人的名籍的副本都在一個笥中("名籍副併居一笥中"),主管人也不在,無法辨別要逮捕的人。爲了收拾這場混亂,鄰近的南郡派遣了覆獄之吏。後來主管的令史出來了,讓他確認名籍,但由於每個"新黔首"的記錄缺少其係前後哪次徵發的具體信息,名籍之間没有一定的順序條例,十分雜亂,無法得知("不署前後發、毋章、朵不可智")。①"毋章"是"没有秩序"的意思,文書箱中收藏的名籍可能既没有編綴,也没有捆扎,也没有標題。

以上闡明了"簡牘—册書、束—笥"的階層結構。在此重新檢視一下標籤上的文字。在此關注的是表1中的"處理"一項,即"已事""已計""具"等很短的句子,類似的句子也散見於標題簡。但也有標籤上看不到的内容,如例11(8-122)的"須報"。這些記載既然寫在標題簡和標籤上,當然表示其對象物的屬性,同時也表示其工作狀態。例如"已事"指"已辦完的文件",同時也意味着使用此文書的工作告一段落。下面根據文書的實例作具體的説明。在此引用的是里耶秦簡8-197。這枚簡雖然下半殘缺,但因爲好幾個階段的信息集中寫在這一枚木牘上,可以説非常珍貴(圖8):

A. 卅四年正月丁卯朔辛未,遷陵守丞巸敢言之。遷陵黔首▨

　　佐均史佐日有泰抵已備歸,居吏被縣使及▨

　　前後書,至今未得其代。居吏少,不足以給事▨

　　吏。謁報,署主吏發。敢言之。　　　　▨

B. 二月丙申朔庚戌,遷陵守丞巸敢言之。寫上▨

C. 旦,令佐信行。　　　　▨　　　　　　　　　　　　　　(8-197 正)

D. 報別臧。　　　　▨

E. 正月辛未旦,居貲枳壽陵左行。　　　▨　　　　　　　(8-197 背)

A是卅四年正月五日寫的上行文書,E是其發信記錄。雖然由於簡牘下半殘損,有一些文意難懂的地方,但這件文書的核心内容應該是申説"居吏"的不足,要求補充人

---

① "朵"字的釋讀從陶安、陳劍《〈秦讞書〉校讀札記》,《出土文獻與古文字研究》第四輯。根據陶、陳二氏的意見,"朵"大概是"雜亂"一類意思。

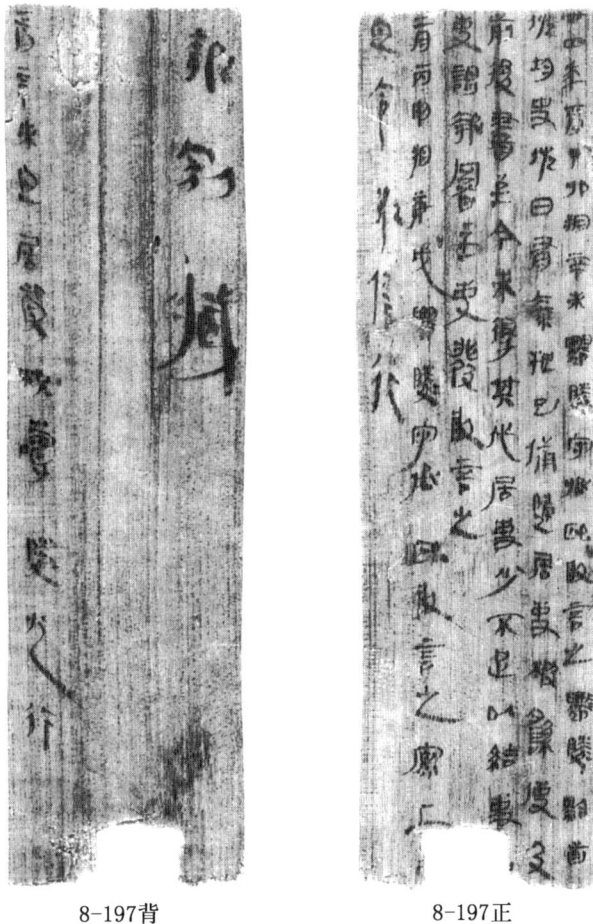

8-197背　　　　　　　　　8-197正

圖 8　里耶秦簡 8-197

員。①收信人可能是洞庭郡。發信人是"遷陵守丞",但這個文書要求對方在回信上寫主吏啓封("署主吏發"),據此推測,真正的負責部門是"主吏"即遷陵縣的吏曹。②這件文書在發出時只寫 A,原文書當然被送到對方,遷陵縣則保留了有發信記録 E 的副本 A。這件文書說"謁報"即"請回信",因此在縣廷保管的副本上應該附"須報"的標題。

B 是二月十五日寫的上行文書,C 是其發信記録。内容是"寫上",即"抄寫遞送"。這意味着遷陵縣再次發出了内容與 A 基本相同的文書 A'。這麽做可能是因爲一直没有收到回信,其文書 A'是抄寫手上保留的副本 A 而做成的。遷陵縣在把 A'＋B 的文書向對方發送的同時,把 B＋C 寫在副本 A＋E 上。於是這個副本成爲 A＋B＋C＋E,

---

① "居吏"是與退任的吏相對的概念,義爲"留於原任的吏"。陳偉主編《里耶秦簡牘校釋(第一卷)》,第 109 頁。

② 筆者對"署發"的解釋,參籾山明《湖南龍山里耶秦簡概述》,《中國古代訴訟制度研究》,京都大學學術出版會,2006 年;李力譯,《中國古代訴訟制度研究》,上海古籍出版社,2009 年。

在縣廷保管。此時還没有收到回信，因此其標題仍然是"須報"。

　　D 是用大字寫的注記。"報別臧"是"回信在別處保管"的意思。這一句應該是在關於二月十五日所發 A' ＋ B 文書的回信到達後，寫在縣廷所保管的副本上的。回信的内容不明，但至少可以確定，訴説"居吏"的不足，並要求解決的這件事以"報"的到達告一段落。從文書的角度説，副本 A ＋ B ＋ C ＋ D ＋ E 成爲了"既決事項的記録"。到了這個時候，標題從"須報"變成"已事"，副本 A ＋ B ＋ C ＋ D ＋ E 放入附有"已事"標籤的文書箱中。①從"報別臧"這一注記看，副本本身顯然也被"臧"。這個副本後來被廢棄在一號井中，然後被發掘出來，成了 8-197 簡。

　　那麽"已計""（已）具"等詞如何理解呢？"已計"應該是"已經統計"的意思。例如標籤 k"倉曹當計禾稼出入券已計"表示此笥的内容物是"已經統計"的禾稼出入券，同時也意味着其出入券的"統計工作結束"。②"當"表示"應當"統計，如果没有這個必要，寫"不當"。③但即使是"不當"的事情，也應當要記録和報告。上引標題簡 16"三月壹上發黔首有治爲不當計者守府上簿式"證明，不需要統計的徵發也整理成簿籍，並定期作報告。④

　　"具"，《廣韻》云："備也，辦也。"（去聲遇第十）指必要的東西齊備的狀態。從"人"的角度來看也有接下來要處理的事情或工作已"準備完畢"的意思。例如，居延漢簡中多見的"具弩"是"裝配完畢，隨時可以使用的弩"的意思，里耶秦簡 6-25 簡有"木具機四"一句，此"具機"可能也指"裝配完畢，隨時可以使用的織機"。⑤睡虎地秦簡《語書》中很有名的一句"今法律令已具矣，而吏民莫用"（3 簡）是批評法令已經具備，隨時可以適用，但官

---

① 這種情況下，標題簡或標籤上寫的年月可能是文書上所寫的年月。這個年月與工作真正結束的年月不一定一致。筆者之所以如此認爲是因爲標題簡和標籤的功能是表示所保管文書本身的屬性。

② "禾稼出入券"是穀物出納時製作的券，具體指關於粟米和稻的刻齒簡。參看大川俊隆、籾山明、張春龍《里耶秦簡中的刻齒簡と〈數〉中的未解讀簡》。題爲"倉曹計録"的 8-481 簡所見"禾稼計"當是這種"禾稼出入券"的統計結果。

③ 8-1763 簡"▢當墾田十六畞／▢已墾田十九畞"的"當墾田"是規定必須耕作播種的田地，"已墾田"是已經耕作播種的田地。秦律中的"墾"，義爲"耕作，播種"。參看山田勝芳《秦漢財政史的研究》，汲古書院，1993 年，第 36 頁以下。

④ 標籤 k 上的筆迹不同的"縣相付受"當是張家山漢簡《二年律令・行書律》所見"郡縣官相付受財物當校計者"的意思。

　　諸獄辟書五百里以上，及郡縣官相付受財物當校計者書，皆以郵行。（276 簡）

彭浩認爲所謂"郡縣官相付受財物當校計者書"包括"A，郡縣官員管理財物的審校報告"和"B，上計文書"兩種（彭浩《讀張家山漢簡〈行書律〉》，《文物》2002 年第 9 期），但根據標籤 k 的記載，此詞只指 A。

⑤ 林巳奈夫《中國殷周時代的武器》，朋友書店，1999 年，第 307 頁。勞榦把"具弩"解釋爲"配置已完可以立用"的弩。此"配置"應該是部署在要地的意思，那麽勞榦的解釋與林氏不同（《居延漢簡考證》，《居延漢簡 考釋之部》，"中研院"歷史語言研究所，1960 年，第 48 頁）。至於織機構件的名稱，參見渡部武《畫像が語る中國的古代》（平凡社，1991 年，第 195 頁）有一覽表。

吏和百姓仍然不遵守的情況。

知道"具"的這個詞義,里耶秦簡的標題簡和標籤所記的"具"字也就很好理解了。我們重新看一下有"具"字的簡,共有五枚,其中文字不清晰的標籤 r 在此不討論:

標題 8. ■史象已訊獄束十六已具☐ 　　　　　　　　　　　　　(8-1556)

標籤 b. 群志/式具此/中"已"　　　　　　　　　　　　　　　　(8-94)

標籤 l. 從人論報/擇免歸致/書具此/中　[圖案]　　　　　　　(8-777)

標籤 n. 卅三年當計/券出入笥/具此中　　　　　　　　　　　　(8-1200)

三枚標籤所見的"具此中"是"此笥中具備"的意思。標籤 b 所説的"群志式",如徐世虹所指出,"應是各種志的文書範式"。[1]因此"群志式具此中"的意思是"此笥中齊備各種'志'的文書範式"。換句話説,這是"製作'志'的準備完畢"的意思。標籤 l 的"從人"是"因別人犯罪從坐(連坐)"的意思,"擇"讀爲"釋",此句可以解釋爲"此笥中具備因別人犯罪從坐而被判有罪之人,被釋放歸鄉時的致書"。此"致書"是睡虎地秦簡《秦律雜抄·敦表律》所見的"致":

　　　冗募歸,辭曰日已備,致未來,不如辭,貲日四月居邊。　　　　(簡 35)

這是説明歸鄉事由的一種證明文書。[2]"具此中"可能表示笥中的文書齊畢,隨時可以參考。標籤 n 的"當計",如上所述,是"應當統計"的意思,"券出入"是"出入券"的倒文,此句的意思是此笥中具備三十三年應當統計的出入券。這種情況下,笥中收藏的是爲了統計準備完畢的券。

標題 8 乍看起來似乎没有什麽不好懂的地方。但"獄"字是單獨表示"關於獄案的文書",還是屬上讀而義爲"訊獄",這一點的確不好判斷。然而,"史"是獄史或令史,附上此標題的對象物是訊問記録,這些都毫無疑問。[3]"十六"指構成"束"的簡牘的枚數,也不難想象。但 16 枚的結構却不是很清楚。或許是像第二節所引里耶一號井第九層出土的 12 枚木牘(9-1 至 9-12)那樣是各自獨立的 16 件文書的束,但也有可能是只記録一

① 徐世虹《秦"課"芻議》,《簡帛》第八輯,第 264 頁。

② 安忠義説《敦表律》所見的"致","顯然是用來證明服役日期的憑證"(《秦漢簡牘中的"致書"與"致籍"考辨》,《江漢考古》2012 年第 1 期,第 113 頁)。但筆者認爲"致"本身不一定記載服役日期。參看青木俊介《肩水金關漢簡的致と通關文書》,《日本秦漢史研究》第 12 號,2014 年。

③ 筆者在拙著中簡單地指出過令史中從事治獄的人稱爲獄史。籾山明《出土法制史料と秦漢史研究》,《中國古代訴訟制度の研究》,京都大學學術出版會,2006 年,第 15 頁;李力譯,上海古籍出版社,2009 年,第 13 頁。

起案件的一套文書。此外，"已具"的訊問記録提供給下一個怎樣的工作？爲了解答這些疑問，下一節首先闡明構成標題 8 之正文的簡的類型。然後根據相關史料探討這類文書和下一個工作的關係。

四、與訴訟有關的文件與工作

（一）訊問記録

根據睡虎地秦簡和張家山漢簡所見的記載，秦漢時代的訊問手續大致可以概括如下：對嫌疑人的訊問叫"訊"，供詞叫"辭"。供詞要一一記録，其目的不是只記録事實，而是讓嫌疑人供認罪行。如果在訊問過程中供詞出現矛盾，就反復進行詰問和辯解。辯解叫"解"或"解辭"，以"毋它坐罪""毋它解"等句結束。①因此，如果要找出訊問記録的正文，"訊""辭""詰""解（辭）"和"毋它坐罪""毋它解"等句子可以作爲其綫索。基於這個理解翻檢第八層出土的簡牘，具有共同特徵的一些簡牘引起了我們的注意。那就是以下列舉的 25 枚：②

（1）詰孔兼寄戍卒大夫□食　　　　　　　　　　　　　　　　　　　　（8-231）

（2）訊敬辭曰 敬 ☑　　　　　　　　　　　　　　　　　　　　　　　（8-246）

（3）等何解辭曰□等鞫獄弗能審誤不當律　　　　　　　　　　　　　　（8-314）

（4）給事故毋它解它如☑　　　　　　　　　　　　　　　　　　　　　（8-380）

（5）☑書辭曰受書☑　　　　　　　　　　　　　　　　　　　　　　　（8-599）

（6）言訊應不能令且當罪何解辭曰罪☑　　　　　　　　　　　　　　（8-691 正）

　　訊言吏不能其事故有令今☑　　　　　　　　　　　　　　　　　（8-691 背）

（7）廷詣及上解牒今以書言署獄☑　　　　　　　　　　　　　　　　　（8-804）

（8）薄已何解　　　　　　　　　　　　　　　　　　　　　　　　　　（8-874）

（9）六月乙丑獄佐暨訊戍＝私留苑中　　　　　　　　　　　　　　　　（8-877）

---

① 籾山明《秦漢時代の刑事訴訟》,《中國古代訴訟制度の研究》。
② 例（10）的綴合從何有祖的意見，例（18）的綴合從魯家亮的意見。參看何有祖《里耶秦簡牘綴合（七）》,簡帛網,2012年 6 月 25 日;陳偉主編《里耶秦簡牘校釋（第一卷）》。

（10）☐辭曰誠與倉衡佐歜乚華雜訊旁辭曰士五☐　　　　　（8-1298＋8-1354）

（11）☐☐者毋有辭曰敦長車徒　　　　　　　　　　　　（8-1299）

（12）☐☐訊事未已雜　　　　　　　　　　　　　　　　（8-1351）

（13）尉史士五郫小莫邨般毋它坐　　　　　　　　　　　（8-1364）

（14）訊德辭曰昌有它罪爲　　　　　　　　　　　　　　（8-1569）

（15）以決事解何殹☐　　　　　　　　　　　　　　　　（8-1639）

（16）☐☐一日毋它坐它如☐☐☐　　　　　　　　　　　（8-1659）

（17）☐解它如前☐　　　　　　　　　　　　　　　（8-1711）

（18）☐解曰巫論當田不☐☐　　　　　　　　（8-1753＋8-2223）

（19）☐何解辭曰　　　　　　　　　　　　　　　　（8-1792）

（20）乛敬令曰諸有吏治已決而更治者其罪節重若

　　　　　　　　　　　　　　　　　　　　　（8-1832＋8-1418）

（21）益輕吏前治者皆當以縱不直論今甾等當贖　　　（8-1133）

（22）耐是即敬等縱弗論殹何故不以縱論　　　　　（8-1132 正）

　　　贖　　　　　　　　　　　　　　　　　　　　（8 1132 背）

（23）☐行餘書毋它坐☐　　　　　　　　　　　　　（8-2109）

（24）☐毋它坐☐　　　　　　　　　　　　　　　　（8-2264）

（20）、（21）、（22）三枚，《里耶秦簡牘校釋》指出可以綴合和連讀。此外還指出下引的一枚簡與此三枚有關：[1]

（25）甾等非故縱弗論殹它如劾　　　　　　　　　　（8-1107）

　　以上的 25 枚簡不僅都記有與訊問手續有關的文字，簡的形狀和書寫形式也一致。也就是説，簡是高村分類○一型最標準的木簡，字較大，字距較寬。除了（6）和（22）外，都沒有使用背面。這些特徵很適合於記録嫌疑人的供詞這一目的。[2]把字距拉寬，使用幾枚簡札，便於補充和修正。（4）確實在

圖 9 里耶秦簡 8-380

---

① 此綴合從魯家亮的意見。參看陳偉主編《里耶秦簡牘校釋（第一卷）》，第 281 頁。

② 《史記·絳侯周勃世家》中有一個故事，説周勃以謀反的嫌疑被捕，獄吏在"牘背"寫"以公主爲證"提示他。如果知道記録訊問的簡一般不使用背面，這個故事也就好理解了。"牘"有時候也指小幅的簡札，參看高村武幸《秦漢時代の牘について》，《人文論叢》（三重大學人文學部文化學科）第 30 號，2013 年。

"事"字和"毋"字間加了一個"故"字(圖 9)。然而一枚簡上能寫的字數有限,要詳細記錄訊問的經緯,可能需要 10 枚以上的簡牘。①

如果認爲構成標題 8 正文的是這種簡,"十六"的數字也可以説明。也就是説,那是記錄一次訊問時使用的簡牘枚數。換句話説,附加標題 8 的是一件訊問記録。訊問每次結束(即"已訊"或"已訊獄"),負責案件的獄史都會計算自己書寫的簡牘枚數,把其數字和其他信息一起寫在標題簡上。因此最後一句的"已具"表示記録訊問過程的工作已結束,同時也意味着爲下一個手續的準備完成。訊問記録成爲附有標題的簡牘束,提供給接下來的工作。

(二) 正式審理

張家山漢簡《奏讞書》案例十七有如下一段:

●詰訊毛于詰〈講〉,詰〈講〉改辭如毛,其鞫曰:講與毛謀盜牛,審。二月癸亥,丞昭、史敢、銚、賜論,黥講爲城旦。　　　　　　　　(簡 105—106)

從這個記載可以知道,訊問、詰問的下一個手續是"鞫"。在此把這個手續稱爲"鞫獄"。②如果上一小節的推論不誤,附有標題"已具"的訊問記録應該提供給鞫獄現場。

鞫獄的書式特徵是:開頭寫"鞫"或"鞫之",其次叙述主要罪行,最後以"審"即認定結束。從《奏讞書》中再介紹兩個例子:

●鞫之:毋憂蠻夷大男子,歲出賨錢,以當徭賦,窯遣爲屯,去亡,得,皆審。
　　　　　　　　(簡 5—6)

●鞫:平知種無名數,舍匿之,審。　　　　　　　　(簡 64—65)

里耶秦簡中也能找到書式與此相同的簡牘:

(26) 廿六年八月丙子遷陵拔守丞敦狐詣訊般夗等辭各如前　(8-1743＋8-2015 正)

●鞫之成吏ㄑ閒ㄑ起贅ㄑ平私令般夗ㄑ嘉出庸賈三百受米一石臧直百卌得成吏亡嘉死審
　　　　　　　　(8-1743＋8-2015 背)

---

① 因此,構成一件訊問記録的十幾枚簡中應該有一些簡上面完全不出現與訊問有關的字。例如 8-970、8-974、8-1033、8-1296 等,從書寫形式的特徵來看,似是訊問記録的一部分,但這只是推測,沒有確鑿的證據。
② "鞫獄"一詞見上引史料(3)的里耶秦簡。

這是兩枚殘簡綴合而成的完整的簡，正、背兩面都有記載。①背面的書式與《奏讞書》的鞫獄相同，正面記錄的是令和守丞訊問的結果。②這種使用正背兩面，而且書寫形式相同的簡還能找出幾例：

(27) 廿七年 八 月 丙 戌 遷 陵 拔 訊歐辭曰上造居成固畜□□☐

　　　□獄歐坐男子毋害詐僞自☐　　　　　　　　　　　　(8-209 正)

　　　●鞫歐失拜騶奇爵有它論貲二甲□□□☐　　　　　　(8-209 背)

(28) 廿九年正月甲辰遷陵丞昌訊☐

　　　書　　　　　　　　　　　☐　　　　　　　　　　　(8-1246 正)

　　　●鞫 之 悍上禾稼租志誤少五 穀 □☐　　　　　　　(8-1246 背)

(29) 廿九年七月戊午遷陵丞昌訊☐

　　　鞫之又留不傳閭中漕☐　　　　　　　　　　　　　(8-2191 正)
　　　　　　　　　　　　　　　　　　　　　　　　　　(8-2191 背)

(30) 廿六年六月癸丑遷陵拔訊槐蠻ㄑ衰☐　　　　　　　(12-10 正)

　　　鞫 之越人以城邑反蠻ㄑ衰ㄑ害弗智☐　　　　　　(12-10 背)

這些簡都是下半殘缺的斷簡，但從正背兩面的記載看，和(26)無疑是同類。需要注意的是(26)正面末尾的"辭各如前"一句。這是"供詞如上次所説"的意思，因此嫌疑人在此之前曾被訊問過一次。不難推測，那一次訊問是由獄史進行的。縣令和丞接續獄史的訊問結果進行審問，最後確定罪行。《嶽麓書院藏秦簡(叁)》的注釋中言及："一般的訊問是由獄史進行的，是一種預審，與現代警察、檢察所進行的審問相似，而鞫則由有權作出判決的縣令、丞等長官主宰，是司法程序中最核心的審理程序"。③ 這一理解合乎事實。筆者認爲，(27)—(30)所記的由令和丞進行的訊問，不管有没有"辭各如前"一句，也都是第二次訊問。因此我們可以判斷，獄史的訊問記録是提供給縣令、丞等長官主宰的"鞫"，也就是"司法程序中最核心的審理程序"。④

---

① 此綴合從魯家亮的意見。參看陳偉主編《里耶秦簡牘校釋(第一卷)》。
② 《里耶秦簡(壹)》和《里耶秦簡校釋》把有紀年的一面作爲"正面"，但認爲記有判決主文"鞫"的一面才是正面，似乎也不是不可能。
③ 朱漢民、陳松長主編《嶽麓書院藏秦簡(叁)》，上海辭書出版社，2013年，第110頁注39。釋文和注釋由陶安撰寫。
④ 附帶講，上文列舉的訊問記録的例子中，例(3)所載的供詞説，在鞫獄時没有經過充分的考慮就判爲"不當律"即無罪。這枚簡中訊問的對象是"某等"，很有可能指負責鞫獄的令、丞和史中的幾個人。

（三）獄已具

討論訴訟時需要引用的簡牘不止以上這些，但在此先整理一下以上討論的結果。首先要確認的是，訴訟的每一個手續都會製作有固定的書式和形狀的文件。從史料的角度看，訴訟可以看作幾種文件的集合體。每種文件不是互相獨立的存在而是相繼製作、互有關聯的。本節只指出訊問記錄在鞫獄文書中有所反映，但其他手續也可以指出同樣的情況。①如果把視角放在從事訴訟工作的官吏身上，這種文件的關聯性可以看作"一個階段接一個階段地進行的工作"（杉本一樹）的連環。在這種工作連環中成爲連接點的詞是"（已）具"。這個詞既表示文件的狀態，同時也意味着工作告一段落——一個工作結束，爲下一個工作的準備完畢。

只有認識這一點，才能够正確地理解張家山漢簡《二年律令·興律》的這條規定：

> 縣道官所治死罪及過失戲而殺人，獄已具，勿庸論，上獄屬所二千石官。二千
> 石官令毋害都吏復案，聞二千石，二千石官丞謹掾，當論，乃告縣道官以從事。
> 徹侯邑上在所郡守。
> （簡 396—397）

這條律文的主要意思是對死罪及過失殺人和戲殺要慎重進行論罪。這條律文中的"獄已具"，"三國時代出土文字資料の研究"班的譯注解釋爲"即使經過審判罪行已經具備"。②然而根據這個譯釋，"罪行已經具備"指怎樣的狀態很不清楚，作爲規定缺乏明確性。這條律文是説，如果是死罪及過失殺人和戲殺，即使"獄已具"，不能立即"論"。那麽反過來説，其他的犯罪，只要"獄已具"，就可以據此論罪。若果真如此，最合理的解釋是，這一句表示一個工作的結束，指"爲論罪所需要的工作已完成，有關文件都準備完畢"的狀態。因此，向所屬二千石官"上獄"時，呈上的爲論罪需要的所有文件。③其具體內容可能會按照案件的性質而不同，除了本節討論的訊問記錄和鞫獄記錄以外，還可以想到相關機構對事實查詢的回覆、獄吏的判決意見等，訴訟手續中積纍

---

① 例如睡虎地秦簡《封診式》中有一件向"縣主"查詢的文書引用"男子某"的供詞（《有鞫》6—7 簡）。

② 富谷至編《江陵張家山二四七號墓出土漢律令の研究（譯注編）》，朋友書店，2006 年，第 251—252 頁。

③ 雖僅是推測，但筆者懷疑這種情況下整套相關文件放入文書箱呈送。根據《續漢書·五行志》所載的故事，漢代郡國的上讞似乎使用"葦方笥"。《續漢書·五行志一》云："靈帝建寧中，京都長者皆以葦方笥爲椎具，下士盡然。時有識者竊言，葦方笥郡國讞篋也。今珍用之，此天下人皆當有罪讞於理官也。到光和三年癸丑赦令詔書，吏民依黨禁錮者赦除之，有不見文，他以類比疑者讞。於是諸有黨郡皆讞廷尉，人名悉入方笥中。"

的各種文書和記録。①

　　傳世文獻中所見的"具獄"是"獄已具"的另一説法。此詞在《漢書》等典籍中有幾例，多半可以理解爲"論罪需要的所有文件"。例如《漢書·于定國傳》説，有一位孝媳殺了婆婆，"具獄上府"，于定國察覺此案有冤情，於是與太守争辯，但太守不聽他的意見，于定國"抱其具獄，哭於府上，因辭疾去"。《漢書·何並傳》説，調任潁川太守的何並處死了郡中罪惡多端的郡掾和輕俠，"皆縣頭及其具獄於市"。《史記·酷吏列傳》所載的"張湯審鼠"的故事中，張湯判了老鼠，"具獄磔堂下"。他父親見到這情况，"觀其文辭如老獄吏，大驚，遂使書獄"。②《漢書·杜周傳》説，杜周之孫杜緩拜爲太常，治諸陵縣，"每冬月封具獄日，常去酒省食"。③既然"具獄"可以"抱"，有時與犯人的屍體一起公開，在請求皇帝裁決時把它封緘後上奏，那麼"具獄"一定是物質性的東西。《于定國傳》顔師古注"具獄者，獄案已成，其文備具也"指的也是文書和記録齊備的狀態。

　　上一節論及的《奏讞書》案例十八整體是關於南郡所派官員進行覆獄的記録，開頭引用攸縣令庫的話：

　　　　庫曰：初視事，蒼梧守竈、尉徒唯謂庫：利鄉反，新黔首往擊，去北當捕治者多，皆未得，其事甚害難，恐爲敗。庫視獄留，以問獄史氏，氏曰：蒼梧縣反者，御史恒令南郡復。義等戰死，新黔首恐，操其假兵匿山中，誘召稍來，皆揺恐。畏其大不安，有須南郡復者即來捕。　　　　　　　　　　　　　　　　　　　　（簡130—132）

"獄留"應理解爲斷獄手續停滯，其原因在於掌管名籍的令史銉的失踪。根據獄史氏的辯解，"銉主，遝未來，獄留須銉"（142簡），也就是説，已經發出對負責人銉的出庭命令，但他還没出面。斷獄手續一直停滯，等待銉來投案。覆獄吏把這個情况説成"獄留盈卒歲，不具斷"（153—154簡），即過了一年有關文件還没齊備，案件仍然無法結審。

　　蒼梧郡攸縣的案件過了一年還不能"具斷"，於是南郡受監御史的命令派了覆獄吏，

---

① 判決意見叫"當"，在下最終判決前由負責案件的官吏提出。例如張家山漢簡《奏讞書》案例一云："●吏當：毋憂當腰斬，或曰不當論。●廷報：當腰斬。"（簡7）此"吏當"是判決意見，"或曰"是反對意見，"廷報"是廷尉下的最終判決。
② "遂使書獄"一句意味"命令張湯作成文書"。沈欽韓《漢書疏證》卷二九："父爲長安丞，丞主獄，凡傳逮出死之事，皆令書之。"此説可從。
③ 在此説"冬月"，説明這是關於死刑的具獄。不僅如此，其他具獄的例子也都與死刑有關。如果把這些例子和上引《二年律令》興律結合起來看，讓人覺得饒有趣味。

由此覆獄吏徹底重新審判。仔細記録其經過的簡牘附有如下一枚標題：

●南郡卒史蓋廬、朔田、假卒史鱃復攸庳等獄簿　　　　　　　　　　　　　（124）

由幾十枚簡牘構成的正文，除了上文討論的鞫獄文書外，還有多種内容，如訊問記録、判決意見、覆獄吏的行動記録等。其整體被稱爲"獄簿"。①構成案例十八的底本資料，可能附上這種標題簡放入文書箱。下文云"●御史下書別居它笥"（129簡）表明獄簿本身也收藏在笥中，此情況與上一節所引里耶秦簡 8-197 的"報別臧"相同。

筆者認爲里耶秦簡中所見的有關訴訟的一套文件最後也彙集成"獄簿"，附上標題，置入文書箱中保管。第八層出土簡牘中有一枚簡云：

（31）男子皇楑獄簿　　　　　　　　　　　　　　　　　　　　　　　　☒

　　　廿六年六月癸亥，遷陵拔、守丞敦狐、史畸治☒　　　　　　　　（8-406）

這枚簡雖然下端殘缺，但上面的文句似乎完整。簡頭不塗黑，這一點與標題簡的形式不同，但參考《奏讞書》案例十八的標題，這枚簡應該是獄簿的標題。遷陵拔和守丞敦狐的組合亦見上引例（26），畸在 8-1518 簡中作爲"令史畸"出現。此三人可能作爲訴訟手續全部的負責人，對案件負最終責任。這枚簡很有可能附在關於男子皇楑的案子的文件上。然後其文件單獨地或與同一年的其他獄簿一起，置入文書箱中。上一節引用的標籤 v"卅年獄南／曹斷獄"（8-1874）可能挂在這種笥上。獄南曹是遷陵縣廷的諸曹之一，與獄東曹共同負責刑事案件。保管審完的案子的獄簿，當然是爲了乞鞫（申請再審）等時之檢查作準備。《奏讞書》案例十七説因爲有人乞鞫，"覆視其故獄"。此"故獄"的實質疑是這種笥内保管的獄簿。

結　語

從官吏工作的角度整理本文得到的新認識。官吏製作的文書和記録被編成束或册

---

① 《史記·李將軍列傳》"士吏治軍簿至明"的"軍簿"可以説是"簿"用爲文書和記録的總稱的一個例子。這一句表示程不識部隊的"煩擾"，與表示李廣部隊的"簡易"的"莫府省約文書籍事"相對應，因此"軍簿"應該與"幕府的文書籍"意思相同。

書,並附上標題簡。標題簡有時候不僅寫關於文書内容的信息,也寫"須報""已事""已具"等説明工作狀態的句子。"須報"的文書有時候須等得到回信後再行補記。"已事""已具"的簡牘的束或册書單獨地或與相關的同類束或册書一起,置入笥(文書箱)中,並把記録内容物信息的標籤附在上面。標籤上也寫"已事""已計""已具"等句子,表示工作完畢的狀態。

標題簡和標籤在工作告一段落時製作並附上,因此以其記載内容爲綫索,可以復原官衙内的工作流程,有時候能集成當時製作的文書和記録。這個方法對訴訟制度的復原很有效。訴訟是各種手續的連環,因此如果根據標題簡和標籤的記載集成各個階段製作的相關簡牘,分析其記載内容,我們能够根據當時製作的原始文件闡明訴訟制度的真實情況。例如訊問手續時記録嫌疑人的供詞,其簡牘束附上標題"已具",提供給接下來進行的鞫獄手續。鞫獄時,根據訊問記録進行審判,並認定罪行,其結論以固定的書式寫在形狀與訊問記録不同的簡牘上。每種手續中製作的文書和記録不斷增加,最後論罪。史書中散見的"具獄"一詞表示爲論罪需要的所有文件齊備的狀態。

作爲出土文字史料的里耶秦簡的特徵在於它是在遷陵縣官衙内製作並發揮功能的文件本身。可以説這個特徵給里耶秦簡賦予了睡虎地秦簡和張家山漢簡所没有的價值。筆者在本文中曾論及,里耶秦簡文書和記録的書式往往在張家山漢簡《奏讞書》中能找到一致的例子。筆者曾指出《奏讞書》是利用比較接近原貌的公文書説明關於疑案的判斷的書籍,因此里耶秦簡和《奏讞書》的書式往往一致也不令人感到意外。[1]在解釋術語、字句時,如果把這兩種史料互相參照,往往有很大的效用。

然而,如果要討論簡牘形狀、書寫形式等文字信息以外的屬性,能從《奏讞書》中得到的信息則有限。這也是當然的事,因爲《奏讞書》是一種典籍,它關注的只是文字信息的記録和傳達,文書和記録具有的其他屬性都不在它關注的範圍内。但其原始文件應該都具有固定的形狀和書寫形式。在行政和司法的現場,簡牘的形狀及書寫形式和文字信息是密不可分的關係。[2]此事本文中以有"報别臧"補記的木牘、訊問和鞫

---

① 籾山明《司法經驗の再分配》,《中國古代訴訟制度の研究》,第 277 頁;李力中譯本,第 243—244 頁。
② 本文引用的一些例子很清楚地表明,葬禮中使用的隨葬簡牘的形狀也有很多種。可以説,即使是葬禮中使用的簡牘,其形狀、書寫形式和文字信息也有密不可分的關係。

獄中使用的簡册爲例進行了討論。簡牘形狀和書寫形式也是其功能的一部分。如果忽視這個事實,里耶秦簡的研究是根本無法進行的。在此確認以上的認識,等待更多資料的公開。

廣瀨薰雄(復旦大學出土文獻與古文字研究中心)、劉欣寧("中研院"歷史語言研究所)譯

後記:本文得以成稿,承蒙廣瀨薰雄、劉欣寧兩位博士的翻譯和指教,又曾在會議上得到邢義田、李均明、徐世虹、趙晶、陳昭容、陳炫瑋、游逸飛以及宫宅潔先生的重要指教,修訂過程中得到角谷常子、陶安教授的批評,謹此一併致謝。同時感謝匿名評審專家提出的寶貴意見。惟一切的錯誤由作者自行負責。

本文原載柳立言主編《史料與法史學》,"中研院"歷史語言研究所,2016年,第37—68頁。

里耶簡牘所見秦即墨考[*]

鄭　威

武漢大學歷史學院

乾嘉以降，秦郡研究聚訟紛紜。20 世紀以來，秦封泥、簡牘材料爲秦郡研究提供了新的資料，帶來了不少新認識。近些年，隨着里耶簡牘等出土文獻的不斷整理和漸次公布，爲釐清一些爭訟多年的問題提供了綫索。本文擬依據里耶簡牘材料及其他相關的出土資料和傳世文獻，初步探討秦即墨郡的設置年代。不當之處，懇請方家不吝賜正。

戰國時期，齊國實行五都制，都下置縣，即墨爲五都之一，即墨大夫治之。《史記·田敬仲完世家》記曰：

> 威王初即位以來，不治，委政卿大夫，九年之間，諸侯並伐，國人不治。於是威王召即墨大夫而語之曰："自子之居即墨也，毀言日至。然吾使人視即墨，田野辟，民人給，官無留事，東方以寧。是子不事吾左右以求譽也。"①

即墨歷來是齊國東部重鎮，故齊威王説即墨治則齊"東方以寧"。作爲五都之一，即墨下轄縣邑，其性質近於秦、楚之郡。

秦於始皇帝二十六年滅齊，並在齊地置郡。出土秦封泥有"即墨太守"，周曉陸先生認爲"可證秦在即墨設郡"，②得到了較普遍的認可。關於即墨置郡的情況，辛德勇先生曾有討論，認爲秦滅齊後，繼承了齊國的五都制，改即墨都設即墨郡。他談到：

> 當戰國末年秦人滅齊之前，……齊國所剩存的疆土，只有臨菑、高唐、城陽（或

---

* 本文爲國家社科基金重大項目"出土先秦文獻地理資料整理與研究及地圖編繪"（18ZDA176）、武漢大學 2018 年自主科研項目"東周秦漢楚地的空間整合與演進研究"成果。

① 司馬遷《史記·田敬仲完世家》，中華書局，2013 年，第 2277 頁。
② 周曉陸、路東之編著《秦封泥集》，三秦出版社，2000 年，第 268 頁。

莒)、即墨四都之地。正是因爲滅齊之初,無暇建置,這才因承齊國現行的五都之制,在所剩存的臨淄等四都地界,各自設置一郡,這便是臨菑郡(臨菑都)、濟北郡(高唐都)、城陽郡(城陽或莒都)、即墨郡(即墨都)。①

不過,在"即墨太守"封泥公布之前,傳統觀點一般認爲滅齊後秦僅置齊、琅邪二郡。如王國維先生説"于齊略分爲齊與琅邪二郡"。②譚其驤先生説"始皇既舉全齊,遂裂其地以爲齊、琅邪二郡"。③那麼,秦即墨郡是否置於滅齊之初? 它與琅邪郡之間有着怎樣的關係? 新公布的里耶秦簡牘材料爲解析這個問題提供了綫索。

《里耶秦簡(壹)》8-657 號簡文揭示了秦琅邪郡尉遷治即墨之事,内容如下:

　　☑亥朔辛丑,琅邪叚(假)[守]☑敢告内史、屬邦、郡守主:琅邪尉徙治即[默]☑

　　琅邪守四百卅四里,卒可令縣官有辟、吏卒衣用及卒有物故當辟征遝☑

　　告琅邪尉,毋告琅邪守。告琅邪守固留費,且輒却論吏當坐者。它如律令。敢

□☑

　　□一書。·以蒼梧尉印行事。/六月乙未,洞庭守禮謂縣嗇夫聽書從事☑

　　□軍吏在縣界中者各告之。新武陵別四道,以次傳。別書寫上洞庭尉。皆勿留。/葆手。

　　/驕手。/八月甲戌,遷陵守丞膻之敢告尉官主:以律令從事。傳別[書]貳春,下卒長奢官。/□手。/丙子旦食走印行。④

《校釋》:"即默,應即'即墨',縣名。《漢書·地理志》屬膠東郡,治所在今山東平度東南。"簡文記載琅邪郡假守(代理郡守)通告内史、屬邦及各郡,告知琅邪郡尉徙治即墨,郡尉治所距離郡守治所四百三十四里等事。該通告由蒼梧郡尉轉發至洞庭郡守,洞庭守禮令"新武陵別四道,以次傳",即從新武陵出發,分四條綫路依次傳達至郡内各縣,並另抄寫一份,送至洞庭郡尉府。

　　據這段簡文可知,秦琅邪郡尉治所曾遷至即墨。從漢郡情況來看,存在郡守、郡尉治所分在兩地的情況,秦郡也當有這種情形。《校釋》亦稱:"看這條簡文,至少在秦滅齊

① 辛德勇《秦始皇三十六郡新考》,《秦漢政區與邊界地理研究》,中華書局,2009 年,第 69 頁。
② 王國維《秦郡考》,《觀堂集林(外二種)》,河北教育出版社,2003 年,第 274 頁。
③ 譚其驤《秦郡新考》,《長水集(上)》,人民出版社,2009 年,第 9 頁。
④ 陳偉主編,何有祖、魯家亮、凡國棟撰著《里耶秦簡牘校釋(第一卷)》,武漢大學出版社,2012 年,第 193 頁。下文簡稱"《校釋》"。本文所引《里耶秦簡(壹)》簡文,如無特殊説明,均以《校釋》爲準,不再出注。

之後的一段時間，即墨爲琅邪屬縣，並曾爲郡尉治所。"顯然，琅邪置郡在先，應在滅齊之初。又結合封泥材料可知，秦曾置即墨郡，頗疑琅邪郡尉徙治即墨，是爲新置即墨郡作準備。郡尉治所徙後不久，即析琅邪而置即墨郡。

此外，《史記》之《項羽本紀》及《田儋列傳》都記載了項羽曾徙齊王田市爲膠東王，譚其驤先生說："按項羽封建諸王，率因秦郡之舊，則以秦置爲是。"並指出秦有膠東郡，認爲係由琅邪郡析置，①《中國歷史地圖集》勾畫了秦膠東郡之範圍，以其郡治即墨。②漢初高帝子劉肥齊國有琅邪、膠東七郡，其中膠東郡治即墨，當承襲自秦。結合簡文和封泥材料來看，琅邪置郡後，當先析置即墨郡，後改即墨稱膠東，至漢初未改。

由於簡文殘斷，琅邪郡尉遷治即墨的時間已不清楚，不過可從簡文中的干支曆朔加以推測。從琅邪郡至洞庭郡，路途遥遠，琅邪郡假守發布通告之後，該通告分數條路綫傳播，其中一條經蒼梧郡轉達洞庭郡。該簡簡首殘斷爲"☐亥朔辛丑"，應是琅邪郡假守發布通告的日期，在某年某月辛丑日，該月朔日爲"☐亥"。該通告轉達洞庭郡後，在六月乙未這一日由洞庭郡守下令發至郡内各縣及郡尉府，八月甲戌日遷陵縣守丞加以回覆，並在八月丙子日出發呈送郡府。

秦於始皇帝二十八年滅齊，比對戰國秦漢曆譜，③在滅齊之後，既滿足①六月有乙未日，②八月有甲戌、丙子日，③六月前某一月朔日爲"☐亥"，④且該月有辛丑日等四個條件的僅有秦始皇二十七年和二十八年。二十七年四月乙亥朔，辛丑爲二十七日；六月甲戌朔，乙未爲二十二日；八月癸酉朔，甲戌爲初二日，丙子爲初四日。二十八年五月己亥朔，辛丑爲初三日；六月己巳朔，乙未爲二十七日；八月戊辰朔，甲戌爲初七日，丙子爲初九日。

檢核簡文中二十七年的曆朔，有"廿七年二月丙子朔"（簡16-6）④、"廿七年三月丙午朔"（簡8-1510）、"廿七年八月甲戌朔"（簡8-133），其中前兩條與《曆譜》相合，後一條與《曆譜》不合，《曆譜》爲八月癸酉朔，相差一日。再比對嶽麓書院秦簡《二十七年質日》篇，亦稱"八月癸酉朔"，⑤與《曆譜》相同，與里耶簡文不同。針對這個問題，李忠林先生

① 譚其驤《秦郡新考》，《長水集（上）》，第9頁。
② 譚其驤主編《中國歷史地圖集》第2册，中國地圖出版社，1982年，第7—8頁。
③ 徐錫祺《西周（共和）至西漢曆譜》，北京科學技術出版社，1997年，第1244—1248頁。下文簡稱《曆譜》，不再出注。
④ 湖南省文物考古研究所編著《里耶發掘報告》，嶽麓書社，2006年，第193頁。
⑤ 朱漢民、陳松長主編《嶽麓書院藏秦簡（壹）》，上海辭書出版社，2010年，第47頁。

有過專門研究,指出:

> 由前揭里耶秦簡"(秦始皇)廿七年八月甲戌朔"就能看出,《二十七年質日》中的"八月癸酉"不是八月的朔干支而是七月的晦日干支,這年七月甲辰朔,是大月。……嶽麓書院藏秦簡《質日》屬於記事簿册性質,……這種記事簿册的特點是以日干支爲單位預先占取簡面以備記事,由於日志的性質,它儘可能多但不保證全部書寫全年日干支,其隨意性是很明顯的。①

他肯定了里耶簡文"廿七年八月甲戌朔"的正確性,認爲《質日》一類的日志類記事簿的日干支記載隨意性很強。陳偉先生則認爲里耶簡牘的曆日具有官方性質,嶽麓秦簡質日僅是民間的曆表。②顯然,秦始皇二十七年八月的朔日當以里耶簡 8-133 的記載爲準。

通覽已公布的里耶簡牘的記日文字,但凡某一日爲該月朔日的話,必然標出"朔日"二字。這樣的例子很多,有的格式較完整,寫作"年 + 月 + 某日(干支)朔 + 朔日",如"卅二年三月丁丑朔朔日"(簡 8-62)、"卅二年二月壬寅朔朔日"(簡 8-154)之例;有的格式較簡略,寫作"(年 +)月 + 朔日",如"卅五年三月朔日"(簡 8-765)、"七月朔日"(簡 8-175)、"九月朔日"(簡 8-653、簡 8-1258)、"十二月朔日"(簡 8-740)等例。按此,由於簡 8-133 已明確記載"廿七年八月甲戌朔",若琅邪郡尉遷治即墨之年果爲二十七年的話,則簡 8-657 之"八月甲戌"應寫爲"八月甲戌朔朔日"或"八月朔日"。既然直書爲"八月甲戌",説明該日必非朔日。由此判斷,琅邪郡尉遷治即墨之事當不在秦始皇二十七年。

排除了二十七年之後,不難判斷,琅邪郡尉遷治即墨在始皇二十八年的可能性最大。再檢核簡文中二十八年的曆朔,有"廿八年二月辛未朔"(簡 9-31)③、"廿八年五月己亥朔"(簡 8-170、8-742)、"廿八年六月己巳朔"(簡 8-1518)、"廿八年七月戊戌朔"(簡 8-767、8-1562、8-1563)、"廿八年八月戊辰朔"(簡 9-984)④,與《曆譜》二十八年均相合。

按此,簡 8-657 首端當爲"(廿八年五月己)亥朔辛丑",即在五月辛丑(初三)日,琅邪假守發出文書。至六月乙未(二十七)日,洞庭郡守將文書轉發郡中諸縣。八月甲戌(初七)日,遷陵守丞書寫文書回覆,該文書隔一天之後,在八月丙子(初九)日發出呈送

① 李忠林《嶽麓書院藏秦簡〈質日〉曆朔檢討——兼論竹簡日志類記事簿册與曆譜之區別》,《歷史研究》2012 年第 1 期。
② 陳偉《嶽麓書院秦簡〈質日〉研究》,《中國出土資料研究》第 16 號,2012 年,第 71—85 頁。
③ 陳偉主編,魯家亮、何有祖、凡國棟撰著《里耶秦簡牘校釋(第二卷)》,武漢大學出版社,2018 年,第 43 頁。
④ 湖南省文物考古研究所編著《里耶發掘報告》,嶽麓書社,2006 年,第 191 頁。

郡府。

秦始皇二十八年,琅邪郡尉遷治即墨,即墨置郡之年或在此後不久。嶽麓書院秦簡第0370號簡文稱:"郡尉不存,以守行尉事,泰守不存,令尉爲假守,泰守、尉皆不存,令吏六百石以上及守吏風莫(模)官……"①依此規定,發布這則通告的琅邪郡假守或許是琅邪郡尉,代行郡守之職,在尉治遷即墨,且置即墨郡後,或許改任即墨太守。

由里耶簡牘我們首次知道,秦始皇二十六年滅齊後,秦人並未直接改都爲郡。五都之一的即墨都入秦後屬琅邪郡,析置爲郡的時間在秦始皇二十八年之後。齊亡於秦的時間最晚,齊亡之後不久,秦分天下爲三十六郡。《史記·秦本紀》曰:"初並天下爲三十六郡。"《秦始皇本紀》亦曰:"分天下以爲三十六郡。"倉促之間,繼承齊地固有的五都制,改都爲郡,對秦人治理齊地來說無疑是最好的辦法,而事實並非如此。究其原因,應與秦始皇初定天下時將郡數確定爲三十六個有關。以"三十六"作爲秦郡數目,一般認爲依據的是秦人"數以六爲紀"之制,或說秦人以"十二"象徵天地之積。② 無論如何,統一之初的秦郡數量爲三十六個,是確鑿無疑的。由於滅齊最晚,需要用齊地之郡來湊合三十六之數,若直接改都爲郡,數量上或不能滿足這一要求,故將即墨都歸入琅邪郡。三十六郡確立之後,秦郡數量又有增改,至秦末有四十八郡之説,而爲了適應齊地固有的政區傳統,即墨在短暫歸屬琅邪郡之後,再次獨立了出來。

原刊於《江漢考古》2015年第5期,第103—106頁;收入本論文集時略有修改。

---

① 本段簡文由陳松長先生首先公布,見陳松長《嶽麓書院藏秦簡中的郡名考略》,《湖南大學學報(社會科學版)》2009年第2期。
② 辛德勇《秦始皇三十六郡新考》,《秦漢政區與邊界地理研究》,第53—59頁。

里耶簡牘所見秦遷陵縣鄉里考[*]

晏昌貴 武漢大學歷史學院

郭　濤 華中師範大學歷史文化學院

引　言

　　我們曾依據里耶簡牘復原郡縣結構及其分布,以此來觀察秦遷陵縣對外聯繫和行政文書往來的情況,以及秦帝國"文書行政"在一個偏遠的縣域的具體實施。[①]本文將依據里耶簡牘復原秦遷陵縣的鄉里結構。

　　根據里耶秦簡牘,今湖南龍山里耶鎮當即秦遷陵縣縣治所在地,這是没有疑問的。[②]據考古工作者調查、發掘,里耶古城位於里耶鎮東北部,東臨酉水,位於酉水河一級階地的前緣地帶。現存城址呈長方形,南、西、北三面有護城壕環繞,僅在南城門有旱道與城外連通,城隅略帶弧形,城西北部尚露一段城壕遺迹。城址南北長 210.4 米,東西殘寬 103—107 米,殘存面積近 2 萬平方米。由於東城墙被酉水沖毁,今已不存。據調查,在解放前,河岸還向河心伸出 50 多米,當時河道較窄,因航運需要經常清河道,以後因河水沖刷,河道變寬,古城東部至少沖刷了 50 米的範圍。所以,實際的古城面積要稍大一些。通過對南北城墙的解剖和對出土物的推測,城墙修築年代應爲戰國中期晚段;古城有兩個主要的建築,年代分爲兩期:第一期爲戰國中期至秦代;第二期是西漢。[③]

---

*　本文爲國家社科基金項目"秦簡牘所見地理史料的整理與研究"(13BZS024)階段性研究成果。

① 晏昌貴《里耶秦簡牘所見郡縣名録》,《歷史地理》第三十輯,上海人民出版社,2014 年。

② 參看李學勤《初讀里耶秦簡》,《文物》2003 年 1 期;晏昌貴、鍾煒《里耶秦簡所見的陽陵和遷陵》,《中國歷史地理論叢》2006 年 4 期。

③ 湖南省文物考古研究所編著《里耶發掘報告》,嶽麓書社,2006 年,第 11—12 頁。

具體到遷陵縣的鄉里建置方面，里耶簡 8-1663 + 8-1925："□【朔】己卯，遷陵丞昌【敢】告尉，三鄉□。"可知秦遷陵縣實有三個鄉。簡 16-6 記洞庭守禮發布文書，傳以至遷陵縣後，由遷陵縣"守丞敦狐敢告尉：告鄉、司空、倉主，聽書從事。尉別書都鄉、司空，司空傳倉，都鄉別啓陵、貳春，皆勿留、脱"。可知三鄉爲：都鄉、啓陵鄉、貳春鄉。簡 8-49 有殘缺，殘文爲"鄉、貳春、啓陵"，可知"鄉"前文爲"都"字。其他材料還有一些，詳下文所舉，此不贅。每鄉下轄若干里，構成縣——鄉——里的行政建置。以下分別考述。

一、都　鄉

秦漢時期，"都鄉"多與縣城同地或在縣城附近。[①]里耶簡之"都鄉"亦當位於秦遷陵縣城内或其附近，"縣"與"鄉"有不同的辦事機構和地點。這可從兩方面觀察：其一，從都鄉與遷陵縣的文書往來時間看，二者距離很近。里耶簡牘所見都鄉與遷陵縣的往來行政文書完整者凡有 6 件，詳下舉：

(1) 廿八年五月己亥朔甲寅，都鄉守敬敢言之：□ Ⅰ

得虎，當複者六人，人一牒，署複□於□ Ⅱ

從事，敢言之。□ Ⅲ　　　　　　　　　　　　　　　　　　　(8-170 正)

五月甲寅，旦，佐宣行廷。　　　　　　　　　　　　　　　　(8-170 背)

(2) 卅一年五月壬子朔丁巳，都鄉□□ Ⅰ

受司空城旦一人、倉隸妾二人。□ Ⅱ　　　　　　(8-196 + 8-1521 正)

五月丁巳，旦，佐初以來。欣發。　　　　　　　(8-196 + 8-1521 背)

(3) 卅一年五月壬子朔壬戌，都鄉守是徒薄(簿)。Ⅰ

受司空城旦一人、倉隸妾二人。Ⅱ

一人捕獻。Ⅲ

二人病。Ⅳ 8-2011

五月壬戌，都鄉守是□□□□ Ⅰ　　　　　　　　　　　　　(8-2011 正)

五月壬戌，旦，佐初以來。氣發。Ⅱ　　　　　　　　　　　　(8-2011 背)

(4) 卅二年六月乙巳朔壬申，都鄉守武爰書：高里士五（伍）武自言以大奴幸、甘多，大婢言、言子益等，牝馬一匹，予子小男子產。典私占。初手。

（8-1443＋8-1455 正）

六月壬申，都鄉守武敢言：上。敢言之。初手。

六月壬申，日□，佐初以來。欣發。初手。　　（8-1443＋8-1455 背）

(5) 卅五年七月戊子朔己酉，都鄉守沈爰書：高里士五（伍）廣自言：謁以大奴良、完，小奴疇、饒，大婢闌、願、多、□，禾稼、衣器、錢六萬，盡以予子大女子陽里胡，凡十一物，同券齒。典弘占。

（8-1554 正）

七月戊子朔己酉，都鄉守沈敢言之：上。敢言之。□手。

【七】月己酉，日入，沈以來。□□。沈手。Ⅱ　　（8-1554 背）

(6) 卅五年八月丁巳朔丙戌，都鄉守□ Ⅰ

士五（伍）兔詣少內受□。・今□□ Ⅱ　　（8-660 正）

九月丁亥，日垂入，鄉守蜀以來。瘳□　　（8-660 背）

上舉 6 件文書，都是都鄉發往遷陵縣的，其中 5 件是當天送達，末一件爲次日傳以至，尤其是前 3 件，都是當天早晨到達。第(1)件明確寫明"佐宣行廷"，這個"廷"應該就是遷陵縣廷，這表明都鄉與遷陵縣城極近，都鄉應該就在遷陵縣城內。

都鄉下轄二里：高里、陽里。

（一） 高里

上舉第(4)條里耶簡 8-1443＋8-1455 説：秦始皇三十二年（前 215 年）6 月 28 日，都鄉守官"武"向遷陵縣上報"爰書"，稱：高里士伍"武"，自願將大奴"幸""甘多"，大婢"言"及其子"益"，連同母馬一匹等財產分贈給他的兒子"產"。由里典"私"驗證，書手（亦即鄉佐）"初"抄録。該件文書當天由"初"傳遞至遷陵縣廷，由"欣"拆封。由此可見，高里確屬都鄉，了無疑義。

上舉第(5)條里耶 8-1554 是說高里士伍"廣"自願將大奴良等十一件物事贈予陽里人"胡"，由都鄉守"沈"上報遷陵縣，亦可證高里屬都鄉。

里耶 8-1537"卅三年七月己巳朔甲戌，都鄉守壬爰書：高里士五（伍）武自□□"簡文有殘缺，但亦可見高里屬都鄉。

里耶簡 9-2350：

卅三年六月庚子朔丁巳,守武爰書:高里士五(伍)吾武自言:謁狠(墾)草田六
畝武門外,能□(恒?)藉以爲田。典□占。

六月丁巳,田守武敢言之:上黔首狠(墾)草□□,敢言之。衡手。

六月丁巳,日水十一刻刻下四,佐衡以來。□發。

該件是由田官守上報遷陵縣的墾田"爰書":高里士伍姓"吾"名"武"(不知與前件是否同
人)自稱在"武門外"墾草田 6 畝。"武門"當即遷陵縣城門。據考古工作者勘測,里耶古
城東臨酉水,城址東面爲酉水沖刷,僅保留南、西、北三面城墙及護城壕,其中南城墙有
城門,年代爲戰國中期後段,並沿用至漢代。西城墙雖亦有城門,然年代已至漢代。又
從地形地勢觀察,里耶古城東臨酉水,西爲高山所限,南面則多平地,明清以來一直爲人
類活動頻繁之區。而在緊靠城址北部則發現有溪口遺址,現已發掘了 300 平方米,遺址
中絕少見到筒瓦、板瓦等建築材料,房子柱洞小,建築規模很狭小,從格局上看,很可能
采用茅茨蓋頂。考古工作者推測屬於城外的居民區。[1]簡文中的"武門"或即今考古所見
之南城門或北城門,而以北城門的可能性更大些。高里當在秦遷陵縣城内或遷陵縣城
外北部,高里人吾武在城門外新墾得 6 畝草田,田官守於是上報遷陵縣廷。

里耶 12-1527:"卅二年六月辛酉,日中,都郵人士五(伍)高里辰行□☑。"[2]"都郵"或
即都鄉郵,高里士伍"辰"充當其郵人,向外傳遞文書。另一件由遷陵守丞膻之發往少内
的文書亦由"高里士五(伍)□行"(8-75 + 8-166 + 8-485),或以高里距遷陵縣廷較近
之故。

遷陵縣臨酉水,交通多水路,里耶 8-615 曾記高里士伍啟封充當啟陵津的"船人",可
見其地多習水之人。里耶 8-341:"高里公士印。船☑。"簡文殘缺,或亦船人之謂。高里
公士印亦見簡 8-1410,記錄其於"卅五年產女"事。里耶簡還記高里"慶忌"(8-899)、"惡
租"(8-985)、"小男子賜"(8-1222)、"士五(伍)難"(8-1585)以及"高里戶人大女子杜衡"
(9-43)、"高里戶人大女子暶"(9-1475)、"高里戶人小上造□"(9-2242)等。

(二) 陽里

前舉里耶 8-1554 所記爲秦始皇三十五年(前 212 年)7 月 22 日都鄉守沈上報遷陵

---

① 湖南省文物考古研究所編著《里耶發掘報告》,第 6—7、11、16—17、21、27—28、31 頁。
② 鄭曙斌等編著《湖南出土簡牘選編》,嶽麓書社,2013 年,第 125 頁。原釋文作"卅二年庚子日中",今據圖版改釋。

縣的"爰書",當天由"沈"親自送達縣廷,内容是高里士伍"廣"將財産分贈其女"陽里胡"的證明。文中贈送者"廣"和被贈者"胡"分屬不同的"里":高里和陽里,表明二"里"必相鄰近。文書由都鄉上報而不涉及其他鄉,或可證明高里與陽里同屬都鄉所轄。又,里耶 8-1546 和 8-863 + 8-1504 均記有"南里小女子苗,卅五年徙爲陽里户人大女子嬰隸"。亦可證二里彼此鄰近。里耶簡 8-1141 + 8-1477 記云:

> 卅三年三月辛未朔丙戌,尉廣敢言之:□☒
>
> 自言謁徙遷陵陽里,謁告襄城□☒
>
> 何計? 受署,計年、名爲報。署☒
>
> 三月丙戌旦,守府交以來。履發。☒①

簡文有殘缺,大意謂:襄城縣某人遷徙到遷陵縣陽里,縣尉"廣"向遷陵縣報告。稱"遷陵陽里"的簡文還見於 8-78,也許陽里位於遷陵城内,故有是稱。② 又,里耶 8-78:

> ☒☒☒遷陵陽里士五(伍)慶、图☒ Ⅰ
>
> 廿九年十一月辛酉,洞庭叚卒史悍☒ Ⅱ
>
> 從事,毋令慶有所遠之。☒ Ⅲ
>
> 封遷陵丞有□☒ Ⅳ
>
> 十一月壬戌,遷陵☒ Ⅴ　　　　　　　　　　　　　　　　　　(8-78 正)
>
> □□☒ Ⅰ
>
> ☒【辛】酉,水下盡,隸臣唯以☒ Ⅱ　　　　　　　　　　　　　　(8-78 背)

"遷陵"與"陽里"連稱,中間並無"鄉"一級,與上件情形類似。里耶 8-1549:"錢十七。卅四年八月癸巳朔丙申,倉衡、佐却出買白翰羽九、鷄長二、已,率之錢十七分,遷陵陽里小女子胡傷捕。令佐敬監□□□□。毆手。"③此件亦爲遷陵、陽里連稱。本條倉衡和倉佐却從陽里"小女子胡傷"手中買得"白翰羽九",《説文解字》羽部:"翰,天鷄也,赤羽,從羽,倝聲。《逸周書》曰:文翰若翬雉。一名鷐風。周成王時蜀人獻之。"④里耶簡中多有捕翰、買翰的記録,如里耶 8-1259:"一人求翰羽:强。"8-1662:"……【買】白翰羽……

① 二簡綴合據何有祖《里耶秦簡牘綴合(八則)》,簡帛網,2013 年 5 月 17 日。

② 凡國棟以爲"這應該是省略了其中的'都鄉'這一級信息",説亦可參。見《里耶秦簡所見秦基層地方行政體系》,《湖南考古輯刊》第 11 輯,科學出版社,2015 年,第 307 頁。

③ 簡文中的"衡""鷄""率""錢""捕"等字均據何有祖釋,見《讀里耶秦簡札記(四)》,簡帛網,2015 年 7 月 8 日。

④ 段玉裁《説文解字注》,上海古籍出版社,1988 年,第 138 頁。

【沅】以北【到】……郵行……"且不限於"白翰",亦有"黃翰""黑翰"(別詳下舉),由上舉《説文》看,此或爲蜀地特産。"翰羽"可作箭杆,里耶 8-1457 + 8-1458:"卅五年正月庚寅朔甲寅,遷陵少内壬付内官囗翰羽二當一者百五十八鏃,三當一者三百八十六鏃,五當一者四百七十九鏃,六當一者三百卅六鏃,八當一者【五】囗。十五當一者囗。"①

里耶簡 8-1236 + 8-1791:

> 今見一邑二里:大夫七户,大夫寡二户,大夫子三户,不更五户,囗囗四户,上造十二户,公士二户,從廿六户。

上件當爲户籍統計資料。或以爲"一邑"之"邑"指自然聚落,其中有二"里","里"爲行政建置。但據我們考察,秦遷陵縣地處山區,人口稀少(詳下文),恐怕没有如此大的自然村落存在。此處"一邑"當指遷陵縣城,"一邑二里"是説遷陵縣城内有二里。傳世文獻常有"縣邑"連稱之例,"邑"或可指代縣城。《韓非子·説林下》:"晉中行文子出亡,過於縣邑。從者曰:'此嗇夫,公之故人,公奚不休舍,且待後車?'"②《戰國策·韓策二》"幾瑟亡之楚"章:"幾瑟入鄭之日,韓,楚之縣邑。"③《春秋繁露·求雨》:"春旱求雨,令縣邑以水日禱社稷山川,家人祀户。"④《史記·范雎列傳》:"秦相穰侯東行縣邑。"⑤《漢書·高帝紀》:"六年冬十月,令天下縣邑城。"⑥其例甚多,不煩備舉。出土文獻亦見其例,張家山漢簡《二年律令·户律》308 號簡:"募民欲守縣邑門者,令以時開閉門。"⑦所以,我們認爲這裏的"一邑"應是指遷陵縣城。遷陵縣城與都鄉同地,已知遷陵都鄉有高里,從已有全部里耶資料看,另一里當即陽里。里耶所見陽里户籍簡有:"陽里户人大夫刀,卅五年五月己丑朔【癸】囗。"(8-834 + 8-1609)"陽里户人司寇寄,妻曰備,以户遷廬江,卅五年囗。"(8-1873 + 8-1946)"陽里户人囗囗小妾無蒙囗"(8-126)等。這些户籍資料明白無誤地證明秦遷陵縣確有陽里,而從其他鄉的所屬里來看,陽里屬都鄉的可能性最大。

① 陳偉主編《里耶秦簡牘校釋(第一卷)》(以下簡稱"《校釋》"),武漢大學出版社,2012 年,第 332 頁:"二當一,疑是以二翰羽當一箭羽。餘類推。"
② 張覺《韓非子校疏》,上海古籍出版社,2010 年,第 504 頁。
③ 范祥雍《戰國策箋證》,上海古籍出版社,2006 年,第 1569 頁。
④ 蘇輿《春秋繁露義證》,中華書局,1992 年,第 426 頁。
⑤ 《史記》,中華書局,1959 年,第 2403 頁。新出修訂本(中華書局,2013 年,第 2917 頁)作"范雎",當是。
⑥ 《漢書》,中華書局,1962 年,第 59 頁。
⑦ 彭浩、陳偉、工藤元男主編《二年律令與奏讞書——張家山二四七號漢墓出土法律文獻釋讀》,上海古籍出版社,2007 年,第 216 頁。

二、啓陵鄉

里耶簡 16-5 和 16-6 中記述文書在遷陵縣内的傳遞順序都是先都鄉，次啓陵鄉，再次貳春鄉。簡 8-49 所記爲都鄉、貳春、啓陵，8-1519 記爲啓陵、都鄉、貳春，8-389 + 8-404 則作貳春、都鄉、啓陵，可見並無一定之規。本節叙述啓陵鄉，先將啓陵鄉發往遷陵縣的文書中時間明確者列舉如下：

(1) 廿六年五月辛巳朔庚子，啓陵鄉庳敢言之：都鄉守嘉言：渚里不【更】劾等十七户徙都鄉，皆不移年籍。《令》曰：移，言。今問之：劾等徙，【以】書告都鄉曰：啓陵鄉未有枼（牒），毋以智（知）劾等初産至今年數。☒

　　□□□。謁令都鄉自問劾等年數。敢言之。　　　　　　　　　　　　　　(16-9 正)

　　□□遷陵守丞敦狐告都鄉主，以律令從事。建手。

　　甲辰，水十一刻，刻下者十刻，不更成里午以來。猩半。　　　　　　　　(16-9 背)

(2) 廿八年七月戊戌朔乙巳，啓陵鄉趙敢言之：《令》令啓陵捕獻鳥，得明渠雌一。以鳥及書屬尉史文，令輸。文不肎（肯）受，即發鳥送書，削去其名，以予小史適。適弗敢受。即詈適，已，有（又）道船中出操枏〈楫〉以走趙，奂詗詈趙。謁上獄治，當論論。敢言之。令史上見其詈趙。　　　　　　　　　　　　　　　　　　　　　　(8-1562 正)

　　七月乙卯，啓陵鄉趙敢言之：恐前書不到，寫上。敢言之。貝手。

　　七月己未，水下八刻，□□以來。敬半。貝手。　　　　　　　　　　　(8-1562 背)

(3) 廿八年七月戊戌朔辛酉，啓陵鄉趙敢言之：《令》曰：二月壹上人臣治（答）者名。問之，毋當令者。敢言之。　　　　　　　　　　　　　　　　　　　　　(8-767 正)

　　七月丙寅，水下五刻，郵人敝以來。敬半。貝手。　　　　　　　　　　(8-767 背)

(4) 卅二年正月戊寅朔甲午，啓陵鄉夫敢言之：成里典、啓陵郵人缺。除士五（伍）成里匄、成，成爲典，匄爲郵人，謁令尉以從事。敢言之。　　　　　　　　　(8-157 正)

　　正月戊寅朔丁酉，遷陵丞昌却之：啓陵廿七户已有一典，今有（又）除成爲典，何律令？應：尉已除成、匄爲啓陵郵人，其以律令。氣手。正月戊戌，日中，守府快行。

　　正月丁酉，旦食時，隸妾冉以來。欣發。壬手。　　　　　　　　　　　(8-157 背)

(5) 啓陵津船人高里士五（伍）啓封當踐十二月更，逋【廿九日】不☒正月壬申，啓陵鄉守繞劾。

　　卅三年正月壬申朔朔日，啓陵鄉守繞敢言之，上劾一牒☒　　　　　　　(8-651 正)

正月庚辰,旦,隸妾谷以來。履發。 (8-651 背)

(6) 卅四年七月甲子朔癸酉,啓陵鄉守意敢言之:廷下倉守慶書言:令佐贛載粟啓陵
鄉。今已載粟六十二石,爲付券一上。謁令倉守。敢言之。七月甲子朔乙亥,遷陵守
丞巸告倉主:下券,以律令從事。壬手。七月乙亥旦,守府印行。 (8-1525 正)

七月乙亥,旦,□□以來。壬發。恬手。 (8-1525 背)

上舉比較完整的文書共6件,另有一些啓陵鄉發往遷陵縣的文書或有殘缺或時間不明,
未備列;此外還有幾件遷陵縣發往啓陵鄉的文書,均見下文所述。一般而言,啓陵鄉發
往遷陵縣的文書遠較遷陵縣發往啓陵鄉的文書爲多,這是因爲里耶爲遷陵縣所在地,啓
陵鄉發來的文書得以在遷陵縣廷保留下來,[①]而遷陵縣發往啓陵鄉的文書除非留有副
本,否則是看不到的。我們先來看文書傳遞的時間,以此確定啓陵鄉的大致位置。兹將
上述文書的往來時間列表如下:

表1 遷陵縣與啓陵鄉往來文書時間表

序號	發文地	發文時間	收文地	收文時間	間隔	備注
1	啓陵鄉	26 年 5 月庚子	遷陵縣	26 年 5 月甲辰	4 天	
2	啓陵鄉	28 年 7 月乙卯	遷陵縣	28 年 7 月己未	4 天	本件發文有 2 個時間,當以後一個追書時間爲準。
3	啓陵鄉	28 年 7 月辛酉	遷陵縣	28 年 7 月丙寅	5 天	
4	啓陵鄉	32 年正月甲午	遷陵縣	32 年正月丁酉	3 天	
5	啓陵鄉	33 年正月壬申	遷陵縣	33 年正月庚辰	8 天	
6	啓陵鄉	34 年 7 月癸酉	遷陵縣	34 年 7 月乙亥	2 天	

表1間隔時間最長爲8天,最短僅2天。考慮到文書的緊急與否以及傳遞綫路的水、陸
之別,文書傳遞的時間或有不同。從上表看,同樣是正月,相差較大;同是7月,時間亦
不同,可見時間的間隔與季節沒有太大關係。此外,里耶簡還記有酉陽縣與啓陵鄉之間
文書傳遞時間,可以幫助我們考察啓陵鄉的地理位置。簡12-1799:

書一封,酉陽丞印,詣遷陵,以郵行。

廿八年二月癸酉,水下十一刻刻下五,起酉陽廷。

---

① 如里耶8-770:"卅五年五月己丑朔庚子,遷陵守丞律告啓陵鄉嗇夫:鄉守恬有論事,以旦食遣自致,它有律令。五月
庚子,□守恬□□。敬手。"文書發往啓陵鄉,此爲保存在遷陵縣之副本。另一件8-475 + 8-610:"書一封。遷陵丞
印,詣啓陵【鄉】。卅五年六月甲子,隸妾孫行。"亦爲遷陵縣發往啓陵鄉的文書,只有發文時間而無收文時間。假如
我們發現由啓陵鄉保存的文書,或可見收文時間。

二月丙子,水下九刻,過啓陵鄉。

該件文書記録由酉陽縣發往遷陵縣的文書傳遞經過:秦始皇二十八年(前 219 年)2 月 3
日由酉陽縣廷發出,3 天後經過啓陵鄉。另一件文書 8-1798 内容相似而略有殘缺,但從
文書傳遞的時間看,由酉陽縣到啓陵鄉的時間間隔亦爲 3 天。由這兩件文書,可以證明
啓陵鄉必在酉陽縣與遷陵縣之間。假如我們取表 1 中最短的時間間隔,則啓陵鄉距遷
陵縣稍近而距酉陽縣略遠。已知遷陵縣在今湖南龍山里耶,而秦漢酉陽縣在今湖南省
湘西土家族苗族自治州永順縣南之酉水北岸,[①]從今地圖看,介於二者之間的今保靖縣
或略西位置很可能就是秦遷陵縣啓陵鄉之所在。上舉第(5)條有"啓陵津",第(1)條記
尉史文不肯傳送鳥和文書,還辱罵啓陵鄉官"趙",並從船中操楫追打"趙",實在惡劣。
從這二條記事可見啓陵鄉有渡口有船,從而可以證明啓陵鄉亦近酉水。

里耶 9-2352 記某年"啓陵鄉趙爰書",説的是胊忍士伍某從酉陽送馬到遷陵,"行到
暴詔溪,返上,去溪可八十步,馬不能上,即墮,今死"。啓陵鄉派員調查,發現該馬"死在
暴詔溪中,曲首右臥",於是啓陵鄉趙上報遷陵縣。其中的"暴詔溪"當位於啓陵鄉境内,
今河南保靖與里耶之間多有河流溪谷,其中較大的有花垣河,不知暴詔溪是否就是今花
垣河。里耶 8-769:

卅五年八月丁巳朔己未,啓陵鄉守狐敢言之:廷下令書曰:取鮫魚與山今盧
(鱸)魚獻之。問津吏、徒,莫智(知)。問智(知)此魚者具署物色,以書言。問之啓
陵鄉吏、黔首、官徒,莫智(知)。敢言之。户曹。

八月□□□郵人□以來。□發。狐手。

啓陵鄉内多河溪,想必多魚類,不過這條簡文中提到的"鮫魚"和"山今盧(鱸)魚"大概太
過珍稀,所以遍問衆人而不得知。[②]

---

① 參看譚其驤主編《中國歷史地圖集》第二册,地圖出版社,1982 年,圖 32—33;參看周振鶴《漢書地理志匯釋》,安徽教
育出版社,2006 年,第 290 頁。

② 《校釋》222 頁説:"鮫魚,一種大魚。"引《史記·秦始皇本紀》、《淮南子》及高誘注爲證,鮫魚也許是一種大海魚。至於
"山今盧(鱸)魚",《校釋》只説是鱸魚的一種,引《後漢書·左慈傳》"松江鱸魚"爲證。如果不是有意推諉,則啓陵鄉
確實無此二種魚類。原釋文將"問津吏徒莫知"連讀,但從下文"問之啓陵鄉吏、黔首、官徒,莫智(知)"看,鄉吏、黔
首、官徒分別爲三種人,里耶簡 8-389 + 8-404"吏卒、黔首及奴婢"亦分三種人,則"津吏、徒"分別指津吏和津徒,"津
徒"承前省略"津"字,則"津吏"是一種人,"津徒"又是一種人。今改讀。簡 8-1445 記啓陵鄉守"夫""居梓潼武昌",梓
潼屬蜀郡,也算得上是"新秦人",可知遷陵縣當差的官吏多秦人,黔首則爲荆人,官徒或奴婢則多其他少數民族族
群。録此備考。

上舉第(2)條記啓陵鄉捕得"明渠",《校釋》引《文選·司馬相如〈上林賦〉》:"煩鶩庸渠。"李善注引郭璞曰:"庸渠似鳧,灰色而鷄脚,一名章渠。"①可知爲水鳥的一種。

從上舉第(6)條看,啓陵鄉可能還是糧食儲藏地,里耶 8-73:"卅四年後九月壬辰朔壬寅,司空……載粟,謁告啓陵【鄉】……"簡文有殘缺,但其文意應與上舉第(6)條近似,都是遷陵縣發文,從啓陵鄉運輸糧食。前文表 1 所列啓陵鄉發放稟(廩)貸記録,可知啓陵鄉應有倉廩,該倉廩也許臨河川(酉水)而建,便於運輸。

啓陵鄉僅一里:成里。

(三) 成里

上舉第(4)條簡 8-157 所記爲秦始皇三十二年(前 215 年)正月 17 日,啓陵鄉嗇夫"夫"向遷陵縣報告:成里的里典和啓陵鄉郵人缺員,希望提拔成里的"成"爲里典、"匄"爲郵人。4 天後的 20 日"旦食時",文書由隸妾"冉"傳達,由"欣"拆封,由"壬"書寫。同一天,遷陵丞"昌"駁斥道:啓陵鄉 27 户已有一"典",現在又要求提拔"成"爲"典",不合律令。又回覆説:縣尉已任命"成"和"匄"爲郵人。次日(21 日),回覆文書由守府"快"傳遞。②

關於秦代任命里典的方式,新公布的嶽麓書院藏秦簡《尉卒律》有如下簡文:

> 《尉卒律》曰:里自卅户以上置典、老各一人。不盈卅户以下,便利,令與其旁里共典、老;其不便者,予之典而勿予之老。③

《尉卒律》規定:30 户以上的里可置里典、老各一人;不足 30 户,若與其他里鄰近,則與鄰近之里共置一里典、老;若無鄰近之里,則但置里典而無里老。里耶簡中的啓陵鄉成里只有 27 户,但已有一里典,所以啓陵鄉的申請被駁回。文書清楚地表明,成里屬於啓陵鄉,且啓陵鄉只有一里,別無鄰近之里。

里耶簡 8-1027 第一欄記"成里户人司寇宜",第二欄記"下妻嗌",後有殘缺,此乃成里户籍單。里耶 8-1813:"☐陵鄉成里户人士五(伍)成隸☐。"很顯然,"陵"前的缺字當補"啓",這是成里屬啓陵鄉的明證。另有 8-1254"【陵】鄉嗇夫除成里小男子",殘簡前亦

---

① 《校釋》,第 360 頁。
② 文書的理解參看胡平生《讀里耶秦簡札記》,《簡牘學研究》第 4 輯,甘肅人民出版社,2004 年,第 7—9 頁;邢義田《湖南龍山里耶 J1(8)157 和 J1(9)1—12 號秦牘的文書構成、筆迹和原檔存放形式》,簡帛網,2005 年 11 月 4 日。
③ 周海鋒《〈嶽麓書院藏秦簡(肆)〉的内容與價值》,《文物》2015 年第 9 期。標點略有改動。

應補"啓"字。簡 8-518："卅四年,啓陵鄉見戶、當出戶賦者志:☒見戶廿八戶,當出繭十斤八兩。☒"啓陵鄉在始皇三十二年有 27 戶,三十四年有 28 戶,二年間增加一戶。從里耶戶籍簡牘看,一里約有 25 戶,所以,我們推測啓陵鄉僅有一里,與上述分析相合。

啓陵鄉僅轄一里似不合情理,但據上舉第(1)條,在秦始皇二十六年以前,啓陵鄉另有渚里,渚里 17 戶遷移至都鄉後,渚里大約已不復存在。然而奇怪的是,都鄉亦不見渚里之名,可見遷移之人多已融入其他里中,渚里之名被取消了。

三、貳春鄉

上文推測啓陵鄉既位於遷陵縣的東部偏南,則貳春鄉可能位於遷陵縣的西部偏北一帶。目前所見貳春鄉發往遷陵縣的文書,日期明確者共有 5 件,略如下舉:

(1) 廿七年六月乙亥朔壬午,貳春鄉窯敢言之:貳春津當用船一檂。今以上遣佐頹受,謁令官□謁報。敢言之。　　　　　　　　　　　　　　　　　　(12-849 正)

　　六月丁亥,遷陵丞歐告司空主:以律令從事。報之。釦手。

　　丁亥,日中,佐頹行。

　　六月丁亥,水下三刻,佐頹以來。釦半。頹手。　　　　　　　　(12-849 背)①

(2) 廿九年九月壬辰朔辛亥,貳春鄉守根敢言之:牒書水火敗亡課一牒上。敢言之。

　　　　　　　　　　　　　　　　　　　　　　　　　　　　　　(8-645 正)

　　九月辛亥,旦,史邛以來。感半。邛手。　　　　　　　　　　　(8-645 背)

(3) 卅年十月辛卯朔乙未,貳春鄉守綽敢告司空主,主令鬼薪軫、小城旦乾人爲貳春鄉捕鳥及羽。羽皆已備,今已以甲午屬司空佐田,可定薄(簿)。敢告主。

　　　　　　　　　　　　　　　　　　　　　　　　　　　　　　(8-1515 正)

　　十月辛丑,旦,隸臣良朱以來。死半。邛手。　　　　　　　　　(8-1515 背)

(4) 卅五年三月庚寅朔丙辰,貳春鄉茲爰書:南里寡婦憖自言:謁狠(墾)草田故枼(桑)地百廿步,在故步北,恒以爲枼(桑)田。

　　三月丙辰,貳春鄉茲敢言之:上。敢言之。詘手。　　　　　　　(9-14 正)

---

① 張春龍等主編《湖湘簡牘書法選集》,湖南美術出版社,2012 年,第 84 頁;鄭曙斌等編著《湖南出土簡牘選編》,第 122 頁。"半",原釋作"手",今據照片改釋。

　　四月壬戌,日入,戌卒寄以來。曋發。詘手。　　　　　　　　　　　　(9-14 背)

(5) 卅五年七月【戊子】朔壬辰,貳【春】☐

　　書毋徒捕羽,謁令官亟☐

　　之。七月戊子朔丙申,遷陵守☐　　　　　　　　　　　　(8-673 + 8-2002 正)

　　遣報之,傳書。歇手。

　　七月乙未,日失(昳)【時,東】成☐上造☐以來。☐　　　　(8-673 + 8-2002 背)

上述 5 件文書,都是貳春鄉發往遷陵縣,從而保留在遷陵縣廷的,時間最早爲秦始皇二
十七年(前 220 年),最晚爲三十五年(前 212 年)。文書傳遞的時間從當天到間隔 6 天
不等,詳見下表:

表 2　貳春鄉發往遷陵縣的文書時間表

序號	發文地	發文時間	收文地	收文時間	間隔	備註
1	貳春鄉	27 年 6 月壬午	遷陵縣	27 年 6 月丁亥	5 天	
2	貳春鄉	29 年 9 月辛亥	遷陵縣	29 年 9 月辛亥	0 天	疑有誤
3	貳春鄉	30 年 10 月乙未	遷陵縣	30 年 10 月辛丑	6 天	
4	貳春鄉	35 年 3 月丙辰	遷陵縣	35 年 4 月壬戌	6 天	
5	貳春鄉	35 年 7 月壬辰	遷陵縣	35 年 7 月乙未	3 天	

觀表 2,除一件爲當天到達外,最短者爲 3 天,最長者爲 6 天,其中以 5、6 天較多。然記
錄當天到達的簡 8-645,從圖版照片看,發文日期的字迹較爲模糊,其是否爲"辛亥",是
頗值得懷疑的。① 事實上,與該件文書密切相關的另有一件文書,即簡 8-1511:

　　廿九年九月壬辰朔辛亥,遷陵丞昌敢言之:令令史感上水火敗亡者課一牒。有

　　不定者,謁令感定。敢言之。　　　　　　　　　　　　　　　　　(8-1511 正)

　　已。

　　九月辛亥,水下九刻,感行。感手。　　　　　　　　　　　　　　(8-1511 背)

這兩件文書究竟孰先孰後頗費思量,我以爲先是貳春鄉守"根"向遷陵縣上報"水火敗亡
課一牒",該件由貳春鄉史"邡"書寫,並由"邡"傳送至遷陵縣,由遷陵縣令史"感"拆封
(簡 8-645)。然後由遷陵縣丞"昌"上報洞庭郡,上報的內容實際上就是貳春鄉的所謂
"水火敗亡課一牒"。遷陵縣的文書由"感"手書,並由"感"傳遞。該件文書(簡 8-1511)

---

① 　湖南省文物考古研究所編著《里耶秦簡(壹)》,文物出版社,2012 年,第 88 頁。

還特別説明“牒書”“有不定者謁令感定”,簡背第一行書寫“已”,正是説明“感”已“定”。比較這二件文書的圖版照片,①字迹相同,當係一人所書。此人當是遷陵縣的“感”,而非貳春鄉的“邛”。換言之,貳春鄉發來的文書 8-645 係“感”抄録的副本,就連遷陵縣的文書 8-1511 也應該是副本,正本應該已發往收文單位(洞庭郡)了。也許“感”在抄録這兩份文書時,不小心將 4 個日期全都抄成了“辛亥”。里耶 8-1565 有如下簡文:

> 卅五年八月丁巳朔,貳春鄉兹敢言之:受酉陽盈夷鄉户隸計大女子一人,今上其校一牒,謁以從事。敢言之。　　　　　　　　　　　　　(8-1565 正)
>
> 如意手。　　　　　　　　　　　　　　　　　　　　　　　　　(8-1565 背)

該件文書由貳春鄉發往遷陵縣,從而保存在遷陵縣文書檔案中。有意思的是,具體日期居然空缺。②秦法雖然嚴苛,秦吏亦有懈怠者。所以,我們也不能排除簡 8-645 中日期有誤書的可能。

假如排除這件文書的日期,則貳春鄉距離遷陵縣似乎較之啓陵鄉爲遠。簡 8-754 + 8-1007:

> 卅年□月丙申,遷陵丞昌,獄史堪【訊】。昌辭曰:上造,居平□,侍廷,爲遷陵丞。【昌】當詣貳春鄉,鄉【渠、史獲誤詣它鄉,迷失】道百六十七里。即與史義論貲渠、獲各三甲,不智(知)劾云貲三甲不應律令。故皆毋它坐。它如官書。

遷陵縣丞“昌”爲秦三川郡平縣人(説詳上章),大約初到遷陵縣任職,前往貳春鄉視察,竟然在鄉吏的誤導下,“誤詣它鄉”“迷失道百六十七里”,足見貳春鄉距離遷陵縣不近。

從上舉第(1)條看,貳春鄉有貳春津,此津渡或亦在酉水上。從第(3)、(5)二條看,貳春鄉産鳥、羽,足證貳春鄉以山地爲主。第(4)條所記,可證貳春鄉亦有河谷平地可爲草田,這是符合今里耶一帶的地理大勢的。上舉簡 8-1565 稱貳春鄉“受酉陽盈夷鄉户隸計大女子一人”,或許貳春鄉與酉陽縣亦相鄰近,從“盈夷鄉”之得名,或可推證在酉陽縣的南部山區。里耶 10-4 記“貳春鄉畜員”,有“牝彘一,豰一,□一,牝犬一,牡犬一,雌鷄五,雄鷄一”。“豰”,或以爲羊、或以爲豬、或以爲犬,從簡文排列看,以豬的可能性較大。總之,所産之豬、狗、鷄,爲一般農家所有,無甚特異之處。

貳春鄉産漆,里耶 9-1136:“卅七年,遷陵庫工用計受其貳春鄉鬃(漆):柒(漆)三升,

---

① 簡牘 8-1511 的圖版見《里耶秦簡(壹)》,第 190 頁。

② 《校釋》:“‘朔’後日期空缺,疑待書。”(第 362 頁)

飲水十一升,乾重八。”由於漆的生產量大,貳春鄉似有專管生漆的官職,簡 8-1548 有“貳春鄉主枲(漆)發”。漆樹一般生長在海拔較高的山區,至今湘西地區仍爲生漆重要產地,主要分布在龍山、花垣、鳳凰、永順,而以龍山縣數量最多,產量爲全省之冠,有“黑色金子林之鄉”的美稱。今溪口所在地爲長譚河與酉水的交匯處,其西北的八面山是漆樹生長的良好地帶。①

貳春鄉產“枝(枳)椇”,簡 8-1527:“卅四年八月癸巳朔丙申,貳春鄉守平敢言之:貳春鄉樹枝(枳)椇卅四年不實。敢言之。平手。”另有簡 8-455 記“貳春鄉枝(枳)椇志”:“枝(枳)椇三木。☐下廣一畝,格廣半畝,高丈二尺。去鄉七里。卅四年不實。”可能作爲簡 8-1527 之附件,然此件並無收文日期,未知何故。今按“枳椇”爲落葉喬木,夏日開花,果實可食,其味甘甜。②貳春鄉既產枳椇,則其地當在山區丘陵地帶。

貳春鄉還是秦遷陵縣重要的軍械物資的儲藏地。簡 8-1510:

　　廿七年三月丙午朔己酉,庫後敢言之:兵當輸内史,在貳春☐☐☐☐五石一鈞七斤,度用船六丈以上者四棲(艘)。謁令司空遣吏、船徒取。敢言之。

　　三月辛亥,遷陵守丞敦狐告司空主,以律令從事。……昭行。

　　三月己酉,水下下九,佐赿以來。釦半。

文書稱輸往内史的“兵”儲藏於貳春鄉,由“庫”統管。由於數量較大,需“用船六丈以上者四艘”。之所以成爲軍械物資儲藏地,大約與貳春鄉位處邊地有關。從遷陵縣所處的地理位置看,貳春鄉最有可能位於遷陵縣的西邊和南邊。簡 8-1456 殘缺較多,但仍可見“寇將詣貳春鄉”的文句。簡 8-657 記琅邪尉徙治即墨事,由洞庭守禮下達遷陵守丞膻之,又“告尉官主”,“傳別書貳春”。蓋因貳春鄉既爲邊地,當有駐軍,有關“尉”的文書要“傳別書貳春”。

貳春鄉有三里:南里、束成里、興里。

(四) 南里

上舉第(4)條簡 9-14 記秦始皇三十五年(前 212 年)貳春鄉向遷陵縣上報南里寡婦

① 湖南省測繪局《湖南省地圖》,湖南地圖出版社,1987 年,圖幅 131 及文字説明;馬本立主編《湘西文化大辭典》,嶽麓書社,2000 年,第 204 頁。
② 參看《校釋》,第 153—154 頁。

墾田事，足證南里屬貳春鄉。里耶 8-661：

　　　☐朔己未，貳春鄉茲☐ Ⅰ

　　　☐☐爲南里典庠，謁☐ Ⅱ

　　　☐☐下書尉，尉傳都☐☐ Ⅲ　　　　　　　　　　　　　　　（8-661 正）

　　　☐貳春鄉治☐☐　　　　　　　　　　　　　　　　　　　　（8-661 背）

該件殘缺較多，從殘文看，當是貳春鄉申報縣尉增補南里“典庠”事，亦可證南里屬貳春鄉。

　　現已公布簡牘有若干南里戶籍資料，如“南里戶【人】大夫強，下妻曰京，癘，卅四年”（8-238 + 8-585 + 8-2476）①，“南里戶人大女子分☐子小男子☐☐”（8-237），“南里戶人大夫寡茆”（8-1623），“南里小上造☐☐”（8-1182），“南里不更公孫黚受令”（9-1625）等。這些戶籍簡出土於里耶，當是鄉里戶籍上報遷陵縣所留存的檔案。

（五）東成里

里耶簡 10-1157：

　　　卅三年十月甲辰朔乙巳，貳春鄉守福爰書：東成夫＝（大夫）年自言：以小奴處予子同里小上造辨。典朝占。福手。②

該件文書爲貳春鄉守福上報遷陵縣“爰書”，可證東成里屬貳春鄉。東成里戶籍簡牘有：

　　　東成戶人大夫印，小臣遫。廿六☐☐　　　　　　　　　　　（8-1765）

　　　東成戶人大夫寡晏☐

　　　子小女子女巳☐

　　　子小女子不唯☐　　　　　　　　　　　　　　　　　　　　（9-566）

　　　東成戶人士五（伍）夫

　　　妻大女子沙

　　　子小女子澤若

　　　子小女子傷　　　　　　　　　　　　　　　　　　　　　　（9-2064）

---

①　簡的綴合參看何有祖《里耶秦簡牘綴合（五）》，簡帛網，2012 年 5 月 26 日。
②　鄭曙斌等編著《湖南出土簡牘選編》，第 116 頁。“占”，原釋文作“白”，今據圖版照片改釋。

從户籍簡牘的書寫格式看，"東成"無疑應是里名，屬貳春鄉。里耶 9-328："☐東成户人不更已夏，隸大女子瓦自言☐☐以副從事。敢言之。吾手。"簡文殘缺，語意不明，然屬東成里則無疑。里耶 8-1825"☐【門】淺爲東成☐"，"東成"後或缺"里"字，東成爲里名。

（六）興里

目前所見興里的户籍簡牘有兩條：

> 興里户人不更☐☐　　　　　　　　　　　　　　　　　　　（9-1317）

> 不更興里☐☐☐
> ☐☐夫
> 大女二人
> 廿六年☐☐　　　　　　　　　　　　　　　　　　　　　　（9-1671）

從書寫格式看，興里應與上述東成里同類，同爲遷陵縣所屬。目前尚未發現不屬於遷陵縣的里户籍單，假如興里不屬遷陵縣，很難解釋何以其里户籍會出土於里耶古井遺址之中。里耶 9-1112 有如下簡文：

> 廿六年二月癸丑朔丙子，唐亭叚校長壯敢言之：唐亭旁有盗，可卅人，壯卒少，不足以追，亭不可空，謁遣【卒】索，敢言之。
>
> 二月辛巳，遷陵守丞敦狐敢告尉、告鄉主：以律令從事。尉下亭、鄣，署士吏謹備。貳鄉上司馬丞。亭手。即令走涂行。
>
> 二月辛巳，不更興里戌以來。丞半。壯手。

該件文書係唐亭叚校長發給遷陵縣守丞，事由爲唐亭旁發現"盗"30 人，唐亭人手不足，希望上級派人協助追捕。此件傳到遷陵縣後，由遷陵守丞轉發遷陵縣尉，讓貳春鄉以律令從事。遷陵縣尉布署亭鄣防備，貳春鄉則上報司馬丞派遣人手馳援。文中"貳鄉"即貳春鄉之省稱，所以涉及貳春鄉，大約唐亭位處貳春鄉境内故也。該件文書的傳送者是"不更興里戌"，雖然文書傳送者與發文者在地域上不存在必然聯繫，但如果興里果屬遷陵縣，以目前材料看，當然以屬貳春鄉的可能性最大。

唐亭雖在貳春鄉域範圍，但屬尉管轄，於貳春鄉似無行政隸屬關係。從里耶簡牘看，貳春鄉除上述唐亭外，還另有貳春亭，里耶 8-1114 + 8-1150："☐傳畜官。貳春鄉傳田官，别貳春亭、唐亭。☐"從殘簡看，貳春亭或與貳春鄉鄰近，而唐亭則稍遠。

　　里耶簡牘另有"陳亭""成都亭"(8-38)、"葉亭"(8-1907)、"毋龍亭"(8-1496、8-1953＋8-1989)、"溪申亭"(10-954)、"夷新亭"(10-1160)等。由於公布的簡牘材料有限,且多殘缺不全,尚不足以作系統的描述。

結　語

　　綜上所考,可知秦遷陵縣共有 3 鄉 6 里。這是否爲秦遷陵縣鄉里的全部? 鄉里的歸屬是否合理? 這可由其他簡牘數據加以驗證。簡 8-1519 記錄秦始皇三十五年墾田、税、户、租等數據,今抄録如下:

> 遷陵卅五年狼(墾)田興五十二頃九十五畝,税田四頃□□。
>
> 户百五十二,租六百七十七石。衡(率)之,畝一石五。
>
> 户嬰四石四鬥五升,奇不衡(率)六鬥。
>
> 啓田九頃十畝,租九十七石六鬥。
>
> 都田十七頃五十一畝,租二百卅一石。
>
> 貳田廿六頃卅四畝,租三百卅九石三。
>
> 凡田七十頃卅二畝。
>
> 租凡九百一十。
>
> 六百七十七石。

簡文先總記秦始皇三十五年(前 212 年)遷陵縣的墾田數、税田數、户數、租數以及每畝租數,再分別説啓陵鄉(簡文簡稱"啓")、都鄉(簡稱"都")、貳春鄉(即簡文中的"貳")的田數和租數,最後總計田、租數。由於户數與田、租數存在一定對應比例關係,三十五年遷陵縣 152 户,據田、租數的比例關係推算,啓陵鄉應爲 22 户,都鄉爲 54 户,貳春鄉爲 76 户。[①]假如當時每里的户數在 25 户左右,則啓陵鄉爲 1 里,都鄉有 2 里,貳春鄉有 3 里,如此才符合上述户口數,亦與本文的考察結果相符。

　　此外,簡 8-487＋8-2004 記有秦始皇廿八年至卅三年遷陵縣的"見户"數:

> 卅四年八月癸巳朔癸卯,户曹令史靼疏書廿八年以盡卅三年見户數牘北(背)、

---

① 　參看唐俊峰《里耶秦簡所示秦代的"見户"與"積户"——兼論秦代遷陵縣的户數》,簡帛網,2014 年 2 月 8 日。

移獄具集上,如請史書。雜手。

　　廿八年見百九十一户。

　　廿九年見百六十六户。

　　卅年見百五十五户。

　　卅一年見百五十九户。

　　卅二年見百六十一户。

　　卅三年見百六十三户。

里耶簡中的"見户"當是實存的編户數。[1]上舉文書所見遷陵縣"見户"最多的二十八年爲 191 户,然後逐年下降,三十年最低,爲 155 户。此後緩慢上升,直至三十三年的 163 户。如何解釋户數增減與里的關係,一種可能是:里的數量没有變化,而各里的規模有增減。前文曾列舉啓陵鄉三十二年 27 户,三十四年 28 户,而據墾田數推測三十五年則爲 22 户。以 27—28 户的規模,解釋從二十九年至三十三年的見户數,遷陵縣仍可保持 6 里的水平。但似不足以解釋二十八年的見户數。所以,遷陵縣的里數可能存在另一種可能性,即二十八年及以前爲 7 里(191 户,每里 27 户强),此後減省一里,並一直保持 6 里的規模。里耶簡牘的確存在二十八年以前的里名資料。除前述"渚里"之外,另有:

　1. 右里

　　廿五年九月己丑,將奔命校長周爰書:敦長買、什長嘉皆告曰:徒士五(伍)右里
　　繚可,行到零陽廡溪橋亡,不智(知)□□☑(後略)　　　　　(8-439＋8-519＋8-537)

此件文書的記事年代與遷陵設縣同年,其中的"右里"未見其他記載,亦無由得知其屬何縣何鄉。

　2. 賈里

　　☑賈里爲縣將采赤金　　　　　　　　　　　　　　　　　　　(16-223)

簡文殘缺,里名或爲"賈里""□賈里",未見其他簡牘記録,情況不明。

① 唐俊峰《里耶秦簡所示秦代的"見户"與"積户"——兼論秦代遷陵縣的户數》,簡帛網,2014 年 2 月 8 日;王偉、孫兆華《"積户"與"見户":里耶秦簡所見遷陵編户數量》,《四川文物》2014 年第 2 期。里耶秦簡所見秦遷陵縣編户的確過於稀少,這除了遷陵是新設立的山區邊縣外,可能跟秦的户口統計方式有關:見於編户鄉里的户籍簿可能並不包括官吏、戍卒、官奴婢,甚至可能也不包括濮人、楊人、臾人之類的少數族群。

3. 南陽里

2005 年發掘於里耶護城壕的一批"户籍簡牘",①經綴合後約有 22 塊木牘。簡文分欄書寫,首欄通常記爲"南陽户人荆不更某某"(以下簡稱"南陽户牘"),然後分欄標注不同身份的人口數。兹將分欄信息列表如下:

表 3 "南陽户牘"分欄統計表

欄次	I	II	III	IV	V	
1	荆不更蠻强	妻曰嗛	子小上造□	子小女子駝	臣曰聚	伍長
2	荆不更黃得	妻曰嗛	子小上造臺 子小上造□ 子小上造定	子小女虖 子小女移 子小女平		五長
3	荆不更大□ 弟不更慶	妻曰嬡 慶妻規	子小上造視 子小上□			
4	荆不更黃□	妻曰負弱	子小上造□	子小女子女祠 毋室		
5	荆不更黃□ 子不更昌	妻曰不實	子小上造悍 子小上造	子小女規 子小女移		
6	荆不更五□□	妻曰繒				
7	荆不更□□	妻曰義	……	母睢		伍長
8	不更彭奄 弟不更説	母曰錯 妾曰□	子小上造狀			
9	荆不更繠喜 子不更衍	妻大女子媟 隸大女子華	子小上造章 子小上造	子小女子趙 子小女子見		
10	荆不更宋午 弟不更熊 弟不更衛	熊妻曰□□ 衛妻曰□	子小上造傳 子小上造逐 □子小上造□ 熊子小上造□	衛子小女子□	臣曰檽	
11	荆不更□□	妻曰有	子小上造綽	母□		
12						伍長
13			子小上造□ 子小上造失			

---

① 湖南省文物考古研究所編著《里耶發掘報告》,第 203—210 頁。

續表

欄次	I	II	III	IV	V
14	□獻	妻曰縛 □妻曰□ 下妻曰婺			
15	荆不更□				
16		□妻曰差			
17	荆夫(大夫)☑				
18		妻曰□□			
19	☑更□				
20				子小女子□ □小女子□	
21	荆不更李獲	妻曰酈	子小上造□ 子小上造□		
22	荆不更□疾	疾妻曰媘			

完整的木牘可分五欄,第一欄爲户主,爲成年男性,多爲一人,也有二人乃至三人的。第二欄爲成年女性,多爲男性户主之妻、妾,也有其他成年女性。第三欄爲未成年男性,第四欄爲未成年女性(或老年女性),第五欄注"臣",即家庭奴隸,末注"伍長"。[①]共有 4 個伍長,另一個伍長可能遺落了,總之南陽里的户口規模爲 25 户,應該是沒有問題的。

　南陽里户籍簡牘出土公布後,研究者甚衆。但關注的焦點主要集中在秦的户籍制度、家族規模及構成、秦占領故楚地後的基層社會狀况等方面。[②]研究者多以爲南陽爲里名,且屬於遷陵縣。但將南陽里歸之於遷陵縣有幾點難以解釋的地方:第一,南陽里除見於所謂"南陽户牘"外,不見於其他實際運作的行政文書。雖然到目前爲止里耶簡牘尚未全部公布,但已出現的里名適足以解釋遷陵縣的户口數,可見遷陵縣在大部分時間里並無南陽里;第二,"南陽户牘"的書寫形式和内容與其他實際運作的户籍簡牘不同,如前文曾列舉的"南里户人大女子分/子小男子□☑/"(8-237)分兩欄書寫,首欄爲"大女

①　參看張榮强《湖南里耶所出"秦代遷陵縣南陽里户版"研究》,原刊《北京師範大學學報(社會科學版)》2008 年第 4 期,收入氏著《漢唐籍帳制度研究》,商務印書館,2010 年,第 7—36 頁。

②　參看邢義田《龍山里耶秦遷陵縣城遺址出土某鄉南陽里户籍簡試探》,簡帛網,2007 年 11 月 3 日;張榮强《湖南里耶所出"秦代遷陵縣南陽里户版"研究》;黎明釗《"里耶秦簡":户籍檔案的探討》,《中國史研究》2009 年第 2 期;陳絜《里耶"户籍簡"與戰國末期的基層社會》,《歷史研究》2009 年第 5 期;劉瑞《里耶古城北城壕出土户籍簡牘的時代與性質》,《考古》2012 年第 9 期。

子"。"大女子"作户人還見於 8-1546、8-863 + 8-1504、9-43、9-1475 等,"南陽户牘"則幾乎不見女性爲户人(户主)。里耶 9-2242:"高里户人小上造□/弟小女子檢☑。""南陽户牘"亦未見"小某"爲户人者。里耶 9-2064"東成户人士五夫/妻大女子沙/子小女子澤若/子小女子傷"分爲三欄書寫,但同是小女子,却分作兩欄;第三,也是最重要的,從"南陽户牘"分欄書寫方式看,第 3、5、8、9、10 諸條均有兩個或兩個以上的户人,這種大家庭的形式不在少數,與商鞅變法所實行的"民有二男以上不分異者倍其賦"的條例不符。

那麽,如何解釋"南陽户牘"? 我們的初步意見是,南陽里爲楚國(即簡文中的"荆")原有里名,秦人占領該地後,重新統計里居户口,此即今所見之"南陽户牘",隨後將南陽里一分爲二,即屬於貳春鄉的"南里"和屬於都鄉的"陽里"。表 3 第 1 條記户主"荆不更蠻强",而里耶簡 8-238 + 8-585 + 8-2476 記有"南里户人大夫强";第 8 條"弟不更説",里耶 8-1972 記有"陽里小男子説辭□",8-2027 記有"小男子説,今尉征説以爲求盗"。雖然里耶簡牘中不乏同名之人,但出現在南里和陽里的人名同樣見於南陽里,恐怕不是偶然的。

假如上述説法可信,則秦對地方基層鄉里社會的控制,除利用行政手段,任命地方鄉、里之官吏,直接貫徹帝國政令之外,還有其他地域控制的手段:其一,是通過移民的方式,使原居民脱離本土,割裂血緣與地緣的聯繫,以達到控制目的,如渚里之遷徙;其二,是將原來一里分化成二里,使之分屬於不同的鄉,徹底打亂原有地緣聯繫,以加强對地方的管控,如南陽里之分化爲南里和陽里。

原刊於《簡帛》第十輯,上海古籍出版社,2015 年,第 145—154 頁;收入本論文集時有所改動。

三府分立
——從新出秦簡論秦代郡制

游逸飛

中興大學歷史學系

　　嚴耕望《中國地方行政制度史甲部：秦漢地方行政制度》建構的秦漢地方政制圖景迄今仍無可替代。[①]然因秦至漢初的史料寡少，該書所引史料的時代實以西漢中期至東漢爲主，嚴耕望亦自承"大抵秦及西漢初年之制已不能詳"，[②]故其書幾未單獨探討秦代地方政制，也就無法分析秦漢地方政制的差異。

　　21 世紀里耶秦簡出土之後，[③]學者開始掌握秦代地方行政文書的第一手面貌，加上嶽麓秦簡公布了爲數不少的秦代司法案例與律令條文，[④]透過行政與司法文書探討秦代

---

① 參嚴耕望《中國地方行政制度史甲部：秦漢地方行政制度》，"中研院"歷史語言研究所，1990 年。

② 見嚴耕望《中國地方行政制度史甲部：秦漢地方行政制度》，第 144 頁。

③ 下文引用里耶秦簡圖版出自湖南省文物考古研究所編著《里耶秦簡（壹）》（文物出版社，2012 年），釋文出自陳偉主編《里耶秦簡牘校釋（第一卷）》（武漢大學出版社，2012 年）者只標明簡號，不詳引出處，徵引散見里耶秦簡時方詳引出處。引用《里耶秦簡牘校釋（第一卷）》的校釋意見時徑稱《校釋》，亦不詳引出處。里耶秦簡預定出版五冊，目前僅出版一冊，尚有五分之四的資料未得寓目。本文根據里耶秦簡復原郡制時，儘可能少作推測，僅憑現有資料進行較爲保留的論述。即便如此，本文結論仍不能完全迴避被未出版的里耶秦簡修正甚至否定的風險，祈請讀者留意。

④ 參陳松長《嶽麓書院所藏秦簡綜述》，《文物》2009 年第 3 期，第 75—88 頁；陳松長《嶽麓書院藏秦簡中的郡名考略》，《湖南大學學報》2009 年第 2 期，第 1—9 頁；陳松長《秦代避諱的新材料——嶽麓書院藏秦簡中的一枚有關避諱令文略說》，簡帛網 2009 年 10 月 20 日；陳松長《嶽麓書院藏秦簡中的行書律令初論》，《中國史研究》2009 年第 3 期，第 31—38、177 頁；于振波《秦律令中的"新黔首"與"新地吏"》，《中國史研究》2009 年第 3 期，第 69—78 頁；陳松長《睡虎地秦簡"關市律"辨正》，《史學集刊》2010 年第 4 期，第 16—20 頁；于振波《秦律中的甲盾比價及相關問題》，《史學集刊》2010 年第 5 期，第 36—38 頁；陳松長《嶽麓書院藏秦簡中的徭律例說》，《出土文獻研究》第十一輯，中華書局，2012 年，第 162—166 頁；朱漢民、陳松長主編《嶽麓書院藏秦簡〔叁〕》，上海辭書出版社，2013 年；陳松長、周海鋒《〈嶽麓書院藏秦簡〉〔肆〕概述》，秦簡牘研究國際學術研討會，湖南大學嶽麓書院，2014 年 12 月 5—7 日；歐揚《嶽麓秦簡所見比初探》，秦簡牘研究國際學術研討會，湖南大學嶽麓書院，2014 年 12 月 5—7 日；周海鋒《嶽麓秦簡〈尉卒律〉研究》，秦簡牘研究國際學術研討會，湖南大學嶽麓書院，2014 年 12 月 5—7 日。嶽麓秦簡時代大抵爲秦統一前後，内容豐富且重要，然非科學考古發掘出土，真實性必須嚴格檢驗。自睡虎地秦簡發掘至今，隨葬簡牘已蔚爲出（轉下頁）

地方政制的面貌成爲可能。

　　里耶秦簡常見"守府""尉府""監府"之詞,①與《史記·秦始皇本紀》記載秦始皇二十六年"分天下以爲三十六郡,郡置守、尉、監",②恰可對應。我曾據此指出秦代郡守、郡尉、郡監御史各自開府,故稱"守府""尉府""監府",三府各自獨立行政,反映郡守、郡尉、郡監御史大抵不相統屬,皆爲郡之長官,秦郡行政呈現三頭馬車的分權形態;由於漢代已無"郡監"存在,秦郡的"三府分立"可謂秦郡最顯著的特色之一。③嚴耕望主張秦漢晉唐時期地方政府組織爲長官元首制,地方政府的權力集中於單一長官之手,④其説便有重新檢討的空間。

　　然而拙文當時未遑探討"守府""尉府""監府"的職權及其相互關係,深入分析秦郡的行政特色。本文企圖根據新出秦簡,⑤以"三府分立"爲切入點,分別探索秦代郡守、郡

　　(接上頁)土簡牘的大宗。但學界過去並未注意當時製作竹簡經常在背後刻畫細綫,以利編聯排序。直至孫沛陽於2011年發表文章指出簡背刻畫綫的意義,學界才開始關心簡背刻畫綫問題。該文引用的重要證據之一即爲2007年購藏、2010年出版第一卷的嶽麓秦簡。由此可知嶽麓書院已出版的帶有簡背刻劃綫的秦簡幾乎無可置疑。本文經常引用的《爲獄等狀四種》共252枚簡,整理者已指出其背面幾乎均有清晰劃綫,是真簡的有力證據。參孫沛陽《簡册背劃綫初探》,《出土文獻與古文字研究》第四輯,上海古籍出版社,2011年,第449—462頁。此外嶽麓秦簡内容經常可與其他考古出土簡牘相互發明,亦反映目前已刊布的嶽麓秦簡應非向壁虛造。參游逸飛《里耶秦簡8-455號木方補釋——〈嶽麓書院藏秦簡[壹]〉讀後》,簡帛網,2012年2月15日。

① 參游逸飛《守府、尉府、監府——里耶秦簡所見郡級行政的基礎研究之一》,《簡帛》第八輯,上海古籍出版社,2013年,第229—237頁。惟里耶秦簡又見負責傳遞文書的"守府",如"守府快"見簡8-60 + 8-656 + 8-665 + 8-748、8-71、8-140、8-155、8-157、8-158、8-1560、9-1594(見游逸飛、陳弘音《里耶秦簡博物館藏第九層簡牘釋文校釋》,簡帛網,2013年12月22日)、16-1(見湖南省文物考古研究所編著《里耶發掘報告》,嶽麓書社,2006年,第191頁),"守府定"見簡8-141 + 8-668,"守府昌"見簡8-198 + 8-213 + 8-2013,"守府即"見簡8-768,"守府賢"見簡8-806,"守府交"見簡8-1477,"守府印"見簡8-1525,"守府陽"見簡8-2122。2013年1月,北京萬壽寺"賦英染華——歷代硯臺展"展出一枚木質殘簡,文字爲秦隸,上書"□守府以格行書一□","以格"或爲人名。此資料承肖芸曉提供,在此致謝。邢義田據《國語》及居延漢簡推測"守府"爲守府庫之吏,《校釋》則據簡8-756的"守府門",推測"守府"即"守府門"之省。不管如何,傳遞文書的"守府"並非指郡守。參邢義田《湖南龍山里耶J1(8)157和J1(9)1—12號秦牘的文書構成、筆跡和原檔存放形式》,收於氏著《治國安邦:法制、行政與軍事》,中華書局,2011年,第473—498頁;陳偉編《里耶秦簡牘校釋(第一卷)》,第45—46頁。

② 見司馬遷著,裴駰集解,司馬貞索隱,張守節正義,顧頡剛等點校《史記》卷六,中華書局,1959年,第239—240頁。

③ 參游逸飛《守府、尉府、監府——里耶秦簡所見郡級行政的基礎研究之一》,《簡帛》第八輯,第229—237頁。

④ 見嚴耕望《中國地方行政制度史甲部:秦漢地方行政制度》,第13頁。

⑤ 新出秦簡除了上引里耶與嶽麓秦簡,尚見北京大學藏秦簡。不過北大秦簡應係隨葬簡,且無《奏讞書》等司法案例,只有《南郡道里記》等資料與郡制較有關聯,參辛德勇《北京大學藏秦水陸里程簡册的性質和擬名問題》,《簡帛》第八輯,第17—27頁;辛德勇《北京大學藏秦水陸里程簡册初步研究》,《出土文獻》第四輯,中西書局,2013年,第176—279頁;辛德勇《北京大學藏秦水陸里程簡册與戰國以迄秦末的陽暨陽城問題》,秦簡牘研究國際學術研討會,湖南大學嶽麓書院,2014年12月5—7日。此外出版較早的睡虎地秦簡與張家山漢簡《二年律令》與《奏讞書》亦爲本文的重要參考資料,前者見睡虎地秦墓竹簡整理小組編《睡虎地秦墓竹簡》,文物出版社,1990年;後者原始圖版見張家山二四七號漢墓竹簡整理小組編《張家山漢墓竹簡[二四七號墓]》,文物出版社,2001年;紅外綫圖版見彭浩、陳偉、工藤元男編《二年律令與奏讞書——張家山二四七號漢墓出土法律文獻釋讀》,上海古籍出版社,2007年。下(轉下頁)

尉、郡監御史的職能,進而分析"守府""尉府""監府"三府之間的關係,探討秦郡行政的特色,爲秦漢郡制乃至地方政制的比較打下基礎。

一、郡守與"守府"

里耶秦簡的主體是秦代遷陵縣的行政文書,適足以從文書行政的角度探討秦郡職能。①里耶秦簡裏的郡守往往透過文書行政控制、監察屬縣:②或催促屬縣儘快回覆文書,如簡 8-1523"追遷陵,亟日夜上勿留";或指責屬縣上呈的文書不合法,如簡 8-704 + 8-706"泰③守書曰:"課皆不④應(應)式、⑤令"。郡守的文書行政所反映的內容,下文分財政、軍事、司法三類逐一探討。

(一) 財政

里耶秦簡裏郡守對屬縣的財政控制比比皆是,如簡 12-1784 記載秦始皇三十三年正月洞庭代理郡守要求屬縣重新上報二十八年以來買賣糧食的數額。二月郡守再次要

(接上頁)文引用時,只標明簡號,不再詳引出處。《二年律令》與《奏讞書》雖爲漢簡,但學者多半認爲《二年律令》是呂后二年(前 186 年)頒布的法律條文,《奏讞書》內容多爲秦至漢初的司法案件,均爲探討秦制時的必備資料。參彭浩《談〈奏讞書〉中秦代和東周時期的案例》,《文物》1995 年第 3 期,第 43—47 頁;彭浩《談〈奏讞書〉中的西漢案例》,《文物》1993 年第 8 期,第 32—36 頁;張忠煒《〈二年律令〉年代問題研究》,《歷史研究》2008 年第 3 期,第 147—163 頁;李力《〈二年律令〉題名再研究》,收於氏著《張家山 247 號墓漢簡法律文獻研究及其述評》,東京外國語大學アジア. アフリカ言語文化研究所,2009 年,第 345—364 頁。

① 參永田英正《文書行政》,王勇華譯,佐竹靖彥主編《殷周秦漢史學的基本問題》,中華書局,2008 年,第 224—243 頁。反過來說,在文書行政以外的秦郡職能,便非里耶秦簡可觸及,此爲利用里耶秦簡探討秦郡職能的局限,祈請讀者留意。

② 除了具體的郡縣往來文書,里耶秦簡裏尚有大量的文書來往紀錄,如郵書簡 8-1119"書三封,令印,二守府、一成紀",記載遷陵縣令向洞庭太守府上呈兩封文書。類似內容又見簡 5-23、8-1829、16-1(末者見《里耶發掘報告》,第 191 頁)。待里耶秦簡完整公布,便可統計秦不到二十年的統治時間,洞庭郡與遷陵縣"至少"傳遞了多少份文書,量化秦代文書行政的強度。我們甚至可以期待《里耶秦簡(貳)》至《里耶秦簡(伍)》公布了某年或某月遷陵縣文書傳遞的數量統計,畢竟這類檔案文書當時應存於遷陵縣衙。相關研究可參考藤田勝久《里耶秦簡所見秦代郡縣的文書傳遞》,《簡帛》第八輯,第 179—194 頁。

③ 原闕釋,可參簡 8-1225 的"泰"( )字,據內容、詞例及殘畫( )補爲"泰"字。簡 8-2284 見有"□守書",《校釋》懷疑□是"泰"字,今據詞例及殘畫( )補爲"泰守書"。

④ 原闕釋,《校釋》懷疑是"不"字,今參簡 8-435 的"不"( )字及簡 8-754 + 8-1007 的"不應律令",據內容、詞例及殘畫( )補爲"不"字。該簡內容的詳細探討可參徐世虹《秦"課"芻議》,《簡帛》第八輯,第 251—267 頁。

⑤ 原無頓號。

求屬縣盡速回報,並由郵人送至遷陵縣。①

　　除了糧食管理,屬縣還向郡守上報購買徒隸的數量,如簡 8-664 + 8-1053 + 8-2167:

　　　　卅二年九月甲戌朔朔日,遷陵守丞都敢☒

　　　　以朔日上所買徒隸數守府。 · 問☒

　　　　敢言之。☒

根據簡 8-154"令曰'恒以朔日上所買徒隸數'"的法令,屬縣購買的徒隸數目似乎每月均須按時上報;即使當月沒有購買徒隸,亦須回覆郡守,"問之,毋當令者"。屬縣上報郡守的物資甚至包含"牛車"(簡 8-62)及"輼輬輶乘車"(簡 8-175)。②

　　本節對郡守財政權的探討以簡 8-434 的内容作結:

　　　　三月壹上發黔首有治爲不當計者守府上薄(簿)式。

該簡内容是一般上計的補充規定,規定每三月上呈一次"發黔首有治爲不當計者"到郡守府的簿籍樣式。該簡披露的訊息至少有四:第一,"發黔首有治爲"既有"不當計者",則亦應有"當計者",秦代郡縣上計内容不僅有上引的糧食、徒隸、車輛、兵器(見下引簡 8-653)等物資,更包含"發黔首"等縣役。③第二,秦代政府對上計内容有嚴格限制,縣道官徵發黔首不一定均見於上計内容。爲了控制這類不見於上計内容的徵發,秦代政府方進而規定每季的補充上計内容。第三,補充上計有固定的簿籍樣式,一般上計亦應有

---

① 該簡正面内容爲"卅三年正月壬申朔戊戌,洞庭叚(假)守□謂縣嗇夫:'廿八年以來,縣所以令糴粟,固各有數,而上見或|別|書、或弗□。以書到時,亟各上所糴粟數後,上見左署見左方曰:若干石斗不□□□,署主倉發,它如律令。縣一書。'·以臨沅印行事。二月壬寅朔甲子,洞庭叚(假)守醴。追縣亟上,勿留/呁手。·以上衍印行事"。背面内容爲"三月丙戌日中郵人□以來/□發　　　歇手"。標點爲我所加,釋文與圖版見鄭曙斌等編著《湖南出土簡牘選編》,嶽麓書社,2013 年,第 126 頁。該文書的傳遞方式是較爲迅速的"以郵行",而非"以次傳",可見其急迫性。參陳偉《秦與漢初的文書傳遞系統》,中國社會科學院考古研究所、中國社會科學院歷史研究所、湖南省文物考古研究所編《里耶古城·秦簡與秦文化研究——中國里耶古城·秦簡與秦文化國際學術研討會論文集》,科學出版社,2009 年,第 150—157 頁;後收入氏著《燕説集》,商務印書館,2011 年,第 362—382 頁。考慮到《史記·秦始皇本紀》記載同年秦始皇"發諸嘗逋亡人、贅壻、買人略取陸梁地"。身爲南方邊郡的洞庭郡,必然有相應的軍事部署及後勤調動,郡守於此時檢討買賣糧食的數額,或與征伐陸梁有關。而簡 8-2159 + 8-740 洞庭郡守下達屬縣的命令記載"上見禾□☒☒令縣上會十二月朔日",其文書或許就是簡 12-1784 記載的"上見或別書"。簡 12-1784 亦記載屬縣"或弗□",大概指屬縣並未按時上報買賣糧食數額,反映看似嚴格的文書行政規定不一定被官吏嚴格執行,故須進一步追蹤。里耶秦簡文書的虛應故事研究尚待開展,漢簡與吳簡文書則已有相關研究,參高震寰《論西北漢簡文書與現實的差距及其意義》,《新史學》第 25 卷第 4 期,2014 年,第 1—42 頁;胡平生《〈嘉禾四年吏民田家莂〉統計錯誤例解析》,《簡帛研究 二〇〇一》,廣西師範大學出版社,2001 年,第 492—513 頁。

② 簡 8-1511 爲遷陵縣上呈的"水火敗亡者課",惜未言上呈於何處。

③ 簡 8-164 + 8-1475 記載遷陵縣少内上呈"上計☒□□而後論者獄校廿一牒,謁告遷陵將計丞☒上校"。接受文書者或即洞庭郡守,反映刑獄亦爲屬縣上計的内容。

之。第四，本例爲四時上季之制，上引文書見有每月上計之例，加上簡 8-67＋8-652"歲上物數會九月望太守府"的記載，[1]可反映秦代上計大抵已有月簿、四時簿、歲簿等分別。[2]

綜上所述，秦代郡守對屬縣財政的控制程度已十分細緻全面，既反映郡縣之間的行政層級已確實建立，更反映秦代中央政府對地方的嚴密控制。下文探討秦代郡尉及郡監御史的文書行政時，並未見到任何涉及郡縣財政的內容，反映郡之財政權可能爲郡守獨攬。

（二）軍事

洞庭郡在秦始皇三十三年以前均爲南方邊郡，軍務必然繁重。然而里耶秦簡裏郡守涉及的軍務只見兵器管理，如簡 8-653 記載遷陵縣向郡守上計的內容包含兵器，簡 16-6、16-5 記載洞庭郡守負責向內史輸送兵器。[3]而戰國秦兵器銘文反映郡守職掌兵器的監造，[4]秦統一以後的兵器監造制度依舊如此，如隨葬於四川涪陵小田溪三號墓"廿六年蜀守武戈"的銅戈、[5]陝西寶雞出土的"廿六年臨湘守藉戈"。[6]金文所見郡守職掌兵器

---

[1] 年終九月上歲計，符合文獻記載，如《續漢書·郡國志》劉昭補注引盧植《禮注》："計斷九月，因秦以十月爲正故。"見范曄、司馬彪著，李賢等注，宋雲彬等點校《後漢書》卷二八《志》，中華書局，1965 年，第 3621 頁。里耶秦簡 8-653"上真見兵，會九月朔日守府"或許也是歲計。簡 8-183＋8-290＋8-530 記載秦始皇三十四年十月遷陵縣丞向上早報秦始皇三十三年人口增減的數目。雖晚了一個月，仍應與歲計有關，惜該簡未言上呈於何處。

[2] 漢之上計承襲秦制，參郭浩《漢代地方財政研究》，山東大學出版社，2011 年，第 86—93 頁。

[3] 見《里耶發掘報告》，第 192—194 頁。簡 8-1510 記載事隔一月，遷陵縣貳春鄉便派出四艘六丈以上的船，運輸至少五石一鈞七斤之"兵"（兵器）至內史。《校釋》根據"五石一鈞七斤"的重量，懷疑"兵"指穀物。其說並不可靠，以石、鈞、斤計算由船承載的兵器重量，並無可疑之處。

[4] 參蘇輝《秦三晉紀年兵器研究》，上海古籍出版社，2013 年；游逸飛《戰國至漢初的郡制變革》，第 18—30 頁。

[5] 見四川省博物館、重慶市博物館、涪陵縣文化館《四川涪陵小田溪戰國土坑墓清理簡報》，《文物》1974 年第 5 期，第 61—80 頁。該戈風格爲戰國晚期，其時秦國君主如惠文王、昭王以及秦始皇在位均超過二十六年，于豪亮引用《史記·秦本紀》與《華陽國志》指出秦惠文王二十四年至秦昭王三十年的蜀郡郡守均爲張若（任職三十七年以上），故"蜀守武"任職的"廿六年"只能是秦始皇紀年，該戈鑄造年代已是秦統一之初。參于豪亮《四川涪陵的秦始皇二十六年銅戈》，收於氏著《于豪亮學術文存》，中華書局，1981 年，第 70—73 頁。

[6] 該戈現藏於寶雞青銅器博物院，始終未曾發表照片或拓本，最初披露於王紅武、吳大焱《陝西寶雞鳳閣嶺公社出土一批秦代文物》，《文物》1980 年第 9 期，第 94—95 頁。李學勤將銘文其中四字釋爲"□栖守造"，推測□爲"隴"字，該戈爲隴西鑄造。參李學勤《秦國文物的新認識》，收於氏著《新出青銅器研究》，文物出版社，1990 年，第 272—286 頁。黃盛璋透過渠道取得照片，指出"□栖"乃誤釋，實爲"丞相"二字。王輝、董珊均從之。參黃盛璋《秦兵器分國、斷代與有關制度研究》，《古文字研究》第二十一輯，中華書局，2001 年，第 285 頁；王輝《秦銅器銘文編年集釋》，三秦出版社，1990 年，第 62—64 頁；董珊《戰國題銘與工官制度》，北京大學博士論文，2002 年，第 225 頁。近年郭永秉與廣瀨薰雄亦取得照片，重作摹本，指出"丞相"二字實爲"臨相（湘）"之誤釋，該戈釋文應爲"廿六年，臨相（湘）守藉造，右工室閻，工□"，其說可信。臨湘當爲長沙郡治所在，故長沙郡守又稱臨湘守。如此一來，該戈便爲長沙郡守監鑄。"臨湘守"後的"右工室"與"工"，亦大抵符合秦兵銘文格式。至於該戈的鑄造年代，黃盛璋傾向秦始皇二十六年，王輝、董珊則傾向秦昭王二十六年。"丞相"改釋"臨相（湘）"後，秦昭王二十六年時秦尚無長沙郡，該戈只能鑄於秦始皇二十六年，該戈鑄造年代亦爲秦統一之初。參郭永秉、廣瀨薰雄《紹興博物館藏西施山遺址出土二年屬邦守蓐戈研究——附論所謂秦廿二年丞相戈》，《出土文獻與古文字研究》第四輯，第 112—127 頁。

監造,與里耶秦簡所見郡守職掌兵器管理恰相呼應。然而下節探討郡尉軍權時,不見管理兵器,只見管理戍卒。郡守管理兵器、郡尉管理戍卒,秦出土文獻似乎反映郡守與郡尉在軍權上分工制衡。

(三) 司法[①]

嶽麓秦簡《爲獄等狀四種》記載了不少縣上讞郡的案件,里耶秦簡亦見有遷陵縣獄東曹、南曹上呈洞庭郡守府的文書,[②]反映郡縣之間密切的司法往來。[③]目前秦簡所見郡守的司法職能有三:直接審判、疑獄審判、刑獄覆審,以下分別論之。[④]

1. 直接審判

陳蘇鎮曾據張家山漢簡,指出漢初地方司法判決主要由縣道官負責,郡僅監察縣的司法判決,兩者的司法職能分工明確。[⑤]秦簡所見郡守覆審刑獄與審判疑獄的案件均爲縣道官上呈,既印證了陳蘇鎮之説,更反映秦代地方司法判決亦由縣道官負責,郡僅監察縣的司法判決,漢初郡縣司法職能分工明確,乃承襲秦制。里耶秦簡裏郡守直接審判案件的例子僅見於簡 16-6、16-5,該事件爲洞庭郡向内史輸送兵器,郡守勒令屬縣縣吏執行勤務,如有違令者:

輒劾移縣,縣丞以律令具論當坐者,言名夬(決)泰守府。[⑥]

在該事件裏郡守擁有最終審判權的原因,或爲命令乃郡守直接下達之故。即便如此,縣道官仍可預擬審判方式,在一定程度上影響了郡守的判決。

2. 疑獄審判

嶽麓秦簡《爲獄等狀四種》記載了四個秦統一前夕郡守判決疑獄的案件。[⑦]案例一

---

① 本節初稿曾宣讀於中國政法大學法律古籍整理研究所主辦的中國法制史基礎史料研讀會(2013 年 5 月 23 日,北京)。
② 獄東曹見簡 8-273 + 8-520、8-959 + 8-1291、8-1155,獄南曹見簡 8-728 + 8-1474。
③ 簡 8-61 + 8-293 + 8-2012 爲巴郡與洞庭郡之間的司法文書,其意義尚待探究。
④ 嶽麓秦簡 1114 記載"泰山守言,新黔首不更昌等夫妻盜,耐爲鬼新(薪)白燦(粲)……",釋文逕作"白燦","燦"若非手民致誤,便是"粲"的通假。該簡前後文不詳,無法了解泰山郡守在該案件裏扮演的角色爲何,姑録於此。見陳松長《嶽麓書院藏秦簡中的郡名考略》,《湖南大學學報》2009 年第 2 期,第 1—9 頁。
⑤ 周長山肯定其説。陳蘇鎮對漢初郡縣司法具體現象的分析雖然準確,但我認爲該現象與陳、周兩人主張的"漢初地方行政重心在縣不在郡"説之間仍有距離,究竟要如何論證"西漢中葉地方行政中心發生了從縣到郡的轉移"仍有斟酌空間。參陳蘇鎮《漢初王國制度考述》,《中國史研究》2004 年第 3 期,第 27—40 頁;後收入氏著《兩漢魏晉南北朝史探幽》,北京大學出版社,2013 年,第 139—156 頁;參周長山《漢代地方政治史論:對郡縣制度若干問題的考察》,中國社會科學院出版社,2006 年,第 45—93 頁;游逸飛《戰國秦漢郡縣制研究新境——以中文成果爲主的檢討》,刊於《中國史學》2014 年第 4 期,第 71—86 頁。
⑥ 見《里耶發掘報告》,第 192—194 頁。
⑦ 見朱漢民、陳松長主編《嶽麓書院藏秦簡[叁]》,簡 1—30。

《癸、瑣相移謀購案》是秦王政二十五年州陵代理縣令綰、縣丞越、史獲的上讞案件,由南郡代理郡守賈批覆:

> 有律,不當讞(讞)。獲手。其貲綰、越、獲各一盾。

郡守認爲該案件涉及的法律明確,不應上讞。判處縣令綰、縣丞越、史獲貲一盾,當即不應上讞而上讞的懲罰。①貲一盾是秦簡裏罰金的最低數額,約值金 16 銖(384 錢)。②郡守判處不應上讞而上讞者貲一盾,對縣吏的上讞之風或有一定的遏止作用。

案例二《尸等捕盜疑購案》亦爲秦王政二十五年南郡代理郡守賈批覆州陵代理縣令綰、縣丞越的上讞案件。③該案件原爲捕盜案,因捕得盜賊既有秦國亡人,又有楚國人,身份複雜不一,縣長吏無法決定給予捕盜者何種獎金,因而上讞。郡守批覆賞金數額後,並未懲罰州陵縣長吏。

案例四《芮盜買公列地案》爲秦王政二十二年江陵縣的上讞案件。④江陵縣上讞後,南郡郡守批示,要求江陵縣調查清楚該案件涉及官市攤位的地價情況,再行上讞。

案例十四《學爲僞書案》是秦王政二十二年胡陽縣的上讞案件。⑤該案爲庶民"學"冒充馮將軍之子,胡陽縣提出兩種懲罰方式:

> •吏議:耐學隸臣。或[曰]:令贖耐。

批覆者應爲南陽郡守,却僅言:

> 謹竆(窮)以瀂(法)論之。

不知胡陽縣最後如何處理。

上述四個案例恰好分別反映郡守接獲疑獄案件後,四種可能的處理態度:積極判決、駁回懲處、追問細節、不予判斷,對縣長吏上讞頗具參考價值。嶽麓秦簡《爲

---

① 朱瀟於 2013 年 5 月 23 日的中國法制史基礎史料研讀會上提出"貲綰、越、獲各一盾"亦可能是三吏"劾人不審爲失"的懲罰。我認爲從上下文脉觀之,"不當讞"與"貲各一盾"的關係更爲密切,且郡守賈並未指出綰、越、獲三吏判決有失,故仍認爲貲一盾是不應上讞而上讞的懲罰。

② 據于振波提供嶽麓秦簡里甲、盾、金、錢的比價所換算,參于振波《秦律中的甲盾比價及相關問題》,《史學集刊》2010 年第 5 期,第 36—38 頁。

③ 見朱漢民、陳松長主編《嶽麓書院藏秦簡[叁]》,簡 31—43。

④ 見朱漢民、陳松長主編《嶽麓書院藏秦簡[叁]》,簡 62—87。

⑤ 見朱漢民、陳松長主編《嶽麓書院藏秦簡[叁]》,簡 210—236。

獄等狀四種》在一定程度上或爲有意挑選的吏學教材,①益發反映郡縣之間密切的司法關係。

3. 刑獄覆審

簡 8-755～8-759 + 8-1523 記載遷陵縣丞向洞庭郡守上奏,②企圖以"徒隸不田"的罪名,判處"司空厭等當坐,皆有它罪,耐爲司寇"。郡守禮則回覆:"(司空)厭失,當坐論,即如前書律令。"反映縣道官擁有司法審判權,但須上請郡守覆審。然而張家山漢簡《二年律令‧興律》簡 396—397 規定"縣道官所治死罪及過失、戲而殺人,獄已具,勿庸論,上獄屬所二千石官"。③漢初縣道官只有"死罪及過失、戲而殺人"的案件須上請郡長官覆審,秦代縣道官却連"耐爲司寇"的輕罪亦須上請郡守覆審,④反映秦代郡守對縣道官司法審判的監察力度高於漢初。⑤

強大監察權的賦予,使秦代郡守可以強勢推翻縣令的司法判決。張家山漢簡《奏讞書》案例十八是南郡派遣四名卒史覆審蒼梧郡攸縣縣令庫等人的司法案件,⑥乃郡守威

---

① 秦簡《爲吏之道》是公認的吏學教材,但從律令學的角度觀之,法律與司法判例等資料同樣具有教材性質,編纂《奏讞書》等簡册時不無可能帶有一定的教育目的。參林素清《秦簡〈爲吏之道〉與〈爲吏治官及黔首〉研究》,《簡帛》第八輯,第 279—307 頁;陳松長《秦代宦學讀本的又一個版本——嶽麓書院藏秦簡〈爲吏治官及黔首〉略說》,簡帛網,2009 年 10 月 1 日;邢義田《秦漢基層員吏的精神素養與教育——從居延牘 506.7(〈吏〉篇)說起》,《古文字與古代史》第三輯,"中研院"歷史語言研究所,2012 年,第 399—433 頁。

② 該簡册的綴合參陳垠昶《里耶秦簡 8-1523 編連和 5-1 句讀問題》,簡帛網,2013 年 1 月 8 日。根據該簡册内容,"奏"在秦代並非專門用於上書皇帝的文體。上引簡 8-433"令佐華劾奏"可能也是縣上書郡守府。

③ 整理小組認爲本條可能歸入《具律》,見張家山二四七號漢墓竹簡整理小組編《張家山漢墓竹簡[二四七號墓]釋文修訂本》,文物出版社,2006 年,第 62 頁。

④ 此處犯罪者有縣司空,在張家山漢簡《秩律》里秩級不到六百石,似不到"有罪先請"的等級。縣吏犯罪是否須上請郡守覆審? 目前尚無資料探討。

⑤ 由此可知《二年律令‧興律》簡 396—397 必非秦律之舊。由於秦廢封建,該律文最末的"徹侯邑上在所郡守"顯然亦爲漢初增訂。《興律》簡 396—397 有不少内容爲漢初特有。但因秦代很可能已規定某一刑罰級别以上的案件,縣道官須上請郡守覆審,漢初只是將刑罰級别提高至死罪,擴大縣道官的判決權,削弱郡守的覆審權,因此我們亦不宜將《興律》簡 396—397 視爲全新制定的律文。無論如何,將現存律令視爲歷年不斷修訂的產物,在情况允許時推測原始律令的内容,分析秦漢法律史的"層累造成",應是有意義的研究課題。

⑥ 該案件標題簡記載"南郡卒史蓋廬、摯、朔、叚(假)卒史鼂復攸庫等獄簿",似乎反映攸縣爲南郡所轄。然而攸縣位於今湖南攸縣東北,不在秦南郡界域之内。故彭浩認爲此案反映秦始皇二十七年,攸縣爲南郡所轄,其後方被分出。參彭浩《談〈奏讞書〉中秦代和東周時期的案例》,《文物》1995 年第 3 期,第 43—47 頁。但陳偉、蔡萬進指出該案件簡 131 記載"蒼梧縣反者,御史恒令南郡復"的"蒼梧縣"是指"蒼梧郡所轄之縣",正如《奏讞書》案例二十一"輸巴縣鹽"的"巴縣"亦指"巴郡所轄之縣"。參陳偉《秦蒼梧、洞庭二郡芻論》,《歷史研究》2003 年第 5 期,第 168—172 頁,後收入氏著《燕説集》,第 353—361 頁。類似意見又見蔡萬進《張家山漢簡奏讞書研究》,廣西師範大學出版社,2006 年,第 103—110 頁。蒼梧爲郡的證據尚見該案件簡 129 記載"蒼梧守竈、尉徒唯謂庫",即指蒼梧郡守竈、郡尉徒唯告知攸縣縣令庫,正如里耶秦簡 8-755"洞庭守禮謂遷陵丞",亦指洞庭郡守禮告知遷陵縣丞。由此可知攸縣亦屬於"蒼梧縣",乃蒼梧郡所轄之縣。而上引簡 131 記載蒼梧郡屬縣攸縣的叛亂案件由南郡覆審,是因爲中央御史大夫直接下令;由鄰郡覆審叛亂案件,可能是爲了避免郡縣之間相互包庇。

壓縣令的佳例。

首先討論案情梗概如下：攸縣的利鄉叛亂，攸縣令史義率領新黔首前往平亂，却被反盜殺害，致使攸縣人心惶惶。簡 131 記載："義等戰死，新黔首恐，操其叚（假）兵匿山中。①誘召稍來，皆櫾（搖）恐，畏其大不安，有須南郡復者即來捕。"簡 143—144 又記載："義死，黔首當坐者多，皆皆櫾（搖）恐吏罪之，有（又）別離居山谷中，民心畏惡。"新黔首害怕戰敗的懲處，寧可逃亡到山中，也不肯返家。戰敗的懲處到底是甚麼？究竟有多可怕？此案最終由郡卒史判決，引用律、令各一條：

> 令：所取荆新地多群盜，吏所興與群盜遇，去北，以儋乏不鬬律論。

> 律：儋乏不鬬，斬。

斬首無疑就是新黔首所害怕的戰敗懲處。秦占領楚國舊地後，當地多群盜。秦政府爲了有效統治新占領區，遂以死刑爲後盾，頒布較爲嚴苛的特別法。蒼梧郡乃楚國舊地，郡卒史根據特別法判決，顯然於法有據。然而特別法的制定目的是預防、嚇阻民軍臨陣脱逃。在戰敗逃走的既成事實下，嚴苛的特別法却產生反效果：民軍寧可成爲亡人，也不願意回鄉問斬。爲了解決問題，攸縣縣令庫不顧特別法，將懲罰減輕爲"奪爵、令戍"。②秦代官僚尚法，攸縣縣令庫減輕亡人的懲罰理應有法源依據，很可能是在特別法制定前，"吏所興與群盜遇，去北"所適用的一般法。③適用的一般法是否有蛛絲馬迹可循呢？漢初《二年律令·捕律》簡 142—143 規定：

> 與盜賊遇而去北，及力足以追逮捕之 而 官 □□□□□ 逗留畏愞（懦）弗敢就，奪其將爵一絡〈級〉，免之，毋爵者戍邊二歲；而 罰 其 所 將 吏 徒 以 卒 戍 邊 各 一 歲 。興吏徒追盜賊，已受令而逋，以畏愞論之。

---

① 原作逗號。
② 見簡 147。原無頓號。根據該簡記載"庫曰：聞等上論奪爵令戍"，在攸縣縣令庫之前已有"等"提出"奪爵、令戍"的輕刑，"等"或許是前任攸縣縣令。
③ 後文攸縣縣令庫的罪名之一爲"毋法令""不以法論之"，遂使讀者可能以爲庫的減刑措施沒有法源依據。但觀《奏讞書》案例二十一的和姦案情根本沒有直接相關的法條，官吏判決時仍想方設法引用七條律令，企圖比附出判罪的法源依據，可見秦吏判案不引律令應是時人難以想象之事。何況本案案情在特別法制定之前，必有一般法可循。"毋法令""不以法論之"不應僅從字面上去理解，這兩句話並非事實陳述，而是罪刑論述。參邢義田《秦或西漢初和姦案中所見的親屬倫理關係——江陵張家山二四七號墓〈奏讞書〉簡 180—196 考論》，收於氏著《天下一家：皇帝、官僚與社會》，中華書局，2011 年，第 489—539 頁。

據此規定,攸縣令史義率領的新黔首當以畏懦論,有爵者奪一級,無爵者戍邊二歲,這與庫提出的"奪爵、令戍"懲罰高度雷同,似可視爲相同的懲罰方式。《二年律令·捕律》的規定應繼承了秦律,庫將懲罰減輕爲"奪爵、令戍",很可能是依據内容類似《二年律令·捕律》的秦律,也許就是秦《捕律》中的一條。嶽麓秦簡《爲獄等狀四種》案例十五記載秦始皇二十六年士卒"畏奭(懦)"的懲罰不只一種,最重者似爲"完以爲城旦、鬼薪",其次爲"耐以□"。①"奪爵、令戍"的懲罰比"耐以□"更輕,確實可能見於秦《捕律》中。而庫捨特别法(秦令)而就一般法(秦律),減輕逃亡入山的新黔首的懲罰,應有一定的勸誘效果。

　　然而庫的減刑並未有效勸誘新黔首來歸,其原因爲新黔首害怕南郡覆審攸縣司法案件時翻案。根據案件結果,新黔首的擔憂並非杞人憂天,南郡卒史覆審時便詰問庫:②

　　　　毄(擊)反群盗,儋乏不鬭,論之有法。庫捇掾獄,見罪人,不以法論之,而上書言獨財(裁)③新黔首罪,是欲繹(釋)縱罪人也。何解?

庫回答:

　　　　聞等上論奪爵令戍,今新黔首實不安輯,上書以聞,欲陛下幸詔庫以撫定之,不敢擇(釋)縱罪人,毋它解。

南郡卒史繼續詰問:

　　　　等雖論奪爵令或〈戍〉,而毋法令,人臣當謹奏〈奉〉法以治。今庫繹(釋)法而上書言獨財(裁)新黔首罪,是庫欲繹(釋)縱罪人明矣。吏以論庫,庫何以解之?

而庫只能回答:"毋以解之,罪。"④郡卒史認爲攸縣縣令庫不依據特别法判決,是"毋法

---

① 見朱漢民、陳松長主編《嶽麓書院藏秦簡[叁]》,第 241 頁。
② 本案由郡卒史覆獄,張家山漢簡《二年律令·興律》却規定"二千石官令毋害都吏復案",卒史與都吏的關係爲何? 由於漢初都吏是一種官吏的泛稱,我認爲此處的卒史即律令記載的都吏。然而指出漢初都吏是泛稱的李迎春,却没有將漢初卒史與都吏聯繫起來,不知何故。參李迎春《秦漢郡縣屬吏制度演變考》,北京師範大學博士學位論文,2009年,第 20—21、72—86 頁。嶽麓秦簡 0485 記載"新地守時修其令,都吏分部鄉邑間,不從令者論之",反映秦代都吏亦爲郡守派出的使者,漢初律令的都吏顯然承襲自秦法,參陳松長《嶽麓書院藏秦簡中的郡名考略》,《湖南大學學報》2009 年第 2 期,第 1—9 頁。里耶秦簡 8-461"秦更名方"記載"乘傳客爲都吏",反映都吏的前身爲"乘傳客",大抵亦属泛稱。都吏尚見於里耶習字簡 8-176＋8-215,反映當時的常見程度。
③ 李學勤、彭浩、整理小組均認爲"裁"是"制裁"之義,張建國、陳偉則認爲"裁"是"減免"之義。後者對文意的解讀較通暢,今從之。參李學勤《〈奏讞書〉續論》,收於氏著《簡帛佚籍與學術史》,江西教育出版社,2001 年,第 212—221 頁;彭浩《談〈奏讞書〉中秦代和東周時期的案例》,《文物》1995 年第 3 期,第 43—47 頁;《張家山漢墓竹簡[二四七號墓]釋文修訂本》,第 105 頁;張建國《關於張家山漢簡〈奏讞書〉的幾點研究及其他》,收於氏著《帝制時代的中國法》,法律出版社,1999 年,第 274—293 頁;陳偉《秦蒼梧、洞庭二郡芻論》,收於氏著《燕説集》,第 353—361 頁。
④ 以上記載見簡 146—150。

令”的表現，故完全不承認庫的減刑判決，甚至以“簒遂縱囚”的罪名將庫論處爲“耐爲鬼薪”。[①]新黔首對郡吏覆審案件的戒慎恐懼，顯非單方面的無根臆測，反映郡的强大監察權已執行日久，才會深入黔首之心。

俵縣縣令庫無疑比新黔首更了解郡吏覆審案件的權力，庫不依據特別法，直接下達減刑判決時，不可能不清楚其風險：從有爵的一縣首長淪爲身份卑賤的黥面無期刑徒。因此庫竟上書給始皇帝，請求秦始皇准許他以一般法判決！[②] 然而秦始皇並未回應庫的上奏，似可視爲秦始皇並不認同庫的意見，認爲六國舊地仍須嚴厲鎮壓，此案交付官僚機器依法處理即可，不需由凌駕於法律之上的皇權出面翻案。覆審此案的郡卒史便是如此認爲，故强調“人臣當謹奉法以治”，反映秦郡行政强烈的法家精神，[③]郡對縣的依法監察也就在情理之中。

綜上所述，南郡卒史覆獄，不僅大幅加重俵縣新黔首的罪刑，更論處俵縣縣令爲無期徒刑，案情可謂有着一百八十度的翻轉，南郡卒史對此案的主導力無庸置疑。郡卒史雖爲無秩屬吏，[④]在外擔任郡府使者時，却代表了郡的權力，因而在司法上有權褫奪縣吏的審判權、推翻六百石縣令的判決。由此可知，郡確實擁有强大的司法權，而且已執行日久，黔首方會對郡的司法權戒慎恐懼，司法權可能是郡守對屬縣影響最大的權力之

① 見簡 158—159。庫縱放死罪罪犯原應判處“黥爲城旦”，因其有爵而減免爲“耐爲鬼薪”。
② 庫的上始皇帝書內容今已不得其詳，考慮到本案審理時間已是秦始皇二十七年，庫企圖說服始皇帝的理由之一或許爲：當今已天下一統，四海昇平，楚國舊民與秦人同樣是天下黔首，不宜依據特別法，應以普施天下的一般法處刑。李開元曾指出一永恒的困惑：“對歷史上肯定有過而史書沒有記載的事情，究竟是沉默不語，用嚴謹和慎重將其束之高閣？ 還是打破沉默，用推測和想象將其構築出來？”見李開元《序·文學比史學更真實?》，收於氏著《楚亡：從項羽到韓信》，聯經出版社，2013 年，第 3—7 頁。本文首鼠兩端，既不願完全沉默不語、諱莫如深，又不敢像蘇東坡、王世貞、李開元那樣大膽構築“沒有史料的歷史”。
③ 但法律終非萬靈丹，“奉法以治”的南郡卒史必須仰賴“智巧”，才能將新黔首誘入城中，完結懸宕一年多的案件(見簡152—154)。南郡卒史如何“智巧”？ 我們不得而知，或可推測郡卒史利用了縣令原來施行的懷柔招撫政策，誘騙黔首。在黔首心目中，郡吏不僅推翻縣吏的輕刑判決，更罔顧民信、欺騙民衆。秦郡雖貫徹了律令，却失去了民心。當這類事件日積月纍，秦郡對社會的嚴密控制，也就成了秦朝迅速滅亡的推手。
④ 見於張家山漢簡《奏讞書》與《二年律令·史律》的卒史不見於《二年律令·秩律》，似反映卒史無秩。然而李迎春認爲《秩律》從二百五十石至百廿石，乃末端秩級，又稱“有秩”；有秩之下又有百石、斗食、佐史之秩。《秩律》未載卒史，故卒史非有秩；但卒史等級在屬吏裏較高，故應爲百石。參李迎春《秦漢郡縣屬吏制度演變考》，第 48 頁。李迎春論證漢初百石之秩的材料爲《二年律令·賜律》簡 297：“賜吏酒食，衡(率)秩百石而肉十二斤，酒一斗；斗食、令史肉十斤，佐史八斤，酒各一斗。”根據顏師古注解《漢書·文帝紀》“率百石者三匹”爲“每百石加三匹”(見《漢書》卷四，第124 頁)，《賜律》“率秩百石”顯非單獨秩級，該句是指“斗食、令史”以上的官吏秩級每增加百石則賜“肉十二斤、酒一斗”。漢初《二年律令》實無百石之秩，卒史秩級並非百石，應屬無秩。閻步克曾指出《賜律》簡 296“御史比六百石”，反映御史無秩級，其賞賜待遇比照六百石官吏。參閻步克《若干“比秩”官職考述》，收入氏著《從“爵本位”到“官本位”：秦漢官僚品位結構研究》下編第五章，生活·讀書·新知三聯書店，2009 年，第 408—432 頁。卒史應與御史類似，雖然無秩，但可比於某秩，故地位高於一般屬吏。

一。然而下文將指出郡監御史亦擁有一定程度的司法權,郡守在司法事務上並不能獨攬大權。

(四) 小結

嶽麓秦簡 370 記載:

> 郡尉不存,以守行尉事;①泰守不存,令尉爲假守;②泰守、尉皆不存,令吏六百石以上及守吏風莫(模)官……③

秦郡郡守可冠"泰"字,稱"泰守";郡尉則不得冠"泰"字,稱"泰尉"。④郡守兼任郡尉時,以上對下的"行"稱之;郡尉兼任郡守時,則以下對上的"假"稱之。這些語言現象反映秦代郡守與郡尉雖然各自開府,但郡守府的地位仍略高於郡尉府,似已開嚴耕望所謂長官元首制之先聲。⑤然而秦代郡守與郡尉各自開府,則反映郡尉絕非郡守的屬下,擁有獨立的行政權。就像秦漢中央的丞相府與御史大夫府合稱"二府",官位雖以丞相爲尊,實際權力則各擅勝場,有時御史大夫的實權甚至凌駕於丞相之上。新出秦簡所見秦代郡守至少有財政、軍事、司法等權力,權力已相當全面。然而郡守在司法權與軍事權上,必須與郡監御史、郡尉分權,更不見郡守掌握人事權的記載,秦代郡守的權力顯然並不完整,其權力甚至不如中央的丞相來得全面。下節探討郡尉與郡監御史的權力時,將指出尉府與監府的權力,恰可填補守府的權力空白,反映秦郡三府之間明確的分工分權。

二、郡尉與"尉府"⑥

探討郡尉的文書行政之前,須先探討秦代"郡尉"名稱的爭議。孫聞博引用里耶

---

① 原作逗號。
② 原作逗號。
③ 見陳松長《嶽麓書院藏秦簡中的郡名考略》,《湖南大學學報》2009 年第 2 期,第 1—9 頁。
④ 隨着秦封泥的大量出土,學界已注意到"泰"字取代"太"字的現象,並將取代現象的時間斷爲秦始皇統一六國前後。但筆畫較繁的"泰"字爲何會取代筆畫較簡的"太"字呢? 這似乎不是文字的自然演化,而須另尋解釋。大西克也認爲"泰"字是秦始皇造的新字,具有神聖意涵,可備一說。參大西克也《從里耶秦簡和秦封泥探討"泰"字的造字義》,《簡帛》第八輯,第 139—148 頁。
⑤ 郡守原稱"守",後稱"泰守",其名稱從"守"改爲"泰守"後,其職權是否有所改變呢? 此問題承匿名審查人提示,然而目前尚無足夠資料探討此問題。
⑥ 據里耶秦郵書簡 8-728 + 8-1474"一洞庭泰守府,一洞庭尉府"、簡 8-1225"一封詣洞庭泰守府,一封詣洞庭尉府",可知秦代郡尉的"尉府"非"泰尉府"之省。

8-461號“秦更名方”的記載：

> 郡邦尉爲郡尉。
>
> 邦司馬爲郡司馬。

簡 8-649：

> 邦尉、都官軍在縣界中者各☐
>
> 皆以門亭行，新武陵言書到，署☐
>
> ☐

其中的“邦尉”即“郡尉”，秦更名方的“郡邦尉”只是爲了與中央之“邦尉”區隔，方加“郡”字。邦司馬“主要設置於郡”，故不加郡字。[①]此説對簡文的理解十分通暢，却反映出早期秦郡的尉、司馬等郡吏以“邦”爲名，不免惹人疑竇。一般而言，“邦”吏的分類只有中央官吏、封建官吏兩種，[②]爲何郡吏的官名裏會有“邦”字呢？

　　因此我懷疑“邦尉”不宜遽定爲郡尉。簡 8-649 的“邦尉”與“都官”並提，可理解成兩者同爲洞庭郡下轄之官。[③]考慮到“邦”經常帶有封建性質，郡之邦尉不妨理解爲隸屬於郡的封君邦國之尉。秦始皇統一天下、廢除封邦後，邦尉、邦司馬等邦吏並非廢爲平民，而是納入郡吏系統之中，以示優容。[④]戰國七雄見有不少由邦轉化爲郡之例，如蜀、陶、太原、代、薛等邦轉化爲蜀、陶、太原、代、薛等郡，[⑤]是秦始皇將邦廢爲郡的旁證。不過目前

[①] 參孫聞博《秦漢軍制演變研究》，北京大學博士學位論文，2013 年，第 39 頁。此説主張秦中央政府有邦尉，却無邦司馬，似不易索解。傳世銅印“邦司馬印”被視爲中央官印，向無學者質疑。參羅福頤主編，故宮博物院研究室璽印組編著《秦漢南北朝官印徵存》，文物出版社，1987 年，第 57 頁。獅子山楚王陵出土三十方“楚司馬印”，乃漢初楚國官印。參李銀德《徐州出土西漢印章與封泥概述》，收於西泠印社、中國印學博物館編《青泥遺珍——戰國秦漢封泥文字國際學術研討會論文集》，西泠印社，2010 年，第 9—29 頁。不管認爲漢初楚國是封建邦國、還是認爲漢初楚國是小中央，均爲邦司馬“主要設置於郡”的反證。無論强調戰國秦國原爲封建邦國、抑或强調戰國秦國已有中央政府，秦中央均應有邦司馬一職。若主張“邦司馬”之前省略“郡”字，全文應作“郡邦司馬爲郡司馬”，與“郡邦尉爲郡尉”相呼應，或不失爲一種解釋。

[②] 參楊振紅《從秦“邦”、“内史”的演變看戰國秦漢時期郡縣制的發展》，《中國史研究》2013 年第 4 期，第 49—68 頁。

[③] 里耶秦簡所見“邦”吏又如簡 8-773 的“邦司空”、簡 9-2290 的“邦候”“（邦）候丞”。簡 9-2290 見張春龍《里耶秦簡第九層選讀》，中國簡帛學國際論壇 2012，秦簡牘研究，武漢大學簡帛研究中心，2012 年 11 月 17—19 日。

[④] 我曾推測“郡邦尉爲郡尉”讀作“郡、邦尉爲郡尉”，此説不如“郡之邦尉爲郡尉”來得明快，應放棄。即便如此，我仍認爲“邦尉”的“邦”具有封建性質。游逸飛《里耶 8-461 號“秦更名方”選釋》，魏斌編《古代長江中游社會研究》，上海古籍出版社，2013 年，第 68—90 頁；該文爲先前發表兩篇文章的整合《里耶秦簡 8-455 號木方選釋》，《簡帛》第六輯，上海古籍出版社，2011 年，第 87—104 頁；《里耶秦簡 8-455 號木方補釋——〈嶽麓書院藏秦簡［壹］〉讀後》，簡帛網，2012 年 2 月 15 日。西安相家巷秦封泥有“南陽邦尉”，或爲南陽郡下轄封邦之尉。參許雄志編《鑒印山房藏古封泥菁華》，河南美術出版社，2011 年，第 35 頁。

[⑤] 參游逸飛《戰國至漢初的郡制變革》，第 31—32 頁。

里耶秦簡尚未見到早期洞庭郡設置封邦的其他資料，我的懷疑尚無足够的證據支持，至多爲一家之言而已。

（一）人事

秦簡不見郡守涉及官吏任免的内容，①却有不少郡尉職掌人事的資料，出人意表。如睡虎地《秦律雜抄·除吏律》簡135規定：

> 除士吏、發弩嗇夫不如律，及發弩射不中，尉貲二甲。

鄒水傑指出此律的"尉"指縣尉，此律規定秦縣之武吏任用不當時，縣尉必須負責。他又指出睡虎地《秦律十八種·置吏律》簡83規定：

> 除吏、尉，已除之，乃令視事及遣之；所不當除而敢先見事，及相聽以遣之，以律論之。

開頭應標點爲"除吏，尉已除之"，反映戰國秦國縣尉擁有任命一般官吏的權力。鄒水傑進而指出里耶秦簡8-157記載鄉嗇夫任命郵人，須"謁令尉以從事"，②由縣尉審核、確認。睡虎地《除吏律》尚可解釋爲縣尉人事權僅限於士吏、發弩嗇夫等軍職，但睡虎地《置吏律》的"除吏"以及里耶秦簡的"郵人"任免反映縣尉的人事權不限於軍職，可見從戰國晚期至秦統一，秦的縣尉均有相當的人事權。③

秦代郡尉是否也擁有人事權呢？《二年律令·置吏律》簡214—215規定縣道官：

> 縣道官之計，各關屬所二千石官：④其受恒秩氣（餼）稟，及求財用委輸，郡關其守，中關内史；⑤受（授）爵及除人關於尉。

---

① 里耶秦簡8-768記載遷陵縣依據"守府下四時獻者上吏缺式"，上呈文書至洞庭郡守府，似反映秦代郡守亦擁有自辟屬吏以外的人事權，但該簡内容的理解尚待斟酌。

② 張春龍、龍京沙與馬怡將"令尉"斷開，認爲"令、尉"指縣令與縣尉；里耶秦簡講讀會認爲"令"指命令，"令尉"不應斷開，《校釋》從之。《里耶秦簡（壹）》見有大量"謁令"詞例，其後綴"尉"（簡8-69）、"官"（簡8-143、8-673＋8-2002）、"倉司空"（簡8-904＋8-1343）、"司空"（簡8-1510）、"倉守"（簡8-1525）、"倉"（簡8-1563）等官吏及官署，可見"令"確指命令，簡8-157的負責人只有縣尉，没有縣令。參湖南省文物考古研究所、湘西土家族苗族自治州文物處（張春龍、龍京沙整理）《湘西里耶秦代簡牘選釋》，《中國歷史文物》2003年第1期，第8—25頁；里耶秦簡講讀會《里耶秦簡譯注》，《中國出土資料研究》第8號，2004年，第88—137頁；馬怡《里耶秦簡選校》，中國社會科學院歷史研究所學刊委員會編《中國社會科學院歷史研究所學刊》第四集，商務印書館，2007年，第133—186頁。

③ 參鄒水傑《兩漢縣行政研究》，湖南人民出版社，2008年，第78—79頁。

④ 原作句號。據"其受恒秩氣（餼）稟"的"其"字，可知前後文的關聯性，故改爲冒號，以强調之。

⑤ 原作句號。但"授爵"與"除人"等人事任免資料亦屬於上計的内容，因此"受（授）爵及除人關於尉"應當是"縣道官之計，各關屬所二千石官"的一部分内容，故改爲分號，以免割裂前後文的關聯。

　　"受(授)爵及除人關於尉"揭示郡及内史轄下縣道官的官吏任免與爵位除授均須上報郡尉或中尉,反映郡尉亦擁有人事權。[①]張家山漢簡時代屬於漢初,漢初郡尉的人事權,很可能承襲自秦。從戰國晚期秦國、秦統一乃至漢初,郡尉與縣尉似乎都擁有相當的人事權,是過去所不知的歷史現象。

　　除了重新詮釋睡虎地、張家山等舊簡,里耶、嶽麓等新簡亦見有郡尉人事權的資料。里耶秦簡 8-247 記載"尉府爵曹卒史文",[②]反映秦代郡尉府設有爵曹,内有卒史任職。[③]綜合上引《二年律令・置吏律》簡 215 的規定,可推測秦至漢初縣道官除授軍功爵,應由郡尉府爵曹協助郡尉監督。里耶秦簡 8-1952 記載"遷陵尉計□□主爵發。敢言之"[④]似反映遷陵縣尉的上計文書,由郡之"主爵"拆閱,"主爵"可能是指簡 8-247 的"爵曹"。縣尉上計至郡尉府爵曹,其内容當與授爵有關。楊振紅探討里耶秦簡 8-71 正:

　　　　卅一年二月癸未朔丙戌,遷陵丞昌敢言之:遷□佐日備者,士五(伍)梓潼長親欣補,謁令□

背:

　　　　二月丙戌水十一刻刻下八,守府快行尉曹。□

指出"敢言之"一詞爲上行文書用語,縣丞傳遞文書給縣之尉曹,不應使用"敢言之",故此處"尉曹"應爲郡之尉曹,本簡是遷陵縣上呈洞庭郡尉曹的補吏文書。[⑤]洞庭郡尉曹屬於郡守抑或郡尉? 從"尉曹"與郡尉同樣以"尉"爲稱、縣尉上計至郡尉府爵曹、郡尉擁有人事權等現象觀察,簡 8-71 的"尉曹"較可能屬於郡尉府。郡尉府的爵曹與尉曹似皆協助郡尉行使人事權,爵曹或主授爵,尉曹或主除人。[⑥]

　　綜上所述,秦代郡尉擁有自辟屬吏以外的人事權,郡尉權力比我們過去所知要强

① 參黃怡君、游逸飛、李丞家、林盈君、李協展《張家山漢簡〈二年律令・置吏律〉譯注》,《史原》復刊 1,總 22 期,2010年,第 287—337 頁。里耶秦簡 8-1225 記載遷陵縣曹上呈文書至洞庭郡府,文書内容或與此有關。

② 《校釋》"尉"(　　)作"[尉]",該字墨迹殘缺不多,應可確定爲"尉"字。

③ 秦代"爵曹"或即漢代功曹的前身,此承閻步克老師提示。

④ "遷"(　　)、"陵"(　　)、"尉"(　　)、"計"(　　)四字,《校釋》作"[遷陵尉計]",四字墨迹大致可辨,應可確定爲"遷陵尉計"。

⑤ 參楊振紅《秦漢時期的"尉"、"尉律"與"置吏"、"除吏"——兼論"吏"的屬性》,《簡帛》第八輯,第 333—341 頁。

⑥ 郡府之"曹"是郡吏組織的重要組成,但里耶秦簡目前只見郡尉府有爵曹與尉曹,不足以窺測完整的郡府組織。里耶秦簡已見縣曹約十數,已在一定程度上反映了完整的縣曹組織,但秦代郡曹與縣曹組織未必一致,目前不宜根據秦縣之曹構擬秦郡之曹,因此秦代郡曹組織的探討只能俟諸日後。

大,郡尉的强大權力可能來自早期秦郡的軍事職能。①

秦代郡尉的人事權尚可與上計制度結合,進一步分疏。上引里耶秦簡 8-1952 記載遷陵縣尉上計於郡尉府爵曹,而簡 8-98 + 8-1168 + 8-546:

> ☐廷②吏曹當上尉府計者,行齋,勿亡。③

反映遷陵縣吏曹須上計於洞庭郡尉府,其上計内容應與官吏任免、考核等事務相關。里耶秦簡顯示秦代屬縣的上計對象不限於郡守,亦包含郡尉,屬縣財政資料上計於郡守,人事資料上計於郡尉。郡守與郡尉對財政與人事職權的明確分工,清楚地體現於上計制度。

更有甚者,上節雖據大量里耶秦簡指出秦統一後屬縣財政資料須上計於郡守,然而里耶秦簡 8-1845 却記載:

> 卅二年,遷陵内史計。☐

反映直至秦始皇三十二年,遷陵縣仍向中央内史上計,戰國時期秦内史對全國屬縣財政的控制在秦統一以後仍未完全解除。④秦代屬縣財政資料大抵既須上計於郡守,又須上計於内史;對於具體的屬縣財政事務,郡守與内史大抵亦有分工,屬縣應非將所有財政資料製作兩份,分別上計給郡守與内史,而是依照郡守與内史的職掌差異,提供不同的財政資料。

秦縣既須上計財政資料於郡守與内史,又須上計人事資料於郡尉,⑤秦代屬縣上計制度繼承了戰國秦昭王晚期上計於内史的舊制,更增添上計於郡的新制,可謂多重分工上計制。秦代屬縣並不對單一長官負責,郡守、郡尉、内史等直屬二千石官吏都只能掌握屬縣的一部分資料,無法徹底控制屬縣行政。只有更高層級的丞相與御史大夫才可

---

① 戰爭對戰國秦漢行政制度的劇烈影響,可參杜正勝《編户齊民——傳統政治社會結構之形成》,聯經出版社,1990 年;趙鼎新《東周戰爭與儒法國家的誕生》,華東師範大學出版社,2006 年;許田波(Victoria Tin-bor Hui)著《戰爭與國家形成:春秋戰國與近代早期歐洲之比較》,徐進譯,上海人民出版社,2009 年。

② 原闕釋,可參簡 8-829"廷吏曹"的"廷"(☐)字,據内容、詞例及殘畫(☐)補爲"廷"字。

③ 見何有祖《里耶秦簡牘綴合(四則)》,簡帛網,2013 年 10 月 4 日。

④ 參工藤元男《内史的改組與内史、治粟内史的形成》,收入氏著《睡虎地秦簡所見秦代國家與社會》,廣瀬薰雄、曹峰譯,上海古籍出版社,2010 年,第 18—49 頁;蔡萬進《秦國糧食經濟研究(增訂本)》,大象出版社,2009 年。

⑤ 故我們無法判斷里耶秦簡 8-2 + 8-108 記載"遷陵將計段(假)丞☐☐數,與計偕",遷陵縣究竟上計至何處。參何有祖《里耶秦簡牘綴合(六則)》,簡帛網,2012 年 12 月 24 日。

能全面掌握屬縣資料，但他們與屬縣之間又隔了二千石官吏一層，無法直接控制屬縣行政。沒有任何官吏可以獨攬大權，應是秦之多重分工上計制的設計理念。

(二) 軍事

里耶秦簡 8-1563 記載"洞庭尉遣巫居貸公卒安成徐署遷陵"，反映來自巫縣的戍卒至遷陵縣戍守，是由洞庭郡尉派遣。著名的陽陵戍卒討債文書(簡 9-1 至 9-12)，[①]記載陽陵縣司空向洞庭郡尉詢問十二位來自陽陵的戍卒究竟至洞庭郡何縣戍守，以便追討債務，反映陽陵戍卒至遷陵縣戍守，亦由洞庭郡尉派遣。由此可知，洞庭郡戍卒的管理是由郡尉負責。上節指出里耶秦簡所見郡守日常軍權限於管理兵器，而里耶秦簡所見戍卒管理事務全由郡尉負責，郡守與郡尉在日常軍務上的分權分工非常明確。[②]郡尉有權管理戍卒，平時可藉此直接控制戍卒，在軍隊裏建立威信，戰時更可調遣軍隊、領軍出征。相較之下，郡守管理兵器，不能直接控制戍卒，但可控制軍事活動，具有監察郡尉與戍卒的意義。由此可知，秦代郡守在軍事上扮演的角色更近於"監軍"，而秦代郡尉的軍權比郡守更爲直接、重要，是真正的"郡將"。了解秦郡的軍權分工後，有助於理解下列幾條關於秦代郡尉的傳世文獻，如《漢書·嚴助傳》秦始皇三十三年派遣"尉屠睢"攻越。張晏注解爲：

> 郡都尉，姓屠名睢也。[③]

秦代郡尉不稱"都尉"，張晏之注不確。張家山漢簡《奏讞書》案例十八簡 129 記載秦始皇二十七年的"蒼梧守竈、尉徒唯"，"徒唯"應即"屠睢"，[④]可知"尉屠睢"爲蒼梧郡尉，"屠睢"是名，其姓不詳。郡尉屠睢得以受命統帥秦朝伐越的大軍，必與其長期鎮守於南方

---

① 見《里耶發掘報告》，第 185—190 頁。
② 財政權由郡守獨攬，人事權由郡尉獨攬，軍事權則由郡守與郡尉分享，其緣由或爲郡守管理財政物資及軍事物資，所管理者皆爲"物"；郡尉管理官吏任免與戍卒駐防，所管理者皆爲"人"。換言之，財政權、人事權、軍事權是現代官僚行政的分類概念，不一定吻合古人的官僚行政分類概念。本文使用財政權、人事權、軍事權、司法權等概念，只是爲了便於討論，並非主張秦代官僚行政已有這些概念。若想探討秦代官僚行政已存在哪些分類概念，里耶秦簡所見遷陵縣有獄曹、戶曹、倉曹、尉曹等曹，是最忠實的反映。參葉山(Robin Yates)《解讀里耶秦簡——秦代地方行政制度》，《簡帛》第八輯，胡川安譯，第 89—137 頁。
③ 見《漢書》卷六四上，第 2783 頁。
④ "屠""徒"音同可通，如《漢書》卷四"申屠嘉"(115 頁)在《史記》卷六《孝文本紀》作"申徒嘉"(421 頁)；"唯""睢"均從"隹"聲，亦可通。辛德勇已指出"徒唯""屠睢"可能爲一人。參辛德勇《秦始皇三十六郡新考》，收入氏著《秦漢政區與邊界地理研究》，中華書局，2009 年，第 81 頁。

邊地,管理、訓練戍卒有關。①而秦二世時,南海郡尉趙佗有權直接"移檄告橫浦、陽山、湟谿關曰:'盜兵且至,急絶道聚兵自守!'"②雖有事急從權的味道,但也可能反映秦代郡尉可直接下令給郡内城關徼塞的軍官、戍卒,不須通過郡守。

(三) 小結

嚴耕望將郡尉視爲佐官,主張郡守才是一郡之長,在郡内擁有絶對的權力。③然而秦簡所見郡尉的權力不可謂不大,集中於人事與軍事兩方面,恰恰填補了郡守權力之闕,反映秦代郡守與郡尉職掌分工明確、權力相互制衡,郡守並無絶對的權力。嚴耕望又認爲:

> 秦訖漢武帝初,邊疆初郡或但置都尉,不置郡守,頗類後漢之屬國。蓋初郡蠻夷錯雜,首重軍事,此外更無所事事故也。④

但里耶秦簡所見秦代南方邊郡洞庭郡不僅郡守、郡尉並置,分工制衡,郡尉更須處理大量人事事務,絶非"此外更無所事事"。嚴耕望的郡吏體系顯然不完全適用於秦代,我們應根據秦簡將郡尉視爲與郡守並立的秦郡長官之一,將"尉府"視爲與"守府"分立的郡之官署之一。

三、郡監御史與"監府"

秦郡長官的分工制衡不止見於郡守與郡尉,亦見於本節探討的郡監御史。與郡尉相同,秦代"郡監御史"的名稱亦須加以梳理。上文已指出新出秦簡的"監府"與《史記·秦始皇本紀》記載"郡置守、尉、監"的"監"恰可對應,因此里耶秦簡 8-1006"到監府事急"、簡 8-1644"監府書遷陵"⑤的"監府"均指郡監。郡監府的長官名稱在傳世文獻裏

---

① 辛德勇認爲一郡之尉不足以擔當伐越戰役的主帥,揆諸當時秦朝廷之人才,該戰役的主帥非王翦莫屬。參辛德勇《秦始皇三十六郡新考》,收入氏著《秦漢政區與邊界地理研究》,第 73—75 頁。此説並無文獻支撐,若充分考慮新出秦簡呈現的秦代郡尉軍權,似無必要懷疑文獻記載。

② 見《史記》卷一一三,第 2967 頁。

③ 參嚴耕望《中國地方行政制度史甲部:秦漢地方行政制度》,第 155 頁。

④ 參嚴耕望《中國地方行政制度史甲部:秦漢地方行政制度》,第 155 頁。

⑤ 《校釋》"陵"(▉)作"[陵]",應可據殘餘墨迹與詞例確定爲"陵"字。

較爲混亂。據《秦始皇本紀》，郡監府長官宜稱"監"或"郡監"。但《史記·蕭相國世家》記載了"泗水監"，顏師古認爲"監"指"御史監郡者"，①《漢書·百官公卿表》卻又記載"監御史，秦官，掌監郡"。②監府長官究竟是監、御史、監御史？兩千年來難有解答，今憑出土文獻可一言而決，如里耶秦簡11-34：

> ☒敢言之。洞庭監御史☒③

"洞庭監御史"一詞揭示《百官公卿表》的記載無誤，監府長官的正式名稱應爲監御史，"御史"與"監"都是簡稱，秦郡"守、尉、監"的三大長官之一是監御史。

睡虎地《秦律十八種·傳食律》簡179規定了"御史卒人使者"的傳食種類及數量，整理小組懷疑"御史"爲監郡的御史，④似又反映戰國晚期秦國監郡的官吏爲"御史"，而非"監御史"。由於睡虎地秦律制定時代較早，里耶秦簡行政文書的製作時代較晚，"御史"與"監御史"的差異未必矛盾，可能反映戰國晚期至秦代監郡長官名稱的變遷。從"御史"到"監御史"的名稱變遷，或反映監郡的御史原由中央臨時派遣，較不普遍，沒有固定治所，行政方式與西漢刺史巡行郡縣相似；秦始皇統一天下前後，"監御史"方普遍在秦郡開府，有固定的治所，秦郡長官的"三府分立"始得成立，中央監察郡的力度亦因而增強。⑤

漢初廢除郡監御史，故張家山漢簡《二年律令·秩律》未載監御史，監御史之有無是

---

① 見《史記》卷五三，第2014頁。"泗水監"又見於《漢書·樊酈滕灌傅靳周傳》，故爲顏師古所注，見《漢書》卷四一，第2067頁。

② 見《漢書》卷一九上，第741頁。

③ 見《湖南出土簡牘選編》，第119頁。

④ 見《睡虎地秦墓竹簡》，第60頁。《論衡·謝短》記載"兩郡移書曰'敢告卒人'"，西北漢簡常見郡守與都尉的往來文書使用"卒人"稱謂，反映"卒人"曾爲郡長吏之部屬，故用作郡長吏的代稱。此條秦律的"卒人"當指御史的部屬，若與漢代"卒人"稱謂確有關聯，則可推測此條秦律的"御史"監郡，或爲郡監御史的前身。

⑤ 《里耶秦簡（壹）》"前言"指出尚未公布的簡牘裏有"臨沅監御史"之文，反映秦亦於縣設監御史。參《里耶秦簡（壹）》，第5頁。惟該簡未完整公布，"臨沅""監御史"若斷讀，便無縣監御史存在。而簡8-1032記載"監府致殽（繫）痤臨沅"，反映"臨沅"與"監御史"有一定關聯，或即監御史的治所，"臨沅監御史"也許仍指洞庭監御史。簡8-141＋8-668記載"縣□治獄及覆獄者，或一人獨訊囚，嗇夫長、丞、正、監非能與□□殹，不參不便"。"監"具有治獄及覆獄權，或即監御史。蔣禮鴻整理《商君書·境內第十九》"將軍爲木臺，與國正監與正御史參望之"，懷疑"與正"爲衍文，原文爲將軍"與國正、監御史參望之"。但此監御史似非郡監御史。參蔣禮鴻《商君書錐指》卷五，中華書局，1986年，第121頁。《呂氏春秋·季夏紀》記載"令四監大夫合百縣之秩芻，以養犧牲"。一位監大夫領二十五縣，與郡監御史不無相似之處。高誘援引《逸周書·作雒》"分以百縣，縣有四郡"，主張《呂氏春秋》的"百縣"就是《逸周書》的"百縣"，"四監大夫"則是縣下四郡的監大夫。《呂氏春秋》的"四監大夫"地位明顯在縣之上，而非在縣之下。但高誘挽合《逸周書》與《呂氏春秋》的思路不無啓發意義，《逸周書》此條的著述時代應爲縣大郡小時期，《呂氏春秋》的著述時代則爲郡大縣小時期，行政制度改變對典籍文本文字改易的影響，值得探究。見許維遹著、梁運華整理《呂氏春秋集釋》卷六，中華書局，2009年，第131頁；陳奇猷《呂氏春秋新校釋》卷六，上海古籍出版社，2002年，第314頁；王利器《呂氏春秋注疏》卷六，巴蜀書社，2002年，第583頁。

秦漢郡制最突出的差別。不過秦郡置監御史並非秦人孤明獨發。戰國三晉之縣已置御史，如《戰國策·韓策》記載安邑縣令任命"安邑之御史"，①《韓非子·内儲說》記載縣令卜皮有御史；②《商君書·禁使》指出秦國置"監"以監察官吏，③出土秦封泥見有"禁苑右監"④"郎中監印"⑤等監官。秦郡普置監御史，反映鎮撫地方的郡爲秦中央政府的重要監察對象。秦郡監御史有哪些職能，得以監察手握重權的郡守與郡尉，是本節的主題。

(一) 特殊信息的傳播

秦郡三府皆可直接與中央政府往來文書，但郡監御史獨占了中央政府校讎律令與製作地圖等特殊信息的傳播渠道，反映郡監御史是秦郡三府裏與中央政府的關係最密切者。⑥

首先討論中央政府校讎律令的傳播渠道。睡虎地《秦律十八種·尉雜》簡 199 規定"歲讎辟律於御史"，整理小組認爲《尉雜》之"尉"指廷尉，本條指"廷尉到御史處核對法律條文"。然而睡虎地秦律出土於秦南郡安陸縣，是曾任安陸令史、鄢令史的墓主喜的隨葬品。⑦一位一輩子連郡吏都未能升遷、遑論中央的地方小吏，抄寫的律文理應涉及地方，爲何會抄寫這條看似是中央規定的《尉雜》之律呢？而里耶秦簡 6-4 記載遷陵令史"讎律令沅陵"，反映秦統一前後的遷陵縣令史校讎律令時不須遠赴秦朝首都咸陽，只需前往洞庭郡屬縣沅陵，在郡内校讎律令即可，這與睡虎地秦律的規定有所落差，又要如何解釋呢？

雖然現有資料十分有限，但我們或可如此推測：秦國甫興之時，中央與地方各級官

---

① 見繆文遠《戰國策新校注》卷二八，巴蜀書社，1998 年，第 891 頁。

② 參王先慎著，鍾哲點校《韓非子集解》，中華書局，1998 年，第 237 頁。

③ 參蔣禮鴻《商君書錐指》卷五，第 133 頁。

④ 見中國社會科學院考古研究所漢長安城工作隊《西安相家巷遺址秦封泥的發掘》，《考古學報》2001 年第 4 期，第509—544 頁。

⑤ 見周曉陸、路東之編著《秦封泥集》，三秦出版社，2000 年，第 409 頁。

⑥ 近年唐宋政府信息渠道的研究已頗豐碩，秦漢政府信息渠道的研究則尚待開展。參鄧小南編《政績考察與信息渠道：以宋代爲重心》，北京大學出版社，2008 年；黃寬重、鄧小南等《漢學研究（第 27 卷第 2 期：宋代的訊息傳遞與政令運行專輯）》，漢學研究中心，2009 年；鄧小南、曹家齊、平田茂樹編《文書·政令·信息溝通：以唐宋時期爲主》，北京大學出版社，2012 年；藤田勝久《里耶秦簡的文書與信息系統》，凡國棟譯，《簡帛》第三輯，上海古籍出版社，2008年，第 207—227 頁；藤田勝久《里耶秦簡的文書形態與信息傳遞》，戴衛紅譯，《簡帛研究 二〇〇六》，廣西師範大學出版社，2008 年，第 35—50 頁；渡邊將智《政策形成と文書傳達——後漢尚書臺の機能おめぐって》，《史観》159(2008)：18—38。

⑦ 參《雲夢睡虎地秦墓》編寫組《雲夢睡虎地秦墓》，文物出版社，1981 年；睡虎地秦墓竹簡整理小組編《睡虎地秦墓竹簡》，第 6—7 頁。

吏皆"歲讎辟律於御史",至首都的御史官署校讎中央律令。隨着秦國疆域擴大,地方官吏前往首都的御史官署校讎中央律令開始變得曠日廢時、不切實際。秦國中央政府最初可能先派遣御史巡行地方,使地方官吏可以就近找巡行御史校讎中央律令。隨着御史巡行地方的常態化、郡監御史開始成爲常置官吏,郡監御史便取代了首都御史與巡行御史的角色,郡轄縣道等官吏只需前往郡監御史治所,不需至首都的御史官署,便可校讎中央律令。

上述推論如果成立,睡虎地《尉雜》律没有呈現出中央御史與郡監御史的區別,應是郡監御史設置以前制定的法律;里耶秦簡反映地方官吏不須至首都的御史官署,便可校讎中央律令,應反映了較晚期的情況,也反映沅陵很可能是郡監御史的治所。[①]睡虎地秦律與里耶秦簡一早一晚,不相矛盾。

墓主喜身處的時代已是秦統一前後,既然里耶秦簡反映遷陵縣令史是去洞庭郡屬縣沅陵校讎律令,曾擔任南郡安陸縣與鄢縣令史的墓主喜,若有校讎律令的任務在身,很可能不須前往首都咸陽,而是前往南郡監御史治所。故墓主喜手上拿的睡虎地秦律制定時間雖然較早,但原律文"歲讎辟律於御史"的"御史"却已不僅指中央的御史,還可指郡監御史,反映了原始律令在施用上的彈性。因此該條秦律的規定看似只限於中央御史,實則包含了派遣、常駐於地方的御史,墓主喜手持此條律文並不奇怪。

綜上所述,秦統一前後的地方諸官署若想取得最新最準確最完備的律令版本,便須前往郡監御史治所校讎律令。郡監御史代理中央政府公布律令,堪稱地方政府的律令資料庫。而中央君主通過律令賦予官吏權力,掌握律令的郡監御史在官吏裏顯然具有特殊地位,可能藉此獲得更多權力。這不禁令人聯想到《商君書·定分》的記載:

> 天子置三法官,殿中置一法官,御史置一法官及吏,丞相置一法官,諸侯、[②]郡、[③]縣皆各爲置一法官及吏,皆比秦一法官。郡縣諸侯一受禁室之法令,并學問所

---

① 鄭威與我根據郡之文書的發出地,分別指出新武陵、臨沅、沅陽、上衍都可能是秦代洞庭郡郡守治所。參鄭威《里耶部分涉楚簡牘解析》,湘鄂豫皖楚文化研究會第十三次年會,湖南省博物館,2013年11月22—25日;游逸飛《戰國至漢初的郡制變革》,第119—121頁;游逸飛《里耶秦簡所見的洞庭郡》,"出土文獻的語境"國際學術研討會暨第三屆出土文獻青年學者論壇,清華大學,2014年8月27—29日,後刊於《中國文化研究所學報》第61期,2015年。
② 原無頓號。
③ 原無頓號。

謂。吏民欲知法令者，皆問法官，故天下之吏民，無不知法者。①

秦之法家企圖在一般官僚之外設置獨立的"法官"，不管天子、御史大夫、丞相、諸侯、郡、縣之吏乃至庶民均須聽取法官的專業意見。法官表面上只掌握律令知識，實際上卻掌握了一切依法行政的指導權。現實上秦國雖未設置獨立的法官，但負責校讎律令的御史庶幾近之，那麼郡監御史對地方行政是否有指導權呢？下節將指出較全面掌握律令知識的郡監御史，亦可干預郡的司法事務，擁有一定的司法權力。

除了校讎律令，中央政府製作地圖的渠道似乎亦與郡監御史有關。里耶秦簡 8-224＋412＋1415 記載：

> ……其旁郡縣與接界者毋下二縣，以□爲審，即令卒史主者操圖詣御史，御史案讎更并，定爲輿地圖。有不讎、非實者，自守以下主者……

該簡經綴合後，基本完整，但前後文仍闕，故加"……"符號以強調之。②觀其內容及形制，原來或爲詔令冊之單簡。該簡內容規定郡卒史持地圖至御史處，③由御史校讎、修改、合并爲輿地圖；地圖若未校讎、不精確，郡守以下均須懲處。由於全文有闕，此處"御史"既可理解爲中央御史，亦可理解爲郡監御史。然而上文推測睡虎地秦律"歲讎辟律於御史"的"御史"既可指郡監御史，遷陵縣令史又至洞庭郡監御史治所校讎律令；本詔令冊的"御史"應亦可指郡監御史，洞庭郡卒史可將地圖上呈至洞庭郡監御史治所。郡監御史完成郡輿地圖後，④應上呈至中央的御史大夫府，御史大夫再將諸郡輿地圖拼成完整的天下輿地圖。郡監御史掌握了地方輿地圖的製作權力，所扮演的角色有如中央政府在地方的耳目。

綜上所述，秦代郡監御史的前身應爲中央派遣至地方巡行監察的御史，郡監御史將正確的中央律令傳布到地方，將完整的郡輿地圖上呈中央，在特殊信息的傳播渠道扮演

---

① 見蔣禮鴻《商君書錐指》卷五，第 143—144 頁。

② 簡 8-543＋8-667 出現"□圖酉水□酉陽圖□□界不□事□"的內容，或有關聯。

③ 中央與郡雖皆見卒史，但里耶秦簡所見卒史均爲郡吏，此處若無特殊原因，不應記載中央的卒史。參嚴耕望《中國地方行政制度史甲部：秦漢地方行政制度》，第 108—109 頁；李迎春《"卒史"考》，收入氏著《秦漢郡縣屬吏制度演變考》，第 108—112 頁。

④ 尹灣漢牘《東海郡屬吏設置簿》記載"上爭界圖一人""畫圖一人""寫圖一人"，其職掌皆和郡輿地圖有關。參連雲港博物館、東海縣博物館、中國社會科學院簡帛研究中心、中國文物研究所編《尹灣漢墓簡牘》，中華書局，1997 年，第 101 頁；邢義田《中國古代的地圖——從江蘇尹灣漢牘的"畫圖"、"寫圖"說起》，收入氏著《治國安邦：法制、行政與軍事》，第 356—379 頁。

了樞紐角色。郡監御史對下情上達與上令下行的行政運作特別重要，反映其與中央政府的關係特別密切，無怪乎可與郡守、郡尉三足鼎立。若秦之國祚長久，監府不無可能凌駕於守府、尉府之上，成爲秦郡的最高長官。

（二）司法①

郡監御史既能掌握律令，進而干預郡的司法案件也就在情理之中，相關例證見下。嶽麓秦簡《爲獄等狀四種》案例一《癸、瑣相移謀購案》，②爲捕盗者欲盗領賞金之案，初由州陵縣審理，判決爲：

> 令癸、瑣等各贖黥。癸、行戍衡山郡各三歲，以當灋（法）；先備贖。不論沛等。
>
> 州陵縣判決之後，郡監御史舉劾：
>
> 監御史康劾以爲：不當，錢不處，當更論。更論及論失者言夬（決）。

"贖黥"只是罰金刑，三年戍邊亦非無期徒刑等重刑，③郡監御史似有權全面監察、舉劾縣的司法判決，無分輕重。州陵縣被郡監御史舉劾後，上讞該案後的程序爲：

> 南郡叚（假）守賈報州陵守綰、丞越

郡守處理縣的判決的術語是"報"（批覆），郡監御史則用"劾"，似反映郡守與郡監御史的司法權之別。郡監御史的舉劾只是指出縣吏判決的問題，縣吏只需參考郡監御史的意見，將案件上讞給郡守即完成任務；郡監御史的司法權近於監察，並非直接向縣吏下令。但縣吏既上讞疑獄至郡守，便須遵照郡守的批覆判決案件；郡守對案件的批覆，是直接干預縣的司法。郡監御史的舉劾無法直接影響縣吏的判決，更無法干預郡守的批覆，郡守的司法權顯然較郡監御史爲大。

郡守的司法權較大，並不表示郡守是郡監御史的司法上級。郡守對該案的批覆爲"有律，不當灘（讞）"。進而處罰州陵縣的相關人員。郡監御史舉劾州陵縣的判決有問題，州陵縣上讞後，郡守却認爲該案不應上讞；但郡守的懲罰只及於州陵縣不應上讞，而未追究郡監御史的舉劾，則反映郡守無權追究郡監御史的責任。進而言之，郡守雖有權

---

① 本節初稿曾宣讀於中國政法大學法律古籍整理研究所主辦的中國法制史基礎史料研讀會（2013 年 5 月 23 日，北京）。

② 見朱漢民、陳松長主編《嶽麓書院藏秦簡［叁］》，第 95—104 頁。

③ 參張家山漢簡《二年律令·告律》簡 127—131。

不理會郡監御史的舉劾,直接向縣吏下達批覆,這却不表示郡監御史對郡守的批覆疑獄權一點掣肘的手段都没有。雖然本案的記載未及,但郡監御史顯然完全可能向更上一層,也就是中央的御史大夫彈劾郡守,堅持自己的舉劾正確無誤。郡守在司法權上的强勢並非絶對,只要中央的御史大夫支持地方的郡監御史,郡守的司法權就只是取得短暫的勝利,最終仍須向代表中央的郡監御史俯首稱是。整體而言,守府與監府同爲三府之一,郡守與郡監御史互不統屬、相司相察,本案透露的郡守與郡監御史的司法關係大抵如是。

　　注意到監御史用"劾"的術語,便可指出嶽麓秦簡《爲獄等狀四種》案例三《猩、敞知盗分贓案》,①江陵縣的上讞記載可能與監御史有關:

　　　　廿(二十)三年四月,江陵丞文敢讞(讞)之:"廿(二十)〈三〉②[二]年九月庚子,令下:③'劾:掾江陵獄。④猩智(知)人盗叔冢,分臧(贓)。得。敞當耐鬼薪,猩黥城旦。遝戊午赦(赦),爲庶人。'鞫審,讞(讞)。"⑤

探討此案原委前,須先討論"掾"字的釋讀與理解。該字字形作 ▇,整理者認爲秦漢隸書"象"與"彔"旁常混用,故"掾"可通"摓",讀爲"録",乃省察之義。⑥其實"掾"本爲佐助之義,⑦秦漢律令出現"掾"字時,多指其他官吏協助原官吏處理事務,如睡虎地秦簡《效律》:

　　　　官嗇夫貲二甲,令、丞貲一甲;官嗇夫貲一甲,令、丞貲一盾。其吏主者坐以貲、諄如官嗇夫。其他冗吏、令史掾計者,及都倉、庫、田、亭嗇夫坐其離官屬於鄉者,如令、丞。

"其他冗吏、令史掾計者"應指其他冗吏、令史協助上文的官嗇夫、令、丞、吏主者進行會

① 見朱漢民、陳松長主編《嶽麓書院藏秦簡[叁]》,第119—124頁。
② 原未加"〈 〉"符號。
③ 原作逗號。
④ 原作冒號。
⑤ 原無引號及雙引號。區別本案"令文"與"劾文"的難度甚高,目前有多種理解,本文的觀點僅供參考。
⑥ 參朱漢民、陳松長主編《嶽麓書院藏秦簡[叁]》,第125頁。
⑦ 參朱駿聲《説文通訓定聲》,中華書局,1984年,第747頁。王偉根據出土秦漢法律文書主張"掾"爲"審核"之義,未免過於重視語境,而忽略訓詁方法。李迎春便指出按照王偉的方法,將"掾"解釋成"管理",文獻亦無全可通。事實上傳世文獻所見"掾"的"佐助"之義亦符合出土秦漢法律文書的語境,不宜輕易放棄。只談"語境",不免有兩面刃的嫌疑:批判他人的同時,其實也批判了自己。參王偉《張家山漢簡〈二年律令〉雜考》,簡帛研究網,2003年1月12日;李迎春《秦漢郡縣屬吏制度演變考》,第127頁。

計。而張家山漢簡《奏讞書》案例十六簡 76 記載：

> 淮陽守行縣掾新郪獄。

與本案的"掾江陵獄"完全一致，只是多了明確主詞。既然《奏讞書》案例十六應理解爲淮陽郡守行縣時協助新郪縣治獄，而非郡守直接審理新郪縣的刑獄；本案的"掾江陵獄"亦應指郡吏協助江陵縣治獄。

我認爲本案江陵縣丞所言的"令下"内容大抵即"劾"的内容，因此下令者與舉劾者應爲同一人。"令下"内容中"劾"與"掾江陵獄"的主詞均未寫出，似爲同一人，因此下令者、舉劾者、協助江陵縣治獄者爲同一人。有權"掾江陵獄"者爲郡吏。在郡吏裏，以舉劾形式處理司法案件者則以郡監御史的可能性最大。因此"令下"的完整表述應爲"監御史令下"，案件原委似爲郡監御史協助江陵縣治獄時，注意到江陵縣對猩、敞等人的判決已因戊午赦令而無效，遂以下令的形式舉劾江陵縣的判決不當。江陵縣雖據郡監御史的舉劾重新判決，最終仍須上讞至郡守，則反映郡監御史舉劾的案件，不管屬縣同意與否，均須經郡守確認，郡監御史的司法權力確實近於從旁監察。

本節最後探討嶽麓秦簡《三十四年質日》的"監府"與"監公"。① 如簡 44 記載正月十五"騰會逮監府"，簡 5 記載二月初六"騰去監府，視事"。② 整理者指出"會逮"見於《史記》《漢書》，顏師古解釋爲"應逮書而往"。③ 騰雖於正月十五日被逮捕文書傳喚到監府，但二月六日便離開監府，回到原單位辦公，並未被拘留。簡 8 又記載二月九日"'失以縱不直論'令到"，④ 騰的過失應爲"縱不直"之罪；或因所縱者罪輕，故騰罪亦輕，⑤ 仍復職辦公。逮書與"失以縱不直論"之令，皆應爲郡監御史發出，反映郡監御史的司法權除了舉劾，尚有傳喚案件相關人士的權力。⑥

嶽麓秦簡《三十四年質日》簡 46 記載五月十七"監公亡"。⑦ 整理者指出"監公"亦見

---

① 參朱漢民、陳松長主編《嶽麓書院藏秦簡〔壹〕》，上海辭書出版社，2011 年，第 68、82 頁。此資料得鄔文玲老師提示。
② 整理者未斷句，此斷句方式得陳侃理提示。
③ 見《漢書》卷四四，第 2151 頁。
④ 見《嶽麓書院藏秦簡〔壹〕》，第 69 頁。
⑤ 睡虎地秦簡《法律答問》簡 93 解釋了"不直"與"縱囚"之意，張家山漢簡《二年律令·具律》簡 93 則指出"故縱、不直"者須判處相同的罪刑。
⑥ 循此便可理解里耶秦簡 8-1032"書遷陵，遷陵論言。問之：監府致殼（繫）痤臨沅"，應指洞庭郡監御史將"痤"關在臨沅（疑爲當時洞庭郡治）。整理者的釋文標點原無句號與冒號，爲我所加。
⑦ 參《嶽麓書院藏秦簡〔壹〕》，第 83 頁。

於《史記》《漢書》，司馬貞認爲是當時人對監御史的尊稱，[1]其説可從。由於《三十四年質日》簡7有"公子死"的文句，[2]故"監公亡"的"亡"應指逃亡，而非死亡。南郡監御史的逃亡，或與簡33記載五月四日"騰與廷史"，[3]廷尉史到南郡治事有關。監公亡後，簡58記載五月二十九日"廷史行行南"，[4]簡8記載六月九日"廷史行北"，[5]似反映廷尉史正在巡視南郡全境。秦中央政府原遣御史監郡，當監郡的御史普遍化、固定化，成爲"郡監御史"後，秦中央政府或許另遣特使巡行、監察地方，此處"廷史"應即中央特使之一，其職責大抵爲監察郡縣司法。[6]此説若成立，已成爲郡長吏之一的監御史，亦須受到廷尉史的監督，故因有罪而逃亡，反映秦中央政府對地方的層層節制，任何官吏均受其他官吏的監察，只有君主的地位超然乎其上。

綜上所述，郡監御史擁有舉劾、捕人等司法權力，監察縣道官的司法審判，進而制約郡守的司法權力。此制顯然與上引《商君書·定分》專門處理法律事務，解答吏民律疑難的郡法官之制若合符節。然而"法官"這種理想的法家政制規劃並未完全投射於郡監御史，郡監御史並無獨斷的司法權，其所舉劾的案件最終仍由郡守定讞，除非郡監御史請出中央的御史大夫干預，駁回郡守的判決。即使郡監御史是中央派遣至地方的監察官吏，與中央政府的關係較爲緊密，也難逃被新的中央監察官吏監察的命運。因此在地方行政的範圍內，秦郡司法權並未被任一長吏獨攬，郡監御史與郡守相互制衡，分權獨立。

（三）軍事

秦簡目前未見郡監御史的日常職掌涉及軍務，[7]郡的日常軍權大抵由郡尉與郡守瓜

---

① 見《史記》卷五四，第2021頁。包山楚簡裏的"子宛公""湯公"均爲郡長吏之稱，可見楚地之"公"不僅用於縣，更用於郡。參陳偉等《楚地出土戰國簡册［十四種］》，經濟科學出版社，2009年。里耶8-461號"秦更名方"記載"大府爲守□公"，□（⿰）或可釋作"尉"（⿰，見里耶秦簡8-85），"大府爲守尉公"或指郡守、郡尉、郡監御史三府均以"大府"爲稱。

② 見《嶽麓書院藏秦簡［壹］》，第69頁。

③ 見《嶽麓書院藏秦簡［壹］》，第78頁。

④ 見《嶽麓書院藏秦簡［壹］》，第87頁。

⑤ 見《嶽麓書院藏秦簡［壹］》，第69頁。

⑥ 《漢書·刑法志》記載"遣廷史與郡鞫獄"，爲秦中央政府遣廷尉史干預郡的司法之旁證。見《漢書》，第1102頁。

⑦ 秦始皇"使扶蘇北監蒙恬於上郡"，必可監察軍務。但扶蘇身份特殊，亦不明以何種身份監軍，不宜與郡監御史比附。見《史記》，第258頁。

分。但郡監御史既爲派遣至地方的監察官吏,其權力即使伸張至軍務也不令人意外。秦始皇三十三年中央政府派遣蒼梧郡尉徒睢伐越時,又“使監祿鑿渠運糧”,[①]便是一例。秦末漢初之際,郡監御史更可率兵平亂,如《史記·高祖本紀》記載劉邦起義之初,“秦泗川監平將兵圍豐”。[②]這些記載提醒我們:新出秦簡所見郡監御史的權力種類雖不如郡守、郡尉多元,但郡監御史的潛在權力不容小覷,隨着時間與地域的不同,郡監御史很可能擁有我們未知的權力。

(四) 小結

上文已指出監府在三府裏的特殊性,郡監御史扮演着中央監察官吏的角色,握有司法舉劾以及律令、地圖等特殊信息傳播的重要權力,無愧於三府分立的郡制格局。就整個地方政府體系而言,郡是中央政府的代表;但就郡內部而言,郡監御史才是中央政府的代表。郡監御史雖是郡吏,亦不妨視爲在地方的中央監察官吏。由於秦郡監御史與漢代州刺史都是中央政府派出的地方監察官吏,兩者可相互比較如下表:

表 1

官名	時代	轄區	治所	派出機關	職權	性質
監御史	秦統一後	郡	固定	御史府	目前所知,除了監察,亦可干預司法,並負責將中央律令傳布到地方,製作地方輿地圖上呈中央	具監察性質的地方長官
刺史	西漢	州	無	丞相府	監察	監察官
刺史	東漢	州	固定	丞相府	全面掌握地方行政權	地方長官

州刺史在西漢時爲中央丞相府派出的地方監察官吏,無固定治所,在地方上四處巡行;從西漢到東漢,州刺史逐漸從監察官發展爲常置的郡級之上的地方長官,有固定治所,並全面管轄郡縣行政。秦郡監御史有固定的治所,職權也不限於單純監察,顯然與東漢州刺史更爲近似,其爲地方長官可以無疑。但秦郡長官三府分立,尚有郡守、郡尉與郡監御史平行,秦郡監御史的地方行政權不如東漢州刺史,其監察權仍不宜輕忽,故將郡監御史視爲“具監察性質的地方長官”,似更準確。

秦代律令裏的“御史”往往可兼指中央御史與郡監御史,我們似可進而推測秦代中

---

① 見《史記》,第 2958 頁。“監祿”或即蒼梧郡監御史,與蒼梧郡尉徒睢共同負責南征。

② 見《史記》,第 351 頁。

央御史與郡監御史具有相似的職能,皆統屬於中央御史府的最高長官——御史大夫,可視爲同一系統。秦代政府以御史大夫爲核心,以諸種御史爲耳目,建立起相對獨立的監察系統,爲皇帝控制整個官僚體系的重要工具。《淮南子·泰族》記載"趙政晝決獄而夜理書,御史冠蓋接於郡縣"。[1]御史爲秦始皇耳目的形象背後,其實存在一個龐大而獨立的監察系統。正因監察系統龐大而獨立,御史大夫方能在秦漢中央政府裏與丞相、太尉對峙、制衡,使"二府""三公"的行政格局得以實際運作。秦郡三府分立的行政格局看似特殊,其實只是秦漢中央政府行政格局在地方的投射。

結語:秦郡三府分立的行政關係
——兼論法家式地方行政理念

綜上所述,秦代郡守獨攬財政權,郡尉獨攬人事權,郡監御史獨攬律令、地圖等特殊信息的傳播權,秦郡三府分別獨占了其餘二府無法染指的重要權力,守府、尉府、監府皆在郡之行政運作上扮演了不可或缺的角色,故可維持三府分立的鼎足之局。而秦郡之司法權由郡守與郡監御史分割(郡守負責讞獄、郡監御史負責舉劾),郡之日常軍事權由郡守與郡尉分割(郡守管理兵器、郡尉管理戍卒),戰時三府包括監府皆可帶兵作戰,體現了秦郡三府監察相司的行政精神。正因如此,秦郡屬縣須向郡守、郡尉甚至中央的内史上計,其上級長官不只一人,而單一郡府亦無法專權獨斷,全面控制屬縣。秦郡三府分立分權之制,不禁令人想到宋代在州郡之上,亦置有安撫司、轉運司、提點刑獄司、提舉常平司分別負責軍事、漕運、司法、常平倉的宋路四司之制。[2]過去嚴耕望主張秦漢晉唐地方政制均爲"長官元首制",直至宋路四司出現,中國地方政制方有結構性的變革。[3]根據新出秦簡,秦代地方政制並未行長官元首制,漢郡的長官元首制是從秦郡三府分立之制發展而來,不可不察。整體而言,秦郡沒有單一獨大的長官,郡守、郡尉、郡監御史都是秦郡長官。秦郡行政的特色爲守府、尉府、監府各自擁權、相互制衡,屬縣不僅要面對三位各自獨立的郡長吏,部分事務更須直接面對中央政府。秦代中央政府對地方不

---

① 見何寧《淮南子集釋》,中華書局,1998年,第1399頁。
② 參周振鶴《中國地方行政制度史》,上海人民出版社,2005年;朱瑞熙《中國政治制度通史(第六卷):宋代》,人民出版社,1996年;包偉民《宋代地方財政史研究》,上海古籍出版社,2001年;王曉龍《宋代提點刑獄司制度研究》,人民出版社,2008年。
③ 參嚴耕望《中國地方行政制度史甲部:秦漢地方行政制度》,第76—97頁。

僅層層監察，①同一行政科層之間亦加以分割，不使任何一個官吏、官署獨攬大權。

秦代如此嚴密，甚至趨於極端的地方行政監察制度，自有其行政理念的源頭。自商鞅變法以來，秦之行政便與法家思想有着千絲萬縷的聯繫。《韓非子·外儲說》主張"明主治吏不治民"，②君王對官吏的管理高度重視。《韓非子·二柄》有一則韓昭侯懲罰臣下逾越職掌的故事：

> 昔者韓昭侯醉而寢，典冠者見君之寒也，故加衣於君之上，覺寢而説，問左右曰："誰加衣者？"左右對曰："典冠。"君因兼罪典衣與典冠。其罪典衣、以爲失其事也，其罪典冠、以爲越其職也。非不惡寒也，以爲侵官之害甚於寒。

主張"明主之畜臣，臣不得越官而有功"，③秦之行政理念爲清楚制定官吏的職權，要求官吏明確分工，做好分内之事，分外之事不必也不得干涉。要實踐此行政理念，不能靠君主自己監察官吏，必須倚賴官吏之間相互監察。而韓非曾如此描述戰國晚期中央與郡守的關係：

> 出軍命將太重，邊地任守太尊，專制擅命，徑爲而無所請者，可亡也。④

秦中央對邊郡郡守"專制擅命"的情況顯然不會坐視不管，設置郡監御史的目的很可能就是爲了監察郡守。事實上《商君書·禁使》的記載已經指出秦之"監"官的設置目的：

> 今恃多官衆吏，官立丞、監。夫置丞、立監者，且以禁人之爲利也；而丞、監亦欲爲利，則以何相禁？故恃丞、監而治者，僅存之治也。通數者不然，別其勢，難其道。故曰："其勢難匿者，雖跖不爲非焉。"故先王貴勢。⑤

此記載的目的雖是批評當時秦國官吏之間相互監察的制度，強調"勢"比相互監察之制更爲重要，無意間却透露出秦國當時行政制度刻意"置丞""立監"，使官吏之間得以相互監察，秦郡之監御史的設置目的不應有別。除了官名便明確透露出監察功能的"監官"，

---

① 上文探討者多爲郡監察縣，嶽麓秦簡1159規定"江東江南郡吏四歲智（知）官留弗遣而弗趨追，與同罪"，則反映中央對郡的監察。見陳松長《嶽麓書院藏秦簡中的郡名考略》，《湖南大學學報》2009年第2期，第1—9頁。

② 見王先愼著，鍾哲點校《韓非子集解》，第332頁。

③ 見王先愼著，鍾哲點校《韓非子集解》，第41頁。

④ 見王先愼著，鍾哲點校《韓非子集解》，第112頁。《史記·六國年表》還記載秦昭襄王六年"蜀反，司馬錯往誅蜀守煇"。見《史記》，第736頁。但據《秦本紀》與《樗里子甘茂列傳》的"蜀侯煇"，"蜀守煇"應爲"蜀侯煇"之誤。

⑤ 見蔣禮鴻《商君書錐指》卷五，第133頁。

該記載還主張幾乎普置於所有官署的"丞"亦具有監察功能。①而嚴耕望研究秦漢地方行政制度時指出郡縣之丞有秩級,爲朝廷命官,其副署文書權,具有監察郡縣長官的作用,②與《商君書》之説恰可相互印證。法家思想不僅確實影響了秦漢地方行政制度,更透過文書行政運作不可或缺的"丞",以及文書行政之上的再一重監察官制——"監",將官吏相互監察之制推行至所有官署。相互監察無疑是秦郡的行政理念,更是整個秦官僚制的重要行政理念。

秦郡的監察精神對承襲秦制的漢人應不陌生,故《史記·秦始皇本紀》張守節《正義》引東漢《風俗通》云:"秦始皇初置三十六郡以監縣也。"③曹魏夏侯玄更認爲:

> 始自秦世,不師聖道,私以御職,姦以待下;懼宰官之不修,立監牧以董之,畏督監之容曲,設司察以糾之;宰牧相累,監察相司,人懷異心,上下殊務。漢承其緒,莫能匡改。④

清人王先謙注解此段文字時指出"宰官"即縣令,"監牧"即郡守,"司察"即郡監御史。秦縣受郡守監督管理,郡守又受郡監御史監察糾舉,地方政府"監察相司",層層相制。王先謙認爲秦中央政府如此設計郡制,是因爲廢封建行郡縣後,秦中央政府仍害怕地方郡縣權力過重。⑤夏侯玄則強調秦代郡制會"監察相司",是因爲"不師聖道",也就是秦尚法家,不用儒術之故。

既然東漢、三國士人的觀察與上引《商君書》及《韓非子》反映的行政理念、出土秦代行政文書及律令反映的制度運作,不約而同地反映秦郡的行政理念在於相互監察;夏侯玄主張秦代郡制背後存在法家理念,本文進而主張秦代郡制反映了"法家式地方行政"的理念,雖無直接證據,却也存在一定的合理性。⑥"法家式地方行政"概念的提出雖然尚不周延,却有助於刺激我們思考兩千年來傳統中國地方行政的運作基於何種行政理念,究竟是"百代猶行秦法政"? 抑或秦代較爲純粹且趨於極端的"法家式地方行政"在後世

---

① 出土秦璽印、封泥裏各級各類官署置"丞"的情況極其普遍,參王偉《秦璽印封泥職官地理研究》,陝西師範大學博士學位論文,2008 年。
② 參嚴耕望《中國地方行政制度史甲部:秦漢地方行政制度》,第 104 頁。
③ 見《史記》,第 240 頁。
④ 見陳壽著,裴松之注《三國志》卷九,中華書局,1959 年,第 296 頁。
⑤ 見王先謙著,上海師範大學古籍整理研究所整理《漢書補注》,上海古籍出版社,2012 年,第 907 頁。
⑥ 漢人的説法雖非直接證據,但去秦未遠,終有參考價值。秦人自身的記載,反而可能是粉飾之辭,比漢人的説法更缺乏説服力。如湖南兔子山出土的秦二世登基文告,宣稱要大赦罪人、救濟黔首,便應只是照本宣科的官樣文章,而非秦二世胡亥真正信奉的政治理念。參吳方基、吳昊《釋秦二世胡亥"奉召登基"的官府文告》,簡帛網,2014 年 5 月 27 日。

已有所削弱甚至改變,漢武帝獨尊儒術後曾塑造出有別於"法家式地方行政"的"儒家式地方行政"? 若從本文所强調的"法家式地方行政"的主要行政理念——相互監察之有無立論,漢初廢除郡監御史,[①]文帝時授予虎符於郡守,郡守此後又掌握一定程度的地方政府人事權,西漢郡守既不受郡監御史的監察,又取得軍事與人事兩大權力,郡守專權的程度幾可上比諸侯,與秦郡三府分立、相互監察的情況大相徑庭,[②]漢郡的行政理念已非"法家式"可以名之,其内涵與定名尚待另文研究。[③]

原刊於《"中研院"歷史語言研究所集刊》第八十七本第三分(2016年9月),第461—506頁;文末所附參考文獻,限於體例,今删除。

---

① 秦代郡監御史之制雖於漢初廢除,却在中國邊陲保留下來,且維持甚久,亦可謂"禮失求諸野"。《史記·建元以來侯者年表》記載漢武帝元鼎三年伐南越,南越人居翁勸服"甌駱兵四十餘萬"投降漢朝,武帝遂封居翁爲湘成侯。然而司馬遷稱居翁在南越國擔任的官職爲"桂林監"(見《史記》,第1051頁),在漢代郡制裏十分突兀,其來歷值得分疏。"桂林"是秦始皇平越後所置之郡(見《史記》,第253頁),南越開國君主趙佗原爲秦代南海郡尉,趁秦末大亂,"擊并桂林、象郡"。南越立國後,其疆域與政區大抵沿襲了南海、桂林、象郡等秦郡的舊有規制,但南海郡應改爲内史,國内只剩桂林、象郡兩大郡,南越王爲了控制桂林、象郡的守、尉,保留郡監御史以監察郡守、郡尉,維持三府分立的郡長官體系,實在情理之中。因此"桂林監"即桂林郡監御史,郡監御史這一秦代郡制最具特色之處,竟隨着南越國祚的延續,保存至漢武帝時期。
② 參游逸飛《戰國至漢初的郡制變革》,第159—215頁。
③ 秦暉曾經提出"儒家吏治觀"與"法家吏治觀"的對應概念,並列舉兩者十餘種差異,其中"主信臣忠,用人不疑"與"以私制私,設事防事"的差異,與本文指出的漢郡"郡守專權"與秦郡"三府分立,相互監察"若合符契,值得深入探究。參秦暉《西儒會融,解構"法道互補"——典籍與行爲中的文化史悖論及中國現代化之路》,收入氏著《傳統十論——本土社會的制度、文化及其變革》,復旦大學出版社,2003年,第167—248頁。

秦簡"有秩"新證

鄒水傑

湖南師範大學歷史與人類學研究所

出土文獻與中國古代文明研究協同創新中心

　　1975 年湖北雲夢睡虎地秦代法律文書出土後,學者們針對其中的"有秩"與"嗇夫"有過熱烈的討論。[1]最爲翔實的考證性研究出自裘錫圭先生之手,他總結説:"除縣嗇夫外,嗇夫的品秩大體上分有秩和斗食兩等。當時以百石爲正式秩禄的最下一級(斗食、佐史相當於後代的未入流),有秩是剛够得上有秩禄的意思,有秩嗇夫就是食百石禄的嗇夫。""有秩嗇夫往往省稱爲有秩。漢代大鄉設有秩,小鄉設嗇夫(見《續漢書·百官志五》本注)。鄉有秩就是鄉有秩嗇夫的省稱。"[2]進入 21 世紀以來,里耶出土的秦代公文文書和嶽麓書院收藏的秦代律令文書等陸續公布,出現了更多關於"有秩"的記載,因而對於秦代地方政府中的"有秩",又能在前人的基礎上作些新的研究。本文根據新出簡牘就秦代遷陵縣官嗇夫的設置及其禄秩等級、有秩的性質和縣下有秩吏的任命提出自己的一些認識。[3]

---

[1]　這些討論中代表性的文章有:鄭實《嗇夫考——讀雲夢秦簡札記》(《文物》1978 年第 2 期),認爲"有秩"即"嗇夫";高敏《"有秩"非"嗇夫"辨——讀雲夢秦簡札記兼與鄭實同志商榷》(《文物》1979 年第 3 期),認爲"有秩"非"嗇夫","有秩"有一個從泛稱向專門的官稱發展的過程;錢劍夫《秦漢嗇夫考》(《中國史研究》1980 年第 1 期),認爲"有秩嗇夫"既是一官又是兩官;高恒《"嗇夫"辨正——讀雲夢秦簡札記》(《法學研究》1980 年第 3 期),認爲"嗇夫"是某些主管官吏的泛稱;裘錫圭《嗇夫初探》(收入中華書局編輯部《雲夢秦簡研究》,中華書局,1981 年,第 226—301 頁),認爲嗇夫分有秩(百石)和斗食兩級。尹灣漢簡公布以後,討論更多側重於漢代的情況。

[2]　參見裘錫圭先生爲《中國大百科全書》撰寫的辭條"嗇夫",收入《裘錫圭學術文集·雜著卷》,復旦大學出版社,2012 年,第 276 頁。

[3]　睡虎地秦簡和里耶秦簡都記載地方都官下設有秩吏,但本文只研究縣屬有秩吏,不涉及都官。

一、秦代遷陵縣屬諸官考證

有關秦代縣下吏員的設置,里耶秦簡中公布了一枚題爲"遷陵吏志"的木牘:

1. 遷陵吏志:吏員百三人。令史廿八人,[其十]人繇使,[今見]十八人。(第一欄)官嗇夫十人,其二人缺,三人繇使,今見五人。校長六人,其四人缺,(第二欄)今見二人。官佐五十三人,其七人缺,廿二人繇使,今見廿四人。牢監一人。(第三欄)長吏三人,其二人缺,今見一人。凡見吏五十一人。(第四欄)　　(7-67 + 9-631)①

根據這份"吏志"可知,縣下所設嗇夫只列了"官嗇夫十人",完全沒有大家習知的"鄉嗇夫"。但當時遷陵縣設有都鄉、啓陵鄉和貳春鄉三個鄉,其官長均爲嗇夫。②那麼這三個鄉嗇夫是否屬於"遷陵吏志"中的吏員編制呢? 先看下述簡文:

2. 冗佐上造臨漢都里曰援。爲無陽衆陽鄉佐三月十二日,凡爲官佐三月十二日。(第一欄)庫佐冗佐,年卅七歲。族王氏。(第二欄)爲縣買工用,端月行。庫六人。(第三欄)　　(《校釋(第一卷)》,③8-1555)

這位曾任無陽縣衆陽鄉佐的王援,在他的閥閱履歷中,④注明任職"鄉佐三月十二日",後面的小計中則是"凡爲官佐三月十二日",很明顯二者指的是王援在同一職位的任職時間。由此可知,秦代鄉佐是被統計在官佐中的,因此"遷陵吏志"中的"官佐"包含

---

① 綴合後的圖版見里耶秦簡博物館等編著《里耶秦簡博物館藏秦簡》,中西書局,2016年,第3頁。下文第7、9、10、12層簡文均見本書。由於牘左上方殘,"[其十]人繇使[今見]十八人"乃根據文意和紅外圖版補。見里耶秦簡牘校釋小組《新見里耶秦簡牘資料選校(一)》,簡帛網,2014年9月1日。本牘在里耶貳中綴合後編號爲9-633,參陳偉主編《里耶秦簡牘校釋(第二卷)》,武漢大學出版社,2018年,第167—168頁。另里耶簡8-887、8-1118、8-1231、8-1593、8-1704和8-1137也應是另一份"遷陵吏志"或其原稿的殘存,最後的統計爲:"■吏凡百四人,缺卅五人。·今見五十八人。"(8-1137)

② 里耶秦簡中明確出現了鄉嗇夫,如:

　　卅五年五月己丑朔庚子,遷陵守丞律告啓陵鄉嗇夫:鄉守恬有論事,以旦食道自致。它有律令。(正)五月庚子,□守恬□□。敬手。(背)　　(8-770)

　　廿八年八月戊辰朔丁丑,酉陽守丞又敢告遷陵丞主:高里士五順小妾釐餘有逮事,事已,以丁丑道歸。令史可聽書從事。【敢告主】。/八月甲午,遷陵拔謂都鄉嗇夫:以律令從事。/朝手。即走印行都鄉。　　(9-986)

③ 第5、6、8層簡牘圖版見湖南省文物考古研究所編著《里耶秦簡(壹)》,文物出版社,2012年。校訂後的簡牘釋文見陳偉主編《里耶秦簡牘校釋(第一卷)》,武漢大學出版社,2012年。

④ 戴衛紅先生重點探討了里耶秦簡8-269所載鈕的伐閱。參戴衛紅《湖南里耶秦簡所見"伐閱"文書》,載《簡帛研究 二○一三》,廣西師範大學出版社,2014年,第82—92頁。

了在各鄉任職的鄉佐。這位王援,不管是任職衆陽鄉佐,還是任職庫佐,①其身份均爲官佐。

當然,僅憑鄉佐統計爲官佐,尚不足以説明鄉本身在統計中的歸屬。然里耶秦簡還有記載:

3. ☐書鄉官聽☐☐(正)

☐☐入☐☐(背)   (8-2225)

4. ☐☐,遷陵丞昌下鄉官曰:各別軍吏。·不當令鄉官別書軍吏,軍吏及鄉官弗當聽。☐其問官下此書軍吏。弗下下,定當坐者名吏(事)里、它坐、訾能入貲不能,遣詣廷☐☐獄東。/義手。☐者。/萃手。/旦,守府昌行廷。 (8-198+8-213+8-2013)

5. ·傷一人,貲鄉部官【嗇】夫、吏、吏主☐

史主者各一盾。過一人,以人數☐   (8-297+8-1600)

6. 敢告尉、謂鄉官嗇夫:令書曰:公大夫張   (12-1178)

材料3、4、6明確了"鄉官"的稱謂,即鄉爲縣下諸官之一,②而材料5則明確了鄉也可以稱爲"鄉部",材料5、6"鄉官嗇夫"的稱謂明確了鄉或鄉部的官長爲官嗇夫。③不只里耶秦簡,最新的嶽麓秦簡法律文書中,同樣出現了"鄉部嗇夫"。兹舉一例:

7. 郡及襄武、上雒、商、函谷關外人及䙴(遷)郡、襄武、上雒、商、函谷關外男女去闌亡、將陽,④來入之中縣道,無少長,舍人室,室主舍者智(知)其請(情),以律䙴(遷)

---

① 簡文中爲"庫佐冗佐",但其官職還是庫佐。這裏的"冗佐",表示的是長期擔任佐,較更佐地位要高。參見楊振紅《秦漢簡中的"冗""更"與供役方式》,載《出土簡牘與秦漢社會(續編)》,廣西師範大學出版社,2015年,第211—222頁。

② "鄉官"指鄉這一機構,而不是指"鄉吏"。學界對秦廷組織"曹"與縣下機構"官"已經有了較深入的研究,最近的研究參見郭洪伯《稗官與諸曹——秦漢基層機構的部門設置》,《簡帛研究 二〇一二》,廣西師範大學出版社,2014年,第119—145頁;孫聞博《秦縣的列曹與諸官——從〈洪範五行傳〉一則佚文説起》,《簡帛》第十一輯,上海古籍出版社,2015年,第75—88頁;土口史記《里耶秦簡にみる秦代縣下の官制構造》,《東洋學研究》第73卷第4號,2015年,第1—38頁;以及拙作《簡牘所見秦代縣廷令史與諸曹關係考》,《簡帛研究 二〇一六(春夏卷)》,廣西師範大學出版社,2016年,第132—146頁。

③ 李迎春先生也據此認爲:"鄉嗇夫與官嗇夫職責雖有差別,但實質並無不同。"見《從秦簡牘看秦漢地方行政系統嗇夫類吏員地位的變化》,第三屆簡帛學國際學術研討會暨謝桂華先生《漢晉簡牘論叢》出版座談會會議論文,桂林,2015年11月。

④ 整理者標點爲"男女去,闌亡、將陽",但嶽麓簡《亡律》中存在諸多"去亡"或"去某亡"的表述,故筆者將此處標點改爲"男女去闌亡、將陽"。參拙作《論秦及漢初簡牘中有關逃亡的法律》,《湖南師範大學社會科學學報》2019年第1期,第88—95頁。

之。典、伍不告，貲典一甲，伍一盾。不智（知）其請（情）者，主舍貲二甲，典、伍不告，貲一盾。舍之過旬乃論之，舍其鄉部，課之卒歲，鄉部吏弗能得，它人捕之，男女無少長，伍（五）人，諄鄉部嗇夫；廿人，貲鄉部嗇夫一盾；卅人以上，貲鄉部嗇夫一甲，令丞諄。鄉部吏主者，與鄉部嗇夫同罪。其亡居日都官、執灋屬官、禁苑、園、邑、作務、官道畍（界）中，其嗇夫、吏、典、伍及舍者坐之，如此律。

（《嶽麓書院藏秦簡（肆）》，簡 2106 + 1990 + 1940 + 2057 + 2111）①

材料 7 中多次出現了"鄉部嗇夫"的稱謂，是一鄉的最高官長。再結合上述"鄉官嗇夫"與"鄉部官嗇夫"，可以確知：鄉屬於縣下諸官，鄉嗇夫爲官嗇夫之一種；②其屬官鄉佐爲官佐之一種。因此，"遷陵吏志"中三個鄉嗇夫的身份實爲"官嗇夫"，列於十名官嗇夫之中，因而"吏志"中沒有單獨列出鄉嗇夫。在張家山簡牘記録的西漢初年法律文書中，同樣是既稱"鄉官"，又只出現"鄉部嗇夫"，③說明漢初鄉嗇夫也應該是官嗇夫，其承襲秦制的特徵非常明顯。這與尹灣漢簡所記録的西漢後期東海郡轄縣中"官有秩""官嗇夫"與"鄉有秩""鄉嗇夫"嚴格區分，是有較大差别的。④可以説，西漢後期的縣下嗇夫較初期發生了大的變化，有學者指出變化發生於漢武帝時期。⑤

　　與上引鄉官的材料類似，里耶秦簡中大量出現了縣下諸官的名稱，計有尉官、田官、畜官、船官、鄉官等後面明確帶有"官"的諸官機構。簡文中的具體例證如下：⑥

---

① 陳松長主編《嶽麓書院藏秦簡（肆）》，上海辭書出版社，2015 年，第 56—57 頁。

② 最近單印飛先生專文分析了遷陵縣吏員的設置，但對於"鄉"，他只是簡簡一句話"不宜將其看作'負責某一方面事務'的官嗇夫"，就將其排斥於官嗇夫之外。參單印飛《略論秦代遷陵縣吏員設置》，《簡帛》第十一輯，第 95 頁。

③ 《二年律令》中，"鄉官"見簡 101、104，"鄉部嗇夫"見簡 328、329、334。

④ 參見連雲港市博物館等《尹灣漢墓簡牘》"木牘二"，中華書局，1997 年，第 79—84 頁。這種區别正如漢代中央的二千石稱中二千石，而地方則只稱二千石，既反映了官、鄉與中樞距離的空間差異，也逐漸形成了等級差異。到尹灣漢簡時代，稱"官"的官長比稱"鄉"的同類官長地位要高，也正由於此。

⑤ 參見堀毅《秦漢法制史論考·秦漢鄉官考》，法律出版社，1988 年，第 114—115、122 頁。日本學者紙屋正和也特别強調武帝時期縣、道吏員組織發生了重大改變。參見氏著《漢代郡縣制的展開》第四章"武帝時期郡、國的守、相職權強化"，復旦大學出版社，2016 年，第 161—169 頁。

⑥ 里耶簡中還有"内官"，但據簡 8-2033"遷陵洞庭内官以郵行"，則内官爲洞庭郡所屬。8-135 有"狼屬司馬昌官。謁告昌官"之語，陳劍先生認爲此處的"官"指司馬這一機構的可能性更大。參見陳劍《讀秦漢簡札記三篇》，載《出土文獻與古文字研究》第四輯，上海古籍出版社，2011 年，第 376 頁注 3。孫聞博先生認同其觀點，進一步根據"謁告"的用語，證成司馬爲"官"，見孫聞博《秦縣的列曹與諸官》，第 81 頁。然此簡由遷陵縣司空守繆謁告司馬昌官，説明此處司空是向上級報告、請求，司馬昌官的回覆也用"報曰"，則司馬更像是比縣屬機構更高的郡屬機構（12-1780 也是由縣倉嗇夫謁告郡發弩）。又根據簡 8-461"邦司馬爲郡司馬"，可知郡明確設有司馬。簡 9-1112 有"尉下亭鄣，署士吏謹備。貳鄉上司馬丞"語，司馬設丞，秩級應較高。同樣，8-657 有"下卒長奢官"，根據 12-691"洞庭卒長，官在遷陵"，可知卒長是洞庭郡吏，其治所在遷陵。如此，則簡中内官、司馬、卒長均郡設機構，只是上引司馬昌、卒長奢駐於遷陵。又 8-111 殘簡僅有"羊官"二字，但字有殘，無法明確判斷。

船官：6-4

田官：8-16；8-74；8-145；8-149；8-162；8-167 + 8-194 + 8-472 + 8-1011；8-285；
8-444；8-580；8-594；8-663；8-672；8-764；8-781 + 8-1102；8-900；8-1114 +
8-1150；8-1328；8-1460；8-1566；8-1574；8-1608；8-2246；10-1170；9-762；
9-1869；8-145 + 9-2294

畜官：8-50；8-137；8-145；8-162；8-199 + 8-688；8-285；8-919；8-1114 +
8-1150；8-1267；8-1558；8-1641；8-2089；8-2097；8-2101；10-1170；8-145 + 9-2294

鄉官：8-198 + 8-213 + 8-2013；8-2225；12-1178

尉官：8-657

除了明確稱"官"的機構，里耶秦簡中還有統計諸官的"課志"，①計有：司空課志
(8-486)、倉課志(8-495)、田官課志(8-479)、田課志(8-383)、尉課志(8-482)、鄉課志
(8-483)、畜官課志(8-490)。②可知司空、倉、田官、尉、鄉、畜官屬於諸官。③

在里耶簡文書中，有大量遷陵縣丞向各官發布的縣内行政文書，題頭作"丞某告/謂
某官(嗇夫)"，表示的是縣廷向各官下達指令的文書，計有：

告/謂倉嗇夫：5-1；8-1560

告倉：8-904 + 8-1343；8-1525；8-1563；16-5；16-6④

告船官：6-4

告少内：8-60 + 8-656 + 8-665 + 8-748；8-1008 + 8-1461 + 8-1532

告司空⑤：8-63；8-133；8-904 + 8-1343；8-1510；12-849；16-5；16-6

告尉/尉官：8-69；8-140；8-657；⑥8-2001

告畜官：8-137

告鄉：9-1112；16-5；16-6

謂鄉官嗇夫：12-1178

---

① 有關"課志"，可參看李均明《里耶秦簡"計録"與"課志"解》，《簡帛》第八輯，上海古籍出版社，2013 年，第 149—160 頁。
② 與諸官課志相對的則是"某曹計録"。另 9-1869 有田官上的"狠(墾)田課"。
③ 有學者認爲秦漢田官爲都官，筆者在裘錫圭先生的基礎上，進一步論證了田官爲縣下諸官。見拙作《再論秦簡中的
田官嗇夫及其屬吏》，《中南大學學報(社會科學版)》2014 年第 5 期，第 228—235 頁。
④ 第 16 層簡牘見湖南省文物考古研究所等《湖南龍山里耶戰國—秦代古城一號井發掘簡報》，《文物》2003 年第 1 期。
⑤ 簡 8-1515 有"貳春鄉守綽敢告司空主"，這是縣内諸官機構之間的文書往來。
⑥ 簡 8-657 爲"遷陵守丞膻之敢告尉官主"。

　　告啓陵：8-421；8-770

　　告/謂都鄉：9-984；16-9①

可知縣廷所下行政文書涉及的諸官有倉、船官、少內、司空、尉/尉官、畜官和鄉/鄉官。

　　至此，可以將上述考證做成遷陵縣諸官機構表：

表 1　遷陵縣諸官機構表

諸官機構	稱某官	課志	丞告(謂)某	官長
倉		倉課志	丞謂倉	倉嗇夫；倉守
田	田官	田課志；田官課志		田嗇夫；田官守
船官	船官		丞告船官	船嗇夫②
少內			丞告少內	少內嗇夫；少內守
司空		司空課志	丞告司空	司空嗇夫；司空守
尉	尉官	尉課志	丞告尉	尉守
畜官	畜官	畜官課志	丞告畜官	畜官守
鄉	鄉官		丞告鄉；丞謂鄉官；丞告啓陵；丞告都鄉	鄉嗇夫；鄉部嗇夫；鄉官嗇夫；鄉守

而除了表 1 中所列諸官外，其他並沒有符合上述條件者。因此，可以考知遷陵縣設官嗇夫的十官爲：司空、少內、倉、田、尉、畜官、船官、都鄉、啓陵鄉和貳春鄉。③諸官的官長，絕大部分稱爲"嗇夫"和"守"，然"遷陵吏志"中只計爲"官嗇夫"，則諸官之官長的正式官稱應爲"官嗇夫"。

---

① 此二枚簡均見於《湖南龍山里耶戰國—秦代古城一號井發掘簡報》，《文物》2003 年第 1 期。

② 秦簡中尚未見船嗇夫，但張家山漢簡《二年律令·賊律》有"船人渡人而流殺人，耐之，船嗇夫、吏主者贖耐。其殺馬牛及傷人，船人贖耐，船嗇夫、吏贖罨（遷）"。（簡 6）可知漢初是有船嗇夫之設的，遷陵縣有多個津渡，因事設船官，船官之長似亦爲船嗇夫。

③ 必須説明的是，秦漢時代各縣之下諸官機構的設置並非全部相同。由於時代的不同，地理位置的差異，各縣具體事務衝緊要繁都不一樣，因此諸官的設置也會體現出區域差異。此處考證的只是遷陵縣在里耶簡中所記的十個諸官，並不能將其普遍化。另外，秦簡中還出現了厩嗇夫、皂嗇夫、庫嗇夫、發弩嗇夫、苑嗇夫、亭嗇夫、罨園宣深嗇夫等，孫聞博先生將其都視作諸官嗇夫（見《秦縣的列曹與諸官》，文中還根據《洪範五行傳》佚文，列出了傳舍、市、郵亭、厨等機構，同樣列於諸官），但至少在里耶秦簡所示的遷陵縣吏中，它們並非直屬縣的諸官機構之長，可能屬於諸官之下的"小官"嗇夫或都官下的離官嗇夫。單印飛先生主要根據其官長設"嗇夫"的情況推測出田嗇夫、司空嗇夫、庫嗇夫、倉嗇夫、厩嗇夫、發弩嗇夫、少內嗇夫、田官嗇夫和畜官嗇夫九個，但他也指出其他名爲嗇夫者難以定論。參單印飛《略論秦代遷陵縣吏員設置》，第 92—100 頁。他將鄉嗇夫排除出官嗇夫之列，對各種嗇夫也主要只辨析了田嗇夫、畜官嗇夫與亭嗇夫，其他嗇夫似乎是當然地進入官嗇夫之列。

二、遷陵縣諸官的禄秩等級爲有秩

"遷陵吏志"只列出了遷陵縣吏員及其在崗情况，並未列出各類吏員的任職機構分别是何種禄秩等級。但里耶秦簡中還是有零星的記録可供參證：

8. 卅二年，啓陵鄉守夫當坐。上造，居梓潼武昌。今徙爲臨沅司空嗇夫。時毋吏。

(8-1445)①

9. 凡□□□□。爲官佐六歲。爲縣令佐一歲十二日。爲縣斗食四歲五月廿四日。爲縣司空有秩乘車三歲八月廿二日。守遷陵丞六月廿七日。凡十五歲九月廿五日。凡功三。三歲九月廿五日。

(10-15，第二欄)②

材料中的"司空有秩乘車"，依下文的《二年律令·秩律》，可能解爲"司空有秩可乘車者"，表示的是對司空機構的秩等説明，其機構的官長稱謂同樣是嗇夫。可以説，這個司空嗇夫屬於有秩嗇夫。這説明，與漢代的情况一樣，秦代縣下小吏同樣經歷"佐—斗食—有秩"的升遷過程。但根據秦簡，仍然不知道有秩嗇夫是多少石的禄秩等級。

幸運的是，張家山漢簡《二年律令·秩律》列有不同等級縣下各官的禄秩規定：

10. 田、鄉部二百石，司空二百五十石。

(簡 468)③

11. ……秩各八百石，有丞、尉者半之，司空、田、鄉部二百石。

(簡 450)

12. ……秩各六百石，有丞、尉者半之，田、鄉部二百石，司空及衛〈衛〉官校長百六十石。④

(簡 463—464)

13. ……秩各三百石，有丞、尉者二百石，鄉部百六十石。

(簡 466)

14. 縣、道司馬、候、厩有乘車者，秩各百六十石；毋乘車者，及倉、庫、少内、校長、髳長、發弩、衛〈衛〉將軍、衛〈衛〉尉士吏，都市、亭、厨有秩者及毋乘車之鄉部，秩各百廿石。

(簡 471—472)

---

① 睡虎地秦簡《秦律雜抄》中也出現了"司空嗇夫"。見睡虎地秦墓竹簡整理小組編《睡虎地秦墓竹簡》，文物出版社，1990 年，第 84 頁，簡 19—20。

② 本殘牘紅外照片和校訂後的釋文見《里耶秦簡博物館藏秦簡》，第 128 頁。牘上有兩個字的標題，正文分上下兩列，各寫 7 行。本釋文是上列的 7 行。第 5 行"乘車"二字不是太清晰，游逸飛、陳弘音疑爲"有秩嗇夫"。見游逸飛、陳弘音《里耶秦簡博物館藏第十至十六層簡牘校釋》，"湖南簡——古代中國研究青年學者研習會（十一）"交流論文，長沙，2016 年 6 月 25 日。

③ 本簡可能接於簡 444 後，表示千石縣屬諸官的秩次。參見拙著《兩漢縣行政研究》，湖南人民出版社，2008 年，第 91 頁。

④ 原標點爲"衛〈衛〉官、校長"，但衛官不可能是百六十石吏，而應是衛官之校長百六十石。

通過考察材料 10 至材料 14,可以發現,不同等級縣下的司空、田和鄉部,其禄秩等級從二百五十石到百廿石不等;其他機構的秩次,則根據有無乘車之待遇,分爲百六十石與百廿石兩個秩等。根據《秩律》,諸官這種低於三百石、高於斗食的禄秩等級,就稱爲"有秩":

15. 賜不爲吏及宦皇帝者,關内侯以上比二千石,卿比千石,五大夫比八百石,公乘比六百石,公大夫、官大夫比五百石,大夫比三百石,不更比有秩,簪裹比斗食,上造、公士比佐史。　　　　　　　　　　　　　　　　　　　　　　(簡 291—292)

16. 賜吏酒食,衛(率)秩百石而肉十二斤、酒一斗;斗食、令史①肉十斤,佐史八斤,酒各一斗。　　　　　　　　　　　　　　　　　　　　　　　　　　　(簡 297)

17. ☑☑遷陵☑☑☑

☑遷陵有以令除冗佐日備者爲

☑☑謁爲史,以衛不當補有秩,當　　　　　　　　　　　　　　　(8-2106)

18. ☑☐☐☐……☑

☑　有秩,衛不當☐☐☑

☑衛當補有秩不當☑　　　　　　　　　　　　　　　　　　　　(8-2135)

從材料 9、15—18 的簡文可以看出,有秩與佐史、斗食及三百石等表示禄秩等級的名詞性質相同,因此有秩在這裏表示的是一種禄秩等級,②而不是一種職官稱謂。材料 10—15 表明,有秩表示二百五十石至百廿石的禄秩區間,③材料 16 表示斗食是低於百石的禄秩等級。因此,有秩可以説是一種比較特殊的禄秩等級,存在一個等級區間,不同的有秩吏可能存在等級和待遇上的差别。也許正因爲這樣,材料 9 要特别指出"縣司空有秩乘車"。

再來看秦簡中出現的其他"有秩"語詞:

---

① 整理小組標點爲"斗食令史",但根據前有百石、後有佐史的文意和材料 14 所載,斗食爲一秩級,而令史似乎是比照斗食之秩次。禄秩序列中,應不止令史一職爲斗食之秩,故此處將其點開爲"斗食、令史"。

② 紙屋正和也認爲有秩不是職名,而是"官秩用語"。見《漢代郡縣制的展開》,第 60 頁。

③ 從秦簡和張家山漢簡中我們看不出當時設有百石之秩等。紙屋正和在對《秩律》作了分析後也指出,三百石和斗食之間的官秩被當作有秩來表現,但他認爲其中有百石。參紙屋正和《漢代郡縣制的展開》第一章"西漢前半期縣、道的行政",第 61—62 頁。他將有秩中包含百石,來源於對《續漢書·百官一》"太尉"條的理解,但《漢舊注》所云"漢初掾史辟,皆上言之,故有秩比命士,其所不言,則爲百石屬",明顯是把百石與有秩區别開來的,這與《秩律》不含百石是一致的。

19. □□□□□不備,令其故吏與新吏雜先索(索)出之。其故吏弗欲,勿強。其毋(無)故吏者,令有秩之吏、令史主,與倉□雜出之,索(索)而論不備。雜者勿更;更之而不備,令令、丞與賞(償)不備。倉。　　　　　(睡簡《秦律十八種》,簡 31—32)

20. 月食者已致稟而公使有傳食,及告歸盡月不來者,止其後朔食,而以其來日致其食;有秩吏不止。倉。　　　　　(睡簡《秦律十八種》,簡 46)

21. 都官有秩吏及離官嗇夫,養各一人,其佐、史與共養;十人,車牛一兩(輛),見牛者一人。　　　　　(睡簡《秦律十八種》,簡 72)

22. "僑(矯)丞令"可(何)殹(也)?爲有秩僞寫其印爲大嗇夫。

　　　　　(睡簡《法律答問》,簡 55)

23. 有秩吏捕闌亡者,以畀乙,令詣,約分購,問吏及乙論可(何)殹(也)?當貲各二甲,勿購。　　　　　(睡簡《法律答問》,簡 139)

24. ·獄史、令史、有秩吏及屬、尉佐以上,二歲以來新爲人贅壻(壻)者免之。其以二歲前爲人贅壻(壻)而能去妻室者勿免,其弗能去者免之。二歲以來家不居其所爲吏之郡縣,而爲舍室即取(娶)妻焉□　(《嶽麓書院藏秦簡(肆)》,簡 0559+0359)

25. □實,完爲城旦。以尺牒牒書,當免者人一牒,署當免狀,各上,上攻所執瀘,執瀘上其日,史以上牒丞【相】、御史,御史免之,屬、尉佐、有秩吏,執瀘免之,而上牒御史、丞相,後上之恒與上攻皆(偕),獄史、令史、縣官,恒令令史、官吏各一人上攻勞、吏員,會八月五日。　(《嶽麓書院藏秦簡(肆)》,簡 0523+0520+2148)

26. ·内史吏有秩以下□□□□□爲縣官事□而死所縣官,以縣官木爲槥,槥高三尺,廣一【尺】八寸,袤六尺,厚毋過二寸,毋木者,爲賣(買),出之,善密緻其槥,以編堅約兩敦(橄),勿令解絶。　(《嶽麓書院藏秦簡(肆)》,簡 0527+0531)

從上述材料來看,19 稱爲"有秩之吏",20、21、23、24、25 稱爲"有秩吏",26 爲"内史吏有秩以下",以上材料都明確表示這些職官爲有秩等級的吏。有秩爲祿秩等級,而不是職官稱謂。只有材料 22"爲有秩僞寫其印爲大嗇夫"是將"有秩"與"大嗇夫"並列,可能表示一種官職等級,但也絶非職官稱謂。在傳世典籍中,《史記·范雎列傳》載范雎游説秦昭王道:"今自有秩以上至諸大吏,下及王左右,無非相國之人者。"[1]《戰國策·秦策三》"應侯謂昭王"條則記范雎的話爲:"其令邑中自斗食以上,至尉、内史及王左右,有非

① 《史記》,中華書局,2013 年,第 2912 頁。

相國之人者乎？"①這裏的"諸大吏"，即指尉、内史等朝廷的高級官吏，則"有秩""斗食"並非表示職官等級，而是"有秩吏""斗食吏"之省稱。因而此處的"有秩""斗食"與材料 15、17、18 中的"有秩"一樣，仍然是表示禄秩等級，用來指代"有秩吏""斗食吏"。②

　　通過上述考證可知，秦代遷陵縣諸官之長均稱嗇夫，其禄秩等級爲有秩，但並不像漢代那樣直接稱爲有秩。③即使到了漢初，材料 10—14 涵蓋了漢初千石縣至三百石縣下各官的等級，均屬於有秩的範疇。也就是説，這些司空、田、鄉部的官長都是有秩吏。

　　再回到"遷陵吏志"，可以得出如下認識：遷陵縣除了令、丞、尉三名長吏外，十名官嗇夫爲有秩吏；六名校長可能爲百廿石的有秩吏；廿八名令史應該是相當於斗食之秩，五十三名官佐明確爲佐史之秩。單獨的那名牢監應是佐史之秩。④

　　在大致釐清了遷陵縣吏的秩等後，接下來就要考察縣屬吏，尤其是有秩吏的任命了。

三、秦代縣下有秩吏可由縣道任除

　　説到縣下有秩吏的任命，自然就會聯想到《續漢書·百官志五》"縣鄉"條的記載："鄉置有秩、三老、游徼。本注曰：有秩，郡所署，秩百石，掌一鄉人；其鄉小者，縣置嗇夫一人。"⑤《百官志一》"太尉"條也有："或曰，漢初掾史辟，皆上言之，故有秩比命士。"（第3558 頁）根據材料所示，兩漢時期有秩一定得由郡府任命，而漢初的有秩吏甚至還要上達聖聽，故有秩可比於古之命士。學者們由此而認爲秦時縣下有秩吏至少也應由郡來任命。

　　然而，嶽麓秦簡中的法律文書却是另外的一種規定：

27.《置吏律》曰：縣除有秩吏，各除其縣中。其欲除它縣人及有謁置人爲縣令、都官長、丞、尉有秩吏，⑥能任者，許之。縣及都官嗇夫其免徙而欲解其所任者，許之。新

---

① 《戰國策》，上海古籍出版社，1985 年，第 197—198 頁。
② 游逸飛先生在評議中指出，這種情況正如早期官制中爵與官的混而不分，秦代職官與禄秩可能分的不是太清楚，故有秩同樣可表示這一等級的職官。
③ 游逸飛先生根據《秩律》的規定，指出里耶秦簡少内嗇夫應爲有秩。見氏文《里耶秦簡所見的洞庭郡：戰國秦漢郡縣制個案研究之一》，《中國文化研究所學報》第 61 期，2015 年，第 60 頁。
④ 尹灣漢簡中牢監是統計在佐史之中的。里耶簡 8-270："☑□出稟牢監襄、倉佐□。四月三日☑　感手。"另里耶簡8-184、8-1660＋8-1827 有倉佐襄，8-809 有都鄉佐襄。但不能肯定是否同一人。
⑤ 《後漢書》，中華書局點校本，1965 年，第 3624 頁。
⑥ 整理者標點爲"縣令、都官長、丞、尉、有秩吏"，然縣與都官的長官與佐貳官是絶不可能由縣、都官除或謁置的，因此，其除或謁置的只能是其下的有秩吏，故將"有秩吏"前的頓號去除，以表示所任僅爲各官下的有秩吏。

嗇夫弗能任,免之,縣以攻(功)令任除有秩吏。任者免徙,令其新嗇夫任,弗任,免。害(憲)盜,除不更以下到士五(伍),許之。

(《嶽麓書院藏秦簡(肆)》,簡 1272 + 1245 + 1247)

28. □□□□□謁置□□丞、尉□□卒史、有秩吏及縣令除有秩吏它縣者,令任之。其任有辠刑辠以上,任者貲二甲而廢;耐辠、贖辠,任者貲一甲;貲辠,任者弗坐。任人爲吏及宦皇帝,其謁者有辠,盡去所任,勿令爲吏及宦。爲吏而置吏於縣及都官,其身有辠耐以上及使故徼外不來復令而臣逋(?)者,其所置者皆免之。非計時殹,須已計而言免之。

(《嶽麓書院藏秦簡(肆)》,簡 1303 + 1302 + 1362 + 0991)

材料 27《置吏律》一開頭就明確指出是"縣除有秩吏",也即任命有秩吏的主體是縣,而不是郡,更不是中央朝廷。而任命外縣人爲有秩吏,則特別説明需要主管官吏("縣及都官嗇夫")擔保才行。[①]對於那些已經在職的有秩吏,如果擔保的縣嗇夫和都官嗇夫被免或調遷爲他官,想要解除擔保的話,是允許的。但如果新任嗇夫不願擔保,没人擔保的有秩吏就要被免職,縣另外再根據"攻(功)令"任除有秩吏。這裏所説的"攻(功)令",整理小組注:"注:攻令,即功令。一種用以考課、選拔官吏的令文。"[②]可從。也就是説,由縣任除有秩吏是有國家法令依據的。雖然總的來説,有秩吏主要在本縣擢除,但也可任除它縣人,只是需要由任除的長官或推薦的人保任,材料 28 就是有關保任者所負連帶責任的條款。

材料 27 中有"謁置"他人爲有秩吏之語,很容易讓人認爲是縣要向上級請示任命。但根據兩條材料中的"謁置人爲縣令、都官長、丞、尉有秩吏""任者免徙,令其新嗇夫任",以及"任人爲吏及宦皇帝,其謁者有辠,盡去所任",則這個擔保人不一定非得是行政主官,也可以是佐官,因爲佐官也主管"有秩吏"。又根據材料 28"縣令除有秩吏它縣者,令任之",表明除他縣人爲有秩吏都要縣令保任,因而材料 27 對除有秩吏分"除"和"謁置"兩種,是從保任者和謁置者的角度考慮的,而不是從任命機構來説的。兩條材料中有秩吏的任命主體是縣和同級的都官。

從以上分析可知,這兩條材料主要包含了如下幾層意思:一、縣可直接從本縣人中

---

① 《史記·范雎列傳》載:"秦之法,任人而所任不善者,各以其罪罪之。"(第 2918 頁)黄留珠先生根據睡虎地秦簡和史籍的記載指出:"秦之保舉制是以'法'的形式付諸實施的,任人者要對被任者的行爲負法律責任。"見黄留珠《秦漢仕進制度》,西北大學出版社,1985 年,第 18 頁。
② 陳松長主編《嶽麓書院藏秦簡(肆)》,第 171 頁注 172。

任命有秩吏;二、任命外縣人爲有秩吏,必須要有主管官吏擔保;三、原擔保者由於免官或遷調可以解除擔保,如果新任長官不欲擔保,没人保任的有秩吏必須免官;四、各種擔保者或被擔保者雙方都要負連帶責任。這種由縣直接保舉、擢除有秩吏的法律規定,帶給我們的認識無疑是顛覆性的。①

另據嶽麓秦簡《置吏律》規定,無秩小佐的任命,取本縣人:

29.《置吏律》曰:縣除小佐毋秩者,各除其縣中,皆擇除不更以下到士五(伍)史者爲佐。不足,益除君子子、大夫子、小爵及公卒、士五(伍)子年十八歲以上備員,其新黔首勿强,年過六十者勿以爲佐。人屬弟、人復子欲爲佐吏。

(《嶽麓書院藏秦簡(肆)》,簡 1396 + 1367)

材料 27、28 指出有秩吏可以通過保任後除用它縣人,本條《置吏律》表明,小佐無秩者②則只能除其縣中。三條律文均未涉及郡與郡境的問題,可能本律是較早制定的,當時的秦尚未設郡,國境也不太大,因此,有秩吏的除用就可以突破縣域的限制。《史記·六國年表》載秦孝公十三年(前 349 年):"初爲縣有秩史。"③可能《置吏律》有關縣與都官吏任除的條文就出現在此後不久,並且沿用到統一之後。

有了材料 27、28 的明確規定,就能更好地理解如下材料:

30. 縣、都官、十二郡免除吏及佐、群官屬,以十二月朔日免除,盡三月而止之。其有死亡及故有夬(缺)者,爲補之,毋須時。置吏律。

(睡簡《秦律十八種》,簡 157—158)

31. 除吏,尉已除之,乃令視事及遣之;所不當除而敢先見事,及相聽以遣之,以律論

① 游逸飛先生指出在昭王晚期以前,秦郡尚爲軍區的性質,無權控制縣的人事、司法與財政。直到統一前夕,秦國方發展出郡下轄縣的地方行政制度。見游逸飛《從軍區到地方政府——簡牘及金文所見戰國秦之郡制演變》,《臺大歷史學報》第 56 期,第 1—34 頁。

② 所謂小佐無秩者,並非任職小佐無俸禄,而是指斗食以下"計日受俸"的小吏,睡簡《秦律十八種·倉律》稱爲"月食者"。這些小吏在張家山漢簡《秩律》中無一席之地,亦即無秩等。閻步克先生指出斗食佐史之秩次是從《周禮》的"稍食"發展而來的,而有秩以上吏則以多少石表示年俸。參閻步克《品位與職位:秦漢魏晉南北朝官階制度研究》第三章《從稍食到月俸》,中華書局,2002 年,第 128—159 頁。

③ 點校本標點爲:"初爲縣,有秩史。"但此前的秦惠公十年:"與晉戰武城,縣陝。"秦獻公六年:"初縣蒲、藍田、善明氏。"十一年:"縣櫟陽。"孝公十二年:"初取小邑爲三十一縣,令。"瀧川資言考證:"取當作聚。依本紀三十一當作四十一。縣下脱每縣二字。"瀧川資言《史記會注考證》,新世界出版社影印本,2009 年。則孝公之前,秦早已設縣,只是孝公十三年才開始設有秩之吏而已。然此句中的"縣有秩史"還是不好理解。秦代縣下之史,直到統一前後,最多也只是相當於斗食之秩,應該不會更早就是有秩了。因此,也有可能是"初爲縣有秩吏"。

之。嗇夫之送見它官者,不得除其故官佐、吏以之新官。置吏律。

(睡簡《秦律十八種》,簡 159—160)

32. 官嗇夫免,□□□□□□其官亟置嗇夫。過二月弗置嗇夫,令、丞爲不從令。
内史雜。

(睡簡《秦律十八種》,簡 189)

33. •《置吏律》曰:縣、都官、郡免除吏及佐、群官屬,以十二月朔日免除,盡三月而
止之。其有死亡及故有缺者,爲補之,毋須時。郡免除書到中尉,雖後時,
尉聽之。補軍吏令佐、史,必取壹從軍以上者,節(即)有軍殹(也),遣卒能令自占,自占不審
及不自占而除及遣者,皆貲二甲,廢。

(《嶽麓書院藏秦簡(肆)》,簡 1227 + J43 + 1262)

材料 30、33 任免官吏的主體爲縣、都官和郡,也即這三個機構都有任免吏、佐和群官
屬的許可權。①材料 32 顯示,官嗇夫免職後二月不置新嗇夫,縣令、丞屬於不按“令”
(或爲功令)規定行政,應該會受到懲罰。則縣免除的“吏”應是包含了“官嗇夫”在内
的。這同樣説明了,即使在已經設郡的時代,縣仍然有任免包含有秩吏在内的群吏之
自主權。

再看材料 17、18,雖然殘損嚴重,但還是可以看出,“冗佐”只要任職期滿(“日
備”),②是可以除補爲有秩吏的。這個“遷陵有以令除冗佐日備者爲【有秩】”的規定或是
“功令”的内容。銜這個佐,已經達到了冗佐的任職期限,只是由於某些原因,他不當補
爲有秩吏。這個決定是完全由遷陵縣根據律令(應即“功令”)規定獨立作出的,屬於縣
的自主權限。此外,另一枚簡也與此有關:

34. 卅一年二月癸未朔丙戌,遷陵丞昌敢言之:遷☒
　　佐日備者,士五梓潼長親欣補,謁令☒(正)
　　二月丙戌水十一刻刻下八,守府快行旁曹。③　　　　　　☒(背)(8-71)

雖然材料 34 的簡文較殘,但可以根據材料 17、18 作一推測:這位叫欣的士伍,是梓潼
人,他已經完成冗佐的任職年限,可以按功令補爲有秩。遷陵丞昌將這一情况製成文

---

① 從材料 33 將“十二郡”改爲“郡”來看,時代要更晚些。
② 《里耶秦簡牘校釋(第一卷)》注釋:“日備,即期滿。”(第 54 頁)
③ “旁曹”二字,整理者和《校釋》均作“尉曹”,後何有祖先生認爲應改釋爲“旁曹”。今從之。參見何有祖《讀里耶秦簡
札記(八)》,簡帛網,2016 年 6 月 2 日。

書,發往鄰近的曹。①根據“守府快行旁曹”來看,這份文書並沒有送出縣外,更沒有送給郡府,②因此文書只能從縣廷送往鄰近的某曹。又根據文書用語“遷陵丞昌敢言之”,可以知道這份文書屬於平行或上行文書,在縣中只有縣令和縣尉滿足這個條件。縣丞佐助縣令處理文書和行政事務,與縣令同在縣廷辦公,縣丞常以縣廷的名義發出文書,無任何必要向縣令發出文書。但秦簡牘中經常見縣丞向縣尉發出文書,③或者表示縣尉並不與縣丞在同一寺舍中辦公,而是縣尉率尉曹在旁舍或他地辦公。④而且秦代縣尉具有任命縣吏的人事權,⑤文書中還用了“謁令”一詞,因此,文書很有可能是送往縣廷鄰近的尉曹,經尉曹送給縣尉。⑥

　　然而,儘管法律規定小佐只能任除於縣中,里耶秦簡顯示,不管是可能爲有秩吏的少内嗇夫、少内守、司空守、啓陵鄉守和貳春鄉守,還是相當於斗食的令史、尉史,甚至大量的佐(如獄佐、庫佐、均佐等),都有來自遷陵縣外者。游逸飛先生列舉了擔任遷陵縣吏的外郡人 19 名,17 名爲屬吏,其中 11 名爲佐。⑦根據材料 20《倉律》,有秩吏下爲月食者。佐在斗食之下,也爲月食者,其非有秩吏無疑。因此在秦代,實際的吏員除用可能並不受籍貫限制,雖然更多是本籍人。游逸飛先生認爲,這種法律規定與實際任命之間相悖的現象,可能與遷陵縣作爲“新地”有一定關係,秦政府調遣外地人任縣吏,是爲了支援新設置的遷陵縣。⑧

―――――――

① 《校釋》注:“旁曹,似指位置鄰近的令史。”又里耶簡有:“卅二年四月丙午朔甲寅,遷陵守丞色敢告酉陽丞主:令史下絡帛(裙)直書已到。敢告主。四月丙辰旦,守府快行旁。欣手。”(8-158)這裏的“旁”表示“旁縣”,即表示位置鄰近的酉陽縣。然里耶貳 9-2076 有“署旁曹發”,校釋者認爲遷陵縣有“旁曹”,爲縣廷諸曹之一。陳偉主編《里耶秦簡牘校釋(第二卷)》,第 414—416 頁。但“旁曹”何義,仍需留待更多資料。

② 在里耶秦簡的上行文書中,傳送給洞庭郡的更多只寫上“詣洞庭泰守府”(8-273 + 8-520, 8-959, 8-1155)或“詣洞庭尉府”(8-728 + 8-1474, 8-1225, 8-1823),有特殊要求的才會在文書中寫上“洞庭署某曹發”,而不會單獨只説送給某曹。

③ 如里耶 9-1112 有“遷陵守丞敦狐敢告尉”,16-5“遷陵丞歐敢告尉”等。

④ 暫未有文獻表明秦代縣尉另有辦公地點,然和林格爾漢墓壁畫“武成城圖”中,“武成長舍”與“尉舍”是明確分開並有一定距離的。見内蒙古自治區博物館文物工作隊《和林格爾漢墓壁畫》,文物出版社,1978 年,第 145 頁。漢代有些縣分左右尉或四尉,也表明縣尉可能別有治所,才能分部而治。見拙著《兩漢縣行政研究》,第 72—78 頁。

⑤ 筆者此前簡單地分析了秦代縣尉的除吏權。見拙著《兩漢縣行政研究》,第 78—80 頁。更詳細的研究參見楊振紅《秦漢時期的“尉”、“尉律”與“置吏”、“除吏”》,《簡帛》第八輯,第 333—342 頁。

⑥ 里耶簡 16-6“遷陵守丞敦狐敢告尉”的文書,末尾顯示“庚戌,水下六刻,走袑行尉”。根據秦代文書處理的慣例,如果是縣尉率尉曹一同辦公的話,則文書同樣是送到尉曹,拆封後再呈送給縣尉的。

⑦ 游逸飛《里耶秦簡所見的洞庭郡:戰國秦漢郡縣制個案研究之一》,第 58—62 頁。他緊接着發出了疑問:“目前籍貫可考的遷陵縣屬吏均爲外郡人,除非秦代避籍制自長吏延伸至屬吏,否則該現象便須另尋解釋。”

⑧ 有關秦代“新地吏”的研究,可參看于振波《秦律令中的“新黔首”與“新地吏”》,《中國史研究》2009 年第 3 期,第 69—78 頁。

這個解釋有一定的合理性,然而睡虎地秦簡《編年記》又使此推測的成立存有疑問。從《編年記》(或稱《葉書》)可以看出,在秦王政三年八月,安陸縣十九歲的墓主喜"揄史",即取得做史的資格;①秦王政四年十一月,"喜□安陸□史",②亦即在本縣擔任某史職;秦王政六年四月,"爲安陸令史",正式取得令史的職官等級;然於次年正月則任職爲"鄢令史",十二年四月,令史喜"治獄鄢"。學者們根據《水經·沔水注》"夷水"條和《元和郡縣志》"宜城縣"條等的記載,考證出公元前279年秦將白起伐楚別都鄢的過程,③因而整理者將《編年記》昭王廿八年(前279年)"攻□"推測爲"攻鄢"。④此説可從。即使這一推測不成立,《編年記》載昭王廿九年(前278年)攻下安陸,並設南郡,而攻鄢在此之前則是肯定的。因此,到喜從安陸令史轉任鄢令史的秦王政七年(前240年),安陸、鄢至少已入秦38年,很難説其地仍爲"新地"。當然,根據《語書》所載,直到秦王政廿年(前227年),南郡的形勢依然複雜。⑤喜異地任職令史仍然有其特殊性。

雖然用外地人任縣小吏的原因難以明了,但可以確知,秦代縣下斗食、佐史小吏的異地任職,是不僅僅限於遷陵縣的。

餘論:漢代的變化與定型

根據以上考述可知,秦代遷陵縣下諸官的官長爲官嗇夫,其禄秩等級爲有秩;雖然遷陵縣屬於洞庭郡,但這些官嗇夫的任免權在縣。這一結論雖然主要通過里耶秦簡和嶽麓秦簡得出,而且遷陵縣十名官嗇夫的具體設置會有一定的區域特殊性,但"有秩"在秦代表示禄秩等級的性質、官嗇夫屬於有秩吏、有秩吏由縣任除等涉及法律規定的層面,應該是秦代的普遍現象。

① 陳偉先生等人認揄史"當爲進用爲史之意",並引里耶秦簡8-269"隃爲史"爲證。參見陳偉主編《秦簡牘合集(壹)》,武漢大學出版社,2014年,第22—23頁注52。
② 整理者懷疑前一字是"除"。陳侃理先生根據簡牘圖版上的殘筆和里耶秦簡8-269所載釦伐閱的文書,疑後一殘字爲"鄉",整句即爲"喜除安陸鄉史"。參氏文《睡虎地秦簡〈編年記〉中"喜"的宦歷》,《國學學刊》2015年第4期,第47—48頁。但根據秦代縣廷除吏的情況,既然喜已經"揄史",就已經取得任職史類吏員的資格,其任職"鄉史""令史",只要用"爲"即可,無需再用"除"。
③ 參見楊寬《戰國史》,上海人民出版社,2003年,第402—405頁。
④ 參《秦簡牘合集(壹)》,第17頁注21引。
⑤ 田餘慶先生根據《編年記》秦王政十九年"南郡備敬(警)"的記載,推測是年出現了楚昌平君反秦之役。見氏文《説張楚——關於亡秦必楚的探討》,《歷史研究》1989年第2期;後修訂載入《秦漢魏晉史探微(增訂本)》,中華書局,2004年。但這是喜轉任鄢令史之後發生的事。

　　由於漢承秦制,《二年律令·秩律》顯示,漢初縣下各官之長仍然稱嗇夫,同樣爲有秩的等級,有秩最高可以達到二百五十石的禄秩,但仍然没有將有秩作爲職官名稱。

　　2003 年長沙走馬樓西漢簡牘發現後,整理者發布了 6 枚簡牘的清晰照片,簡牘 5、6 有"倉嗇夫":

　　35. 五年九月丙辰朔丁丑,倉嗇夫□行都鄉事敢言之,廷移邑陵書曰:亭長柯版(?)
　　　　求(?)命(1 行)者郡諸侯今有劾,將(?)移長沙内史,下屬縣即在界中,勿興。從事遺
　　　　詣(2 行)　　　　　　　　　　　　　　　　　　　　　　　　　(走馬樓前漢簡 5)

　　36. 九月丁卯,倉嗇夫午行鄱丞事敢告臨湘丞主,案牘罪以(1 行)下寫府辟報爰書,
　　　　移書到,令史可問它言,史(2 行)　　　　　　　　　　　　(走馬樓前漢簡 6)①

根據胡平生先生的研究,此五年爲漢武帝元朔五年(前 124 年),當時臨湘縣、鄱縣仍然設倉嗇夫,文書也仍然沿用秦代"敢告某某主"的格式,②大致可以説其時仍然是縣下官嗇夫的形式。

　　到了西漢後期,從居延漢簡記録的情況來看,縣下吏員中稱有秩的只有鄉有秩,③稱嗇夫的有鄉嗇夫、倉嗇夫、庫嗇夫等,但文書中更多縣吏已稱爲掾某、令史某、佐某,金關簡中也明確出現了功曹史(壹,73EJT10:179;貳,73EJT23:311)、功曹佐(貳,73EJT23:784)、辭曹史(叁,73EJT30:56A)、塞曹史(伍,73EJC:444)④等列曹職官,然在統計時仍然以百石吏、斗食吏、佐史分等。日本學者藤枝晃在 20 世紀五十年代作《漢簡職官表》時,對於縣下官吏,他也發出如下疑問:"關於縣官,可以看到兩個系列的例子。一個見於《漢書·百官公卿表》,(A)'百石以下有斗食、佐史之秩,是爲少吏'。另外一個是(B)'掾—嗇夫—令史—佐'。這兩個系列是由於時代不同而形成的,還是不同的科室同時並存呢? 無法判斷。"⑤通過對秦簡的考察可以知道,"百石—斗食—佐史"是以秩次表示的禄秩等級,"掾—嗇夫—令史—佐"表示的是職官稱謂,是對同一系統不同性質之表述。例如:

---

① 胡平生《〈簡牘名迹選 2〉所刊"走馬樓前漢簡"釋文校訂》,收入《甘肅省第二屆簡牘學國際學術研討會論文集》,上海古籍出版社,2012 年,第 415—420 頁。

② 參見拙作《秦代簡牘文書"敢告某某主"格式考》,《簡帛研究 二〇〇九》,廣西師範大學出版社,2011 年。

③ 居延簡中另有部分候長、士吏、執事稱有秩,但均爲候官所屬的軍事性質之吏,不爲縣吏。

④ 甘肅簡牘保護研究中心(甘肅簡牘博物館)等編《肩水金關漢簡(壹—伍)》,中西書局,2011—2016 年。

⑤ 參見藤枝晃《漢簡職官表》,孫言誠譯,《簡牘研究譯叢》第一輯,中國社會科學出版社,1983 年,第 129、165 頁。

37. 五鳳四年八月己亥朔己亥,守令史安世敢言之:遺行左尉事亭長安世逐命張掖、酒泉、敦煌、武威、金城郡中,與從者陽里鄭常富俱乘,占用馬軺車一乘。謁移過所縣道,毋苛留。敢言之。

　　八月己亥,居延令弘、丞江移過所縣道,如律令。/掾忠、守令史安世。

(73EJT9:104)

38. 甘露二年十二月丙辰朔庚申,西鄉嗇夫安世敢言之:富里薛兵自言,欲爲家私市張掖、酒泉、武威、金城、三輔、大常郡中。謹案辟兵毋官獄徵事,當得以令取傳,謁移過所津關,毋苛留止。如律令。敢言之。

　　十二月庚申,居延守令千人屬移過所如律令。/掾忠、佐充國。

(73EJT10:313A)①

39. ☐祭長史君,百石吏十二人,斗食吏二人,佐史八十八人,錢萬二☐

(59.40,220.12)

40. ☐百石吏三百。斗食吏二百。佐史百。 (76.29)②

從 37、38 兩條材料可以看出,至遲到西漢宣帝時期,居延縣下已經在令史之上設掾處理縣廷之事。③而 39、40 則只是統計出錢人的秩次等級,而毋須説明其具體職官。這種情況在居延新簡、敦煌懸泉漢簡中也是一致的,並且一直延續到建武時期。

　　比較而言,尹灣漢簡所示的西漢後期就更爲詳細與完整。簡文顯示的縣下吏員設置,在統計中分官有秩、鄉有秩、官嗇夫、鄉嗇夫、官佐、鄉佐等稱謂,與此前的情況就有很大的不同。這種不同首先體現在有秩已經不再只是一種禄秩等級,而是成爲了一種職官稱謂,④並且明顯與嗇夫區分開來,相應的秩等也固著爲百石。在有秩中,東海郡38 個縣邑侯國共設有 5 名官有秩,25 名鄉有秩;嗇夫中有官嗇夫 60 名(其中鹽鐵官轄11 名都官嗇夫),鄉嗇夫 137 名,⑤官嗇夫的比例明顯變小。官有秩與官嗇夫只占到嗇

---

① 甘肅簡牘保護研究中心等編《肩水金關漢簡(壹)》,圖版見上册第 210、289 頁。

② 謝桂華、李均明、朱國炤《居延漢簡釋文合校》,文物出版社,1987 年。圖版分別見《居延漢簡甲乙編》甲編圖版 46(編號 424)、乙編圖版 69。中國社會科學院考古研究所《居延漢簡甲乙編》,中華書局,1980 年。

③ 李迎春先生根據居延新簡中的"主官令史"夏侯譚又稱"主官掾"的情況,指出"掾"同樣是"令史"級別,只是在佐助鄣候負責文書責任大小上與普通令史有別。見李迎春《論居延漢簡"主官"稱謂——兼談漢代"掾""史"稱謂之關係》,載中共金塔縣委等編《金塔居延遺址與絲綢之路歷史文化研究》,甘肅教育出版社,2014 年,第 314—321 頁。

④ 最近出版的《肩水金關漢簡(肆)(伍)》中還能偶爾見到"有秩嗇夫"的全稱,如 73EJT37:527 記有長安"西鄉有秩嗇夫誼"(肆,中册,第 86 頁),73EJC:531A 有"都鄉有秩嗇夫"(伍,中册,第 234 頁),但更多是"鄉有秩"單獨出現。

⑤ 謝桂華先生對《集簿》作了詳細的統計分析,見謝桂華《尹灣漢墓所見東海郡行政文書考述(上)》,載連雲港市博物館、中國文物研究所編《尹灣漢墓簡牘綜論》,科學出版社,1999 年,第 22—45 頁。

夫總和的 25％。也就是説,在縣吏中能稱爲有秩與嗇夫的更多是鄉吏,官嗇夫正在漸漸淡出歷史舞臺。在縣廷的諸官之長較之在鄉的主官,有了更大的重要性,各鄉不能再稱“官”,官、鄉的區別明顯體現出來。①縣下機構的官長更多是斗食嗇夫,而不能享有有秩的等級,整個嗇夫層的禄秩等級明顯下降。

以東海郡首縣海西縣爲例,其吏員構成爲:

41. 海西吏員百七人:令一人,秩千石;丞一人,秩四百石;尉二人,秩四百石。官有秩一人,鄉有秩四人,令史四人,獄史三人,官嗇夫三人,鄉嗇夫十人,游徼四人,牢監一人,尉史三人,官佐七人,鄉佐九人,亭長五十四人。凡百七人。(木牘二正)

除去長吏,縣下屬吏總共 103 人,全縣有秩吏 5 人,只占 4.85％。縣下官有秩與官嗇夫共計 4 人,僅占 3.88％。而鄉有秩與鄉嗇夫之和則爲 14 人,占 13.59％。究其原因,一方面,鄉的數量增多(至少 14 個),鄉吏比重增大。這説明了隨着人口的增加,經濟的發展,社會進一步複雜化,需要劃分更多的鄉部進行管理。另一方面,吏員簿中所列僅爲傳統的吏員分類統計,實際應該有了“掾史”之稱。從太守府吏員看,雖然《集簿》記其屬吏爲“卒史、屬、書佐、用筭佐、小府嗇夫”共 25 人,但木牘五反記有“·今掾史見九十三人,其廿五人員”,也即當時已將府吏統稱爲“掾史”了。在分項統計和其他記載中,出現的更是“功曹史”“督郵史”“都水”“督盜賊”“案事史”“外郵掾”“勸田史”等東漢時代習見的掾史名稱。②可能縣下吏員的結構也發生了變化,縣廷中類似的諸曹掾史可能已經出現,還有些或以“羸員”或以私吏的身份存在着。③

綜上所述,較之西漢前期,西漢後期的變化是相當明顯的,但從統計分析的情況看,傳統的分類和實際的稱謂存在差異,縣吏的設官格局還處於不定型的變化之中。

到了東漢,《續漢書·百官志五》所引《漢官》載河南尹與洛陽縣的員吏爲:

42. 河南尹員吏九百二十七人,十二人【四】百石。④諸縣有秩三十五人,官屬掾史五人,四部督郵吏部掾二十六人,案獄仁恕三人⑤,監津渠漕水掾二十五人,百

---

① 日人大庭脩强調鄉嗇夫是擁有獨立許可權的地位很高的少吏,這是就其在鄉中的治民行政來談的。參大庭脩《漢代的嗇夫》,姜鎮慶譯,《簡牘研究譯叢》第一輯,第 171—196 頁。

② 尹灣漢簡簡文引自連雲港市博物館等《尹灣漢墓簡牘》,中華書局,1997 年。

③ 秦漢時代縣令長所署的賓客、舍人等私吏的情況可參看拙著《兩漢縣行政研究》中“屬吏設置與公私僚屬的並存”,第 100—111 頁。

④ 此處應爲“十二人四百石”,詳細論證可參拙著《兩漢縣行政研究》,第 103 頁。

⑤ 或應加一“掾”字,成爲“案獄仁恕掾三人”。

石卒吏①二百五十人，文學守助掾六十人，書佐五十人，脩行二百三十人，幹小史二百三十一人。

　　　　　　　　　　　　　　　　　　　　　　　　　　　　　　　　（第 3622 頁）

43. 雒陽令秩千石，丞三人四百石，孝廉左尉四百石，孝廉右尉四百石。員吏七百九十六人，十三人四百石。鄉有秩、獄史五十六人，佐史、鄉佐七十七人，斗食令史、嗇夫、假五十人，官掾史、幹小史二百五十人，書佐九十人，脩行二百六十人。

　　　　　　　　　　　　　　　　　　　　　　　　　　　（第 3623—3624 頁）

雖然兩條材料在具體的吏員資料上還有難解之處，但河南尹員吏中的"諸縣有秩"肯定是指河南尹各屬縣的"有秩"；從雒陽縣員吏的設置看，即爲"鄉有秩"。這種情況體現了東漢"有秩郡所署"的律令規定，而且河南尹所屬諸縣有秩也只有鄉有秩一職。雒陽縣員吏設置表明，前代縣下的"官有秩""官嗇夫"基本被各種掾史所取代。雖然雒陽員吏中沒有詳細列舉置有何種掾，但"官掾史、幹小史二百五十人"中，肯定包含了縣下所設的各種掾。

　　從文獻記載來看，不管是傳世與出土的東漢中後期漢碑之記載，②還是出土的東漢後期長沙東牌樓東漢簡牘③與東漢中期五一廣場東漢簡牘④的文書記錄，都記載了同樣的史實：鄉中設有秩或嗇夫、郡縣府廷設諸曹掾史。這說明東漢郡縣府廷的吏員設置結構已經穩定爲諸曹掾史的格局，反映了西漢時期變化的延續與東漢的定型。這種瞿兌之、蘇晉仁⑤與嚴耕望先生⑥給我們揭示的郡縣吏格局，其實是東漢中後期定型後的格局。究其源頭，就要追溯到秦代的縣下官嗇夫與令史並存的格局。

　　本文的寫作，得到楊振紅、于振波、陳松長、游逸飛、莊小霞、徐暢等先生的指教和幫助，匿名審稿專家也提出了精當建議，特此致謝。

　　原刊於《中國史研究》2017 年第 3 期，第 43—60 頁。

---

① 或爲"百石卒史"之誤。《乙瑛碑》就記爲"百石卒史"，見徐玉立主編《漢碑全集》，河南美術出版社，2006 年，第 2 册，第 678 頁。

② 參見洪适《隸釋·隸續》，中華書局，1985 年；徐玉立主編《漢碑全集》。根據筆者的統計，漢碑中的"有秩"與"嗇夫"，絕大部分爲鄉吏，少數爲都官吏，縣廷吏基本以掾史爲稱。

③ 長沙市文物考古研究所、中國文物研究所編《長沙東牌樓東漢簡牘》，文物出版社，2006 年。東牌樓簡中只有一處記載"南山鄉嗇夫"(105B)，其他多有"督郵掾"(141A)"郵書掾"(122A)等。

④ 長沙市文物考古研究所等編《長沙五一廣場東漢簡牘選釋》，中西書局，2015 年。整理者在"前言"中指出："郡縣門下諸曹及諸部掾、史稱謂很多。""鄉設有秩、嗇夫。"（黃樸華撰寫，"前言"第七頁。）

⑤ 瞿兌之、蘇晉仁《兩漢縣政考》，中國聯合出版公司，1944 年。

⑥ 嚴耕望《中國地方行政制度史甲編：秦漢地方行政制度》，"中研院"歷史語言研究所，1997 年。

秦代的令史與曹*

［日］土口史記

岡山大學大學院社會文化科學研究科

前　言

近年,有關秦代縣行政的史料顯著增加。尤其是從里耶秦簡中見到不少此前只有零星記録殘存的"曹",圍繞着它的性質,學界已出現多篇論文展開討論。筆者在研究里耶秦簡所見縣的官制結構時,將這種曹稱爲"縣廷内列曹",也闡述了一些淺見。①特別重要的觀點是,秦代的曹與後世作爲郡縣行政組織的列曹具有非常不同的性質;而且,這種縣廷内列曹是由令史擔任的,該現象從令史研究的角度看也是很重要的。

不過,前述拙文中是以縣廷與"官"的關係爲主題,當時並未把縣廷内列曹的性質放在它與令史職權的關係中充分考察。文中粗糙地用"組織""設置組織"來表述縣廷内列曹,實際上没能很好捕捉到它的實態。另外,對秦以後的歷史變遷也未能有所論及。這些問題都應該再作研究。本文想依據里耶秦簡,再次討論秦代的曹,以及與其密切關聯的令史,闡明它在秦代的特殊性,同時也將考察後世變爲縣行政實務部門的郡縣列曹的起源,還有列曹行政機構化的背景等問題。②

＊　本文得到 JSPS 科研費 JP26770242 資助。

① 拙文《里耶秦簡にみる秦代縣下の官制構造》,《東洋史研究》第 73 卷第 4 號,2015 年。下文中"前揭拙文"皆指此。

② 本文中引用的里耶秦簡文及編號據以下諸書:湖南省文物考古研究所編著《里耶發掘報告》,嶽麓書社,2006 年;陳偉主編《里耶秦簡牘校釋(第一卷)》,武漢大學出版社,2012 年;游逸飛、陳弘音《里耶秦簡博物館藏第九層簡牘釋文校釋》,簡帛網,2013 年 12 月 22 日;鄭曙斌等編著《湖南出土簡牘選編》,嶽麓書社,2013 年。關於簡號,2007 年以前公布的簡牘以"⑨1"形式表示,2012 年以後公布者則以"8-1000"形式表示。簡號末尾的"正""背"分别代表簡牘的正面、背面。

在本文主要探討的令史與曹中,曹的研究材料是近年才充實起來的,與此相反,令史的研究則是從居延漢簡發現後就逐漸積纍起來了。因此,在進入正式討論前,先梳理一下關於令史的研究狀況。

以往的令史研究,每逢史料條件改善就會湧現出新的成果。最先受到關注的是居延漢簡等邊塞簡牘所見的令史。森鹿三很早就集成了居延漢簡裏有關令史弘的簡支,藉以挖掘令史在文書製作、發送、接收等方面的工作實態。①隨後,給令史研究帶來特別豐富信息的是睡虎地秦簡,通過這些史料,學界了解到令史不僅是書記官,同時還負責司法事務。在可稱作司法文書樣本集的"封診式"中,仔細記述了身爲獄吏的令史到案發現場進行實地調查、檢視遺體以及製作調查報告的工作情況。②

再從官制結構層面來説,令、丞、令史組成的縣行政的中樞被稱爲"縣廷",而縣行政中除司法領域外的實務工作,則由官嗇夫以下被統稱爲"官"的組織承擔。縣廷是縣行政的意志決策機構,其政策與命令的執行機構則是"官"。屬於縣廷的令史,還要管理、監督"官"所做的具體事務。③

借助睡虎地秦簡中的法制史料,令史在制度設計層面的性質得以明晰。此外,近年里耶秦簡發現並公布,又增加了大批關於行政運作中令史具體活動的文獻,規模空前。④在上述諸先行研究的引導下,本文將以里耶秦簡爲主要史料,隨附令史研究的驥尾。

---

① 森鹿三《令史弘に關する文書》,見氏著《東洋學研究 居延漢簡篇》,同朋舍,1975 年。關於邊境漢簡所見令史的職掌及所屬等,有陳夢家《漢簡所見太守、都尉二府屬吏》,見氏著《漢簡綴述》,中華書局,1980 年;勞榦《從漢簡中的嗇夫令史候史和士吏論漢代郡縣吏的職務和地位》,《"中研院"歷史語言研究所集刊》第 55 本第 1 分,1984 年 3 月。此外,最近的研究有吉川佑資《漢代邊境における令史と尉史》,《史泉》第 107 號,2008 年。

② 于豪亮《雲夢秦簡所見職官述略》,見氏著《于豪亮學術文存》,中華書局,1985 年;徐富昌《秦簡所見的選官制度》,見《睡虎地秦簡研究》,文史哲出版社,1993 年;高恒《秦簡牘中的職官及其有關問題》,見氏著《秦漢簡牘中法制文書輯考》,中國社會科學出版社,2008 年;仲山茂《漢代の掾史》,《史林》第 81 卷第 4 號,1998 年;仲山茂《秦漢時代の「官」と「曹」——縣の部局組織——》,《東洋學報》第 82 卷第 4 號,2001 年;劉向明《從出土秦律看縣"令史"一職》,《齊魯學刊》2004 年第 3 期;劉向明《從睡虎地秦簡看縣令史與文書檔案管理》,《中國歷史文物》2009 年第 3 期。

③ 仲山茂《秦漢時代の「官」と「曹」》(前揭)。又,關於縣廷與"官"的關係,可參考青木俊介《里耶秦簡に見える縣の部局組織について》,《中國出土資料研究》第 9 號,2005 年;土口史記《戰國·秦代の縣——縣廷と「官」の關係をめぐる一考察——》,《史林》第 95 卷第 1 號,2012 年。

④ 劉曉滿《秦漢令史考》,《南都學壇(人文社會科學學報)》2011 年第 7 期。該文雖是里耶秦簡僅有極少量公布的階段發表的,但它將研討範圍下延至漢代,追究了令史制度的展開。

第一章　令史與縣廷内列曹

（一）秦縣的屬吏組織

　　本章擬立足於既有成果，對秦縣的屬吏組織作一概觀。首先從兩漢時期的狀況來看，地方郡縣上的行政事務，由稱爲列曹的屬吏組織擔任。嚴耕望將漢代縣的屬吏組織分爲綱紀、門下和列曹，其中列曹包括户曹（掌户口、祭祀等事）、田曹（掌養畜、農耕等事）、倉曹（掌穀倉、賦租等事）等。[①]但是，嚴氏將兩漢一概而論，所據材料的年代也未必明確，爲其結論留下了遺憾。之後的紙屋正和以漢武帝中年爲界，分別追究了西漢前半期、後半期郡縣屬吏組織的變遷，主張列曹在西漢後半期更加充實起來。[②]另外，佐原康夫認爲，到西漢後期，縣機構才最終定型爲以諸曹區分、其下設置各種主管人員的框架。[③]在下文中，我們把漢代這種擔任實際行政事務的列曹稱爲"郡縣列曹"。

　　上述擔任實務的郡縣列曹的形象，是由漢以來的史料構築的。隨着秦代出土文獻的不斷增加，學界逐漸了解到，秦代的基層行政事務並非由郡縣列曹擔任，而是由官嗇夫、佐、史等吏員構成的組織（下文中將其稱爲"官"）承擔的。[④]比如里耶秦簡中有以下一簡：

　　　　卅一年後九月庚辰朔辛巳，遷陵丞昌謂倉嗇夫：令史言
　　　　以辛巳視事，以律令假養，襲令史朝走啓。
　　　　定其符。它如律令。　　　　　　　　　　　　　　　　　　　　（8-1560 正）

這是遷陵丞（縣廷）對倉嗇夫（"官"）的命令，告知一位叫作言的令史何時開始任期，並要求嗇夫以此爲基礎，對令史言配備養（炊事員）、走（擔任雜務的部下）等勤務人員。儘管不是直接對應此命令，里耶簡中還有記載類似事件的例子：

　　　　廿八年六月己巳朔甲午，倉武敢言之：令史敞、彼死共走興。今彼死次

[①]　嚴耕望《中國地方行政制度史甲部：秦漢地方行政制度》，"中研院"歷史語言研究所，1990 年。
[②]　紙屋正和《両漢時代における郡府・縣廷の屬吏組織と郡・縣關係》，見氏著《漢時代における郡縣制の展開》，朋友書店，2009 年。該文對郡縣列曹掾、史作了整理。
[③]　佐原康夫《漢代都市機構の研究》，汲古書院，2002 年，第 230 頁。
[④]　仲山茂《秦漢時代の「官」と「曹」》（前揭）；青木俊介《里耶秦簡に見える縣の部局組織について》（前揭）。

　　　　不當得走,令史畸當得未有走。今令畸襲彼死處,與敞共走。

　　　　倉已定籍。敢言之。　　　　　　　　　　　　　　　(8-1490＋8-1518 正)

　　　　六月乙未,水下六刻,佐尚以來。/朝半。□尚手。　　　(8-1490＋8-1518 背)

在這裏,相當於"官"的倉嗇夫,向縣廷申述"走"的配屬問題。從中可以窺見倉作爲掌管糧食配給和勞動力管理之"官"的實際業務。另外,如簡中將倉嗇夫稱爲"倉武"那樣,官嗇夫常常用"部署名＋人名"的形式來表現。

　　　　卅一年六月壬午朔庚戌,<u>庫武</u>敢言之:廷書曰,令史操律令詣廷讎。

　　　　署書到、吏起時。有追。①•今以庚戌遣<u>佐處</u>,讎。敢言之。　　(8-173 正)

　　　　七月壬午日中,佐處以來。/端發。　　處手。　　　　　　　(8-173 背)

"庫武"表示庫嗇夫武,"佐處"爲庫佐處。在這裏,庫的"官"接到"廷"即縣廷的命令,派遣部下之史(實際上被派遣者是佐)赴縣廷校讎律令。很明顯,"官"與縣廷的辦公地點不同,係縣廷外部的機構。

　　秦縣之下擔任實際事務的組織,除上面看到的倉、庫外,還有司空、少内、田官等多種,但無論哪一種,長官都是嗇夫(官嗇夫),其屬下配有佐、史,具備相同的結構。這種橫向排列的組織承擔着各自的行政事務。

(二) 由令史充任的縣廷内列曹

　　如上所示,秦代的行政事務並非像漢代那樣由郡縣列曹擔任,而是由官嗇夫以下的"官"來負責。可是,隨着里耶秦簡的公布,學界也注意到秦代的確存在大量的"曹"。既然秦縣中已經有"官"負責實際政務,那麽就不能將這裏的曹與後代的郡縣列曹視爲一物。也就是説,不能僅因爲秦代有曹,便將它直接視爲擔任實際政務的組織。

　　目前,意識到上述問題,並對里耶秦簡所見之曹進行探討的學者有郭洪伯和孫聞博,高村武幸也在綜合研究里耶古井第八層出土簡時提及了曹。②我們根據這些論文,對縣廷内列曹的史料試加整理。

　　首先應該明確的是,縣廷内列曹由令史充任。記録資中縣(《漢書·地理志》中屬犍

---

① 里耶秦簡中"追"字通常表示"再次發文書加以督促"之意,比如 8-1523"洞庭守繹追遷陵,亟言"等。

② 下文若非特別説明,三位學者的見解皆出於以下論著:高村武幸《里耶秦簡第八層出土簡牘の基礎的研究》,《三重大史學》第 14 號,2014 年;郭洪伯《稗官與諸曹——秦漢基層機構的部門設置》,《簡帛研究 二〇一三》,廣西師範大學出版社,2014 年;孫聞博《秦縣的列曹與諸官——從〈洪範五行傳〉一則佚文説起》,簡帛網,2014 年 9 月 17 日。

爲郡)令史釦履歷的"伐閲"文書如下寫道：

> 資中令史陽里釦伐閲
>
> 十一年九月隃爲史　　　　　　　□計　　　　　　戸計
>
> 爲鄉史九歲一日　　　　　　　　　　　　　　　年卅六
>
> 爲田部史四歲三月十一日　　　　　　　　　　　　　　　　可直司空曹
>
> 爲令史二月　　　　　　　　　　　　　　　　　　(8-269)①

從下端"可直司空曹"(可以擔任司空曹)的評語來看,令史有資格充任縣廷内列曹之一的"司空曹"。

從上例可知,縣廷内列曹可以由令史充當。不過,與"官嗇夫某""官佐某"等辭例的頻出相反,"司空曹某""戸曹某"之類表現却難以見到。②有必要强調,在秦代,令史是以令史身份直接充任某曹,這和後世郡縣列曹中設置史、掾等專屬的官吏頗爲不同。

作爲令史擔任曹的依據,郭洪伯、孫聞博兩位都舉出了令史"主"司空曹、倉曹帳簿的例子。

> 司空曹計録　　　　　　　　贖計　　　　　　凡五計
>
> 船計　　　　　　　　　　　訾責計　　　　　史尚主
>
> 器計　　　　　　　　　　　徒計
>
> 　　　　　　　　　　　　　　　　　　　　　　(8-480)
>
> 倉曹計録　　　　　　　　　器計　　　　　　馬計
>
> 禾稼計　　　　　　　　　　錢計　　　　　　羊計
>
> 貸計　　　　　　　　　　　徒計　　　　　　田官計
>
> 畜計　　　　　　　　　　　畜官牛計　　　　凡十計
>
> 　　　　　　　　　　　　　　　　　　　史尚主　　(8-481)

兩者均是"史尚"這個人負責處理的帳簿。尚在很多簡中都是以令史身份出現的(8-7、8-45、8-211、8-1366、8-1345 + 8-2245),而且在 8-62 和 8-75 + 8-166 + 8-485 中他是遷陵縣廷文書的書寫者,8-672 中他是寄到遷陵縣廷文書的開封者,因此,尚一定是遷陵縣廷

---

① 以往學界只了解漢代的伐閲,參見大庭脩《秦漢法制史の研究》,創文社,1982 年,第 553—556 頁。

② 孫聞博據此現象認爲,曹並非固定的組織。

的令史。①

以上材料是已被關注到的，除此外，還有一些能窺見令史充任縣廷內列曹的例子。

首先，下面的兩簡都是寄給"毛季"的私信。

私進遷陵主吏

毛季自發。 (8-272)

進書令史毛季從者。② (8-1529 正)

毛季在第一簡的官銜是"主吏"，在第二簡是"令史"。後文會談到，"主吏"也被稱爲"吏曹"，係縣廷內列曹之一。如果兩例間毛季的職位沒有發生變化，那麼這兩支簡就顯示：他既是令史，同時也擔任着主吏(吏曹)。③

其次，在里耶秦簡之外，睡虎地十一號秦墓出土的"編年記"中說"(秦王政)十二年四月癸丑，喜治獄鄢"，即墓主喜在鄢縣"治獄"，此句之前有"七年正月甲寅，鄢令史"的記錄，可見喜在當時是鄢縣的令史。④正如前揭拙文中所談到的，這可以視爲令史擔任"獄曹"的一個例子。⑤

再次，睡虎地秦簡《效律》說：

官嗇夫貲二甲，令、丞貲一甲。官嗇夫貲一甲，令、丞貲一盾。其吏主者坐以貲、訾如官嗇夫。其他冗吏、令史掾計者，及都倉、庫、田、亭嗇夫坐其離官屬于鄉者，如令、丞。 (51—53)

這是規定檢查帳簿時若出現過失如何連坐的條款，連坐對象中有"令史掾計者(令史之

---

① 8-1066 中列舉了令史的名字，即"槀令史端、德、繞、旌、尚"，這個尚也是令史尚。關於尚，因里耶秦簡中可見其擔任令史的活動，所以將"史尚"判斷爲令史尚無可置疑。不過，里耶簡中還有隸屬於倉的尚(8-136＋8-144、8-1490＋8-1518)和隸屬於啓陵鄉的尚(8-1241)。另，關於將"令史"簡寫爲"史"，有如下例子，即 8-1551 中"令史戎夫"在8-138＋8-174＋8-522＋8-523 中被寫成"史戎夫"；而且，後一簡裏還出現了"令史釦"和"史釦"並存的現象。

② 此簡(8-1529)的背面記載"見徼十五人"，陳偉主編《里耶秦簡牘校釋》(前揭)中，把"徼"讀作"檄"，進而認爲"見檄十五人"是該簡正面"毛季從者"之所指。可是，此簡的正反面字體相異，應是不同的兩件事。鑒於該簡下端加工成 V 字形，毋寧說簡背是此前使用後被廢棄的一面，或許這是把用過一面的舊簡加工後，另一面寫上收件人毛季，再利用爲信封吧。

③ 8-1065 有"私進令史忘季自發"，這也可能與擔任主吏、吏曹的令史毛季是同一人。另，關於"主吏"的稱號，請參考本文第 427 頁注釋②。

④ 本文所引睡虎地秦簡，皆據睡虎地秦墓竹簡整理小組編《睡虎地秦墓竹簡》，文物出版社，1990 年。

⑤ 《史記·項羽本紀》記載"陳嬰者，故東陽令史"，針對此條的《正義》則說"《楚漢春秋》云，東陽獄史陳嬰"。這同樣是表現令史負責治獄的一例。

負責處理計的人）"。掾，應按何四維的意見理解成動詞，[1]因此這句話意爲令史擔任總計、計算，對此負有責任。如果聯想起上揭 8-480、8-481 中令史尚"主"各種"計"的記載，那麼負責該帳簿統計的人就是"令史掾計者"，當負責與倉有關的帳簿時便稱倉曹（主倉），若與司空有關的話則稱司空曹（主司空）。而且，里耶出土了寄給"主計"的簡（8-1773），也可能是與賬簿統計有關之物。

如上所述，里耶秦簡中令史職務的一部分用"曹"一詞表示，通過探討有關曹的資料，可以更清晰地了解令史的職掌。但是，令史充任曹的這個現象，同時也意味着曹並無專屬的官吏。並且，令史是直屬於縣令、丞的縣廷成員。換言之，我們必須意識到曹的存在範圍也被限定在了縣廷之內。

第二章　曹的不均衡分布

（一）漢代的公府曹與秦代的曹

里耶秦簡所見縣廷內列曹大抵以"某曹"的形式表現，也有以"主某"來表示的，兩者是可通用的異稱，實質上皆指令史擔任的縣廷內列曹。如前揭拙文所述，廷户曹有廷主户的異稱，這種關係還可以找到廷主倉與廷倉曹，廷主吏與廷吏曹等類例。[2]

可以預想，"主錢""主食"等多種多樣的"主某"，暗示了它並非恒常設置的特定組織。如高村武幸所指出的那樣，"主某"被以"擔任者"之意廣泛使用，在那裏尚無"組織"的含義。但是將話翻過來說，"某曹"的名稱是否能顯示它已經組織化了？這自然是另一問題。關於此點，高村武幸認爲"某曹"的表現顯示它可能已經組織化，"大概形成了

---

[1] Hulsewé, A.F.P., *Remnants of Ch'in Law*, Leiden, E.J. Brill, 1985.吉川佑資《前漢時代の掾》（《史泉》第 119 號，2014 年）將掾解釋爲"幫助""輔助管理"，但比起"輔助"來說，解釋成"主要負責者"似乎更合適。王偉考察了張家山漢簡奏讞書及睡虎地秦簡所見的"掾"，也將其視爲動詞，解釋成"審核"，即審查並負有責任。王偉《張家山漢簡〈二年律令〉雜考》，簡帛研究網，2003 年 1 月 21 日。

[2] "主某"之外，里耶秦簡中還提到把"主"字續接在官銜後，用作對文書接收者的敬稱，如丞主、司空主等。可參考鷹取祐司《秦漢官文書の用語》，見氏著《秦漢官文書の基礎的研究》，汲古書院，2015 年，第 107—113 頁；陳松長《〈湘西里耶秦代簡牘選釋〉講讀》，《簡牘學研究》第 4 輯，甘肅人民出版社，2004 年。鄔水傑認爲，"官名＋主"格式在下行文書中也出現，很難將其考慮爲敬稱，它起初是指示"主者""吏主者""部主者"等負責人的語詞，後來逐漸形式化，變成了失去本義的符號。見鄔水傑《秦代簡牘文書"敢告某某"格式考》，《簡帛研究 二〇〇九》，廣西師範大學出版社，2011 年。但是，下行文書中對收信人不能用敬稱這一前提本身未必合理，筆者仍然認爲具體官銜後接續的"主"應該看作敬稱。

如下關係——當不考慮部門是否組織化,僅要表達'擔任某'之意時用'主某';當以達到某種程度的部門化爲前提時,則用'某曹'"。這裏的"部門組織化""某種程度的部門化"等表達有些語義不明,容或是説曹變成了縣廷内固定、恒常的組織。但是,如果先托出本文結論的話,曹不過是令史業務的表現之一,是流動和臨時的,而且那裏並没有固定的隸屬人員。因此,很難通過"曹"這一表現就直接判斷固定、恒常的組織已經成立了。

一説起官府事務以諸"曹"分割,馬上會令人聯想起漢代中央三公府的情況。如《漢書·百官公卿表》和《續漢書·百官志》所述,特定的官府下設曹,使之分掌各類業務。這種形式自漢代以來頗爲常見。

比如,漢代丞相府中最初置吏員十五人,分爲東、西兩曹。[1]而後,丞相府中還出現了集曹、奏曹、議曹、侍曹等屬曹。[2]此外,尚書雖成熟稍晚,在西漢成帝時期也被分爲四曹,即常侍曹、二千石曹、民曹、客曹,各"某曹尚書"被分派了特定的業務(《續漢書·百官志》)。這種公府之曹中,配備着專屬吏員,承擔各自的職事。[3]至於兩漢時期的郡縣列曹,就像"諸曹略如公府曹"(《續漢書·百官志》州郡條本注)所説,是中央公府諸曹的模仿。[4]

可是,作爲制度上整然有序的組織,上述這種曹的身姿却不能原樣嵌套在秦代縣廷内列曹上。特別是,西漢末的郡縣列曹是公府曹的模仿,配置了專屬吏員(掾、史),宛如水準狀分割開來的組織。與此相對,秦代的縣廷内列曹則至多是由令史充任,没有其專屬吏員。[5]

---

[1] 《漢舊儀》卷上(孫星衍輯本)"丞相初置,吏員十五人,皆六百石,分爲東西曹"。

[2] 安作璋、熊鐵基《秦漢官制史稿》,齊魯書社,2007年,第40頁。

[3] 比如,尚書府諸曹中各配有"主作文書起草"的尚書侍郎六人,"主書"的尚書令史三人。《續漢書·百官志》"(尚書)侍郎三十六人,四百石。本注曰:一曹有六人,主作文書起草。令史十八人,二百石。本注曰:曹有三,主書。後增劇曹三人,合二十一人"。

[4] 郡縣之曹並非完全模仿於公府曹,諸郡縣根據具體情況,設置了多種曹。請參考楊鴻年《漢魏制度叢考》,武漢大學出版社,1985年,第355—360頁。

[5] 《嶽麓書院藏秦簡(叁)》"芮盜賣公列地案"64—65有"·視獄,十一月己丑,丞暨劾曰:聞主市曹臣史,隸臣更不當受列,受棺列,買。問論",整理者推測,"曹臣"是隸屬於曹的一種身份,具體情況未詳。朱漢民、陳松長主編《嶽麓書院藏秦簡(叁)》,上海辭書出版社,2013年,第138頁。該條暗示曹可能有專屬的"臣",然而就目前看,"曹臣"並無類例,在這裏毋寧將"臣史"連讀,理解爲人名(擔任主市曹的名爲臣史的人),或者將"臣"視爲謙辭,"史"字表示人名。"臣+人名"作爲臣下的謙稱,在上奏文中頻見,不過同爲秦代的《嶽麓書院藏秦簡(叁)》"學爲僞書案"218—219中,有"馮將軍子臣癸敢昧死謁胡陽公"之例,可見對象並不僅限於天子。

凌文超在一篇述及秦代之曹的短文中指出,"曹"字未必表示官署機構。[1]該見解將縣廷内列曹與後代的郡縣列曹截然區別,可謂一語破的。但是,還留下一些工作,即應從出土秦漢史料的廣闊文脉中對曹的存在形態加以理解、定位。以下就此問題,從兩方面展開論述。

(二) 曹不見於律文

首先要指出,在秦、漢初律中,縣廷内列曹尚未登場。這與"官"的頻見於律文截然不同。

> ……濮陽,秩各八百石,有丞、尉者半之,司空、田、鄉部二百石。
>
> （張家山漢簡《二年律令•秩律》450）
>
> 縣道司馬、候、厩有乘車者,秩各百六十石,毋乘車者,及倉、庫、少内、校長、髳長、發弩、衛將軍、衛尉士吏,都市、亭、厨有秩者及毋乘車之鄉部,秩各百廿石。……
>
> （張家山漢簡《二年律令•秩律》471—472）

上引《二年律令》中,縣下列舉了司空、田以及倉、庫、少内、校長等"官"。[2]這些"官"都被律文規定了官秩,是正式的職官之名。此外,秦律中也常見到同樣的"官"名。可是,"某曹"這種縣廷内列曹却從未被提及。要言之,秦、漢初之際,縣廷内列曹並不以其見於律文作爲存在的前提。對比被律文規定到官秩的"官",不得不説,這時期的曹在地方官制中處於特殊位置。姑且不論是否能把它説成非正式的存在,至少可以窺見,曹並不是各縣普遍地或均匀地設置的組織。

附帶説明一句,至今秦代地方官制研究尚停留在以官嗇夫爲首的"官"的研討上,這是由於史料特點所導致的,因爲此前出土的文獻内容偏重在法制領域,在那裏根本没有出現縣廷内列曹。

---

[1] 凌文超《簡牘與中古政治•制度史研究三題》,首都師範大學歷史學院主辦"中古中國的政治與制度"學術研討會論文集,内部印製,2014年。但是,該文中將"曹"解釋爲"從事某事者"的看法,很難遽然認同。凌氏認爲,《史記•田蚡列傳》"遣吏分曹逐捕諸灌氏支屬"就是這種"曹"字的用例。這一條確實是要説把吏人編成部隊,使之逐捕灌氏的關聯者,然而"遣吏分曹"之"曹"若爲"從事某事者"的話,"吏"與"曹"相重複,顯得頗不自然。《史》《漢》中散見的"分曹",指編成小組,這種場合下的"曹",按《史記•平準書》"乃分遣御史廷尉正監,分曹往"條《索隱》引如淳注"曹,輩也。謂分曹輩而出爲使也"來解釋就没有問題。

[2] 關於屬吏的官秩,請參考紙屋正和《前漢前半期における縣•道による行政》,見氏著《漢時代における郡縣制の展開》(前揭)。

（三）曹不見於吏員簿

其次，要舉出里耶簡最近公布的"遷陵吏志"。這份資料將遷陵縣各官吏的員額、缺員、一時不在崗等具體情況列出，值得注意。

遷陵吏志	官嗇夫十人	今見二人	長吏三人
吏員百三人	其二人缺	官佐五十三人	其二人缺
令史廿八人	三人徭使	其七人缺	今見一人
【其十】人徭使	今見五人	廿二人徭使	凡見吏五十一人
【今見】十八人	校長六人	今見廿四人	
	其四人缺	牢監一人	(7-67＋9-631)①

遷陵縣令史定員二十八人，"官"的首長官嗇夫十人，作爲其助手的官佐五十三人。②一方面明記了"官"，而另一方面却對縣廷内列曹的信息一概不加言及，這個現象與律文是一致的。

"遷陵吏志"令人聯想起與它類似的一片木牘——尹灣六號漢墓出土西漢末年（成帝時期）的 YM6D2，即所謂"東海郡吏員簿"，③是總計東海郡轄下縣、侯國、鹽官吏員額的文簿。④被記録的縣中，吏員數最多的是海西縣，如下所示：

> 海西吏員百七人。令一人，秩千石。丞一人，秩四百石。尉二人，秩四百石。官有秩一人。鄉有秩四人。令史四人。獄史三人。官嗇夫三人。鄉嗇夫十人。游徼四人。牢監一人。尉史三人。官佐七人。鄉佐九人。亭長五十四人。凡百七人。

而最少的承縣爲：

---

① 里耶秦簡牘校釋小組《新見里耶秦簡牘資料選校（一）》，簡帛網，2014 年 9 月 1 日。

② "官"的構成人員是官嗇夫、佐、史，該簡以"官佐"之名統計的員額包含了史。這一點在尹灣漢簡中也相同。

③ 連雲港市博物館等編《尹灣漢墓簡牘》，中華書局，1997 年，第 79 頁；張顯成、周群麗《尹灣漢墓簡牘校理》，天津古籍出版社，2011 年，第 7 頁。

④ 尹灣六號墓出土簡牘係隨葬品，嚴格來説並非實際使用的行政文書，關於其性質已有很多討論。請參考永田英正《江蘇尹灣漢墓出土簡についての考察——とくに「集簿」を中心として——》，《史窓》第 57 號，2000 年；仲山茂《江蘇省連雲港市尹灣六號出土簡牘をめぐって》，《名古屋大學東洋史研究報告》第 25 號，2001 年。本文注意到，隨葬簡分別以 YM6D2 記録令史和"官"，以 YM6D5 記録列書掾、史，這種區分很難設想爲從真實文書抄寫之際才做出的，而是反映了原本就存在的區別。

【承】吏員廿二人。長一人,秩三百石。丞一人,秩二百石。令史三人。獄史二人。鄉嗇夫一人。游徼一人。牢監一人。尉史一人。官佐四人。鄉佐一人。亭長六人。凡廿二人。

與秦代相同,這裏條列了令(長)、丞、令史、官嗇夫、官佐等屬吏;也有若干差異,如其中出現了"遷陵吏志"不曾見到的鄉吏員。儘管如此,兩者在以下層面是共通的,即皆以"吏員若干人"起始,呈現了總計縣屬吏員的官文簿的内容。

水間大輔很早就把"遷陵吏志"與"東海郡吏員簿"(YM6D2)進行了對比考察。[①]他指出,遷陵吏志中没有記載縣尉麾下的吏,縣吏的定員數也會在不同年份産生一些變動,這些現象頗爲有趣。不過,他的研究也留下了很大的餘地。特别是從本文關心的對象來説,第一,没有考慮到縣廷内列曹與"官"的性質差異,而將仲山茂"初始性等級""次生性等級"的概念(詳後文)直接援引到秦代;[②]第二,没有探討 YM6D2 之外的簡牘。

先談第一點,水間大輔舉出"遷陵吏志"中未見、而里耶秦簡中可以確認的一種官——"主吏",認爲它與功曹相同,然後引用仲山茂西漢後期令史出任功曹的説法,主張主吏已經被算在"令史"的員額之内了。功曹終究不見於秦代史料,不能直接將主吏比定爲功曹,不過主吏(吏曹)是縣廷内列曹之一,他設想該職務由令史充任則比較恰當。儘管如此,他把仲山茂"初始性等級"(指令史)、"次生性等級"(指功曹)的關係原樣引入到秦縣中是行不通的。在秦代,令史是官吏的本職頭銜,並非如仲山茂"初始性等級"所形容的那樣單純,而且更爲重要的是,"遷陵吏志"中一概不録縣廷内列曹。前章已述,縣廷内列曹皆由令史擔任,既已臚列令史定員的"遷陵吏志"當然不會再出現"主吏"以下的人員了。這樣看來,"遷陵吏志"中不記載縣廷内列曹的事實,又一次旁證了我們的推測——那裏根本没有專屬的吏員。

再談第二點,若僅看尹灣漢簡"東海郡吏員簿",那裏確實没有列曹的記載。但從傳世文獻的用例可知,西漢末年列曹掾、史已經存在了。在尹灣漢簡的其他文簿中提到了列曹掾、史,即被稱作"東海郡屬吏設置簿"的木牘 YM6D5 反有如下記録:

□人 • 今掾史見九十三人,其廿五人員,十五人君卿門下,十三人以故事置,廿九人請治所置。吏贏員廿一人。……

---

① 水間大輔《里耶秦簡"遷陵吏志"考——以與尹灣漢簡"東海郡吏員簿"的比較爲中心》,"中國法律史:史料與方法國際學術研討會"論文,中國人民大學、華南理工大學,2014 年。
② "初始性等級""次生性等級",日文原文分别作"一次的等級""二次的等級"。——譯者

因簡端缺損,這件文書的性質不明確,但將它視爲記録東海郡府吏員的文簿當無問題。①在郡府中,列曹掾、史也有定員("廿五人員"),而且還標出了定員外的人數,如"君卿門下"一詞暗示的因私人關係而設置者、因"故事"而設置者、向治所請求名額而配置者等,②皆把特定的情況與相關人數列記了下來。製作該文簿的主要目的,可能是統計郡府的列曹掾、史,特別是定員外的人數。

YM6D5 反總計了列曹掾、史的員額,所以西漢末年的郡縣列曹是設有掾、史等專屬吏員的正規組織。而另一方面,我們也應該留意,列曹吏員有別於官嗇夫、官佐,是在其他吏員簿中統計的。③這裏的掾、史定員二十五人,與 YM6D2 中郡府屬吏的總數(卒史九人、屬五人、書佐九人、用筭佐一人、小府嗇夫一人)一致,④職是之故,我們可以認爲掾、史是由郡府的卒史、屬、書佐、嗇夫等定員來充任的。⑤

仲山茂考察了西漢後期以來縣令史、郡卒史等舊有官名與列曹掾、史等新出官名的性質差異,他認爲,屬吏們首先獲得令史、卒史之類的"初始性等級"(表示官秩,不與職掌直接關聯)後,被配屬到列曹掾、史等"次生性等級"(表示職掌)上,因而有了具體職務。⑥西漢後期郡縣列曹的掾、史作爲行政官出現,秦代以來以令史、卒史體現的地方屬

① 連雲港市博物館等編《尹灣漢墓簡牘》(前揭),第 2 頁。
② 關於這些表示定員外配屬諸用語的含義,請參考廖伯源《漢代郡縣屬吏制度補考》,《簡牘與制度:尹灣漢墓簡牘官文書考證(增訂版)》,廣西師範大學出版社,2005 年,第 50—51 頁。另,關於"治所",廖氏認爲是丞相府,西川利文認爲是州治所。西川利文《漢代における郡縣の構造について——尹灣漢墓簡牘を手がかりとして——》,《佛教大學文學部論集》第 81 號,1997 年。
③ 尹灣漢簡中可見郡列曹掾、史的數字,至於縣列曹掾、史的數字,是已經報告給東海郡府了? 還是因其爲縣列曹掾、史而別有文簿存在? 目前沒有材料可資探究。總計東海郡轄下行政單位全體吏員數的 YM6D1("集簿"中),縣的吏員爲"令七人,長十五人,相十八人,丞卌四人,尉卌三人,有秩卅人,斗食五百一人,佐使(史)亭長千一百八十二人,凡千八百卅人",其中官秩相當於屬吏的有秩、斗食、佐史亭長之數,與 YM6D2 的有秩(鄉有秩二十五人、官有秩五人)、斗食(令史百四十四人、獄史七十八人、官嗇夫六十人、鄉嗇夫百三十七人、游徼八十二人)、佐史亭長(牢監三十三人、尉史八十人、官佐二百八十一人、鄉佐八十八人、郵佐十人、亭長六百八十九人)之數基本一致,所不同的只是 YM6D1 中佐史亭長多出了一人。參見謝桂華《尹灣漢墓新出"集簿"考述》,《漢晉簡牘論叢》,廣西師範大學出版社,2014 年,第 225 頁(需要指出,謝氏此書將尉史數寫作"八十八",實爲"八十"之誤)。因此,記録郡轄吏員總數的 YM6D1,大體上是依據記録各縣詳情的 YM6D2 加以總計的。如果考慮到 YM6D2 始終未出現縣列曹掾、史,而且統計全郡的 YM6D1 也不增入來源不明的屬吏數,那麼縣列曹掾、史就是從有秩、斗食、佐史亭長的定額中分配的。
④ 郡府屬吏的人數還登記在 YM6D1("集簿")中。那裏寫道"卒史九人,屬五人,書佐十人,嗇夫一人",YM6D2 的"書佐九人,用筭佐一人"被 YM6D1 合計爲"書佐十人",而且"小府嗇夫"也變成了"嗇夫"。從員額管理的角度說,後者應是正式的表現。關於此點,西川利文已經指出,YM6D1 中屬吏名通過官秩來把握,而 YM6D2 中,則用更爲細化的職掌來把握。西川利文《漢代における郡縣の構造について》(前揭)。
⑤ 請參考西川利文《漢代における郡縣の構造について》(前揭)。此外,謝桂華《尹灣漢墓新出"集簿"考述》(前揭),第 223 頁;廖伯源《漢代郡縣屬吏制度補考》(前揭),第 59—60 頁也有同樣的觀點。
⑥ 仲山茂《漢代の掾史》,《史林》第 81 卷第 4 號,1998 年。

吏組織的序列和框架被逐漸打破,卒史、令史等舊有的官職名儘管仍被延續,但在現實中却只能起到標示官秩的意義了。"初始性等級""次生性等級"是特製名詞,若把它直白地表達的話,很接近後世散官與職事官的關係。在秦代,令史本是一個獨立體,是有相應職事的官名,而到列曹掾、史登場的西漢末年,它就朝專表示官秩的方向轉變,可以說是簡化了。

立足於上述見解,尹灣漢簡 YM6D2 中把令史、"官"和長吏以下的吏員統計到一個文簿上,與里耶秦簡"遷陵吏志"別無二致,這種公文書中吏員定額的表示方法是秦代以來的傳統。"令史"之名,因其有表示官秩的功能,直至西漢末年仍被作爲管理定員用的官名來使用。而另一方面,具有職事官功能的列曹掾、史則別作一件文簿——YM6D5 反統計。尹灣六號漢墓出土的這兩件文簿中,令史、卒史系統與列曹掾、史系統被明確區分的事實,很清晰地顯示出兩者淵源的差異,以及在西漢末年各自功用的不同。①

YM6D5 反中,也記錄了郡府定員外的掾、史,可以窺見這些屬吏是爲應付個別情況而靈活配置的。筆者認爲,這種列曹掾、史的抬頭,與曾經擔任實務的組織——"官"的縮小表裏一體。YM6D2 所載的"官"至多是十幾個人左右的小規模組織,從東海郡規模最大的縣來看,海西縣官嗇夫三人,官佐七人;郯縣官嗇夫二人,官佐九人,如此而已。這個吏員數可以與"遷陵吏志"中秦代的情況作比較,在那裏"官"的數目爲:官嗇夫十人,官佐(史)五十三人,合計六十三人,對照西漢末年東海郡轄下的縣,顯得格外龐大。②

表 1　縣吏員數的比較(順序酌情加以調整)

遷陵吏志※不表示缺員	遷陵縣	長吏 3					令史 28		官嗇夫 10
尹灣YM6D2(摘要)	海西縣	令 1	丞 1	尉 2		官有秩 1	鄉有秩 4	令史 4	獄史 4	官嗇夫 3
	郯縣	令 1	丞 1	尉 2	獄丞 1		鄉有秩 5	令史 5	獄史 5	官嗇夫 3

① 吉川佑資《前漢時代の掾》(前揭)將 YM6D5 所見的掾一律視爲非正規的增員,但筆者認爲"其廿五人員"部分應表示正規的定員。

② 請參考水間大輔《里耶秦簡"遷陵吏志"考》。另,尹灣漢簡的吏員數中,亭長總體上非常之多。關於此點,西川利文《漢代における郡縣の構造について》(前揭)認爲,它反映了官府如下的意圖——相比於民政組織來説,更希望滲透以警察組織(亭長)構成的控制體系。

遷陵吏志 ※不表示 缺員	遷陵縣	官佐 53			牢監 1				校長 6
尹灣 YM6D2 （摘要）	海西縣	官佐 7	鄉嗇夫 10	游徼 4	牢監 1	尉史 3	鄉佐 9		亭長 54
	郯縣	官佐 9	鄉嗇夫 6	游徼 3	牢監 1	尉史 3	鄉佐 7	郵佐 2	亭長 41

如表 1 所示，與郡縣列曹長足發展之際的尹灣漢簡不同，①秦代“遷陵吏志”僅羅列了擔任實務的組織——“官”，並不提及曹。②儘管該時期縣廷內列曹業已存在，但它既不出現於吏員簿，也不出現於律文，恰是秦代之曹值得注意的特徵。換句話説，秦到漢初的曹，無論是制度上的根據，還是作爲組織的實體都不具備。所以在當時，“令史”的官銜才是主體，曹只不過是其職務的一部分。

第三章　曹的地位

在前章中我們明確了以下幾點：秦、漢初的縣廷內列曹並不以其出現於律文作爲存在前提，也並非在制度性規定下各郡縣均衡地設置，而且，不見於吏員簿，不具備專屬吏員。以這些結論作前提，有必要重新對曹的出現場合再加考察。

從制度層面説，與其把在曹名義下展開的具體業務視爲曹本身的職分，還不如將其看成令史職掌範圍內的工作。關於令史的職掌，郭洪伯從行政學視角出發，將令史解釋爲縣的“輔助部門”，進而仔細考察了它對擔任實務的“職能部門”——“官”進行監督檢查，並參與聯絡“官”和“中樞”（縣長吏）的情況。郭文借助里耶秦簡，相當程度地搜羅了新獲知的令史的具體活動。相對於此，本章則將着眼於更狹窄的區域，即曹在怎樣的文脉中出現，或者缺席？ 從而探究令史職掌中曹的地位。

---

① 關於 YM6D5 反的性質，紙屋正和指出，它並非官方的上計簿，而是墓主私人備份的副本。紙屋正和《尹灣漢墓簡牘與上計‧考課制度》，見氏著《漢時代における郡縣制の展開》（前揭）。依據此説，私人副本中統計列曹掾、史，暗示其所記錄的大體是限定在郡縣內部的職官名。而且，接受上計簿的中央政府不會對郡縣設置的列曹掾、史特別加以管理和把握。這種至多在定員管理文簿中出現的列曹掾、史的性質，與曹原本是非制度性的存在密切相關。

② 我們雖不能否定秦縣中存在有別於“遷陵吏志”之類、用以總計列曹掾、史的文簿，但其可能性是極低的。正如仲山茂《漢代の掾史》（前揭）既已指出的那樣，秦代至漢初的文獻史料中幾乎不出現掾、史。即使將目光展向當前可以確認的出土史料上也同樣如此，況且它並不與“曹”産生關聯。

（一）被指定的開封者

首先，縣廷内列曹大量出現在表示文書收件人、開封者的記録中。里耶出土了很多標有"廷某曹發""廷主某發"等指定了開封人的署收件人簡。①這裏每曹各舉一例：

【倉曹、主倉】

遷陵主倉發 (8-579)

廷主倉發 (8-1228)

廷倉曹② (8-1288)

【户曹、主户】

廷户曹發 (8-263)

廷主户發 (8-156)

【吏曹、主吏】

廷吏曹 (8-829)

☐吏曹發☐ (8-2017)

廷主吏發 (8-52)

【令曹、主令】

廷令曹發 (8-1859)

主令發 (8-601)

只以"某曹發"出現的唯一一例是"覆曹"(8-2550)；③與此相反，不以"某曹發"形式，而專以"主某發"出現的有主司空(8-695)、主簿(8-303)、主㮣(8-1548)、主計(8-1773)、主庫(8-1795)、主課(8-2198)、主䜌(12-851)。

此外，以"署某曹（主某）發"——即"（回報時）寫明由某曹（主某）開封"——形式在一般文書中出現的，有兵曹(8-712 + 9-758)、中曹(8-61 + 8-293 + 8-2012)(洞庭郡府所屬)、主爵(8-1952)(斷簡)、主食(8-830 + 8-1010)、主錢(8-695)(斷簡)、主符(8-462 + 8-685)。④

---

① 高村武幸《「發く」と「發る」——簡牘の文書送付に關わる語句の理解と關連して》，《古代文化》第 60 卷第 4 號，2009 年。

② 這裏也舉出了没有"發"字的例子，但不論哪一個，下端皆加工成 V 字型，視爲署收件人簡是没問題的。

③ 陳偉主編《里耶秦簡牘校釋(壹)》(前揭)中，將"覆曹"看作與覆獄有關的曹。

④ 此外，"金布"可能也是縣廷内列曹之一。如高村武幸所指出，或許是被兩個字的名稱所限制，曹、主都不能加在"金布"上了。

上述這些標有收件人的簡指定了開封者，被附在送往縣廷的文書上。指定的開封者不外乎以縣廷成員身份充任"曹"的令史，因此，所謂"某曹（主某）發"，實際上要表達"請負責某事的令史開封"之意。

（二）文書整理的標題

令史不僅負責文書的開封，也一定程度地參與到此後必要的處置工作。可以窺見這一信息的，首先是以"某曹"爲單位製作、並附在保存文書的竹笥或文書卷上的標籤簡。這裏爲引用方便，不顯示簡牘原文的換行，每條以一行表示。方括號內表示不同筆迹。

卅年獄南曹斷獄☐ (8-1874)

卅年四月盡九月倉曹當計禾稼出入券［已計］［及縣］［相付受］［廷］［弟甲］① (8-776)

倉曹廿九年當計出入券笥［甲］ (8-1201)

卅年十月盡九月群往來書［已事倉曹］☐笥 (8-1777 + 8-1868)

卅二年十月以來廷倉、司空曹已計 (9-1130)

司空、【倉】曹期☐ (8-496)

廿八年十月司空曹徒薄（簿）［已盡］ (8-1428)

☐空曹☐☐☐☐ (8-1860)

卅四年十月以盡四月吏曹以（已）事笥 (9-982)

卅三年十月以盡五月吏曹以（已）事笥 (9-1131)

遷陵廷尉曹卅一年期會以（已）事笥 (9-2318)

以上均爲簡首塗黑、並開有穿繩小孔的標籤簡。②湖南省文物考古研究所編《里耶發掘報告》（前揭）將這類簡稱爲"笥牌"（竹笥用的標籤）。內容比較詳細的 8-776 中，以"倉曹"名義彙集了秦始皇三十年四月至九月有關穀物的出納文契（"券"），並已經計算完畢

---

① 這一標籤的文字中可見多種筆迹，大略可分爲"卅年四月盡九月倉曹當計禾稼出入券"與其餘文字兩類。後者範圍中，陳偉主編《里耶秦簡牘校釋（壹）》（前揭）發現"相付受"是用小字插入"已計及縣"和"廷"之間，故推測應按"已計及縣廷相付受"順序讀出。可是，就圖版所見，"及縣"也是不同筆迹，不能連讀作"縣廷"。筆者認爲，此簡在寫下"卅年四月盡九月倉曹當計禾稼出入券"之後，每有後續的處理，就分別以"已計""及縣""相付受""廷""弟甲"爲組追加記入。

② 9-982 的圖版未公布。

（“已計”）。其餘諸簡中，有些也出現了“已事”“已盡”字樣，可知它們是以某曹爲單位加以計算等處理過的。①

如 9-1130、8-496 那樣，倉曹和司空曹同時出現，這與作爲“官”的倉、司空一起負責刑徒管理有關。倉管理隸臣妾，司空則管理城旦舂、鬼薪和以勞役抵償債務者（居貲、居責）。②與刑徒管理相關的文簿從這些“官”提交到縣廷，被統計之後在倉曹、司空曹的名下加以整理，9-1130 和 8-496 便是附加在這些文書上的標籤。就這樣，一定期間内的“券”“書”“簿”等，就以某曹爲單位彙集起來了。

以某曹爲單位彙集的文書，有時會施加計算等處理保存在縣廷，也有時會發送到其他行政機關。

　　□獄南曹書二封，遷陵印，一洞庭泰守府，一洞庭尉府。•九月□

（8-728＋8-1474 正）

　　獄東曹書一封，令印，詣洞庭守府。•九月戊戌水下二刻，走怡以來。□

（8-959＋8-1291）

　　司空曹書一封，丞印，詣零陽。七月【壬申】□□□　　　　　（8-375）

　　户曹書四封，遷陵印，一咸陽，一高陵，一陰密，一競陵。

　　廿七年五月戊辰水下五刻，走荼以來。　　　　　　　　　（8-1533）

　　尉曹書二封，遷陵印，一封詣洞庭泰守府，一封詣洞庭尉府。

　　九月辛丑水下二刻，走□以來。　　　　　　　　　　　　（8-1225）

　　尉曹書一封，詣洞庭主司空。/□□　　　　　　　　　　（8-1616）

以上是“某曹書”加蓋遷陵縣令或丞之印發出的記録。③依現有材料看，這種文書發送的

① 8-253“尉曹卅四年正月已事”也是寫入了“已事”這一處理結果的簡，内容上與本文揭舉的竹笥用標籤相似，不過形狀上却與一般標題簡無别。籾山明認爲，它是歸納文本内容的摘要。籾山明《「束」と表題簡の關係について——遷陵縣における文書保管と行政實務（1）——》，http://www.aa.tufs.ac.jp/users/Ejina/note/note05（Momiyama）.html.
② 比如，下引的簡顯示，庫從司空那裏接受了城旦和鬼薪，從倉那裏接受了隸臣。8-1069＋8-1434＋8-1520“卅二年五月丙子朔庚子，庫武作徒簿。受司空城旦九人，鬼薪一人，舂三人。受倉隸臣二人。……”又，因倉和司空都是負責刑徒管理工作的，所以後文揭舉的 8-480“司空曹計録”與 8-481“倉曹計録”中都包含了“徒計”。
③ 發送記録簡中出現的“遷陵印”表示遷陵縣令之印。里耶秦簡中，如“鄉某（鄉嗇夫某）”“庫某（庫嗇夫某）”那樣，以“工作機構名＋人名”形式指代其長官的用例很常見，所以依此類推，“遷陵印”就應是“遷陵縣令印”。發送記録簡之外，以“遷陵＋人名”的形式指代縣令的例子還有 8-406“廿六年六月癸亥，遷陵拔、守丞敦狐、史畸治”等。另外，關於遷陵縣丞之印，如本文所引 8-375 那樣，以“丞印”明示。

記録,其製作皆與"某曹"相關,①未見有"官"出現的例子。②

以曹爲單位彙集的文書還有以下幾種：

<u>司空曹計録</u>	贖計	凡五計
船計	貲責計	<u>史尚主</u>
器計	徒計	(8-480)
<u>倉曹計録</u>	器計	馬計
禾稼計	錢計	羊計
貸計	徒計	田官計
畜計	畜官牛計	凡十計
		<u>史尚主</u> (8-481)
<u>户曹計録</u>	田提封計	
鄉户計	鬃計	
徭計	鞫計	
器計	•凡七計	
租質計		(8-488)
<u>金布計録</u>	工用計	【金】錢計
庫兵計	工用器計	凡六計
車計	少内器計	(8-493)

開頭寫"某曹計録",然後列舉"某計"。李均明認爲這是賬簿的目録,賬簿本身則附加於其上。③李氏賬簿目録的見解當無問題,不過把"計"看成"簿",亦即等同於一般的賬簿則值得商榷。在 8-480"司空曹計録"中包含徒計,但前揭 8-1428 中則出現了"司空曹徒簿",因此不得不説"簿"與"計"是種類相異的賬簿。針對上述材料,沈剛指出它們與"倉曹當計禾稼出入券"(8-776)、"倉曹廿九年當計出入券"(8-1201)等標籤有關聯,認爲所

① 孫聞博指出,"某曹書"是以遷陵縣令或丞之印緘封,因此某曹與官嗇夫不同,没有官印。同樣的主張還見於凌文超《簡牘與中古政治·制度史研究三題》。

② 如高村武幸所指出,這類簡中也有僅見"書○封"而不寫"某曹"的例子(8-475＋8-610、8-1119)。並非不能假設其中或有"官"名摻入,但考慮到類例的傾向,以及"官"不應獨自向遷陵縣外發送文書,所以該假設成立的可能性很低。另,在曹以外,還有"休署書一封,沅陽印,詣□◿(8-1626)"的事例,而從"沅陽印"可知,它不是遷陵縣製作的發信記録。沅陽應是洞庭郡轄下的縣名,但不見於《漢書·地理志》。

③ 李均明《里耶秦簡"計録"與"課志"解》,《簡帛》第八輯,上海古籍出版社,2013 年。

謂"計",是以"券"爲基礎的各種財務的統計記録,是與會計監察有關的文書。①儘管暫時還很難判斷諸如8-488這種"鄉户計"背後究竟製作了什麼樣的券,不過把"計"看成以券爲基礎的彙總記録是妥當的。

前文已述,8-480、8-481末尾的"史尚主"是令史。因此,即便簡開頭標示了"某曹",但實際執行工作的是令史。與其説"某曹"負責賬簿整理,還不如作以下理解更近實情,即負責某事務的令史將整理過的賬簿彙集,稱爲"某曹書""某曹計録"。

此外,令史尚一人"主"倉曹、司空曹的賬簿。剛才看到了倉曹和司空曹的文書登記於同一標籤上的例子,而在某些場下,一位令史卻又兼跨多個曹現身。從這些現象可以推想,令史與曹並非一一對應,不排除一個人負責多個曹的可能性。②

而且,前一章所引"遷陵吏志"中,二十八人的令史中有十人離開了遷陵縣參加"徭使",即到外地出差。③那麼,令史中有三分之一以上的人當時不在遷陵縣廷。我們不清楚這種吏員不值本崗的狀況在多大程度上屬於常規,但至少在"遷陵吏志"所示的這一時期,該狀態是可能的。從而我們可以自然地判斷,令史並不是一對一固定地擔任"某曹"事務的。

(三) 令史對文書事務的參與

如上文所見,在里耶秦簡中曹是作爲令史處理文書的結果出現的。所以,若着眼於令史對文書事務的參與這點,里耶秦簡中可見到以下饒有趣味的事例:

> 廿九年九月壬辰朔辛亥,遷陵丞昌敢言之。令令史感上
>
> 水火敗亡者課一牒,有不定者,謁令感定。敢言之。　　　　　(8-1511 正)
>
> [已]
>
> 九月辛亥水下九刻,感行。　　　　　　　　　　　　感手。　　(8-1511 背)

這裏的令史感,既是勤務評定簿"水火敗亡者課"的書寫者("感手"),④也是把它送往上

---

① 沈剛《里耶秦簡【壹】中的"課"與"計"——兼談戰國秦漢時期考績制度的流變》,《魯東大學學報(哲學社會科學版)》2013年第1期。

② 孫聞博已經注意到此點,指出令史臨時擔任了曹的會計。郭洪伯也指出,"曹"的擔任者是流動的。

③ 關於"徭使"的含義,參見陳松長《秦漢時期の縣と縣使》,愛媛大學資料學研究會編《資料學の方法を探る》13,2014年。

④ "水火敗亡"指因水火導致官有財物等出現損失,這屬於官吏的過失,要受到處罰。睡虎地秦簡《秦律十八種》196中規定,要嚴格警備設有穀倉的官府,"善宿衛,閉門輒靡其旁火,慎守唯敬。有不從令而亡、有敗、失火,官吏有重罪,大嗇夫、丞任之"。

級機構的人("感行"),同時還是在文簿出現問題時確定①該問題的人("有不定者,謁令感定")。②8-1511 係遷陵縣廷發出的上行文書,其目的地應是洞庭郡太守府。簡牘顯示,遷陵縣的令史感能夠在郡太守府"定"文簿,可以窺見他出發時不僅帶去了"水火敗亡者課",也帶去了可能參考到的其他文簿。

而且,令史感也是接收從鄉送來的"水火敗亡課"的窗口。

廿九年九月壬辰朔辛亥,貳春鄉守根敢言之。牒書水

火敗亡課一牒上。敢言之。　　　　　　　　　　　(8-645 正)

九月辛亥旦,史邛以來。/感半。　　　　邛手。　　(8-645 背)

令史感在縣廷"半"(開封③)了貳春鄉的"水火敗亡課"。也就是説,令史感一旦收到鄉寄至縣廷的"水火敗亡課",就要把它再上呈太守府,感一直參與此"課"的處理。從以上材料推測,這時期的令史感充任課曹(主課)。④那麼,8-645——鄉送到縣廷的文書上,就應當附加了諸如"廷課曹(主課)發"之類的署收件人簡。⑤需要補充的是,前文已經談到,令史與某曹並非恒常性地一一對應,因此令史感充其量是在這件事上擔任了課曹。

不用説,令史感擔任負責"課"的縣廷內列曹只是推測。他實際上擔任哪種"曹",這裏沒有明確根據。但我們通過沒有根據這個事實,便能窺知曹的其他特徵。即,材料中所見令史感的一系列活動中,並未出現以"曹"名義執行的痕跡。令史感雖然參與文書製作、接收、遞送、確定等多方面工作,却不需要"令史"以外的頭銜。某曹(主某)之名集中、甚至特定地出現於以下場合:在多位令史中,被作爲收件人而指定的某事負責者;被整理過的特定範圍的賬簿標籤上;或者標記發送記錄時。

"曹"的確在表面上擁有作爲組織的名稱,但這終究是外觀上的印象。遷陵縣的行政文書,被以"某曹(主某)發"字樣指定了接收窗口而進入縣廷,又被以"某曹書"形式整

① 所謂"定",正如存在"定簿"(8-1515)、"定籍"(8-1490＋8-1518)的用例那樣,表示將帳簿最終確認,形成定稿。
② 作爲類似例子,還有命令令史饒"定"的斷簡存在,見8-42＋8-55 及 8-602＋8-1717＋8-1892＋8-1922。又,8-739 也可能與此有關。
③ "半"爲"開封"的意思,參見陳劍《讀秦漢簡札記三篇》,《出土文獻與古文字研究》第四輯,上海古籍出版社,2011 年。
④ 8-2198 中可見"廷主課發"。不過在簡 8-645 中,因要處理與水火敗亡這一考課有關的文書,令史感擔任的也可能是處理官吏人事的吏曹(主吏)。另,8-454 中可見,金布總計了多個"課",其中包括"水火所敗亡園課"。這樣來看,很容易覺得與"水火敗亡"考課相關的縣廷內列曹是金布。可是,該簡的開頭有"課上金布副"一句,所以充其量是作爲副本上呈金布,在此金布與課的關係只是第二位的。
⑤ 關於縣轄之"官"寄到縣廷的文書究竟由哪個曹接收這一對應關係,高村武幸已有仔細的考察。

理保存,或是發送給其他機構。專作爲文書接收窗口和文書卷之名而出現的曹,可以説是文書出納、總計、保存等環節的處理單位。[①]對令史而言,曹只不過是以其職掌——"主書"——的一部分呈現出的派生性稱謂。[②]

此外,還想附帶談一下"曹"的名稱。儘管曹並不具備作爲組織的實體,而縣廷内列曹仍稱爲"曹",究其原因,最應想到的是地方郡縣模仿了中央公府曹的名稱。很難設想地方郡縣的"曹"與中央無關而獨自創設,我們推測,就像前揭《續漢書·百官志》"(郡縣)諸曹略如公府曹"一句所示的那樣,地方郡縣模仿中央公府這種關係很可能在秦代就已經存在了。

作爲秦代中央官的曹,嶽麓書院藏秦簡所見"内史倉曹令甲卅""内史户曹令"兩種秦令的篇名惹人注目。[③]這些簡僅出現了篇名,目前還不清楚其中的内容,不過我們可以明確,秦代中央行政官内史之下有倉曹和户曹,[④]它很可能就是縣廷内列曹的原型之一。

而且,作爲"曹"表示組織之義的用例,睡虎地秦簡《語書》有:

　　　凡良吏,……以一曹事不足獨治也,故有公心。

其中"曹",即指按部門之别分割開來的組織。[⑤]

---

① 郭洪伯舉出秦代曹爲"保存文書之所"的可能性,設想了以下場景,比如與户口相關的文書被保存在"户曹",負責者處理它們時到"户曹"所在地辦公。這一見解值得傾聽,特别是"獄南曹""獄束曹"這樣以方位來區别曹的現象,與"曹"類似檔案庫的設想頗爲吻合。但是,即便"曹"最終有表示檔案庫的情況,也未必能解釋縣廷内列曹的全部。秦代縣廷内列曹終究是流動性的文書處理單位(這些文書事實上全部屬於縣廷的檔案庫),或許我們可以認爲,其中如户曹和獄曹這樣繁劇的曹中,可能特别設置了區分開來的保存庫或書架。不過,檔案庫的定義却不適合時現時消的"曹"。而且,就像不能把寫着"某曹(主某)發"的指定開封者簡解讀爲"某事的檔案庫開封"一樣,"某曹"已經不是物理空間,而獲得"某事擔任(者)"之意。再者,如本文所述,"曹"這一名稱本身是對中央官廳的模仿,如果認爲曹可能表示檔案庫的話,那麼有必要假定比縣廷更早出現曹的場所——中央官廳中已經采用了這種含義。而鄙見以爲,就像曹有群、輩等訓詁一樣,原本表示聚集起來的人的群體、組,它在中央官廳被用作"組織"之義,從字看並未產生非常大的跳躍。

② 關於令史爲"主書"之官,《續漢書·百官志》有明確表述,即"(尚書)令史十八人,二百石。本注曰:曹有三,主書"。

③ 陳松長《嶽麓書院所藏秦簡綜述》,《文物》2009年第3期。廣瀬薫雄將内史倉曹令、内史户曹令解釋爲"只在内史中的倉曹或户曹使用的令",請參考氏著《秦漢律令研究》,汲古書院,2010年,第134頁。

④ 關於内史,請參考大櫛敦弘《近年的内史研究から見る秦漢統一國家體制の形成》,《中國史學》第24卷,2014年。

⑤ 同爲睡虎地秦簡《語書》中,有"發書,移書曹,曹莫受,以告府,府令曹晝之。其晝最多者,當居曹奏令、丞,令、丞以爲不直,志千里使有籍言之,以爲惡吏","發書,移書曹,曹莫受"這一説法,令人想起了縣廷内列曹是文書授受的窗口。又,周家臺秦簡《始皇三十四年曆譜》中有"(三月)甲午,並左曹"(58-3)、"(六月)丁未。去左曹,坐南廥"(13-4),乍一看似乎"曹"表示某個場所,但也可能只表示夥或組之義,目前尚不能下明確判斷(表示夥或組的曹,見睡虎地秦簡《秦律雜抄》25"射虎車二乘爲曹")。關於周家臺秦簡,請參考荆州市周梁玉橋遺址博物館編《關沮秦漢墓簡牘》,中華書局,2001年。同書推測,周家臺30號秦墓較睡虎地11號秦墓(被葬者爲令史)等級爲低,其墓主可能是服務於南郡官府的佐史之類,見第157—158頁。

根據以上材料,我們足以推想出這樣的關係:縣廷效仿中央機構,設置了模擬組織形態的"曹"。但需指出,這裏所謂"置曹"充其量是形式上的,現實中縣廷內設立何種曹乃是根據業務需求而流動處理的。縣廷儘管采用了"曹"這個名稱,却並没能導入作爲組織的實體。縣廷內列曹終究是在令史處理文書之際才出現,是一個模擬成組織形態的單位。

第四章　向漢代展開

（一）郡縣列曹形成的前提

秦代令史業務的一個表現——曹至多不超過令史"主書"的職責範圍。借助里耶秦簡,我們獲知了令史的業務用"曹"來表達,而它仍然不出於既有研究所指出的令史的職掌。儘管如此,在考慮令史與曹之後的展開時,這一事實是很重要的。

西漢後期以後的郡縣列曹,是尚未達到組織化的秦代縣廷內列曹的發展型。説到底,意味着令史的肥大化與重組。仲山茂早已指出,漢代郡縣列曹並非以秦代負責實務的組織——"官"爲前身,而是直接導源於令史。該見解確實一語中的。[1]不過,仲山茂僅從令史爲貼近縣令丞的縣廷成員這一角度,論述了在令丞權限強化、對"官"管理強化的趨勢下列曹之形成。此外,我們還必須重視一點,令史在秦代已經作爲文書出納、處理的負責者發揮了重要作用。曹只見於令史處理文書的場合中,因之當考察其歷史發展時,曹在該場合出現的事實本身就引人關注。

使擔任秘書性角色的官吏本職擴大,掌握行政實權,甚者其自身向行政機關轉化的現象,在中國官制史上十分常見。漢代以後,尚書的發展便是一個好例。[2]如所周知,尚書最初是"主發書"的卑官,質言不過是單純負責文書開封的人,[3]但因位處天子左右,逐漸掌握實權,變成出納王命、參與萬機的大官,以至於進一步形成了國家行政的執行機構。

---

① 仲山茂《秦漢時代の「官」と「曹」》。

② 請參考和田清編著《支那官制發達史》,汲古書院,1973 年影印版,第 7 頁。關於漢代以來尚書的研究史,請參考米田健志《日本における漢代官僚制研究》,《中國史學》第 10 號,2000 年;渡邊將智《後漢政治制度の研究》,早稻田大學出版部,2014 年,"序章"。

③ 《漢官儀》(孫星衍輯本)卷上:"初秦代少府,遣吏四人在殿中,主發書,故號尚書。尚猶主也。漢因秦置之。"

令史取代"官"而形成郡縣列曹的過程,也沿循了與前述尚書相似的路徑。令史作爲縣長官(令、丞)的秘書,以處理文書爲主要職責。而且從上文的考察可知,其職務的體現之一就是曹。令史這種地位,與"尚天子之書"的尚書類似。①處身縣廷文書出納之所的令史,在後來演變爲行政機關,想來它對於縣令丞而言,就相當於"尚書"之官。②

但是,縣廷內列曹原本沒有制度上的根據,大概可以應情況所需而無限、多樣地設置。這與作爲正規組織、在某種程度固定化的"官"形成鮮明對比,曹是應對地域條件和臨時狀況而變化的。爲政務能彈性運轉,縣廷內列曹應需而生,也正因爲這種彈性,它反復上演着産生與消亡。③

由於曹終究是從制度外衍生的,即便之後郡縣列曹已經作爲組織確立起來的時期,曹的多樣性和隨意性依然延續:

> 諸郡各有舊俗,諸曹名號,往往不同。　　　　　(《宋書》卷四〇《百官志下》)

"諸曹"因各地情況差別,名稱並不統一,遵從了地方"舊俗"。《宋書·百官志》所記的這種"舊俗",可以説源於秦代曹的特性。④而且這段文字暗示,不僅是"主某",就是"某曹"也是各郡縣任意、多樣地設置的。

正因爲曹是制度外産生之物,才導致了後來"諸曹名號,往往不同"的現象。不過,儘管各地對設置什麼曹需求有異,但曹最終以行政組織的身姿確立起來則是共通的。

秦代縣廷內列曹只出現於文書處理的場合中,顯示了它濃厚的臨時、暫定性特質。然而不難想象,某些業務持續存在,一部分曹就會趨於固定化,穩定下來並作爲組織的實體出現。像諸家業已指出的那樣,"户曹令史"就是其中的一例。

> 卅四年八月癸巳朔癸卯,户曹令史觶疏書廿八年以
>
> 盡卅三年見户數牘北,移獄具集上,如請史書。/觶手。　　(8-487 + 8-2004 正)

今後隨着材料的不斷公布,類似例子可能還會增加,不過就目前來說,這是能夠確認的

---

① 《漢書·惠帝紀》:"宦官尚食比郎中(注:……如淳曰,主天子物曰尚,主文書曰尚書,又有尚符璽郎也。《漢儀注》:'省中有五尚,而內官婦人有諸尚也。')。"

② 本文專門着眼於參與文書處理的令史——曹而展開論述,此外作爲令史的重要職能,還可以舉出對"官"的監察。令史處於縣內監察官的地位,也應是後來生成行政組織——郡縣列曹的重要前提。

③ 又,各行政機構的權限也與曹的設置有關。孫聞博指出,郡府設有"爵曹",與郡是爵位授予機構有關聯。

④ 另外,關於縣,如《宋書·百官志》所説,"其餘衆職,或此縣有而彼縣無,各有舊俗,無定制也",在令長丞尉等以外,官的設置是多樣的。

"曹＋令史"頭銜的唯一例子。因爲是孤例,所以還不能斷言"户曹令史"已變成一個官名定型下來,在此只能按"負責户事務的令史"來理解。但是,户曹之常見確是事實,它的事務一定比較繁劇。①

户曹之外,出現頻度同樣較高的曹是獄曹和吏曹。應該注意的是,户、吏、獄諸曹頻見的背後,與這些曹同名的"官"並不存在。也就是説,它們代表了縣廷的專屬業務。筆者此前指出,秦代縣的一個特徵是獄事皆由縣廷掌握,不存在負責"獄"的"官"。②負責人事的吏曹、參與户口管理的户曹中,也不設置諸如吏嗇夫、户嗇夫、獄嗇夫等掌管相應事務的"官"。這些曹,在遷陵縣廷行政文書——里耶秦簡中頻繁出現的根本原因,是他們擔任了縣廷的專屬業務。③

以這種觀點重新審視曹,可以區分爲(1)擔任縣廷專屬業務的曹(吏曹、户曹、獄曹);(2)與"官"等縣内諸官名稱重複的曹(司空曹、倉曹、尉曹);還有(3),上述兩種以外散見於史料的曹(車曹、覆曹、兵曹、中曹等)。由於(1)中不設置"官"這樣縣廷外的部門,因之在曹名下執行的業務自然較多。在(2)的曹中,因"官"已經擔任了實際業務,故曹的主要職責就是聯絡"官",且對它的工作予以監察。

這樣來看,曹的固定化首先應發生在(1)這種負責縣廷專屬業務、工作較爲繁劇的曹。可以推想,如"户曹令史"一詞率先展現的那樣,某些令史專任一曹的情況逐漸增加,且該狀態反復積累,就會演變爲一部分令史專屬於特定之曹的既成事實。後來的郡縣列曹,可以説是這種既成事實在制度層面的追認,作爲組織的實體也被確立起來了。④

令史、縣廷内列曹變成具備組織性實體的行政機構——即向郡縣列曹轉化經歷了

① 高村武幸已經指出,"某曹"的頻見説明它業務繁多。而且他認爲,因這種曹確定擔任者後就需要高效地處理業務,所以頻見的某曹已經實現部門組織化了。關於該問題,如第二章開頭所述,直接將"某曹"的名稱與"部門組織化"聯繫起來尚需慎重。還有,傳世文獻中出現了可能是繼承"主某"的"主簿""主記"等職稱,後代組織化以後的官名並不都帶"曹"字。再者,正如蕭何的官職被記載爲"主吏(掾)"那樣,傳世文獻中也有將"主某"作爲正式職官名處理的例子。總之,關於究竟哪個作爲正式的組織名,職官名穩定下來,"主"也好"曹"也好,可以説是没有差異的。從這一點説,本文並不想把"曹"從"主"中區別開來,而是選擇了更中立的理解方式。
② 拙文《戰國・秦代の縣——縣廷と「官」の關係をめぐる一考察——》,《史林》第95卷第1號,2012年。中文版,朱騰譯《戰國、秦代的縣——以縣廷和"官"的關係爲中心的考察》,周東平、朱騰主編《法律史譯評》2013年卷,中國政法大學出版社,2014年。
③ 不過,關於這個時候曹負責多大範圍的業務,没有明確材料。比如説即便知道吏曹(擔任吏曹的令史)與人事有關,但它究竟是只負責總計、核對考勤簿等雜役呢? 還是擁有縣内吏員晉升、罷免、調動等的決定權呢? 關於這些具體情況,目前還不能明確闡述,只能等待史料狀況的改善了。
④ 在這期間,令史如何侵蝕"官"的業務領域還有研討的餘地。如上文所指出,秦律規定官嗇夫不在崗的情況下令史可以代行其職(見拙文《戰國・秦代の縣》)。這時令史也兼任了"官"的業務。我們推測,令史立足於這種身居縣廷的優勢,逐漸剥奪了"官"的業務。

相當長的過渡期。在秦代,曹不過是令史職掌的局部體現,最多是令史爲主、曹爲從的關係。可是到西漢後期,"令史"之名已經朝僅表示官秩的程度上收縮,具體職事則要待成爲特定的列曹掾、史之後才能獲得。[①]可以說,到這個時候,令史、"官"曾經擁有的職事已經被剝掉,由列曹來頂替了。令史與曹的主從關係發生逆轉。

(二) 列曹掾、史的出現

在向郡縣列曹發展的過程中,出現了掾、史這樣新式的列曹專屬吏員,可謂是一個劃時代的關鍵。至此,曹作爲擁有屬吏的組織才被確立下來。

據仲山茂所說,到西漢後期以後,掾超過了舊來的令史、官嗇夫,處於屬吏序列的頂點,史也穩定在位居其次的等級上。掾、史是卒史、令史等保持原身份而就任的等級,它附屬於列曹、門下。文獻中這樣表現其關係:在"爲"令史之後,被"署"作列曹掾、史。[②]

這種掾、史的登場,從仲山茂所引漢簡、漆器銘文等材料中已能看出,[③]若就傳世文獻觀察,西漢後期以後,明確與郡縣列曹有關的掾、史的活動也開始顯著。[④]這裏將它們梳理如下:較早的例證是西漢昭帝元鳳年間(前 80—前 75 年)路溫書被任命爲鉅鹿郡太守府的決曹史;[⑤]稍晚一些,元帝初元年間(前 48—前 44 年)王尊也出任涿郡太守府的決曹史;[⑥]同爲元帝時期,朱博歷任"曹史列掾"。[⑦]以及成帝永始、元延年間(前 16—前 9 年)長安令尹賞的部下中出現"戶曹掾史"。[⑧]到這個時期,列曹已是具備獨立辦公場所的

---

① 仲山茂《漢代的掾史》。

② 仲山茂《漢代的掾史》。仲山茂所說的"爲"與"署"的關係,在最近公佈的益陽漢簡(國家文物局主編《2013 中國重要考古發現》,文物出版社,2014 年)中得到了一則有明確紀年的例證:"鞫。勳,不更,坐爲守令史署金曹,八月丙申爲縣輸元年池加錢萬三千臨湘,勳匿不輸,即盜以自給,勳主守縣官錢,臧(贓)二百五十以上,守令史放勿無長吏使者,審。元始二年十二月辛酉,益陽守長豐、守丞臨湘右尉□、兼掾勃、守獄史騰言,數罪以重爵減,髡鉗勳爲城旦,衣服如法駕,責如所主守盜,没入臧(贓)縣官,令及同居會計備償少内,收入司空作"(益陽兔子山遺址出土木牘 J3(5)1 背)。該簡製作於元始二年(2 年),從中可見西漢末年確實存在"爲"令史者被"署"於某曹的組合模式(又,這裏還提及了少内、司空等自秦代既已存在的"官",值得注意)。此外,作爲郡府的例子,尹灣 6 號漢墓出土"元延二年日記"中,東海郡太守府卒史師饒元延二年(前 11 年)七月"署法曹"(YM6J25)、同年十月"署功曹"(YM6J64)。

③ 關於掾的出現,吉川佑資《前漢時代的掾》還通過對邊塞出土漢簡中副署簡的集成,指出署名者以陽朔、鴻嘉年間(前 24—前 17 年)爲分水嶺,此前是令史、尉史,之後向掾轉換。另外,關於設置什麼樣的掾、史,因地域情況差異而相當多樣。請參考鄒水傑《兩漢縣行政研究》,湖南人民出版社,2008 年,第 110 頁。

④ 安作璋、熊鐵基《秦漢官制史稿》,第 589—591 頁。此外,還請參考紙屋正和《兩漢時代における郡府・縣廷の屬吏組織と郡・縣關係》《漢時代における郡縣制の展開》第 11 章。

⑤ 《漢書・路溫舒傳》:"路溫舒字長君,鉅鹿東里人也。……太守行縣,見而異之,署決曹史。"

⑥ 《漢書・王尊傳》:"王尊字子贛,涿郡高陽人也。……復召署守屬治獄,爲郡決曹史。"

⑦ 《漢書・朱博傳》:"朱博字子元,杜陵人也。……稍遷爲功曹,……博乙太常掾察廉,補安陵丞。後去官入京兆,歷曹史列掾,出爲督郵書掾,所部職辦,郡中稱之。"

⑧ 《漢書・酷吏傳・尹賞》:"賞以三輔高第選爲長安令,……乃部户曹掾史,與鄉吏、亭長、里正、父老、伍人雜舉長安中輕薄少年惡子,無市籍商販作務,而鮮衣凶服被鎧扞持刀兵者,悉籍記之,得數百人。"

部門了。

> 及日至休吏，賊曹掾張扶獨不肯休，坐曹治事。宣出教曰："……曹雖有公職事，家亦望私恩意。掾宜從衆，歸對妻子，設酒肴，請鄰里，壹矣（笑）相樂，斯亦可矣。"

（《漢書·薛宣傳》）

引文是西漢成帝年間薛宣出任左馮翊時的故事。①身爲賊曹掾的張扶"坐曹治事"。此外，衆所周知，東漢和林格爾漢墓壁畫裏，描繪了護烏桓校尉府中各曹相互區分的辦公場所，佐原康夫認爲這是漢代官衙的典型樣式。②

以上對西漢後期以降的情況進行了再確認。列曹掾、史雖然也有令史身份，但已不像此前那樣——曹僅是令史業務的一個方面，列曹掾、史的頭銜就是主體，以此執行行政事務。《續漢書·百官志》所記"（每郡）皆置諸曹掾史""（縣鄉）各署諸曹掾史"的現象，即是以這一狀況爲前提的。

這裏還想更進一步，指出掾開始作爲制度用語出現的確證，以凸顯該時期與前代的不同。如第二章所説，曹不見於秦、漢初律文，作爲實務組織出現的只有官嗇夫以下的"官"。但是進入漢代以後，律文中有把"掾"的存在作爲前提的規定，即懸泉置漢簡中：

> • 傳馬死二匹，負一匹，直萬五千。長、丞、掾、嗇夫負二，佐負一。

（I0205②：8）③

上簡應是律文的一部分。雖然並無紀年，但至少是西漢武帝以後之物。④掾與嗇夫並存，是當作明確的制度用語使用的，這與秦、漢初相比是個顯著變化。該條表明，列曹專屬的吏員——掾已成爲制度上認可的正規官吏，同時也意味着曹已經向配備專屬官吏的組織轉化了。

然而應該注意，曹的制度化、組織化並不代表"官"立刻消失。⑤如讀者所見，上舉懸

---

① 嚴耕望考證，薛宣任左馮翊的時間起自河平四年（前25年），迄於陽朔二年（前23年），見嚴耕望《兩漢太守刺史表》，鳳凰出版社（臺北），1978年，第15頁。

② 佐原康夫《漢代の官衙と屬吏》，見氏著《漢代都市機構の研究》，汲古書院，2002年。

③ 胡平生、張德芳《敦煌懸泉漢簡釋粹》，上海古籍出版社，2001年，第18頁。

④ 懸泉置出土的紀年簡在西漢武帝時期至東漢安帝時期之間。參見郝樹聲、張德芳《懸泉漢簡研究》，甘肅文化出版社，2008年。

⑤ 和田清編著《支那官制發達史》指出，官的重複是中國官制的顯著特徵。關於此問題，内藤湖南也以杜佑《通典》作例證，討論過唐代官制中官職的重複。内藤湖南《唐代の文化と天平文化》，《内藤湖南全集》第9卷，筑摩書房，1969年。請一併參考。

泉置漢簡律文中掾與嗇夫共舉,而且西漢末的尹灣漢簡中也總計了官嗇夫和官佐的員額,曹與"官"是並存的。這種狀態大概持續了相當長時間,東漢晚期墓葬四川中江縣塔梁子3號墓壁畫的榜題上列舉了官名:

> 蜀太守、文魯(學)掾、縣官嗇夫、諸書(曹)掾史堂子元長生。①

這是一位叫堂子元的人的任官履歷,②其中也將縣的官嗇夫與諸曹掾、史同列。儘管地方行政中實務負責者的角色逐漸向列曹掾、史過渡,但至少兩漢時代,"官"的地位仍然——起碼是表面地存續着。③

秦代以來的令史、縣廷内列曹至西漢後期具備了作爲組織的實體,變身爲郡縣列曹,慢慢地驅退了曾經在縣廷之外擔任行政事務的"官"。這種令史、縣廷内列曹的肥大化,畢竟展現了縣廷領域的擴張。從前縣廷與其外部的"官"的區別,至此失去了意義。

出土秦簡中"縣廷"頻見,它與外部的"官"的鮮明區别使我們耳目一新,究其原因,是我們既有的常識大多來自後代——即縣廷與"官"的區分業已消失的時代編纂的史書。以前縣的統治機構由縣廷和"官"組成,但列曹逐漸肥大,縣廷領域擴張,結果造成縣廷覆蓋縣的全部統治機構。一直以來,學界慣用"縣廷"一詞指代縣的全部統治機構,④但那裏曾經歷了上文所述的歷史過程。

結　語

秦代的縣廷内列曹,雖然在名稱上類比了模擬的形態,但現實上卻不是隸屬官吏的組織或構架,而且没有制度上的依據。它那裏,並不能看到預先設好的、以職事内容區分的曹,也没有配備專屬吏員。它僅作爲令史文書處理業務的單位而局部出現,還處於非常不成熟的階段。

① 四川省文物考古研究院、德陽市文物考古研究所、中江縣文物保護管理所編著《中江塔梁子崖墓》,文物出版社,2008年。
② 劉樂賢《四川中江縣塔梁子崖墓榜題補釋》,《四川文物》2008年第6期。
③ 隋代蕭吉《五行大義》卷五引《洪範五行傳》列舉了各類官職,以天干對應諸曹,以地支對應諸"官"。舊來學界認爲這條史料反映了西漢中期以後的官制,其實它還表明了該時期"官"的殘存。另外,本文中屢次參考的孫聞博的論文,即從這條史料出發探討里耶秦簡,主張自秦代開始已經形成曹、"官"的並立狀態。
④ 比如嚴耕望《中國地方行政制度史甲部:秦漢地方行政制度》第五章標題爲"縣廷組織"。

　　另一方面,借助里耶秦簡,我們也更具體地把握到令史以"曹"進行文書處理的痕迹。它呈現了令史秘書性工作的真相,再次給已爲學界指出的令史作爲長官秘書、親信的性質增添濃厚色彩。令史的這種性質,成爲此後郡縣列曹備齊行政機構實體的重要前提。

　　但是,我們同時有必要認識到片面、過分地强調令史這種秘書、親信性質的危險性。在官制上,令史確實處於令、丞之秘書或親近者的地位,但這未必是持續的。第一章所引里耶秦簡 8-269 是記載小吏釦履歷的伐閱,他曾擔任資中縣的令史。簡文顯示,釦的最終職歷是"爲令史二月",而這件文書在里耶——即遷陵縣廷出土,説明他就任資中縣令史的兩個月後,就轉任爲遷陵縣令史了。

　　還有,睡虎地秦簡"編年記"中,可見墓主喜的履歷:

　　　　六年四月,爲安陸令史。　　　　　　　　　　　　　　　　　　　　　　　　(13-2)

　　　　七年正月甲寅,鄢令史。　　　　　　　　　　　　　　　　　　　　　　　　(14-2)

也就是説,喜在出任安陸縣令史的九個月後,轉任爲鄢縣令史了。[①]另外,這兩人還有一個共同點,即擔任令史以前——在任"史"的階段——皆未見從他縣轉任的痕迹,而是一直在同一縣內工作的。換言之,直到就任令史後才轉任他縣。由於材料非常有限,我們難以通過這些記載來解明令史轉任的一般傾向,[②]但至少要承認,秦代的令史並非永遠專屬於一縣。令史能在幾個縣間、甚至跨郡轉任的話,以長官秘書身份來構築私人關係的行爲就會一定程度地受到抑制。在這一點上,將令史理解爲與長官締結成堅固私人關係的親信未必是妥當的。

　　説起令史與長官的關係,很容易聯想起下面這則秦末的故事:

①　此後不見轉任的記載,所以喜最終的官職應是鄢令史。

②　關於轉任是否需要先晉升爲郡令史,尚有討論餘地。特別是簡 8-269 中,從犍爲郡資中縣轉任到洞庭郡遷陵縣,調動跨越郡界,很可能是非制度性的人事安排。關於此問題,還有必要考慮秦代令史的人事調度權之所在。以往研究認爲,郡縣屬吏的任用皆由長官決定(濱口重國《漢代に於ける地方官の任用と本籍地との關係》,見氏著《秦漢隋唐史の研究》下,東京大學出版會,1966 年)。利用近年出土史料的研究中,佐藤達郎《二年律令に見える漢初の秩石制について》(富谷至編《江陵張家山二四七號墓出土漢律令の研究　論考篇》,朋友書店,2006 年)認爲,《二年律令·秩律》所載官名皆由中央任命。紙屋正和《漢時代における郡縣制の展開》(前揭,第 82 頁)則更加細化,認爲百石以上的屬吏任命時需要中央批准,《秩律》未載的不滿百石的屬吏任命時則由縣單獨決定。依據此説,斗食的令史是可以由縣來命的。但問題是,該説所據材料是漢初之律,藉此考察秦縣的情況在多大程度上是有效的? 與上述觀點對照,仲山茂《漢代の掾史》則認爲中央對令史的人事安排有很强的控制力。關於令史的人事調度權、任用情況,有必要待日後史料增加再作探討。

　　陳嬰者,故東陽令史,居縣中,素信謹,稱爲長者。東陽少年殺其令,相聚數千人,欲置長,無適用,乃請陳嬰。嬰謝不能,遂彊立嬰爲長,縣中從者得二萬人。(《史記·項羽本紀》)

秦末混亂之際,"少年"殺死東陽縣令,並推戴陳嬰爲長,陳嬰正是制度上屬於令、丞親信的令史。如所周知,這時期的反叛者大多殺死了郡縣長吏,[①]而上引文字中令史非但免於戕害,還被邀請出任叛亂團夥的首領。沛縣主吏蕭何、[②]令史夏侯嬰[③]也是反叛了沛縣令而推戴劉邦的。

　　此類事例顯示,令史時常與其長官的政治立場相左。不用説,就傳世文獻所見的情況看,朝廷派來的縣令與從當地人選出的令史,這種中央與地方的對立是表面化的。從受命中央的長吏與代表地方的屬吏的對立中發現地方統治的困難,至今已不覺新奇。[④]但是,在官制上和長官同爲"縣廷"成員的令史,轉身變爲叛亂團夥的頭目,這種制度與現實的乖離仍惹人注意。無論是轉任還是叛亂,令史的政治立場往往與其長官並不同一。

　　秦代郡縣制下的令史,從官制上説,王朝期待他們以長官秘書的身份,爲中央集權型控制體系貢獻力量;然而在現實的政治環境中,一些人肩負了地方人望,從而變爲反叛團夥的要員。令史在制度和現實間搖擺,其中自然包藏着秦縣廷的脆弱性。秦的郡

① 《史記·高祖本紀》"諸郡縣皆多殺其長吏以應陳涉";《陳涉世家》"當此時,諸郡縣苦秦吏者,皆刑其長吏,殺之以應陳涉"。藤田勝久曾指出這些肩負秦郡縣下層統治的屬吏的重要性,見藤田勝久《史記秦漢史の研究》,汲古書院,2015年,第317頁。
② 《史記·高祖本紀》"掾主吏蕭何、曹參";《曹相國世家》"平陽侯曹參者,沛人也。秦時爲沛獄掾,而蕭何爲主吏,居縣爲豪吏矣";《蕭相國世家》"蕭相國何者,沛豐人也。以文無害爲沛主吏掾"。《蕭相國世家》中"主吏掾"的表現,暗示該部分可能被後人改寫,不過這些記録皆指蕭何擔任主吏、吏曹。因此,蕭何也是令史。另,尹灣6號漢墓出土名謁的收件人是墓主師饒,其中所見師饒的官銜,被寫爲功曹(YM6D15、YM6D16、YM6D17)、主吏(YM6D18、YM6D19)、卒史(YM6D14)三種。見李解民《"東海郡吏員簿"所反映的漢代官制》,《簡帛研究 二〇〇一》,廣西師範大學出版社,2001年。從這些材料看,將郡縣功曹別稱爲"主吏"的現象在相當長時間内延續着。這反映了令史(在郡府文書尹灣漢簡中是卒史)擔任主吏,吏曹是自秦代以來的形態。希望讀者回憶起里耶秦簡8-272中令史毛季被稱爲主吏的事實(見本文第二章所引)。
③ 《史記·夏侯嬰傳》:"高祖之初與徒屬龍欲攻沛也,嬰時以縣令史爲高祖使。"
④ 關於郡縣屬吏與當地豪俠的結合,請參考增淵龍夫《漢代における民間秩序の構造と任俠的習俗》,見氏著《新版中國古代の社會と國家》,岩波書店,1991年;《所謂東洋的專制主義と共同體》(同書)。然而,以往研究主張的中央派遣之長吏與地方任用之屬吏這種二元對立的圖式過於單純,最近研究表明,現實中存在一些乖離的情況。高村武幸《秦代遷陵縣の覺え書》(《名古屋大學東洋史研究報告》第39號,2015年)指出,遷陵縣少吏階層中出身於他縣者較多,因此縣統治機構與當地社會的關係比較淡薄。還有,于振波《秦律令中的"新黔首"與"新地吏"》(《中國史研究》2009年第3期)舉出了嶽麓書院藏秦簡中出現的"新地吏"——即因生病或過失等一度被罷免,之後又被起用爲新占領地的官吏。鑒於上述意見,秦地方官吏的出身,及其政治立場的多樣性等還有慎重考慮的必要。

縣控制——至少其中的一部分是從縣廷内發生的龜裂開始潰决的。

石洋譯（中國社會科學院中國古代史研究所）

原刊於《東方學報（京都）》第 90 册，2015 年，中譯本載《中國中古史研究》第六輯，中西書局，2018 年，第 3—35 頁。

里耶秦簡所見秦代縣官、曹組織的職能分野與行政互動*
——以計、課爲中心

黎明釗 香港中文大學歷史系

唐俊峰 海德堡大學漢學系

緒　言

　　秦代縣政府内部的下屬機關,大致可分爲稗官、曹兩大類。"官"爲職能性機構諸如鄉、倉、庫、少内、司空等,以官嗇夫爲主官,其屬下有佐、史。"曹"則屬協助縣長吏處理、製作與"官"相關文書的輔助機構,如倉曹、户曹、吏曹、金布曹等,其主官爲令史。稗官的獨立性較强,是縣的下屬機關;①曹的獨立性低,乃縣廷的一部分,亦是縣令長的心腹,

---

* 本文爲香港特别行政區研究資助局優配研究金(General Research Fund)資助項目研究成果之一(計劃編號 CUHK444813)。

① 按秦漢時代的"官"所指不止作爲屬吏的稗官。如郭洪伯據《漢書·百官公卿表上》中"屬官有上林、均輸、御羞、禁圃、輯濯、鍾官、技巧、六厩、辯銅九官令丞"等記録(第735頁),認爲"官"乃"具有一定行政職能的機構或組織"(參氏著《稗官與諸曹——秦漢基層機構的部門設置》,《簡帛研究 二〇一三》,廣西師範大學出版社,2014年,第103頁)。其説可從。事實上,官的指涉範圍甚廣,除郭氏指出的中都官令外,秩二千石高級官員亦包括在"官"的範圍之内。如居延漢簡214.33A云"……以東至西河郡十一、農都尉官二調均錢穀",又274.19記"居延都官屬朱恭",可見二千石的部、農都尉亦可被稱爲"官"(本文徵引之居延漢簡,如無指明,釋文均據簡牘整理小組編《居延漢簡(壹)—(肆)》,"中研院"歷史語言研究所,2014—2017年,不贅)。又丞、尉在當時亦被視作"官",如應劭《漢官儀》便言"太官丞官别在外,掌菓瓜菜茹"(見《漢官六種》,第136頁)。又里耶簡8-657亦言"遷陵守丞膻之敢告尉官主",可知丞、尉在當時屬"官"(本文徵引之里耶秦簡簡文,如無特别注明,皆參照湖南省文物考古研究所編《里耶秦簡(壹)(貳)》,文物出版社,2012、2017年;陳偉主編,何有祖、魯家亮、凡國棟撰爲《里耶秦簡牘校釋(第一卷)(第二卷)》,武漢大學出版社,2012、2018年,不贅)。而作爲縣長吏(令、丞、尉)屬史,與曹相對的稗官,似乎是"官"機構的下限。本文所言的"官"主要針對稗官而言,偶有涉及縣長吏如縣尉。

某程度上有着溝通中樞與職能部門，監督諸官執行任務的作用。①學界雖曾深入研究秦漢縣級機關官、曹組織的分類、功能等要點，但毋庸諱言，此論題尚有不少可供發掘之處，如官、曹之間的職能分工便爲一例。里耶秦簡記載了不少縣内部官、曹組織之間的互動，其中不少有關校計、定課的具體程序，爲研究秦代縣級單位計簿的製作過程提供了前所未見的資料。按上計制度素爲秦漢行政史的重點，歷來研究可謂汗牛充棟，②然而大部分的研究均集中於兩漢，對秦代的關注甚少，自里耶秦簡陸續公布後，秦代縣行政中的計、課的内容和程序等細節才逐漸清晰。有鑒於現存的研究大多集中在里耶秦簡所見"計""課"文書的定義和各官、曹各自負責的計、課内容，③討論計簿如何被製作，以及怎樣被修訂成定本的過程相對較少。④事實上，簡牘資料顯示，這個過程涉及官、曹組織之間的緊密互動，本文即欲以計、課文書的製作，以及這兩類文書的校、定、整合爲中心，探討官、曹在縣中的職能分工及行政互動。

一、官、曹組織的職能分野

據里耶秦簡所見，秦遷陵縣行政中課、計文書的製作實由諸官負責，諸曹則肩負校、

① 此觀察由仲山茂率先指出（參氏著《秦漢時代の"官"と"曹"——縣の部局組織》，《東洋學報》第 82 卷第 4 號，2001年，第 35—65 頁），並獲青木俊介采納，其並指出官、曹與縣廷的距離存在差異，前者離縣廷較遠，後者較近（見氏著《里耶秦簡に見える縣の部局組織について》，《中國出土資料研究》第 9 號，中國出土資料學會，2005 年，第 103—111 頁）。郭洪伯則從《洪範五行傳》出發，同樣指出秦漢基層行政存在稗官、曹的分化。他套用現代行政學的理論，認爲稗官屬職能部門，嗇夫和佐乃領導，史爲輔助，性質像秘書；曹屬輔助部門，成員有令史、尉史，有着溝通中樞與職能部門、監督執行的作用，在行政程序上較稗官更靠近中樞長吏，其見類近仲山、青木（見《稗官與諸曹——秦漢基層機構的部門設置》，第 101—127 頁）。類近研究並可參孫聞博《秦縣的列曹與諸官》，簡帛網，2014 年 9 月 17 日；增訂版參《秦縣的列曹與諸官（增訂稿）》，收入里耶秦簡博物館、出土文獻與中國古代文明研究協同創新中心中國人民大學中心編著《里耶秦簡博物館藏秦簡》，中西書局，2016 年，第 244—261 頁。
　　又土口史記亦曾詳論里耶秦簡所見縣廷與官組織之間的文書往來，指出官的文書必須經過縣廷，並認爲秦縣在制度設計方面確立了縣廷對官的絕對優勢（參氏著《里耶秦簡にみる秦代縣下的官制構造》，《東洋史研究》第 73 卷第 4 號，2015 年，第 507—544 頁。）
② 有關秦漢上計制度的研究甚多，在此難以一一列舉。有關漢代上計制度的大概情況，可參嚴耕望《中國地方行政制度史——秦漢地方行政制度》，上海古籍出版社，2007 年，第 257—268 頁；較近期的研究，參侯旭東《丞相、皇帝與郡國計吏：兩漢上計制度變遷探微》，《中國史研究》2014 年第 4 期，第 99—120 頁。
③ 如沈剛《里耶秦簡（壹）中的"課"與"計"——兼談戰國秦漢時期考績制度的流變》，《魯東大學學報（哲學社會科學版）》第 30 卷第 1 期，第 64—69 頁；李均明《里耶秦簡"計録"與"課志"解》，《簡帛》第八輯，上海古籍出版社，2013 年，第 149—159 頁。
④ 西北出土的漢代行政文書亦存在不少有關校計的史料，學界也針對它們作了一些精彩的研究，如黃今言《居延漢簡所見西北邊塞的財物"拘校"》，《史學月刊》2006 年第 10 期，第 18—24 頁；汪桂海《漢代的校計與計偕簿籍》，《簡帛研究 二〇〇八》，廣西師範大學出版社，2010 年，第 195—202 頁。然而，因資料所限，以上研究集中在漢代，對於秦代計、課的處理並未多作討論。

定諸官呈上縣廷的計、課，並彙集出最終交予郡級機構的計簿的責任。本節將嘗試闡釋官、曹此一職能分工。

（一）官：製作"計""課"文書

作爲縣廷職能機構的稗官，行政上一項主要職責，便是製作"計""課"文書。所謂"計"，沈剛定義爲"對現有國家資財或固定資產的統計"，屬靜態數據的統計。[①]然而，不論是里耶秦簡還是漢簡中疑似計的文書，重點均在於透過列舉某事項（無論是人口、庫兵、金錢等）當年的出入數量等動態數據，計算出該會計年度結束後，該事項剩餘、可帶入下年度的數字。因此，雖然"計"的目的是爲了統計某事項的定量數據，但它並非單純臚列資料，似不宜視之爲靜態數據。[②]秦代縣行政中計簿的製作，由縣廷下屬的諸官負責，如里耶秦簡8-1539"卅五年九月丁亥朔乙卯，貳春鄉守辨敢言之：上不更以下繇（徭）計二牒。敢言之"，明記作爲諸官之一的鄉，向縣廷呈"不更以下繇（徭）計"。此外，里耶簡中的追債記録中，計名前往往加上稗官之名作前綴，如"陽陵司空'司空不名計'"（9-1等），簡8-75＋8-166更明載"少内守公敢言之：計不得報，重追，有令。今遷陵已定以付郖少内金錢計，計廿☑□年……"，[③]表明付"郖少内金錢計"由少内負責，反映縣稗官負責計文書的製作。

對於縣廷稗官製作計的過程，已公布的里耶秦簡尚未有明確的記録，但新公布嶽麓

---

① 沈剛《里耶秦簡（壹）中的"課"與"計"——兼談戰國秦漢時期考績制度的流變》，第68頁。
② 按黃浩波曾詳論里耶秦簡所見的"計"文書，歸納其至少由標題、説明、正文三部分構成。標題的格式爲"年度＋縣名＋具體名稱（某計）"；説明部分爲"受或付部門"，正文部分爲"統計項目＋數量"，其意見值得重視。黃氏又將里耶簡中庫兵計與尹灣漢簡《武庫永始四年兵車器集簿》聯繫，指出兩者的標題格式與内容頗類近，應爲同一種文書；並以作徒簿爲例，試圖論證"徒計"是在日作徒簿的基礎上統計而成，等同年度作徒簿。其後又把焦點轉至金錢、禾稼、器、畜諸計，指出券是製作這些計的原始資料。參氏著《里耶秦簡牘所見"計"文書及相關問題研究》，《簡帛研究　二〇一六（春夏卷）》，廣西師範大學出版社，2016年，第81—113頁。按黃氏對"計"文書之分析甚精，但他將尹灣《兵車器集簿》與庫兵計等同却值得斟酌。首先，正如黃氏本人所舉里耶簡8-151和7-304所示，年度結餘物資的記録往往用"已計某年餘"的方式展開，而且應包括物資出入/付受的數量，從而計算出帶進下年度的餘數。惟《兵車器集簿》雖有記録兵車器之數，却顯然缺乏與物資出入/付受的相關信息，屬於純粹的靜態記録，是否果真可將之視作與8-151、7-304，不無商榷之處。由此類推，作爲靜態記録的作徒簿，是否真的等同徒計，似有討論餘地。其次，券是金錢、禾稼、器、畜諸計的原始資料固無疑問，但它們是直接統計券而來？還是先彙集成簿書，再整合爲計？上述問題所涉甚廣，於此無法詳論，將另文處理。
③ "報重追"《校釋》原釋"敢（？）膻牘"，今從鄔文玲釋。參氏著《里耶秦簡釋文補遺三則》，王健主編《秦漢歷史文化的前沿視野：第二屆中國秦漢史高層論壇論文集》，知識產權出版社，2015年，第174頁。又按《校釋》認爲8-75＋8-166與8-485綴合，陶安反對此方案，認爲8-485屬郵遞記録，"遷"下雖可補【陵】，但不可綴合，今從其説。參氏著《里耶秦簡綴合商榷》，《出土文獻研究》第十六輯，中西書局，2017年，第110—113頁。

書院藏秦律的《尉卒律》或能部分彌補此缺憾：

> 尉卒律曰：爲計，鄉嗇夫及典、老月辟其鄉里之入穀（穀）①、徙除及死亡者，謁于
> 尉，尉月牒部之，到十月乃₁₄₀/₁₃₉₇比其牒，里相就殹（也）以會計。……₁₄₁/₁₃₇₂
>
> （《嶽麓書院藏秦律（肆）·尉卒律》）②

律文提到鄉嗇夫及典老需每月向"尉"上交鄉里居民的入穀數、遷徙、免除徭役，③及死、
逃亡者資料（應以簿籍的形式送交），此"尉"應指縣尉。律文記縣尉收到稗官鄉嗇夫及
典老送來的資料後，便會以月爲單位，先行整理爲牒。所謂"比其牒"應即"案比其牒"，
秦代計斷九月，計簿包括九月到翌年八月的資料，到十月便會整理過去一年的記録，④上
文"到十月乃比其牒，里相就殹（也）以會計"大概意味着十月再查核鄉里之前遞交的月
牒，集合統計成年計簿。換言之，縣尉製作職務相關年計時，需先行校對鄉、里所呈的月
簿，再將這些月簿會計爲上計所用的"計簿"。

從以下兩則里耶簡所見，計簿的製作過程中，諸官也可能就簿書的内容交換信息：

> 卅年十月辛卯朔乙未。貳春鄉守絠敢告司空主：主令鬼薪軫、小城旦乾人爲貳春
> 鄉捕鳥及羽。羽皆已備，今已以甲午屬司空佐田，可定薄（簿）。敢告主。　（8-1515）
> 十月辛丑旦，隸臣良朱以來。　／　死半。邛手　　　　　　　　　　（8-1515背）
> ☐陵鄉守恬敢告倉主：
> ☐☐，可以癸未定薄（簿）。　　　　　　　　　　　　　　（8-2022＋8-2243）
> ☐恬手。　　　　　　　　　　　　　　　　　　　　　　　　　（8-2022背）

---

① 按"入穀（穀）"，匿名審稿人指出"觀察前後文所言内容，頗不類，釋字應存疑"。陳偉指出"入穀（穀）"當作"人穀"，
"'穀'於此恐有生育義，與'死'對應，其前一字實當釋爲'人'"。參陳偉《嶽麓秦簡肆校商（壹）》，簡帛網，2016年3月
27日。惟邢義田反對此説，認爲"穀"應直接隸定爲"穀"字，並指出"穀"乃楚人語，不太可能在秦人的法律出現，且當
時人口增加方式衆多，不止新生嬰兒，加上秦商鞅以來富國強兵的傳統，"爲計"幾不可能不及糧食。參《"結其計"臆
解——讀嶽麓書院藏秦簡札記之二》，簡帛網，2016年3月29日。此處暫從原釋。
② 陳松長主編《嶽麓書院藏秦簡（肆）》，上海辭書出版社，2015年，第2組，第114頁。
③ 按邢義田先生懷疑將《置吏律》中免除之"除"移到此處是否合適。惟秦漢時更卒踐更的徭役，確由縣尉負責（嚴耕望
《中國地方行政制度史——秦漢地方行政制度》，第220頁）。因此鄉里需向縣尉呈交轄區居民免除徭役的名單，亦
似合理。
④ 參張榮强《從計斷九月到歲終爲斷——漢唐間財政年度的演變》，《漢唐籍帳制度研究》，商務印書館，2010年，第
189—196頁。按張先生認爲秦統一至漢初以十月爲歲首，地方計吏理論上須在九月底前趕到京師，因此縣道上計是
在來年五月將去年的計簿上呈郡，再由其上計朝廷。然而，從里耶秦簡的記録看來，縣上計、課予郡的時間大致在
八、九月之間，和以正月爲歲首的時段似無差別，頗疑秦統一至漢初雖以十月爲歲首，却没有改動郡縣上計的時間，
縣道上計仍在十月、郡上計仍在正月。

8-1515 爲貳春鄉守致縣司空的平行文書,講述司空前令鬼薪軗、小城旦乾人替貳春鄉捕鳥、羽,現在鳥羽已在初四(甲午)完成采集,貳春鄉守因而於翌日(乙未)致書司空,告知已將兩名刑徒交還給司空佐田,故其可將此事"定簿"。8-2022 + 8-2243 内容殘泐,但應亦爲啓陵鄉守向倉主發送的平行文書,亦提及"可以癸未定薄(簿)",性質應與 8-1515 相近,乃鄉守就某事(從收信人爲倉主推斷,可能有關隸臣妾勞作之事)回報倉主,通報可以癸未日定簿。按居延漢簡 7.7A 記肩水候要求候長光"以籍閱具卒兵,兵即不應籍,更實定",實、定連讀,足見兩者字義相近,可互訓,因此"定簿"的"定"亦似訓爲"實"。又居延漢簡中的郵書課,也習見"定"之語,如 181.1:

　　☐[過]半通府,府去降虜隧百五十九里,當行一時六分,定行五時,留遲三時四

　　分,解何?　　　　　　　　　　　　　　　　　　　　　　(居延漢簡 181.1A)

　　告告☐　　東界☐☐　　　　　　　　　　　　　　　　(居延漢簡 181.1B)

此課先言都尉府與降虜隧之間的距離,再記其"當行"時間,後又記其"定行",並指該郵件比當行時間晚了"三時四分"方送抵目的地,因此所謂"定行",必指"事後確定的實際耗費時間"而言,[1]這更説明課的"定"應訓爲"實",有核實、確定的意味。因此,"定簿"字面上即"確定簿",以 8-1515 爲例,觀其内容有關司空所屬刑徒的作務,所定之簿應即里耶簡常見的作徒簿。事實上,"捕羽"正是作徒簿其中一項常見的事務,除鄉外,少内(8-2034、9-1099)、庫(8-1069 + 8-1434 + 8-1520)、司空(9-2289)、倉(8-663)所製作的作徒簿皆有捕羽、求羽的記録。正如學者指出,作徒簿的製作者既有掌握隸徒分配的倉、司空,也有使用單位鄉、少内等;而作簿的種類繁多,有以日爲單位,也有以月、年爲單位。[2]結合 8-1515、8-2022 + 8-2243 和作徒簿的體例,所謂"可以某某日定簿"的套語,應即隸徒的使用單位在隸徒完成任務後,通報掌控隸徒的兩大機構——司空/倉完成的日期,以便它們重新安排相關隸徒的工作,並把新的安排寫入日簿;[3]同時作徒月簿往往

① 劉軍《漢簡"課"考述》,載大庭脩編輯《漢簡研究の現狀と展望》上,關西大學出版部,1993 年,第 210—211 頁。

② 關於作徒簿的類别,可參梁煒傑《讀〈里耶秦簡(壹)〉札記》,簡帛網,2013 年 11 月 9 日;賈麗英《里耶秦簡所見徒隸身份及監管官署》,《簡帛研究 二〇一三》,第 76—78 頁。又隸徒管理的分工和各自徒簿的製作機構,可參高震寰《從〈里耶秦簡〉(壹)"作徒簿"管窺秦代刑徒制度》,《出土文獻研究》第十二輯,中西書局,2013 年,第 136—140 頁;《里耶秦簡所見徒隸身份及監管官署》,第 81 頁。簡單説來,當時隸臣妾由倉管理,城旦舂、鬼薪白粲、居貲贖債等由司空管理。

③ 此點承匿名審稿人提示,謹致謝忱。

記載隸徒被外派至某機構或官吏,執行任務的纍積日數,如 10 + 1170 的倉徒簿最便記女廿九人與少内段買徒衣、女卅人與庫佐午取桼(漆)等。而確定隸徒完成任務的具體日期,便是計算纍積日數的重要依據,這也可能是貳春鄉向司空强調"可以某某日定簿"的另一原因。從現存資料看來,類似信息交流亦見於其他的官組織,8-478 便可能反映此點:

☐二有柯一	木反☐四	木☐☐一	盛錢木甲一	木槾☐
☐☐一	木長☐一 一	木長柯三 一		木梯一　不見

卅二年正月戊寅朔丙戌,少内守是受司空
色～痤手

按里耶簡 8-493 金布計録裏有"少内器計",可知少内負責器計的製作,8-478"盛錢木甲(匣)""木槾""木長柯"等俱器物名稱,器名下往往標記數量,又有拘校符號、"不見"批語,可知此牘用作校對器物數量。觀簡文明言"少内守是受司空色",可知此牘爲司空色交付予少内是的器物記録,用以供少内校對司空交付少内的器物實數。據此,少内便可製作器計。按 8-478 乃卅二年正月發送,考慮到秦以十月爲歲首,上文列舉的嶽麓書院秦簡《尉卒律》也提及"到十月乃比其牒",故 8-478 不像是用來製作年計簿的記録,更有可能是爲了製作四時簿一類文書而發出。雖然直接證據尚嫌不足,但從上所論,秦代縣行政中,稗官會就簿籍製作互相交換資料,由此或可説明製作年計時,他們仍需執行相近的程序。

　　稗官完成職責範圍内的計簿,便會將之送交縣長吏,由直屬長吏的諸曹負責之後的校、會計工作。高村武幸曾利用里耶秦簡第八層簡牘的封檢,細緻討論秦代諸曹與稗官之間的上行文書傳遞,認爲縣内部諸官向縣廷報告時,通常會將包括各種"計"在内的關連文書送交予和自身職務最爲關連的縣曹,如里耶簡 8-1539 載貳春鄉守所送繇計的對象,應即户曹。[1]他又透過結合里耶簡中的封檢簡和"某曹計録",嘗試分析官、曹之間的文書聯繫,其結論大致如表 1:

---

①　高村武幸《里耶秦簡第八層出土簡牘の基礎的研究》,《三重大史學》第 14 卷,2014 年,第 41 頁。

表1　里耶秦簡所見遷陵縣諸曹負責文書表①

曹　名	負責文書
户　曹	鄉官之上下行文書、簿籍
倉　曹	倉官之上下行文書、簿籍
	田官之上下行文書、簿籍
	畜官之上下行文書、簿籍
金布曹	少内官之上下行文書、簿籍
	庫官之上下行文書、簿籍
	厩官之上下行文書、簿籍
司空曹	司空官之上下行文書、簿籍
尉　曹	縣尉之上下行文書、簿籍
吏　曹	全縣人事相關的上下行文書、簿籍
獄東、南曹	全縣與裁判相關的上下行文書、簿籍
令　曹	全縣與縣令、丞直接相關的上下行文書

按高村把"計"視作上行文書的一種，因此上表也大致對應諸曹負責的官計機構，即户曹負擔鄉官之計，倉曹負責倉、田、畜官之計，如此類推。凡此種種，皆足證秦代縣行政中，"計"由稗官製作。

計簿以外，諸官還需向縣廷呈交"課"的文書。"課"即考核，《説文》訓爲"試也"。沈剛將之定義爲"對國有資財增減情況的記録，並以此爲依據進行考評"。②惟從里耶秦簡條文看來，"課"不單是對國有資財增減情況的記録，還包括黔首、兵卒息耗，甚至鰥寡子女數量的變更，故沈先生的定義尚存斟酌空間。③里耶秦簡記載了一條完整的《漆課》規範：

《漆課》。得錢過程四分一，賜令、丞、令史、官嗇夫、吏各襦，徒人酒一斗、肉少半斗；過四分一到四分二，賜襦、絝，徒酒二斗、肉泰半斗；過四分二，賜衣，徒酒三斗、肉一斗。得錢不及程四分一以下，貲一盾，笞徒人五十；過四分一到四分二，貲

① 據《里耶秦簡第八層出土簡牘の基礎的研究》一文第64頁《表九·集成の概略》整理而成。
② 沈剛《里耶秦簡（壹）中的"課"與"計"——兼談戰國秦漢時期考績制度的流變》，第68頁。
③ 此點承匿名審稿先生指出，謹致謝忱。

一甲,笞徒百;過四分二,貲二甲,笞徒百五十。 (10-91)①

按"程"即標準,由上所見,"課"的重點在於衡量官吏超過、不及標準的程度,以之賞、罰相關的官吏,因此必先訂立標準,方能據以考核官吏。而一旦主管的吏在課中獲得第一(最),或敬陪末席(殿),更會追加賞、罰。②高村武幸認爲"課"文書由諸官製作,而後集中送交縣廷諸曹,再轉交縣長吏,③甚是。可惜他並未詳細論證此過程涉及的程序,兹舉數例以證之:

☑冗募群戍卒百卌三人　　　　　　尉守狐課

☑廿六人・死一人

☑六百廿六人而死者一人　　　　十一月己酉視事盡十二月辛未

(8-132 + 8-334)

廿九年九月壬辰朔辛亥。貳春鄉守根敢言之:牒書水火敗亡課一牒,上。敢言之。 (8-645 正)

九月辛亥旦。史邛以來　ノ　感半　邛手 (8-645 背)

元年八月庚午朔庚寅。田官守濯敢言之:上狼(墾)田課一牒。敢言之。

(9-1865 正)

八月庚寅日入,濯以來。/援發　濯手 (9-1865 背)

☑□朔戊午。遷陵丞遷告畜官:僕足令

☑□毋書史畜課有未上,書到,亟日

☑□守府事已,復視官事如故,而子弗 (8-137 正)

---

① 此簡釋文著録於湖南省文物考古研究所(張春龍執筆)《里耶秦簡中和酒有關的記録》,吳榮曾、汪桂海主編《簡牘與古代史研究》,北京大學出版社,2012 年,第 14 頁。按《睡虎地秦簡・秦律雜抄》中"牛羊課":"牛大牝十,其六毋(無)子,貲嗇夫、佐各一盾。羊牝十,其四毋(無)子,貲嗇夫、佐各一盾。・牛羊課。"其内容近似此《漆課》(見睡虎地秦墓竹簡整理小組編《睡虎地秦墓竹簡》,文物出版社,1990 年,第 87 頁)。徐世虹曾指出《秦律雜抄・牛羊課》並非真正的行政文書"課",而是"課"的規範(參《秦"課"芻議》,《簡帛》第八輯,第 254 頁)。考慮到 10-91《漆課》和《秦律雜抄・牛羊課》的表述方式完全相同,顯然屬同質的規範性條文。

② 最、殿官吏將受到追加賞、罰史未明載,惟《漢書・蕭育傳》載蕭育:"爲茂陵令,會課,育第六。而漆令郭舜殿,見責問,育爲之請,扶風怒曰:'君課第六,裁自脱,何暇欲爲左右言?'及罷出,傳召茂陵令詣後曹,當以職事對。"(《漢書・蕭育傳》,第 3289 頁。)從蕭育之課名列第六,可見當時右扶風屬下所有縣皆需接受考課,並按照成績排列名次,各縣令、長自然需根據過、不及程的多少獲賜勞、罰金,而成績最差的漆令郭舜似需承受額外的責問,因此蕭育方替其陳情。又《兒寬傳》載寬"後有軍發,左内史以負租課殿,當免"(《漢書・兒寬傳》,第 2630 頁),亦可見課殿的官吏將遭到免官的嚴厲懲罰,非同一般不及程的罰金。

③ 高村武幸《里耶秦簡第八層出土簡牘の基礎的研究》,第 42 頁。

☑事，以其故不上，且致劾論子，它承

☑　　就手　　　　　　　　　　　　　　　　　　　　　　　　（8-137 背）

從內容推斷，8-132＋8-334 的課應即 8-482《尉課志》中提及的“卒死亡課”，牘第二欄明記“尉守狐課”。① 按前文注 1 既述，秦代縣尉是較稗官高級的“官”的一員。而 8-645、9-1865 二簡分別記貳春鄉守、田官守親自上課予遷陵縣丞；8-137 中遷陵縣移書畜官，指其有畜課未上，也能證明畜課由畜官製作。由此可見，“課”實由官組織的長官親自主持，不由諸曹。事實上，已公布里耶秦簡中的七種“課志”（尉課志、鄉課志、司空課志、倉課志、田官課志、田課志②、畜官課志），完全對應遷陵縣的“官”組織，未見諸如戶曹課志、吏曹課志的記錄，此現象決非偶然，無疑說明秦代縣行政中的“課”，皆由官組織長官主持的事實。

（二）曹：校對、整合稗官之計、課

上文簡述了秦代縣行政中，稗官組織和計、課之間的關係。論述至此，我們不得不產生一疑問：究竟直屬縣長吏的諸曹，在行政中擔當怎樣的角色？ 對於此問題，郭洪伯已指出曹爲縣廷裏的輔助部門，肩負縣長吏和諸官間的訊息傳遞之職，並起着審查、監

---

① 按匿名審稿先生認爲：“此例似是針對狐個人的課，只是類別爲卒死亡，否則記錄視事的時間就不好解釋。我們懷疑此簡是針對狐在任職尉守期間，發生了卒死亡情況的考課記錄。”惟觀里耶秦簡見載的其他課志，“課”多針對機構而言，沒有發現對個人的課。而從上文列舉的課規範看來，考課的結果往往影響該機構任職的所有官吏，不單是其長官，因此若說當時存在只針對縣尉個人的課，似不合於現存資料。關於 8-132＋8-334 記載視事時間的原因，我們懷疑涉及考課結果的連坐責任，《睡虎地秦簡·效律》載：“實官佐、史柀免、徙，官嗇夫必與去者效代者。節（即）官嗇夫免而效不備，代者與居吏坐之。故吏弗效，新吏居之未盈歲，去者與居吏坐之，新吏弗坐；其盈歲，雖弗效，新吏與居吏坐之，去者弗坐，它如律。”是可知“校不備”的連坐責任，與官吏上任時間是否滿一年密切相關。我們懷疑“課”也存在類近規定，故考課者才需列明視事時間，以便將來獎賞/追究之用。以 8-132＋8-334 爲例，尉守狐考課時視事僅約一個月，應不需承擔考課的連帶責任。

② 按“田”與“田官”屬不同機構。陳偉先生認爲前者等同田部，長官爲田嗇夫，乃“全縣農事的主管官員”；後者則“可能與西北地區實行屯戍制度的田官存在一定的淵源關係”。金鍾希先生則將田官、田二分爲管理官、民田的機構，認爲“田官”是以由“司空”“倉”派遣的刑徒爲主要勞動力，進行土地開墾、耕作等作業，因此可將此類土地看作是官田。至於田嗇夫則主要管理民的土地，所負責的業務具體分爲土地配分、土地没收、田租徵收、田籍管理以及有關農業事務和漆園管理。其中，民（黔首）田管理的業務由“田部”與“鄉部”之間相互協助。陳、金兩先生意見分見陳偉《里耶秦簡所見的“田”與“田官”》，簡帛網，2014 年 1 月 30 日；金鍾希《秦代縣의曹조직과地方官制：里耶秦簡에 나타난 遷陵縣의 토지·재정운영을중심으로》（《秦代縣的曹組織與地方官制：以里耶秦簡中出現的遷陵縣土地與財政運營爲中心》），《東洋史學研究》第 128 卷，2014 年，第 73—96 頁、118 頁中文摘要。此處承金先生惠賜大著，並詳細解說其觀點及提示相應頁碼，謹致謝忱。

督職能部門諸官的作用。① 然而，土口史記却認爲秦代縣行政中的曹只是令史職務的其中一個表現，屬流動、臨時的組織，不存在固定吏員，因此不能單純因里耶秦簡出現"曹"便認定它們已發展成固定、恒常的組織。② 土口先生分析里耶秦簡中部分曹的記録後，得出秦縣行政中的曹，雖負責官文書的出納、集計和保管，但尚未發展成西漢中後期般，主導縣行政實務的組織。③ 按土口先生的依據大致有二：一、秦至漢初的法律條文不存在"曹"的記録，可見它們在當時屬非正式的存在，與官不同；二、里耶簡 9-633 的《遷陵吏志》没有發現"曹"吏員的踪影，這也不同於尹灣漢簡牘 YM6D5 反面明確記載曹的掾、史。④

　　然而，這兩點都不無榷商餘地。首先，新出版的《嶽麓書院藏秦簡（肆）》所載的秦代律令已見"曹"的記載，如其中《興律》曰："諸書求報者，皆告，令署某曹發，弗告曹，報者署報書中某手，告而弗署，署而環（還）及弗告，及不署手，貲各一甲。"此與里耶秦簡所見的文書記録完全一致，可見"署某曹發"爲秦代法律規定的程序。又一則秦令云"上其校獄屬所執灉，執灉各以案臨計，乃相與校之，其計所同執灉者，各別上，之其曹，曹主者□"。此可明證秦代的"曹"在法律中並非無載。其次，《遷陵吏志》與尹灣漢簡 YM6D5 反似爲不同性質的文書，前者屬遷陵縣吏員編制的正式記録，性質近於土口先生引述的尹灣漢簡 YM6D2 東海郡吏員簿，後者則記録東海郡太守屬吏的構成細節，包括正規的吏員，和編制之外，以君卿門下、請詔、請治所等形式設置的屬吏。事實上，李迎春已指出西漢中後期的諸曹掾史由卒史（郡級機關）或令史（縣級機關）出任。⑤ 而里耶秦簡的記録也證明了遷陵縣曹由令史掌控（如 8-487 + 8-2004 的户曹令史），因此説《遷陵吏志》没有記載曹的吏員是不準確的，因爲其中的令史即曹的主管。甚至土口先生本人也不得不承認秦代的户曹、獄曹、吏曹已成爲固定組織，負責處理縣廷專門事務。⑥

　　誠然，秦代縣行政的曹尚未發展爲西漢中後期以後主導縣行政事務的角色，但這不

---

① 見郭洪伯《稗官與諸曹——秦漢基層機構的部門設置》，第 121 頁。按郭先生所言雖指令史而言，惟令史署曹，乃縣曹之主管，上言實際也包含了縣曹之職。

② 土口史記《秦代の令史と曹》，《東方學報（京都）》第 90 册，2015 年，第 10 頁。

③ 土口史記《秦代の令史と曹》，第 18—27 頁。

④ 土口史記《秦代の令史と曹》，第 11—17 頁。

⑤ 參李迎春《論居延漢簡"主官"稱謂——兼談漢代"掾"、"史"稱謂之關係》，中共金塔縣委等編《金塔居延遺址與絲綢之路歷史文化研究》，甘肅教育出版社，2014 年，第 314—321 頁。

⑥ 土口史記《秦代の令史と曹》，第 30—31 頁。

代表他們在當時不是固定、恒常的組織,也不代表他們僅僅負責官文書的出納、集計和保管。有鑒於學界對秦代縣行政中曹的具體職能的認知略嫌片面,沒有具體分析諸曹在縣行政中的定位和角色。本節即欲就里耶秦簡的内容,討論縣諸曹對諸官的監督職能。大致説來,曹對官的監察大致體現於對官計、課的拘校、核定和整合。

1. 諸曹與校、會計

關於縣諸曹和校計的關係,前述郭洪伯論文已有初步討論,指出作爲曹主管的令史,具有"掾計"的職責,並將之與里耶秦簡中的"司空曹計録"(8-480)和"倉曹計録"(8-481)聯繫,認爲其與令史"掾計"事務相關。[①]然而,郭氏並未解釋把"計録"和"掾計"關聯的原因。相反,若依據李均明先生所言,"録"也可訓爲"記録",8-480、8-481一類"計録"檔案,也可視爲"賬簿集成目録"。[②]也就是説,如果上述訓解爲是,則諸曹不但有校對諸官呈上之"計"的職責,還很可能負責製作官計。如果不消除這層疑慮,便難以釐清秦代縣官、曹之間的職能分野。

我們認爲,欲解決此問題,首先有必要理解"録"這種文書的特質,以及其與校計的關係。綜合傳世、出土的秦漢文獻,"録"大致存在以下兩種用法:一、作爲動詞,有"省""記"之義;二、作爲名詞,乃一類文書之名。對於前者,《睡虎地秦簡•效律》有以下條文:

> 計用律不審而贏、不備,以效贏、不備之律貲之,而勿令賞(償)。官嗇夫貲二甲,令、丞貲一甲;官嗇夫貲一甲,令、丞貲一盾。其吏主者坐以貲、誶如官嗇夫。其他冗吏、令史掾(録)計者,及都倉、庫、田、亭嗇夫坐其離官屬於鄉者,如令、丞。
> 司馬令史掾(録)苑計,計有劾,司馬令史坐之,如令史坐官計劾然。
>
> (《睡虎地秦簡•效律》)[③]

按條文中的"掾",王偉訓爲"審核"。[④]按陶安指出此處的"掾"應讀作"録",其並將出土法律文書中的"録"和傳世文獻裏"録囚"之"録"聯繫,訓其爲"省察"之義,[⑤]甚是。事實上,不論是"審核"還是"省察",皆存在校讎之義,如《漢書•雋不疑傳》記其:"每行

---

① 郭洪伯《稗官與諸曹——秦漢基層機構的部門設置》,第121—124頁。
② 參李均明《里耶秦簡"計録"與"課志"解》,第150—151頁;沈剛先生亦沿用了李氏的解釋,見《里耶秦簡(壹)中的"課"與"計"——兼談戰國秦漢時期考績制度的流變》,第65頁。
③ 《睡虎地秦墓竹簡•效律》,第76頁。
④ 王偉《張家山漢簡〈二年律令〉雜考》,簡帛研究網。
⑤ 朱漢民、陳松長主編《嶽麓書院藏秦簡(叁)》,上海辭書出版社,2013年,第125頁。

縣録囚徒還,其母輒問不疑:'有所平反,活幾何人?'即不疑多有所平反,母喜笑,爲飲食語言異於他時;或亡所出,母怒,爲之不食,故不疑爲吏,嚴而不殘。"顏師古注曰:"省録之,知其情狀有冤滯與不也。"①是可見"録囚徒"有核校犯人罪行之意。事實上,東漢末鄭玄注《儀禮·聘禮》"史讀書展幣"一句"展"時,便言"展猶校録也",②亦將校、録連用,也可證兩字可互訓。由是觀之,睡虎地秦簡記載的令史"録計""録苑計"的行爲,應皆指"校計"。

那作爲文書的"録"又怎樣呢? 按伊强據肩水金關漢簡,認爲以下幾枚簡應屬"囚録"文書的一部分:

死罪屋蘭游徼當禄里張彭祖	以胡刀自賊刺頸各一所,以辜立死
	元康二年三月甲午械毄。屬國各在破胡,受盧
	水男子翁□當告　　　　(73EJT30：170 + 144)
死罪屋蘭游徼□□□□□	坐與游徼彭祖捕縛盧水男子因籍田都。當,故
	屬國千人辛君大奴,宜馬□
	……　　　　　　　　(73EJT30：6)
耐罪屋蘭……	坐與同縣富昌里男子吕湯共盜大原郡於縣始昌□
	□□□　　　　　　　(73EJT24：131)

伊先生指出,上舉三枚簡和 73EJT30：42 + 69、30：264 文字書寫風格一致,其中 73EJT30：170 + 144"元康二年"的紀年更與 73EJT30：42 + 69 相同,因此上列三簡應即 73EJT30：42 + 69 提到"囚録"文書的一部分。③伊先生的意見值得重視。從三則"囚録"的内容看來,它們大多記録了犯人的個人資料及所坐罪行的簡介,此也符合《後漢書·應奉傳》記應奉爲郡決曹史,行部録囚徒後,被郡太守詢問時,"口説罪繫姓名,坐狀輕重,無所遺脱"的記載。④值得注意的是,"録"並非單純的記録,而是趁機核對犯人罪行情況的真偽,揭發可能的冤、錯案,如《後漢書·法雄傳》載"雄每行部,録囚徒,察顏色,多得情僞,長吏不奉法者皆解印綬去",⑤便反映此種情況。凡此種種皆説明"録"並非單

---

① 《漢書·雋不疑傳》,第3036—3037頁。
② 鄭玄注,賈公彦疏,彭林整理,王文錦審定《儀禮注疏》,北京大學出版社,1999年,第416頁。
③ 伊强《肩水金關漢簡中的"囚録"及相關問題》,《出土文獻》第七輯,中西書局,2015年,第246頁。
④ 《後漢書·應奉傳》,第1607頁。
⑤ 《後漢書·法雄傳》,第1278頁。

純的記録,有着核對、校讎的意味。而"囚録"可能就是官吏行部録囚的依據,又或是録囚後的報告。

事實上,漢簡中其他被冠以"録"的文書殘段,也反映了"録"的校讎性質。如居延新簡保存了一份"行塞省兵物録":

> • 新始建國地皇上戊三年七月行塞省兵物録
>
> 省候長鞍馬追逐具,吏卒皆知蓬火品約不?
>
> 省蓬、干、鹿盧、索完堅調利,候卒有席薦不?
>
> 省守衛具,塢户調利,有狗不?
>
> ☒不
>
> ■ 右省兵物録
> 　　　　　　　　　　　　　　　　　(居延新簡 EPF22:236—241)

正如李均明先生指出,這份"行塞省兵物録"是"省兵物録"的提綱,非"録"的原文。[1]"省兵物録"的内容必定有關審核部候長、吏卒的兵器、物資,以至吏卒對蓬火品約的熟悉程度,似乎説明"録"除單純記事外,也具有校核事物的性質。又居延漢簡 169.18 記:"☒別部治所録曰:'移財物出入簿。'謹移應書,如牒。敢言之。"[2]按漢印有"別部司馬""左將別部司馬"諸印,可能即此"別部治所"所指。169.18 出土自 A1 宗間阿瑪,一般被認爲是殄北候官所在,似乎表示先前某將軍之別部治所曾對殄北候官發送"録",要求候官"移財物出入簿",169.18 正爲殄北候官應"録"之要求所作的回應文書。

此外,傳世文獻中劉向之《別録》,也頗能説明"録"和"校"之間的關係。按《別録》之得名,南梁阮孝緒於其《七録》之《序》釋之甚詳:"昔劉向校書,輒爲一録,論其指歸,辨其訛謬,隨竟奏上,皆載在本書。時又別集衆録,謂之《別録》,即今之《別録》是也。"[3]阮孝緒指出了《別録》幾個重要的特點:一、《別録》所載的"録",原本爲劉向完成校書、隨書奏上的獨立文書;二、《別録》由各條獨立的"録"編纂而成;三、"録"的其中一個目的是"辨其訛謬"。事實上,《漢書》記述劉向校書的情況時,便直言:"詔光禄大夫劉向校經傳諸子詩賦,步兵校尉任宏校兵書,太史令尹咸校數術,侍醫李柱國校方技。"[4]顯然,劉向等

---

① 李均明《秦漢簡牘文書分類輯解》,文物出版社,2009 年,第 415 頁。

② 按"別",《合校》釋"肵","中研院"歷史語言研究所據紅外綫照片,將此字改釋作"別",可從。參簡牘整理小組編《居延漢簡(貳)》,"中研院"歷史語言研究所,2015 年,第 170 頁。

③ 見姚振宗《七略別録佚文叙》,收姚振宗輯録,鄧駿捷補《七略別録佚文·七略佚文》,上海古籍出版社,2008 年,第 5 頁。對於《別録》之命名,又可參余嘉錫撰《目録學發微》,中華書局,2007 年,第 23—24 頁。

④ 《漢書·藝文志》,第 1701 頁。

人校書的結果是以"録"的形式記述,可見"校"和文書"録"之間的關係。按劉向《別録》原書已亡佚,所幸現存某些宋刻本書籍尚保有劉向對該書所作完整的"録",足以讓我們窺見漢代"録"文書的格式、内容,兹以保存最爲完整的"《列子書》録"爲例説明此點:

> 天瑞第一
>
> 黄帝第二
>
> 周穆王第三
>
> 仲尼第四　一曰極智
>
> 湯問第五
>
> 力命第六
>
> 楊朱第七　一曰達生
>
> 説符第八
>
> 右新書定著八篇。護左都水使者光禄大夫臣向言:所校中書《列子》五篇,臣向謹與長社尉臣參校讎,太常書三篇、太史書四篇、臣向書六篇、臣參書二篇,内外書凡十篇以校,除復重十二篇,定著八篇。中書多,外書少。章亂布在諸篇中。或字誤,以"盡"爲"進",以"賢"爲"形",如此者衆。及在新書有棧,校讎從中書,已定,皆以殺青書,可繕寫。……謹第録。臣向昧死上。護左都水使者光禄大夫臣向所校《列子書録》,永始三年八月壬寅上。　　　　　　　　　　　(《別録·列子》)[1]

按《漢書·藝文志》言《別録》"條其篇目,撮其旨意",因此"《列子書》録"應存原書之舊,極爲珍貴。[2]叙録正文方面,現存較完整的叙録皆大致以"護左都水使者光禄大夫臣向言"開首,"謹第録。臣向昧死上"結尾,最後並附篇題(所校"某某書"録)和呈交日期。然而最與本節題旨相關的,無疑是"録"文書包含"校"的内容:劉向往往提到校讎書籍所參照的底本,以及校讎誤字的例子,據殘存《別録》,這部分往往用"已定,皆以殺青書,可繕寫"結束,之後便爲對書籍作者、内容的簡介,[3]兩者可謂涇渭分明。事實上,《別録》的

---

① 《七略別録佚文·諸子略·列子》,第53—54頁。

② 姚振宗《叙〈七略別録〉輯本第二》,第9頁。

③ 關於此部分的體例、目的之詳細討論,可參余嘉錫《目録學發微》,第42—64頁。惟余先生似未留意到"録"這種文書和校讎之間的密切關係,甚爲可惜。

"《戰國策書》錄"中，"可繕寫"後更以"敘曰"隔開，[①]由此推斷，似乎後半部分應當稱爲"敘"。我們懷疑，一般用於校對之用的行政文書"錄"可能没有"敘"的部分，一旦完成"校"的報告後，便直接接上"謹第錄"的結束語。[②]綜合《別錄》和上文所舉的"省兵物錄"，我們或許可以作以下推論："省""校"實"錄"文書其中一作用。[③]

由此，我們便能正確認識里耶秦簡中的某曹"計錄"的真義：所謂"計錄"，應是該曹需要校定計簿之"錄"，不代表官計由該曹製作，明了此點，對了解秦代縣行政中諸曹的角色甚爲關鍵。按現在公布的里耶秦簡共有四種計錄，除上文提到的"司空曹計錄""倉曹計錄"外，尚有"户曹計錄"和"金布計錄"：

户曹計錄	田提封計	
鄉户計	漆計	
繇(徭)計	鞠計	
器計	·凡七計	
租質計		(8-488)

司空曹計錄	贖計	凡五計	······
船計	貲責計	史尚主	
器計	徒計		(8-480)

倉曹計錄	器計	馬計
禾稼計	錢計	羊計

[①]　《七略別錄佚文·六藝略·戰國策》，第33頁。

[②]　按余嘉錫認爲"錄"同時包含篇目、書敘兩部分，尤指後者。然而，考慮到"錄"校讎的性質，和《戰國策》錄"以"敘"分開校讎的部分，也不能排除劉向受到當時的書序影響，才於"錄"中加入書籍内容的部分。

[③]　就此問題，里耶簡8-1246也值得我們注意：

廿九年正月甲辰。遷陵丞昌訊☒

書☒　　　　　　　　　　　　　　　　　　　　　　　(8-1246 正)

鞠☒：悍上禾稼租志誤，少五穀☒☒　　　　　　　　　　　(8-1246 背)

按8-481"倉曹計錄"中有"禾稼計"，可證此處之悍應主管倉的事務(8-686 + 8-973 有"廿九年八月乙酉。庫守悍作徒簿"的記録，年份與8-1246相同，惟是否即8-1246的"悍"，尚存疑問)。8-1246應爲法律文書的殘段，似乎悍所上的"禾稼租志"被發現有誤，故需接受丞的訊問。從里耶秦簡其他"志"類的文書看來，"禾稼租志"應當屬於與"計"類近的文書，可能就是8-481中"禾稼計"的別名。有趣的是，這份文書却被冠以"志"而非"錄"的名稱，也似乎説明計志、計錄之間存在區別，頗疑前者才是傳統理解中的計簿，後者乃對計簿的校定記録。

貨計	徒計	田官計
畜計	畜官牛計	凡十計
		史尚主　　　(8-481)

金布計録	工用計	金錢計
庫兵計	工用器計	凡六計
車計	少内器計	(8-493)

對於"計録"的體例,吴方基據"金布計録"指出"庫兵計之後的車計、工用計和工用器計由於前面已冠以庫,故而'庫'字被省略,其實它們同是屬庫的統計。同理,少内器計之後的金錢計也如是"。①甚是。除此之外,我們還可補充"計録"的兩項體例:一、如製作計的官府名稱和曹相同,則可直接省略官府名,如"司空曹計録"之五計皆未言明爲何官之計,便可能因爲此五計皆來自司空官,因此計録乃省略其名;又如"倉曹計録"之禾稼、貨、畜、器、錢、徒六計,亦因此例省略倉官之名。二、上述的"某曹計録"並非計録的本身,只是曹需要製作計録的清單。據此,我們可復原上述四個曹各自負責校計之官府的情況如表2:

表2　縣曹所校官計表

官計名/計名	曹名			
	户曹	司空曹	倉曹	金布曹
庫　官				兵、車、工用、工用器計
少内官				器、金錢計
倉　官			禾稼、貨、畜、器、錢、徒計	
畜　官			牛、羊、馬計	
田　官			? 計	
司空官		船、器、贖、貲責、徒計		
鄉　官	户、徭、器、租質、田提封、漆、鞫計			

由表2可見,諸官送交縣廷校對之計雖偶有重複(如鄉、少内、司空、倉均有器計,司空、倉皆有徒計,又少内有金錢計而倉有錢計,性質相同),但各官爲數28個計中,只有3個

----

① 吴方基《論秦代金布的隸屬及其性質》,《古代文明》第9卷第2期,第60頁。

重複,概率小於 10.7%。

　　然而,究竟諸曹的校計有什麼具體程序呢?按劉向《別録》曾言讎校之方法爲"一人讀書,校其上下,得謬誤,爲校",又曰:"讎校者,一人持本,一人讀書,若怨家相對,故曰讎也。"[1]劉向所言雖以校書而言,但不啻點出校讎的關鍵,在於以他本校底本,將之引申至校計,亦當如是,諸曹必須擁有計簿的原始記録,才能執行校計的工作。[2]汪桂海曾指出,漢代行政上級官署核校下級官署計簿的依據,便是隨計簿一同呈上的"計偕簿",甚是。[3]居延新簡 EPT52:174 記"・移校簿十牒",可知在當時這類用作"校"的簿被稱作"校簿"(由此類推,當時或許還存在"校籍")。然而,計偕簿並非拘校唯一的資料來源,一些日常的簿籍也可能成爲歲終校計的資料來源,里耶秦簡中的各類作徒簿便可能是這類例子。正如前文提到,諸官需向縣廷傳送日、月作徒簿,據秦簡 10-688 載:

　　　　卅四年十二月癸丑,司空不上作徒簿□
　　　　……□刻。奏遷陵□□曰:移□□當□□

按"刻"可通"刻",此簡可能講述司空因没有呈交作徒簿而遭到舉刻,可見縣廷對作徒簿的呈交相當關注。我們懷疑,作徒簿一類散見的簿籍,很可能在歲末校計時起着憑證的作用,縣曹會以此校對諸官所呈計簿的纍積數字。

　　從秦漢簡牘所見,除下級官署的簿籍,上級官署自身的簿籍也能成爲校計的憑據,居延漢簡有以下兩條:

　　　　校甲渠候移正月盡三月四時吏名籍。第十二隧長張宣,史。案府籍,宣不史,不相應,解何?　　　　　　　　　　　　　　　　　　　(居延漢簡 129.22 + 190.30)
　　　　校候三月盡六月折傷兵簿。出六石弩弓廿四付庫,庫受嗇夫久廿三,而空出一弓,解何?　　　　　　　　　　　　　　　　　　　　　　　　(居延漢簡 179.6)

從内容推斷,簡 129.22 + 190.30 可能爲居延都尉府發予甲渠候官的文書,其中明言校對"甲渠候移正月盡三月四時吏名籍"乃參照"府籍"。又 179.6 校對候"折傷兵簿"的依據,也是因爲簿中所記的數目,和都尉府庫記録接收的數量不盡吻合。雖然此二簡皆非校對計簿的記録,但足以説明上級官署本身的簿籍乃"校"其中一個重要依據。而由上文

---

① 《七略別録佚文・輯略佚文》第 19 頁。
② 〔作者補記〕本文提到的校計方式多屬以文字材料互相對照。現在看來,除文字材料外,實地檢驗或也是當時校計的重要依據。
③ 汪桂海《漢代的校計與計偕簿籍》,第 200—202 頁。

徵引的居延漢簡 169.18 所見,假如下級官署交付的簿籍不完全,上級官署很可能會發送"録",要求下級補交相應的文書(如 169.18 提及的"財物出入簿")以助校。

　　校簿、籍之外,校計的另一項重要依據便是校券,①里耶秦簡中不少楬的記録或即與此有關:

　　　　卅七年廷倉曹當計出券□一　　　　　　　　　　　　　　　　　　(8-500)

　　　　卅年四月盡九月倉曹當計禾稼出入券。已計及縣相付受。廷　弟甲　(8-776)

　　　　倉曹廿九年當計出入券。甲笥🖐　　　　　　　　　　　　　　　　(8-1201)

　　　　卅年、卅一年工用計已事,廿九年、卅年計籍志副具此中　　　　　(16-752)

爲引用之便,上文没有依據楬的原提行。從楬的記録可知,呈交縣廷的出、入券乃據曹分類,裝於不同編號的笥裏;券會被歸類爲"當計""已計"兩種,用作區分當計未計和計算完成的券。簡文記録顯示,這些出入券應爲官送交予曹,用作出入錢、器的憑證,如簡 8-890 + 8-1583 載:

　　　　卅年九月庚申。少内守增出錢六千七百廿,環令佐朝、義,佐盍貲各一甲,史〔犴〕二甲。

　　　　九月丙辰朔庚申。少内守增敢言之:上出券一。敢言之。/欣手。九月庚申日中時,佐欣行。

按少内因故(可能是縣錯收貲刑罰金)需還錢給令佐朝、義,佐盍三人各一甲,史〔犴〕二甲,出錢時,少内主管同時上交出券予縣廷。考慮到少内金錢由金布曹管理,該出券很可能一如上舉的倉曹、司空曹券,被分類爲"金布曹當計出券"一類名稱。前文既述,縣廷的計簿由諸官負責製作,故此處各曹之所以計算出、入券,應與製作計無關,更有可能是歲末時以之計算錢、糧、器的出、入净值,並以此數值核對計簿數字的正確與否。事實上,已公布的里耶秦簡中,這類出入券往往被冠以錢校券、責(債)校券之名,甚至直接被稱爲"校",如 8-1565 載:

　　　　卅五年八月丁巳朔。貳春鄉兹敢言之:受酉陽盈夷鄉户隸計大女子一人。今上其校一牒,謁以從事。敢言之。　　　　　　　　　　　　(8-1565 正)

　　　　如意手　　　　　　　　　　　　　　　　　　　　　　　　　(8-1565 背)

---

① 　關於券在漢代校計中的運用,可參黄今言《居延漢簡所見西北邊塞的財物"拘校"》,第 22 頁。

按簡 8-63 載"今上責校券二"，8-135 亦言"寫校券一牒，上"，格式與 8-1565"今上其校一牒"十分近似，可知簡文中的"校"乃指校券而言。^①由此可知，倉、司空等曹的出入券，亦當屬校計使用的校券。與前文提到校簿情況相近，如果下級交付的券不完整，便需補交，8-164＋8-1475 便可能反映了這種情況：

　　　□□年後九月辛酉朔丁亥。少内武敢言之：上計
　　　□□而後論者獄校廿一牒，謁告遷陵將計丞：☑
　　　上校。敢言之。☑8-164＋8-1475
　　　☑九月丁亥水十一刻刻下三。佐欣行廷。　欣手　　　（8-164＋8-1475 背）

雖然文意不全，但從"上計□□而後論者獄校廿一牒"之用語和"上其校一牒""上責校券二"句子結構完全相同，皆作"上＋某某校（券）＋數量"看來，所謂"獄校"應即"獄校券"。有趣的是，少内武在文書中並請求"謁告遷陵將計丞"。按"將計丞"可能指負責上計之丞，似乎代表此處的獄校券和校對計簿有關。綜合里耶秦簡和漢簡記録，縣級行政機構主要以校簿、券作爲材料，校對下級諸官所呈之計，完成校計後，便會以"録"文書記載校對的内容，頗疑簡 7-305 即此類文書：

　　　卅四年遷陵鄉户計。廷校三
　　　□人冣一
　　　□一

按此簡雖殘缺不全，但可能有關遷陵縣廷對"卅四年遷陵鄉户計"的校對内容，"廷校三"似乎表示縣廷對鄉户計有三項校對，"□人冣一"即校對的具體事項。當然，"遷陵鄉户計"應代表此處的"校"是針對遷陵縣三鄉的總計，是不是真的等同諸曹製作的計録，尚存疑問，聊記於此。無論如何，7-305 似表示縣會就校對的事項製作一份獨立文書，漢簡資料亦顯示，類近的文書會與計簿一同上呈郡級機關，居延新簡 EPT53：33 便反映此點：

　　　☑□長、丞拘校，必得事實，牒別言，與計偕，如律令。敢告卒人。
　　　居延新簡　　　　　　　　　　　　　　　　　　　　（EPT53：33A）

────────

① 正如張春龍、大川俊隆、籾山明指出，所謂"校券"，本意可能指"爲了提供檢校的契券"（參氏文《里耶秦簡刻齒簡研究——兼論嶽麓秦簡〈數〉中的未解讀簡》，《文物》2015 年第 3 期，第 56 頁）。也就是説，校券和普通的券書内容應無別，只不過因用作"校"，爲强調其功能，才加上"校"的前綴。可能正因如此，行政文書才將之直接稱爲校。

　　□以來　　　　　　　　掾定，屬雲、延壽，書佐德　　（居延新簡 EPT53：33B）

從"敢告卒人"的套語推斷，此簡應爲郡級機關之間的文書殘段，後轉發至甲渠候官，其中"□長、丞"很可能即指縣級單位的長、丞。文書內容提到縣級單位拘校時需把結果"牒別言"，並與相關計簿一同上呈。①根據上文的論考，這類"牒別言"的文書很可能就是"錄"，雖然此處爲漢代的例子，但也不能排除秦代的縣也需執行類近的程序。而從上舉居延漢簡 129.22＋190.30、179.6 的內容推斷，諸曹校對後一旦發現問題，便會致書要求相關官府解釋，如果最後發現果爲諸官之誤，便會舉劾犯錯的官吏。下枚走馬樓西漢簡或許就反映了這種情況：

　　五年九月丙辰朔壬申。都鄉勝敢言之：獄移劾曰：復移五年計，餘口四千二百廿七。案閲：實四千二百七十四，其卅九口計後。　　　　　（走馬樓西漢簡）②

"案閲""校閲"皆秦漢時期稱呼校對的方式，如居延漢簡 7.7A 便載"行邊兵丞相史王卿治卒被兵。以（已）校閲亭隧卒被兵，兵皆多冒亂不相應，或易處不如本籍"，用法正同此處的"案閲"相同。此劾的內容似與都鄉所製作鄉戶計的錯誤有關，被劾者誤將應統計在當年（五年）的口數撥歸六年（即所謂"計後"），使五年餘口數少了 47 口，③由是觀之，被劾者應即鄉嗇夫。又按秦漢時代的劾，一般由被舉劾者所屬的機關發出，並移交至獄，④因此上簡中的劾應非獄所製作，而是獄向都鄉轉交縣廷對其五年戶口計錯誤的舉劾。

　　總上所論，我們認爲已公布里耶秦簡中的"計錄"，並不是曹負責製作計的目錄，而是"錄"的清單。諸曹需校對當中所記的計，並製作相應的"錄"文書。據秦漢文獻所見，諸曹校對計簿大致有兩種方式：一爲根據事前由本官署、或下屬諸官送交的簿籍（校簿），二爲根據下屬諸官送交的出入券（校券）。校對後發現問題，縣廷便會要求製作該計的官府解釋，並舉劾犯錯的官吏。不難想象，當諸曹完成整個校對程序後，便會製作"計錄"文書，敘述校計時發現的錯誤。值得注意的是，稗官製作的計不等同縣廷上計時

---

① 此點高恒早已指出，可參氏著《漢代上計制度論考》，《秦漢簡牘中法制文書輯考》，社會科學文獻出版社，2008 年，第 328—329 頁。
② 此牘著錄於鄭曙斌等編著《湖南出土簡牘選編》，第 279 頁。
③ 原簡作 49，胡平生先生已指出應爲計算錯誤。
④ 參唐俊峰《甲渠候官第 68 號探方出土劾狀簡册的復原與研究》，《簡牘學研究》第 5 輯，甘肅人民出版社，2014 年，第 54 頁。

使用的計簿:從上文所論可知,稗官製作的計時有重複,只反映官内部的情况,不代表縣的整體,因此如要得出全面反映縣一年情况的計簿,必須整合各稗官所呈之計,統合重複的項目,再把材料按性質排列。因這道工序需統合各官的數據,非單一稗官可爲,故必然在縣廷進行,所據應即經諸曹校對過的稗官計;而負擔此程序的官吏,很可能就是里耶簡中 8-1773 出現的"主計"。

綜合而言,縣級單位上計簿的製作程序大致如下:一、稗官上交其内部官計予縣廷;二、縣廷收到官計後,便交由相關的曹負責校對、核實稗官計所載數據;三、縣主計整合校對後的官計數據,製作對郡上計用的集簿(這應該就是上引《尉卒律》提到的"會計"程序);四、將上計簿連同縣曹製作的校對文書,以及其他相應文書一同上呈郡級機關。[1]

2. 諸曹與定課——以金布曹爲例

校、會計之外,秦代縣曹另一重要的職責,便爲"定課"。前文既述,"課"乃諸官製作,用以考績的文書。從秦簡記録看來,稗官呈交"課"予縣廷後,便需由曹執行"定課"的程序。里耶秦簡 8-454 正爲我們提供了稗官傳送予金布曹官課的珍貴記録:

課上金布副	園粟—	縣官有買用錢、鑄段(鍛)—
枲(漆)課—	采鐵—	竹箭—
作務—	市課—	水火所敗亡、園課,采金—
疇竹—	作務徒死亡—	貲贖責毋、不收課
池課—	所不能自給而求輸—	

徐世虹認爲此牘是"金布所上課的副本目録",[2]沈剛則指出此牘"下面的項目都是各機構上交到金布進行彙總的材料"。[3]此處從沈說。又吳方基據此指出金布曹職在"協助考核縣屬各機構的'課'",[4]甚是。吳氏其後又嘗試辨别牘中所記七種"課"所屬的官府,惟其見不無商榷之處。在此先把我們和吳氏的意見列如表 3:

---

① 魏賦亦曾綜合漢晉縣級機構製作上計簿的程序爲保存於縣下機構如鄉、倉等機構如鄉、倉等的原始文書→縣下機構據原始文書編製呈報的年度統計文書→縣曹掾史彙總年度統計文書爲單項統計集簿→縣綜合性集簿(參氏著《漢晉上計簿的文書形態》,"中國簡帛學國際論壇 2014"論文,美國芝加哥大學東亞系,2014 年)。按魏先生所言與本文多有重合,或可説明秦代縣級機關製作上計簿的程序,已跟後來相去不遠。

② 徐世虹《秦"課"芻議》,第 257 頁。

③ 沈剛《里耶秦簡(壹)中的"課"與"計"——兼談戰國秦漢時期考績制度的流變》,第 68 頁。

④ 吳方基《論秦代金布的隸屬及其性質》,第 61 頁。

表 3　8-454 所載課歸屬對照表

序號	課名	吳方基意見①	本文意見
1	桼(漆)課	田官	少内
2	園粟課	?	田官?
3	疇竹課	?	少内? 庫?
4	竹箭課	庫	庫
5	池課	?	少内
6	采鐵課	?	少内?
7	市課	?	少内
8	作務徒死亡課	司空、倉	司空
9	所不能自給而求輸課	少内	?
10	縣官有買用錢課	庫	少内
11	鑄、段(鍛)課	?	少内?
12	水火所敗亡課	鄉	鄉
13	園課	田官	少内
14	采金課	?	少内?
15	貲贖責(債)毋、不收課	司空	司空

從表 3 可見,我們和吳氏對 8-454 上"課"的歸屬,意見不盡一致。按前文曾列舉一條完整的漆課,其中提到"得錢過程四分一,賜令、丞、令史、官嗇夫、吏各襦,徒人酒一斗、肉少半斗"云云,可知漆課實以錢作爲評核標準,故應歸類至少内之課。又《二年律令·金布律》曰:"租、質、户賦,園、池入錢,縣道官勿敢擅用,三月壹上見金錢數二千石官,二千石官上丞相、御史。"②此可知園、池皆需入錢予縣,兩課自然應納入少内之課。又里耶簡8-2226 背 + 8-2227 載"☑買鐵、銅,租、質入錢"。按此句先言"買鐵、銅",後言入錢,頗爲奇怪,疑"買"應讀作"賣",意指將賣鐵、銅和租、質所得錢入官。如此説爲是,則鐵、金一類的金屬也與錢有關,故將采鐵、金課撥入少内。至於"縣官有買用錢課",吳氏認爲屬庫課,但簡 9-1406 有以下内容:

　　　廿九年少内☑

---

① 表中内容據吳先生文章第 62 頁歸納而成。

② 本文所徵引之《二年律令》内容,釋文均據彭浩、陳偉、工藤元男主編《二年律令與奏讞書:張家山二四七號漢墓出土法律文獻釋讀》,上海古籍出版社,2007 年,不贅。

買徒隸用錢三萬三千□☒

少内根、佐之主☒

由是觀之，所謂“買用錢”應爲少内用作購買徒隸之用，應歸類爲少内之課。此外，所謂“鑄、段（鍛）課”，“鑄”在秦至漢初的法律文書中，往往指鑄錢，如《睡虎地秦簡·封診式》曰“丙盜鑄此錢，丁佐鑄”，漢初《二年律令·錢律》亦曰“盜鑄錢及佐者，棄市”等。綜觀縣機關裏，最有機會肩負鑄錢任務的，只有管理縣財務的少内官，故推此課屬少内。又《二年律令·金布律》云“官爲作務、市及受租、質錢，皆爲缿，封以令、丞印而入”，可見市租乃以錢的形式繳交，加上市本身就與金錢密不可分，故“市課”很可能亦爲少内負責。最後，“疇竹”課應屬少内或庫掌管。“疇”，《説文》釋爲“耕治之田也”，“疇竹”蓋指已耕種的竹。按少内、庫所掌器物皆有竹器，諸如竹筥（8-932）、竹籣（8-26＋8-752）等，可能疇竹課即此二機構之一負責。

除少内之課，金布曹也有接收來自其他官的課，如作務徒死亡課屬司空課，[1]水火所敗亡課爲鄉課，貰贖責（債）毋、不收課乃司空課，惟“不能自給而求輸”“園粟”兩課的歸屬難以斷定。按“不能自給而求輸”欠主語，實不成句，疑其應與左方的“作務徒死亡”連讀爲“作務徒死亡，所不能自給而求輸”課，屬司空課，但觀兩條下均有勾識符號，此方案亦未必全然穩妥，[2]唯有暫時存疑。至於園粟課，則純就田官職在開墾田地而言。總而言之，由上文的分析，可知金布曹需要核實、確認的官課不但數量繁多，而且來自不同的官，雖然如此，這些課大多具有一個共同點：它們都有關金錢的出入，可能正因如此，它們才會統一由金布曹負責核實。

關於“定課”的具體程序，可參見以下兩枚里耶簡：

廿九年九月壬辰朔辛亥。貳春鄉守根敢言之：牒書水火敗亡課一牒，上。敢言之。　　　　　　　　　　　　　　　　　　　　　（8-645 正）

九月辛亥旦。史邛以來／感半　邛手　　　　　　　　　（8-645 背）

廿九年九月壬辰朔辛亥。遷陵丞昌敢言之：令令史感上水火敗亡課一牒，有不定者，謁令感定。敢言之。　　　　　　　　　　　　（8-1511 正）

已

---

[1]　按 8-486 司空課志殘泐嚴重，何有祖先生曾補“作務徒死亡課”，可參何有祖《讀里耶秦簡札記（一）》。

[2]　此點承匿名審稿先生提示，謹致謝忱。

九月辛亥水下九刻,感行。　感手。　　　　　　　　　　　(8-1511 背)

此二簡年份、日期相同,内容也有關"水火敗亡課"的遞交,應當連讀,而 8-454 所記上交金布曹的課中,正有"水火所敗亡",可推"令史感"應即金布曹的主管令史。[①]從文書格式可知,8-1511 是一封遷陵丞的上行文書,發書對象應即郡守。由是觀之,縣廷在收到鄉之水火敗亡課的當天,即命金布曹令史把課上交。如果説 8-645 記貳春鄉上交縣廷的"水火敗亡課"由金布曹令史感拆封,還可説純屬偶然,8-1511 記縣上郡的"水火敗亡課"上呈文書由令史感經手,且由感本人親自傳送,則難以用偶然解釋,而是反映稗官呈交"課"予縣廷後,文書會直接由相應的曹主理。

此處最值得注意的是,遷陵丞的文書提到"有不定者,謁令感定"云云。徐世虹把此處的"定"解釋成"令史感經允許後還有權解釋不確定之處",[②]疑未安。前文提到"定"有核實、確定之義,頗疑里耶簡 8-1511 中"有不定者,謁令感定"之"定",亦當如是解,大概指如果課的内容有不實、不能確定之處,便使令史感核實、確定之。觀簡 8-1511 背的"已"字字體甚大,顯不與其他文字同時書寫,可能就是令史感定課完畢後才補上,表示任務已完成。值得注意的是,8-1511 顯示定課的地點似不在縣廷,而是要待主事令史持課到達上級官署後才進行。

從簡牘資料看來,定課大多涉及所課項目的日期、數字,又或者是課的格式、内容有没有錯誤、遺漏,兹取數簡以説明:

☐ 枳鄉守糾敢 言 之:遷陵移佐士五枳鄉里居,坐謀☐

☐ 署其犯瀆 爲 非年、月、日,不可以定課。今寫論報

☐ 書,謁告 遷 陵 ,具署居犯法爲非日,爲報。

☐ 主户發。敢言之。六月己酉。枳鄉守糾敢言之:謁

---

① 土口史記推測此處令史感可能擔當課曹(主課);在注 63 又因爲水火敗亡課是與考課相關的文書,設想感可能擔任與官吏人事相關的吏曹(主吏)。此外,他雖然留意到 8-454 課上金布副牘中有"水火所敗亡園課",却認爲它只是主課呈上給金布的副本,故金布與課之間只存在二次的關係(《秦代の令史と曹》,第 26、43 頁)。

然而,從里耶秦簡文書經手人的記録看來,其説並不足據。按 8-269 資中令史陽里釦伐閲載釦"可直司空曹",可知其曾主司空曹事。無獨有偶,里耶簡 16-5、16-6、12-849 等發給司空的一系列文書,皆由釦經手,至簡 8-1510 守丞敦狐令司空遣吏船助輸兵内史的文書,亦由釦拆開。按上述諸簡年代均始皇廿七年三月至六月,應即釦直司空曹時。由此可知,縣廷發交予稗官的文書,應由曹令史經手,因此令史感似爲金布曹令史,非主課。

② 徐世虹《秦"課"芻議》,第 255 頁。

☐五年十二月 辛 酉朔庚午。枳鄉守定　　　　　　　(8-746＋8-1588)

☐敢言之/☐☐

☐朔壬申☐丞☐……☐

☐……☐發

☐……　　　　　　　　　　　　　　　　　　(8-746＋8-1588 背)

☐☐遷陵守丞齮 敢 言之。前日令史齮☐

☐☐守書曰：課皆☐應式、令，令齮☐☐

☐☐課副及當食人口數，別小大，爲食☐

☐☐☐課副及☐傳，上，有不定☐8-704＋8-706

☐言之。守府丙申、己 亥 、甲辰追，今復☐

☐手

☐守丞齮敢言之。令二月☐亥追，今復寫前日☐

☐時，都郵人羽行☐　　　　　　　　　　　　(8-704＋8-706 背)

五鳳四年二月壬寅朔庚戌。丞相霸告中二千石、二千石、郡大守、諸侯相：上五鳳三年置傳官用員馬課，有書。案：所剝賣馬或不署初病、缺年、月、日，負、得算數又不上。官無畜積，馬以辜死，告劾。　　　　　(懸泉漢簡 IIT0114④:335A)

印曰：效穀長印。五月丙子，縣泉直卒陶以來。(懸泉漢簡 IIT0114④:335B)[①]

8-746＋8-1588 雖然上半殘泐，但意思大致可辨，其應爲某縣枳鄉守發送至遷陵縣的文書，内容正有關"定課"，似乎該鄉一名派署至遷陵、名叫居的佐在服役期間犯罪，遷陵縣先前曾移書通報枳鄉此事，却未署明佐居犯法的日期，致使枳鄉未能"定課"，乃移書請求遷陵縣表明佐居"犯法爲非日"。8-704＋8-706 殘泐程度更甚，文意也較難理解，似有關遷陵縣之前上交郡守的課不應式、令，可知"課"必須遵守相關的法令程式。至於懸泉漢簡的記錄，提及"五鳳三年置傳官用員馬課"存在種種問題，包括剝賣的傳馬沒有寫上初次生病、缺員[②]的日期，又没有包括課應有的得、負算數字。凡此皆可見，課中記錄的

---

① 簡文轉引自張俊民《敦煌懸泉置出土漢簡所見人名綜述（四）——以中央機構職官爲中心的考察》，《簡帛研究 二〇〇七》，廣西師範大學出版社，2010 年，第 101 頁。

② 按"缺"應指傳馬的缺員，懸泉簡傳馬名籍中便有"私財物馬一匹，駹，牡，左剽，齒九歲，白背，高六尺一寸，小。補縣（懸）泉傳馬缺"（11 簡），和"私財物馬一匹，駹，牡，左剽，齒七歲，高五尺九寸，補縣（懸）泉置傳馬缺"（19 簡）。見胡平生、張德芳《敦煌懸泉漢簡釋粹》，上海古籍出版社，2001 年，第 81 頁。

日期、數字、格式等都是重點核實的細節。我們可以想象，一旦發現資料有所遺漏，負責核實此課的曹令史便需補足相應的信息，此正是"定課"的意義所在。

與上文提到的會計程序相似，縣廷在核實課所載的數據後，可能就會重新整合稗官所呈之課。關於此點，里耶簡 7-304 值得重視：

> 廿八年遷陵隸臣妾及黔首居貲、贖、責作官府課·泰（大）凡百八十九人。死亡·衡（率）之：六人六十三分人五而死亡一人。
>
> 已計廿七年餘隸臣妾百一十六人
>
> 廿八年新·入卅五人
>
> ·凡百五十一人，其廿八死亡·黔道（首）居貲、贖、責作官卅八人，其一人死。
>
> （7-304 正）
>
> 令拔、丞昌、守丞膻之、倉武、令史上上、逐除；① 倉佐尚，司空長、史郤當坐。
>
> （7-304 背）

按此牘自題爲"廿八年遷陵隸臣妾及黔首居貲、贖、責作官府課"。從牘正、背字迹相同看來，其應由縣廷製作的文書。簡 7-304 牘的特別之處，在於它同時記錄了倉和司空兩稗官的課。從課中分列隸臣妾和黔道（首）居貲、贖、責作官，可知"廿八年遷陵隸臣妾及黔首居貲、贖、責作官府課"實由"隸臣妾課"和"黔首居貲、贖、責作官府課"兩部分構成，分別關於倉管轄的隸臣妾和在司空勞作的居貲、贖、責。換言之，此課應同時涉及倉、司空兩官，這也解釋了爲何背面的考課會出現倉守武、司空長。按 7-304 課的重點，實在於隸臣妾和居貲贖責的死亡數，因此所謂"隸臣妾課"，應即里耶簡 8-495 倉課志之"倉徒隸死亡課"。至於"黔首居貲、贖、責作官府課"，蓋與前文提到的"作務徒死亡課相近"。按里耶簡的作徒簿顯示，倉管理的隸臣妾很多時候會因犯罪而被遣送至司空居貲，如 10-1170 的倉月徒簿即記卅四年十二月纍積了 150 名隸臣、311 名隸妾居貲司空，9-2289

---

① 此牘圖版著錄於鄭曙斌等編著《湖南出土簡牘選編》，第 18 頁。牘背文字頗難斷讀，何有祖斷爲"令拔、丞昌、守丞膻之、倉武、令史上、上逐除，倉佐尚、司空長、史郤當坐"，視"上逐"爲人名。參里耶秦簡牘校釋小組（何有祖執筆）《新見里耶秦簡牘資料選校（一）》，簡帛網，2014 年 9 月 1 日。惟"上逐"用於人名之用例於里耶簡未見。按里耶秦簡屢見"令史逐"，其人多監督鄉、田官的出廩、出食。頗疑"上"字下衍重文號，又或書手誤將分隔號寫成重文號，所謂"令史上上逐"實指"令史上、逐"二人。檢圖版，"逐"下又有一"、"符號，或亦爲分隔號，用以提示讀者"除"並非人名。〔作者補記〕按劉自穩贊同《里耶秦簡博物館藏秦簡》整理者的意見，認爲此處重文符爲勾職符之誤，句子應斷作"令拔、丞昌、守丞膻之、倉武、令史上、逐、除，倉佐尚、司空長、史郤當坐"。其中"除"是令史之名，説可從。此處及下文相關內容應據此修正，望讀者注意。參劉自穩《里耶秦簡 7-304 簡文解析——兼及秦遷陵縣徒隸人數問題》，《簡帛研究 二〇一七（春夏卷）》，廣西師範大學出版社，2017 年，第 115—116 頁。

的司空日徒簿亦記當日有 5 名隸臣、11 名隸妾居貲，可見倉和司空皆會保存居貲的記錄，此或許就是縣廷將"倉徒隸死亡課"和"黔首居貲、贖、責作官府課"合併的原因。惟無論如何，7-304 既來自不同稗官的兩種課，自然不會單由倉或司空製作，更可能是倉、司空將各自的課送到縣廷，縣廷再依據課的性質，重新整合而成。而此程序的負責人，可能即 8-2198 所記的"廷主課"。

　　從上文所列漆課可知，"令、丞、令史、官嗇夫、吏"均會作爲相關考課的負責人而受到獎勵或懲罰，[1]7-304 背面的文字應即與此相關。何有祖先生曾指出"令史上、逐除"之"除"應爲"免除"義，即指縣令至相關令史可免除責任；相反，倉佐尚、司空長、司空史郤則遭到連坐。[2]惜牘文未曾解釋連坐的相關依據，但從木牘正面開首列出總人數/死亡人數比例的計算推斷，可能跟比例超過"程"的規定有關。無論如何，此牘揭示了官製作課時，似乎只負責客觀數據統計的部分，相關官吏的評核、黜陟，要待課呈上縣廷，經主課彙總後，由縣長吏決定。

　　總本節所論，秦縣行政中，縣廷收到稗官製作的課後，便會令諸曹令史將課傳送至郡，曹令史並需負責核實當中的資料，此過程在當時被稱爲"定課"。核實資料後，縣廷主課還會根據稗官所呈課的內容，整合不同官的課，簡 7-304 可能就是其中之一。完成整合後，縣長吏便會根據考課結果加上官吏考評的資料。囿於史料，現在仍未發現確鑿證據説明整合課、定課之間的先後順序，但參考校計與會計的關係，對課的整合亦當建立在核實資料的基礎之上。當然，此猜測正確與否，仍待將來的史料驗證。

結　語

　　本文嘗試以計、課爲切入點，論述秦代縣行政中官、曹組織的職能分野和信息溝通。概括而言，作爲職能機構的"官"負責製作"計""課"文書，而輔助機構"曹"則需對官呈上縣廷的計、課執行校計、定課的手續，兩者職務存在分工。本文反對以往研究視"計錄"爲計的目錄的觀點，認爲不論是秦漢簡牘還是傳世劉向之《別錄》，皆顯示"錄"文書與校讎緊密相連。所謂"計錄"，實際就是對稗官所呈計的校對報告——縣曹收到官製作的計後，便會根據校簿、校券等資料核對官計數字的真確性，並撰寫計錄。此外，縣曹又身

---

① 此點承匿名審稿先生提示，謹此致謝。
② 有關"除"的解釋，可參里耶秦簡牘校釋小組（何有祖執筆）《新見里耶秦簡牘資料選校（一）》。

負定課的職責。一般而言,當稗官傳送課至縣廷後,便由相關的曹接手,曹所接收的官課數量極多,如里耶簡 8-454 便顯示金布曹同時獲鄉、少内、司空、田等官遞交一共 15 種課。這些官的主管令史又肩負把課送交郡級機關,核實、確定官課的各種細節(日期、數字、格式等)的責任,也就是所謂的"定課"。完成校計、定課後,縣長吏便會指定屬下令史爲主計、主課,分別負責整合各稗官所呈之計、課爲上計郡所用的計簿。總括而言,縣曹可謂溝通縣廷、官的媒介。

2015 年 6 月 15 日初稿;

2015 年 8 月 27 日再訂;

2016 年 3 月 30 日三訂;

2016 年 10 月 15 日四訂

附記:本文曾於 2015 年 7 月 14 日在香港恒生管理學院中國語言及文化研習所與中文系共同舉辦的"中國古代泉幣與經貿國際學術研討會"暨"中國語言及文化研習所成立三周年慶典"上宣讀,在此衷心感謝組織人張光裕、袁國華教授的邀請。又修改過程中,承馬增榮、金鍾希及匿名審稿人諸先生惠示大量寶貴意見,修正錯誤,在此一併致謝。

原刊於《簡帛》第十三輯,上海古籍出版社,2016 年,第 131—158 頁。收入本論文集時,主要增訂了部分注釋和修改了一些明顯錯誤,並據《里耶秦簡(貳)》修改了文中徵引里耶秦簡第九層簡牘的釋文,其編號也由出土號改爲整理號,惟正文其餘部分大致維持原樣。2020 年 11 月 6 日記。

關於里耶秦簡公文書中的"某主"*
——以嶽麓秦簡《興律》的規定爲綫索

[日]青木俊介

學習院大學

前　言

洞庭郡遷陵縣廷的遺址位於秦的南方邊境,在從此處出土的里耶秦簡公文書中,文書的發件人向收件人發文時,經常使用的公文書用語是"敢告某主"。

但在傳世文獻史料中,並未找到在文書的收信人後加上"主"的用例。在簡牘史料中,除了里耶秦簡,在文書收件人附加"主"字的,嶽麓秦簡"爲獄等狀四種"所收案例14"學爲僞書案"①以及前漢中期的走馬樓漢簡中也有其用例。②另外,在數萬枚的西北行政簡牘中,僅有肩水金關漢簡的一例。③所以,若將以甘露元年紀年的該肩水金關漢簡的用例視爲判定年代下限的依據,就可以推斷,"某主"這種表達方式被普遍使用至前漢中

*　本文寫作得到日本學術振興會科學研究費補助金·基盤研究(C)研究課題 17K03126"中國古代における家族と'移動'の多角的研究——静態的家族觀からの脱却をめざして—"(研究代表者:鈴木直美)。

①　……五大夫馮毋擇敢多問<u>胡陽丞主</u>……　　　　　　　　(嶽麓秦簡《爲獄等狀四種》案例14"學爲僞書案"215簡)

下劃綫由筆者所加,以下引用的史料亦同。按,本文所引嶽麓秦簡的資料,俱參見陳松長主編《嶽麓書院藏秦簡(壹—叁)釋文修訂本》,上海辭書出版社,2018年;陳松長主編《嶽麓書院藏秦簡(叁)(肆)(伍)》,上海辭書出版社,2013、2015、2017年,不另出注。

②　九月丁卯,倉嗇夫午行鄲丞事,敢告<u>臨湘丞主</u>。案贖罪以下,寫府辟報爰書移。書到,令史可問它言夬(決)。

(走馬樓漢簡8)

按,鄭曙斌等編著《湖南出土簡牘選編》(嶽麓書社,2013年)作"言史",依據照片,改釋爲"言夬(決)"。

③　甘露元年閏月乙未朔乙卯,中鄉守嗇夫輔敢告□☑,案,去疾非亡人命者,毋官獄徵遣□☑,敢告<u>尉史主</u>。閏月丙辰,尉史武敢言之。謹案,去疾□☑,閏月戊午,長陵令、獄守丞建行丞事☑　　(肩水金關漢簡73EJT9:29A)

按,參見甘肅簡牘保護研究中心等編《肩水金關漢簡(壹)》,中西書局,2011年。

期左右，至後期則被廢棄了。

里耶秦簡的部分内容在 2003 年第 1 期的《文物》和《中國歷史文物》上首次公開發表時，①筆者對涉及"某主"文書的内容進行了分析，並發表了拙論（以下簡稱"舊稿"）。該文依據"司空主""倉主""都鄉主"等例，認爲"主"乃各官署之主管者。②此後，隨着里耶秦簡的進一步公開，③與"某主"等同於"某官署的主管者"這一解釋有所齟齬的例子開始出現了。

依據公文書中作爲敬稱而被使用的"卒人"在用法上與"主"類似這一點，鷹取祐司認爲"某主"和"某卒人"類似，可解釋爲對文書收件人表達敬意的詞語，從而取代了舊稿的觀點。④

有關"主"是對文書收件人表達敬意的觀點，筆者也大致贊同。但是，單從字面上原本表示主管或經手人的"主"爲什麽會作爲敬語使用呢？ 爲了解答這個疑問，有必要查明"某主"一詞成立的背景。

原本"主"是在公文書中使用的，因此可以説當時的公文書及業務處理體制的存在正是其成立的背景，而嶽麓秦簡《秦律令（壹）》281—282 簡所載《興律》條文則是探究此種成立背景的參考。本條文規定了公文書往來時的具體處理方法，以此條文爲綫索，可考察當時的公文書及業務處理體制。另外，通過邊境出土的里耶秦簡公文書對其加以確認的同時，也可以對國家政策在邊緣的執行情況一併予以考察。

本文所引簡牘史料一般不考慮原文中的換行等，而采用連續書寫的形式。另外，從里耶秦簡一號井第 5、6、8、9 層出土的簡牘的整理編號采用"8-1"這樣的方式來標識，從其他層出土簡牘的出土編號則采用"J1⑫1"之類的方式來標識。

一、關於"某主"的已有見解

"某主"一詞在公文書中以如下形式出現：

---

① 湖南省文物考古研究所、湘西土家族苗族自治州文物處、龍山縣文物管理所《湖南龍山里耶戰國——秦代古城一號井發掘簡報》，《文物》2003 年第 1 期；湖南省文物考古研究所、湘西土家族苗族自治州文物處《湘西里耶秦代簡牘選釋》，《中國歷史文物》2003 年第 1 期。
② 青木俊介《里耶秦簡に見える縣の部局組織について》，《中國出土資料研究》第 9 號，2005 年。
③ 按，里耶一號井第 5、6、8、9 層所見資料，參見湖南省文物考古研究所編著《里耶秦簡（壹）（貳）》，文物出版社，2012、2017 年；陳偉主編《里耶秦簡牘校釋（第一卷）（第二卷）》，武漢大學出版社，2012、2018 年；第 12、14、16 層所見資料，參見里耶秦簡博物館等編《里耶秦簡博物館藏秦簡》，中西書局，2016 年，不另出注。
④ 鷹取祐司《秦漢官文書の基礎的研究》，汲古書院，2015 年，第 107—113 頁。

[1] 卅年十月辛卯朔乙未，貳春鄉守綽<u>敢告司空主</u>。主令鬼薪軫、小城旦乾人爲
貳春鄉捕鳥及羽。羽皆已備，今已以甲午屬司空佐田，可定薄。<u>敢告主</u>。

(8-1515 正)

如此例所示，在文書通告部分以"敢告某主"或"告某主"的形式來明示通告的對象。
且與此相呼應，末尾以"敢告主"作爲結束語，故處理所請求内容的主體有時也被稱
爲"主"。

關於材料[1]，這份文書是寫給"司空主"的。"司空主"作爲下發給司空這一部門的
文書的收件人，自然地被認爲是司空的主管。也就是説，"某主"是某個部門（廣義上是
官署）的主管者的意思，以上是筆者在舊稿中的主張。①

現在重新考量，從官署交流的立場上來看，作爲收件人的"某主"也許確實是主管
者。但是，説到底這僅僅是結果相等，並不能證明"某主"是表示"某官署的主管者"的表
現形式。

舊稿發表後，隨着里耶秦簡進一步公開，用"某官署的主管者"解釋不通的用例逐漸
凸顯。例如，後揭[4]中的"洞庭守主"，如果表示"某官署的主管者"，理應在官署名"洞
庭（洞庭太守府）"後加上"主"，成爲"洞庭主（洞庭郡的主管者）"。但實際却是在"洞庭
守（洞庭太守）"這一官職名後加上"主"。另外，

[2] 八月乙巳朔己未，門淺□丞敢告<u>臨沅丞主</u>。騰真書，當騰騰。敢告主。/定手。

(8-66 + 208 正)

這份文書中出現的"臨沅丞主"，也是由官職名加"主"組成。

以此爲據，看上去是在官署名後加上"主"的"司空主""倉主""都鄉主"，實際上是
"司空嗇夫主""倉嗇夫主""都鄉嗇夫主"，②即官職名加"主"的形式。

如果把"主"理解爲主管者的意思，就很難理解[2]中的"臨沅丞主"，爲什麼要在作
爲次官的丞後加上"主"。③

綜上所述，舊稿中將"某主"解釋爲"某官署的主管者"的觀點難以成立。

---

① 舊稿發表時簡 8-1515 尚未公開，實際上是據簡 8-133 背面所載進行論述的。
② 關於僅用部門名稱表示該部門嗇夫，請參照舊稿。
③ "丞主"在 8-158 正（材料[18]）等，舊稿發表時可作爲參考的里耶秦簡中已有出現。但由於當時將該處斷句爲"敢告
西陽丞。主令史……"，所以没有認識到。

與此相對，新觀點主張將"某主"的"主"解釋爲對文書收件人表達敬意的詞。

鷹取祐司以居延漢簡 12.1A—C(A33)爲依據：

[3]　☐得倉丞吉兼行丞事，<u>敢告部都尉卒人</u>。詔書，清塞下，謹候望，備蓬火。虜即入，料度可備中。毋遠追爲虜所詐。書已前下。檄到，卒人遺尉、丞、司馬，數循行，嚴兵☐☐禁止行者。便戰鬭具，驅逐田牧畜産，毋令居部界中，警備毋爲虜所詿利。且課毋狀不憂者劾。尉、丞以下毋忽。如法律令。<u>敢告卒人</u>。/掾延年、書佐光、給事☐☐都尉事、司馬丞登行丞事，謂肩水候官。寫移。檄到，如太守府檄書律令。/卒史安世、屬樂世、書佐延年。①

[3]中以"敢告部都尉卒人"開始，以"敢告卒人"結束的格式，與秦簡中以"敢告某主"開始，"敢告主"結束的格式極爲相似，僅僅是"卒人"和"主"不同。

關於"卒人"一詞，《論衡·謝短篇》有"兩郡移書，曰敢告卒人，兩縣不言。何解"的記載，黃暉在《論衡校釋》中注釋爲：

> 敢告卒人，蓋與《左傳》虞箴，敢告僕夫，揚雄州箴，敢告在階、敢告執御義同。不敢直言，但告其僕御耳。

避開對對方的直言不諱，借由告知近侍以表敬意的委婉表達，是尊稱的一種。從而，與之呼應的"主"也被解釋爲相同用法，如上觀點是妥當的。

另一方面，鷹取認爲，"從'主'的字面意義來看，難以將其與'卒人'一樣，解釋爲避免直言的附加語。或許，'主'原本只是指經手人，後逐漸衍生出表達敬意的用法"，②從而否定了"主"本身有"不直言"的性質。

然而，如若與"卒人"使用於相同語境，自然會認爲"主"也有"不直言"的尊稱性質。黃暉所說的尊稱是以收件人有近侍爲前提，可以直接指近侍。由此可見，即便"主"的字義確實與近侍不相符，但在否定其尊稱性質之前，應該探討"某主"這種表達的産生背景。

下面將以"某主"成立的背景爲重點，展開考察。

---

① 鷹取祐司《秦漢官文書の基礎的研究》，第 111 頁。且材料[3]的釋文采鷹取所引用者。
② 鷹取祐司《秦漢官文書の基礎的研究》，第 193 頁。

二、對嶽麓秦簡《興律》有關公文書往來之規定的分析

(一) 嶽麓秦簡《秦律令(壹)》281—282 簡記載的興律條文

"某主"一詞廣泛用於公文書中,假設其具有前述的尊稱性質,則可以推斷它的產生與當時的公文書及事務處理體制密切相關。以下嶽麓秦簡《秦律令(壹)》281—282 簡的興律條文(以下簡稱"嶽麓《興律》")對公文書往來的具體處理方法作了規定,可作爲參考。首先,我們來看它的內容:

> 興律曰,諸書求報者,皆告,令署某曹發。弗告曹,報者署報書中某手。告而弗署,署而環(還)及弗告及不署手,貲各一甲。

綜觀該條文整體的結構,前段中規定,要通知作爲回信之開封者(收信人)的曹,在回信的封檢上寫明"請某曹開封",如果沒有這一類似通知的話,回覆者則須將來信上所書"某手"之"某"作爲開封者,寫在回覆的封檢上。其次,列舉了違反規定的行爲。最後,確定了量刑。該條文旨在通過事先指定開封者,以確保文書的機密性,並提高公文書傳遞的準確度和速度。[1]

但是,顯然此條文中一個"主"字都沒有出現,爲此,需要作進一步的解讀。

(二) "某曹"和"主某"的互換性

首先,重點在於條文中的"皆告,令署某曹發"這一部分。根據這一規定,需要回覆時,必須通知對方在回信上寫好"某曹發"。在里耶秦簡中可以找到實際履行這一規定的文書:

[4] ☐未朔己未,巴叚(假)守丞敢告洞庭守主。卒人可令縣論☐卒人。卒人已論,它如令。敢告主。不疑手。•以江州印行事。六月丙午,洞庭守禮謂遷陵嗇夫。☐署遷陵。亟論。言夬(決),[2]署中曹發。它如律令。/和手。　　　　　(8-293＋61＋2012 正)

---

[1]　關於本條文的詳細解釋,參青木俊介《嶽麓秦簡〈興律〉の開封者通知に關する規定》,東京外國語大學亞非言語文化研究所"中國古代簡牘の橫斷領域的研究",http://www.aa.tufs.ac.jp/users/Ejina/note/note23(Aoki).html,2017年3月14日交稿,2019年6月2日最終閱覽。

[2]　《里耶秦簡牘校釋(第一卷)》釋爲"史(事)",陳偉在《里耶秦簡中的"夬"》(簡帛網,2013年9月25日發表,2019年6月2日最終閱覽)一文中改釋爲"夬(決)"。

　　[5] 六月壬午朔戊戌，洞庭叚（假）守齡下□。聽書從事。臨沅下索（索）、門淺、零陽、上衍各以道次傳。……書到相報，不報，追。臨沅、門淺、零陽、上 衍 皆 言 書到，署兵曹發。／如手。……　　　　　　　　　　　　　　　　　　　　　　（9-713 正）

　　[6] 十月辛丑，南陽守衍下縣。聽書從事。以律令、道次傳。別書，都官、南陽尉、都吏□□□縣及諸□在縣界中者各下之，鄧下南郡守。書到相報。宛、新野、比陽、陽成（城）、雉，各言書到，署旁曹發。以郵行。它如律令、邯鄲書。／俱手。十月己酉，鄧守丞尚敢言之。下。報署□曹發。敢言之。／履手。十一月乙卯朔丁巳，南郡守恒下真書洞庭守。書 到爲報，署戶曹發。／佗手。　　　　　　　　　　　　　　（9-2076 正）

材料[4]中洞庭守要求遷陵嗇夫論決時，在來信中寫上“中曹發”請求其回覆。材料[5]中洞庭假守向臨沅縣等地下發通知，要求收到下達文書後在收信報告上寫上“兵曹發”。另外，材料[6]中南陽守要求宛縣等署“旁曹發”；傳送文書時，鄧守丞要求南郡守署“□曹發”，南郡守要求洞庭守署“戶曹發”。

　　“署某曹發”中的“署”，據《釋名·釋書契》，指的是在封緘文書的封檢上寫收件人之意，[1]指定開封者的用語也要求記在回信的封檢上。實際上，被視爲封檢的簡牘中記載的“廷吏曹發”（8-2507 等）、“廷戶曹發”（8-263 等）、“廷倉曹發”（9-168 等）、“廷令曹發”（8-778 等）、“遷陵尉曹發洞庭”（9-1738）、“獄東曹發”（9-1613）、“遷陵以郵行覆曹發·洞庭”（8-2550）等例子也證明了這一點。[2]

　　綜上所述，秦代公文書所載指定回信開封者的書信語——“署某曹發”是律文規定的固定表達，也是根據律文要求所書寫的。律文既有此規定，似乎需要對方回信時就必須將“某曹”作爲開封者。然而實際的文書却並非皆是如此，特別是將“主某”作爲開封者（“署主某發”）的情況很多，舉例如下：

　　[7] 卅四年正月丁卯朔辛未，遷陵守丞巸敢言之……至今未得其代，居吏少，不足以給事□吏。謁報。署主吏發。敢言之……　　　　　　　　　　　（8-197 正）

　　[8] 卅三年四月辛丑朔丙午，司空騰敢言之。陽陵宜居士五（伍）毋死有貲餘錢八千六十四。毋死戍洞庭郡，不智（知）何縣署。·今爲錢校券一，上。謁言洞庭尉，令毋死署所縣責，以受陽陵司空。司空不名計，問何縣官、計年，爲報……報署主責

---

① 書文書檢曰署。署，予也。題所予者官號也。

② 關於文書的封檢，參青木俊介《封檢の型態發展—平板檢の使用方法の考察から—》，籾山明、佐藤信編《文獻と遺物の境界Ⅱ—中國出土簡牘史料と生態的研究—》，東京外國語大學亞非言語文化研究所，2014 年。

發。敢言之。四月己酉，陽陵守丞厨敢言之。寫上。謁報。報署金布發。敢言
之。/儋手。　　　　　　　　　　　　　　　　　　　　　　　　　　　　（9-1 正）

[9]遷陵報酉陽，署主令 發 ☑

充報零陽，金布發。恒署。丁四。

酉陽報充，署令發。

七月己未水十一刻刻下十，都郵人□以來。/□發。　　　　　　（9-713 背）

在現已公開的里耶秦簡文書中，明確有“署某曹發”的，見於材料[4][5][6]中的 5 件加
上 9-458 正“署倉曹【發】”，共計 6 件。[①]與此相對，“署主某發”的用例包括材料[7][8]
[9]在内共計 24 件，[②]顯然“署主某發”的例子更多。與此同時，從業務内容相似性，[③]或
9-741 中出現的“金布曹”來看，金布也是曹的一種。但即便加上“署金布發”的 17 件，[④]
仍然是“署主某發”的用例更多。

即便不限於回信，封檢上的記載，“主某發”也以 63 件超過“某曹發”的 28 件（如加
上“金布發”，則有 55 件）。

鑒於這種用例很多，使用“署主某發”的形式指定回信的開封者，也理應不會違反嶽
麓《興律》中“令署某曹發”的規定。更進　步説，“主某”是“某曹”的類似表達，兩者作爲
可互换的用語或無異議。

另外，關於“主”，在《史記·陳丞相世家》中有如下記載：

平曰，有主者。上曰，主者謂誰。平曰，陛下即問决獄，責廷尉。問錢穀，責治

---

① 此外，5-6 正、背的“☑東曹發”，8-20 的“□□曹發”，8-2149＋2121 的“☑吏曹發”，9-459 正的“☑尉曹發”也很有可能
　是“署某曹發”的形式。另外，也出現了缺少“曹”的 8-2272 的“☑獄東發”和 9-453 正的“署獄西發”，以及缺少“發”的
　9-1861 的“署厩曹”這樣的用例。

② 除[7][8][9]外，“署主符發”（8-685＋462 正），“署主責發”（9-2—12 正），“署主户發”（8-2160＋1925＋1663 正/9-30
　正），“署主膚發”（9-450 正），“署主吏發”（9-1683,2224），“署主令發”（9-1950），“署主倉發”（9-2314 正、背/J1⑫1784
　正）等用例已被確認。9-2—12 正與 9-1（[8]）内容大致相同，又涉及同一案件。另外，8-746＋1588 正及 8-1925＋
　1663 的“☑主户發”，8-965 的“署主錢☑”，8-1952 的“☑主爵發”，9-248 的“□主□發”，9-1605 的“☑主倉發”，9-1950
　的“署主令☑”也很有可能采用的是“署主某發”的形式。另外，關於 8-2160＋1925＋163 的綴合，参何有祖《讀里耶秦
　簡札記（四）》，簡帛網，2015 年 7 月 8 日發表，2019 年 6 月 2 日最終閲覽。

③ 例如 8-493：

　金布計録　　工用計　　　金錢計
　庫兵計　　　工用器計　　凡六計
　車計　　　　少内器計

此例中的“金布計録”與後揭[10]的“倉曹計録”類似，可知金布也承擔着與曹相同的會計業務。

④ 8-64，155/9-1—11，12 背，368 正，756，1833＋712 正。此外，9-713 背（[9]）還有“充報零陽金布發”的記載。另外，
　9-1—12 内容大致相同，又涉及同一案件。

　　　　粟内史。上曰,苟各有主者,而君所主者何事也。平謝曰,主臣……①

從陳平和文帝的對話中可知,"主"是某項業務的經手人。

　　　　"主"的相同用法在里耶秦簡中也能找到。例如:

　　［10］倉曹計録　　　器計　　　　　馬計

　　　　禾稼計　　　　　錢計　　　　　羊計

　　　　貸計　　　　　　徒計　　　　　田官計

　　　　畜計　　　　　　畜官牛計　　　凡十計

　　　　　　　　　　　　　　　史尚主。　　　　　　　　　　　　　　　　(8-481)

此簡末尾的"主",與令史尚經手以上所記載的十項會計業務的意思相符。②

　　　　由此可知,"主某"是"某項業務的經手人(個人或者部門)",與高村武幸指出的里耶秦簡中曹的性質——"各業務的經手部門"一致。③關於"主某"和"某曹"的關係,高村指出,"'主某'用作表示'某經手人'的意思,與部門是否組織化無關;而'某曹'的使用則以部門組織化達到一定程度爲前提"。

　　　　各種史料中對曹的説明可以爲證。《續漢書·百官志一》記載:

　　　　　　西曹主府史署用。東曹主二千石長吏遷除及軍吏。户曹主民户、祠祀、農桑。奏曹主奏議事。辭曹主辭訟事。法曹主郵驛、科程事。尉曹主卒徒、轉運事。賊曹主盜賊事。决曹主罪法事。兵曹主兵事。金曹主貨幣、鹽、鐵事。倉曹主倉穀事。

　　　　使用"某曹主……"這種形式記載了各曹經手的業務内容。其他文獻史料也采用了同樣的形式,成爲解釋曹的固定形式。

　　　　里耶秦簡中也有類似的記載,見於 9-1701 + 8-389 + 404:

　　［11］□曹　主令☒　　　　　　　主貳春都鄉啓陵田□□

　　　　　　主三族從人　謾　。吏卒、黔首及奴婢謾。

　　　　　　主盜賊發謾。

---

① 關於"主臣",《史記集解》引用張晏之説,認爲其爲表惶恐之詞,多解釋爲"恐怕"。如《史記·馮唐列傳》"主臣,陛下雖得廉頗、李牧,弗能用也"中只能作此解釋。但在《陳丞相世家》中,是針對什麽主這一提問的回答,故《集解》引用孟康説,解釋爲"群臣之主"。另外,《史記會注考證》中的《史記正義》也有"下文云,使卿大夫各得任其職,是主群臣也"的記載。

② "史尚"是令史。

　　粟米五斗。卅一年五月癸酉,倉是、史感、稟人堂出稟隸妾嬰兒揄。令史尚視平。感手。　　　　(8-1540)

③ 高村武幸《里耶秦簡第八層出土簡牘の基礎研究》,《三重大史學》第 14 號,2014 年。

從記載内容來看,"□曹"就是 9-2326 中的"讀曹"。此處用"主……"形式代表曹的業務處理對象。

總而言之,"某曹"是經手部門的名稱,"主某"代表經手某項業務,因此兩者之間存在互换使用的便利。

里耶秦簡中可以確認的有 18 種"主某"。其中,關於"主吏""主户""主倉""主司空""主令""主爵""主讀",在名稱上與之對應的是"吏曹""户曹""倉曹""司空曹""令曹""爵曹""讀曹"。且從簡的性質,出土地點及記載内容等來看,"主吏"和"吏曹","主户"和"户曹","主倉"和"倉曹","主令"和"令曹","主讀"和"讀曹"這幾對的確均存在於遷陵縣廷内,[①]因此很難想象在同一官署内存在名稱和意義相似的不同經手人。

而且,在遷陵縣廷中,曹和"主某"均由令史擔任。在材料[10]中倉曹的計録由令史經手。8-2004 + 487 正也有"户曹令史"這樣的記載。至於"主某",8-1529 正中的"令史毛季"也就是 8-272 中的"遷陵主吏毛季"。

基於以上情况可知,在設置有曹的官署中,"某曹"或相當於"主某"。

那麽爲什麽要使用"主某"和"某曹"兩種表達方式呢?

土口史記指出里耶秦簡中的曹,尚未作爲組織被固定化。[②]也就是説,曹在當時作爲公的制度尚未完全確立。其存在方式各地皆不相同,並非全國統一設置。

表 1　里耶秦簡中的"主某"和"某曹"[③]

主某	簡號	某曹	簡號
主吏	8-52, 197 正,272, 347, 526, 709, 1305, 1606, 1651, 1696, 1701, 1750, 1758, 1869/9-118, 287, 305, 515, 1150, 1326, 1353, 1662, 1683, 1963, 1979, 2224, 2225, 2270, 2277, 2485, 2500, 3254	吏曹	8-98 + 1168 + 546, 241, 554, 699 正, 829, 1126, 1488 + 2017 正,1700, 2149 + 2121, 2507/9-51 正,196, 291, 523, 616, 773, 905, 981, 1125, 1132, 1460, 1488, 1498, 1627, 1695 背 2628/J1⑭308

① "主司空"屬於臨沅縣廷(8-695 正)和洞庭太守府(8-1616),"主爵"所屬不明,"爵曹"僅能被認爲屬於尉府,因此無法確認它們在遷陵縣廷内的存在。

② 土口史記《秦代の令史と曹》,《東方學報(京都)》第 90 册,2015 年。

③ 關於 8-98 + 1168 + 546 的綴合,從何有祖《里耶秦簡牘綴合(四則)》,簡帛網,2013 年 10 月 4 日發表,2019 年 6 月 2 日最終閱覽。8-1488 + 2017 正的綴合,參照謝坤《里耶秦簡(壹)試綴三則》,簡帛網,2015 年 5 月 8 日發表,2019 年 6 月 2 日最終閱覽。關於 8-1044 + 978 的綴合,參照謝坤《讀〈里耶秦簡(壹)〉札記(四)》,簡帛網,2017 年 8 月 31 日發表,2019 年 6 月 2 日最終閱覽。關於 8-1881 的釋文,參照楊先雲《里耶秦簡識字三則》,簡帛網,2014 年 2 月 27 日發表,2019 年 6 月 2 日最終閱覽。關於 8-71 背的釋文,參照何有祖《讀里耶秦簡札記(八)》,簡帛網,2016 年 6 月 2 日發表,2019 年 6 月 2 日最終閱覽。

主某	簡號	某曹	簡號
主户	8-156，266，746＋1588 正，1142，1249，1395，1607 正，1650，1752，1881，1955，2041，2160＋1925＋1663，2547/9-30，149 正，180，307，411，442 正，501，580，920，2010，2272，3287	户曹	8-263，488，769 正—背，1044＋978，1072，1318，1489 正，1533，2004＋487/9-140，236，441，1220 正，1409 背，1502，2076 正
主倉	8-579，922，1228，1294，1366，1498 正，1628 正/9-387＋1924，548，621，697 背，1605，1637，1960，2159，2314 正，2520/J1⑫1784 正	倉曹	8-3，481，496，500，776，1201，1288，1463 背，1777＋，1868/9-181，190，335，458，792＋520，904，1119，1131，1956，2052，2120，2311，2327
主司空	8-695 正，1616	司空曹	8-269，375，480，1428，1860/9-792＋520，1118，1131，1455，2311
主令	8-601/9-713 背，714 正，749，951，1950	令曹	8-778，1859/9-593＋1274，2003
主讞	9-1227/J1⑫851	讞曹	9-2326
主爵	8-1952/9-2947	爵曹	8-247
主簿	8-303，1110	金布（曹）	6-18/8-64，155，304，799，935，969，1130，1166，1297，1313/9-1-11 正，12 背，111，231，368，408，507，519，544，618，713 背，741，756，1115，1187，1219，1477，1524，1540，1580，1593，1607，1679，1751，1758，1833＋712 正，2038，2093，2228，2323，2375，2419
主課	8-2198/9-3277	尉曹	8-253，453，1225，1616/9-28，130，331，370，459 正，576，866，1738，1742，2313，2328，3228/J1⑯3
主符	8-685＋462 正/9-163 正	（獄）東曹	5-6 正，6 背，22/8-273＋520，959＋1291，996，1155/9-1613，3349
主責	9-1—12 正	（獄）南曹	8-728＋1474 正，1760，1874，1886/9-2309，2340
主食	8-830＋1010	旁曹	8-71 背，138＋174＋522＋523/9-2076 正，2964
主錢	8-965	車曹	8-405，562＋1820
主縣	8-1548	中曹	8-61＋293＋2012 正
主計	8-1773	兵曹	9-49 正，713 正
主廥	9-450 正	覆曹	8-2550
主庫	8-1795	厩曹	9-1861 正
主器	J1⑯1163 背		

材料[5]中,洞庭假守在其下發的文書的收信報告中,指示在給自己回信時,將"兵曹"作爲開封者。在其背面(材料[9])中,轉發該文書的各縣分別指定了開封者,儘管是同一事,並非都指定"兵曹"作爲開封者,酉陽縣是"主令",零陽縣是"金布",充縣是"令",各地開封者皆不同。材料[6]中也有同樣的情況,即在文書傳遞過程中,南陽郡指定"旁曹",南郡指定"户曹"。由此看出,即便是同一事,在何處(或者誰)經手處理也由各機構斟酌決定。

《宋書・百官志下》有如下記載:

> 諸郡各有舊俗,諸曹名號,往往不同。

由此可見,即便是諸曹體制確立之後,曹的名稱也並未統一,而是由各機構自行決定。

這樣一來,如果事前已指定回信的開封者倒是沒問題,否則外部不知收件方有哪些曹名,更不知道對應具體業務的是哪個曹,也可能原本就沒有設置與某業務匹配的曹。在這種背景下,用法靈活的"主某"即"經手人"這種表達方式無疑變得非常方便。

另外,從要求回信的一方來看,經手的曹理應是確定的,却也有指定"署主某發"的情況。例如,從寫有"廷吏曹"的封檢(8-241等)來看,該簡的出土地遷陵縣廷確實設置了吏曹。然而在[7]中也出現了該遷陵縣廷(遷陵守丞)指定"署主吏發"的情況。這表明,無論指定的開封者是"主某"抑或"某曹"結果都一樣(無論哪一種情況都是由"某曹"開封)。因此,"主某"作爲"某曹"的替代語,成爲膾炙人口的表達方式。

如果對應的曹非常設機構,而是臨時設立的經手人,此種情況就不得不使用"主某"了。嶽麓秦簡《秦律令(貳)》265簡中,"主及曹事有不當"出現的"主"和"曹"並存的情況,大概也是考慮到以上的情況吧。

(三)"某手"和"某曹"及"主者"的關係

接下來,就嶽麓《興律》中"弗告曹,報者署報書中某手"這部分內容進行探討。

嶽麓《興律》規定的該情況中,回信文書("報")是爲提供來信文書("書")要求的信息所作。因此,這兩份文書是對應關係,內容上也應該與同一事相關。這樣,回信應送給通過來信而索取信息者,而且如爲同一事,則可將來信者與回信的收件者視爲同一人。也就是說,如果有"署某曹發"的指示,"某曹"既是回信的開封者,又是寫有該指示的來信的實際發件人。①儘管 8-197 背([7]的背面)寫有"報別藏",但這個注解表明通常來信和回信是被一同保管的,由此可以旁證這兩份文書由同一個人處理。

在沒有指定的情況下,記載"某手"代替曹作爲開封者也適用以上情形。

在先行研究中,"某手"多被認爲是文書的作成者。②資料[2]中的"定手"也是如此。"某手"的記載不限於來往的文書,里耶秦簡的公文書皆是如此。由嶽麓《興律》條文可知,即便"署某曹發"的指示有時會被遺漏,但是"某手"一定會被記錄下來。

如上所述,如果來信上寫着"署某曹發……某手",那麼"某曹"既是回信的開封者,又是這封來信的發信者。而經"某曹"發送文書的"某手"的"某",應該是部門"某曹"的成員。以[5]"署兵曹發/如手"爲例,手者"如"應該是兵曹的一員。

因此,嶽麓《興律》中,在未署某曹發的情況下,要求以所收信中的某手來代替的理由,是所收信中的某手原本就是應被指定爲開封之曹的成員。而且,即便是明確寫上"署某曹發"的情況,因其屬於同一個事件的關聯文書且又係"某曹"的成員,也幾乎都是由起初去信的"手"者來拆看的。

如果是各業務部門曹的成員,那麼手者就不僅僅是書寫者,且是該文書所記載業務的經手人。

這從公文書的記述中也可以看出。首先,構成册書的 8-755—759 中記載如下:

[12] 卅四年六月甲午朔乙卯,洞庭守禮謂遷陵丞。丞言徒隸不田,奏曰,司空厭等當坐。皆有它罪,耐爲司寇。有書,書壬手……厭失當坐論,即如前書、律令……

洞庭太守特意在指出遷陵丞劾奏司空嗇夫的文書上有"壬手"後,才論述對本案的看法,可推斷手者也處於理應擔負案件相關責任的立場。

嶽麓秦簡《爲獄等狀四種》案例 01"癸、瑣相移謀講案"中,更清楚地體現了這一點:

[13] ·廿五年六月丙辰朔癸未,州陵守綰、丞越敢讞(讞)之……南郡叚(假)守賈報州陵守綰、丞越……受人貨材(財)律令,其所枉當貲以上,受者、貨者皆坐臧(贓)爲盜。有律。不當讞(讞)。獲手。其貲綰、越、獲,各一盾。它有律令。

州陵縣廷不知如何論罪,故奏讞,但南郡假守賈認爲法律已經有相應的規定,判斷其奏

---

① 里耶秦簡的郵遞記錄中,如"司空曹書一封,丞印"(8-375),"尉曹書三封,令印"(8-453 正)等,即使是曹的文書,名義上的發信方也是縣的長官,次官令和丞。

② 關於"某手"的各種解釋,參看陳偉主編《里耶秦簡牘校釋(第一卷)》,武漢大學出版社,2012 年,第 5 頁。

讞不當。並指出奏讞文書中的"獲手"應與州陵守綰、丞越一起處以同樣的罰金。前段中寫到"州陵守綰、丞越、史獲論,令癸、瑣等各贖黥",獲參與了奏讞前期的討論。顯然,書手不僅負責文書的寫作,對奏讞本身也負有責任。

8-1511是令史感上呈"水火敗亡者課"的內容:

[14] 廿九年九月壬辰朔辛亥,遷陵丞昌敢言之。令令史感上水火敗亡者課一牒。

有不定者,謁令感定。敢言之。 (8-1511 正)

已。九月辛亥水下九刻,感行。感手。 (8-1511 背)

作爲這份文書的手者,感能確認"水火敗亡者課"的不確定之處,可見他對此事非常精通。與貳春鄉提交的[14]記載於同一日的"水火敗亡課"上呈文書(8-645)上,寫有感"半(開封)"。①

在《漢書·郊祀志上》的顏師古注中有"手,謂所書手迹",由於出自同一手者的文書上的筆迹大致相似,由此推斷多數情況下,手者就是文書的作成者。雖說如此,也有手者以外的人書寫的例子。進一步說,手者與作爲縣行政、司法負責人的令、丞連坐,熟知業務內容,且又作爲業務經手部門曹的成員,從其立場上看來,不僅僅是單純的文書書寫者。記載"某手",除了表示書寫文書的人以外,還具有表明該記載事項經手人的功能。②

總之,手者是文書的作成者及記載業務的經手人,即前揭《史記·陳丞相世家》所說的"主者"。更準確地說,極有可能是業務經手人(主者)擔任了文書的作成者(手者)。因此,從原本表示文書作成者"某手"的記載中,還明確了該業務的經手人。

[13]中作爲手者的屬史,與縣守、丞一同被問罪。同時,據秦漢律令,違反業務、過失的情況下,屬史的"主者"要和令、丞、尉、嗇夫一同連坐,舉例如下:

[15] □律曰,傳書受及行之,必書其起及到日月夙莫(暮),以相報。報宜到不來者,

追之。書有亡者,亟告其縣官。不從令者,丞、令、令史主者貲各一甲。

(嶽麓秦簡《秦律令(壹)》223—224簡)

---

① 廿九年九月壬辰朔辛亥,貳春鄉守根敢言之。牒書水火敗亡課一牒,上。敢言之。 (8-645 正)

九月辛亥旦,史邛以來。/感半。邛手。 (8-645 背)

② 拙稿《里耶秦簡J1⑧1517の作成過程と"某手"の示すもの》,東京外國語大學亞非言語文化研究所"中國古代簡牘の橫斷領域的研究",http://www.aa.tufs.ac.jp/users/Ejina/note/note20(Hafner).html,2017年2月16日交稿,2019年6月2日最終閱覽。

[16] 繇(繇)律曰,發繇(繇),自不更以下繇(繇)戍,自一日以上盡券書,及署於牒。將陽倍(背)事者亦署之。不從令及繇(繇)不當券書,券書之,貲鄉嗇夫、吏主者各一甲。丞、令、令史各一盾……發吏力足以均繇(繇)日,盡歲弗均,鄉嗇夫、吏及令史、尉史主者貲各二甲,左[遷](遷)。令、尉、丞繇(繇)已盈員弗請而擅發者貲二甲,免。　　　　　　　　　　　　　　（嶽麓秦簡《秦律令(壹)》253—255 簡）

[17] 賊燔城、官府及縣官積冣(聚),棄市。賊燔寺舍、民室屋、廬舍、積冣(聚),黥爲城旦舂。其失火延燔之,罰金四兩,責所燔。鄉部、官嗇夫、吏主者弗得,罰金各二兩。　　　　　　　　　　（張家山漢簡《二年律令》4—5 簡）①

[15]規定,在接收和傳送文書時,必須向對方報告文書已到達,而在接下來的 8-158 中就是遵循了該規定,遷陵守丞向酉陽丞報告文書已到達:

[18] 卅二年四月丙午朔甲寅,遷陵守丞色敢告酉陽丞主。令史下絡帬(裙)直書已到。敢告主。　　　　　　　　　　　　　　　　　　　　　　　（8-158 正）

四月丙辰旦,守府快行旁。欣手。　　　　　　　　　　　　　　（8-158 背）

此處出現了"欣手"一詞,"欣"出現在其他簡牘中,是指在遷陵縣廷處理文書的令史,②很可能相當於[15]中的"令史主者"。可以説是手者作爲主者的證據。

另外,令、丞和"令史主者",尉和"尉史主者",鄉、官嗇夫和"吏主者"連坐。③這些主者在各官署製作其所經手的業務文書時,記載爲"某手"以明示責任。④然而,雖説是由主者(手者)作成文書,但大都是以官府的長官和次官等業務負責人,及鄉、官嗇夫等附屬機關的主管人員的名義發出來的。

由於没有固定爲組織,關於曹的記述在律令中很少。⑤但是,取而代之的是律令對作爲成員的主者的責任有嚴格的規定,這同樣也適用了曹的活動。

---

① 參見彭浩、陳偉、工藤元男主編《二年律令與奏讞書——張家山二四七號漢墓出土法律文獻釋讀》,上海古籍出版社,2007 年。

② 欣在 8-293＋61＋2012,152,157,196＋1521,1455＋1443/9-794 中發給遷陵縣廷的文書用"發",在 8-155/9-756 中遷陵縣廷發給少内和厩的文書用"手"。

③ 從鄉官或縣官發出文書的實際書寫者來看,"吏主者"的"吏"具體指的是鄉佐、鄉史,官佐、官史。

④ 里耶 8-481 材料[10]中出現的不是"史尚手",而是"史尚主"。可知其業務對象是計,而非文書的書寫。基於前揭《史記·陳丞相世家》和《續漢書·百官志》的記載,"主"是對經手業務的統稱。與此相對,"手"的本義是"手迹","某手"是表示文書製作責任、文責所在的標記。

⑤ 參見土口史記《秦代の令史と曹》,《東方學報(京都)》第 90 册,2015 年。

(四) 嶽麓《興律》的對象和當時的公文書業務處理體制

以"諸書求報者"爲對象的使用場景隨處可見,因此,嶽麓《興律》的規定適用於所有官署。於是,一切有公文書往來的官署皆采用了以該規定爲前提的某曹、主某、主者(手者)的公文書業務處理體制。

長吏治理的太守府和縣廷等官府中有曹的存在,上文列舉的史料中已有明確揭示,也是衆所周知的事實,而更基層的行政機關采取了同樣的體制這一點也值得關注。

例如,作爲縣部門的縣官,在[8]中陽陵縣的司空要求將"主責"作爲回信的開封者,在 J1⑯1163 背面寫有"司空主器發"。有關鄉,8-1548 有"貳春鄉主髤(漆)發",9-450 正面提到啓陵鄉守請求"報署主㡿發"。由此可知,所有機構都設置主某來處理文書。

另外,不論發文官署的等級如何,所有的公文書上都有"某手"的記載,律令規定縣廷設令史主者,尉設尉史主者,鄉、縣官設吏主者來執行業務。關於太守府,參見 8-412 + 224 + 1415 中的記載:

[19] 其旁郡、縣與椄(接)界者毋下二縣,以□爲審,即令<u>卒史主者</u>操圖詣御史……

由此可推斷,卒史擔任了主者。

如上所述,至少有一點是明確的,即上至郡,下至鄉、縣官的各級官署采用了統一的公文書業務處理體制。即事先設置某曹、主某,在明確主者(手者)的前提下,處理業務的經手人制。

依據此經手人制度,成爲公文書業務處理體制中主者的是太守府中的卒史,縣廷中的令史等,即與以太守、縣令爲首的業務負責人在同一場所工作的屬吏。爲避免向對方直呼其名,借鑒尊稱的方式,改爲稱呼其親信。"敢告某主"是不直接稱呼官府的長官、次官或者鄉、官嗇夫等附屬機關的主管者,而采用通知在他們身邊工作的主者這樣的表達形式。

里耶秦簡中"某主"的使用對象是太守(8-657 正等)、縣令(9-1874 正等)、縣丞(8-63 正等)、縣尉(8-69 正等)、鄉嗇夫(9-1114 正等)、官嗇夫(8-1343 + 904 等)。他們都是施行經手人制的官府的長官、次官或附屬機關的主管人。沒有對屬吏使用"某主"的例子。此外,儘管鄉的更下一級有里,但尚未發現里發行的公文書,由此可見製作公文書應該是到鄉爲止。也就是說,經手人制的下限是鄉(及同級的縣諸官),與之相對應,"某主"

的使用對象也以鄉嗇夫(及同級的官嗇夫)爲下限。

經手人制的發展不僅限於從上至下的方向。遷陵在始皇二十五年才剛成爲縣(8-757),對秦來説是邊境的新領土。遷陵縣廷處理的公文書多用"某主",可見經手人制在帝國的各處被迅速施行,像這樣横向的影響也值得關注。

三、從公文書的用法看"某主"和主者的關係

以上,以嶽麓《興律》的規定作爲主要旁證,揭示了"某主"的"主"可以指官府的長官、次官及附屬機關的主管者的親信,他們作爲經手公文書及業務處理的主者,產生了尊稱的表達。以下從實際公文書中"某主"的用法來證實這一觀點。

[4]中"敢告洞庭守主"之後,論述了其請求的内容"卒人可令縣論……",最後以"敢告主"結束。另外,居延漢簡[3]產生於"某主"這一表達已被棄用的時代,但其中也出現了相同的結構。對應的部分爲"敢告部都尉卒人""卒人遣尉……""敢告卒人",此處可看成"主"被"卒人"所替換。也就是説在[4]中,"主"等同於"卒人"。

進而言之,[4]中請求"卒人"對縣作出論斷,而後文中對應的執行者是洞庭守,可知這裏的"卒人"相當於"洞庭守"。

依據前揭《論衡·謝短篇》的記述及黃暉的注釋,"卒人"指的是郡的近侍,也是太守、農都尉、部都尉等郡級長官的尊稱。[1]

由於相關的史料很少,卒人的來歷和具體情況尚未可知。[2]郡級長官的書記官與"卒人"同樣冠以"卒"字稱作"卒史"。[3]中,以"敢告部都尉卒人"的形式傳達的指示,由卒史和屬、書佐一起處理,"卒史"可以看作是部都尉的親信,即卒人的一種。8-247中的卒史記載如下:

[20] ☐ 尉 府爵曹卒史文、守府戍卒士五(伍)狗以盛都結……

在郡級官府尉府中,他是爵曹的成員,在[18]中擔任太守府的主者。

像這樣,附屬於以太守爲首的郡級長官的"主",直接、具體地來説,指的是近侍長官

① 陶安《卒人に關する覺書》,東京外國語大學亞非言語文化研究所"中國古代簡牘の横斷領域的研究",http://www.aa.tufs.ac.jp/users/Ejina/note/note20(Hafner).html,2016 年 10 月 12 日交稿,2019 年 6 月 2 日最終閲覽。

② 陳直《居延漢簡研究》,天津古籍出版社,1986 年,第 128 頁,其中提到"卒人指府門卒而言,内官公卿,外官太守及都尉府皆有之",但没有給出明確的根據。

的卒史等卒人,卒人是在郡級官府擔任主者的屬吏。

同樣的情況在縣廷的公文書中也能找到:

[21] ……臨沮丞禿敢告遷陵丞主。<u>令史可以律令從事。敢告主。</u>/胥手。九月庚
戌朔丁卯,遷陵丞昌告尉主。以律令從事。/氣手……　　　　　(8-140 正)

此處采用和[4]相同的書寫方式,根據"主"等同於"卒人"的理論,"遷陵丞主""敢告
主"的"主"可以用"令史"來代替。而且,由"令史"下達的"以律令從事"的指示,自遷陵
丞原封不動向尉下達。由此可見,這裏的"令史"與"遷陵丞主"同義,與"卒人"同屬
尊稱。①

和郡的文書結構一樣,附屬於縣令、丞的"主"的具體表現形式就是"令史"。令史正
如上所説,是縣廷中曹的成員,是擔任主者的屬吏。[21]中經手由遷陵丞下發到尉的文
書部分的"氣",就是 8-1241 等中出現的"令史氣"。

綜上所述,公文書中"某主"的"主",具體是指卒人、令史等。卒人、令史是指在太守
府等郡級官府、縣廷等擔任主者的屬吏。由此可以明確,"某主"的"主"來源於在官府的
長官、次官及附屬機關主管者身邊近侍的主者,是一種尊稱。

結　語

從避免直接稱呼對方,而稱呼近侍者的尊稱性質上看,"某主"的表達初看似乎並不
適合。但在使用"某主"的年代,官府的長官、次官,鄉嗇夫、官嗇夫等附屬機構的主管者
作爲業務負責人,在其身邊存在經手人,也就是設立了主者經手公文書及業務處理。不
直接稱呼長官、次官、主管者,而借由稱呼在他們身邊工作的經手人(主者),從而産生了
"某主"的表達方式。

如開頭所述,"某主"的表達方式是里耶秦簡的特徵之一。里耶秦簡是從位於秦帝
國邊境的洞庭郡遷陵縣廷遺址出土的簡牘,其公文書中多用"某主",説明經手人制當時
已經影響到秦帝國的邊疆地區。經手人制以律令爲保障,將由位於關中的秦中央政府
制定的行政制度,施行於帝國各處。遷陵縣設置的時間是在始皇二十五年,不久之後就

---

① 關於這種令史的用法,陶安《卒人に關する覺書》及陳偉《秦簡牘校讀及所見制度考察》(武漢大學出版社,2017
年,第 28—35 頁),都認爲與"卒人"一樣,可謂如尊稱一般用來避免直呼其名且指代對方的委婉表達。

施行了經手人制。儘管可能有從較熟悉秦制的地域派來赴任的官吏,①但秦制以其不受當地情況影響,能立即發揮作用體現出的高完成度及徹底的强制力,令人震驚。

另外,"主"本身雖來源於作爲親信的屬吏,但"某主"的表達方式是以官府的長官、次官或附屬機關的主管者爲對象的,並不用於該屬吏。在肩水金關漢簡 73EJT9：29A 中出現了"敢告尉史主",把"主"附在縣尉親信的屬吏尉史後(參前引簡文)。然而該簡的年代出於西漢後期的甘露元年,當時"某主"的表達方式幾乎已不被使用。因此,"某主"的用法變得曖昧,可以認爲"主"直接附在尉的主者(尉史)後是一種誤用。

那麼,爲什麼"某主"這種表達方式,在西北漢簡等西漢後期以後的史料中就再未出現了呢？雖不能肯定,但其主要原因或許與行政機關、制度的變化相關。

有論者指出,到了西漢後期令史、縣廷內曹的勢力擴大,縣官被納入其中。②例如,睡虎地秦簡中官嗇夫巡視縣官,令史巡視縣廷。③東漢五一廣場漢簡中,縣廷吏户曹史們在司空、倉、庫(均爲縣諸官)巡視,它們皆位於"寺内"。④縣廷機構和功能的擴大意味着在內部完成的業務增加,其結果是與縣內其他部門的業務文書往來減少,"某主"的使用頻率也隨之減少。

另外,"某主"與表示和對方身份相近的"告""敢告"相搭配,用於太守之間,令、丞之間,嗇夫之間等平行文書中。⑤再者,丞發出的文書中出現了對下級的嗇夫使用"主"的情況,可歸類爲下行文。⑥依據漢初《二年律令・秩律》可知,嗇夫之職中司空嗇夫爲最高 250 石,田(部)嗇夫、鄉(部)嗇夫爲最高 200 石,與最低 300 石的縣丞並無多大差別。也就是説,"主"是對與自己地位相同或略低的人使用的尊稱。

然而,從"鄉有秩"的名稱可以看出,之後的時代鄉嗇夫的官秩削減到有秩(100 石)

---

① 例如,嶽麓秦簡《秦律令(貳)》51 簡：
　　……御史課中縣官,取殿數如郡。殿者,貲守、守丞、卒史、令、丞各二甲,而令獄史均新地。
② 參見土口史記《秦代の令史と曹》,《東方學報(京都)》第 90 册,2015 年。
③ 　　毋敢以火入臧(藏)府、書府中。吏已收臧(藏),官嗇夫及吏夜更行官。毋火,乃閉門户。令令史循其廷府……
　　　　　　　　　　　　　　　　　　　　　　　　　　　　　　　　(睡虎地秦簡《秦律十八種》197 簡)
　　按,參見睡虎地秦墓竹簡整理小組編《睡虎地秦墓竹簡》,文物出版社,1990 年。
④ 　　永初五年七月丁未朔十八日甲子,直符史奉、書佐譚敢言之。直月十七日,循行寺内獄、司空、倉、庫。後盡其日夜,無詣、告、當舉劾者。以符書屬户曹史陳躬、書佐李憲。敢言之。　　　(五一廣場漢簡 97・CWJ1③：325-1-26B)
　　按,參見長沙市文物考古研究所等編《長沙五一廣場東漢簡牘釋》,中西書局,2015 年。
⑤ 鄒水傑《里耶秦簡"敢告某主"文書格式再考》,《魯東大學學報(哲學社會科學版)》2014 年第 5 期。
⑥ 例如 9-2283 背：
　　三月辛酉,遷陵丞歐敢告尉,告鄉、司空、倉主……
　　遷陵丞向鄉嗇夫、司空嗇夫、倉嗇夫使用"主"。

以下。以上情況對於在《二年律令·秩律》中被視爲與鄉(部)嗇夫地位大致相當的官嗇夫也同樣適用。從而與縣丞的差距變得明顯,對鄉、官嗇夫也不再使用"某主"。

另外,武帝時期太守的職權強化可能也是其背景之一。[1]如果郡對縣行政的干預加强,郡縣之間的文書往來就會增加,隨着縱向分割化的進行,縣與縣之間的往來相繼減少。"主"是對與自己地位相同或略低的人使用的尊稱,因此在有明顯差距的郡太守和縣令、丞之間不使用。在郡與郡的公文書往來中,即便不使用"主",使用專用尊稱的"卒人"也就行了。

由於以上種種原因,使用"某主"一詞的機會逐漸減少,進而廢止。話雖如此,但現階段仍只能局限於推測,期待今後新史料的發現和進一步的研究。

吴浩譯(長沙市長郡中學)、朱騰校訂(中國人民大學法學院)

附記:本稿參考了東京外國語大學亞非力言語文化研究所共同利用、共同研究課題《簡牘學から日本東洋學の復活の道を探る——中國古代簡牘の的橫斷領域的研究(3)》研讀會中的討論。

本文原載高村武幸、廣瀨薰雄、渡邊英幸編《周緣領域からみた秦漢帝國》,六一書房,2019年,第29—50頁。翻譯時,刪除引文的翻譯文字;尾注改爲脚注;文末所附參考文獻,移至首次出現的位置。

---

[1] 紙屋正和《漢時代における郡縣制の展開》,朋友書店,2009年,第187—232頁。

里耶秦户籍簡三題

韓樹峰

中國人民大學歷史學院

出土文獻與中國古代文明研究協同創新中心

里耶秦户籍簡牘係迄今爲止發現的最早户籍實物,對研究秦户籍制度,其價值和意義不言而喻。學界對秦户籍簡不乏關注,其中各欄著録的内容,已有研究貢獻了一些值得思考的意見,但細思之下,我認爲仍有再推敲的餘地。至於户籍簡著録"大""小"所反映的問題及家庭成員關係的書式與魏晉户籍的異同問題,似乎尚未引起足够的關注。下文擬對這三個問題談一下自己粗略的看法,以就教於學界同仁。

一、户籍簡各欄的著録内容

户籍簡出土時爲51個殘段,經整理拼復綴合得整簡10枚,殘簡14枚(段)。完整簡長均爲46釐米,分五欄書寫,分欄符號多爲墨綫,僅22號簡二、三欄爲硬物刻劃。涵蓋五欄且内容完整的簡牘共3枚,分别爲K27、K1/25/50、K2/23,兹録後兩枚簡文如下:

2(K1/25/50)

第1欄:南陽户人荆不更黄得

第2欄:妻曰嗛

第3欄:子小上造台

　　子小上造

　　子小上造[定]

第4欄:子小女虖

　　　子小女移

　　　子小女[平]

第 5 欄：五長

10（K2/23）

　第 1 欄：南陽户人荆不更宋午

　　　弟不更熊

　　　弟不更衛

　第 2 欄：熊妻曰□□

　　　衛妻曰□

　第 3 欄：子小上造傳

　　　子小上造逐

　　　□子小上造□

　　　[熊]子小上造

　第 4 欄：[衛]子小女子□

　第 5 欄：臣曰襦①

簡牘分欄書寫，每一欄自有其特定的内容。整理者張春龍對各欄内容進行了概括：第一欄爲户主籍貫、爵位、姓名；第二欄爲户主或兄弟的妻妾名；第三欄爲户主兒子之名，且其前多冠以"小上造"；第四欄爲户主女兒之名，一概稱爲"子小女子"；第五欄有相關内容則録，無則留白，和今日檔案的備注一欄相當。②這一概括是在簡牘出土之初進行的，疏漏之處在所難免，如以簡 10（K2/23）而論，第一欄尚包括户主之弟，第三欄則包括户主兄弟之子。劉欣寧通過比對所有户籍簡，得出了如下認識：第一欄爲大男；第二欄爲大女；第三欄爲小男；第四欄爲小女；第五欄爲奴婢。③但按簡 2（K1/25/50），第五欄除奴婢外，尚著録伍長。爲此有人認爲，第五欄爲老男、老女及伍長之類的備注項目。④

────────

① 湖南省文物考古研究所編著《里耶發掘報告》，嶽麓書社，2006 年，第 203、205 頁。有文字可識的户籍簡共 22 枚，見該書第 203—207 頁，下文引用這些簡牘不另出注。
② 湖南省文物考古研究所編著《里耶發掘報告》，第 208—209 頁。
③ 劉欣寧《里耶户籍簡牘與"小上造"再探》，簡帛網，2007 年 11 月 20 日。
④ 張榮强《湖南里耶所出"秦代遷陵縣南陽里户版"研究》，《北京師範大學學報》2008 年第 4 期，第 71 頁。"老男""老女"係學界常用的稱謂，但如本文第二部分所論，秦及西漢早期，固然存在免除全役的老年人，但並没有"老男""老女"稱謂，嚴謹的表述應爲：免除全役的老年男性、老年女性。爲免繁瑣，本節亦以"老男""老女"稱之。

以家庭成員的大、小作爲確定各欄内容的標準，較張春龍的説法進了一步，但其中也不無可議之處。簡 9(K4)第二欄的家庭成員爲大女，其餘諸簡第三、四欄内容較爲完整者均有“小”的記載，據此，第二、三、四欄分別著録大女、小男、小女的解釋是正確的。問題出在第一欄和第五欄。按上述看法，第一欄、第五欄分別著録大男和老男、老女，這意味着後者絶對不會出現在第一欄。現有 22 枚户籍簡均未記載家庭成員的年齡，論者據以判斷第一欄爲大男的依據是，這些男性均有爵位且未標注“小”，而且多已成婚。成婚者不能排除老男無須多論，以爵位而言，没有任何證據可以證明秦代老男無爵。相反，《漢舊儀》記載：“秦制二十爵。男子賜爵一級以上，有罪以減，年五十六免。無爵爲士伍，年六十乃免者，有罪，各盡其刑。”①漢初更是直接將爵位與免老年齡挂鉤：“大夫以上年五十八，不更六十二，簪裊六十三，上造六十四，公士六十五，公卒以下六十六，皆爲免老。”②而在走馬樓吴簡中，有爵位的老人比比皆是，這顯然是對漢制的沿襲而非孫吴的獨創。所以，秦及漢初，老年男性不但擁有爵位，而且爵位是其免除力役的主要依據。如果説所有老年男性均没有爵位，那只能意味着，他們在步入老年後，此前通過驅馳疆場、出生入死而獲得的寶貴爵位被政府剝奪了，這在以軍功爵激勵百姓奮勇作戰的秦國，顯然會導致災難性的後果。所以，依據爵位及婚姻狀況判斷第一欄只有大男没有老男，是不妥當的。

第一欄中的男性，其子女在第三、四欄多標注爲“小”，據此似乎可以推測他們應爲大男。我們不否認這種推測有一定道理，但是，同樣不能否認的是，男性 55 歲以後可以生育者並非特例，而且古代老夫少妻的情況相當普遍，因此，子女尚小，父親已步入老年，是完全可能的。③秦代類似資料比較缺乏，但吴簡中有不少這樣的例證。所以，没有理由根據“小男”“小女”的記載，推測其父一定尚在壯年。

認爲第一欄僅著録大男，不僅證據不足，即使在邏輯上，也存在一定的問題。老男、老女登録於第五欄的説法雖不準確，但按現有户籍簡，可以肯定的是，他們必定列於小女之後的某欄，這是就一户之中大男、大女、小男、小女、老男、老女俱備的情況而言的。不過，一户缺少某一欄家庭成員必定是常態，在這種情況下，後一欄家庭成員自然上提，

---

① 孫星衍等輯，周天游點校《漢官六種》，中華書局，1990 年，第 85 頁。

② 彭浩、陳偉、工藤元男主編《二年律令與奏讞書——張家山二四七號漢墓出土法律文獻釋讀》，上海古籍出版社，2007 年，第 232 頁。

③ 小男的終齡一般爲 15 歲，老男、老女的始齡有不同看法，但不會超過 70 歲。如 55 歲生育，在子女成人前，父親已進入老年。

典型的例子如簡 7(K42/46)，本來著録小女的第四欄著録了母親，這是該户家庭没有小男或小女導致的，研究者對此已有討論。照此推演，如若某户不存在大男，第一欄著録的先後順序是：大女、小男、小女、老男、老女。就常理而言，户籍簡必定突出户主，這不僅指户主必須放在首位，而且必定有"户人"標識。22 枚户籍簡中，除簡 12、13、16、18、20 第一欄缺損，簡 14、19 第一欄内容殘缺不全外，其餘 15 枚簡無一例外在第一欄明確記録了户人，可以説，第一欄記録户主是户籍簡的基本要素。以此爲前提，如果前一欄成員不存，後一欄依次上提，秦代户主將按如下順序繼承：(1)大女；(2)小男；(3)小女；(4)老男；(5)老女。換言之，老男、老女作爲尊長，在其他家庭成員存在的情況下，一律不得擔任户主，只能附籍於卑幼。

　　唐代户主一律以家長爲之，秦未必有類似的規定，但是，考慮到尊卑長幼有序的傳統觀念，秦禁止老年尊長特别是老年男性擔任户主的可能性相當之小。按漢代早期的代户法，户主去世後，户主繼承順位爲：(1)兒子；(2)父母；(3)寡妻；(4)女兒；(5)孫子；(6)曾孫；(7)祖父母；(8)同居的兄弟姐妹。[①]如以一户三代爲標準，將漢代繼承順序與以上所説的秦代繼承順序比較，可以發現，兩者存在着很大的差異：第一，漢代擔任户主可以直至去世，没有硬性規定在步入老年伊始，即將户主之位傳給他人。第二，漢代無論兒子長、幼，均優於妻子，秦代幼子位於妻子之後。第三，漢代無論父母壯、老，均優於妻子，秦代只有壯年父親優於妻子。第四，漢代無論父母壯、老，均優於女兒，秦代只有壯年父親優於女兒。另外，按論者所説的著録格式，秦代作爲户主的丈夫進入老年後，必然卸去户主之位，轉而著録在小女之後的一欄，而此時著録在第二欄的妻子如處於壯年，也將上提至第一欄，成爲該户户主。但是，在漢代代户法中，繼承人不包括妻子，這意味着丈夫在世，無論壯、老，妻子無論如何不能成爲户主，這在《二年律令·户律》中也有明確規定："爲人妻者不得爲户。"[②]我們也很難想象，秦政府會硬性規定户主進入老年之後，必須把户主之位傳給弟弟、兒子特别是妻子和女兒。江陵鳳凰山十號漢墓出土過如下格式的簡牘："郭乙二户，儋行，少一日。"[③]這類簡牘共 14 枚，是徵發市陽里徭役的文書，"二户"之上的文字，是户主之名，其後的"某行"指每兩户中出一個人服徭役。[④]值

---

① 關於漢代户主繼承順位的討論，可參韓樹峰《漢唐承户制度的變遷》，收入氏著《漢魏法律與社會：以簡牘、文書爲中心的考察》，社會科學文獻出版社，2011 年，第 138—143 頁。
② 彭浩、陳偉、工藤元男主編《二年律令與奏讞書——張家山二四七號漢墓出土法律文獻釋讀》，第 227 頁。
③ 李均明、何雙全編《散見簡牘合輯》，文物出版社，1990 年，第 72 頁。
④ 裘錫圭《湖北江陵鳳凰山十號漢墓出土簡牘考釋》，《裘錫圭學術文集·簡牘帛書卷》，復旦大學出版社，2012 年，第 14 頁。

得注意的是,14 枚竹簡中,服徭役者無一人是户主。我們知道,免老者是無須服役的,這可能暗示着户主大多數屬於老年人。

如上所論,按研究者確定的秦户籍著録格式推演,户主的身份及其繼承順序與漢初大相徑庭。漢律未必如某些學者所説,全盤照搬秦律,[①]但以秦律爲藍本應該没有問題。在大的歷史背景没有發生根本變化的情况下,漢政府没有必要將秦律修改得面目全非。兩者户主繼承順位差異如此之大,只能説明秦户籍第一欄的内容並非如研究者所説,僅著録大男。在可以識讀的 15 枚户籍簡的第一欄中,首位成員均爲户主。如果我們承認這是户籍文書的必備特徵,那麽就不得不承認,該欄除登録大男外,還必須登録户主,而且户主不分性別,也不分年齡大小,必定位於該户之首。也就是説,儘管張春龍推測的各欄内容不盡精確,但第一欄著録户主的説法却是正確的。研究者判斷第一欄均爲大男,並没有證據支撑,退而言之,即使現有户籍簡第一欄均爲大男,也不能證明大男是該欄的唯一内容。理由很簡單,因爲現有户籍簡中,作爲父親的老男均已去世,在這種情况下,即使按照慣例,户主之位也可能由其壯年兒子繼承,而其他大男按規定也必須著録在第一欄,從而給人以該欄僅著録大男的假象。

另外需要補正的,是第五欄的内容。户籍簡第五欄内容可以識別的簡牘有簡 1、2、7、12、10 五枚,前四枚著録"伍長",後一枚爲"臣曰襦"。據此,第五欄除劉欣寧所説的著録奴婢外,還著録伍長。簡 7 第四欄著録"母睢",有研究者認爲這是因爲該户無小男或小女,"母睢"上提一欄的結果。無論"母睢"一欄是否上提,可以肯定的是,與第五欄的"伍長"係分欄書寫,而且也没有理由認爲,老男、老女會與性質完全不同的伍長著録在同一欄,所以,第五欄著録老男、老女和伍長的説法是不正確的。其實,嚴格説來,第五欄著録伍長、奴婢的説法也未必確切,因爲這牽涉到户籍簡的欄數問題。目前所見户籍簡最多只有五欄,但是,這些户籍簡只見老女,未見老男。除户主外,大男、大女、小男、小女均按性別分欄書寫,因此,老男、老女分欄的可能性極大。這樣,在前四欄家庭成員齊備的情况下,老男、老女將依次登録在第五欄、第六欄,而伍長和奴婢則登録在第七欄,也就是最後一欄。

所以,在各類家庭成員齊備的情况下,秦户籍簡可能的架構如下:第一欄:户人、大

---

① 關於漢初法律全部繼承秦律的論述,可參高敏《漢初法律係全部繼承秦律説——讀張家山漢簡〈奏讞書〉札記》,收入氏著《秦漢魏晉南北朝史論考》,中國社會科學出版社,2004 年,第 76—84 頁。

男;第二欄:大女;第三欄:小男;第四欄:小女;第五欄:老男;第六欄:老女;第七欄:奴婢、伍長。由於目前所見戶籍簡均爲五欄,這裏所説的這個架構就牽涉到一個問題,即一枚戶籍簡的長度是否可以容納七欄。按《里耶發掘報告》,完整戶籍簡長度均爲46釐米,《里耶秦簡博物館藏秦簡》所録簡10-1170即分七欄書寫,簡長46.2釐米,較戶籍簡僅多出0.2釐米,但下方尚有近一欄的空白,①所以,一枚完整的戶籍簡容納七欄内容没有任何問題。現有戶籍簡均爲五欄,應該是缺少大男、大女、小男、小女、老男、老女中的某一類或某幾類所致,並非制度規定如此,如果一户之中各類群體齊備,戶籍簡可能至少分爲七欄。

二、户籍簡無"老"或"老男""老女"稱謂蠡測

22枚户籍簡中,第三、四欄記録子女時,均標注了"子小上造""子小女"或"子小女子",簡9(K4)第二欄則標注了"大女子"。"小男""小女""大女"等稱謂並非泛泛而言,而是與身高或年齡相對應,有固定含義的特稱。②户籍簡未見"大男",這可能是因爲他們擁有爵位而加以省略的緣故。③里耶秦簡記載了數例無爵位的"大男"和"大男子":"故邯鄲韓審里大男子吴騷,爲人黄皙色,隋(橢)面長七尺三寸☐""☐大男子五人""黔首☐大男子四人"。④可以肯定,"大""小"作爲特定稱謂,在秦代是存在的。

秦自然有老年人,户籍簡將其另欄書寫,反映秦有區分老年人的固定標準,但是與成年人、未成年人不同,當時並不存在"老"或"老男""老女"這樣的特定稱謂。户籍簡未見老年男性,簡7、11第四欄的"母睢""母◇"可能是老年人,却均未標注"老女"。户籍簡數量較少,據此認爲當時不存在"老",有武斷之嫌,但是,已經出版的所有里耶秦簡中,未見一例"老男""老女"。與此形成鮮明對比的是,"大男""大女""小男""小女"等稱謂在里耶秦簡中屢見不鮮。我曾經作過統計,除户籍簡外,里耶秦簡記録"大男"7例、

① 該簡彩版見里耶秦簡博物館等編《里耶秦簡博物館藏秦簡》,中西書局,2016年,第56頁。
② "小上造"是小爵之一種,係未成年人擁有的爵位,對此學界討論頗多,可參劉欣寧《里耶户籍簡牘與"小上造"再探》,簡帛網,2007年11月20日;劉敏《秦漢時期的"賜民爵"及"小爵"》,《史學月刊》2009年第11期,第99—100頁;王子今《里耶户籍簡所見"小上造"、"小女子"》,收入氏著《秦漢稱謂研究》,中國社會科學出版社,2014年,第90—95頁。"子小女子"即"子小女",可參王子今《秦漢"小女子"稱謂再議》,收入氏著《秦漢稱謂研究》,第97—101頁。
③ 未成年男性標注"小上造"爵位,可能是爲了與成年男性授爵者加以區分。
④ 陳偉主編《里耶秦簡牘校釋(第一卷)》,武漢大學出版社,2012年,第244、365、375頁。

"大女"28 例、"小男"21 例、"小女"14 例。①除良民外,賤民和刑徒也以"大""小"而不是"老"加以區分,類似"大奴""小奴""大隸臣""大隸妾""小城旦""小舂"的例子相當之多。在爲數衆多的例證中,無論個體信息的記録,還是家庭成員的分類統計,均不見"老"的踪影,以後者而言,可舉如下例證:

⑨2299:

南里户人官夫:(大夫)布☐

口數六人☐

大男子一人☐

大女子一人☐

小男子三人☐②

當然,以此證明"老"不存在是有瑕疵的,因爲該户也許本來就没有免除全役的老年人。那麽,我們不妨看一下《里耶秦簡博物館藏秦簡》所録簡 9-(2294 + 2305)a + 8-145a "卅二年十月己酉朔乙亥司空守圂徒作簿"、簡 10-1170"卅四年十二月倉徒簿最"。③兩簿記録各類徒作、倉徒的人數及工作分類,前者分類中有小城旦、小舂,後者有大隸臣、大隸妾、小隸臣,但均無"老"這一群體。對此仍然可以質疑,"老"本可免役,不見於兩簿順理成章;何况雖然兩簿人數極多,但小隸妾這樣的群體同樣未見,據此否定"老"的存在又有多少説服力? 老年城旦舂、隸臣妾等刑徒是否像百姓一樣可以免除力役,是值得懷疑的,至於後一質疑,針對兩簿確實有一定道理,但睡虎地秦簡《秦律十八種·倉律》的如下記載或許可以消除這樣的質疑:

隸臣妾其從事公,隸臣月禾二石,隸妾一石半;其不從事,勿禀。小城旦、隸臣作者,月禾一石半石;未能作者,月禾一石。小妾、舂作者,月禾一石二斗半斗;未能

① 可參陳偉主編《里耶秦簡牘校釋(第一卷)》;張春龍《里耶秦簡所見的户籍和人口管理》,中國社會科學院考古研究所等編《里耶古城·秦簡與秦文化研究——中國里耶古城·秦簡與秦文化國際學術研討會論文集》,科學出版社,2009年,第 190—194 頁。統計時,"小上造""小公士"視爲"小男"。兩文獻内容相同的,不再重複計算。前者"大男""大女""小男""小女"分别爲 6 例、20 例、15 例、7 例,後者分别爲 1 例、8 例、5 例、7 例。此外,《里耶秦簡博物館藏秦簡》有"小男"1 例。
② 張春龍《里耶秦簡所見的户籍和人口管理》,中國社會科學院考古研究院等編《里耶古城·秦簡與秦文化研究——中國里耶古城·秦簡與秦文化國際學術研討會論文集》,第 193—194 頁。此文所引里耶秦簡,出土層數以帶圈數字表示,本文爲統一體例,改爲不帶圈數字,下文不另注。
③ 里耶秦簡博物館等編《里耶秦簡博物館藏秦簡》,第 124、130 頁。

作者,月禾一石。……隸臣、城旦高不盈六尺五寸,隸妾、春高不盈六尺二寸,皆爲小;高五尺二寸,皆作之。①

律文未言"大",但《倉律》規定:"小隸臣妾以八月傅爲大隸臣妾,以十月益食。"顯而易見,6.5 尺、6.2 尺分別爲城旦、隸臣和春、隸妾的"大""小"分界綫,廩食 2 石、1.5 石的隸臣、隸妾是大隸臣、大隸妾的省稱。在里耶秦簡中,當"小"存在時,"大"略而不書似乎是一種常態,如簡 10-1170,概括性記録隸臣妾總人數時,分爲大隸臣、大隸妾、小隸臣,但具體記録分類工作的人數時,前兩者一律記爲"男""女",後者則記爲"小男",簡 9-(2294 + 2305)a + 8-145a 記録的城旦春同樣如此。又如簡 16-950:"新黔首户百六男千卅六人小男子□。"②户口分類統計一般先"大"後"小","男千卅六人"之"男"不是所有男性的總計,而是指大男,是與"小男子"相對而言的。與"大"不同,秦簡中不見以"老"標注的各種群體,並非省略了"老",而是當時本來就不存在這樣的稱謂,因爲"老"是不能通過身高體現的。

如果説具體例證中有"大""小"没有"老",還可以視爲偶然的話,那麼,概括性的法律規定中同樣存在這種現象,就不能視爲偶然了,而是"老"作爲特定稱謂本不存在的間接體現。漢代早期似乎繼承了秦有"大""小"無"老"之制,《二年律令・金布律》:

> 諸冗作縣官及徒隸,大男,冬稟布袍表裏七丈、絡絮四斤,綺(袴)二丈、絮二斤;大女及使小男,冬袍五丈六尺,絮三斤,綺(袴)丈八尺、絮二斤;未使小男及使小女,冬袍二丈八尺,絮一斤半斤;未使小女,冬袍二丈、絮一斤。③

這是關於冗作、徒隸廩衣的概括性規定,包括了大男、大女、使小男、使小女、未使小男、未使小女,却唯獨不見老男、老女。類似的情況也見於漢武帝時期的《二年西鄉户口簿》:

> 户千一百九十六,息户七十,耗户三十五,相除定息四十五户。大男九百九十一人,小男千四十五人,大女千六百九十五人,小女六百四十二人;息口八十六人,耗口四十三人,相除定息口四十三。 ・凡口四千三百七十三人。④

① 睡虎地秦墓竹簡整理小組編《睡虎地秦墓竹簡》,文物出版社,1978 年,第 49 頁。
② 張春龍《里耶秦簡所見的户籍和人口管理》,中國社會科學院考古研究所等編《里耶古城・秦簡與秦文化研究——中國里耶古城・秦簡與秦文化國際學術研討會論文集》,第 190 頁。
③ 彭浩、陳偉、工藤元男主編《二年律令與奏讞書——張家山二四七號漢墓出土法律文獻釋讀》,第 250 頁。
④ 荆州博物館編著《荆州重要考古發現》,文物出版社,2009 年,第 211 頁。

《户口簿》備列漢武帝建元二年(前 139 年)西鄉户口總數及增减情况,口數方面分列大男、大女、小男、小女的具體人數,無老男、老女。對此有學者認爲,由於當時有單獨的免老簿,所以這些人不再計入當地每年的户口統計總數之内。[①]這種看法是不能成立的。除免老簿外,罷癃、新傅、歸義者、復事算者、見卒、吏卒等群體亦各有簿册,[②]且不見於《二年西鄉户口簿》,依據同樣的理由,我們也可以將他們排除在户口總數之外,如此一來,户口總數還有多少群體可以記録呢? 東海郡《集簿》在記録本郡總口數後,又分列男、女人數,其下特别記録年 70 以上的受杖人數及 80、90 歲以上老人的總口數。[③]毫無疑問,各級政府登録的人口總數是包括所有老人的,《金布律》《户口簿》記録各種群體唯獨不見"老",只能説明一直到漢代早期,仍不存在"老"這一特定稱謂。

學界所説的"老",是指免除力役的老人,但當時與免役老人相對應的特定稱謂是"免老"而不是"老"。我們知道,自西晉丁中制確立以後,免除力役的老人統稱爲"老",爲什麼秦和西漢早期不稱爲"老"而稱爲"免老"? 這可能因爲除免老外,當時還存在服半役的"睆老"這一稱謂,他們同樣屬於老人。免老可以與睆老相對,但"老"却含義模糊,指向不明,以"老"代替免老容易導致誤解。《秦律十八種·倉律》:"隸臣欲以人丁粼者二人贖,許之。其老當免老、小高五尺以下及隸妾欲以丁粼者一人贖,許之。"[④]律文以免老限定"老",説明除免老以外,"老"還包括其他類型的老年人,或者即是睆老亦未可知。《秦律雜抄》:"百姓不當老,至老時不用請,敢爲詐偽者,貲二甲。"整理者注:"老,即免老。"這一解釋未必正確,如"老"即免老,律文不應書"老"而應直書"免老",這個"老"應該同樣是一個涵蓋範圍較廣的稱謂,意指免老和睆老。所以,秦簡中固然有"老"的記載,但並不與某一群體形成唯一的對應關係,與學界所説的表示免除力役的老人之"老"屬於不同的概念。可以説,免老和睆老排擠了作爲特定稱謂的"老"的存在空間,"老"作爲一個概念,在秦和西漢早期只能以含義較爲寬泛的面目出現。

"大""小"等稱謂是基於力役徵發而形成的概念,這可以解釋爲什麼有"大""小"而

① 可參彭浩《讀松柏出土的西漢木牘(二)》,簡帛網,2009 年 4 月 4 日;劉瑞《松柏漢墓出土〈二年西鄉户口名簿〉小考》,復旦大學出土文獻與古文字研究中心網,2009 年 3 月 28 日。

② 松柏木牘有新傅簿、歸義簿、復事算簿、見(現)卒簿、置吏卒簿等,可參荆州博物館《湖北荆州紀南松柏漢墓發掘簡報》,《文物》2008 年第 4 期,第 29 頁。

③ 連雲港市博物館、東海縣博物館、中國社會科學院簡帛研究中心、中國文物研究所編《尹灣漢墓簡牘》,中華書局,1997 年,第 77—78 頁。

④ 三條律文見睡虎地秦墓竹簡整理小組編《睡虎地秦墓竹簡》,第 53—54、143 頁。

無"老"。就承擔力役的能力而言,一般與身高密切相關,秦以身高區分"大""小",原因即在於此,這當然不是秦的創舉,而是對此前制度的沿襲。身高固然可以區分"大""小",却無法區分"大""老",所以,在力役產生之初甚至很長一個時期裹,只有"大""小"而無"老"。不過,從壯年轉向老年導致逐漸無法承擔力役,是客觀存在的現實,解決這一問題的辦法只有引入年齡標準這一條途徑。《周禮•地官•鄉大夫》:"以歲時登其夫家之衆寡,辨其可任者。國中自七尺以及六十,野自六尺以及六十有五,皆徵之。"①徵發力役兼用身高和年齡,前者針對"大""小",後者針對壯、老,也就是説,僅以身高爲標準,"大"必然包括壯年和老年兩個群體,爲將兩者區分開來,不得不使用年齡標準。這種規定未必始於《周禮》,但《周禮》中駁雜不純的標準説明,年齡標準產生以後,作爲舊制的身高標準一直得到繼承。秦代儘管年齡、身高並存,但仍以後者爲唯一的判斷依據,這不僅體現在對大、小城旦舂、隸臣妾的概括性法律規定中,在簡 9-337 中也有具體的反映:"□廣隸小上造臣黑色長可六尺年十五。"②臣身高 6 尺,年齡 15 歲,秦律規定6.5 尺以下爲"小",按漢代制度,15 歲以上爲"大",可見,臣的小上造身份是由身高決定的,與年齡無關。按正常情況,年齡出現以後,"老"隨之出現似乎順理成章,但問題並不如此簡單。老人有免半役和免全役之分,"老"不足以區分這兩個群體,只能以睆老和免老與其一一對應,而且舊制中本没有"老"這一特定稱謂,兩相結合,導致秦乃至西漢早期始終無法以"老"作爲特定稱謂代表免除全役的老人。一直到"大""小"之制爲丁中制所取代,免半役的老人劃入次丁,"老"終於可以與免全役的老人對應,才取代了免老,成爲一個特定的稱謂。

必須回答的一個問題是,《金布律》《西鄉户口簿》等關於廩衣、户口統計的内容,不可能不包括老年人,但是,其中既不見"老",也不見"免老""睆老",這該如何解釋? 我認爲,老年人包括在了"大"中。如前所説,以身高區分"大""小",老年人必然包含在"大"中,就衣食需求而言,壯年、老年没有本質性的差異,不必對兩者另行區分。《户口簿》是國家掌握人口數量的基礎,但却不是派役的直接依據,徵發力役另有《傅簿》《免老簿》《罷癃簿》等專門簿册可據,所以《户口簿》同樣没有區分壯年、老年的必要,這從另一個

① 孫詒讓《周禮正義》卷二一《地官•鄉大夫》,中華書局,1987 年,第三册第 840 頁。
② 里耶秦簡博物館等編《里耶秦簡博物館藏秦簡》,第 114 頁。該簡首字未釋,"隸""臣"的記載,似乎容易令人聯想這個小上造身份較爲低賤,但也不能排除"臣"作爲人名的可能性,而且上造似乎也不應該授予身份低賤之人,所以,"臣"未必是隸臣妾或奴隸。

角度證明了我曾經論證的一個觀點：秦漢户籍没有賦役的注記。

三、秦户籍簡家庭成員關係書式與魏晉户籍的差異

以秦户籍與魏晉北朝比較，其中多有差異，在此僅就户主子女前標注的家庭關係略加討論。在 22 枚秦户籍簡中，記載户主子女時，一律標注與户主的關係，如"子不更""子小上造""子小女子"等。《封診式·封守》記某里士伍子女："子大女子某，未有夫。子小男子某，高六尺五寸。"[①]這份虚擬的查封文書並非户籍，但對家庭關係的記載，應該是模仿户籍而來。

迄今爲止，兩漢未見可以肯定爲户籍的實物，我們不妨將居延漢簡記載戍卒與家屬關係的名籍作爲參照：

妻大女昭武萬歲里□□年卅二

永光四年正月己酉　　子大男輔年十九歲

橐佗吞胡隧長張彭祖符　子小男廣宗年十二歲

子小女女足年九歲

輔妻南來年十五歲　皆黑色[②]

名籍登録戍卒家屬，表現其與戍卒的關係，而不是與上一行成員的關係，性質與秦户籍相同。可以説，自秦到漢元帝永光四年（前 45 年），這種著録方式一直没有發生根本性的變化。

這種書式的改變至遲發生在孫吳時期。走馬樓吳簡名籍簡記録户主子女時，除最年長的子女標注與户主的關係外，其他一律標注與前一行家庭成員的關係，具體形式如下：

萬歲里户人大女菅妾年卅八　子男 難 年十一　 難 男弟符年九歲（柒·202）

樂安里户人 □□年 卅四　子女 鼠 年十七　 鼠 女弟□年十一（柒·231）

富貴里户人陳取年七十五　子男萇年十八　萇女弟視年十三（柒·288）[③]

---

① 睡虎地秦墓竹簡整理小組編《睡虎地秦墓竹簡》，第 249 頁。

② 謝桂華、李均明、朱國炤《居延漢簡釋文合校（上册）》，文物出版社，1987 年，第 44 頁。

③ 走馬樓吳簡整理小組編著《長沙走馬樓三國吳簡·竹簡（柒）》，文物出版社，2013 年。括號中的阿拉伯數字代表整理號。走馬樓吳簡所録户口名簿籍以及以下四件文書未必是户籍，但除首位成員外，其他成員的著録形式應係參照户籍而來，所以，以這些資料討論户籍的書式，應該没有問題。

這種與秦、西漢截然不同的户籍書式被西晉繼承,並至少持續到西涼時期,其間出土的如下三件文書構成了一條清晰可見的綫索。《晉[四世紀?]樓蘭户口簿稿》:

　　　蒲(?)緣(?)□富年七十二　　　物故
　　　　　息男奴□年卅五物故
　　　　　□男弟□得年卅物故
　　　　　得□□阿罔年□物故①

《前秦建元廿年(384 年)籍》:

　　　高昌郡高寧縣都鄉安邑里民崔喬□□□□□

　　　　……

　　　喬息女 顔 年廿一從夫　　　□□□□　　得闞高桑菌四畝半
　　　顔男弟仕年十四　　　　　　□□□□　　得江進鹵田二畝以一畝爲場地
　　　仕女弟訓年十二　　　　　　　　　　　　得李虧(?)田地桑三畝
　　　平息男生年三 新上 　　　　　　　　　舍一區
　　　生男弟麴(?)年一新上　　　　　　 建 □□□□②

《西涼建初十二年(416 年)籍》:

　　敦煌郡敦煌縣西宕鄉高昌里兵吕德年卅五

　　　妻唐年卅一　　　　　　　丁　男　二
　　　息男嬰年十七　　　　　　小　男　七
　　　嬰男弟受年十　　　　　　女　口　二
　　　受女妹媚年六　　　　　　凡　口　六
　　　媚男弟興年二　　　　　　居趙羽塢

　　　　　　　　　　　　　　　　　　建初十二年正月籍③

---

① 池田温《中國古代籍帳研究·録文》,龔澤銑譯,中華書局,2007 年,第 163 頁。林梅村編《樓蘭尼雅出土文書》(文物出版社,1985 年,第 84—85 頁)也收録了這份文書,但釋文多有不確。

② 榮新江、李肖、孟憲實主編《新獲吐魯番出土文獻》,中華書局,2008 年,第 177 頁。其餘各户書式與此相同,見本書第 177—179 頁。爲免繁瑣,此件文書僅移録與論題有關的家庭成員,其他成員省略。下引《計帳文書》亦省略了口數集計、租調及授田狀況。

③ 池田温《中國古代籍帳研究·録文》,龔澤銑譯,第 4 頁,其餘各户見本書第 3—5 頁。

　　秦、西漢户籍與魏晉户籍的這種書式差異原因何在呢？或許《西魏大統十三年(547年)計帳文書》可以爲這個問題提供間接的答案,因爲在這份文書中,反映子女和户主關係的書式再次發生變化,重新回到了秦代户籍的書式:

户主劉文成己丑生年參拾究	蕩冠將軍
妻任舍女甲午生年參拾肆	台資妻
息男子可乙卯生年拾參	中男
息男子義丁巳生年拾壹	中男
息女黄口水亥生年件	小女
息男子侯辛酉生年柒	小男
息男黄口甲子生年肆	小男①

本件文書中的子女按年齡排列,但五歲的"女黄口"却位於七歲的"男子侯"之前,或許抄寫有誤,不過,這不影響户籍書式。本件文書和秦户籍一樣,記録子女與户主的關係,而且這種書式一直延續到唐代。

　　對《西涼籍》與唐籍的這種差異,池田温有一個富有啓發性的解釋:名籍以木簡爲書寫材料,繫紐有可能斷開導致木簡分散,名籍順序因此前後顛倒,記録子女時,表明與前一行登載者的關係容易恢復原狀,而書寫於紙張之上的名籍則不存在這一問題,作爲紙文書的西涼籍,是簡牘時代名籍書式的遺留,借此可以間接窺知漢晉木簡籍的面貌。②孫吴仍處於簡牘文書的時代,而西晉、前秦儘管以紙爲文書載體,但和西涼一樣,屬於池田温所説的過渡期,這三個時代的户籍書式爲池田温的説法提供了很好的注脚。

　　池田温的觀點同樣有助於理解里耶户籍簡的書式。所謂木簡容易散亂,顯然是針對類似孫吴一户由數枚簡組成的名籍而言,而里耶户籍各户均書寫於一枚大木牘之上,不存在散亂問題,這一特點與紙文書相似,或許從這個角度可以解釋,秦、西漢儘管與魏晉時間更爲接近,書寫材料相同,與西魏以後相隔懸遠,書寫材料相異,但户籍書式反而

---

① 池田温《中國古代籍帳研究・録文》,龔澤銑譯,第13頁,其餘各户見本書第14—21頁。計帳文書中,"黄口"凡五見,應不是姓名,大概指三歲以下的嬰兒,例如,兩個兩歲的嬰兒均記爲"黄口",户口集計按"黄"統計。令人不解的是,其他三例分别爲四歲、五歲,顯然已經超過"黄"的年齡,集計亦按"小"統計,但具體信息却標注爲"黄"。而另外一例兩歲者儘管在集計中爲"黄",具體信息却又未標注"黄口"。這些矛盾的記録是文書抄寫有誤所致還是另有原因,不得而知。

② 池田温《中國古代籍帳研究》,龔澤銑譯,第50—51頁。傅克輝也有同樣的認識,見氏著《魏晉南北朝籍賬研究》,齊魯書社,2001年,第24頁。

與前者相異,與後者相同這一現象。

不過,秦户籍是否主要因爲寫於大木牘之上而采取了目前這種書式,仍有疑問。《商君書·去强》:"强國知十三之數:境内倉口之數、壯男壯女之數、老弱之數、官士之數、以言説取食者之數、利民之數、馬牛芻稿之數。"①商鞅强調掌握人口對治國的重要性,人口必須區分壯、老、弱。這一觀念是從力役角度出發的,如果落實在户籍上,必然將三類人口分别排列。子女大、小不同,分書於不同欄,這樣就無法登載家庭成員與上一行成員的關係,而只能登載其與户主的關係。如果商鞅的政策確實影響了秦户籍的書式,那麽,書寫材料就是一個次要因素,甚至有可能不成爲一個因素了。

事實上,從書寫材料角度解釋户籍中家庭成員關係的書式,確實還有再思考的餘地。我們知道,秦素以法家治國,追求制度的高度統一,因此,目前所見的里耶户籍書式應該是秦帝國唯一行用的書式。如果説作爲書寫材料的木牘決定了秦户籍的書式,那就意味着秦不分區域,規定所有户籍必須書寫於大木牘之上。目前所見里耶户籍確實如此,但恐怕很難排除在幅員廣袤的秦統治區内,户籍書寫在類似走馬樓竹簡那種較窄竹簡之上的可能性。按池田温的解釋,在這種情況下,户籍只能登録户主子女與上一行成員之間的關係。這樣,秦户籍就必然出現兩種截然不同的書式,而這又是秦帝國所不允許的。

退一步説,即使我們承認秦户籍確實均以大木牘爲書寫材料,秦户籍書式的問題固然可以得到解釋,但新的問題産生了:爲什麽孫吴甚至更早的東漢轉而以竹簡書寫户籍了呢?長沙東牌樓出土有漢靈帝時期的一枚名籍簡:

> 凡口五事　☒
> 中　　算三事　　訾五十
> 甲卒一人　☒②

該簡第一、三行内容與走馬樓名籍簡十分相似,王素據此指出,孫吴户籍有承襲東漢的成分。③遺憾的是,此簡殘損、漫漶嚴重,記載家庭成員的上半部分内容無法識讀,但下半部分與吴簡如此相近,是否暗示着上半部分的書式與孫吴簡同樣相近呢?如果確實相

① 蔣禮鴻《商君書錐指》卷一《去强》,中華書局,1986年,第34頁。
② 長沙市文物考古研究所、中國文物研究所編《長沙東牌樓東漢簡牘》,文物出版社,2006年,第108頁。
③ 王素《長沙東牌樓東漢簡牘選釋》,《文物》2005年第12期,第70頁。

近,我們不得不思考,爲什麽東漢改變了西漢的書式? 如果不同,我們更需要思考,爲什麽在内容相近的情況下,孫吴改變了東漢的書式? 而且東牌樓漢簡與孫吴竹簡時代差相前後,並且完全在同一個區域,難道果真是書寫材料導致了這一變化嗎? 這其中一定没有更深層次的原因嗎?

以書寫材料解釋西魏名籍與西晉、前秦、西涼名籍的不同,同樣存在疑問。《樓蘭户口簿稿》年代不明,但采用西晉制度是没有疑問的,這意味着自西晉以紙書寫户口簿籍開始,到西涼甚至更晚的時間,書式始發生改變。當然,西晉時代户籍文書未必完全以紙張爲材料,但至遲在東晉初年,已經完全進入了紙文書時代。①自那時到西涼也有一百年的時間,簡牘户籍書式在如此之長的時間内仍被遵循,過渡期未免過於漫長,而在保留如此之長的時間以後,到西魏却驟然發生了變化。面對這些問題,池田温的解釋無論如何也給人以理由不太充分的感覺。

自秦到唐代,記載家庭成員關係的户籍書式一再發生變化,目前的材料可以較清晰地描述這些變化的綫索,但却很難解釋變化發生的原因。從迹象上看,僅從書寫材料角度立論,仍存在一些無法解決的問題,而更深層次的原因我們也暫時没有發現,也許只有在出現更多的秦漢户籍實物以後,這種户籍書式反復變化的原因才能得到較爲合理而深刻的闡釋。

原載里耶秦簡博物館等編《里耶秦簡博物館藏秦簡》,中西書局,2016 年,第 229—243 頁。

---

① 韓樹峰《從簡到紙:東晉户籍制度的變革》,《中國人民大學學報》2020 年第 5 期,第 166—168 頁。

里耶秦簡所見"户賦"及相關問題瑣議

鄔文玲

中國社會科學院古代史研究所

一

秦漢時期的户賦問題,素有爭議,不少學者都曾撰文討論過這一問題。①大體説來,以往的争論主要集中在兩個方面:

一是秦漢時代是否存在"户賦"。隨着雲夢睡虎地秦墓竹簡和張家山漢簡的公布,這一問題得到了解决。睡虎地秦簡《法律答問》在解釋何爲"匿户"時提及"户賦",張家山漢簡《二年律令·金布律》中則明確出現了"户賦"名目,且在《田律》中有關於交納"户賦"的詳細規定。至此,秦漢時代"户賦"的存在已成爲不刊之論。

二是關於"户賦"的性質和徵收方式問題。于琨奇先生認爲秦漢間的户賦是軍賦之一種,是在國家發生戰争的情况下,以家貲爲依據,以户爲單位,向編户齊民徵收的一種臨時的賦税項目。②田澤濱先生認爲,所謂"户賦"當是徭賦的總概括,並非具體單一的税目,既不是"租税"以外的另徵,也非專設的一種税目。③高敏先生認爲張家山漢簡《二年

---

① 如于琨奇《秦漢"户賦""軍賦"考》,《中國史研究》1989 年第 4 期;馬怡《漢代的諸賦與軍費》,《中國史研究》2001 年第 3 期;田澤濱《漢代的"更賦"、"貲算"與"賦"》,《東北師範大學學報》1984 年第 6 期;高敏《關於漢代有"户賦"、"貲錢"及各種礦産税的新證——讀〈張家山漢墓竹簡〉》,《史學月刊》2003 年第 4 期;張榮强《吴簡中的"户品"問題》,《吴簡研究》第一輯,崇文書局,2004 年;于振波《從簡牘看漢代的户賦與芻藁税》,《故宫博物院院刊》2005 年第 2 期;朱德貴《張家山漢簡與漢代户賦制度新探》,《學術論壇》2006 年第 6 期;朱德貴《從〈二年律令〉看漢代"户賦"和"以貲徵賦"》,《晉陽學刊》2007 年第 5 期;賈鴻《〈二年律令〉所見西漢"户賦"制度》,《重慶工學院學報》2008 年第 8 期;朱繼平《從〈張家山漢簡〉談漢初的户賦與户芻》,《江漢考古》2011 年第 4 期等。
② 于琨奇《秦漢"户賦""軍賦"考》,《中國史研究》1989 年第 4 期。
③ 田澤濱《漢代的"更賦"、"貲算"與"賦"》,《東北師範大學學報》1984 年第 6 期。

律令·金布律》中的"户賦"是將按人頭徵收的口錢、算賦以及按頃畝徵收的芻藁税都改爲按户徵收的結果,並不是新的税目。①張榮强先生認爲漢代的"户賦"指一般庶民交納的丁口之賦或其他雜賦,實際上是一户内所納諸賦的集合。②于振波先生結合湖北江陵鳳凰山十號漢墓木牘中有關"户芻"和"田芻藁"的記録,指出漢代的户賦與芻藁税都是對秦制的繼承,户賦是諸多賦税中的一個單獨税目,而非一户内各項賦税的總稱。擁有"卿爵"者在免納田租、芻藁税的同時,却要交納户賦。户賦按户徵收,芻藁税按田畝面積徵收,均以徵收飼草爲主,主要供本縣之需,與口錢、算賦、田租等在性質上截然不同。③賈鴻先生贊同這一看法,認爲西漢時期"户賦"是與田租、芻藁税並存的一個税種。④朱德貴先生認爲户賦的徵收標準在漢初是按爵位分等級來徵收,其後隨着爵制的泛濫,逐漸爲以貲徵賦的標準所取代。⑤朱繼平先生認爲漢初的户賦和户芻二者是一種特殊性質的户税,具有税率很輕的特點。文景與武帝時期社會狀況的變化是導致漢代户税不斷加重又突然消失的重要原因。⑥

新近公布的《里耶秦簡(壹)》中,有數條關於秦代户賦的資料,無疑有助於進一步豐富我們對户賦問題的認識。

首先,增加了秦代存在"户賦"税目的新證據。以往在雲夢睡虎地秦簡《法律答問》中解釋何爲"匿户"時,云"匿户弗徭使、弗令出户賦之謂也"。雖然明確提及"户賦",但由於没有更多的相關信息,無法對秦代户賦有更清晰的認識。《里耶秦簡(壹)》8-518 號簡,雖然下部殘斷,但存文清晰,内容明白,其文爲:

[簡一]　　卅四年啓陵鄉見户當出户賦者志　　☒

　　　　　　見户廿八户當出繭十斤八兩　　☒　　　　　　　　　　　　　　(8-518)⑦

可讀作"卅四年啓陵鄉見户、當出户賦者志:見户廿八户,當出繭十斤八兩……",是關於秦始皇三十四年啓陵鄉見存户數以及應納户賦數額的統計:啓陵鄉見存户中的二十八

---

① 高敏《關於漢代有"户賦"、"貲錢"及各種礦産税的新證——讀〈張家山漢墓竹簡〉》,《史學月刊》2003 年第 4 期。
② 張榮强《吳簡中的"户品"問題》,《吳簡研究》第一輯。
③ 于振波《從簡牘看漢代的户賦與芻藁税》,《故宫博物院院刊》2005 年第 2 期。
④ 賈鴻《〈二年律令〉所見西漢户賦制度》,《重慶工學院學報》2008 年第 8 期。
⑤ 朱德貴《張家山漢簡與漢代户賦制度新探》,《學術論壇》2006 年第 6 期;《從〈二年律令〉看漢代"户賦"和"以貲徵賦"》,《晉陽學刊》2007 年第 5 期。
⑥ 朱繼平《從〈張家山漢簡〉談漢初的户賦與户芻》,《江漢考古》2011 年第 4 期。
⑦ 湖南省文物考古研究所編著《里耶秦簡(壹)》,文物出版社,2012 年。本文所引里耶秦簡,凡未特别注明者,釋文及圖版均出自此書。

户,應交納的户賦爲繭十斤八兩(其餘殘缺)。由此可見,"户賦"的確是秦代的稅目之一。應指出的是,簡文中的這二十八户是指需交納繭的户數,遠非啓陵鄉的全部户數。從里耶秦簡中的材料來看,遷陵縣及其所轄鄉的規模較爲龐大,據統計,秦始皇三十二年遷陵縣的纍積户數達到五萬五千五百卅四户,秦始皇三十五年遷陵縣貳春鄉的纍積户數達到二萬一千三百以上。①因此,"見户廿八户,當出繭十斤八兩"只是"卅四年啓陵鄉見户當出户賦者志"中的分項統計之一,可惜因簡牘殘斷,無法獲知更多其他分項統計的細節。

其次,提供了秦代户賦徵收的詳細内容。根據上簡,還可獲知如下幾個方面的信息:第一,户賦的徵收内容可能不止一種,因此需分别進行統計;第二,繭是户賦的徵收内容之一;第三,每户交納的户賦應是等額的。二十八户的户賦總額爲繭十斤八兩,換算成兩,共爲一百六十八兩,除以二十八,爲六兩,即每户要交納繭六兩。而在《里耶秦簡(壹)》中有幾枚殘簡,很可能與繭的徵收有關:

[簡二]　繭六兩　卅五年六月戊午朔丁卯少内守☑　　　　　　　　　(8-96)

【説明】右側刻齒爲"六兩六"。

[簡三]　繭六兩　卅五年五月己丑朔甲□☑　　　　　　　　　　　　(8-447)

【説明】右側②刻齒爲"六兩"。

[簡四]　繭六兩　卅五年六月戊午朔乙☑　　　　　　　　　　　　　(8-889)

【説明】右側刻齒爲"六"。

[簡五]　繭六兩　卅☑　　　　　　　　　　　　　　　　　　　(8-1673)

這幾枚簡文所記皆爲"繭六兩",正好與每户應納的户賦數額相同。根據整理者的説明,這些簡側皆有刻齒,當屬於券契。從圖版來看,雖然下部皆殘斷,但這些簡文書寫格式相同,刻齒皆在右側,其性質應即右券。這些右券留存在官府中,表明官府爲收受方。其中[簡二]、[簡三]的筆迹相同,應爲一人所書(見圖1)。簡中所示年月完整可見者皆爲卅五年五月或者六月。根據張家山漢簡《二年律令》的記載,一年中户賦分爲五月和十月兩次交納。衆所周知,漢初的《二年律令》係承襲秦律而來,可以視作秦制的參

---

① "卅二年遷陵積户五萬五千五【百】卅四"(8-552);"卅五年遷陵貳春鄉積户二萬一千三百……毋將陽闌亡乏户"(8-1716)。關於"積户"的含義,學界頗有爭議,一般傾向於將其理解爲"纍積户數",但究竟是按照什麼時段頻率來纍計,則有不同看法。不過,不論是按照年度、季度,還是按月、按日纍計,一鄉的户數都遠多於二十八户。

② "右側",整理者説明原作"左側",但從圖版來看,其刻齒在右側而非左側,故據改。

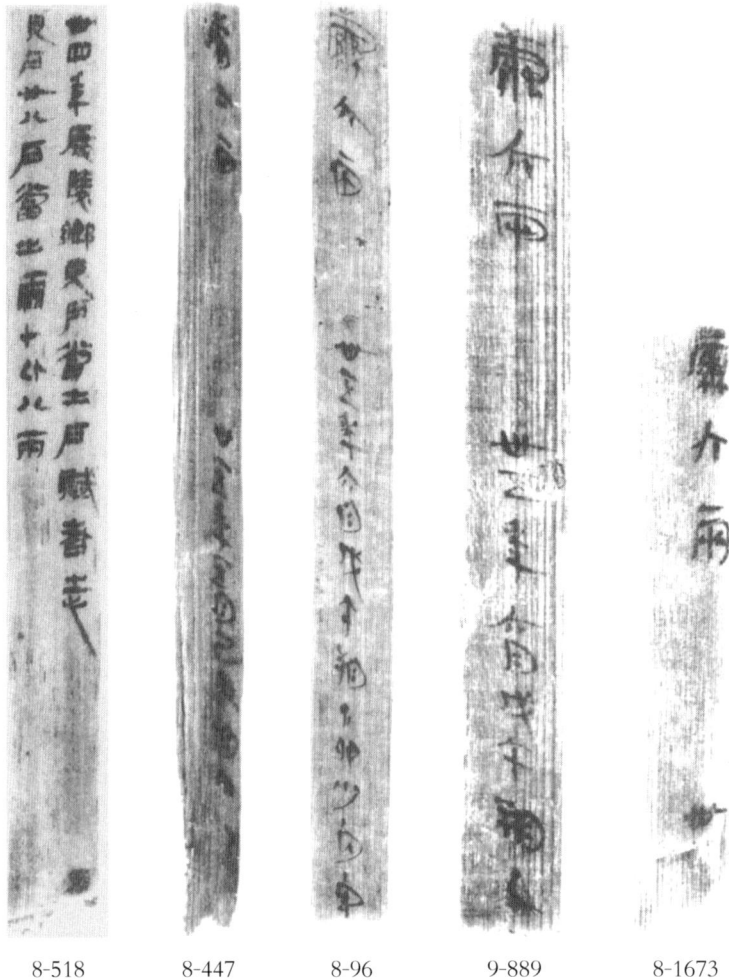

| 8-518 | 8-447 | 8-96 | 9-889 | 8-1673 |

圖 1

照，因此秦代户賦的交納情形當與之相去不遠。而上述簡文中的日期集中在三十五年五、六月份，很可能與五月交納户賦的制度有關。雖然規定五月交納，但在實際執行過程中，稍微後延至六月初亦在情理之中。其中［簡二］的年月日皆具，爲"卅五年六月戊午朔丁卯"，據朔日可以推知，其爲三十五年六月十日。［簡四］的日干支不完整，爲"卅五年六月戊午朔乙"，無法準確推斷，不過據朔日，六月以"乙"開頭的日干支有乙丑、乙亥、乙酉，分別爲八日、十八日和二十八日，參照［簡二］的六月十日，則［簡四］所闕日干支或當爲八日"乙丑"或十八日"乙亥"，可能不會晚至二十八日"乙酉"。另有一枚簡或可爲此提供旁證：

［簡六］ 繭十　卅四年七月甲子朔己巳少内□□□□□□□☑

自受券(8-1353)【説明】左側刻齒爲"十"。

根據整理者的説明,此簡刻齒位於左側。從圖版來看,此簡殘存左半,文字亦殘存左半,很可能係從中部人爲剖分所致,且簡文中明確標注爲"自受券"。因此,其性質當爲左券無疑,那麽少内應即支付方。細審圖版,簡文中第一行"少内"之後未釋之字或可補"守□付"等字,則全句或可作:

> 繭十　　卅四年七月甲子朔己巳少内守□付□□□☑

"繭十"的計量單位不明,很可能表示繭十斤。如果所補簡文無誤,則此簡應是少内移交或支出繭的券契。從前引[簡二]可知,作爲户賦交納的繭,是由少内負責徵收的。那麽在徵收完畢之後,少内將所徵收的繭集中移交給相關機構或者支付給使用者,亦在情理之中。據朔日推知,"七月甲子朔己巳",爲七月六日。可見繭的移交工作或者支出在七月初即進行,那麽其徵收工作至遲應在六月底之前完成。而此簡即是少内守某移交或支付繭之後自存的左券。而據少内之前未具縣名來看,當是將繭移交或支付給本縣某機構。從里耶秦簡中有關物資付受的記録來看,有不少是從少内支出的,比如:

> [簡七]　牝豚一　卅三年二月壬寅朔庚戌少内守履付倉是　☑　　　　　(8-561)
>
> 【説明】左側刻齒爲"一"。

根據整理者的説明,此簡左側有刻齒,亦應爲左券。從圖版來看,其書寫格式與[簡六]相同。二者應屬相同性質的左券,皆爲少内移交或支出物資之後留存的憑據。

除了繭之外,秦代户賦的徵收内容還包括芻錢或芻。里耶秦簡中有如下兩條簡文:

> [簡八]　☑十月户芻錢三 百 ☑　　　　　　　　　　　　　　(8-559)①
>
> [簡九]　户芻錢六十四　卅五年　☑　　　　　　　　　　　　(8-1165)

[簡八]中的"户"字,整理者原未釋,《校釋》改釋作"户",可從。所謂"户芻錢",應是按户交納的芻即户芻按照一定比價折算成的錢數。湖北江陵鳳凰山十號漢墓木牘中即有關於"户芻"的記録,比如"平里户芻廿七石""稟上户芻十三石"等。②户芻折算成錢,即户芻錢。户芻或户芻錢亦是户賦徵收的内容。張家山漢簡《二年律令·田律》有如下條文:

---

① 釋文引自陳偉主編《里耶秦簡牘校釋(第一卷)》(以下簡稱《校釋》),武漢大學出版社,2012年,第179頁。
② 裘錫圭《湖北江陵鳳凰山十號漢墓出土簡牘考釋》,《文物》1974年第7期。

［簡十］ 卿以下,五月户出賦十六錢,十月户出芻一石,足其縣用,餘以入頃芻律入錢。 (255)

［簡十一］ 入頃芻稾,頃入芻三石;上郡地惡,頃入二石;稾皆二石。令各入其歲所有,毋入陳,不從令者罰黄金四兩。收(240)入芻稾,縣各度一歲用芻稾,足其縣用,其餘令頃入五十五錢以當芻稾。芻一石當十五錢,稾一石當五錢。 (241)

［簡十二］ 芻稾節(即)貴於律,以入芻稾時平賈(價)入錢。 (242)①

根據［簡十］可知,漢初户賦於五月交納十六錢,十月交納芻一石,各縣收足當年所需使用的芻的數量之後,其餘的按照"入頃芻律"中所規定的比價折算成錢進行徵收。所謂"入頃芻律"應即［簡十一］、［簡十二］的内容,其比價爲"芻一石當十五錢",如果芻的市價高於法定價格,則按市價折算收錢。按照《二年律令·田律》的規定,如果不考慮物價波動因素的話,則漢初每户每年的户賦總額爲三十一錢。

［簡八］"十月户芻錢",表明秦代即有十月徵收户芻或户芻錢之制,漢初《二年律令·田律》係承前制。不過從［簡九］"户芻錢六十四"的記録,不難推算出,秦代芻與錢的比價應爲"芻一石當十六錢",跟《二年律令·田律》"芻一石當十五錢"的規定略有差異。湖南大學嶽麓書院藏秦簡《數》書中關於芻、稾與錢换算的算題,亦可佐證秦代芻一石等於十六錢。其算題爲:

［簡十三］ 芻一石十六錢,稾一石六錢,今芻稾各一升,爲錢幾可(何)?得曰:五十分錢十一,(術)曰:芻一升百錢十六,稾一升百分錢 (73/0973)

六,母同,子相從。 (74/0941)

稾石六錢,一升得百分錢六,芻石十六錢,一升得百分☐ (75/1839)②

這兩則算題中設定的芻與錢的比價皆爲"芻一石十六錢"或"芻石十六錢",與［簡九］的推算結果相同,則秦代每户每年的户賦總額爲三十二錢。［簡九］"户芻錢六十四"應爲四户交納的户賦。

上述算題也在一定程度上表明,古代算數書中的算題有相當一部分是具有實用性質的,其所設算題取自於真實的法律規定或者現實需求,體現的是現實生活中的實態,

---

① 張家山二四七號漢墓竹簡整理小組編《張家山漢墓竹簡〔二四七號〕》,文物出版社,2001 年。本文所引張家山漢簡,凡未特别注明者,均出自此書。
② 朱漢民、陳松長主編《嶽麓書院藏秦簡(貳)》,上海辭書出版社,2011 年。本文所引嶽麓書院藏秦簡《數》書,凡未特别注明者,均出自此書。

因而可以將之視爲可靠的史料來加以利用。比如嶽麓書院藏秦簡《數》中有關於甲、盾與錢、金換算的算題：

[簡十四] 貲一甲直（值）錢千三百卌四,直（值）金二兩一垂,一盾直（值）金二垂。贖耐,馬甲四,錢七千六百八十。　　　　　　　　　　　　（82/0957）

[簡十五] 馬甲一,金三兩一垂,直（值）錢千九百廿,金一朱（銖）直（值）錢廿四,贖死,馬甲十二,錢二萬三千卌。　　　　　　　　　　　　（83/0970）

于振波先生通過對上述算題和相關資料的研究,指出：錘作爲計量單位,相當於八銖或三分之一兩。秦律貲罰中甲的價格爲金二兩一錘或一千三百四十四錢,盾的價格爲金二錘或三百八十四錢。[①]這一結論得到了里耶秦簡中下述文書的印證：

[簡十六] 十二月戊寅,都府守敞敢言之：遷陵丞膻曰：少内殹言冗佐公士僰道西里亭貲三甲,爲錢四千卅二。自言家能入。爲校【券一上】謁告僰道受貲。有追,追日計廿八年□貲亭妻胥亡。胥亡曰：貧,弗能入。謁令亭居署所。上真書謁環。□□僰道弗受計。亭讕當論,論。敢言之。☑　　（8-60 + 8-656 + 8-665 + 8-748 正）

十二月己卯,僰道鄩敢告遷陵丞主,寫☑事,敢告主。/冰手。/六月庚辰,遷陵丞昌告少内主,以律令□☑手。/六月庚辰水十一刻刻下六,守府快行少内。☑

六月乙亥水十一刻刻下二,佐同以來。/元手。☑

　　　　　　　　　　　　（8-60 + 8-656 + 8-665 + 8-748 背）[②]

這是一件有關機構追討名叫亭的人所欠貲錢的文書。亭是僰道西里人,爵級爲公士,現爲冗佐。文書顯示亭被"貲三甲,爲錢四千卅二",則一甲值一千三百四十四錢。這與前引嶽麓書院藏秦簡《數》書中的算題所云"貲一甲,直（值）錢千三百卌四"正好相符。由此可知,算題和文書中有關甲與錢的比價均是采自相同的法律規定。

而對於芻的稱量可能通常是采取丈量堆積體積的方式來估算的。嶽麓書院藏秦簡《數》書中有如下内容：

[簡十七] 芻新積廿八尺一石。　　棄卅一尺一石。　　茅卅六尺一石。（108/0834）

簡文中"芻新"之"新",整理者讀作"薪",似未安。按照前引[簡十一]張家山漢簡《二年

---

① 于振波《秦律中的甲盾比價及相關問題》,《史學集刊》2010 年第 5 期。
② 本木牘文書係由若干殘片拼接復原而成,參見《校釋》第 43 頁。釋文亦引自此書。

律令》"入頃芻稾……令各入其歲所有，毋入陳，不從令者罰黄金四兩"的相關規定，交納的芻、稾不能是往年的"陳"的，換言之即必須是當年的"新"的。因此簡中的"芻新"之"新"應讀如本字。依此類推，其後所言稾、茅等皆應爲當年的"新"的。"芻新積廿八尺一石"，意即當年的新芻堆積體積達到二十八尺，即等於一石。

　　另外，張家山漢簡《二年律令·户律》中還有一條簡文可能涉及户賦問題。其文原作：

　　[簡十八]　[卿]以上所自田户田，不租，不出頃芻稾。　　　　　　　　　　　　(317)

簡文中的"自田户田"，含義頗難通解。高敏先生認爲"卿"爵的獲得是原來秦時的老授田宅者，漢高祖五年采取"復故爵田宅"的措施，他們不曾重新授田宅，故有"自田"之名。從圖版來看，簡文中的"自"字有些漫漶，從字形來看，疑其當爲"受"字。如此，則簡文或可改讀作：

　　[卿]以上所受田、户，田不租、不出頃芻稾。

通常認爲卿爵爲高爵，指第十八級大庶長以下至第十級左庶長，這些擁有高爵者，通常亦有"食邑"特權。根據《商君書·境内篇》的記載，五大夫以上則"稅邑三百家"。[1]因此，對於高爵者，國家既授予田宅，也賜予食邑户。那麽簡文的意思就是：凡擁有卿爵以上者，在國家所授予的田地和食邑户中，其田地毋須向國家交納田租和芻稾稅。換句話説，這一方面暗示高爵者如擁有超出法定授田限額之外的田地，則不享有免除田租和芻稾稅的特權，另一方面也意味着其食邑户仍需向國家交納户賦或承擔其他義務。

　　最後，暗示了秦代户賦徵收繭的原因。從《里耶秦簡（壹）》的資料來看，當時對於絲的需求似乎比較急切：

　　[簡一九]　☐擇拾札、見絲上，皆會今旦。急☐　　　　　　　　　　　　(8-999)[2]
　　[簡二〇]　☐買鐵銅，租質入錢，貲責隃（逾）歲，買請銅錫　（8-2226 背 + 8-2227 正）
　　　　　　　☐☐，繭絲·凡七章，皆毋出今旦。急急急。　（8-2226 正 + 8-2227 背）[3]

[簡十九]要求所上的物品中包括"見絲"，且需當日送達，文書末署緊急字樣。[簡二〇]

---

①　高亨《商君書注譯》，中華書局，1974年，第149頁。
②　"旦"，原作"且"，《校釋》改作"旦"，可從。
③　本簡係由兩枚殘片拼接復原而成，參見《校釋》第447頁。釋文亦引自此書。

亦是要求十分急切的文書,其中也涉及"繭絲",因簡殘闕,具體含義不明。所謂"七章"很可能是關於貿買鐵銅、租質入錢、貲責隃(逾)歲、買請銅錫以及繭絲等七項相關規定或者統計。8-486號爲"司空課志"殘牘,其中第一欄第二行,釋文原作"□爲□□□",細審圖版,疑此行文字當作"繭絲鐵銅課",若果真如此的話,則當時遷陵縣或有繭絲業。另外還有簡文顯示,當時對絲的需求量似乎也比較大:

[簡二一]　絲十八斤四兩　卅五年八月☒

(8-914)【説明】左側刻齒爲"十八斤四兩"。

[簡二二]　絲三斤　卅五年四月己未朔己巳少☒

(8-1097)【説明】左側刻齒爲"三斤"。

根據整理者的説明,[簡二一]和[簡二二]左側皆有刻齒,其性質當爲左券,應係支出憑證。從[簡二二]來看,很可能是從少内支出的。卅五年四月和八月兩次支出的絲分別是三斤和十八斤四兩。對絲的需求量大,意味着對繭的需求量更大。里耶秦簡中有一枚簡文可能涉及繭與絲的比率:

[簡二三]　☒·當爲絲八斤十一兩八朱(銖)。　　　　　　　(8-254)

比較遺憾的是該簡殘斷,無法弄清當時繭的出絲率。根據《農業大詞典》的解説,鮮繭的出絲率一般在 11%—15%,乾繭約 38%—42%。縱然參照這一比率,當時所需繭的數量亦可見一般。而里耶秦簡中留存的以繭爲户賦徵收内容的記録,也表明當時遷陵一帶的桑蠶養殖業比較普遍,才有可能將繭確定爲當地某些民户所需交納的户賦内容之一。因此,以繭充當户賦應具有比較强的地域性,並非通行於全國。由此可以推測,户賦所徵收的實物部分,不是固定統一的,而是可以根據實際情況進行調整變更的,正如《鹽鐵論·本議》所云"古者之賦税於民,因其所工,不求所拙"。[①]

綜上所述,户賦是秦代的税目之一;秦代户賦的徵收總額和徵收時間是相對固定的,即每年分五月和十月兩次徵收,總額爲三十二錢;户賦的徵收内容包括現錢和實物兩部分,其中實物的品類是不固定的,可根據各地的實際情況和需求來確定,目前所見有繭和芻;户賦的收受和支付由少内負責;從目前所見的資料來看,户賦中繭、芻等實物部分當主要是供應本縣所用;户賦中現錢部分的歸屬和使用問題尚需進一步討論。

---

① 桓寬撰集,王利器校注《鹽鐵論校注》卷一《本議》,中華書局,1992年,第4頁。

二

張家山漢簡《二年律令·金布律》中有如下規定：

[簡二四] 官、爲作務市，及受租、質錢，皆爲缿，封以令、丞印，而人與參辨券之，輒入錢缿中，上中辨其廷。質者勿與券。租、質、户賦、園池入錢，(429)縣道官毋敢擅用，三月壹上見金、錢數二千石官，二千石官上丞相、御史。(430)①

律文明確規定縣道地方官府收取的租錢、質錢、户賦錢、園池錢等，不能擅自動用，需每三個月向郡級機構呈報現有的金數和錢數，再由郡級機構向中央的丞相、御史呈報。由此看來，朝廷中央對各地徵收的户賦錢的數額需適時掌握，以便統籌管理。不過有迹象表明，各縣的户賦錢可能也主要是供本縣開支和使用。

嶽麓書院藏秦簡《金布律》中有如下條文：

[簡二五] 金布律曰：官府、爲作務市受錢，及受齎、租、質、它稍入錢，皆官爲缿，謹爲缿空，㪵(務)毋令錢(1411)能出，以令若丞印封缿，而人與入錢者三辨券之，輒入錢缿中，令入錢者見其入。月壹輸(1399)缿錢及上券中辨其縣廷；月未盡而缿盈者，輒輸之。不如律，貲一甲。(1403)②

根據律文“齎、租、質、它稍入錢”的表述來看，齎錢、租錢、質錢似皆屬於“稍入錢”。各地基層機構在徵收這些錢的時候，需要製作三辨券，且每月要將這些徵收來的“稍入錢”以及徵收憑據即中券集中向縣廷移送一次。如果遇到不足一月而錢缿中錢已滿的情形，則務必即時移送，無需等候一月之期，否則會受到處罰。

張家山漢簡《金布律》和嶽麓書院藏秦簡《金布律》的上述條文雖然表述有異、詳略不同，但二者之間的承襲關係是顯而易見的，因此兩者所列租、質等各種錢的性質應是相類的。[簡二四]所言“租、質、户賦、園池入錢”，應即[簡二五]所云“齎、租、質、它稍入錢”。據此，則齎、租、質、户賦、園池入錢等，皆屬“稍入錢”。“稍入”“稍入錢”在居延漢

---

① 陳偉先生對此段簡文重新作了校讀，本文即采用他的讀法。參見陳偉《關於秦與漢初“入錢缿中”律的幾個問題》，《考古》2012 年第 8 期。

② 簡文首見陳松長《睡虎地秦簡“關市律”辨正》，《史學集刊》2010 年第 4 期。陳偉先生對簡文重新作了解讀，本文即采用他的讀法。參見陳偉《關於秦與漢初“入錢缿中”律的幾個問題》，《考古》2012 年第 8 期。

簡中即已出現,對其名稱的具體含義,以往學者們也展開過討論,大體有三種看法:一是據《周禮·内宰》"稍食"之義,認爲"稍入"指吏禄,即官吏禄廩之所入。[1]二是據《説文》"稍,出物有漸也"及段注"凡古言稍者,皆漸進之謂",認爲"稍入錢"即漸入之錢。[2]三是據稍有細微、略微之義,認爲"稍入"指小額的收入,是獨立於賦錢的一項額外收入。[3]

　　從目前所見資料來看,"稍入"應是秦漢時期的一種財政收入類别。雖然中央要對"稍入"的收支進行監管,但"稍入"實際上頗類似於現今的地方財政收入,也主要供地方財政支出,無需上交中央國庫。《史記·河渠書》記載漢武帝時期聽從河東守番係的建議在河東大規模修建渠田却因黄河改道而徒勞無功之事云:

　　　　數歲,河移徙,渠不利,則田者不能償種。久之,河東渠田廢,予越人,令少府以爲稍入。

對於這段話,有如下諸家注釋:裴駰《集解》引如淳曰:"時越人有徙者,以田與之,其租税入於少府也。"[4]司馬貞《索隱》云:"其田既薄,越人徙居者習水利,故與之,而稍少其税,入之於少府。"《漢書·溝洫志》顏師古注曰:"其入未多,故謂之稍也。"[5]諸家對"稍入"的注解皆從字義入手。實際上這裏的"稍入"指的也應是一種財政收入類别。通常情況下,田租屬於國家財政收入,此處"令少府以爲稍入",即是特許將越人的出租劃歸少府(帝室財政)所有,無需上交國庫(國家財政)。同時這句話似乎還有另一層意思,即這些收入不僅劃歸少府,而且是用來充當少府的"稍入"的。表明這些"稍入"與少府其他常規的供帝室使用的財税收入不同,可能是供少府機構自身使用,而無需像少府的其他常規收入那樣提供給帝室使用。依此類推,地方縣道的"稍入"大約也無需上交國庫,而主要供自身開支。居延新簡中有殘斷的甲渠候官"稍入錢出入簿"(E.P.T.5:124AB)簽牌,也有稍入錢支出記録殘簡"☐☐出稍入錢,市社具☐"(E.P.T.54:22)。[6]肩水金關漢簡中有"稍用計"殘簡:

　　[簡二六]　李子威稍用計:出錢十八、糟,出錢百、藁二乘,出錢廿、箕一,出錢卅、茭

①　陳直《居延漢簡研究》,中華書局,2009年,第217頁;于豪亮《〈居延漢簡甲編〉補釋》,《于豪亮學術文存》,中華書局,1985年,第238頁。
②　陳松長《睡虎地秦簡"關市律"辨正》,《史學集刊》2010年第4期。
③　路方鴿《居延漢簡"稍入"是邊塞的財政收入之一》,《南都學壇》2012年第4期。
④　《史記》卷二九《河渠書》,中華書局,1959年,第1410—1411頁。
⑤　《漢書》卷二九《溝洫志》,中華書局,1962年,第1681頁。
⑥　甘肅省文物考古研究所等編著《居延新簡》,中華書局,1994年。本文所引居延新簡,凡未特别注明者,均出自此書。

一乘☒……凡八百五十☒　　　　　　　　　　　　　　　（73EJT10：219AB）①

不過由於缺乏更多的信息，簡文中李子威的身份不明，"稍用計"亦未知是否與"稍入"
有關。

　　有資料顯示，地方官府"稍入"的多寡，似乎直接影響到其財政狀況的鬆緊。里耶秦
簡中一枚殘簡提及"稍入不能自給"：

　　　　〔簡二七〕　稍入不能自給，卅六年徒☒☒　　　　　　　　　　　　（8-427）②

居延新簡中則有殘簡言及因"官毋稍入"而導致的窘迫之狀：

　　　　〔簡二八〕　☒☒毋狀，官毋稍入，迫計四時到，毋麻枲☒　　　（E.P.F22：487）

　　　　〔簡二九〕　☒府，官毋稍入，自給費直☒　　　　　　　　　　（E.P.F22：522）

〔簡二八〕大約是説因"官毋稍入"，物資貧乏，以至於在到了季度呈報的關頭，連麻枲等
物都無。〔簡二九〕大約是説因"官毋稍入"，不得不自己私人承擔開支。這些信息似
乎也暗示官府的日常開支當中有很大一部分是靠"稍入"支撐的。然而實際情形是
"稍入"往往是不穩定的。前文提到，"稍入錢"通常是指齎錢、租錢、質錢、户賦、園池
錢等。所謂齎錢，即損害公物後照價賠償的錢；質錢，即官府爲大型交易提供質劑而收
取的税錢；③租錢，即市肆租税所入的市租錢；④園池錢，即園池養殖所入或出租所獲租
金等；户賦錢，即户賦中交納的現錢。不難看出，這些收入要麽額度少，如户賦，要麽極
不穩定，如齎錢、租錢、質錢等。由此必然會導致各地方官府"稍入"的不穩定，從而時常
出現捉襟見肘的財政窘況。可見，秦漢時期地方官府的財政自主空間十分有限，中央對
地方財政的控制比較嚴格。

　　不過，一般認爲秦漢時期山川園池、市肆租税所入是歸帝室財政即少府掌管，地方
縣道的"稍入"也很可能有一部分需要輸入少府，里耶秦簡中有一枚殘簡提及"禁錢"：

　　　　〔簡三〇〕　皆當爲禁錢☒☒　　　　　　　　　　　　　　　　　　　　（8-13）

所謂"禁錢"，是指由少府掌管、供帝室使用的錢財。《史記·秦始皇本紀》"少府章邯"，
裴駰《集解》引應劭曰："掌山澤陂池之税，名曰禁錢，以給私養，自別爲藏。少者小也，故

---

① 甘肅簡牘保護研究中心等編著《肩水金關漢簡（壹）》，中西書局，2011 年。
② 簡文中的"稍入"之"入"，整理者原作"人"，《校釋》改作"入"，可從。
③ 參見陳偉《關於秦與漢初"入錢缿中"律的幾個問題》，《考古》2012 年第 8 期。
④ 參見楊振紅《從張家山漢簡看秦漢時期的市租》，《中日學者論中國古代城市社會》，三秦出版社，2007 年。

稱少府。"①《史記·平準書》："陛下損膳省用,出禁錢以振元元。"②《漢書·賈捐之傳》："暴師曾未一年,兵出不踰千里,費四十餘萬萬,大司農錢盡,乃以少府禁錢續之。"顏師古注："少府錢主供天子,故曰禁錢,屬少府。"③《續漢書·百官志三》"少府條"："承秦,凡山澤陂池之税,名曰禁錢。"④簡文云"皆當爲禁錢",可能暗示當地徵收的租税中有一部分應歸少府。正如楊振紅先生指出的那樣,少府的財税收入應是借助國家的郡縣官僚體制來實現徵收和管理的。⑤據此,似可推測本應輸入少府供帝室之用的收入,有一部分會作爲皇帝的"恩典"而留歸地方官府充當"稍入",由地方官府自主開支。

三

前引[簡二四]張家山漢簡《金布律》首句"官爲作務市",[簡二五]嶽麓書院藏秦簡《金布律》作"官府爲作務市",雲夢睡虎地秦簡《關市律》作"爲作務及官府市"。以往對這句話的讀法和理解有爭議,陳偉先生已作了令人信服的綜合校正,指出"爲作務"是一個固定詞組,表明上述律文實際上包含"官(官府)市"和"爲作務市"兩層含義,因此當分別讀作"官、爲作務市""官府、爲作務市"。⑥實際上以往對上述律文的理解之所以産生分歧,關鍵是缺乏有關"作務"的詳細信息,從而不明其具體含義。以往大體都將"作務"寬泛地理解爲從事手工業生産之意,而里耶秦簡似乎提供了新的信息:

第一,"作務"不是尋常意義上的手工業生産。里耶秦簡中有不少"作徒簿",記録了作徒的姓名及其分工情況,在分配給作徒所從事的勞作中即包含"作務"一項,而與之並列的有"爲筍""爲席""治枲"等手工業勞作,表明"作務"與其不同,比如:

[簡三一]　(前略)其二人付畜官;四人付貳春;廿四人付田官;二人除道沅陵;四人徒養:某、痤、帶、復;二人取芒:阮、道;一人守船:遏;三人司寇:茲、狠、款;二人付都鄉;三人付尉;一人付□;二人付少内;(中略)二人付啓陵;三人付倉;二人付庫;二人傳徒酉陽;一人爲筍:齊;一人爲席:婞;三人治枲:梜、茲、緣;五人墼:婢、般、橐、

①　《史記》卷六《秦始皇本紀》,第 270 頁。
②　《史記》卷三〇《平準書》,第 1430 頁。
③　《漢書》卷六四《賈捐之傳》,第 2834 頁。
④　《後漢書》志第二十六《百官志三》,中華書局,1965 年,第 3600 頁。
⑤　參見楊振紅《從張家山漢簡看秦漢時期的市租》,《中日學者論中國古代城市社會》。
⑥　參見陳偉《關於秦與漢初"入錢缿中"律的幾個問題》,《考古》2012 年第 8 期。

南、儋；二人上眚（省）；一人作廟；一人作務：青；一人作園：夕。（後略）

第二，“作務”可由作徒充當，里耶秦簡中衆多如上引“作徒簿”對作徒的勞作分配中都包含充當“作務”一項，即是有力的證明。

第三，“作務”與錢有關。在一份呈送給金布的課志副本中，列有“作務”課和“作務徒死亡”課：

［簡三二］　課上金布副：枲課、作務、疇竹、池課、園栗、采鐵、市課、作務徒死亡、所不能自給而求輸、縣官有買用錢、鑄段、竹箭、水火所敗亡、園課、采金、貲贖責毋不收課。　　　　　　　　　　　　　　　　　　　　　　　　　　　　　（8-454）①

金布是掌管金錢財物的機構，其下轄的部門也多與錢金收入有關，考課亦不例外。簡文中“作務”與枲課、疇竹、池課、采鐵、市課、采金、鑄段、縣官有買用錢等並列，表明其性質與之相類。而在題爲“倉課志”的 8-495 號簡中列有“作務産錢課”一項，簽楬簡 8-1272 號則徑題爲“作務入錢”，進一步揭示了“作務”與錢之間的關係密切。

前引［簡二四］張家山漢簡《金布律》“官、爲作務市”和［簡二五］嶽麓書院藏秦簡《金布律》“官府、爲作務市受錢”，表明作務與“市”有關。《漢書·酷吏傳·尹賞》“無市籍商販作務”之語，②則將“作務”與“商販”並舉，表明二者性質相似，均與貿易有關。根據上述綫索來看，簡文中的“作務”很可能與售賣活動有關。後代宋朝“置務以権易”，③將貿易稅收管理機構稱爲“務”，或許淵源有自。

原刊於《簡帛》第八輯，上海古籍出版社，2013 年，第 215—228 頁。

---

① 　枲課、采鐵等釋文，引自《校釋》本。
② 　《漢書》卷九〇《酷吏傳·尹賞傳》，第 3673 頁。
③ 　《宋史》卷一六一《職官志一》，中華書局，1977 年，第 3791 頁。

秦簡所見貲錢與贖錢

——以里耶秦簡"陽陵卒"文書爲中心

馬 怡

中國社會科學院歷史研究院古代史所

一、"陽陵卒"文書中貲錢、贖錢的辨識

在里耶秦簡中,J1⑨1—12頗引人注意。這十二枚木牘同出於里耶一號井,是一批格式、內容相似的官文書,涉及十二個欠貲錢或贖錢的男子。這些人本籍陽陵,至洞庭郡行戍,故陽陵縣向洞庭郡發文,索討與其所欠貲錢、贖錢相關的校券和計賬。①

J1⑨1—12的釋文如下:

[簡1] 卅三年三月辛未朔丁酉,司空騰敢言之:陽陵谿里士五采有貲餘錢八百五十二。不采戍洞庭郡,不智何縣署。•今爲錢校券一,上謁洞庭尉,令署所縣責,以受陽陵司空。[司空]不名計,問何縣官計,付署計年爲報。已譽責其家,[家]貧弗能入,乃移戍所。報署主責發。敢言之。/四月壬寅,陽陵守丞恬敢言之:寫上,謁報,署金布發,敢言之。/卅四年八月癸巳朔[朔]日,陽陵遫敢言之:至今未報,謁追,敢言之。

卅五年四月己未朔乙丑,洞庭叚(假)尉觿謂遷陵丞:陽陵卒署遷陵,其以律令從事。報之。當騰(謄),[騰](謄)。/嘉手。•以洞庭司馬印行事。敬手。

(J1⑨11A、B)

① 對這十二枚木牘文字的釋讀與考辨,詳馬怡《里耶秦簡選校》,《中國社會科學院歷史研究所學刊》第四集,商務印書館,2007年。對這組"陽陵卒"文書之格式、結構及傳行的研究,見馬怡《里耶秦簡中幾組涉及校券的官文書》,《簡帛》第三輯,上海古籍出版社,2008年。又按:爲了行文之便,本文將這十二枚"木牘"暫稱作"簡"。

[簡2]　卅三年三月辛未朔戊戌,司空騰敢言之:陽陵仁陽士五不狄有貲錢八百卅
六。不狄戍洞庭郡,不智何縣署。•今爲錢校券一,上謁言洞庭尉,令不狄署所縣
責,以受陽陵司空……已訾責不狄家,[家]貧弗能入。(下略)　　　　　　　(J1⑨2A)

[簡3]　卅三年三月辛未朔戊戌,司空騰敢言之:陽陵下里士五不識有貲餘錢千七
百廿八。不識戍洞庭郡,不智何縣署。今爲錢校券一,上謁言洞庭尉,令署所縣責,
以受陽陵司空……已訾責其家,[家]貧弗能入,有物故,弗服,毋聽流辭。以環書道
遠,報署主責發。(下略)　　　　　　　　　　　　　　　　　　　　　　(J1⑨3A)

[簡4]　卅三年三月辛未朔戊戌,司空騰敢言之:陽陵仁陽士五頯有贖錢七千六百
八十。頯戍洞庭郡,不智何縣署。•今爲錢校券一,上謁言洞庭尉,令頯署所縣受
責,以受陽陵司空……已訾責頯家,[家]貧弗能入。頯有流辭,弗服,勿聽。道遠毋
環書。(下略)　　　　　　　　　　　　　　　　　　　　　　　　　　(J1⑨9A)

[簡5]　卅三年四月辛丑朔丙午,司空騰敢言之:陽陵宜居士五毋死有貲餘錢八千
六十四。毋死戍洞庭郡,不智何縣署。•今爲錢校券一,上謁言洞庭尉,令毋死署
所縣責,以受陽陵司空……已訾其家,[家]貧弗能入,乃移戍所。(下略)　(J1⑨1A)

[簡6]　卅三年四月辛丑朔丙午,司空騰敢言之:陽陵孝里士五衷有貲錢千三百卅
四。衷戍洞庭郡,不智何縣署。•今爲錢校券一,上謁言洞庭尉,令衷署所縣責,以
受陽陵司空……已訾其家,[家]貧弗能入,乃移戍所。(下略)　　　　　(J1⑨4A)

[簡7]　卅三年四月辛丑朔丙午,司空騰敢言之:陽陵下里士五鹽有貲錢三百八十
四。鹽戍洞庭郡,不智何縣署。•今爲錢校券一,上謁言洞庭尉,令鹽署所縣責,以
受陽陵司空……已訾責其家,[家]貧弗能入,乃移戍所。(下略)　　　　(J1⑨5A)

[簡8]　卅三年四月辛丑朔丙午,司空騰敢言之:陽陵逆都士五越人有貲錢千三百
卅四。越人戍洞庭郡,不智何縣署。•今爲錢校券一,上謁令洞庭尉,令越人署所
縣責,以受陽陵司空……已訾其家,[家]貧弗能入,乃移戍所。(下略)　(J1⑨8A)

[簡9]　卅三年四月辛丑朔丙午,司空騰敢言之:陽陵叔作士五勝日有貲錢千三
百卅四。勝日戍洞庭郡,不智何縣署。•今爲錢校券一,上謁言洞庭尉,令勝日
署所縣責,以受陽陵司空……已訾其家,[家]貧弗能入,乃移戍所。(下略)

(J1⑨10A)

[簡10]　卅三年□月辛丑朔丙午,司空騰敢言之:陽陵□□公卒廣有貲錢千三百卅

四。廣成洞庭郡,不智何縣署。今爲錢校券一,上謁言洞庭尉,令廣署所縣責,以受
陽陵司空……已誊責其家,[家]貧弗能入,乃□成所。(下略)　　　　　　(J1⑨12A)

[簡11]　　卅三年四月辛丑朔戊申,司空騰敢言之:陽陵禔陽上造徐有貲錢二千六百
八十八。徐戍洞庭郡,不智何縣署。今爲錢券一,上謁言洞庭尉,令署所縣責,以受
陽陵司空……已誊其家,[家]貧弗能入,乃移戍所。(下略)　　　　　　(J1⑨6A)

[簡12]　　卅三年四月辛丑朔戊申,司空騰敢言之:陽陵禔陽士五小款有貲錢萬一千
二百七十一。款戍洞庭郡,不智何縣署。•今爲錢校券一,上謁言洞庭尉,令申署
所縣責,以受陽陵司空……已誊其家,[家]貧弗能入,乃移。(下略)　　　　(J1⑨7A)

以上十二簡,每簡是一件文書,各與一個"陽陵卒"相關。[簡1]引録完整;其餘諸簡因後
半部分與[簡1]近乎雷同,故從略。這十二簡的紀年都是"三十三年"(即秦始皇三十三
年,前214年),此爲秦始皇統一天下後的第八年。簡文中的"陽陵",縣名,地望不詳。①
因[簡3]、[簡4]有"環書道遠""道遠毋環書"之語,知其當在遠地。"遷陵",亦縣名,時
屬洞庭郡,在今湖南省龍山縣里耶鎮。

這十二個"陽陵卒"皆欠官府錢。其中,十一人"有貲錢"或"有貲餘錢",錢數分別爲
8064錢、836錢、1728錢、1344錢、384錢、2688錢、11211錢、1344錢、1344錢、852錢、
1344錢。另一人"有贖錢",錢數爲7680錢。細審這些大大小小的數字,可發現一些有
意思的情況。除了836、852、11211這3個數字外,其他9個數字之間似存在一定的關
聯:在它們當中,有4個1344和1個2688(1344×2=2688)、1個8064(1344×6=
8064);有1個384和1個1728(384+1344=1728)、1個7680(384×20=7680)。爲何會
出現此種情況? 是巧合還是另有原因?

在近年公布的嶽麓書院藏秦簡、里耶秦簡中,有這樣的簡文:

[簡13]　　貲一甲,直錢千三百卅四,直金二兩一垂。一盾直金二垂。贖耐,馬甲四,
錢七千六百八十。　　　　　　　　　　　　　　　　(嶽麓書院藏秦簡0957)

[簡14]　　馬甲一,金三兩一垂,直錢千九百廿。金一朱,直錢廿四。贖死,馬甲十
二,錢二萬三千卅。　　　　　　　　　　　　　　　(嶽麓書院藏秦簡0970)

---

① 李學勤認爲,陽陵"無疑是秦人故地",見李學勤《初讀里耶秦簡》,《文物》2003年第1期,第79頁。晏昌貴、鍾煒認
爲,陽陵或即包山楚簡所見"易(陽)陵",位於中原鄭國故地或淮北楚東國之地,其中爲鄭國故地的可能性較大,見晏
昌貴、鍾煒《里耶秦簡所見的陽陵與遷陵》,《中國歷史地理論叢》2006年第4期,第88頁。

［簡 15］　十二月戊寅，都府守胥敢言之：遷陵丞☒

☒公士㵼道西里亭貲三甲，爲錢四千卅二☒　　　　（里耶秦簡 8-60 正）①

據［簡 13］、［簡 14］及相關的文獻記載，可推算出秦代重量單位兩、錘（"垂"）、銖（"朱"）之間的換算關係爲：1 兩＝3 錘，1 錘＝8 銖；②並可了解秦律之貲、贖的甲盾價：貲一甲爲 1344 錢（金二兩一錘），貲一盾爲 384 錢（金二錘），贖一馬甲爲 1920 錢（金三兩一錘）。③而［簡 15］之"貲三甲爲錢四千卅二"，即 4032 錢÷3＝1344 錢，該錢數正與［簡 13］之"貲一甲，直錢千三百卅四"相合。此亦可證里耶秦簡、嶽麓書院藏秦簡這兩批簡所屬的體制和時代都是一致的。另外，由［簡 14］之"金一朱，直錢廿四"，知當時的金價爲：金 1 銖＝24 錢，金 1 錘＝192 錢，金 1 兩＝576 錢，金 1 斤＝9216 錢。

今以上述金價、甲盾（包括馬甲）價對里耶秦簡中這十二個"陽陵卒"所欠貲錢、贖錢進行折算，列爲表 1：

表 1　"陽陵卒"所欠貲錢贖錢折合金、甲、盾表

編號	欠錢名稱	欠錢數	折合金			折合甲或盾		備註
			銖	錘	兩	甲	盾	
簡 1	貲餘錢	852	35.5	4.4	約 1.5 兩			俟考
簡 2	貲錢	836	34.83	4.4	約 1.5 兩			俟考
簡 3	貲餘錢	1728	72	9	3 兩	1 甲 1 盾	4.5	
簡 4	贖錢	7680	320	40	13 兩 1 錘	4 馬甲	20	
簡 5	貲餘錢	8064	336	42	14 兩	6	21	
簡 6	貲錢	1344	56	7	2 兩 1 錘	1	3.5	
簡 7	貲錢	384	16	2	2/3 兩		1	
簡 8	貲錢	1344	56	7	2 兩 1 錘	1	3.5	
簡 9	貲錢	1344	56	7	2 兩 1 錘	1	3.5	
簡 10	貲錢	1344	56	7	2 兩 1 錘	1	3.5	

① 簡 13、14，見朱漢民、陳松長主編《嶽麓書院藏秦簡（貳）》，上海辭書出版社，2011 年，第 78 頁。簡 15，見湖南省文物考古研究所編著《里耶秦簡（壹）》，文物出版社，2012 年，圖版第 20 頁，釋文第 12 頁。

② 1 馬甲（3 兩 1 錘金，即 1920 錢）－1 甲（2 兩 1 錘金，即 1344 錢）＝1 兩金（即 576 錢）；576 錢（1 兩金價）÷24 錢（1 銖金價）＝24（銖）；又《説文解字》金部釋"錘"："八銖也。"因 1 兩＝24 銖、1 錘＝8 銖，則知 1 兩＝3 錘。

③ 參于振波《秦律中的甲盾比價及相關問題》，《史學集刊》2010 年第 5 期，第 36—38 頁。

續表

編號	欠錢名稱	欠錢數	折合金			折合甲或盾		備注
			銖	錘	兩	甲	盾	
簡 11	貲錢	2688	112	14	4 兩 2 錘	2	7	
簡 12	貲錢	11211	467.125	58.4	約 19.5 兩			俟考
總計		38819	1617.5	202.2	67.4 兩			
附記簡 13	贖耐	7680	320	40	13 兩 1 錘	馬甲 4		嶽麓秦簡 0957
附記簡 14	贖死	23040	960	120	40 兩（2 斤 8 兩）	馬甲 12		嶽麓秦簡 0970

表 1 顯示，在這十二筆錢裏，有九筆錢可完整地折算（見［簡 3］—［簡 11］）。其中八筆貲錢可折算爲甲、盾（4 個 “1 甲”、1 個 “2 甲”、1 個 “6 甲”、1 個 “1 甲 1 盾”、1 個 “1 盾”），一筆贖錢可折算爲馬甲（1 個 “4 馬甲”）；在甲與盾之間，亦可折算。則知 “陽陵卒” 們所欠貲錢、贖錢大多同秦律中的貲、贖之甲、盾、馬甲密切相關。特別要指出的是，［簡 4］所載 “陽陵仁陽士五額有贖錢七千六百八十”，正與［簡 13］所載 “贖耐，馬甲四，錢七千六百八十” 一致，則知 “士五額” 的 “贖錢七千六百八十” 應是 “贖耐” 之錢。

在這十二筆錢裏，另有三筆貲錢不能完整地折算爲甲、盾（見［簡 1］、［簡 2］、［簡 12］）。其中那一筆 “貲餘錢”（［簡 1］）有可能是先已繳過一些零散貲錢後的餘債，但其餘二筆 “貲錢”（［簡 2］、［簡 12］）爲何不能完整地折算爲甲、盾？這似乎顯示，除了貲甲、貲盾，秦代的貲錢或許還有其他的名目或來源。睡虎地秦簡《法律答問》：“‘邦客與主人鬥，以兵刃、投梃、拳指傷人，擎以布’。可謂‘擎’？擎布入公，如貲布，入齎錢如律。”《秦律十八種·金布律》：“布袤八尺，福廣二尺五寸……錢十一當一布。”① 則秦代有 “貲布”，1 “布” 之價爲 11 錢。但是，將該布價同上述三筆貲錢比對，似未見它們之間有何數字上的關聯。又睡虎地秦簡《秦律雜抄》：“省殿，貲工師一甲，丞及曹長一盾，徒絡組廿給。省三歲比殿，貲工師二甲，丞、曹長一甲，徒絡組五十給。”② 則知貲罰的名目還有 “絡組”。但是，不知 “絡組” 能否折算爲錢、當如何折算（有關 “絡組” 的討論詳本文第二節）。

此外，秦代還有 “貲繇（徭）” 和 “貲戍”。睡虎地秦簡《法律答問》：“或盜采人桑葉，臧不盈一錢，可論？貲繇三旬。”《秦律雜抄》：“不當稟軍中而稟者，皆貲二甲，法；非吏殿，

---

① 睡虎地秦墓竹簡整理小組編《睡虎地秦墓竹簡》，文物出版社，1978 年，第 189、56 頁。

② 睡虎地秦墓竹簡整理小組編《睡虎地秦墓竹簡》，第 136 頁。

戍二歲;徒食、敦長、僕射弗告,貲戍一歲;令、尉、士吏弗得,貲一甲。・軍人買稟稟所及過縣,貲戍二歲;同車食、敦長、僕射弗告,戍一歲;縣司空、司空佐史、士吏將者弗得,貲一甲;邦司空一盾。"睡虎地秦墓竹簡整理小組認爲,"貲繇"是"罰服徭役","貲戍"是"罰戍邊"。①但是,《説文解字》貝部釋"貲"曰:"小罰以財自贖也……漢律:民不繇,貲錢二十二(三)。"我們現在還了解到,貲甲、貲盾都是可折算爲錢的,而錢亦可與勞作日數相互折算(詳本文第二節)。那麼,"貲繇(徭)"(當以旬或日計)、"貲戍"(或當以歲計)能否折算爲錢,像貲甲、貲盾一樣用爲貲錢的計算單位? 那三筆不能折算爲甲、盾的貲錢是否與上述這幾種貲罰有關? 或是另有來歷? 就現有資料看,還難以判斷。貲罰是秦代使用率很高的經濟制裁手段,然而它的不少内容和細節尚不清楚,俟考。

二、貲、贖之罰的級次、價額和折算

今所見秦律中的貲、贖,多以"甲""盾"等軍事物資爲計算單位,這應是與軍需和戰爭相關聯的。然而在實際操作中,大概不會全都繳納甲、盾等實物,恐怕也會繳納錢,統一戰爭結束後尤當如是。[簡 13]、[簡 14]、[簡 15]所記載的貲甲、貲盾之價,即爲其證據;里耶秦簡中的"陽陵卒"文書所記之貲錢、贖錢大多可與一定數量的甲、盾相對應,則爲其實例。

有學者認爲,秦律中的貲甲、貲盾,分爲由低至高的"貲一盾""貲二盾""貲一甲""貲二甲"等四級。②其説有一定的道理,但不準確。因爲從"貲一盾"(384 錢或 2 錘金)、"貲二盾"(768 錢或 4 錘金)、"貲一甲"(1344 錢或 7 錘金)、"貲二甲"(2688 錢或 14 錘金)等所折算的錢、金數量看,它們的比例爲 2:4:7:14,未能形成完整、合理的級次結構。③而且,在實際操作中,貲罰的數額往往不止一盾、二盾、一甲、二甲,而是可以多層叠加或

---

① 睡虎地秦墓竹簡整理小組編《睡虎地秦墓竹簡》,第 154、133—135 頁。
② 例如,富谷至、任仲爀、于振波等學者皆持此意見。見富谷至《秦漢刑罰制度研究》,柴生芳等譯,廣西師範大學出版社,2006 年,第 33—36 頁;任仲爀《秦漢律的罰金刑》,《湖南大學學報(社會科學版)》2008 年第 3 期,第 27—28 頁;于振波《秦律中的甲盾比價及相關問題》,《史學集刊》2010 年第 5 期,第 8 頁。
③ 對於秦代貲罰的等級,還有的學者認爲當分爲"絡組二十給、絡組五十給、一盾、二盾、一甲、二甲、二甲一盾"七級(見劉海年《秦律刑罰考析》,載中華書局編輯部編《雲夢秦簡研究》,中華書局,1981 年,第 195 頁),或"一盾、二盾、二甲"三級(見若江賢三《秦律中的贖刑制度》,《愛媛大學法文學部論集・文學科編》一八、一九,1985,1986,轉引自藤田高夫《秦漢罰金考》,楊振紅譯,《簡帛研究 二〇〇一》,廣西師範大學出版社,2001 年,第 607—608 頁;堀毅《秦漢法制史論考》,法律出版社,1988 年,第 169 頁;藤田高夫《秦漢罰金考》,《簡帛研究 二〇〇一》,第 609 頁)。疑皆未安。

者合併計算的。例如：

　　［簡16］　鄉守履貲十四甲　｜☑

　　　　　　　鄉佐就貲一甲　｜　☑

　　　　　　　鄉佐𣏟貲六甲　｜　☑　　　　　　　　　　　　　　（里耶秦簡8-300）

　　［簡17］　尉廣□四甲　校長舍四甲　☑

　　　　　　　佐狅四甲貲已歸　☑　　　　　　　　　　　　　　　（里耶秦簡8-565）

　　［簡18］　☑[渠]獲各三甲，不智劾云貲三甲不應律令，故皆毋它坐。它如官書。

　　　　　　　　　　　　　　　　　　　　　　　　　　　　　　（里耶秦簡8-754）

　　［簡19］　當貲盾，没錢五千而失之，當訿。　　　　　（睡虎地秦簡《法律答問》）

　　［簡20］　誣人盜直廿，未斷，有有它盜，直百，乃後覺，當並臧以論，且行真罪、有以

誣人論？當貲二甲一盾。　　　　　　　　　　　　　　　（睡虎地秦簡《法律答問》）

　　［簡21］　☑從𩵋魅各一甲一盾　　　　　　　　　　　（里耶秦簡8-2036背）①

以上諸簡中，［簡16］有“貲十四甲”“貲六甲”，［簡17］有“（貲）四甲”，［簡18］有“貲三甲”；另，前引［簡15］也有“貲二甲”，表1中的［簡5］則有“貲6甲”；它們都是“甲”疊加的例子，其數量有奇數，也有偶數。［簡19］載“當貲盾，没錢五千而失之”，而“錢五千”約相當於13盾，則知貲盾之數可多達十餘盾，此或表明貲盾可没錢入官；②表1中的［簡5］有“貲21盾”（或6甲）；它們都是“盾”疊加的例子。［簡20］有“貲二甲一盾”，［簡21］有“（貲）一甲一盾”；另，表1中的［簡3］也有“貲1甲1盾”；它們都是“甲”“盾”合併計算的例子。由此觀之，秦代的貲罰，很可能是以“甲”“盾”爲兩個基本計算單位，用貲甲、貲盾之總價的多少來劃定貲罰的輕重。

　　但是，這裏還有一些問題。因1盾可折合2錘金、1甲可折合7錘金（見表1），二者的價額都是1錘金價的倍數，但二者的比值却是2∶7，不便計算；而且，若將1盾（即2錘金或384錢）作爲貲罰的最低一級，其價額也似嫌過高。故疑貲罰的計算單位除“甲”“盾”外，或許還有一種較小的可折合爲1錘金（或0.5錘金）的實物計算單位。果如是，則可據此來建立一個較爲完整且易於管理的級次結構。從前引睡虎地秦簡《秦律雜抄》

①　簡16、17、18、21，見湖南省文物考古研究所編著《里耶秦簡（壹）》，圖版第56、82、108、250頁，釋文第27、39、49、93頁。簡19、20，見睡虎地秦墓竹簡整理小組編《睡虎地秦墓竹簡》，第171、172頁。
②　從簡文看，也不能排除這筆“貲盾”所值的錢數大於五千，或其爲多筆“貲盾”之集合的可能。

"省殿,貲工師一甲,丞及曹長一盾,徒絡組廿給。省三歲比殿,貲工師二甲,丞、曹長一甲,徒絡組五十給"來推測,這個較小的計算單位或與"絡組"有關,爲"絡組若干給"。"絡組",穿聯甲札的縧帶;"給",疑讀爲"緝",此處爲量詞。①在這條律文中,"絡組"與"甲""盾"並提,排在末位;其"廿給"之價當低於"一盾(2 錘金)",其"五十給"之價當低於"一甲(7 錘金)"。從"絡組"的製作和用途看,它與甲、盾屬於同一類軍事物資,而價較低,將其作爲"盾""甲"兩級的補充而加入貲罰體系似較合理。②但目前尚缺少證據,未敢遽定。

從現有資料看,秦代的贖刑也可繳納軍事物資(或相應的錢),該軍事物資是"馬甲"。[簡 4]和[簡 13]顯示,"贖耐"之價爲"馬甲四";[簡 14]顯示,"贖死"之價爲"馬甲十二";它們皆以"馬甲"爲計算單位。如前述,1 馬甲爲 1920 錢,相當於 10 錘金(即 3 兩 1 錘金)或 5 盾。除"贖耐""贖死"外,里耶秦簡中還有與"贖遷"之價相關的例子,見[簡 22]:

[簡 22]　起贖遷,當從事縣官二歲,爲錢☐　　　　　　　(里耶秦簡 9-97)③

按此簡,知"贖遷"要"從事縣官二歲",即爲官府服役 2 歲;也可"爲錢",即繳納相應的錢來抵償。假若以 1 歲爲 360 日、1 日抵償 8 錢計算,則"二歲"(720 日)抵償 5760 錢,正可以折合 3 馬甲。④

睡虎地秦簡所見秦代的贖刑,有"贖死""贖鬼薪鋈足""贖宮""贖黥""贖耐"和"贖遷"。而張家山漢簡《二年律令・具律》曰:"贖死,金二斤八兩。贖城旦舂、鬼薪白粲,金一斤八兩。贖斬、府(腐),金一斤四兩。贖劓、黥,金一斤。贖耐,金十二兩。贖䙃,金八兩。"⑤則秦代的贖刑等級似可與漢代對應,見表2:

① 參睡虎地秦墓竹簡整理小組編《睡虎地秦墓竹簡》,第 136 頁注 3。
② 這裏作個猜測。假設絡組 20 給可折合爲 1 錘金,將 1 錘金作爲貲罰的級差,則罰金可自低而高地依次排列爲:20 給、1 盾、50 給、1 盾 20 給、2 盾、2 盾 20 給、3 盾、1 甲、4 盾、1 甲 1 盾、5 盾、1 甲 2 盾、6 盾、1 甲 3 盾、2 甲……每級的價額都是 1 錘金的整倍數,相鄰級次的價差都是 1 錘金。只有"50 給"夾在其間(該級出自上文所引《秦律雜抄》),相當於 1 盾 10 給(即 2.5 錘金),是個例外。另,在 3 盾(120 給,即 6 錘金)之後,價額更高的甲開始出現,絡組退出。當然,以上只是個猜測,目前缺少足夠的證據,還有待更深入的研究與檢驗。
③ 湖南省文物考古研究所編著《里耶秦簡(貳)》,文物出版社,2017 年,第 10 頁。
④ 參戴奕純《秦代贖遷金額考》,簡帛網,2019 年 1 月 8 日。該文認爲,[簡 22]中的"二歲"應是 720 日(即以 360 日爲一歲,此說從張忠煒《〈里耶秦簡〉殘牘 10-15 補論——兼論睡虎地 77 號漢墓功次文書》〔待刊〕,並指出,"以日八錢來折合共計 5760 錢,恰爲三馬甲"("日八錢",引自睡虎地秦簡《秦律十八種・司空》)。
⑤ 張家山二四七號漢墓竹簡整理小組《張家山漢墓竹簡〔二四七號墓〕(釋文修訂本)》,文物出版社,2006 年,第 25 頁。

表 2　秦漢贖刑與贖價對照表

	贖罷(遷)	贖耐	贖黥	贖宮	贖鬼薪鋈足	贖死
秦代	馬甲三? 金 10 兩 (30 錘)	馬甲四 金 13 兩 1 錘 (40 錘)	馬甲五? 金 1 斤 2 錘 (50 錘)	馬甲六? 金 1 斤 4 兩 (60 錘)	馬甲七? 金 1 斤 7 兩 1 錘 (70 錘)	馬甲十二 金 2 斤 8 兩 (120 錘)
漢代	贖罷(遷)	贖耐	贖劓、黥	贖斬、府(腐)	贖城旦舂、 鬼薪白粲	贖死
	金 8 兩 (24 錘)	金 12 兩 (36 錘)	金 1 斤 (48 錘)	金 1 斤 4 兩 (60 錘)	金 1 斤 8 兩 (72 錘)	金 2 斤 8 兩① (120 錘)

按張家山漢簡《二年律令·具律》,漢代的贖刑由最低的"贖遷"到最高的"贖死",共爲六級;第一至第五級的級間價差均等,都是 4 兩(即 12 錘)金。已知秦代贖刑的最高級(第六級)"贖死"之價爲 12 馬甲(據[簡 14])、第二級"贖耐"之價爲 4 馬甲(據[簡 4]、[簡 13]);假如秦代贖刑的諸級排列次序與漢代相同,且第一至第五級的級間價差亦均等(都是 1 馬甲,即 10 錘金),則可推測其他幾級之價:贖遷爲 3 馬甲、贖黥爲 5 馬甲、贖宮爲 6 馬甲、贖鬼薪鋈足爲 7 馬甲。但以上所説只是猜測,也有待更多的材料和進一步的研究。

甲、盾的單價,以錢計算時(1344 錢/甲、384 錢/盾、1920 錢/馬甲)顯得頗爲瑣細和散碎,那十二筆"陽陵卒"所欠貲錢、贖錢之數也是如此。而以金計算時,甲、盾的單價和"陽陵卒"欠錢中可折算爲甲、盾的九筆錢就顯得相當齊整(見表 1),因爲它們全都是 1 錘金價(192 錢)的整倍數。②因此,在當初制定律文時,甲、盾的單價很可能是以金來計算的。

秦律中的"購"價皆以金來計算,此或可作爲一個旁證。"購",指購賞。睡虎地秦簡《法律答問》:"甲告乙賊傷人,問乙賊殺人,非傷殹,甲當購,購幾可? 當購二兩。""捕亡完城旦,購幾可? 當購二兩。""夫、妻、子五人共盜、皆當刑城旦,今中〈甲〉盡捕告之,問甲當購幾可? 人購二兩。""夫、妻、子十人共盜,當刑城旦,亡,今甲捕得其八人,問甲當購幾可? 當人購二兩。"③以上簡文中的"兩",都是金的計算單位。不過,在實際操作中,

① 此贖死之價亦見《史記》卷一一八《淮南衡山列傳·淮南厲王長》:"甚大逆無道,當伏其法……其非吏,他贖死金二斤八兩。"(第 3094 頁)
② 任仲爀認爲,"里耶秦簡中的貲錢、貲餘錢、贖錢的金額大多爲 672 的倍數,由此推斷,秦律的貲一盾很可能就是 672 錢",其説誤。但他推測 1344 錢是貲一甲則是正確的。見任仲爀《秦漢律的贖刑》,《簡帛研究 二〇一〇》,廣西師範大學出版社,2012 年,第 202 頁。
③ 睡虎地秦墓竹簡整理小組編《睡虎地秦墓竹簡》,第 208—209 頁。

“購”價也用錢計算。例如：

　　［簡 23］　☐□出錢千一百五十二購隸臣於捕戍卒不從☐　　　　（里耶秦簡 8-992）

　　［簡 24］　☐事贖耐罪賜購千百五十

　　　　　　☐□令智之丿華手　　　　　　　　　　　　　（里耶秦簡 8-1461 正）①

［簡 23］載“出錢千一百五十二購隸臣”，這是“購隸臣”的價額。如前述，金 1 兩＝576
錢，1152 錢恰爲金 2 兩，此與屢見於睡虎地秦簡《法律答問》的“購二兩”相合。［簡 24］
載“賜購千百五十”，疑“十”後原當有“二”字，也是 1152 錢。因本簡的上半段缺失，而
“十”字寫在第一行文字的尾端，故緊接其後而轉到第二行文字前端的“二”字今已不存。
秦代貲、贖之價的制定和實際操作的情況，或與“購”價類似。

　　另一旁證是，漢律中的罰、贖、購價等也多用金計算，而在實際操作中則用錢，或金、
錢並用。例如：

　　［簡 25］　有罰、贖、責（債），當入金，欲以平賈（價）入錢，及當受購、償而毋金，及當
　　出金、錢縣官而欲以除其罰、贖、責（價），及爲人除者，皆許之。各以其二千石官治
　　所縣十月金平賈予錢，爲除。　　　　　　　　　　　　　　（《二年律令·金布律》）

　　［簡 26］　拯亡船可用者，購金二兩；不盈七丈以下，丈購五十錢。

　　　　　　　　　　　　　　　　　　　　　　　　　　　　（《二年律令·金布律》）

　　［簡 27］　其非故也，而失不 審 者，以其贖論之……贖死，贖城旦舂、鬼薪白粲，贖斬
　　宫，贖劓黥，戍不盈四歲，毄（繋）不盈六歲，及罰金一斤以上罪，罰金二兩。毄（繋）
　　不盈三歲，贖耐、贖罨（遷）及不盈一斤以下罪，購、没入、負償、償日作縣官罪，罰金
　　一兩。　　　　　　　　　　　　　　　　　　　　　　　（《二年律令·具律》）

　　［簡 28］　☐期會　皆坐辨其官事不辨，論罰金各四兩，直二千五百。

　　　　　　　　　　　　　　　　　　　　　　　　　　　（居延新簡 E.P.T57∶1）②

以上諸簡中，［簡 25］載“有罰、贖、責，當入金，欲以平賈入錢……皆許之”，表明“罰、贖、
責（債）”是應當繳納金的，但准許以平價來繳納錢。［簡 26］是金、錢並用之例。［簡 27］
是用金之例。此條所顯示的贖刑的高低次序可與上文討論秦代贖刑等級時所引的另一

<hr/>

① 簡 23、24，見湖南省文物考古研究所編著《里耶秦簡（貳）》，圖版第 135、182 頁，釋文第 57、72 頁。
② 簡 25、26、27，見張家山二四七號漢墓竹簡整理小組編《張家山漢墓竹簡〔二四七號墓〕（釋文修訂本）》，第 67、22
　頁。簡 28，見甘肅省文物考古研究所等編《居延新簡——甲渠候官與第四燧》，文物出版社，1990 年，第 337 頁。

條《二年律令·具律》相合。〔簡28〕是金、錢折算之例，①4兩金＝2500錢。

　　秦、漢律中的貲（秦之貲甲盾等，漢之罰金）、贖、購等所以用金計算，是和金的性質與職能相關的。金可久存，量少，價值高且較爲穩定，以重量計算，具有優越的價值尺度、寶藏手段和支付手段等職能。與之相比較，錢幣的量多，價值低，以枚數計算而輕重不齊；從戰國到西漢前期，幣制變動頻繁，其價值頗不穩定。但金價並非固定不變，〔簡25〕《二年律令·金布律》曰"各以其二千石官治所縣十月金平買予錢"，規定郡國的金、錢比價各以其二千石官員治所之所在縣每年十月的平價爲準，即爲其證。②又居延新簡E.P.T50：221載"☐☐買重與用，請增金、銀買，黃金率☐"，③這應是一篇奏疏抄件的殘文，與提高金價有關，可爲其佐證。

　　由於時代的變遷和幣制、幣值的波動，從先秦到西漢，金價有起有伏，漸漸走高。《管子·輕重甲》："粟買（價）平四十，則金買（價）四千。"④此處的金價爲1斤4000錢。⑤張家山漢簡《算數書》："金買（價）兩三百一十五錢，今有一朱（銖），問得錢幾何。曰：得錢十三錢八分【錢】一。"⑥此處的金價爲1斤5040錢（315錢×16〔兩〕＝5040錢）。《九章算術·均輸》："今有人持金十二斤出關。關稅之，十分而取一。今關取金二斤，償錢五千。問金一斤值錢幾何？荅曰：六千二百五十。"又《九章算術·盈不足》："今有共買金，人出四百，盈三千四百；人出三百，盈一百。問人數、金價各幾何？荅曰：三十三人。金價九千八百。"⑦此二處的金價分別爲1斤6250錢、1斤9800錢。《漢書·王莽傳》："有司奏：'故事，聘皇后黃金二萬斤，爲錢二萬萬。'"⑧《漢書·食貨志》："（王莽）乃罷錯

①　又《晉書》卷三〇《刑法志》記載："（魏明帝傍采漢律而定魏法）其序略曰……《金布律》有罰、贖、入責，以呈黃金爲價。"則知魏法中的《金布律》也規定"罰、贖、入責"要以黃金爲準來定價。

②　參邢義田《張家山漢簡〈二年律令〉讀記》，原刊《燕京學報》新15期，2003年，收入氏著《地不愛寶：漢代的簡牘》，中華書局，2011年，第165—167頁；彭浩《關於〈二年律令〉"罰金"一詞注釋的補充說明》，簡帛網，2005年11月3日。

③　甘肅省文物考古研究所等編《居延新簡——甲渠候官與第四燧》，第167頁。

④　戴望《管子校正》卷二三《輕重甲》，《諸子集成》五，中華書局，1986年，第394頁。關於《管子·輕重》的著作年代，學界有不同的意見，如王國維的"漢代說"，馬非百的"王莽時代說"，胡寄窗、李學勤、孫開泰的"戰國說"等。近年來，"戰國說"爲多數人認可。參鞏曰國《從"疑古"到"走出疑古時代"——〈管子·輕重〉著作年代研究百年回首》，《管子學刊》2008年第3期，第122—125頁。

⑤　另，《管子·揆度》曰："桓公問於管子曰……馬之平買萬也，金之平買萬也。"此處所載金價爲10000錢。見戴望《管子校正》卷二三《揆度》，《諸子集成》五，第387頁。《管子》諸篇的著作年代不一，此篇年代待考。

⑥　張家山二四七號漢墓竹簡整理小組編《張家山漢墓竹簡〔二四七號墓〕（釋文修訂本）》，第138頁。

⑦　郭書春匯校《九章算術》，遼寧教育出版社，1990年，第329、359頁。劉徽《九章算術注》序曰"周公制禮而有九數，九數之流，則《九章》是矣"，"漢北平侯張蒼、大司農中丞耿壽昌皆以善算命世。蒼等因舊文之遺殘，各稱刪補，故校其目則與古或異，而所論者多近語也"。（見第177頁）

⑧　《漢書》卷九九上《王莽傳上》，第4052頁。

刀、契刀及五銖錢,而更作金、銀、龜、貝、錢、布之品,名曰'寶貨'……黃金重一斤,直錢萬。"①此二處的金價皆爲 1 斤 10000 錢,與〔簡 28〕居延新簡 E. P. T57：1 所載相同(2500 錢÷4〔兩〕×16〔兩〕= 10000 錢)。又《孫子算經》:"今有黃金一斤,直錢一十萬。問兩直幾何？答曰:六千二百五十錢。"②此處的金價爲 1 斤 100000 錢。該書約成於魏晉,其時金價已大漲。

　　本文所關注的,是里耶秦簡中的"陽陵卒"們欠貲錢、贖錢時的金價。如前述,當時的金價爲 1 斤 9216 錢。將該金價與上引史料中的金價進行比對,如果不考慮幣制與幣值的差別、社會經濟的變動等因素,而僅從錢數上看,它高於較早的《管子·輕重》之時代,也高於稍晚的張家山漢簡《算數書》之時代,而略低於西漢後期。

三、"陽陵卒"的身份和他們的生計

　　這十二個"陽陵卒"都是平民,絶大多數人無爵。他們當中,有一人是"上造","上造"爲秦二十等爵的第二級。③有一人是"公卒",據張家山漢簡《二年律令·户律》,"公卒"的地位在二十等爵的末級"公士"之下,在士伍之上。④還有十人是"士五",即士伍。據傳世文獻記載,士伍是被奪爵之人。《漢舊儀》:"秦制二十爵,男子賜爵一級以上,有罪以減,年五十六免。無爵爲士伍,年六十乃免者。有罪,各盡其刑。"⑤《史記·秦本紀》:"武安君白起有罪,爲士伍,遷陰密。"《集解》引如淳曰:"嘗有爵而以罪奪爵,皆稱士伍。"⑥但是,《二年律令·傅律》中有這樣的律文:"公士、公卒及士五(伍)、司寇、隱官子,皆爲士五(伍)。"⑦則知士伍還包括末級爵的"公士"之子、無爵的"公卒"和"士五"之子,以及"司寇"和"隱官"之子。⑧在本文所討論的這批"陽陵卒"中,士伍的人數占到八成以上。

① 《漢書》卷二四下《食貨志下》,第 1178 頁。
② 《孫子算經》卷下,郭書春、劉純點校《算經十書(二)》,遼寧教育出版社,1998 年,第 21 頁。
③ 《漢書》卷一九上《百官公卿表上》:"爵:一級曰公士,二上造,三簪裊,四不更,五大夫……十九關內侯,二十徹侯。皆秦制,以賞功勞。"(第 739 頁)
④ 張家山漢簡《二年律令·户律》:"……上造二頃,公士一頃半頃,公卒、士伍、庶人各一頃,司寇、隱官各五十畝……上造二宅,公士一宅半宅,公卒、士伍、庶人一宅,司寇、隱官半宅。"(張家山二四七號漢墓竹簡整理小組編《張家山漢墓竹簡〔二四七號墓〕(釋文修訂本)》,第 52 頁)
⑤ 衛宏撰,孫星衍輯《漢舊儀》卷下,周天游點校《漢官六種》,中華書局,1990 年,第 85 頁。
⑥ 《史記》卷五《秦本紀》,第 214 頁。
⑦ 張家山二四七號漢墓竹簡整理小組編《張家山漢墓竹簡〔二四七號墓〕(釋文修訂本)》,第 58 頁。按《二年律令》的年代爲西漢初年,學界多認爲秦末的律令與之有相近處。故此處用爲對照。
⑧ 有學者認爲,士伍"是指居住在里伍之中,没有官職、爵位,在户籍上有名的成年男子",見朱紹侯《秦漢簡牘與軍功爵制研究》,《光明日報》2011 年 1 月 18 日。

據里耶秦簡"陽陵卒"文書所記,這十二人欠負貲錢、贖錢,家窮而不能繳納;他們來到洞庭郡做戍卒,故其原籍陽陵縣的司空向洞庭郡索討關於這些人債務的校券和計賬,則知這些人曾爲本縣司空所轄,其身份大率是以勞役抵償債務的"居貲贖責"。睡虎地秦簡《秦律十八種·司空》:"有罪以貲贖及有責於公,以其令日問之,其弗能入及償(償),以令日居之,日居八錢;公食者日居六錢。"①"居",即居作,罰服勞役。以錢贖罪者和欠負官府債務者,可用勞役抵償,居作 1 日抵償 8 錢或 6 錢。這十二個欠負貲錢、贖錢的陽陵男子之行戍,當與此律有密切的關係。②

有研究者認爲,這十二人原本應是按兵役法徵發的戍卒,理由是:這些人被稱作"卒",其服役地被稱作"戍所";他們是行戍在前、認定其以行戍代償貲贖在後,因而發生了陽陵縣反復申明原委之事,相關的文書則傳行了兩年餘(見[簡 1])。③此觀點值得注意。不過,如前述,這些"陽陵卒"中的大多數人所欠的是"貲甲""貲盾"錢,更有一人欠的是贖耐錢,索討相關債務文件的是主掌刑罰與作役的本縣司空,因而"陽陵卒"們的身份在開始行戍時就應已是"居貲贖責"(其中,"有貲餘錢"者甚或更早)。很難設想,對這些人的貲、贖之罰要到他們離開本縣後才認定。此外,"居貲贖責"的勞作與按一般徭戍徵發的役夫可能是近似的。睡虎地秦簡《秦律十八種·司空》:"居貲贖責者,或欲籍人與並居之,許之,毋除繇戍。"④秦律允許"居貲贖責"藉助他人一起勞作,但不能因此免除後者的"繇(徭)戍"。可見"居貲贖責"與從事一般徭戍的役夫雖身份不同,但勞作内容似無大的差别。這十二人之所以被稱作"卒"、其服役地之所以被稱作"戍所",或與其編隊組織、勞作種類和勞作地點相關。

在里耶秦簡中,可見有關行戍的"贖耐"者和"罰戍""適戍"之士伍的記録。例如:

[簡 29]　令佐圂一盾｜

　　　　　令佐冣七甲｜

　　　　　令佐逌二甲已利

　　　　　□廿錢

　　　　　更戍畫二甲

---

① 睡虎地秦墓竹簡整理小組編《睡虎地秦墓竹簡》,第 84 頁。

② 詳馬怡《里耶秦簡中幾組涉及校券的官文書》,《簡帛》第三輯,第 199—200 頁。

③ 張金光《秦貲、贖之罰的清償與結算問題——里耶秦簡 JI(9)1—12 簡小記》,《西安財經學院學報》2010 年第 4 期,第 95—96 頁。該文認爲,這些情況表明秦代存在"移戍作居"之制度。

④ 睡虎地秦墓竹簡整理小組編《睡虎地秦墓竹簡》,第 85 頁。

更戍　五　二甲

更戍　登　二甲

更戍嬰二甲

更戍□二甲

更戍裚贖耐二

更戍得贖耐

更戍堂贖耐

更戍齒贖耐

更戍暴贖耐　　　　　　　　　　　　　　　　　　　（里耶秦簡 8-149）

［簡 30］　粟=一石九斗少半斗。　　卅三年十月甲辰朔壬戌，發弩繹、尉史過出貸罰

戍士五醴陽同郭禄　　　　　　　廿

令史兼視平。　過手。　　　　　　　　　　　　　　（里耶秦簡 8-761）

［簡 31］　☒貸適戍士五高里慶忌☒　　　　　　　（里耶秦簡 8-899）

［簡 32］　城父繁陽士五枯取賈人子爲妻，戍四歲☒　　（里耶秦簡 8-466）①

［簡 29］中的“更戍裚贖耐二”“更戍得贖耐”“更戍堂贖耐”“更戍齒贖耐”“更戍暴贖耐”
等，皆爲行戍之“贖耐”者的例子。［簡 30］爲“罰戍”之士五（伍）的例子，此簡是自官倉貸
糧的記録。“醴陽”，即醴陽，疑爲澧陽，縣名，屬南郡。②［簡 31］爲“適（讁）戍”之士五
（伍）的例子。［簡 32］爲士五（伍）因“取（娶）賈人子爲妻”而行戍的例子，其性質或與“罰
戍”“適戍”類似。“城父”，縣名，《漢書·地理志》屬沛郡。③以上幾簡顯示，秦代的行戍者
未必都是按一般兵役法徵發的役夫。值得注意的是簡文中關於“更戍”的記録。通常認
爲，“更戍”是指漢時普通百姓所從事的輪番更代的戍卒之役。④而［簡 29］中的“更戍某
贖耐”表明，秦時的“更戍”（或“更戍”中的某些勞作）是由“贖耐”者來承擔的。

　　據前引《漢舊儀》曰“秦制二十爵，男子賜爵一級以上，有罪以减”，知秦代允許以爵

---

① 簡 29、30、31、32，見湖南省文物考古研究所編著《里耶秦簡（貳）》，圖版第 34、110、126、70 頁，釋文第 19、49—50、
　54、34 頁。
② 參陳偉主編《里耶秦簡牘校釋（第一卷）》，武漢大學出版社，2012 年，第 218—219 頁。
③ 《漢書》卷二八上《地理志上》，第 1572 頁。
④ 參看《漢書》卷七《昭帝紀》元鳳四年條如淳注：“更有三品，有卒更，有踐更，有過更。古者正卒無常人，皆當迭爲之，
　一月一更，是謂卒更也……天下人皆直戍邊三日，亦名爲更，律所謂繇戍也。雖丞相子亦在戍邊之調。不可人人自
　行三日戍，又行者當自戍三日，不可往便還，因便住一歲一更……食貨志曰：‘月爲更卒，已復爲正，一歲屯戍，一歲力
　役，三十倍於古。’此漢初因秦法而行之也。”（第 229 頁）

減罪。那麼,在這些來自陽陵的"居貲贖責"中,爲何會有一個爵位在第二級的"上造"?那十個士伍是不是被奪爵者? 其士伍身份與欠負貲錢、贖錢有無關聯? 20世紀70年代末,在秦始皇陵西側的趙背户村發現了百餘座營造皇陵的勞作者的墓葬。從出土的瓦誌刻文看,其中一些勞作者是有爵位的"居貲",如"東武居貲上造慶忌"(79M11)、"東武東閭居貲不更鄲"(79C52)、"博昌居此(貲)用里不更餘"(79C53)、"楊民居貲武德公士契必"(79M32,03)、"平陰居貲北游公士滕"(79M19,02)、"蘭陵居貲便里不更牙"(79C49)等。① 在這些"居貲"裏,不僅有"公士""上造",還有"不更",而後者爲秦二十等爵的第四級。將上述例子和"陽陵卒"的情況相聯繫,可知有爵的"居貲"並不乏見。按此推測,秦代的貲罰應當是不能用爵來減免的。②

在這些"陽陵卒"中,僅有一個士伍欠贖錢。如前述,該贖錢應是"贖耐"之錢。目前尚未見有爵者"居贖"的例子。不知秦始皇陵區趙背户村出土瓦文中的"居貲"之稱謂是否也包括"居贖"? 更進一步的問題是,秦代的耐刑、贖耐與爵的關係是怎樣的? 囿於材料缺少,這些問題尚不能解答。故難以推測這個欠負贖耐錢而行成的士伍曾否有爵以及他原來的身份。

據上引《秦律十八種・司空》所規定的"日居八錢"(居作1日爲8錢)、"公食者日居六錢"(由官府提供口糧的,居作1日爲6錢)之價,可將十二名"陽陵卒"所欠貲錢、贖錢折合爲居作日,見表3:

表3 "陽陵卒"所欠貲錢贖錢折合居作日、粟表

編號	爵稱	欠錢名	欠錢數	貲甲盾	折合居作(日)		折合粟(石)	備注
					日8錢	日6錢		
簡1	士伍	貲餘錢	852		107	142	28.4	俟考
簡2	士伍	貲錢	836		105	139	27.9	俟考
簡3	士伍	貲餘錢	1728	1甲1盾	216	288	57.6	
簡4	士伍	贖錢	7680	4馬甲(贖耐)	960	1280	256	
簡5	士伍	貲餘錢	8064	6甲(或21盾)	1008	1344	268.8	

① 始皇陵秦俑坑考古發掘隊《秦始皇陵西側趙背户村秦刑徒墓》,《文物》1982年第3期,第6—8頁。
② 富谷至認爲,在秦律中,有爵者被賦予了免除刑罪(肉刑)的特權,但"僅限於肉刑,並不包括所有的刑罰。貲罪即罰金刑自然也不在其内"(見富谷至《秦漢刑罰制度研究》,柴生芳等譯,第210—212頁)。其說可參。

編號	爵稱	欠錢名	欠錢數	貲甲盾	折合居作(日)		折合粟(石)	備注
					日 8 錢	日 6 錢		
簡 6	士伍	貲錢	1344	1 甲	168	224	44.8	
簡 7	士伍	貲錢	384	1 盾	48	64	12.8	
簡 8	士伍	貲錢	1344	1 甲	168	224	44.8	
簡 9	士伍	貲錢	1344	1 甲	168	224	44.8	
簡 10	公卒	貲錢	1344	1 甲	168	224	44.8	
簡 11	上造	貲錢	2688	2 甲(或 7 盾)	336	448	89.6	
簡 12	士伍	貲錢	11211		1401	1869	373.7	俟考
總計			38819 錢		4852 日	6470 日	1294.0	
平均			3235 錢/人		404 日/人	539 日/人	107.8 石/人	
附記 簡 13		贖耐	7680 錢	4 馬甲	960 日	1280 日	256 石	嶽麓秦簡 0957
附記 簡 14		贖死①	23040 錢	12 馬甲	2880 日	3840 日	768 石	嶽麓秦簡 0970

表 3 將"折合居作日"分爲"日 8 錢"和"日 6 錢"兩種情況進行統計,則見於"陽陵卒"文書中的"貲一盾""貲一甲""貲二甲"及"贖耐""贖死"所折合的居作日分別是:"貲一盾"爲 48 日或 64 日,並可推知"貲二盾"當爲 96 日或 128 日;"貲一甲"爲 168 日或 224日,"貲二甲"爲 336 日或 448 日;"贖耐"爲 960 日或 1280 日;"贖死"爲 2880 日或 3840 日。②

　　將十二個"陽陵卒"所欠貲錢、贖錢折合爲居作日時,若以 1 日抵償 8 錢計,則平均每人 404 日(約合 1.11 年);時間最長者(見[簡 12])可達 1401 日(約合 3.84 年)。若以 1日抵償 6 錢計,則平均每人 539 日(約合 1.48 年);時間最長者(見[簡 12])可達 1869 日(約合 5.12 年)。③按一般情理推想,長期在它郡居作的人是難以自備口糧的,故這些"陽

① 秦律中的"贖死",除用錢、金贖外,是否可用居作來抵償,俟考,暫列於此表。
② 張金光根據張家山漢簡《二年律令·盜律》所載漢代的贖格(見本文簡 23),以"黃金一斤值萬錢""按秦官定日折八錢計",對秦代的"居貲贖責"制度進行整理,認爲秦代"贖死"可折 3125 日,"贖耐"可折 859.375 日。見氏著《秦制研究》,上海古籍出版社,2004 年,第 557—559 頁。該書未注意金價的變動,又僅以日折 8 錢計算,故有所未安。
③ 爲了行文與示意、比對之便,此段出現的括號内之"約合……年",都是以 365 日爲 1 年估算的。姑且忽略平閏年、大小月、服刑年之算法等細節。

陵卒"屬於後一種情況的可能性或較大。

在里耶秦簡中,可見到給居作者發放口糧的記錄。例如:

［簡 33］ ☑朔＝日,田官守敬、佐壬、稟人娙出稟居貲士五江陵東就斐☑

☑史逐視平。　☑　　　　　　　　　　　　　　（里耶秦簡 8-1328）

［簡 34］ 逕詹粟＝一石九斗少半斗。　　　卅一年正月甲寅朔丙辰,田官守敬、佐

壬、稟人顯出稟貲 貣 士五巫中陵免將。

令史扁視平。　　壬手。　　　　　　　　（里耶秦簡 8-764）

［簡 35］ 逕詹粟＝四石。　　　卅一年七月辛亥朔＝日,田官守敬、佐壬、稟人娙出

稟罰戍公卒襄城武宜都𦭖、長利士五甗。

令史逐視平。　　壬手。　　　　　　　　（里耶秦簡 8-2246）①

以上 3 簡,都是田官、佐、稟人和令史等以官倉之糧(粟,或是以粟爲主)稟給居作者的例
子。［簡 33］中的領糧人是"居貲士五江陵東就斐",他的身份爲"居貲""士五(伍)",本籍
在江陵(屬南郡)。②［簡 34］中的領糧人是"貲 貣 士五巫中陵免將",他的身份爲"貲 貣 "
"十五(伍)",本籍在巫(屬南郡)。③［簡 35］中的領糧人是"罰戍公卒襄城武宜都𦭖、長利
士五甗",他們的身份皆爲"罰戍",其中一人是"公卒",另一人是"士五(伍)",本籍在襄
城(屬潁川郡)。④這些"居貲""居貣(貸)""罰戍"者皆來自它郡,皆從事居作,且皆食官倉
之糧。他們每日勞作所能抵償的,應當只有 6 錢。

附帶提及,在秦簡中還有另一條"日八錢"的律文,見《秦律十八種・司空》:"・或贖
䙴(遷),欲入錢者,日八錢。"⑤此處的"日八錢"爲"贖遷"之價,是用錢來抵償"遷"日,而
不是像居貲、居贖那樣是用"居"日來抵償錢。或因贖遷的刑期長而又相對齊整,且"遷"
處多在艱苦僻遠之地,故只有"日八錢"一價,而沒有"日六錢"。

有的居作者不僅要扣除口糧錢,還要扣除衣錢。《秦律十八種・司空》:"居貲贖責

---

① 簡 33、34、35,見湖南省文物考古研究所編著《里耶秦簡(貳)》,圖版第 165、111、265 頁,釋文第 67、50、101 頁。

② 據《漢書》卷二八上《地理志上》,南郡有江陵縣。(第 1566 頁)

③ 據《漢書》卷二八上《地理志上》,南郡有巫縣。(第 1566 頁)

④ 據《漢書》卷二八上《地理志上》,潁川郡有襄城縣。(第 1560 頁)相似的例子亦見［簡 30］,簡文記載"罰戍士五(伍)醓
陽同郤禄"自官倉貸糧,此人的本籍是"醓陽"(疑即澧陽)。但此處"出稟"(［簡 35］)與"出貣"(［簡 30］)的意義有何
異同尚待考證。

⑤ 睡虎地秦墓竹簡整理小組編《睡虎地秦墓竹簡》,第 91 頁。

者,凡不能自衣者,公衣之,令居其衣如律然。"① 凡不能自備其衣的"居貲贖責",由官府給衣,而該人要按法律規定以居作來抵償。可知"居其衣"者的居作日數要相應增加。假如是像口糧錢那樣,將衣錢也攤到居作日值裏來扣除,則"居其衣"者每日勞作所能抵償的尚不足 6 錢。

據"日居八錢,公食者日居六錢",可推知居作者每日的口糧錢爲:8 錢 - 6 錢 = 2 錢。以 1 月爲 30 日計,2 錢×30(日) = 60 錢,這是 1 個居作者的月口糧錢。《秦律十八種·司空》:"居官府公食者,男子參,女子駟(四)。"②"參",此處的意思是早晚兩餐各食 $\frac{1}{3}$ 斗。③ $\frac{1}{3}$ 斗×2(餐)×30(日) = 20 斗 = 2 石,這是爲官府居作的男子大月(即 30 日)的口糧; $\frac{1}{3}$ 斗×2(餐)×29(日) = 19 $\frac{1}{3}$ 斗 = 1 石 9 $\frac{1}{3}$ 斗,這是爲官府居作的男子小月(即 29 日)的口糧。④ 按此,[簡 30]、[簡 34]的"粟一石九斗少半斗"(少半斗即 $\frac{1}{3}$ 斗),當爲一個居作男子的 29 日的口糧;[簡 35]的"粟四石",則當爲 2 個居作男子的 30 日的口糧。

已知 1 個居作男子的月(30 日)口糧錢 60 錢爲 2 石粟價,則 1 石粟價爲 30 錢。此粟價正與《秦律十八種·司空》中的另一條律文"繫城旦舂,公食當責者,石卅錢"相合。⑤ 今以此粟價爲準,將十二個"陽陵卒"所欠的十二筆貲錢、贖錢折合爲粟,列入表 3。表 3 顯示,這十二筆錢總共可折合 1294 石粟,平均每筆 107.8 石粟。以居作男子的定量(2 石/月)爲準計算,則 107.8 石粟約爲一個居作男子 4.5 年的口糧。

不過,每月 2 石粟只是爲官府居作的成年男子的定量,並不是一般人的平均定量。前引《秦律十八種·司空》曰"居官府公食者,男子參,女子駟(四)","駟(四)"在此處的意思是早晚兩餐各食 $\frac{1}{4}$ 斗。⑥ $\frac{1}{4}$ 斗×2(餐)×30(日) = 15 斗 = 1.5 石,這是爲官府居作的

---

① 睡虎地秦墓竹簡整理小組編《睡虎地秦墓竹簡》,第 85 頁。
② 睡虎地秦墓竹簡整理小組編《睡虎地秦墓竹簡》,第 84 頁。
③ 參睡虎地秦墓竹簡整理小組編《睡虎地秦墓竹簡》,第 51—52 頁注 4。
④ 按:西北邊塞漢簡顯示,漢代戍卒的口糧也以日計算,大月、小月的稟給量不同。
⑤ 睡虎地秦墓竹簡整理小組編《睡虎地秦墓竹簡》,第 88 頁。張家山漢簡《奏讞書》曰:"盜粟一斗直三錢。"則此處粟 1 石價亦爲 30 錢。另外,《漢書·食貨志》亦云:"今一夫挾五口,治田百晦……(粟)石三十。"西北邊塞漢簡中亦有多條糧價 1 石爲 35—40 錢的簡文。可知在秦代至漢代的一個長時段内,粟 1 石價 30 錢是較低的平價。詳馬怡《漢代的麻布及相關問題探討》第四節"布價",邢義田、劉增貴主編《古代庶民社會》(《中研院》第四屆國際漢學會議論文集),"中研院"歷史語言研究所,2013 年,第 210—227 頁。
⑥ 參睡虎地秦墓竹簡整理小組編《睡虎地秦墓竹簡》,第 84—85 頁注 3。

成年女子的月(大月,即 30 日)口糧。又《秦律十八種·倉律》:"隸臣妾其從事公,隸臣月禾二石,隸妾一石半……小城旦、隸臣作者,月禾一石半石;未能作者,月禾一石。小妾、舂作者,月禾一石二斗半斗;未能作者,月禾一石……舂,月一石半石。"這裏的"禾"指糧食,當爲粟。此亦表明,"二石"僅是隸臣(成年男官奴)的月口糧,而隸妾(成年女官奴)、舂(成年女刑徒)和小城旦、隸臣作者(從事勞作的未成年男刑徒、未成年男官奴)的月口糧只有 1.5 石,其他人則更低。

里耶秦簡之"陽陵卒"文書所能提供的信息是有限的。至此,我們仍不了解這十二個"陽陵卒"的具體來歷,不了解他們先前作何營生,又因何被處以貲、贖之罰。不過,通過分析和研究,我們知曉這些人都是平民,無爵或低爵,處在平民的下層。而且,我們還確知他們的家境困窘。前已提到,這十二件"陽陵卒"文書分屬於十二個"陽陵卒",而每件文書中都有"訾責其家,家貧弗能入,乃移戍所"(或類似文字)的記錄。可見他們不僅個人地位低微,且其家庭貧窮,受到貲、贖之罰後無力繳納錢財,遂被送往"戍所"勞作。

秦漢經濟大略爲農業經濟,社會主體由衆多的小農家庭構成。從十二個"陽陵卒"的生存狀况(處平民下層,有家庭,貧困,繳不起貲、贖所罰而被迫行戍等)來看,他們的地位當與小農接近,很可能本就是小農,屬于小農中最窮的那部分人。當時生産力水平不高,在一般情况下,普通小農的生活是拮据的。據《漢書·食貨志》記載:

> 今一夫挾五口,治田百晦,歲收晦一石半,爲粟百五十石,除十一之稅十五石,餘百三十五石。食,人月一石半,五人終歲爲粟九十石,餘有四十五石。石三十,爲錢千三百五十,除社閭嘗新春秋之祠,用錢三百,餘千五十。衣,人率用錢三百,五人終歲用千五百,不足四百五十。[1]

普通小農家庭的生計,大致説來是這樣的:五口之家,種百畝田,每人的月口糧爲 1.5 石(該數字僅與秦律所規定的居作的成年女子、隸妾、舂和未成年的小城旦、隸臣作者的月口糧相當,而低於居作的成年男子和隸臣的月口糧),全家的年口糧爲 90 石,粟價爲每石 30 錢。其種田的年收入,稅後爲 1350 錢,要供應口糧、社閭祭祀和衣服等而入不敷出,每年短缺 450 錢。值得注意的是,普通小農家庭的稅後年收入(1350 錢)同前文論及的"貲一甲"之價(1344 錢)相當接近。而"貲一甲"這一貲罰數額在秦律中不算很高,相

---

① 《漢書》卷二四上《食貨志上》,第 1125 頁。

關的例條却頗不乏見。①此亦可證秦法之苛重與小農之貧弱。

《漢書·食貨志》中的這段文字，係出自戰國時李悝"爲魏文侯作盡地力之教"的議論。《漢書·食貨志》引之，蓋因其説與漢時的情况相合。按此推測，秦時的若干情况（如小農的家庭規模，口糧需求，畝産量等）也會有相近似之處。②若以《漢書·食貨志》的記載爲準進行估算，則十二個"陽陵卒"平均每人的欠錢數所折的粟（即 3235 錢、107.8 石粟），約爲一個農人 6 年的口糧，或五口之家 1.2 年的口糧；而欠錢數中最大的那筆錢所折的粟（即 11211 錢、373.7 石粟），約爲一個農人 20.8 年的口糧，或五口之家 4.2 年的口糧。以上數字，顯示了"陽陵卒"們所欠貲錢、贖錢的沉重和他們身負的壓力。這應是"陽陵卒"們背井離鄉在外居作的主要原因。

2012 年 11 月完稿

2019 年 8 月修訂

原刊於《簡帛》第八輯，上海古籍出版社，2013 年，第 195—214 頁。

---

① 例如，《秦律十八種·徭律》："御中發徵，乏弗行，貲二甲……六日到旬，貲一盾；過旬，貲一甲。"應徵朝廷舉發的徭役，如果延誤超過 10 天，要受"貲一甲"之罰。又如，《秦律十八種·關市》："爲作務及官府市，受錢必輒入其錢缻中，令市者見其入，不從令者貲一甲。"從事手工業和爲官府出售産品，收到錢要立即投入錢罐内，並讓買者看到投入，不服從此令者受"貲一甲"之罰。睡虎地秦墓竹簡整理小組編《睡虎地秦墓竹簡》，第 76、68 頁。

② 但秦時賦税更重，法律又嚴苛，加上戰争連年，故小農的生計要更爲艱難。這些情况已溢出本文的範圍，故不論。

里耶秦簡"付計"文書義解

王　偉

文物出版社

一、問題的提出

里耶秦簡簡 9-1 至 9-12 是一批同類文書,先迻録内容最豐富的簡 9-3 釋文於下:

卅三年三月辛未朔戊戌,司空騰敢言之:陽陵下里士五(伍)不識有貲餘錢千七百廿八。不識戍洞庭郡,不智(知)何縣署。今爲錢校券一,上謁言洞庭尉,令署所縣責,以受(授)陽陵司空。[司空]不名計,問可(何)縣官計,付署,計年、名爲報。已謷責其家,[家]貧弗能入,有物故,弗服,毋聽流辭。以環書道遠,報署主責發,敢言之。/

四月壬寅,陽陵守丞恬敢言之:寫上,謁報,署金布發,敢言之。/堪手。

卅四年七月甲子朔辛卯,陽陵遫敢言之:未得報,謁追,敢言之。/堪手。

卅五年四月己未朔乙丑,洞庭叚(假)尉觿謂遷陵丞:陽陵卒署遷陵,以律令從事。報之。/嘉手。以洞庭司馬印行事。　　敬手。①

對這批文書,學者有過不少討論。其中,引人注目的是,學者對於陽陵司空文書中"問可(何)縣官計付署計年名爲報"的標點和文意意見不一:

1.《湘西里耶秦代簡牘選釋》、張俊民先生讀爲"問可(何)縣官計付署,計年、名爲報"。對其文意,張俊民先生理解爲:又因爲陽陵給洞庭的文書中没有寫清楚追回的錢

---

① 馬怡《里耶秦簡選校》,《中國社會科學院歷史研究所學刊》第四集,商務印書館,2007 年,第 167、168 頁。

最後要交給哪一部門,並記録到哪一年,發文向陽陵司空詢問。①

2. 李學勤、王焕林、胡平生、朱紅林先生讀爲“問可(何)縣官計,付署計年、名爲報”。對其文意,王焕林先生認爲,“付”爲“附”,“署計年”即戍卒所在管理機構統計的服役年限;此句大意爲:詢問是哪一個縣記的賬,並要求附上所在之“署”統計的服役年限,回報。胡平生先生認爲,“問何縣官計付署”確切的意思仍不是很了然,似乎是説陽陵司空方面不再將戍卒所欠錢統計上報了,問究竟由哪個縣負責統計上報。文書大意爲:現製作一份財務校驗文書,上報給洞庭尉,命令管轄不識的縣里將追討欠債的情況告知陽陵司空。陽陵司空現不再承擔上報這筆債款的責任,查明欠債戍卒由哪個縣管轄,即由哪個縣負責統計在上報的年報表中。朱紅林先生認爲,這批文書屬官府異地索債類型,陽陵司空向遷陵方面索要欠債戍卒的服役時日記録,是爲了從戍卒的生活費用中扣除欠款,或者把握其服役返鄉的時間,以强迫其居貲抵債。②

3. 馬怡、王偉、戴世君先生讀爲“問可(何)縣官計,付署,計年、名爲報”。對其文意,馬怡先生認爲,“官計”指官府會計,“問何縣官計”指詢問在哪個縣的官府計賬,“付”指交付、交與,“付署”指將校券交付戍所,“計年爲報”爲計算勞作時間,按年回覆。③

4.《里耶秦簡牘校釋(第一卷)》中有與此類似的簡文,著者讀爲“問可(何)計付,署計年爲報”。④

本文認爲,陽陵司空文書應讀爲:

> 卅三年三月辛未朔戊戌,司空騰敢言之:陽陵下里士五(伍)不識有貲餘錢千七
> 百廿八,不識戍洞庭郡,不智(知)何縣署。今爲錢校券一,上,謁言洞庭尉,令署所

---

① 湖南省文物考古研究所、湘西土家族苗族自治州文物處《湘西里耶秦代簡牘選釋》,《中國歷史文物》2003 年第 1 期;張俊民《秦代的討債方式——讀〈湘西里耶秦代簡牘選釋〉》,《陝西歷史博物館館刊》第十輯,三秦出版社,2003 年,第 289 頁。

② 李學勤《初讀里耶秦簡》,《文物》2003 年第 1 期;王焕林《里耶秦簡校詁》,中國文聯出版社,2007 年,第 57—93 頁;胡平生《讀里耶秦簡札記》,《簡牘學研究》第四輯,甘肅人民出版社,2004 年,第 11 頁;朱紅林《里耶秦簡債務文書研究》,《古代文明》2012 年第 3 期。里耶秦簡講讀會、晏昌貴、鍾煒先生讀爲“問可(何)縣官計,付署計年名爲報”。里耶秦簡講讀會《里耶秦簡譯注》,《中國出土資料研究》第 8 號,2004 年;晏昌貴、鍾煒《里耶秦簡牘所見陽陵考》,簡帛網,2005 年 11 月 3 日。

③ 馬怡《里耶秦簡選校》,《中國社會科學院歷史研究所學刊》第四集,第 164 頁;戴世君《里耶秦簡辨正(一)》,簡帛網,2011 年 5 月 31 日。對簡 9-1,戴世君先生讀爲“問何縣官計,年爲報”。戴世君《里耶秦簡辨正(二)》,簡帛網,2011 年 6 月 3 日。王偉《里耶秦簡貲贖文書所見陽陵地望考》,《考古與文物》2007 年第 4 期。張燕蕊先生讀爲“問可(何)計,年爲報”,認爲意思是“問由哪方官府計帳,按年給予回覆”。張燕蕊《里耶秦簡債務文書初探》,《簡帛研究 二〇一二》,廣西師範大學出版社,2013 年,第 71 頁。

④ 陳偉主編,何有祖、魯家亮、凡國棟撰著《里耶秦簡牘校釋(第一卷)》,武漢大學出版社,2012 年,第 48、49 頁。

縣責以受陽陵司空司空不名計,問可(何)縣官、計付署、計年、名,爲報。已譽責其家,家貧弗能入。有物故弗服,毋聽流辭以環書,道遠。報署主責發。敢言之。

以下嘗試對其部分文意加以解説。

二、"受陽陵司空司空不名計"義解

陽陵司空製作此文書上報陽陵縣廷,是要請求陽陵縣廷向洞庭郡行文,要求洞庭郡對以下兩件事加以處理:其一,"令署所縣責以受陽陵司空司空不名計";其二,"問可(何)縣官、計付署、計年、名"。此二事密切相關,"令署所縣責以受陽陵司空司空不名計"是目的,"問可(何)縣官、計付署、計年、名"是爲實現此目的而需要詢問的信息。所以,要討論後者的標點和文意,從前者入手,可事半功倍。

"令署所縣責以受陽陵司空司空不名計",原讀爲"令署所縣責,以受(授)陽陵司空。司空不名計"。胡平生認爲,"名計",是計算、統計的意思。①馬怡認爲,"授"義爲交付;"名"讀爲"明",義爲看見、明了。②

里耶秦簡簡 8-63 可與陽陵司空文書對讀:

廿六年三月壬午朔癸卯,左公田丁敢言之:佐州里煩故爲公田吏,徙屬。事荅不備,分Ⅰ負各十五石少半斗,直錢三百一十四。煩冗佐署遷陵。今上責校券二,謁告遷陵,Ⅱ令官計者定以錢三百一十四受旬陽左公田錢計,問可(何)計付署、計年,爲報。敢言之。Ⅲ　　　　　　　　(8-63)③

將兩簡部分文句列表比較於下:

簡 8-63	今上責校券二	謁告遷陵	令官計者定以錢三百一十四受旬陽左公田錢計	問可(何)計付署、計年	爲報
陽陵司空文書	今爲錢校券一上	謁言洞庭尉	令署所縣責以受陽陵司空司空不名計	問可(何)縣官、計付署、計年、名	爲報

① 胡平生《讀里耶秦簡札記》,《簡牘學研究》第四輯,第 10 頁。
② 馬怡《里耶秦簡選校》,《中國社會科學院歷史研究所學刊》第四集,第 163 頁。
③ 陳偉主編,何有祖、魯家亮、凡國棟撰著《里耶秦簡牘校釋(第一卷)》,第 48—51 頁。"謁告遷陵,令官計者定以錢三百一十四受旬陽左公田錢計,問可(何)計付署、計年,爲報",原讀爲"謁告遷陵令官計者定,以錢三百一十四受旬陽左公田錢計,問可(何)計付、署計年爲報"。

顯然,兩簡內容多可對應。其中,"受陽陵司空司空不名計"與"受旬陽左公田錢計"對應,二者都是"受○縣○官○計"結構。當然,"受陽陵司空司空不名計"連讀,似乎過於繁贅,"司空不名計"應與"錢計"對應,蓋指司空官的未確定名稱的計,但是爲何如此表述仍有待研究。不過,雖有此難解之處,"受陽陵司空司空不名計"爲"受○縣○官○計"結構應無疑問。同樣的結構並不少見。

> 卅五年八月丁巳朔,貳春鄉兹敢言之:受西陽盈夷Ⅰ鄉戶隸計大女子一人,今上其校一牒,謁以從事。敢Ⅱ言之。Ⅲ　　　　　　　(8-1565)①

"受西陽盈夷鄉戶隸計",同樣是"受○縣○官○計"結構,與"○官"對應的"盈夷"爲西陽縣下轄之鄉,而鄉官亦屬"官"之範疇。②在特殊的上下文中,"受○縣○官○計"可簡化爲"受計":簡 8-60 + 8-656 + 8-665 + 8-748 有"僰道弗受計",③簡 8-1034 有"書告居縣,責受計"。④"受陽陵司空司空不名計"與"受旬陽左公田錢計""受西陽盈夷鄉戶隸計""受計",雖有繁簡之別,但顯然同構。里耶秦簡又見"付○縣○官○計":

> 七月辛亥,少内守公敢言之:計不得敢(?)膽隤有令,今遷陵已定以付郡少内金錢計,計廿☑Ⅲ☐年。謁告郡司佐:☐雖有物故,後計上校以應遷陵,毋令校繆,繆任不在遷陵。丞印一☐☑　　(8-75 + 8-166 + 8-485)⑤

簡 8-1023 亦見"付郡少内金錢計錢萬六千七百九十七"。⑥簡 8-21 則有"計以具付器計廿八年",⑦爲"付○計"結構。顯然,"付○縣○官○計"與"受○縣○官○計"對言,"付計"與"受計"對言,"付"與"受"對言。那麼,何爲"付計",何爲"受計"?⑧

"付"與"受"的含義在懸泉漢簡中有非常明白的顯示:

---

① 陳偉主編,何有祖、魯家亮、凡國棟撰著《里耶秦簡牘校釋(第一卷)》,第 362 頁。

② 郭洪伯《稗官與諸曹——秦漢基層機構的部門設置》,《簡帛研究 二〇一三》,廣西師範大學出版社,2014 年;孫聞博《秦縣的列吏與諸官——從〈洪範五行傳〉一則佚文說起》,簡帛網,2014 年 9 月 17 日。

③ 陳偉主編,何有祖、魯家亮、凡國棟撰著《里耶秦簡牘校釋(第一卷)》,第 43 頁。

④ 陳偉主編,何有祖、魯家亮、凡國棟撰著《里耶秦簡牘校釋(第一卷)》,第 265 頁。

⑤ 陳偉主編,何有祖、魯家亮、凡國棟撰著《里耶秦簡牘校釋(第一卷)》,第 55、56 頁。"今遷陵已定以付郡少内金錢計",原讀爲"今遷陵已定,以付郡少内金錢計"。

⑥ 陳偉主編,何有祖、魯家亮、凡國棟撰著《里耶秦簡牘校釋(第一卷)》,第 263 頁。

⑦ 陳偉主編,何有祖、魯家亮、凡國棟撰著《里耶秦簡牘校釋(第一卷)》,第 33、34 頁。

⑧ "受計"見於史籍,然與秦簡有別。《漢書》卷六《武帝紀》"受計於甘泉"注"受郡國所上計簿也。若今之諸州計帳"(中華書局,1962 年,第 199 頁)。《後漢書》卷二八上《桓譚馮衍列傳上》注引《東觀記》曰"中家子爲之保役,受計上疏,趨走俯伏,譬若臣僕,坐而分利"。(中華書局,1965 年,第 958 頁)

縣(懸)泉置元康五年正月過長羅侯費用薄(簿)。縣掾延年過。(61)

入羊五,其二羖(羔),三大羊,以過長羅侯軍長吏具。(62)

入鞠(麴)三石,受縣。(63)

出鞠(麴)三石,以治酒之釀。(64)

入魚十枚,受縣。(65)

入豉一石五斗,受縣。(66)

今豉三斗。(67)

出雞十隻(雙)一枚,以過長羅侯軍長史二人、軍候丞八人、司馬丞二人、凡十二人。其九人再食,三人一食。(68)

出牛肉百八十斤,以過長羅侯軍長史廿人,斥候五十人,凡七十二人。(69)

出魚十枚,以過長羅侯軍長史具。(70)

出粟四斗,以付都田佐宣,以治庚(羹)。(71)

出豉一石二斗,以和醬食施刑士。(72)

入酒二石,受縣。(73)

出酒十八石,以過軍吏廿,斥候五人,凡七十人。(74)

·凡酒廿。其二石受縣,十八石置所自治酒。(75)

凡出酒廿石。(76)

出米廿八石八斗,以付亭長奉德、都田佐宣以食施刑士三百人。(77)

·凡出米卅八石。(78)　　　　　　　　　　　(I0112③:61-78)①

簡77中,"出"表示支出,"付"的意思是給付,此簡大意爲懸泉置給付亭長奉德等廿八石八斗米並計爲支出;與此相應,亭長奉德等的相關文書(如果存在相關文書)應該標注"入米廿八石八斗,受懸泉置"。簡73中,"入"表示收入,"受"的意思是接受,此簡大意爲懸泉置從敦煌縣接受二石酒並計爲收入;與此相應,敦煌縣的相關文書(如果存在相關文書)應該標注"出酒二石,付懸泉置"。此種"出付入受"並非僅見於費用簿。《居延漢簡釋文合校》簡394.4"四時簿出付入受不相應,或出輸非法,各如牒。書到",②簡179.6:"校候三月盡六月折傷兵簿,出六石弩弓廿四,付庫。庫受嗇夫久廿三。而空出一弓,解何?"③無

① 胡平生、張德芳《敦煌懸泉漢簡釋粹》,上海古籍出版社,2001年,第148、149頁。
② 謝桂華、李均明、朱國炤《居延漢簡釋文合校》,文物出版社,1987年,第550頁。
③ 謝桂華、李均明、朱國炤《居延漢簡釋文合校》,第286頁。

論是費用簿，還是四時簿、折傷兵簿，都存在"出付入受"，而且"出付"與"入受"必須"相應"。

《居延新簡》E.P.F22：462A："建武四年□□壬子朔壬申，守張掖□曠、丞崇謂城倉：居延、甲渠、卅井、珍北言，吏當食者先得三月食調給，有書。爲調如牒，書到，付受與校計同月出入毋令繆，如律令。"《居延新簡》E.P.F22：580："□□□官奴婢捕虜乃調給，有書。今調如牒，書到，付受相與校計同月出入毋令繆，如律令。"①可知，調給財物的"付受"需要與"校計同月出入毋令繆"。《二年律令·行書律》簡276："諸獄辟書五百里以上，及郡縣官相付受財物當校計者書，皆以郵行。"②可見漢初的"郡縣官相付受財物"同樣與"校計"有關。"出付入受"爲什麼會與"校計"有關呢？"校"，有二義：一爲動詞，指勾校，如上引《居延漢簡釋文合校》簡179.6中的"校"。一爲名詞，指校券。睡虎地秦簡《法律答問》簡179："可(何)謂'亡券而害'？·亡校券右爲害。"③里耶秦簡中多見一種記錄倉官支出的券，如簡8-762："徑廥粟米一石二斗半斗。·卅一年十二月戊戌，倉妃、史感、稟人援出稟大隸妾援。Ⅰ令史朝視平。Ⅱ"④此類校券是官府某些政務的憑證，其中有時會記載"出付入受"的具體細節。"計"，大致可以視作官府需要向上級報告的某些重要政務的賬目。睡虎地秦簡《秦律十八種》簡70："官相輸者，以書告其出計之年，受者以入計之。"⑤甲官輸送財物給乙官，需要告知乙官己方的"出付"事務列入哪一年的計中，乙官則需要將對應的"入受"事務列入己方同一年的計中。

卅七年遷陵庫工用計，受其貳春鄉髹□Ⅰ柒(漆)三升，升歃(飲)水十一升，乾重八。□Ⅱ　　　　　　　　　　　　　　　　　　　　(9-1138)⑥

這是秦始皇卅七年遷陵縣庫官的工用計的部分內容，其中記錄了從貳春鄉"受"漆之事。也就是説，在這一年，遷陵庫官從貳春鄉接受了漆並在自己的工用計中加以記載，是即爲"受計"；與此相應，貳春鄉在這一年將漆付給遷陵庫官並在自己的計中加以記載，是即爲"付計"。

① 馬怡、張榮強主編《居延新簡釋校》，天津古籍出版社，2013年，第799、812頁。
② 彭浩、陳偉、工藤元男主編《二年律令與奏讞書：張家山二四七號漢墓出土法律文獻釋讀》，上海古籍出版社，2007年，第205頁。
③ 睡虎地秦墓竹簡整理小組編《睡虎地秦墓竹簡》，文物出版社，1990年，第135頁。
④ 陳偉主編，何有祖、魯家亮、凡國棟撰著《里耶秦簡牘校釋(第一卷)》，第219頁。
⑤ 睡虎地秦墓竹簡整理小組編《睡虎地秦墓竹簡》，第37頁。
⑥ 里耶秦簡牘校釋小組《新見里耶秦簡牘資料選校(二)》，《簡帛》第十輯，上海古籍出版社，2015年，第199頁。

遷陵已計:卅四年餘見弩臂百六十九。Ⅰ·凡百六十九。Ⅱ出弩臂四輸益陽。

Ⅲ出弩臂三輸臨沅。Ⅳ·凡出七。Ⅴ今九月見弩臂百六十二。Ⅵ　　　　(8-151)①

由此推測,計之中或許會記載某一政務的前期實存情況(如"遷陵已計卅四年餘見弩臂百
六十九")、本期"出付入受"情況(如"出弩臂四輸益陽。出弩臂三輸臨沅。·凡出七")以
及本期實存情況(如"今九月見弩臂百六十二")。睡虎地秦簡《效律》簡56—57:"計校相繆
(謬)殹(也),自二百廿錢以下,諄官嗇夫;過二百廿錢以到二千二百錢,貲一盾;過二千二
百錢以上,貲一甲。"②計所記載的內容與校券所記載的內容必須相符而不能"相繆"。

通過以上討論可以大致了解"付計"與"受計"的含義,但是,上述認識還不能直接解
釋陽陵司空與遷陵某官之間的"付計"與"受計"關係。這是因爲,其中尚存在以下疑問:
首先,"令署所縣責以受陽陵司空司空不名計"一事中,陽陵司空是付計方,同時也是不
識的債權方。陽陵司空既然是不識的債權方,就應該請求遷陵某官向不識索取貲錢並
交付給自己,又怎麼會成爲付計方呢? 其次,遷陵某官是受計方,同時也是債務方所在
地。遷陵某官作爲債務方所在地,應該向不識索取貲錢並交付給陽陵司空,又怎麼會成
爲受計方呢? 而且,同樣的疑問亦見於前引簡8-63,此簡大意是:旬陽州里煩應該向旬
陽左公田支付三百一十四錢,因爲煩現在在遷陵任"冗佐",故旬陽左公田請求向遷陵某
官付計。其中存在同樣的疑問:旬陽左公田是付計方,同時也是煩的債權方;遷陵某官
是受計方,同時也是債務方所在地。

十二月戊寅,都府守腎敢言之:遷陵丞膻曰:少內巸言冗佐Ⅰ公士櫟道西里亭
貲三甲,爲錢四千卅二。自言家能入。Ⅱ爲校□□□謁告櫟道受責。有追,追曰計
廿八年□Ⅲ責亭妻腎亡。腎亡曰:貧,弗能入。謁令亭居署所。上真書謁環。□□
Ⅳ櫟道弗受計。亭讂,當論,論。敢言之。☑Ⅴ　　　(8-60 + 8-656 + 8-665 + 8-748)③

此簡中也存在同樣的疑問:遷陵少內是付計方,同時也是櫟道西里亭的債權方;櫟道都
府是受計方,同時也是債務方所在地。不過,幸運的是,在此簡中,能夠發現解釋上述疑
問的綫索。此簡大意是:櫟道西里亭在遷陵任冗佐,應該向遷陵少內繳付四千卅二錢。
亭不能繳付,說其家庭能夠繳付。所以,遷陵少內行文給櫟道,請求櫟道"受責"。櫟道

---

① 陳偉主編,何有祖、魯家亮、凡國棟撰著《里耶秦簡牘校釋(第一卷)》,第91、92頁。

② 睡虎地秦墓竹簡整理小組編《睡虎地秦墓竹簡》,第75、76頁。

③ 陳偉主編,何有祖、魯家亮、凡國棟撰著《里耶秦簡牘校釋(第一卷)》,第43頁。"亭讂,當論,論",原讀爲"亭讂當論,論"。

都府收到文書後，向亭的妻子胥亡索債，胥亡説家裏貧窮，無法繳付。因此貫道都府告知遷陵貫道“弗受計”。如果抽去多餘的細節，就可以發現，其文意脉絡是：遷陵少内因故請求貫道“受責”，貫道都府因故告知遷陵貫道“弗受計”。也就是説，此簡中的“受計”等同於“受責”。循此路徑，上述三簡中存在的疑問皆可獲得解釋。“受責”中的“責”是名詞，即債權，遷陵少内想要與貫道都府進行“付受”並在自己的計中加以記載的對象就是這種債權。由此可以了解，“令署所縣責以受陽陵司空司空不名計”應該是陽陵司空對遷陵某官的特殊的“付計”。具體來説，陽陵司空製作此“付計”文書及“錢校券”，要求向遷陵某官付計。待遷陵某官對“可（何）縣官、計付署、計年、名”作出答覆後，陽陵司空可以在自己的計中將這筆貲錢債權記爲支付給遷陵某官的支出。陽陵司空的計中大約會有以下記載：

> 某年某月某日，出士五（伍）陽陵下里不識貲錢千七百廿八，付遷陵某官。

通過這種付計，陽陵司空將自己的計中原有的對不識的貲錢債權轉移給遷陵某官，陽陵司空自然就無需再向不識索債了。與此相應，根據陽陵司空文書及“錢校券”，遷陵某官在自己的計中可以將這筆貲錢債權記爲從陽陵司空處接受的收入。遷陵某官的計中大約會有以下記載：

> 某年某月某日，入士五（伍）陽陵下里不識貲錢千七百廿八，受陽陵司空。

但實際上，遷陵某官並未從陽陵司空處獲得這筆貲錢，而只是獲得了向不識索取貲錢的權利。“令署所縣責以受陽陵司空司空不名計”實際上可以簡化爲“令署所縣責以受（陽陵司空司空不名）計”，與前引簡 8-1034 所云“書告居縣，責受計”略同。這裏的“責”是動詞，義爲向不識索債。在向不識索取貲錢後，遷陵某官才可以在自己的計中最終銷賬。那麼，爲什麽陽陵司空不要求遷陵某官在向不識索取貲錢後將錢移送給自己呢？答案很簡單：没有必要。陽陵司空通過“付計”即可將債權轉移給遷陵某官並由遷陵某官向債務方索取貲錢，既可節省運輸時間，也可節省運輸費用，完全没有必要由遷陵某官向不識索取貲錢後再將貲錢移送給陽陵司空。睡虎地秦簡《秦律十八種》簡 76：“有責（債）於公及貲、贖者居它縣，輒移居縣責之。公有責（債）百姓未賞（償），亦移其縣，縣賞（償）。”[1]後一句中欠百姓債務的“公”不必將相關財物實際移送給“其縣”，而只需移送文書給“其縣”，

---

① 睡虎地秦墓竹簡整理小組編《睡虎地秦墓竹簡》，第 38 頁。

"其縣"就會依法償付;同理,前一句中的"居縣"也不必將索取來的"責(債)""貲、贖"實際移送給"公"。也就是説,在這裏不同縣之間並不發生實際的財物付受,而只是通過相關文書在賬面上進行付受。以上大致就是"令署所縣責以受陽陵司空司空不名計"的含義。前引各家對陽陵司空文書文意的理解中,胡平生先生的理解與本文最爲接近。

與此相關,以下兩簡值得細細玩味:

士五(伍)巫南就日路娶貲錢二千六百☐。Ⅰ卅一年四月丙戌,洞庭縣官受巫☐Ⅱ　　　　　　　　　　　　　　　　　　　　　　　　(8-1083)①

士五(伍)巫倉溲産屍貲錢萬二千五百五十二。Ⅰ卅一年四月甲申,洞庭縣官受巫司空渠良。Ⅱ　　　　　　　　　　　　　　　　　(8-793 + 8-1547)②

從字面上來理解,這兩簡是説"洞庭縣官"從巫司空處接受了巫縣兩位士伍的貲錢,巫司空是付方,"洞庭縣官"是受方。因爲這兩簡出現在遷陵,可以大致推斷此"洞庭縣官"爲遷陵某官。這兩簡的製作者應該是巫司空,因爲如果是洞庭郡某縣某官製作此文書,不會將己方模糊地表述爲"洞庭縣官"。但如果這樣理解,疑問也會同時產生:首先,如果這兩簡是一般的貲錢付受文書,爲什麼巫司空竟然不知道要把錢付給誰,而只能模糊地把受方表述爲"洞庭縣官"? 其次,巫司空爲什麼要詳細説明每筆貲錢的數量以及每筆貲錢是源於巫縣哪個里的什麼爵位的哪個人? 這些信息與受方沒有關係,巫司空沒有必要如此詳細地告知對方這些信息。根據以上討論,本文推斷:與不識等十二名陽陵戍卒一樣,巫縣的這兩位士伍也拖欠了巫司空貲錢,也在遷陵某官處從事某種活動;與陽陵司空一樣,巫司空也想通過同樣的付計方式將相關貲錢債權轉移給遷陵某官。這樣解釋,上述疑問皆可冰釋:正是因爲巫司空同樣不知道這兩位士伍在洞庭郡的哪個縣的哪個官,才會在這兩份文書上模糊地書寫受方爲"洞庭縣官";也正是因爲巫司空同樣想要對遷陵某官進行貲錢債權的付計,才需要詳細説明每筆貲錢的數量以及每筆貲錢是源於巫縣哪個里的什麼爵位的哪個人,從而在自己的計中將相關貲錢債權銷賬。而且,簡8-1083中的那位士伍雖籍屬巫縣,却很可能身在遷陵。簡8-1014:"☐☐出貲居貲士五(伍)巫南就路五月乙亥以盡辛巳七日食。"《里耶秦簡牘校釋(第一卷)》已經指出此簡與上引簡8-1083存在聯繫。③雖然存在"路娶"和"路"的差别,但簡8-1083中的"路娶"與

---

① 陳偉主編,何有祖、魯家亮、凡國棟撰著《里耶秦簡牘校釋(第一卷)》,第275頁。
② 陳偉主編,何有祖、魯家亮、凡國棟撰著《里耶秦簡牘校釋(第一卷)》,第228頁。
③ 陳偉主編,何有祖、魯家亮、凡國棟撰著《里耶秦簡牘校釋(第一卷)》,第262頁。

簡 8-1014 中的"路"很可能爲同一人。

三、"可(何)縣官、計付署、計年、名"義解

"令署所縣責以受陽陵司空司空不名計"文意既明,"問何縣官計付署計年名"的文意和標點問題即可迎刃而解。陽陵司空要向遷陵某官付計,需要在相關文書中像上引簡 8-75 + 8-166 + 8-485 中"付郪少内金錢計,計廿"一樣寫明"付○縣○官○計,計○年",所以陽陵司空需要詢問"可(何)縣官、計付署、計年、(計)名"等信息。

"縣官、計付署",其含義尚不易逐字説清,但可確定其與"○縣○官○計"中的"○縣○官"對應,指接受陽陵司空付計的受計方之某縣某官。如下表所示,簡 9-1 至 9-12 中"問何縣官、計付署、計年、名"一句存在差別。

表 1

9-1、9-10	問可(何)縣官、計年	
9-2、9-4—9-8、9-11、9-12	問可(何)縣官、計付署、計年	
9-3	問可(何)縣官、計付署、計年、名	有物故,弗服,毋聽流辭,以環書道遠
9-9		有流辭,弗服,勿聽,道遠毋環書

但是在這些差別中看不出太多特殊含義,可能僅與書手有關。①不過,前引簡 8-63 中,左公田丁僅對"計付署"與"計年"發問,而不對"縣官"與"(計)名"發問,大約是因爲左公田丁已經知道煩"署遷陵",也確定了計名爲錢計。

　　　　卅三年三月辛未朔丙戌,尉廣敢言之:□☑ Ⅰ

　　　　自言:謁徙遷陵陽里,謁告襄城□☑ Ⅱ

　　　　可(何)計受署、計年、名,爲報。署☑ Ⅲ　　　　　　　　　　　　(8-1141 + 8-1477)②

---

① 據研究,簡 9-1、9-10 中的陽陵司空文書字迹一致,參林進忠《里耶秦簡"貲贖文書"的書手探析》,《湖南大學學報(社會科學版)》2010 年第 4 期。單育辰《里耶秦公文流轉研究》(《簡帛》第九輯,上海古籍出版社,2014 年)一文指出,其内容之别與字迹之别指向同一抄寫者。簡 9-3、9-9 中此句皆作"問可(何)縣官、計付署、計年、名",簡 9-3 中有它簡未見之"有物故弗服,毋聽流辭以環書,道遠",簡 9-9 中有它簡未見之"有流辭,弗服,勿聽,道遠毋環書",兩處内容差別存在一致性。

② 何有祖《里耶秦簡牘綴合(八則)》,簡帛網,2013 年 5 月 17 日。"何計受署、計年、名,爲報"原讀爲"何計受? 署計年名爲報"。

此簡中,提問者僅對“計受署”“計年”與“(計)名”發問,而不對“縣官”發問,大約是因爲提問者已經知道受計的對方縣官爲襄城或遷陵。因此,“縣官”對應“○縣”,“計付署”對應“○官”,“縣官、計付署”對應“○縣○官”。由此還可以引出一個隱含的重要問題:簡9-1至9-12中,不是陽陵縣直接向遷陵縣付計,而是陽陵司空向遷陵某官付計。而且,絕大多數上引簡例中“付計”與“受計”都是發生在甲縣某官與乙縣某官之間,而非發生在甲縣與乙縣之間。里耶秦簡中的“計”,較常見者有二。其一,以“○縣○官○計”的形式出現;其二,以縣廷“○曹計録”的形式出現。有學者指出,里耶秦簡所見縣級組織中存在“官”“曹”之分,[1]“○縣○官○計”與“○曹計録”恰好分別與“官”“曹”對應。里耶秦簡所見“○縣○官○計”有“遷陵田車計”(簡8-410)、[2]“旬陽左公田錢計”(簡8-63)、“遷陵庫工用計”(簡9-1138)、“郪少内金錢計”(簡8-75 + 8-166 + 8-485,簡8-410)、“貳春鄉守辨敢言之上不更以下繇(徭)計二牒”(簡8-1539)、“酉陽盈夷鄉户隸計”(簡8-1565)。此外還可見“遷陵尉計”(簡8-1952)、“□計卅五年少内”(簡8-1111)等,大約亦爲某官之計。此類某官之計是某官部分重要政務的賬目,其層級最低却非常重要,一縣之計的主要内容應該就是其下轄諸官之計的彙總。由此既可對秦縣下轄諸官的地位有更深入的認識,也可理解爲什麼陽陵司空文書中的付計方是陽陵司空而不是陽陵縣。里耶秦簡所見“○曹計録”有“户曹計録”(簡8-488)、“倉曹計録”(簡8-481)、“司空曹計録”(簡8-480)、“金布計録”(簡8-493)。睡虎地秦簡《效律》中頻繁提到“計”:

> 爲都官及縣效律:計用律不審而贏、不備,以效贏、不備之律貲之,而勿令賞(償)[50]。

> 官嗇夫貲二甲,令、丞貲一甲;官嗇夫貲一甲,令、丞貲一盾。其吏主者坐以貲、誶[51]如官嗇夫。其他冗吏、令史掾計者,及都倉、庫、田、亭嗇夫坐其離官[52]屬於鄉者,如令、丞[53]。

> 尉計及尉官吏節(即)有劾,其令、丞坐之,如它官然[54]。

> 司馬令史掾苑計,計有劾,司馬令史坐之,如令史坐官計劾然[55]。

> 計校相繆(謬)殹(也),自二百廿錢以下,誶官嗇夫;過二百廿錢以到二千二百錢,

① 郭洪伯《稗官與諸曹──秦漢基層機構的部門設置》,載《簡帛研究 二〇一三》;孫聞博《秦縣的列曹與諸官──從〈洪範五行傳〉一則佚文説起》,簡帛網,2014年9月17日。
② 陳偉主編,何有祖、魯家亮、凡國棟撰著《里耶秦簡牘校釋(第一卷)》,第144頁。“田”對應“某官”,指田官。“車計”,對應“某計”,爲計名。《里耶秦簡牘校釋(第一卷)》認爲“車”是人名,朱紅林認爲“田車”也許指的就是車輛的一種(朱紅林《讀里耶秦簡札記》,復旦大學出土文獻與古文字研究中心網,2012年7月25日),與本文觀點不同。

貲一盾56；過二千二百錢以上，貲一甲。人户、馬牛一，貲一盾；自二以上，貲一甲57。

計脱實及出實多於律程，及不當出而出之，直（值）其賈（價），不盈廿二錢，除；廿58二錢以到六百六十錢，貲官嗇夫一盾；過六百六十錢以上，貲官嗇夫一甲，而復59責其出殹（也）。人户、馬牛一以上爲大誤。誤自重殹（也），駕（加）罪一等60。①

這幾條律文對計出現不同問題時的責任加以界定，本文所要關注的是以下三類責任人：1.官嗇夫，即諸官之長；2.縣令、丞；3.令史。無論是簡 51—53 還是簡 56—59，其中的直接責任人都是官嗇夫，説明律文所言之計即爲某官之計，亦即以"○縣○官○計"的形式出現的"計"。縣令、丞與令史同爲連帶責任人。縣令、丞因其爲某官的直接上級而承擔連帶責任，很容易理解。那麼，令史爲何需要對某官之計承擔連帶責任呢？睡虎地秦簡整理者把《效律》簡 51—53 及簡 55 中的"掾"字解爲"一種屬吏"。張家山漢簡《二年律令》簡 396、397 及《奏讞書》簡 75、144、146、147 中的"掾"字皆爲"審核""核查""審查"義，《效律》簡 51—53 及簡 55 中的"掾"字亦應爲"審核"義。②郭洪伯先生指出秦律中的"掾計"就是"掾官計"，並嘗試將令史"掾計"與"○曹計録"聯繫起來理解。③《嶽麓書院藏秦簡（叁）》簡 044"掾江陵獄"之"掾"亦作"掾"形。陶安先生指出，應釋爲"掾"，讀爲"録"，省察義；《效律》簡 51—53 及簡 55 中的"掾"字亦應改釋爲"掾"，讀爲"録"。④由此可見，《效律》簡 51—53 之"令史掾（録）計"與里耶秦簡由某位令史"主"之"○曹計録"，其實本屬一事。"○曹計録"，就是某曹令史對與本曹對應的某"官"或多"官"之計的核查（"録"）成果。⑤正是因爲令史所"掾（録）"之計爲某官之計，《效律》中"掾（録）計"的令史才需要對某官之計負連帶責任。

"計年"，與"計○年"等對應，指計之年度。上引簡文中多見"計○年""○年○計"之例，睡虎地秦簡中也多次提到計之年度。⑥

"名"，爲"計名"涉上之省，與"○縣○官○計"中的"○計"對應，指計之名稱。里耶

① 睡虎地秦墓竹簡整理小組編《睡虎地秦墓竹簡》，第 75、76 頁。
② 拙稿《張家山漢簡〈二年律令〉雜考》，簡帛研究網，2003 年 1 月 21 日。
③ 郭洪伯《稗官與諸曹——秦漢基層機構的部門設置》，載《簡帛研究 二〇一三》，第 124 頁。
④ 朱漢民、陳松長主編《嶽麓書院藏秦簡（叁）》，上海辭書出版社，2013 年，第 119、125 頁。
⑤ 孫聞博先生指出，同名曹、官，並不意味着彼此在事務上的完全對口。孫聞博《秦縣的列曹與諸官——從〈洪範五行傳〉一則佚文説起》，簡帛網，2014 年 9 月 17 日。
⑥ 如睡虎地秦簡《秦律十八種》簡 35"稻後禾執（熟），計稻後年"、簡 90"受衣者，夏衣以四月盡六月稟之，冬衣以九月盡十一月稟之，過時者勿稟。後計冬衣來年"（睡虎地秦墓竹簡整理小組編《睡虎地秦墓竹簡》，第 37 頁，"受衣"原讀爲"受（授）衣"）及上引簡 70 等。

秦簡"○曹計録"簡中出現了大量計名,如簡 8-480"司空曹計録"中有船計、器計、贖計、貲責計、徒計,簡 8-481"倉曹計録"中有禾稼計、貸計、畜計、器計、錢計、徒計、畜官牛計、馬計、羊計、田官計,簡 8-488"戶曹計録"中有鄉戶計、繇(徭)計、器計、租賃計、田提封計、枲計、鞫計,簡 8-493"金布計録"中有庫兵計、車計、工用計、工用器計、少内器計、□錢計。上引"○縣○官○計"簡中所見之計名有"金錢計"(簡 8-75 + 8-166 + 8-485、8-1023)、"車計"(簡 8-410)、"器計"(簡 8-21)、"工用計"(簡 9-1138)、"繇(徭)計"(簡 8-1539)等,及簡 8-1686 所見"貲責計",基本皆見於"○曹計録"簡。

四、"有物故"義解

陽陵司空文書中"有物故"的含義也值得討論。"物故",秦漢史籍習見,多義爲死亡。《漢書·蘇武傳》注:"物故,謂死也,言其同於鬼物而故也。一説,不欲斥言,但言其所服用之物,皆已故耳。"[①]《後漢書·儒林列傳上》"道物故"注:"在路死也。案:《魏臺訪》問物故之義,高堂隆答曰:'聞之先師,物,無也,故,事也。言死者無復所能於事也。'"[②]也指物品損毁。居延新簡 E.P.T51:192"受正月餘襲二百卅二領。其二領物故。今餘襲二百卅領",注釋:"俗作死亡解,不僅只用於人,物品毁損殆盡亦曰物故。"居延新簡 E.P.T51:405"稾矢百皆庌呼,物故",注釋:"壞敗不可用。"[③]劉熙《釋名·釋喪制》云:"漢以來謂死爲物故,言其諸物皆就朽故也。"[④]劉熙亦釋"物故"爲死亡,但有趣的是,他給這種解釋加上了一個時間限定語"漢以來"。因此,"漢以前"是否"謂死爲物故"也就成爲問題。

《墨子·號令》:"屯陳、垣外術衢街皆樓,高臨里中,樓一鼓聾竈。即有物故,鼓,吏至而止,夜以火指鼓所。"孫詒讓曰:"物故猶言事故,言有事故則擊鼓也。"[⑤]岑仲勉先生亦曰:"物故,事故也,有事則擊鼓,待邑吏來,鼓乃停止。"[⑥]可見,《墨子·號令》中的"有物故"義爲"有事故"而非死亡。《商君書·定分》:"主法令之吏有遷徙物故,輒使學者讀

① 《漢書》,第 2467 頁。
② 《後漢書》,中華書局,1965 年,第 2557 頁。
③ 中國簡牘集成編輯委員會編《中國簡牘集成(標注本)》第 10 册《甘肅省内蒙古自治區卷[居延新簡]二》,敦煌文藝出版社,2001 年,第 92、122 頁。
④ 王先謙《釋名疏證補》,商務印書館,1937 年,第 410 頁。
⑤ 孫詒讓撰,孫啓治點校《墨子閒詁》,中華書局,1986 年,第 618、619 頁。
⑥ 岑仲勉《墨子城守各篇簡注》,中華書局,1958 年,第 137 頁。

法令所謂……諸官吏及民有問法令之所謂也於主法令之吏,皆各以其故所欲問之法令明告之。各爲尺六寸之符,明書年、月、日、時,所問法令之名以告吏民……即以左券予吏之問法令者,主法令之吏謹藏其右券,木押以室藏之,封以法令之長印。即後有物故,以券書從事。”《定分》中“有物故”出現了兩次。後一個“有物故”,《商君書錐指》引簡書《商君書箋正》云:“商鞅意蓋謂吏民問法令於主法令吏,主法令吏不特口告之,並書諸符,左右若一,左予問者,右藏官中,一以使主法吏不敢弄法,一以防異日法令有事故時官私或各執一詞……故下文曰:即後有物故,以券書從事。”所言甚是。吏民向主管法令的官吏詢問法令内容後,主管法令的官吏把左券交給吏民,把右券收藏起來。接下來的“即後有物故,以券書從事”一句中,不能將“有物故”理解爲死亡,因爲吏民和主管法令的官吏無論是活着還是死亡,左、右券存在的意義都是要“以券書從事”即根據券書行事,而非吏民和主法令吏活着就可以不“以券書從事”。所以,應將此“有物故”理解爲“有事故”。但是,《定分》中的前一個“有物故”確實理解爲死亡比較合理。《春秋繁露·玉英》“有物故則未三年而稱王”,《春秋繁露校釋》云:“‘物故’各本均作‘物故’。盧(文弨)校“‘物”字衍’。蘇(輿《春秋繁露義證》)本從之。孫(詒讓《札迻》)云:‘案“物”字不當删,《毛詩·大雅·烝民》傳云“物,事也”。此云“有物故”,亦謂“有事故”也。與《史記》《漢書》以死亡爲物故者異。《韓非子·難三篇》云:“知不足以遍知物故。”盧校失之。’曾(宇康《春秋繁露義證補》)云:‘案《説苑·辨物篇》云:“物故有昧掭而中蚊頭。”《韓詩外傳》十“物故”作“事故”,亦足爲孫説之證。’”[1]這樣看來,其實“漢以來”也仍然存在義爲“事故”的“物故”。由上述可見,“物故”的本義是“事故”,“漢以前”多以“有物故”表示“有事故”。蓋因“不欲斥言”人之死亡,遂以“有物故”即“有事故”來指稱死亡。在《商君書》中,“有物故”的“有事故”與“死亡”二義並存。因此,至少在“漢以前”,不能一見“有物故”即徑斷爲死亡義,而應根據上下文作出判斷。

學者多將陽陵司空文書中的“有物故”理解爲死亡。如果此“有物故”是死亡的意思,陽陵司空的意思就是:如果不識死亡而不服罪,不要聽信他的供詞而回文。這顯然與情理不合。如果不識已經死亡,就談不上服罪與不服罪,而遷陵縣則既無從聽信其供詞也無從向其索取貲錢。故陽陵司空文書中的“有物故”應理解爲“有事故”,陽陵司空的意思是如果不識因某種“事故”而不認罪,不要聽信他的供詞而回文。

---

① 鍾肇鵬主編《春秋繁露校釋(校補本)》,河北人民出版社,2005年,第129、131頁。

《二年律令》簡375:"□先以長者、有爵者即之。爵當即而有物故,奪□,以其數減後爵。其自賊殺,勿爲置後。"①學者多將此"有物故"理解爲死亡。但尹在碩先生將其文意理解爲:如後子發生事故,依事故的程度,削減後子繼承的爵級,並規定自殺者不允許置後子。②本文則更傾向於將"有物故"與"奪□"連讀,理解爲被繼承人因"有事故"而被奪爵,此事發生在"爵當即"即被繼承人已經死亡但繼承人尚未繼承爵位之時,故應根據被繼承人被奪爵位的級數來確定繼承人最終應繼承的爵位。《二年律令》簡78—79:"諸有叚(假)於縣道官,事已,叚(假)當歸弗歸盈廿日,以私自叚(假)律論。其叚(假)別在它所,有(又)物故毋道歸叚(假)者,自言在所縣道官,縣道官以書告叚(假)在所縣道官收之。其不自言,盈廿日,亦以私自叚(假)律論。其叚(假)前已入它官及在縣道官非。"③此"有物故"如果是指借用財物的人死亡,其人既已死亡,就無法"自言在所縣道官",也不可能出現因"不自言"而受到懲罰的情況。此"有物故"如果是指所借用的財物損毀,財物既已損毀,縣道官既無可能也無必要"以書告叚(假)在所縣道官收之"。故這條律文中的"有物故"也應理解爲"有事故","有物故毋道歸叚(假)"義爲因出現"事故"而無法歸還所借用的財物。《二年律令》簡265:"一郵十二室,長安廣郵廿四室,敬(警)事郵十八室。有物故、去,輒代者有其田宅。有息,户勿減。"④此"有物故"如爲死亡義,"有物故"與"去"即爲並列關係。此"有物故"如爲"事故"義,"有物故"與"去"即應連讀,義爲郵人因"有事故"而去職。何者爲是,尚未能定。

里耶秦簡中出現的"有物故"還有幾例,因簡文殘缺或文意古奧,不能證明其爲"有事故"義,但同樣也不能否定其可能性。簡8-75+8-166+8-485:"謁告鄤司佐:□雖有物故,後計上校以應遷陵,毋令校繆,繆任不在遷陵丞印一□□。""雖有物故"前缺失之字如果不是人名,即可斷定此"有物故"並非死亡而是"有事故"義,"有物故後計上校以應遷陵"的意思是因某種"事故"在受計之後才上交校券來回應遷陵縣。但遺憾的是,這個關鍵字恰好缺失了,因此無法斷言此"有物故"究爲何意。簡8-657:"□亥朔辛丑,琅邪叚(假)【守】□敢告内史、屬邦、郡守主:琅邪尉徙治即【墨】□琅邪守四百卅四里,卒可令

① 彭浩、陳偉、工藤元男主編《二年律令與奏讞書:張家山二四七號漢墓出土法律文獻釋讀》,第237頁。
② 尹在碩《睡虎地秦簡和張家山漢簡反映的秦漢時期後子制和家系繼承》,《中國歷史文物》2003年第1期。
③ 彭浩、陳偉、工藤元男主編《二年律令與奏讞書:張家山二四七號漢墓出土法律文獻釋讀》,第121頁。"事已,叚(假)當歸弗歸盈廿日"原讀爲"事已,叚(假)當歸。弗歸,盈廿日";"有物故"之"有"不應讀爲"又",應如字讀。
④ 彭浩、陳偉、工藤元男主編《二年律令與奏讞書:張家山二四七號漢墓出土法律文獻釋讀》,第199頁。

縣官有辟、吏卒衣用及卒有物故當辟征遝☐告琅邪尉，毋告琅邪守。"①琅邪尉因其治所遷徙而告知内史等官某些行政事務要直接告知琅邪尉，其中的"縣官有辟吏卒衣用及卒有物故當辟征遝"或可理解爲"縣官有辟吏卒衣用"與"卒有物故當辟征遝"二事，其含義尚難以確證。

在《史記》《漢書》以及西北漢簡等資料中，"事故"義的"物故"已經不易尋覓，"有物故"連用的情況也不多見，"物故"表示死亡的例子大量出現。

至此可知，陽陵司空文書大意爲：

卅三年三月辛未朔戊戌日，陽陵司空騰敢言之：陽陵下里士伍不識有剩餘的貲錢一千七百廿八錢未繳付，不知不識戍於洞庭郡的哪個縣。現在製作一份錢校券文書，上交，請告知洞庭郡尉，命令不識所在縣向不識索債以接受陽陵司空的未確定名稱的計，詢問是向哪個縣的哪個官付計、計的年度是哪一年、計的名稱是什麽，請回報。已經向不識的家庭索債，其家庭貧窮無法償付。如果不識因某種事故不服罪，不要聽取他虛假的口供而回文，路途遙遠。回報文書署明由主責之吏開啓。敢言之。

簡 9-1 至 9-12 的主要内容爲陽陵司空請求向遷陵某官"付計"，其性質爲"付計"文書。

附記：本文最初在 2015 年 8 月 8 日宣讀於魯東大學舉辦的"秦統一及其歷史意義"學術研討會。後刊於《魯東大學學報（哲學社會科學版）》2015 年第 5 期。2016 年 5 月 13 日修訂後，刊於武漢大學簡帛網。後收入"秦統一及其歷史意義"學術研討會論文集《秦統一的進程與意義》（王子今主編，孫兆華、李蘭芳、楊繼承副主編，中國社會科學出版社，2017 年）。2018 年 12 月 10 日再訂。

本文發表後，陶安あんど先生有《「何計付」の句讀に關する覺書》一文（"中國古代簡牘の横斷領域的研究"網，2016 年 6 月 22 日），吳方基先生有《里耶秦簡"校券"與秦代跨縣債務處理》一文（《中國社會經濟史研究》2017 年第 4 期），意見與本文不同，可參看。

原刊於《魯東大學學報（哲學社會科學版）》2015 年第 5 期，第 54—61、65 頁。

---

①　陳偉主編，何有祖、魯家亮、凡國棟撰著《里耶秦簡牘校釋（第一卷）》，第 193 頁。

里耶秦簡"捕羽"的消費主題[*]

王子今

中國人民大學國學院

出土文獻與中國古代文明研究協同創新中心

里耶秦簡有關於"捕鳥""捕羽""捕鳥及羽"的内容。相關簡文信息反映了秦洞庭郡地方的生態條件以及以獵取禽鳥貢獻爲特殊表現的經濟生活方式。里耶秦簡"買羽""買白翰羽""賣白翰羽"簡文,可以説明對"鳥""羽"消費需求的普遍及其進入市場的情形。"鳥""羽"之"捕""求""獻""賦"的消費方向,除了製作"鏃"(即"繳")以供應軍國之用外,作裝飾材料以體現楚地傳統風習及曾影響中原社會生活的情形,更應當受到關注。在秦實現統一的條件下,也許"羽賦"的徵收,最重要的消費主題是用以滿足追求富麗秀華的裝飾需求。

一、"捕羽"勞作

《里耶秦簡(壹)》執筆者介紹里耶簡文有關"刑徒""勞動"的内容:"以往出土的秦漢簡牘,很少有刑徒從事何種勞動記録。據文獻記載,徒隸多從事於土木工程,如修城、築路等。里耶簡文,爲我們提供了刑徒所從事的多種勞動。""有刑徒參加田間農業勞動之外,還可作園、捕羽、爲席、牧畜、庫工、取薪、取漆、輸馬、買徒衣、徒養、吏養、治傳舍、治邸,乃至擔任獄卒或信差的工作,行書、與吏上計或守囚、執城旦。"①對於其中"捕羽"勞作,有分析的必要。

---

* 本文爲國家社科基金重大課題"秦統一及其歷史意義再研究"(14ZDB028)階段性成果。

① 湖南省文物考古研究所編著《里耶秦簡(壹)》,文物出版社,2012年,第4—5頁。

　　里耶秦簡博物館藏里耶出土秦簡可見"捕羽"簡文。如《卅二年十月己酉朔乙亥司空守圂徒作簿》中，所見勞作内容有"作園""徒養"（第一欄）、"作務""與吏上事守府""除道沅陵""作廟""削廷""學車酉陽""繕官""治邸""取筊（篊）""伐槗"（第二欄）、"伐材""治觀""爲笥""捕羽""市工用""與吏上計""爲炭""傳送酉陽"（第三欄）、"除道沅陵""徒養"（第四欄）、"取芒""守船""司寇""取筊（篊）""捕羽"（第五欄）、"傳送酉陽""爲笥""爲席""治枲""縠（繫）""作廟""作務""作園"（第六欄）、"捕羽""與吏上計""徒養"（第七欄）等。其中在"城旦司寇一人""鬼薪廿人""城旦八十七人""仗城旦九人""隸臣縠（繫）城旦三人""隸臣居貲五人"結成的組合，"凡百廿五人"中，包括："八人捕羽：操∠、寬∠、未∠、衰∠、丁∠、圂∠、辰∠、卻。""八人捕羽"，是各種勞作類别中人數最多的。第五欄又有："六人捕羽：刻、嬸、卑、鬶、娃、變。"

　　在"□□【八】人""□□十三人""隸妾墼（繫）舂八人""隸妾居貲十一人""倉隸妾七人"結成的勞作組合"凡八十七人"中，承擔"捕羽"勞作的女性勞役人員"六人"，也是這一勞作組合之多種分工中人數最多的。又如第七欄："一人捕羽：强。"（9-2294a + 9-2305a + 8-145a）看來，里耶秦簡記録的勞役形式中，"捕羽"是一項相當重要的勞作内容。①三組勞役者分工記録中，可見"鬼薪""城旦""隸臣"等身份者"凡百廿五人"中"八人捕羽"，"隸妾"等"凡八十七人"中"六人捕羽"，"小城旦九人"中"一人捕羽"，承擔"捕羽"勞作者分别占該組合總人數的 6.4%、6.9%、11.1%。

　　"捕羽"，是關於"徒"勞作内容的記録。又有《里耶秦簡（壹）》載録的其他"捕羽"簡例，據陳偉主編《里耶秦簡牘校釋》："卅五年七月【戊子】朔壬辰，貳【舂】☑Ⅰ書毋徒捕羽，謁令官亞☑Ⅱ之。／七月戊子朔丙申，遷陵守☑Ⅲ"（8-673 + 8-2002）"遣報之傳書。／手。／☑Ⅰ七月乙未日失（昳）【時，東】成□上造□以來。☑"（8-673 + 8-2002 背）②《里耶秦簡牘校釋》將《里耶秦簡（壹）》發表的簡 8-1520③ 與 8-1069 及 8-1034 綴合，釋文作："卅二年五月丙子朔庚子，庫武作徒薄：受司空城旦九人、鬼薪一人、舂三人；受倉隸臣二人。·凡十五人。Ⅰ其十二人爲萸：獎、慶忌、敫、敫、船、何、冣、交、頡、徐、娃、聚；Ⅱ一人：竄。Ⅲ二人捕羽：亥、羅。Ⅳ"（8-1069 + 8-1434 + 8-1520）"卅二年五月丙子朔庚子，

────────────

① 正如楊小亮所説："'捕羽'是當時刑徒所從事多種勞動中的一項重要内容。"參氏文《里耶秦簡中有關"捕羽成鏃"的記録》，《出土文獻研究》第十一輯，中西書局，2012年，第 147 頁。

② 陳偉主編，何有祖、魯家亮、凡國棟撰著《里耶秦簡牘校釋（第一卷）》，武漢大學出版社，2012年，第 199—200 頁。

③ 湖南省文物考古研究所編著《里耶秦簡（壹）》，釋文第 75 頁。

庫武敢言之:疏書作徒日薄(簿)一牒。敢言之。橫手。Ⅰ五月庚子日中時,佐橫以來。／園發。Ⅱ"(8-1069＋8-1434＋8-1520背)①有關"捕羽"的信息,又有如下簡例:"二月辛未,都鄉守舍徒薄(簿)☐Ⅰ受倉隸妾三人、司空城☐Ⅱ凡六人。捕羽,宜、委、☐☐Ⅲ"(8-142)"二月辛未旦,佐初☐☐"(8-142背)對於"捕羽",注釋:"羽,鳥類的代稱。《周禮·考古記·梓人》:'天下之大獸五:脂者,膏者,裸者,羽者,鱗者。'鄭玄注:'羽,鳥屬。'捕羽,即捕鳥。"②

　　研究者雖有"捕羽,即捕鳥"之說,然而又可以看到確定的"捕鳥"簡文。如《里耶秦簡牘校釋》:"一人☐:【朝】。A 一人有獄訊:目。AⅠ一人捕鳥:城。AⅡ一人治船:疵。BⅠ一人爲作務:且。BⅡ一人輸備弓:具。BⅢ……"(8-2008)"後九月丙寅,司空☐敢言☐"(8-2008背)③"捕羽""捕鳥"作爲重要勞役内容,值得秦代經濟史、行政史和賦役史研究者關注。

二、"納羽翮之徵"

　　另有簡例,可見涉及"輸羽"的内容。如《里耶秦簡牘校釋》:"☐☐賀輸羽☐。"(8-82＋8-129)④又里耶秦簡博物館藏《〔卅〕四年十二月倉徒薄(簿)取》中,可見"輸鳥"字樣,也很有可能與"捕羽"相關。第六欄"女卅九人與史武輸鳥"(10-1170)。此"輸鳥"事使用人力數額之多,似可説明這是一項工作量比較大的勞作内容。

　　里耶秦簡又有"求羽"簡例,體現"求羽"是"徒"的勞作任務,如《里耶秦簡牘校釋》:"卅一年後九月庚辰朔壬寅,少内守敞作徒薄(簿):受司空鬼薪☐Ⅰ其五人求羽:吉、☐、哀、瘳、嬗。一人作務:宛。☐Ⅱ後九月庚辰朔壬寅,少内守敞敢言之:上。敢言之。／☐Ⅲ"(8-2034)"後九月壬寅旦,佐☐以來。／尚發。☐"(8-2034背)⑤又如《里耶秦簡牘校釋》可見"一人求白翰羽:章"(8-663AⅤ)。注釋:"白翰,鳥名,即白雉。白翰羽,即白雉的羽毛。"⑥對於"白翰"及"白翰羽"的生物學定位,自然還可以討論。我們看到,與這枚

①　陳偉主編,何有祖、魯家亮、凡國棟撰著《里耶秦簡牘校釋(第一卷)》,第272—273頁。
②　陳偉主編,何有祖、魯家亮、凡國棟撰著《里耶秦簡牘校釋(第一卷)》,第82頁。
③　陳偉主編,何有祖、魯家亮、凡國棟撰著《里耶秦簡牘校釋(第一卷)》,第416頁。
④　陳偉主編,何有祖、魯家亮、凡國棟撰著《里耶秦簡牘校釋(第一卷)》,第58頁。
⑤　陳偉主編,何有祖、魯家亮、凡國棟撰著《里耶秦簡牘校釋(第一卷)》,第421頁。
⑥　陳偉主編,何有祖、魯家亮、凡國棟撰著《里耶秦簡牘校釋(第一卷)》,第196—197頁。

簡所謂的"求白翰羽"相類，又有"求翰羽"簡文："一人求翰羽：强。"(8-1259Ⅱ)①里耶秦簡又有關於"羽賦"的簡文。如《里耶秦簡牘校釋》"廿七年羽賦二千五【百】☒"(8-1735)。注釋："羽賦，納羽爲賦。《周禮·地官·羽人》：'羽人，掌以時徵羽翮之政於山澤之農，以當邦賦之政令。'《史記·夏本紀》：'荆及衡陽維荆州：江、漢朝宗於海。九江甚中，沱、涔已道，雲土、夢爲治。其土塗泥。田下中，賦上下。貢羽、旄、齒、革，金三品，杶、榦、栝、柏，礪、砥、砮、丹，維箘簵、楛，三國致貢其名，包匭菁茅，其篚玄纁璣組，九江入賜大龜。'《後漢書·南蠻西南夷列傳》：'其君長歲出賦二千一十六錢，三歲一出義賦千八百錢。其民户出賨布八丈二尺，鷄羽三十鏃。漢興，南郡太守靳强請一依秦時故事。'"②所謂"秦時故事"，正可以得到里耶秦簡相關資料的印證。所謂"羽賦"，應即《周禮》"以時徵羽翮之政於山澤之農，以當邦賦之政令"。《里耶秦簡牘校釋》論此制度引據《史記·夏本紀》，其實可以直接引《禹貢》："荆及衡陽惟荆州：江、漢朝宗于海，九江孔殷，沱潛既道，雲土夢作乂。厥土惟塗泥，厥田惟下中，厥賦上下，厥貢羽毛齒革惟金三品，杶榦栝柏，礪砥砮丹，惟箘簵楛，三邦底貢厥名，包匭菁茅，厥篚玄纁璣組，九江納錫大龜。"③九州之中，只有揚州、荆州"貢羽毛"，而惟荆州在貢品中位列第一。里耶秦簡提供的有關"羽賦"的信息，説明秦統一後即及時將楚地貢賦"羽毛"納入國家經濟體系。而里耶出土"廿七年羽賦"簡文，就時間和空間來説，意義都十分重要。雲夢睡虎地秦簡《爲吏之道》關於"吏"的行政任務的提示中，包括"金錢羽旄"，④也可以看作秦時官吏"掌以時徵羽翮之政於山澤之農，以當邦賦之政令"的文物證明。

　　關於巴中民户出"鷄羽三十鏃"，《里耶秦簡牘校釋》引《後漢書·南蠻西南夷列傳》文句不完整，未可説明秦制淵源。《後漢書·巴郡南郡蠻傳》："及秦惠王并巴中，以巴氏爲蠻夷君長，世尚秦女，其民爵比不更，有罪得以爵除。其君長歲出賦二千一十六錢，三歲一出義賦千八百錢。其民户出賨布八丈二尺，鷄羽三十鏃。漢興，南郡太守靳彊請一依秦時故事。"⑤應當注意到，漢代執政者所"依""秦時故事"，即邊遠地方重視"山林"物産開發的歷史經驗。所謂"鷄羽"，應來自野生禽鳥。

---

① 陳偉主編，何有祖、魯家亮、凡國棟撰著《里耶秦簡牘校釋（第一卷）》，第 301 頁。
② 陳偉主編，何有祖、魯家亮、凡國棟撰著《里耶秦簡牘校釋（第一卷）》，第 384 頁。
③ 阮元校刻《十三經注疏》，中華書局影印世界書局本，1980 年，第 149 頁。
④ 睡虎地秦墓竹簡整理小組編《睡虎地秦墓竹簡》，文物出版社，1978 年，第 286 頁。
⑤ 《後漢書》，中華書局，1965 年，第 2841 頁。

沈剛認爲，里耶"捕羽""求羽"的資料"和秦代賦税制度有關"。"羽""是國家賦税之一種"，"兼有軍賦和貢賦兩種特質，這是受先秦時期制度的影響，也是秦集權制度不斷完善的反映"。①楊小亮以爲："'羽賦'可能並非秦帝國的正式税目，而更多具有'特貢'的意味。"又指出："'捕羽'如此重要，是因爲鳥羽是製作鏃矢的重要材料。"②所謂"羽賦"所徵納的"羽"的用途，是值得討論的。

三、"羽"與"鏃"

體現"羽"與"鏃"的關係的簡文，有《里耶秦簡牘校釋》綴合的8-1457簡和8-1458簡。

另一簡例，也涉及"白翰羽"與"鏃"的關係。《里耶秦簡牘校釋》："☐敬入徒所捕白翰羽千☐ Ⅰ ☐☐☐【鏃二】☐☐……Ⅱ"(8-2501)③

這些簡例所顯示的情形，確實如幾位學者所説，"鳥羽是製作鏃矢的重要材料"，"'羽'用於製造箭羽"，④"'捕羽'、'求羽'所得之各類羽毛其用途很可能和'鏃'相關"。"徒隸'捕羽'所獲以及官府交易所得'翰羽'最後會被製成'鏃'。""所獲之'羽'主要用來製作'鏃'矢，製作完成的'鏃'矢則由縣少内負責收集、管理並統一上繳給中央的内官。"⑤

魯家亮的研究聯繫張家山漢簡《算數術》有關"羽矢"的算題，深化了相關研究。⑥楊小亮考論"羽毛和成鏃之間的換算關係"，並結合秦始皇陵銅車馬"一號銅車上的66支銅箭"的形制分析，提出了關於製作一"鏃"的羽毛的"標準長度"的判斷，⑦也使相關認識得到了實證的支援。

不過，"羽賦""所獲之'羽'主要用來製作'鏃'矢"的意見是否絕對可信，怎樣品量這一説法的合理度，其實是應當認真思索的。

---

① 沈剛《"貢""賦"之間——試論〈里耶秦簡〉(壹)中的"求羽"簡》，《中國社會經濟史研究》2013年4期，第6頁。

② 楊小亮《里耶秦簡中有關"捕羽成鏃"的記録》，《出土文獻研究》第十一輯，第148頁。

③ 陳偉主編,何有祖、魯家亮、凡國棟撰著《里耶秦簡牘校釋(第一卷)》，第475頁。

④ 沈剛《"貢""賦"之間——試論〈里耶秦簡〉(壹)中的"求羽"簡》，《中國社會經濟史研究》2013年4期，第6頁。

⑤ 魯家亮《里耶出土秦"捕鳥求羽"簡初探》，魏斌主編《古代長江中游社會研究》，上海古籍出版社，2013年，第100、103、111頁。

⑥ 魯家亮《里耶出土秦"捕鳥求羽"簡初探》，魏斌主編《古代長江中游社會研究》。文中《算數書》作《算術書》，應是筆誤。

⑦ 楊小亮《里耶秦簡中有關"捕羽成鏃"的記録》，《出土文獻研究》第十一輯，第150—151頁。

四、"以羽毛爲飾"

也許前引"'羽'用於製造箭羽","徒隸'捕羽'所獲以及官府交易所得'翰羽'最後會被製成'鏃'"的結論不免有簡單化、絕對化之嫌。"羽"應當還有其他用途。楊小亮提出"捕羽主要爲製作鏃矢,也可用羽毛作衣服裝飾"的意見,①應當引起我們重視。

以鳥羽爲飾,是有悠久傳統的風習。就服飾而言,《墨子·非樂上》説到"蜚鳥"的功用,包括"因其羽毛以爲衣裘"。②《史記·封禪書》記載,漢武帝信用欒大,"刻玉印曰'天道將軍',使使衣羽衣,夜立白茅上,五利將軍亦衣羽衣,夜立白茅上受印,以示不臣也"。③《漢書·郊祀志上》有同樣的記載,顏師古注:"羽衣,以鳥羽爲衣,取其神僊飛翔之意也。"④曹植《平陵東》:"閶闔開,天衢通,被我羽衣乘飛龍。乘飛龍,與仙期,東上蓬萊采靈芝。靈芝采之可服食,年若王父無終極。"⑤他的《驅車篇》有"餐霞漱沆瀣,毛羽被身形","同壽東父年,曠代永長生"句,⑥都同樣"取其神僊飛翔之意"。稍後服飾有"羽佩",《藝文類聚》卷一八引梁沈約《麗人賦》曰:"芳踰散麝,色茂開蓮。陸離羽佩,雜錯花鈿。"⑦後世《集仙録》記述"仙女杜蘭香"故事,説到"上仙之所服",有"黃麟羽帔,絳履玄冠,鶴氅之服,丹玉珮揮劍"等。"羽帔"和"鶴氅",當然都是以鳥羽製作。杜蘭香故事發生的空間背景在"湘江洞庭之岸""洞庭包山",⑧正與里耶鄰近,這也是發人深思的。

以鳥羽爲首飾,見於司馬相如《子虛賦》:"錯翡翠之威蕤。"李善注:"張揖曰:'錯其羽毛以爲首飾也。'"⑨《續漢書·輿服志下》形容太皇太后、皇太后的簪爲:"簪以瑇瑁爲摘,長一尺,端爲華勝,上爲鳳皇爵,以翡翠爲毛羽,下有白珠,垂黃金鑷。"形容皇后的首

---

① 楊小亮《里耶秦簡中有關"捕羽成鏃"的記録》,《出土文獻研究》第十一輯,第152頁。
② 孫詒讓撰,孫啓治點校《墨子閒詁》,中華書局,1986年,第232頁。
③ 《史記》,中華書局,1959年,第1391頁。
④ 《漢書》,中華書局,1962年,第1224—1225頁。
⑤ 曹植著,趙幼文校注《曹植集校注》,人民文學出版社,1984年,第400頁。注釋:"羽衣謂古之仙人,身生羽翼,故曰羽衣。"以"羽衣"混同於"羽人"之"羽翼"的誤解,不能説明漢武帝時"使使衣羽衣","五利將軍亦衣羽衣"著名的"受印"情節。
⑥ 曹植著,趙幼文校注《曹植集校注》,第404頁。
⑦ 歐陽詢著,汪紹楹校《藝文類聚》,上海古籍出版社,1965年,第334頁。
⑧ 李昉等編《太平廣記》,中華書局,1961年,第387頁。
⑨ 蕭統編,李善注《文選》,中華書局,1977年,第121頁。

飾爲:"諸爵獸皆以翡翠爲毛羽。金題,白珠瑺繞,以翡翠爲華雲。"①描述中都使用了翡翠羽毛。王粲《神女賦》言及"戴金羽之首飾",吳雲、唐紹忠注釋:"金羽:金屬製作並飾以羽毛的頭上裝飾品。"王粲又寫道:"施華的分結羽釵。"所謂"羽釵",注家解釋説:"即飾以羽毛的金釵。"又説:"羽釵,一作'羽儀'。"②"羽儀"也依然是以"羽毛"作裝飾。

男子也有以鳥羽飾冠的情形。《漢書•武五子傳》説劉旦"郎中侍從者着貂羽,黃金附蟬"。顏師古注:"晉灼曰:'以翠羽飾冠也。'"據説"貂羽附蟬"是"天子侍中之飾",而劉旦"僭爲之"。③但這正可以説明"以翠羽飾冠"是高端服飾形式。

以鳥羽製成的所謂"羽扇",明確見於記録楚地風習的文獻。吳閔鴻《羽扇賦》寫道:"惟羽扇之攸興,乃鳴鴻之嘉容。""賴兹翮以内飛,曜羽儀於外揚。""運輕翮以容與,激清風於自然。""妍羽詳迴,清風盈室。""翻翻奕奕,飛景曜日。"晉張載《扇賦》:"有翔雲之素鳥,體自然之至潔。飄縞羽於清霄,擬妙姿於白雪。俯濯素於河漢,仰晞光於日月。雙趾蹶而騰虛,六翮飛而風厲。於是傲世公子,俶儻踸踔,遺物獨出,樂此天爵。飛蒲氏之修蟠,榮子餘之纖繳。弋翔冥之鴻鵠,連王子之白鶴。裁輕翼以爲扇,發清風於勁翮。"雖文題《扇賦》,説的也是"羽扇"。晉陸機《羽扇賦》:"昔楚襄王會於章臺之上,山西與河右諸侯在焉。大夫宋玉、唐勒侍,皆操白鶴之羽以爲扇。諸侯掩塵尾而笑。襄王不悦。宋玉趨而進曰:'敢問諸侯何笑?'"隨後有"山西與河右諸侯"與宋玉關於鳥羽爲扇的討論。對於"顧奚取於鳥羽"的質問,宋玉有"未若兹羽之爲麗,固體俊而用鮮","伊兹羽之駿敏,似南箕之啓扉;垂皓曜之弈弈,含鮮風之微微","皆委扇於楚庭,執鳥羽而言歸"的回答。"屬唐勒而爲之亂曰:伊鮮禽之令羽,夫何翩翩與眇眇。反寒暑於一堂之末,回八風乎六翮之杪。"從這篇賦作"楚襄王"與"大夫宋玉、唐勒"諸情節看,以"鳥羽"爲扇,是楚人的發明。晉傅《羽扇賦》:"吳人截鳥翼而搖風,既勝於方圓二扇,而中國莫有生意。滅吳之後,翕然貴之。"④提到這種江南用物,起先"中國莫有生意",後來"翕然貴之"的情形。

鳥羽作爲裝飾材料,還有其他用途。以鳥羽裝飾車輛,有"重翟""厭翟""鷖緫"等方

---

① 《後漢書》,第 3676 頁。

② 王粲著,吳雲、唐紹忠校注《王粲集校注》,吳雲主編《建安七子集校注(修訂版)》,天津古籍出版社,2005 年,第 316—318 頁。

③ 《漢書》,第 2754 頁。

④ 歐陽詢著,汪紹楹校《藝文類聚》,第 1212—1214 頁。

式,輦車"有翌羽蓋",以及名號爲"翟車"者,見於《周禮·春官·巾車》。①司馬相如《子虛賦》:"下摩蘭蕙,上拂羽蓋。""張翠帷,建羽蓋。"其中既説到"羽蓋",也説到"翠帷"。②司馬相如《上林賦》:"建翠華之旗。"顔師古注:"翠華之旗,以翠羽爲旗上葆也。"③以鳥羽裝飾的"羽葆",可以形成很盛大的氣象。《漢書·禮樂志》載《安世房中歌》十七章其一:"芬樹羽林,雲景杳冥,金支秀華,庶旄翠旌。"顔師古注:"文穎曰:'析羽爲旌,翠羽爲之也。'臣瓚曰:'樂上衆飾,有流遡羽葆,以黄金爲支,其首敷散,若草木之秀華也。'師古曰:'金支秀華,瓚説是也。庶,衆也。庶旄翠旌,謂析五采羽,注翠旄之首而爲旌耳。'"④《漢書·韓延壽傳》:"建幢棨,植羽葆。"顔師古注:"植亦立也。羽葆,聚翟尾爲之,亦今蠹之類也。"⑤作爲車輛上旗幟的裝飾材料,較早可見《左傳》襄公十四年的記載:"范宣子假羽毛於齊而弗歸,齊人始貳。"杜預注:"析羽爲旌,王者游車之所建,齊私有之,因謂之羽毛。宣子聞而借觀之。"⑥揚雄《甘泉賦》説天子"靈輿":"撫翠鳳之駕,六先景之乘。"顔師古注:"翠鳳之駕,天子所乘車,爲鳳形而飾以翠羽也。"⑦尊貴者"游車"以鳥羽裝飾,看來形成了交通史的常規。

建築形式也普遍使用鳥羽裝飾。《漢書·賈山傳》載賈山叙述秦始皇陵地宮格局:"冶銅錮其内,桼塗其外,被以珠玉,飾以翡翠。""翡翠",顔師古注:"應劭曰:'雄曰翡,雌曰翠。'臣瓚曰:'《異物志》云翡色赤而大於翠。'師古曰:'鳥各別類,非雄雌異名也。'"⑧揚雄《長楊賦》表揚漢文帝的簡樸:"於是後宫賤玳瑁而疏珠璣,却翡翠之飾,除彫瑑之巧。"⑨明確説到漢宫通常是有"翡翠之飾"的。班固《西都賦》形容長安宫殿裝飾,使用了"翡翠火齊,流燿含英"語。李賢注引《異物志》曰:"翠鳥形如燕,赤而雄曰翡,青而雌曰翠,其羽可以飾幃帳。"⑩趙飛燕女弟居昭陽舍,"殿上髤漆,切皆銅沓黄金塗,白玉階,壁帶往往爲黄金釭,函藍田璧,明珠、翠羽飾之"。顔師古注:"於壁帶之中,往往以金爲釭,

---

① 阮元校刻《十三經注疏》,第 823—824 頁。
② 《史記·司馬相如列傳》,第 3011、3013 頁。
③ 《漢書·司馬相如傳上》,第 2569 頁。
④ 《漢書》,第 1046 頁。
⑤ 《漢書》,第 3214 頁。
⑥ 《春秋左傳集解》,上海人民出版社,1977 年,第 920 頁。
⑦ 《漢書·揚雄傳上》,第 3536 頁。
⑧ 《漢書》,第 2328—2329 頁。
⑨ 《漢書·揚雄傳下》,第 3560 頁。
⑩ 《後漢書·班固傳》,第 1341、1343—1344 頁。

若車釭之形也。其釭中着玉璧、明珠、翠羽耳。"①《續漢書·禮儀志中》劉昭注補引蔡質《漢儀》描述德陽殿的豪華:"畫屋朱梁,玉階金柱,刻鏤作宮掖之好,厠以青翡翠,一柱三帶,韜以赤緹。"②《文選》卷一一何晏《景福殿賦》:"流羽毛之威蕤,垂環珌之琳琅。"李善注:"言宮室以羽毛爲飾。"③"以羽毛爲飾",是上層社會生活環境富麗豪華氣象的表現。

五、荆州貢"羽毛"的實用意義

李斯《諫逐客書》寫道:"今陛下致昆山之玉,有隨、和之寶,垂明月之珠,服太阿之劍,乘纖離之馬,建翠鳳之旗,樹靈鼉之鼓。此數寶者,秦不生一焉,而陛下説之,何也?"④所謂"翠鳳之旗",應當是用"翠鳳"羽毛裝飾的旗幟,如前説"翠旌"。"建翠鳳之旗",應接近"建翠華之旗"。李斯説,"此數寶者,秦不生一焉",所言"翠鳳",應來自距離秦地甚遠的南國。《史記·范雎蔡澤列傳》:"……且夫翠、鵠、犀、象,其處勢非不遠死也,而所以死者,惑於餌也。"⑤捕殺"翠、鵠",應是爲了取其羽毛。而"翠、鵠"與"犀、象"並説,應當來自南方。

上文引《禹貢》言天下九州資源形勢、貢賦内容與運輸路徑,關於荆州,有"厥貢羽毛齒革惟金三品,杶榦栝柏,礪砥砮丹,惟箘簬楛,三邦底貢厥名,包匭菁茅,厥篚玄纁璣組,九江納錫大龜"語。⑥九州之中,只有揚州、荆州"貢羽毛",而揚州言"貢齒革、羽毛",荆州言"貢羽毛、齒革",在多種貢品中,把"羽毛"位列第一的只有荆州。里耶秦簡提供的有關"羽賦"的信息,説明秦統一後即及時將楚地貢賦"羽毛"納入了國家經濟體系。《禹貢》的貢納設計,在實現統一的秦帝國終於被付諸實踐。

對於"鳥""羽"之"捕""求""獻""賦"的消費方向,除了國家製作"鍭"(即"鍭")以供軍用外,鳥羽也作裝飾材料,既體現了楚地傳統風習,亦曾影響中原的社會生活,這或許更應當受到關注。

在長久彼此隔絶,有交通阻隔因素,且持續對立、抗衡、戰争的複雜情境下,難以想

① 《漢書·外戚傳下·孝成趙皇后》,第3989頁。
② 《後漢書》,第3131頁。
③ 蕭統編,李善注《文選》,第173頁。
④ 《史記·李斯列傳》,第2543頁。
⑤ 《史記》,第2422頁。
⑥ 阮元校刻《十三經注疏》,第149頁。

象戰争史悠久、戰争規模甚大的中原地區,會依賴遠方荆州的“羽毛”保障“鍭”(即“𦐾”)的製作。可以推想,通常情況下,“𦐾”的製作自會就地取材。而在黄河流域,上層社會深心寶愛的“流耀含英”的江南“羽毛”,則因其無可替代的品質等級、“秀華”的美感效應,引發狂熱的消費需求,刺激着生産和運輸。里耶秦簡的“捕羽”“輸羽”行爲,很可能與此有關。

在秦實現統一的條件下,也許徵收“羽賦”的最重要的消費主題,是用以滿足以“五采”“威蕤”的羽毛作華貴裝飾的需求。

附記:本文撰寫得到孫聞博、張忠煒的幫助,謹此致謝。

原刊於《湖南大學學報(社會科學版)》2016年第4期,第27—31頁。

簡牘所見秦代縣級財政管理問題探討

沈 剛

吉林大學古籍研究所

秦對内實行中央集權,對外征服、攻城掠地,皆以强大的財力爲基礎。憑藉强大的中央集權體制,秦實現了對地方社會的直接掌控和財富汲取。不過,具體到技術層面,傳世文獻並不能提供更多信息。有賴於出土文獻,特別是以里耶秦簡爲代表的秦縣級檔案文書,爲縣級財政運作提供了樣本。目前所見專門以秦縣級財政爲研究對象的成果不多,①但是有些專題研究却涉及相關問題。主要有三類:一是秦漢財政史專著中對於秦財政的考察,因限於材料和體例,通常將秦代財政問題放到秦漢這樣一個較長時段來觀察;②二是對秦代財政職官、財政政策,比如對少内、金布、税制等進行研究;③三是對出土文獻中有關經濟制度方面的律文(如金布律等)進行探究而旁及財政問題。④但這些成果受材料所限,均未專門討論過秦的地方財政。近年,隨着里耶秦簡和嶽麓書院藏秦簡等法律文書資料的刊布,秦代地方行政制度與行政實踐兩方面的内容也豐富起來。本文即以這些材料爲基礎,對秦縣級財政收支、相關職官,以及在秦國家財政體系中的地位作一梳理。

---

① 以此爲主題的成果僅見於宫長爲《雲夢秦簡所見財政管理——讀〈睡虎地秦墓竹簡〉札記》《史學月刊》1996 年第 3 期)一文。但當時所見材料僅有睡虎地秦簡,且該文是將縣級財政作爲國家財政的一部分來論述。

② 參見楊際平《中國財政通史·秦漢財政史》,湖南人民出版社,2013 年。

③ 參見羅開玉《秦國"少内"考》,《西北大學學報》1981 年第 3 期。葉山《解讀里耶秦簡》,《簡帛》第八輯,上海古籍出版社,2013 年。吴方基《論秦代金布的隸屬及其性質》,《古代文明》2015 年第 4 期;《秦代縣級財政監督機制與日常運作》,《地方財政》2017 年第 2 期。朱聖明《秦至漢初"户賦"詳考——以秦漢簡牘爲中心》,《中國社會經濟史研究》2014 年第 1 期。臧知非《説"税田":秦漢田税徵收方式的歷史考察》,《歷史研究》2015 年第 3 期。陳松長《秦代"户賦"新證》,《湖南大學學報》2016 年第 4 期等。

④ 朱紅林《里耶秦簡"金布"與〈周禮〉中的相關制度》,《華夏考古》2007 年第 2 期。

一、縣級財政的收支

出土簡牘雖然没有呈現出完備的制度規定,但勾稽相關材料,還是能够看出當時縣級財政收支的基本面貌。以下從收、支兩個方面,分門别類進行闡述。

(一) 財政收入

作爲國家財政來源基礎之一的縣級財政,其收入主要有制度性的租賦和日常生産經營收入以及其他收入。下面分别論述:

1. 租賦類收入。在中國古代中央集權體制下,分别基於土地和人口的地税與人頭税,即租和賦,是國家財政收入的主要來源,更是維持國家機器運轉的基本動力。秦代同樣如此。早在秦孝公十四年(前 348 年),即"初爲賦",[①]在文獻中也有秦"收泰半之賦"的記載,説明秦曾徵收過很重的租賦。但是,具體的負責機構和徵收形式却語焉不詳。出土史料可補苴其不足。《嶽麓書院藏秦簡(肆)》載有《金布律》:

> • 金布律曰:出户賦者,自泰庶長以下,十月户出芻一石十五斤;五月户出十六錢,其欲出布者,許之。十月户賦,以十二月朔日入之,五月户賦,以六月望日入之,歲輸泰守。十月户賦不入芻而入錢者,入十六錢。吏先爲? 印,斂,毋令典、老挾户賦錢。[②]

陳松長將這條律文與其他秦簡資料結合起來分析後認爲,秦代的户賦包括芻、錢、布、繭四種。所謂"歲輸泰守","它説明各鄉縣分兩次所徵收的户賦,在'足其縣用'之後,每年都要向上輸送給郡守,因此,户賦的徵收應該是秦代郡級財政税收的一個重要組成部分"。[③]爲什麼大宗財政收入歸屬於郡而不是行政重心的縣? 我們推想,這可能受兩個因

① 司馬遷《史記·秦本紀第五》(點校本二十四史修訂本),中華書局,2014 年,第 257 頁。對於這種"賦"的内涵,歷代史家有不同説法,參見沈剛《"貢""賦"之間——試論〈里耶秦簡〉【壹】中的"求羽"簡》,《中國社會經濟史研究》2013 年第 4 期。不過,我們認爲這種"賦"雖然始初意義是軍賦,但作爲重要歷史事件被載入《本紀》,應是一個因關係到國計民生而被確立下來的重要制度,也就是説已成爲一項基本的國家財政收入。另外,考慮到秦在開疆拓土的過程中,對土地控制遠比對人口控制穩定,對民户的控制遠比對個人的控制簡單,因此這或如張金光所認爲的户賦,參見《秦制研究》,上海古籍出版社,2004 年,第 201 頁。即基於土地、以户爲單位而産生的賦斂項目。下文《嶽麓書院藏秦簡(肆)》所引《金布律》的記述也可作爲佐證。
② 陳松長主編《嶽麓書院藏秦簡(肆)》,上海辭書出版社,2015 年,第 107 頁。
③ 陳松長《秦代"户賦"新證》,《湖南大學學報》2016 年第 4 期。

素影響:一是這類稅收來源穩定,數量大,爲保障國家機器運轉有雄厚的經濟基礎,顯然不能完全留給基層單位;二是這類稅收計算簡單,收入明確,即使郡級單位不直接面向民衆徵收,也容易通過縣來轉收,而不至於在中間環節上下其手。

除了這種常規的户賦之外,還有一些源於貢獻的"賦",比如在里耶秦簡中出現的"獻羽""求羽"文書,亦呈現常態化的趨勢。①並且同户賦一樣,也是上交到上級,甚至是中央機構。此外,漢代與賦相關的稅收還有"算賦",即按人頭徵稅,而文獻中也提到秦代"頭會箕斂",②似乎也暗示着秦代亦有人頭稅。不過這在目前所見的簡牘資料中並無體現。

秦代還存在市租。《嶽麓書院藏秦簡(叁)》案例《芮盜賣公列地案》從多個角度反映了國家對市場有嚴格的管理措施。這樣做的主要目的除了加强對社會的控制,也反映了在市場經營過程中政府有收取市租的需求。比如《商君書·外内篇》:"市利之租必重。"③其具體程序,在秦律中有比較詳細的描述:"·金布律曰:官府爲作務、市受錢,及受齎、租、質、它稍入錢,皆官爲缿,謹爲缿空(孔),毋(須)毋令錢能出,以令若丞印封缿而入。"④"作務、市受錢",當即"市利之租"。這類租錢在收取、存儲、封緘等環節均有明確的規定,成爲政府財政收入的一部分。時代略晚的張家山漢簡《金布律》中也有類似記述:"官爲作務、市及受租、質錢,皆爲缿,封以令、丞印而入,與參辨券之。"⑤可見這一制度秦西漢間一脉相承。

2. 經營收入。秦代國家直接掌控着各類經濟資源,在農業、畜牧業、商業領域中有專門機構負責增值,這是縣級財政的重要來源。

秦代土地除了一部分由自耕農耕作以外,政府還控制着一部分公田,設置專門的田官來管理,其收穫物即歸縣級政府所有。我們已作過考察,兹不贅述。⑥

畜牧業也是當時重要的生産部門之一。縣級機構中有畜官:

① 沈剛《貢""賦"之間——試論〈里耶秦簡〉【壹】中的"求羽"簡》,《中國社會經濟史研究》2013年第4期。
② 班固《漢書·張耳傳》,中華書局,1962年,第1831頁。
③ 高亨《商君書注譯》,中華書局,1974年,第157頁。
④ 陳松長主編《嶽麓書院藏秦簡(肆)》,第108頁。
⑤ 張家山二四七號漢墓竹簡整理小組編《張家山漢墓竹簡[二四七號墓](釋文修訂本)》,文物出版社,2006年,第67頁。
⑥ 沈剛《〈里耶秦簡(壹)〉所見秦代的公田及其管理》,《簡帛研究 二〇一四》,廣西師範大學出版社,2014年;魏永康《里耶秦簡所見秦代公田及相關問題》,《中國農史》2015年第2期。

畜官課志：AⅠ徒隸牧畜死負、剝賣課，AⅡ徒隸牧畜畜死不請課，AⅢ馬産子課，AⅣ畜牛死亡課，BⅠ畜牛産子課，BⅡ畜羊死亡課，BⅢ畜羊産子課。BⅣ·凡八課。BⅤ　　　　　　　　　　　　　　　　　　　　　　　(8-490 + 8-501)①

這是對畜官進行考課的記録，其内容包括各種牲畜死亡和産子兩個大類，目的是要考核增殖和損耗。倉也承擔着類似的工作：

倉課志：AⅠ畜彘雞狗産子課，AⅡ畜彘雞狗死亡課，AⅢ徒隸死亡課，AⅣ徒隸産子課，AⅤ作務産錢課，BⅠ徒隸行繇(繇)課，BⅡ畜鴈死亡課，BⅢ畜鴈産子課。BⅣ·凡☐C　　　　　　　　　　　　　　　　　　　　　　　(8-495)②

與上一支簡的區别在於，畜官負責馬、牛、羊等大牲畜，倉負責彘、雞、狗、鴈等家禽和小牲畜。産子的目的是以出賣盈利爲主。睡虎地秦簡《秦律十八種·倉律》："畜雞離倉。用犬者，畜犬期足。豬、雞之息子不用者，買(賣)之，别計其錢。"③此段後半句是説，如果豬、雞産子，除留出必需部分外，剩餘出賣，收入另行統計。結合簡8-490 + 8-501看，這部分收入應該進入縣級財政中。同樣，畜官課志的第一條"徒隸牧畜死負、剝賣課"，是出賣意外死亡的畜産品，在現實行政實踐中仍有此類實例："☐三·賣牛及筋。"(8-102)④

從春秋後期開始，古代商品交換經濟開始發展起來，但工商食官遺風猶存，秦政府依然同市場發生各種聯繫。除了前述出賣禽畜以外，也出售其他生産生活必需品。在農業社會裏，個體家庭無法自己生産鐵器等生産生活必需品，也要靠購買獲得，雖然秦尚未實行鐵器官營制度，但是政府也會出售一部分鐵器：

鐵椎(錐)纖鉾(鋒)不可久刻，勿久刻。鐵鑯☐☐☐☐☐☐☐久刻殹(也)，令吏勿坐，而務求可以刻久職(職)者，刻久職(職)之；可而弗刻久職(職)者，貲官嗇夫、吏各一盾。鑄爲群鐵器及它器賣黔首者，勿久刻。⑤

這段話講述了官府對各類鐵器刻劃記號的規定，最後"鑄爲群鐵器及它器賣黔首者，勿

---

① 陳偉主編《里耶秦簡牘校釋(第一卷)》，武漢大學出版社，2012年，第168頁。
② 陳偉主編《里耶秦簡牘校釋(第一卷)》，第169頁。
③ 陳偉主編《秦簡牘合集·釋文注釋修訂本(壹、貳)》，武漢大學出版社，2016年，第83頁。
④ 陳偉主編《里耶秦簡牘校釋(第一卷)》，第62頁。
⑤ 陳松長主編《嶽麓書院藏秦簡(肆)》，第214—215頁。

久劾”,說明秦代官府供應了部分社會所需要的鐵器,但並未説明由哪級機構來執行。我們考慮到縣是地方行政中樞,而百姓也不便到郡中購買鐵器,所以還是將其視作縣級財政收入。

出賣官府多餘財物,即政府出售擁有的剩餘物品,以降低損失,如出賣祭餘物品。秦代重視祭祀,各種祭品消耗極大。對於祭祀完畢的祭品,通常以出賣的方式來處理,例如:

> 卅二年三月丁丑朔丙申,倉是、佐狗雜出祠先戁(農)餘徹羊頭一、足四賣於城
> 旦赫所,取錢四☐　　　　　　　　　　　　　　　　　　　　　(14-300)①

秦出賣祭品,還是從經濟角度着眼,這一點與先秦時期通過分食胙肉等方式不同。②秦代出賣祭品主要是由倉和庫這兩個負責儲存物品和生產功能的機構來完成。③因爲這類簡均爲遷陵縣的檔案文書,所以可以看作是縣財政收入的一部分。

政府出賣商品不僅多種多樣,而且有專門的售賣途徑。《嶽麓書院藏秦簡(肆)》載:“•金布律曰:市衛術者,没入其賣殹(也)于縣官,吏循行弗得,貲一循〈盾〉。縣官有賣殹(也),不用此律。”④這段律文反過來看,政府可以在“衛術”中售賣相關商品,也就意味着這種售賣有專門的市場,已經制度化。

3. 罰没收入。在秦的刑罰體系中,有徒刑、財產刑等多個類別,其中財產刑以貲刑爲代表,即向國家繳納甲盾等,這部分收入要交到縣裏:

> 卅年九月甲戌,少内守扁入佐黿貲一盾、佐斗四甲、史章二甲、☐☐Ⅰ二甲、鄉
> 歇二甲、發弩囚吾一甲、佐狐二甲。凡廿五甲四盾。爲☐Ⅱ　　(8-1783＋8-1852)⑤

少内是縣屬機構,少内收入所貲甲盾,自然也就交到縣裏。秦簡刑罰中的貲甲盾,常可以用錢來折算。于振波根據嶽麓書院藏秦簡材料認爲貲甲盾和錢比率爲:貲二甲爲2688錢,貲一甲爲1344錢,貲二盾爲768錢,貲一盾爲384錢。⑥漢初也繼承了這樣的做

---

① 里耶秦簡牘校釋小組《新見里耶秦簡牘資料選校(三)》,簡帛網,2015年8月7日。

② 沈剛《秦代祠先農制度及其流變》,《出土文獻研究》第十二輯,中西書局,2013年。

③ 沈剛《簡牘檔案文書所見秦漢時期的“庫”》,張德芳主編《甘肅省第三屆簡牘學國際學術研討會論文集》,上海辭書出版社,2017年。

④ 陳松長主編《嶽麓書院藏秦簡(肆)》,第109頁。

⑤ 陳偉主編《里耶秦簡牘校釋(第一卷)》,第390頁。

⑥ 于振波《秦律中的甲盾比價及相關問題》,《史學集刊》2010年第5期。

法:"有罰、贖、責(債),當入金,欲以平買(價)入錢,及當受購、償而毋金,及當出金、錢縣官而欲以除其罰、贖、責(債),及為人除者,皆許之。各以其二千石官治所縣十月金平買(價)予錢,為除。"①漢代刑罰中沒有貲甲盾等刑罰,直接代之以罰金,這些和贖、債等與政府發生經濟關係的刑罰,均已用金和錢來結算。

對於非法買賣所得,也要充公,交到縣、道政府。《龍崗秦簡》載:"没入其販假殹(也),錢財它物于縣、道官。☐(26/92/91/264)"儘管對"販假"的對象理解有歧義,②但是後半段文字是說將這些不當得利交到縣級官府則沒有問題。

(二) 縣級財政的支出

縣級財政收入雖然很大一部分要上交,成為國家財政體系的一部分,比如前揭之戶賦、貢賦等。但是為了保證本級行政開支,也要支取一部分縣中獲取的財政收入。主要有以下幾類:

1. 保障本縣行政正常運轉的支出,即縣級財政最基本的支出。為政府服務的吏員的口糧稟給都仰賴於縣倉。③秦政府還依靠刑徒等服勞役,除了口糧外,衣物也依靠財政供給:

> 受(授)衣者,夏衣以四月盡六月稟之,冬衣以九月盡十一月稟之,過時者勿稟。後計冬衣來年。囚有寒者為褐衣。為幏布一,用枲三斤。為褐以稟衣;大褐一,用枲十八斤,直(值)六十錢;中褐一,用枲十四斤,直(值)卌六錢;小褐一,用枲十一斤,直(值)卌六錢。已稟衣,有餘褐十以上,輸大內,與計偕。都官有用☐☐☐☐其官,隸臣妾、舂城旦毋用。在咸陽者致其衣大內,在它縣者致衣從事之縣。縣、大內皆聽其官致,以律稟衣。④

"致其衣大內",整理者謂"憑券向大內領衣",那麼"在它縣者致衣從事之縣"則是在縣中的刑徒向所在縣領衣。

2. 對於本縣中因軍功而購賞者,亦由縣財政來支出:" • 制詔丞相御史:兵事畢矣乚,諸當得購賞賞責(債)者,令縣皆亟予之。令到縣,縣各盡以見(現)錢,不禁者,勿令巨

---

① 張家山二四七號漢墓竹簡整理小組編《張家山漢墓竹簡〔二四七號墓〕(釋文修訂本)》,第67頁。

② 幾種說法詳見陳偉主編《秦簡牘合集・釋文注釋修訂本(叁)》,武漢大學出版社,2016年,第26頁。

③ 沈剛《〈里耶秦簡〉(壹)所見廩給問題》,吉林大學古籍研究所編《吉林大學古籍研究所建所三十周年紀念論文集》,上海古籍出版社,2014年。

④ 陳偉主編《秦簡牘合集・釋文注釋修訂本(壹、貳)》,第95頁。

皋。令縣皆亟予之。"①戰國秦的歷史,征戰是其主旋律,因軍功受賞人數衆多,這應該也是一筆不小的支出。

3. 市場采購。縣廷要從市場購入勞動力,這也是縣級財政支出的項目。里耶秦簡有:"廿九年少內☐Ⅰ買徒隸用錢三萬三千☐☐Ⅱ少內根、佐之主。☐Ⅲ(9-1406)"②徒隸在秦簡中常見,是國家控制的勞動力,這支簡雖然不完整,但因爲出自遷陵縣,並且出現了負責縣財政的少內,可以肯定他們是縣所購買的勞動力。秦代國家從民間購買勞動力比較常見:"皇帝其買奴卑(婢)、馬,以縣官馬牛羊貿黔首馬牛羊及買,以爲義者,以平買(價)買之,輒予其主錢。而令虛質、毋出錢、過旬不質,貲吏主者一甲,而以不質律論╰。"③這段話是説中央(皇帝)以政府的馬、牛、羊同百姓交易奴婢、馬匹,反映出政府購買勞動力乃是當時普遍存在的一種現象。在此背景下,縣廷購買徒隸成爲一種常態。需要説明的是,政府同民間發生交易,也要執行嚴格的程序,如"·關市律曰:縣官有賣買殴(也),必令令史監,不從令者,貲一甲"。④縣官是官府的泛稱,但是後面有"令史監",令史在很多國家機構中均有設置,自然也包括縣廷所置令史,因而縣進行買賣活動時,也要執行這條規定。

4. 維持國家行政運轉發生的費用。"·田律曰:侍亝郵、門,期足以給乘傳晦行求燭者,郵具二席及斧、斤、鑿、錐、刀、甕、䅫,置梗(綆)井旁╰,吏有縣官事使而無僕者,郵爲餴,有僕,叚(假)之器,勿爲餴,皆給水醬(漿)"。⑤爲保證信息的暢達和行政命令的有效執行,秦在各地設置了郵驛系統,這條《田律》就是要求郵驛視不同情況爲有公幹官員提供各種生活器具和服務。郵驛沿交通要道而設,分布在地方各縣,從就近方便的角度考慮,也由縣來負責供給。

5. 其他臨時性支出。

> 卅年九月庚申,少內守增出錢六千七百廿,環(還)令佐朝、義、佐亖貲各一甲,史犴二甲。Ⅰ九月丙辰朔庚申,少內守增敢言之:上出券一。敢言之。/欣手。九月庚申日中時,佐欣行。Ⅱ　　　　　　　　　　(8-890 + 8-1583)⑥

①　陳松長主編《嶽麓書院藏秦簡(肆)》,第197頁。
②　陳偉主編《里耶秦簡牘校釋(第二卷)》,第300頁。
③　陳松長主編《嶽麓書院藏秦簡(肆)》,第134—135頁。
④　以上參見陳松長主編《嶽麓書院藏秦簡(肆)》,第148頁。
⑤　陳松長主編《嶽麓書院藏秦簡(肆)》,第104頁。
⑥　陳偉主編《里耶秦簡牘校釋(第一卷)》,第242頁。

錢三百五十。卅五年八月丁巳朔癸亥,少內沈出以購吏養城父士五(伍)得。

得告戍卒贖耐罪惡。Ⅰ令史華監。瘳手。Ⅱ　　　　　　　　(8-811＋8-1572)①

前一支簡是說少內要償還給令佐等幾位官員 6720 錢,大約與貲刑有關。後一支簡則是少內支付賞金。這些當是因特殊事情而支出,並沒有規律。另外在里耶秦簡中,還有少內向縣內其他機構支付的記錄:

　　　　□癸卯,少內守就叚(假)令史郤,郤以市　　　　　　　　　　(8-802)②

　　　　□九月壬辰朔辛亥,牢人□□□受少內□□　　　　　　　　　(8-819)③

這兩枚簡因爲殘缺,只能看出少內向令史、牢人等支付某種財物。儘管如此,也能反映出縣內財政一部分收入需要滿足本級政權機構的運轉。除了現金支出外,縣級財政還要支出實物:

　　　　□【竹】笘一合。卅四年九月癸亥朔甲子,少內守狐付牢人□□

　　　　　　　　　　　　　　　　　　　　　(8-1170＋8-1179＋8-2078)④

　　　　竹笥三合。卅四年十一月丁卯朔庚寅,少內守□□　　　　　(8-1220)⑤

　　　　牝豚一。卅三年二月壬寅朔庚戌,少內守履付倉是□　　　　(8-561)⑥

這些器物與牲畜支付給相關機構和人員時,被記錄在案,也要算成財政支出的一部分。

二、縣級財政機構

爲了保證有效地管理縣級財政,秦縣級政府設置了專門機構負責財政的運轉。郭洪伯和孫聞博曾將縣中機構分成列曹和稗官(或稱諸官)兩類。⑦後來吳方基針對負有財政職責的金布與少內的關係作了進一步辨析,認爲金布屬於列曹,主管統計庫中的兵、車、工用器和少內機構中的器物、金錢等財物,並協助考核縣屬各機構國有資財增減情

---

① 陳偉主編《里耶秦簡牘校釋(第一卷)》,第 231 頁。
② 陳偉主編《里耶秦簡牘校釋(第一卷)》,第 229 頁。
③ 陳偉主編《里耶秦簡牘校釋(第一卷)》,第 232 頁。
④ 陳偉主編《里耶秦簡牘校釋(第一卷)》,第 287 頁。
⑤ 陳偉主編《里耶秦簡牘校釋(第一卷)》,第 293 頁。
⑥ 陳偉主編《里耶秦簡牘校釋(第一卷)》,第 179 頁。
⑦ 郭洪伯《稗官與諸曹——秦漢基層機構的部門設置》,《簡帛研究 二〇一三》,廣西師範大學出版社,2014 年;孫聞博《秦縣的列曹和諸官——從〈洪範五行傳〉一則佚文談起》,《簡帛》第十一輯,上海古籍出版社,2015 年。

況的動態記錄。少內爲"官"，主管全縣財政、職掌金錢和物資的收入和支出。①我們贊同這一觀點，並進一步申說之。從前一節可以看出，少內負責錢物的支出。秦律中也明確指出了這一點：

> "府中公金錢私貸用之，與盜同灋（法）。"●可（何）謂"府中"？●唯縣少內爲"府中"，其它不爲。②

這條法律解釋稱縣中"少內"爲"府中"，而府在先秦兩漢文獻中被認爲是儲錢之處。《淮南子·人間》："西門豹治鄴，廩無積粟，府無儲錢，庫無甲兵，官無計會，人數言其過於文侯。"③少內雖然是縣中重要的財政運行機構，負責錢的儲存，部分錢的日常零散收入却非由其經手，從下面這幾條材料能够看出收入這筆錢的流程：

> ●金布律曰：官府爲作務、市受錢，及受齎、租、質、它稍入錢，皆官爲缿，謹爲缿空（孔），婁（須）毋令錢能出，以令若丞印封缿而入，與入錢者參辨券之，輒入錢缿中，令入錢者見其入。月壹輸缿錢，及上券中辨其縣廷，月未盡而缿盈者，輒輸之，不如律∟，貲一甲。④

《嶽麓書院藏秦簡（肆）》中《金布律》的這條律文，是說官府對於生產、市場等各種來源的錢均要收儲到專門由令或丞印封緘的容器中，然後將 3 份券書中的下券給了交錢人，其餘兩份券書留在縣廷。那麽，縣廷的兩份歸誰保管？《嶽麓書院藏秦簡》載：

> ●田律曰：吏歸休，有縣官吏乘乘馬及縣官乘馬過縣，欲貸芻稾、禾、粟、米及買菽者，縣以朔日平賈（價）受錢∟，先爲錢及券，缿以令、丞印封，令、令史、賦主各挾一辨，月盡發缿令、丞前，以中辨券案雔（讎）錢，錢輒輸少內，皆相與靡（磨）除封印，中辨臧（藏）縣廷。⑤

和上條簡所言錢的來源不同，但流程一樣，這條簡文更明確地說 3 份券書"令、令史、賦主各挾一辨"，賦主就是前文的入錢者，這就說明剩下的兩份券書分別給令和令史保管。

① 吳方基《論秦代金布的隸屬及其性質》，《古代文明》2015 年第 4 期。
② 陳偉主編《秦簡牘合集·釋文注釋修訂本（壹、貳）》，第 195 頁。
③ 劉文典《淮南鴻烈集解》，中華書局，1989 年，第 605 頁。
④ 陳松長主編《嶽麓書院藏秦簡（肆）》，第 108 頁。
⑤ 陳松長主編《嶽麓書院藏秦簡（肆）》，第 104—105 頁。

而且《嶽麓書院藏秦簡》的這兩條律文不約而同地指出這些來源不同的錢流向少内,通常每月一輸。《田律》中還講到這中間要有對賬的程序,並須令、丞來監督。雖然没有説由誰來"發鈶",但考慮到令史收藏券書,且其職責是負責縣廷秘書雜務,那麼可以認爲是由他具體負責的。這兩條簡文説明從錢的收入來説,令史負責的是零存整儲,少内則整入錢。不過,在睡虎地秦簡所載的《金布律》中却有一條律文顯示出與此相悖的現象:"縣、都官坐效、計以負賞(償)者,已論,嗇夫即以其直(值)錢分負其官長及冗吏,而人與參辨券,以效少内,少内以收責之。"①這條律文是説官府人員如果因爲點驗物資或計賬時的過失而造成損失,需要分攤償付,這部分錢直接交給少内,而没有滿月一交付的程序。對於這一矛盾,我們認爲可以從錢的來源着眼。《嶽麓書院藏秦簡》中提到的兩種情形,都是國家經營性或類似經營性收入,而後一條材料則是罰没款項,它可能會涉及所有的官員,包括令、丞、令史等,不能自行監管,所以就直接和少内發生關係。而少内收入錢的確也包含了這兩種情況。里耶秦簡載"元年少Ⅰ内金錢Ⅱ日治筥。Ⅲ"(9-27),②這説明每天統計、管理金錢是少内的日常工作,如果僅月盡輸錢,就不會這樣忙碌。通過以上分析,可以看出縣級財政收入方面,經營性收入需要經過令史收儲和核校,每月一入少内,而其他收入(至少是罰没收入)則隨時繳給少内。令或丞起監督作用。

除了直接負責政府財物的收支活動以外,少内還擔負一定的組織生産職能。秦代刑徒承擔了政府部門的生産勞動任務,由負責刑徒日常管理的司空和倉這兩個機構向相關機構進行分配,其中就有少内。下面兩段簡文内容是司空將其所管轄的各類刑徒分配給縣屬機構以使用他們從事各種生産勞動。值得注意的是,這些機構包括屬鄉、畜官、田官、尉、倉等,它們多負有生産職能,因而少内自然也可以此視之:

　　……A……園、叚、卻。BⅠ七人市工用。BⅡ八人與吏上計。BⅢ一人爲烏:劇。BⅣ九人上省。BⅤ二人病:復卯。BⅥ一人□徙酉陽。BⅦ□□□人。CⅠ□□十三人。CⅡ隸妾墼(繫)春八人。CⅢ隸妾居貲十一人。CⅣ受倉隸妾七人。CⅤ·凡八十七人。CⅥ其二人付畜官。CⅦ四人付貳春。CⅧ廿四人付田官。CⅨ二人除道沅陵。CⅩ四人徒養:枼、痤、帶、復。CⅪ二人取芒:阮、道。DⅠ一人守

---

① 陳偉主編《秦簡牘合集·釋文注釋修訂本(壹、貳)》,第91頁。
② 陳偉主編《里耶秦簡牘校釋(第二卷)》,第40頁。

船:過。DⅡ三人司寇:苳、狠、款。DⅢ二人付都鄉。DⅣ三人付尉。DⅤ一人付□。DⅥ二人付少内。DⅦ七人取□:繪、林、嬈、粲、鮮、夜、喪。DⅧ六人捕羽:刻、婢、□、□、娃、變。DⅨ二人付啓陵。DⅩ三人付倉。DⅪ二人付庫。DⅫ二人傳徒酉陽。EⅠ一人爲笥:齊。EⅡ一人爲席:婍。EⅢ三人治枲:梜、茲、緣。EⅣ五人墼:婢、般、槀、南、僋。EⅤ二人上眚(省)。EⅥ一人作廟。EⅦ一人作務:青。EⅧ一人作園:夕。EⅨ·小城旦九人:FⅠ其一付少内。FⅡ六人付田官。FⅢ一人捕羽:强。FⅣ一人與吏上計。FⅤ·小舂五人:FⅥ其三人付田官。FⅦ一人徒養:姊。FⅧ一人病:□。FⅧ　　　　　　　　　　　　　　　　　(8-145 正)

　　　□□圂敢言之,寫上,敢言之。/瘂手。　　　　　　(8-145 背)①

　　　□□。AⅠ□寇。AⅡ□□。AⅢ□□。AⅣ□人守□。AⅤ□作園。AⅥ□畜官。AⅦ□□□令。AⅧ□□載粟輸。AⅨ二人付少内。BⅠ一人取角。BⅡ六人作廟。BⅢ二人伐竹。BⅣ七人□□。BⅤ二人爲庫取灌。BⅥ一□取□。BⅦ一人□笥。BⅧ·小城旦十人。CⅠ其八人付田官。CⅡ三人載粟輸。CⅢ　　(8-162)②

另有一種記録刑徒勞動分工的簿籍,通常由使用刑徒勞動的機構製作。少内也有這樣一條:

　　　卅一年後九月庚辰朔壬寅,少内守敝作徒薄(簿):受司空鬼薪□Ⅰ其五人求羽:吉、□、哀、瘳、嬗。一人作務:宛。□Ⅱ後九月庚辰朔壬寅,少内守敝敢言之:上。敢言之。/□Ⅲ　　　　　　　　　　　　　　　　(8-2034 正)

　　　後九月壬寅旦,佐□以來。/尚發。□　　　　　　(8-2034 背)③

這條材料中,少内所轄刑徒主要有兩項工作,一是作務,一是求羽。“作務”大概泛指勞作;“求羽”在里耶秦簡中出現多次,主要目的是提供箭羽這種軍需物資。④這一工作也和少内職能密切相關,少内作爲財政機構,軍需物資的生産由其負責,也是其職責所在。而且與其他部門的刑徒工作比較起來,這一職責更爲明顯:

　　　廿九年八月乙酉,庫守悍作徒薄(簿):受司空城旦四人、丈城旦一人、舂五人、

---

① 陳偉主編《里耶秦簡牘校釋(第一卷)》,第 84—86 頁。
② 陳偉主編《里耶秦簡牘校釋(第一卷)》,第 98—99 頁。
③ 陳偉主編《里耶秦簡牘校釋(第一卷)》,第 421 頁。
④ 沈剛《“貢”“賦”之間——試論〈里耶秦簡〉【壹】中的“求羽”簡》,《中國社會經濟史研究》2013 年第 4 期。

受倉隸臣一人。•凡十一人。AⅠ城旦二人繕甲□□。AⅡ城旦一人治輪□□。AⅢ城旦一人約車:登。AⅣ丈城旦一人約車:缶。BⅠ隸臣一人門:負劇。BⅡ舂三人級:娉、□、娃。BⅢ廿廿年上之□C   (8-686＋8-973 正)

　　八月乙酉,庫守悍敢言之:疏書作徒薄(簿)牒北(背)上,敢言之。逐手。Ⅰ乙酉旦,隸臣負解行廷。Ⅱ   (8-686＋8-973 背)①

這是庫的作徒簿,庫是負責車輛、武器收儲修繕的機構,因此,其工作有繕甲、約車等。與此類比,少內負責使用刑徒勞作還是與其財政職能有關。

　　從縣內財政管理角度看,少內是負責具體操作的機構,縣廷還要整體把控財政的運轉。這些是由縣廷列曹來具體負責,和縣財政管理關係最密切的機構是金布,它負責縣中財政統計與考課:

　　課上金布副。AⅠ秶課。AⅡ作務。AⅢ疇竹。AⅣ池課。BⅠ園栗。BⅡ采鐵。BⅢ市課。BⅣ作務徒死亡。BⅤ所不能自給而求輸。BⅥ縣官有買用錢。/鑄段(鍛)。CⅠ竹箭。CⅡ水火所敗亡。/園課。采金。CⅢ貣、贖、責(債)毋不收課。CⅣ   (8-454)②

這枚簡標題為"課上金布副"。"副"為副本,也就是説其下的内容是金布考課内容的副本。其考課範圍主要包括手工業、種植業、市場、財物支出等,基本涵蓋了縣級財政收支的各個方面。金布的財政職能不僅表現在對縣屬財政事項的考課,同時也擔負部分的統計工作:

　　金布計録:AⅠ庫兵計,AⅡ車計,AⅢ工用計,BⅠ工用器計,BⅡ少内器計,BⅢ【金】錢計,CⅠ凡六計。CⅡ   (8-493)③

　　相比考課,金布負責統計的範圍相對小一些,包括庫、少内及工官等機構所擔負的職責。而和財政收支相關的統計更多地分布於其他諸曹。以下分列司空曹、倉曹、户曹計録:

　　司空曹計録:AⅠ船計,AⅡ器計,AⅢ贖計,BⅠ貣責計,BⅡ徒計。BⅢ凡五計。

---

① 陳偉主編《里耶秦簡牘校釋(第一卷)》,第 203 頁。
② 陳偉主編《里耶秦簡牘校釋(第一卷)》,第 152—153 頁。
③ 陳偉主編《里耶秦簡牘校釋(第一卷)》,第 169 頁。

CⅠ史尚主。CⅡ (8-480)

倉曹計録:AⅠ禾稼計,AⅡ貸計,AⅢ畜計,AⅣ器計,BⅠ錢計,BⅡ徒計,BⅢ畜官牛計,BⅣ馬計,CⅠ羊計,CⅡ田官計。CⅢ凡十計。CⅣ史尚主。CⅤ (8-481)

户曹計録:AⅠ鄉户計,AⅡ縣(縣)計,AⅢ器計,AⅣ租質計,AⅤ田提封計,BⅠ鬋計,BⅡ鞫計。BⅢ·凡七計。BⅣ☐ (8-488)①

户曹、倉曹、司空曹依其職能對口負責相應的部門,不僅登記數字,還要擔負日常的監督和管理,這使其工作量增多,責任較大,因而金布(曹)與其他諸曹需要有合理的分工。而且因爲金布主要負責全縣的財政考課,這一工作相對重要,故而其統計的内容相對簡單一些,多爲器物等,容易操作。

金布和少内作爲縣級財政的列曹和職能機構,同其他列曹與對應機構的關係一樣,一爲負責具體工作,一爲負責監督、統計,職責明確。而且它們之間也有聯繫:"四月丙午朔癸丑,遷陵守丞色下:少内謹案致之。書到言,署金布發,它如Ⅰ律令。/欣手。/四月癸丑水下十一刻刻下五,守府快行少内Ⅱ。"(8-155)《校釋》:"案致,考查。"②遷陵守丞要求少内考查某事,形成文字後,回文時需題署"金布發"。③這就説明少内的工作要歸口到金布管理。不過這也暗含着縣丞擁有在其之上的財政權力。因爲少内和金布畢竟皆爲縣廷的下屬機構,縣中長吏財政權力表現方式之一就是對現金收支的掌控。除前引《嶽麓書院藏秦簡(肆)》中兩條縣令、丞監督現金收入的材料外,睡虎地秦簡《金布律》中也提到縣長吏負責錢的支出:"官府受錢者,千錢一畚,以丞、令印印。不盈千者,亦封印之。錢善不善,雜實之。出錢,獻封丞、令,乃發用之。"④里耶秦簡的簡文雖言少内出錢,但省略了其中的必要程序,《金布律》的這條律文則作了補充,即少内出錢,也需要令、丞啓封,以此顯示長吏在現錢支出中的作用。縣長吏在財政方面的功能還體現在縣丞是本縣與縣外機構交往的代表,里耶秦簡中有這樣一段簡文:

十二月戊寅,都府守胥敢言之:遷陵丞膻曰:少内巸言冗Ⅰ佐公士蒛道西里亭貲三甲,爲錢四千卅二,自言家能入。Ⅱ爲校☐☐☐謁告蒛道受責。有追,追曰計

① 陳偉主編《里耶秦簡牘校釋(第一卷)》,第164、167頁。
② 陳偉主編《里耶秦簡牘校釋(第一卷)》,第94頁。
③ 吳方基《論秦代金布的隸屬及其性質》,《古代文明》2015年第4期。
④ 陳偉主編《秦簡牘合集·釋文注釋修訂本(壹、貳)》,第84頁。

廿八年□Ⅲ責亭妻胥亡。胥亡曰：貧，弗能入。謁令亭居署所。上真書謁環。□□
Ⅳ欒道弗受計。亭讂當論，論。敢言之。☑Ⅴ　　　　（8-60＋8-656＋8-665＋8-748 正）

　　十二月己卯，欒道鄦敢告遷陵丞主，寫☑Ⅰ事，敢告主。/冰手。/六月庚辰，遷
陵丞昌告少内主，以律令□☑Ⅱ手。/六月庚辰水下十一刻刻下六，守府快行少内。
☑Ⅲ

　　六月乙亥水十一刻刻下二，佐同以來。/元手。☑Ⅳ

　　　　　　　　　　　　　　　　　　　　（8-60＋8-656＋8-665＋8-748）①

簡文叙述的是遷陵縣和欒道兩個縣級機構之間關於冗佐亭償還政府債務的往來經過。
欒道向遷陵縣丞發送文書，遷陵縣丞轉發給其下屬少内處理。

　　下面這支簡也表明縣級機構之間關於財政的交涉，也是以縣丞作爲交接對象：

　　□□酉陽守丞又敢告遷陵丞主：令史曰，令佐莫邪自言上造Ⅰ☑□遣莫邪衣用
錢五百未到。遷陵問莫邪衣用錢已到Ⅱ☑問之，莫邪衣用未到，酉陽已騰書沅陵。
敢告主。Ⅲ　　　　　　　　　　　　　　　　　　　　　　　　　（8-647 正）

　　☑刻，隸妾少以來。/朝半。　彼死手。　　　　　　　　　　　（8-647 背）②

這是酉陽縣和遷陵縣之間關於令佐莫邪衣用錢交涉的文書，簡文開頭“敢告”爲酉陽守
丞向遷陵丞發送文書的標識用語。金布和縣丞也表現出這種層級領屬關係，體現出縣
丞的財政長官職能：“金布書一封，丞印，詣洞庭泰守府。Ⅰ卅年五月壬戌水下十一劾
（刻）劾（刻）下三，守府快以來。Ⅱ”（9-1593）③金布向洞庭郡發送文書，同樣也要以丞印
封緘。縣丞的這一功能主要是由其一縣的民政長官身份所決定的，正因爲如此，他也成
爲縣級財政管理的中樞。

三、縣級財政與國家財政關係

　　如前所述，秦的縣級政權有相應的專職財政機構，並對財政收支製訂規則和流程。
但是秦的政治體制與周代不同，作爲中央集權國家，縣是郡縣體系的一部分，因而縣級

---

① 　陳偉主編《里耶秦簡牘校釋（第一卷）》，第 43 頁。
② 　陳偉主編《里耶秦簡牘校釋（第一卷）》，第 189 頁。
③ 　陳偉主編《里耶秦簡牘校釋（第二卷）》，第 333 頁。

財政也是國家財政的一個環節。從整個國家層面看，它是置於國家財政的掌控之下。具體從以下三個方面表現出來：

一是秦代國家依靠行政層級層層控制縣級財政。秦代行政體制是"中央—郡—縣"三個層級，對財政的控制也是依靠這個體系。郡作爲縣的上級機構要對縣級財政進行監督：

> 卅二年三月丁丑朔朔日，遷陵丞昌敢言之：令曰上Ⅰ葆繕牛車薄（簿），恒會四月朔日泰（太）守府。•問之遷陵毋Ⅱ當令者，敢言之。Ⅲ　　　　　　(8-62 正)
> 三月丁丑水下十一刻刻下二，都郵人□行。　尚手。　　　　　　(8-62 背)①

前述金布所統計的内容中有"車計"，是縣財政管理的項目之一。秦令要求朔日將"葆繕牛車薄（簿）"上報到太守府，反映了郡對縣級財政監督的一個方面。縣級特殊的財政支出，也需要郡批准："用錢八萬，毋見錢。府報曰取臧錢臨沅五。"(8-560)②遷陵縣因某事用錢八萬，没有現錢，郡府批准使用"臧錢臨沅五……"。儘管我們尚不清楚簡文中關鍵信息的具體含義，但是根據公文語氣判斷，在特殊情形下，縣廷對錢的支出需要向郡府申請報批。

部分收入也需要上交中央。前引《嶽麓書院藏秦簡（肆）》《金布律》中有收納户賦的條文，要求户賦"歲輸泰守"，在其後不久的張家山漢簡《金布律》中却要求"户賦"及其他每年的定期收入最後都要上交到中央："租、質、户賦、園池入錢縣官道，勿敢擅用，三月壹上見金、錢數二千石官，二千石官上丞相、御史。"③户賦等現金收入需要以季度爲單位上交二千石官，即郡級長吏，然後經由其手上交丞相、御史，成爲中央財政收入的一部分。考慮到漢承秦制，且從集權角度着眼，如果這些大宗收入及郡而止，會造成外重内輕之勢，因此秦時這部分收入至少會有一部分需要流向中央。

秦中央從制度方面對縣級財政進行監督和管理，縣有時也要直接負責中央的物資供給：

> 卅五年正月庚寅朔甲寅，遷陵少内壬付内官□　　　　　　(8-1457＋8-1458 正)
> 翰羽二當一者百五十八鏃，AⅠ三當一者三百八十六鏃，AⅡ•五當一者四百

---

① 陳偉主編《里耶秦簡牘校釋（第一卷）》，第47—48頁。
② 陳偉主編《里耶秦簡牘校釋（第一卷）》，第179頁。
③ 張家山二四七號漢墓竹簡整理小組編《張家山漢墓竹簡〔二四七號墓〕（釋文修訂本）》，第67頁。

七十九鏃,BⅠ·六當一者三百卅六鏃,BⅡ·八當一者【五】☑CⅠ·十五當一者☑
CⅡ
(8-1457＋8-1458 背)①

遷陵少内向内官交付用作箭羽的"翰羽"。内官在秦漢傳世文獻和出土文獻中頻現,秦代歸屬少府,爲中央機構的官署。②另一條材料:"錦繒一丈五尺八寸。卅五年九月丁亥朔朔日,少内守繞出以爲【獻】☑Ⅰ令佐俱監☑。Ⅱ"(8-1751＋8-2207)③這支簡殘缺後半部。"獻",大約和獻賦有關,是地方向中央繳納的税種之一,因此,這條材料也可視爲縣級財政向中央輸送物資。上面兩支簡反映出少内不僅是縣屬的稗官,而且還有對中央相關機構直接負責的一面。

當然需要説明的是,這些物資可能是由本縣留下必要用度之後,再繳納給中央,如"獻"給中央的"錦繒",在下簡中也出現過:

錦一丈五尺八寸,度給縣用足。AⅠ繒三百廿五丈三尺四寸半寸,度給縣不足三百卅八丈。AⅡ白布四百三丈六尺九寸,度給用不足四百一十一丈。AⅢ大枲卅六石廿四斤二兩廿二朱(銖),度給縣用不足百五十五石。AⅣ錦帷二堵,度給縣用足。AⅤ縑帷一堵,度給縣用足。BⅠ組纓一,度給縣用足。BⅡ絡袍二,度給縣用足。BⅢ襦袍二,度給縣用足。BⅣ布帷一堵,度給縣用足。BⅤ縑帷二堵,度給CⅠ縣用足。CⅡ絡錦八尺六寸。CⅢ
(9-2296)④

各種織物後,均有"度給縣用度足"字樣,那麼剩餘部分自然是上交到中央。同時,也正因爲以政治上一統局面爲基礎,除了租、賦等需要統一繳納到中央的收入以外,還有一部分由各縣結算的收入也能做到歸屬中央財政管理。睡虎地秦墓竹簡《秦律十八種·金布律》:"縣、都官以七月糞公器不可繕者,有久識者靡蚩之。其金及鐵器入以爲銅。都官輸大内,【大】内受買(賣)之,盡七月而齎(畢)。都官遠大内者輸縣,縣受買(賣)之。"⑤這段簡文是對官府工具進行處理的規定。"都官",陳偉曾集合衆家説法,儘管意見分歧,但指中央機構皆無異議。⑥都官的工具正常情況下要輸送到大内,即中央主管

① 陳偉主編《里耶秦簡牘校釋(第一卷)》,第 332 頁。
② 周雪東《秦漢内官、造工考》,《西北大學學報》1998 年第 2 期;王偉、白利利《秦漢内官職能辨正》,《西安財經大學學報》2014 年第 5 期。
③ 陳偉主編《里耶秦簡牘校釋(第一卷)》,第 386 頁。
④ 陳偉主編《里耶秦簡牘校釋(第二卷)》,第 463—464 頁。
⑤ 陳偉主編《秦簡牘合集·釋文注釋修訂本(壹、貳)》,第 93 頁。
⑥ 陳偉主編《秦簡牘合集·釋文注釋修訂本(壹、貳)》,第 54 頁。

財政物資的機構,但如果都官設在偏遠地區的話,則要送到附近的縣中。這部分收入顯然不能算到縣級財政收入,而是中央財政收入。在簡文中還有一條類似情況,即放牧官府牲畜出現死亡的,要儘快分類處理,肉類要賣掉。睡虎地秦墓竹簡《秦律十八種·厩苑律》:

> 將牧公馬牛,馬〖牛〗死者,亟謁死所縣,縣亟診而入之,其入之其弗亟而令敗者,令以其未敗直(值)賞(償)之。……其乘服公馬牛亡馬者而死縣,縣診而雜貿(賣)其肉,即入其筋、革、角,及索(索)入其賣錢。錢少律者,令其人備之而告官,官告馬牛縣出之。①

在游牧過程中,死亡牲口在就近的縣處理,防止肉質腐敗帶來更大損失,乘服的官府畜力死亡同樣也要在就近的縣處理,"官告馬牛縣出之",由有關機構告知馬牛所出縣,讓其銷賬。這顯示出秦各個縣級財政不是各自完全獨立的結算單元,而是國家整體財政中的一部分,其自主權並不是很大。

國家財政的整體性還表現在,如果欠官府債,即使人口發生遷移,也可以在不同行政單位之間追索:

> 廿六年三月壬午朔癸卯,左公田丁敢言之:佐州里煩故為公田吏,徙屬。事苔不備,分Ⅰ負各十五石少半斗,直錢三百一十四。煩冗佐署遷陵。今上責校券二,謁告遷陵Ⅱ令官計者定,以錢三百一十四受旬陽左公田錢計,問可(何)計付,署計年為報。敢言之。Ⅲ三月辛亥,旬陽丞滂敢告遷陵丞主:寫移,移券,可為報。敢告主。/兼手。Ⅳ廿七年十月庚子,遷陵守丞敬告司空主:以律令從事言。/應手。即走申行司空Ⅴ　　　　　　　　　　　　　　　　　　　(8-63 正)
>
> 十月辛卯旦,胸忍索秦士五(伍)狀以來。/慶半。　兵手。　　(8-63 背)②

這段話是說煩這個人在公田吏任上因工作失誤,需要賠償 314 錢,由於他調任到遷陵縣,因此這筆錢放到遷陵縣的統計中。這也是在郡縣制度下,中央政令統一的結果。在先期公布的一批陽陵縣向洞庭郡發出的一組文書中,有共十餘枚簡的內容是本縣到洞庭郡屯戍的戍卒欠貲餘錢,與屯戍具體地點遷陵縣進行交接。③這反映出不同機構間的

① 陳偉主編《秦簡牘合集·釋文注釋修訂本(壹、貳)》,第 52 頁。
② 陳偉主編《里耶秦簡牘校釋(第一卷)》,第 48—49 頁。
③ 具體內容詳見馬怡《里耶秦簡選校》,《中國社會科學院歷史研究所學刊》第四集,商務印書館,2007 年。

財務交接已經呈現出制度化的一面。

　　財政有效運轉是政權存在的經濟基礎,因此秦代國家也在法律上給予保障。雖然現在没有看到系統的律令條文,但從下面的兩條律文,亦可窺見一斑:

　　　　• 田律曰:租禾稼、頃芻稾,盡一歲不矚(畢)入其諸貸它縣官者,書到其縣官,盈卅日弗入及有遺不入者,貲其人及官嗇夫、吏主者各一甲∟,丞、令、令史各一盾,遣其入而死、亡有皋毋(無)後不可得者,有(又)令官嗇夫、吏代償。①

　　　　隸臣妾及諸當作縣 道 官者、僕、庸,爲它作務,其錢財當入縣道官而遣未入去亡者,有(又)坐遣錢財臧,與盜同法。②

前一條是芻稾税繳納的時間規定,以及逾期不交對官嗇夫、丞、令、令史等相關官員的處罰;後一條則是因擅自使用官府勞動力資源而拖欠官府錢財的法律適用,與盜同法。這些都説明政府從制定法律的角度爲維持財政收入做了種種努力。不過還應該注意到,因爲秦統一不久,實行法律的客觀條件還不完善,比如陽陵縣追討本縣戍卒貲餘錢,"陽陵谿里士五(伍)采有貲餘錢八百五十二。不采戍洞庭郡,不智(知)何縣署"(9-11A)。縣廷對本縣戍卒只知道大致去向,而不知具體地點,在追討力度上可能就會打折扣。從後文看,也的確如此,"陽陵遬敢言之:至今未報,謁追",③遷陵縣對陽陵縣第一次發來的文書並没有及時回覆。從卅三年三月丁酉到卅四年八月朔日,間隔了一年半左右。我們曾經排比了秦代文書在不同機構之間走行周期,這種往來於不同郡縣之間的文書多有延宕,個中原因在於:一是統一的思想並没有浸透到整個官僚體系中,縣吏主觀上不積極;二是制度還稍顯疏闊,技術上也有提升的空間。④法律規定與現實行政實踐之間的矛盾,正是帝制運行初期的現實寫照,在一定程度上也影響到了財政的運轉效率。

　　綜上,除了已有的户賦、市租等常規而穩定的賦税收入,秦代國家還通過直接掌控土地、勞動力等資源參與生産經營活動,其所得也成爲財政收入的重要組成部分。同樣,貲刑等獲取的罰没收入也是國家財政的來源。這些收入主要用於滿足各級國家機構的運轉。秦時縣級主要財政機構有少内和金布曹,一爲具體工作,一爲監督、統計。少内除負責日常財物管理外,還擔負着組織生産的職能。此外其他諸曹和縣令、縣丞等

① 　陳松長主編《嶽麓書院藏秦簡(肆)》,第 103 頁。
② 　陳松長主編《嶽麓書院藏秦簡(肆)》,第 61 頁。
③ 　陳偉主編《里耶秦簡牘校釋(第二卷)》,第 18 頁。
④ 　沈剛《秦代縣級檔案文書的處理周期——以遷陵縣爲中心》,《出土文獻研究》第十五輯,中西書局,2016 年。

長吏亦參與財政管理。秦的縣級財政是作爲國家財政的一個基本環節而存在。管窺簡牘所反映的秦代財政，可以看出此時國家財政收支在制度軌道上有序運轉，成爲集權體制運行的重要一環。另一方面，縣中直接控制生產經營，進入市場逐利的行爲也較爲明顯，這正是從周代的分封體制剛轉換到集權體制這一政治變革在經濟制度上的體現。

原刊於《中國經濟史研究》2019 年第 1 期，第 64—75 頁。

從征服走向占領統治：
里耶秦簡所見糧食支給與駐屯軍

[日]宮宅潔

京都大學人文科學研究所

引　言

　　此前，筆者曾利用里耶秦簡對秦占領統治的各種形態進行了分析，指出官府所掌握的户口數與部署在那裏的官員、士兵、刑徒的規模明顯不協調，這些人員被派往還有不少居民尚未納入秦統治之内的里耶地區，是爲了維持統治的據點。[①]秦代的里耶地區——洞庭郡遷陵縣縣城及其周邊，就像漂浮的小島一樣存在於廣闊的新占領地之中，誠然其内部貫徹秦的文書行政秩序，但與外部之間存在不少緊張關係的情形，也是不能忽視的。

　　要維持這樣的據點，最重要的是給那些派送去的人供食的問題，即管理糧食調撥和分配的制度。在征服戰争階段，只要確保臨時供給就行，有可能使用掠奪手段。然而，爲了維持新占領地的據點，補給的穩定是不可或缺的。軍事勝利是如何向持續統治轉換的呢？或者，如果這種轉換没有順利進行的話，其緣由何在呢？這是筆者問題意識的根本所在。

　　但是，在現階段還很難從正面回答這些疑問。因爲從現有有限的史料來看，還無法得知糧食管理制度的全部内容。例如，幾乎没有關於從外部向遷陵縣輸送糧食的記録。即使支撑駐屯在遷陵縣 600 人規模的軍隊，每年都需要超過 14000 石的糧食，但全縣所徵收的租額僅 900 石左右。[②]此外，儘管"田官"也動員了士兵和刑徒從事糧食生産，但還

---

① 宮宅潔《秦代遷陵縣志初稿—里耶秦簡より見た秦の占領支配と駐屯軍—》，《東洋史研究》第 75 卷第 1 號，2016 年。

② 如後文所述，向士兵的供給是 1 天 2/3 斗，600 人 1 天的份額是 40 石，一年（354 天）的話是 14160 石。租税的額度從 8-1519" • 租凡九百一十"可以知道。

是有很多糧食需要依賴外來輸入。除了士兵以外，如果包括刑徒的口糧、支付給官吏的俸禄等，這個數額就更巨大了，關於這些糧食的供應方和輸送方法，目前也没有任何綫索。

其中所殘留下來的唯一的、比較多的史料，是在給個别官吏、刑徒、士兵支付糧食時所製作的記録（以下簡稱爲"糧食支給簡"），上面記載着支給日期和支給量、支給主體等。通過仔細分析這些糧食支給簡，可以從中窺知糧食管理制度及其特徵。

本文展開討論的順序，首先在前半部分中，在先行研究①的基礎上，對糧食支給簡記載的内容進行全面的整理與分析。在後半部分中，將焦點放在對士兵的糧食支給上，在對兵種問題進行若干再探討後，利用嶽麓書院所藏秦簡對支給他們的原則及背景進行討論。

一、糧食支給簡的分析

（一）糧食支給簡的形狀和格式

從里耶秦簡中看到的糧食出納相關記録，現有 100 餘枚簡（文末附表），其中大部分有相同的格式和記載内容。令人遺憾的是，保存完好的簡僅有 20 枚，很難進行準確的分類整理，但其中的記載内容多達如下 10 項：

① 倉庫名（"某廥"）

② 糧食的種類（粟米/稻）

③ 支給量

④ 支給年月日

⑤ 支給主體（某官署的嗇夫・佐/史・稟人的姓名）

⑥ 支給方法（出貸/出稟/出以食等）

⑦ 支給對象

⑧ 注記

---

① 黄浩波《里耶秦簡（壹）所見稟食記録》，《簡帛》第十一輯，上海古籍出版社，2015 年；趙岩《里耶秦簡"出量券"校讀（五則）》《簡帛研究 二〇一五（秋冬卷）》，廣西師範大學出版社，2015 年；平曉婧、蔡萬進《里耶秦簡所見秦的出糧方式》，《魯東大學學報（哲學社會科學版）》2015 年第 4 期。這些研究當中，黄氏之作最爲全面。

⑨ 監督者("令史某視平")

⑩ 書寫責任者("某手")

在這些分類當中,①倉庫名很多時候被省略,⑧注記也幾乎都沒被記録在簡上。甚至没有⑩書寫責任者姓名的簡也可以零星地看到。

首先,若關注簡的格式,使用最多的是寬幅能書寫兩行文字的簡(以下簡稱爲"兩行"),第一行記載的内容包含①—⑧;第二行中段記載的内容爲⑨,底端記載的内容爲⑩。暫且把這種稱爲第一類。①具體事例如下:

②粟=③五斗。④卅一年五月癸酉,⑤倉是·史感·稟人堂⑥出粟⑦隸妾嬰兒揄。

⑨令史尚視平。⑩感手。　　　　　　　　　　　　　　　　　　(8-1540)

另外,雖然使用了同樣寬幅的簡,但還存在以下少數類型,第一行在記載①—③後改行,④—⑧記載在第二行,⑨寫在第一行下部的空白處,⑩寫在第二行下端(第二類);第一行從④支給年月日開始書寫,②③寫在第二行(第三類);還有僅存的 1 例,第一行記録④—⑥/②③/⑦,第二行的上端記録⑨(第四類)。第二、四類中,始皇 31 年貳春鄉的支給記録比較明顯,但這可能是由於這些史料的年代偏向(詳後)所引起的。

與此相對,單行簡中也有只用一行書寫的記録(第五類)。其中形式完整的僅有 8-2247:

粟=三石七斗少半斗。　　卅二年八月乙巳朔壬戌,貳春鄉守福·佐敢·稟人杕出以稟隸臣周。十月·六月廿六日食。　　令史兼視平。　　敢手。　　(8-2247)

其他同樣的簡還有 16 例。然而,也不能排除其可能失去左半、右半後看起來像一行書寫的情況。

這些簡的形狀也有特點,首先如前所述兩行寬幅的簡有很多,在長度没有缺損的情況下超過 30 釐米,這是使用了比較大型的簡。另外,在許多簡的側面,有作爲符契而使用的刻齒,總計有 65 枚。②雖然存在由於殘缺而無法確認是否有刻齒的簡,但可以認爲

---

① 各簡的具體格式,參照文末附表。在屬於第一類的簡中,有很多破損但與第一類没有明顯矛盾的簡,暫時歸此類。

② 關於已公布的里耶秦簡,對其刻齒有精細的觀察記録(大川俊隆、籾山明、張春龍《里耶秦簡中的刻齒簡與〈數〉中的未解読簡》,《大阪産業大學論集:人文·社會科學編》第 18 號,2013 年)。本文中列舉的糧食支給簡,其刻齒部分的圖片,也收集於此。

這些記錄基本上都是作爲符契（"券"）而被製作的。這是也被稱爲"出糧券"的原因。

在糧食授受時製作的券，除糧食支給簡外也存在，其中大部分記錄的是部門之間的授受。然而，在對個人支給糧食時也製作"券"的情況，可以從下面的記載中得到確認。

> 廿六年十二月癸丑朔己卯，倉守敬敢言之。出西廥稻五十□石六斗少半斗，輸粢粟二石，以稟乘城卒夷陵士五陽□□□□。今上出中辨券廿九。敢言之。　　□手（正）
>
> □申水十一刻刻下三，令走屈行。　　　　　　　操手　　　　（8-1452背）

雖然不太清楚29枚券的具體內容，但其中肯定包含了有關支給"乘城卒"糧食的券。

而且，這些券不僅是授受的證明文書，也是進行收支統計、結算時的材料。[1]相關的符券被集中保存，也應該作爲收支原簿被活用。在這個意義上，符券也具備了帳簿的功能。

（二）記載內容的分析

下面將介紹各個記載項目的內容，並對相關問題進行若干考察。爲了行文方便，介紹的順序和記載順序並不相同。

1. 支給年月日（④）

能判明支付年的有69例，時間範圍在始皇27—36年。然而，幾乎都集中在31年（41例），其次是35年有13例。不可否認殘存的史料在年代上有偏頗。這對目前使用糧食支給簡來進行研究而言，有很大的不足。在這兩年以外的事例中，都是倉和司空爲支給主體，可知作爲管轄刑徒的部門，一貫是主要的支給主體。

此外，可以知道支給日的記錄有59例。1日占絕大多數，有16例。接下來是2日、29日，各占4例，其餘的普遍分散。如後文所述，存在按月支給（"月食"）和按日支給（"日食"）兩種情況，因此支給日期分散也理所當然。

如果只限於按月支給的話，在上旬支給的例子較多（1—9日支給的共計33例，其中按月領取的有16例），但也有例外（中旬14例中有4例，下旬12例中有2例）。如黃浩波所指出的那樣，按月支給的場合，大月是按30天，小月是按29天，[2]可以知道"月食"

---

① 黃浩波《里耶秦簡牘所見"計"文書及相關問題研究》，《簡帛研究 二〇一六（春夏卷）》，廣西師範大學出版社，2016年。

② 黃浩波《里耶秦簡（壹）所見稟食記錄》，《簡帛》第十一輯，2015年。不過，8-766和8-1159是例外。就8-159而言，其下部缺失，其中"某月食"等，有可能是沒有按照原則支付時而使用的語彙。關於8-766，目前還很難說明。原本支給"一石二斗少半斗"，與向隸妾按大月支給"一石二斗半斗"的額度有些不同。

不是次月，而以當月支給爲原則。如果没能遵循原則，在次月以後支給的話，會在記録裏標注"某月食"。根據原則來按月支給的記録，在被集中管理時，顯然没有必要逐一寫上"某月食"。

2. 倉庫名(①)

關於倉庫名的記載有 22 例，其明細如下("☒廥"1 例)

"乙廥"：1 例。從司空支出。始皇 30 年 6 月支付。

"丙廥"：4 例。從倉支出有 3 例。1 例不明。時間是 29 年 3 月，31 年 10 月、12 月。

"徑廥"：16 例。支給主體是司空、倉、田官。時間是 31 年 10 月—7 月。

從糧食支給簡所見"廥"有以上三處，此外，還可以確認"西廥"的存在（前引 8-1452），縣倉從"西廥"支出稻。

所謂"廥"是"積芻藁"的地方，①如下引睡虎地秦簡所示，即穀物堆積如山的一個場所的名稱。②

　　入禾，萬石一積而比黎之爲户，及籍之曰："某廥禾若干石，倉嗇夫某·佐某·史某、稟人某。"是縣入之，縣嗇夫若丞及倉、鄉相雜以封印之。而遺倉嗇夫及離邑倉佐主稟者各一户，以氣（餼）人。其出禾，有（又）書其出者，如入禾然。嗇夫免而效，效者見其封及隄（題）以效之，勿度縣，唯倉所自封印是度縣。終歲而爲出凡曰："某廥出禾若干石、其餘禾若干石。"　　　　　（《效律》27—31）

糧食首先納入縣倉的"廥"。在入倉當初，廥的入口被縣令、縣丞的印加封，但是倉的官吏是直接管理責任者，在必要的時候可以解除封印，改由倉嗇夫的印進行封印。③解除封印取出糧食時，在衆多的廥中只能開啓一個，等其空了才能打開其他的廥。④倉所製作的"廥籍"，⑤是記録支付目的和詳細情況的帳簿，到年度末時用來確認各廥的剩餘量。

①　十二年，邯鄲廥燒〔索隱：廥，積芻藁之處〕。《史記·趙世家》
②　《雲夢睡虎地秦墓》編寫組《雲夢睡虎地秦墓》，文物出版社，1981 年。
③　　入禾倉，萬石一積而比黎之爲户。縣嗇夫若丞及倉、鄉相雜以印之。而遺倉嗇夫及離邑倉佐主稟者各一户以氣（餼），自封印。皆輒出，餘之索而更爲發户。……（後略）……　　　　　（《秦律十八種》21—22）
④　前注所引《秦律十八種》21—22 參照。
⑤　　嗇夫免而效，效者見其封及隄（題），以效之，勿度縣。唯倉所自封印，是度縣。終歲而爲出凡，曰"某廥出禾若干石，其餘禾若干石"。倉嗇夫及佐·史，其有免去者，新倉嗇夫·新佐·史主廥者，必以廥籍度之，其有所疑，謁縣嗇夫。……　　　　　（《秦律十八種》171—173）

　　里耶秦簡所見的"廥"，也是遷陵縣縣倉設立的幾個儲藏場所，分别賦予了"乙""丙"的稱謂。只是里耶的糧食支給簡，不是從縣倉的廥搬出糧食時所製作的"廥籍"。倉以外的機構成爲支給主體的例子，倒占了大多數。如後文所述，支給主體是領取者的直接管理部門，倉以外的部門，首先接收從倉移送來的糧食，然後由各部門負責發放給個人。糧食支給簡是在這一階段製成的記録。在下一簡中，糧食從倉移送到司空，這可以説是部門之間移送糧食的例子。

　　　　粟米十二石二斗少半斗。　　卅五年八月丁巳朔辛酉、倉守擇付司空守俱□

　　　　　　　　　　　　　　　　　　　　　　　　　　　　　　　　（8-1544）

這枚簡左側有刻齒，在幅度較寬的簡上用大字體書寫，與其他糧食支給簡的格式不同。移送額有細小的零數，讓人想到經歷了這樣的一個過程：司空根據屬下的人數和具體情況，準確計算出所需要的數額，再和倉聯繫，然後倉按照數額移送糧食。這樣，倉把糧食移送到各部門之後，原本從縣倉的哪個廥支出了什麼的記録，也有被附記在糧食支給簡的情況。

　　不過，在遠離縣倉的某鄉擁有自己的儲藏設施，那里可能已經儲備了大量的糧食。

　　　　卅四年七月甲子朔癸酉，啓陵鄉守意敢言之。廷下倉守慶書言，令佐贛載粟啓陵鄉。今已載粟六十二石。爲付券一上。謁令倉守。敢言之。•七月甲子朔乙亥，遷陵守丞熙告倉主。下券，以律令從事。／壬手。／七月乙亥旦，守府印行（正）

　　　　七月乙亥旦□□以來。／壬發。　　　　　　恬手　　　　　　（8-1525背）

前面引用的睡虎地秦簡中，由鄉嗇夫和"離邑倉佐"管理的糧食，也應被儲備在這樣的鄉。

　　3. 支給量和支給對象（③⑦）

　　如前文已指出，支給額的標準有兩種（黄浩波2015）。

　　A. 一日2/3斗

　　→按月支給的話，大月2石，小月1石9斗1/3斗

　　"二石""一石九斗少半斗"的支付額，在糧食支給簡中，前者有8例，後者有7例，前者是2/3斗乘以30、後者是乘以29的額度。可以知道，一般大月支給"二石"、小月支給"一石九斗少半斗"，都是當月支付。除此之外，以23日×2人份所支給的"三石泰半斗"（8-1550），如果換算成一天，則是2/3斗。

B. 一日 4/16 升（＝5/12 斗）

→按月支給的話，大月 1 石 2 斗半斗，小月 1 石 2 斗 5/6 升

這個標準額"日四升六分升一"在糧食支給簡中多次被明確記載（8-212 等）。以此爲標準，大月的支給額"一石二斗半斗"可以見到 9 例，没有小月支給的記録。然而，筆者認爲 8-1557 的"一石二斗六分升四"可能是"六分升石"的誤記。

A 即睡虎地秦簡中所謂的"參食"（《秦律十八種》55—56），其名稱來源於接受"旦參夕參"（朝 1/3 斗，夕 1/3 斗）的支給量。如果遵循這個原則來表示 B 的話，那結果便成爲"旦四夕六"（1/4 斗＋1/6 斗）。"日四升六分升一"這樣有零頭的數額能成爲標準，一定是遵循這些原則的結果。

另外，"嬰兒"作爲比較特殊的對象也被支給。

C. 一日 1/6 斗

→按月支給的話，大月 5 斗，小月 4 斗 8 升 1/3 升。

支給對象是隸臣妾的"嬰兒"。對他們支給糧食的規定在睡虎地簡中也可以看到（《秦律十八種》49—52），這裏的支給額"（月）半石"與上文所揭示的大月份的支給量相當。在里耶秦簡中尚未見到小月份的支給額，所以黄浩波懷疑支給額根據月份大小而變化，但可以認爲其與 8-217 中的支給額相當。[①]

此外，也有遷陵丞領取兩個月份（四月、五月）"一石一斗八升"的事例（8-1345 + 8-2245），這個數額除以 59 日（大月 + 小月），每日 1/5 斗。

D. 一日 1/5 斗

不過很難想象縣丞的支給額還不如刑徒。即使記載"某月食"，實際上也存在支付那個月裏幾天的份額的事例，[②]這很有可能只是領取了"四月五月"份額中的一部分。但是，能除盡 59 的這個數字，也不可能被認爲是偶然，目前可以作這樣的推測，每日 1/5 斗有可能是高級官吏俸禄以外的補助。

這些標準額中，根據哪一個來支給糧食，依照身份、地位的不同也有差異。如果按照每個標準來歸納支給物件的話，有如下幾類：

---

① 　8-217 簡中的支給額是"四斗八升少半半升"，但這可能是"一少半升"的誤記（刻齒被解讀成"少半升"）。參照趙岩《里耶秦簡"出量券"校讀（五則）》，《簡帛研究　二〇一五（秋冬卷）》，第 108 頁。

② 　8-1574 + 8-1787 中記載給兩名"屯戍"的支給是"六月食各九斗少半"。但是在其他例子當中，屯戍是遵循 A 的標準接受供給，"九斗少半"作爲一個月的份額也太少了。根據 A 的標準的話，"九斗少半"相當於 14 天的口糧份額。

a. 倉佐、鄉佐、牢監/更戍、屯戍、罰戍、居貲(以及貲貸①)/隸臣

b. 城旦、舂、白粲、隸妾、小城旦

c. 隸臣嬰兒、隸妾嬰兒

(d. 給有秩吏的補助?)

首先引人注目的是,下級官吏和戍卒、隸臣被歸納在同一範疇。筆者曾指出,下級官吏和專業技能人員,還有刑徒、戍卒之間,在工作狀態和待遇上沒有太大的差別,反而"有秩"是否是一個分界,②這種設想也可從糧食支給簡的分析得到證實。

在刑徒中,只有隸臣和其他的待遇不同,其他刑徒適用 B 的標準。但是,稍微轉變下視角,着眼以"月食"還是以"日食"爲基準時,可以發現城旦舂、白粲和隸臣妾之間也有不同。

> 以月食爲原則:下級官吏?、戍卒、隸(臣?)妾(包括嬰兒)
>
> 以日食爲原則:城旦舂(包括小城旦)、白粲

正如此前所判定的"原則",另一方面也存在例外。從現有的史料情況來看,或許會責難將例外斷定爲"例外"爲時尚早,但通過支給額可以判斷爲按月支付,而且在可以知道支付物件的 17 件記錄中,③作爲支給對象的只有戍卒、隸妾、隸臣妾的嬰兒,不見城旦舂。反而在判斷爲按日支給的記錄中,出現隸臣妾的僅有 8-925 + 8-2195、8-2247 和 8-1551 三例,前二者不是從原本所屬的倉領取,而是從鄉領取。同樣按日領取的戍卒出現在 8-1014、8-1874 中,但前者因簡的上半部分缺失,詳細情況不得而知。暫且可以這樣認爲,這些事例是因爲還有未完全支付等特殊情況才產生的。

從事公務的服役者,特別是城旦舂和隸臣妾的糧食支給有按月和按日的分別,支付標準額也不同,這已從睡虎地秦簡中的記載所知(《秦律十八種》49—52、55—56、57—58、59 等)。一覽如下:

　•城旦舂　城旦是按日支給。因勞務內容差別而支付量不同。舂和"小"原則上是按月,但有時也根據勞務內容發生變化。

---

① 這種情況下可以認爲"居貲"是戍卒的一種。相關考證參照第 2 節。

② 宮宅潔《漢代官僚組織的最下層—"官"と"民"のはざま—》,《東方學報(京都)》第 87 冊,2012 年。

③ 8-56,8-211,8-217,8-760,8-761,8-762,8-763,8-764,8-766,8-1321 + 1324 + 1328,8-1540,8-1545,8-1557,8-1660 + 8-1827,8-2246,8-2249,9-762。根據本文所述理由,只書寫了"某月食"的簡,不見於月食支給記錄。

城旦:修築城墙 5/6 斗(1/2＋1/3)。守衛官衙 2/3 斗(1/3＋1/3)。

舂:土木工事 2/3 斗。除此之外按照律令(月 1 石半＝1/2 斗(1/4＋1/4)"男子
參,女子駒(十八種 133—134)"×30)。

小城旦(作者):月 1 石半(＝1/2 斗×30)。

小城旦(未能作者):月 1 石(＝1/3 斗×30)。

小舂(作者):月 1 石 2 斗半斗(5/12 斗×30)。

小舂(未能作者):月 1 石(＝1/3 斗×30)。

•隸臣妾:按月支給。根據勞務内容有若干變化。

隸臣:2 石＝(2/3 斗×30)。農作的時候 2—9 月份是 2 石半(5/6 斗×30),修
築城墙 1 日 5/6 斗(1/2＋1/3)。

隸妾:1 石半(＝1/2 斗×30)。修築城墙 1 日 2/3 斗。

小隸臣(作者):月 1 石半(＝1/2 斗×30)

小隸臣未能作者:月 1 石(＝1/3 斗×30)

小隸妾(作者):月 1 石 2 斗半斗(5/12 斗×30)

小隸妾未能作者:月 1 石(＝1/3 斗×30)

無母親的嬰兒:月 1/2 石(5 斗＝1/6 斗×30)

這和里耶秦簡比較的話,有下面三個共通點:

•1 日 2/3 斗是城旦和隸臣的標準支給量,在里耶中這個標準也適用於隸臣。

•1/6 斗作爲給嬰兒的支給標準額,在里耶中可以得到確認。

•在里耶中看不到向城旦舂的按月支給,全都按"1 日分×人數"支給。在睡虎
地中没有對城旦按月支給的綫索,應以按日爲基準。(秦律十八種 57"日食城旦")。

但也不乏不同之處:

•在里耶中城旦舂、隸妾的支給標準一律下調到 5/12 斗,這在睡虎地中,是給
可以勞作的未成年女刑徒(小隸妾•小舂的作者)的支給標準額。

•根據勞作内容不同而支給額不同,還不能明確確認。

•隸妾、嬰兒以按月支給爲基準,在這一點上和睡虎地是相同的。但是,支給
額會根據大月/小月發生變動,像睡虎地一樣以 30 日份爲標準還没有固定下來。

同時,在睡虎地中即使是"小",能否勞動(作者/未能作者)的支給額也不同。里耶秦簡糧食支給簡中也可以看到"未(=未使)小隸臣"(8-1153＋8-1342)、"使小隸臣"(8-1580)之類的稱謂,有可能支給額度也被區分。但由於這些簡都有破損,支給額還無法判明。

把里耶和睡虎地比較的話,里耶總的來説支付額少、有細微區別被簡略化的傾向。可以認爲這是在偏僻地方才有的情況,因爲存在糧食補給困難、事務負擔者人手不足之類的理由。另一方面,根據大月還是小月改變支給額,作爲事務工作雖然更加繁雜,但這也可能是糧食節約優先的結果。不管怎樣,還缺乏進一步深入討論的材料,期待着新材料的增加。

4. 支給主體(⑤)

簡牘所見作爲支給主體的機構如下:

倉、司空、田官、鄉(啓陵貳春)、發弩(只有 1 例。8-761,33 年,對罰戍的出貸)。

這些機構當中,被認爲具有明顯特徵的是司空(8 例),無論城旦、舂、小城旦都是按日支給,司空製作城旦舂(和其服同等勞役者,如居貲隸臣妾等)作徒簿,被視爲其管理者。在這種情況下,城旦舂的管理責任者＝支給主體。

然而,也有城旦舂作爲勞動力被派往田官、鄉(還有少内・畜官等)的情況,這種場合是通過接收方(使用部門)領取支給。例如在 8-1576 中,貳春鄉支給舂二人 8 升(原本應 8 升 1/3),在 8-133 中支給 8 升 1/3。

關於田官(8 例),可以確認其只向士兵支給。農業生產是士兵的一個重要任務,他們開墾、農耕的成果決定着監督者的工作評定,這點從"卒田課"(8-482)的存在便可知。刑徒也被派遣到田官,和士兵一起在官有田地被驅使,不過田官對刑徒的糧食支給的事例,目前還没有看到。

倉(41 例)向官吏、士兵、刑徒等各種各樣的對象進行支給。不過,因爲是隸臣妾管理部門的緣故,所以給他們的支給引人注目,反而没有給城旦舂支給的例子。而且幾乎所有的都是按月支給,①不向短期在倉的勤務者臨時支給。可以認爲倉是持續擁有固定人員的部門。

---

① 由倉向隸臣妾的支給中,能判明日食/月食區別的 9 例中,8-821＋8-1584 和 8-1551 兩例是例外。前者不能肯定是日食,後者支給"小隸臣"二斗,一天 2/3 斗的話,就是三天的份額。

剩下的鄉(啓陵 7 例,貳春 7 例)中也向各種各樣的人進行支給。然而和倉比較的話,按日支給比較多,這很有可能包含了向移動中的人臨時支給。

5. 糧食的種類(②)

支給的糧食有被記錄爲"粟(粟米)"和"稻"的情況。誠如黃浩波所指出的那樣,官吏傾向於支給"稻"(8-45 + 8-270，8-1345 + 8-2245，8-1550),也支付給"隸臣嬰兒"(8-211，8-217)。此外,有向隸臣妾的嬰兒支給"稻五斗"(8-211①)和"粟米五斗"(8-1540)的情況,不論是"粟米"還是"稻",在支給額上沒有差別。

"粟米"可見於張家山漢簡《算數書》和嶽麓簡《數》,在這種情景下,所謂"粟"被認爲是"粟類穀物尚未脫殼的狀態",所謂"米"被認爲是"已脫殼的粟類穀物"。②如果照這樣理解,在里耶中既有支給"粟",另外也有供"米"的情況,無論哪一種,支給額都沒有發生變化。可是,在典籍史料中出現的"粟米"應是穀物的總稱。

> 粟米布帛生於地,長於時,聚於力,非可一日成也。　　　　(《漢書·食貨志上》)

在現階段,這麽考慮是比較穩妥的,即糧食支給簡出現的"粟米"沒有超出"穀物"意義的範疇,在這裏還沒有施行不同種類的糧食支給不同對象的制度。

6. 監督者(⑨)

在衆多場合,令史某作爲"視平"出現,而且也可以看到令史"平"(8-217)、"監"(8-760,8-1551)這樣的變形。③"視平"一詞也見於嶽麓簡的律文中:

> •倉律曰,縣官縣料出入必平,稟禾美惡相雜。大輸令丞視,令史、官嗇夫視平。稍稟、令令史視平。不從令,貲一甲。　　　　(《嶽麓(肆)》163—164)

"視平"的"平"與"出入必平"的"平"相同,有監督收支帳簿是否一致的意思。就日常的小額支出而言,由令史"視平",可以說在里耶秦簡中的程序也是遵循律文規定的。④

既然各種支給都需要監督,首先想到的是令史會出現在支給現場。但是這種設想

---

① 這一簡下部缺失,只到支給對象"隸臣妾"爲止,從支給額來看,接續的應是"隸臣妾嬰兒"。趙岩也作同樣推測。
② 中國古算書研究會《嶽麓書院藏秦簡〈數〉訳注》,朋友書店,2016 年,第 74—75 頁。
③ 令史"視"僅有 1 例(8-880),因爲斷簡,不清楚其是否爲糧食支給簡。如本文引用的《嶽麓書院藏秦簡(肆)》(陳松長主編,上海辭書出版社,2015 年。以下簡稱《嶽麓(肆)》。)163 所示,"視"和"視平"好像是不同的行爲。
④ 由於斷簡,雖然不清楚授受的詳情,但也有令佐"視平"的若干事例(8-1793 等)。

與事實也有一定的矛盾之處，即在同一日、同一支付主體的支出記錄中，有"視平"者不同的情況。①當然，也有兩位令史同時前往同一場所，分擔監督職務的可能。另一方面，令史並非一定在授受現場，而有可能是在一定周期（例如每月一次）到訪支付機構，檢查符券、相關帳簿，甚至也包括實物，這個時候在各簡上記錄"令史某視平"。如前所述，支給日並不固定，每次支付的時候，令史都到訪各機構並進行監督，令人有點難以理解。

產生令史每間隔一定時間便會對此間支出進行集中檢查的念頭，其原因之一，是以糧食支給簡中監督人名字書寫位置和筆迹爲根據的。正如前文對書寫格式進行説明時所述的那樣，⑨監督人名字在所有格式裏都被寫在餘白很大的地方，反映了這些餘白是爲了方便在後面寫入監督者名字而特意留下的。只是筆迹和其他部分非常相似，看起來不像出自他人之手，但也有部分墨色和筆法不同的例子。②可以設想是記錄其他部分的那位元書手，在接受令史的檢查以後，再把監督者的名字寫入。

另一個論據，是圍繞監察制度的若干規定。例如根據《嶽麓（肆）》111—113，公務出行者在縣購入糧食、飼料時，錢款被納入有封印的箱子里，與此同時製作符券，被分成三份的斷片由令史、賦主（購入者）各自持有。然後在每月末打開箱子時，用三份斷片中的"中辨券"來確認現錢數量和記錄之間是否一致，此後，錢由少内、而"中辨券"由縣廷保管。令史參與審計已使用的符券、每月底進行檢查的這一方針，與筆者在前文所發表的觀點有相通之處。

根據史料，進行審計的另一個契機，是在倉庫乃至其内部某個區域所堆積穀物被完全支出時。

　　當監者/毋獨出/監視毋輸（偷）/勿敢度/實官出入/積索求監

（《嶽麓[壹]•爲吏治官及黔首》63-3—68-3）

倉庫變空的時候，從鋪的笾子下清理出糧食一石以上的話，"令史監者"要被處罰的規定，③表明在一定區域保管的糧食被支出完畢的時候，由令史進行監察。

前文引用的 8-1452 中，倉中的"中辨券"29 枚，在 12 月 27 日被送到縣廷。在與現

① 8-1081 和 8-1239，均是始皇 31 年 12 月 1 日的日期，由倉支給，前者是"扁"、但後者是"狃"視平。
② 筆順看起來不同的有：8-212＋8-426＋8-1632，8-217 等，能感覺到墨色不同的有 8-1580 等。
③ 空倉中有薦，薦下有稼一石以上，廷行[事]貲一甲，令史監者一盾。（《法律答問》151）

存糧食量核對結束後,符券被送到縣廷,大概可以推測是由倉曹保管。

> 卅年四月盡九月/倉曹當計禾/稼出入券。/已計。及縣/相付受。/廷。茅甲。
>
> (8-776)

　　這些簡是文書箱所附繫的札,可知其中裝有六個月份的符券。每月統計出納記錄,製作會計報告,並向縣廷提交,也是擔任倉曹的令史的任務。①

　　7. 支給方法(⑥):出稟和出貸

　　支給方法有"出(以)稟""出(以)食""出貸"三種。其中所謂"出貸"也就是"借貸",與其他二者有明顯不同。可以推測剩下的"出稟""出食",不論哪一個都没有償還的必要,但"出食"僅限於司空向城旦舂(包括"小城旦舂")、白粲按日支給,另一方面向官吏和隸臣妾(包括"小隸臣妾"、嬰兒)的支給均爲"出稟"。雖然兩者之間差異並不明確,但通過領取者的身份待遇可以區分出"出食"和"出稟"。

　　與此相對,"出貸"僅限於向戍卒支給。原則上他們的糧食是自備,如果在不能實現的情況下,從官府得到的支給,只能算是"出貸"。這是漢代的制度,實際上西漢中後期以後,從西北邊境出土簡所見戍卒的待遇與此截然不同。

　　但是在戍卒中,也有被"出稟"糧食的情況,可能是由於兵種不同而待遇有別,也有可能是這一時期的制度已發生變化。具體討論在下一節展開。

(三) 糧食支給的實態

　　目前,以糧食支給簡記載的内容爲綫索,對可以知道的秦代遷陵縣糧食管理中的各種情況進行了説明。根據前文,糧食的支給量和支給方法由於身份地位不同而有細微差別,不論是按月集中發放,還是以一天的量爲標準計算出當月的額度,都因月份大小的差別而不同。

　　支給是以當月提交的預算爲原則,因此各自的支給主體應該事先計算需要的數量,然後報告給縣倉,但具體詳情不得而知。不過,可以看到由縣向郡提交類似預算文書的例子。

> 遷陵守丞……☑□遷陵守丞齮敢言之。前日令史齮☑
>
> ☑□守書曰、課皆□應(應)式令。令齮定□☑

---

① 令史值縣廷諸曹,參照土口史記《秦代の令史と曹》,《東方學報(京都)》第 90 册,2015 年。

□□課副及當食人口數、別小大爲食□

□□□課副及□簿①上。有不定□（正）　　　　　（8-704 + 8-706　背面省略）

由於斷簡使得内容很難解釋，可能是向郡提交的文書不完整，遷陵縣再次提交的。在這些文書中包括了“當食人口數”，並用“小·大”區别記載。可以推測，從郡向縣的糧食移送，也是“按需要的預算額度申請→移送申請的額度”的過程。

經過這樣的手續，個人從所屬的部門接受糧食支給。在這些支給主體提供糧食的時候，即使僅8升（1.6立方米）的量，也要製作一組符券來記録。對於按日發放的人員，每天都重複着同樣的工作。可以説嚴密的管理制度在占領不久後便已被導入。

雖然如此，這一制度能否順利發揮作用，還多少有些令人生疑。因爲在以當月支付爲原則的另一方面，實際上也存在應以前支付的部分在很久之後才交付的例子。例如8-2247中，“十月·六月廿六日食”，在8月18日才支付。若采取當月先預算再支付的原則，在發放後，對因各種理由調動工作場所或事後無法工作的人員，有事後調整的必要。②因此，延誤支付或調整因誤導致少支付等情況，在實際中也並不少。

糧食支給簡所記録領取者究竟能否收到實際的糧食，這並不確定。8-1574 + 8-1787給兩名戍卒的支付記録中，支給主體是田官的嗇夫·佐·稟人，但作爲“出”穀物者，戍卒長官“敦長”的名字却被單獨標記。可以想象，田官的官吏不是把糧食直接交給領取者，實際上是敦長把屬下戍卒的份額集中領取，然後再發放給他們。爲了防止篡改數字而設法製作了符券，其中的一片交到領取者的手中，這可以解釋爲防止不正當行爲，但是否果真按照帳簿分配糧食的這一疑問，還是難以消解。

以上，以糧食支給簡爲材料提出了各種各樣的看法，但由於史料不足，目前很難掌握全貌。尤其不明確的是各種戍卒的待遇差别。這個問題也涉及如何理解衆多戍卒自己負擔糧食這一方針的事實，也關係到在制度史上處於何種位置的問題。下一章節，將以戍卒的待遇爲焦點進行分析。

---

① 《里耶秦簡（壹）》（湖南省文物考古研究所編著，文物出版社，2012年。以下簡稱“《里耶》”），《校釋》均釋爲“傳”，根據圖版改爲“簿”。

② 從居延漢簡中可知，在漢代西北邊境的糧食支給也以預算支付爲原則。因此，在支付後有必要調整時，需經過調查製成“當食者案”。（富谷至《文書行政の漢帝國》，名古屋大學出版會，2010年，第374頁）

二、戍卒的糧食支給

(一) 兵種和支給方法的關係

在秦代,士兵有若干種類,募集方法和從軍期限也不同,這已經在其他論文中闡明,[1]具體結論如下:

更戍:輪流服役的徵兵。可能一年替換。

冗戍(冗募):長期服役的志願兵。因爲没有進入輪换,所以在一定程度上長期工作。

罰戍:由於犯罪,作爲處罰而服軍務的戍卒。

適戍:未繳納租税的逃亡者和商人等謫戍充軍。

在以上分類中,以前的論文對"罰戍"的定義並不充分。作爲懲罰而服軍務者有兩種:①被當爲戍卒服戍邊刑者;②服財産刑(貲刑、贖刑)或背負債務而不能支付財物者,通過在軍隊服役償還債務。①的情況下,根據犯罪的輕重被判爲"戍邊一歲",作爲戍卒的任期,②的情況是根據理應支付金錢的多少來決定服役時間。在糧食支給簡中出現"罰戍"的同時,另外也見"居貲",筆者認爲這屬於②的情況。因此,與之相對的"罰戍",應指的是①的戍卒。以下,將①稱爲"罰戍"、②假定爲"貲戍"。

準確地説,所謂"居貲"是把一天的勞役换算成 8 錢或 6 錢,這相當於貲刑的支付,不限於在軍隊勞役。勞役刑徒若再次犯罪被處以貲刑,也有加重勞役的情況。在里耶秦簡中也能看到與之相當的"隸臣居貲"等。然而,糧食支給簡中的"居貲",都不是刑徒身份。而且其出身地,均在洞庭郡以外。

8-764 始皇 31 年(前 216 年)正月　　由田官向"貲貸"出稟:士伍,南郡巫縣出身

8-1014 年代不明　　由田官向"居貲"出貸:士伍,南郡巫縣出身

8-1321 + 始皇 31 年?　　由田官向"居貲"出稟:士伍,南郡江陵縣出身

---

① 宮宅潔《秦の戰役史と遠征軍の構成—昭襄王期から秦王政まで—》,宮宅潔編《中國古代軍事制度の總合的研究》,科研費報告書(基盤 B),2013 年;《秦代遷陵縣志初稿—里耶秦簡より見た秦の占領支配と駐屯軍—》,《東洋史研究》第 75 卷第 1 號。

8-1563 始皇 28 年(前 219 年)7 月　由倉向"居貲"貸食(非糧食支給簡)：公卒，南郡巫縣出身

從他郡特意送到洞庭郡的"居貲"所承擔的任務，對遷陵縣是非常必要的，而且也不是刑徒能擔負的，即看成軍務可能是最自然不過的了。

作爲被送到洞庭郡的貲戍的事例，見於簡 9-1—9-12。從中所見任何一個人都來自洞庭郡以外，由於"有貲""有贖"被送到洞庭郡，應該作爲戍卒勤務，但不清楚其所分配的部門。在糧食支給簡中看到的居貲，也是同樣從他郡被徵調來貲戍。①

那麼，如果糧食支給簡的"居貲"是貲戍的話，在史料中出現的戍卒有五種：更戍、罰戍(吏以卒戍)、適戍、居貲(貲貸)、屯戍。目前還没發現"冗戍"，却可以見到"屯戍"。

所謂"屯"是士兵的駐地，②因此"屯戍"一般指的是戍卒。而且"屯"是軍隊的組成單位之一，其長官是"屯(敦)長"，在遷陵縣有更戍、罰戍等各種各樣的兵種在執行任務。從這一點來看，首先腦海裏會浮現出各種戍卒被總稱爲"屯戍"。另一方面，在其他各種兵種都出現時，却只有"冗戍"没有出現在糧食支給簡中，多少有些不自然。糧食支給記録中的"屯戍"，可能實際上指的就是冗戍。對於第二種可能性，將在後文展開。

在這些兵種中，對更戍的糧食支給記録有 9 例，支給方法毫無例外地都是"出貸"。也就是説，更戍是以自己負擔糧食爲原則，在有困難的情况下才接受貸與。另外，對"屯戍"的支給方法也一貫如此，在對他們進行支給的 6 例中，所有糧食都是"出稟"。與更戍不同，屯戍没有自我負擔糧食的義務，應無償支給。然而存在的問題是，目前能够利用的向屯戍支給糧食的記録，集中在始皇 31 年 10—7 月。這一時期罰戍和居貲也被"出稟"穀物，有可能是一定時期内的特殊現象。③

在剩餘的兵種中，向"罰戍(包括適戍)"和"居貲"的支給有出稟、出貸兩種。

8-761　罰戍　33 年(前 214)10 月　發弩"出貸"

8-781　罰戍　31 年 6 月　田官"出貸"。

---

① 黄浩波《里耶秦簡牘所見"計"文書及相關問題研究》一文也把"居貲"視爲刑徒，但没有説明依據。
② 勝、廣皆爲屯長。[注：師古曰，人所聚曰屯，爲其長帥也。]《漢書·陳勝傳》)
③ 朱德貴也指出，更戍：出貸＝糧食自給，屯戍：出稟＝糧食官給，參見朱德貴《秦簡所見"更戍"和"屯戍"制度新解》，《蘭州學刊》2013 年第 11 期。然而，只把"屯戍"當作"屯田兵"這一點，和筆者的見解不同。而且没有就罰戍和居貲進行討論，缺乏完整性。

　　8-899　　適戍　　年代不明、支給放主體不明，"貸"

　　8-1094　　吏以戍卒　　年代不明，倉"出貸"

　　8-2246　　罰戍 31 年 7 月　　田官"出稟"

　　8-764　　貲貸 31 年正月　　田官"出稟"

　　8-1014　　居貸　　年代不明，田官"出貸"

　　8-1321＋　　居貲 31 年(?)田官"出稟"

　　8-1563　　居貸　　28 年 7 月　　倉"貸食"

　　如前所述，"出稟"的事例僅在 31 年，儘管向他們支給的原則是貸與，但可能是只有這一時期才存在的特殊情況。另外，31 年 6 月，也有向罰戍貸與的情況，同一時期、同種戍卒、同一支給主體，卻有 2 種支給方法。這有可能是筆誤，需要等待今後新增加的史料。

(二) 穀物的借貸及償還

　　儘管還有不確定的地方，筆者目前的觀點是："屯戍"以外的戍卒原則上必須自主負擔糧食，在不可能實現的情況下被貸與。士兵自主負擔糧食這一原則，從新出的嶽麓書院簡中可以得到確認：

　　　•內史言，氂卒從破趙軍，長挽、粟徒、壹夫身貧毋（無）糧，貣縣官者，死軍，爲

　　長☐　　　　　　　　　　　　　　　　　　　　　　　　　　　　　(《嶽麓（肆）》332)

　　氂縣在《漢書•地理志》中屬於右扶風，在二年律令中位列於內史所屬的縣（448 簡）。但是，當地的卒從軍"破趙軍"，不清楚是什麼時候的事。"長挽"也見於《戰國策》，[1]是從事用車運送物資的人。"粟徒"和"車徒"（里耶秦簡 8-1299）是同類，應是運送糧食的人。關於"壹夫"，雖然整理小組認爲是"人名"，但在內史的上奏文中列舉個人名字是不太自然的，可能是如居延漢簡所見"車父（夫）"一樣的人。[2]即使是個人名字，被徵發爲遠征軍的人也以自我負擔糧食爲原則，在"身貧無糧"的情況下借貸糧食，從上面列舉的簡中可以看到。

　　儘管現如今沒有明文規定，但可以推測，不僅是遠征軍的從軍者，擔任邊境防備的

---

①　秦自四境之內，執法以下至於長挽者，故畢曰，與嫪氏乎，與呂氏乎。（《戰國策》魏策四《秦攻魏急》）

②　"車父"的用例：

　　　第廿五車父、平陵里、辛盈川。……（后略）……　　　　　　　　　　　　　　　(10•37)

　　在居延漢簡中多見。關於其地位和職務，參照佐原康夫《居延漢簡に見える物資の輸送について》，《東洋史研究》第 50 卷第 1 號，1991 年。

戍卒也以糧食自備爲原則。輪番勤務的司寇和隱官也是自己負擔。

> 泰上皇時内史言：西工室司寇、隱官踐更多貧不能自給糧（糧）。議、令縣遣司
> 寇入禾，其縣毋（無）禾當貲（貸）者，告作所縣償及貸。…（中略）… • 二年曰：復用。
> （同 329—331）

司寇不同於隸臣妾以上的刑徒，能在一般的居住區生活、成爲授田宅的對象。[1]隱官也一
樣。可能他們和一般民衆過着同樣生活的同時，有時也要輪番服役。如此，服役期間的
糧食需要自備，但也有很多人不能自足，其解決方法如上述條文中所示。首先，第一種
方法是，司寇的派出縣（司寇居住的縣），把司寇和糧食一起交給到西宮室，這就提前填
補了服役期間從西宮室借貸的份額。這種情況下，司寇服役結束後，向居住地的縣償還
借貸的份額。如果派出縣沒有充足的糧食儲備，則采取第二種方法，派遣地的縣（西工
室所屬的工作設施的所在地）向司寇出借，並承擔償還出借份額的責任。給一般民衆
（"士伍"）授予的田宅是司寇的二倍，所以經濟上更富裕的他們作爲戍卒從軍之際，應該
自己負擔糧食。

接受了借貸的話，必須以某種形式償還。但是太過貧困，不可能用財物償還時，可
以采用别的方法：

> 【諸】給日及諸從事縣官，作縣官及當戍故徼而老病居縣，坐妬入春，篤貧不能
> 自食，皆食縣官而益展其日以當食，如居貲責（債）。（同 292—293）

"坐妬入春"，暫且根據整理小組的解釋而翻譯，意思不明確。不過，總的來説肯定是關
於在官府服役的人在自己不能負擔糧食情況下的規定。雖然獲得了借貸，但因"篤貧"
不能償還的話，服役期限會被延長。也可以説用勞動來償還借貸的份額。"應該在原來
的邊境地帶服兵役的人"也受到了這樣的待遇。實際上在邊境防衛的戍卒也受到了同
樣的待遇，這從里耶秦簡中可以知道：

> 廿八年七月戊戌朔癸卯，尉守竊敢之：洞庭尉遣巫居貸公卒安成徐署遷陵。今
> 徐以壬寅事，謁令倉貲（貸）食，移尉以展約日。敢言之。七月癸卯，遷陵守丞膻之
> 告倉主。以律令從事。/逐手。即徐□入□（正）
> 癸卯，胸忍宜利錡以來。/敞半。 齮手（背） （⑧1563）

---

① 宮宅潔《中國古代刑制史の研究》，京都大學學術出版會，2011 年，第 121—122 頁。

這裏支給對象是“居貸”，一位叫徐的人。他擁有公卒身份，而不是刑徒。並且洞庭郡尉把他安排到遷陵縣尉的屬下。因此如剛才所述，可以認爲這裏的“居貸”是“貲戍”。他作爲戍卒，雖然在縣尉的部下，但也從縣倉領取糧食。不過那是“貸”，可以知道貲戍也以自己負擔糧食爲原則。

在這裏，結合貸與的請求，要求向縣尉報告“展約日數”。“展”，在《嶽麓（肆）》292—293 中可見“益展其日”，即根據貸與糧食的份額而相對應地延長勞役天數，“約”則與之相反，用某種方式償還借貸的份額，已經被延長的服役天數應被縮短。縣尉的職掌包括管理戍卒的勤務天數和准許其離隊，因此，縣尉有必要知道縣倉出借糧食（或者未出借）的額度。而對縣倉來説，也會把出借份額和一般的糧食支給份額分別管理，在“倉曹計錄”(8-481)中除“禾稼計”外，還列舉了所謂“貸計”的帳簿名，就是應對這種情況。“展約”一詞在下列里耶秦簡中可以看到：

> 十五分日二、四斗者六錢
>
> 二斗、八十分日五十一☐（正）
>
> 吏貣（貸）當展約。☐（背）　　　　　　　　　　　　　　　　(8-498＋8-2037①)

所謂“吏貣（貸）當展約”應是“官吏的出借。應當延長·縮短”的意思。在該簡牘背面書寫的數字，可能是糧食數量換算成天數的記錄，但正反兩面的文字書寫方向不同，其關聯性尚不能判定。期待隨着今後史料的增加，能知道“展約”的具體手續。②

（三）糧食自備原則和限度

在前文引用的《嶽麓（肆）》292—293 中，列舉了應該自我負擔糧食的人“諸從事縣官、作縣官（凡在官府勤務或工作者）”。因此，被徵發勞役者或士兵等，凡服役於公務的人大多會自我負擔糧食，反而從官府獲得糧食的人屬於例外。從里耶秦簡可以知道獲得官給的物件的人們有以下三種。

- 官吏（從縣丞、令史到佐、史）
- 隸臣妾以上的刑徒（舂、小城旦、隸臣妾）
- 部分戍卒（屯戍，以及部分罰戍、貲戍）

---

① 綴合依據何有祖《里耶秦簡牘綴合（七）》(簡帛網，2012 年 6 月 25 日)一文。

② 在里耶秦簡中，“☐☐約日，三斗米，乙酉初作☐☐”(8-2206)，可以看作爲“約日”的例子，但由於斷簡，和“展約”的關係尚不明確。

爲什麽會不顧糧食自我負擔的原則，而向他們支給糧食呢？

首先，刑徒中的城旦舂，因犯罪導致妻子、財產被沒收，家屬被離散，除了服公務而從官府獲得供給以外，沒有生活來源。因此，他們並不是輪流擔任，而是長期地、持續地從事相關工作。[①]在這種境況下的刑徒不能實現自我負擔糧食。不能自己負擔糧食才進行借貸，用財物償還應該是沒有希望的，他們沒有刑期，儘管每天持續服役，通過"展日"也不能完全償還。

另一方面，隸臣妾中有輪番勤務的人，和在某種程度上長期、持續勞動的人，前者被稱爲"更隸臣妾"，[②]後者被稱爲"冗隸臣妾"。[③]由於在沒有當值的時候不支給糧食，可知他們有自己的經濟基礎。雖說如此，但並不是所有的隸臣妾都有"獨自的經濟基礎"，而與他們在服役地是否帶着配偶、其勞動能力是否可以依靠有關。沒有妻子的隸臣，其衣服從官府領取（《秦律十八種》94—96 等），顯示了因有無配偶而經濟境遇不同，以及相應的待遇也不同。依靠官府支給的隸臣妾，作爲"冗"應長久服役。從遠方被送到新占領地遷陵縣的隸臣妾，應該都是單身。雖然在糧食支給簡中沒有明確標記，但其中出現的隸臣妾都是"冗"，其處境和城旦舂並沒有什麽不同，所以糧食也是由官府支給。

如果回過頭來把目光轉移到官吏，他們的糧食由官府支給是一種特權，從這一點來看，官吏的地位不同於一般人和刑徒。但是，在依靠官府獲得支給這一點，官吏和城旦舂、隸臣妾的處境並沒有不同。官僚機構的最下層，佐、史層級的官吏中也有輪番勤務者，[④]雖然在里耶秦簡中可見"冗佐"，却沒有"更佐"。可知，官吏被支給糧食，也是因爲他們長期勤務、依靠官府而生活。

如果以上解釋沒有大過錯的話，這可以作爲此前所述糧食支給簡中的"屯戍"是"冗戍"的旁證。也就是說，長期持續工作的冗戍，除了官府支給之外也沒有生活的糧食，因此糧食由官府支給，向里耶"屯戍"的支給都是"出稟"，可以解釋爲他們是"冗戍"。目前，史料的年份有偏向，雖然有臆測的地方，但也揭示了一種可能性。

在遷陵縣某一時期，有 626 名戍卒駐屯，其中 143 名是冗戍（8-132＋8-334）。只有冗戍的糧食由官給，若剩餘的 480 多名自己負擔糧食的話，遷陵縣爲確保糧食供應而負

---

① 宮宅潔《中國古代刑制史の研究》，第 125—129 頁。
② 實際上，在史料中出現的是"更隸妾/冗隸妾"（《秦律十八種》54，同 109）。
③ 宮宅潔《中國古代刑制史の研究》，第 123—125 頁。
④ 宮宅潔《漢代官僚組織の最下層—"官"と"民"のはざま—》，《東方學報（京都）》第 87 册。

擔的花費能減輕不少。但是,被處貲刑者不能以財物支付而成爲貲戍,很難認爲他們可以自己負擔糧食。所有更戍均來自遥遠的泗水郡城父縣,由於不可能在幾個月内歸鄉,要麽帶着大量的糧食,要麽只能等待家鄉的支援,然而這都不是容易的事。結果,大部分戍卒都要借貸,通過延長服兵役天數償還是最普遍的。自我負擔糧食只不過是原則而已,占領統治仍然靠官府的糧食支給來支撑。是什麼原因讓這樣的原則和現實脱離呢?

我想,這是由於占領地的急劇擴大,秦的制度難以應對。在嶽麓簡中,也可以看到近似更戍制度的基本原則,規定如下:

> • 戍律曰:戍者月更。君子守官四旬以上爲除戍一更。遣戍、同居毋並行。不從律,貲二甲。戍在署,父母、妻死,遣歸葬。告縣,縣令拾(給)日。
>
> (《嶽麓(肆)》184—185)①

戍卒的工作是一個月一替換,即使在這樣短的任期内,如果期間因近親去世被允許歸鄉,居住地和任職地之間的距離最多幾天的行程,這是無法理解的。這顯然是在秦領土擴張之前,以比較狹小的領地爲前提的兵制,糧食自備的原則也與之背景相同。任期一個月的時間,如果分配地離故鄉不遠的話,自我負擔糧食並不困難。

然而,當秦的領土飛速擴大的時候,根據此規定徵發更戍,維持新占領地是不可能的。有必要修改各種制度,例如被送到遷陵縣的更戍,不能認爲其工作一個月可以回家,任期應會被延長。另一方面,自我負擔糧食的原則卻沒有被修改。即使自我負擔糧食在事實上不可能,但不能自我承擔的話就借貸,根據借貸額度而延長任期——堅持這樣的做法,占領支配被勉强地維持。

確實,如果糧食能夠低成本、安穩地取得的話,也許可以繼續沿用這個做法。但是像遷陵縣一樣的邊境地區,那是難以實現的。如果取得一天口糧的成本很高,無法用一天的勞役來彌補的話,那麼這個方法從一開始便成爲畫餅。不得不說,秦終究受糧食自我負擔原則的拖累,在沒有充分建立支持遠端軍事統治的後勤補給制度時,就開始從征服邁向了占領統治。秦統一的迅速瓦解,這種制度不成熟可能也是潛在的原因之一。

---

① 二年律令 157 中所見"給逋事—補足逃掉的徭役負擔",在《嶽麓(肆)》92 中寫作"拾逋事","給"和"拾"通用。由於參加葬禮,缺席的天數以某種方式彌補,這就是"給日"吧。

結　語

　　本文從糧食支給簡的分析出發，關注向部分戍卒的糧食支給始終是貸與，確認了士兵糧食自備的原則，最後還論及秦朝後勤補給制度的不成熟。但實際上，目前還不清楚遷陵縣是如何調集糧食的。等尚未公開的里耶秦簡發表後，可以補充動員戍卒和刑徒在當地進行糧食生產以及來自外部漕運相關的資料，對獲得糧食的方式及成本等能進行更加具體討論的時候，再重新思考以上假説的合理性。在進一步探討中，繼續關注的焦點是以糧食自備爲前提的制度如何改變（或是没有變化）的問題。

　　秦軍將士自己負擔所需物資一事，此前就零星地了解一些。從睡虎地 4 號秦墓出土的二枚木牘（6 號、11 號木簡），大約是始皇 24 年（前 223 年）從戰地送到故鄉家人手裏的士兵書信，[1]其中反復叮囑請求寄來錢和夏裝。曾參加過滅楚遠征軍的士兵們，衣服也必須自理。同時索取錢，可能是爲了購買糧食吧。

　　與此相對，在從居延漢簡、敦煌漢簡中所知的西漢中後期以後的邊防制度中，一般的戍卒由官府發放糧食。他們的武器也是借貸品，還能領到一套衣服。[2]到這一時期，從官府接受糧食、裝備就像理所當然的事情一樣，其實這是修改後的新制度，那麽，是什麽時候、又經歷了怎樣的過程才實現的呢？ 遺憾的是綫索不多，但今後有必要進一步深化研究。

魏永康譯（東北師範大學歷史文化學院）

　　原載宫宅潔編《多民族社會の軍事統治——出土史料が語る中國古代》，京都大學學術出版會，2018 年，第 51—85 頁。這篇論文的後半部分，在"中國簡帛學國際論壇 2017"上宣讀，後刊《簡帛》第十七輯，2018 年。又，限於體例，删除引文的語譯，文末所附稱引文獻，散入正文注釋中。

---

① 釋文見於《雲夢睡虎地秦墓》編寫組《雲夢睡虎地秦墓》，第 25—26 頁。
② 鷹取祐司《漢代戍卒の徵發と就役地への移動》，《古代文化》第 49 卷第 10 號，1997 年。

穀物支給表一覽

簡牘編號	格式	刻齒	殘缺狀況	倉廩名	穀物種類	支給量	日食／月食	年	月	日	月的大小	支給主體	嗇夫	佐・史	賨人	支給方法	支給對象	人數／日數	月食	日食	監督者	書手
6-0012	第一類	○ 五石三斗	下缺	—	粟米	五石三斗叄半		35	5	?										一天 1/6 斗 計 322 天		
8-0007	第二類	○ 五斗五	下缺	—	稻	五斗		31	9	2	大									4 又 1/6 升 計 12 天，1/6 斗 計 30 天	令史尚	
8-0045 + 8-270	第一類	○ 四	完整	—	稻	四(斗)	日食(A)	31	5	11		倉	是	感	□	出稟	牢監・倉佐		四月三天	4 月 3 天，(2/3 斗 ×3 天 ×2 人)	令史尚	感
8-0056	第二類	○ 二石	下缺	徑僱	粟米	二石	月食(A)	31	10	1	大	倉	守妃	富	援	出稟	也……				令史尚	
8-0081			上缺				日食(B)					倉?		富		出以稟	屯戍					
8-0125	第一類		上缺				日食(B)					司空?								4 又 1/6 升		得
8-0211	第一類	○ 五斗	下缺	—	稻	五斗	月食(C)	31	9	11	大	倉	是	感	堂	出稟	隸臣(嬰兒?)			4 又 1/6 升 計 12 天，1/6 斗 計 30 天	令史尚	
8-0212 + 426 + 1634	第一類	○ 一石九斗三升	完整	徑僱	粟米	一石九斗六升八升五	日食(B)	31	1	4	小	司空	守增	得	一	出以稟	舂・小城旦	47 人 ×1 天		4 又 1/6 升	令史□	得
8-0216 + 351 + 525	第一類	○ 四斗八升少半半升	上缺	—		四斗八升少半半升	日食(B)	30	9	14		司空	守慈	得	一	出以稟	舂・小城旦	52 人 ×1 天		4 又 1/6 升	令史尚	得
8-0217	第一類	○ 一石九斗少半斗	完整	—	稻		月食(C)	31	8	22	小	倉	是	感	堂	出稟	隸臣嬰兒	1 人? 2 人?	六月食	一天 1/6 斗 ×29 天，重文號前從刻齒	令史犎	感
8-0275	第一類	○ 一石九斗少半斗	下缺	—	稻	一石九斗少半斗	月食(A)	31	8	1	小	倉										
8-0337	第一類		上缺，下缺?									司空		得	堂	出以稟	舂・小城旦					
8-0448 + 1360	第一類	○ 一石八斗七升半升	上缺，下缺	徑僱	粟米	一石八斗七升半升	日食(B)		3			倉	守武	感	堂	出稟	使小隸臣			4 又 1/6 升 計 45 天	令史犴	
8-0474 + 2075	第一類	○ 三	下缺	—	粟米	四石		31	1	16	大	司空	守增	得	一	出以□					令史犴	
8-0511	第五類?	○	下缺	—	粟米	十石		35	8													
8-0596	第五類?	○ 二斗半斗	下缺	—	粟米	(二三斗半斗?)								感								
8-0606	第一類	○ 一石二斗斗	上下缺	—	粟米	一石二斗斗	日食(B)?	31	3	1	大	倉	守武	敖	援	出稟	大隸妾					
8-0760	第一類	○ 一石九斗少半斗	完整	—	粟米	一石九斗少半斗	月食(B)	31	3	14	大	倉	武	敖	援	出稟	大隸妾				令史尚	
8-0761	第一類	○ 一石二斗半	完整	—	粟米	一石二斗半	月食(A)	33	10	19	小	發弩	辥	喺史過	一	出稟	刖妾		祿?		令史棄	
8-0762	第一類	○ 一石二斗半	完整	徑僱	粟米	一石二斗半	月食(B)	31	12	15	大	倉	妃	感	援	出稟	大隸妾			4 又 1/6 升 計 6 天	令史朝	過

續表

簡牘編號	格式	○	刻齒	殘缺狀況	倉庫名	穀物種類	支給量	日食/月食	支給年月日				支給主體	嗇夫	佐·史	案人	支給方法	支給對象	人數·日數	月食	日食	監督者	書手
									年	月	日	月的大小											
8-0763	第一類	○	一石二斗半斗	完整	—	粟米	一石二斗半斗	月食(B)	31	3	1	大	倉	守武	感	援	出稟	大隸妾				令史扞	感
8-0764	第一類	○	一石九斗半斗少半斗	完整	徑廥	粟米	一石九斗半斗少半斗	月食(A)	31	1	3	小	田官	守敬	王	顯	出稟	貲(=居貲)士五				令史扁	王
8-0766	第一類	○	一石二斗(少)半斗	完整	徑廥	粟米	一石二斗(少)半斗	月食(B)	31	11	2	小	倉	守敬	感	援	出稟	大隸妾				令史扁	感
8-0781+8-1102	第一類	○	三	上缺?	—	粟米	(三?)	月食(B)	31	6	6		田官	守敬	郚	媛	出貸	關戍				令史逐	郚
8-0800	第一類	○	一石二斗半斗	下缺	徑廥	粟米	一石二斗半斗	月食(A)	31	2	9	大	倉	守武	感	堂	出□					令史扞	
8-0816	第二類	○	二石	下缺	—	粟米	二石		31	3	1	大	貳春鄉	守氏夫									
8-0821+8-1584	第一類	○	四石五斗	完整	丙廥	粟米	四石五斗		31	10	30		倉	守妃	史感	援	出稟	隸妾	7人		4又1/6升計108天	令史尚	感
8-0836+8-1779	第一類	○	二十八石	下缺		粟	二十九石		35	7	8			守□		中					435天? 696天?		
8-0839+8-901+8-926				上下缺			五斗		35	1	1		倉	守擇	胃	中							
8-0850				上下缺												忠	出貸	更戍					
8-0899				上下缺													□貸	適戍					
8-0902	第一類			下缺				月食?	35?				雪?				出稟	更戍?("城父"更戍)		九月食		令史歇	臂(35年倉佐)
8-0909	第五類?	○	四石九斗少半	下缺		粟米	四石九斗少半		35	5	17			守妃	富	援	出稟	隸妾			2/3斗計74天		
8-0915	第二類?			上下缺		粟米			35	7			晉?		富								
8-0924	第五類?	○	五斗	下缺		粟米	五斗					小		守妃		援							
8-0925+8-2195	第一類		一石六斗二升半升	完整	—	粟米	一石六斗二升半升	日食(B)	31	1	29		啓陵鄉	守尚	最	小	出稟	大隸妾	?人,39天	正月食，其餘九天，共正月的三天份額？	4又1/6升	令史晉	
8-0941	第五類?		一石六斗二升半斗少半	下缺		粟	一石六斗二升半斗少半	月食(A)	35			小											
8-0955	第一類		一斗	上下缺		粟米	一斗		34	9													
8-0956	第一類		二斗	上下缺?		粟米	二斗		33	4													
8-0960	第一類		八升少半升	下缺；左缺?	□廥	粟米	八升少半升										出貸	更戍	1人?				忠
8-0980	第一類			上下(?)缺				月食?							忠					八月九月			

續表

簡牘編號	格式		刻齒	殘缺狀況	倉庫名	穀物種類	支給量	日食/月食	支給年月日				支給主體	嗇夫	佐·史	稟人	支給方法	支給對象	人數/日數	月食	日食	監督者	書手
									年	月	日	月的大小											
8:1000	第一類			上缺										田官?(稟人名)		忠	出稟	更戍	1人				
8:1014	第一類			上缺				日食								娙?	出稟	居貲	5月7天				缺
8:1024	第一類			上下缺												忠	出稟	更戍				令史却	
8:1029	第五類			上下缺							1		啓陵鄉	守孤	—	一	出稟	通戍				令史桿	
8:1031	第一類			上下缺					8				倉	是		堂	出糶	令史				令史桿	
8:1037	第一類			上下缺									(倉)		感	堂	出糶	令史				(令)史尚	
8:1046	第一類			上下缺									倉				□糶	令史	4天?				
8:1059	第一類	○		上下缺									倉			堂							
8:1063	第一類			上下缺									倉	茲	感		出糶	隸佐				令史桿	
8:1066	第一類			上缺									(倉)				(糶?)	令史				令史扁	感
8:1081	第一類	○	二石	下缺	經衝	粟	二石	月食(A)	31	12	1	大		妃	感								
8:1088	第三類	○	四斗二升	下缺	—	粟米	四斗六升半	月食?	32	8	1									十一月食	2/3斗計7天		
8:1094	第一類			上缺				月食?					啓陵鄉	倉?(啓陵倉史)		—	出稟	更以卒戍	1人			"尉史 □出"	狗
8:1101	第五類			上下缺	?	粟米?	二石						倉	守觚			出以糶	發弩					
8:1109	第五類			上缺			十三石八斗	月食?					倉	是	蒲		出糶	更戍		九月食			
8:1115	第三類?			上下缺			三十石						司空	色	午	援	出以稟				4又1/6升		
8:1134	第二類?		?	上下缺	?		二石	月食(A)	33	3	19		倉	是	感	援	出糶						
8:1135	第一類	○	三百	上下缺	—	粟米			31	8	21		倉			一		未小隸臣				令史圂	感
8:1153+8:1342	第五類			上缺?	—	—										堂						令史	
8:1159	第一類	○	二石	下缺	—	粟米	二石	月食?	35	9		小										令史	
8:1167+8:1392	第一類	○	十三石七斗	下缺	—	粟米	三十八石九斗四升泰	月食?	35	4	2	大	倉	衡			出糶	大隸妻		三月四月	2/3斗計207天 (30×4+29×3)	令□	
8:1173+8:1420	第五類		—	上下缺	—	粟米	三十石		36	11	7		(倉)	衡			出糶	更戍			300天? 480天?		
8:1177	第一類	○	二石	上缺		粟米	二石	月食(A)					倉		感	援	出糶						感
8:1189	第一類		三十三石(下缺)	下缺	—	粟米	三十三石										出糶					□尚	
8:1205	第五類	○		下缺	—	粟米							倉	妃			出糶	鄉夫		七月		令□	
8:1238	第一類			上缺	經衝										感	廉	出糶						印
8:1239+8:1134	第一類	○	三石七斗	完整	經衝	粟米	三石七斗少半	月食(B)?	31	12	1	大	倉	妃	感	留	出糶	冗作大女		10、11、12月	升散記為斗的話,2/3斗計56天	令史矸	感

續表

簡牘編號	格式	刻齒	殘缺狀況	倉庫名	穀物種類	支給量	日食/月食	年	月	日	月的大小	支給主體	嗇夫	佐·史	稟人	支給方法	支給對象	人數·日數	月食	日食	監督者	書手
8-1241	第一類	○一石	下缺	—	粟米	一石四斗半斗	月食(C)	31	1	29	小	啓陵鄉	守尚	辰	□			3人×29天		一天1/6斗×87天	令史气	
8-1257	第一類	○一石二斗半斗	下缺	徑廥	粟米	三斗	月食(B)	31					守言							一天1/6斗×18天	令□	
8-1268	第一類	○斗三	下缺	—	粟米	三斗	日食(C)?	35	7	18		倉		□	□							
8-1276	第二類		上下缺				月食(A)						守言						2人	四月五月	4又1/6升		王
8-1321+1324+1328	第二類	○二	完整	徑廥	粟米	二□(石?)	日食(B)	31	4	1		副官	守敬	王	媛	出稟	居貲	2人		4又1/6升?	□史逐	王
8-1335	第二類	○八	下缺	—	粟米	八斗少半升	月食(B)?	31	7	9		貳春鄉	守氏夫	吾	—	出稟	舂·白粲	2人×1天?		4又1/6升計180天	令史尚	
8-1336	第二類	○七石	下缺	—	稻	七石五斗	月食(ㄴ)	31	5	2	大	倉	是	□	援	出稟	6人×30天			令史尚		
8-1345+8-2245	第一類	○一石二斗四升	完整	—	稻	一石二斗八升	月食(ㄴ)	31	5	4	大	倉	是	感	援	出稟	遷陵丞	1人	四月五月	?59天計1天2升	令史逐	感
8-1406	第一類		上下缺									田官	守敬	鄐	□							
8-1505	第五類?	?	上下缺																			
8-1507	第二類		上下缺				月食(C)	31	5	22	大		是	感	堂	□稟	更戍	1人?2人2人?		一天1/6斗×30天	□	感
8-1540	第一類	○五斗	完整	—	粟米	五斗	月食(A)	31	10	1	大	倉	守紀	富	援	出稟	隸妾嬰兒	1人		4又1/6升	令史尚	富
8-1545	第四類	○二石	完整	丙廥	粟米	二石	日食(A)	31	7	23	大	田官	守帶	辰	小	出稟	屯戍	2人	六月食	2/3斗	令史气	辰
8-1550	第一類	○三石叁半斗	完整	—	稻	三石叁半斗	月食(B)?	27	12	21	大	貳春鄉	武	吾	陵	出以稟	佐·就	1人		2/3斗計三天.1/6斗計12天	令史戍夫	
8-1551	第二類	○二斗	完整	—	粟米	二斗	日食?	31				倉										
8-1557	第一類	○一石二斗升四	完整	—	粟米	一石二斗升四	月食(B)	31	4	6	小	貳春鄉	守氏夫	王	監	稟	小隸臣益	1人×29天?		4又1/6升?	令史逐	王
8-1574+8-1787	第一類	○一石八斗叁半升	完整	—	粟米	一石八斗叁半	日食(A)	31	7	23		田官	守敬	王	臽	出稟	隸妾懷	2人×1月	六月食	2/3斗14天×2人	令史逐	
8-1576	第四類	○八升	下缺	—	粟米	八斗	日食(B)	31	3	21		貳春鄉	守氏夫	感	—	出一食	屯戍	2人?	7月23天	?	令史扁	感
8-1580	第一類		上缺	—	—	—		?	?	?		舂	守武		援	出稟	使小隸臣爵	1人			令史旰	
8-1590	第二類	○一石二斗半	下缺	丙廥	—	一石二斗半		?	1	乙												
8-1595	第二類	○一石五斗	下缺	—	粟米	一石五斗	月食(A)	31	3	1	大	貳春鄉	守氏夫							4又1/6升計36天/1/6斗計90天		
8-1635	第五類	二石	下缺	—	粟米	二石		34	8	13		司空	守怣							45天?72天?		

續表

簡牘編號	格式	刻齒	殘缺狀況	倉庫名	穀物種類	支給量	日食/月食	支給年月日 年	月	日	目的大小	支給主體	嗇夫	佐·史	業人	支給方法	支給對象	人數/日數	月食	日食	監督者	書手
8-1647	第三類		下缺	乙廥		三斗少半斗	日食(B)	30	6	25	大	司空	守茲	□						5天?8天?		
8-1660＋8-1827	第一類	○ 二石	下缺	—	粟米	二石	月食(A)	33	9	6	大	倉	是	襄	藍	出貸	更戍?			2/3斗計15天,4又1/6升計24天,1/6斗計60天		
8-1690	第二類	○ 一石	下缺	丙廥	粟米	一石	月食(A)	29	3	3	小	倉	趙	感								
8-1710	第五類		上下缺									□(啓陵鄉?)	夫	—	姉	出實	屯戍?					
8-1739	第二類	○ 二石	下缺	巴廥	粟米	二石	月食(A)	31	10	1	大	倉	守妃	富								
8-1748	第五類	○ 一石九斗	下缺	—	粟米	一石九斗	月食(A)	35	7		小											
8-1762	第五類?	○ 十二石三斗	上下缺	—	粟米	十二石三斗		35														
8-1793	第一類	○ 四石四斗少半斗	上下缺	—	稻	（四石四斗少半斗）		32	3												令史尚	
8-1794	第一類	○ 一石二斗半斗	下缺	—		一石二斗半斗	月食(B)	31	7	15	大	倉	是	感								
8-1809	第一類		上缺				月食?												三月四月食			臂
8-1839	第一類		上缺				月食?					啓陵鄉	守增	盈	小	出實	大隸妾·徒		十二月食		令史逐	盈
8-1894	第一類	○ 九斗六升少半升	上缺			一石六斗六升少半升	日食?					司空?	守增	得?	小	出實	城旦舂等	52人×1天		4又1/6升		得
8-1905	第一類		下缺	—	稻	二石一斗半斗	月食?	31	後9			貳春鄉?	尚	取	小	出實	大隸妾				令史气	
8-2194	第一類		下缺	—	粟米		月食(A)?	32	3	17	大											
8-2195	第一類		上下缺	—			月食(B)	3?				(啓陵鄉?)			忠	出貸				2/3斗計4天		
8-2233	第一類		上缺								大	土伍通(更父?)(陽里人)										
8-2235	第一類	○ 二石	下缺	—	粟米	二石	月食(A)	3?			大											
8-2246	第一類	○ 四石	完整	—	粟米	四石	月食(A)	31	7	1		田官	守敬	王	媛	出實	罰戍	2人	十月,六月 二十六天		令史逐	王
8-2247	第五類	○ 三石七斗少半斗	完整	—		三石七斗少半斗	日食(A)	32	8	18		貳春鄉	守福	敢	犾	出以實	隸臣周	1人		2/3斗計56天	令史兼	敢
8-2249	第一類	○ 一石二斗半斗	完整	巴廥	粟米	一石二斗半斗	月食(B)	31	2	7		倉	守武	感	宣	出實	隸妾援	1人			令史矸	感
9-0762	第一類	○ 一石九斗少半斗	完整	巴廥	粟米	一石九斗少半斗	月食(A)	31	1	3	小	田官	守敬	王	顥	出實	屯戍	1人			令史圂	王

里耶秦簡道路里程簡所見"燕齊道路"

林獻忠

深圳職業技術學院

　　秦始皇統一六國,調整並溝通了戰國以來錯綜複雜的道路,實行"車同軌",其時交通路綫四通八達,前賢多有精當論述。[1]史念海先生在《秦漢時期國內之交通路綫》一文中,[2]從多個角度,論述了秦漢時期的交通路綫,編織了一張秦漢時期國內交通網。王子今先生認爲,秦漢時期主要交通道路大致有四縱四橫八條主幹交通綫。它們分別是三川東海道、南陽南郡道、邯鄲廣陽道、隴西北地道、漢中巴蜀道、直道、北邊道及並海道。[3]

一、里耶簡中的河北道路

　　隨着考古工作的推進,秦漢時期的交通道路不斷有新的發現。1974 年,居延破城子遺址出土了可以復原從長安到河西走廊的道路里程簡。[4]1990 年,在敦煌懸泉遺址發現的簡牘中,有一枚詳細記載河西地區驛置里程的簡牘,[5]而這枚簡牘所載內容剛好與居延破城子出土的從長安到河西的交通路綫相銜接,這樣就組成了從長安到西域敦煌的完整路綫,對於秦漢西北地方交通歷史的研究有重要意義。

　　1993 年 6 月湖北荆州市發掘的周家臺 30 號秦墓,出土了"秦始皇三十四年曆譜"。[6]

① 王子今《中國交通史研究一百年》,《歷史研究》2002 年第 2 期。

② 史念海《史念海全集(第 4 卷)》,人民出版社,2013 年。

③ 王子今《秦漢交通史稿(增訂版)》,中國人民大學出版社,2013 年,第 25 頁。

④ 見簡 EPT59.582。馬怡、張榮强主編《居延新簡釋校》,天津古籍出版社,2013 年,第 625 頁。

⑤ 見簡Ⅱ90DXT0214①:130。胡平生、張德芳《敦煌懸泉漢簡釋粹》,上海古籍出版社,2001 年,第 56 頁。

⑥ 湖北省荆州市周梁玉橋遺址博物館編《關沮秦漢墓簡牘》,中華書局,2001 年。

《嶽麓書院秦簡》也有與此相似的竹簡,該類簡被學界稱爲"質日"簡。此種簡牘所載内容記録了秦代地方官員主要公務活動及留宿地點。學者據上述兩批簡所記録的地名,復原了江漢平原的水路交通及南郡到秦都咸陽的交通路綫。①里耶秦簡中的一部分道路里程簡可以讓我們了解今河南境内的交通路綫,並可以據之理清秦代南郡的交通道路。②辛德勇先生據北京大學藏水陸里程簡册,復原了秦南郡内部及南郡北至洛陽的水路交通綫。③

學界依出土的道路里程簡牘復原古代交通路綫的研究,以南方和西北地方較爲充分。然而出土簡牘中有關北方地理的資料亦可資利用,以探明當時北方的道路交通,進一步復原秦代甚至秦以前的交通路綫。里耶秦簡中出土有三枚記載有地名和里程的木牘,木牘在出土前都已殘斷,該三枚木牘的釋文已全部發表。其中一枚木牘載有今河北省境内地名,這對於復原秦代河北境内的政區設置和交通地理有很重要價值。該枚木牘編號爲⑯52,寬 4.4、殘長 4.4 釐米,上下均殘。⑯52 所載文字僅殘存兩欄,爲便於討論,現移録如下:

第一欄　第一行:☒④里
　　　　第二行:☒里
　　　　第三行:☒□里
　　　　第四行:☒九里
　　　　第五行:☒百七十里
　　　　第六行:☒百卅五里
　　　　第七行:☒□里
　　　　第八行:☒ 十 里
第二欄　第一行:高陽到☒
　　　　第二行:武垣到☒
　　　　第三行:饒陽☒

① 郭濤《周家臺 30 號秦墓竹簡"秦始皇三十四年質日"釋地》,《歷史地理》第二十六輯,上海人民出版社,2012 年;郭濤《嶽麓書院藏秦"質日"簡交通地理考》,《歷史地理》第三十輯,上海人民出版社,2014 年。
② 王子今《秦漢時期湘江洞庭水路郵驛的初步考察——以里耶秦簡和張家山漢簡爲視窗》,《湖南社會科學》2004 年第 5 期;張春龍、龍京沙《里耶秦簡三枚地名里程木牘略論》,《簡帛》第一輯,上海古籍出版社,2006 年。
③ 辛德勇《石室賸言》,中華書局,2014 年。
④ "☒"示簡有殘斷。

第四行:樂成☐
第五行:武邑☐
第六行:信都☐
第七行:武☐☐
第八行:宜 成 ☐①

簡文第一欄,因只有里數没有地名,我們暫且不論。第二欄記載了從高陽到宜 成 的一段交通道路。地名具體考述如下:

高陽 秦封泥有"高陽丞印"。《漢書·地理志》涿郡有高陽縣,"莽曰高亭"。應劭曰:"在高河之陽。"《讀史方輿紀要》(下稱"《紀要》")卷十二《北直三》:"戰國時燕邑。《國策》:'燕封宋榮蚠爲高陽君。'即此。漢爲高陽縣治。"②秦高陽縣,初屬巨鹿郡,後屬河間郡,其故址地望在今河北省高陽縣。③秦封泥和本簡文記載説明秦已置高陽縣。治今高陽縣東舊城。今高陽縣有舊城遺址,城址平面近方形,邊長約 1300 米。時代爲戰國至漢,與此相合,應是。④

武垣 傳世戰國趙兵器有"五年邦司寇"劍,⑤劍身銘文有"武垣"。《史記·趙世家》載:趙孝成王"七年,秦圍邯鄲,武垣令傅豹、王容、蘇射率燕衆反燕地"。《集解》引徐廣云:"河間有武垣縣,本屬涿郡。"《正義》引《括地志》云:"武垣故城今瀛州城是也。"清嘉慶《大清一統志》(下稱"《一統志》"),故城今河間縣西南三十五里,内外二城,外城周四十里,内城十六里。俗名曰"元城遺址"。今河北肅寧縣有雪村遺址,平面呈方形,分爲外城和内城。時代爲戰國至漢,秦置武垣縣,漢因之。此城或爲秦武垣縣址。⑥

饒陽 《紀要》卷十四《北直五》:"本趙邑。《史記》:'趙悼襄王六年封長安君以饒。'即此。漢因置饒陽縣。"⑦《一統志》,故城今饒陽縣東。今縣南鄒村遺址時代爲東周,面積約 7000 平方米。采集遺物有銅布幣和泥質灰陶繩紋板瓦、甕、罐及素面豆等殘片。⑧或爲饒

---

① 湖南省文物考古研究所編著《里耶發掘報告》,嶽麓書社,2006 年,第 196—197 頁。
② 顧祖禹《讀史方輿紀要》,中華書局,2005 年,第 537 頁。
③ 后曉榮《秦代政區地理》,社會科學文獻出版社,2009 年,第 363 頁。
④ 國家文物局主編《中國文物地圖集·河北分册》,文物出版社,2013 年,第 614 頁。
⑤ 中國社會科學院考古研究所編《殷周金文集成(修訂增補本)》,中華書局,2007 年。
⑥ 國家文物局主編《中國文物地圖集·河北分册》,第 639—640 頁。
⑦ 顧祖禹《讀史方輿紀要》,第 636 頁。
⑧ 國家文物局主編《中國文物地圖集·河北分册》,第 664 頁。

陽舊址。

樂成　秦封泥有"樂成之印""樂成"。①《漢書·地理志》河間國有"樂成縣","莽曰陸信"。《紀要》卷十三《北直四》："獻縣,府南六十里。東至滄州百三十里,西至晉州饒陽縣九十里。本漢樂成縣,高祖封功臣丁禮爲侯邑,後爲河間國治。後漢因之。"②樂城遺址在今獻縣萬村鄉孔東城村西,平面呈方形,南北約長 3000 米,東西約寬 2000 米。③

武邑　戰國趙有"武邑"布,先秦文獻未載。《漢書·地理志》信都國有"武邑","莽曰順桓"。《一統志》,故城今武邑縣治。今武邑縣東北有相城遺址,1985 年調查發現,面積約有 15 萬平方米。時代爲漢代。④

信都　《漢書·地理志》信都國治信都縣。簡文所載信都與位於今邢臺之信都不同,見王先謙補注。⑤簡文所言之信都,應即"春秋時,晉之東陽地。戰國屬趙。秦屬巨鹿郡。漢爲信都國"。⑥《一統志》,故城今冀州治。信都(冀州)故城址,在今冀州市千頃窪鄉北關村西北 500 米,城址平面呈不規則形,面積約 150 平方米。現殘存一段長約 2000 米的東北—西南走向的夯土築成的城垣。⑦

武□　武下一字殘泐難辨,《里耶發掘報告》(下稱"《報告》")稱,以地望推之,今河北清河縣東北的武城與之略相當。⑧我們支持這種看法。西漢於此置武城縣,亦名東武城。《漢書·地理志》東武城,王先謙補注曰："戰國平原君趙勝封此。"⑨《一統志》,故城今山東德州武城縣西。今武城縣有時代延續漢唐宋的老城遺址,位於老城鎮南關、北關,面積約 170 萬平方米。⑩或爲其遺址。

宜成　《報告》暫釋爲"宜成",言其地點應在今河北清河以南至山東臨清之間。⑪"宜"字,依字形我們認爲或爲"曆",即曆成。《紀要》卷三十一《山東二》："齊曆下邑,漢

---

① 周曉路、路東之編著《秦封泥集》,三秦出版社,2000 年。
② 顧祖禹《讀史方輿紀要》,第 553 頁。
③ 國家文物局主編《中國文物地圖集·河北分冊》,第 664 頁。
④ 國家文物局主編《中國文物地圖集·河北分冊》,第 672 頁。
⑤ 王先謙《漢書補注》,上海古籍出版社,2008 年,第 2769—2770 頁。
⑥ 顧祖禹《讀史方輿紀要》,中華書局,2005 年,第 626 頁。
⑦ 國家文物局主編《中國文物地圖集·河北分冊》,文物出版社,2013 年,第 664 頁。
⑧ 湖南省文物考古研究所編著《里耶發掘報告》,第 197 頁。
⑨ 王先謙《漢書補注》,上海古籍出版社,2008 年,第 2409 頁。
⑩ 國家文物局主編《中國文物地圖集·河北分冊》,文物出版社,2013 年,第 822 頁。
⑪ 湖南省文物考古研究所編著《里耶發掘報告》,第 197 頁。

置曆城縣,屬濟南國,後屬濟南郡。"①《一統志》,故城今曆城縣治。若是,則秦時已置曆城縣。

我們通過對以上地名的考證,勾勒出高陽至曆城的路綫示意圖(圖1):

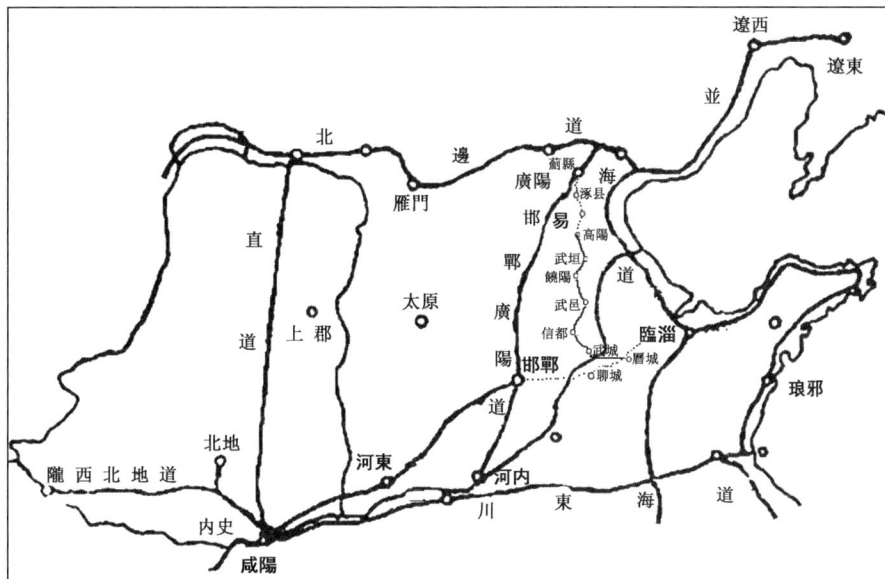

圖 1
(據王子今《秦漢交通史稿(增訂本)》改繪)

二、里耶秦簡再現"燕齊大道"

里耶秦簡道路里程簡所載交通路綫,即是秦時郵驛交通綫路,②文書行政的秦漢帝國就是憑藉發達的郵驛設置和交通網絡,③控制着迂闊的領土。上述秦代"高陽——武垣——饒陽——樂成——武邑——信都——武城——曆城"的這一段交通路綫,傳世文獻失載,原因已不可知,里耶秦簡中道路里程簡的發現卻給我們揭示了河北地區秦漢時代這一重要的交通路綫。

實際上,這條路綫或在史籍並未完全消失。史念海先生早已見微知著,在其《秦漢

---

① 顧祖禹《讀史方輿紀要》,中華書局,2005 年,第 1459 頁。
② 王子今《秦漢時期湘江洞庭水路郵驛的初步考察——以里耶秦簡和張家山漢簡爲視窗》,《湖南社會科學》2004 年第 5 期;高榮《簡牘所見秦漢郵書傳遞方式考辨》,《中國歷史文物》2007 年第 6 期;易桂花、劉俊男《從出土簡牘看秦漢時期的行書制度》,《中國歷史文物》2009 年第 4 期。
③ 富谷至《文書行政的漢帝國》,江蘇人民出版社,2013 年。

時期國内經濟都會之分布及其交通之路綫》一文中指出："廣陽之薊,舊爲燕都,其地處勃碣之間,當北塞之下,輪軌交錯,北國之名都也。其南有涿郡,亦一時之巨鎮。二地鄰邇,其交通系統亦復相同。由廣陽至各地之道路約有七途。"其中第三途:"經渤海東南行,過平原、濟南,東至臨淄,西至定陶。"①而齊地至各地之道路,亦有六途,其第一途:"經濟南、平原北行,以至燕、涿諸地"。②史先生認爲此處當有一條通途溝通着燕涿與齊地,然未詳所在及具體地點。

尹鈞科先生從春秋戰國時期燕齊之間的軍事爭奪方面考慮,對這條道路進行了推想,認爲:"燕國與齊國之間,特別是燕都薊城與齊都臨淄之間,必定有一條通途大道。無論是齊國侵燕,還是燕國伐齊,都很難想象是通過太行山東麓大道進退的。只有在渤海西岸不遠的地方開闢一條新路,燕齊之間的相互攻伐才有可能進行。"認爲這條燕齊大道需經過今滄州附近,並名之曰"渤海西岸大道"。③

陳業新先生把春秋戰國時期燕齊軍事爭奪的路綫進行了串聯,勾勒出這一綫路的具體走向:"從今北京出發,南經河北徐水,東南折向滄州,南下至山東樂陵,西南可至聊城,在定陶濟南一帶渡濟水,沿泰山西北麓直抵臨淄。"並將其名之爲"平原道"。④

里耶秦簡道路里程簡的發現,讓我們對這條道路有了更加清晰的認識。結合秦始皇時期的主要交通綫,⑤我們將"高陽——歷城"一綫進行延伸,自高陽向北,可把易縣(戰國燕國都城)、涿縣、薊縣連爲一綫,再向北就與秦北邊道交匯。而南段的歷城,向東可到臨淄(戰國齊國都城),南到泰山,西近聊城可與邯鄲(戰國趙國都城)直通。如此,則這條路直接溝通了燕、齊、趙三國,那麼這條綫路的重要性不言而喻。而這條路或許就是史念海等先生所説的"燕齊大道"。

燕、齊之間發生的政治、軍事、經濟、文化交流或皆通過這一道路進行。爲了進一步説明我們復原的這條路綫即是"燕齊大道",下面先將春秋戰國時期燕、齊與此路相關史料臚列於下(由於文獻記載史料多有重複,此僅列其一):

1. 於是桓公稱曰:"寡人南伐至召陵,望熊山;北伐山戎、離枝、孤竹。"

(《史記·齊太公世家》)

---

① 史念海《史念海全集(第 4 卷)》,第 399 頁。
② 史念海《史念海全集(第 4 卷)》,第 400 頁。
③ 侯仁之主編《北京城市歷史地理》,燕山出版社,2000 年,第 356 頁。
④ 陳業新《"載縱載橫"與無遠弗近》,《社會科學》2010 年第 8 期。
⑤ 王子今《秦漢交通史稿(增訂版)》,第 25 頁。

2. 齊因起兵襲燕國,取桑丘。　　　　　　　　　　　　（《史記·田敬仲完世家》）

3. 趙、楚、韓、魏、燕之兵以伐齊,破之濟西。諸侯兵罷歸,而燕軍樂毅獨追,至於
臨淄。　　　　　　　　　　　　　　　　　　　　　　　（《史記·樂毅列傳》）

上列史料中涉及的地名或地域有山戎、離枝、孤竹、桑丘、濟西。

山戎亦稱北戎。春秋時期山戎有令支、孤竹、無終等國。今北京市延慶縣和張家口、承德地區都發現有山戎墓葬,①時代爲兩周時期,證明了《漢書·匈奴列傳》所載:"燕北有東胡、山戎。"②又《國語·齊語》桓公曰:"吾欲北伐,何主?"管子對曰:"以燕爲主。反其侵地柴夫、吠狗,使海於有蔽,渠弭於有渚,環山於有牢。""遂北伐山戎,刜令支、斬孤竹而南歸。"③學者們研究認爲,令支故城在今河北省遷安縣西,④孤竹在盧龍縣境。⑤

山戎、令支、孤竹等國在燕國北部東部,從秦始皇時期主要交通路綫圖上看,這三個戎國自西向東排列,大致都分布在北邊道上。那麼,齊桓公爲燕北伐這三個戎國的行軍路綫,定是從臨淄經歷城這條綫到達薊縣,滅山戎後,順北邊道東行討滅令支、孤竹。

桑丘,《紀要》卷十二《北直三》:"在縣西南。《括地志》:桑丘城,俗名敬城。戰國時燕之南界也。"《史記正義》引《括地志》云桑丘故城:"在易州遂城縣。"⑥唐之遂城,今河北徐水縣境。戰國時期,桑丘在高陽縣附近。齊攻燕國,因前有齊桓公伐山戎所經路綫,故而齊國攻燕大軍輕車熟路,即可直取桑丘。同樣,燕將樂毅,與"趙、楚、韓、魏、燕之兵以伐齊,破之濟西"。⑦ "濟西"或爲一區域名稱,並没有具體所指,大致包括聊城至濟南濟水以西一段區域。因此燕軍路綫亦應自"高陽——歷城"一綫,而與燕國"合作"的韓、趙、魏或從"邯鄲——臨淄"一綫,與燕軍匯合歷城下,大破齊軍"濟西"。

小　結

通過上述對燕、齊軍事活動路綫的分析,我們對秦漢乃至春秋戰國的交通路綫網有

① 張秀榮《古山戎考略》,《北京文物與考古》第 4 輯,北京燕山出版社,1988 年;灤平縣博物館《河北省灤平縣梨樹溝門山戎墓地清理簡報》,《考古與文物》1995 年第 5 期;白光《河北豐寧早期墓葬綜述》,《文物春秋》2008 年第 1 期。
② 班固《漢書》,中華書局,1962 年,第 3747 頁。
③ 徐元誥撰,王樹民、沈長雲點校《國語集解》,中華書局,2002 年。
④ 王長豐《"令支"方國族氏考》,《東南文化》2007 年第 2 期。
⑤ 譚其驤主編《中國歷史地圖集(第 1 冊)》,1982 年;李學勤《試論孤竹》,《社會科學戰綫》1983 年第 7 期。
⑥ 司馬遷《史記(修訂本)》,中華書局,2013 年,第 2276 頁。
⑦ 司馬遷《史記(修訂本)》,第 2933 頁。

了新的認識。原本淹没於史籍的燕齊大道,在前輩學人的不懈探索之下,因之里耶秦簡道路里程簡的出現,變得清晰明朗。秦代以前,至少有二横三縱的交通網絡分布在河北平原。二横即北邊道、邯鄲—臨淄道,三縱即邯鄲廣陽道、並海道以及這條燕齊道路。這樣邯鄲、臨淄、燕都形成了一個三角區域,這三個地區通過交通路綫進行着物質、文化的溝通和交流,爲統一的多民族國家的發展作出了重大貢獻。

有學者認爲,燕齊道路爲燕都經滄州至臨淄一綫。我們以爲在漢代以前這條路幾無可能。漢代以前,濟水以北至薊縣之間㴆水、滹沱河、河水、濟水等多條河流在這一區域漫流入渤海。此區域内河湖縱横交織,人畜難以居住,且地多鹽鹵,無法耕種;灘塗繁多,距海較遠,亦不適宜捕魚爲生。譚其驤先生説:"黄河下游在戰國築堤以前,決溢改道是屢見不鮮的事。其時河北平原中部是一片人煙稀少荒蕪寥落的地圖上的空白地區。"[1]從政區設置這一角度看,漢代以前這一區域所設郡縣政區寥若晨星。[2] 一條通衢大道存在於荒蕪無人煙的地方可能性似乎不大。即使今天沿自唐山至山東濱州,其臨渤海西岸邊的開發尚不充分,城鎮村莊仍較稀少,何况千年之前。

原刊於《中國歷史地理論叢》2017 年第 1 期,第 57—61 頁。

---

① 譚其驤《長水集(下)》,人民出版社,2009 年,第 88 頁。
② 譚其驤《中國歷史地圖集(第 2 册)》,1982 年。

里耶秦簡的交通資料與縣社會

［日］藤田勝久

愛媛大學

前　　言

秦代的里耶秦簡，是以洞庭郡下屬遷陵縣的行政文書爲中心的資料。①其中有關於交通方面的資料，從大的方面來看，可以分爲①文書的傳達與②人和物資的往來。這其中①文書制度及其傳達的研究正在進展，而②與人和物資的移動相關的交通問題，尚未得到充分的研究。②

同樣狀況的漢代交通，已有通過漢簡進行的漢代文書傳達和交通制度的研究。③例如關於交通，除居延漢簡外，還根據額濟納河流域的肩水金關、絲綢之路上的敦煌懸泉置出土的簡牘進行研究，使我們詳細了解了往來通行所使用的通行證（傳、符）的用途。再者，在金關漢簡中，還有通過關所時的各種形式的記録。我們的研究以探討里耶秦簡中所見的交通方面的資料爲目的，尤其需要注意的是，里耶秦簡中可以看到和漢代的私用傳同樣形式的情報處理。

---

① 里耶秦簡的資料有湖南省文物考古研究所、湘西土家族苗族自治州文物處、龍山縣文物管理所《湖南龍山里耶戰國—秦代古城一號井發掘簡報》（《文物》2003 年第 1 期）、湖南省文物考古研究所編著《里耶發掘報告》（嶽麓書社，2006 年）等。其後，湖南省文物考古研究所編著《里耶秦簡（壹）》（文物出版社，2012 年）、陳偉主編《里耶秦簡牘校釋（第一卷）》（以下簡稱爲“《里耶校釋一》”，武漢出版社，2012 年）開始刊行，其圖版和釋文成爲研究基礎。關於《里耶校釋一》的特色，藤田勝久《書評：陳偉主編〈里耶秦簡牘校釋一〉》（《中國出土資料研究》第 17 號，2013 年）、游逸飛《評陳偉主編〈里耶秦簡牘校釋〉第一卷》（《新史學》第 24 卷第 2 期，2013 年）中有介紹。

② 關於里耶秦簡的研究，藤田勝久《里耶秦簡與出土資料學》（東方學會編《第四回日中學者中國古代史論壇》，汲古書院，2012 年）及《里耶秦簡中所見秦代郡縣和文書傳達》（《愛媛大學法文學部論集》人文學科編 34，2013 年）中有所介紹。

③ 大庭脩《秦漢法制史的研究》第五篇第一章“漢代關所與通行證”，創文社，1954 年，中文版 1982 年；李均明《漢簡所見出入符・傳與出入名籍》，《初學録》，蘭臺出版社，1999 年；等等。

因此,本文首先將里耶秦簡中的交通資料進行整理,其次在漢代私用傳記録中所見形式的基礎上,對里耶秦簡的情報處理方法進行分析,對從中能看出的秦漢時代郡縣制和縣社會的特質試着提出一些看法。里耶秦簡的編號,到第八層爲止是《里耶秦簡〔壹〕》的編號整理,原簡的所示用圓括號"( )"來表示。①斷簡的接續和釋文、注釋以《里耶校釋一》爲基礎。《湖南龍山里耶戰國—秦代古城一號井發掘簡報》和《里耶發掘報告》中所介紹的九層以下的木牘,由於原簡編號和整理編號不明,姑且以如⑯52的記録方法來加以區別。换行以"」"來表示。

一、里耶秦簡中相關交通的資料

里耶秦簡中的地名里程簡⑯52,記録了從南郡的鄢、銷、江陵(荆州市)、屠陵,經過洞庭郡的索、臨沅到達遷陵縣的交通路綫。②

　　鄢到銷百八十四里」銷到江陵二百冊六里」江陵到屠陵百一十里」屠陵到〔索〕二百九十五里」〔索〕到臨沅六十里」臨沅到遷陵九百一十里」〔凡四〕千四百冊四里

(⑯52 第二段)

以上的記載,一般認爲是顯示了從臨沅順沅水逆流而上,經過沅陵、酉陽等縣到遷陵縣的水路。實際上,如果綜合湖南省内待考的縣城遺迹來看的話,可以實際感受到與水路相比,陸路要更困難。③這説明了在黄河流域,陸路上的車馬運輸是交通的主體,而與其相對,南方的長江流域則是靠船隻的水上交通,正是所謂南船北馬的情況。里耶秦簡中就有反應南方交通情況與船隻和水上交通相關的資料。

　　1. 二十六年(前 221 年)八月二十七日的文書。圍繞遷陵縣公船的事件。④

① 里耶秦簡的譯注有里耶秦簡講讀會《里耶秦簡譯注》,《中國出土資料研究》第 8 號,2004 年;馬怡《里耶秦簡選校》,《中國社會科學院歷史研究所學刊》第四集,商務印書館,2007 年;王焕林《里耶秦簡校詁》,中國文聯出版社,2007年。《里耶秦簡(壹)》的考證以《里耶校釋一》爲基本。

② 參看藤田勝久《中國古代國家和社會系統——長江流域出土資料的研究》第十一章"秦漢時代的交通和情報傳達",汲古書院,2009 年。

③ 當地的歷史地理,請參照藤田勝久《秦漢簡牘和里耶周邊的調查筆記》(《資料學の方法を探る》11,2013 年)。

④ 《里耶校釋一》將"薑陰"作"漢陰"。"名曰□",簡報作"柂"。"慮"字簡報作"慶",《里耶秦簡(壹)》作"懷"。"□月"二字,譯注、選校、校詁中作"八月"。收信所記的"手",改爲"半"。參照藤田勝久《書評:陳偉主編〈里耶秦簡牘校釋一〉》。關於交通的資料,有金秉駿《中國古代南方地域的水運》(藤田勝久、鬆原弘宣編《東亞出土資料和情報傳達》,汲古書院,2011 年)。

A 廿六年八月庚戌朔丙子,司空守樛敢言:前日言,競陵漢陰狼叚(假)遷陵公船一,袤三丈三尺,名曰□,以求故荆積瓦,未歸船。狼屬司馬昌官,謁告昌官,令狼歸船。報曰:狼有逮在覆獄己卒史衰、義所。今寫校券一牒上,謁言己卒史衰、義所,問狼船存所。其亡之,爲責券移遷陵。弗□□屬。謁報,敢言之。/C〔九〕月庚辰,遷陵守丞敦狐卻之。司空自以二月叚(假)狼船,何故弗蚤辟□,今而謌曰謁問覆獄卒史衰、義。〔衰、義〕事已,不智(知)所居。其聽書從事。/應手。即令走□行司空。

(8-135 正)

B □月戊寅,走己巳以來。/應半　　　　　　　　□手　　　　(8-135 背)

這份文書中,A 是司空"守"送往遷陵縣縣廷的内容。此中叙述了南郡競陵縣一個叫狼的人借了遷陵縣的公船來裝故荆的瓦,却未歸還公船的事件,並由此引發的公船責任問題。但是 C 遷陵縣的守丞駁回了他的要求。縣裏有公船,而出借公船是司空的職守。公船的長度爲三丈三尺(約 7.4 米),並起有名稱。我們可以知道當時就是利用這種公船在同南郡之間的水路上往來輸送物資。

2. 二十七年(前 220 年)三月四日的上行文書。

A 廿七年三月丙午朔己酉,庫後敢言之。兵當輸内史,在貳春□□□□」五石一鈞七斤,度用船六丈以上者四〔艘〕。謁令司空遣吏、船徒取。敢言」之。

(8-1510 正)

C 三月辛亥,遷陵守丞敦狐告司空主,以律令從事。/□□」昭行

B 三月己酉水下下九,佐赾以來。/釦半。☒　　　　　(8-1510 背)

這件文書,A 三月四日從庫向縣廷呈報的文書,有一部分缺失。其内容是,爲了向内史輸送物資而連絡司空的官吏和開船的船徒,令其調用六丈(約 13.5 米)的船隻四艘前往貳春鄉提取物資。同樣在三月四日接收到 B。而 C 三月辛亥日(六日)遷陵縣的守丞吩咐司空使用船隻。在這裏,我們看到 A 正面的正文,背面記録的遷陵守丞的文章以及 B 接收的記録,是不同的人書寫的。需要注意的是,如簡⑯5、⑯6 所見,在這個時期,二十七年二月洞庭郡守向内史、巴郡、南郡和蒼梧郡發出運送物資的命令,而遷陵縣在三月五日、十一日幾次由尉向司空・倉以及都鄉、啓陵鄉和貳春鄉傳達此命令。[1]因此 8-

---

① 藤田勝久《里耶秦簡和秦代郡縣的社會》,《中國古代國家和社會系統》。

1510,即⑯、⑯6或許是在顯示以洞庭郡的文書爲背景的物資和船隻的供應。在此,庫的職責是連絡物資,而司空則來使用船隻。

3. 尉的部下利用遷陵縣的船隻①

尉敬敢再〔拜〕謁丞公。校長寬以遷陵船徙卒史【酉陽,酉陽】□□【船】□元(沅)陵,寬以船屬酉陽校長徐。今司空□□□□□丞公令吏徒往取之,及以書告酉陽令來歸之。盜賊事急,敬已遣寬與校長囚吾追求盜。

(8-472 正 + 8-1011 正 + 8-194 背 + 8-167 正)

發田官不得者。敢再〔拜〕謁之。　　　　　　　　　　(8-194 正 + 8-167 背)

此牘兩面使用,年代不明,是遷陵縣的尉"敬"向縣廷的丞呈報的文書。其内容是,校長"寬"用遷陵縣的船隻將卒史運往酉陽縣,並將船委託給了酉陽縣的校長。其後有一部分不太明白,令遷陵縣的吏徒前往取船,並書面告知了酉陽令。其後叙述了因緝盜之事緊急,尉"敬"派遣"寬"和校長追緝盜賊的事。在這裏,從遷陵縣派遣尉的下屬人員前往下游的酉陽縣、沅陵縣時,是利用船隻走水路的。

4. 三十年(前 217 年)九月田官守的上行文書。

此外發生過田官借船而丢船的事件,即在此文書中記述的縣廷向田官出借的船隻被沖走,田官部門由佐"壬"將記載着船隻狀況的副本帶去縣廷之事。

A 卅年九月丙辰朔己巳,田官守敬敢言之。廷曰,令居貲目取船,弗予,諼曰亡,〔亡〕不定言。論及諼問,不亡,定諼者誓,遣詣廷。問之,船亡審。漚臬,迺甲寅夜水多,漚流包船。〔船〕轂(繫)絶,亡。求未得,此以未定。史逐將作者氾中。具志已前上,遣佐壬操副詣廷,敢言之。　　　　　　　(9-982 正)

B 九月庚午旦,佐壬以來。/扁發。　　　　　　壬手　　　(9-982 背)

如上所述,遷陵縣有長三丈三尺和六丈的不同種類的公船。使用這些公船的是縣尉的部下、司空等部門,還可見將船隻借予田官的情況。以下材料並非直接顯示交通的情況,而是包含顯示出船隻交通、陸路往來、車馬、傳舍等事物存在的内容。

5. 三十三年(前 214 年)正月啓陵鄉守的上行文書

A 啓陵津船人高里士五(伍)啓封,當踐十二月更,□【廿九日】□☑

---

① 斷簡根據《里耶校釋一》的復原,依接續的順序更改了編號。

正月壬申,啓陵鄉守繞劾。

B 卅三年正月壬申朔朔日,啓陵鄉守繞敢言之。上劾一牒□　　　　(8-651 正)

C 正月庚辰旦,隸妾谷以來。/履發。□　　　　(8-651 背)

此文書分爲三個部分。通常情況下,記録有年月日的部分是文書的開頭,而只有月日的部分是其後續。依此來看,B 部分是文書完整的開頭部分。内容是,三十年正月一日,遷陵縣下的啓陵鄉守,呈報了"劾一牒(彈劾文書)"。縣廷在 C 的部分記録了(此件)在正月九日由隸妾從縣廷拿來,並由書記員履打開。縣廷應有對此事的後續處理,在這裏却没有記載。然而在 A 的後半,記録了與 B 的上申文同一天的"啓陵鄉守繞劾"。A 的前半没有日期,似在叙述這樣的罪狀"啓陵津船人高里士五(伍)啓封當踐十二月更"。這樣的話,A 的部分就是 B 中所説的"劾一牒"吧。於是啓陵鄉的文書形態被很好地保存下來,看來應該是先將"劾一牒"的内容記録下來,然後將要寄出的文章在其後部記録。如果彈劾的文書與"劾一牒"是不同的文書的話,就先寫上"劾一牒",再將要寄送的文書附加在後面,在該處附注上收信,從而完成整個記録。①無論怎樣,此文書都顯示出啓陵鄉有津船人這一事實。

6. 有關船隻交通許可的資料

　　□年四月□□朔己卯,遷陵守丞敦狐告船官」□令史廳讎律令沅陵,其假船二〔艘〕勿」留。

　　　　(6-4)

此木牘是用大號的字寫了三行而成的文書,其内容是某年四月遷陵守丞向船官發出的通知。令史爲在沅陵縣校勘律令,下達了兩艘船的通行許可。此文書的形式與漢簡所見通行證的形式很相似。②只是在漢簡中,記録的是向"過所""過所縣邑""過所縣道河津關""過所津關"下達文書,與此簡中向船官通告的形式不同。但以此推測,此木牘的内容應當就是水上通行證吧。只是,此木牘就是通行證本身,或者是同樣内容的副本資料,這個問題還有商討的餘地。

7. 嘉平(臘祭)時的通行證

　　充獄史不更寬受嘉平,賜信符。　　　　(8-987)

---

① 肩水金關的漢簡 73EJT8:51 和 73EJT8:52 中,與通行用的稱爲"如牒"的文章相對,將"官大奴"木簡另寫。參照藤田勝久《肩水金關和漢代的交通—傳和符的用途》,《愛媛大學法文學部論集》人文學科編 36,2014 年。
② 藤田勝久前揭《肩水金關和漢代的交通》。

此簡以大號的字寫成，左側或有缺失。主要内容是，獄史（不更）"寬"，在嘉平臘祭時賜人信符之事。《里耶校釋一》中將信符看作是證明的符節。這種形式與居延新簡的 EPF22：698 中休假所使用的許可通行證的内容很相似。①只是 EPF22：698 中是觚形的形狀，而此簡既無年月，也僅限於一部分内容。這也是與通行證相關聯的資料。

8. 身高、年齡、身體特徵的記録

> 遷陵獄佐士五（伍）胸忍成都謝，長七尺二寸，年廿八歲，白皙色。舍人令佐冣占。
>
> (8-988)

這裏以小號的字體，記録了遷陵縣一個士伍胸忍縣成都里出身的名叫謝的獄佐，年齡二十八歲、皮膚白皙的身體特徵。《里耶校釋一》257 頁，將成都作爲一個里名，張家山漢簡《二年律令·津關令》四九八簡中，津關出入檢查要求填寫的事項有"郡、縣、里、年、長、物色、疵瑕見外者及馬職（識）物關舍人占者"。而在金關漢簡中，也記載有這樣的出入記録，②這或許是遷陵縣的獄佐通行時的記録。

9. 輼輬車、軺乘車的記載

> ☐☐敢言之。令日，上見輼輬軺乘車及」☐守府。今上當令者一牒，它毋
>
> (8-175 正)
>
> ☐☐恒會正月七月朔日廷。
>
> ☐佐午行。 　　　　　　　午手 　(8-175 背)

這是上級官府對遷陵縣所報現存輼輬車、軺乘車情況發出的命令，以及遷陵縣關於符合條件車輛的反饋。依此可以得知縣廷周邊車馬的使用情況。

10. 二十三年（前 219 年）三月，傳車的記載

> ☐【八】年三月庚子朔丙寅，厩守信成敢言之。前日言，啓陽丞歐叚（假）啓陽傳車
>
> ☐乘及具徒【洞庭郡，未智（知）署縣。寫校券一牒，校☐☐☐上，謁☐洞庭。】
>
> (8-677 正)
>
> 祛手 　(8-677 背)

① 鷹取祐司《漢簡所見文書考》，富谷至編《邊境出土木簡的研究》，朋友書店，2003 年。
② 佐原康夫《居延漢簡中所見肩水金關》；李天虹《居延漢簡簿籍分類研究》，科學出版社，2003 年；李均明《秦漢簡牘文書分類輯解》，文物出版社，2009 年；藤田勝久前揭《肩水金關和漢代的交通》；畑野吉則《漢代的下級部門的日常業務和情報處理——關所的通關業務和出入記録簡》，《資料學の方法を探る》13，2014 年。

《里耶校釋一》201 頁將此文書中的"□八年三月庚子朔"考證爲始皇二十八年。其内容是,遷陵縣的厩守申報說,先前從啓陽縣丞處借來的傳車停在了洞庭郡的情況。因此提出申請,希望通過遷陵縣的縣廷將複寫的"校券一牒"送往洞庭郡。在此我們可以估計,在水路之外,各縣之間也有通過傳車而進行的陸路移動。

11. 三十年(前 217 年)十月傳舍的修築

　　　卅年十月辛亥,啓陵鄉守高□ ⌐受司空仗城旦二人。

　　　二人治傳舍。它、骨。　　　　　　　　　　　　　　　　　　(8-801)

此文書爲斷簡,字體較小。内容是十月二十一日啓陵鄉守接收了原本司空管理下的兩名年老的城旦。此二人的名字是"它"和"骨",在啓陵鄉從事修築傳舍的工作。從這裏我們可以看出啓陵鄉的交通路綫上有可留宿的傳舍。據考證,漢代縣城已有傳舍的存在,而現在的問題是它與秦代鄉里的傳舍的關係。①

通過這些里耶秦簡,我們掌握了里耶秦簡中有關水路、水上交通及其官吏,陸路交通的車馬、傳舍等的資料。等里耶秦簡公開發表之後,就可以更進一步研究當時的交通系統了。

二、漢代邊郡的私用傳的形式

在這裏我們先換一個視點,來看看漢代西北漢簡中所見的交通問題。針對在漢代的交通系統中住宿設施、關所的作用,長距離出差、旅行所使用的通行證(傳、傳信),在一定範圍内使用的符等物,已有若干研究成果。②將其中傳的形式整理來看,可以分爲公用旅行的傳和私用旅行的傳。公用的傳是中央的御史大夫,郡縣的官府、侯官所發放的。而私用旅行的傳,並非郡發放的,全部都是縣的官府發放的。只是嚴格來講,這些公用、私用旅行的傳,並非需要通行的本人所攜帶的傳的實物,而是懸泉置、肩水金關等複寫的記録。以這些記録爲基礎,傳的形式可加以復原。

關於私用旅行的傳,大庭脩在《漢代關所與通行證》一文中已經指出了其基本特色。③

---

① 浜口重國《漢代的傳舍》,1935 年;《秦漢隋唐史的研究》下,東京大學出版會,1966 年。
② 藤田勝久《漢代交通與傳信的功能——以敦煌懸泉漢簡爲中心》,《愛媛大學法文學部論集》人文學科編 26,2009 年;《漢代交通與傳信的功能——以敦煌懸泉漢簡爲中心》,《白沙歷史地理學報》第 12 期,2011 年。
③ 大庭脩《漢代關所和通行證》。

大庭先生指出了私用旅行的傳的形式,是由 A 所屬的鄉向縣廷申請旅行者的申報書和 B 縣廷下達的允許使用交通設施的許可,這二者復合而成。A 文書記錄了①日期、②請求者(旅行者)所在地及鄉嗇夫名、③旅行的目的、④旅行者無前科的證明以及擁有取得傳的資格、⑤到目的地途中會經過的津關名。與此相對,B 文書的形式是由縣令、縣丞所寫,認可鄉嗇夫的文書,並告知津關的守吏。

金關漢簡中,有一些從居延到東邊諸郡和畿内的私用的傳的記錄。①

> A 甘露二年十二月丙辰朔庚申,西鄉嗇夫安世敢言之。富里薛兵自言,欲爲家私市張掖、酒泉、武威、金城、三輔大常郡中。謹案薛兵毋官獄徵事,當得以令取傳。謁移過所津關,勿苛留止,如律令。敢言之。
>
> B 十二月庚申,居延守令千人屬移過所,如律令。/掾忠、佐充國
>
> (EJT10：313A)
>
> C 居延千人
>
> 十二月丙寅,□□薛兵以來。　　　　　　　　(EJT10：313B)

A 是漢宣帝甘露二年(前 52 年)十二月庚申(五日),西鄉嗇夫呈報給居延縣的文書。内容是,名叫薛兵的旅行者,想要前往張掖、酒泉、武威、金城郡和京師三輔、太常郡行商。B 是居延縣在該日批准該申請,代理守令千人將此事告知過路的津關。C 的部分是記錄十二月丙寅(十一日)日肩水金關所出土的該次通過時所確認的傳的印文,同時並附記了薛兵自己帶來之事。

接下來是與私用旅行傳有同樣的形式(上行＋下行文書)的、在居延縣的下級機構中用"遣"這一用語來申請旅行的資料。

> A 五鳳四年八月己亥朔己亥,守令史安世敢言之。遣行左尉事亭長安世逐命張掖、酒泉、敦煌、武威、金城郡中,與從者陽里鄭常富,俱乘占用馬軺車一乘。謁移過所縣道,毋苛留。敢言之。
>
> B 八月己亥,居延令弘丞江移過所縣道,如律令。/掾忠,守令史安世
>
> (EJT9：104)

A 是漢宣帝五鳳四年(前 54 年)八月一日,居延縣的守令史申請將作爲左尉代理的

---

① 藤田勝久《漢代額齊納河流域的交通和肩水金關》,《資料學の方法を探る》11, 2012 年;《金關漢簡的傳與漢代交通》,《簡帛》第七輯,武漢大學出版社,2012 年。

庭長派往張掖、酒泉、敦煌、武威和金城郡。B是居延縣在該日發給要通過的縣、道的文書。此處申請的守令史安世,同時也在縣廷發放時記錄下來。

還有一條居延縣的下級機構用"遣"這一用語來申請旅行的資料。

　　A□□四年九月己巳朔己巳,佐壽敢言之。遣守尉史彊上計大守府。案所占用馬一匹」□。謁移過所河津關,毋苛留止,如律令。敢言之。

　　B□□巳,居延令守丞江移過所,如律令。/掾安世、佐壽□　　(EJT10∶210A)

　　C□□□令延印

　　□月甲午,尉史彊以來。　　　　　　　　　　　　　　　　(EJT10∶210B)

A是居延縣佐申請將守尉史"彊"派遣往張掖太守府呈報上計文書。B是居延縣令和縣丞在該日發放的"過所"的文書。在這裏提出申請的佐"壽"和縣廷所承認的書記是同一人物。C是肩水金關附記的印文和通關的令史"彊"的記載。這個守尉史"彊"和令史"彊"也是同一人物吧。

在這裏產生了一個問題。傳的記錄中所見A和B的復合文書,原本是兩份文書嗎?筆者最初根據鄉嗇夫和下級組織的呈報文書,設想有可能做了另外的通行證。但是實際通行所用的傳,全都是通過上述複合文書記錄下來的,應該毫無疑問就是傳的形式了。那麼私用旅行的傳和與其同形式的下級的申請,爲何是以復合文書的形式出現的呢?再者,上行文書和下行文書組合起來的傳的形態,在縣社會中有什麼樣的意義呢?對於這一點,應與里耶秦簡的交通資料結合起來考慮。

三、里耶秦簡有關交通和食物的簡牘

里耶秦簡中,在上述有關交通資料之外,還有通知食品供給的文書。通過這些資料的情報處理和傳達的程序,可以了解私用旅行的傳中的復合文書的形式和意義。現舉例說明:

文書(1):遷陵縣的倉曹申請爲縣外出差者提供食品。

　　A卅五年三月庚寅朔辛亥,倉衔敢言之。疏書吏、徒上事尉府者牘北(背),食皆盡三月。遷陵田能自食。謁告過所縣,以縣鄉次續食如律。雨留不能投宿齋。當騰騰。來復傳。敢言之。　　　　　　　　　　　　　　(8-1517正)

　　　B令佐温

　　　更戍士五城父陽翟執

　　　更戍士五城父西中痤　　　　　　　　　　　　臂手　　　（8-1517 背）

　　此文書是始皇三十五年（前 212 年）三月辛亥（二十二日），遷陵縣所屬倉的衙，向縣廷呈報的文書。内容是，在木牘的背面分條記録了吏和徒到達尉府的名單，並説明遷陵縣供給食品到三月末爲止。於是聯絡各個經過的縣，希望按照規定以縣、鄉的順序提供食品。另外，補充説在因天雨滯留無法投宿的情况下，需提供糧食和錢財。①此文書是送往縣里的起草有年月日的上行文書，説明了出差的吏和徒就是背面記録的"令佐温"和兩個"更戍"。

　　然而，里耶秦簡中還有一記録有同樣内容的殘牘，在《里耶校釋一》中是 8-110 ＋ 8-669 殘簡拼合起來。

　　文書（2）：應是遷陵縣的長吏重新記録倉曹的文書，並加上通告文書而成的資料。

　　　A☒庚寅朔辛亥，〔倉〕☒

　　　☒□皆盡三月，遷□☒

　　　食如律。雨留不能投宿齎。☒

　　　B三月庚申朔辛亥，遷☒　　　　　　　　　　（8-110 ＋ 8-669 正）

　　　令佐温。☒

　　　□戍□□□陽翟□。☒

　　　更□士□□□中痤。☒　　　　　　　　　　　（8-110 ＋ 8-669 背）

　　A 的開頭已不可讀，而"庚寅朔辛亥"是與 8-1517 同樣朔日的干支，而且和"皆盡三月""雨留不能投宿齎"的内容相似。這是與 8-1517 同樣的内容，而且因背面的名字更加明顯，即推定爲令佐温和更戍兩人的名單。然而，此木牘與 8-1517 不同在於 B 的記載。B 的文書雖只有前半部分，但可以推測是三月辛亥（二十二日）當天，遷陵縣的長吏所記録的文章。即收到 8-1517 的上行文書后，在遷陵縣官府重録了此申請，且追加了通告文書。由此我們就可得知遷陵縣向縣外發送文書的程序。

　　首先，遷陵縣的下級組織倉曹所寫的文書（1），不能單獨對縣外發信。與此同樣，

────────────

① 根據《里耶校釋一》的解釋。在此尚有"當騰騰""來復傳"等詞的意義成疑。

遷陵縣往縣外的文書發送記錄，也可以證明獄東曹、獄南曹、司空曹、尉曹、户曹、金布等的文書，最終是由縣廷的長吏加封印並發出的。①下級的職責是往縣廷申請 A 文書。縣廷重録記有年月日的倉曹的文書，再加上只有月日的長吏的文書，而形成一篇文書（A、B 的復合文書）。文書（2）並非是在倉曹所作原本之上的附記，而是發往外部的遷陵縣的文書。但是發往縣外的很多文書都應已全部發出了，此文書並非原本。而且，文書（2）雖是在縣廷所寫，但應該是發往縣外的文書（一篇復合文書）的留底記録（抄本）。

與此文書（1）、（2）有同樣形式的文書，在其他地方也能看到。②例如 8-169＋8-233＋8-407＋8-416＋8-1185，是倉曹提交給縣廷的文書。又有 8-50＋8-422，是倉曹提交縣廷的文書與遷陵縣丞通告酉陽・臨沅的文章合成的復合文書。

這樣從遷陵縣發出的文書，其後其他縣如何使用，從這份文書中我們就不得而知了。但是其他縣送到遷陵縣的供給食品的通告文書，里耶秦簡中有一些留下來。

文書（3）：零陽縣送到遷陵縣的供給食品的通告文書的記録。

　　A 元年七月庚子朔丁未，倉守陽敢言之。獄佐辨、平、士吏賀具獄，縣官食盡甲寅，謁告過所縣鄉以次續食。雨留不能投宿齋。來復傳。零陽田能自食。當騰期卅日，敢言之。

　　B／七月戊申，零陽齮移過所縣鄉。／齮手

　　D／七月庚子朔癸亥，遷陵守丞固告倉嗇夫。以律令從事。／嘉手　　　　（5-1 正）
　　　遷陵食辨、平盡己巳旦□□□□遷陵。

　　C 七月癸亥旦，士五臂以來。／嘉發　　　　　　　　　　　　　　　（5-1 背）

---

① 藤田勝久《里耶秦簡中所見的秦代郡縣的文書傳達》，《愛媛大學法文學部論集》人文學科編 34，2013 年；《里耶秦簡所見秦代郡縣的文書傳遞》，《簡帛》第八輯，上海古籍出版社，2013 年；畑野吉則《里耶秦簡的郵書記録和文書傳達》，《資料學的方法を探る》12，2013 年；高村武幸《里耶秦簡第八層出土簡牘的基礎的研究》，《三重大史學》14，2014 年。

② 根據《里耶校釋一》的復原，8-169＋8-233＋8-407＋8-416＋8-1185 是起草有年月日的，由下級的倉曹向縣廷申請的文書（A）。8-50＋8-422 是遷陵縣將下級的申請再録而成的發給文書（A、B 的復合文書）。

　　A 卅五年二月庚申朔戊寅，倉□擇敢言之。隸□領爲獄行辟書彭陽，食盡二月，謁告過所縣鄉以次續食。節不能投宿齋。遷陵田能自食。未入關縣鄉，當成齋，以律令成齋。來復傳。敢言之。□
　　　　　　　　　　　　　　　　　　　　　　（8-169＋8-233＋8-407＋8-416＋8-1185 正）
　　□」背　　　　　　　　　　　　　　　　　　　　　　擇手　　　（8-169 背）
　　A□□倉□建□□□畜官適□□」□□謁告過所縣鄉，以次續食。雨□」□騰騰。遷陵田能自食。敢言之。□
　　B□□□□丞遷移酉陽、臨沅。／得□　　　　　　　　　　　　　（8-50＋8-422）

　　A部分是二世元年(前209年)七月丁未(八日),零陽縣的倉守所發的上行文書。内容是獄佐辨、平和士吏賀,寫出獄官的文書出差,供給甲寅(十五日)爲止的糧食,也希望通過地的縣/鄉能提供食品。在此也出現了因雨滯留無法投宿而需提供糧食和錢財的情況,零陽縣將供給的時限定爲三十日。

　　此後的B部分是,翌日的七月戊申(九日),零陽縣的長官再録了倉曹的文書,追加了向通過地的縣/鄉發送的文書。這是發往外部的通告文書(A、B的復合文書)。

　　此文書是C七月癸亥(二十四日)送到遷陵縣的。這並非往來者所攜帶的通行證,而是提供糧食的文書,由士伍"臂"送來,縣的"嘉"接收的。

　　正面D的部分是,接收當日遷陵縣的守丞傳達給下屬的倉嗇夫的記録。書記官是與接收時相同的"嘉"。在此遵照零陽縣的通告和規定,遷陵縣的倉曹向旅行者提供糧食。背面的右側"遷陵食辨·平盡己巳(三十日)旦□□□□遷陵",或許是附記了提供的期限。

　　在此可以確認的情報處理的程序如下。首先,零陽縣發送文書(A、B的復合文書)給在交通路綫上的鄰縣。其形式與遷陵縣的文書(2)以及送旅行的傳(A、B的復合文書)相同。不同的是,里耶秦簡的文書(2)、(3)是糧食供給的文書,與此相對的,漢簡中則是旅行時攜帶的私用傳。但是下級部門所寫的文書不能單獨發送給外部,也是用同樣的方法,通過縣廷向其他縣來發放。

　　文書(3)是遷陵縣接收到的文書,在記録持有者這一點上與傳的記録相同。只有里耶秦簡的文書没有封泥印文的記載這一點是不同的。再者,文書(3)附記了運送此文書的指示。因而文書(3)既非零陽縣送來的原本,也非下級部門發送的原本,而是縣廷中留下的處理的記録(抄本)。這樣將里耶秦簡的文書和金關漢簡的私用傳中所見的形式相比較來看,就可以理解其情報處理的方法是相同的了。

　　再從交通路綫來説,文書(3)並非只有水路,也可以設想有陸路。因爲洞庭郡的零陽縣(湖南省慈利縣)與里耶古城所在的遷陵縣的酉水是不同的水系,這是一條跨越分水嶺的通行綫路。①再者,零陽縣在七月九日發出文書,到達遷陵縣是七月二十四日,其間經過了十五天。在這裏有一個問題,具獄的工作應在哪個縣完成? 從零陽縣往下游,經過臨沅、沅陵,到達遷陵縣被認爲是一條迂迴路綫。

———————————

① 藤田勝久前揭《秦漢簡牘和里耶周邊的調查筆記》。

從這些與出差相關聯的、通告食品供給的里耶秦簡文書中,可以得知,由縣廷的長吏抄録下級部門的申請文書,並形成一份通告文書(下級和縣廷的復合文書),然後發往通過地,這一完整的程序。金關漢簡中的私用傳中所見的復合文書的形式,可以依據這一共通點進行説明,即縣廷是向縣外發送文書的基礎單位。

四、秦漢時代的縣和鄉里社會

到此爲止,通過對里耶秦簡的交通資料和漢簡中所見的私用旅行的傳的形式進行分析,可以推測出縣的下級組織、鄉等,是不能獨自向縣外發送文書的。因此,下級組織、鄉的官吏首先要向縣廷提交申請文書。縣廷則將此呈報的文書進行複寫再録,再附加上縣廷的通告文書,從而成爲一份文書。因此,縣廷發往縣外的文書,雖然看上去是由上申和下達兩份文書復合而成的形式,但本質上還是一份。這是因兩份文書合二爲一而産生的形式。

那麽,上行文書與下行文書組合起來的傳的形態,在縣級社會中具有怎樣的意義呢? 下面來探討一下私用旅行傳中所見的手續和縣級社會的關係。

私用傳是縣下屬的鄉嗇夫申請通行許可,再由縣將此文書再録,從而作爲通告文書發出。這種形式表現出了兩個特徵。

第一點,如前所見,縣下屬的鄉和下級部門不能獨立向縣外發送文書,需要向縣外發送時,縣的官府是統轄的基本單位。里耶秦簡中,有作爲下級部門的令曹、吏曹、尉曹、司空、倉曹、户曹、少内、庫、獄曹、田官、畜官等職。[①]遷陵縣的下級組織,有都鄉、啓陵鄉、貳春鄉三個行政區劃。在漢代,縣的下級也有所屬部門和鄉的組織。因此,從向縣外發送的文書傳達的功能來看,縣是文書行政的基本單位。下級部門和鄉的組織,是編入縣的行政機構中的,不能看作獨立的機構。

第二點,在私用傳的申請和發放中,可以得知,由鄉區劃下的里的人員進行申請,然後由縣廷進行確認。這顯示了鄉掌握旅行者的户籍,縣也可以再次確認其户籍。因而,從户籍的做成和官吏來説,鄉在申請傳時掌握户籍,而縣是最終統括户籍的單位。[②]這種形態,顯示了縣不僅是掌握户籍的基本單位,也是生活的基層社會。

---

① 《里耶秦簡(壹)》"前言"等。
② 户籍的做成的考察,有佐藤武敏《漢代的户口調查》,《集刊東洋學》18,1967 年。

　　在漢代的傳中,看不到郡所發放的私用旅行的傳。雖也可認爲是現在還未發現,但從迄今發現的資料來看,由縣來發放應是通常的形態。這樣來看,如尹灣漢墓簡牘中所見,可以推測郡雖然掌握着户口、男女人數的信息,却没有掌握帶有個人的户籍。[1]因而,人們所説的郡的民政權利强大的西漢後半期和東漢時代,可以知道個別的户籍管轄和私用傳的申請仍是以縣爲基礎單位的,郡只是掌握人口等信息。[2]這樣的狀况,在漢代的郡縣關係方面顯示出了具體的實際形態。

　　再者,縣下屬的行政機構中也編入了鄉的官吏,鄉並非獨立的機構的説法,又是針對縣以下的鄉里社會急需討論的問題。例如有些説法設想出,在漢代有鄉里共同體、里共同體,並將縣以下的社會看成獨立的都市國家。[3]但是從文書傳達和私用傳的發放經過來看,縣是地方行政的基本單位,不能認爲下級的鄉是獨立機構或都市國家。這是漢武帝之後的情况。

　　那麽在漢武帝之前,縣和鄉里社會的關係是怎樣的呢? 綫索在漢墓陪葬的告地策、告地書裏。漢代初期的墓葬中,有作爲將死者送往地下世界的、發送給地下官吏告地策、告地書等的擬制文書。大庭脩先生將此視爲與地上的傳一樣的"通往冥土的護照"。[4]以下是一些與漢代的私用傳有共同記載的資料。

　　比如,謝家橋一號漢墓中,有記載郎中、五大夫昌之母的殉葬者和隨葬品的清單,以及證明爲其家屬的竹牘。[5]

　　■郎中五大夫昌母家屬,當復毋有所與。　　　　　　　　　　　　　(竹牘一)
　　五年十一月癸卯朔庚午,西鄉辰敢言之。郎中大夫昌自言,母大女子恚死,以衣器、葬具及從者子、婦、偏下妻、奴婢、馬牛、物、人一牒,牒百九十七枚。昌家復無

① 據連雲港市博物館、中國社會科學院簡帛研究中心、東海縣博物館、中國文物研究所編《尹灣漢墓簡牘》(中華書局,1997 年)"集簿"。
② 紙屋正和《漢代郡縣制的展開》第一編《西漢前半期的地方行政的狀况》(朋友書店,2009 年)中寫道,到西漢時代的前期爲止,地方行政的中心是縣,郡作爲上級的行政官府還不成熟。所以從西漢武帝時期開始,郡的民政方面的功能逐漸擴大。
③ 日本的歷史學界,圍繞中國古代專制國家和共同體、都市國家,宮崎市定、西嶋定生、增淵龍夫、堀敏一、好並隆司、谷川道雄、川勝義雄氏之間有許多理論。其中一部分由多田狷介《中國古代史研究覺書》(1971 年,《漢魏晉史的研究》,汲古書院,1999 年)、東晉次《秦漢帝國論》(谷川道雄編《戰後日本の中國史論爭》,河合文化教育研究所,1993 年)、渡邊信一郎《中國古代國家的思想構造》"緒論"、第八章"小結—中國古代專制國家論"(1994 年)、重近啓樹《秦漢帝國與豪族》(《秦漢稅役體系的研究》,汲古書院,1999 年)等整理出來。
④ 大庭脩《通往冥土的護照》,《漢簡研究》,同朋舍,1992 年。
⑤ 藤田勝久《張家山漢簡〈津關令〉和漢墓簡牘》(前揭《中國古代國家和社會系統》)、《張家山漢簡・津關令與漢墓簡牘—傳與致的情報傳達》(《簡帛》第二輯,武漢大學出版社,2007 年)。

有所與，有詔令。謁告地下丞以從事，敢言之。　　　　　　　　　（竹牘三）

　　十一月庚午，江陵丞匭移地下丞，可令吏以從事。/臧手　　　　（竹牘二）

　　其年代推定爲高后五年（前 183 年）十一月癸卯朔庚午（二十八日）。①竹牘三是從西鄉到江陵縣的申請文書。這裏記載了人和物品的牒一百九十七枚，同時敘述了“昌家復無有所與（昌家免除徭役）”的事。與此對應的證明是竹簡一的“▇郎中五大夫昌母家屬，當復毋有所與”。竹簡二是竹簡三的申請被接受之後，江陵丞通告給地下丞的文書。將此二者結合，正與私用旅行傳的形式（復合文書）相同。只是在這裏並無記錄旅行者的事由和資格，而是記錄了隨行的物品和人員及其資格。因此，謝家橋一號漢墓的竹牘，並非墓主的通行證，倒不如推測爲是前往地下世界時隨行的人員和物品的證明。②

　　表 1 是漢代告地策的總覽，顯示通往地下世界的同樣傾向。③例如作爲申請者和發放者，已經知道收件方的有文帝時期的鳳凰山一六八號墓的告地策（江陵丞—地下丞）、高臺一八號墓的告地策（中鄉—江陵丞—安都丞），景帝時期的孔家坡八號墓的告地策（都鄉—套後果丞—地下丞）。文帝時期的毛家園一號墓的告地策，是從建鄉發往地下冥主的文書，與從鄉發往縣廷的申請文書（鄉的上行文書）的形式相同。鳳凰山一〇號墓的告地策中，直接發給地下冥主。再者，馬王堆三號漢墓的告地策，是從家丞直接發給主藏郎中的文書的形式。

　　這些簡牘直接發往地下世界的時候，是從鄉或者是從起草者發往“地下冥主”的文書。里耶秦簡中，文書的收件人以“某主”來表示。④但是如果先向縣廷申請，然後再送往地下的通告文書，收件人則以“地下丞”來表示，與他縣相同。高臺一八號墓的告地策中，指定爲安都丞。這樣的告地策，記錄了家屬和奴婢，可以得知漢代初期的鄉也掌握着戶籍，而戶籍由縣廷統轄。這與從漢簡的私用傳中看到的縣鄉關係是相同的。因而可知，漢代初期的制度中，鄉在做成告地策時掌握了戶籍，而縣是最終將戶籍統括的

①　荆州博物館編《荆州重要考古發現》，文物出版社，2009 年；劉國勝《謝家橋一號漢墓〈告地書〉牘的初步考察》，武漢大學簡帛研究中心網，2009 年 4 月，《江漢考古》2009 年第 3 期；胡平生《荆州新出簡牘釋解》，2009 年；《胡平生簡牘文物論稿》，中西書局，2012 年；荆州博物館《湖北荆州謝家橋一號漢墓發掘簡報》，《文物》2009 年第 4 期。

②　藤田勝久前揭《張家山漢簡〈津關令〉與漢墓簡牘》。

③　在此修正藤田勝久前揭《張家山漢簡〈津關令〉和漢墓簡牘》第 410 頁的表，對申請者和發給者的區分做一部分更改。

④　高村武幸《秦·漢初的鄉——湖南里耶秦簡》（《漢代的地方行政官吏和地域社會》，汲古書院，2008 年）中說，鄉嗇夫和鄉主是同一主管官吏的別稱，其原因是官僚制度的不發達。但是“某主”的表示方法，是與其他部門共通的收件人的表達方法，與部門長官的“主某”相區別。

表 1　漢代告地策、告地書一覧表

年代	漢墓	發給	申請	受信	墓主
高后	謝家橋 1 號	江陵丞	西鄉辰	地下丞	大夫昌母
高后	〔内容〕郎中大夫昌自言,母大女子恚死,以衣器、葬具及從者子、婦、偏下妻、奴婢、馬牛、物、人一牒,牒百九十七枚。				
文帝	鳳凰山 168 號	江陵丞		地下丞	五大夫的隧
文帝	〔内容〕市陽五〔大夫〕隧自言,與大奴良等廿八人,大婢益等十八人,軺車二乘,牛車一兩,驂馬四匹,騮馬二匹,騎馬四匹。				
文帝	高臺 18 號	江陵丞	中鄉起	安都丞	新安大女燕
文帝	〔内容〕新安大女燕自言,與大奴甲、乙,大婢妨徙安都。謁告安都受名數。				
文帝	毛家園 1 號		建鄉疇	地下主	關内侯寡大女精
文帝	〔内容〕泗(?)陽關内侯寡大女精死自言,以家屬、馬牛徙。今牒書所與徒者〔七十三〕牒移此。				
文帝	馬王堆 3 號	家丞奮		主藏郎中	
文帝	〔内容〕移藏物一編。				
景帝	孔家坡八號	桃侯國丞	都鄉燕、佐戎	地下丞	庫嗇夫辟
景帝	〔内容〕庫嗇夫辟與奴宜馬、取、宜之、益衆,婢益夫、末衆,車一乘,馬三匹。				
景帝	鳳凰山 10 號		五大夫張偃	地下主	
景帝	〔内容〕偃衣器物所以〔祭〕具器物。				

　　單位。漢代初期的制度,在西漢後半期和東漢時代也被繼承下來,在私用傳中所見的縣社會中反映出來。

　　那麼,有一個問題是,秦代的縣和鄉里社會的關係是怎樣的。如前所見的關於糧食供給的交通資料,是縣廷下級的倉曹所申請,並非能顯示鄉的性質的資料。但是里耶秦簡中也有許多有關縣和鄉的資料。

　　高村武幸《秦漢初的鄉》一文中,根據樣本資料將鄉的職務分爲兩部分進行研究。①其一是與里典、郵人的人事相關(8-157),其二是與户籍管理相關(⑯9)。鄉作爲編入縣的下級地方行政機構,其裁量權也有一定的界限,里典的任命的決定權也由縣掌控。鷲尾祐子根據里耶秦簡的户籍簡和⑯9、《二年律令户律》的規定,認爲秦代和漢代初期户籍、年籍的保存單位是鄉,而縣則保存着由鄉做成的户籍的副本。②鄉所保管的名籍應記

---

①　高村武幸前揭《秦·漢初的鄉》。

②　鷲尾祐子《出土文字資料中所見秦漢代户籍制度》,《中國古代的專制國家和民間社會》,立命館東洋史學會,2009 年。又有池田雄一《漢代的鄉》,《中國古代的聚落與地方行政》,汲古書院,2002 年。

載的情報是每户所屬的里名。鄉的這種職務可以與《里耶秦簡〔壹〕》結合起來看。

表 2　遷陵縣、鄉之資料

項　目	分　類	里耶秦簡編號
1 檢	都鄉 啓陵鄉 貳春鄉	8-6，8-842，8-1359，8-1479 8-250，8-1121，8-1691 8-578，8-870，8-1147，8-1548，8-1737
2 郵書的記録	接收遞交	8-58，8-475 + 8-610，8-1078
3 文書的傳達（發文、接收）	發文、接收之程序	8-651，8-645，8-660，8-661，8-731，8-767，8-770，8-1114 + 8-1150，8-1454 + 8-1629，8-1456，8-1457，8-1525，8-1539，8-1797，8-2121，8-2441
4 官吏現況	死亡 任命、転任 欠員、現員	8-39，8-809，8-938 + 8-1144 8-1041 + 8-1043，8-1445，8-2014 8-887，8-1704
5 官吏的罰金	罰金 負債、借給	8-300，8-297 + 1600 8-297 + 8-1600，8-1029
6 出入記録粟米等	啓陵鄉 貳春鄉	8-925 + 8-2195，8-1241，8-1550，8-1839 8-816，8-1335，8-1557，8-1576，8-1595，8-2247
7 作徒簿 給鄉提供徒刑的勞動	都鄉 啓陵鄉 貳春鄉 其他	8-142，8-196 + 8-1521，8-962 + 1087，8-1095，8-1425，8-2011 8-801，8-1278 + 8-1757，8 1759 8-787，8-1143 + 8-1631，8-1146，8-1207 + 8-1255 + 8-1323，8-1280，8-1742 + 8-1956 8-145，8-1340，8-1641
8 户口·户籍	户口記録 買奴	8-927，8-1254，8-1565，8-1716，8-1813，⑯9 8-1287
9 户賦		8-518
10 墾田、税田	三鄉	8-1519
11 里典、郵人	都鄉，啓陵鄉	8-157
12 都鄉之"復"	徭賦免除	8-170
13 特産品	鳥、魚、果樹	8-455，8-673 + 2002，8-769，8-1515，8-1527，8-1562
14 鄉爰書		8-1443 + 8-1455，8-1537，8-1554
15 其他		8-483，8-49，8-198 + 8-213 + 8-2013，8-205，8-223，8-399 + 404，8-578，8-1340，8-1516，8-1710，8-1796，8-1858，8-1943，8-1973，8-2094，8-2189，8-2243，8-2397，8-2405

　　表 2 是里耶秦簡中所見與鄉有關項目的一覽表。①其中檢（記録鄉名的收件名）、郵書

---

① 文書的傳達雖然有各種各樣的内容，但可以根據顯示程序的資料加以區分。還有内容不明的和斷簡都省略掉了。
　　與鄉相關聯的有鷹取祐司《里耶秦簡中所見秦人的存在形態》（《資料學の方法を探る》12，2013 年）一文。

的記録、官吏的罰金、粟米等的出入記録,由縣給予支付的徒刑勞動的作徒簿、與其他部門共通的項目。在注意縣、鄉之間文書傳達的同時,觀察鄉的性格,可以得到以下結論。

首先關於官吏的現況,縣掌握着鄉吏的死亡、現員、欠員等。這顯示出鄉作爲縣的下級組織的地位。

> 廿八年啓陵鄉守歜、佐【見】」廿九年鄉守歜、佐緩已死。　　　　（8-938＋8-1144）
>
> 廿八年啓陵鄉歜已死,」佐見已死。廿九年鄉歜、佐緩已死。卅年　　　（8-39）
>
> ☐貳春吏見(現)三人。　　　　　　　　　　　　　　　　　　　　（8-1704）
>
> 貳春鄉佐缺一人。　　　　　　　　　　　　　　　　　　　　　　（8-887）

接下來,我們知道在里耶秦簡中有記録貳春鄉的户數,可知遷陵縣能够掌握户口數。

> 1 廿七年,遷陵貳春鄉積户☐」亡者二人。〔率〕之,萬五千三户而☐☐　（8-927）
>
> 2 卅五年,遷陵貳春鄉積户二萬一千三百☐」毋將陽闌亡乏户。☐　　（8-1716）
>
> 3 卅五年八月丁巳朔,貳春鄉兹敢言之。受酉陽盈夷
>
> 鄉户隸計大女子一人,今上其校一牒,謁以從事。敢」言之。　　（8-1565 正）
>
> 　　　　　　　　　　　　　如意手　　　　　　　　　　　　　（8-1565 背）

1 記録了二十七年(前 220 年)貳春鄉的積户,依據某種基準除去了壹萬伍仟零叁户。2 記録了三十五年(前 212 年)貳春鄉的積户是兩萬一千三百餘户。只是,其中所説的"積户"是換算出的户數,並非實際數字。3 是三十五年八月從貳春鄉到縣廷的上申文書。提交了從酉陽縣盈夷鄉接受了大女子一人的校一牒。

有關户賦的資料,有啓陵鄉的例子。三十四年(前 213 年)啓陵鄉的現户爲二十八户,記録繳納户賦的人上繳了繭十斤八兩。這也許表示了繳納户賦繭的户數。

> 卅四年,啓陵鄉見户、當出户賦者志。」見户廿八户,當出繭十斤八兩。　（8-518）

另外在里耶秦簡中,有關於特産品的記載,如啓陵鄉有關於回覆魚的名稱的資料。①

> 卅五年八月丁巳朔己未,啓陵鄉守狐敢言之。廷下令書曰,取鮫魚與」山今廬(鱸)魚獻之。問津吏徒莫智。•問智此魚者具署」物色,以書言。•問之啓陵鄉

---

① 里耶秦簡中與鄉相關聯的鳥、魚、樹木等特産品的采集等的資料很多見。這在知道都鄉、啓陵鄉、貳春鄉等地的地理背景的前提下也有重要的意義。

吏、黔首、官徒，莫智。敢言之。•户　　　　　　　　　　　　　　（8-769 正）

曹

八月□□□郵人□以來。／□發　　　　　　　　　　　　　狐手（8-769 背）

這是三十五年八月丁巳朔己未（三日），啓陵鄉守狐針對縣廷所下達的“獵取鮫魚和山中的廬（鱸）魚並呈獻上來！又詢問津署的吏員、徒屬是否知道此事，而無人知曉。於是，詢問知道此魚的人，並且記録下所知此魚者，以及此魚的特徵。並用文書報告”的命令所作出的回覆。此處，有回答曰“詢問了啓陵鄉的吏員、官徒，却無人知曉”。由此可知，在縣署的轄内有津的吏員和官徒。

除此以外，其他的縣、鄉之間所見的文書傳達，可從其寄出的内容而知其詳。

廿八年七月戊戌朔辛酉，啓陵鄉趙敢言之。令曰，二月」壹上人臣治（答）者名。

•問之，毋當令者。敢」言之。　　　　　　　　　　　　　　（8-767 正）

七月丙寅水下五刻，郵人敞以來。／敬半。　　　　　　　貝手（8-767 背）

卅五年九月丁亥朔乙卯，貳春鄉守辨敢言」之。上不更以下縣（徭）計二牒。敢

言之。　　　　　　　　　　　　　　　　　　　　　　　　（8-1539）

二十八年七月的文書中，啓陵鄉回答“人臣答者名”説没有符合的人。三十五年九月的文書中，貳春鄉寄往縣廷説“不更以下徭計二牒”。

這樣來看里耶秦簡中有關鄉的資料，可以對作爲遷陵縣下級組織的鄉的官吏作出定位。再者，户口、户賦等情報也在縣廷掌握中。文書傳達中，鄉的官吏通過縣廷取得文書，以獨立機構的身份向縣外發信的情況不曾見到。因而，在秦代應該也是這樣的情況。即縣是統轄領域内民衆的基礎單位，而鄉是其下級組織。可以推測鄉的官吏在鄉内管轄各郵、里。如果秦代的縣社會的實際形態是這樣的話，那麼它與漢代初期的告地策、西漢後半期到東漢時代的私用傳中所見的縣社會應是同樣的結構。

結　語

本文圍繞里耶秦簡的交通資料，探討了漢代私用傳中所見的手續以及縣的部署和鄉里社會之間的關係。其要點如下：

一、當推類里耶秦簡的交通資料，可以理解復合文書形式的漢代私用旅行傳的製

作程序和社會意義。首先,鄉作爲縣的下級組織,不能對外直接發送做成的文書。因此,需要先向縣廷提出申請。縣廷將此文書複寫再録,再加上通告文書然後發給外部。因此,縣所發放的私用傳,是最基本的通告文書形式(鄉的上申文書和縣的下達文書的復合文書)的通行證。這種形式,與漢代初期的漢墓中所見的告地策的形式相同。

　　二、這樣的縣和下級的文書形式,顯示了秦漢時代的縣是向外部發送文書的基礎單位。鄉的官吏編入所屬縣的下級組織。里耶秦簡的郵書記録中,縣的部門製作的文書,由縣的官府加封后對外部發送這一點,也證明了之前所説。

　　三、通過里耶秦簡的交通資料、顯示縣鄉關係的資料、漢墓中的告地策、漢簡私用傳中所見的形式,可以知道秦漢時代的縣社會的結構。即在縣的領域中,由鄉這一行政區劃來管轄郵和里。里的户籍雖由鄉製作,也要經過縣的確認,也就是説,雖然鄉掌握户籍,但統轄户籍的是縣的官府。再者,一般認爲漢代的郡掌握着户口和男女的人數,而不管理帶有個人的户籍。秦漢時代的郡縣制中,郡參與文書行政、軍事、勞動編成、審判和財務相關的事宜,在户籍相關的方面,郡掌握不到最細枝末節的人名,而統轄人民户籍的基本單位是縣。只是,在里耶秦簡的文書行政中,郡統括着縣的文書傳達,縣定非獨立機構。關於從秦代到漢代郡和縣的關係,各種各樣的職能變遷、統治的實際形態,都成爲需要討論的問題。

　　再者,縣作爲地方行政的基礎單位,有必要再探討縣和鄉里社會之間的關係。作爲下級組織的鄉,不能認爲是獨立機構或是都市國家。①關於秦漢時代的郡縣制和鄉里社會,從情報傳達的視點來分析里耶秦簡和漢簡中的交通資料的話,對於當時的地方行政也可以稍見端倪了。

　　原刊於《簡帛》第十輯,上海古籍出版社,2015 年,第 155—176 頁。

---

① 　王彦輝《秦漢聚落形態研究──兼議宮崎市定的"中國都市國家論"》(第六回日中學者中國古代史論壇,2014 年)通過分析城邑的分布和考古遺迹等,認爲鄉·聚·亭没有建設城郭,並非都市國家的形態。由此論證了在中國古代,都城·郡·縣的城邑和聚落共存,而在秦漢時代聚落被編入行政系統。

秦代縣下的"廟"

——對里耶秦簡與嶽麓書院藏秦簡"秦律令"中所見諸廟的考察

［日］目黑杏子

京都大學人文科學研究所

前　言

在近些年來陸續公開的里耶秦簡之中，人們發現了記載着從戰國末期到統一秦時代的地方基層國家祭祀狀況的文書。[①]這些文書的數量和種類雖然不多，但是它們揭示出在統治體制的形成時期，於帝國邊境區域所展開的、通過祭祀來進行支配統治的狀況，是具有重要價值的資料。

在這些文書之中，尤爲引人注意的是記載了官府爲祭祀先農而收支祭品以及出賣祭品事項的文書，也就是所謂"祠先農簡"群。以此爲契機，學界對其與後世地方上縣級官方的先農祭祀的關聯，以及作爲其背景的先農信仰與習俗諸如此類的問題作出了討論，對於秦漢時代縣級官方祭祀的狀況尤爲關注。[②]

[①] 里耶秦簡，出土於湖南省龍山縣里耶故城遺址（秦代洞庭郡遷陵縣遺址）1 號井，湖南省文物考古研究所公布了第 5、6、8 層出土簡牘的圖版和釋文。參見湖南省文物考古研究所編著《里耶秦簡（壹）》，文物出版社，2012 年。之後，第 9 層出土簡牘發布在同研究所編著的《里耶秦簡（貳）》（文物出版社，2017 年）中。本稿中使用的里耶秦簡的簡號即是以此爲依據。

[②] 里耶秦簡的先農祭祀等祭祀相關文書的研究，以張春龍對里耶故城遺址 1 號井全層祭祀相關簡的集成、基本整理後的成果（張春龍《里耶秦簡祠先農、祠窨和祠隄校券》，《簡帛》第二輯，上海古籍出版社，2007 年）爲基礎，之後又有彭浩《讀里耶"祠先農"簡》（《出土文獻研究》第八輯，上海古籍出版社，2007 年）、田旭東《從里耶秦簡"祠先農"看秦的祭祀活動》（中國社會科學院考古研究所等編《里耶古城·秦簡與秦文化研究——中國里耶古城·秦簡與秦文化國際學術研討會論文集》，科學出版社，2009 年）、史志龍《秦"祠先農"簡再探》（《簡帛》第五輯，上海古籍出版社，2010 年）、沈剛《秦代祠先農制度及其流變》（《出土文獻研究》第十二輯，中西書局，2013 年）、Charles Sanft，"Paleographic evidence of Qin religious practice from Liye and Zhoujiatai"（in *Early China* vol.37，2014）等文先後發表。

　　另一方面，里耶秦簡之中還有一部分與縣下祭祀相關、記載了遷陵縣令史交替巡視"廟"，也就是"行廟"之規定的文書。然而，與此相關的研究却缺乏進展。究其原因，雖然從後世文獻中的先農祭祀及其信仰來看，有可能做出與之相關的考察或定位，然而所謂的"廟"究竟是何種祭祀設施，在里耶秦簡之中却難以找到綫索。①

　　不過，最近公開出版的《嶽麓書院秦簡（肆）》（上海辭書出版社，2015 年。下文簡稱"《嶽麓（肆）》"）所收錄的"秦律令"第 3 組（下文簡稱"嶽麓'秦律令'"，並標示某組）之中，包含有以縣、道之中"廟"的維護管理爲主要内容的規定。尤其是"泰上皇祠廟在縣道者"（原簡號 55(2)-3，整理號 325），②正如范雲飛所指出，其有力地佐證了里耶秦簡的

① 由於里耶秦簡中有"祠先農簡"，因此"行廟"的"廟"是否有可能是先農祭祀相關的設施、即"先農廟"？ 這是有一定思考價值的。然而，大致同時代的湖北省荆州市清河村周家臺 30 號秦墓出土竹簡 347—353 之中可以看到先農祭祀的形式：其中記載在"囷"（即倉庫）的附近設置臨時席位，供奉祠具並舉行先農祭祀，因此很難説存在着常設的"先農廟"。參見湖北省荆州市周梁玉橋遺址博物館編《關沮秦漢墓簡牘》，中華書局，2001 年。隨着時代變遷，《後漢書》祭祀志下第九中所見漢代的縣所主持的先農祭祀的規定之中，有"縣邑常以乙未日祠先農於乙地，以丙戌日祠風伯於戌地，以己丑日祠雨師於醜地，用羊豕"。就是説要在規定的時間、規定的場所設立先農的祠壇。同禮儀志之中，有仲秋"是月也，祀老人星於國都南郊老人廟"以及季秋"祠星於城南壇心星廟"，如此明確記載了在廟中舉行祭祀的場合。此外，《唐會要·后土》記載了中宗神龍元年（706 年）關於藉田儀禮的討論，漢魏時代的情形是"案衛宏《漢儀》：春始束耕於藉田，引詩先農，則神農也。又《五經要義》曰：壇於田，以祀先農，如社。魏秦静議：風伯、雨師、靈星、先農、社稷，爲國六神"，記載了藉田儀禮場合下先農祭祀的祠壇設置場所，縣邑之中先農祭祀的狀況雖然有所不同，但是可以了解到先農祠所仍是臨時設立的。因此，遷陵縣存在常設"先農廟"的可能性是比較低的。

　　另外，"祠先農簡"群之中還包含了針對"窨"和"隄"這些神格的祭祀相關文書。這些神格的祭祀是否在常設的廟中舉行呢？ 關於"窨"，前頁注 2 張春龍的論文指出其爲地下所挖的坑穴。彭浩認爲，"窨"和"隄"是與當地的地理環境相關的神格，"窨"指的是"岸"也就是天然的岸壁，它與"隄"都是爲了防止洪水災害而成爲了官方的祭祀對象。參見彭浩《讀里耶秦簡"校券"補記》，中國社會科學院考古研究所等編《里耶古城·秦簡與秦文化研究——中國里耶古城·秦簡與秦文化國際學術研討會論文集》。如果依照這種見解，"窨"與"隄"就是存在於特定地點的自然物以及人工物的神格化産物，可以認爲在這些地點會舉行祭祀活動，但由於信息量太少，我們對於究竟有没有廟的判斷仍然持保留態度。

　　進一步講，秦漢時期縣裏的官方祭祀設施是"縣社"和"公社"。《史記·高祖本紀》記載，在高祖兩年有"二月，令除秦社稷，更立漢社稷"，如果將一事項與《史記·封禪書》的"悉召故秦祝官，復置太祝、太宰，如其故儀禮。因令縣爲公社"對應起來的話，就可以將其解釋爲所有的縣都將秦的社稷改爲漢的社稷，並定名爲"公社"。而且《封禪書》中還有"高祖十年春，有司請：令縣常以春三月及時臘祠社稷以羊豕，民里社各自財以祠。制曰：可"，其中規定了在社稷、也就是"公社"舉行祭祀活動的時間與祠具，可以看到"公社"與民間主體的"里社"是有區别的。這一有司的上奏，可以認爲是對楚漢之爭時期停止的縣的"公社"祭祀的再規定。秦代的縣之中也存在"公社"，其舉行的是官方法定的祭祀活動，因此其設施的維護管理是縣的官吏職務的一部分很正常，全國統一由律令確定下來也是很有可能的。然而秦漢時期社稷的祭祀設施以及"公社"的建築物被稱爲"廟"的例子，至今尚未發現。

　　此外"廟"的可能性，就是帝室外戚，尤其是爲皇后的父母所設的墓園。《史記·外戚世家》中有"薄太后母亦前死，葬櫟陽北。於是乃追尊薄父爲靈文侯，會稽郡置園邑三百家，長丞已下吏奉守冢，寢廟上食祠如法。而櫟陽北亦置靈文侯夫人園，如靈文侯園儀"，文帝即位之後爲薄太后的亡父母各自在其墓的所在之處設立了墓園，廟也就是其中的設施。此外"如法"體現出了這種方式有可能是秦代以來的規定。然而在洞庭郡遷陵縣這樣的邊境地區，存在帝室外戚之墓的可能性極低。

② 《嶽麓（肆）》所載簡牘的簡號之中，根據同書的説明，有揭取簡牘時附加的原簡號，還有在此之後考慮到内容方面的問題訂正後附加的整理號。本稿之中暫且在初次出現之處附上這兩種簡號，之後再在文中出現時附整理號。另外根據陳松長的説法，原簡號中含 J 的簡，與 2007 年 12 月從香港購買的簡牘不同，是 2008 年 8 月香港收藏家捐贈給嶽麓書院的一批簡牘。參見陳松長《嶽麓書院所藏秦簡綜述》，《文物》2009 年第 3 期。

"廟"正是秦的泰上皇廟。[1]

但是同"秦律令"之中也能看到"下邦廟"這種説法。范先生將其作爲"泰上皇祠廟"同類型宗廟之中的一種,可對此並没有作出特别説明,所以這一論斷是有疑問的。而我就將以此爲起點,對新的出土史料之中所見的秦代縣下的廟作出初步考察,將其定位於統一秦祭祀的分類概念以及國家祭祀體系之中,並將此作爲今後研究的方向,這也是本文的目的所在。此外,本文還將試圖探討統一秦的中心地帶與邊緣地帶廟在性質上的差别。

一、里耶秦簡的"行廟"

(一)"行廟"簡概要

記載"行廟"有關規定與記録的簡,由各有編號的四片斷簡構成,是從《里耶秦簡(一)》[2]所載"簡牘綴合表"所綴合的簡牘中取得的。依據綴合的順序從上部開始排列,順次爲第八層一三八+五二二+一七四+五二三(圖1)。本稿將這些綴合簡稱爲"行廟"簡。

簡的正面與背面都有文字記載,正面是遷陵縣丞所發布的關於"行廟"的告知,背面則是令史們的行廟記録。這裏我首先列出了正面的釋文以及譯文。另外需要説明的是,該簡的斷句和解釋參照了陳偉主編的《里耶秦簡校釋(第一卷)》(武漢大學出版社,2012 年。下文簡稱"《校釋》"),以及東京外國語大學亞非語言文化研究所共同利用·共同研究課題"里耶秦簡與西北漢簡所見秦·漢的繼承與變革——中國古代簡牘横斷領域研究"史料講讀會所作的討論。

【正面】

　　(釋文)

　　廿六年六月壬子遷陵□(守)丞敦狐爲令史更行廟詔令史行□失期行廟者必謹視中□(而?)各自署廟所質日行先道旁曹始以坐次相屬。

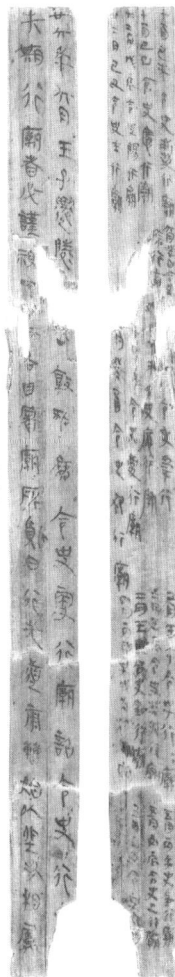

**圖1　"行廟"簡
(石原遼平製圖)**

---

① 范雲飛《從新出秦簡看秦漢的地方廟制——關於"行廟"的再思考》,簡帛網,2016 年 5 月 3 日。

② 湖南省文物考古研究所編著《里耶秦簡(壹)》,文物出版社,2012 年,以下簡號以本書爲準。

（譯文）

　　始皇帝二十六年(前221年)6月壬子,遷陵(守)丞敦狐發布了令史輪流對廟進行巡視的告知,令史……巡視……(不得)耽誤規定的期限。巡視廟者必須嚴格確認中□,並記録在各自廟裏的質日之上。巡視從位置臨近的曹開始,根據(令史的)坐次順次進行。①

由於背面較爲繁瑣,在此將釋文分爲4段:

【背面】

（第一欄）	（第二欄）
十一月己未令史慶行廟	□□□□令史韋行
十一月己巳令史憒行廟	端月丁未令史憒行廟
十二月戊辰(己卯)令史陽行廟	□□□□令史慶行廟
十二月己丑令史夫行廟	□月癸酉令史犯行廟

（第三欄）	（第四欄）
二月壬午令史行行廟☑	五月丙午史釦行廟
二月壬辰令史莫邪行廟☑	五月丙辰令史上行廟
二月壬寅令史釦行廟☑☑	五月乙丑令史□□□
四月丙申史戎夫行廟☑☑	六月癸巳令史除行廟(＊這句在第一和第二欄之間。)

(二)“行廟”的周期與簡的性質

　　先行研究認爲,根據所記載的干支和月份的組合,背面起首的“十一月”,是正面告知的紀年——始皇帝二十六年的翌年,也就是始皇帝二十七年的十一月。②本文也據此作出從二十七年十一月開始直至六月份的記録這一判斷。如果是這樣的話,第一欄第三行中的“十二月戊辰”與朔閏表並不匹配,因此這可能是“十二月己卯”的誤寫。③本文

---

① 關於“曹”的理解,參見高村武幸《里耶秦簡第八層出土簡牘の基礎的研究》,《三重大史學》十四,2014年;土口史記《秦代の令史と曹》,《東方學報(京都)》第90册,2015年。縣令和丞下屬的令史分別承擔工作時,表示辦事接待的詞語就會使用“曹”。

② 參見高一致《〈里耶秦簡〉(一)校釋四則》,《簡帛》第八輯,上海古籍出版社,2013年;前引范雲飛論文。

③ 該時期的朔閏,參考的是張培瑜、張春龍提供的朔閏表。參見張培瑜、張春龍《秦代曆法與顓頊曆》,湖南省文物考古研究所編著《里耶發掘報告》,嶽麓書社,2006年。另外,魯家亮認爲,關於“十二月戊辰”,“戊寅”或是“庚辰”的誤寫。此外關於魯在《校釋》中未釋讀的月和干支,從前後排列的月和干支可以推定,但在此暫且將其作爲未釋讀字擱置。參見魯家亮《里耶秦簡“令史行廟”文書再探》,《簡帛研究　二〇一四》,廣西師範大學出版社,2014年。

據此對干支日期做出了修改,如表 1 所示:

表 1

第 1 欄	第 2 欄	第 3 欄	第 4 欄
十一月己未 11 月 12 日	□□□□ (12 月○日)	二月壬午 2 月 7 日	五月丙午 5 月 2 日
十一月己巳 11 月 22 日	端月丁未 1 月 1 日	二月壬辰 2 月 17 日	五月丙辰 5 月 12 日
十二月己卯 12 月 3 日	□□□□ (1 月○日)	二月壬寅 2 月 27 日	五月乙丑 5 月 21 日
十二月己丑 12 月 13 日	□月癸酉 1 月 27 日	四月丙申 4 月 22 日	六月癸巳 6 月 19 日

從十一月開始到六月,"行廟"的間隔時間大概爲 10 天左右。然而二十七年三月的記載欠缺讓人難以理解。除此之外從正面來看,儘管二十六年六月就發出了"行廟"實施的告知,可是五個月後方才開始行廟的原因亦未可知。當然,這五個月的記録單另存在也是有可能的。由於正面告知的内容是"行廟"之時的注意事項,其中包含有必須遵守的事項,也有可能是新準備了記録用的簡,再在記録的背面書寫告知。①

背面令史署名的筆跡並不一致,因此它並不是一次性全部書寫而成的。帶日期的筆跡很難判定,但也有可能是同一筆跡。這樣的話就與正面的"記録在各自廟所的質日之上"相吻合,它有可能就是廟之中配備的"質日"。

關於"行廟"的"行"的含義,《校釋》一方面將其解釋爲"巡視",而另一方面還指出"行"也有"從事"的意思。那麽,"行廟"也有可能是舉行祭祀儀式。范先生則從嶽麓"秦律令"第 3 組之中"都吏""循行"縣道的規定(原簡號 327,整理號 326)等考證得出,"行"並不是廟祭的意思而是巡視的意思。②本文中亦作"巡視"解釋。

背面的記録之中,還曾出現過兩次非"令史"而是"史"行廟的事例。其中一例是第 3 欄第 4 行的"史戎夫",干支與"史"字之間簡的斷裂部分處,有"令"字缺失的可能性。此

① 法令的背面有着實施記録的例子,在四川省青川縣郝家坪秦墓出土木牘之中可見。其中,登載了發掘報告與木牘的照片、模本和初步的釋讀。内容上,其正面是秦王命丞相與内史修訂"田律",背面則是有關"除道"的記録。對於正面"田律"的理解是爭論的焦點,而另一方面關於背面的記録却有很多不解的問題。由於正面也包含有"除道"的規定,因此可以判斷是正面法令實施的相關記録。另外,正面法令的王命下達時間是"(秦武王)二年",背面記録的起首是"四年",這同樣也是法令頒布與實施記録之間有時間差的一個例子。參見四川省博物館、青川縣文化館《青川縣出土秦更修田律木牘——四川青川縣戰國墓發掘簡報》,《文物》1982 年第 1 期。

② 參見前引范雲飛論文。

外第八層一五五一雖是附日期"廿七年十二月丁酉"的簡,然而由於其中也出現了"令史戎夫",因此"行廟"簡之中的戎夫爲令史的可能性較高。

第二例是第4欄第1行的"史鉤",同名的人物作爲令史出現在第3欄第3行,"令"字有可能是漏寫了。因此,"行廟"的主體應該就是正面規定之中通報的所有令史。

(三) 徒隸的"作廟"與其管轄

第八層六八一,是將徒隸的勞動内容與人數等清單化的"作徒簿"的片段,其中"三人行廟"的説法使我們不禁思考徒隸也有"行廟"的可能性。然而,高一致認爲,此處"行廟"應爲"作廟"的謬誤。從字形來判斷,我認爲高先生的見解是妥當的。[1]

另外,在第九層二二九四、第八層一四五、第八層一六二的三份作徒簿之中可見被稱爲"作廟"的勞動,范先生認爲"作廟"是讓徒隸來建廟。[2]然而作徒簿之中類似於"治〇"是"〇的修築或修繕"工作的表示有很多,因此我想"作廟"也許不是廟的修築或修繕,而指廟裏的某種工作。這一點不甚明了,現階段我先將其作一保留。

此外,第八層六八一作徒簿的製作者是囚吾這一人物。已經公開的里耶秦簡之中可見同名之人身兼"田佐""發弩嗇夫""校長"數種官職,他們是否是同一個人? 作徒簿完成之時他位於何種官職? 這些問題在現階段都是難以確定的。

然而在第九層二二九四的正面起首,有"卅二年十月己酉朔乙亥司空守囷徒作簿",背面有"卅二年十月己酉朔乙亥司空□□十月乙亥水十一刻刻下二佐瘥以來",由此能夠了解到這是司空的作徒簿。第八層一四五之中記載作徒簿製作者的官職部分是殘缺的,背面有"☒□囷敢言之寫上敢言之/瘥手",第九層二二九四中可見同樣的囷與瘥二人的組合,因此它們爲同一司空的作徒簿的可能性非常高。

總之,雖然只有少量事例,但是可以認爲"作廟"是由當時司空所屬的徒隸來負責的。而遷陵縣下各鄉的作徒簿之中無法找到"作廟"這一工作的記録,這應該是由於"作廟"並不是由鄉而是由縣直接管轄的事務。

以上是我個人對"行廟"簡的理解。想要確認的是,它是針對巡視"廟"這一令史定期的職務所發布的命令。這是對"廟"的性質進行考察的有力依據。

---

① 參見前引高一致論文。
② 參見前引范雲飛論文。此綴合簡隨後進行了重新綴合,並作爲"第九層二二八九"包含在《里耶秦簡(二)》中。

二、嶽麓"秦律令"三組"内史郡二千石官共令第己"

嶽麓"秦律令"之中提及諸廟的條文,包含在整理者以"内史郡二千石官共令第己"爲基礎整理歸納的一組條文之中,下面展示的是其全文的釋文(圖 2)。

■内史郡二千石官共令。第己。

(原簡號 316—整理號 320)

如下邦廟者輒壞,更爲廟便地潔清所,弗更而祠焉,皆棄市。各謹明告縣道令丞及吏主。

(原簡號 624—整理號 321)

更,五日壹行廟,令史旬壹行↙,令若丞月行廟□□□☒

(原簡號 J47—整理號 322)

丞相議。☒ (原簡號 549—整理號 323)

祠焉。廷當:嘉等不敬祠、當……☒

(原簡號 467—整理號 324)

·泰上皇祠廟在縣道者……☒ (整理號 325)

令部吏有事縣道者循行之,毋過月歸(?),當繕治者輒繕治之,不□□者□□□□有不□□ (整理號 326)

雖然條文的殘缺部分很多,但正如"緒論"中所言,這組條文以縣、道之中"廟"的維持管理的相關規定爲主要内容,是考察秦代國家祭祀的重要史料。

整理者認爲,"秦律令"應依據其内容以及各簡背面偶爾出現的刻綫的連續性等綫索進行分類排列。確實,整理號 321 簡與 322 簡内容上看來是連續的,可是 323 簡與 324 簡在内容和前後上却仍存在一些分歧和疑問。而由於該律文的連續性是討論的前提,因此在推進這一討論時不由得讓人躊躇不已。本文暫且將各簡視爲獨立個體,對 321、322、325 這三簡提出各自的理解。此外,解釋參照《嶽麓(肆)》的釋文以及簡注。

圖 2 嶽麓"秦律令"第三組"内史郡二千石官共令第己"

(一) 321 簡

（釋文）

如下邽廟者輒壞,更爲廟便地潔清所,弗更而祠焉,皆棄市。各謹明告縣道令

丞及吏主

起首的“如下邽廟者”之前如果沒有其他内容的話意思就不通了。這一語句可能指的就是包含“下邽廟”在内、表示一般各地的廟或者祠所的用語。總之,“下邽廟”的存在、選擇廟址的標準、縣道官吏以何種形式與廟發生關聯等,我們都可以從這一簡文推測出答案。

後文將會詳細探討的是,根據《史記・封禪書》的記載,作爲内史地域的下邽縣之中有“天神”的祠所,是秦漢交替時期中央祠官統管的關中之内的山川諸神祭祀的祠所之一。[①]那麼律令中的“下邽廟”極有可能是《封禪書》中所提及的下邽縣的“天神”祠所。

(二) 322 簡

（釋文）

更,五日壹行廟,令史旬壹行乚,令若丞月行廟□□□✓

關於起首的“更”,范先生在“更”之後做出斷句並將其作爲名詞,即從事徭役的人,指代其身份。[②]然而這種理解並不必然,因此本文中仍將其解讀爲“交替”。

雖然其與 321 簡並不連續,但是其簡文之中明確顯示了“行廟”的周期,尤其是令史十天“行廟”一次,這與前文“行廟”簡之中資料所計算出的周期恰好一致,意義非常重大。

在此,我想再對遷陵縣丞所做的“行廟”的告知被記載爲“詔”這一情況予以關注。《校釋》之中將“詔”解釋爲告知,本文也暫且遵從這一解釋。由於記載關於“行廟”注意事項的正面文書是以遷陵縣丞的名義發布的,因此不能直接視爲皇帝的詔書或其抄本。在這種情況下,里耶秦簡中所見的“行廟”也有可能只是遷陵縣内的特有規則。

---

① 參見拙文《前漢における上帝・山川祭祀の體系と展開》,《日本秦漢史研究》十四,2014 年。《封禪書》記載,秦的祠官將序列化的山川諸神與其祠所的所在大體上分爲關東和關西並做出列舉,其中“於下邽有天神”就是關西諸神祭祀之一。筆者認爲,此處所記載的序列以及山川諸神祭祀的規定,是二世元年的產物。

② 參見前引范雲飛論文。

但如果 321 簡是在全國範圍内頒布,規定了縣的令史以十天爲周期“行廟”,並且是律令的一部分的話,就不存在“行廟”是遷陵縣内的特有規則這種可能性了。“詔”就是皇帝的詔書,於始皇二十六年通令全國,而遷陵縣丞製作了這一詔書的抄本,這種理解即告成立。因此“行廟”,就是在律令之中確定的、全國上下統一的規定,這對於考察“廟”的真面目來説是很重要的綫索。

(三) 325 簡

（釋文）

•泰上皇祠廟在縣道者……☐

與前面的 321 簡不同,該簡之前附上•符號是因爲可以確定其簡文是“泰上皇祠廟”相關規定的起首。

“泰上皇”是對始皇帝之父莊襄王追封的稱號,這在里耶秦簡第八層四六一,所謂“更名扁書”之中可以看到。將莊襄王追尊爲泰上皇這件事,是始皇二十六年策定皇帝名號以及廢止謚法的同時發布的。①始皇帝自身不願意由臣子來決定死後的謚號,對自己的父親却沿用謚號,這明顯白相矛盾,很可能爲此就使用了泰上皇稱號來代替莊襄王這一謚號。

“者”之後規定的内容是無從知曉的,根據這一記載可以確認的是,泰上皇廟不僅僅位於譬如陵墓所在的芷陽縣、咸陽或者附近特定的縣,也有可能存在於除此以外的縣道。②

從張家山漢簡《二年律令•秩律》之中可見,作爲行政單位的道大致存在於漢代的隴西郡、北地郡、上郡、蜀郡所管轄的區域,並不存在於内史所管轄的區域。這種行政單位的

---

① 《史記•秦始皇本紀》記載:“(始皇二十六年)王曰:去‘秦’,著‘皇’,采上古‘帝’位號,號曰‘皇帝’,他如議。制曰:‘可’。追尊莊襄王爲太上皇。制曰:‘朕聞太古有號毋謚,中古有號,死而以行爲謚。如此,則子議父,臣議君也,甚無謂,朕弗取焉。自今已來,除謚法。朕爲始皇帝。後世以計數,二世三世至於萬世,傳之無窮。’”
② 《史記•吕不韋傳》記載莊襄王葬於芷陽縣(後來文帝霸陵的所在地),關於該陵的具體位置,《正義》注解爲“秦莊襄陵在雍州新豐縣西南三十五里。始皇在北,故俗亦謂之見子陵”。20 世紀 80 年代,在位於驪山西側秦“東陵”一帶展開調查,從采集到印有“芷”字陶器碎片的蓄水池遺址與大墓開始,已經確認了四座陵墓,然而對於其中是否包含有莊襄王的陵墓,意見是有分歧的。參見梁雲《戰國秦東西兩大陵區的墓主及形成原因》,雍際春等編《嬴秦西垂文化——甘肅秦文化研究會首屆學術研討會論文集》,甘肅人民出版社,2013 年。在前漢,陵與廟分别設立在不同的土地上的做法是慣例,始皇帝也是分别建設了驪山陵和“極廟”。如果這是傳統秦制之中規定的方式,莊襄王的陵與廟設置於不同地點的可能性比較高,而在咸陽的周邊、或者至少在内史區域内去考慮是很自然的。

存續狀態如果是從秦末追溯而來的話,内史領域之外的縣、道之中就應該設有泰上皇廟。①

總之,這一簡文揭示了像遷陵縣這樣的地方縣之中同樣設置有泰上皇廟的這樣一種可能性。

以上就是我對於嶽麓"秦律令"之中與諸廟有關聯的條文的見解。需要詳細探討之處有很多,其與"秦律令"中其他規定的關聯也必須要納入考量,我會將此作爲今後要研究的課題。下面我將會關注於"秦律令"之中明確可證其存在的"下邽廟"與"泰上皇祠廟",並將它們與里耶秦簡"行廟"簡之間的關係納入視野並作出考察。

三、"下邽廟"

(一) 下邽縣

正如前言所述,范先生將"下邽廟"歸入宗廟這一類別,是有疑問的。②這是因爲,並沒有史料表明下邽縣是秦的先公與先王的陵墓或者廟的所在地。此外,即使認爲"下邽廟"是下邽縣的"泰上皇祠廟",單是將"下邽廟"特別書寫這一點也是讓人不能理解的。

根據文獻史料,正如之前所談到的,《封禪書》中明確記載這"下邽縣"擁有"天神"祠所,因此認爲"下邽廟"指的是這一祠所的觀點應該是妥當的。下邽縣,在《漢書·地理志》中記載屬京兆尹管轄,其中顔師古注有:

> 應劭曰:秦武公伐邽戎置。有上邽,故加下。師古曰:邽音圭,取邽戎之人而來
> 爲此縣。

從應劭注中可以了解到秦武公設置了下邽縣。③但,《史記·秦本紀》所載秦武公的事迹如下:

> 武公元年,伐彭戲氏,至於華山下,居平陽封宮。……十年,伐邽、冀、戎,初縣

---

① 張家山漢簡《二年律令》的釋讀以富谷至編《江陵張家山二四七號墓出土漢律令の研究》(朋友書店,2006 年)爲依據。此外關於秩律的個別論文,參見藤田勝久《張家山漢簡「秩律」と漢王朝の領域》,載《愛媛大學法文學部論集·人文學科編》二十八,2010 年。

② 參見前引范雲飛論文。

③ 關於商鞅變法以前秦的"縣",參見土口史記《先秦時代の領域支配》,京都大學學術出版會,2011 年。此外,關於武公時期的"縣"在地理交通層面的意義,參見藤田勝久《中國古代國家て郡縣社會》,汲古書院,2005 年。

之。十一年、初縣杜、鄭。

《集解》將此處的"邦"解釋爲《地理志》之中隸屬隴西郡的上邽縣。[①]上邽縣是春秋時代的秦初期的根據地,被稱爲"西垂",漢代的位置是在隴西郡西縣的近鄰處。[②]另一方面,下邦縣是在武公東進的前端華山附近,加之翌年即武公十一年同時設置了前漢時隸屬京兆尹的杜縣(後來的杜陵縣)與鄭縣,因此不排除這幾個縣均設置於同一時期的可能性。

現階段要判別武公十年所設置的"邽縣"是上邽縣還是下邦縣是很困難的。但根據顏師古注,這兩個"邽縣"可能都是征服了邦戎並發動徙民建成。[③]這是公元前七世紀初的事件,自此之後,邦戎臣服於秦的歷史是漫長的,對於秦來説他們是不得不受到重視的存在。因此下邦縣的"天神",有可能就是邦戎傳統的信仰對象。

(二) 中央的祠官與縣、道

如前所述,如果"下邦廟"是祠官所管轄的"天神"祠所。而嶽麓"秦律令"之中規定沒有對荒廢祠所進行修繕或者再建就開始祭祀者,將被施以"棄市"之刑,那麼如此看來其對象應當是祠官的屬員而非縣、道官吏。

由於律文之中並沒有明確顯示"告"的主語,此外"告"的內容也不甚明了,目前這一律文的後半段規定了什麼尚不明確。然而從"告"的對象是縣、道官吏這一點來看,可以推測出兩種可能性。

第一種,關係到前文中廟的修繕或再建的情況,規定了祠官要向其所在的縣、道提出請求;第二種,是規定在舉行祭祀之時,祠官要就規定祠具的準備向其所在的縣、道提出請求。《封禪書》之中對於各地山川諸神祭祀的祠具均按次序做出了規定,却並沒有明確記載這些祠具要從哪裏供出。好在《續漢書・祭祀志》的劉昭注記載了與皇帝巡幸同時進行的河川祭祀相關的規定:

> 漢祀令曰:天子行有所之,出河,沈用白馬、珪、璧各一,衣以繒緹五尺,祠用脯二束,酒六升,鹽一升。涉渭、灞、涇、雒佗名川如此者,沈珪、璧各一。律,在所給祠具;及行,沈祠佗川水,先驅投石,少府給珪、璧。不滿百里者不沈。

---

① 《集解》中有"地理志,隴西有上邽縣。應劭曰:即邦戎邑也。冀縣屬天水郡"。

② 關於上邽縣的位置,《史記・秦本紀》注引《正義》有"括地志云,秦州上邽縣西南九十里,漢隴西西縣是也"。

③ 春秋戰國時代渭水上游流域多戎,這從《後漢書・西羌傳》記載的"及平王之末,周遂陵遲,戎逼諸夏。自隴山以東,及乎伊洛,往往有戎。於是渭首有狄獂邦冀之戎,涇北有義渠之戎"可以看出。

就是説，河川所在的郡或縣要準備並供出肉、酒、鹽這些食品類的祠具。①“下邽廟”位於關中的內史區域，由具有一定等級的祠官進行管轄。對於這些祠所來説，所在的縣對於日常維持管理和提供祠具責任的負擔是要充分考慮的。

如果嶽麓“秦律令”321 簡與 322 簡是一繫列連續條文的話，那就揭示出所在的縣對於中央所管的山川諸神的祠所負有日常維持管理的義務。

那麼，這樣的“廟”也存在於類似邊境的遷陵縣的地方嗎？從《封禪書》記載的秦末漢初祠官所轄祭祀的地理分布狀況來看，在關外的區域，祠官僅管轄部分名山大川的祭祀：②

　　　　郡縣遠方神祠者，民各自奉祠，不領于天子之祝官。

從這一記述可以看出，除一部分名山大川祭祀以外，中央祠官並不參與地方郡縣祠所的祭祀，而是由民間自行爲之。這樣的祭祀與祠所在全國是有着相當數量規模的。即使遷陵縣之中擁有這種當地住民的生活根植於其中、由縣認可其民間自主祭祀行爲的祠所也並非不可思議。然而由於這是“民各自奉祠”的祠所，由縣來參與其維護管理的可能性是很低的。③

需要注意的是，遷陵縣的“廟”雖不是“下邽廟”這種由中央祠官來進行管轄的祠所，但儘管如此，縣、道令史仍有對其十天一次的巡視義務，也就是説它也是具有日常維護管理義務的祠所。那麼它究竟是什麼樣的祠所呢？可能性最大的候補就是下面將要闡述的“泰上皇祠廟”。

四、“泰上皇祠廟”

（一）前漢的郡國廟

如前所述，嶽麓“秦律令”簡 325 揭示了像遷陵縣這樣的縣道之中也可能設置有祭

---

① 此外，《漢書·郊祀志》所載成帝建始初年匡衡等的上奏中，有“長安厨官、縣官給祠，郡國候神方士使者所祠，凡六百八十三所”。可以看出依皇帝之命在地方郡國設立的祠所之中，是由其所在的縣來提供祠具的。
② 參見前引拙文。
③ 田天認爲，里耶秦簡之中所見的先農祭祀屬於《封禪書》中所謂“郡縣遠方之神祠”這一類。參見田天《秦漢國家祭祀史稿》第一章，生活·讀書·新知三聯書店，2015 年。然而縣的倉庫收支祠具（食品類）、在祭祀結束後將祠具的一部分變賣，並將其納入縣少內的金錢收入。從這些事實所見的官方的干預，與《封禪書》的“民各自奉祠”這一記述並不相符，因此不能同意田的見解。

祀始皇帝之父泰上皇的廟。里耶秦簡中所見的"廟"是否有可能是以秦的泰上皇爲祭祀
對象的設施呢？可以説這在"秦律令"公布之前是完全無法想象的。爲此，以至今已闡
明的統一秦的國家祭祀政策制度與此次新發現的事實相結合作爲深入研究的前提，對
這一新事實的詳查是不可或缺的。

　　由全國均有設立的泰上皇廟直接引起聯想的就是前漢時代的郡國廟。以高祖在當
時各諸侯國的都城設立其父太上皇（高祖十年［前 179 年］過世）廟爲開端，惠帝爲高祖
設立郡國廟，景帝又爲文帝設立郡國廟，最後是武帝在景帝的巡幸之處設立郡國廟。郡
國廟作爲前漢所特有的，並且與祖先祭祀上重視支庶之别的經義相背馳的廟，是後無來
者的。關於設立郡國廟的意圖與思想、習俗上的背景的研究有很多，我將根據佐藤直人
的文章對這些先行研究的要點作簡要的梳理。[①]在此要講的是鷲尾祐子關於前漢郡國廟
的研究成果，這爲探究秦在全國設立始皇之父泰上皇廟的意義提供了綫索。[②]

　　鷲尾先生以"太祖"高祖與"太宗"文帝的廟作爲主要考察對象，從戰國末期到前漢
初期的儒學思維出發，對這些廟設立在郡國之中並舉行祭祀的政治意義與思想基礎作
出再探討，郡國廟的祭祀超出了僅僅是祖先祭祀的範疇，它以帶來天下安定的"功德"爲
依據，賦予高祖、文帝天下共尊的神格，其發揮了讓諸侯王與縣太守追憶這些"功德"並
且宣誓其忠誠的儀禮上的作用。

　　對於"功德"的宣揚與追憶、郡國廟的設立與其祭祀制度的根本所在這些觀點的提
出，是從已故的津田左右吉的學説中發展而來的，其認爲對於民衆之中有功者死後舉行
祭祀這種社會習俗是郡國廟的根本之所在，這在説明郡國臣民尊崇劉氏宗廟的必然性
這點上是有説服力的。[③]接下來我將以"功德"作爲綫索，對於秦、前漢"宗廟"的象徵性來
談一些我自己的看法。

（二） 秦漢期的"宗廟"

　　所謂前漢時代的"宗廟"，指的並不是一個建築物。太上皇廟、高廟、孝文廟等，爲每
個祖先都造一個廟，甚至還存在像高祖的渭北原廟、沛原廟這樣爲一個人造了數個廟的

[①]　佐藤直人《前漢郡國廟小考》，《地域と人間から見た古代中國——江村治樹教授退職記念中國史論集》，名古屋中國
　　古代史研究會，2012 年。
[②]　參見鷲尾祐子《前漢祖宗廟制度の研究》，《立命館文學》五百七十七，2002 年。
[③]　參見津田左右吉《漢代政治思想の一側面》，《津田左右吉全集》，岩波書店，1965 年。另外，前引佐藤論文也大致肯定
　　了該學説。

情况。就是這些個別的廟的觀念上的集合，就構成了"宗廟"的概念。構成"宗廟"的這些個別的廟有多個、並且是存在於各處的，可以説是一種常態。從《史記·叔孫通傳》來看，叔孫通在向惠帝建議設立高祖渭北原廟時説了如下的話：

> 益廣多宗廟，大孝之本也。

這是從儒家的立場出發，對當時的狀況、或者説是對增設廟這件事給予了肯定的評價。《史記·秦始皇本紀》所載的始皇帝琅琊臺刻石文中亦有：

> 今皇帝並一海内，以爲郡縣，天下和平，昭明宗廟，體道行德，尊號大成。

這就是説，在皇帝的豐功偉績之中，其中有一項就是將秦的"宗廟"昭明天下。在秦末漢初之際，增加"宗廟"的數量並昭明天下，是一項值得向子孫後代誇耀的功績。

前漢構成了"宗廟"的衆多廟中，位於郡國之内的被稱爲郡國廟，這與内史（三輔）區域之中的廟區別開來。① 廟作爲實在的建築物是爲祖先分別修建的一個一個的廟，而將它們總體囊括起來的"宗廟"這一集合名詞所象徵的是祖先們代代積纍下來的統治業績，也就是"功德"的整體，而這正是現任君主政權正當性的基礎。

"宗廟"的實體是由多個廟構成的這種情況在秦代也是一樣的。從《史記·秦始皇本紀》二世元年之中可見與廟制有關的群臣的上奏：

> 先王廟或在西、雍，或在咸陽。

由此可知，秦的先公、先王廟是在多個地方分別存在着的。可是將它們集合起來的"宗廟"這一用語的含義，在《秦始皇本紀》中始皇帝對主張實施封建制的博士們與支持郡縣制的李斯所給出的答覆之中有這樣的描述：

> 天下共苦，戰鬥不休，以有侯王。賴宗廟、天下初定。

其中"宗廟"指的就是各持"功德"的歷代秦公、秦王的祖靈。雖説是自謙的説法，但可以看出始皇帝認爲他是通過祖先們持續數百年積纍下來的"功德"而實現的天下統一。

在有無祖先功德積纍這一點上，建國之初的漢與擁有數百年歷史的秦顯然是不同

---

① 《漢書·韋玄成傳》中有"凡祖宗廟在郡國六十八，合百六十七所。而京師自高祖下至宣帝，與太上皇、悼皇考各自居陵旁立廟，並爲百七十六"，是"郡國"與"京師"對比的用法。其中"京師"指的不僅是長安城，實際上高祖以下的陵園與廟分布在整個三輔領域之内，因此此處"京師"大致與"三輔"同義。

的。根據佐藤先生的論述,高祖設置太上皇廟是由於太上皇有着生育高祖這一功勞,而高祖郡國廟則是爲了讚美高祖英雄的功績而設立的。[1]然而在我看來,諸廟的集合名詞"宗廟"的含義,指的還是每個人的功績附帶上了靈性升華而來的"功德"的積纍。

關於將這種象徵"功德"的"宗廟"設立於郡國之中的目的,在隨後廢止郡國廟的標志——元帝的詔書(《漢書·韋玄成傳》永光四年[前40年]),提到過如下内容:

> 往者,天下初定,遠方未賓,因嘗所親以立宗廟,蓋建威銷萌,一民之至權也。

自此,天下剛剛平定,地方郡國的人心並未臣服於漢朝皇室,爲了樹立威望、籠絡人心,而在各地設立宗廟(郡國廟)——這就是從這段文字中解讀出的目的。其中的"威"與"功德"互爲表裏(即祖先的神威),而在各郡國設置的宗廟(郡國廟)從某種意義上講則是作爲"威"的紀念碑而設立起來的。[2]

(三) 對吏民心理的影響

在此使用了"紀念碑"這個詞,是因爲我認爲普天之下的衆人或許會有機會去郡或王國的中心縣城瞻仰。郡國廟的祭祀活動是由吏來執行的,這從下述成帝時期丞相匡衡所言可以看出:

> 謹案:上世帝王承祖禰之大禮,皆不敢不自親。郡國吏卑賤,不可使獨承。

《漢書·韋玄成傳》中,對於元帝時期全國上下共計一百六十七座廟的定期祭祀,記有月祭於廟(每月在廟中的祭祀),或者歲二十五祠(每年祠二十五次)。[3]如果郡國的吏以這樣的頻率從事祭祀活動的話,郡國廟的存在與其祭祀就很有可能已經滲透到他們日常生活之中了,這也就能够與擁戴漢皇室的官吏階層的整體感的建立聯繫起來。

然而對於多數的一般民衆,從現在尚未有他們直接參拜郡國廟或者參加祭祀儀式的史料這一狀況來看,我們不能過高估計郡國廟對於這些一般民衆的心理影響。而依

---

[1]　參見前引佐藤論文。

[2]　杉村伸二認爲,前漢對於中央集權支配的强化中,郡國廟所具有的象徵皇帝對全國統治的"紀念碑"的性質增强了。參見杉村伸二《漢初の郡國廟と入朝制度について——漢初郡國制と血緣の紐帶——》,《九州大學東洋史論集》三十七,2009年。我個人以爲,對於一般民衆來説,設立當初的郡國廟就已經有較强的"紀念碑"性質了。

[3]　顔師古注:"晉灼曰:'《漢儀注》:宗廟一歲十二祠。五月嘗麥。六月、七月三伏立秋貙䝙,又嘗粢。八月先夕饋飱,皆一太牢,酎祭用九太牢。十月嘗稻,又飲蒸,二太牢。十一月嘗,十二月臘,二太牢。又每月一太牢,如閏加一祀,與此上十二爲二十五祠。'師古曰:'晉説是也。'"月例的祭祀與符合時令的祭祀一起,加上閏月一年間共二十五回,與本文一致。

據其建築物的存在與外觀,應該會有讓民衆産生某種程度的尊崇之心這種效果,我認爲將其心理影響限定在這種程度之內是較爲合理的。

讓我們再回過頭來看秦的縣、道之中的"泰上皇祠廟"。相隔近兩百年的元帝時期即漢初的情況與秦統一時的狀況大致相當,如果説當時設立了泰上皇的"縣道廟",那麼它的功能與漢的郡國廟應該是相似的。這也就是説始皇帝達成史上最高功績的基礎,就如象徵其來歷的紀念碑一般,通過廟這種形式推廣到了遠方的縣、道之中。

然而,與秦在縣、道層面都設置了"宗廟"的情況相對,漢僅在郡、國層面設置的理由尚不明確。"宗廟"所體現出的秦漢之間的連續與斷裂,將是今後必須研究的課題。

"縣道廟"以祭祀始皇帝之父泰上皇爲形式,如前所述,這一時期"宗廟"實際上很可能通常是以一廟一祖先這種形態存在的。如果建造顯示祖先"功德"與"威"的廟,就必須采取建立祖先之中某一個人的廟這種形式。在這種情況下始皇帝選擇了自己的父親也是理所當然的,此外這一舉動有可能還實現了當時儒家所宣導的"孝"。

如果説里耶秦簡中"行廟"的對象是縣、道的泰上皇廟,那麼將這種巡視作爲官吏的職務規定在律令之中,並且要求嚴格執行,這一點也是肯定的。此外"行廟"簡正面所見的二十六年這一年,也是頒布了關乎秦室威望的標志性規定的一年,時機是非常合適的。

雖然我們還不知道遷陵縣的"縣道廟"是何種規模的建築物,但縣、道民衆在去往縣廷等地時,估計是有機會去看看廟的建築的。而且縣、道官吏們也極有可能通過定期的祭祀與廟的日常管理,醖釀出了對於秦皇室的尊崇之心與歸屬意識。

秦王政,成爲了確立天下一統這一前所未有功績的皇帝。與此同時政的父親也由秦的莊襄王脱胎換骨成爲了皇帝的父親、天下的泰上皇,而他所象徵的是數百年來秦的祖宗的"功德"整體,這也正是皇帝功績的基礎。皇帝的功績,救天下萬民於戰亂之中,其目的是爲了讓超越了秦王國與舊六國界限的天下全體享受恩澤,因此泰上皇"縣道廟"的設置就是要在普天之下培育起對於這種功績的基礎——祖宗"功德"的敬畏之心。

在這種理念之下,在由皇帝與其祖宗的功德包括起來的這種意義中,天下是爲均一的領域。洞庭郡遷陵縣在所謂"大地的盡頭"設立的"縣道廟",可以説是消弭了中央與邊境、距離都城遠近的區別,體現出了天下均一的理念。

結　語

　　至此,我們已經就里耶秦簡與嶽麓秦簡"秦律令"之中所見的廟作出了探討。其結論在於,將里耶秦簡中的"廟"判斷爲嶽麓"秦律令"之中所見的"泰上皇祠廟",也就是秦的"縣道廟"是最爲合適的。最後,我們來看看這些廟在統一秦的國家祭祀分類範疇與體系之中處於什麽樣的地位。

　　如《睡虎地秦簡·法律答問》簡 161 所見:

　　　　擅興奇祠,貲二甲。可(何)如爲奇? 王室所當祠固有矣,擅有鬼立(位)殹(也),爲奇,它不爲。①

由於《法律答問》簡 28 中可以看到"王室祠"這一用語,②因此這是對"奇祠"和"王室祠"的區別解釋。"奇祠"可以理解爲所謂"淫祀"所指的對象,可以認爲是對於非合法的、被禁的對象所爲祭祀活動與祠所。③ 而談到"王室祠",根據先行研究,它指代的是《封禪書》所載的祠官所管轄的國家祭祀。④這一點上雖是沒有爭議的,然而《封禪書》所記載的祠官的國家祭祀,只包括以上帝爲代表的山川諸神體系。由於"王室祠"有"王室應當祭祀的場所"之意,那麽代行王室祭祀與儀禮許可權的奉常所管轄的祭祀活動及其所有祠所,也就是《封禪書》中並未記載的宗廟系統也應當包括在其中。那麽從祠官所管轄的祭祀這一點來看,嶽麓"秦律令"中的"下邽廟"無疑應該屬於"王室祠"。⑤

　　那麽,作爲"宗廟"一部分的泰上皇"縣道廟"也應屬於"王室祠"嗎? 筆者認爲,主持

---

① 雲夢睡虎地 11 號秦墓竹簡的釋文,參照武漢大學簡帛研究中心等編《秦簡牘合集(釋文注釋修訂本[壹])》,武漢大學出版社,2016 年。解釋亦參照同書的注釋。

② 《法律答問》簡 28 中有"可(何)謂盜埱垕。王室祠,貍(薶)其具,是謂垕"。

③ 睡虎地秦墓竹簡整理小組認爲"奇祠"屬於"淫祀"一類,這沒有什麽特別的疑問。參見睡虎地秦墓竹簡整理小組編《睡虎地秦墓竹簡》,文物出版社,1978 年。《禮記·曲禮》有"非其所祭而祭之,名曰淫祀。淫祀無福"。另外,《史記》中找不到"淫祀(祠)"這一詞語。前漢後半期以降開始使用表示祭祀種類的詞語"淫祀",與集合了官方認可祭祀的"祀典"一詞同時出現,是依儒學重組國家祭祀制度過程中的一種形勢。對於這些詞語歷史的展開做出把握是很有必要的,這也是我今後準備研究的課題。

④ "王室祠"是《封禪書》所載祠官(太祝)所管轄的祭祀這一觀點,參見彭浩《睡虎地秦簡"王室祠"與〈齎律〉考辯》,《簡帛》第一輯,上海古籍出版社,2006 年。與此相對,沈剛認爲,"王室祠"不僅限於祠官所轄的祭祀,官方的和民間合法的祭祀都包括在內(參見前引論文)。如果認爲"奇祠"以外全是"王室祠",那麽對於這一條文的理解更容易些。可是既然如此爲什會有"公祠"這一種類的區別用法? 無可否認其存有疑問。

⑤ 里耶秦簡第八層四六一,所謂"更名扁書"之中有"王室曰縣官",因此可以認爲始皇二十六年之後"王室祠"這一稱呼變爲了"縣官祠"。

"縣道廟"祭祀的是縣、道,而中央祠官與其祭祀儀式並無關聯,因此其與"王室祠"還是有區別的。在思考"縣道廟"的歸屬問題時,我們以《法律答問》簡 25—27 所見"公祠"這一概念爲綫索進行探究:

> 公祠未闋,盜其具,當貲以下耐爲隸臣。今或益〈盜〉一腎,益〈盜〉一腎臧(贓)不盈一錢,可(何)論? 祠固用心腎及它支(肢)物,皆各爲一具,一【具】之臧(贓)不盈一錢,盜之當耐。或直(值)廿錢,而被盜之,不盡一具,及盜不直(置)者,以律論。可(何)謂祠未闋? 置豆俎鬼前未徹乃爲未闋。未置及不直(置)者不爲具,必已置乃爲具。

關於對"公祠"應作出何種解釋與何種定義,學界曾經提出過各種意見,然而受限於這一時期祭祀分類用語的例子出現並不多,還很難給出正確的解釋。但根據先行研究已經提出的内容來看,里耶秦簡中的先農祭祀無疑屬於"公祠"。①

縣所主持的先農祭祀的祠具,是倉庫所提供的縣的所有物,剩餘的一部分會在祭祀結束後變賣並成爲縣的收入。《法律答問》的這段文字,就是對於如何判斷盜竊這種官方機構所有的祠具、損害官方利益行爲的解説。"縣道廟"的祭祀也一樣,它由縣、道主持,僅在祭祀對象的神格這一點上有所不同,與先農祭祀之間的區別其實並不是很大。

總之,"公祠"可以理解爲包含"王室祠"在内,表現在由廣大行政機關所主持的祭祀的範疇。"公祠"範疇之内的下層有縣級負責的先農等祭祀,上層則有中央官廳管轄的"王室祠",由官方來準備其祠具。雖然我們不知道先農祠所的情況如何,但是"縣道廟"以及中央祠官所管轄的祠所等,都是由官吏通過履行職務來對"公祠"的常設廟進行維持管理的。

與這種"公祠"相對的範疇,就是《封禪書》中所説的"民各自奉祠"的祭祀,以及"各自財以祠"的民間"里社"這種類型。根植於各個地方的祭祀大體上都可以被歸入民間"里社"這一類,在地方官認爲不屬於不良舊俗的限度内,這些里社沒有受到壓制並且存續了下來。

---

① 睡虎地秦墓竹簡整理小組注釋認爲,關於"公祠"與"王室祠"的關係,應與從"公"向"王"這一稱呼變化對應起來看。曹旅寧也認爲"公祠"應理解爲"公室祭祀",參見曹旅寧《里耶秦簡〈祠律〉考述》,《史學月刊》2008 年第 8 期。與此相對,彭浩認爲是有公共目的的祭祀(參見前引論文)。田天雖然在"王室祠"問題上同意彭浩的觀點,但她同時又指出在里耶秦簡所見先農等祭祀之中以動物的内臟與足作爲祠具使用的這一點上,其與睡虎地秦簡"公祠"所規定的内容是相類似的(參見前引書)。

　　由於"王室祠"與秦王室的歷史屬於一個整體,那麼至少在天下統一之初,其所在地必然是秦的故地,也就是内史以及後背的隴西郡等地。其中的一例,就是位於秦帝國中心的"王室祠"的一部分的"下邽廟"。

　　另一方面,相當於"公祠"下層的縣級祭祀,在中心地區過去就存在。在周緣地區郡縣化的同時,其以天下均一化理念爲基礎迅速擴大開來。以遷陵縣的泰上皇"縣道廟"爲例,這就是面向郡縣制下被納入周緣地區的吏民所使用的,顯示新任支配者存在感的一種手段。

　　今後,我一方面將對本文中所研究的這種差異問題予以特別留意,同時還將對於祭祀儀式的舉行與其設施的維護管理的社會和政治意義,及其對於吏民各自産生的影響作出考察。

楊怡悦譯(西北大學法學院)

　　原載於高村武幸編著《周緣領域からみた秦漢帝國》,六一書房,2017 年,第 25—42頁;中譯本收録於周東平、朱騰主編《法律史譯評》第六卷,中西書局,2018 年,第 73—93 頁。

秦 "課" 芻 議[*]

徐世虹

中國政法大學法律古籍整理研究所

秦漢簡牘所見"課"除動詞考課之義外,作爲名詞又有二義:一是文書名稱或類別,如漢簡所見郵書課、烽火課、驛馬課;二是一般中國法制史教科書所認爲的法律形式或法規之一,即睡虎地秦簡所見"牛羊課"。又據睡虎地 M77 號漢墓發掘報告,出土的法律簡牘中有"工作課",與律同列。[1]在新近出版的《里耶秦簡(壹)》中又見數量不少的各種"課",[2]客觀上加深了人們對秦課的認識。這些課的文本形態如何,性質、功能如何,與律令關係如何,是研究秦漢法律值得關注的問題。

一、既往對課的認識

如前所述,在里耶秦簡的這些課名面世之前,人們對課的性質認識來自兩種文書。一是睡虎地秦墓竹簡《秦律雜抄》31 簡的牛羊課:

> 牛大牝十,其六毋(無)子,貲嗇夫、佐各一盾。·羊牝十,其四毋(無)子,貲嗇夫、佐各一盾。·牛羊課。[3]

整理小組解作"關於考核牛羊的畜養的法律"。[4]就條文來看,其懲治行爲是牛羊未能達

---

[*] 本文是國家社科基金一般項目"秦漢法律編纂研究"(14BFX012)的階段性成果。

[1] 湖北省文物考古研究所、雲夢縣博物館《湖北雲夢睡虎地 M77 發掘簡報》,《江漢考古》2008 年第 4 期,第 35 頁。

[2] 湖南省文物考古研究所編著《里耶秦簡(壹)》,文物出版社,2012 年。校釋本有陳偉主編《里耶秦簡牘校釋(第一卷)》,武漢大學出版社,2012 年。本文以前者爲整理本,後者爲校釋本。

[3] 本文所引睡虎地秦簡皆出自睡虎地秦墓竹簡整理小組《睡虎地秦墓竹簡》,文物出版社,1990 年,爲避文煩,下文不再逐一出注。

[4] 睡虎地秦墓竹簡整理小組編《睡虎地秦墓竹簡》,第 87 頁。

到規定的繁殖數量,懲罰的責任人是負責官吏,可知其性質是"按程式審查業績的規定",①是規範而非行政文書。

結構相似的條文,又見《秦律十八種·□□》19—20簡:

> 今課縣、都官公服牛各一課,卒歲,十牛以上而三分一死;不【盈】十牛以下,及受服牛者卒歲死牛三以上,吏主者、徒食牛者及令、丞皆有罪。内史課縣,大(太)倉課都官及受服者。　　□□②

使用官牛而致其過度死耗,在立法者看來即爲犯罪,此條即是規定了犯罪要件及核驗責任的對應關係。"今課縣、都官公服牛各一課"一句,整理小組譯爲"現在每年對各縣、各都官的官有駕車用牛考核一次",似將"一課"理解爲"一次",也有學者將此語法結構理解爲動量詞用法,③是數詞加動詞的動量表達。④就此而言,整理小組將下句的"卒歲"併入此句翻譯有所不妥,而動量詞之説意義稍近。因此,此句或可作如下理解:前"課"爲動詞,義爲核驗或考核,後"課"爲名詞,指核驗的標準或規則。"課……各一課",其句法與《秦律雜抄》19簡"貲嗇夫一甲,縣嗇夫、丞、吏、曹長各一盾"同,若"貲……各一盾"可讀作"各貲……一盾",則"課……各一課"亦可讀作"各課……一課","一課"在此指"一項核驗標準"。全句或可譯爲"現在按一個標準分別考核縣與都官駕車牛(的使用情況)"。"卒歲"以下,即爲構成犯罪要件的核驗標準。另,20簡末尾殘,整理小組認爲根據内容應屬厩苑律,所以補出"□□"。但有學者指出該簡末尾實際容納不下二字,該簡並非末簡,故不太可能寫有章題。⑤又,此條旨意在於加強對公有駕車用牛死耗率的控制,與前文規定的公馬牛死後的利益回收,雖然在維護公家利益上意圖相同,但事項不同,因此是《厩苑律》原文如此,還是經書寫者的主觀選擇後如此,尚存疑慮。

二是漢簡所見諸課,如居延漢簡EPT52:83簡:

> 建昭四年四月辛巳朔庚戌,不侵候長齊敢言之:官移府所移郵書課舉曰:各推辟部中,牒别言,會月廿七日。·謹推辟。案過書刺:正月乙亥人定七分,不侵卒武

---

① 籾山明《中國古代訴訟制度の研究》,京都大學學術出版會,2006年,第19頁。
② "□□",整理小組注:"本條律名殘,根據内容應屬厩苑律。"(《睡虎地秦墓竹簡》,第25頁)
③ 吉仕梅《〈睡虎地秦墓竹簡〉語料的利用與漢語詞彙語法之研究》,《漢語史研究集刊》第一輯(上册),巴蜀社,1998年,第122頁。
④ 魏德勝《睡虎地秦簡語法研究》,首都師範大學出版社,2000年,第128頁。
⑤ 林清源《睡虎地秦簡標題格式析論》,《"中研院"歷史語言研究所集刊》第73本第4分,第786—787頁。

受萬年卒蓋,夜大半三分付當曲卒山,鶏鳴五分付居延収降亭卒世。①

候官下發了來自府的郵書課,要求核查轄内文書的傳遞是否符合規定,並規定了回覆核查結果的期限。不侵候長按照候官的要求詳細查驗了往來本部的文書傳送情況,將其上報。相關核定結果,有"中程""過程""留止""不及行"等用語。②同 EPT40：147A 簡"元延四年九月戊寅朔戊寅,不侵候☐謹移八月郵書課一編敢言之",可見郵書課的上報。

另又有驛馬課,如居延漢簡 EPF22：640 簡"·不侵部建武六年四月驛馬課"。以他簡所見,其涉及對驛馬的自然狀況及能力的評定,其用語爲"上""中""調習""不任用"等。③又有軍書課,同 EPF22：391 簡"誠北部建武八年三月軍書課·謹案,三月毋軍侯驛書出入界中者……☐",此是核查軍事文書出入界中的文書。又有表出入界課,肩水金關漢簡 73EJT10：127 簡"左後部初元四年四月己卯盡癸未堠上表出入界課☐",④此是核查烽火於本部傳遞情況後的報告。

以上述這些課文書所反映的内容來看,其"課"爲檢驗、核定之義,某某課即爲有關某某的核驗文書,它産生於日常工作中上級對屬下的監督與檢查之中。永田英正指出郵書課的"課"指依照程式調查,⑤因而就其本身性質而言是行政文書,而非規範。再看里耶秦簡,整理者介紹"簡牘自題名稱"中有"行書録(郵書課)"。⑥ 8-1432 簡或與此相關：

　　　　☐☐以郵行。十月丙子食時過☐☐

　　　　☐☐臨沅☐☐一月甲☐夕過☐☐郵。

　　　　☐　十一月丙申旦過都郵。

　　　　☐　十一月癸卯旦過酉陽☐郵。

校釋本徵引秦《行書律》,指出這是以郵行書的記録。⑦以前述居延漢簡 EPT52：83 簡可

---

① 本文所引居延漢簡,皆出自謝桂華、李均明、朱國炤《居延漢簡釋文合校》,文物出版社,1987 年;甘肅省文物考古研究所等編《居延新簡——甲渠候官(上、下)》,中華書局,1994 年。爲避文煩,亦不逐一出注。
② 有關郵書課的考核評語,參李均明《秦漢簡牘文書分類輯解》,文物出版社,2009 年,第 427 頁。
③ 有關驛馬課簡文的輯佚,參李均明、劉軍《漢代屯戍遺簡法律志》,科學出版社,1994 年,第 507 頁。
④ 甘肅簡牘保護研究中心等編《肩水金關漢簡(壹)》下册,中西書局,2011 年,第 137 頁。
⑤ 永田英正《居延漢簡の研究(二)》,同朋舍,1989 年,第 365 頁。永田先生又謂"如何稱謂此類記録簿,目下不詳"(同前),此姑統言爲"行政文書"。
⑥ 湖南省文物考古研究所編著《里耶秦簡(壹)》,"前言",第 3 頁。
⑦ 陳偉主編《里耶秦簡牘校釋(第一卷)》,第 324 頁。

見,郵書課的要件有月日時間、受領人、交付者、依次傳達至彼地的時間、受領人,而此簡所記行書記録,即是此後核定是否符合標準的依據。①

可見就目前所知資料而言,同是課字,其文本性質有所不同。秦簡牛羊課是規範,漢簡所見課則是核驗相關規範執行結果的文書。

二、里耶秦簡中的“課”

里耶秦簡中“課志”簡的出現,令人對課的認識進一步加深。“課志”簡一般兩欄或三欄書寫,首欄首行爲“某某課志”,下臚列各課,末以“·凡某課”結束,頗類目録。論者指出“課志”義爲考核記録,“課”亦是專用於考核的文書名稱。②

以“課志”簡中的田官課、尉課、鄉課、司空課、畜官課、倉課、田課等名稱可知,其類別以各種不同的機構劃分,機構或職官下的課細目則是其職責的具體反映。如畜官課志(8-490+8-501)事涉八項,即徒隸牧畜死負剥賣課、徒隸牧畜畜死不請課、馬産子課、畜牛死亡課、畜牛産子課、畜羊死亡課、畜羊産子課;倉課志(8-495)亦涉八項,即畜彘鷄狗産子課、畜彘鷄狗死亡課、徒隸死亡課、徒隸産子課、作務産錢課、徒隸行縣(徭)課、畜鴈死亡課、畜鴈産子課。

關於里耶秦簡中的諸課,可通過課在公文往來及官吏實務中的動態反映獲得片斷認識。

如 8-645、8-1511 簡記載了縣鄉官吏上報水火敗亡課:

廿九年九月壬辰朔辛亥,貳春鄉守根敢言之:牒書水火敗亡課一牒上。敢言之。
(8-645 正)

九月辛亥旦,史邛以來。/感半。　　邛手。　　(8-645 背)

廿九年九月壬辰朔辛亥,遷陵丞昌敢言之:令令史感上水火敗亡者課一牒。有不定者,謁令感定。敢言之。
(8-1511 正)

已。

九月辛亥水下九刻,感行。　　感手。　　(8-1511 背)

---

① 關於候官對屬下送來的郵書進行審核的情況,可參永田英正《居延漢簡の研究(二)》,第391—393頁。中譯本,張學鋒譯《居延漢簡研究(上)》,廣西師範大學出版社,2007年,第312—319頁。
② 李均明《里耶秦簡“計録”與“課志”解》,“中國簡牘學國際論壇2012:秦簡牘研究”論文集,第174頁。

水火敗亡,指因水火而造成財産損害的後果。《秦律十八種·内史雜》196 簡:"有實官高其垣墻。它垣屬焉者,獨高其置芻廥及倉茅蓋者……善宿衛,閉門輒靡其旁火,慎守唯敬(儆)。有不從令而亡、有敗、失火,官吏有重罪,大嗇夫、丞任之。"規定官倉若出現失竊、損壞、失火等損害後果,官吏須承擔刑事責任。此是失職所致。就一般而言,"水火敗亡"包括因故意縱火、決水、溺水或與此相關的過失行爲而導致的損害後果,也包括不可抗力造成的損害後果。①縣鄉將相關損失情況核驗上報,體現了國家垂直行政控制的一個側面。②再從文書的傳遞時間看,貳春鄉於九月二十日將文書送到後,遷陵縣即於當日上報,反映了較高的行政效率。反之,當出現未及時上報的情況時,縣丞便會發文催要。如 8-137 簡:

　　　　☐☐朔戊午,遷陵丞遷告畜官僕足,令

　　　　☐☐毋書史,畜官課有未上。書到亟日

　　　　☐☐守府事已,復視官事如故,而子弗

　　　　☐事,以其故不上,且致劾論子,它承

　　　　☐　　　就手。

據文意,因遷陵縣畜官尚未提交畜官課,故縣丞遷向其催要,要求盡快上報。

　　或與倉課中"畜彘雞狗産子課"相關事例又可見 8-1516 簡:

　　廿六年十二月癸丑朔庚申,遷陵守禄敢言之:沮守瘳言:課廿四年畜息子得錢殿。沮守周主。爲新地吏,令縣論言夬(決)。·問之,周不在遷陵。敢言之。·以荆山道丞印行。　　　　　　　　　　　　　　　　　　　　　　　　(8-1516 正)

　　丙寅水下三刻,啓陵乘城卒秭歸☐里士五(伍)順行旁。　壬手　　(8-1516 背)

揆度公文往來過程:沮守瘳給洞庭郡行文,言本縣二十四年的小牲畜出售得利的考核位列末等,而當時本縣的負責人周現在秦新領地任職,於是洞庭郡向遷陵縣發文,要求審

---

① 一般主體的縱火、失火、溺水等行爲,在漢初《二年律令》中爲《賊律》所規制,而據《晉書·刑法志》魏律序,漢《金布律》中又有毀傷、亡失縣官財物的規定,魏律分爲《毀亡》篇。晉有《水火》《毀亡》篇。至唐,相關罪名歸於《雜律》。如"諸水火有所損敗,故犯者,徵償;誤失者,不償"條,疏議對"水火有所損敗"的解釋是"謂上諸條稱水火損敗得罪之處",即包括不修隄防及修而失時導致毀害人家、漂失財物者,故決堤防而導致漂失者,失火及非時燒田野而延燒人舍宅及財物者等。但同時也規定了免責條款,如"水雨過常,非人力所防者,勿論"。

② 《爲吏之道》有"水火盜賊"之誡,《二年律令·户律》305—306 簡所見可破例通行里門的情況中,也包含了"救水火,追盜賊"的行爲。可見對於鄉里而言,水火與盜賊同爲急迫、重大事項。

斷後上報,遷陵縣隨後於二十六年十二月八日回覆調查結果,説明周不在遷陵。校釋本所徵引的秦《倉律》63 簡有關出賣豬鷄“息子”的規定,可透視考課依律而爲,獲利多少即意味着繁殖率的高低、工作業績的優劣。在具有官箴性質的《爲吏之道》中,也有“息子多少”的告誡。

尉課志中有“卒死亡課”,8-132＋8-334 簡或是其殘文:

> ☐冗募群戍卒百卅三人。
>
> ☐廿六人。・死一人。
>
> ☐六百廿六人而死者一人。
>
> 尉守狐課。
>
> 　　十一月己酉視事,盡十二月辛未。

從尉課志所屬“卒死亡課”“司寇田課”“卒田課”三課看,尉的管理對象至少有卒與司寇。8-140 簡記載了查證戍卒是否到崗的事例,從中可窺尉對戍卒的直接管理:

> ☐朔甲午,尉守僃敢言之:遷陵丞昌曰:屯戍士五(伍)桑唐趙歸
>
> ☐日巳,以廼十一月戊寅遣之署。遷陵曰趙不到,具爲報・問,審以卅
>
> ☐【署】,不智(知)趙不到故,謁告遷陵以從事。敢言之。/六月甲午,臨沮丞禿敢告遷陵丞主,令史可以律令從事。敢告主。/胥手。
>
> 九月庚戌朔丁卯,遷陵丞昌告尉主,以律令從事。/氣手。/九月戊辰旦,守府快行。
>
> 　　　　　　　　　　　　　　　　　　　　　　　　　(8-140 正)
>
> ☐倍手。　　　　　　　　　　　　　　　　　　　　(8-140 背)

臨沮尉守僃給丞的報告引述了遷陵丞昌之語:臨沮縣桑唐人士伍趙歸鄉的某一日期已經結束,應於十一月戊寅派遣到崗。“遷陵曰趙不到,具爲報”則是遷陵認爲趙未到崗,須核查此事後報告。臨沮尉查驗後回覆:趙確實於卅……派遣,但不知未到崗的原因,請告遷陵按律令行事。六月甲午,臨沮丞行文遷陵丞,可依照律令行事;九月丁卯,遷陵丞告尉,以律令從事。下例又可見尉就公卒食糧向縣行文的事項:

> 廿八年七月戊戌朔癸卯,尉守竊敢之:洞庭尉遣巫居貸公卒安成徐署遷陵。今徐以壬寅事,謁令倉貸食,移尉以展約日。敢言之。
>
> 七月癸卯,遷陵守丞膻之告倉主,以律令從事。/逐手。即徐☐入☐。
>
> 　　　　　　　　　　　　　　　　　　　　　　　　　(8-1563 正)

　　　　癸卯，胸忍宜利錡以來。/敞半。　　　齮手。　　　　　　（8-1563 背）

二十八年七月六日，遷陵尉守報呈縣：巫縣居貸公卒安成里人徐被洞庭郡派遣至遷陵，①
現以"壬寅事"請求縣倉墊支口糧，②並將相關憑證交給了尉。③遷陵縣當日即批示縣倉
負責人，要求依據相關律令行事。

　　尉負責管理戍卒，則由其統計、核驗戍卒的死亡率自是必然。上述"尉守狐"所課，
當是核驗結果。文末的"十一月己酉視事，盡十二月辛未"，或指狐考課的時間，6-16 簡
的"守丞大夫敬課。視事卅八日"也是同類記載。

　　在里耶秦簡中，8-454 簡所載可能是金布所上課的副本目錄：

課上金布副	園栗—	縣官有買用錢ㄴ鑄段（鍛）—
柰課—	采鐵—	竹箭—
作務—	市課—	水火所敗亡　園課ㄴ采金—
疇竹—	作務徒死亡—	貲贖責（債）毋不收課
池課—	所不能自給而求輸—④	

該簡簡首有長方形墨塊，表示以下所書爲彙總性內容。⑤下分三欄書寫，其中的"—"爲豎畫
符號，或表示鉤校後的副本數量，⑥內容則包括了金布職責範圍內的應課事項，其涉及經濟
活動收入、財產刑及債務收入、從事手工業的刑徒死亡狀況、輸入所不能自給的物資等。

　　里耶秦簡還見有"作官府課"：

　　　　廿八年遷陵隸臣妾及黔首居貲贖責作官府課・泰凡百八十九人【死】亡。・衡
　　　　之，六人六十三分人五而死亡一人。

　　　　已計廿七年餘隸臣妾百一十六人，

---

① "居貸"，校釋本指出"疑與居貲贖債類似"（第 361 頁）。

② 8-1014 簡"☑□出貲居貸士五（伍）巫南就路五月乙亥以盡辛巳七日食"，指貸給路七天口糧的起止日。故推測"壬寅
事"爲徐應貸口糧的初始日，亦即初署遷陵之日。

③ "約日"，校釋本注"疑指署遷陵的日期"（第 361 頁），又注"展"爲"記錄""校錄"（第 361 頁）。"移尉以展約日"，或指
將校錄過的憑證移送給尉。

④ 釋文據湖南省文物考古研究所編著《里耶秦簡（壹）》，圖版第 67 頁。

⑤ 簡首有同樣墨塊者，如 8-300 簡爲鄉吏被貲的彙總記錄，8-1095 簡是都鄉隸妾等人數總彙，8-1143＋1631 簡是貳春鄉作
徒簿，彙總了各種刑徒的人數及其勞作內容。

⑥ 居延漢簡 EPT56：290 及尹灣漢簡 6D12 牘也有此符號，李均明認爲是鉤校符號，見氏著《秦漢簡牘文書分類輯解》，第
396—398 頁。里耶秦簡 8-300 簡首欄三行簡文分別是"鄉守履貲十四甲""鄉佐就貲一甲""鄉佐□貲六甲"，下殘斷，但
文字下似也各有三道豎畫。

廿八年新·入卅五人。

·凡百五十一人，其廿八死亡。·黔道居貲贖責作官卅八人，其一人死。①

這是秦始皇二十八年遷陵縣隸臣妾與居貲贖責黔首於官府勞作死、亡人數的考核結果：總計 189 人死、亡。其中隸臣妾共 151 人，二十七年原有的 116 人，二十八年新入的 35 人，共死亡 28 人，逃亡 123 人；黔首居貲贖責 38 人，死亡 1 人，逃亡 37 人，故死亡、逃亡人數總計 189 人。文中的三處“死亡”，前兩處應作死亡、逃亡解，“其廿八死亡”之“亡”，與下句比較，或是誤書。又據簡 8-41“☐死亡者別以爲二課，不癒（應）令，書到叵”，應是指死、亡應作爲一個類別考核，分課不符合令的要求，而此“作官府課”可爲印證。②

8-906 簡寫有“卅四年遷陵課筒”（圖1），這意味着一縣的課文書彙總後，其最初當置入筒中保存。該簡形制爲楬，中有兩孔，用於繫繩捆縛於“筒”上。馬王堆一號漢墓出土的竹笥完整保留了檢與楬同用的形狀（圖2），③其楬書寫有物品名稱與收納之器“縑纗幣笥”，形制與 8-906 簡相同。8-1201 的“倉曹廿九年當計出入券甲筒”，8-1200 的“卅三年當計券出入筒具此中”，功用與此相同。如同類文書多筒保存，則如 8-776 簡“卅年四月盡九月，倉曹當計禾稼出入券。已計及縣相付受廷。弟甲”所示，編號管理。④

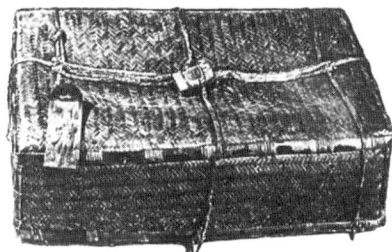

圖1　　　　　　　　　　　　　　圖2

總之，以里耶秦簡所見課文書，其性質仍不出前述行政文書的範圍，即它是依據既定的標準對機構或官吏職責予以核驗而産生的文書，與睡虎地秦簡中的“牛羊課”性質不同。

① 鄭曙斌等編著《湖南出土簡牘選編》，嶽麓書社，2013 年，第 18 頁。據圖版，釋文第一行漏釋“死”字，今補。又，“黔道”之“道”當爲“首”字誤書。

② ［補注］“作官府課”一段內容係此次修訂增補。

③ 圖據湖南省博物館、中國社會科學院考古研究所編《馬王堆漢墓（下集）》，文物出版社，1973 年，圖版 209。

④ 張家山漢簡《二年律令·户律》331—332 簡記載了各種民户籍簿副本上報縣後的保存、開啓規定，其收納之物也是筒或匣匱。

三、課與律、令、式

所謂既定的標準,意謂核驗必有所本。秦簡律令、文書中習見的"如律令",體現的是"治道運行……皆有法式"①的嚴格貫徹。如不進行年終統計、鄉不按時賦斂,則被視爲"不應律";②提出任命里典、郵人的要求若受到上級質疑,則會受到"何律令應"的責問;③所論不當則被劾爲"不應律令"。④就課而言,若將里耶秦簡中的課與秦律比較,亦可見二者淵源有自。

倉課除校釋本所指出的《倉律》63 簡可與"畜彘雞狗産子課"對讀外,"徒隸死亡課""徒隸産子課"也與《倉律》相關。《倉律》的内容特徵之一,就是規定了向爲官府服役的刑徒供應口糧的各種標準,如 49—52 簡即規定了隸臣妾、小隸臣妾及嬰兒的月定量。再看里耶秦簡中倉吏的出稟記録:

> 徑膚粟米一石二斗半斗。•卅一年十二月戊戌,倉妃、史感、稟人援出稟大隸妾援。　　　　　　　　　　　　　　　　　　　　　　　　　　　　(8-762)
> 粟米二斗。廿七年十二月丁酉,倉武、佐辰、稟人陵出以稟小隸臣益。
> 　　　　　　　　　　　　　　　　　　　　　　　　　　　　(8-1551)
> 粟米五斗。卅一年五月癸酉,倉是、史感、稟人堂出稟隸妾嬰兒揄。　(8-1540)

其出稟對象涉及大隸妾、小隸臣以及隸妾嬰兒,與《倉律》規定的口糧發放對象基本一致。又,縣鄉各部門在分配到刑徒後都有製作徒簿的義務,以記録其總人數以及分别從事的勞作。如 8-686 + 8-973 簡:

> 廿九年八月乙酉,庫守悍作徒薄(簿):受司空城旦四人、丈城旦一人、舂五人,受倉隸臣一人。•凡十一人。
> 城旦二人繕甲□□。

---

① 《史記·秦始皇本紀》。
② 8-508 簡:"歲不計,甚不應(應)律,書到齎夫。"8-1454 + 8-1629 簡:"□都鄉敀不以五月斂之,不應(應)律。都鄉守苛謝曰:鄉征斂之,黔首未肎(肯)入□□史。□之寫上敢言之。/華手。"
③ 8-157 簡:"卅二年正月戊寅朔甲午,啓陵鄉夫敢言之:成里典、啓陵郵人缺。除士五(伍)成里匄、成,成爲典,匄爲郵人,謁令尉以從事。敢言之。正月戊寅朔丁酉,遷陵丞昌卻之啓陵:廿七户已有一典,今有(又)除成爲典,何律令應(應)?""何律令應"即應何律令。
④ 8-754 + 8-1007 簡:"……即與史義論貲渠,獲各三甲,不智(知)劾云貲三甲不應律令。故皆毋它坐。它如官書。"

> 城旦一人治輪□□。
> 城旦一人約車:登。
> 丈城旦一人約車:缶。
> 隸臣一人門:負劇。
> 舂三人級:姱、□、娃。

徒作簿首先要寫明受領刑徒的來源,其次寫受領的總人數,再寫具體人數與勞作内容。8-142 都鄉徒簿、8-199 + 8-688 畜……作徒簿、8-962 + 8-1087 貳舂鄉徒簿、8-1069 + 8-1434 + 8-1520 庫武作徒簿、8-1278 + 8-1757 啓陵鄉守作徒簿的要件與此相同。從這些作徒簿的第一項看,一般言受司空城旦、受司空居責(債)城旦、受司空仗城旦、受司空白粲、受司空鬼薪,但涉及隸臣妾時則言受倉隸妾、受倉隸臣,即前者不言司空隸臣妾,後者不言倉城旦舂,似司空與倉曹所管理的刑徒有所分別。在目前所見諸曹的"計録"中,只有倉曹與司空曹有"徒計",①這恐怕也是分司其職所致。倉曹既然負責隸臣妾的管理,則相關的死亡率與出生率自是其職責之一。里耶秦簡"卅四年十二月倉徒薄(簿)冣",②記載了大隸臣、小隸臣、大隸妾各自的纍計人數,三項總數達 4376 人;其分配去向主要是本縣縣鄉各機構,也有去往他縣者;其勞作内容與人數按男女分列,種類相當繁多。據此可知,倉曹負責管理的是全縣的隸臣妾。

再看畜官八課,大致可分爲制度執行與牲畜繁殖率、死亡率兩類。"徒隸牧畜死負剥賣課"與"徒隸牧畜畜死不請課",皆涉制度執行。校釋本已徵引《厩苑律》16—18 簡明其所據。再證以《二年律令·金布律》433—434 簡,可知公馬牛死後當立即報告相關負責人,由其執行檢驗、接收、出售或收繳可得利益部分的程式,如因程式執行不利而造成損害後果,則按完全損失與可得利益損失分"以平賈(價)償"與"賈(價)以減償"兩種方式賠償,這是秦漢時期一直執行的對官有畜産管理的法律規定。③畜官作爲公家畜産的直接管理者,對其職責的要求不僅限於提高繁殖率、降低死亡率,即使是對死亡牲畜也

---

① 8-480 簡中的"徒計"之"徒",圖版不清,僅存右上部分及辵旁的右側部分,整理本未釋,校釋本釋"徒"。
② 牘文見葉山《解讀里耶秦簡——秦代地方行政制度》,"中國簡牘學國際論壇 2012:秦簡牘研究"論文集,第 120—121 頁。
③ 在敦煌懸泉漢簡中,依舊可以發現當時的法律規定延續了秦及漢初律不允許公家畜産受損的意圖。Ⅱ90DXT0115③:79—82 簡:"甘露二年七月戊子朔壬寅,敦煌大守千秋、長史意、丞破胡謂屬:律曰:諸乘置,其傳不爲急及乘傳者驛駕□令葆馬三日。三日中死,負之。"這是一份敦煌太守發給屬縣的公文(簡文見郝樹聲、張德芳《懸泉漢簡研究》,甘肅文化出版社,2009 年,第 21 頁。律文以下略)。公文首先徵引律文,意謂在公文並非急件以及乘傳者使用傳馬的情況下,要求在使用後觀察馬三日,如果馬在此期限内死亡,責任人需要賠償。其次指出目前敦煌九處置傳馬的死亡情況:九處厩置額定配備傳馬 360 匹,現將死馬計算在内共 368 匹,超過額定 8 匹……最後太守發令,(轉下頁)

要求確保利益不失，因此必受律規範，依律行事。

　　在里耶秦簡所見諸課中，金布課目較多，而目前已知的秦漢《金布律》有睡虎地秦簡《金布律》、嶽麓書院藏秦簡《金布律》、張家山漢簡《二年律令·金布律》、晉志《魏律序》所見《金布律》（爲行文之便，此四種《金布律》以下分别表示爲 A、B、C、D），將課目與這些《金布律》内容作一比較，如"作務""市課"與 B、C 的"官府爲作務市受錢"，漆、疇竹、園栗、竹箭、池等經營收入與 C 的"園池入錢"，"縣官有買用錢"①與 A 的"毋敢擇行錢、布"，"所不能自給而求輸"與 A 的"官相輸"，即不難發現二者間的對應關係。"貲贖責（債）毋不收課"則更明顯反映了與《金布律》的關係。A 有公私債務的追償規定，其主體涉及吏民、隸臣妾；C 中規定，應當繳納的罰、贖、責（債）之金，允許以平價折算爲錢繳納；D 中的"毁傷亡失縣官財物"與"罰贖入責以呈黄金爲價"，前者當側重於賠償責任的確定，②後者則與 C 同，明確的是執行罰贖債時的計算標準。《金布律》規範物件與"貲贖責（債）毋不收課"的對應，可看出金布的職務受律規範。此外與前述的"息子多少"相同，在嶽麓書院藏秦簡《爲吏治官及黔首》中，也有對不履職行爲的警示，其中之一就是"貲責（債）不收"。③

　　從上述課與律的關係來看，考核或查驗與律密切相關。反之亦可言律在一定程度上是課的標準。以秦律所見，行爲的定量標準往往由律承載，這在《效律》中尤爲明顯，如 5 簡"斗不正，半升以上，貲一甲"，其結構爲違法行爲 + 量化標準 + 懲罰；《二年律令·行書律》所見亦如此，如 273 簡"郵人行書，一日一夜行二百里。不中程半日，笞五

（接上頁）要求公文傳到後，查驗赦令公布後應當賠償傳馬者，令其賠償符合一定標準的馬，並要求守丞巡視各縣，須得親見所償之馬。又 I 0111②：2 簡"傳馬一匹……建昭二年十二月丙申病死，賣骨肉，受錢二百一十"，0116②：69 簡"效穀移建昭二年十月傳馬薄（簿），出縣（懸）泉馬五匹，病死，賣骨肉，直錢二千七百卌，校錢薄（簿）不入，解……"（胡平生、張德芳《敦煌縣泉漢簡釋粹》，上海古籍出版社，2001 年，第 84—85 頁），二簡記録了傳馬病死後賣其骨肉所得錢及其入賬情況。前者賣得 210 錢，已入賬；後者賣得 2470 錢，經審核未入錢簿。"解"字後殘缺，或爲"解何"，即上級向下級發出質問，要求說明錢未入賬的原因。

① 　買用錢：交易用錢。《説文》貝部："買，市也。"睡虎地秦簡《金布律》65 簡："百姓市用錢，美惡雜之，勿敢異。"

② 　《晉書·刑法志》："《賊律》有……《金布律》有毁傷亡失縣官財物，故分爲《毁亡律》。"《二年律令·金布律》433 簡："亡、殺、傷縣官畜產，不可復以爲畜產，及牧之而疾死，其肉、革腐敗毋用，皆令以平賈（價）償。入死、傷縣官，賈（價）以減償。"434："亡、毁、傷縣官器物，令以平賈（價）償。入毁傷縣官，賈（價）以減償。"433、434 簡所確定的並不是損害縣官財物行爲的刑事責任，而是賠償責任與方式，即"平價償"。相關的刑事責任或行政責任當在另律規定。如《賊律》6—8 簡是有關因水運而造成人身、財產損害後果的規定，律文規定了具體的刑事責任如贖耐、遷、罰金等；同時也規定了賠償責任，但賠償責任只是區分了主體與比例，具體執行當由《金布律》規範。故晉志《金布律》所言應與漢初律差異不大，所側重的是賠償責任及其操作方式。同樣的表述也可見秦律，如《工律》106—107 簡"擅叚（假）公器者有罪，毁傷公器及□者令賞（償）"，此不言有何罪且如何罰，亦不言如何償，當是相關規定已存他律。如私自假借官有財產，在《二年律令》歸屬《盜律》，輕者罰金二兩，重者與盜同法（77 簡）。唐律涉及棄毁官私器物的處罰皆入《雜律》，但刑事責任與賠償責任分條規定，前者"準盜論"，後者"各備償"；在技術上呈現出與秦漢律的傳承關係。

③ 　朱漢民、陳松長主編《嶽麓書院藏秦簡（壹）》，上海辭書出版社，2010 年，第 140 頁。

十"。這種結構方式恐怕是由秦漢律的編纂性質所決定的,即事制與罪名雜於一篇。晉志載,晉律修訂時提出了"違令有罪則入律"的功能區分,杜預解釋二者的關係是"律以正罪名,令以存事制,二者相須爲用"。唐時,違令入罪的形態已相當成熟。如《厩庫律》"牧畜産死失及課不充"條,對此類行爲的懲罰基綫是笞三十,最高徒三年,而此類行爲的定量標準則由《厩牧令》規定,[①]如未達到令中所規定的具體指標,即入罪入律。以該條所見,律令功能截然二分,然而在秦尚難見此區分。

核驗或考課所據,除律之外尚存其他規範。嶽麓書院藏秦簡《爲吏治官及黔首》87 正(1531 正)簡有"它官課有式令"一語,該簡全文爲:"此治官黔首及身之要也與。它官課有式令能最,欲毋殿,欲毋罪,皆不可得。欲最之道把此。"[②]"它官課"文承前句,指有別於"治官黔首及身之要"的官府考核。"它",作"另外""其他"解。"能"指能力、才能,[③]"最"指考核上等。全句意爲:這就是治官、黔首以及自身的關鍵。此外官府考核有式、令與能、最標準,希望避免末位,避免犯罪,但是都做不到。想獲得首位的辦法,就是要掌握"治官黔首及身之要"。在此,"治官黔首及身之要"的道德激勵作用已在"官課有式令"的制度約束之上。

"官課有式令"可獲證的直接材料就是睡虎地秦簡《封診式》。[④]其 1 簡所謂"治獄,能以書從迹其言,毋治(笞)諒(掠)而得人請(情)爲上;治(笞)諒(掠)爲下;有恐爲敗",這裏的"上""下"即具標準或等級之意。診式又見里耶秦簡 8-477 簡"式謁朏季,朏季籍式診式,式顋(願)寫之。□",唯具體内容不詳。[⑤]

里耶秦簡中的零星記録,或可佐助"官課有式令"的理解。如下簡:

  □□遷陵守丞齮【敢】言之:前日令史齮□

  □□守書日課皆□癃(應)式令,令齮定□□

  □□課副及當食人口數,别小大爲食□

---

① 疏議曰:"《厩牧令》:'諸牧雜畜死耗者,每年率一百頭論,駝除七頭,騾除六頭,馬、牛、驢、殺羊除十,白羊除十五。從外蕃新來者,馬、牛、驢、殺羊皆聽除二十,第二年除十五;駝除十四,第二年除十;騾除十二,第二年除九;白羊除二十五,第二年除二十;第三年皆與舊同。'"

② 朱漢民、陳松長主編《嶽麓書院藏秦簡(壹)》,第 149 頁。標點與原文略有不同。

③ 8-691 簡"吏不能其事",與漢簡中屢見的"能不宜其官"同義,即指缺乏辦事能力,能力不適合職位。張家山漢簡《奏讞書》案例 20 記述了柳下季審理佐丁盗粟案,查其"上功牒","署能治禮",即丁身爲佐,上功牒中有"能"的記載,"治禮"是其能力所在。《漢書·張湯傳》"治陳皇后巫蠱獄,深竟黨與,上以爲能,遷太中大夫",亦是此義。

④ 有關秦漢式的研究成果,可參邢義田《從簡牘看漢代的行政文書範本——式》,《簡帛研究》第三輯,廣西師範大學出版社,1998 年,第 295—309 頁;又南玉泉《秦漢式的種類與樣式》,《中國古代法律文獻研究》第六輯,社科文獻出版社 2012 年,第 194—209 頁。

⑤ 校釋本認爲"式""朏季"爲人名,"診"爲檢驗之義(第 162 頁)。又,承籾山明教授教示,他將此句譯爲"式訪問朏季,朏季將《診式》借給式,式希望書寫《診式》",並指出"該簡無疑傳達了《診式》這一書籍或編纂物是存在的"。

☑☑☑課副及☑傳上，有不定☑   (8-704＋8-706 正)

☑言之守府。丙申、己亥、甲辰追，今復☑

☑手。

☑守丞齮敢言之：令二月☑亥追，今復寫前日☑

☑時都郵人羽行。☑   (8-704＋8-706 背)

校釋本認爲"應"前一字應是"不"字，此從。"當食人口數"，指應當自官府領取口糧的人數。8-734 簡"卅五年十月壬☑☑徒卒及徒☑見禾稼五☑☑度卅五年縣官☑食當食者☑"，可參。"別小大爲食"，據前文所引倉吏的出稟記録，其出稟對象涉及大隸妾、小隸臣以及隸妾嬰兒，小大不同，出稟各異。"有不定"，時見於里耶秦簡的上行公文，如前述8-1511簡"有不定者，謁令感定"。此簡係綴合而成，殘缺較多，文意不全，不過也許與秦律"上食者籍"之制有關。《倉律》37 簡："縣上食者籍及它費大（太）倉，與計偕。都官以計時讎食者籍。"推測是遷陵呈上的文書經核驗後有不符合要求之處（未別小大爲食?），故被要求重新呈報。"課皆不應式令"，意味着課當以式令爲據。

"不應令"之例又見 8-41 簡"☑死亡者別以爲二課，不癢（應）令，書到亟"。文意似是由於將死亡者與另一事項分爲二課，故被視爲"不應令"。"不應令"就是不符合或未回應令的要求。這是自上而下的審核。對於上級所發命令或指示，屬下也需要回覆有無"當令""應令"的情況。①居延漢簡中亦時見"應令"，②體現了秦漢文書行政的傳承。在往來文書中，所應之令應有詔令、日常行政命令與既定法令或新頒法令之別，不過對官吏而言，無論何令都當遵守奉行。

所謂式，是指某種標準、定式。既有的研究成果已指出式爲漢代的行政文書範本，③而里耶秦簡中的式呈現出了更具體的文書樣態。8-94 簡爲楬，上書"群志式具此中"。"群志"指各種志，除前述各類課志，又有事志（8-42）、户當出户賦者志（8-518）、庸作志

---

① 8-67＋8-652 簡："廿六年十二月癸丑朔辛巳，尉守蜀敢告之：大（太）守令曰：秦人☑☑☑候中秦吏自捕取，歲上物數，會九月望（望）大（太）守府，毋有亦言。問之尉，毋當今者。敢告之。"8-159 簡："制書曰：舉事可爲恒程者上丞相，上洞庭絡帬（裙）程有☑☑☑卅二年二月丁未朔☑亥，御史丞去疾；丞相令曰舉事可爲恒程者☑上帬（裙）直。即癢（應）令弗癢（應），謹案致……庭☑。/☑手。"

② 89.24 簡："☑候官窮虜隧長簪褭單立中功五，勞三月，能書會計，治官民頗知律令，文，年卅歲，長七尺五寸，應令。居延中宿里，家去官七十五里，屬居延部。"EPT53：138 簡："甘露二年八月戊午朔丙戌，甲渠令史齊敢言之：第十九隧長敵自言，當以令秋射發功勞，即石力發弩矢☑弩臂，皆應令。甲渠候漢强、守令史齊署發中矢數于牒。它如爰書。敢言之。"這裏的"應令"，指軍吏的基本條件或技能符合令的要求。關於里耶秦簡中的"應""應令""應書"研究，亦可參見胡平生《讀〈里耶秦簡〉（壹）筆記》，《出土文獻研究》第十一輯，中西書局，2012 年，第 122—127 頁。

③ 邢義田《從簡牘看漢代的行政文書範本——式》，《簡帛研究》第三輯，第 295—309 頁。

(8-949)、禾稼租志(8-1246背)、畜志(8-2491)等。"群志式"應是各種志的文書范式。該
楬也有兩孔,其所繫聯之物或爲竹笥,這些文書範式即盛放於内。8-434 簡又載"三月壹
上發黔首有治爲不當計者守府上薄(簿)式","簿式"爲簿書之式。在行政事務中,官吏
還會被要求仿照某種文書格式,以求規範統一。如 8-768 簡:

> 卅三年六月庚子朔丁未,遷陵守丞有敢言之:守府下四時獻者上吏缺式曰:放
> (仿)式上。今牒書應(應)書者一牒上。敢言之。

這是秦始皇三十三年六月八日遷陵守丞有提出的上行文書。文書中提到太守府下發了
"四時獻者上吏缺式",要求仿照此式呈報。所謂"應書",就是遷陵縣執行此令的回覆文
書,其内容即爲所仿之式。此種規範文書的做法漢時亦存。EPT52:576"☐拘校,令與
計簿相應。放式,移遣服治☐",前句是説對文書進行檢校,使之與計簿一致,故後文的
"放式",當指仿照標準計簿的格式。此外與"應律""應令"相類的用語還有"應式",如 8-
2480 簡"☐甲子,上應(應)式,今☐",此是回應上級之令而呈上某種式。

　　"官課有式令"與"課皆不應式令",體現的是日常行政事務中常態化的監督。官吏
作爲國家法律及行政權力的執行者,遵循律令與規範文書是職務與素養的要求,而在此
要求下,式令與律共同構成了規範與制約機制。此外從諸課與律的對應關係還可以發
現一個現象,即秦律律名與行政機構或職官的職能具有一定的對應關係,如司空課——
司空律,倉課——倉律,金布課——金布律,尉課——尉雜,[①]田官課——田律,畜官

---

①　關於"尉雜",睡虎地秦簡所見只有兩條。一是 199 簡"歲雛辟律于御史",二是 200 簡"☐其官之吏
☐☐☐☐☐☐☐☐☐☐法律程籍,勿敢行,行者有罪"。整理小組注"尉雜"爲"關於廷尉職務的各種法律規定"。
此説尚可探討。從目前所知的《尉律》内容看,有《説文》許序所引的試學童爲史,《漢書・昭帝紀》如淳注所引的卒踐
更之制。沈家本在解釋《尉律》之意時指出:"惟許序所引律文乃漢初取人之法,不專指廷尉。《昭紀》如淳注云……
所言亦非治獄之事。漢之以尉名官者,曰太尉,掌武事……安見尉律之必專指廷尉也?"沈氏最後的結論是:"尉"是
"凡自上按下之稱,是其本義不專屬於刑獄"(《沈家本全集》第四卷《漢律摭遺》,中國政法大學出版社,2010 年,第
168 頁)。儘管沈氏的結論在今天看來仍需推敲,但其尉律不專指廷尉之説,不拘於"尉"的狹義理解,對《尉律》的性
質揭示不無裨益。由此再看秦簡所見尉的職權,如縣尉有置吏權(可參鄔文傑《里耶簡牘所見秦代縣廷官吏設置》,
《咸陽師範學院學報》2007 年第 3 期,第 10 頁;楊振紅《"尉"、"尉律"與"置吏"、"除吏"》,"中國簡牘學國際論壇 2012:
秦簡牘研究"論文,第 235—238 頁),此與"取人之法"相關;里耶秦簡"尉課"中有關"卒田"的管理職能,或與卒更不
無關係。當然,《尉雜》與《尉律》的關係目前尚不明確,但如果《秦律十八種》是集縣與都官職能的主要條文而成,而
都官也是地方行政機構(江村治樹《春秋戰國秦漢時代出土文字資料の研究》,汲古書院,2000 年,第 697—698 頁),
則其適用主體自然是縣與都官。論者已指出可將"尉律"之"尉"理解爲中尉、郡尉、縣尉系統的職官(王偉《張家山漢
簡〈二年律令〉札記三則》,《中國古代法律文獻研究》第四輯,法律出版社,2010 年,第 79 頁),將尉律性質的揭示推進
了一步。嶽麓書院藏秦簡中有"尉卒律"(陳松長《嶽麓書院所藏秦簡綜述》,《文物》2009 年第 3 期,第 86 頁),其公布
後或有助於這一問題的探討。[補注]據陳松長主編《嶽麓書院藏秦簡(肆)》"前言"(上海辭書出版社,2015 年),"尉
卒律"凡 5 條,内容是"秦代有關縣尉所管理事務的法律文本"。

課——厩苑律等。此種對應關係,意味着律篇之設在以"事類爲篇"的另一面,又與行政機構的職能密切相關。

餘論:課的法律地位

睡虎地秦簡《秦律雜抄》所見"牛羊課",從性質上看屬於制裁規範,而不屬於行政文書。由此產生的問題是,秦的法律體系中有無課這樣一種規範形式。

何四維在論及"牛羊課"時指出:"我認爲記載該文後續部分的簡缺失了。由於最後一語的前面有墨點,所以整理者認爲是標題'牛羊課',然而如此一來會是個奇怪的例外。因爲其他的標題均伴有'律'字。"①論者亦指出"僅以此三字爲據而論'課'這種法源的存在,應慎重"。②論者的謹慎不無道理,因爲在睡虎地秦簡的法律文本中,某某課畢竟僅此一例。不過這一問題還可進一步思考。林清源曾辨析過《秦律雜抄》中章題書寫位置與間隔符的關係,指出其有三種樣式。一是章題位於簡文中時,其前後皆有間隔符,如中勞律;二是章題位於簡末時,則後面的間隔符被省略,如游士律、臧(藏)律、牛羊課、傅律、敦(屯)表律;三是章題位於簡首時,則省略前面的間隔符,如除吏律、除弟子律。③簡言之,此三種格式即爲"·中勞律·"、"·游士律"、"除吏律·"。在《秦律雜抄》所見的 11 種律及課名中,位於簡末者有 5 種,④另公車司馬獵律位於 26 簡末與 27 簡首,即"·公車司馬"與"獵律·",格式上符合第二、三樣式,而連讀後的格式也符合第一樣式,即"·公車司馬獵律·"。從這些間隔符的使用可知,至少書寫者對這些律文與律名的區分是有意識的,⑤這也可以從 10 種律名皆未省略"律"字,未出現《秦律十八種》中有時

---

① A.F.P.Hulsewé, "Remnants of Ch'in Law," Leiden:E.J.Brill, 1985. p.115.

② 籾山明《中國古代訴訟制度の研究》,第 295 頁。

③ 林清源《睡虎地秦簡標題格式析論》,《"中研院"歷史語言研究所集刊》第 73 本第 4 分,第 779 頁。

④ 此 5 種中,游士律、牛羊課、敦(屯)表律的書寫位置處於簡末,而藏律與傅律未至簡末,其下各有留白,未如第一種樣式的中勞律般接續書寫。

⑤ 不過如整理小組所言,《秦律雜抄》簡文各條,有的有律名,有的没有律名。未見律名者如:(一)4 簡"除吏律"後至"游士在"前,有關"僞聽命書""不避席立"之文;(二)7 簡"除弟子律"後至 15 簡"敢深益"前,有關"故大夫斬首""分甲以爲二甲搜""縣包卒爲弟子""縣奪中卒傳""驀馬不勝任……馬殿""吏自佐、史以上負從馬、守書私卒""不當稟軍中而稟""軍人賣稟稟所及過殿""軍人稟所、所過縣百姓買其稟""稟卒兵不完繕"諸文;(三)17 簡"省殿"以下至 25 簡"射虎車"前,有關"省殿""敢爲它器""縣工新獻殿""城旦舂工殿""大車殿""纍園殿""采山重殿""賦歲功,未取省而亡""采鐵課殿"諸文;(四)27 簡"傷乘輿馬"至 30 簡末尾,有關"傷乘輿馬""課駛駼""志暴……毋敢炊飯""已馳馬不去車""不會贖期""馬勞課殿"諸文;(五)37 簡"戰死事"至 38 簡"捕盜律"前,有關軍功爵的授予及敵人投降後的身份規定等。這些律文的篇幅占到《秦律雜抄》的一半,何以未見律名,未詳。

省略"律"字的情況得以佐證。①還有，或許可將"牛羊課"視爲"牛羊課律"，"律"字或在另簡。不過《秦律雜抄》共 42 簡，暫未見有"律"爲首字之簡。當然，《秦律雜抄》所見 11 種"律名"未必皆是律篇之名，由此也不能斷言"牛羊課"就是課名，但是從《傅律》亦見於嶽麓書院藏秦簡與《二年律令》推測，作爲規範之名的可能性並非皆無。《秦律雜抄》中的"髹園殿""采山重殿""采鐵課殿"等，應是依據專項考課標準而確定的末位。對考核結果的賞罰也不乏規範。里耶秦簡即有相關內容，簡文如下：

　　　　賬[漆]課：得錢過程四分一，賜令、丞、令史、官嗇夫、吏各襦；徒人酒一斗、肉少半斗。過四分一到四分二，賜襦、絝；徒酒二斗、肉泰半斗。過四分二，賜衣；徒酒三斗、肉一斗。得錢不及程四分一以下，貲一盾；笞徒人五十。過四分一到四分二，貲一甲；笞徒百。過四分二，貲二甲；笞徒百五十。②

這是對漆生產收入考核後的賞罰規定。程，標準，定量。睡虎地秦簡《秦律十八種》有"工人程"，整理小組的解釋是"關於官營手工業生產定額的法律規定"。③"過程"指超過定額標準。里耶秦簡 8-1139 簡"□□叓死，過程四"，9-221 簡"【死】亡，過程四分"，應是同樣的用法。本簡中的"不及程"即是收入未達到定額標準。"過程"分四分一、四分一到四分二、四分二三等，賞賜逐等增加；"不及程"亦分三等，貲、笞亦逐等加重。由此推知，對漆生產收入應有"程"的規定，考核以此爲基準。"漆課"或有兩種讀法。一將"漆課"與"得錢過程四分一"連讀，一將"漆課"斷讀，即其結構與"牛羊課"相同，內容是對漆經營收入考核結果實施賞罰的法律依據。當然無論哪種讀法，都不影響該條文是適用於專項考核事務的規範的性質。《秦律雜抄》20—21 簡"・髹園殿，貲嗇夫一甲，令、丞及佐各一盾，徒絡組各廿給。髹園三歲比殿，貲嗇夫二甲而法（廢），令、丞各一甲"，內容屬於對漆園考核末位者的處罰，其直接責任人是嗇夫，而令、丞、佐是間接責任人，從事生產的徒也是處罰對象。該條簡文所出不詳，屬於《秦律雜抄》未標示律名的條文。"漆課"也是對考核結果進行賞罰的規制，其以一定的"得錢過程"與否爲依據，令、丞、令史、官嗇夫、吏均爲直接責任人。就里耶秦簡爲數不少的課文書而言，考核必有賞罰，賞罰

① 如《倉律》條文尾碼律名，"倉律"只兩見，其餘皆寫作"倉"。
② ［補注］湖南省文物考古研究所（張春龍、龍京沙執筆）《里耶秦簡中和酒有關的記錄》，收入吳榮曾、汪桂海主編《簡牘與古代史研究》，北京大學出版社，2012 年，第 15 頁。承張忠煒副教授提示該條材料，謹致謝意。
③ 睡虎地秦墓竹簡整理小組編《睡虎地秦墓竹簡》，第 45 頁。

必有依據,因此如"漆課"這樣規定具體的規範,應並非偶然存在。

里耶秦簡又有縣户數的考核規定,簡文載"歲並縣官見積户數,以負筭以爲程·課省甲十一"。①其考核内容是每年全縣的總户數,考核方式是以減分多少爲標準。"課省甲十一"是該條規範的名稱與分類編號。不過"課省"前並無事項名稱,其所包含的條文來源不詳,其餘内容亦不明,故只能籠統地概括爲"有關考核的規定"。②

目前我們看到的秦漢法律規範形式的構成,一般是事項 + 律(如《盜律》),事項 + 令(如《津關令》),又有事項 + 式(如《封診式》),事項 + 品(如烽火品約)。毋庸贅言,它們的地位並不相等,律令無疑是最高形式,是正式法源。就"某某課"而言,它與式、品所具有的共同特點,就是指向明確,規範具體。如果可視其爲一種規範,那麽它的原本是否由若干條文組成,而書寫者只是抄寫了其中的一條? 它是來自於律令還是另有所出?③由於資料有限,尚難作出判斷。2006 年發現的雲夢睡虎地 77 號西漢墓出土有 850 枚律文簡,其中 V 組 306 枚,有 15 種律文;W 組 544 枚,有 24 種律文,"每種律名均書於該種律文首簡的正面,其上標有長方形墨塊或圓形墨團"。④在整理者介紹的屬於"旁律"的 W 組 24 種律文中,有"工作課"之名,但不詳原名是"工作課"還是"工作課律",而據胡家草場律目簡,"工作課律"之名當可確認。概言之,目前課條文雖已面世一二,其規範作用也得以管窺,但如"漆課"之課與"工作課"之律,二者之間的關係如何,還有待更多的資料以進一步探討。

原刊於《簡帛》第八輯,上海古籍出版社,2013 年,第 251—267 頁。收入本論文集時有增補修訂。

---

① 張春龍《里耶秦簡所見的户籍和人口管理》,中國社會科學院考古研究所等編《里耶古城·秦簡與秦文化研究——中國里耶古城·秦簡與秦文化國際學術研討會論文集》,科學出版社,2009 年,第 188 頁。

② [補注]關於"課省"的理解,承朱騰、張傳璽二位青年學者指正,謹致謝意。

③ [補注]如學者指出,《廄苑律》"公服牛"之"課"中的牛死亡率,與"牛羊課"之條十分相似(工藤元男《睡虎地秦簡訳注——秦律十八種·效律·秦律雜抄》,汲古書院,2018 年,第 379 頁)。但是從《廄苑律》該條本應表述處罰的内容却書以"有罪"來看,不排除該條來自既有的規定。

④ [補注]熊北生、陳偉、蔡丹《湖北雲夢睡虎地 77 號西漢墓出土簡牘概述》,《文物》2018 年第 3 期,第 47 頁。

秦及漢初的司寇與徒隸

孫聞博

中國人民大學國學院

引　言

　　秦漢帝國建立初期,社會呈現較爲嚴格的等級化特徵。[①]以往探討秦及漢初的身份秩序與社會結構,特別强調二十等爵。功賞使用整齊序列化位階,各種權益要素附麗於爵位,確使這一時期爵制的制度影響頗爲突出。[②]但功賞、刑罰相輔而成,秦及漢

---

① 泰山刻石云"貴賤分明",琅邪刻石云"尊卑貴賤,不踰次行",會稽刻石云"貴賤並通,善否陳前,靡有隱情"。(《史記・秦始皇本紀》,中華書局,1982 年,第 243、245、262 頁)

② 日本學界探討較早,鐮田重雄、栗原朋信、守屋美都雄啓端,西嶋定生等提出二十等爵理論,影響深遠。睡虎地秦簡公布後,古賀登、籾山明、富谷至對之前研究多有檢討與反思。張家山漢簡發表後,石岡浩、宮宅潔、椎名一雄等復多有推進。相關意見參見大櫛敦宏《國制史》"爵制"條,佐竹靖彦主編《殷周秦漢史學的基本問題》,中華書局,2008 年,第 192—195 頁;楯身智志撰,工藤元男編《日本秦簡研究現狀・爵制、身份制度》,《簡帛》第六輯,上海古籍出版社,2011 年,第 174—178 頁;椎名一雄《張家山漢簡二年律令にみえる爵制》"序言",《鴨臺史學》第 6 號,2006 年等。中國學界較系統的討論主要有廖伯源《漢代爵位制度試釋》,《新亞學報》第 10 卷,1973 年,第 93—184 頁,《新亞學報》第 12 卷,1977 年,第 183—242 頁;陳直《秦漢爵制亭長上計吏三通考》,《西北大學學報》1979 年第 3 期,第 57—61 頁;高敏《從雲夢秦簡看秦的賜爵制度》,《雲夢秦簡初探(增訂本)》,河南人民出版社,1981 年,第 155—169 頁,《秦的賜爵制度試探》(原刊《鄭州大學學報》1977 年第 3 期)、《論兩漢賜爵制度的歷史演變》(原刊《文史哲》1978 年第 1 期),修訂稿均收入《秦漢史論集》,中州書畫社,1982 年,第 1—57 頁;朱紹侯《軍功爵制考論》,商務印書館,2008 年(此前有《軍功爵制試探》《軍功爵制研究》,上海人民出版社,1980、1990 年,《考論》是在《試探》基礎上改寫、增訂)柳春藩《秦漢封國食邑賜爵制》,遼寧人民出版社,1984 年;杜正勝《編户齊民——傳統政治社會結構之形成》第八章,聯經出版事業公司,1990 年,第 317—372 頁;楊光輝《漢唐封爵制度》,學苑出版社,2004 年。近年最新成果,參見閻步克《品位與職位——秦漢魏晉南北朝官階制度研究》第二章,中華書局,2002 年,第 72—122 頁,《從爵本位到官本位——秦漢官僚品位結構研究》第二章,生活・讀書・新知三聯書店,2009 年,第 33—87 頁;李均明《張家山漢簡所反映的二十等爵制》,《中國史研究》2002 年第 2 期;顧江龍《漢唐間的爵位、勳官與散官——品位結構與等級特權視角的研究》第二章第一節,北京大學博士學位論文,2007 年,第 46—70 頁;楊振紅《秦漢官僚體系中的公卿大夫士爵位系統及其意義——中國古代官僚政治社會構造研究之一》,《文史哲》2008 年第 5 期;凌文超《漢初爵制結構的演變與官、民爵的形成》,《中國史研究》2012 年第 1 期。

初的刑罰體系下，還存在數量較爲可觀、身份相對穩定的徒隸、司寇。①國家日常各種工作往往通過役使他們來完成。②在刑罰等級、法律身份之外，他們所具有的社會身份、階層意義，同樣值得關注。③重視這一群體，並將其納入系統中考察，有望對相關問題有更好的認識。

需要指出，學界慣用的"刑徒"一語，實際較少見於秦及漢初的傳世與出土文獻。這一時期法律用語"刑"，特指施加肉刑。而刑罰序列中，司寇、隸臣妾等附加刑多稱"耐"，實多與"完"同義。④當時更多使用"徒""徒隸""隸徒"等用語。故"刑徒"概念恐無法涵蓋司寇至城旦舂全部群體。本文在討論秦及漢初的相關問題時，不同以往論述，而慎重使用"刑徒"一語。

以往將秦漢"刑徒"作爲綜合群體的考察較多，⑤對"刑徒"内部的關注也較多從法制史角度着眼，集中於刑罰等級本身。⑥隸臣妾與城旦舂、鬼薪白粲之間究竟存在怎樣的差異，並不十分清楚。因此，這個看似較爲明曉的問題，實際有不少工作有待開展。近年，

---

① 秦及漢初刑期問題的學術回顧及新近論述，參見籾山明《中國古代訴訟制度研究》第五章，李力譯，上海古籍出版社，2009 年，第 201—238 頁。

② 吳榮曾《胥靡試探——論戰國時的刑徒制》（原刊《中國史研究》1980 年第 3 期），《先秦兩漢史研究》，中華書局，1995 年，第 148—161 頁。

③ 關於司寇、隸臣妾、鬼薪白粲、城旦舂，秦漢法制史研究一直有"勞役刑"與"身份刑"的不同認識（相關研究參見富谷至《秦漢刑罰制度研究》，柴生芳、朱恒曄譯，廣西師範大學出版社，2006 年；鷹取祐司《秦漢時代の司寇・隸臣妾・鬼薪白粲・城旦舂》，《中國史學》第 19 號，2009 年）。另有一些學者使用"徒刑"概念（陶安あんど《秦漢刑罰體系の研究》，創文社，2009 年；韓樹峰《漢魏法律與社會——以簡牘、文書爲中心的考察》，社會科學文獻出版社，2011 年。其中，陶安所用"徒刑"實指身份刑，與韓樹峰所用概念仍有所不同）。這一時期的相關量刑，實同時具有"勞役刑""身份刑"雙重特徵，且後一特徵更爲突出。下文討論即權用"身份刑"一語。當然，從文帝改革後刑罰制度發展趨勢看，又"存在一個從身份到勞役的過程"。鑒於"勞役刑""身份刑"問題複雜，本文不在法制史層面開展分析，而更強調徒隸相關的社會身份特徵。這裏"社會身份"，不取僅與"自然身份"相對的寬泛概念，而指國家法定的社會等級身份。

④ 此階段"完""耐"含義的相關討論，參見韓樹峰《秦漢律令中的完刑》，《中國史研究》2003 年第 4 期，第 52—54 頁；《耐刑、徒刑關係考》，《史學月刊》2007 年第 2 期，第 23 頁；又參見所著《漢魏法律與社會——以簡牘、文書爲中心的考察》第一章，第 1—24 頁。

⑤ 國内較系統論述參見張金光《秦制研究》第七章"刑徒制度"，上海古籍出版社，2004 年，第 520—552 頁；張榮芳、高榮《簡牘所見秦代刑徒的生活及服役範圍》（原刊《秦文化論叢》第七輯，西北大學出版社，1999 年），收入張榮芳《秦漢史與嶺南文化論稿》，中華書局，2005 年，第 1—15 頁；等等。

⑥ 學界對罪徒、特別隸臣妾身份的討論，極爲豐富，但研究較多集中在隸臣妾屬於刑徒還是官奴婢，隸臣妾自身發展綫索如何等問題。學術史梳理及最新探討，參見李力《"隸臣妾"身份再研究》，中國法制出版社，2007 年；《張家山247 號墓漢簡法律文獻研究及其述評（1985.1—2008.12）》，東京外國語大學アジア・アフリカ言語文化研究所，2009 年。

越來越多學者關注此問題,並取得了相當推進。①不過,如何在分析相關群體時,實現更有系統的把握,仍然是目前存在的主要問題。

新公布的里耶秦簡爲相關思考提供了很多重要綫索。已發表的秦漢律令簡對形成相關具體認識也多有説明。這些均成爲進一步探討的史料支撐。此外,唐代社會身份低於平民的群體中,隸屬官府一系由高到低有"雜户""官户"(即"番户")與"官奴婢"。各自特徵及差異,學界多有涉及。②本文在分析司寇、隸臣妾、鬼薪白粲、城旦舂時,注意觀照、交代後世唐代這些群體的相關特徵。秦及漢初的有關情形固然與唐代存在不小差異,③這裏並非建立對應聯繫或追溯身份淵源,實際所關注的,乃是能否從後代對一些等級身份群體制定規定、呈現差別中,獲得啓發。如唐代雜户、官户的差別是前者籍貫州縣,後者隸屬本司,這對把握司寇與徒隸的差別,能否提供一種綫索;唐代官户又稱番户,番上服役,而官奴婢則一般長役無番,這對比較徒隸中隸臣妾、城旦舂的服役方式,能否有所幫助等。

本文選擇從人身役使角度,思考秦及漢初司寇、徒隸的身份特徵等問題。鑒於近年學界嘗試將刑罰序列與爵制序列相銜接,④這裏進一步探討"適戍"等"賤民"與相關序列的關係,隸屬私人的奴婢群體與隸屬官府的徒隸的關係,並思考戰國、秦及漢初身份低於平民的群體的發展狀況。

一、舊題新探:司寇的社會身份

刑罰序列中,量刑較重的城旦舂、鬼薪白粲、隸臣妾當時以"徒隸"統稱。⑤里耶秦簡

---

① 陶安あんど《秦漢刑罰體系の研究》第二章"刑罰の身份",第54—110頁;鷹取祐司《秦漢時代の司寇·隸臣妾·鬼薪白粲·城旦春》,《中國史學》第19號,第117—123頁;吕利《律簡身份法考論:秦漢初期國家秩序中的身份》第八章,法律出版社,2011年,第266—280頁;吳榮曾《隸臣妾制度探討》,吳榮曾、汪桂海主編《簡牘與古代史研究》,北京大學出版社,2012年,第21—32頁;石岡浩《秦漢代の徒隸と司寇——官署に隸屬する有職刑徒》,《史學雜誌》第121編第1號,2012年。近年韓國學者對司寇及耐刑的討論,也一定程度涉及此問題。李成珪《秦·漢의 형벌체계의再檢討-雲夢秦簡과〈二年律令〉의司寇를 중심으로》,《東洋史學研究》第八十一輯,2003年;任仲爀《秦漢律의耐刑-士伍로의 수렴시스템과 관련하여》,《中國古中世史研究》第十九輯,2008年。

② 李季平《唐代奴婢制度》,上海人民出版社,1986年;張澤咸《唐代階級結構研究》,中州古籍出版社,1996年,第424—499頁;胡戟等主編《二十世紀唐研究》,中國社會科學出版社,2002年,第820—823頁;李天石《中國中古良賤身份制度研究》,南京師範大學出版社,2004年。

③ 秦漢較多側重刑罰,而唐代則是魏晉南北朝貴賤等級發展的結果,具有很大的社會文化基礎。唐代官户、雜户主要源自被籍没的罪犯,但當時也存在有期徒刑及相應刑徒。

④ 相關學術梳理,參見王偉《秦漢簡牘所見刑罰研究》第三章,中國人民大學博士學位論文,2013年,第44頁。

⑤ 李學勤《初讀里耶秦簡》,《文物》2003年第1期;曹旅寧《釋"徒隸"兼論秦刑徒的身份及刑期問題》,《上海師範大學學報(哲學社會科學版)》2008年第5期;李力《論"徒隸"的身份——從新出里耶秦簡入手》(原刊《出土文獻研究》第八輯,上海古籍出版社,2007年),《張家山247號墓漢簡法律文獻研究及其述評(1985.1—2008.12)》,第425—434頁。

提到:"(傳送委輸)必先悉行乘城卒、隸臣妾、城旦舂、鬼薪白粲、居貲贖責(債)、司寇、隱官、踐更縣者。田時殹(也),不欲興黔首。嘉、穀、尉各謹案所部縣卒、徒隸、居貲贖責(債)、司寇、隱官、踐更縣者簿。"(16-5 正、16-6 正)①始皇廿七年(前 220 年),洞庭郡因運送物資調用人力。郡屬吏嘉、穀、尉據"所部縣卒、徒隸、居貲贖責(債)、司寇、隱官、踐更縣者簿",監督下轄各縣執行情況。前後人群,徒隸對應隸臣妾、城旦舂、鬼薪白粲,而與司寇、隱官並列。張家山漢簡《二年律令·賜律》有"司寇、徒隸,飯一斗,肉三斤,酒少半斗,鹽廿分升一"(二九三),②司寇、徒隸雖待遇等同,但漢初承秦,依然並列書寫。"徒隸"這一涵蓋較寬的稱謂在使用時,仍將司寇排除在外,顯示它們在刑罰序列上雖上下相貫,但身份的界隔無法忽略。

秦身份刑曾從"候""司寇"計起,③稍晚更省去"候",直接計自司寇。④ 司寇社會身份低於平民,但高於徒隸。《二年律令·戶律》名田宅,在無爵者"公卒、士五(伍)、庶人各一頃"(三一二)、"公卒、士五(伍)、庶人一宅"(三一六)之下,提到"司寇、隱官各五十畝""司寇、隱官半宅,欲爲戶者,許之",⑤顯示漢初司寇、隱官爲國家編戶,可名田宅並單獨立戶。《戶律》又提到"隸臣妾、城旦舂、鬼薪白粲家室居民里中者,以亡論之"(三〇七)。⑥ 所言三種身份,並未按刑罰等級順次敘述,隸臣妾當在鬼薪白粲後,而居城旦舂前。聯繫隸臣妾可有外妻,家室或有居於民里中者;城旦舂、鬼薪白粲家屬則成爲收人,沒入官府,這才涉及"家室居民里中者,以亡論之"的情形。故此簡或作"隸臣妾,城旦舂、鬼薪白粲家室,居民里中者,以亡論之",涉及的是兩類群體。城旦舂、鬼薪白粲外,隸臣妾同樣不居民里,這與司寇明顯有別。漢律承秦,司寇相關特徵也襲自秦代。里耶秦簡記:

　　　　士五(伍)七户。☐
　　　　司寇一【户】。☐
　　　　小男子☐☐

① 馬怡《里耶秦簡選校》,《中國社會科學院歷史研究所學刊》第四集,商務印書館,2007 年,第 149、143 頁。

② 彭浩、陳偉、工藤元男主編《二年律令與奏讞書:張家山二四七號漢墓出土法律文獻釋讀》,上海古籍出版社,2007 年,第 211 頁。

③ 《秦律十八種·內史雜》簡一九三,《秦律雜抄》簡四、六、一一七。睡虎地秦墓竹簡整理小組編《睡虎地秦墓竹簡》,文物出版社,1990 年,釋文注釋第 63、80、121 頁。

④ 據《二年律令》,西漢初已不使用這一刑罰等級。從名稱推想,"候"的軍事意味較強,秦可能在統一前後,逐漸省去這一等級。此承王偉兄提示。

⑤ 參見彭浩、陳偉、工藤元男主編《二年律令與奏讞書:張家山二四七號漢墓出土法律文獻釋讀》,第 216、218 頁。

⑥ 彭浩、陳偉、工藤元男主編《二年律令與奏讞書:張家山二四七號漢墓出土法律文獻釋讀》,第 216 頁。

　　　大女子□□

　　　·凡廿五□（第二欄）　　　　　　　　　　　　　　　　　　　（8-19）

　　　成里戶人司寇宜。□

　　　下妻舀。□　　　　　　　　　　　　　　　　　　　　　　　　（8-1027）

　　　陽里戶人司寇寄□　　　　　　　　　　　　　　　　　　　　　（8-1946）①

簡 8-19 與鄉戶計有關，簡 8-1027、8-1946 爲戶籍殘簡。秦代司寇與低爵、無爵者同屬國家編戶，共居於邑里中。這與《秦律十八種·司空》"舂城旦出繇（徭）者，毋敢之市及留舍闤外"（一四七），②可相對照。前言唐代身份低於平民、特別隸屬官府的群體，由高到低有"雜戶""官戶""官奴婢"。其中，雜戶籍附州縣，而官戶却屬本司。即"雜戶者，……，亦附州縣戶貫，賦役不同白丁"，"官戶亦是配隸没官，唯屬諸司，州縣無貫"，③可爲理解司寇、徒隸相關差別提供啓示。

　　　《二年律令·傅律》"……公卒、士五（伍）六十二，皆爲睆老"（三五七），"……公卒、士五（伍）七十五，皆受仗（杖）"（三五五），"……公卒、士五（伍）九十五以上者，稟鬻米月一石"（三五四），④均未提及司寇。⑤ 睆老爲免老前服半役階段。據上述，司寇没有睆老；年齡更長時，似也不享受杖及口糧供給福利。《傅律》又提到"……公卒以下六十六，皆爲免老"（三五六）。⑥ 按公卒與士伍、庶人均屬無爵。這裏談到免老群體，使用了"公卒以下"語。聯繫前引《傅律》涉及最低等級時，多使用"公卒、士五（伍）""公卒、士五（伍）……以上者"一類表述。"公卒以下"若只包括公卒、士伍（及庶人），却又不采用通常體例而完整寫出，值得注意。《二年律令》記録各有爵、無爵者相應權益，在公卒、士伍之下，也存在言及司寇、隱官的情形。除前引《戶律》簡三○三、三○六"司寇、隱官各五十畝""司寇、隱官半宅"外，《傅律》亦有"公士、公卒及士五（伍）、司寇、隱官子，皆爲士五（伍）"（三六四至三六五）等規定。⑦ 再參考睡虎地秦簡《秦律十八種·倉》"免隸臣妾、隸

───────────

① 陳偉主編，何有祖、魯家亮、凡國棟撰著《里耶秦簡牘校釋（第一卷）》，武漢大學出版社，2012 年，第 32—33、264、409 頁。按：最初發表編號爲⑧17、⑧1028、⑧1957。

② 睡虎地秦墓竹簡整理小組編《睡虎地秦墓竹簡》，釋文註釋第 53 頁。

③ 長孫無忌等撰，劉俊文點校《唐律疏議》卷一二《戶婚》，中華書局，1983 年，第 238 頁。官戶"州縣無貫""唯屬本司"，又見《唐律疏議》卷三《名例》、卷六《名例》、卷一四《戶婚》，第 57、131、270 頁。

④ 參見彭浩、陳偉、工藤元男主編《二年律令與奏讞書：張家山二四七號漢墓出土法律文獻釋讀》，第 232、231、230 頁。

⑤ 這裏不排除司寇、徒隸因身份原因另作規定，而今《二年律令》未見其文的可能。不過聯繫名田宅，後子傅籍時，司寇多與低爵，無爵者一併叙述。故就司寇而言，律文另作登載的可能性較小。

⑥ 彭浩、陳偉、工藤元男主編《二年律令與奏讞書：張家山二四七號漢墓出土法律文獻釋讀》，第 231 頁。

⑦ 彭浩、陳偉、工藤元男主編《二年律令與奏讞書：張家山二四七號漢墓出土法律文獻釋讀》，第 234 頁。

臣妾垣及爲它事與垣等者,食男子旦半夕參,女子參"(五九),整理小組注"疑即達到免老年齡"並引《漢舊儀》以證。① 倉律另則更明確稱"隸臣欲以人丁粼者二人贖,許之。其老當免老、……欲以丁粼者一人贖,許之"(六一)。② 身份更低的隸臣妾尚且存在"免老",這裏"公卒以下"或包括身份更低的司寇、隱官,他們至一定年齡免老。③ 相對公卒、士伍在免老之前,改服四年(62—65 歲)半役,司寇、隱官免老前則一直在服全役。另一方面,司寇身份僅止其身,後代傅籍不爲司寇。前引《傅律》有"公士、公卒及士五(伍)、司寇、隱官子,皆爲士五(伍)"(三六四至三六五)。由此,司寇免老、進丁大體依百姓例。唐代雜戶可受園宅但少於良人的情形,④ 司寇也較類似。相對"公卒、士五(伍)、庶人一宅","司寇、隱官半宅"。

　　里耶秦簡多見縣司空、倉、田、畜官使用徒隸等勞作,而較少提到司寇。下則值得注意:

【尉】課志:

卒死亡課,

司寇田課,(第一欄)

卒田課。

•凡三課。(第二欄)　　　　　　　　　　　　　　　　　　　　　　　(8-482)⑤

縣尉統卒,"凡三課"中兩課即與縣卒有關。而秦土地有公田、民田之分。⑥ 里耶秦簡就有"旬陽左公田""公田吏"(8-63)。這裏司寇、縣卒應在縣尉統領下,從事公田勞作。另有徒作簿出現:

☐人牢司寇守:囚、婢、負中　　　　　　　　　　　　　　　　　　(8-2101)

二人司寇守:囚、婢　　　　　　　　　　　　　　　　　　　　　　(8-663)

三人司寇:茋、狠、款　　　　　　　　　　　　　　　　　　　　　(8-145)

☐人爲司寇:愛　　　　　　　　　　　　　　　　　　　　　　　　(8-567)⑦

---

① 睡虎地秦墓竹簡整理小組編《睡虎地秦墓竹簡》,釋文注釋第 34 頁。
② 睡虎地秦墓竹簡整理小組編《睡虎地秦墓竹簡》,釋文注釋第 35 頁。
③ 任仲爀也較傾向這一判斷。參見《秦漢律中的庶人》(原刊《中國古中世史研究》第二十二輯,2009 年),《簡帛研究 二〇〇九》,廣西師範大學出版社,2011 年,第 302 頁。
④ 《唐律疏議》卷三《名例》"雜戶者,……依令'老免、進丁、受田依百姓例',各於本司上下"(第 57 頁),具體爲"天下百姓給園宅地者,良口三人已下給一畝,三口加一畝;賤口五人給一畝,五口加一畝"(李林甫等撰,陳仲夫點校《唐六典》卷三《尚書户部》"户部郎中員外郎"條,中華書局,1992 年,第 74—75 頁)。
⑤ 陳偉主編,何有祖、魯家亮、凡國棟撰著《里耶秦簡牘校釋(第一卷)》,第 165 頁。
⑥ 湖南省文物考古研究所編著《里耶秦簡(壹)》,文物出版社,2012 年,"前言",第 4 頁。
⑦ 陳偉主編,何有祖、魯家亮、凡國棟撰著《里耶秦簡牘校釋(第一卷)》,第 430、196、85、180 頁。

按里耶秦簡 10-1170"卅四年十二月倉徒簿最"有"男四人守囚"。①"守囚"亦見睡虎地秦簡《法律答問》"或曰守囚即'更人'殹(也)"(一九六)。②對照圖版,簡 8-663 下端雖殘,"婢"下應無文字,"囚"字右下則有重文。簡 8-2101、8-663 或作"□人牢司寇守囚:婢、負中""二人司寇守囚:囚、婢。□"。後者工作當爲前者省寫。考慮到徒作簿多言付某官或給某事,不只交代身份而已,後兩簡所謂"司寇""爲司寇"或屬更簡寫法。故所記諸人均非司寇,而是從事司寇工作。司寇據字義,爲看管俘虜。服務獄官,擔任牢卒,負責守囚,應屬相關工作範疇。③《秦律十八種・司空》有"司寇勿以爲僕、養、守官府及除有爲殹(也)。有上令除之,必復請之"(一五〇)。④這類隸臣妾及戍卒所從事工作,⑤司寇多不涉及。又據《內史雜》"侯(候)、司寇及群下吏毋敢爲官府佐、史及禁苑憲盜"(一九三),⑥任事許可權亦不同於百姓。唐代雜户也"各于本司上下","職掌課役,不同百姓"。

　　至於配偶身份,前引簡 8-1027 記司寇宜配偶,作"下妻嬇"。"下妻"又見簡 8-585 + 8-238"□大夫强,下妻曰京,癟,卅四年□"。⑦按《二年律令・置後律》出現"下妻子、偏妻子",整理小組引《漢書・王莽傳》注"下妻猶小妻"。後續整理並引瞿兌之《漢代風俗制度史》"似以非正式婚配,故云'下',云'小',云'旁'"。⑧按下妻登入户籍,見於律文,是正式的親屬稱謂。簡 8-1027 所記,又非在正妻下順次書寫,而是緊接户主。故下妻之"下"似指較低的社會身份。《後漢書》載光武帝詔書,有兩份提到"下妻":"甲寅,詔吏人遭饑亂及爲青、徐賊所略爲奴婢下妻,欲去留者,恣聽之","冬十二月甲寅,詔益州民自八年以來被略爲奴婢者,皆一切免爲庶(民)〔人〕;或依託爲人下妻,欲去之,恣聽之;敢拘留者,比青、徐二州以略人法從事"。⑨"爲人下妻"意味社會身份的明顯降低,故在放免奴婢詔書中,被特別提及。張家山漢簡《奏讞書》提到女子符爲亡人,"詐(詐)自以爲未有名數,以令自占書名數,爲大夫明隸,明嫁符隱官解妻"(二八、二九)。⑩隱官、司寇處同一等級。隱官娶"隸"爲配偶的這一情形,亦可作爲參照。

---

①　張春龍《里耶秦簡中遷陵縣之刑徒》,《古文字與古代史》第三輯,"中研院"歷史語言研究所,2012 年,第 457 頁。

②　睡虎地秦墓竹簡整理小組編《睡虎地秦墓竹簡》,釋文注釋第 140 頁。

③　秦又有"城旦司寇""舂司寇",屬司空所管,與一般司寇不同。據《秦律十八種・司空》,城旦司寇主要來自勞作三年以上的減刑城旦,負責監率城旦舂等勞作。

④　睡虎地秦墓竹簡整理小組編《睡虎地秦墓竹簡》,釋文第 54 頁。

⑤　相關參見里耶秦簡 8-106、8-130 + 8-190 + 8-193、8-736、8-756、8-1008 + 8-1461 + 8-1532、8-1558 等。

⑥　睡虎地秦墓竹簡整理小組編《睡虎地秦墓竹簡》,釋文注釋第 63 頁。

⑦　何有祖《里耶秦簡牘綴合(五)》,簡帛網,2012 年 5 月 26 日。按:"曰",原作"田",據原簡文訂正。

⑧　彭浩、陳偉、工藤元男主編《二年律令與奏讞書:張家山二四七號漢墓出土法律文獻釋讀》,第 236 頁。

⑨　《後漢書・光武帝紀下》,中華書局,1965 年,第 52、63 頁。

⑩　彭浩、陳偉、工藤元男主編《二年律令與奏讞書:張家山二四七號漢墓出土法律文獻釋讀》,第 341 頁。

　　由上,秦及漢初,司寇屬國家編户,籍附縣鄉,可單獨立户;徒隸不入户籍,不居民里,簿籍另立。司寇免老、傅籍、名田、名宅大體例比無爵者。司寇課役不同於百姓,在尉、獄等機構從役。配偶身份較低,既與被視作財産、可以買賣的奴婢不同,又有别於一般編户。

二、同中求異:隸臣妾與城旦舂、鬼薪白粲的身份差别

　　與司寇並稱的"徒隸",因由城旦舂、鬼薪白粲、隸臣妾諸群體組成,故以往理解上常將此稱謂視作組合型構詞,具體斷作"徒、隸",以徒指城旦舂、鬼薪白粲,隸指隸臣妾。[①]這一認識,其實還可斟酌。這裏首先討論"徒隸"這一語詞的相關問題。秦及漢初,一方面,隸臣妾作爲隸臣、隸妾合稱,很少以"隸"爲代稱。[②]而"隸"作爲依附性身份,則多見於私人領域,如:

　　　•符曰:誠亡,詐(詐)自以爲未有名數,以令自占書名數,爲大夫明隸

　　　　　　　　　　　　　　　　　　　　　　　　　　　　(《奏讞書》簡二八、二九)[③]

　　　南里小女子苗,卅五年徙爲陽里户人大女子嬰隸　　　(8-863 + 8-1504、8-1546)

　　　☑陵鄉成里户人士五(伍)成隸☑　　　　　　　　　　　　　　(8-1813)

　　　卅五年八月丁巳朔,貳舂鄉兹敢言之:受酉陽盈夷鄉户隸計大女

　　　子一人,今上其校一牒,謁以從事。敢言之。　　　　　　(8-1565 正)

　　　如意手。　　　　　　　　　　　　　　　　　　　　　(8-1565 背)

　　　隸大女子符容☑　　　　　　　　　　　　　　　　　　　(8-2152)[④]

　　　☑東成里户人不更巳夏隸大女子瓦自言☐

　　　☑以副從事敢言之/吾手

---

① 早年有學者據睡虎地秦簡及傳世文獻,認爲"徒"與"隸"在秦代劃分清楚,"徒"爲自由民,"隸"是罪犯。罪隸名稱"徒",係漢朝以下的事(杜正勝《編户齊民——傳統政治社會結構之形成》第七章,第 302—306 頁)。按秦代"徒"所指有寬泛一面。"徒隸"可稱"徒",與此並無矛盾。而秦除"府隸""隸臣"外,實存在"隸"這一身份,後種稱謂所指並非罪犯。

② 李力分析徒隸時也提到:"因從未見有'隸臣妾'簡稱'隸'者。該'徒隸'當是指這三種刑徒。"參《論"徒隸"的身份——從新出里耶秦簡入手》,《張家山 247 號墓漢簡法律文獻研究及其述評(1985.1—2008.12)》,第 428、434 頁。

③ 彭浩、陳偉、工藤元男主編《二年律令與奏讞書:張家山二四七號漢墓出土法律文獻釋讀》,第 341 頁。

④ 陳偉主編,何有祖、魯家亮、凡國棟撰著《里耶秦簡牘校釋(第一卷)》,第 238、355、395、362、438 頁。

　　☐吾手　　　　　　　　　　　　　　　　　　　　　　　　　　(9-328)①

　　妻大女子娤

　　隸大女子華(第二欄)　　　　　　　　　　　　　　　　　　　(K4)②

　　識故爲沛隸，同居(0040 正/115 正)；識曰：自小爲沛隸(1201 正/119 正)；識爲

沛隸　　　　　　　　　　　　　　　　　　　　　　　　(1127 正/133 正)③

上文所記除最末嶽麓書院藏秦簡一組“隸”爲男性外，其餘均爲女性。張家山漢簡《奏讞
書》簡二八、二九，嶽麓書院藏秦簡 0040 正、1201 正、1127 正記録名符、識者，分別爲大
夫明與沛之“隸”。簡 8-1813 書寫格式與簡 8-863＋8-1504、8-1546 近似。《校釋》注：
“成，人名。本簡或與 8-863＋8-1504、8-1546 類似，記述某人徙爲某人隸。”④簡 8-1565
與移名數有關，記遷陵縣貳春鄉收到西陽縣盈夷鄉“户隸計”。按縣“户曹計録”首項爲
“鄉户計”(8-488)，各鄉稱某鄉“户計”(8-731)。⑤此則專計户内之“隸”。另一方面，里耶
秦簡“司空曹計録”(8-480)、“倉曹計録”(8-481)統計包括隸臣妾在内的徒隸，均稱“徒
計”。⑥隸臣妾可稱“徒”，却不稱“隸”。⑦故以“徒隸”爲一詞，視作通稱，較爲適宜。

　　而“隸”的身份，亦需辨析。按私奴婢當時主要稱“臣”“妾”“臣妾”及“人奴”⑧“人奴
妾”。⑨簡 K4 屬遷陵縣南陽里户籍，⑩著録多爲五欄：前四欄分別是壯男、壯女、小男、小女，
第五欄爲老男、老女並伍長之類備注。户内附屬人口除“隸”外，還出現有“臣”(K27、
K2/3)、“妾”(K30/45)。其中，兩例“臣”均寫於第五欄，一例“妾”與“隸大女子”均寫於第二

①　張春龍《里耶秦簡所見的户籍和人口管理》，中國社會科學院考古研究所等編《里耶古城·秦簡與秦文化研究——中
　　國里耶古城·秦簡與秦文化國際學術研討會論文集》，科學出版社，2009 年，第 194 頁。
②　湖南省文物考古研究所編著《里耶發掘報告》，嶽麓書社，2006 年，第 205 頁。
③　朱漢民、陳松長主編《嶽麓書院藏秦簡(叁)》，上海辭書出版社，2013 年，第 155、156、161 頁。
④　陳偉主編，何有祖、魯家亮、凡國棟撰著《里耶秦簡牘校釋(第一卷)》，第 395 頁。
⑤　陳偉主編，何有祖、魯家亮、凡國棟撰著《里耶秦簡牘校釋(第一卷)》，第 167、211 頁。
⑥　陳偉主編，何有祖、魯家亮、凡國棟撰著《里耶秦簡牘校釋(第一卷)》，第 164 頁。里耶秦簡還有“出稟大隸妾徒十二
　　月食”(8-1839)。
⑦　李學勤在分析《奏讞書》“女子符在大夫明處稱爲‘隸’”時，指出“這和《周禮》的罪隸等等都有區別”。參見氏著《簡帛
　　佚籍與學術史》，江西教育出版社，2001 年，第 208 頁。
⑧　里耶秦簡 8-1379、睡虎地秦簡《法律答問》簡七三。陳偉主編，何有祖、魯家亮、凡國棟撰著《里耶秦簡牘校釋(第一
　　卷)》，第 318 頁；睡虎地秦墓竹簡整理小組編《睡虎地秦墓竹簡》，釋文注釋第 110 頁。
⑨　睡虎地秦簡《秦律十八種》簡一三四、一四二及《法律答問》簡二〇、七四、一四一，釋文注釋第 51、52、98、110、126 頁。
⑩　張榮強《湖南里耶所出“秦代遷陵縣南陽里户版”》，《漢唐籍帳制度研究》，商務印書館，2010 年，第 7—36 頁；黎明釗
　　《里耶秦簡：户籍檔案的探討》，《中國史研究》2009 年第 2 期；陳絜《里耶“户籍簡”與戰國末期的基層社會》，《歷史研
　　究》2009 年第 5 期。

欄。考慮到户籍簡不但有妻,亦有"下妻","隸大女子"不宜以"女奴隸充當妾室"①解釋。遷陵縣南陽里户籍簡所出現的"'隸'和'妾'皆是成年的女性奴隸,也屬於'壯女'行列"②的認識,在早先研究中或較可取。不過,在"臣""妾"分指奴、婢情形下,仍出現"隸"稱,顯示"隸"與"臣""妾"身份有別。奴婢雖附户籍,亦屬財産,可被買賣。上引諸簡記"隸""自占書名數";平民轉化爲"隸",也以"徙"的方式實現。由此可知,"隸"在户口的男女統計中是被計入的,而奴婢則不計入。嶽麓書院藏秦簡有這樣的記錄:

> 識爲沛隸。沛爲取(娶)妻,欲以肆、舍客室鼠(予)識。後弗鼠(予),爲買室,分
> 馬一匹、田廿(二十)畞,異識　　　　　　　　　　　　　　　　(1197 正/133 正)③

這顯示主人不僅爲"同居"之"隸"組建家庭、分與財産,而且當"隸"改變身份時,④非由主人放免,而經"異識",即以從户中分出的形式實現。⑤ 這不由使人聯想到以往關注不多的《法律答問》一則簡文:

> • 户爲"同居",坐隸,隸不坐户謂殹(也)(二二)。⑥

後者特對"隸"犯罪時,户内他人是否連坐作司法解釋,也反映其身份較臣、妾爲高。⑦裘錫圭曾將戰國家庭的依附人口分爲眷屬子弟、臣妾、徒役和賓客。⑧臣妾雖有多種別稱,未見稱"隸"。"賓客也稱爲食客或客"。⑨據嶽麓書院藏秦簡"廿(二十)年十一月己未,私屬喜曰"(115 + 114 正/150 正),⑩《二年律令·亡律》"奴婢爲善而主欲免者,許之,奴命曰私屬,婢爲庶人,皆復使及筭(算)事之如奴婢"(一六二)。⑪此階段已出現"介於奴婢和庶人之間的一個特殊階層"——"私屬"。⑫按"隸"本有附屬、隸屬義,《說文》隸部"隸,附箸也,从

---

① 湖南省文物考古研究所編著《里耶發掘報告》,第 208 頁。
② 張榮強《漢唐籍帳制度研究》,第 15 頁。
③ 朱漢民、陳松長主編《嶽麓書院藏秦簡(叁)》,第 161 頁。
④ 上引簡 0040 正面作:"識故爲沛隸,同居。"
⑤ 整理者注:"異,《說文·異部》訓'分',從沛户分出。《史記·商君列傳》:'民有二男以上不分異者,倍其賦。'"(朱漢民、陳松長主編《嶽麓書院藏秦簡(叁)》,第 164 頁)
⑥ 睡虎地秦墓竹簡整理小組《睡虎地秦墓竹簡》,釋文注釋第 98 頁。
⑦ 嶽麓書院藏秦簡整理者釋"妾,女奴":"只有後文簡 115、119、133 所謂'隸',男女通用,或與'臣妾'、'奴婢'略有別。"(朱漢民、陳松長主編《嶽麓書院藏秦簡(叁)》,第 163 頁)
⑧ 裘錫圭《戰國時代社會性質試探》,《古代文史研究新探》,江蘇古籍出版社,1992 年,第 388—410 頁。
⑨ 裘錫圭《戰國時代社會性質試探》,《古代文史研究新探》,第 410 頁。
⑩ 朱漢民、陳松長主編《嶽麓書院藏秦簡(叁)》,第 185 頁。
⑪ 彭浩、陳偉、工藤元男主編《二年律令與奏讞書:張家山二四七號漢墓出土法律文獻釋讀》,第 155 頁。
⑫ 王愛清、王光偉《試論張家山漢簡中的"私屬"》,《烏魯木齊職業大學學報》2004 年第 2 期;王愛清《"私屬"新探》,《史學月刊》2007 年第 2 期。

隸奈聲"，《後漢書·馮異傳》"及破邯鄲，乃更部分諸將，各有配隸"。李賢注："隸，屬也。"[1]故當時除"私屬"外，"隸"的地位同樣低於一般平民，而"高於臣妾，主人沒有買賣他們的權力"。他們或大致屬於"眷屬子弟""徒役"一類依附人口。[2]

"徒隸"可簡稱"徒"。通稱的使用，反映出徒隸與司寇的差別。但通稱下諸身份的同中之異，同樣不宜忽視。

刑罰序列中，低司寇一級的是隸臣妾。秦漢有"冗""更"一類供役方式，"冗指長期供役，更指輸更供役"。[3]徒隸中，存在"冗""更"供役的是隸臣妾，且以隸妾多見。《秦律十八種·工人程》"冗隸妾二人當工一人，更隸妾四人當工【一】人，小隸臣妾可使者五人當工一人"（一○九），[4]"冗隸妾""更隸妾"並舉，前者 2 人抵工 1 人，後者 4 人抵工 1 人，體現官府對長上、番上及全役無番者間的折算。《秦律十八種·倉》"隸臣妾其從事公，隸臣月禾二石，隸妾一石半；其不從事，勿稟"（四九），[5]提到居官服役，隸臣每月粟米 2 石、隸妾 1.5 石；不服役時，則不領取。[6] 這反映隸臣妾中存在固定時期服役者。有學者推測"隸臣妾有一點個人經濟，或者說他們擁有不多的財富"，[7]是有道理的。

相對隸臣妾，城旦舂、鬼薪白粲並不以"冗""更"供役，可看作長役無番。[8]

前引《秦律十八種·倉》記對隸臣妾發放口糧，稱"稟"，以月計。律文下復提及"小

---

[1] 《後漢書》，第 642 頁。

[2] ［補記］本文自 2012 年 5 月提交會議並作宣讀以來，基本觀點未作改變。學界對秦及漢初"隸"身份的專論，至今已有多篇，還請參看。

[3] 楊振紅《秦漢簡中的"冗"、"更"與供役方式——從〈二年律令·史律〉談起》，《簡帛研究 二○○六》，廣西師範大學出版社，2008 年，第 81—89 頁。

[4] 睡虎地秦墓竹簡整理小組編《睡虎地秦墓竹簡》，釋文注釋第 45 頁。

[5] 睡虎地秦墓竹簡整理小組編《睡虎地秦墓竹簡》，釋文注釋第 32 頁。

[6] 睡虎地秦簡《秦律十八種·金布律》又云"稟衣者，隸臣、府隸之毋（無）妻者及城旦，冬人百一十錢，夏五十五錢；其小者冬七十七錢，夏卅四錢。春冬人五十五錢，夏卅四錢；其小者冬卅四錢，夏卅三錢。隸臣妾之老及小不能自衣者，如春衣"（九四、九五）。末尾在"稟衣者，隸臣、府隸之毋（無）妻者及城旦"基礎上，復對"隸臣妾之老及小不能自衣者"在稟衣管理上特作規定，似顯示成年隸臣妾服役時，官府依季節稟衣；不服役時，官府不再提供。

[7] 吳榮曾《隸臣妾制度探討》及引栗勁《秦律通論》說，吳榮曾、汪桂海主編《簡牘與中國古代史研究》，第 28—29 頁；高恒《秦律中"隸臣妾"問題的探討》，《文物》1977 年第 7 期，第 47—48 頁。

[8] 此種情形，亦可聯繫唐代官户與官奴婢人身役使上的差別。按唐代官户與官奴婢人身役使上主要區別為：官户同雜户一樣上番服役，而官奴婢長役無番。《唐六典》卷六《尚書刑部》"刑部郎中員外郎"條"凡配官曹，長輸其作；番户、雜户，則分為番"，本注曰"番户一年三番，雜户二年五番，番皆一月。十六已上當番請納資者，亦聽之。其官奴婢長役無番也"。而個別屬"雜伎則擇諸司之户教充"者，有分番。本注曰"官户……男年十三已上，在外州者十五已上，容貌端正，送太樂；十六已上，送鼓吹及少府教習。有工能官奴婢亦准此。業成，准官户例分番"（第 193 頁）。《天聖令》以開元二十五年令為原本，所存《雜令》"唐 19"條作"使有工能，官奴婢亦准官户例分番。願長上者，聽"（天一閣博物館、中國社會科學院歷史研究所天聖令整理課題組校證《天一閣藏明鈔本天聖令校證（附唐令復原研究）》，中華書局，2006 年，第 378 頁）。

城旦、隸臣作者""未能作者""小妾、舂作者""未能作者""嬰兒之母(無)母者""雖有母而與其母冗居公者","隸臣田者""舂"等多種身份的口糧發放,亦稱"稟"。① 其間却未交代城旦所得口糧,值得注意。睡虎地秦簡中,官府供給城旦舂、鬼薪白粲口糧多用"食",以日計,如《秦律十八種·倉》"日食城旦,盡月而以其餘益爲後九月稟所"(五七)。②《倉》另則記"城旦之垣及它事而勞與垣等者,旦半夕參;其守署及爲它事者,參食之。其病者,稱議食之,令吏主。城旦舂、舂司寇、白粲操土攻(功),參食之;不操土攻(功),以律食之"(五五、五六)。③ 相對隸臣妾"不從事""勿稟",城旦生病,口糧仍酌情給予;即便不做土功,也按相關規定發放。④

　　里耶秦簡廪食簡,記録有對隸臣妾口糧的供給:

稟隸臣　　　　　　　　　　　　　　　　　　　　　　　(8-211、8-2247)

稟隸妾　　　　　　　　　　　　　　　　　　　(8-1557、8-1584、⑤8-2249)

稟大隸妾　　　　　　(8-760、8-762、8-763、8-766、8-1177、8-1839、8-2195)

稟小隸臣　　　　　　　　　　　　　　　　　　　　　　　　　(8-1551)

稟使小隸臣　　　　　　　　　　　　　　　　(8-448 + 8-1360、8-1580)

稟未小隸臣　　　　　　　　　　　　　　　　　　　(8-1153 + 8-1342)

稟隸臣嬰自〈兒〉　　　　　　　　　　　　　　　　　　　　　(8-217)

稟隸妾嬰兒　　　　　　　　　　　　　　　　　　　　　(8-1540)⑥

均稱爲"稟"。按作役官府隸臣"月禾二石",依大月 30 日計,每日約 6.667 升,里耶秦簡 8-2247"稟隸臣周十月、六月廿六日食""三石七斗少半斗",計 10、6 兩個月,合計 56 日,每日約 6.673 升。稟食也是按月進行。秦律記隸妾"一石半",每日 5 升。里耶秦簡 8-1839"出稟大隸妾徒十二月食",以月稟食。涉及稟食具體數量者,則作"粟米一石二斗半升"(8-760、8-762、8-763、8-2249)、"粟米一石二斗少半升"(8-766)、"粟米一石二

---

① 睡虎地秦墓竹簡整理小組編《睡虎地秦墓竹簡》,釋文注釋第 32 頁。"舂,月一石半石"位居末尾,緊接"隸臣田者"書寫。參之前身份皆兩兩呼應,疑此"舂"爲"舂田者"省寫。

② 睡虎地秦墓竹簡整理小組編《睡虎地秦墓竹簡》,釋文注釋第 34 頁。

③ 睡虎地秦墓竹簡整理小組編《睡虎地秦墓竹簡》,釋文注釋第 33 頁。

④ 陶安亦傾向刑徒役作時存在月食、日食的差别,參見《秦漢刑罰體系の研究》,第 57—59、79 頁。

⑤ 有學者嘗試將簡 8-821、8-1584 綴合。何有祖《里耶秦簡牘綴合(七則)》,簡帛網,2012 年 5 月 1 日。今據圖版,兩簡茬口未完全相合,且因簡 8-821 末字"妃"最末一筆"乚"的間隔,簡 8-1584 上端殘存一捺,無法與"妃"字"女"旁的捺筆拼合。而目前所見里耶秦簡"妃"字,多是末筆"乚"竪向、橫斜向拉長,"女"旁捺筆未有與右側"己"交匯者,故這裏不作調整。

⑥ 陳偉主編,何有祖、魯家亮、凡國棟撰著《里耶秦簡牘校釋(第一卷)》,第 115、451、358、365、451、218—220、288、398、443、356、151、364、284、116、353 頁。

斗六分升四"(8-1557)。以"粟米一石二斗半升"計,每日約 4.017 升,較律文規定要少些。秦律記城旦舂、隸臣妾嬰兒"禾半石""禾月半石",每日約 1.667 升。里耶秦簡 8-217"稟隸臣嬰自〈兒〉""六月食""稻四斗八升少半半升",也是以月廩食,每日約 1.628 升,比較接近。個別稟食簡不以月計。簡 8-211 稟隸臣"稻五升",當是一天口糧。簡 8-1551 稟小隸臣"粟米二斗",依《倉》"小城旦、隸臣作者,月禾一石半石;未能作者,月禾一石","小隸臣""作者"同隸妾每日 5 升,"小隸臣""未能作者"每日 3.333 升。此簡稟食量大體爲"作者"4—5 天口糧,"未能作者"6 天口糧。簡 8-1551 稟隸妾嬰兒"粟米五斗"。《倉》規定標準爲"禾半石""禾月半石",每日約 1.667 升。此簡稟食量爲隸妾嬰兒 10 天口糧。

而所見供給城旦舂、鬼薪白粲口糧簡文,則作:

　食舂、小城旦　　　　　　　　(8-337、8-212 + 8-426 + 8-1632、8-216 + 8-351)

　食舂、白粲　　　　　　　　　　(8-1335 + 8-1115)[①]

　食舂　　　　　　　　　　　　(8-1576)[②]

稱"食",而非"稟"。簡 8-1335 + 8-1115"粟米八升少半升""出食舂、白粲□等二人,人四升六分升一。□",簡 8-1576"出粟米八升食舂央、弱等二□",所記均爲兩人一日的口糧,約爲 4.167 與 4 升,與隸妾相當。簡 8-212 + 8-426 + 8-1632"出以食舂、小城旦渭等□七人,積□·七日,日四升八分升一""粟米一石九斗五升六分升五",《校釋》注:"出食共計 47 ×25/6 升 = 195 升又 5/6 升,即一石九斗五升六分升五。"[③]每人每日均約 4.167 升。簡 8-216 + 8-351"出以食舂、小城旦却等五十二人,積五十二日,日四升六分升一",標準量與此同。所謂"積□七日""積五十二日",供給仍以日計,指 1 名舂或小城旦在 47、52 天的口糧纍積。4.167 升與簡 8-1335 舂、白粲的口糧量一致,與里耶秦簡隸妾每日約 4.017 升也較接近。此數字與秦律《倉》小城旦每日 3.333-5 升,同樣不盡相合。由此反推,簡 8-1551 稟小隸臣"粟米二斗",爲 5 天口糧的可能性較大。這裏,小城旦、小隸妾均屬"高五尺二寸,皆作之"的"小城旦、隸臣作者"。

由上,官府廩給隸臣妾稱"稟",供應城旦舂、鬼薪白粲則多稱"食"。[④]前者多以月計,

---

① 兩簡綴合參見何有祖《里耶秦簡牘綴合(四)》,簡帛網,2012 年 5 月 21 日。

② 陳偉主編,何有祖、魯家亮、凡國棟撰著《里耶秦簡牘校釋(第一卷)》,第 134、115—116、312、364 頁。

③ 陳偉主編,何有祖、魯家亮、凡國棟撰著《里耶秦簡牘校釋(第一卷)》,第 115 頁。

④ 蔣非非提示:"稟""食"或在糧食提供方式上亦有不同。"稟"可能爲官府直接提供糧食,自己來做,一月一發;"食"則是官府直接做好飯來供應。陶安 2013 年 1 月 3 日來信也提示:"'稟以月計'也並不與'1、5、10 天'的稟給記錄矛盾。與現代所謂月薪相比較的話,……拿着月薪的白領職工因調動、跳槽等原因會出現十天、半月等不整齊的工作時段,只能用天數折算月薪。以天數折算的月薪還是月薪,與日工、短工等所領的工錢不同。倉把隸臣妾借給其他縣官當然也會出現不滿月的工作時段,只好以天數折算,不能與城旦舂的日食相比。"

但也存在 1、5、10 天的廩給記錄。後者更多以日計。廩食上，隸臣每日約 6.667 升；春、白粲、隸妾與小城旦、小隸臣較爲一致，略多於 4 升；嬰兒約 1.667 升。將此與前論睡虎地秦簡相參照，隸臣妾與城旦春、鬼信白粲在廩食管理上，亦存差異。

前論隸臣妾與司寇類似，同樣存在免老。城旦春則未見免老，而存在"仗城旦"身份。《秦律十八種·司空》云"仗城旦勿將司；其名將司者，將司之"（一四七）。① 城旦春一般着紅色囚服，戴紅色氈巾，附木械枷索，而被監領勞作。整理小組又注："仗，疑讀爲杖。老人持杖，故古時稱老人爲杖者。《論語·鄉黨》：'杖者出。'孔注：'杖者，老人也。'此處仗城旦因年老，故不必將司。"② 里耶徒作簿中有"仗城旦"（8-801、8-1278 + 8-1757、8-1143 + 8-1631、8-1279），③ 或作"丈城旦"（8-686 + 8-973）。④ 《禮記·王制》有"五十杖於家，六十杖於鄉，七十杖於國，八十杖於朝"，⑤《鹽鐵論·未通》賢良文學舉上古"五十已上曰艾老，杖於家，不從力役，所以扶不足而息高年也"。⑥ "杖於家"與"不從力役"連言，值得注意。"仗城旦"恐非優賜高年的"受仗（杖）"一類，而與年老力衰的身體狀況相涉。有別於隸臣妾，城旦即便老衰，不過特名"仗城旦""丈城旦"，官府根據所需仍加役使。

秦代郡縣使用大量罪徒役作，相關機構並制有"徒作簿""作徒簿"。這些記錄，初看頗顯龐雜，然而實際上，諸官作徒多來自另外機構的調撥，而這些機構是較爲固定的：

表 1　徒作簿所見勞作機構、調撥機構關係表

徒作簿	受司空（人數）	受倉（人數）	簡號
田		隸妾 2	8-179
畜	居貲 1	隸妾 3	8-199 + 8-688
少内	鬼薪 6		8-2034
庫	城旦 4，丈城旦 1，春 1	隸臣 1	8-686 + 8-973
庫	城旦 9，鬼薪 1	隸臣 2	8-1069 + 8-1434 + 8-1520
都鄉	城旦 1	隸妾 2	8-196 + 8-1521
都鄉	城旦 1	隸妾 2	8-2011
都鄉	"城▢"3	隸妾 3	8-142

---

① 睡虎地秦墓竹簡整理小組編《睡虎地秦墓竹簡》，釋文注釋第 53 頁。

② 睡虎地秦墓竹簡整理小組編《睡虎地秦墓竹簡》，釋文注釋第 54 頁。

③ 陳偉主編，何有祖、魯家亮、凡國棟撰著《里耶秦簡牘校釋（第一卷）》，第 229、304、283、305 頁。

④ 陳偉主編，何有祖、魯家亮、凡國棟撰著《里耶秦簡牘校釋（第一卷）》，第 203 頁。

⑤ 《禮記正義》卷一三，阮元校刻《十三經注疏》，中華書局，1980 年影印本，第 1346 頁上欄。

⑥ 桑弘羊撰，王利器校注《鹽鐵論校注（定本）》，中華書局，1992 年，第 192 頁。

續表

徒作簿	受司空(人數)	受倉(人數)	簡號
貳春鄉	居責(債)城旦		8-1327 + 8-787①
貳春鄉	鬼薪1,小城旦1		8-1515
貳春鄉		隸妾1	8-962 + 8-1087
貳春鄉	城旦、鬼薪5,舂、白粲2		9-18
貳鄉	白粲1		8-1207 + 8-1255 + 8-1323
貳鄉	白粲1		8-1340
貳鄉	白粲1		8-1741 + 8-1956②
啓陵鄉	仗城旦2		8-801
啓陵鄉	仗城旦1	大隸妾3	8-1278 + 8-1757
啓陵鄉		大隸妾3	8-1759
不明		小隸臣2	8-1713
不明		"隸☒"	8-991
司空	城旦87,仗城旦9,鬼薪20,隸臣係城旦3,隸臣居貲5,城旦司寇1		8-145 + 9-2294③

可以看到,城旦舂、鬼薪白粲及居貲贖責(債)均來自司空,④而隸臣妾則來自倉,即徒隸的本司所屬並不一致:隸臣妾屬倉,城旦舂、鬼薪白粲屬司空。換言之,司空與倉是秦代地方管理徒隸的主要機構,而所統群體有別。各種罪徒在縣下諸官勞作,實是統領機構司空、倉二官因需散配諸司的呈現。

　　其他簿籍、文書對此也有反映。"卅一年司空十二月以來,居貲、贖、責(債)薄(簿),盡三月城旦舂廷"(8-284),⑤屬司空制簿。里耶第10層木牘"卅四年十二月倉徒簿取"列纍計使用人員(次):"大隸臣積九百九十人","小隸臣積五百一十人","大隸妾積二千八百七十六"(10-1170)。⑥ 而里耶秦簡縣曹"計録"、諸官"課志"中,⑦只"司空曹計録"

---

① 兩簡綴合參見何有祖《里耶秦簡牘綴合(二)》,簡帛網,2012年5月14日。

② 此簡與簡8-1207 + 8-1255 + 8-1323、8-1340所記或爲一事。

③ 里耶秦簡牘校釋小組《新見里耶秦簡牘資料選校(二)》,簡帛網,2014年9月3日。

④ "司空曹計録"第4項有"貲責計"(8-480),亦可爲證。而除"隸臣係城旦"外,里耶秦簡還見有"隸妾居貲"(8-145、8-1095、8-1566、8-1641),"隸妾墼(係)舂"(8-145)等,他們服役當在司空,完畢後始返回倉。

⑤ 陳偉主編,何有祖、魯家亮、凡國棟撰著《里耶秦簡牘校釋(第一卷)》,第128頁。

⑥ 張春龍《里耶秦簡中遷陵縣之刑徒》,《古文字與古代史》第三輯,第456頁。這裏的"積",指在10月内以日計而分別積纍的人數。

⑦ 參見拙文《秦縣的列曹與諸官——從〈洪範五行傳〉一則佚文説起》,《簡帛》第十一輯,上海古籍出版社,2015年。

(8-480)、"倉曹計録"(8-481)有"徒計";"司空課志"(8-486)出現"春産子課","倉課志"(8-495)出現"徒隷死亡課""徒隷産子課"。① 前引簡 16-6 正面作"嘉、穀、尉各謹案所部縣卒、徒隷、居貲贖責(債)、司寇、隱官、踐更縣者簿",此簡背面記任務進一步下達:"三月庚戌,遷陵守丞敦狐敢告尉:告鄉、司空、倉主,聽書從事。尉別書都鄉、司空,[司空]傳倉,都鄉別啓陵、貳春,皆勿留脱。它如律令。"② 這裏句讀略有調整。遷陵縣守丞通知縣尉,縣尉通告諸鄉部、縣司空、縣倉。具體操作是:縣尉抄送文書給都鄉、司空;司空進一步傳送給倉,都鄉則另抄送給啓陵鄉、貳春鄉。縣尉負責縣内徭役徵派,人員調撥却只通知三類機構而未言其他,正是由於秦户籍藏鄉,鄉掌握所部縣卒、司寇、隱官、踐更縣者信息,而司空主城旦春、鬼薪白粲、居貲贖責(債),倉主隷臣妾的緣故。③

至於軍事活動,《左傳》哀公二年記趙簡子軍誓:"克敵者,上大夫受縣,下大夫受郡,士田十萬,庶人、工、商遂,人臣隷圉免。"④ 末句頗爲要緊。人臣屬私奴婢。"隷"在漢晉注雖官役、官徒説並存,⑤ 實際主要指私屬一類。聯繫《左傳》"降在皁隷""輿臣隷、隷臣僚""馬有圉"諸語,⑥ "人臣隷圉"主要指私屬、奴婢。他們參與軍事,有望改變身份。《秦律十八種·軍爵》記"隷臣斬首爲公士,謁歸公士而免故妻隷妾一人者,許之,免以爲庶人。工隷臣斬首及人爲斬首以免者,皆令爲工。其不完者,以爲隱官工"(一五五、一五六)。⑦ 隷臣如斬首立功,可直接成爲一級爵的公士;歸還爵位,可使故妻爲隷妾者免爲庶人。這是徒隷不僅軍中從役,而且參加戰鬥的明證。不過,規定實際只涉及隷臣。考慮到擁有技藝、受嚴格控制的工徒尚且參戰,這裏却不涉及城旦、鬼薪,恐非偶然。里耶秦簡中有徒隷捉捕亡卒而得購賞的記録:"☐☐出錢千一百五十二購隷臣於捕戍卒不從☐"(8-992)"令佐華自言:故爲尉史,養大隷臣豎……豎捕戍卒☐☐事贖耐罪賜,購千百

① 參見陳偉主編,何有祖、魯家亮、凡國棟撰著《里耶秦簡牘校釋(第一卷)》,第 164—166、169 頁。
② 馬怡《里耶秦簡選校》,《中國社會科學院歷史研究所學刊》第四集,第 147 頁。
③ [補記]本文自 2012 年 5 月提交會議並作宣讀以來,基本觀點未作改變。近年有關徒隷轄配官司及徒作簿的探討,又可參見曹林英《"受倉隷妾"解》,《魯東大學學報(哲學社會科學版)》2013 年第 5 期;高震寰《從〈里耶秦簡(壹)〉"作徒簿"管窺秦代刑徒制度》,《出土文獻研究》第十二輯,中西書局,2013 年,第 132—143 頁;賈麗英《里耶秦簡所見徒隷身份及監管官署》,《簡帛研究 二〇一三》,廣西師範大學出版社,2014 年,第 68—81 頁;沈剛《〈里耶秦簡(壹)〉所見作徒管理問題探討》,《史學月刊》2015 年第 2 期。
④ 楊伯峻《春秋左傳注(修訂本)》,中華書局,1990 年,第 1614 頁。
⑤ 參見吳榮曾《隷臣妾制度探討》,吳榮曾、汪桂海主編《簡牘與中國古代史研究》,第 21—22 頁。
⑥ 楊伯峻《春秋左傳注》昭公三年,昭公七年,第 1236、1284 頁。
⑦ 睡虎地秦墓竹簡整理小組編《睡虎地秦墓竹簡》,釋文注釋第 55 頁。

五十二"(8-1008＋8-1461＋8-1532)。① 于、竪二人具體身份，均爲隸臣。此外，戰國時白徒較爲活躍，不僅從事役作，也出征作戰。②《奏讞書》引戰國魯國律令"白徒者，當今隸臣妾。倡，當城旦"(一七五)，③亦可參考。④

相對司寇、隸臣妾良賤仍可通婚，⑤城旦舂、鬼薪白粲親屬則没入官府，原有家庭解體。⑥不過，城旦舂、鬼薪白粲中，"小"的身份常見，這顯然不能僅以没入或犯罪解釋。⑦前引"司空課志"(8-486)有"舂産子課"，顯示對舂生育後代的重視。對帝國而言，城旦舂、鬼薪白粲有後代，可以增加人口資源。因此，城旦舂、鬼薪白粲在兩性聯繫及産育後代方面，官方應該是允許的。

綜上，隸臣妾與同屬徒隸的城旦舂、鬼信白粲在服役方式、廩食管理、轄配官府、軍事參與及婚配等方面均有不同。秦漢"徒刑"結構，早年學者從法制史角度論證"只存在兩個等級，其中一個等級由城旦舂、鬼薪白粲構成，另一個等級由隸臣妾與司寇構成"，⑧而從社會等級身份而言，隸臣妾與城旦舂、鬼薪白粲同樣多有差別，大體分屬兩個階層。

餘論：爵制、刑罰序列衔接的若干問題考析

秦、西漢早期是二十等爵作用較爲突出的時期。劉劭《爵制》將其劃分爲侯、卿、大夫、士四分層，⑨較爲符合這一階段的相關情形。名田宅、置後、傅籍、免老、刑罰等權益要素附麗於爵位，使爵位的等級性社會身份意義一度頗爲顯著。與之相應，低爵存在一些更小分層，如一、二級爵公士與上造。《秦律雜抄·除吏律》"·有興，……，上造以上

---

① 陳偉主編，何有祖、魯家亮、凡國棟撰著《里耶秦簡牘校釋(第一卷)》，第258、261頁。
② 參見張全民《"白徒"初探》,《社會科學戰綫》1997年第5期。《吕氏春秋·仲秋紀·決勝》又有"善用兵者，諸邊之内，莫不與鬥，雖庶衆白徒，方數百里，皆來會戰，勢使之然也"。又，上博簡《曹沫之陳》亦出現"白徒"，參馬承源主編《上海博物館藏戰國楚竹書(四)》，上海古籍出版社，2004年，第263頁。
③ 彭浩、陳偉、工藤元男主編《二年律令與奏讞書：張家山二四七號漢墓出土法律文獻釋讀》，第372頁。
④ 宋敏求編《唐大詔令集》卷六六《後土赦書》"番役諸衛、驍騎及……雜户、官户、白身有職掌人，合行從人等，各賜勳一轉，物三段"(中華書局，2008年，第374頁)，提到官户以上有授勳資格，值得注意。
⑤ 李天石《中國中古良賤身份制度研究》，第65—68、85—91頁；拙文《秦漢簡牘中所見特殊類型奸罪研究》,《中國歷史文物》2008年第3期。
⑥ 陶安あんど《秦漢刑罰體系の研究》，第60—61、79頁；吴榮曾《隸臣妾制度探討》，吴榮曾、汪桂海主編《簡牘與中國古代史研究》，第27頁。
⑦ 參見張金光《秦制研究》第七章"刑徒制度"，第523頁。
⑧ 韓樹峰《秦漢徒刑散論》(原刊《歷史研究》2005年第3期)，修訂稿收入《漢魏法律與社會——以簡牘、文書爲中心的考察》，第73頁。日本學者亦有相關論述，參見宫宅潔《秦漢時代の爵と刑罰》,《東洋史研究》第58卷第4號，2000年。
⑨ 《續漢書·百官志五》注引。《後漢書》，第3631頁。

不從令，貲二甲”（一、二），《游士律》“·有爲故秦人出，削籍，上造以上爲鬼薪，公士以下刑爲城旦”（五），①顯示秦律在軍興、助秦人出境以上造爲界作了區分。《奏讞書》南郡卒史復獄引秦律“篡遂縱囚，死罪囚，黥爲城旦，上造以上耐爲鬼薪”（一五八），《二年律令·具律》又有“上造、上造妻以上，及……有罪，其當刑及當爲城旦舂者，耐以爲鬼薪白粲”（八二）。② 其實，爵制在一、二級間即設分界，淵源有自。《商君書·境内》云：

> 爵一級已下至小夫，命曰校、徒、操，出公爵；自二級已上至不更，命曰卒。
>
> 爵自二級以上，有刑罪則貶。爵自一級以下，有刑罪而已。③

俞樾云：“出字疑當作士，古書士出字多互誤。”④蔣禮鴻將“公”字屬上，斷作“校徒、操、出公”，以“出公者即公士之訛倒”。⑤按：此既云“一級已下”，則“出公”如爲“公（出）［士］”誤倒，叙述順序上不當在“校徒、操”後。朱師轍《商君書解詁定本》斷作“校、徒、操，出公爵”，以“出公爵”指“校、徒、操”多在二十等爵外，⑥於諸説爲長。相對“卒”，這些稱“校、徒、操”者，主要服雜役於軍中。而“一級已下至小夫”不僅包括公士，還應涉及身份更低的群體。《秦律十八種·司》“公士以下居贖刑罪、死罪者，居於城旦舂，毋赤其衣，勿枸櫝欙杕。鬼薪白粲，群下吏毋耐者，人奴妾居贖貲責（債）於城旦，皆赤其衣，枸櫝欙杕，將司之”（一三四、一三五）中，⑦與“公士以下”對稱的是“鬼薪白粲，群下吏毋耐者，人奴妾”。前者似當涉及公士、公卒、司寇等身份，是否大體對應《商君書》所言“小夫”，也可以考慮。

　　秦及漢初，司寇、隸臣妾、鬼薪白粲、城旦舂除官方赦免、減罪及贖免外，終身服役。相對文帝刑罰改革後的“有年而免”，這一時期的身份具有一定穩定性。而考慮到功賞、刑罰相輔而成，近年秦漢法制史研究者開始注意將相關序列與爵制相聯繫，即將司寇、徒隸納入二十等爵爲主體的等級身份序列中去理解。這種研究趨勢在張家山漢簡《二年律令》刊布後的中國臺灣、日本學界，愈加顯著。劉欣寧據《二年律令》指出，漢初是一個注重身份秩序的社會，由二十等爵，無爵公卒、士伍、庶人到隱官、司寇等，層層分明、

---

① 睡虎地秦墓竹簡整理小組編《睡虎地秦墓竹簡》，釋文注釋第 79、80 頁。
② 彭浩、陳偉、工藤元男主編《二年律令與奏讞書：張家山二四七號漢墓出土法律文獻釋讀》，第 365、123 頁。又見《漢書·惠帝紀》，中華書局，1962 年，第 85 頁。
③ 高亨《商君書注譯》，中華書局，1974 年，第 147、152 頁。
④ 高亨《商君書注譯》引，第 147 頁。
⑤ 蔣禮鴻《商君書錐指》，中華書局，1986 年，第 114 頁。今筆者略作調整。
⑥ 杜正勝句讀即從朱説。參見《編户齊民——傳統政治社會結構之形成》，第 330 頁。
⑦ 睡虎地秦墓竹簡整理小組編《睡虎地秦墓竹簡》，釋文注釋第 51 頁。

井然有序,"顯然已將司寇與公卒、士伍、庶人等相提並論"。而"鷹取祐司先生是最早將城旦舂、鬼薪白粲、隸臣妾、司寇全部納入等級身份體系中加以理解的學者"。①鷹取氏在《秦漢時代的刑罰與爵制性身份序列》一文第二節"指示爵位的身份序列"、第三節"秦漢時代的刑罰與爵制性身份序列"中展開了相關論述。文中"確認司寇、隸臣妾、城旦舂爲准爵位身份指標""司寇、隸臣妾、鬼薪白粲、城旦舂皆非勞役名,而是爵制性身份序列上的身份指標"及"司寇、隸臣妾、鬼薪白粲、城旦舂分別爲將犯罪者貶至爵制性身份序列之第-1級、第-2級、第-2.5級、第-3級的刑罰"等意見,②均值得後來研究者重視。"陶安先生則從'身份'的角度討論城旦舂等的法律上的行爲能力和責任能力即通婚、賠償或擁有財產等權利,認爲城旦舂等的行爲能力和責任能力並不都相同,他們所享受的權利和負擔的義務也可以上下伸縮,這與二十等爵制控制'百姓'的諸種權利和義務是一脉相通的:秦國通過爵位和刑罰等手段賦予個人以固定的地位,並按照法定的地位(即'身份')分配資源與勞動義務"。③此外,陶安在具體論説時,還特別提出"包含刑罰身份的秦代身份制度"的概念,④將相關思考引向深入。

不過,將司寇、隸臣妾及城旦舂、鬼薪白粲依社會身份特徵大體分爲三組,並嘗試納入"爵制—刑罰"身份序列,需要思考秦漢"適戍""七科謫"等所謂"賤民"與上述序列是什麼關係。此外,與司寇及隸屬官府的徒隸平行存在的,有隸屬私人的奴婢及私屬、隸等群體,兩者又存在怎樣的聯繫。以往討論中,對這些問題似乎關注不足。下面嘗試略作解釋。

先説前者。秦及漢初,司寇、徒隸身份固然低於一般平民,但我們談到"低於一般平民"的群體,往往更多想到的是"嘗逋亡人、贅壻、賈人"⑤及武帝時"吏有罪一,亡命二,贅壻三,賈人四,故有市籍五,父母有市籍六,大父母有籍七"等"七科謫"。⑥這些當時被視作"賤民"的群體,在戰國時期已較突出。睡虎地秦簡《爲吏之道》所附《魏户

① 王偉《秦漢簡牘所見刑罰研究》第三章,中國人民大學博士學位論文,第44頁。
② 鷹取祐司《秦漢時代の刑罰と爵制の身份序列》,《立命館文學》第608號"松本英紀教授退職記念論集",2008年;中譯文見朱騰譯《秦漢時代的刑罰與爵制性身份序列》,周東平、朱騰主編《法律史譯評》2012年卷,北京大學出版社,2013年,第1—27頁;鷹取祐司《秦漢時代の司寇・隸臣妾・鬼薪白粲・城旦舂》,《中國史學》第19號,第107頁。
③ 王偉《秦漢簡牘所見刑罰研究》第三章,中國人民大學博士學位論文,第44頁。
④ 參見陶安あんど《秦漢刑罰體系の研究》,第80—90頁。
⑤ 《史記·秦始皇本紀》,第253頁。又,同書卷一五《六國年表》,第757頁。
⑥ 《史記·秦始皇本紀》索隱"故漢七科謫亦因于秦",第253頁。《漢書·食貨志上》李賢注引應劭曰:"秦時以適發之,名適戍。先發吏有過及贅壻、賈人,後以嘗有市籍者發,又後以大父母、父母嘗有市籍者。戍者曹輩盡,復入閭,取其左發之,未及取右而秦亡。"(第1126頁)

律》《魏奔命律》即提到"叚（假）門逆呂（旅），贅壻後父"（一八五、一九五），"呂"或作
"閭"（二三五）。①如何理解這些"賤民"與上述序列的關係呢？按鷹取祐司在討論私奴
婢與相關身份序列關係時，曾提到"爵制性身份序列終究只是在被官府支配及管理者之
間形成秩序的。奴婢作爲主人的財產並不處於官府的支配及管理之下，所以在爵制性
身份序列中是沒有位置的"。②這提供了一種富有啓發性的思考角度。由此推之，秦漢
"賤民"中，除"亡命"等屬罪徒，③其他群體則處在"官府的支配及管理"與私人的支配及管
理之外，身份上具有更多自由。關於後類群體，《魏户律》《魏奔命律》特別規定"勿令爲户，
勿鼠（予）田宇。三枼（世）之後，欲士（仕）士（仕）之，仍署其籍曰：故某慮贅壻某叟之乃
（仍）孫"（一九五、二〇五、二一五），"今遣從軍，將軍勿恤視。……攻城用其不足"（二五
五、二七五），④的確顯示其所享權益較一般民衆爲低，然從爵制序列及官、私依附群體的
角度來看，他們仍然屬於無爵或低爵者。謫戍問題，學界一直較爲關注。對謫戍與遷
刑、徙民實邊，謫戍與弛刑士的差異，之前已有很多討論。⑤至於謫戍者身份及相關特徵，
廖伯源的分析值得注意："貲戍、謫戍，俱强制爲之，恐其逃亡，皆遣吏押送。而不同點也是
較爲明顯的。貲戍：有罪罰戍邊。有刑期，戍邊有期限。謫戍：則以身份賤而戍邊。不以
罪，爲應急，僅於邊患緊急，戍卒不足時往戍，及邊境無事，則可解甲歸鄉"。⑥這些"身份賤"
"及邊境無事，則可解甲歸鄉"者，若從以爵制序列爲中心的法定社會等級身份看，實際多
屬無爵或低爵者。不僅文獻中熟知的"發閭左謫戍漁陽九百人，屯大澤鄉。陳勝、吳廣皆
次當行"⑦屬於上述情形；里耶秦簡"☐貸適戍士五（伍）高里慶忌☐"（8-899）對適戍名慶
忌者"士五（伍）"身份的交代，⑧同樣符合這一認識。至於文獻中明確使用的"賤民"用

① 睡虎地秦墓竹簡整理小組編《睡虎地秦墓竹簡》，釋文注釋第 174、175 頁。
② 鷹取祐司《秦漢時代の刑罰と爵制的身份序列》，第 37 頁。
③ 相關學術梳理及較新探討，參見保科季子《亡命小考——兼論秦漢的確定罪名手續"命"》，《簡帛》第三輯，上海古籍
　 出版社，2008 年，第 343—358 頁。
④ 睡虎地秦墓竹簡整理小組編《睡虎地秦墓竹簡》，釋文注釋第 174、175 頁。
⑤ 前者見臧知非《"謫戍制"考析》，《江蘇師範大學學報（哲學社會科學版）》1984 年第 3 期；胡大貴《關於秦代謫戍制的
　 幾個問題》，《西南大學學報（社會科學版）》1991 年第 1 期；李玉福《論秦漢時代的謫發兵制和刑徒兵制》，《政法論叢》
　 2002 年第 6 期。後者參見黃今言《秦漢軍制史論》，江西人民出版社，1993 年，第 112—113 頁。
⑥ 廖伯源《尹灣漢墓簡牘·東海郡下轄長吏不在署、未到官者名籍》釋證》（原刊《簡帛研究 二〇〇一》，廣西師範大學
　 出版社，2001 年），《簡牘與制度：尹灣漢墓簡牘官文書考證（增訂版）》，廣西師範大學出版社，2005 年，第 194—195
　 頁，又收入《秦漢史論叢（增訂本）》，中華書局，2008 年，第 236—238 頁。沈家本《歷代刑法考·刑法分考十》有"謫
　 戍""屯戍"條，以"謫戍者發罪人以守邊也，屯戍者發罪人以實邊"（鄧經元、駢宇騫點校，中華書局，1985 年，第 286
　 頁）。此暫不取。
⑦ 《史記·陳涉世家》，第 1950 頁。
⑧ 簡文參見陳偉主編，何有祖、魯家亮、凡國棟撰著《里耶秦簡牘校釋（第一卷）》，第 245 頁。

語,如《史記·酈生陸賈列傳》:"初,沛公引兵過陳留,酈生踵軍門上謁曰:'高陽賤民酈食其,……。'"①從"好讀書,家貧落魄,無以爲衣食業,爲里監門吏"可知,他實際爲低爵或無爵者。而《漢書·晁錯傳》"秦始亂之時,吏之所先侵者,貧人賤民也",②"貧人""賤民"連稱,情形同樣類似。要言之,秦漢"賤民"除部分罪徒外,主要包括身份自由但社會、經濟地位較低的無爵、低爵者。以往學者所論爵制—刑法身份序列,應該可以涵蓋這些群體。

再看第二個問題。徒隸之中隸臣妾的身份,早年曾引起學界熱烈討論。③ 學者已注意到它在罪徒身份外,又具有官奴婢特徵。而所謂"官奴婢特徵",④其實很可重視。按官奴婢是與私奴婢相對而出現的稱謂。徒隸中具有"官奴婢特徵"的隸臣妾與私奴婢,分屬官、私依附群體,彼此存在怎樣聯繫,需要考慮。檢諸出土簡牘與傳世文獻,這一情形值得注意:相對較爲多見的"人臣妾""人奴婢"一類私奴婢稱謂,秦及漢初很少出現和使用"官奴婢"一語。而據新出里耶秦簡等資料,地方官府所役使的身份低於平民的群體,基本都是司寇與徒隸。需要指出,前輩學者已有對官、私領域身份低於平民的依附群體之間如何聯繫與對應的初步思考,如"城旦舂在刑獄中受到的待遇和人臣妾處於同一水準""秦的罪犯城旦舂是一無所有的。……這和人奴妾完全一樣"。⑤ 而在這裏,具有"官奴婢特徵"的隸臣妾及常常與之並稱的"收人"群體,無疑更爲值得關注。

徒隸來源除戰俘、罪犯及没入的相關家屬外,里耶秦簡中還出現了購買記録:⑥

卅二年九月甲戌朔朔日,遷陵守丞都敢☒

以朔日上所買徒隸數守府。·問☒

敢言之。☒   (8-664 + 8-1053 + 8-2167 正)

卅三年二月壬寅朔朔日,遷陵守丞都敢言之:令曰恒以朔日上所買徒隸數。

·問之,毋當令者,敢言之。   (8-154 正)⑦

① 《史記》,第 2704 頁。

② 《漢書》,第 2297 頁。

③ 參見李力《"隸臣妾"身份再研究》,《張家山 247 號墓漢簡法律文獻研究及其述評(1985.1—2008.12)》。

④ 高恒、高敏、黃展岳、徐鴻修、于豪亮、吳樹平等學者認爲隸臣妾是"官奴婢"或"官奴隸""罪犯奴婢";吳榮曾、劉海年認爲隸臣妾部分是"官奴婢"、部分是"刑徒";林炳德、曹旅寧認爲刑徒、官奴婢未分化,或既是"官奴隸",又是"刑徒"。上述相關學術梳理,參見吕利《律簡身份法考論——秦漢初期國家秩序中的身份》第八章第一節,第 262 頁。

⑤ 吳榮曾《隸臣妾制度探討》,吳榮曾、汪桂海主編《簡牘與中國古代史研究》,第 27 頁。

⑥ 有關司寇、隸臣妾、鬼薪白粲、城旦舂的來源問題,又參見鷹取祐司《秦漢時代の司寇·隸臣妾·鬼薪白粲·城旦舂》,《中國史學》第 19 號,第 111—117 頁。

⑦ 陳偉主編,何有祖、魯家亮、凡國棟撰著《里耶秦簡牘校釋(第一卷)》,第 197、93 頁。

　　　　□□□少内⊿

　　　　買徒隸用錢□□萬三千□⊿

　　　　少内□佐之主⊿　　　　　　　　　　　　　　　　　（9-1408）①

遷陵縣守丞在始皇三十二年二月、九月朔日,將入購徒隸上報洞庭郡。據"令曰恒以朔日上所買徒隸數",屬縣在每月一日上報上月所購徒隸,已爲固定制度。而相關具體錢額的撥付,則大體由縣内諸官之一的少内辦理。前引研究有認爲官府所買徒隸是城旦舂、鬼薪白粲、隸臣妾三種;亦有認爲人奴妾即私奴婢,與城旦舂待遇相同,二者的經濟、社會地位較爲一致。② 依購買徒隸簡文,前説有一定道理;從長役無番考慮,後説也確有相合之處。不過,睡虎地秦簡《封診式·告臣》提到私人告請官府將自家奴婢治罪,並謁賣於公,爰書格式爲"某里士五(伍)甲縛詣男子丙,告曰:'丙,甲臣,橋(驕)悍,不田作,不聽甲令。謁買(賣)公,斬以爲城旦,受買(價)錢'"(三七、三八)。③ 甲的身份,入官前是"臣";被官府買入後,"斬以爲城旦"。對官方而言,買來的雖是城旦,却是因治罪的緣故,不但並不代表之前身份,而且與之前身份並不對等。《封診式》是當時案件處理的範式彙編,④既顯示上述情形在當時較爲習見,也説明城旦舂與私奴婢在身份及地位上並不對等。⑤

　　　　《秦律十八種·屬邦》"道官相輸隸臣妾、收人"(二〇一),⑥記邊遠地區所輸對象主要是"隸臣妾、收人"。其中,收人多爲没入官府的罪犯的連坐家屬。據《二年律令·金布律》"諸收人,皆入以爲隸臣妾"(四三五),⑦收人常進一步轉化爲隸臣妾。學者亦關注官府將徒隸賞賜及對外租借的問題,而討論所涉及者實際主要爲隸臣妾。⑧《法律答問》云"有投書,勿發,見輒燔之;能捕者購臣妾二人"(五三),《秦律十八種·倉律》又有"妾

───────────

① 里耶秦簡牘校釋小組《新見里耶秦簡牘資料選校(二)》,簡帛網,2014 年 9 月 3 日。

② 參見前引書曹旅寧、吳榮曾相關研究。

③ 睡虎地秦墓竹簡整理小組編《睡虎地秦墓竹簡》,釋文注釋第 154 頁。

④ 邢義田《從簡牘看漢代的行政文書範本——"式"》(原刊《嚴耕望先生紀念論文集》,稻鄉出版社,1998 年,第 387—404 頁),修訂稿收入氏著《治國安邦:法制、行政與軍事》,中華書局,2011 年,第 450—472 頁。

⑤ 睡虎地秦簡《法律答問》"人奴擅殺子,城旦黥之,畀主"(七三)、"人奴妾治(笞)子,子以肮死,黥顔頯,畀主"(七四)及張家山漢簡《二年律令·賊律》"奴婢毆庶人以上,黥顔頯,畀主"(三〇),主要指私奴婢被官府處以"城旦黥之""黥顔頯"後交還主人,從而成爲受過肉刑的私奴婢。

⑥ 睡虎地秦墓竹簡整理小組編《睡虎地秦墓竹簡》,釋文注釋第 65 頁。

⑦ 彭浩、陳偉、工藤元男主編《二年律令與奏讞書:張家山二四七號漢墓出土法律文獻釋讀》,第 255 頁。

⑧ 高恒《秦律中"隸臣妾"問題的探討》,第 45—46 頁;吕利《律簡身份法考論——秦漢初期國家秩序中的身份》第八章第一節,第 269—270 頁。

未使而衣食公，百姓有欲叚（假）者，叚（假）之，令就衣食焉”（四八）。①學界多認爲這些指
隸臣妾。倘此説可從，這裏使用的“臣妾”“妾未使”一類省略性稱謂，與“臣”“妾”“臣妾”
“人奴”“人奴妾”等私奴婢所用稱謂接近。又，秦漢私奴婢存在良賤爲婚。這與隸臣妾
類似，而與城旦春等有別。香港中文大學藏簡牘“奴婢廩食粟出入簿”，②記私奴婢“大”
“使”“小”“兒”各年齡分層的廩食標準，③與前論《秦律十八種·倉》“從事公”隸臣妾情況
多可對應，且同樣“稟”以月計。前論身份稱謂“隸”，更多作附屬、隸屬解。“隸臣妾”之
“隸”，或同此義。隸臣妾具有隸屬官府的臣妾的含義。一般理解，官、私奴婢與徒隸、司
寇是平行並列關係。由於秦及漢初文獻很少提到官奴婢，而國家役使的身份低於平民
的人群又主要是徒隸、司寇，或可推測：文帝刑罰改革“有年而免”以前，人奴婢與官府徒
隸分屬並行的兩個序列。其中，私奴婢與徒隸中的隸臣妾地位大體相當，對應性較高。

　　文帝十三年（前167年）刑罰改革，終身服役改爲“有年而免”，原身份刑按等級依次
“纍進減免”。此後至東漢，刑罰序列進一步調整爲三級：城旦春、鬼薪白粲、司寇，隸臣妾
走向消亡。④那麽，爲何上述諸種偏偏取消了隸臣妾一級呢？這一變化的發生，以往很少得
到解釋。按文帝相關改革“屬於結構性的變動”。司寇、徒隸“有年而免”，使舊有身份結構
開始發生變動。官、私奴婢雖依然存在，但私奴婢却不復與隸臣妾、收人對應。由於以往
同私奴婢地位相當的主要是隸臣妾，伴隨後者刑期一併轉爲有期，二者身份不匹配情形就
顯得尤爲突出。刑罰序列在後續演進中特將隸臣妾等級取消，或緣此故。

　　據學者意見，秦及漢初，伴隨爵制序列向下延伸，無爵者不僅可與司寇、隱官，且進
一步可與隸臣妾、鬼薪白粲、城旦春構成序列。⑤而隸、私屬、奴婢，則與上述序列下端並
行呼應。《逸周書·文傳》引《夏箴》曾云：

　　　　小人無兼年之食，遇天饑，妻子非其有也；大夫無兼年之食，遇天饑，臣妾輿馬
　　非其有也。⑥

“小人”“大夫”對照，“妻子”與“臣妾輿馬”對言。春秋以前，只有地位較高的“大夫”才有

---

① 參見睡虎地秦墓竹簡整理小組編《睡虎地秦墓竹簡》，釋文注釋第106、32頁。
② 陳松長編著《香港中文大學文物館藏簡牘》，香港中文大學文物館，2001年，第54—60頁。時代大體爲西漢中期。
③ 于振波《〈香港中文大學文物館藏簡牘〉札記之一——關於奴婢之廩食標準》，簡帛網，2006年2月25日。
④ 此問題的最新關注及論述，參見吳榮曾《隸臣妾制度探討》，吳榮曾、汪桂海主編《簡牘與中國古代史研究》，第29—
　　32頁。
⑤ 隱官較爲特殊，作爲肉刑者免罪、放免後的身份，嚴格上不在爵、刑序列的直綫上，而是這一序列的枝椏。
⑥ 黄懷信、張懋鎔、田旭東《逸周書彙校集注》卷三，上海古籍出版社，1996年，第259頁。

“臣妾”，一般“小人”無法企及，只有全活妻兒罷了。而戰國、秦及漢初，不僅官員、高爵者，一般低爵、無爵者也往往擁有臣妾。[①]不但官府大量役使徒隸，民衆也對私奴婢多有使用。如何擁有更多臣妾、馬牛，是社會普遍關注的問題。當時盛行的日書中，此類内容就占有重要篇幅。文帝刑罰改革以後的兩漢社會，“政府的意願上是要逐漸減少賤民和刑徒群體，保持乃至不斷增加編户的數量，它體現在政府對於解放奴婢的一再努力以及漢文帝時對刑法的改革。經過這樣的改革，取消了司寇、隱官，並且將無期刑改爲有期刑，使得官府控制的刑徒數量不至於無限增加”。[②]而戰國、秦及漢初這一階段舊有貴族瓦解，平民崛起、上升，則並非伴隨原有賤民的消減。漢文帝刑罰改革之前的秦及漢初，乃是身份低於平民的群體數量較多、官私擁有奴婢較爲普遍化的歷史時期。

附記：文章完成較早，2012 年 10 月在北京大學中國古代史研究中心舉辦的“簡牘與早期中國”學術研討會暨第一屆出土文獻青年學者論壇上宣讀。評議人張忠煒先生給予了諸多意見。修改又承閻步克、楊振紅、蔣非非、孟彦弘、陶安、張榮强、汪桂海、馬怡、魏斌、王偉、凌文超、琴載元等先生與匿名評審專家提供寶貴意見，謹此一併致謝！

原刊於《中國史研究》2015 年第 3 期，第 73—96 頁。後收入本論文集，作了少量説明。

---

① 戰國時期對“奴隸”“徒役”的使用與剥削，參見裘錫圭《戰國時代社會性質試探》，《古代文史研究新探》，第 387—429 頁。
② 此承楊振紅先生 2012 年 10 月 27 日來信提示。

里耶秦簡牘所見的時刻記録與記時法

陳侃理

北京大學中國古代史研究中心

中國古代長期並用時稱記時法和一日百刻的漏刻記時法。①里耶秦簡牘中所見的時刻記録也有兩類,亦爲二法並行。但無論是時稱還是漏刻的數目都與後世通行之法不同。這些時刻通常見於行政文書發送、傳遞和接收的記録,不僅有助於了解古代中國時制及其實際使用的發展變化,也反映出帝國形成之初行政領域的時間秩序和時間觀念。

李學勤 2003 年在《初讀里耶秦簡》一文中,最早介紹和探討了里耶秦簡牘中的時稱與時刻資料。他指出,里耶秦簡牘記時的方法有二:一是用一日内的時分名稱(如旦、日中、夕等),二是記漏刻。記漏刻也有兩種格式,一種作"水十一刻刻下若干",一種略去"十一刻"等字,作"水下若干刻"直至"水下盡"。這種漏制將白天分爲十一刻,采用沉箭式漏壺,與漢代晝夜"晝夜百刻"的漏制比較,是很原始的。②

李先生根據當時能夠看到的部分材料,作了相當準確的解説,同時也引出了一系列新問題。除了晝漏十一刻,秦代有無夜漏,晝夜總計的刻數有多少?晝夜刻數的分配是否像後來的百刻漏制一樣隨着時令變化調整?這種簡易漏刻制度的來源是什麼?里耶秦簡牘所見的時稱記時采用了何種時制,將一日分爲幾個時段?爲什麼文書收發傳遞記録有的用時稱記時,有的用漏刻記時,兩者是何關係,使用場合有無區别,爲何沒有互相取代,歸併爲一?

2009 年,任傑發表《秦漢時制探析》一文,認爲"秦代官方曾推行晝十一夜五,晝夜各自均分的十六時制",其來源是晝夜十六分中夏至的晝夜比,③已經部分回答了上述問

---

① 中國天文學史整理研究小組編著《中國天文學史》,科學出版社,1981 年,第 116—119 頁。

② 李學勤《初讀里耶秦簡》,《文物》2003 年第 1 期,第 75 頁。

③ 任傑《秦漢時制探析》,《自然科學史研究》2009 年第 4 期,第 458—459 頁。

題。但當時的研究者能夠見到的秦代時刻記録還十分有限，没有條件詳細討論漏刻記時的具體使用情況及其與時稱記時關係。2012 年《里耶秦簡（壹）》出版，①公布了里耶古城 1 號井中第五、六、八層的 2627 枚簡牘，加上在此前後陸續公布的資料（截至 2016 年底），②占總共一萬多枚有字簡的約五分之一，樣本量已經比較充足。本文將系統地整理和研究其中的時刻記録，嘗試進一步探究當時所用記時法的實況和相互關係，也想藉此一探秦代遷陵縣行政工作的時間節律。

　　在迄今已正式公布的里耶秦簡牘中，共檢得時刻記録 138 條，絶大部分見於文書正本或副本中題署的收發記録，格式比較固定。發件記録一般在文書抄寫人的簽署“某手”之後，作“某月某日某時某人行”；收件記録往往在文書牘背面最左側題寫，作“某月某日某時某人以來”，其下多用分隔號“ノ”，加接收和啓封文書者的簽署“某半”或“某發”。以 16-5 號木牘爲例：

　　　　廿七年二月丙子朔庚寅，洞庭守禮謂縣嗇夫、卒史嘉、叚（假）卒史穀、屬尉：……令人日夜端行，它如律令。　　　　　　　　　　　　　　　　　（正）
　　　　三月丙辰，遷陵丞歐敢告尉，告鄉、司空、倉主：……它如律令。ノ釦手。丙辰水下四刻，隸臣尚行。
　　　　三月癸丑水下盡，巫陽陵士五（伍）匄以來。ノ邪半。
　　　　二月癸卯水十一刻刻下九，求盜簪褭陽成辰以來。ノ弱半。　如手。　（背）

從此牘正面文字可以看出，這是洞庭郡守下達的文書，背面左下角“如手”二字是文書抄寫者的簽署。背面左上方兩行爲收件記録，收件時刻先後爲“水十一刻刻下九”和“水下盡”。右上“三月丙辰”以下記録遷陵縣廷對該文書的處理，由縣丞主持，將郡守的教令傳達給縣尉及屬下的各鄉、司空、倉等離官嗇夫。③令史釦負責抄寫。此件包含遷陵縣收到文書的正本，留在縣廷存檔；另一件則包含郡守教令録副，作爲縣廷發出文書的正本，當天水下四刻時由隸臣尚攜帶，送往縣尉處。此存檔件中的“水下四刻”，即縣廷發出文書的時刻記録。

---

① 湖南省文物考古研究所編著《里耶秦簡（壹）》，文物出版社，2012 年。

② 主要收入湖南省文物考古研究所編著《里耶發掘報告》（嶽麓書社，2006 年），鄭曙斌等編著《湖南出土簡牘選編》（嶽麓書社，2013 年），里耶秦簡博物館、出土文獻與中國古代文明研究協同創新中心中國人民大學中心編著《里耶秦簡博物館藏秦簡》（中西書局，2016 年）等，另散見於整理者發表的論文中。本文引用的第五、六、八層簡牘均出自《里耶秦簡（壹）》，其他各層簡牘主要依據《湖南出土簡牘選編》，並參考《里耶秦簡博物館藏秦簡》。考慮到除第五、六、八層外，各層簡牘尚無整理後的圖版號，故本文編號一律采用出土號，以求統一。釋文略有修訂，除特殊情況外不再一一注明。

③ 關於縣廷與離官嗇夫的關係，參看郭洪伯《稗官與諸曹——秦漢基層機構的部門設置》，《簡帛研究 二〇一三》，廣西師範大學出版社，2014 年，第 101—127 頁。

除收發記錄外，還有一小部分是文書傳遞過程中途經某地或某機構的記錄。比如12-1799 號木牘：

> 書一封，酉陽丞印，詣遷陵，以郵行。
>
> 廿八年二月癸酉水十一刻刻下五，起酉陽。
>
> 二月丙子水下九刻，過啓陵鄉。

這是西陽縣廷送往遷陵縣廷的文書傳遞記錄，其中包括了文書從西陽發出和途經啓陵鄉的時刻記錄。此種記錄不包括所傳遞文書的正副本，類似於西北漢簡中的郵書刺，[①]在里耶秦簡牘中比收發記錄要少得多。

　　表 1 按照記錄的性質分類彙總了 2016 年 12 月以前已公布里耶秦簡牘所見的時刻記錄。每條記錄包括"年、月、記錄機構和簡號"，Y（year）、M（month）代表缺失或未記錄年、月，O（office）代表記錄機構不詳，閏年的後九月用 9L 表示，秦二世紀年前加 Ⅱ。"水下若干刻"與"水十一刻刻下若干"兩種漏刻記錄形式暫時分列，前者用"若干刻"表示，後者用"11-若干"表示。

表 1　里耶秦簡牘所見時刻記錄彙總表

	發件記錄	收件記錄	傳遞記錄	記錄性質不詳
旦	Y：M 廷(6-21) Y：9 廷(8-140) 32：4 廷(8-158) 28：5 都鄉(8-170) 34：2 廷(8-197 正) 34：1 廷(8-197 背) 29：8 庫(8-686) 33：6 廷(8-768) 34：7 廷(8-1525 正) 31：9L 廷(8-1560) 27：3 廷(16-6)	Ⅱ1：7 廷(5-1) Y：10 廷(8-63) Y：2 廷(8-142) 34：11 廷(8-143) 31：5 O(8-196) 29：9 廷(8-645) 33：1 廷(8-651) 30：2 廷(8-672) 33：3 廷(8-697) 31：4 廷(8-736) 35：10 廷(8-1449) 32：6 廷(8-1455) 33：3 廷(8-1477) 34：5 O(8-1482) 30：10 司空(8-1515) Y：9 廷(8-1523) 34：7 廷(8-1525 背) 31：5 廷(8-1559) 31：5 廷(8-2011) 31：9L 廷(8-2034) 27：12 廷(9-23) 28：9 廷(9-2321)	Y：11 O(8-1432)	35：6 O(8-191) Y：2 O(8-2282)[②]

---

① 關於郵書刺，參看李均明《秦漢簡牘文書分類輯解》，文物出版社，2009 年，第 421—425 頁。

② "旦"字下殘缺，不排除時稱可能爲"旦食"。

	發件記錄	收件記錄	傳遞記錄	記錄性質不詳
旦食/食時	Y：8 廷(8-657) 35：5 廷(8-770) Y：2 O(9-2301)	30：11 廷(8-141) 32：1 廷(8-157) 31：9L O(8-190) 32：9 O(8-664) Y：M O(8-716) 30：9 廷(8-1886)	Y：10 O(8-1432)	
日中	32：1 廷(8-157) Y：9 O(8-890) Y：3 廷(8-1439) 27：6 廷(12-849) 32：9 廷(12-1527)	32：4 廷(8-152) 31：7 廷(8-173) 32：5 廷(8-1520) 33：3 廷(12-1784)		Y：3 O(8-86) Y：9 O(8-252) Y：M O(8-51)
餔時				Y：M 廷(8-728)
日入	Y：M 廷(8-69) Y：2 廷(8-1538)	28：2 廷(8-520) Y：9 廷(8-660) 35：4 廷(8-1459) 35：7 廷(8-1554) 33：10 O(8-1971) 35：4 廷(9-14) Ⅱ1：8 廷(9-1869) 29：9L 廷(12-1780)		Y：8 O(8-1468)
夕		33：11 廷(8-1823) 27：3 廷(16-6)	Y：10 O(8-1432)	
時稱不詳		Y：M 廷(16-1)		
一刻				Y：M O(8-1671)
二刻		28：9 廷(8-453) 28：5 O(8-742) Y：9 廷(8-1225) Y：9 廷(8-1291) 29：4 廷(8-1514)		
三刻	26：12 廷(8-1516) 28：7 廷(16-2032)	Y：9 廷(5-22)① Y：9 O(8-1005) 26：5 廷(9-2290) 27：6 廷(12-849)		
四刻	27：2 廷(16-5)	27：8 廷(8-133) 28：9 廷(8-1155)		
五刻		Y：M 廷(8-657) 28：7 廷(8-767) 27：5 廷(8-1533) 30：6 廷(8-1566)		

① 此爲獄東曹詣無陽書，送至縣廷由令或丞封印後送往目的地，令、丞處記錄接收時間，統計爲縣廷。

續表

	發件記録	收件記録	傳遞記録	記録性質不詳
六刻	27：3 廷(16-6)	26：6 廷(8-1518) 29：12 廷(8-1524)		
七刻	28：12 廷(8-166)	Y：9 廷(8-1119)		
八刻		28：1 O(8-166) 28：7 廷(8-1562) Y：2 廷(8-1829) Y：9 廷(16-3)		
九刻	29：9 廷(8-1511)	27：3 廷(8-1510)		
十刻				
盡		29：11 廷(8-78) 27：3 O(16-5)		
時刻不詳		28：M O(8-166) Y：M 廷(8-647) 28：9 廷(8-1463)① Y：5 O(8-2434)		
11-1			Y：M 啓陵(12-1798)	
11-2	32：3 廷(8-62) 32：2 廷(8-154)	Y：6 廷(8-60) 32：10 廷(9-2294)		
11-3	Ⅱ1：9L 少内(8-164) 26：12 倉(8-1452)	30：5 廷(9-1594)		
11-4		33：9 廷(9-2350)		
11-5	Y：4 廷(8-155) 28：2 酉陽(12-1799)	32：4 廷(8-159)		
11-6	Y：M 廷(8-665)			
11-7				
11-8	31：2 廷(8-71) Y：10 酉陽(12-1798)			
11-9	Y：12(8-738)O	Y：10 廷(8-66) Y：9 O(8-2025) 27：2 廷(16-5)	28：2 啓陵(12-1799)	
11-10		Y：7 廷(9-712) 26：5 廷(16-9)		
11-盡		Y：9L 廷(9-1867)		
時刻不詳		30：12 廷(8-688) Y：M O(8-738)		Y：M O(8-2290) Y：M O(8-2431) 29：M O(10-1596)

---

① 此條殘缺,所記時刻疑是倉曹收到令史爰書的記録,均在縣廷,故同日(庚子)即達,後在甲辰日由遷陵守丞處理。

瀏覽表 1 可以發現:第一,時稱和漏刻記時大致均勻地分布在各年中,始終並行,没有互相取代的關係;第二,漏刻記時兩種形式,也並行不悖,可以認爲是采用不同記録形式的同一記時法。接下來,彙總統計里耶秦簡牘時刻記録,不再區分兩種漏刻記時形式。

表 2　里耶秦簡牘時刻記録統計表

	發件記録	收件記録	傳遞記録	性質不詳	合計
旦	11	22	1	2	36
旦食/食時	3	6	1	0	10
日中	5	4	0	3	12
餔時	0	0	0	1	1
日入	2	8	0	1	11
夕	0	2	1	0	3
時稱不詳	0	1	0	0	1
一刻	0	0	1	1	2
二刻	2	7	0	0	9
三刻	4	5	0	0	9
四刻	1	3	0	0	4
五刻	2	5	0	0	7
六刻	2	2	0	0	4
七刻	1	1	0	0	2
八刻	2	4	0	0	6
九刻	2	4	1	0	7
十刻	0	3	0	0	3
盡	0	2	0	0	2
時刻不詳	0	6	0	3	9
合計	37	85	5	11	138

根據統計,里耶秦簡牘所見時刻記録所用的時稱有旦、旦食①、日中、餔時、日入、夕,共六個。這六個時稱涵蓋了一天中的大部分時間,從日出前後延續到日落後不久。這應該就是當時郡縣以下官署的正常工作時間。旦時或二刻到三刻是文件收發較爲集中的繁忙

① 旦食,里耶秦簡牘中又作旦食時、食時,同名異稱,都是指早晨與中午之間的用餐時間。

時段,下午則相對空閑。

　　與當時放馬灘秦簡《生子》篇中的十六時記時系統相比,里耶秦簡所用的時稱既不完整,也比較稀疏,無法與前者一一對應,即便時稱相近,代表的時段也不同。兩者的對應關係大致可以通過表3反映出來。

表 3　秦簡牘時稱對照表

里耶秦簡牘時稱				旦		旦食時		日中		餔時		日入		夕		
放馬灘秦簡《生子》篇中的十六時稱	夜中	夜過中	鷄鳴	平旦	日出	夙食	暮食	日中	日過中	日則	日下則	日未入	日入	昏	夜暮	夜未中

　　放馬灘秦簡《日書》中的《生子》篇將晝夜分爲十六個時段,據以占卜生子吉凶,被學者普遍認爲是秦漢十六時制最早的系統資料。[1]里耶秦簡牘所見時稱則反映了一種更加粗略的記時法。類似的粗略記時法,也見於秦漢簡《日書》。睡虎地秦簡《日書》甲種《吏》章將一天中“見人”的時段分爲朝、晏、晝、日厩(昳)、夕,[2]放馬灘秦簡《日書》甲種《禹須臾所以見人日》章則分爲旦、安(晏)食,日中,日失(昳),夕日,[3]孔家坡漢簡《日書》與此完全相同。[4]《日書》的這些篇章,是講如何預測官吏面見上級或者同僚的吉凶,故而不包括夜半、鷄鳴等休息時間,時段劃分也比十六時記時系統粗疏。里耶秦簡牘所見時稱與此相近,只是在日中與夕之間多分了一個時段。這種近似應非偶然,而是由官府處理行政事務的時段和工作節奏決定的。

　　同爲行政活動的時刻記録,里耶秦簡牘中的漏刻十一刻所涵蓋的時段,應與時稱記時大致相同,也就是從“旦”到“夕”。李學勤認爲十一刻皆屬晝漏,是準確的。據《里耶發掘報告》,未完整公布的材料中還有“夜水下四刻”這樣的記時,[5]若此信息無誤,當可表明未標明“夜”的十一刻皆是晝漏。

---

①　參看李天虹《秦漢時分紀時制綜論》,《考古學報》2012年第3期,第301—302頁。過去學者認爲秦代還有十二時制,睡虎地秦簡《日書》將十二個時稱與十二支對應,即其反映。實際上此十二時並不涵蓋全天,而只是從流行的衆多時稱中選取有代表性的十二個來與十二支相配,用於選擇數術占卜罷了。十二時制的産生不早於西漢中期,拙文《十二時辰的産生與制度化》(《中華文史論叢》2020年第3期)中另有詳論。

②　睡虎地秦墓竹簡整理小組編《睡虎地秦墓竹簡》,文物出版社,1990年,第207—208頁。

③　甘肅省文物考古研究所編《天水放馬灘秦簡》,中華書局,2009年,第85頁。

④　湖北省文物考古研究所、隨州市考古隊編著《隨州孔家坡漢墓簡牘》,文物出版社,2006年,第150頁。

⑤　湖南省文物考古研究所編著《里耶發掘報告》,第182頁。

李先生没有説明,在這種漏刻制度下畫夜共有多少刻。馬怡懷疑畫夜各有十一刻,[①]而任傑則認爲應是畫十一夜五。根據任傑的看法,秦時流行將一畫夜劃爲 16 等分,畫漏十一刻之制,很可能是根據畫最長的夏至(五月)日夕比確定的。[②]日夕(畫夜)十六分最早見於睡虎地秦簡《日書》甲種《歲》章,簡 64—67 正面第二、三、四欄按月列出日、夕時長的比例,[③]可據之表列如下:

表 4　秦簡日夕比率表

月份	十	十一	十二	正	二	三	四	五	六	七	八	九
日	6	5	6	7	8	9	10	11	10	9	8	7
夕	10	11	10	9	8	7	6	5	6	7	8	9

類似内容還見於該書簡 60—68 背面第三欄、放馬灘秦簡《日書》乙種簡 78—86,以及香港中文大學文物館藏漢簡《日書》等。可見畫夜十六分是當時十分流行的一般性知識。秦代遷陵縣所用的漏刻之制照此劃分畫夜,是不無可能的。

與畫夜十六分不同的是,里耶秦簡牘所見的畫漏之數不因季節推移而變化。如簡 8-738 記"十二月乙未水十一刻刻下九",[④]可知即便是畫短夜長的冬季三個月,畫漏十一刻仍保持不變。任傑認爲,這表明秦簡漏刻所用的是將白畫進行均分的不均匀時制。[⑤]具體來説,就是從旦至昏的白畫總長度根據實際日出、日入的時刻隨着季節變化而調整,而白畫始終保持十一等分。爲此,在使用相同漏壺,漏水流速保持相對穩定的前提下,必須定期更換刻間長度不同的漏箭。我們知道,最晚在西漢武帝時期就有每九天更換漏箭的制度,[⑥]不過當時的漏箭固定爲畫夜百刻,每刻的時長一致,更換漏箭只是爲了調整畫漏和夜漏的刻數,以適應畫夜長短變化。由漢制推測,秦代存在更換漏箭的制度雖有可能,但目前仍缺乏證據。另一種可能是,秦代漏刻的畫夜長短終年不變,郡縣官署在一年中的文書工作時長比較固定,而不是跟隨時令天光,日出而作、日落而息。

---

① 馬怡《里耶秦簡選校》,《中國社會科學院歷史研究所學刊》第四集,商務印書館,2007 年,第 136 頁。
② 任傑《秦漢時制探析》,《自然科學史研究》2009 年第 4 期,第 458—459 頁。
③ 釋文見睡虎地秦墓竹簡整理小組編《睡虎地秦墓竹簡》,第 190—191 頁。
④ 見《里耶秦簡(壹)》,第 105 頁。"未"字據圖版補釋。
⑤ 任傑《秦漢時制探析》,《自然科學史研究》2009 年第 4 期,第 458—459 頁。
⑥ 據《隋書·天文志》漏刻條引劉向《洪範傳》記武帝時所用之法。《續漢書·律曆志》載和帝永元十四年(102 年)霍融論曆,所述當時官漏之法亦然。

最後,要來解釋時稱記時與漏刻記時並用的問題。里耶秦簡牘所用時稱記時法較爲粗略,無需藉助工具,即可依靠觀察太陽位置、天色和通過人的生物鐘來判斷時刻。漏刻記時需要配置漏壺。漢以前漏壺尚無實物發現,推測秦代基層所用當是結構最爲簡單的單壺泄水式沉箭漏,[①]材質可能是銅,也可能是陶。這種漏壺操作相對簡便,故能普及,但泄水流速受水温、水位影響較大,[②]記時不可能十分精確。當時將晝夜漏刻書定爲十六,遠小於後來通行的百刻,既符合相對緩慢的工作節奏,也是由於記時工具精度的局限。

統計所得的 138 個時刻記録中,74 個用時稱,64 個用漏刻,分别約占總數的 54% 和46%,比例大致相當,而用時稱者略多。兩種記時法在各月的分布比率没有明顯差異。漏刻記時在遷陵縣除了被縣廷使用外,還見於少内、倉、啓陵鄉等稗官官署所作的記録,在使用場所上也不見有何特殊。里耶秦簡牘中還有同一件文書並用兩種記時法的情況。簡 8-657 背面有兩條文書收發記録,其左上作:

　　　　　□月庚午水下五刻士五宕渠道□邑疵以來ノ朝半

此爲遷陵縣廷收到洞庭郡所下文書的記録,用漏刻記時。其右作:

　　　　八月甲戌遷陵守丞膻之敢告尉、官主:以律令從事。傳,别書貳春,下卒長奢官。ノ□手ノ丙子旦食,走印行。

此爲遷陵縣廷發出給縣尉及屬官的文書的記録,用時稱記時。同一機構,同一文書,收發相隔僅六天,所用記時法却不同。這究竟如何解釋呢?

如果兩種記時法並存是出於必要,或許可以作如下推測。時稱記時是日出、日中、日入幾個點爲基準,需要觀測太陽位置,適用於晴好天氣。若逢陰雨,無法看到太陽位置,也不能根據天色判斷時刻,漏刻記時就更爲可靠。當代的里耶古城"氣候温和,雨水較多,雲霧多,濕度大","年平均降水量 1303.3 毫米",[③]若秦代遷陵的氣候與此没有太大的差異,需要改用漏刻記時法的雨雪天或雲霧濃重的日子應該爲數不少。里耶秦簡牘中漏刻記時與時稱記時的記録比例大體接近,很可能是與當地的氣候狀况相適應的。

里耶秦簡牘所見的記時法將行政工作的時間劃分爲六個或十一個時段,與當時常

---

① 浮箭漏發明不早於西漢中期,此前,秦及漢初都采用單壺泄水式沉箭漏。參看華同旭《中國漏刻》,安徽科學技術出版社,1991 年,第 38—45 頁。華著以浮箭漏發明在漢武帝時,但對幾條相關史料的解讀均有失誤,結論並不可靠。浮箭漏實際發明使用的時間應該更晚,待另文詳論。

② 參看華同旭《中國漏刻》,第 120—135 頁。

③ 湖南省文物考古研究所編著《里耶發掘報告》,第 1 頁。

見的十六時制和後世流行的晝夜百刻之制相比,不能不説較爲粗略。究其原因,恐怕還是跟當時的行政工作節奏有關。秦的《行書律》規定:"行傳書、受書,必書其起及到日月夙莫(暮)。"①夙暮,即一天中時段的早晚。律文並未規定記録文書收發傳遞應采用何種記時方法,細緻到怎樣的程度,而僅籠統地要求書明早晚即可。里耶秦簡所見的兩種記時法,都能够滿足律文要求。

在里耶秦簡牘文書的收發記録中還有一些不記具體時刻的例子。如 8-134 號木牘,是秦始皇二十六年八月遷陵司空發給縣廷的文書正本,背面書有"八月戊寅走己巳以來ノ廞半",爲縣廷收到文書的記録。正面接續司空來書後抄寫九月庚辰遷陵守丞敦狐的批覆,末加簽署"廞手"及發出記録"即令走屯行司空"。廞應是遷陵縣的令史,他經手的這件文書收發均未注時刻,原因不明。此外,8-1571、9-984 等木牘也有類似情況。這或許説明,秦對文書運作過程中記録時刻的規定執行並不十分嚴格。

漢初的《行書律》將郵人行書的速度明確要求爲"一日一夜行二百里",②並且規定達不到標準,要受相應的處罰。在居延漢簡中有大量郵書刺和郵書課,對文書傳遞的起、到時刻的部分記録精確到某時若干分,還表明西北漢塞對文書傳遞的速度以一日夜行一百六十里爲標準進行考課,③比里耶秦簡牘所見的情況要嚴格得多。這種差異,可能有文書性質、機構屬性方面的因素,此外是否與制度和記時技術的發展有關,這是下一步應該研究的課題。

2016 年 4 月初稿

2017 年 3 月修改

2018 年 3 月 20 日校定

原刊於《簡帛》第十六輯,上海古籍出版社,2018 年,第 179—190 頁;未及收入《里耶秦簡(貳)》(文物出版社,2017 年)中的新刊資料。今據《簡帛》所刊原稿編入本論文集,僅刪除了一處明顯的錯誤,懇請讀者見諒,也歡迎根據新資料檢驗、修正本文的結論,給予批評指正。2018 年 12 月 10 日補記。

---

① 睡虎地秦簡《秦律十八種》簡 184,《睡虎地秦墓竹簡》,釋文第 61 頁。嶽麓書院所藏的秦代律令抄本中作"傳書受及行之,必書其起及到日月夙莫(暮)",改動不大。見陳松長《嶽麓書院藏秦簡中的行書律令初論》,《中國史研究》2009 年第 3 期,第 31 頁。

② 見張家山漢簡《二年律令》簡 274,張家山二四七號漢墓竹簡整理小組編《張家山漢墓竹簡[二四七號墓](釋文修訂本)》,文物出版社,2006 年,第 46 頁。

③ 參看李解民《秦漢時期的一日十六時制》,《簡帛研究》第二輯,法律出版社,1996 年,第 87 頁。

論秦始皇"書同文字"政策的内涵及影響
——兼論判斷出土秦文獻文本年代的重要標尺

田　煒

中山大學中國語言文學系

出土文獻與中國古代文明研究協同創新中心

引　言

　　根據《史記·秦始皇本紀》記載,秦王政在二十六年(前 221 年)統一全國以後推行了"一法度衡石丈尺,車同軌,書同文字"的政策。"書同文字"政策不僅對新建立的秦王朝有十分重要的意義,對後世的影響也極爲深遠,因此學術界對這項政策給予了極大的關注。過去由於材料所限,學者在很多問題上尚未取得較爲一致的認識,甚至在某些問題上持有完全相反的意見。隨着出土文字資料的不斷發現和公布,很多問題的答案已經變得越來越清晰。

　　"書同文字"一語見於《史記·秦始皇本紀》:

　　　　分天下以爲三十六郡,郡置守、尉、監。更名民曰"黔首"。大酺。收天下兵,聚之咸陽,銷以爲鍾鐻,金人十二,重各千石,置廷宫中。一法度衡石丈尺,車同軌,書同文字。

"書同文字"又作"同書文字",見《秦始皇本紀》所録琅邪臺刻石文:

　　　　維二十八年,皇帝作始。端平法度,萬物之紀。以明人事,合同父子。聖智仁義,顯白道理。東撫東土,以省卒士。事已大畢,乃臨於海。皇帝之功,勤勞本事。上農除末,黔首是富。普天之下,摶心揖志。器械一量,同書文字。······

《六國年表》作"同天下書"：

> （二十七年）更命河爲"德水"。爲金人十二。命民曰"黔首"。同天下書。分爲
> 三十六郡。

《李斯列傳》又説：

> 李斯乃從獄中上書曰："……更剋畫，平斗斛度量文章，布之天下，以樹秦之
> 名。……"

北京大學藏漢簡《趙正書》作：

> 斯且死，故上書曰："……更劾（刻）畫斗甬（桶）度量，壹文章，布之天下，以樹秦
> 之名者，……"①

學者一般認爲"書同文字""同書文字""同天下書""平（或作壹）文章"②都是指秦始皇統
一文字之事。③該政策之内涵及影響究竟如何，史書並無詳細記載，學者雖多有研討，然
衆説紛紜，莫衷一是。本文擬就此展開討論。

一、秦"書同文字"政策的内涵

（一）秦"書同文字"的標準字體

東漢許慎在《説文解字·叙》中對秦"書同文字"政策有比較詳細的記載：

> 其後（引者案：春秋以後）諸侯力政，不統於王，惡禮樂之害己而皆去其典籍，分
> 爲七國，田疇異畝，車塗異軌，律令異法，衣冠異制，言語異聲，文字異形。秦始皇帝
> 初兼天下，丞相李斯乃奏同之，罷其不與秦文合者。斯作《倉頡篇》，中車府令趙高

---

① 北京大學出土文獻研究所編《北京大學藏西漢竹書［叁］》，上海古籍出版社，2015 年，第 192 頁。案：這條材料蒙陳侃
理教授惠告，謹致謝忱。

② 《嶽麓書院藏秦簡（肆）》簡 171 正云："内史雜律曰：諸官縣料各有衡石羸（纍）、斗甬（桶），期足，計其官，毋叚黔首。
不用者，平之如用者。"整理者指出："平：校正。《睡虎地秦簡·内史雜律》作‘正’，此避嬴政名諱而改。"頗疑"平文
章"本作"正文章"，亦因避諱而改"正"爲"平"。參看陳松長主編《嶽麓書院藏秦簡（肆）》，上海辭書出版社，2015 年，
第 124、168 頁。

③ 譚世保把"書同文字"中的"書"理解爲皇帝的號令，認爲"書同文字"並非統一文字，而是統一命令的格式和内容，參看譚
世保《秦始皇的"車同軌，書同文"新評》，《中山大學學報（社會科學版）》1980 年第 4 期，第 50—56 頁。學者多不認同此
説。趙平安曾經對譚氏訓"書"爲"命令"的意見有過批評，參看趙平安《試論秦國歷史上的三次"書同文"》，《隸變研究》，
河北大學出版社，1993 年，第 141—143 頁；又載《河北大學學報（哲學社會科學版）》1994 年第 3 期。

作《爰歷篇》,太史令胡母敬作《博學篇》,皆取史籀大篆,或頗省改,所謂小篆者也。是時,秦燒滅經書,滌除舊典,大發隸卒,興役戍,官獄職務繁,初有隸書,以趣約易,而古文由此絶矣。[①]

這段文字指出秦推行"書同文字"的原因是當時"文字異形"的情況嚴重,其目的是要廢除與秦文字不同的六國文字,即"罷其不與秦文合者"。按照許慎的説法,小篆是秦朝統一文字的標準字體,《倉頡篇》《爰歷篇》《博學篇》是統一文字的範本。由於缺少出土文字資料的參照,在很長的時間裏人們大都相信這種説法。段玉裁注解《説文解字・叙》説"以秦文同天下之文,秦文即下文小篆也",[②]正反映了學者的一般認識。[③]在這段文字中,許慎提到秦文字還有隸書一體,但並未詳細説明隸書在秦"書同文字"政策中的作用。

1972 年,郭沫若在《古代文字之辯證的發展》一文中談到秦代小篆、隸書的用途以及隸書的來源,他認爲:

規整的字體只能在鄭重其事的場合上使用,統治階級之間乃至被統治階級的民衆之間,文盲自然除外,在不必鄭重其事的場合,一般是使用着草率急就的字體的。故篆書時代有草篆,隸書時代有草隸,楷書時代有行草。隸書是草篆變成的,楷書是草隸變成的。草率化和規整化之間,辯證地互爲影響。[④]

郭氏同時提出:"秦始皇帝改革文字的更大功績,是在采用了隸書。"[⑤]1973 年,朱德熙和裘錫圭在《秦始皇"書同文字"的歷史作用》一文中也談到了隸書在秦"書同文字"政策中的地位:

其實,始皇命李斯等人制定小篆只是他統一文字工作的一部分,據文獻記載,始皇還曾命程邈作隸書。這件事的意義比起制定小篆來應該説是有過之而無不及的。

……

總之,隸書是由秦國的草篆發展來的。這種新興的字體簡單實用,很快就取代

---

① 許慎《説文解字》,中華書局,1963 年,第 315 頁。
② 段玉裁《説文解字注》十五・十上,上海古籍出版社,1988 年,第 758 頁。
③ 陳昭容對相關研究成果有過總結,參看陳昭容《秦"書同文字"新探》,《"中研院"歷史語言研究所集刊》第 68 本第 3 分,1997 年,第 594—596 頁;陳昭容《秦系文字研究:從漢字史的角度考察》,"中研院"歷史語言研究所,2003 年,第 74—75 頁。
④ 郭沫若《古代文字之辯證的發展》,《考古學報》1972 年第 1 期,第 2 頁。
⑤ 郭沫若《古代文字之辯證的發展》,《考古學報》1972 年第 1 期,第 10 頁。

了小篆的地位,成爲通行全國的主要字體,所以我們與其說秦始皇用小篆統一了文字,還不如說他用隸書統一了文字。①

郭沫若、朱德熙、裘錫圭等學者根據出土文字資料以及字體發展變化的規律,提出了秦"書同文字"兼用正體小篆和俗體隸書爲標準的意見,强調了隸書在"書同文字"中的重要作用。隨着馬王堆漢墓簡帛和睡虎地秦墓竹簡的出土,學者更加清楚地認識到隸書在秦"書同文字"政策中的作用和價值。裘錫圭在《從馬王堆一號漢墓"遺册"談關於古隸的一些問題》一文中細緻分析了當時新出土的馬王堆一號漢墓遺册上的文字,重申了朱德熙和他之前的觀點。②吳白匋也認同秦"書同文字"政策是以秦文字統一六國文字,雖然當時的秦文字包括了小篆和隸書,但"實際上以隸書爲主"。③

在秦和西漢早期簡帛資料大量發現之前,學者普遍以銘刻爲綫索探求隸書的產生過程。顏之推《顏氏家訓·書證》說:"開皇二年五月,長安民掘得秦時鐵稱權,旁有銅塗鎸銘二所。……其書兼爲古隸。"④吾丘衍《字源七辨》說秦隸書"不爲體勢","即是秦權秦量上刻字"。⑤唐蘭、郭沫若均同意這種意見。⑥朱德熙和裘錫圭也同意這些銘刻和隸書有一定關聯,但態度比較謹慎,他們認爲這種草率的權量文字是否隸書還不確定,但肯定反映了秦隸的一部分面貌。⑦隨着馬王堆漢墓簡帛和睡虎地秦墓竹簡的出土,學者已經清楚地認識到秦代權量上面的文字確實只是比較草率、帶有一些俗體寫法的篆書。⑧同時,通過對睡虎地秦簡的研究,很多學者都指出隸書產生的時間應該上推至戰國晚期。⑨在目前發現的出土秦文字資料中,標準的小篆其實並不多,秦始皇刻石(包括二世詔)和新

① 北文《秦始皇"書同文字"的歷史作用》,《文物》1973年第11期,第3—6頁,後收入朱德熙著,裘錫圭、李家浩整理《朱德熙古文字論集》,中華書局,1995年。
② 裘錫圭《從馬王堆一號漢墓"遺册"談關於古隸的一些問題》,《考古》1974年第1期,第53頁,後收入《裘錫圭學術文集·語言文字與古文獻卷》,復旦大學出版社,2012年。裘錫圭在《文字學概要》中也堅持了這個觀點,參看裘錫圭《文字學概要》,商務印書館,1988年,第59—73頁。
③ 吳白匋《從出土秦簡帛書看秦漢早期隸書》,《文物》1978年第2期,第50—52頁。
④ 王利器集解《顏氏家訓集解(增補本)》,中華書局,1993年,第455—456頁。
⑤ 吾丘衍《學古編·字源七辨》,中華書局,1985年,第40頁。
⑥ 唐蘭《中國文字學》,上海古籍出版社,2005年,第133頁,初版爲開明書店1949年版。郭沫若《古代文字之辯證的發展》,《考古學報》1972年第1期,第11—12頁。
⑦ 北文《秦始皇"書同文字"的歷史作用》,《文物》1973年第11期,第6頁,後收入朱德熙著,裘錫圭、李家浩整理《朱德熙古文字論集》。
⑧ 裘錫圭《從馬王堆一號漢墓"遺册"談關於古隸的一些問題》,《考古》1974年第1期,第53頁,後收入《裘錫圭學術文集·語言文字與古文獻卷》。
⑨ 吳白匋《從出土秦簡帛書看秦漢早期隸書》,《文物》1978年第2期,第49—50頁;李學勤《秦簡的古文字學考察》,中華書局編輯部編《雲夢秦簡研究》,中華書局,1981年,第337頁;裘錫圭《文字學概要》,第68頁。

鄴、陽陵等虎符是其中的代表,更多的是帶有隸書寫法的小篆,如秦詔版、一些簽牌上面的篆書以及下文將要提到的里耶 8-461 號木方所用的都是這種字體。也就是説,當時除了非常莊重、嚴肅並具有特殊意義的銘刻以外,一般人書寫的小篆大都受到了隸書的影響。①秦詔版的情況比較特殊,雖然是皇帝詔書,也是銘刻,按道理應該是莊重、嚴肅的,但它的數量太多,不能像刻石、虎符那樣精心製作,只能依靠各地工匠鑄造或刻劃,出現俗寫字形自然也在情理之中。陳昭容指出,正體和俗體的差別不在於官方與民間,而"取決於製作時的態度和工具材質",②這是十分正確的。

相對於秦國使用正體小篆和俗體隸書兩套系統,六國使用的是戰國古文。"書同文字"要"罷其不與秦文合者",在字體上就是要用秦文字的篆隸系統替代六國使用的戰國古文系統。小篆、隸書各有用途,它們在秦"書同文字"政策中都起到了很重要的作用。

(二) 秦"書同文字"包括"正字形""正用字"和"正用語"

秦始皇之所以要推行"書同文字",是因爲當時各國"文字異形"。20 世紀 80 年代以前,多數學者都是從字形差異的角度考察"文字異形"現象的。朱德熙、裘錫圭曾經舉"馬""安"等字爲例,説明列國文字存在字形差異。③後來不少學者也舉出其他例子説明這個問題。④朱德熙、裘錫圭還提到:

> (戰國文字)還存在着偏旁不同的異體。例如從广尌聲的"廚"字,楚國銅器作"胆",從肉豆聲,中原國家的銅器上寫作"床"或"胅",從朱聲。我們知道,《説文》所謂古文是六國文字。把小篆和古文對照一下,可以看到秦國文字和六國文字之間偏旁不同的現象是大量的。例如小篆的"簠"字,古文作"匡"(春秋末的陳逆簠作"笑",也從夫聲),小篆的"聞"字,古文作"睧"(信陽、望山楚簡也作"睧",……)。⑤

這段文字十分重要,指出了文字異形包括了"字形上的異體"和"偏旁不同的異體"兩種情況。前者是字形寫法上的差異,後者實際上屬於用字差異的範疇。裘錫圭後來在《文字學概要》中重申了這一點,又增加了"門"字的例子:

---

① 裘錫圭曾經討論過秦代權量上小篆受到隸書入侵的情況,參看裘錫圭《文字學概要》,第 72 頁。
② 陳昭容《秦系文字研究:從漢字史的角度考察》,第 60 頁。
③ 北文《秦始皇"書同文字"的歷史作用》,《文物》1973 年第 11 期,第 2 頁。
④ 陳昭容對此曾有總結,參看陳昭容《秦"書同文字"新探》,《"中研院"歷史語言研究所集刊》第 68 本第 3 分,第 601—604 頁。
⑤ 北文《秦始皇"書同文字"的歷史作用》,《文物》1973 年第 11 期,第 3 頁。

例如"門"字,本作**門**,是一個常用的表意字,但是有些國家却喜歡用假借字代替它,齊國用"聞"代"門",燕、中山用"閔"代"門"。三晉有時把"門"寫作"閈",不知道是"門"的異體,還是假借字。上舉的"廚"字,在三晉地區(包括周)的文字裏也有用假借字"朱"的例子。①

這個例子已經不限於"偏旁不同的異體"了,而是把假借字也看作是"文字異形"的表現。還有不少學者也表達過類似的看法。②六國古文和秦文字在字形和用字上都存在差異,因此秦"書同文字"必然包括了正字形和正用字的内容。應該説明的是,有的學者一方面指出"書同文字"包括正用字,一方面反對"書同文字"包括正字形,這是不妥當的。例如張標依據詔版文字寫法不盡相同斷定"書同文字"不包括正字形,又依據詔版用字基本相同得出當時用字規範極其嚴格、考究的結論。③這實際上是把秦"書同文字"政策完全等同於現代的文字規範政策。事實上存在"字形上的異體"是由於當時規範比較寬鬆的緣故,儘管有些"字形上的異體"是被禁止的,但有相當一部分仍然通行,在字形、寫法上有明顯差異的小篆和隸書在當時都被允許通行就是一個明顯的例子。

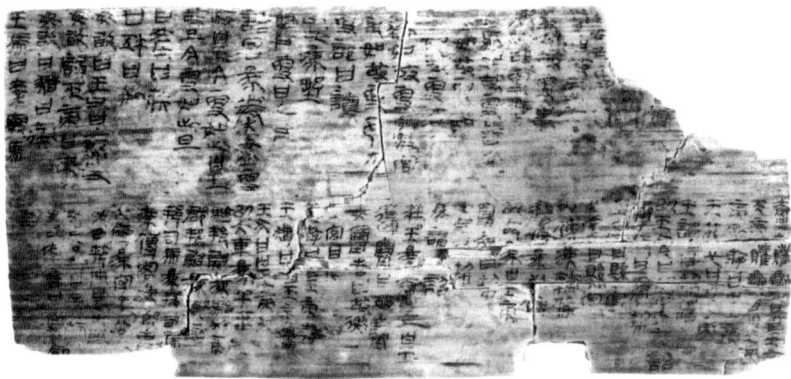

圖 1　里耶秦簡 8-461 同文字方

《里耶秦簡(壹)》發表了一件木方,編號 8-461(圖 1)。④我們參照相關研究成果,把

---

① 裘錫圭《文字學概要》,第 57 頁。

② 張標《"書同文"正形説質疑》,《河北師範大學學報(哲學社會科學版)》1986 年第 1 期,第 39—43 頁;張世超、張玉春《漢語言書面形態學初探》,《秦簡文字編》,中文出版社,1990 年,第 19—35 頁;劉又辛《關於漢字發展史的幾個問題(下)》,《語文建設》1998 年第 12 期,第 16—17 頁,後收入《劉又辛語言學論文集》,商務印書館,2005 年;張振林《戰國期間文字異形面面觀》,《文字學論叢》第二輯,崇文書局,2003 年,第 352 頁;孔祥卿《言語異聲,文字異形——戰國時期漢字狀況與彝文現狀之比較》,《文字學論叢》第二輯,第 359—360 頁;周波《戰國時代各系文字間的用字差異現象研究》,綫裝書局,2013 年,第 223—243 頁。

③ 張標《"書同文"正形説質疑》,《河北師范大學學報(哲學社會科學版)》1986 年第 1 期,第 40—41 頁。

④ 湖南省文物考古研究所編著《里耶秦簡(壹)》,文物出版社,2010 年,"彩版"第 14 頁,"圖版"第 68—69 頁。又,此木方最初編號爲 8-455。在《里耶秦簡(壹)》中,"圖版"部分則改爲 8-461。此處按"圖版"部分編號寫出。

這件木方的釋文揭出，以資研討。①

表1　8-461 木方釋文

	第一欄		第二欄
AⅠ	☑	BⅠ	秦王觀獻曰皇帝[觀獻]
AⅡ	☑	BⅡ	天帝觀獻曰皇帝觀獻
AⅢ	[叚如故，更]假人	BⅢ	帝子游曰皇帝[游]
AⅣ	[□如故，]更錢□	BⅣ	王節弋曰皇帝[節弋]
AⅤ	大如故，更泰守	BⅤ	王讘曰制讘
AⅥ	賞如故，更償責	BⅥ	以王令曰以皇帝詔
AⅦ	吏如故，更事	BⅦ	承命曰承制
AⅧ	卿如故，更鄉	BⅧ	王室曰縣官
AⅨ	[走]馬如故，更簪裹	BⅨ	公室曰縣官
AⅩ	[者]如故，更諸	BⅩ	[關]內侯爲輪侯
AⅪ	西如故，更酒	BⅪ	徹侯爲列侯
AⅫ	灋如故，更廢官	BⅫ	以命爲皇帝[制]②
AⅩⅢ	鼠如故，更予人	BⅩⅢ	受命曰制
AⅩⅣ	更詑曰謾	BⅩⅣ	出命曰制
AⅩⅤ	以此爲野	BⅩⅤ	易謂□詔
AⅩⅥ	[歸]户更曰□户	BⅩⅥ	莊王爲泰上皇
AⅩⅦ	諸官爲秦盡更	BⅩⅦ	邊塞曰故塞
AⅩⅧ	故皇今更如此皇	BⅩⅧ	毋塞者曰故徼
AⅩⅨ	故 旦(旦)今更如此 旦(旦)	BⅩⅨ	[王]宫曰[皇帝宫]
AⅩⅩ	曰産曰族	BⅩⅩ	王游曰皇帝游

① 張春龍、龍京沙《湘西里耶秦簡 8-455 號》，《簡帛》第四輯，上海古籍出版社，2009 年，第 11—16 頁；胡平生《里耶秦簡 8-455 號木方性質芻議》，《簡帛》第四輯，第 17—25 頁；游逸飛《里耶秦簡 8-455 號木方選釋》，《簡帛》第六輯，上海古籍出版社，2011 年，第 87—104 頁；陳偉主編《里耶秦簡牘校釋（第一卷）》，武漢大學出版社，2012 年，第 155—159 頁；陳侃理《里耶秦方與"書同文字"》，《文物》2014 年第 9 期，第 76—81 頁；郭永秉《讀里耶 8：461 木方札記》，"出土文獻的語境"——國際學術研討會暨第三屆出土文獻青年學者論壇，臺灣清華大學，2014 年 8 月 27—29 日，後收入《古文字與古文獻論集續編》，上海古籍出版社，2015 年，第 386—398 頁；陳松長、賀曉朦《秦漢簡牘所見"走馬"、"簪褭"關係考論》，《中國史研究》2015 年第 4 期，第 57—66 頁。

② 木方"以命爲皇帝"下一字殘去，根據下面"受命曰制""出命曰制"兩條規定可擬補"制"字。《史記·秦始皇本紀》："'命'爲'制'，'令'爲'詔'。"對應木方的記載，即"以命爲皇帝制""以王令曰以皇帝詔"兩條。"制"字舊釋文或缺，或擬補爲"命"，均不確。

續表

	第一欄		第二欄
A XXI	曰胻曰荆	B XXI	王獵曰皇帝獵
A XXII	毋敢曰王父，曰泰父	B XXII	王犬曰皇帝犬
A XXIII	毋敢謂巫帝曰巫	B XXIII	以大車爲牛車
A XXIV	毋敢曰豬，曰彘	B XXIV	騎邦尉爲騎校尉
A XXV	王馬曰乘輿馬	B XXV	郡邦尉爲郡尉
		B XXVI	邦司馬爲郡司馬
		B XXVII	乘傳客爲都吏
		B XXVIII	大府爲守□公人(?)
		B XXIX	毋曰邦門，曰都門
		B XXX	毋曰公□，曰□□
		B XXXI	毋曰客舍，曰冥飲
		B XXXII	舍

　　學者已經指出這件木方的内容與秦"書同文字"政策關係密切。[①]木方所記内容包括三個部分：A XVIII、A XIX 屬於正字形的規定；A III—A VIII、A X—A XIII、A XV 屬於正用字的規定；其餘則屬於正用語的規定。而這三部分内容的順序編排也很值得注意。在"某如故，更某"的部分，多數條文都屬於正用字的規定，但"走馬如故，更簪裊"則是正用語的規定。在"某如故，更某"部分之後的是 A XIV"更詑曰譠"，意思是在表示"欺譠"之義時用"譠"而不再用"詑"。這是正用語的規定。緊接着的 A XV"以此爲野"，陳侃理根據睡虎地秦簡有"壄""埜"二字而無"野"字，秦始皇刻石則有"野"字而無"壄""埜"二字，指出這條規定是要廢除"野"字的各種異體，統一使用"野"字。[②]這也屬於正用字的内容。A XVIII、A XIX 兩行是正字形的條文(圖2)。游逸飛指出 A XVIII 條是要規定"皇"字爲規範寫法，廢除上部從自的"皇"。[③]陳侃理則更爲詳細地指出：

圖 2　同文字方 A XVIII、A XIX 兩行

　　　　XVIII 行曰"故皇今更如此皇"，此句意在將上部從"自"的"皇"廢除，統一改寫爲

---

① 游逸飛《里耶秦簡 8-455 號木方選釋》，《簡帛》第六輯，第 94 頁；陳侃理《里耶秦方與"書同文字"》，《文物》2014 年第 9 期，第 76—81 頁。
② 陳侃理《里耶秦方與"書同文字"》，《文物》2014 年第 9 期，第 79—80 頁。
③ 游逸飛《里耶秦簡 8-455 號木方選釋》，《簡帛》第六輯，第 94 頁。

"皇"。按睡虎地秦簡共有二"皇"字,其中《日書》乙種的一個,似是从"自"的"皇"。里耶秦簡中除此木方外,還有一個"皇"字,雲夢龍崗秦簡中兩見"皇帝",字均寫作"皇",大致反映了規範後的寫法。……XIX 行"故旦今更如此旦"。此處所示兩字形的差別,可能是前者所从的"日"中一横與兩側的竪筆相接,並寫得易與"且"字相混。這一差別在篆書中會表現得比較明顯,而目前所見秦簡多用隸書,書寫相對草率,無法反映這種筆畫上的不同,也就難以用來印證此條規範的實際效果了。①

這兩條前面的"諸官爲秦盡更"和後面的"曰産曰族""曰玼曰荆"都是正用語的條文。可見正字形、正用字和正用語三部分的内容是錯出的,顯然是屬於同一政策的條文。有的學者只把木方中正字形的規定與"書同文字"聯繫起來,有的學者則把正字形和正用字的規定與"書同文字"聯繫起來,然而却没有把正用語的規定一同看作是秦"書同文字"政策的組成部分。②這是受到了秦"書同文字"是文字統一政策的傳統説法的影響。與此相反,有的學者只從正用語的規定出發,認爲秦"書同文字"政策是統一法律制度、名物稱謂、專屬用語的簡稱。③這種理解同樣没有把正字形、正用字與正用語三部分的規定看作一個整體。按照這種説法,這一政策爲何被稱爲"書同文字"是難以解釋的。事實上,"書同文字"在琅邪臺刻石中被稱爲"同書文字",在《六國年表》中被稱爲"同天下書","書"都是名詞,泛指書籍、文書等文字資料,以前有的學者把"書"理解成書寫或文字,都無法同時講通這三條文例。同時,"書同文字"在《李斯列傳》中被稱爲"平文章",在北京大學藏漢簡《趙正書》中被稱爲"壹文章",也充分説明了"書同文字"中的"文字"不能簡單理解爲"字",而應該理解爲"文"和"字",是指文章的書面形式。如今里耶木方的記載充分説明了秦"書同文字"是一個涉及字形、用字、用語等三方面的語言文字規範政策。秦統一六國以後,在既有的秦文字、秦文獻書寫規範的基礎上進行了一些調整,作爲"書同文字"政策的規定在全國推行,不僅用六國古文書寫的文獻要被轉寫爲秦文字,就連秦文獻本身也發生了顯著的變化,因此這一政策又被稱爲"同天下書""平文章"或"壹文章"。按照《史記·秦始皇本紀》的記載,在李斯上奏"書同文字"之前,正用語的工作已經開展了,這與統一文字的工作在李斯上奏之前已經實施是類似的(詳下文)。在"書同

---

① 陳侃理《里耶秦方與"書同文字"》,《文物》2014 年第 9 期,第 80 頁。
② 游逸飛《里耶秦簡 8-455 號木方選釋》,《簡帛》第六輯,第 94 頁;陳侃理《里耶秦方與"書同文字"》,《文物》2014 年第 9 期,第 76—81 頁。
③ 臧知非《從里耶秦簡看"書同文字"的歷史内涵》,《史學集刊》2014 年第 2 期,第 27—31 頁。

文字"政策推行以後相關規定仍有部分調整,例如秦始皇三十一年"更名臘曰'嘉平'"就是這樣的例子。

關於里耶木方的命名,學者有過不少討論。有學者根據《秦始皇本紀》中有關"更名"的記載把這件木方稱爲"更名詔令"①或"更名方"②。"更名"在古書中很常見,主要是指官名、地名、人名和其他稱謂的更改,如果從"書同文字"包括的正字形、正用字、正用語三方面來看,正用語的部分確實可以稱爲"更名",但正字形和正用字的部分則與"更名"無關。我們認爲既然這件木方上面的内容是秦"書同文字"政策的部分具體規定,把這件木方稱爲"同文字方"當更爲恰當。

二、秦"書同文字"政策的成效及影響

按照《史記》《説文解字·叙》的説法,"書同文字"似乎是秦統一六國以後才推行的政策。但事實上隨着統一六國的步伐,"書同文字"的工作一直都在進行。裘錫圭指出:

> 文字異形的現象影響了各地區之間在經濟、文化等方面的交流,而且不利於秦王朝對本土以外地區的統治。所以秦始皇統一全中國後,迅速進行了"同文字"的工作,以秦國文字爲標準來統一全中國的文字。在此之前,在逐步統一全中國的過程裏,秦王朝在新占領的地區内無疑已經在進行這種性質的工作了。③

趙平安也指出:

> 經過商鞅的兩次變法,秦國的國力逐漸强大,於是通過對外戰爭不斷地向外擴張。往往每得一地,就在那裏推行秦的政治、經濟和文化。如建立郡縣制,推行秦的法律和度量衡的標準等。與此同時,他們還强制性地推行秦國文字。四川青川縣出土的秦木牘,就是公元前 316 年秦滅巴蜀後,在那裏推行秦田律和文字的有力證明。青川木牘使用的文字和戰國晚期秦國本土使用的文字是一致的,都是那種繁簡夾雜的綜合文字。在此之前,此地流行的是地地道道的巴蜀文字。湖北雲夢睡虎地秦簡,某些内容寫於戰國末年,是秦統一該地區後,用綜合性通用文字書寫

---

① 湖南省文物考古研究所編著《里耶秦簡(壹)》,"前言",第 5 頁。
② 游逸飛《里耶 8-461 號"秦更名方"選釋》,魏斌主編《古代長江中游社會研究》,上海古籍出版社,2013 年,第 68—90 頁。
③ 裘錫圭《文字學概要》,第 64 頁。

秦律,並在此推廣的歷史見證。雲夢本屬楚國,而秦簡上的文字與戰國晚期楚國的通用文字(如《鄂君啟節》)却大相徑庭。這些都説明,秦國隨着對他國諸侯的兼吞已經在逐漸進行書同文的工作了。

　　由於秦國在兼吞他國諸侯的同時推行秦文,使得原來通用的他國古文在固有土地上逐漸失去其合法地位,到秦統一中國時,整個統一國家的通用文字都是秦文。

　　這次書同文古籍中並没有明文記載,但它確確實實存在,而且是很成功的。①

陳昭容曾以青川木牘、趙志陶釜、蜀守戈、上郡戈、上郡矛爲證,指出秦滅巴蜀、吞併魏故地上黨以後,秦文字在當地很快就流行開來,又以湖北地區出土的以睡虎地秦簡爲代表的戰國秦文獻爲證,指出秦國在攻占楚國大片地區並設立南郡以後,一直到秦統一六國以前,當地所使用的基本上是秦文字。②筆者曾經討論過北京大學藏秦簡《魯久次問數於陳起》的抄寫特點,指出該篇是由楚文獻轉寫而來的,抄寫時間在戰國後期,也是秦人用秦文字改寫六國文獻的實證。③總之,在李斯上奏之前,"書同文字"的工作已經在進行,只是未有其名且非全國推行而已。當然,秦在統一全國正式推行"書同文字"政策時又增加了一些新的規定。

　　儘管學術界普遍認同秦"書同文字"政策在廢除六國古文方面卓有成效,但對該政策在其他方面的成效則尚有不同看法。質疑者主要有兩種意見:按照傳統的説法,秦"書同文字"是以小篆爲標準的,但事實上隸書才是當時最廣泛使用的字體,從這個角度來説,"書同文字"並不成功;④還有一些學者認爲"書同文字"推行以後,用字情況仍然比較混亂,缺乏一定的規範,因此在正用字方面"書同文字"政策的成效並不明顯。⑤其實小

① 趙平安《試論秦國歷史上的三次"書同文"》,《隸變研究》,第139—140頁。
② 陳昭容《秦"書同文字"新探》,《"中研院"歷史語言研究所集刊》第68本第3分,第605—613頁。
③ 拙文《談談北京大學藏秦簡〈魯久次問數於陳起〉的一些抄寫特點》,《中山大學學報(社會科學版)》2016年第5期,第45—51頁。
④ 晁福林《如何評價秦始皇"書同文字"的歷史作用》,《學習與探索》1981年第2期,第133—138頁;徐勇《略論小篆字體的産生和流變——兼評秦始皇以小篆統一文字的歷史作用》,《天津師範大學學報(社會科學版)》1985年第2期,第55—59頁;奚椿年《"書同文字"政策的實施及其失敗——從出土文物看秦始皇統一全國文字的工作》,《江海學刊》1990年第4期,第117—121頁;趙平安《試論秦國歷史上的三次"書同文"》,《隸變研究》,第143頁。
⑤ 陳昭容《秦"書同文字"新探》,《"中研院"歷史語言研究所集刊》第68本第3分,第623—624頁;徐莉莉《帛書〈陰陽十一脉灸經〉甲、乙本異文考察》,《中國文字研究》第二輯,廣西教育出版社,2001年,第328—329頁;黄珊《關於銀雀山漢簡"無""无""毋"從混用到分化的歷史思考》,《簡帛語言文字研究》第二輯,巴蜀書社,2006年,第47頁。

篆和隸書是秦文字的正體和俗體，它們的用途是有差異的，這一點郭沫若已經有清楚的認識，①朱德熙和裘錫圭也指出推行小篆只是秦"書同文字"工作的一個部分。②如秦始皇刻石、虎符、秦封宗邑瓦書、里耶同文字方等比較重要的官方材料，都是用小篆契刻或書寫的。有一些帶有指示、提示作用的簡牘、簽牌也會用小篆書寫。而一般的日常書寫則多用隸書。這種關係類似於今天的正楷和行書，一般人日常書寫很少使用正楷而多用行書，但印刷一般就使用正楷，不能因爲日常書寫少用正楷就質疑其作用。古書只提到秦用小篆"同文字"而沒有提到隸書在"書同文字"政策中的地位，這是古人的疏漏，不能反過來以這種不全面的記載爲標準衡量"書同文字"政策的效果。至於認爲秦"書同文字"政策沒有形成用字規範的看法，周波曾提出批評，他指出：

> 我們在秦、西漢前期文字資料中，不僅可以找到若干在文字使用上比較紊亂的例子，也能够找到不少秦、西漢前期用字一致的例子。由此可見，簡單舉幾個在文字通假上無規律可尋的例子，或者是僅僅依據秦、西漢前期文字多通假的現象，是不能推斷出"當時用字缺乏規範"這一結論的。③

事實上，秦"書同文字"政策雖然涵蓋了規範字體、正字形、正用字、正用語等方面，但其主要目的還是要用秦文字系統替代六國古文系統，並不是要全面規範字與詞之間的對應關係。應該説當時是有一定用字規範的，現在看到的所謂"混亂"是當時的規範所允許的。因此，我們不能隨意抽取若干字詞來考察秦"書同文字"政策的成效，而應該以當時真實存在的規定作爲標準去衡量。同文字方的記載正好爲我們評價秦"書同文字"政策的成效及影響提供了理想的參照。

　　陳侃理曾經對同文字方中關於正字形和正用字的規定作過考察，發現秦"書同文字"政策的具體規定確實對當時的語言文字使用產生了影響，而且從現在掌握的資料看，多數的規定得到了較好的落實。④爲了使讀者對相關情況有更爲直觀的認識，我們對幾批抄寫時代比較確定的秦簡牘材料進行了統計，見表2：⑤

---

① 郭沫若《古代文字之辯證的發展》，《考古學報》1972年第1期，第2頁。
② 北文《秦始皇"書同文字"的歷史作用》，《文物》1973年第11期，第3頁，後收入朱德熙著，裘錫圭、李家浩整理《朱德熙古文字論集》。
③ 周波《戰國時代各系文字間的用字差異現象研究》，第255頁。
④ 陳侃理《里耶秦方與"書同文字"》，《文物》2014年第9期，第76—81頁。
⑤ 簡文殘缺用法不明及習字簡均不計入。

表 2

	睡虎地秦墓竹簡	龍崗秦簡	《里耶秦簡(壹)》	周家臺秦簡
叚一{假}借入	15	0	0	0
假一{假}借入①	0	2②	2③	0
大一{太}	26	0	2	0
泰一{太}	0	0	30	3
賞一{償}	35	0	0	0
償一{償}	0	2	3	0
吏一{事}	147	0	0	0
事一{事}	2	4	94	41
卿一{鄉}	21	0	1	0
鄉一{鄉}	0	3	148	3
卿一{向}	17	0	0	0
鄉一{向}	11	0	0	5
者一{諸}	12	0	2	0
諸一{諸}	0	10	3	0
酉一{酒}	12	0	0	0
酒一{酒}	4	0	4	7
灋一{廢}	21	0	0	0
廢一{廢}	0	0	0	0
鼠一{予}	19	0	0	0
予一{予}	0	2	9	1
埜一{野}	14	0	0	0
壄一{野}	1	0	0	0
野一{野}	0	0	0	0

從表2我們可以看到，睡虎地秦簡和龍崗、里耶、周家臺等幾批秦簡的用字情況是很不一樣的。例如{鄉}在睡虎地秦簡中均用"卿"字表示，但在另外幾批秦簡中則基本用"鄉"字表示；又如{予}在睡虎地秦簡中均用"鼠"字表示，但在另外幾批秦簡中則均用

① "叚如故，更假人"是指改用"假"字表示"借入"之{假}，保留"叚"字原來的其他用法。具體討論詳另文（《説"叚""假"》，《出土文獻》2021年第1期）。

② 龍崗秦簡殘碎比較嚴重，辭例不完整，有5例"假"字的用法有待進一步研究，此處未計入。

③ 《里耶秦簡(壹)》中有1例"假"字用法不明確，此處未計入。

"予"字表示。這是因爲睡虎地秦簡中絕大部分材料抄寫於戰國,而龍崗、里耶、周家臺等幾批秦簡主要是秦代簡。不僅用字的變化如此,字形變化和用語變化也是如此。在字形變化方面,陳侃理指出睡虎地秦簡有 2 例"皇"字而無"皇"字,而龍崗秦簡有 2 例"皇"字而無"皇"字,①此外秦代金文、刻石中絕大多數的"皇"字也寫作"皇"。②在用語變化方面,如睡虎地秦簡有 2 個"豬"而無"彘"的用例,龍崗秦簡則有 3 個"彘"而無"豬"的用例,又如睡虎地秦簡有 3 個"大父"而無"泰父"的用例,周家臺秦簡有 2 個"泰父"而無"大父"的用例,這些變化都符合同文字方的記載。應該指出的是,周家臺秦簡的主要內容是醫方和日書,屬於私文書,却能遵守"書同文字"的規範,可見秦"書同文字"政策是帶有强制性的,其效果是顯著的。還有一條材料值得注意,《嶽麓書院藏秦簡(壹)·質日》秦始皇二十七年部分記有"野之醜夫所",③"野"和"醜夫"都是人名,"野"字不見於統一前的秦文字資料,應該是統一後把"壄"字所從之"林"改爲"田"而形成的新字,"野"這個人名在統一前應該寫作"壄"或"埜",意味着連私名也會跟隨"書同文字"的規定改寫。

我們還曾經對出土戰國秦文獻、秦代文獻、西漢早期文獻中"卿""鄉""吏""事""壄""野"等字的用例進行過考察,發現下列現象:戰國秦文獻多用"卿"字表示{鄉}和{向}、用"吏"字表示{事}、用"壄"字表示{野};由於"書同文字"政策的規定,秦代文獻基本上用"鄉"字表示{鄉}和{向}、用"事"字表示{事}、用"野"字表示{野};西漢早期文獻除了極少數保留戰國特色的抄本以外,大體上沿用秦代文獻的用字習慣。④例如西漢早期的張家山漢簡用"吏"字表示{吏}者 185 見,用"事"字表示{事}者 75 見,未見混用之例。又如張家山、孔家坡、銀雀山等幾批西漢早期簡牘均用"鄉"字表示{鄉}和{向},亦罕見例外。這説明即便政權更送,"書同文字"的很多規定還是被沿用了下來。當然,出土西漢早期文獻也有自己的特點,例如同文字方規定"皇"字一律寫作"皇"而不再寫作"皇",但西漢早期的張家山漢簡《二年律令》"皇"字一律寫作"皇",《説文解字》也以"皇"字爲小篆正體。既受到秦"書同文字"政策的影響,又有與之相異的習慣,這是出土西漢早期文獻的特點。

出土秦至西漢早期文獻還保留了一些戰國古文字形。以往學者一般認爲造成這種

---

①　陳侃理《里耶秦方與"書同文字"》,《文物》2014 年第 9 期,第 80 頁。

②　例外的情況見高奴銅權始皇二十六年詔。

③　朱漢民、陳松長主編《嶽麓書院藏秦簡(壹)》,上海辭書出版社,2010 年。

④　拙文《談談馬王堆漢墓帛書〈天文氣象雜占〉的文本年代》,《古文字研究》第三十一輯,中華書局,2016 年,第 468—473 頁。

現象的原因是六國故地的抄寫者不能完全適應秦文字的書寫。長沙馬王堆三號漢墓出土的遣册用"賮"字表示{藏}、"芫"字表示{蒽},可能屬於舊有書寫習慣的遺留。但這種例子是很少見的,更常見的是因爲受到戰國古文抄寫的底本影響而保留下來的古文字形。周波曾經對出土秦至西漢早期文獻中的戰國古文字形作過統計,共有 109 例,其中有 53 例見於馬王堆漢墓帛書《陰陽五行》甲篇。①李學勤最早提出這篇文獻的抄寫者"是還未能熟練掌握秦朝法定統一字體的楚人"。②學者每每以此爲例質疑秦"書同文字"的成效。不過,《陰陽五行》甲篇的内容是以楚選擇術爲主的,其底本應該是用楚文字抄寫的。這篇文獻還存在"誤譯"楚文字的現象。劉樂賢指出《陰陽五行》甲篇和睡虎地秦簡《日書》都存在因"誤讀"楚文字導致把用爲"危"的"卪"字錯誤轉寫成"坐"的情況。③此外,這篇文獻中的"枳""佷""央"諸字也被誤轉寫成了"枻""張""用",這是因誤認形近偏旁或形近字所致。④可見《陰陽五行》甲篇的抄寫者不是不熟悉秦文字的楚人而是不熟悉楚文字的秦人。《陰陽五行》甲篇《刑日》章寫有"二十五年""二十六年",《天地》章寫有"二十五年十月",學者普遍認爲這是秦王政的紀年。程少軒指出這幾處紀年文字是用於提示當年發生的事情與占文相符,是帛書抄寫年代的上限,進而判斷這篇文獻的抄寫時間在秦王政二十六年至楚漢之際。⑤我們又利用同文字方的記載對{事}、{鄉}、{向}等詞的記録形式進行考察,發現這篇文獻的用字習慣基本與秦代相符。對比《陰陽五行》甲、乙篇部分篇章可知甲篇實際上是秦人爲了適應"書同文字"的要求而"翻譯"戰國文獻的半成品或工作底稿。⑥由於抄寫者對楚文字不熟悉,所以出現了"誤譯",也保留了大

---

① 周波《戰國時代各系文字間的用字差異現象研究》,第 325—351 頁。案:周著認定的古文字形有一些可能存在問題,例如"淺"字所録的 2 個字形,只是隸書稍變,並不是戰國古文的寫法。周著出版以後,又有《嶽麓書院藏秦簡》(已出版五册)、北京大學藏秦簡牘等材料公布,也有部分材料存在戰國古文字形,但整體並不多,周著的統計數據仍可作爲參考。

② 李學勤《新出簡帛與楚文化》,湖北省社會科學院歷史研究所編《楚文化新探》,湖北人民出版社,1981 年,第 37 頁。

③ 劉樂賢《楚秦選擇術的異同及影響——以出土文獻爲中心》,《歷史研究》2006 年第 6 期,第 30—31 頁。

④ 《陰陽五行》甲篇"枳(支)子"之"枳"寫作"枻",這是因爲在楚文字中"只""也"二字的形體比較接近,不熟悉楚文字的人很容易混淆,所以抄寫者把"枳"錯寫成了"枻"。這篇文獻還用"張"字表示"長室""長子"之{長},這是因爲楚文字用"佷"字表示{長},而在楚文字中"弓"旁有時候寫得與"人"旁很接近,導致抄寫者把"佷"字"誤譯"成了"張"。我們曾經對此有專門討論,參看拙文《馬王堆漢墓帛書〈陰陽五行甲篇〉抄寫者身份和抄寫年代補説》,復旦大學出土文獻與古文字研究中心編《戰國文字研究的回顧與展望》,中西書局,2017 年,第 271—277 頁,原發表於復旦大學出土文獻與古文字研究中心主辦戰國文字研究的回顧與展望國際學術研討會,復旦大學,2014 年 12 月 12—13 日。

⑤ 湖南省博物館、復旦大學出土文獻與古文字研究中心編纂,裘錫圭主編《長沙馬王堆漢墓簡帛集成(伍)》,中華書局,2014 年,第 66 頁。

⑥ 拙文《馬王堆漢墓帛書〈陰陽五行甲篇〉抄寫者身份和抄寫年代補説》,復旦大學出土文獻與古文字研究中心編《戰國文字研究的回顧與展望》,第 271—277 頁。

量底本上的楚國古文字形，這些古文字形顯然不能作爲評價秦"書同文字"政策效果的依據。此外，如馬王堆漢墓帛書《老子》甲本第 145 行"策"字寫作▨、同行"關"字寫作▨、《相馬經》第 1 行"既"字寫作▨、《戰國縱橫家書》第 133 行"胃"字寫作▨①等古文字形，雖然它們的性質與《陰陽五行》甲篇中的古文有差異，但也是底本用字的反映，可能並非當時通行的寫法。陳昭容和周波對出土秦至西漢早期文獻中的古文字形作過統計，都認爲古文寫法實際上占比極小。②如果再去掉受古書底本影響的例子，那麼真正屬於保留六國舊有書寫習慣的例子就更少了。由此看來，秦"書同文字"政策在去除舊的書寫習慣方面是比較徹底的。在秦末至楚漢相爭的幾年間，出於政治的需要，有的地方政權曾經一度嘗試恢復戰國古文的使用，如湖南益陽兔子山遺址九號井出土的一些寫有楚文字的竹簡就是這樣的例子。③但這些嘗試都很短暫，隨着漢朝的建立便告終止。司馬遷說"秦撥去古文"（《史記·太史公自序》）、揚雄說秦"劋滅古文"（揚雄《劇秦美新》）、許慎說秦"書同文字"以後"古文由此絕矣"（《說文解字·叙》），這些說法都是大致可信的。

　　至於秦"書同文字"政策中正用語的規定有不少帶有比較濃厚的政治色彩，漢代既有沿用者，如與"皇帝"相關的諸條目，也有變革者，如郭永秉指出秦改"王父"爲"泰父"是爲了避免稱"王"，④漢代以後這條規定就慢慢失去效力了。有的規定可能與秦文化上的忌諱有關，例如同文字方規定"毋敢曰豬，曰彘"，秦代文獻對此執行得比較嚴格，漢代以後的文獻則兼用"豬""彘"了。

三、秦"書同文字"政策的具體規定對出土秦文獻斷代工作的重要作用

　　如何爲出土秦文獻斷代、區分戰國秦文獻和秦代文獻是一個重要的學術問題。這對於我們研究戰國以及秦代的歷史，了解秦統一六國前後在制度、文化、社會等方面的沿革情況是很重要的。以前的斷代工作主要有三種方法：一是依靠材料的紀年信息；二

---

① 此例蒙郭永秉教授惠告。
② 陳昭容《秦"書同文字"新探》，《"中研院"歷史語言研究所集刊》第 68 本第 3 分，第 612—619 頁；周波《戰國時代各系文字間的用字差異現象研究》，第 319 頁。
③ 湖南省文物考古研究所、益陽市文物處《湖南益陽兔子山遺址九號井發掘簡報》，《文物》2016 年第 5 期，第 43—47 頁；拙文《從秦"書同文字"的角度看秦印時代的劃分和秦楚之際古文官印的判定》，西泠印社編《第五屆"孤山證印"西泠印社國際印學峰會論文集（上册）》，西泠印社出版社，2017 年，第 35—38 頁，收入拙著《田煒印稿》，中西書局，2018 年。
④ 郭永秉《讀里耶 8：461 木方札記》，《古文字與古文獻論集續編》，第 394 頁。

是依靠《史記》等古書記載的秦統一六國前後的語言文字變更情況;三是通過對出土秦文獻的爬梳整理,歸納語言文字的變更情況,從而判斷文獻的年代。不過,這幾種方法仍有不少局限。首先,有明確紀年的出土秦文獻並不很多,大量出土秦文獻沒有紀年信息,而且文獻中的紀年並不一定等同於文本年代或抄寫年代。其次,《史記》等古書記載的語言文字變更情況很有限,大量文獻不能據此斷代。另外,通過歸納語言文字的變更情況斷代只是一種經驗的總結,當時是否確有相關變化往往難以驗證。秦同文字方記錄的關於"書同文字"政策的具體規定爲出土秦文獻的斷代提供了重要而可靠的標尺。毫無疑問,這加深了學者對當時語言文字與制度變化情況的認識,對於文獻、歷史的研究都具有重要的價值。

(一)利用同文字方判斷出土秦文獻的文本年代

在利用同文字方的規定判斷出土秦文獻年代方面,學者已經作了一些嘗試。例如王偉根據同文字方"郡邦尉爲郡尉"的規定,指出秦封泥"南陽邦尉"的時代屬戰國(圖 3)。①浙江省博物館藏有一方"邦司馬印"(圖 4),王偉根據同文字方"邦司馬爲郡司馬"的規定,指出"郡司馬"在秦統一六國前稱"邦司馬",據此可知"邦司馬印"爲戰國秦

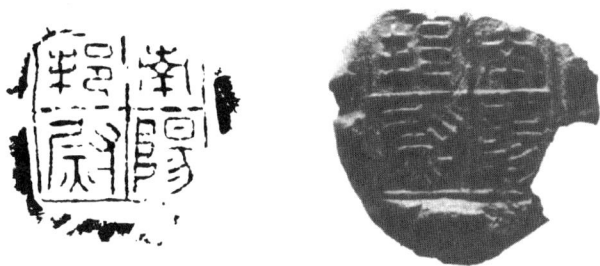

圖 3　"南陽邦尉"秦封泥
(許雄志編《鑒印山房藏古封泥菁華》,河南美術出版社,2011 年,第 69 號)

圖 4　浙江省博物館藏秦"邦司馬印"
(羅福頤主編,故宮研究室璽印組編《秦漢南北朝官印徵存》,文物出版社,1987 年,第 57 號)

---

① 王偉《秦璽印封泥職官地理研究》,中國社會科學出版社,2014 年,第 264 頁。

印，而凡印文稱"某郡司馬"者均爲秦代印。①與此相類的還有"邦司空"和"郡司空"。里耶秦簡 8-773 有官名"邦司空"，學者已經根據同文字方"邦司馬"更名"郡司馬"的規定指出"邦司空應即郡司空"。②更具體地説，戰國時秦國的"邦司空"在統一六國以後被更名爲"郡司空"。睡虎地秦簡《秦律雜抄》簡 12—13 云：

> 軍人買（賣）橐₌（橐橐）所及過縣，貲戍二歲；同車食、敦（屯）長、僕射弗告，戍一歲；縣司空、司空佐史、士吏將者弗得，貲一甲，<u>邦司空</u>一盾。

整理小組把"邦"理解爲國家，認爲邦司空是朝廷的司空。③現在看起來這個意見是不對的。又如秦"騎邦尉印"封泥（圖 5），舊或讀"騎邦尉"爲"邦騎尉"，④郭永秉釋出同文字方"騎邦尉爲騎校尉"一句，"騎邦尉"作爲官名已無懸疑。⑤而"騎邦尉"爲更名前舊名，則"騎邦尉印"封泥的時代自然當屬戰國。

圖 5 之一　秦"騎邦尉印"封泥
（中國社會科學院考古研究所漢長安城工作隊《西安相家巷遺址秦封泥的發掘》，《考古學報》2001 年第 4 期，第 522 頁，T2③：43）

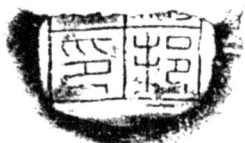

圖 5 之二　秦"騎邦尉印"封泥
（楊廣泰編《新出封泥彙編》，西泠印社出版社，2010 年，第 1579 號）

除了"更名"的規定以外，同文字方提到的用字變更情況對出土秦文獻斷代工作也有重要的作用。同文字方提到的用字變更，包括 AⅢ—AⅩⅢ 和 AⅩⅤ 諸條。我們試以 AⅦ行"吏如故，更事"爲例，看看"吏""事"二字的更替情況在出土秦文獻斷代工作中的作用。趙平安曾經指出睡虎地秦簡"事"字多數作𢆶，偶爾作𢆶，龍崗秦簡"事"字作𢆶，"吏"字作𢆶，"絕不相混"。⑥换而言之，睡虎地秦簡𢆶（吏）字可以兼表{吏}和{事}，同時也用𢆶（事）字表示{事}，𢆶（吏）、𢆶（事）二字在表示{事}的時候是可以通用的，而龍崗秦簡

① 王偉《秦璽印封泥職官地理研究》，第 265 頁。
② 陳偉主編《里耶秦簡牘校釋（第一卷）》，第 224 頁。
③ 睡虎地秦墓竹簡整理小組編《睡虎地秦墓竹簡》，文物出版社，1990 年，釋文注釋第 82 頁。
④ 周曉陸等《在京新見秦封泥中的中央職官内容——紀念相家巷封泥發現十周年》，《考古與文物》2005 年第 5 期，第 3 頁。
⑤ 郭永秉《讀里耶 8：461 木方札記》，《古文字與古文獻論集續編》，第 392—396 頁。
⑥ 趙平安《雲夢龍崗秦簡釋文注釋訂補——附論"書同文"的歷史作用》，《新出簡帛與古文字古文獻研究》，商務印書館，2009 年，第 377 頁，原載《簡帛研究彙刊》第一輯，臺灣中國文化大學史學系、簡帛學文教基金會籌備處，2003 年。

人(吏)字只表示{吏}，{事}則只用人(事)字表示，説明人、人二字已經徹底分用了。趙平安還明確指出了這種變化和秦"書同文字"政策有關，他的這個推斷已經被同文字方所證實。這種用字變化對於出土秦文獻的斷代工作是很有幫助的。例如出土秦文獻中有一個寫作"詔吏"或"詔事"的機構名。這個機構在秦銅器銘文中均寫作"詔吏"，共有8件，均爲戰國晚期器。其中2件年代略有争議：一件是英國牛津大學亞士摩蘭博物館藏三十三年詔事戈（《商周青銅器銘文暨圖像集成》16822；圖6），"三十三年"有昭襄王三十三年[1]和始皇三十三年[2]兩説；另一件是澳門珍秦齋藏三十年詔事戈（《商周青銅器銘文暨圖像集成》17135；圖7），最初發表這件材料的《珍秦齋藏金·秦銅器篇》的編者認爲"三十年"是昭襄王三十年，[3]王輝和王偉則認爲有昭襄王三十年和始皇三十年兩種可能，又認爲前者可能性較大。[4]吳鎮烽則把三十三年詔事戈定爲昭襄王三十三年器，把三十年詔事戈定爲秦代器。[5]這兩件戈單從形制來看歸入戰國晚期或秦代均無不可。《秦封泥集》一·五·1·1、一·五·1·2著録了2枚"詔事之印"秦封泥，一·五·2·1—10著録了10枚"詔事丞印"秦封泥（圖8），[6]其中"事"字寫法能看清的有7例，均寫作"事"。這個機構名舊多讀爲"詔事"，袁仲一讀爲"詔吏"。[7]儘管學者對其具體意義以及該機構的具體職能仍有異議，但從同文字方"吏如故，更事"的規定來看，讀爲"詔事"應該是正確的。上文提到的兩件年代有争議的詔事戈上"詔事"均作"詔吏"，顯然是戰國時的寫法，因此把戈銘上的"三十三年""三十年"看作是昭襄王紀年是合適的，而帶有"詔事"的秦封泥應該都是秦代封泥。[8]秦官印又有職官"喪吏"，見"宣曲喪吏"（圖9）、"南鄉喪吏"（圖10）等印。在撰寫本文初稿時，我們曾根據《秦文字集證》[9]所録"南鄉喪吏"鈐本（圖11）認爲"喪吏"統一後被寫作"喪事"，並讀"喪吏"爲"喪事"。不過《上海博物館藏印選》所録該印鈐本、封泥均看不見竪筆下穿，[10]於是我們請孫慰祖、葛亮兩位先生幫忙核查原印，並蒙賜閲印面照片（圖12），[11]知竪筆確無下穿，且"南鄉喪吏"用"鄉"

① 王輝編著《秦銅器銘文編年集釋》，三秦出版社，1990年，第67—69頁。

② 相關意見請參看王輝、王偉編著《秦出土文獻編年訂補》，三秦出版社，2014年，第63—64頁。

③ 蕭春源總監《珍秦齋藏金·秦銅器篇》，澳門基金會，2006年，第70—77頁。

④ 王輝、王偉編著《秦出土文獻編年訂補》，第62頁。

⑤ 吳鎮烽編著《商周青銅器銘文暨圖像集成》，上海古籍出版社，2012年，第31卷，第306頁；第32卷，第194頁。

⑥ 周曉陸、路東之編著《秦封泥集》，三秦出版社，2000年，第219—220頁。

⑦ 袁仲一《秦中央督造的兵器刻辭綜述》，《考古與文物》1984年第5期，第106—107頁。

⑧ 儘管在戰國晚期的秦文獻中已經有用"事"字表示{事}的用例，但數量很少，反映出這並不是當時的習慣用法，而這種少量的、新興的用法不會立刻反映在官印的用字系統裏，因此官印中的"詔事"應該是因應"吏如故，更事"的規定而從"詔吏"變更來的。

⑨ 王輝、程學華《秦文字集證》，藝文印書館，1999年。

⑩ 上海書畫出版社編《上海博物館藏印選》，上海書畫出版社，1979年，第30頁。

⑪ 此圖蒙孫慰祖先生慨允隨拙文發表，謹致謝忱。

字表示{鄉},很可能是秦代印,説明統一前後"吏"字没有發生變化,則"喪吏"仍當從一般意見如字讀,不宜讀爲"喪事"。王輝主編的《秦文字編》卷一"吏"字下收録了"宣曲喪吏"和"南鄉喪吏"兩條材料,並認爲"喪吏"是官名,同書卷三"事"字下也收録了這兩條材料,釋文作"宣曲喪事"和"南鄉喪事"。①如今我們既然明確了"喪吏"的讀法,則此字不宜再收入"事"字下。②此外,秦成語印凡含有"敬事"(圖 13)、"慎事"(圖 14)等詞且用"吏"字表示{事}者都應該定爲戰國秦印。

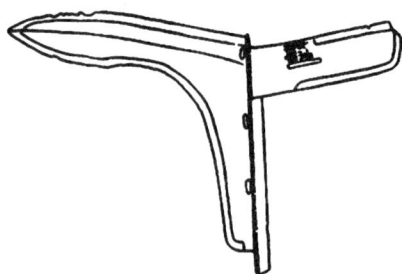

正面　　　　　　　　　　　　背面

圖 6　英國牛津大學亞士摩蘭博物館
藏三十三年詔事戈
（《商周青銅器銘文暨圖像集成》第 16822 號）

正面

圖 7　澳門珍秦齋藏三十年詔事戈
（《商周青銅器銘文暨圖像集成》第 17135 號）

圖 8 之一　秦"詔事之印"封泥
（《秦封泥集》一·五·1·1）

圖 8 之二　秦"詔事丞印"封泥
（《秦封泥集》一·五·2·6）

---

① 王輝主編,楊宗兵、彭文、蔣文孝編著《秦文字編（全 4 册）》,中華書局,2015 年,第 28、495 頁。

② 該書"南鄉喪吏"之"吏"字字形也截取自《秦文字集證》所録不準確的鈐本。

圖 9　秦"宣曲喪吏"印
（《秦漢南北朝官印徵存》第 65 號）

圖 10　秦"南鄉喪吏"印
（《上海博物館藏印選》第 30 號）

圖 11　《秦文字集證》所錄秦"南鄉喪吏"印鈐本
（王輝、程學華《秦文字集證》，圖版 160 第 443 號）

圖 12　上海博物館藏"南鄉喪吏"印印面照片

圖 13　秦"思言敬事"印
（吳式芬編《雙虞壺齋印存》，上海書店，1987 年，第 175 頁）

圖 14　秦"壹心慎事"印
（吳式芬編《雙虞壺齋印存》第 177 頁）

在簡帛材料時代的判定上，同文字方所記録的規定同樣能發揮重要的作用，尤其是對於非科學發掘的材料，更需要運用這些標準進行斷代。我們先以嶽麓書院藏秦簡爲例。《嶽麓書院藏秦簡（壹）·占夢書》"吏""事"分用，其中"吏"字有 2 例，"事"字有 3 例。以此判斷，這件文獻的抄寫時間應該在秦代。《嶽麓書院藏秦簡（貳）·數》簡 122—123 云：

夫=（大夫）、不更、走馬、上造、公士，共除米一石，今以爵衰分之，各得幾可（何）？夫=（大夫）三斗十五分斗五，不更二斗十五分斗十，走馬二斗，上造一斗十五分五，公士大半斗。

簡 134—136 云：

凡三卿（鄉），其一卿（鄉）卒千人，一卿（鄉）七百人，一卿（鄉）五百人，今上歸千人，欲以人數衰之，問幾可（何）歸幾可（何）？曰：千者歸四［百］五十四人有二千二百分人千二百,七百者歸三百一十八人有二千二百分人四百,五百歸二百廿(二十)七人有二千二百分人六百。其述(術)曰:同三卿(鄉)卒,以爲灋,各以卿(鄉)卒乘千人爲賨₌(實,實)如灋一人。

簡 202—204 云:

三人共以五錢市,今欲賞(償)之,問人之出幾可(何)錢?得曰:人出一錢三分錢二。其述(術)曰:以贏、不足互乘母凡以贏不足有求足,措之,曰:責(貸)人錢三,今欲賞(償)米,斗二錢,賞(償)一斗,不足一錢,[賞(償)二斗]☒①

根據同文字方的規定,秦統一六國以後爵名"走馬"更改爲"簪裹","卿""鄉"分用,"賞""償"分用,而嶽麓簡《數》完全符合戰國秦文獻的用字和用語習慣。因此,嶽麓簡《數》應該是戰國時期的數學書,其抄寫年代也在戰國。《嶽麓書院藏秦簡(叁)》收錄的秦奏讞文書多記秦王政年間事,其語言文字的使用情況多符合秦統一六國以前的特點,例如用"卿"字表示{鄉}(如簡 96 正、126 正)、用"賞"字表示{償}(簡 77 正、83 正、217 正等)、用"鼠"字表示{予}(簡 3 正、6 正、7 正、26 正等),用"壄"字表示{野}(簡 167 正、220 正、223 正、229 正等),用"詑"表示"欺謾"之義(簡 70 正、144 正、229 正等),又有"客舍"(簡 167 正等)、"走馬"(簡 31 正、89 正、113 正、193 正等)等詞,證明這些材料都是秦統一六國以前抄寫的。而《嶽麓書院藏秦簡(肆)》(《秦律令(壹)》)收錄的秦律令材料,其語言文字的使用情況則多符合秦統一六國後的特點。整理者把《嶽麓書院藏秦簡(肆)》公布的材料分爲三組。第一組用"鄉"字表示{鄉}(如簡 11 正、12 正、55 正、56 正等),用"諸"字表示{諸}(如簡 17 正、60 正、66 正、68 正、71 正等),用"事"字表示{事}(如簡 26 正、78 正、92 正等),用"償"字表示{償}(如簡 58 正等),簡 30 正"泰匠"、簡 33 正"泰官"、簡 49 正"泰厩"都用"泰"而不用"大",完全符合同文字方的規定。此外,簡 28 正還有官名"都吏",嶽麓簡整理者引《漢書·文帝紀》顏師古注指出都吏即漢代的督郵,②而根據同文字方"乘傳客爲都吏"的記載,可知戰國時秦官乘傳客在秦代被更名爲都吏,這也是第一組簡爲秦代簡的證據。第二組通篇用"黔首"而不用"民"和"百姓",簡 201 正有"皇帝"一詞,簡 213 正有"簪裹"一詞,簡 215 正有"廢官"一詞,簡 225 正、226 正用"彘"而不用"豬",顯然也是秦代簡。從用字習慣來看,第二組用"諸"字表示{諸}(如簡 106 正、116

---

① 　朱漢民、陳松長主編《嶽麓書院藏秦簡(貳)》,上海辭書出版社,2011 年,第 18、19、28 頁。
② 　陳松長主編《嶽麓書院藏秦簡(肆)》,第 72 頁。

正、151 正、167 正、171 正、177 正、206 正、228 正、238 正、241 正、262 正、281 正等），用
"償"字表示｛償｝（如簡 108 正等），用"事"字表示｛事｝（如簡 110 正、145 正、189 正、199
正、238 正、250 正等），用"鄉"字表示｛鄉｝（如簡 129 正、137 正、140 正、147 正、191 正、
198 正、203 正、206 正、244 正、254 正等），用"予"字表示｛予｝（如簡 142 正、143 正等），
用"廢"字表示｛廢｝（如簡 212 正、215 正、217 正、222 正、238 正等），簡 118 正"泰庶長"、
簡 119 正"泰守"、簡 185 正"泰父母"、簡 270 正"泰匠"用"泰"而不用"大"，完全符合同文
字方的規定。另外，第二組簡文中有不少可以和睡虎地秦簡《秦律十八種》《秦律雜抄》
相對照的內容，也可以看出其時代特徵。例如《秦律十八種》簡 12 云：

> 百姓居田舍者毋敢醯（酤）酉（酒），田嗇夫、部佐謹禁御之，有不從令者有辠
> （罪）。田律

而嶽麓簡《田律》簡 115 正則作：

> 黔首居田舍者毋敢醯〈醯（酤）〉酒，不從令者罨（遷）之，田嗇夫、吏、[①]吏部弗得，
> 貲各二甲，丞、令、令史各一甲。

"百姓"改爲"黔首"，"酉"改爲"酒"，都是按照統一後的規定而改。相同的內容還見於簡
280 正，同樣用"黔首""酒"。從簡 214"前卅（二十）年五月除者勿免"來看，這組簡的抄寫時
間不早於秦始皇三十年（前 217 年）。第三組簡 289 正、325 正、329 正都有"泰上皇"一詞，
簡 346 正有"皇帝"一詞，通篇用"黔首"而不用"民"和"百姓"，同時用"諸"字表示｛諸｝（如簡
295 正、296 正、306 正、308 正、317 正、329 正等），用"鄉"字表示｛鄉｝（如簡 298 正、299 正、
377 正、381 正等），用"予"字表示｛予｝（如簡 308 正、309 正、310 正、379 正、381 正等），用
"事"字表示｛事｝（如簡 328 正、367 正、368 正、369 正、370 正等），用"酒"字表示｛酒｝（如簡
379 正、381 正、382 正等），用"假"字表示"借入"之｛假｝（如簡 384 正、385 正等），證明這一組簡
同樣是秦代簡。《嶽麓書院藏秦簡（伍）》《秦律令（貳）》也分爲三組，其用字、用語的情況均
與《嶽麓書院藏秦簡（肆）》相似，無疑也是秦代簡。[②]又如北京大學藏秦簡《祠祝之道》用"卿"
字表示｛向｝、用"吏"字表示｛事｝、"皇"字寫作"皇"；[③]《教女》用"壄"字表示｛野｝、用"吏"字表
示｛事｝、用"賞"字表示｛償｝，又有"百姓"一詞；[④]《道里書》用"卿"字表示｛鄉｝；[⑤]《醫方》

---

① "吏"，簡 280 作"士吏"，此處脱"士"字。
② 陳松長主編《嶽麓書院藏秦簡（伍）》，上海辭書出版社，2017 年。
③ 田天《北大藏秦簡〈祠祝之道〉初探》，《北京大學學報（哲學社會科學版）》2015 年第 2 期，第 37—42 頁。
④ 朱鳳瀚《北大藏秦簡〈教女〉初識》，《北京大學學報（哲學社會科學版）》2015 年第 2 期，第 5—14 頁。
⑤ 北京大學出土文獻研究所編《北京大學藏秦代簡牘書迹選粹》，人民美術出版社，2013 年，第 34—35 頁。

（又名《醫方雜抄》）用"吏"字表示{事}、用"酉"字表示{酒}；①《算書甲》用"鼠"字表示{予}；②《魯久次問數於陳起》用"吏"字表示{事}、用"者"字表示{諸}、用"鼠"字表示{予}、稱"民"而不稱"黔首"；③《禹九策》用"者"字表示{諸}、用"鼠"字表示{予}、用"大"字表示{太}、或用"酉"字表示{酒}。④這些應該都是戰國時抄寫的文獻。當然，有的文獻可能不是一人一時所抄，由於材料尚未完全公布，裏面究竟有沒有秦代的材料還有待進一步檢驗。另外，北京大學藏秦簡《從政之經》與睡虎地秦簡《爲吏之道》、嶽麓書院藏秦簡《爲吏治官及黔首》內容、性質相近而用語互有異同，其中《從政之經》《爲吏之道》多稱"民"而《爲吏治官及黔首》多稱"黔首"，《從政之經》與《爲吏之道》均有"則士毋比"，《爲吏治官及黔首》作"則黔首毋所比"，朱鳳瀚認爲可能和"書同文字"政策有關，⑤這是十分正確的。由於《從政之經》用語多與"書同文字"規範不合，這篇材料也應該抄寫於戰國。而《泰原有死者》"太原"寫作"泰原"，⑥《酒令》用"野"字表示{野}，⑦這些現象與秦代文獻相合，抄寫時間應該稍晚。北京大學藏秦簡牘既有戰國秦文獻也有秦代文獻，在具體研究中是要注意作出區分的。對於一些年代有爭議的材料，同文字方的作用就顯得更加重要了。例如放馬灘秦簡，最初發掘報告認爲是戰國秦簡，主要的根據是其中一篇有秦王政紀年的竹書。發掘者認爲這篇竹書記錄了墓主人的生平，將其命名爲《墓主記》。⑧李學勤已經指出，所謂《墓主記》只是一則志怪故事。⑨北京大學藏秦牘《泰原有死者》也是類似的文獻，可以印證李先生的說法。這使得整理者的斷代意見失去了依據。程少軒發現放馬灘秦簡《日書乙種》有兩處改"民"爲"黔首"的例子：

> 兩例均是《鐘律式占》第二部分《十二律占》的卦辭。這些卦辭一般四字一句，且多押韻。"康於黔首心"顯係改自四字句"康於民心"。"以政（正）下黔首"，本應

① 北京大學出土文獻研究所編《北京大學藏秦代簡牘書迹選粹》，第 38 頁；田天《北大藏秦簡〈醫方雜抄〉初識》，《北京大學學報（哲學社會科學版）》2017 年第 5 期，第 52—57 頁。
② 韓巍《北大秦簡〈算書〉土地面積類算題初識》，《簡帛》第八輯，上海古籍出版社，2013 年，第 29—42 頁。
③ 韓巍《北大藏秦簡〈魯久次問數於陳起〉初讀》，《北京大學學報（哲學社會科學版）》2015 年第 2 期，第 29—35 頁；拙文《談談北京大學藏秦簡〈魯久次問數於陳起〉的一些抄寫特點》，《中山大學學報（社會科學版）》2016 年第 5 期，第 45—51 頁。
④ 李零《北大藏秦簡〈禹九策〉》，《北京大學學報（哲學社會科學版）》2017 年第 5 期，第 42—52 頁。
⑤ 朱鳳瀚《北大藏秦簡〈從政之經〉述要》，《文物》2012 年第 6 期，第 77 頁。
⑥ 李零《北大秦牘〈泰原有死者〉簡介》，《文物》2012 年第 6 期，第 81—84 頁。
⑦ 李零《北大藏秦簡〈酒令〉》，《北京大學學報（哲學社會科學版）》2015 年第 2 期，第 16—20 頁。
⑧ 甘肅省文物考古研究所、天水市北道區文化館《甘肅天水放馬灘戰國秦漢墓群的發掘》，《文物》1989 年第 2 期，第 10—11 頁；何雙全《天水放馬灘秦簡綜述》，《文物》1989 年第 2 期，第 28—29 頁。
⑨ 李學勤《放馬灘簡中的志怪故事》，《文物》1990 年第 4 期，第 43—47 頁。

與上句"貞在蕡賔,唐虞始訢"押韻,因此"黔首"也係改自"民"。把原本四字一句的卦辭改得參差不齊且不合韻脚,很可能是由於秦始皇二十六年下令改"民"爲"黔首"。倘此推斷不誤,則竹書抄寫年代一定是秦統一以後了。①

其後日本學者海老根量介通過對"罪""黔首""殹"等幾個字詞的考察,支持放馬灘秦簡是秦代簡的意見。②然而,至今仍有不少學者把放馬灘秦簡當作戰國秦簡。對照同文字方的記載,放馬灘秦簡用"野"字表示{野}而不用"壄"字(《日書甲種》簡 33、《日書乙種》簡 291 等,凡 11 例),用"鄉"字表示{鄉}、{向}而不用"卿"字(《日書甲種》簡 66、《日書乙種》簡 130 等,凡 10 例),用"諸"字表示{諸}而不用"者"字(《日書乙種》簡 288,凡 2 例),"事""吏"二字分用嚴格(用"事"字表示{事}者 31 例,用"吏"字表示{吏}者 5 例),有"豦"(《日書乙種》簡 149、303 等,凡 3 例)與"豕"(《日書甲種》簡 41、《日書乙種》簡 77 等,凡 5 例)而無"豬",凡此皆可證明放馬灘秦簡的抄寫時間必定在秦統一全國以後。

(二) 利用同文字方分析文獻的抄寫順序

有時候,一篇文獻並不是一人一時所抄,我們也可以透過同文字方的記載判斷文獻的抄寫順序,幫助我們了解文獻的形成和演變過程。例如同文字方説:"卿如故,更鄉。"陳侃理認爲:

> "卿"、"鄉"初文相同,本爲一字,寫法出現分化後,在秦漢簡帛中仍多通用,尤多以"卿"字記録{鄉}。睡虎地秦簡中這樣的例子俯拾皆是,如秦始皇二十年(前 227 年)《南郡守騰文書》中有三處"鄉俗",{鄉}都寫作"卿"。里耶秦簡中,則幾乎看不到這種情況。《里耶秦簡(壹)》没有釋出"卿"字,而在 139 個{鄉}中,僅 8-2259 號木牘有一字寫作"卿",其餘除個別筆畫殘缺或模糊無法確定外,字形都作"鄉"。如果睡虎地秦簡和里耶秦簡的這種用字差異不是出於偶然,那麼此句的意思無疑可與上句作類似的解讀(引者案:上句爲"吏如故,更事"。),即:記録公卿之{卿}仍像過去一樣使用"卿"字,記録鄉里之{鄉}統一更用"鄉"字。③

我們順着陳先生的思路,對出土秦至西漢早期文獻中的"卿""鄉"二字及其所對應的詞

---

① 程少軒《放馬灘簡式占古佚書研究》,復旦大學博士學位論文,2011 年,第 8 頁。
② 海老根量介《放馬灘秦簡鈔寫年代蠡測》,《簡帛》第七輯,上海古籍出版社,2012 年,第 159—170 頁。
③ 陳侃理《里耶秦方與"書同文字"》,《文物》2014 年第 9 期,第 78 頁。

作過比較詳細的考察,發現不僅{鄉}的記録形式在秦統一六國前後發生了變化,{向}、{饗}等詞的記録形式也發生了變化。也就是説,"卿如故,更鄉"實際上是指保留用"卿"字表示{卿}的用法,"卿"字原有的其他用法改由"鄉"字表示。① 這告訴我們,先秦秦國文獻最初與其他出土先秦文獻一樣都用"卿"字表示{鄉}、{向}等詞,後來才改用"鄉"字表示。在大部分内容抄寫於戰國時期的睡虎地秦簡中,"卿"字凡 40 見,其中 21 例表示{鄉}、17 例表示{向}、1 例表示{饗}、1 例表示{卿};"鄉"字凡 12 見,其中 11 例表示{向}、1 例表示{薌/香}。值得注意的是,"鄉"字的用例是比較集中的,均見於《日書》甲、乙種,而且《日書甲種》4 例見於倒數第四篇《土忌》、3 例見於最後一篇《馬禖》,而《日書乙種》5 例均見於簡 74 貳—76 貳一段文字。我們先來看看《日書甲種》的用例:

> 春三月毋起東鄉(向)室,夏三月毋起南鄉(向)室,秋三月毋起西鄉(向)室,冬三月毋起北鄉(向)室。(簡 140 背—141 背《土忌》)
>
> 東鄉(向)、南鄉(向)各一馬⋯⋯令其鼻能糗(嗅)鄉(薌/香),令耳恩(聰)目明⋯⋯(簡 156 背—158 背《馬禖》)

第一段簡文談論的是"起室"需要注意的問題。抄寫者大概認爲這段内容與"土忌"相關,所以抄録在這裏。這段話也見於同篇簡 96 正貳—99 正貳,字句相同,只是該處用"卿"字表示{向}。這種差異實際上是因抄寫時間不同而造成的。睡虎地秦簡僅有的 2 個用"事"字表示{事}的用例也見於《土忌》篇,這恐怕不是出於偶然。值得注意的是,從書法風格看,睡虎地秦簡《日書甲種》不是一人所抄。用"鄉"字表示{向}的用例集中在最後十餘支簡簡背,而這部分簡文的書法既不同於簡正面的文字,也不同於簡背較前的部分,説明抄寫時間較晚。而《土忌》篇與末篇《馬禖》篇的書法也不一樣,説明《馬禖》篇的抄寫時間更晚。《馬禖》篇除了用"鄉"字表示{向}和{薌/香}以外,還用"酒"字表示{酒},與同文字方"卿如故,更鄉""酉如故,更酒"的規定相合,儘管戰國秦文字資料中已有"酒"字,但《馬禖》篇抄寫於秦統一六國以後的可能性仍然是很大的。我們再來看看《日書乙種》簡 74 貳—76 貳的那段文字:

> 生東鄉(向)者貴,南鄉(向)者富,西鄉(向)者壽,北鄉(向)者賤,西北鄉(向)者被刑。

---

① 拙文《談談馬王堆漢墓帛書〈天文氣象雜占〉的文本年代》,《古文字研究》第三十一輯,第 468—470 頁。

整理小組把這段文字和簡 77"春三月"下的文字連讀。①不過這兩段文字不但内容不能銜接,從字迹來看也非一人所抄,而且在簡 74 貳—77 貳上方有一段黑綫與同簡上方的内容相分隔,説明這段簡文應該是獨立的内容(見圖 15)。因此,很多學者都不贊同整理小組的意見。從《日書乙種》其餘部分均用"卿"字表示{鄉}、{向}來看,結合這段簡文所處的位置和書寫筆迹的特殊性,這段文字顯然是最後加入的,很可能是統一後所補。

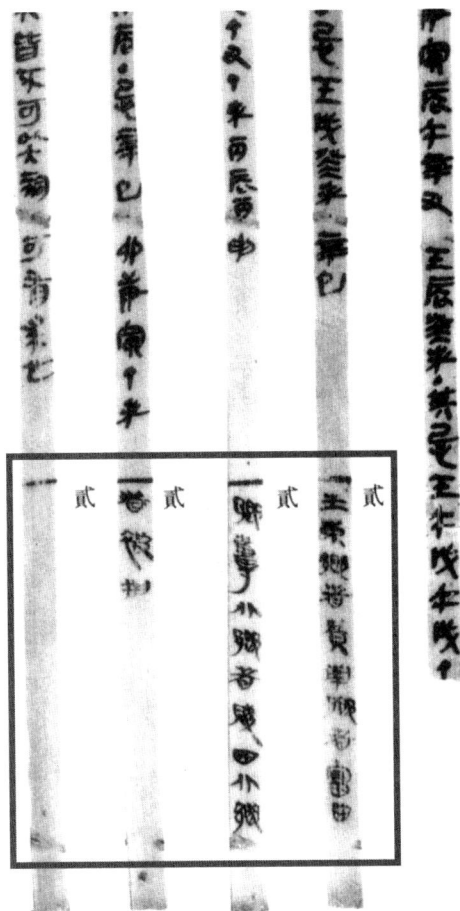

圖 15　《睡虎地秦墓竹簡·日書乙種》簡 74 貳—76 貳

當然,不同篇的文獻的抄寫時代更有先後之别,這一點我們在上文中已經提到。不過文獻抄寫的先後並不一定是統一前後之别,也可能是同爲統一前所抄而有先後,還可能是同爲統一後所抄而有先後。這種區分更爲困難,而且目前也缺乏足夠的方法和材

---

① 　睡虎地秦墓竹簡整理小組編《睡虎地秦墓竹簡》,釋文注釋第 236—237 頁。

料進行如此細緻的判別。但同文字方的記載還是可以給我們啓發。我們試以"楚""荆"爲例對這個問題略作説明。《秦始皇本紀》云:"二十三年,秦王復召王翦,强起之,使將擊荆。"張守節《正義》:"秦號楚爲荆者,以莊襄王名子楚,諱之,故言荆也。"司馬貞《索隱》:"楚稱荆者,以避莊襄王諱,故易之也。"睡虎地秦簡《編年記》簡30貳云:"二十三年,興,攻荆。"與《史記》記載若合符節。《漢書·高帝紀下》"荆王臣信等十人",顔師古注引賈逵曰:"秦莊襄王名楚,故改諱'荆',遂行於世。"《吕氏春秋·音初》"周昭王親將征荆",高誘注:"荆,楚也。秦莊王諱楚,避之曰'荆'。"可見秦避諱"楚"字的説法在漢代已經流行。有學者認爲"楚荆"一説自古有之,稱"楚"爲"荆"並非秦人所創,因而質疑避諱一説。①不過,秦人用一已有之名以避諱另一已有之名也是合情合理的,是否秦人所創並不能作爲判斷是否避諱的依據。同文字方説:"曰産曰族,曰笽曰荆。"學者普遍認爲"曰荆"是指把"楚"稱爲"荆",看起來秦確實有過避諱"楚"字的規定。值得注意的是,秦文獻稱"楚"還是稱"荆"似乎有着比較明顯的時代性。以《史記》爲例,主要記録秦莊襄王以前史事的《秦本紀》稱"楚"者凡51例,②未見稱"荆"者,《秦始皇本紀》中只有秦王政六年1例稱"楚",自秦王政二十三年以後至二世元年七月陳涉建立"張楚"間文字,均稱"荆"而不稱"楚",凡11例。③秦王政七年至二十二年未談及楚荆人事。在出土文獻方面,秦惠文王時的詛楚文稱"楚"不稱"荆",④睡虎地秦簡《日書甲種》記録了秦楚月名的對照,有"十月,楚冬夕""十一月,楚屈夕"云云,亦稱"楚"不稱"荆"。根據學者研究,睡虎地秦簡《日書甲種》大部分内容的抄寫時間可能在前246年(即秦王政元年)以前。⑤《嶽麓書院藏秦簡(叁)》收録的秦奏讞文書均稱"荆"而不稱"楚",其中時代最早的是《多

---

① 來國龍《避諱字與出土秦漢簡帛的研究》,《簡帛研究 二〇〇六》,廣西師範大學出版社,2008年,第128頁。案:來文引晉代晉灼、唐代顔師古,近人于省吾諸説證明其説,不過晉灼只説"自秦之先故以稱荆也",並未反對避諱説,于省吾更是明確承認秦人避諱"楚"字的事實,他説:"《吕覽》一書雖諱楚稱荆,但稱楚爲荆則不始於秦。"見氏著《雙劍誃諸子新證》,中華書局,1962年,第320頁。

② 繆公元年1例、五年3例、二十八年1例、三十四年1例,共公二年1例,桓公三年2例,景公三十六年1例、三十九年1例,哀公八年1例、十一年1例、十五年1例、三十一年5例,悼公十三年1例,孝公元年3例,惠公君元年1例,惠王二年1例、十二年1例、十三年3例、十四年2例,昭襄王三年2例、五年1例、八年2例、九年1例、十年1例、十一年1例、十二年1例、十五年1例、二十二年1例、二十四年1例、二十七年1例、二十八年1例、二十九年2例、三十年1例、三十一年1例、三十五年1例,另外提到昭襄王母爲楚人,1例。

③ 二十三年6例、二十五年1例、二十六年3例、二世元年1例。

④ 關於詛楚文的年代,尚有"武王元年""昭襄王新立"等説法,但相信"惠文王"説的學者較多。關於詛楚文年代的討論,參看陳昭容《秦系文字研究:從漢字史的角度考察》,第219—223頁。

⑤ 劉樂賢《睡虎地秦簡日書研究》,文津出版社,1994年,第406—408頁。

小未能與謀案》和《學爲僞書案》,案件的時間在秦王政二十二年。①"張楚"建立以後,六國陸續復辟,避諱"楚"字已經不可能,因此《秦始皇本紀》在"張楚"建立以後,皆復稱"楚"而不稱"荆"。從目前掌握的材料看,秦避諱"楚"字大概是從秦王政六年至二十二年間開始推行的。如果我們的分析不錯的話,稱"楚"抑或稱"荆"也可以作爲出土秦文獻抄寫時間的判斷依據。

(三) 餘説

最後還應該指出的是,在使用同文字方判斷出土秦文獻年代的時候,有四點是應該注意和説明的:

第一,同文字方記載了秦統一六國以後公布的新規範,這些新規範有的是戰國秦文獻所未見的;有的則已見於戰國秦文獻,只是秦統一六國以後確定了舊有習慣中的一種爲規範而已。例如戰國秦文獻只用"鼠"字表示{予},秦代文獻只用"予"字表示{予},則這兩組字詞對應關係都具有明確的斷代意義。"酉""酒"二字與{酒}的關係則不同。戰國秦文獻兼用"酉""酒"二字表示{酒},統一以後規定只用"酒"字表示{酒},也就是説用"酉"字表示{酒}是戰國秦文獻的特點,但用"酒"字表示{酒}則只能作爲參考,不具有明確的斷代意義。這兩種情況是需要明確區分的。

第二,從現在掌握的資料看,同文字方中多數規定得到了很好的落實,秦"書同文字"政策對於文本面貌的影響是顯著的,但不同性質的文獻對於"書同文字"政策的執行情況仍然可能存在差異。人手抄寫的簡牘材料比較容易出現誤抄誤寫的現象,因此有可能出現少量不合規定的寫法。但如官印等材料,由於製作工藝複雜,製作態度比較認真,且受到官方的嚴格規範,因此不太可能出現違反規定的現象。

第三,文獻的内容也會一定程度影響"書同文字"政策中"正用語"規定的執行。一些以戰國歷史、社會爲背景的文獻在執行"正用語"的規定時,可能會保留部分"更名"前的習慣。例如馬王堆漢墓帛書《陰陽五行》甲篇以楚選擇術爲主要内容,不可避免就會保留一些如楚國官名等特色詞語,而不能執行"諸官爲秦盡更"的規定。這是問題的一個方面。另一方面,有的文獻即便是記錄戰國時事,也會按照"正用語"的規定改寫詞語。例如《嶽麓書院藏秦簡(肆)》簡329—331有"二年""復用""泰上皇"之命的記載,簡

---

① 朱漢民、陳松長主編《嶽麓書院藏秦簡(叁)》,上海辭書出版社,2013年,第143、223—250頁。

344—345 有"三年詔曰""復用""昭襄王命"的記載,整理者認爲"泰上皇""詔"出現於秦統一六國之後,因此認定簡文中的"二年""三年"爲秦二世二年、三年。①陳偉則認爲儘管"泰上皇"等詞是秦統一六國以後才出現的新詞,但"新的稱述不僅用於新撰制的文獻,也出現在重新抄録的故舊文獻中",因此"二年""三年"應該理解爲秦王政二年、三年。②這種意見是有道理的。可以想象,秦代人在抄録戰國文獻或追述戰國歷史事件時,是不必把秦始皇稱爲"秦王"、把泰上皇稱爲"莊王"的。這和漢代人在追述歷史時常把稱帝前的劉邦稱爲高祖是一樣的道理。這些也是我們在判斷出土秦文獻文本年代時應該細緻考慮的問題。

　　第四,本文的匿名審稿專家以傳世文獻中的"黔首"爲例提出了一個問題,"書同文字"規定的實施有没有一個過渡階段,新舊習慣有没有一個共用期。如果存在這樣一個過渡階段的話,我們必然會發現一些文獻裏的字詞使用情況比較複雜,舊習慣與新規範雜糅在一起,但就目前看到的資料而言,秦文獻的字詞使用習慣具有比較明確的時代特徵,這一點我們在文中已經有詳細論述,並且有統計數據支持。也就是說,至少目前還没有證據證明存在一個明顯的過渡階段。有一些字詞變更的情況比較複雜,比如"黔首"的問題,很多學者都發表過意見,我們無法在這裏作詳細討論,但有些問題是應該考慮的。從傳世文獻來看,統一前後的秦文獻包括其他先秦文獻都有"民"和"黔首"的用例,也就是說"黔首"似乎不是一個具有明確時代特徵的詞語。有的學者因而質疑利用"黔首"一詞作爲斷代標準的可靠性。但從出土文獻來看,情況就很不一樣。例如睡虎地秦墓竹簡共有 47 例"民"、15 例"百姓"而没有"黔首"的用例;《里耶秦簡(壹)》《龍崗秦簡》《嶽麓書院藏秦簡(肆)》分別有 13 例、9 例、39 例"黔首"而没有"民"或"百姓"的用例,說明"民""百姓"與"黔首"這幾個詞語在統一前後的消長是十分明顯的,即便有個別例外,也不能據此否定"黔首"在總體上是一個具有時代特徵的詞語。那麼爲什麼傳世文獻和出土文獻之間會出現這種差異呢? 我們認爲主要在於傳世文獻屢經傳抄轉寫,往往經過了後人的改動。《嶽麓書院藏秦簡(叁)》收録的奏讞文書《同、顯盜殺人案》簡 147 正說:"同,顯□大害殹。"簡 148 正說:"此黔首大害殹。"(圖 16)整理者指出:

① 陳松長主編《嶽麓書院藏秦簡(肆)》,第 226,228 頁。
② 陳偉《嶽麓書院藏秦簡先王之令解讀及相關問題探討》,《"中研院"歷史語言研究所集刊》第 88 本第 1 分,2017 年,第 73 頁。

簡 147 正　　　　簡 148 正

圖 16 《嶽麓書院藏秦簡（叁）·同、顯盜殺人案》簡 147、148（局部）

"顯"字與"大"字之間有大約一個字大小的空白處，紅外綫圖版可以隱隱約約看到墨迹。據簡 167"民大害殹（也）"文例，疑空白處原有"民"字。簡 148"此黔首大"四字的字距與前後文不同，似乎是將"黔首"二字擠到一個字大小的簡面上。此兩處疑爲秦統一全國之後所修改。……據里耶秦簡 J1⑧0461 記載，"王室"、"客舍"兩詞改爲"縣官"與"賓 飤 舍"，第一類《芮盜賣公列地案》簡 067"王室"、第二類"龔盜殺安、宜等案"簡 167"客舍"却没被修改。①

上文我們就曾指出，《嶽麓書院藏秦簡（叁）》是抄寫於統一前的秦國奏讞文書，正如整理者所説，文中的"黔首"是統一後所修改的。本來統一前的秦文獻是不必按"書同文字"的規定——作出修改的，但藏書者或讀者却改動了這件文本，而且又改而不盡（事實上

① 朱漢民、陳松長主編《嶽麓書院藏秦簡（叁）》，第 182 頁。

只有此處有改動）。這種變動是我們在思考傳世文獻中"黔首"的來源時應該予以充分考慮的。

結　語

秦"書同文字"政策的内涵和影響一直是中外學者共同關注的重要歷史問題，學術界對其内涵一直是有争論的，有的學者甚至質疑秦"書同文字"是否真實存在。[①]在缺少直接證據的情況下，這些意見都有各自的道理。如今新的出土文獻清楚表明，秦"書同文字"政策既包括了廢除六國古文推行秦文字的内容，又對字形、用字、用語等進行了一系列調整，是一個語言文字的綜合政策，並非單純的統一文字政策。可以説，秦"書同文字"是最早見於中國典籍記載的語文政策，它不僅真實存在，而且對後世有着巨大的影響。秦"書同文字"政策的推行也使得文獻的面貌發生了歷史上最重大的一次變化。李零指出：

> 過去，王引之《經傳釋詞》述校勘體例，其中有"經文假借"和"形訛"兩條。……他所説的"本字"，認真追究起來，其實是以許氏《説文解字》和東漢以來的閲讀習慣爲標準。其正字之法顯然是以當時流行的篆隸字體爲主體，來源是秦漢一系的文字教學。我們讀的古書都是來源於漢代特别是東漢。東漢經本是糅合今古文的本子，但無論今古，寫定還是用今文，即來自秦系文字的漢代隸書。[②]

我們之所以在閲讀秦漢以後或經過漢人轉寫的文獻時覺得難度較小，而在閲讀出土的先秦文獻時感覺滿目荆棘，主要就是秦推行"書同文字"政策的緣故。因此，研究秦"書同文字"政策的意義不僅僅在於秦文獻本身，而是關係到文獻流傳、演變的重要問題。

由於以往學術界對秦"書同文字"政策的内涵和具體規定不了解，因此有不少學者對該項政策的實際效果和影響提出質疑。我們根據里耶秦簡同文字方記載的關於"書同文字"的具體規定對出土秦文獻進行考察，發現秦統一前後文獻的面貌是不一樣的，這主要體現在字形、用字、用語三個方面，説明"書同文字"政策得到了比較嚴格的執行。

---

① Imre Galambos, "The Myth of the Qin Unification of Writing in Han Sources," *Acta Orientalia Academiae Scientiarum Hungaricae* 57.2(2004)：181—203.

② 李零《郭店楚簡研究中的兩個問題——美國達慕思學院郭店楚簡〈老子〉國際學術討論會感想》，武漢大學中國文化研究院編《郭店楚簡國際學術研討會論文集》，湖北人民出版社，2000年，第50頁。

　　出土秦和西漢早期文獻具有高度的相似性,因此以往的研究往往把戰國後期的秦文獻、秦代文獻和西漢早期文獻看作一個整體進行考察。然而過於強調共性而忽略了這些材料各自的特點,不利於我們了解文獻的演變過程和語言文字使用習慣的沿革。隨着新的出土文獻資料公布,我們已經對秦"書同文字"政策的具體規定有所了解。在此基礎上進行細緻考察,出土秦和西漢早期文獻的斷代研究是可以取得更大突破的。

　　附記:本文初稿曾於 2015 年 10 月 16—17 日在香港大學中文學院主辦、香港中文大學中國歷史研究中心協辦的出土文獻與先秦經史國際學術研討會上宣讀。

　　原刊於《"中研院"歷史語言研究所集刊》第 89 本第 3 分,2018 年。